DATE DUE

Reference

s not circulate

CATALOGUE OF PRINTED MUSIC IN THE BRITISH MUSEUM

ACCESSIONS

PART 53—MUSIC IN THE HIRSCH LIBRARY

CONTENTS

A. MUSIC PRINTED BEFORE 1800 1
B. MUSIC PRINTED SINCE 1800 113

PUBLISHED BY

THE TRUSTEES OF THE BRITISH MUSEUM

LONDON

1951

Sold at the BRITISH MUSEUM *and by:*

H.M. STATIONERY OFFICE, York House, Kingsway, London, W.C.2

BERNARD QUARITCH LTD., 11 Grafton Street, London, W.1

KEGAN PAUL, TRENCH, TRUBNER AND CO., 43 Great Russell Street, London, W.C.1

CAMBRIDGE UNIVERSITY PRESS, Bentley House, 200 Euston Road, London, N.W.1

PRINTED AND BOUND IN GREAT BRITAIN
BY WILLIAM CLOWES AND SONS, LIMITED, LONDON AND BECCLES

PREFACE

THE Hirsch Library was acquired by the British Museum in 1946, with the assistance of special grants from the Treasury and the Pilgrim Trust. While many of the rarest and most important musical compositions were included in Vols. II, III and IV of the catalogues issued by Mr. Hirsch himself, it is not generally known that these amounted to barely one-third of the total amount of music in his library. The remainder included over 300 additional vocal scores, of which 150 were of Mozart operas; about 2,000 miscellaneous works of the late 18th and of the 19th and 20th centuries, including orchestral scores, chamber music, reprints and facsimiles; and smaller, but notable, collections of the first and early editions of Marschner, Loewe, Berlioz, Liszt, Johann Strauss (father and son), Lanner, Brahms and Sterndale Bennett. There was also a large number of 19th-century French, German and English popular songs with pictorial title-pages. Further, each year since 1946 Mr. Hirsch has generously presented to the British Museum a number of valuable pieces as additions to his former library. The whole has been kept together as an entity and continues to bear his name.

It was considered of paramount importance that entries for all the Hirsch music should be incorporated at the earliest possible date into the working copies of the British Museum music catalogues. To this end was directed the preparation of a special Accession Part (No. 53 in the current series) devoted exclusively to the Hirsch music, on which work was begun at the end of 1947. Its completion has produced nearly 9,000 entries, which, although necessarily giving much less bibliographical detail than Mr. Hirsch's own very elaborate catalogues, have made known for the first time the whole range of this collection of music.

Since it is at present impracticable to prepare a full-dress catalogue, it seemed desirable to make generally available this Accession Part, which is a publication of a kind normally intended solely for departmental use. Each entry is printed as a self-contained unit in order that it may be cut up and incorporated into the working copies of the music catalogues; this is the reason for the repetition of headings throughout and for the division into two sections. Nevertheless, this Accession Part offers the advantage that the works of many composers, which were unavoidably dispersed into the several groups of Vols. II, III and IV of the Hirsch catalogues, are here concentrated into two sequences at the most.

The difference in the style of cataloguing between the two sections is due to the necessity of accommodating the entries to the two types of practice current in the respective working copies of the music catalogues. It should also be noticed that the words [Another copy], [Another issue] and the like may refer throughout to an entry already existing in the British Museum catalogues rather than to the preceding entry of this Accession Part; and that for such second copies cross references have not been made either for editors or for the titles of operas and first words of songs.

The volume is the work of two members of the Music Room staff: Mr. A. Hyatt King, Assistant Keeper in charge of the collections of Printed Music, and Mr. Charles Humphries. Mr. Hirsch has given valuable assistance with the reading of the proofs. It is hoped that another Accession Part will, in due course, be devoted to the musical literature (including liturgical works) in the Hirsch Library, amounting to approximately 6,000 items, and including the early books on musical theory and history comprised in Vol. I of the Hirsch catalogues.

July, 1951.

C. B. OLDMAN.
Principal Keeper of Printed Books.

A. MUSIC PRINTED BEFORE 1800

A., E. T. P.
—— Talestri, regina delle amazzoni. Dramma per musica di E. T. P. A. [i.e. Ermelinda Talia Pastorella Arcada, pseudonym of Maria Antonia Walpurgis of Bavaria, Consort of Charles Frederick Christian Augustus Francis, Elector of Saxony.] [Score. With seven plates, and a frontispiece.] pp. 324. *Giovan. Gottl. Imman. Breitkopf: Lipsia,* 1765. obl. fol. Hirsch II. **562.**

A., E. T. P.
—— [Another copy.] Il Trionfo della fedeltà. Dramma pastorale per musica di E. T. P. A. [i.e. Ermelinda Talia Pastorella Arcada, pseudonym of Maria Antonia Walpurgis of Bavaria, Consort of Charles Frederick Christian Augustus Francis, Elector of Saxony.] *Lipsia,* 1756. obl. fol. Hirsch II. **563.**

ABEL (CARL FRIEDRICH)
—— Six concerts pour le clavecin ou piano forte avec l'accompagnement de deux violons et violoncelle ... Oeuvre XI. [Parts.] 4 pt. *Imprimés pour l'auteur chez R. Bremner: Londres,* [1770?] fol. Hirsch M. **1357.**
Imperfect; wanting pp. 27–30 of the pianoforte part which have been supplied in photostat facsimile.

ABEL (CARL FRIEDRICH)
—— Six Quartettos for two Violins, a Tenor and Violoncello obligati ... Opera VIII. [Parts.] 4 pt. *R. Bremner: London,* [1775?] fol. Hirsch M. **1358.**
Without the second titlepage to the first violin part.

ABEL (CARL FRIEDRICH)
—— [Another copy.] Six Trios for a Violin, Tenor, & Violoncello ... Op. XVI. *London,* [1783.] fol. Hirsch M. **1359.**

ABRAHAM ( )
—— *See* DALAYRAC (N.) De la Dot ... Ouverture et morceaux, arrangés pour une flûte seule, avec accompagnement d'un second violon, à volonté. Par M. Abraham. [1785?] fol. Hirsch M. **1465.** (9.)

ABRAHAM ( )
—— *See* DALAYRAC (N.) De Nina ... Ouverture et morceaux, arrangés pour une flûte seule, avec accompagnement d'un second violon, à volonté. Par M. Abraham. [1790?] fol. Hirsch M. **1465.** (4.)

ABRAHAM ( )
—— *See* GRÉTRY (A. E. M.) De l'Épreuve villageoise ... Ouverture et morceaux, arrangés pour une flûte seule, avec accompagnement d'un second violon, à volonté. Par M. Abraham. [1785?] fol. Hirsch M. **1465.** (10.)

SIG. 1.—PART 53.

ABRAHAM ( )
—— *See* GRÉTRY (A. E. M.) De Panurge ... Ouverture et morceaux, arrangés pour une flûte seule, avec accompagnement d'un second violon, à volonté. Par M. Abraham. [1785?] fol. Hirsch M. **1465.** (8.)

ABRAHAM ( )
—— *See* MARTINI (G.) *il Tedesco, pseud.* Du Droit du Seigneur ... Ouverture et morceaux, arrangés pour une flûte seule, avec accompagnement d'un second violon, à volonté. Par M. Abraham. [1785?] fol. Hirsch M. **1465.** (7.)

ABRAHAM ( )
—— *See* PICCINI (N.) De Didon ... Ouverture et morceaux, arrangés pour une flûte seule, avec accompagnement d'un second violon, à volonté. Par M. Abraham. [1785?] fol. Hirsch M. **1465.** (5.)

ABSCHIED.
—— Abschieds Lied an seine Geliebte. [Song.] *See* MOZART (W. A.) [C. Vocal Music.—IV. Songs.—b. Single voice.—*Io ti lascio, o cara.*]

ABSCHIEDSGESANG.
—— Abschiedsgesang an Wiens Bürger. [Song.] *See* BEETHOVEN (L. van)

ACANTE ET CÉPHISE.
—— Acante et Céphise. Pastorale héroïque. *See* RAMEAU (J. F.)

ADELAIDE.
—— Adelaide. Kantate. *See* BEETHOVEN (L. van)

ADIEUX DES OFFICIERS.
—— Les Adieux des officiers, ou Venus justifiée. Comédie en un acte, mise au théâtre par Monsieur du F****, et representée pour la première fois ... le vingt-cinquiéme jour d'Avril 1693. [With the music to twelve airs.] 1721. 12°. Hirsch IV. **1336.** a.
Contained in tom. 4 of E. Gherardi's "Théâtre italien."

AGRELL (JOHANN JOACHIM)
—— *See* JOZZI (G.) A [2d] Collection of Lessons for the Harpsicord compos'd by Sigr Jozzi ... Agrell ... Book [II.] [1762.] obl. fol. Hirsch IV. **3.** (2.)

AGRIPPINA.
—— Agrippina tibi laudibus inclytæ. [Four-part song.] *See* SUSANNA.

AH.

—— Ah che tutto [sic] in un momento. Duettino. *See* MOZART (W. A.) [*C. Vocal Music.—II. Operas.—Così fan tutte.*]

AIRS.

—— [A Collection of " Airs à boire," *etc.*] pp. 93. [*Paris?* 1740 ?] *obl.* 4°. Hirsch III. **665.** a.
Imperfect; wanting the titlepage.

AIRS.

—— XXIV petits airs arrangés pour flageolets. Recueil. *Chez J. M. Götz: Mannheim,* [1795 ?] *obl.* 8°.
Hirsch M. **1360.**
Plate number 532. *The flageoletto primo part only.*

AIRS.

—— Recueil d'airs serieux et à boire de differents auteurs, imprimé au mois de Novembre 1701. *Chez Christophe Ballard: Paris,* 1701. *obl.* 4°. Hirsch III. **1008.**
Pp. 203–222 *of a periodical publication. The composers named are: Desfontaines, Dubreil, Du Parc, De La Coste, Piroye, Hubert, Clerambault, Carissimi.*

AJAX LORARIUS.

—— Sophoclis Aiax Lorarius. [With choruses.] *See* CLESS (J.)

ALAIRAC (D') *See* DALAYRAC (N.)

ALBERT (HEINRICH)

—— Erster ⟨—achter⟩ Theil der Arien etlicher theils geistlicher, theils weltlicher, zur Andacht, guten Sitten, keuscher Liebe und Ehren-Lust dienender Lieder zum singen und spielen gesetzet . . . von H. Alberten, *etc.* 8 Tl. *In Verlegung des Autoris; gedruckt durch Johann Reussnern: Königsberg,* 1652, 1650–54. fol. Hirsch III. **599.**
With an additional titlepage, engraved, reading " Arien theils geistlicher theils weltlicher Reime . . . 1648." Tl. 4 and 5 are of the third, Tl. 1 and 6 of the fourth edition. The imprint of Tl. 8 reads " Gedruckt zu Königsberg . . . bey Paschen Mense."

ALBERT (HEINRICH)

—— [Another copy.] Musicalische Kürbs-Hütte, *etc.* *Königsberg,* 1645. fol. Hirsch III. **598.**

ALBERTI (DOMENICO)

—— *See* JOZZI (G.) A [2ᵈ] Collection of Lessons for the Harpsicord compos'd by Sigʳ Jozzi . . . Alberti . . . Book [II.] [1762.] *obl.* fol. Hirsch IV. **3.** (2.)

ALBERTI (GIUSEPPE MATTEO)

—— [Another copy.] Alberti's Concerto's for three Violins, an alto Viola and a Through Bass for the Harpsicord or Bass Violin . . . Opera prima. *London,* [1730 ?] fol.
Hirsch III. **2.**

ALBINONI (TOMMASO)

—— [Another copy.] Albinoni's Concertos in seven parts for three Violins, Tenors and Bass Violin with a Thorough Bass for the Harpsicord . . . Opera secunda. *London,* [1709.] fol. Hirsch III. **3.**

ALDAY (PAUL)

—— [Another copy.] Three Quartettos for two Violins Tenor & Violoncello dedicated to the Stewards of the Music Room at Oxford. MS. ANNOTATIONS [by Alfred Moffatt]. *London & Oxford,* [1794 ?] fol. Hirsch M. **1361.**
Imperfect; wanting the second violin part. Watermark date 1794.

ALEXANDER THE GREAT.

—— Is Innocence so void of Cares. [Song, in score, from the opera " Alexander the Great." Words by N. Lee, music by Daniel Purcell ?] [1715 ?] *s. sh.* fol. *See* Is.
Hirsch M. **1475.** (**13.**)

ALLEGRI (GREGORIO)

—— [Miserere.] *See* BURNEY (Charles) La Musica che si canta . . . nelle funzioni della settimana santa . . . Composta da Palestrina, Allegri, *etc.* 1771. fol.
Hirsch IV. **727.**

ALLONS.

—— Allons enfans de la patrie ! *Chant de guerre pour l'armée du Rhin, etc.* [By C. J. Rouget de Lisle.] *De l'imprimerie de Ph. J. Dannbach : Strasbourg,* [1792.] *obl.* fol.
Hirsch III. **687.**

AMANTS FRANÇOIS.

—— Les Amants françois. [Play with music.] *See* L***, Madame.

AMANTS INQUIETS.

—— [Another copy.] Les Amants inquiets, parodie de Thétis et Pelée [libretto by B. le Bovier de Fontenelle, music by P. Colasse] . . . avec la musique. [The libretto, with the airs of eight songs.] *Paris,* 1751. 8°.
Hirsch IV. **1331.**

AMATEUR.

—— [Another copy.] Deux trios en diferent stile composé par un amateur. *Amsterdame,* [1790 ?] fol.
Hirsch M. **1362.**

AMOR.

—— Amor der Kommandant. In sechs Liedchen mit Musik. [Words by W. Nauck.] Ein Faschinggeschenk für 1793. pp. 16. *Frankfurt & Leipzig,* [1793.] 4°.
Hirsch III. **951.**

AMORS GUCKKASTEN.

—— Amors Guckkasten. Komische Operette. *See* NEEFE (C. G.)

AMOURS CHAMPÊTRES.

—— Les Amours champestres. Pastorale. *See* BLAISE (A.)

AMOURS DE BASTIEN ET BASTIENNE.

—— Les Amours de Bastien et Bastienne, parodie du Devin du village. Par Madame Favart, & Mr. Harny, *etc.* [With the music to eleven airs.] pp. 32. 13. [*Brussels,*] 1753. 8°. Hirsch III. **740.**

AN.

— An Chloe. [Song.] *See* MOZART (W. A.) [*C. Vocal Music.—IV. Songs.—b. Single voice.*]

ANDRÉ (JOHANN)

— *See* MOZART (W. A.) [*C. Vocal Music.—II. Operas.*] Die Zauberflöte, grand opera . . . arrangé pour le clavecin, ou piano-forté, avec violon obligé, par J. André. [1794.] fol.
Hirsch IV. **197**.

ANDRÉ (JOHANN)

— Lieder, Arien und Duette beym Klavier. Herausgegeben von J. André. 4 Hft. pp. 144. *Bey Haude und Spener: Berlin,* 1780. 4°. Hirsch III. **601**.
Hft. 2–4 bear the imprint "Bey Christian Sigismund Spener."

ANDRÉ (JOHANN)

— Neue Theatergesänge herausgegeben von J. André. Tl. 14. *Bei Joh. André: Offenbach a/M,* [1800.] obl. fol.
Hirsch III. **602**.
Plate number 1446. Imperfect; wanting Tl. 1–13.

ANDRÉ (JOHANN ANTON)

— Sonate pour le clavecin, ou piano-forte avec violon obligé, etc. [Parts.] 2 pt. *Chez Jean André: Offenbach sur le Mein,* [1788.] fol. Hirsch III. **8**.
Journal de musique pour les dames. no. 30. Plate number 269.

ANDRÉ (JOHANN ANTON)

— Trois sonates pour le clavecin ou piano forté avec violon obligé . . . Oeuvre 2. [Parts.] 2 pt. *Chez Jean André: Offenbach sur le Mein,* [1790?] fol. Hirsch III. **11**.
Plate number 349.

ANDRÉ (JOHANN ANTON)

— Tänze für's Klavier. Hft. 1. *Bei J. André: Offenbach,* [1800.] obl. 4°. Hirsch III. **12**.
Plate number 1489.

ANDRÉ (JOHANN ANTON)

— Die Weiber von Weinsberg. [Cantata.] . . . Klavier-Auszug. [Vocal score.] pp. 11. *Bei Johann André: Offenbach,* [1800.] obl. fol. Hirsch IV. **1673**.
Plate number 1502.

ANDROMEDA UND PERSEUS.

— Andromeda und Perseus. Melodram. *See* ZIMMERMANN (A.)

ANDROUX (GIOVANNI GIACOMO)

— [Another copy.] Six Trios for two German Flutes or two Violins with a Thorough Bass for the Harpsicord. *London,* [1790?] fol. Hirsch M. **1468**. (6.)
Imperfect; wanting the titlepage and p. 13 of the primo part, and the basso part.

ANGELINI (CARLO ANTONIO)

— Six Sonatas or Duets for Two German Flutes or two Violins . . . Op: 1ma. [Score.] pp. 13. *Printed for Richard Duke and for Charles Foresman: London,* [1775?] fol.
Hirsch M. **1469**. (5.)

ANGRISANI (CARLO)

— Sei notturni a tre voci coll'accompagnamento del clavicembalo . . . Opera 1ma. pp. 27. [1797.] obl. fol.
Hirsch III. **605**.

ANNE AMELIA, Consort of Ernest Augustus Constantine, Grand Duke of Saxe Weimar.

— Divertimento per il piano forte, clarinetto, viola e violoncello. [Parts.] 4 pt. *Inciso da Ambrosius e Zahn: Weimar,* [1780?] fol. Hirsch III. **13**.

ARCHIV.

— Archiv der auserlesensten Musikalien. [Works by various composers.] 12 Stücke. *Bei Bossler: Speier,* [1788.] obl. 4°. Hirsch III. **14**.
Imperfect; wanting the violoncello part to Stück 8, 9.

— [Another copy of Stück 10, wanting the violoncello part.]
Hirsch III. **14a**.

ARLEQUIN MERCURE GALLANT.

— Arlequin Mercure gallant. Comédie en trois actes, mise au théâtre par Monsieur D***, et représentée pour la premiére fois . . . le 22. Janvier 1682. [With the music to seven airs.] 1721. 12°. Hirsch IV. **1336**. a.
Contained in tom. 1 of E. Gherardi's "Théâtre italien."

ARLEQUIN MISANTROPE.

— Arlequin misantrope. Comédie en trois actes. Mise au théâtre par Monsieur de B***, et représentée pour la premiére fois . . . le vingt deuxiéme jour de Decembre 1696. [With the music to three airs.] 1721. 12°.
Hirsch IV. **1336**. a.
Contained in tom. 6 of E. Gherardi's "Théâtre italien."

ARLEQUIN PHAETON.

— Arlequin Phaeton. Comédie en trois actes, mise au théâtre par Monsieur de Palaprat, et représentée pour la premiére fois . . . le 4. jour Février 1692. [With the music to three airs.] 1721. 12°. Hirsch IV. **1336**. a.
Contained in tom. 3 of E. Gherardi's "Théâtre italien."

ARNE (THOMAS AUGUSTINE) [*2. Operas, etc.—b. Single Works.—Artaxerxes.*]

— The Overture, Songs & Duets in the Opera of Artaxerxes . . . Properly dispos'd for the voice and harpsichord. pp. 42. *Printed for John Johnson: London,* [1762?] obl. fol. Hirsch IV. **3**. (5.)

ARNE (THOMAS AUGUSTINE) [*2. Operas, Cantatas and Dramatic Music.—b. Single Works.*]

— [Artaxerxes.] Overture in the Opera of Artaxerxes. [P.F.] pp. 2–5. [1797?] fol. Hirsch M. **1282**. (20.)
Watermark date 1797.

ARNE (Thomas Augustine) [2. *Operas, Cantatas and Dramatic Music.—b. Single Works.*]
—— [Another copy.] Thomas and Sally, or the Sailor's return, *etc. London,* [1765?] fol.   Hirsch M. **1363**.

ATTENDEZ-MOI SOUS L'ORME.
—— Attendez-moy sous l'orme. Comédie en un acte, mise au théatre par Monsieur du F***, et representée pour la premiére fois . . . le trentiéme jour de Janvier 1695. [With the music to two airs.] 1721. 12º.
    Hirsch IV. **1336**. a.
Contained in tom. 5 of E. Gherardi's "Théâtre italien."

ATTWOOD (Thomas)
—— The Prisoner, a Musical Romance . . . composed [and compiled] . . . by T. Attwood.   *London,* [1792.] *obl.* fol.   Hirsch M. **1364**.

AUBERLEN (Samuel Gottlob)
—— [Another copy.] Lieder fürs Clavier und Gesang. *St. Gallen,* 1784. *obl.* fol.   Hirsch III. **610**.

AUSWAHL.
—— Allerneueste Auswahl von Gesängen aus den vorzüglichsten Opern der deutschen Bühne fürs Clavier und Gesang eingerichtet. 2 Bd. 12 Stücke. *Im Verlage der Rellstabschen Musikhandlung und verbesserten Musikdruckerey: Berlin,* [1791, 92.] fol.   Hirsch IV. **1674**. b.

AUSWAHL.
—— Neue Auswahl von Gesängen aus Opern die auf der Nationalbühne zu Berlin vorzüglich gefallen haben fürs Clavier und Gesang eingerichtet . . . Zweyte Auflage. Stück 1–6. pp. 83. *Im Verlage der Rellstabschen Musikhandlung und verbesserten Musikdruckerey: Berlin,* [1788.] fol.   Hirsch IV. **1674**. a.

AVANTURES DES CHAMPS ELISÉES.
—— Les Avantures des champs elisées. Comédie en trois actes, mise au théatre par Monsieur le L. C. D. V., representée pour la premiére fois . . . le vingt-huitiéme jour de Novemb. 1693. [With the music to three airs.] 1721. 12º.   Hirsch IV. **1336**. a.
Contained in tom. 5 of E. Gherardi's "Théâtre italien."

AVISON (Charles)
—— Eight Concertos in seven Parts for four Violins, one Alto-Viola, a Violoncello and a Thorough Bass for the Harpsichord . . . Opera quarta. ⟨Violino primo concertino.—Violino primo ripieno.⟩ [Parts. With a frontispiece engraved by H. Gravelot.]   *Printed for John Johnson: London,* 1755. fol.   Hirsch M. **1366**.
Imperfect; wanting the other parts.

AVISON (Charles)
—— [Another copy.] Eight Concertos in seven parts . . . Opera quarta. ⟨Violino secondo ripieno.—Alto Viola.—Violoncello.⟩ *London,* 1755. fol.   Hirsch M. **1365**.
Imperfect; wanting the other parts.

AVISON (Charles)
—— [Another issue.] Eight Concertos in seven Parts . . . Opera quarta. ⟨Violino secondo concertino.—Basso ripieno.⟩ *London,* 1755. fol.   Hirsch M. **1367**.
Imperfect; wanting the other parts.

B . . ., D. L.
—— Annette et Lubin. Pastorale. Mise en musique par Monsieur D. L. B... [i.e. J. B. de Laborde] . . . Les parolles sont de M. Marmontel. Gravée par Melle Vendome, *etc.* [Score.] pp. 113.   *Chés Mr Moria: Paris,* [1765?] fol.   Hirsch II. **494**.

BABELL (William)
—— [Suits of Harpsicord Lessons.—Vò far guerra.] The Celebrated grand Lesson as adapted for the Harpsichord or Piano Forte . . . from a favourite Air out of the Opera of Rinaldo; composed by Mr Handel. pp. 12.   *Printed for J. Dale: London,* [1790?] fol.   Hirsch M. **1472**. (3.)

BACCELLI (Domenico)
—— *See* PICCINI (N.) La Buona figliuola . . . Musique . . . Arrangée par M. Baccelli, *etc.* [1771?] fol.
    Hirsch II. **735**.

BACH (Carl Philipp Emanuel) [1. *Vocal Music.*]
—— [Another copy.] Karl Wilhelm Rammlers Auferstehung und Himmelfahrt Jesu. *Leipzig,* 1787. fol.
    Hirsch IV. **665**.

BACH (Carl Philipp Emanuel) [1. *Vocal Music.*]
—— [Another copy.] Herrn Christoph Christian Sturms . . . geistliche Gesänge, *etc. Hamburg,* 1780. *obl.* fol.
    Hirsch III. **612**.
The first collection only.

BACH (Carl Philipp Emanuel) [1. *Vocal Music.*]
—— Herrn Professor Gellerts geistliche Oden und Lieder mit Melodien . . . Dritte Auflage. pp. 60.   *Bey George Ludewig Winter: Berlin,* 1764. *obl.* fol.
    Hirsch III. **615**.

BACH (Carl Philipp Emanuel) [1. *Vocal Music.*]
—— [Another copy.] Zwölf geistliche Oden und Lieder als ein Anhang zu Gellerts geistlichen Oden und Liedern mit Melodien. *Berlin,* 1764. *obl.* fol.   Hirsch III. **616**.

BACH (Carl Philipp Emanuel) [1. *Vocal Music.*]
—— [Another copy.] Heilig, mit zwey Chören und einer Ariette zur Einleitung. *Hamburg,* 1779. fol.
    Hirsch IV. **666**.

BACH (Carl Philipp Emanuel) [1. *Vocal Music.*]
—— [Another copy.] Die Israeliten in der Wüste, ein Oratorium. *Hamburg,* 1775. fol.   Hirsch IV. **667**.

BACH (Carl Philipp Emanuel) [1. *Vocal Music.*]
—— Zwey Litaneyen aus dem Schleswig-Holsteinischen Gesangbuche nach ihrer gewöhnlichen Melodie für acht Singstimmen in zwey Chören und dem dazu gehörigen Fundamente bearbeitet von C. P. E. Bach. pp. 20. *Wien,* 1792. 8º.   Hirsch III. **613**.

BACH (CARL PHILIPP EMANUEL) [1. *Vocal Music.*]
—— Klopstocks Morgengesang am Schöpfungs Feste in Partitur, und mit beigefügten Clavier Auszuge. pp. 8. *Bey Artaria et Compagnie:* [*Vienna,* 1785?] obl. fol.
Hirsch III. **614**.

BACH (CARL PHILIPP EMANUEL) [2. *Instrumental Music.—b. Sonatas and Sontinas.*]
—— Zweyte Fortsetzung von Sechs Sonaten fürs Clavier. [Wotquenne, no. 52.] pp. 33. *Bey George Ludewig Winter: Berlin,* 1763. obl. fol.
Hirsch M. **1368**.

BACH (CARL PHILIPP EMANUEL) [2. *Instrumental Music.—b. Sonatas and Sonatinas.*]
—— Sei sonate per cembalo ... Opera II^{da}. [Wotquenne, no. 49.] pp. 40. *Alle spese di Giovanni Ulrico Haffner: Norimberga,* [1744.] obl. fol. Hirsch III. **23**.
Plate number 15.

BACH (CARL PHILIPP EMANUEL) [2. *Instrumental Music.—b. Sonatas and Sonatinas.*]
—— [Another copy.] Sechs Sonaten fürs Clavier [no. 109–113] mit veränderten Reprisen, *etc.* [Wotquenne, no. 50.] *Berlin,* 1760. obl. fol. Hirsch III. **26**.

BACH (CARL PHILIPP EMANUEL) [2. *Instrumental Music.—b. Sonatas and Sonatinas.*]
—— [Another copy.] Sechs leichte Clavier Sonaten. [no. 125, 137, 135, 136, 124, 134.] [Wotquenne, no. 53.] pp. 36. *Leipzig,* 1766. obl. fol. Hirsch III. **15**.

BACH (CARL PHILIPP EMANUEL) [2. *Instrumental Music.—b. Sonatas and Sonatinas.*]
—— [Another copy.] Sei sonate [no. 158, 156, 146, 154, 144, 153] per il clavicembalo solo, all'uso delle donne. [Wotquenne, no. 54.] *Riga,* 1773. fol. Hirsch III. **25**.

BACH (CARL PHILIPP EMANUEL) [2. *Instrumental Music.—b. Sonatas and Sonatinas.*]
—— [Another copy.] Sechs Clavier-Sonaten [no. 170, 106, 173, 143, 169, 142] für Kenner und Liebhaber ... Erste Sammlung. [Wotquenne, no. 55.] pp. 46. *Leipzig,* 1779. obl. fol. Hirsch III. **16**.
With a "*Verzeichniss der Pränumeranten.*"

BACH (CARL PHILIPP EMANUEL) [2. *Instrumental Music.—b. Sonatas and Sonatinas.*]
—— [Another copy.] Clavier-Sonaten [no. 177, 172, 178, 184, 179, 185] nebst einigen Rondos fürs Forte-Piano für Kenner und Liebhaber ... Zweyte Sammlung. [Wotquenne, no. 56.] *Im Verlage des Autors: Leipzig,* 1780. obl. fol. Hirsch III. **17**.

BACH (CARL PHILIPP EMANUEL) [2. *Instrumental Music.—b. Sonatas and Sonatinas.*]
—— [Another copy.] Clavier-Sonaten [no. 183, 171, 186, 162, 180, 127] nebst einigen Rondos fürs Forte-Piano für Kenner und Liebhaber ... Dritte Sammlung. [Wotquenne, no. 57.] *Leipzig,* 1781. obl. fol. Hirsch III. **18**.

BACH (CARL PHILIPP EMANUEL) [2. *Instrumental Works.—b. Sonatas and Sonatinas.*]
—— [Another copy.] Clavier-Sonaten und freye Fantasien nebst einigen Rondos fürs Fortepiano [no. 194, 189, 188, 145, 182, 193, 192] für Kenner und Liebhaber ... Vierte Sammlung. [Wotquenne, no. 58.] *Leipzig,* 1783. obl. fol.
Hirsch III. **19**.

BACH (CARL PHILIPP EMANUEL) [2. *Instrumental Music.—b. Sonatas and Sonatinas.*]
—— [Another copy.] Clavier-Sonaten und freye Fantasien nebst einigen Rondos fürs Fortepiano [no. 198, 181, 197, 199, 191, 196] ... Fünfte Sammlung. [Wotquenne, no. 59.] *Leipzig,* 1785. obl. fol. Hirsch III. **20**.

BACH (CARL PHILIPP EMANUEL) [2. *Instrumental Music.—b. Sonatas and Sonatinas.*]
—— [Another copy.] Sei sonate per cembalo, *etc.* [Wotquenne, no. 48.] *Norimberga,* [1742.] fol.
Hirsch III. **24**.

BACH (CARL PHILIPP EMANUEL) [2. *Instrumental Music.—d. Trios.*]
—— [Another copy.] Claviersonaten mit einer Violine und einem Violoncell zur Begleitung. Samml. 1, 2. [Wotquenne, no. 90, 91.] *Leipzig,* 1776, 77. obl. fol. Hirsch III. **21**.

BACH (CARL PHILIPP EMANUEL) [2. *Instrumental Music.—e. Miscellaneous.*]
—— [Another copy.] Kurze und leichte Clavierstücke mit veränderten Reprisen, *etc.* [Wotquenne, no. 113.] *Augsburg,* 1768. fol. Hirsch III. **22**.

BACH (CARL PHILIPP EMANUEL) [2. *Instrumental Music.—e. Miscellaneous.*]
—— Zwölff zweÿ— und dreÿ—stimmige kleine Stücke für die Flöte oder Violin und das Clavier. [Wotquenne, no. 82. For two flutes or two violins, with cembalo accompaniment to no. 1, 3, 5–7, 9, 11.] [Parts.] 31 pt. *Bey Friedrich Schönemann: Hamburg,* [1770.] obl. 8°.
Hirsch III. **27**.

BACH (CARL PHILIPP EMANUEL) [5. *Appendix.*]
—— *See* BACH (J. S.) Johann Sebastian Bach's vierstimmige Choralgesänge. [Edited by C. P. E. Bach.] 1785–87. 4°. Hirsch III. **43**.

BACH (JOHANN CHRISTIAN) [1. *Operas and Oratorios.*]
—— [Another copy.] Amadis des Gaules. *Paris,* [1780?] fol. Hirsch II. **32**.

BACH (JOHANN CHRISTIAN) [1. *Operas and Oratorios.*]
—— [Another issue.] The Favourite Songs in the Opera Carattaco. *London,* [1768.] fol. Hirsch III. **618**.

BACH (JOHANN CHRISTIAN) [2. *Songs and Duets.—a. Collections.*]
—— [Another copy.] A Collection of Favourite Songs sung at Vauxhall by Mrs Weichsell. *London,* [1766.] fol.
Hirsch III. **617**.

BACH (JOHANN CHRISTIAN) [3. *Instrumental.—a. Concertos.*]
—— Six concerts pour le clavecin avec l'accompagnement des deux violons & violoncelle... Oeuvre VII. [Parts.] 4 pt. *Chez J. J. Hummel: Amsterdam*, [1768?] fol.
Hirsch III. **28**.
Plate number 116.

BACH (JOHANN CHRISTIAN) [3. *Instrumental.—a. Concertos.*]
—— A Second Sett of Six Concertos for the Harpsichord or Piano Forte with accompanyments for two violins & a violoncello... Opera VII. [Parts.] 4 pt. *Welcker: London*, [1775?] fol.
Hirsch III. **29**.

BACH (JOHANN CHRISTIAN) [3. *Instrumental.—b. Quartets.*]
—— [Another copy.] Four Quartettos, two for two Flutes, a Tenor and Violoncello, one for two Flutes, a Violin and Violoncello, and one for a Flute & Hoboy, or two Flutes, a Tenor & Violoncello... Opera XIX. *London*, [1783.] fol.
Hirsch III. **30**.

BACH (JOHANN CHRISTIAN) [3. *Instrumental.—b. Quartets.*]
—— [Another copy.] Six Quartettos for a German Flute, Violin, Tenor and Bass, or two Violins, a Tenor and Bass. By Messrs Bach, Abel & Giardini. *London*, [1776.] fol.
Hirsch III. **31**.

BACH (JOHANN CHRISTIAN) [3. *Instrumental.—c. Sonatas and Trios.*]
—— [Another copy.] Six sonates pour le clavecin, accompagnées d'un violon ou flute traversiére et d'un violoncelle... Oeuvre II. *Londres*, [1764.] fol. Hirsch III. **36**.

BACH (JOHANN CHRISTIAN) [3. *Instrumental.—c. Sonatas and Trios.*]
—— [Another copy.] Six sonates pour le clavecin ou le piano forte... Oeuvre V. [*London*, 1770?] obl. fol.
Hirsch III. **35**.

BACH (JOHANN CHRISTIAN) [3. *Instrumental.—c. Sonatas and Trios.*]
—— [Another copy.] Six Sonatas, for the Harpsichord or Piano Forte; with an accompagnament [*sic*] for a violin... Opera X. *London*, [1773.] obl. fol. Hirsch III. **33**.

BACH (JOHANN CHRISTIAN) [3. *Instrumental.—c. Sonatas and Trios.*]
—— [Another copy.] Four Sonatas and two Duetts for the Piano Forte or Harpsicord with Accompaniments... Opera XV. *London*, [1778.] fol. Hirsch IV. **1587**.
Imperfect; wanting the accompaniments and the second harpsichord part of the duets.

BACH (JOHANN CHRISTIAN) [3. *Instrumental.—c. Sonatas and Trios.*]
—— [Another copy.] Six Sonatas for two Violins and a Violoncello with a Thorough Bass for the Harpsichord. Composed by Messrs Bach, Abel & Kammell. *London*, [1780?] fol.
Hirsch III. **34**.

BACH (JOHANN CHRISTIAN) [3. *Instrumental.—d. Symphonies.*]
—— Six simphonies à deux violons, alto viola et basse, deux hautbois et cors de chasse... Oeuvre troisième. [Parts.] 8 pt. *Chez J. J. Hummel: Amsterdam*, [1765?] fol.
Hirsch III. **32**.

BACH (JOHANN CHRISTIAN) [3. *Instrumental.—e. Miscellaneous.*]
—— A Favourite Overture [in D] in 8 Parts for Violins, Hoboys, French Horns, with a Bass for the Harpsicord and Violoncello. ⟨No. II.⟩ [Parts.] 9 pt. *Printed for I. Walsh: London*, [1765?] fol. Hirsch IV. **1586**.
This set includes two copies of the basso part.

BACH (JOHANN CHRISTOPH FRIEDRICH)
—— [Another copy.] Die Amerikanerinn. *Riga*, 1776. obl. fol. Hirsch III. **619**.

BACH (JOHANN SEBASTIAN)
—— [Another copy.] Johann Sebastian Bachs vierstimmige Choralgesänge gesammlet von Carl Philipp Emanuel Bach. *Berlin & Leipzig*, 1765, 69. obl. fol. Hirsch III. **42**.
With a revised list of "Druckfehler."

BACH (JOHANN SEBASTIAN)
—— Johann Sebastian Bach's vierstimmige Choralgesänge. [Edited by C. P. E. Bach.] 4 Tl. pp. 218. *Bey Johann Gottlob Immanuel Breitkopf: Leipzig*, 1785–87. 4°.
Hirsch III. **43**.

BACH (JOHANN SEBASTIAN)
—— [Another copy.] Clavir Ubung bestehend in Præludien, Allemanden, Couranten, Sarabanden, Giguen, Menuetten, und andern Galanterien... Opus 1. FEW MS. CORRECTIONS. [*Leipzic*,] 1731. obl. 4°. Hirsch III. **37**.

BACH (JOHANN SEBASTIAN)
—— [Another copy.] [Clavier Uebung. Theil II.] Zweyter Theil der Clavier Vbung, *etc.* MS. CORRECTIONS. [*Nuremberg*, 1735.] fol. Hirsch III. **38**.

BACH (JOHANN SEBASTIAN)
—— [Another copy.] [Clavier Uebung. Theil III.] Dritter Theil der Clavier Vbung, *etc.* [*Leipzic*, 1739.] obl. fol.
Hirsch III. **39**.
Imperfect; wanting pp. 26–29, which have been supplied in MS.

BACH (JOHANN SEBASTIAN)
—— [Another copy.] Clavier Ubung [Theil IV], *etc.* MS. CORRECTIONS. *Nürnberg*, [1742.] fol. Hirsch III. **40**.

BACH (JOHANN SEBASTIAN)
—— Einige canonische Veränderungen über das Weynachts-Lied: Vom Himmel hoch da komm ich her, vor die Orgel mit 2 Clavieren und dem Pedal. pp. 6. *In Verlegung Balth: Schmids: Nürnberg*, [1748.] fol. Hirsch III. **74**.

BACH (Johann Sebastian)
—— Glückwünschende Kirchen Motetto, als bey solennen Gottesdienste, in der Haupt-Kirchen B.M.V. der gesegnete Raths-Wechsel, am 4. Februarii dieses m.d.c.c.viii. Jahres geschach, etc. [Parts.] 19 pt. *Druckts Tobias David Brückner: Mühlhausen,* [1708.] fol. Hirsch III. **620.**

BACH (Johann Sebastian)
—— [Another copy.] Die Kunst der Fuge. [*Leipzic,* 1752.] *obl.* fol. Hirsch III. **63.**

BACH (Johann Sebastian)
—— [Eight sacred songs, sometimes attributed to J. S. Bach.] [1717.] 8°. Hirsch III. **844.**
Contained in "Geistliche Oden, vermischte Gedichte und poetische Grabschrifften," which forms part of C. Hofmann von Hofmannswaldau's "Deutsche Übersetzungen," etc.

BACH (Johann Sebastian)
—— Trois sonates pour le violon seul sans basse . . . Édition gravée sur le manuscrit original de l'auteur. [With a portrait.] pp. 23. *Chez Decombe: Paris,* [1800?] fol. Hirsch III. **75.**
Plate number 201.

BAENDCHEN.
—— Das Bändchen. Terzett. *See* Mozart (W. A.) [*C. Vocal Music.—IV. Songs.—c. Two or more Voices.*]

BAGUETTE DE VULCAIN.
—— La Baguette de Vulcain. Comédie en un acte, mise au théâtre par Messieurs Regnard & du F***, et representée pour la premiére fois . . . le dixiéme jour de janvier 1693. [With the music to six airs.] 1721. 12°. Hirsch IV. **1336. a.**
Contained in tom. 4 of E. Gherardi's "Théâtre italien."

BAI (Tommaso)
—— [Miserere.] *See* Burney (Charles) La Musica che si canta . . . nelle funzioni della settimana santa . . . composta da Palestrina . . . e Bai, *etc.* 1771. fol. Hirsch IV. **727.**

BAINS DE LA PORTE SAINT BERNARD.
—— Les Bains de la porte S. Bernard. Comédie en trois actes. Mise au théâtre par Monsieur de Boisfran, et representée pour la premiére fois . . . le douziéme jour de juillet 1696. [With the music to six airs.] 1721. 12°. Hirsch IV. **1336. a.**
Contained in tom. 6 of E. Gherardi's "Théâtre italien."

BALDE (Jacobus)
—— [Another copy.] Jacobi Baldesi Agathyrsus. Teutsch. [With anonymous music to four songs by J. Balde?] *München,* 1647. 12°. Hirsch III. **622.**
Imperfect; wanting the frontispiece.

—— [Another copy.] Hirsch III. **622a.**

BALDE (Jacobus)
—— [Another copy.] I. Balde . . . Iephtias. Tragœdia. ⟨Melodramatica [by J. Balde?] in tragœdia Jephtiade usurpata.⟩ *Ambergæ,* 1654. 12°. Hirsch III. **625.**

BALDENECKER (Udalrich)
—— Six trios à un violon, taille & violoncello concertans . . . Oeuvre I. [Parts.] 3 pt. *Chez W. N. Haueisen: Francfort sur le Mein,* [1785?] fol. Hirsch M. **1369.**

BALLARD (Christophe)
—— [Another copy.] Brunetes, ou Petits airs tendres, *etc. Paris,* 1703–11. 8°. Hirsch III. **626.**

BARBELLA (Emanuele)
—— *See* Hoffman ( ) Six Duettos for two Violins. Composed in a familiar stile By Hoffman, Barbella and Haydn. [1794?] fol. Hirch M. **1465. (3.)**

BASSANI (Giovanni Battista)
—— Suonate a due, tre instrumenti, col basso continuo per l'organo . . . Opera quinta. ⟨Violino primo.—Violino secondo.—Violoncello.—Organo.⟩ [Parts.] 4 pt. *Appresso Henrico Aertssens: Anversa,* 1691. fol. Hirsch IV. **1589.**

BEAULIEU (Girard de) and **SALMON** (Jacques)
—— [Another copy.] Balet comique de la royne, faict aux nopces de monsieur le Duc de Ioyeuse & madamoyselle de Vaudemont sa sœur, *etc. Paris,* 1582. 4°. Hirsch III. **629.**

BEECKE (Ignaz von)
—— Der brave Mann, von Bürger, *etc.* [Song with orchestra. Score.] pp. 55. *Gestochen von Bernard Schott: Mainz,* [1784.] fol. Hirsch III. **631.**

BEETHOVEN (Ludwig van)
—— Abschiedsgesang an Wiens Bürger beim Auszug der Fahnendivision des Corps der Wiener Freiwilligen, von Fridelberg, *etc.* pp. 3. *Bei Artaria et Comp.: Wien,* [1796.] *obl.* fol. Hirsch IV. **456.**
Plate number 681.

BEETHOVEN (Ludwig van)
—— Adelaide, von Matthison. [Op. 46.] Eine Kantate für eine Singstime [*sic*] mit Begleitung des Clavier. pp. 9. *Bey Artaria et Comp.: Wien,* [1797.] *obl.* fol. Hirsch IV. **286.**
Plate number 691.

—— [Another copy.] Hirsch IV. **286. a.**

BEETHOVEN (Ludwig van)
—— [Another copy.] XII Deutsche Tænze im Clavierauszug, *etc. Wien,* [1795.] Hirsch IV. **421.**

BEETHOVEN (Ludwig van)
—— [A reissue.] XII Deutsche Tænze im Clavierauszug, *etc. Wien,* [1800?] *obl.* fol. Hirsch IV. **421. a.**
Plate number 609.

BEETHOVEN (Ludwig van)
—— Kriegs Lied der Oesterreicher, von Friedelberg, *etc.* [Song.] pp. 3. *Bei Artaria et Comp.: Wien,* [1797.] *obl.* fol. Hirsch IV. **457.**
Plate number 701.

BEETHOVEN (LUDWIG VAN)
—— [Another copy.] XII Menuetten im Clavierauszug, etc. Wien, [1795.] obl. fol. Hirsch IV. **420**.

BEETHOVEN (LUDWIG VAN)
—— VI Menuetten für das Clavier . . . 2ten Theil. pp. 7. Bey Artaria et Comp.: Wien, [1796.] obl. fol. Hirsch IV. **433**.
Plate number 641.

BEETHOVEN (LUDWIG VAN)
—— Grand quintetto per due violini, due viole, e violoncello . . . Opera IV. [Parts.] 5 pt. Presso Artaria e comp.: Vienna, [1796.] fol. Hirsch IV. **241**.
Plate number 627.

BEETHOVEN (LUDWIG VAN)
—— [Another issue.] Grand quintetto . . . Opera [IV]. Presso [Artaria e] comp.: Vienna, [1796.] fol. Hirsch IV. **241**. a.
Plate number 627. The imprint has been partly erased.

BEETHOVEN (LUDWIG VAN)
—— Rondo pour le clavecin ou piano-forte. [Op. 51. No. 1.] pp. 6. Chez Artaria et comp.: Vienne, [1800?] obl. fol. Hirsch IV. **290**.
Plate number 711.

BEETHOVEN (LUDWIG VAN)
—— [Another copy.] Serenata per violino, viola e violoncello . . . Opera VIII. Vienna, [1797.] fol. Hirsch IV. **245**.

BEETHOVEN (LUDWIG VAN)
—— [Another issue.] Trois sonates pour le clavecin ou piano-forte . . . Oeuvre II. Vienne, [1796.] obl. fol. Hirsch IV. **240**.
Plate number 614.
—— [Another copy.] Hirsch IV. **240**. b.

BEETHOVEN (LUDWIG VAN)
—— [Another copy.] Deux grandes sonates pour le clavecin ou piano-forte avec un violoncelle obligé . . . Oeuvre 5me. Vienne, [1797.] obl. fol. Hirsch IV. **242**.

BEETHOVEN (LUDWIG VAN)
—— Sonate a quatre mains pour le clavecin ou forte-piano . . . Oeuvre 6. pp. 15. Chez Artaria et comp.: Vienne, [1797.] obl. fol. Hirsch IV. **243**.
Plate number 712.

BEETHOVEN (LUDWIG VAN)
—— Grande sonate pour le clavecin ou piano-forte . . . dediée a Mademoiselle la Comtesse Babette de Keglevics . . . Oeuv: 7. pp. 23. Chez Bernard Schott: Mayence, [1790?] fol. Hirsch M. **1370**.
The titlepage bears the autograph signature of Maximiliane Brentano.

BEETHOVEN (LUDWIG VAN)
—— Grande sonate pour le clavecin ou piano forte . . . Oeuvre 7. pp. 22. Chez Artaria et comp.: Vienne, [1797.] obl. fol. Hirsch IV. **244**.
Plate number 713.

BEETHOVEN (LUDWIG VAN)
—— [Another copy.] Trois sonates pour le clavecin ou piano forte . . . Oeuvre 10. Vienne, [1798.] obl. fol. Hirsch IV. **247**.

BEETHOVEN (LUDWIG VAN)
—— [Another copy.] Tre sonate per il clavicembalo o forte-piano con un violino . . . Opera 12. Vienna, [1799.] obl. fol. Hirsch IV. **249**.

BEETHOVEN (LUDWIG VAN)
—— [Another copy.] Grande sonate pathétique pour le clavecin ou piano-forte . . . Oeuvre 13. [Vienna, 1799.] obl. fol. Hirsch IV. **250**.

BEETHOVEN (LUDWIG VAN)
—— [Another copy.] Drei Sonaten fürs Klavier, etc. Speier, [1783.] fol. Hirsch IV. **430**.

BEETHOVEN (LUDWIG VAN)
—— Trois trios pour le piano-forte, violon, et violoncelle . . . Oeuvre 1re. [Parts.] 3 pt. Chez Artaria et comp.: Vienne, [1795.] obl. fol. Hirsch IV. **238**.

BEETHOVEN (LUDWIG VAN)
—— Gran trio per violino, viola, e violoncello . . . Opera III. [Parts.] 3 pt. Presso Artaria e comp.: Vienna, [1796.] fol. Hirsch IV. **240**. a.
Plate number 626.

BEETHOVEN (LUDWIG VAN)
—— [Another copy.] Trois trios pour un violon, alto, et violoncelle . . . Oeuvre 9. Vienne, [1798.] fol. Hirsch IV. **246**.

BEETHOVEN (LUDWIG VAN)
—— Grand trio pour le piano-forte avec un clarinette ou violon, et violoncelle . . . Oeuvre XIme. [Parts.] 4 pt. Chez T. Mollo et comp.: Vienne, [1798.] obl. fol. Hirsch IV. **248**.
Plate number 106.

BEETHOVEN (LUDWIG VAN)
—— [Variations. Op. 66.] XII variations sur le thême (ein Mädchen oder Weibchen) de l'opéra die Zauberflöte [by W. A. Mozart] pour le piano-forte avec un violoncelle obligé . . . No. 6. [Parts.] 2 pt. Chez Jean Traeg: Vienne, [1800?] obl. fol. Hirsch IV. **306**.
Plate number 05.

BEETHOVEN (LUDWIG VAN)
Variations, without opus number, arranged according to the pages of Nottebohm's "Thematisches Verzeichniss der im Druck erschienenen Werke von Ludwig van Beethoven. Zweite vermehrte Auflage," 1868.

BEETHOVEN (LUDWIG VAN)
—— [Variations. N. p. 144.] XII variations [on " Se vuol ballare " from Mozart's opera " Le Nozze di Figaro "] pour le clavecin ou piano-forte avec un violon obligé... N^ro I. [Parts.] 2 pt.   *Chez Artaria comp.: Vienne,* [1793.] *obl.* fol.   Hirsch IV. **425**.
Plate number 437.

BEETHOVEN (LUDWIG VAN)
—— [Variations. N. p. 145.] [Another copy.] XII variations pour le clavecin ou piano-forte avec un violoncelle obligé sur un theme [" See the conquering Hero "] de Händel: dans l'oratoire Judas Macabée... N° [5.] *Vienne,* [1797.] *obl.* fol.   Hirsch IV. **426**.

BEETHOVEN (LUDWIG VAN)
—— [Variations. N. p. 146.] [Another copy.] Variations à quatre mains pour le piano forte sur un theme de Monsieur le Comte de Waldstein. *Bonn,* [1794.] *obl.* fol.
Hirsch IV. **428**.

BEETHOVEN (LUDWIG VAN)
—— [Variations. N. p. 155.] Ariette tirée de l'operette das rothe Kaeppchen [by C. Ditters von Dittersdorf], Es war einmal ein alter Mann. Variée pour le clavecin ou piano forte. pp. 11.   *Ches Simmrock* [sic]: *Bonn,* [1793.] *obl.* fol.
Hirsch IV. **436**.
Plate number 3.

BEETHOVEN (LUDWIG VAN)
—— [Variations. N. p. 155.] Variazioni sopra il duetto Nel cor più no mi sento, dell'opera Molinara [by G. Paisiello] per il clavicembalo o forte piano... Op. III. pp. 5. *Presso Giovanni Traeg: Vienna,* [1796.] *obl.* fol.
Hirsch IV. **438**.
Plate number 4.

BEETHOVEN (LUDWIG VAN)
—— [Variations. N. p. 155.] [Another issue.] Variazioni sopra il duetto Nel cor più... per il clavicembalo... N° III.   *Vienna,* [1796?] *obl.* fol.   Hirsch IV. **438**. a.
Plate number 7.

BEETHOVEN (LUDWIG VAN)
—— [Variations. N. p. 155.] Variazioni della thema Quant'è più bello l'amor contadino nell'opera La Molinara [by G. Paisiello] per il piano-forte... Op. II. pp. 7. *Presso Giov. Traeg: Vienna,* [1795.] *obl.* fol.   Hirsch IV. **437**.
Plate number 3.

BEETHOVEN (LUDWIG VAN)
—— [Variations. N. p. 155.] Variazioni della thema Quant'è più bello l'amor contadino, nell'opera La Molinara [by G. Paisiello] per il piano-forte. pp. 7.   *Presso N. Simrock: Bonna,* [1797?] *obl.* fol.   Hirsch III. **122**.
Plate number 32.

BEETHOVEN (LUDWIG VAN)
—— [Variations. N. p. 156.] [Another copy.] XII variations pour le clavecin ou piano-forte sur la danse russe dansée par Mlle Cassentini dans le ballet: das Waldmädchen... N° [4.] *Vienna,* [1797.] *obl.* fol.   Hirsch IV. **440**.

SIG. 2.—PART 53.

BEETHOVEN (LUDWIG VAN)
—— [Variations. N. p. 156.] [Another copy.] XII variazioni per il clavi cembalo o piano-forte sul menuetto ballato dalla Sig^a Venturini e Sig^ra Chechi nel ballo delle Nozze disturbate... N^ro 3.   *Vienna,* [1796.] *obl.* fol.
Hirsch IV. **439**.

BEETHOVEN (LUDWIG VAN)
—— [Variations. N. p. 156.] Six variations faciles d'un air suisse pour la harpe ou le forte-piano... N° 6.   pp. 5. *Chez N. Simrock: Bonn,* [1799.] *obl.* fol.   Hirsch IV. **441**.
Plate number 78.

BEETHOVEN (LUDWIG VAN)
—— [Variations. N. p. 157.] [Another copy.] X variations pour le clavecin ou piano-forte sur le duo La Stessa, la Stessissima dell'opera Falstaff osia le Trè burlé [by A. Salieri]... N° 8.   pp. 13.   *Chez Artaria et comp.: Vienne,* [1799.] *obl.* fol.   Hirsch IV. **443**.
Plate number 807.

BEETHOVEN (LUDWIG VAN)
—— [Variations. N. p. 157.] VIII variations sur le tême (Mich brant ein heisses Fieber) de l'opera Richard Löwenherz [i.e. " Richard Cœur de Lion," by A. E. M. Grétry], pour le piano-forte... N° [7.] pp. 10.   *Chez Jean Traeg: Vienne,* [1798.] *obl.* fol.   Hirsch IV. **442**.
Plate number 58.

—— [Another issue, without plate number.]
Hirsch IV. **442**. a.

BEETHOVEN (LUDWIG VAN)
—— [Variations. N. p. 158.] VI variations pour le clavecin ou piano-forte sur le trio Tändeln und Scherzen de l'opera Soliman oder die drey Sultaninnen [by F. X. Süssmayer]... N° 10.   pp. 13.   *Che* [sic] *F. A. Hoffmeister:* [*Vienna,* 1799.] *obl.* fol.   Hirsch IV. **445**.

BEETHOVEN (LUDWIG VAN)
—— [Variations. N. p. 158.] [Another copy.] VII variazioni dell quartetto—Kind willst du richtig schlafen, dell'opera das Opferfest, per clavicembalo o piano-forte... N° 9. *Vienna,* [1799.] *obl.* fol.   Hirsch IV. **444**.

BEGGAR'S OPERA.
—— [Another copy.] The Beggar's Opera... The third edition, *etc.   London,* 1729.   4°.   Hirsch IV. **1576**. (**1**.)

BEGGAR'S OPERA.
—— The Beggar's Opera... The third edition: to which is added the ouverture in score; and the musick prefix'd to each song.   pp. 8. 76.   *Printed for John Watts: London,* 1733.   8°.   Hirsch III. **980**. (**1**.)

BEGGAR'S OPERA.
—— [Another copy.] The Beggar's Opera... The seventh edition, *etc.   London,* 1754.   8°.   Hirsch III. **981**.

BEITRAG.

—— Beytrag zur Aufnahme des Gesangs aus den wercken der grösten Tonsezer gezogen fürs Clavier gesezt, *etc.* [Hft. 2, 5, edited by A. Streicher, Hft. 4 by A. C. Brand.] Hft. 2, 4, 5. *J. M. Götz: Mannheim u. München,* [1786.] *obl.* fol. Hirsch III. **1117.**
Plate numbers 145B, 145D, 145E.

BELLE ARSÈNE.

—— La Belle Arsène. Comédie-féerie en quatre actes par M^r ***. [Libretto by C. S. Favart, music by P. A. Monsigny.] ⟨Gravée par Mad: Vendôme et Melle sa fille.⟩ [Score.] pp. 109. *Chez Le Sr Houbaut: Paris,* [1775?] fol. Hirsch II. **607.**

BENAUT ( ) *Maître de clavecin.*

—— Pieces d'orgue. Messe en la mineur. pp. 12. *Chez l'auteur: Paris,* [1770?] *obl.* fol. Hirsch III. **123.**

BENDA (GEORG)

—— [Another copy.] Ariadne auf Naxos, ein Duodrama, *etc. Leipzig,* [1781.] *obl.* fol. Hirsch II. **47.**

BENDA (GEORG)

—— [Another copy.] Der Dorfjahrmarkt, eine komische Oper, *etc. Leipzig,* 1776. *obl.* fol. Hirsch IV. **1139.**

BENDA (GEORG)

—— [Another copy.] Medea, *etc.* [Opera.] *Leipzig,* 1778. *obl.* fol. Hirsch IV. **1140.**

BENDA (GEORG)

—— [Another copy.] Klavierauszug von Romeo und Julie, einer Oper, *etc. Leipzig,* 1778. *obl.* fol. Hirsch IV. **1141.**

BENDA (GEORG)

—— [Another copy.] Sei sonate per il cembalo solo. *Berlino,* 1757. *obl.* fol. Hirsch III. **124.**

BENDA (GEORG)

—— [Another copy.] Walder, eine ernsthafte Operette, *etc. Gotha,* 1777. *obl.* fol. Hirsch IV. **1142.**

BERGÈRE DES ALPES.

—— La Bergère des Alpes. Pastorale. *See* KOHAUT (J.)

BERTIN DE LA DOUÉ (T.)

—— [Another copy.] Ajax. Tragédie en musique, *etc.* [*Paris,*] 1716. *obl.* 8°. Hirsch II. **51.**

BERTON (HENRI MONTAN)

—— [Another copy.] Le Délire. Opéra, *etc. Paris,* [1799.] fol. Hirsch II. **55.**

BERTON (HENRI MONTAN)

—— Ponce de Lëon. Opéra bouffon en trois actes . . . par H. Berton . . . Auteur des paroles et de la musique, *etc.* [Score.] pp. 314. *Chez Doisy: Paris,* [1797?] fol. Hirsch II. **58.**

BERTON (PIERRE MONTAN)

—— Erosine. Pastorale héroique . . . Les paroles par M. de Moncrif. [Score.] pp. 93. *Chez M. de la Chevardiere: Paris,* [1768?] fol. Hirsch II. **61.**

BERTON (PIERRE MONTAN)

—— *See* GIRAUD (F. J.) and BERTON (P. M.) Deucalion et Pirrha, *etc.* 1755. fol. Hirsch II. **257.**

BERTONI (FERDINANDO GIUSEPPE)

—— [Another copy.] The Favourite Songs in the Opera Artaserse. *London,* [1779.] fol. Hirsch III. **645.**

BERTONI (FERDINANDO GIUSEPPE)

—— Orfeo. Azione teatrale rappresentata nel . . . Teatro di S. Benedetto di Venezia nel carnovale dell anno MDCCLXXVI, *etc.* [Score.] pp. 95. *Innocente Alessandri, e Pietro Scattaglia: Venezia,* [1776?] *obl.* fol. Hirsch II. **62.**

BERTONI (FERDINANDO GIUSEPPE)

—— Sei sonate per cembalo o piano forte con accompagnamento di violino a piacere . . . Opera XI. [Parts.] 2 pt. *Presso Antonio Zatta e figli: Venezia,* [1790?] *obl.* fol. Hirsch IV. **1591.**
A slip bearing the imprint "Presso Giuseppe Benzon" has been pasted over the name of the original publisher on the cembalo part.

BESLER (SAMUEL)

—— [Another copy.] Gaudij Paschalis Iesu Christi Redivivi, in Gloriosissimæ Resurrectionis ejus lætam celebrationem relatio historica, à quatuor Evangelistis consignata & Melodiâ Harmonicâ adornata . . . Durch S. Beslerum zum Druck verlegt und verfertiget. *Breslæ,* 1612. fol. Hirsch III. **1066.**

BETHOVEN (LUDWIG VAN) *See* BEETHOVEN.

BEYTRAG. *See* BEITRAG.

BIBLIOTHEK.

—— Bibliothek der Grazien. *See* PERIODICAL PUBLICATIONS.—*Spire.*

BIBLIS.

—— Biblis. Tragédie. *See* LACOSTE ( )

BICKHAM (GEORGE)

—— [Another copy.] The Musical Entertainer, *etc. London,* [1737, 38.] fol. Hirsch III. **650.**
Imperfect; wanting the titlepage to vol. 2. This copy is of the first edition except for fol. 78, 85, 86, 95 of vol. 2, which are of the second issue. Vol. 1 contains the four numbered leaves following the list of subscribers.

BLAISE ET BABET.

—— Blaise et Babet. Comédie. *See* DEZÈDE (N.)

BLAISE (ADOLPHE)

—— Les Amours champestres, pastorale, parodie de l'acte des sauvages, quatriéme entrée des Indes galantes [libretto by L. Fuzelier, music by J. P. Rameau] ... avec les airs notés. ⟨Musettes, chantées dans les Amours champêtres, par Mr Blaise.⟩ pp. 43. 9. *Chez la v. Delormel & fils: Paris,* 1751. 8°. Hirsch IV. **1332**.

BLAISE (ADOLPHE)

—— Isabelle et Gertrude, ou les Sylphes supposés. Comédie en un acte par M. Favart, *etc.* [Vocal score.] pp. 48. *Chez Mr de la Chevardière: Paris,* [1775?] fol. Hirsch II. **69**.

BLAKE (BENJAMIN)

—— [Another copy.] A Third Sett of six Duetts for a Violin and Tenor ... Op. III. *London,* [1785?] fol. Hirsch M. **1470. (6.)**

BLAND (JOHN)

—— Bland's Collection of Sonatas, Lessons, Overtures, Capricios, Divertimentos &c. &c. for the Harpsichord or Piano Forte. vol. 2. no. 18. *Bland: London,* [1795?] fol. Hirsch M. **1408**.
Imperfect; wanting all the other numbers.

BLAVET (MICHEL)

—— 1^r recueil de pièces, petits airs, brunettes, menuets, &c. avec des doubles et variations, accomodé pour les flutes travers, violons, pardessus de viole etc. par M. Blavet ... Le tout recueilli et mis en ordre par M ***. pp. 80. *Chez M. Blavet: Paris,* [1750?] *obl.* 4°. Hirsch III. **125**.

BLOW (JOHN)

—— Amphion Anglicus. A work of many compositions, for one, two, three and four voices: with several accompagnements of instrumental musick; and a thorow-bass to each song: figur'd for an organ, harpsichord, or theorboe-lute. [With a portrait.] pp. viii. 216. *William Pearson, for the Author: London,* 1700. fol. Hirsch III. **656**.

BLUMENLESE.

—— Blumenlese für Klavierliebhaber. *See* PERIODICAL PUBLICATIONS.—*Spire.*

BLUMENSTRAUSS.

—— Zweiter ⟨dritter⟩ musikalischer Blumenstrauss. ⟨IV. Musikalische Blumenlese für das Jahr 1795. Herausgegeben von Johann Friedrich Reichardt.⟩ 3 no. *Im Verlage der neuen Berlinischen Musikhandlung: Berlin,* [1793?-95.] 4°. Hirsch III. **659**.
Imperfect; wanting no. 1. The wrapper of "Musikalische Blumenlese" bears the words "IV. musikalischer Blumenstrauss."

BOCCHERINI (LUIGI)

—— Concerto per il violoncello obligato. ⟨Op. 34.⟩ [Parts.] 9 pt. *Presso Artaria compagni: Vienna,* [1787?] fol. Hirsch III. **127**.
Imperfect; wanting the parts for violino secondo ripieno, viola and basso, which have been supplied in MS.

BOCCHERINI (LUIGI)

—— Sei divertimenti per due violini, alto e violoncello ... Opera XI. Libro quarto di quartetti. Mis au jour par Mr Boyer. [Parts.] 4 pt. *Chez M. Boyer: Paris,* [1795?] fol. Hirsch III. **128**.
Plate number 518.

BOCCHERINI (LUIGI)

—— Sei quartetti per due violini, alto e violoncello obbligati ... Opera I^a. Mis au jour par M. Boyer. [Parts.] 4 pt. *Chez Naderman; chez Mad^e Le Menu: Paris,* [1785?] fol. Hirsch III. **129**.
Plate number 515.

BOCCHERINI (LUIGI)

—— VI quartetti per due violini, alto e violoncello ... Gravées par Mme La Ve Leclair. Opera VI^a. Libro secondo di quartetti mis au jour par M. Boyer, *etc.* [Parts.] 4 pt. *Chez Naderman: Paris,* [1785?] fol. Hirsch III. **130**.
Plate number 516.

BOCCHERINI (LUIGI)

—— Sei quartetti per due violini, alto e violoncello ... Opera X^a. Libro terzo di quartetti. Mis au jour par M. Boyer ... Gravés par M^e la Ve. Leclair. [Parts.] 4 pt. *Chez M. Boyer: Paris; aux adresses de musique: Lyon,* [1795?] fol. Hirsch III. **131**.
Plate number 517.

BOCCHERINI (LUIGI)

—— Sei quartetti concertanti per due violini, alto é violoncello ... Opera XXVII. [Parts.] 4 pt. *Chez le Sr Sieber: Paris,* [1785?] fol. Hirsch III. **132**.

BOCCHERINI (LUIGI)

—— Six quatuors pour deux violons, alto et basse ... Oeuvre XXXIII. [Parts.] 4 pt. *Chez Sieber: Paris,* [1790?] fol. Hirsch III. **133**.
Plate number 445.

BOCCHERINI (LUIGI)

—— Douze quatuors pour deux violons, alto et violoncelle ... Oeuvre 39. [Parts.] 4 livr. 16 pt. *Chez I^ce Pleyel: Paris,* [1800?] fol. Hirsch III. **134**.
Plate numbers 125, 134, 151, 178.

BOCCHERINI (LUIGI)

—— Six quartetti à deux violons, alto, et violoncelle ... Op. 58. (Gravés sur le manuscrit de l'auteur ... en deux parties.) [Parts.] 8 pt. *Chez Sieber père: Paris,* [1800?] fol. Hirsch III. **136**.
Plate numbers 1634, 1635.

BOCCHERINI (LUIGI)

—— Sei trietti per due violini et basso ... Opera II. Gravé par Bouré. ⟨Violino primo.⟩ *Chez Mr Bailleux: Paris,* [1770?] fol. Hirsch M. **1464. (1.)**
Imperfect; wanting the second violin and bass parts.

BOCCHERINI (Luigi)

—— Six Trios for two Violins and a Violoncello obligato ... Op. XXVIII. [Parts.] 3 pt. *S. Babb: London,* [1780?] fol.
Hirsch M. **1371**.

BOCCHERINI (Luigi)

—— Sei trio per due violini e violoncello ... Opera XXXV. [Parts.] 3 pt. *Presso Artaria: Vienna,* [1784.] fol.
Hirsch III. **139**.
Plate number 37.

BOEHEIM (Joseph Michael)

—— [Another copy.] Auswahl von Maurer-Gesängen mit Melodien der vorzüglichsten Componisten, *etc.* *Berlin,* 1798, 99. obl. 4º.
Hirsch III. **660**.

BOIELDIEU (François Adrien)

—— Premier duo pour harpe et piano ... Oeuvre [   ]. ⟨Piano.⟩ *Chez Aug^{te}. Le Duc et comp^{ie}: [Paris,* 1800?] fol.
Hirsch M. **1280**. (**1**.)
Plate number 254. *Imperfect; wanting the harp part.*

BOIELDIEU (François Adrien)

—— Deuxième duo pour la harpe et le forte piano, ou pour deux pianos ... 2e édition avec des changements faits par l'auteur et les additions pour les pianos à l'ut. ⟨Forte piano.⟩ *Chez Imbault: Paris,* [1800?] fol.
Hirsch M. **1280**. (**2**.)
Plate number 964. *Imperfect; wanting the harp part.*

BOIELDIEU (François Adrien)

—— Troisième duo pour la harpe et le forte piano, ou pour deux pianos. ⟨Forte-piano.⟩ *Chez Gaveaux: Paris,* [1800?] fol.
Hirsch M. **1280**. (**3**.)
Plate number 33. *Imperfect; wanting the harp part.*

BOIELDIEU (François Adrien)

—— [Another issue.] Partition de la Famille suisse, opéra, *etc.* *Paris,* [1797?] fol.
Hirsch II. **78**.

BOIELDIEU (François Adrien)

—— Zoraime et Zulnar. Opéra en trois actes du cen. S. Just ... Corrigé, et augmenté, par l'auteur. ⟨Seconde édition.⟩ [Score.] pp. 279. *Chez Aug^{te} Le Duc et comp^{ie}: Paris,* [1800?] fol.
Hirsch II. **86**.
Plate number 49.

BOLTON (Thomas)

—— Bolton's Op. 7, for the Piano Forte (with accompaniments ad libitum, for the tambourine, triangle & cymbals) consisting of marches, rondos & other movements, *etc.* pp. 19. *Goulding, Phipps & D'Almaine: London,* [1799?] fol.
Hirsch M. **1282**. (**16**.)
Imperfect; wanting the accompaniments. Watermark date 1799.

BON.

—— Le Bon convive. Chanson. *See* GINGUENÉ (P. L.)

BONNAY (François)

—— Les Curieux punis. Comédie en un acte et en prose, mêlée d'ariettes, *etc.* [Score.] pp. 99. *Chez Imbault: Paris,* [1787?] fol.
Hirsch II. **89**.
Plate number 161.

BONONCINI (Giovanni Battista)

—— [Another copy.] Astartus, an Opera, *etc.* *London,* [1721.] fol.
Hirsch II. **90**.
P. 81 is followed by "A Catalogue of English & Italian Musick, Vocal & Instrumental, printed for Iohn Walsh."

BONONCINI (Giovanni Battista)

—— [Another copy.] Cantate e duetti, *etc.* *Londra,* 1721. obl. fol.
Hirsch III. **662**.

BONONCINI (Giovanni Battista)

—— [Another copy.] Griselda, an Opera, *etc.* *London,* [1722.] fol.
Hirsch II. **91**.

BORGHI (Luigi)

—— [Another copy.] Sei divertimenti per due violini ... Op: III^a. *London,* [1785?] fol. Hirsch M. **1465**. (**1**.)

BORGHI (Luigi)

—— [Another copy.] Six Overtures in four Parts, with Hautboys and French Horns ad libitum ... Op^a VI. *London,* 1787. fol. Hirsch M. **1372**.
Imperfect; wanting the parts for oboe primo and secondo, and corno primo and secondo.

BORGHI (Luigi)

—— Six Solos for a Violin and Bass ... Opera Prima. pp. 35. *William Napier: London,* [1772?] fol.
Hirsch M. **1473**. (**3**.)
Without the leaf containing the dedicatory preface.

BORGHI (Luigi)

—— [Another copy.] Six Solos for a Violin & Bass ... Op^a 4^a. [*London,*] 1783. fol. Hirsch M. **1373**.

BORRONO (Pietro Paolo)

—— *See* CHANSONS. [3. *Phalèse's Collections.*] Carminum pro Testudine Liber IIII. In quo continentur excellentissima carmina, dicta Paduana & Gagliarda, composita per Franciscum Mediolanensem: & Petrum Paulum Mediolanensem, *etc.* 1546. obl. 4º. Hirsch III. **462**. (**4**.)

BOSSLER (Heinrich Philipp Carl)

—— *See* PERIODICAL PUBLICATIONS.—*Spire*. Blumenlese für Klavierliebhaber ... Herausgegeben von H. P. Bossler. 1785. fol. Hirsch III. **126**.

BOUSSET (Jean Baptiste Drouart de)

—— I ⟨—V^e⟩ recueil d'airs nouveaux serieux et à boire, *etc.* ⟨Gravé par H. de Baussen.⟩ 5 vol. *Chez Christophe Ballard: Paris,* 1705. obl. fol. Hirsch III. **664**.
The titlepage of the fifth recueil bears the words "Dessiné et gravé par Cl. Roussel."

BOUVARD (François)
— VI⁶ recueil d'airs serieux et à boire à une, et deux, voix . . . avec accompagnement de flûte, ou violon, et la basse continue, *etc.* [Score.] pp. 37.   *Chez Madame Boivin: Paris,* 1742. *obl.* 4°.   Hirsch III. **665**.

BOYCE (William) [1. *Church Music and Ode.*]
— [Another copy.] Cathedral Music, *etc.*   *London,* 1760–73. fol.   Hirsch IV. **1677**.

BOYCE (William) [3. *Dramatic Works.*]
— The Chaplet. A musical entertainment, *etc.* [Score.] pp. 46.   *Printed for I. Walsh: London,* [1755?] fol.
Hirsch II. **93**.

BOYCE (William) [6. *Appendix.*]
— *See* LOCKE (Matthew) [*Macbeth.*] The Original Songs Airs & Chorusses . . . in . . . Macbeth . . . Revised & corrected by Dr Boyce. [1780?] fol.   Hirsch II. **519**.

BRANCOVIUS (Simon)
— Musicalische Christliche Einbildung eines recht beweglichen Clag- und Trost-Gesprächs uff das fruezeitige doch selige Absterben . . . Agnae Elisabethen von Breitenbauch . . . des Herrn Melchiorn von Breitenbauchs . . . hertzgeliebten gewesenen Hauszfrawen gerichtet, und bey dero adelichen Leichen Procession, so den 21. Julii Anno 1651. angestellet wurde, uff zwey Chor . . . mit 9. Stimmen componiret, und nunmehro uff Begehren neben beygefügten Basso Continuo zum Druck ausgeantwortet, von S. Brancovio. [Parts.] 10 pt.   *Bey Caspar Freyschmieden: Jehna,* [1651.] 4°.   Hirsch III. **666**.

BRAND (Aloys Carl)
— *See* BEITRAG. Beytrag zur Aufnahme des Gesangs aus den wercken der grösten Tonsezer gezogen, *etc.* [Hft. 4 edited by A. C. Brand.] [1786.] *obl.* fol.
Hirsch III. **1117**.

BRANDL (Johann)
— Sechs Lieder von Schubart und andern Dichtern zum singen beim Klavier . . . Opus VI. pp. 26.   *Bei J. Amon: Heilbronn,* [1800?] *obl.* fol.   Hirsch III. **667**.
Plate number 51.

BRANDL (Johann)
— Six quintetti pour deux violons, deux alto et violoncelle . . . Oeuvre 11me. livre [2]. [Parts.] 5 pt.   *Chez I. André: Offenbach,* [1796.] fol.   Hirsch M. **1374**.
Plate number 952. *Imperfect; wanting liv.* 1.

BRAVE.
— Der brave Mann, von Bürger. [Song with orchestra.] *See* BEECKE (I. von)

BREITKOPF (Bernhard Theodor)
— Menuetten und Polonoisen für das Clavier. pp. 42. *Bey Bernhard Christoph Breitkopf und Sohn: Leipzig,* 1769. *obl.* 4°.   Hirsch III. **140**.

BREITKOPF (Bernhard Theodor)
— [Another copy.] Neue Lieder in Melodien gesetzt. *Leipzig,* 1770. *obl.* 4°.   Hirsch III. **668**.

BREVAL (Jean Baptiste)
— Six duo faciles pour un violon et un violoncel, la partie du violoncel, peut s'éxécuter avec le basson . . . Oeuvre XXI. 7e livre de duo . . . Gravé par Richomme. [Parts.] 2 pt. *Chez Imbault: Paris,* [1800?] fol.   Hirsch III. **141**.
Plate number 573.

BRUEDER.
— Brüder reicht die Hand zum Bunde. [Song.] *See* MOZART (W. A.) [*C. Vocal Music.—IV. Masonic Cantatas. —Eine kleine Freimaurer-Kantate. K.* 623.]

BRUNI (Antonio Bartolommeo)
— [Another issue.] Celestine. Comédie lyrique, *etc.* *Paris,* [1787?] fol.   Hirsch II. **96**.

BRUNI (Antonio Bartolommeo)
— [Another copy.] Claudine . . . Opéra, *etc.*   *Paris,* [1794?] fol.   Hirsch II. **97**.

BRUNI (Antonio Bartolommeo)
— Cinquante études pour le violon, *etc.* [With the accompaniment of a second violin. Parts.] 2 pt.
Chez Imbault: Paris, [1790?] fol.   Hirsch III. **142**.
Plate number 32.

BRUNI (Antonio Bartolommeo)
— [Another copy.] Le Major Palmer. Opéra, *etc.*   *Paris,* [1797.] fol.   Hirsch II. **98**.

BULL (John)
— *See* PARTHENIA. Parthenia . . . Composed by . . . W. Byrd, Dr J. Bull, *etc.*   1651. fol.   Hirsch IV. **1648**.

BURMANN (Gottlob Wilhelm)
— Sechs Clavier Suiten. pp. 55.   *Bey George Jacob Decker: Berlin und Leipzig,* 1776. *obl.* fol.   Hirsch III. **143**.

BURMANN (Gottlob Wilhelm)
— G. W. Burmanns kleine Lieder für kleine Mädchen und Knaben. In Musik gesetzt von I. G. H., *etc.*   1774. 4°.
See H., I. G.   Hirsch III. **673**.

BURMANN (Gottlob Wilhelm)
— Monathliche Clavier-Unterhaltungen.   *Berlin,* 1779. fol.
Hirsch III. **144**.

BURNEY (Charles)
— La Musica che si canta annualmente nelle funzioni della settimana santa, nella cappella pontificia, composta da Palestrina, Allegri, e Bai. Raccolta e pubblicata da C. Burney. [Score.] pp. 42.   *Roberto Bremner: Londra,* 1771. fol.   Hirsch IV. **727**.

BYRD (William)

—— *See* PARTHENIA. Parthenia . . . Composed by . . . W. Byrd, Dr J. Bull, *etc.* 1651. fol.   Hirsch IV. **1648**.

CADI DUPÉ.

—— Le Cadi Dupé. Opéra bouffon en un acte . . . Mis en musique par M^r *** [i.e. P. A. Monsigny] . . . Y compris les parties gravées separément, *etc.* ⟨Gravé par P. L. Charpentier.⟩ [Score and parts.] 7 pt.   *Chez Mr de la Chevardiere: Paris,* [1768?] fol.   Hirsch II. **608**.

CADMUS ET HERMIONE.

—— Cadmus et Hermione. Tragédie. *See* LULLI (G. B.)

CADUTA DEI GIGANTI.

—— La Caduta de' Giganti. Opera. *See* GLUCK (C. W. von)

CAIGNET (Denis)

—— Les CL. Pseaumes de David, mis en vers françois, par Ph. Des-Portes . . . et les chants en musique par D. Caignet. ⟨Prières et méditations chrétiennes.⟩ ff. 222. 20. *Pierre Ballard: Paris*, 1624. 8°.   Hirsch III. **675**.

CALLCOTT (John Wall)

—— Explanation of the Notes, Marks, Works, &c. used in Music . . . Edition the second, with considerable additions & improvements. pp. [57.]   *Printed for the Author: London,* [1800?] obl. fol.   Hirsch M. **1474**. (3.)

The last leaf has been cropped.

CALLIOPE.

—— Calliope: or, the Musical miscellany. A select collection of the most approved English, Scots, and Irish songs, set to music. pp. viii. 472.   *Printed for C. Elliot & T. Kay: London,* 1788. 8°.   Hirsch III. **676**.

CAMBINI (Giovanni Giuseppe)

—— [Another copy.] Six Duettos for a Violin and Tenor . . . Op. 12. *London,* [1780?] fol. Hirsch M. **1470**. (5.)

CAMBINI (Giovanni Giuseppe)

—— Six quatuor d'airs connus dialogués et variés pour deux violons, alto et violoncelle . . . Mis au jour par Mmes. Le Menu et Boyer. [Parts.] 4 pt.   *Chez Mmes Le Menu et Boyer: Paris,* [1785?] fol.   Hirsch III. **147**.

CAMBINI (Giovanni Giuseppe)

—— [Another copy.] Six quatuors concertants à deux violons, alto & violoncello . . . Oeuvre 2e.   *Paris,* [1770?] fol.   Hirsch M. **1375**.

CAMBINI (Giovanni Giuseppe)

—— Six quatuors concertants pour deux violons, alto et basse . . . 22e livre de quatuors de violon. [Parts.] 4 pt. *Chez Imbault: Paris,* [1785?] fol.   Hirsch III. **148**.

CAMILLA.

—— [Another copy.] Songs in the new Opera, call'd Camilla. *London,* [1706.] fol.   Hirsch II. **92**.

Without the illustrated titlepage.

CAMPRA (André)

—— Arethuse, ou la Vengeance de l'amour, ballet, *etc.* [Score.] pp. lvi. 231.   *Chez Christophe Ballard: Paris,* 1701. obl. 4°.   Hirsch IV. **1561**.

CAMPRA (André)

—— Le Carnaval de Venise, ballet, *etc.* [Score.] pp. lii. 286. *Chez Christophe Ballard: Paris,* 1699. obl. 4°.   Hirsch IV. **1562**.

CAMPRA (André)

—— L'Europe galante, Ballet . . . Quatriéme edition reveûë, corrigée & augmentée de plusieurs airs italiens. [Score.] pp. 279.   *Chez Michel Charles Le Cene: Amsterdam,* [1725?] obl. 8°.   Hirsch II. **101**.

CAMPRA (André)

—— Les Festes venitiennes, Ballet, *etc.* [Score.] 7 no. *Chez Christophe Ballard: Paris,* 1710. obl. 8°.   Hirsch II. **102**.

This edition comprises the following numbers: Prologue, Les Devins de la place de Saint Marc, L'Amour saltinbanque, L'Opéra, Le Bal, Les Sérénades et les joueurs.

CAMPRA (André)

—— [Another copy.] Hesione, tragédie . . . Seconde édition, *etc. Paris,* 1701. obl. 8°.   Hirsch II. **103**.

CAMPRA (André)

—— [Another copy.] Idomenée, tragédie, *etc.*   *Paris,* 1712. obl. 4°.   Hirsch IV. **1563**.

CAMPRA (André)

—— Motets à I. II. et III. voix, avec la basse-continue. livr. 1–3. *Chez Christophe Ballard: Paris,* 1695–1703. fol.   Hirsch III. **677**.

CAMPRA (André)

—— [Another copy.] Tancrède, tragédie, *etc.*   *Paris,* 1702. obl. 8°.   Hirsch II. **104**.

CAMPRA (André)

—— *See* DESMARETS (Henri) and CAMPRA (A.) Iphigénie en Tauride, *etc.* 1711. obl. 8°.   Hirsch II. **190**.

CAMPRA (André)

—— *See* LULLI (G. B.) Fragments de Monsieur de Lully . . . Ballet, *etc.* [Edited by A. Campra.] 1702. obl. 4°.   Hirsch II. **539**.

CANNABICH (Carl)

—— Deutsche Lieder am Clavier, *etc.* pp. 12.   *In der Falterischen Musikhandlung: München,* [1799.] obl. fol.   Hirsch III. **678**.

Lithographed throughout.

CANNABICH (Carl)

—— [Another copy.] Mozarts Gedaechtnis Feyer, *etc.* *München,* 1797. fol.   Hirsch IV. **728**.

CANNABICH (Carl)
—— x variations pour le piano forte, *etc.* pp. 16. *Chez M. Falter: Munic*, [1799.] *obl.* fol. Hirsch III. **150.**
Lithographed throughout.

CANNABICH (Carl)
—— XII variations et caprice sur l'air: Il est trop tard: romance françoise pour le piano forte, *etc.* pp. 23. *Chez M. Falter: Munic*, [1800?] *obl.* fol. Hirsch III. **151.**
Lithographed throughout.

CANNABICH (Carl)
—— XIV variations pour le pianoforte (sur l'air a Schüsserl und a Reindl), *etc.* pp. 23. *Chez M. Falter: Munic*, [1796.] *obl.* fol. Hirsch IV. **1591.** a.
Lithographed throughout.

CANTATES.
—— Cantates françoises. *See* FRENCH CANTATAS.

CANTORINUS.
—— Cantus monastici formula nouiter impressa: ac in melius redacta ⁊ . . . cuȝ tono lamētationis hieremie prophete ⁊ aliquibus alijs cantibus mensuratis ipsi tempori congruis. *End:* Cantorinus ⁊ processionarius per totū annū in diuinis officiis celebrandis ſm ritu cōgregationis cassinēsis . . . compositus, *etc.* ff. 92. *In officina Luceantonij Junte: Venetijs*, 1535. 8º. Hirsch III. **752.**

CANTORINUS.
—— [Another copy.] Cantorinus pro his, qui cantum ad chorum pertinentem, breuiter et ꝯ facillime discere concupiscunt . . . Nouissime castigatus. *Venetijs*, 1566. 8º. Hirsch III. **679.**

CAPPONI (Ranieri)
—— Sonate da camera per varj strumenti. pp. 59. *Firenze*, 1744. *obl.* fol. Hirsch M. **1375.** a.

CARDONNE (Philibert)
—— Six sonates en trio, pour deux violons et une basse. Gravées par Huguet. ⟨Violino primo.⟩ *Chès l'auteur: Versailles; aux addresses ordinaires de musique: Paris*, [1770?] fol. Hirsch M. **1464.** (2.)
Imperfect; wanting the second violin and bass parts.

CARNEVAL VAN ROOMEN.
—— De Carneval van Roomen, of de Vastenavonds vermaaklykheden. [With songs.] pp. 72. *Gedrukt by de Wed: H: van Hulkenroy: te Haarlem*, 1718. 8º. Hirsch III. **683.**

CARTER (Charles Thomas)
—— Six Lessons for the Harpsichord or Forte Piano, *etc.* pp. 29. *Welcker: London*, [1770?] *obl.* fol. Hirsch M. **1376.**

CARTIER (Jean Baptiste)
—— *See* LEMIÈRE DE CORVEY (J. F. A.) La Révolution du 10 aoust, pot pourri national . . . Arrangée pour deux violons par J. B. Cartier. [1793?] fol. Hirsch IV. **1592.**

CELTES (Conradus)
—— Ludus Diane in modum Comedie coram Maximiliano Rhomanorum Rege Kalendis Martijs ⁊ Ludis saturnalibus in arce Linsiana danubij actus: Clementissimo Rege ⁊ Regina ducibusꝗ illustribus Mediolani totaꝗ Regia curia spectatoribus: p Petrum Bonomum Regi: Cancel. Joseph Grunpekium Reg. Secre. Conradum Celten: Reg: Poe. Ulseniū Phrisium: Uincentium Longinum in hoc Ludo Laurea donatum foeliciter et iucundissime representatus. [With the music of two choruses. By Conradus Celtes?] G.L. *Impressum ab Hieronymo Hôlceli): Nuremberge*, Idib⁹ Maijs [15 May], 1500. 4º. Hirsch III. **684.**
Six leaves, Sig. a⁶, *40 lines to a page.*

CERVETTO (James) *the Younger.*
—— [Another copy.] Six Solos for the Violoncello and a Bass . . . Opera terza. *London*, [1777.] fol. Hirsch M. **1377.**

CHAMPEIN (Stanislas)
—— Les Dettes. Comédie lyrique en deux actes, *etc.* [Score.] pp. 118. *Chez Des Lauriers: Paris*, [1787?] fol. Hirsch II. **124.**

CHAMPEIN (Stanislas)
—— La Mélomanie. Opéra comique en un acte en vers mêlé d'ariettes, *etc.* [Score.] pp. 128. *Chez Des Lauriers: Paris*, [1781?] fol. Hirsch II. **125.**

CHANSONS. [3. *Phalèse's Collections.*]
—— Carminum pro Testudine Liber IIII. In quo continentur excellentissima carmina, dicta Paduana & Galiarda, composita per Franciscum Mediolanensem: & Petrum Paulum Mediolanensem, ac alios artifices in hac arte praestantissimos. *Apud Petrum Phalesium: Louanii*, 1546. *obl.* 4º. Hirsch III. **462.** (4.)
The colophon reads "Excudebat Iacobus Batius."

CHANSONS. [3. *Phalèse's Collections.*]
—— Des chansons reduictz en Tabulature de luc à trois et quatre parties liure deuxieme. *Par Piere Phaleys: Louuain*, 1546. *obl.* 4º. Hirsch III. **462.** (2.)
The colophon reads "Louanii. Ex officina Seruatii Zaffeni."

CHANSONS. [3. *Phalèse's Collections.*]
—— Des Chansons & Motetz Reduictz en tablature de luc, à quatre, cincque et six parties, liure troixiesme. Composees par . . . Pierre de Teghi. *Par Piere Phaleys: Louuain*, 1547. *obl.* 4º. Hirsch III. **462.** (3.)
The colophon reads "Louanii. Excudebat Iacobus Batius."

CHANSONS. [3. *Phalèse's Collections.*]
—— Des Châsons Reduictz en Tabulature de lut à deux, trois, et quatre parties. Avec une briefue & familiaire Introduction pour entendre & apprendre par soy mesmes à iouer dudict Lut, Liure premier. *Par Pierre de Phaleys: Louuain*, 1547. *obl.* 4º. Hirsch III. **462.** (1.)
The colophon reads "Louanii. Ex officina Iacobi Batii."

CHANSONS. [5. *Other Collections.*]

—— [Another copy.] Poesies de M. l'Abbé de l'Attaignant; contenant tout ce qui a paru de cet auteur sous le titre de pieces dérobées, avec ... des airs notés sur toutes les chansons. *Londres; Paris*, 1757, 56. 12º.
Hirsch III. **888.**

CHANSONS. [5. *Other Collections.*]

—— Choix de chansons, à commencer de celles du Comte de Champagne, Roi de Navarre, jusque & compris celles de quelques poëtes vivans ... Nouvelle édition. [The text edited by F. A. Paradis de Moncrif.] pp. 227. 1757. 12º.
Hirsch III. **976.**

CHANSONS. [5. *Other Collections.*]

—— [Another copy.] Chansons joyeuses, mises au jour par un ane-onyme, onissime [i.e. Charles Collé]. Nouvelle édition, *etc.* 1765. 12º.
Hirsch III. **703.**

CHANSONS. [5. *Other Collections.*]

—— Chansons notées pour l'ordre de la félicité. pp. 16. [1744?] 12º.
Hirsch III. **952.** (3.)

CHANSONS. [5. *Other Collections.*]

—— Recueil de chansons nouvelles de la maçonnerie. pp. 44. [1744?] 12º.
Hirsch III. **952.** (2.)

CHANSONS. [5. *Other Collections.*]

—— [Another copy.] Chansons choisies, avec les airs notés. *Genève*, 1782. 12º.
Hirsch III. **686.**

CHANSONS. [5. *Other Collections.*]

—— Airs notés des quatre volumes des chansons choisies. ⟨Gravé par Le Roy l^e.⟩ *Londres*, 1784. obl. 8º.
Hirsch III. **597.**

Part of " Édition de Cazin." The music only, issued to accompany " Chansons choisies avec les airs notés, tom. 1–4."

CHANSONS. [5. *Other Collections.*]

—— Chansons nouvelles de M. de Piis. No. 1. [With plates, including a portrait.] *Chez l'auteur : Paris*, [1785.] 16º.
Hirsch III. **986.**

CHANT.

—— Chant de guerre pour l'armée du Rhin, *etc.* [By C. J. Rouget de Lisle.] *See* ALLONS. Allons enfans de la patrie ! [1792.] obl. fol.
Hirsch III. **687.**

CHARLES ( )

—— Nouveaux amusements tendres et bacchiques. Contenant des airs à chanter, à danser, et à joüer sur le violon, la flûte, le haubois, la musette, et la viéle, à I. II. et III. voix ... Livre premier. Gravé par L. Huë. pp. 37. *Chez Madame Boivin : Paris*, 1742. obl. 4º. Hirsch III. **688.**

CHARPENTIER (JEAN JACQUES BEAUVARLET)

—— Airs choisis variés pour le clavecin ou forté piano ... Œuvre v. pp. 25. *Chez Le Duc : Paris*, [1775?] obl. fol.
Hirsch III. **81.**

CHARPENTIER (JEAN JACQUES BEAUVARLET)

—— Second recueil de six airs choisis variés pour le clavecin où le forté piano où la harpe ... IX œuvre. ⟨Gravée par Mad^e Moria.⟩ pp. 33. *Chez l'auteur : Paris*, [1780?] obl. fol.
Hirsch III. **81.** a.

CHARPENTIER (JEAN JACQUES BEAUVARLET)

—— IIIe recueil de petits airs choisis et variés pour la harpe, le clavecin, ou forté piano ... Œuvre XIe. Gravé par M^d Moria. pp. 21. *Chez Le Duc : Paris*, [1780?] obl. fol.
Hirsch III. **81.** b.

CHARPENTIER (JEAN JACQUES BEAUVARLET)

—— Six airs choisis et variés. Quatrième recueil pour le clavecin ou forte piano, dont deux sont en duo ... Œuvre XIIe. Gravés par Mad^{me} Moria. [Parts.] 2 pt. *Chez Le Duc : Paris*, [1785?]
Hirsch III. **81.** c.

CHERUBINI (MARIA LUIGI CARLO ZENOBIO SALVATORE)

—— [Another copy.] Démophoon. Tragédie lyrique, *etc. Paris*, [1788?] fol.
Hirsch II. **129.**

CHERUBINI (MARIA LUIGI CARLO ZENOBIO SALVATORE)

—— Les Deux journées. Opéra en trois actes. Paroles de Mr. Bouilly, *etc.* [Score.] pp. 308. *A l'Harmonie; chez G. Gaveaux : Paris*, [1800?] fol. Hirsch II. **132.**

CHERUBINI (MARIA LUIGI CARLO ZENOBIO SALVATORE)

—— [Another issue.] Eliza ... Opéra, *etc. A l'imprimerie du Conservatoire : Paris*, [1794?] fol. Hirsch II. **130.**

CHERUBINI (MARIA LUIGI CARLO ZENOBIO SALVATORE)

—— Lodoïska. Comédie heroïque en trois actes par Mr Fillette-Loraux ... Gravée par Huguet. [Score.] pp. 410. 9. *Chez H. Naderman : Paris*, [1791?] fol.
Hirsch II. **133.**

With a German version of the words added in ms. P. 1 bears the autograph signatures of the composer and the librettist.

CHERUBINI (MARIA LUIGI CARLO ZENOBIO SALVATORE)

—— [Another copy.] Médée. Opéra, *etc. Paris*, [1797?] fol.
Hirsch II. **134.**

CHI.

—— Chi non intende. Aria. *See* MAYER (J. S.)

CHILCOT (THOMAS)

—— [Another copy.] Six Concertos for the Harpsichord, accompanied with four violins, viola, violoncello, and basso-ripieno, *etc. London*, 1756. fol. Hirsch M. **1378.**

CHINOIS.

—— Les Chinois. Comédie en cinq actes mise au théâtre par Messieurs Regnard & du F***, et représentée pour la premiére fois ... le treiziéme jour de Decembre 1692. [With the music to four airs.] 1721. 12º.
Hirsch IV. **1336.** a.

Contained in tom. 6 of E. Gherardi's " Théâtre italien."

CHRISTMANN (JOHANN FRIEDRICH)
—— [Another copy.] Die Braut von Korinth, von Goethe. *Leipzig,* [1800?] *obl. fol.* Hirsch III. **696.**

CHRISTMAS CAROLS.
—— Cantiques spirituels, *etc.* [Followed by "Chants des noels anciens."] 1706. 8°. *See* PELLEGRIN (S. J.)
Hirsch III. **978.**

CIAJA (AZZOLINO BERNARDINO)
—— [Another copy.] Sonate per cembalo . . . Opera quarta. *Roma,* [1727.] *obl. 4°.* Hirsch III. **154.**
Imperfect; wanting pp. 77–80. The date on the titlepage has been erased.

CIMADOR (GIOVANNI BATTISTA)
—— *See* MOZART (W. A.) [*La Clemenza di Tito.*] Quello di Tito è il volto . . . L'accompagnamentto [*sic*] del Sig.r Cimador. [1800?] fol. Hirsch M. **1440.** (**2.**)

CIMAROSA (DOMENICO)
—— [Another issue.] L'Impresario in angustie . . . opéra bouffon, *etc. Paris,* [1788?] fol. Hirsch II. **135.**
Plate number 1051.

CIMAROSA (DOMENICO)
—— [Another copy.] L'Italienne à Londre. Opéra bouffon, *etc. Paris,* [1790?] fol. Hirsch II. **136.**

CIRCÉ.
—— Circé. Tragédie. *See* DESMARETS (H.)

CLAGGET (WALTER)
—— Eighteen Duets for a Violin & Violoncello or two Violoncellos, composed from the most favorite airs, and adapted to those instruments, by W. Clagget. [Score.] pp. 39. *Longman & Broderip: London,* [1785?] 8°.
Hirsch IV. **1593.**

CLEMENTI (MUZIO)
—— A Duet and Five Sonatas for the Piano-Forte or Harpsichord with a violin accompaniment . . . Opera VI. *Printed for the Author: London,* [1790?] *obl. fol.*
Hirsch M. **1379.** (**1.**)
Imperfect; wanting the accompaniment to the five sonatas.

CLEMENTI (MUZIO)
—— Six Sonatas for the Piano Forte or Harpsichord, with a violin accompaniment . . . Opera II. *Printed for the Author: London,* [1790?] *obl. fol.* Hirsch M. **1379.** (**3.**)
Imperfect; wanting the violin accompaniment.

CLEMENTI (MUZIO)
—— Three Sonatas for the Piano-Forte or Harpsichord . . . Opera 9. pp. 29. *Printed for the Author: London,* [1790?] *obl. fol.* Hirsch M. **1379.** (**2.**)

SIG. 3.—PART 53.

CLEMENTI (MUZIO)
—— Trois sonates pour le clavecin ou piano-forte avec accompagnement d'un violon . . . Oeuvre 13. [Parts.] 2 pt. *Chés Bossler: Spire,* [1788.] *obl. 4°.* [*Archiv der auserlesensten Musikalien.* Stück 2.] Hirsch III. **14.**

CLEMENTI (MUZIO)
—— Three Sonatas for the Piano-Forte or Harpsichord, with accompaniments for a flute & violoncello . . . Op. XXI. *Longman & Broderip: London,* [1795?] fol.
Hirsch M. **1471.** (**9.**)
Imperfect; wanting the accompaniments. P. 1 contains a catalogue of musical publications.

CLEMENTI (MUZIO)
—— [Another copy.] Sonata for the Piano-Forte or Harpsichord . . . Op. XXVI. *London,* [1792?] *obl. fol.*
Hirsch M. **1379.** (**4.**)
The titlepage bears the composer's autograph signature.

CLEMENTI (MUZIO)
—— Three Sonatas for the Piano Forte . . . Op. 37. pp. 41. *Printed by Longman, Clementi & Co.: London,* [1800?] fol.
Hirsch M. **1471.** (**3.**)

CLÉRAMBAULT (LOUIS NICOLAS)
—— Cantates françoises, ou Musique de chambre à voix seule, avec simphonie et sans simphonie avec la basse continue. Composées par M.r . . . . . . [i.e. L. N. Clérambault?] . . . Partition, *etc.* ⟨Gravées par H. de Baussen.—Gravées par Paulo Angelli.⟩ livr. 1–4. [1715?] fol. *See* FRENCH CANTATAS. Hirsch III. **697.**

CLESS (JOHANNES)
—— Sophoclis Aiax Lorarius . . . a Iosepho Scaligero . . . translatus: & in Theatro Argentinensi publicè exhibitus anno M.D.LXXXVII mense Iulio, *etc.* ⟨Chori musici singulis actibus huius tragœdiæ interpositi: quorum modos videre est in fine. Ad D. Erasmum . . . M. I. Cless. Melodiæ author: honoris . . . ergo.⟩ *Excudebat Antonius Bertramus: Argentorati,* 1587. 8°.
Hirsch III. **698.**

CLIO AND EUTERPE.
—— [Another copy.] Clio and Euterpe; or, British harmony. A collection of celebrated songs and cantatas by the most approv'd masters, *etc. London,* 1762. 8°.
Hirsch III. **699.**

COCCHI (GIOACCHINO)
—— [Another copy.] Six Duettos for two Voices with accompanyments for violins or German flutes . . . Opera II. *London,* [1764.] *obl. fol.* Hirsch IV. **3.** (**3.**)

COCCIA (MARIA ROSA)
—— Hic vir despiciens mundum. *Comm: Conf: non Pont: Ad mag: antiph.* [Score.] [*Rome,* 1774.] *s. sh.* 4°.
Hirsch IV. **736.**

COIGNET (Joannes)

—— [Another copy.]
  Chante pleure deaue viue redundant.
  Cueur cōpunct fait ioyeulx, en lermoiāt.
Penitētiale irriguū. La chātepleure gallice vocatū, *etc.*
Impressum in inclyta Parrisioꝛ academia, 1537. 8°.
           Hirsch III. **700.**

COLASSE (Pascal)

—— [Another copy.] Achille et Polixene, tragédie, *etc.*
Paris, 1687. fol.   Hirsch II. **139.**

COLASSE (Pascal)

—— [Another copy.] Ballet des saisons... Seconde édition, *etc. Paris*, 1700. *obl.* 8°. Hirsch II. **140.**

COLASSE (Pascal)

—— Cantiques spirituels, *etc.* [Score.] pp. 137. *Par Christophe Ballard: Paris*, 1695. 4°. Hirsch III. **701.**

COLASSE (Pascal)

—— Thetis et Pelée, tragédie en musique... Seconde édition conforme aux dernières représentations. [Score.]
pp. 4. 155. *De J-B-Christophe Ballard: Paris*, 1716. fol.
           Hirsch II. **141.**

COLER (Martin)

—— Neue hoch-heilige Passions-Andachten in lehr- und trostreichen Liedern, (welche von... Martino Colero mit... Sangweisen sind ausgezieret)... herfürgegeben von Johann Rist. 2 pt. *In Verlegung Johann Naumans: Hamburg*, 1664. 8°. Hirsch III. **702.**

COLIZZI (Giovanni Andrea K.)

—— Six sonatines pour le clavecin ou piano forte avec l'accompagnement d'un violon... Oeuvre VIII. [Parts.] 2 pt. *Chez B: Hummel et fils: La Haye, Amsterdam*, [1785?] fol. Hirsch III. **156.**

COLLASLE (P.) *See* COLASSE (P.)

COLLECTION.

—— [A Collection of German Songs, composed as New Year greetings, with illustrated covers partly printed on silk.] 21 no. [1770?–1800?] *obl.* 8° & *obl.* 4°.
           Hirsch III. **957.**

COMEDIAE.

—— Comedie due Christophori Hegēdorfini, quarum vna est de duobus adolescentibus. Altera & noua de sene amatore, *etc.* [With the music to three choruses.] *Ex ædibus Valentini Schumañ: Lipsiæ*, 1521. 4°. Hirsch III. **814.**

CONFIDENCES À LA MODE.

—— Les Confidences à la mode. Opéra comique. *See* GINGUENÉ (P. L.)

CORBETT (William)

—— Mock Address to the French King. A Song by Mʳ Durfey. [*Begin.* Old Lewis must thy frantick Riott.] Occasion'd by ẏ two glorious victorys at Donawert and Hochstet by his Grace the Duke of Marlboroow and Prince Eugene. The tune by Mʳ Corbet. [*London*, 1705?] *s. sh.* fol. Hirsch M. **1475. (3.)**

CORBETT (William)

—— A New Scotch Song made by Mʳ Durfey. [*Begin.* Mad Loons of Albany.] The tune by Mʳ Corbett within the compass of the flute. [*London*, 1705?] *s. sh.* fol.
          Hirsch M. **1475. (2.)**

CORBETT (William)

—— A Song in Love Betray'd, the words by Mʳ Burnaby. [*Begin.* Love in her Bosome.]... Sung by Mr Davis, & exactly engraved by Tho. Cross. [*London*, 1703?] *s. sh.* fol. Hirsch M. **1475. (1.)**

CORBETTA (Francesco)

—— Varii scherzi di sonate per la chitarra spagnola... Libro quarto. [With plates, including a portrait.] pp. 86. [*Brussells*, 1648.] *obl.* 4°. Hirsch III. **157.**

CORELLI (Arcangelo) [1. *Complete Works.*]

—— [Another copy.] The Score of the Twelve Concertos... For two violins & a violoncello, with two violins more, a tenor & thorough bass for ripieno parts, which may be doubled at pleasure, *etc.* vol. 2. *London*, [1732.] fol.
           Hirsch III. **159.**
Imperfect; wanting vol. 1, *containing the sonatas.*

CORELLI (Arcangelo) [1. *Complete Works.*]

—— [Another copy.] The Score of the Four Operas containing 48 Sonatas compos'd by A. Corelli, *etc.* vol. 1. *London*, [1735?] fol. Hirsch III. **161.**
Imperfect; wanting vol. 2, *containing the twelve concertos.*

CORELLI (Arcangelo) [2. *Concertos.*]

—— [Another edition.] Concerti grossi con duoi violini, e violoncello di concertino obligati, e duoi altri violini, viola e basso di concerto grosso, ad arbitrio, che si potranno radoppiare... Opera sesta. [Parts. With a portrait.] 7 pt. *Printed for I. Walsh: London*, [1735?] fol.
           Hirsch III. **158.**
The fly-leaf bears the autograph signature "William Felton, 1735/6."

CORELLI (Arcangelo) [3. *Sonatas.—a. Op.* 1.]

—— Sonate à tre. Due violini e violone col basso per l'organo... Opera prima. Dernière édition à laquelle on a ajouté le portrait de feu A. Corelli. [Parts.] 4 pt. *Chez Estienne Roger: Amsterdam*, [1715?] fol.
          Hirsch IV. **1593. a. (1.)**
Plate number 351.

CORELLI (ARCANGELO) [3. *Sonatas.—a. Op.* 1.]
—— Opera prima. XII Sonatas of three parts for two Violins and a Bass with a Through Bass for y̆ Organ, Harpsicord or Arch Lute. Engraved from y̆ score and carefully corrected by y̆ best Italian masters. [Parts.] 3 pt. *Printed for I. Walsh: London*, [1740?] fol.
Hirsch III. **160. (1.)**
Plate number 364.

CORELLI (ARCANGELO) [3. *Sonatas.—b. Op.* 2.]
—— Sonate da camera à tre. Due violini e violone col basso per l'organo ... Opera seconda. Dernière édition, *etc.* [Parts.] 4 pt. *Chez Estienne Roger: Amsterdam*, [1715?] fol. Hirsch IV. **1593.** a. **(2.)**
Plate number 352.

CORELLI (ARCANGELO. [3. *Sonatas.—b. Op.* 2.]
—— Opera secunda. XII Sonatas of three parts for two Violins and a Bass with a Through Bass for y̆ Organ, Harpsicord or Arch Lute. Engrav'd from y̆ score and carefully corrected by y̆ best Italian masters. [Parts.] 3 pt. *Printed for I. Walsh: London*, [1740?] fol.
Hirsch III. **160. (2.)**
Plate number 365.

CORELLI (ARCANGELO) [3. *Sonatas.—c. Op.* 3.]
—— Sonate à tre. Due violini e violone col basso per l'organo ... Opera terza. Dernière édition, *etc.* [Parts.] 4 pt. *Chez Estienne Roger: Amsterdam*, [1715?] fol.
Hirsch IV. **1593.** a. **(3.)**
Plate number 353.

CORELLI (ARCANGELO) [3. *Sonatas.—c. Op.* 3.]
—— Opera terza. XII Sonatas of three parts for two Violins and a Bass with a Through Bass for y̆ Organ, Harpsicord or Arch Lute. Engrav'd from y̆ score and carefully corrected by y̆ best Italian masters. [Parts.] 3 pt. *Printed for I. Walsh: London*, [1740?] fol. Hirsch III. **160. (3.)**
Plate number 366.

CORELLI (ARCANGELO) [3. *Sonatas.—d. Op.* 4.]
—— Sonate da camera à tre. Due violini e violone col basso per l'organo ... Opera quarta. Dernière edition, *etc.* [Parts.] 4 pt. *Chez Estienne Roger: Amsterdam*, [1715?] fol. Hirsch IV. **1593.** a. **(4.)**
Plate number 354.

CORELLI (ARCANGELO) [3. *Sonatas.—d. Op.* 4.]
—— Opera Quarta. Sonatas of three parts for two Violins and a Bass with a Through Bass for y̆ Organ, Harpsicord or Arch Lute. Engrav'd from y̆ score and carefully corrected by y̆ best Italian masters. [Parts.] 3 pt. *Printed for I. Walsh: London*, [1740?] fol.
Hirsch III. **160. (4.)**
Plate number 367.

CORELLI (ARCANGELO) [3. *Sonatas.—e. Op.* 5.]
—— [Another copy.] Parte prima. Sonate a violino e violone o cimbalo ... Opera quinta. ⟨Parte seconda. Preludii, allemande, correnti, gighe, sarabande, gavotte e follia.⟩ [*Rome*, 1700.] *obl.* fol. Hirsch III. **164.**

CORELLI (ARCANGELO) [3. *Sonatas.—e. Op.* 5.]
—— Sonate à violino e violone o cimbalo ... Opera quinta, parte prima. ⟨Preludii, allemande, correnti, gighe, sarabande, gavotte e follia ... Parte seconda.⟩ Nouvelle édition mise en meilleur ordre et corrigée d'un grand nombre de fautes. [Score.] pp. 68. *Chez Pierre Mortier: Amsterdam*, [1710?] fol. Hirsch M. **1380.**

CORELLI (ARCANGELO) [3. *Sonatas.—e. Op.* 5.]
—— Sonate à violino e violone o cimbalo ... Opera quinta. Parte prima. Dernière édition. ⟨Preludii, allemande, correnti, gighe, sarabande, gavotte e follia ... Opera quinta. Parte seconda.⟩ [Score.] pp. 68. *Chez Estienne Roger & Michel Charles le Cene: Amsterdam*, [1720?] fol. Hirsch IV. **1593. b.**
Plate number 355.

CORELLI (ARCANGELO) [3. *Sonatas.—e. Op.* 5.]
—— [Another copy.] XII Solos for a Violin with a Thorough Bass for the Harpsicord or Violoncello ... Opera quinta. ⟨The Second Part containing Preludes, Allemands, Corants, Jiggs, Sarabands, Gavots, & y̆ Follia.⟩ *London*, [1740?] fol. Hirsch III. **163.**

CORRI (DOMENICO)
—— Nelson's Victory. A characteristic sonata, with tamburino accompaniment ... In honour of the ever memorable 1st of August 1798, *etc. Printed for Corri, Dussek & Co.: London, Edinburgh*, [1800?] fol. Hirsch M. **1279. (2.)**
Imperfect; wanting the accompaniment. Watermark date 1800.

CORTI (STEFANO)
—— [Another copy.] Laude spirituali poste in musica ... per uso delle congregazioni, *etc. Firenze*, 1703. 8°.
Hirsch III. **704.**

COUPERIN (FRANÇOIS)
—— Pièces de clavecin ... Premier livre. pp. 78. *Chez Mr Couperin: Paris*, 1713. fol. Hirsch III. **165.**
The date in the privilege is 1745. *P. 1 bears Couperin's autograph signature.*

COUPERIN (FRANÇOIS)
—— Second livre de pièces de clavecin ... Gravé par Sr: du Plessy. pp. 85. *Chez Mr Couperin: Paris*, [1733.] fol.
Hirsch III. **165. a.**
The date in the privilege is 1745. *P. 1 bears Couperin's autograph signature.*

COUPERIN (FRANÇOIS)
—— Troisième livre de piéces de clavecin. ⟨Gravé par L^s Hüe.⟩ [Followed by a supplement entitled "Concerts royaux."] pp. 71. 27. *Chés Mr Couperin: Paris*, 1722. fol. Hirsch III. **165. b.**
The "Prix des ouvrages de l'auteur" is dated 1725. *P. 1 bears Couperin's autograph signature.*

COUPERIN (FRANÇOIS)
—— Quatriéme livre de piéces de clavecin ... Gravé par du Plessy. pp. 76. *Chés l'auteur: Paris*, 1730. fol.
Hirsch III. **165. c.**
P. 55 and p. 59 are blank.

CRAMER (CARL FRIEDRICH)

—— See SCHULZ (J. A. P.) [*Athalie.*] Chöre und Gesänge zur Athalia von Racine. Clavierauszug... herausgegeben von C. F. Cramer. 1786. *obl.* fol.   Hirsch IV. **912. (2.)**

CRAMER (JOHANN BAPTIST)

—— Quatre sonates pour clavecin ou forte-piano... Œuvre VI. pp. 41.   *Chez Sieber: Paris,* [1795?] fol.
Hirsch III. **168**.
Plate number 1077.

CRAMER (JOHANN BAPTIST)

—— See YANIEWICZ (Felix) Two Concertos, adapted for the piano forte, with an accompaniment for the violin, the first arranged by J. B. Cramer, *etc.* [1794?] fol.
Hirsch M. **1286. (8.)**

CRANTZ (ULRICH)

—— [Another copy.] Pro Diuo Maximi. Ro. Re. Se. Aug. Hieronymi Vehi vulgo feus adulescentuli Badensis Boemicus Triumphus eiusdem tetrastichon, *etc.* [With choruses by U. Crantz.] [*Strasburg,* 1504.] 4°.
Hirsch III. **705**.

CREUSE.

—— Creuse. Tragédie. See LACOSTE ( )

CROCE (GIACOMO)

—— [Another copy.] Six Sonatas for the Harpsichord. *London,* [1769?] fol.   Hirsch M. **1381**.
Without the leaf containing " The Resolution of the Society for the encouragement of Arts, Manufactures, and Commerce, in London."

CULLMANN (J. A.)

—— Ludmille und Heinrich von Posen, eine Ballade, von J. J. Ihle, *etc.* pp. 32.   *In der Breitkopfischen Buchhandlung: Leipzig,* [1800?] *obl.* fol.
Hirsch III. **706**.

CURIEUX PUNIS.

—— Les Curieux punis. [Opera.]   See BONNAY (F.)

DALAYRAC (NICOLAS)

—— [Another copy.] Adèle et Dorsan. Comédie, *etc.* *Paris,* [1795?] fol.   Hirsch II. **147**.

DALAYRAC (NICOLAS)

—— [Another issue.] Adolphe et Clara, ou les Deux prisonniers, comédie, *etc.*   *Chez l'auteur: Paris,* [1800?] fol.
Hirsch II. **148**.
A slip bearing the imprint " Chez Cochet " has been pasted over the original imprint.

DALAYRAC (NICOLAS)

—— Alexis, ou l'Erreur d'un bon père. Comédie en un acte et en prose. Paroles de B. Marsolier... Gravé par la citoyenne Frédéric. [Score.] pp. 106.   *Chez l'auteur: Paris,* [1798?] fol.   Hirsch II. **149**.
Plate number 7.

DALAYRAC (NICOLAS)

—— L'Amant statue. Comédie en un acte et en prose... Mise en musique par M. Dal*** [i.e. Dalayrac]. Gravée par Huguet. [Score.] pp. 89.   *Chez Le Duc: Paris,* [1785?] fol.   Hirsch II. **150**.

DALAYRAC (NICOLAS)

—— Ambroise, ou Voilà ma journée. Comédie en un acte en prose. Paroles du c^{en} Monvel... Gravé par Huguet. [Score.] pp. 87.   *Chez l'auteur: Paris,* [1793?] fol.
Hirsch II. **151**.

DALAYRAC (NICOLAS)

—— Azémia, ou les Sauvages, comédie, en trois actes... Mise en musique par M. Dal*** [i.e. Dalayrac]... Œuvre VII. Gravé par Huguet. [Score.] pp. 211.   *Chez Le Duc: Paris,* [1786?] fol.   Hirsch II. **153**.

DALAYRAC (NICOLAS)

—— Camille, ou le Souterrain. Comédie en trois actes en proses par Mr Marsollier... Gravé par Huguet. ⟨Œuvre XII.⟩ [Score.] pp. 239.   *Chez Le Duc: Paris,* [1791?] fol.   Hirsch II. **154**.
Plate number 103.

DALAYRAC (NICOLAS)

—— Le Chateau de Monténéro, comédie en trois actes et en prose. Paroles du c^{en} Hoffmann... Gravée par Huguet. [Score.] pp. 209.   *Chez l'auteur: Paris,* [1798?] fol.
Hirsch II. **155**.
Plate number 11.

DALAYRAC (NICOLAS)

—— Les Deux petits Savoyards. Comédie en un acte par M. Mars..... des V...... [i.e. J. B. Marsollier des Vivetières] [Music] par M. Dal*** [i.e. Dalayrac]... Œuvre X. Gravé par Huguet. [Score.] pp. 133.   *Chez Le Duc: Paris,* [1789?] fol.   Hirsch II. **176**.

DALAYRAC (NICOLAS)

—— [Les Deux petits Savoyards.—Escouto d'Jeannetto.] See KIRMAIR (F. J.) Air varié pour le clavecin... No. [6.]   [1797?] *obl.* 4°.   Hirsch III. **333**.

DALAYRAC (NICOLAS)

—— [Another copy.] Les Deux tut[e]urs. Comédie, *etc.* *Paris,* [1785?] fol.   Hirsch II. **178**.
The titlepage is mutilated.

DALAYRAC (NICOLAS)

—— La Dot. Comédie en trois actes et en prose par M. Desfontaines... Mise en musique par M. Dal*** [i.e. Dalayrac]... Œuvre IV. Gravé par Huguet. [Score.] pp. 199.   *Chez Le Duc: Paris,* [1785?] fol.
Hirsch II. **156**.

DALAYRAC (NICOLAS)

—— De la Dot... Ouverture et morceaux, arrangés pour une flûte seule, avec accompagnement d'un second violon, à volonté. Par M. Abraham. [Parts.] 2 pt.   *Chez Bignon: Paris,* [1785?] fol.   Hirsch M. **1465. (9.)**

DALAYRAC (NICOLAS)
—— La Femme de bon appetit, opéra comique [by L. E. Billardon de Sauvigny]. [1783.] 12º. Hirsch III. **652**.
Contained in tom. 1, cah. 3 of " Les Après soupers de la société."

DALAYRAC (NICOLAS)
—— Gulnare, ou l'Esclave persanne. Comédie en un actes [*sic*] et en prose. Paroles de B. Marsolier... Gravé par Huguet. [Score.] pp. 137. *Chez l'auteur: Paris,* [1798?] fol. Hirsch II. **158**.

DALAYRAC (NICOLAS)
—— [Another copy.] Maison à vendre. Comédie, *etc.*
Paris, [1800?] fol. Hirsch II. **163**.

DALAYRAC (NICOLAS)
—— La Maison isolée, ou le Vieillard des Voges. Comédie en deux actes et en prose. Paroles de Marsollier... Gravé par Huguet. [Score.] pp. 147. *[Pleyel: Paris,* 1797?] fol. Hirsch II. **164**.
The imprint has been erased.

DALAYRAC (NICOLAS)
—— Marianne. Comédie en un acte et en prose. Paroles B. Marsollier... Gravé par Huguet. [Score.] pp. 123. *Chez l'auteur: Paris,* [1796?] fol. Hirsch II. **165**.
The titlepage bears the composer's autograph signature.

DALAYRAC (NICOLAS)
—— Une Matinée de Catinat, ou le Tableau. Comédie en un acte et en prose. Paroles de B. J. Marsollier... Gravées par Huguet. [Score.] pp. 111. *Chez Pleyel: Paris,* [1800?] fol. Hirsch II. **166**.
Plate number 12.

DALAYRAC (NICOLAS)
—— Nina, ou la Folle par amour. Comédie en un acte et en prose... mise en musique par M. Dal*** [i.e. Dalayrac]... Œuvre V. Gravé par Huguet. [Score.] pp. 113. *Chez Le Duc: Paris,* [1786?] fol. Hirsch II. **168**.

DALAYRAC (NICOLAS)
—— Nina oder Wahnsinn aus Liebe. Clavier-auszug... von Sterkel. [Vocal score.] pp. 57. *Schott: Mainz,* [1788?] obl. fol. Hirsch IV. **1143**.
Plate number 76.

DALAYRAC (NICOLAS)
—— De Nina... Ouverture et morceaux, arrangés pour une flûte seule, avec accompagnement d'un second violon, à volonté. Par M. Abraham. [Parts.] 2 pt. *Chez Bignon: Paris,* [1790?] fol. Hirsch M. **1465**. (4.)

DALAYRAC (NICOLAS)
—— [Another copy.] Philippe et Georgette. Comédie... Œuvre XVI, *etc. Paris,* [1795?] fol. Hirsch II. **170**.

DALAYRAC (NICOLAS)
—— [Another issue.] Raoul sire de Créqui. Comédie... Œuvre XI, *etc. Paris,* [1790?] fol. Hirsch II. **174**.

DALAYRAC (NICOLAS)
—— Renaud d'Ast. Comédie en deux actes et en prose par MM^{rs} Radet et Barré... Mis en musique par M. Dal*** [i.e. Dalayrac]... Œuvre VIII. Gravé par Huguet. [Score.] pp. 172. *Chez Le Duc: Paris,* [1787?] fol. Hirsch II. **152**.

DALAYRAC (NICOLAS)
—— [Another issue.] Sargines, ou l'Elève de l'amour. Comédie... Mise en musique par M. Dal*** [i.e. Dalayrac]. Œuvre IX, *etc. Chez Pleyel: Paris,* [1800?] fol. Hirsch II. **175**.

DALAYRAC (NICOLAS)
—— La Soirée orageuse. Comédie en un acte et en prose par M. Radet... Œuvre XII. Gravé par Huguet. [Score.] pp. 143. *Chez l'auteur: Paris,* [1790?] fol. Hirsch II. **177**.
Plate number 95.

DANCE (WILLIAM)
—— God save the King, arranged for the Piano Forte, with new variations, and an introductory movement, & coda. pp. 9. *Lavenu & Mitchell: London,* 1800. fol. Hirsch M. **1279**. (4.)

DANCING-MASTER.
—— The Dancing-Master: Vol. the First. Or, Directions for dancing country-dances, with the tunes to each dance, for the treble-violin. The eighteenth edition, containing 358 of the choicest old and new tunes... The whole work revised and done on the new-ty'd-note, and much more correct than any former editions. pp. 358. *Printed by W. Pearson, and sold by Edward Midwinter... and John Young: London,* [1725?] obl. fol. Hirsch M. **1382**.
Imperfect; wanting pp. 29–32, which have been supplied in photostat facsimile.

DANZI (FRANZ)
—— Concert pour le piano-forte accompagnée de 2 violons, 1 alto, 1 flûte, 2 clarinettes, 2 bassons, 2 cors, et basse... Oeuvre 4. [Parts.] 11 pt. *Chez Mac: Falter: Munic* [1800?] obl. fol. & fol. Hirsch III. **171**.

DANZI (FRANZ)
—— Freyen wäre mir schon recht. *See infra:* [*Der Kuss.*]

DANZI (FRANZ)
—— [Der Kuss.—Freyen wäre mir schon recht.] Aria, *etc.* [Vocal score.] pp. 4. *In der Falterischen Musikhandlung: München,* [1799.] obl. fol. Hirsch III. **713**.
Lithographed throughout.

DANZI (FRANZ)
—— [Another copy.] [Der Kuss.—Ihr Herrn und Frauen.] Aria, *etc. München,* [1799.] obl. fol. Hirsch III. **713**. a.

DANZI (FRANZ)
—— [Another copy.] [Der Kuss.—Nacht und Nebel decken.] Duett, *etc. München,* [1799.] obl. fol. Hirsch III. **713**. b.

DANZI (Franz)
—— [Another copy.] [Der Kuss.—Nimm diesen Trank.] Duett, *etc. München,* [1799.] *obl.* fol.
Hirsch III. **713.** c.

DANZI (Franz)
—— [Another copy.] Quatuor pour deux violons, alto & violoncelle . . . Oeuvre 16. *Munic,* [1800.] fol.
Hirsch IV. **1594.**

DANZI (Franz)
—— Sextuor pour deux violons, deux cors, alto & violoncelle . . . Oeuvre 15. [Parts.] 6 pt. *Chez Mac. Falter: Munic,* [1798?] fol. Hirsch III. **172.**
Lithographed throughout.

DANZI (Franz)
—— Sonate á quatre mains pour le piano forte . . . Oeuvre 11. pp. 39. *Chez M. Falter: Munic,* [1797?] *obl.* fol.
Hirsch III. **173.**
Lithographed throughout.

DAPHNIS, *aus Cimbrien, pseud.* [i.e. Johann Rist.]
—— [Another copy.] Des Daphnis aus Cimbrien Galathee. [In verse. With two-part songs.] *Hamburg,* [1642.] 8º.
Hirsch III. **1046.**

DARUM.
—— Darum ihr Königreiche auff Erden. [Two-part song.] *See* Rauch (A.) Gratulatio zum Ein: vnd Aussgang eines frid vnd freudenreichen neuen Jahrs.

DAUVERGNE (Antoine)
—— [Another copy.] Les Troqueurs. Intermède, *etc. Paris,* [1753.] fol. Hirsch II. **179.**

DAVAUX (Jean Baptiste)
—— Six quatuor à deux violons, taille et basse obligés . . . Œuvre VIᵉ. ⟨Pieter Mol, graveur.⟩ [Parts.] 4 pt. *Chez J: T: Crajenschot: Amsterdam,* [1780?] fol.
Hirsch III. **175.**

DAVAUX (Jean Baptiste)
—— Six quartetto pour deux violons, alto et basse . . . Œuvre 6ᵉ. Mis au jour par M. Bailleux. [Parts.] 4 pt. *Chez Imbault: Paris,* [1795?] fol. Hirsch III. **174.**
Plate number 810.

DEH.
—— Deh vieni alla finestra o mio tesoro. Canzonetta. *See* Mozart (W. A.) [*C. Vocal Music.—II. Operas.—Don Giovanni.*]

DELICIAE.
—— Deliciæ Musicæ: being a Collection of the newest and best songs, *etc.* ⟨Deliciæ Musicæ . . . The first book of the second volume.—The second book of the second volume.⟩ [The editor's advertisement to the reader signed: H. P., i.e. Henry Playford.] 1695, 96. fol. *See* P., H.
Hirsch IV. **1680.** a.

DELLA MARIA (Domenico)
—— Partition de l'Opéra comique. Opéra comique en un acte et en prose mélée d'ariettes . . . Paroles des citoyens J. Ségur jeune et Em: Dupaty . . . Gravé par Joannes. [Score.] pp. 61. *Chez Lemoine: Paris,* [1798?] fol.
Hirsch II. **182.**

DELLA MARIA (Domenico)
—— Le Prisonnier, ou la Ressemblance. Opéra en un acte. Paroles du cᵉⁿ Duval. [Score.] pp. 146. *Des Lauriers: Paris,* [1800?] fol. Hirsch II. **183.**
Plate number 59.

DEMACHI (Giuseppe)
—— Trois trios dialogués pour trois flûtes, ou violons . . . Œuvre XIV. ⟨Gravés par Mˡᵉ Ferrieres.⟩ [Parts.] 3 pt. *Chés Guera: Lyon; au bureau du journal de musique: Paris,* [1785?] fol. Hirsch III. **176.**
Plate number 60.

DEMANTIUS (Johann Christoph)
—— Trias precum vespertinarum, qua continentur; canticum B. Mariæ Virginis, intonationes cum psalmis, et clausulæ in precibus vespertinis consuetæ quas benedicamus vocant . . . tam quaternis, quàm quinis & senis vocibus . . . decantata. ⟨Cantus.—Altus.—Tenor.—Basis.—Quinta vox.—Sexta vox.⟩ 6 pt. *Typis Catharinæ Alexandri Theodorici; sumptibus Conradi Agricolæ: Noribergæ,* [1602.] 4º.
Hirsch III. **714.**

DESAUGIERS (Marc Antoine)
—— [Another copy.] Les Deux sylphes. Comédie semi-lyrique, *etc. Paris,* [1781?] fol. Hirsch II. **184.**

DÉSERTEUR.
—— Le Déserteur. Drame en trois actes. [Libretto by M. J. Sedaine, music by P. A. Monsigny.] . . . Gravé par Mˡˡᵉ Vendôme et le Sʳ Moria. [Score.] pp. 267. *Chez Claude Hérissant: Paris,* [1769?] fol. Hirsch II. **609.**

DESHAYES (Prosper Didier)
—— La Faux serment, ou la Matrone de Gonesse. Comédie en deux actes, mêlée d'ariettes . . . Par M. Dancourt . . . Gravés par G. Magnian. [Score.] pp. 106. *Le Sʳ Lawalle: Paris,* [1785?] fol. Hirsch II. **185.**

DESHAYES (Prosper Didier)
—— [A reissue.] Zélia. Drame en trois actes, *etc. Chez le Sʳ Sieber: Paris,* [1795?] fol. Hirsch II. **186.**
Plate number 1300.

DESMARESTS (   ) *Monsieur. See* Desmarets (H.)

DESMARETS (Henri)
—— Circé. Tragédie, *etc.* [Score.] pp. lvii. 288. *Chez Christophe Ballard: Paris,* 1694. fol. Hirsch II. **187.**

DESMARETS (Henri)
—— Didon, tragédie. ⟨Airs de la tragédie de Didon.⟩ [Score.] pp. 108. *Chez Christophe Ballard: Paris,* 1693. *obl.* 4º. Hirsch II. **188.** (**1.**)

DESMARETS (Henri)
—— [Didon.] Symphonies de la tragédie de Didon. [Score.] pp. 59. *Chez Christophe Ballard: Paris*, 1693. obl. 4°.
Hirsch II. **188.** (2.)

DESMARETS (Henri)
—— Les Festes galantes, ballet. [Score.] pp. liv. 319. *Chez Christophe Ballard: Paris*, 1698. obl. 8°. Hirsch II. **189.**

DESMARETS (Henri)
—— Théagène et Cariclée, tragédie . . . Les paroles sont de Monsieur Duché. [Score. With a frontispiece.] pp. xvi. 211. *Chez Christohe [sic] Ballald [sic]: Paris,* 1695. obl. 8°. Hirsch II. **191.**

DESMARETS (Henri)
—— [Another copy.] Venus et Adonis, Tragédie, *etc.* Paris, 1697. Hirsch IV. **1565.**
Without the leaf of advertisements, preceding the titlepage.

DESMARETS (Henri) and **CAMPRA** (André)
—— Iphigénie en Tauride, tragédie, *etc.* [Score.] pp. 246. *Chez Christophe Ballard: Paris*, 1711. obl. 8°.
Hirsch II. **190.**

DESORMERY (Léopold Bastien)
—— [Another copy.] Myrtil et Lycoris, pastorale, *etc.* Paris, [1780?] fol. Hirsch II. **192.**

DESSLER (Wolfgang Christoph)
—— Herz-wallende und von heiliger Liebe erregte Funcken der Liebe Jesu; oder Fünff und zwanzig Betrachtungen kurtzerklärter Bibel-Sprüche . . . Wie auch einem Anhang von 12. in Noten gesetzter Arien . . . herfürgegeben von W. C. Dessler. pp. 484. *Bey Christoph Weigeln: Nürnberg*, 1712. 8°. Hirsch III. **716.**

DESTOUCHES (André Cardinal)
—— Amadis de Grèce, tragédie en musique. Seconde édition, revûe corrigée, & augmentée. pp. 287. *Chez Christophe Ballard: Paris*, 1699. obl. 8°. Hirsch II. **193.**

DESTOUCHES (André Cardinal)
—— [Another copy.] Callirhoé, tragédie en musique, *etc.* Paris, 1712. obl. 8°. Hirsch II. **194.**

DESTOUCHES (André Cardinal)
—— [Another copy.] Issé, pastorale heroïque, *etc.* Paris, 1724. fol. Hirsch II. **196.**

DESTOUCHES (André Cardinal)
—— [Another copy.] Omphale, tragédie en musique, *etc.* Paris, 1701. obl. 8°. Hirsch II. **197.**

DESTOUCHES (André Cardinal)
—— Télémaque, tragédie en musique . . . Seconde édition. pp. lvi. 318. *J.-B.-Christophe Ballard: Paris,* 1715. obl. 8°. Hirsch II. **198.**

DEUCALION ET PIRRHA.
—— Deucalion et Pirrha. Ballet. *See* Giraud (F. J.) and Berton (P. M.)

DEUTSCHE VOLCKSLIEDER. *See* German Folksongs.

DEUX ARLEQUINS.
—— Les Deux arlequins. Comédie en cinq actes, mise au théâtre par Monsieur le Noble, et representée pour la premiére fois . . . le 26. jour de Septembre 1691. [With the music to one air.] 1721. 12°. Hirsch IV. **1336.** a.
Contained in tom. 3 of E. Gherardi's " Théâtre italien."

DEUX COMTESSES.
—— Les Deux comtesses. Opéra bouffon. *See* Paisiello (G.) [1. *Operas.*] [*Le Due contesse.*]

DEUX JOURNÉES.
—— Les Deux journées. Opéra. *See* Cherubini (M. L. C. Z. S.)

DEUX PETITS SAVOYARDS.
—— Les Deux petits Savoyards. Comédie. *See* Dalayrac (N.)

DEVIENNE (François)
—— [Another copy.] Les Comédiens ambulans. Opéra comique, *etc.* Paris, [1798.] fol. Hirsch II. **199.**

DEVIENNE (François)
—— Partition du Valet de deux maîtres. Opéra comique en un acte . . . Paroles de F. Roger, *etc.* ⟨Gravée par Van— Ixem.⟩ [Score.] pp. 97. *Chez P. Porro: Paris,* [1799?] fol. Hirsch II. **200.**

DEVIENNE (François)
—— Les Visitandines. Comédie en deux actes et en prose. Par Mr Picard . . . Gravée par Huguet. [Score.] pp. 152. *Chez Cousineau, pere et fils: Paris*, [1795?] fol.
Hirsch II. **201.**

DEZÈDE (N.)
—— Blaise et Babet, ou la Suite des trois fermiers. Comédie en deux actes par M. Monvel, *etc.* [Score.] pp. 178. *Chez Des Lauriers: Paris,* [1783?] fol. Hirsch II. **203.**
Plate number 22.

DEZÈDE (N.)
—— [Blaise et Babet.] *See* Dussek (J. L.) Air de l'opera: Blasie [sic] et Babet varié pour le piano forte. [1796?] obl. fol. Hirsch IV. **1594.** a.

DEZÈDE (N.)
—— [A reissue.] La Fête de la cinquantaine. Opéra, *etc. Chez H. Naderman: Paris*, [1800?] fol. Hirsch II. **206.**

DEZÈDE (N.)

—— Fin contre fin. [Play, by L. E. Billardon de Sauvigny.] . . . Musique de M. Dezède. [1782.] 12°.
Hirsch III. **652.**
Contained in tom. 5 of " Les Après soupers de la société."

DEZÈDE (N.)

—— [Julie.—Lison dormait.] *See* MOZART (W. A.) [*D. Instrumental Music.—III. Pianoforte Music. c. ii. Variations. K.* 264.] Air varié pour clavecin. [1786?] fol.
Hirsch IV. **16.**

DEZÈDE (N.)

—— [Julie.—Lison dormait.] *See* MOZART (W. A.) [*D. Instrumental Music.—III. Pianoforte Music.—c. ii. Variations.—K.* 264.] Ariette avec variations pour le clavecin . . . N° [1.] [1786?] *obl.* fol.
Hirsch IV. **15.**

DEZÈDE (N.)

—— Les Nègres. Comédie [by L. E. Billardon de Sauvigny] . . . à l'occasion de la paix. ⟨Musique de M. Dezède.⟩ [1782.] 12°.
Hirsch III. **652.**
Contained in tom. 5 of " Les Après soupers de la société."

DEZÈDE (N.)

—— La Vanité du nom, *etc.* [Play, by L. E. Billardon de Sauvigny. With songs by N. Dezède.] [1782.] 12°.
Hirsch III. **652.**
Contained in tom. 2 of " Les Après soupers de la société."

DIAMOND (JAKOB)

—— Voluptatis cum Virtute disceptatio . . . a Benedicto Chelidonio Heroicis lusa versibus. [With three four-part choruses. By J. Diamond?] 1515. 4°. *See* VOLUPTAS.
Hirsch III. **717.**

DIDON.

—— Didon. Tragédie. *See* DESMARETS (H.)

DIDONE.

—— The Favourite Songs in the Opera Didone, *etc.* [A pasticcio. Score.] pp. 73. *R. Bremner: London,* [1775.] fol.
Hirsch II. **826.**
Published in three numbers.

DIESINEER (GERHARD)

—— Instrumental Ayrs. In three, and four parts, two trebbles, tenor and bass containing great variety of music, in several humours, viz. overtures, allemands, ayrs, branl's, courants, sarabands, jiggs and gavots, fitted for all hands and capacities. 3 pt. [1680?] *obl.* 4°.
Hirsch M. **1383.**

DIETRICH (F. A.)

—— Sonata per il forte piano, *etc.* pp. 7. *A spese dell'autore: Lipsia,* [1796?] *obl.* fol.   Hirsch III. **178.**

DIETTESDORF (VON)   *See* DITTERSDORF (C. D. von)

DIETZ (JOSEPH)

—— VI Variations for the Harpsichord or Piano Forte composed on Lady Fleming's favorite Minuet. pp. 6. *Welcker: London,* [1775?] *obl.* fol.   Hirsch M. **1384.**

DITTERSDORF (CARL DITTERS VON)

—— Der Apotheker und Doktor im Clavierauszug . . . Eine deutsche komische Opera, *etc.* [Vocal score.] 2 Tl. *Gedrukt bei Gottfried Friederich: Wien,* 1787. fol.
Hirsch IV. **1145.**

DITTERSDORF (CARL DITTERS VON)

—— [Another copy.] Hieronymus Knicker, eine komische Oper, *etc. Leipzig,* [1792?] *obl.* fol.   Hirsch IV. **1147.**
The words " In Frankfurt bey Joh. J. Gayl " have been impressed on the titlepage with a stamp.

DITTERSDORF (CARL DITTERS VON)

—— [Another copy.] Die Liebe im Narrenhaus. Eine komische Oper, *etc. Mainz,* [1790.] *obl.* fol.
Hirsch IV. **1148.**

DITTERSDORF (CARL DITTERS VON)

—— Das Rothe Käppchen. Oper . . . Clavierauszug von Herrn Ignaz Walter. [Vocal score.] pp. 154. *Bei Schott: Mainz,* [1794?] *obl.* fol.   Hirsch IV. **1146.**
Plate number 161.

DITTERSDORF (CARL DITTERS VON)

—— [Das rothe Käppchen.] Gesænge . . . im Clavier Auszug von K: Khym. no. 6.   *Im Musikverlag von Johann Michael Goetz: München,* [1783?] *obl.* fol.
Hirsch III. **718.**
Imperfect; wanting all the other numbers.

DITTERSDORF (CARL DITTERS VON)

—— [Das rothe Kaeppchen.] *See* BEETHOVEN (L. van) [*Variations. N. p.* 155.] Ariette tirée de l'operette das rothe Kaeppchen [by C. Ditters von Dittersdorf], Es war einmal ein alter Mann. Variée pour le clavecin, *etc.* [1793.] *obl.* fol.   Hirsch IV. **436.**

DOLES (JOHANN FRIEDRICH)

—— [Another copy.] Sei sonate per il clavicembalo solo. *Riga,* 1773. fol.   Hirsch III. **179.**

DONNER.

—— Donner, Blitz vnd Hagelsteine. [Two-part song.] [1644.] 4°.   Hirsch III. **736.**
Contained in " Soldaten-Lob " by G. N. Erasmus.

DOTHEL (NICOLAS)

—— Six Sonatas or Duets for Two German Flutes or Violins composed in a pleasing taste. [Parts.] 2 pt. *Printed for Peter Thompson: London,* [1755?] fol.
Hirsch M. **1468.** (4.)
Imperfect; wanting pp. 1–4 *of the traversa seconda part. A different work from that of the same title published c.* 1760 *by Thompson & Son.*

DRESSLER (Ernst Christoph)
—— Freundschaft und Liebe in melodischen Liedern. pp. xvi. 48. *Bey Gabriel Nicolaus Raspe: Nürnberg,* 1779. 4°. Hirsch III. **719**.

DU.
—— Du feines Täubchen nur herein. Terzetto. *See* Mozart (W. A.) [*C. Vocal Music.—II. Operas.—Die Zauberflöte.*]

DU BOIS ( )
—— *See* Vignoles ( ) and Du Bois ( ) La Lire maçonne, *etc.* 1775. 12°. Hirsch III. **902**.

DUBREUIL (Jean)
—— Dictionnaire lyrique portatif, ou Choix des plus jolies ariettes de tous les genres, *etc.* 2 tom. *Paris,* 1764. 8°. Hirsch III. **721**.

DU HAJ ( )
—— *See* Liebe. Die Triumphierende Liebe, umgeben mit den Sieghafften Tugenden, in einem Ballet, *etc.* ⟨Folgen die Melodeien der Lieder, welche in diesem Ballett werden gesungen. [By — Du Haj?]⟩ [1653.] fol. Hirsch III. **365**.

DUMMER GAERTNER.
—— Der dumme Gärtner, oder die Beyden Anton, ein comisches Singspiel [by Benedict Schack and Anton Gerl] in zwey Aufzügen fürs Clavier gesetzt von C. G. Neefe. pp. 51. *Bei N. Simrock: Bonn,* [1796?] obl. fol. Hirsch IV. **1278**.

Plate number 23.

DUMMER GAERTNER.
—— [Another copy.] Der dumme Gärtner . . . fürs Clavier gesetzt von C. G. Neefe. *Bonn,* [1800?] obl. fol. Hirsch IV. **1278**. a.

DUMMER GAERTNER.
—— [For editions of W. A. Mozart's Variations on "Ein Weib ist das herrlichste Ding," from "Der dumme Gärtner" by B. Schack and A. Gerl:] *See* Mozart (W. A.) [*D. Instrumental Music.—III. Pianoforte Music.—c. ii. Variations.*]

DUNI (Egidio Romualdo)
—— [Another copy.] La Clochette. Comédie, *etc.* *Paris,* [1766.] fol. Hirsch II. **218**.
Imperfect; wanting pp. 91–95.

DUNI (Egidio Romualdo)
—— [A reissue.] Les Deux chasseurs et la laitière, comédie, *etc.* *Chez le Sr Sieber: Paris,* [1765?] fol. Hirsch II. **217**.

DUNI (Egidio Romualdo)
—— [Another copy.] La Fée Urgèle . . . Comédie, *etc.* *Paris,* [1766.] fol. Hirsch II. **225**.

SIG. 4.—PART 53.

DUNI (Egidio Romualdo)
—— L'Isle des foux. Parodie de L'Arcifanfano de Goldoni . . . Le 1er acte gravé par Mme Lefebvre. Le 2me acte gravé par Mme Cousineau de Ouvrard. [Score.] pp. 85. 64. *Chez l'auteur: Paris,* [1760?] fol. Hirsch II. **219**.

DUNI (Egidio Romualdo)
—— [Another copy.] Mazet. Comédie, *etc.* *Paris,* [1761.] fol. Hirsch II. **220**.

DUNI (Egidio Romualdo)
—— [Another copy.] Les Moissonneurs. Comédie, *etc.* *Paris,* [1768.] fol. Hirsch II. **221**.

DUNI (Egidio Romualdo)
—— Ninette à la cour. Parodie de Bertholde à la Ville. Comédie en deux actes [by E. R. Duni], melés d'ariettes par Mr Favart, *etc.* [Score.] pp. 73. 76. [1755?] fol. *See* Ninette à la cour. Hirsch II. **222**.

DUNI (Egidio Romualdo)
—— Le Peintre amoureux de son modéle. Opéra comique de Mr Anseaume, *etc.* ⟨Gravée par Melle Vendôme.⟩ [Score.] pp. 97. *Chés l'auteur: Paris,* [1757?] fol. Hirsch II. **223**.

DUNI (Egidio Romualdo)
—— [Another issue.] Les Sabots. Pièce en un acte, *etc.* *Paris,* [1768?] fol. Hirsch II. **224**.
The last leaf bears a "Catalogue des ouvrages de Mr. Duny".

DUPORT (Jean Pierre)
—— *See* Mozart (W. A.) [*D. Instrumental Music.—III. Pianoforte Music.—c. ii. Variations.—K. 573.*] Menuetto de Mr J. P. Duport varié pour le clavecin ou piano forte. [1794.] obl. fol. Hirsch IV. **154**.

DURANTE (Francesco)
—— [Sonate per cembalo divise in studii e divertimenti.] pp. xxiv. *Philippus de Grado: [Naples,* 1732.] obl fol. Hirsch III. **180**.
Without titlepage. The title is taken from the dedication.

DUSSEK (Jan Ladislav)
—— Air de l'opera: Blasie [*sic*] et Babet [by N. Dezède] varié pour le piano forte. pp. 7. *Chez Mac. Falter: Munic,* [1796?] obl. fol. Hirsch IV. **1594**. a.
The music is lithographed throughout.

DUSSEK (Jan Ladislav)
—— *See* Yaniewicz (Felix) Two Concertos, adapted for the Piano Forte, with an accompaniment for the violin, the first arranged by J. B. Cramer, the second by J. L. Dussek, *etc.* [1794?] fol. Hirsch M. **1286**. (8.)

EBERL (Anton)
—— [For editions of "Sonate pour le clavecin," in C minor, usually attributed to W. A. Mozart, K. Anh. 284a, but in fact by A. Eberl:] *See* Mozart (W. A.) [*E. Doubtful and Supposititious Works.*]

EBERL (Anton)

—— [For editions of " Sonate pour le clavecin ou piano-forte avec un violon et violoncelle obligés," usually attributed to W. A. Mozart, K. Anh. 291, but in fact by A. Eberl:] *See* Mozart (W. A.) [*E. Doubtful and Supposititious Works.*]

EBERL (Anton)

—— x variations sur l'aire [*sic*] de Malbrough pour clavecin ou forte piano par Mozard [*sic*] [or rather by A. Eberl]. pp. 15. [1800?] *obl.* fol. *See* Mozart (W. A.) [*E. Doubtful and Supposititious Works.*] Hirsch iv. **235.**

ECCLES (John)

—— [Another copy.] As Cupid roguishly one day. *A Song.* [1710?] *s. sh.* fol. Hirsch M. **1475.** (**4.**)

ECCLES (John)

—— The Judgment of Paris or the Prize Music as it was perform'd before the nobility and gentry in Dorsett Garden as also att the theatre . . . The words by M[r] Congreve. [Score.] pp. 71. *I. Walsh and I. Hare: London,* [1702.] fol. Hirsch II. **226.**

With an additional illustrated titlepage.

ECCLES (John)

—— [Another issue.] The Songs and Symphonys perform'd before Her Majesty at her Palace of St James, on New Years day . . . Published for February, 1703. [Score.] pp. 12. [*J. Walsh & J. Hare: London,*] 1703. fol. Hirsch iv. **740.**

Printed on one side of the leaf only.

ECCLES (John)

—— *See* P., H. Deliciæ Musicæ, *etc.* ⟨Deliciæ Musicæ . . . with the Dialogues in the last New Play call'd (Love's a Jest) sett by Mr. J. Eccles . . . The second book of the second volume.⟩ 1696. fol. Hirsch iv. **1680.** a.

ECKARD (Johann Gottfried)

—— [Another copy.] Sei sonate per il clavicembalo solo . . . Opera I. *Riga,* 1773. fol. Hirsch III. **186.**

ÉCOLE DES JALOUX.

—— L'École des jaloux. Opéra comique. *See* Framery (N. É.)

EDELMANN (Johann Friedrich)

—— Ariane dans l'isle de Naxos. Drame lirique en un acte . . . Les paroles sont de M. Moline. Gravé par G. Magnian. [Score.] pp. 96. [*Chez*] *Mr Boyer: Paris,* [1790?] fol. Hirsch II. **227.**

EDELMANN (Johann Friedrich)

—— Six grand Lessons for the Forte Piano or Harpsichord. pp. 47. *Welcker: London,* [1780?] Hirsch iv. **1595.**

EDELMANN (Johann Friedrich)

—— A Favorite Overture for the Harpsichord or Piano Forte with accompaniments for two violins, two French horns and violoncello ad libitum. Op. IV, *etc. Longman and Broderip: London,* [1790?] fol. Hirsch M. **1471.** (**7.**)

Imperfect; wanting the accompaniments.

EDELMANN (Johann Friedrich)

—— [Another copy.] A Celebrated Overture for the Piano Forte. *London,* [1797.] 8°. Hirsch III. **190.**

The Pianoforte Magazine. vol. 2, no. 1.

EDELMANN (Johann Friedrich)

—— Six sonates pour le clavecin, avec accompagnement d'un violon ad libitum . . . Œuvre Ier. Gravées par Mme Lobry. *Chez M. Boyer; chez M[de] Le Menu: Paris,* [1780?] fol. Hirsch III. **187.**

Imperfect; wanting the violin accompaniment.

EDELMANN (Johann Friedrich)

—— Quatre sonates pour le clavecin avec l'accompagnement d'un violon . . . Oeuvre V. [Parts.] 2 pt. *Chés Jean André: Offenbach,* [1785?] fol. Hirsch III. **188.**

Plate number 38.

EDELMANN (Johann Friedrich)

—— Deux sonates pour le clavecin ou pianoforte . . . Oeuvre VI. pp. 11. *Chez Jean André: Offenbach sur le Mein,* [1785?] fol. Hirsch III. **189.**

Plate number 56.

EHRENFRIED (   )

—— Der Spiegel von Arkadien, opera [by F. X. Süssmayer], en duos pour deux flûtes traversières arrangées par Ehrenfried. ⟨Flauto primo.⟩ no. 9. *Chez Schott: Maience,* [1797?] fol. Hirsch M. **1477.** (**3.**)

Imperfect; wanting no. 1–8 *and the flauto secondo part of no.* 9.

EICHNER (Ernst)

—— Six Duets, for a Violin and Tenor . . . Opera X. [Parts.] 2 pt. *Printed for Willm Napier: London,* [1775?] fol. Hirsch M. **1385.**

Plate number 121.

EICHNER (Ernst)

—— Six Duettos for a Violin and Tenor . . . Op. X. [Parts.] 2 pt. *Longman and Broderip: London,* [1780?] fol. Hirsch M. **1470.** (**2.**)

EISEL (Johann Philipp)

—— VI allettamenti à violino solo col cembalo. [Score.] pp. 18. *Alle spese di B. Schmid: Norim.,* [1740?] *obl.* fol. Hirsch III. **191.**

ÉLÉMENS.

—— [Another copy.] Les Élémens, troisième ballet dansé par le Roy, *etc. Paris,* 1725. *obl.* 4°. Hirsch II. **195.**

ELISA.
—— Elisa. Festa theatrale. *See* Fux (J. J.)

ENDTER (Christian Friedrich)
—— [Another copy.] Lieder zum Scherz und Zeitvertreib. *Hamburg*, 1757. 4°. Hirsch III. **735**.

ENGLISH DANCES.
—— XII Neue Englische Tænze mit vollstimmiger Musick und Touren. [Parts, for 2 violins, 2 flutes, 2 horns and bass, with the steps.] 8 pt. *Bey Leuckart & Compagnie: Breslau*, [1790?] obl. 8°. Hirsch III. **533**.

ENGLISH SONGS.
—— A Favourite Collection of English Songs, sung by Mr Beard, Miss Young &c. at Ranelagh Gardens. no. 1. pp. 11. *Printed for I. Walsh: London*, 1757. fol.
Hirsch M. **1386**.
The composer named is: Arne.

ERLKOENIG.
—— Erlkönig. [Song.] *See* Reichardt (J. F.)

EROSINE.
—— Erosine. Pastorale héroique. *See* Berton (P. M.)

ESTHER.
—— Esther. Tragédie. *See* Moreau (J. B.)

ÉTRENNES DE POLYMNIE.
—— [Another issue.] Étrennes de Polymnie. Recueil de chansons, romances, vaudevilles &a. *Paris*, 1785. 12°.
Hirsch III. **737**.

ÉTRENNES DE POLYMNIE.
—— Étrennes de Polymnie; choix de chansons, romances, vaudevilles, &c. Avec de la musique nouvelle gravée à la fin du recueil et des timbres d'airs connus, *etc.* pp. 230. *Chez Bélin: Paris*, 1787. 12°. Hirsch III. **737**. a.

ÉTRENNES DE POLYMNIE.
—— Étrennes de Polymnie; choix de chansons, romances, vaudevilles, &c. Avec de la musique nouvelle, *etc.* pp. 308. *Chez Bélin: Paris*, 1789. 12°.
Hirsch III. **737**. b.

EUNIKE (Fridrich)
—— *See* Mozart (W. A.) [C. *Vocal Music.—II. Operas.—Die Zauberflöte.*] Clavier Auszug . . . Fürs Clavier eingerichtet von F. Eunike. [1793.] obl. fol.
Hirsch IV. **186**.

EUNUQUE.
—— [Another copy.] L'Eunuque, ou la Fidelle infidelité, parade, en vaudevilles . . . Par *****. ⟨Airs contenus dans cette piece.⟩ *Montmartre*, 1750. 8°.
Hirsch III. **1002**.

EŸSEL (Johann Philipp) *See* Eisel.

FABLES.
—— Trois cens fables, en musique dans le gout de M. de la Fontaine. Notées sur des airs connus, vaudevilles, menuets, rondeaux & autres. 2 tom. 6 livr. *Chez F. J. Desoer: Liège*, [1751.] 8°. Hirsch III. **738**.

FALLAMERO (Gabriel)
—— Il Libro primo de intauolatura da liuto, de motetti, ricercate, madrigali, et canzonette alla napolitana, à tre, et quattro voci, per cantare et sonare . . . Nouamente posto in luce. pp. [1]–78. *Appresso l'herede di Girolamo Scotto: Vinegia*, 1584. obl. 4°. Hirsch III. **192**.
Imperfect; wanting pp. 79, 80.

FALSTAFF.
—— Falstaff. [Opera.] *See* Salieri (A.)

FANFALE.
—— Fanfale, parodie d'Omphale [libretto by A. Houdart de Lamotte, music by A. C. Destouches], avec des divertissemens . . . Par Mrs. Favart & Marcouville . . . avec les airs notés. pp. 52. 8. 8. *Chez la veuve Delormel & fils: Paris*, 1752. 8°. Hirsch IV. **1333**.

FANNY MORNA.
—— Fanny Morna. Drame lyrique. *See* Persuis (L. L. L. de)

FASCH (Carl Friedrich Christian)
—— Andantino con VII variazioni pel clavicembalo o forte piano . . . Op. XVII. pp. 10. *Alle spese e colle lettere di Rellstab: Berlino*, [1795?] fol. Hirsch III. **193**.
With a leaf of "Verbesserungen" inserted.

FASCH (Carl Friedrich Christian)
—— Ariette pour le clavecin ou piano forte avec quatorze variations. pp. 17. *Chés J. J. Hummel: Berlin, Amsterdam*, [1782.] obl. 4°. Hirsch III. **194**.
Plate number 530.

FAUCON.
—— Le Faucon, opéra-comique, en un acte, par M^r ***, *etc.* [Music by P. A. Monsigny.] ⟨Gravé par Mlle Vendôme et le Sr Moria.⟩ [Score.] pp. 161. *Chez Claude Hérissant: Paris*, [1772?] fol. Hirsch II. **610**.

FAUSSE COQUETTE.
—— La Fausse coquette. Comédie en trois actes, mise au théâtre. Par Monsieur B****, et representée pour la premiére fois . . . le dix-huitiéme jour de Decembre 1694. [With the music to five airs.] 1721. 12°.
Hirsch IV. **1336**. a.
Contained in tom. 5 of E. Gherardi's "Théâtre italien."

FAUSSE-PORTE.
—— La Fausse-porte, comédie, *etc.* [By L. E. Billardon de Sauvigny. With songs.] [1782.] 12°. Hirsch III. **652**.
Contained in tom. 2 of "Les Après soupers de la société."

FAUX SERMENT.
—— Le Faux serment. Comédie. *See* Deshayes (P. D.)

FAUX SERMENT.

—— Ouverture du Faux serment [by P. D. Deshayes], arrangée par M. Fodor. [P.F.] *Chez les Srs. Cousineau père et fils: Paris,* [1786?] fol. *[Feuilles de Terpsichore.* année 2. no. 23.] Hirsch M. **1478.** (2.)

FAVART (Charles Simon)

—— *See* Ninette à la cour. Ninette à la cour. Parodie de Bertholde à la Ville. Comédie en deux actes, melés d'ariettes par Mr Favart. [1755?] fol. Hirsch II. **222.**

FEDELLI (Giuseppe) called *Saggione*.

—— [Another copy.] Songs in the New Opera, call'd the Temple of Love. [*London,* 1706.] fol. Hirsch IV. **1582.**

FEDELLI (Giuseppe) called *Saggione*.

—— [Another copy.] Songs in the new Opera, call'd The Temple of Love. [*London,* 1706.] fol. Hirsch III. **741.**
Without the illustrated titlepage.

FÉES.

—— Les Fées, ou Contes de la mère l'oye. Comédie en un acte, mise au théâtre par Messieurs du F**, & B**, et représentée pour la premiére fois . . . le deuxiéme jour de Mars 1697. [With the music to four airs.] 1721. 12°.
Hirsch IV. **1336.** a.
Contained in tom. 6 of E. Gherardi's "Théâtre italien."

FEHR (Joseph Anton)

—— Friedens Lied—das Lied an die Freude nebst sechs deutschen Tänzen fürs Klavier. pp. 16. *Bej J. Brentano: Bregenz,* 1798. obl. fol. Hirsch III. **743.**

FELTON (William)

—— [Another copy.] [Six Concerto's for the Organ or Harpsichord with Instrumental Parts . . . Opera Seconda.] [*London,* 1747.] fol. Hirsch M. **1387.**
Imperfect; wanting the titlepage of the organ or harpsichord part, and the instrumental parts.

FEMME DE BON APPETIT.

—— La Femme de bon appetit. Opéra comique. *See* Dalayrac (N.)

FERGUSON (Tepper von)

—— [Another copy.] Schillers Ode an die Freude in Musik gesetzt. *Hamburg,* [1797.] obl. fol. Hirsch III. **1123.**

FERRARI (Domenico)

—— Sei sonate a violino solo è basso . . . Gravée par Melle Vendôme. Opera 1ª. pp. 37. *Chez Mr Huberty: Paris,* [1760?] fol. Hirsch III. **195.**

FERRARI (Giacomo Gotifredo)

—— Six Ariettas, six Duetts, and six Canons, for 3 voices, *etc.* pp. 32. *Printed for Rt Birchall: London,* [1795?] obl. fol.
Hirsch III. **744.**

FESTING (Michael Christian)

—— Minuets with their Basses for Her Majesty Queen Caroline's Birth Day 1733 . . . The tunes proper for the violin, German flute or harpsicord. ff. 9. *I. Walsh: London,* [1733.] obl. 8°. Hirsch IV. **1596.**
Plate number 166. *Printed on one side of the leaf only.*

FÊTES DE L'AMOUR ET DE BACCHUS.

—— Les Festes de l'amour et de Bacchus. Pastorale. *See* Lulli (G. B.)

FÊTES DE POLYMNIE.

—— Les Fêtes de Polymnie. Ballet héroïque. *See* Rameau (J. P.)

FÊTES GALANTES.

—— Les Festes galantes. Ballet. *See* Desmarets (H.)

FIALA (Joseph)

—— Trois quatuors pour deux violons, alto & basse . . . Oeuvre III. [Parts.] 4 pt. *Chez Artaria Comp.: Vienne,* [1785.] fol. Hirsch M. **1388.**
Plate number 57.

FILIDOR, *der Dorfferer,* pseud. [i.e. Jacob Schwieger.]

—— [Another copy.] Die Geharnschte Venus . . . Verfertiget . . . von Filidor dem Dorfferer. *Hamburg,* 1660. 8°.
Hirsch III. **1115.**

FILLE IGNORANTE.

—— La Fille ignorante. Dialogue en musique. *See* Ginguéné (P. L.)

FILTZ (Anton)

—— Sei sonate à tre, due violini & basso . . . Opera III, *etc.* [Parts.] 3 pt. *Chez M. De la Chevardière: Paris; chez M. les frères Legoux: Lyon,* [1775?] fol. Hirsch III. **196.**

FIN.

—— Fin ch'han dal vino. Aria. *See* Mozart (W. A.) [*C. Vocal Music.—II. Operas.—Don Giovanni.*]

FIN CONTRE FIN.

—— Fin contre fin. [Play, with music.] *See* Dezède (N.)

FINGER (Gottfried) and ECCLES (John)

—— [Another copy.] Single Songs, and Dialogues, in the Musical Play of Mars & Venus, *etc. London,* 1697. fol.
Hirsch II. **228.**

FIORILLO (Federigo)

—— Six quatuors concertans à deux violons, alto et basse . . . Œuvre 1r. Revue et corigé [*sic*] par l'auteur. [Parts.] 4 pt. *Chez le Sr Sieber: Paris,* [1786?] fol.
Hirsch III. **199.**

FLEISCHER (FRIEDRICH GOTTLOB)
—— Oden und Lieder mit Melodien, nebst einer Cantate: Der Podagrist. ⟨Oden und Lieder ... Zweyter Theil, nebst einer Cantate: Der Bergmann.⟩ 2 pt. *Verlegt von seel. Ludw. Schroeders Erben: Braunschweig und Hildesheim,* 1756, 57. obl. fol. Hirsch III. **750**.

FLEISCHER (FRIEDRICH GOTTLOB)
—— Sammlung einiger Sonaten, Menuetten und Polonoisen wie auch einiger andern Stücke für das Clavier ... Zweyte und um die Hälfte vermehrte Auflage. pp. 44. *Im Verlage der Fürstl. Waysenhaus-Buchhandlung: Braunschweig,* 1769. obl. fol. Hirsch III. **200**.

FLEISCHMANN (FRIEDRICH)
—— 1797. Zur Feyer des Friedens. Konzert für das Piano-Forte ... 4tes Werk. [Parts.] 14 pt. *Bey Johann André: Offenbach a/M.,* [1797.] fol. Hirsch III. **201**.
Plate number 1095.

FLIES (BERNHARD)
—— Wiegenlied, von Gotter. [Song.] *Gedruckt bei G. F. Starcke: Berlin,* [1795?] obl. 8°. Hirsch IV. **231**.

FLIES (BERNHARD)
—— Wiegenlied, von Gotter. [Song.] pp. 3. *Bei Johann August Böhme: Hamburg,* [1800?] fol. Hirsch IV. **232**.

FLOQUET (ÉTIENNE JOSEPH)
—— [Another copy.] L'Union de l'amour et des arts. Ballet héroïque en trois actes, *etc. Paris,* [1774.] fol. Hirsch II. **230**.

FLORIO (C. H.)
—— [The Egyptian Festival.] The Favorite Song as sung by Miss Stevens in the Opera of the Egytian [*sic*] Festival. [*Begin.* Calm as the Bosom of the Main.] ⟨The favorite Song as sung by Miss De Camp in the Opera of the Egptian [*sic*] Festival. [*Begin.* O pies on this fighting.]⟩ *Monzani and Cimador, for the Authour:* [London, 1800?] fol. Hirsch M. **1476**. (1.)

FODOR (JOSEPH)
—— *See* FAUX SERMENT. Ouverture du Faux serment [by P. D. Deshayes], arrangée par M. Fodor. [1786?] fol. [*Feuilles de Terpsichore.* année 2. no. 23.] Hirsch M. **1478**. (2.)

FOERSTER (EMANUEL ALOYS)
—— Air de l'opera I Finti eredi varié pour le piano-forte [K. Anh. 289] par Mozart [or rather by E. A. Förster]. pp. 9. [1798.] fol. *See* MOZART (W. A.) [E. Doubtful and Supposititious Works.] Hirsch IV. **234**.

FOERSTER (EMMANUEL ALOIS)
—— VIII variations d'un thema de Mr. Mozart pour le clavecin [i.e. on the "Tempo di menuetto" of the violin sonata K. 377] ... & VI variations pour le clavecin avec un violon [K. 360] par Mr. W. Amad. Mozart. [Parts.] 2 pt. *Bei Rath Bossler: Speier,* [1788.] obl. 4°. [*Archiv der auserlesensten Musikalien.* Stück 3, 4.] Hirsch III. **14**.

FOIRE SAINT GERMAIN.
—— La Foire St Germain. Comédie en trois actes. Mise au théatre par Messieurs Regnard & du F**, et representée pour la premiére fois ... le 26. jour de Decembre 1695. [With the music to six airs.] 1721. 12°. Hirsch IV. **1336**. a.
Contained in tom. 6 *of E. Gherardi's " Théâtre italien."*

FONTAINE DE SAPIENCE.
—— La Fontaine de sapience. Comédie en un acte, mise au théatre par Monsieur de B***, et representée pour la première fois ... le huitiéme jour de Juillet 1694. [With the music to seven airs.] 1721. 12°. Hirsch IV. **1336**. a.
Contained in tom. 5 *of E. Gherardi's " Théâtre italien."*

FORKEL (JOHANN NICOLAUS)
—— Sechs Claviersonaten, nebst einer Violin- und Violoncellstimme, zur willkührlichen Begleitung der zwoten und vierten Sonate ... Zwote Sammlung. [Parts.] 3 pt. *Auf Kosten des Verfassers: Goettingen,* 1779. obl. fol. Hirsch III. **203**.

FRAMERY (NICOLAS ÉTIENNE)
—— L'École des jaloux, ou le Mari de bonne compagnie. Opéra comique [by L. E. Billardon de Sauvigny] ... avec ariettes. Musique de M. Framery. [1783.] 12°. Hirsch III. **652**.
Contained in tom. 1, *cah.* 4 *of " Les Après soupers de la société."*

FRAMERY (NICOLAS ÉTIENNE)
—— La Marchande des modes. Comédie, *etc.* [By L. E. Billardon de Sauvigny. With a song by N. E. Framery.] [1782.] 12°. Hirsch III. **652**.
Contained in tom. 3 *of " Les Après soupers de la société."*

FRANCESCO, *da Milano.*
—— *See* CHANSONS. [3. *Phalèse's Collections.*] Carminum pro Testudine Liber IIII. In quo continentur excellentissima carmina, dicta Paduana & Galiarda, composita per Franciscum Medolianensem: & Petrum Paulum Mediolanensem, *etc.* 1546. obl. 4°. Hirsch III. **462**. (4.)

FRANCKE (GOTTHILF AUGUST)
—— *See* FREYLINGSHAUSEN (J. A.) Geistreiches Gesang-Buch ... jetzo von neuen ... eingerichtet ... und herausgegeben von G. A. Francken. 1741. 8°. Hirsch III. **757**.

FRAUEN-ZIMMER GESPRÄCH-SPIEL.
—— Frawen-Zimmer Gespräch-Spiel ... Auss Spanischen, Frantzösischen vnd Italienischen Scribenten angewiesen durch Georg Philipp Harsdörffern. [With the music of several songs.] 2 Tl. *In Verlegung Wolffgang Endters: Nürnberg,* 1641. 8°. Hirsch III. **793**.

FRAUENZIMMER-GESPRECHSPIELE.

—— Frauenzimmer Gesprechspiele, *etc.* [The preface signed: G. P. H., i.e. G. P. Harsdörffer.] 8 Tl. *Bey Wolffgang Endtern: Nürnberg*, 1644–57. obl. 8°.
Hirsch III. **794**.

Tl. 2, dated 1657, is of the second edition. Tl. 4 contains the score of the opera "Das geistliche Waldgedicht," Tl. 5, the score of " Der VII Tugenden, Planeten, Töne oder Stimmen," both by S. G. Staden. Tl. 2 contains 6 songs, Tl. 3, 8 songs, Tl. 4, 3 songs.

FRENCH CANTATAS.

—— Cantates françoises, ou Musique de chambre à voix seule, avec simphonie et sans simphonie avec la basse continue. Composées par M^r...... [i.e. L. N. Clérambault?] ... Partition, *etc.* ⟨Gravées par H. de Baussen.—Gravées par Paulo Angelli.⟩ livr. 1–4. *Chez Foucault: Paris,* [1715?] fol. Hirsch III. **697**.

FRESCOBALDI (GIROLAMO)

—— [Another copy.] Il Primo libro di capricci fatti sopra diuersi sogetti, et arie in partitura. *Roma,* 1624. fol.
Hirsch III. **204**.

FRESCOBALDI (GIROLAMO)

—— Toccate d'intavolatura di cimbalo et organo, partite di diuerse arie e corrente, balletti, ciaccone, passachagli ... Libro p°. ⟨Il secondo libro di toccate, canzone, versi, d. hinni, magnificat, gagliarde, correnti et altre partite d. intauolatura.⟩ 2 bk. *Nicolo Borbone: Roma,* 1637. fol. Hirsch III. **205**.

In bk. 2 the leaf preceding p. 1 bears a portrait of the composer, with a dedicatory epistle on the verso.

FREYEN.

—— Freyen wäre mir schon recht. Aria. *See* DANZI (F.) [*Der Kuss.*]

FREYLINGSHAUSEN (JOHANN ANASTASIUS)

—— Geist-reiches Gesang-Buch, den Kern alter und neuer Lieder, wie auch die Noten der unbekannten Melodeyen ... in sich haltend ... Zum neunten Mal herausgegeben. pp. 1158. *Verlegt im Waysenhause: Halle,* 1715. 12°.
Hirsch III. **756**.

FREYLINGSHAUSEN (JOHANN ANASTASIUS)

—— Geistreiches Gesang-Buch den Kern alter und neuer Lieder in sich haltend: jetzo von neuen ... eingerichtet ... und herausgegeben von Gotthilf August Francken. pp. 1080. *In Verlegung des Wäysenhauses: Halle,* 1741. 8°. Hirsch III. **757**.

FRICKE (ELIAS CHRISTIAN)

—— Neue Englische Tänze nebst darzu gehöriger vollstimmigen Musik. [Parts for violin and bass, with the steps.] 2 pt. *Bey Christian August Reussner: Blankenburg und Quedlinburg,* 1773. obl. 8°. Hirsch III. **207**.

FRICKE (ELIAS CHRISTIAN)

—— Neue Sammlung Englischer Tänze mit abwechselndem Accompagnement von Flöten, Hörnern, Hoboen, Trompeten und Paucken. Für das Jahr 1776. [Parts.] 7 pt. *Bey Christian Iversen und Compagnie: Lübeck,* [1775?] obl. 8°. Hirsch III. **206**.

FRITZ (GASPARD)

—— Sei sonate a quatro stromenti, a violino primo, secondo, alto viola, cembalo o violoncello ... Opera prima. [Parts.] 5 pt. *Printed for the Author: London,* 1742. fol.
Hirsch III. **208**.

The violino primo part contains a catalogue of works published by I. Walsh.

FRIZERI (ALESSANDRO MARIA ANTONIO)

—— Le Baiser du front. Romance.—Le Sommeil interrompu. Chanson. [Two songs, by L. E. Billardon de Sauvigny. With settings by A. M. A. Frizeri.] [1782.] 12°. Hirsch III. **652**.

Contained in tom. 3 of " Les Après soupers de la société."

FRIZERI (ALESSANDRO MARIA ANTONIO)

—— Les Souliers mor-dorés. Opéra bouffon en deux actes ... Œuvre IV ... Gravé par le Sr Huguet, *etc.* [Score.] pp. 191. *Chez l'auteur: Paris,* [1776?] fol.
Hirsch II. **233**.

FROBERGER (JOHANN JACOB)

—— Prima ⟨seconda⟩ parte delle diverse curiose e rarissime partite di toccate, ricercate, caprici e fantasie, *etc.* 2 vol. *A coste de Ludovico Bourgeat: Maguntia,* 1699. obl. fol.
Hirsch III. **210**.

FROBERGER (JOHANN JACOB)

—— [Another copy.] Diverse ingegnosissime ... partite, di toccate, canzone, ricercate, alemande, correnti, sarabande e gique, di cimbali, organi e instrumenti, *etc.* [*Mainz,*] 1693. obl. fol. Hirsch III. **209**.

FUX (GIO. GIOSEPPE) *See* FUX (Johann J.)

FUX (JOHANN JOSEPH)

—— Elisa. Festa theatrale per musica ... Poësia di Pietro Pariati, *etc.* [Score.] pp. 420. *Chez Jeanne Roger: Amsterdam,* [1720?] 4°. Hirsch II. **235**.
Plate number 482.

GALLIARD (JOHANN ERNST)

—— The Hymn of Adam and Eve, out of the fifth book of Milton's Paradise-Lost. [Cantata for two voices.] pp. 30. *Printed for I. Walsh:* [*London,* 1730?] obl. 4°.
Hirsch III. **759**.

Without the list of subscribers.

GALLIARD (JOHANN ERNST)

—— [Another copy.] The Morning Hymn, taken from the Fifth Book of Milton's Paradise Lost set to music by the late J. E. Galliard, *etc. London,* [1773.] fol.
Hirsch IV. **744**.

GALLIARD (Johann Ernst)

—— XII sonates à une flûte & une basse continue, dont les 6 premiéres sont de la composition de Monsieur Galliard, qui sont son opera prima & les 6 derniéres de celle de Monsieur Sieber demeurant à Rome. [Score.] pp. 47. *Chez Jeanne Roger: Amsterdam*, [1717?] obl. fol.

Hirsch III. **211**.

Plate number 430.

GALUPPI (Baldassare)

—— Lesson [in D] for the Harpsicord. pp. 5. *A. Hummel: London*, [1775?] obl. fol. Hirsch M. **1474. (5.)**

GATTI (Theobaldo de)

—— Scylla. Tragédie en musique . . . Gravé par H. de Baussen. [Score.] pp. 31. 206. *Chez l'autheur: Paris*, [1701?] obl. 4º. Hirsch II. **239**.

Imperfect; wanting pp. 27–30 of the prologue.

GAULTIER (J. A.)

—— 1er recueil d'airs serieux a boire et vaudevilles . . . Gravé par L. Hüe. pp. 40. *Chés l'auteur: Paris*, 1729. obl. 4º.

Hirsch III. **764**.

GAULTIER (J. A.)

—— [Recueil d'airs serieux et à boire.] pp. 11–43. [*Paris*, 1729.] obl. 4º. Hirsch III. **1009**.

Imperfect; wanting the titlepage and all before p. 10. The title is taken from the privilege.

GAVARD DES PIVETS (Enrico)

—— Sei sonate da cimbalo . . . Opera II. pp. 39. [1770?] obl. fol. Hirsch M. **1389**.

A slip bearing the imprint "Presso Giuseppe Benzon: Venezia," has been pasted at the foot of the titlepage.

GAVEAUX (Pierre)

—— L'Amour filial. Opéra en un acte. Paroles de Demoustier, etc. [Score.] pp. 74. *Chez Imbault: Paris*, [1800?] fol. Hirsch II. **240**.

Plate number 700.

GAVEAUX (Pierre)

—— [Another copy.] La Famille indigente. Opéra, etc. *Paris*, [1793?] fol. Hirsch II. **247**.

GAVEAUX (Pierre)

—— Léonore, ou l'amour conjugal. Fait historique espagnol en deux actes. Paroles de J. N. Bouilly . . . Œuvre 13, etc. [Score.] pp. 145. *Chez les frères Gaveaux: Paris*, [1797?] fol. Hirsch II. **248**.

GAVEAUX (Pierre)

—— Lise et Colin. Opéra comique en deux actes. Paroles d'Eugene Hus . . . Gravé par Favrot. [Score.] pp. 215. *Chez les frères Gaveaux: Paris*, [1795?] fol.

Hirsch II. **249**.

GAVEAUX (Pierre)

—— [Another copy.] Le Locataire. Opéra comique, etc. *Paris*, [1800?] fol. Hirsch II. **250**.

GAVEAUX (Pierre)

—— Le Petit matelot. Opéra en un acte. Paroles de Pigault le Brun . . . Gravé par la citoyenne Le Roi. [Score.] pp. 198. *Chez les frères Gaveaux: Paris*, [1800?] fol. Hirsch II. **251**.

GAVEAUX (Pierre)

—— Sophie et Moncars, ou l'Intrigue portugaise. Opéra en trois actes . . . Paroles de J. H. Guy . . . Œuvre 12e. Gravé par Made Brunet. [Score.] pp. 289. *Chez les frères Gaveaux: Paris*, [1797?] fol. Hirsch II. **253**.

GAVEAUX (Pierre)

—— Le Traité nul, opéra en un acte, paroles de M. Marssollier Gravé par Mme Brunet. [Score.] pp. 207. *Chez les frères Gaveaux: Paris*, [1797?] fol. Hirsch II. **254**.

GAVEAUX (Pierre)

—— [Another copy.] Le Trompeur trompé. Opéra comique, etc. *Paris*, [1800.] fol. Hirsch II. **255**.

GAVINIÉS (Pierre)

—— Les Vingt quatre matinées . . . Exercices pour le violon, etc. pp. 49. *Chez Imbault: Paris*, [1800?] fol.

Hirsch IV. **1598**.

Plate number 440.

GAVINIÉS (Pierre)

—— Six sonates à violon seul et basse . . . 1er œuvre. Gravé par Mdme Oger. [Score.] pp. 27. *Chez l'auteur: Paris*, [1760.] fol. Hirsch III. **212**.

The verso of p. 27 contains the privilege.

GAVINIÉS (Pierre)

—— Six sonates à violon seul et basse . . . 1er œuvre. Gravé par Mdme Oger. [Score.] pp. 27. *Chez l'Auteur; chez le Sr. Sieber: Paris*, [1770?] fol. Hirsch IV. **1599**.

Plate number 141. The verso of p. 27 is blank.

GAVINIÉS (Pierre)

—— Six sonates à violon seul et basse . . . IIIem. œuvre. Gravé par Melle Vendôme chez Mr Mória. [Score.] pp. 25. *Chez Sieber: Paris*, [1780?] fol. Hirsch IV. **1600**.

A slip bearing the imprint "Chez Augte. Le Duc: Paris" has been pasted over the original imprint.

GAVINIÉS (Pierre)

—— Trois sonates pour le violon composées par . . . Gaviniés dont l'une en fa mineur, dite son tombeau, etc. ⟨Gravée par Mlle Lobry.⟩ pp. 25. *Chez Naderman; chez Lobry: Paris*, [1800?] fol. Hirsch IV. **1601**.

GEDICHTE.

—— Gedichte von Filidor ⟨H. C. L. Senf⟩. Mit Musik. [With five songs, three by A. T. Grahl, one by J. G. Witthauer, and one by F. X. Sterkel.] pp. 80. *Bey Georg Joachim Göschen: Leipzig*, [1788.] 8º. Hirsch III. **1908**.

GEDICHTE.

—— Gedichte. Von C. F. von Schmidt genannt Phiseldek. [With six songs by P. Grönland, and one by J. A. P. Schulz.] pp. vi. 120. *In der Schulbuchhandlung: Braunschweig*, 1794. 8°. Hirsch III. **1072**.

GEISTLICHES WALDGEDICHT.

—— Das geistliche Waldgedicht. [Opera.] *See* STADEN (S. G.)

GEMINIANI (FRANCESCO)

—— [Another issue.] Concerti grossi con due violini, violoncello, e viola di concertino obligati, e due altri violini e basso di concerto grosso ad arbitrio ... Opera seconda. *London*, [1732?] fol. Hirsch III. **214**.

GEMINIANI (FRANCESCO)

—— [Another copy.] Concerti grossi con due violini, viola e violoncello di concertino obligati, e due altri violini e basso di concerto grosso ... Opera terza. *London*, [1735?] fol. Hirsch III. **215**.

GEMINIANI (FRANCESCO)

—— Concerti grossi con due violini, viola e violoncello di concertino obligati, e due altri violini e basso di concerto grosso ... Opera terza. [Parts.] 7 pt. *Iohn Walsh: London*, [1735?] fol. Hirsch III. **215.** a.
Plate number 379. *Imperfect; wanting the titlepage of the basso ripieno part which has been supplied in MS.*

GEMINIANI (FRANCESCO)

—— [Another copy.] [Sonate. Op. IV.] Concerti grossi a due violini, due viole e violoncello obligati con due altre violini, e basso di ripieno. *Londra*, 1743. fol. Hirsch III. **216**.

GEMINIANI (FRANCESCO)

—— Concerti grossi composti a 3, 4, 5, 6, 7, 8 parti reali, per essere eseguiti da due violini, viola e violoncello di concertino, e due altri violini, viola, a basso di ripieno, à quali vi sono annessi due flauti traversieri, e bassone ... Op.ª VII. [Parts.] 8 pt. *Stampate a spese dell'autore: Londra*, 1746. fol. Hirsch III. **217**.

GEMINIANI (FRANCESCO)

—— [Another copy.] The Second Collection of Pieces for the Harpsichord. Taken from different works of F. Geminiani, and adapted by himself to that instrument. *London*, 1762. fol. Hirsch III. **218**.

GEMINIANI (FRANCESCO)

—— [Another copy.] Sonate a violino e basso ... Opera IV. *London*, 1739. fol. Hirsch III. **219**.

GENTILI (GIORGIO)

—— Concerti a quattro, e cinque ... Opera quinta. ⟨Violino primo.—Violino terzo.—Alto.—Violoncello.—Basso continuo.⟩ [Parts.] 5 pt. *Appresso Antonio Bortoli: Venezia*, 1708. fol. Hirsch M. **1390**.
Imperfect; wanting the violino secondo part.

GENTILI (GIORGIO)

—— Suonate a tre, doi violini e violoncello col basso per l'organo. [Parts.] 4 pt. *Chez Estienne Roger: Amsterdam*, [1700?] fol. Hirsch IV. **1602**.

GERARD (JAMES)

—— [Another copy.] Six Sonatas or Duets for two German Flutes or two Violins. *London*, [1765?] fol. Hirsch M. **1469. (6.)**

GERL (ANTON)

—— *See* DUMMER GAERTNER. Der dumme Gärtner ... ein comisches Singspiel, *etc.* [By B. Schack and A. Gerl.] [1796?] *obl.* fol. Hirsch IV. **1278**.

GERLE (HANS)

—— [Another copy.] Musica Teusch ... vormals in Truck nye vnd ytzo durch H. Gerle ... aussgangen. *Nurenbergk*, 1532. *obl.* 8°. Hirsch IV. **1603**.

GERLE (HANS)

—— Tabulatur auff die Laudten etlicher Preambel, Teutscher, Welscher vnd Francösischer stück, von Liedlein, Muteten, vnd schönen Psalmen, mit drey vnd vier stymmen, Durch H. Gerle ... ordenlich gesetzt, *etc.* ff. 94 [96]. *Gedruckt durch Jeronymum Formschneider: Nürenberg*, 1533. *obl.* 8°. Hirsch IV. **1604**.
F. 5 and f. 32 are misnumbered 4 and 31 respectively.

GERMAN BALLADS.

—— A Collection of German Ballads and Songs with their original music, done into English, by the translator of the German Erato [i.e. James Beresford], *etc.* The second edition. pp. 31. *H. Frölich: Berlin; Messieurs Baumgärtners: Leipsic*, 1800. 4°. Hirsch III. **640**.

GERMAN ERATO.

—— [Another copy.] The German Erato ... The second edition. *Berlin*, 1798. 4°. Hirsch III. **641**.

GERMAN FOLKSONGS.

—— Dem schönen Geschlecht gewidmet. Hier weihe ich Ihnen VI. deutsche Volcks Lieder, nebst einem Malabarischen beim Klavier zu spielen ... Der Herausgeber. pp. 12. [1775?] *obl.* 4°. Hirsch III. **1137**.

GERMAN SONGSTER.

—— [Another copy.] The German Songster, *etc. Berlin*, 1798. 4°. Hirsch III. **642**.

GERUSALEMME LIBERATA.

—— Stanze del canto duodecimo, canto vigesimo, della Gerusalemme liberata. [Songs with orchestra.] *See* ZINGARELLI (N. A.)

GESELLSCHAFTSLIED.

—— Gesellschaftslied. [Song.] *See* MOZART (W. A.) [*C. Vocal Music.—III. Masonic Cantatas.—Eine kleine Freimaurer-Kantate. K.* 623.]

GESELLSCHAFTSLIED.

—— Gesellschaftslied, gesungen bei Schleifung der Festung Mannheim. ⟨Von P. R. [i.e. Peter Ritter?]⟩ 1799. fol. *See* R., P. Hirsch III. **1047.**

GIARDINI (FELICE)

—— [Another copy.] A Concerto in 7 Parts . . . Opera XV. *London,* [1771, 72.] fol. Hirsch III. **220.**

GIARDINI (FELICE)

—— La Libertà. Canzonetta del Metastasio . . . Con arie diversi ad ogni strofe, e dedicata alla . . . signora Penelope Pitt. [With a portrait of Miss Pitt.] [*London,* 1758.] obl. 4°. Hirsch III. **767.**
Printed on one side of the leaf only.

GIARDINI (FELICE)

—— [Another copy.] Six Quartetto's, for two Violins, a Tenor, & Violoncello obligato . . . Opera 22. *London,* [1779.] fol. Hirsch III. **221.**

GIARDINI (FELICE)

—— Six quatuor concertans dont les quatre premiers sont pour deux violons, alto et violoncelle, et les 5ᵉ et 6ᵉ pour deux alto, violon et violoncelle . . . Œuvre XXIIIᵉ. Gravé par G. Magnian. [Parts.] 4 pt. *Chez M. Boyer: Paris,* [1780?] fol. Hirsch III. **224.**

GIARDINI (FELICE)

—— Six Quartetto's, two for a Violin, two Tenors & Violoncello; two for two Violins, Tenor & Violoncello; two for a Violin, Oboe, Tenor & Violoncello . . . Opᵃ 23. [Parts.] 4 pt. *Printed for James Blundell: London,* [1785?] fol. Hirsch III. **222.**

GIARDINI (FELICE)

—— [Another copy.] Six Quartettos: three for a Violin, Oboe, or Flute, Tenor & Violoncello; and three for two Violins, Tenor and Violoncello . . . Opera XXV. *London,* [1783.] fol. Hirsch III. **223.**

GIARDINI (FELICE)

—— VI soli a violino e basso . . . Opera settima. [Score.] pp. 37. [*London,* 1759.] fol. Hirsch M. **1391.**

GIARDINI (FELICE)

—— Sei sonate di cembalo con violino o flauto traverso . . . opera terza. [Score.] pp. 32. *John Cox: London,* [1751.] fol. Hirsch III. **225.**
Followed by "A Catalogue of Vocal and Instrumental Music . . . sold by John Cox."

GIBBONS (ORLANDO)

—— *See* PARTHENIA. Parthenia . . . Composed by . . . W. Byrd . . . O. Gibbons. 1651. fol. Hirsch IV. **1648.**

GILLES, GARÇON PEINTRE.

—— Gilles, garçon peintre, z'amoureux-t-et rival. Parade et parodie, du Peintre amoureux de son modèle. Gravé par Mᵉˡˡᵉ Vendôme. [Score. Music by J. B. de Laborde, libretto by L. Anseaume.] pp. 131. *Chèz Le Clerc: Paris,* [1760?] fol. Hirsch II. **495.**

SIG. 5.—PART 53.

GILLIER (PIERRE)

—— Liure d'airs et de simphonies mesléz de quelques fragmens d'opéra . . . Graué par H. Bonneuil. pp. 99. *Chez l'auteur; chez Foucault: Paris,* [1697.] obl. 4°. Hirsch III. **768.**
With an additional illustrated titlepage.

GINGUENÉ (PIERRE LOUIS)

—— Le Bon convive. Chanson éroti-bachique [*sic*]. [By L. E. Billardon de Sauvigny. With a setting by P. L. Ginguené.] [1782.] 12°. Hirsch III. **652.**
Contained in tom. 3 of "Les Après soupers de la société."

GINGUENÉ (PIERRE LOUIS)

—— Les Confidences à la mode; opéra comique. [By L. E. Billardon de Sauvigny.] En un acte. Musique de M. Ginguené.] [1783.] 12°. Hirsch III. **652.**
Contained in tom. 1, cah. 1 of "Les Après soupers de la société."

GINGUENÉ (PIERRE LOUIS)

—— La Fille ignorante, dialogue en musique. [By L. E. Billardon de Sauvigny. With music by P. L. Ginguené.] [1782.] 12°. Hirsch III. **652.**
Contained in tom. 4 of "Les Après soupers de la société."

GIORDANI (TOMMASO)

—— [Another issue.] [Artaserse.] The Favourite Songs in the Opera Artaserse. *London,* [1772.] fol. Hirsch II. **256.**

GIORDANI (TOMMASO)

—— Six Concertos for the Piano-Forte, or Harpsichord . . . Op: XIV, *etc.* ⟨[Pianoforte.]—Violino primo.—Violino secondo.—Violoncello.⟩ [Parts.] *Printed for Longman, Lukey, & Broderip: London,* [1775?] fol. Hirsch M. **1392.**
Imperfect; wanting the viola part.

GIORDANI (TOMMASO)

—— [Another copy.] Six Concertos for a German-Flute, two Violins and Bass . . . Op. XIX. *London,* [1778.] fol. Hirsch M. **1393.**

GIORDANI (TOMMASO)

—— [The Elopement.] A Select Overture in 8 Parts . . . Number II. ⟨Violino primo.—Violino secondo.—Viola.—Basso.—Oboe primo.—Fagotto.—Corno primo.—Corno secondo.⟩ [Parts.] 8 pt. *John Johnston: London,* [1770?] fol. Hirsch M. **1394.**

GIORDANI (TOMMASO)

—— [Another copy.] Six Trios for a Flute, Violin and Bas [*sic*]. Selected from the favorite songs in the Italian operas. *London,* [1780?] fol. Hirsch M. **1466.** (3.)
Imperfect; wanting the basso part.

GIORNOVICHI (Giovanni Mane)

—— [Another copy.] Two Violin Concertos. Composed & arranged . . . for the piano forte or harpsichord, with a violin accompaniment by Mr. Giornovichi. *London*, [1795?] fol. Hirsch M. **1477**. (**4**.)

Imperfect; wanting the harpsichord part.

GIRAUD (François Joseph) and BERTON (Pierre Montan)

—— Deucalion et Pirrha, Ballet. [Reduced score.] pp. 60. *Chez la veuve Delormel & fils: Paris*, 1755. fol.
Hirsch II. **257**.

GLUCK (Christoph Willibald von)

—— [Another copy.] Alceste. Tragedia, *etc.* *Vienna*, 1769. fol. Hirsch II. **261**.

GLUCK (Christoph Willibald von)

—— Alceste. Tragédie. Opéra en trois actes, *etc.* [Score.] pp. 293. *Au bureau d'abonnement musical: Paris*, [1776?] fol. Hirsch II. **263**.

The verso of the titlepage bears a list of the publications of the Bureau.

GLUCK (Christoph Willibald von)

—— Alceste. Tragédie. Opéra en trois actes, *etc.* [Score.] pp. 293. *Chez Des Lauriers: Paris*, [1780?] fol.
Hirsch II. **264**.

GLUCK (Christoph Willibald von)

—— [Another copy.] L'Arbre enchanté. Opéra comique, *etc. Paris*, [1775?] fol. Hirsch II. **266**.

Without the leaf containing the dedication and catalogue of music preceding p. 1.

GLUCK (Christoph Willibald von)

—— L'Arbre enchanté. Opéra comique en un acte par Vadé, *etc.* [Score.] pp. 51. *Chez Des Lauriers: Paris*, [1780?] fol. Hirsch II. **265**. (**1**.)

Plate number 8.

GLUCK (Christoph Willibald von)

—— L'Arbre enchanté. Opéra comique en un acte par Vadé, *etc.* [Orchestral parts.] 11 pt. *Chez Des Lauriers: Paris*, [1780?] fol. Hirsch II. **265**. (**2**.)

Plate number 8.

GLUCK (Christoph Willibald von)

—— Armide. Drame héroique . . . Gravée par Mme Lobry. [Score.] pp. 279. *Au bureau du journal de musique: Paris*, [1777?] fol. Hirsch II. **267**.

GLUCK (Christoph Willibald von)

—— Armide. Drame héroique, *etc.* [Score.] pp. 279. *Chez Des Lauriers: Paris*, [1777?] fol. Hirsch II. **268**.

GLUCK (Christoph Willibald von)

—— [Another copy.] [Artamene.] The Favourite Songs in the opera call'd Artamene. *London*, [1746.] fol.
Hirsch IV. **1566**.

GLUCK (Christoph Willibald von)

—— [La Caduta dei giganti.] The Favourite Songs in the Opera call'd La Caduta de' giganti. [Score.] pp. 23. *Printed for I. Walsh: London*, [1746.] fol.
Hirsch IV. **1567**.

GLUCK (Christoph Willibald von)

—— Cythère assiégée. Opera balet [*sic*] en trois actes . . . Poëme de Favart. [Score.] pp. 206. *Chés Des Lauriers: Paris*, [1760?] fol. Hirsch II. **270**. (**1**.)

Plate number 7. This edition does not contain the overture.

GLUCK (Christoph Willibald von)

—— Cythère assiégée. Ouverture. [Orchestral parts.] 10 pt. [*Des Lauriers: Paris*, 1760?] fol. Hirsch II. **270**. (**2**.)

Plate number 7.

GLUCK (Christoph Willibald von)

—— Echo et Narcisse. Drame lyrique en trois actes avec un prologue par M. le Baron de T. [i.e. Ludwig Theodor von Tschudy], *etc.* [Score.] pp. 256. *Chez Des Lauriers: Paris*, [1779?] fol. Hirsch II. **271**.

GLUCK (Christoph Willibald von)

—— [A reissue.] Iphigenie en Aulide. Tragédie. Opéra, *etc.* *Chez Des Lauriers: Paris*, [1775?] fol. Hirsch II. **274**.

GLUCK (Christoph Willibald von)

—— Iphigénie en Aulide. Tragédie. Opéra en trois actes . . . Gravée par le Sr Huguet. [Score.] pp. 298. *Au bureau d'abonnement musical: Paris*, [1780?] fol.
Hirsch II. **273**.

GLUCK (Christoph Willibald von)

—— Iphigénie en Tauride. Tragédie en quatre actes, par Mr Guillard, *etc.* [Score.] pp. 211. *Paris*, [1779?] fol.
Hirsch II. **277**.

The publisher's name has been erased.

GLUCK (Christoph Willibald von)

—— Iphigénie en Tauride. Tragédie en quatre acte [*sic*] par Mr. Guillard . . . arrangée pour le clavecin par Jean Charles Fréderic Rellstab, *etc.* [Vocal score.] pp. 105. *Rellstab: Berlin*, [1789.] *obl.* fol. Hirsch IV. **1150**.

GLUCK (Christoph Willibald von)

—— Klopstock's Oden und Lieder beym Clavier zu Singen. pp. 13. *Bey Artaria Compagnie: Wienn*, [1785.] *obl.* fol.
Hirsch III. **769**.

Plate number 73.

GLUCK (Christoph Willibald von)

—— Orfeo ed Euridice. Azione teatrale . . . Gravé par Chambon. [Score. With a frontispiece.] pp. 158. *Appresso Duchesne: Parigi*, 1764. fol. Hirsch II. **281**.

GLUCK (Christoph Willibald von)

—— [Orfeo.] Orphée et Euridice. Tragédie. Opéra en trois actes . . . Les parolles sont de Mr Moline. Gravée par Madame Lobry. [Score.] pp. 217. *Chez Mr Lemarchand: Paris*, [1774?] fol. Hirsch II. **285**.

GLUCK (Christoph Willibald von)

—— [Orfeo.] Orphée et Euridice. Tragédie. Opéra en trois actes . . . Les parolles sont de M. Moline, *etc.* [Score.] pp. 217. *Chez Des Lauriers: Paris,* [1780?] fol.
                Hirsch II. **284**.
With a leaf containing a " Catalogue de musique du fond de Des Lauriers " preceding p. 1, but without the leaf containing the dedication.

GLUCK (Christoph Willibald von)

—— Orphée. Tragédie en trois actes par Moline . . . arrangée pour le clavecin par Jean Charles Fréderic Rellstab . . . Orpheus. Oper, *etc.* [Vocal score.] Fr. & Ger. pp. 88. *Rellstab: Berlin,* [1790?] obl. 4°.   Hirsch IV. **1151**.

GLUCK (Christoph Willibald von)

—— [Another copy.] Paride ed Elena. Dramma per musica, *etc. Vienna,* 1770. fol.   Hirsch II. **287**.
The titlepage bears the autograph signature of Wilhelm Rust.

GLUCK (Christoph Willibald von)

—— [La Rencontre imprévue.—Les hommes pieusement.] [For editions of the pianoforte variations composed by W. A. Mozart on this theme, entitled in German " Unser dummer Pöbel meint ":] *See* Mozart (W. A.) [*D. Instrumental Music.—III. Pianoforte Music.—c. ii. Variations.*]

GOERNER (Johann Valentin)

—— *See* Oden. Sammlung neuer Oden und Lieder . . . Dritte Auflage. [Music by J. V. Görner.] 1752. 8°.
                Hirsch III. **771**.

GOSSEC (François Joseph)

—— *See* Tonnelier. Le Tonnelier. Opéra comique . . . Mis en musique par Messieurs ***, *etc.* [Music by N. M. Audinot, arranged by F. J. Gossec.] [1765?] fol.
                Hirsch II. **294**.

GOSSELER (Johannes)

—— Das liede vber sant Ursulen schyfflin gedichtet vō meister iohānes gosseler pfarher vn̄ doctor zu sant iost zu Raffenspurg. [The music also by J. Gosseler? Song. Begin. Ein zyt hort ich vil gutter mer.] [1497.] 4°.
                Hirsch III. **1065**.
Contained on sig. ciii recto of " Von sant Ursulen schifflin," of which the colophon reads " Getruct zu strassburg vff grüneck von meister bartholomeus küstler. In dem iar. M.CCCC.XCVIJ."

GOUY (Jacques de)

—— [Another copy.] Airs à quatre parties, sur la Paraphrase des Pseaumes de Messire Antoine Godeau . . . diuisez en trois parties. *Paris,* 1650. obl. 8°.   Hirsch III. **773**.

—— [Another copy of the dessus part.]   Hirsch III. **773a**.

GOW (Niel)

—— [Another issue.] A Third Collection of Strathspey Reels &c. for the Piano-Forte, Violin, and Violoncello, *etc. Edin*ʳ, [1795?] fol.   Hirsch M. **1467**. (**1.**)

GRABU (Louis)

—— [Another copy.] Albion and Albanius: an Opera, *etc. London,* 1687. fol.   Hirsch IV. **1568**.

GRADENTHALER (Hieronymus)

—— [Another copy.] J. L. P. [i.e. Johann Ludwig Prasch.] Astraea. [The music by H. Gradenthaler.] *Regenspurg,* 1681. 8°.   Hirsch III. **774**.

GRADENTHALER (Hieronymus)

—— Johann Ludwig Praschens geistlicher Blumenstrauss, bestehend aus . . . Liedern mit beygefügten Gradenthalerischen Melodeyen. [With a frontispiece.] pp. 126. *Bey Paul Dalnsteiners sel. Wittib: Regenspurg,* 1685. 8°.
                Hirsch III. **775**.

GRADENTHALER (Hieronymus)

—— [Another copy.] J. L. P. [i.e. Johann Ludwig Prasch.] Lobsingende Harffe, oder geistliche Lobgedichte, mit kunstreichen Melodeyen [by H. Gradenthaler], *etc. Regenspurg,* 1682. 8°.   Hirsch III. **776**.

GRADENTHALER (Hieronymus)

—— *See* Palms. [German.] Lust- und Artzeney-Garten des königlichen Propheten Davids. Das ist der gantze Psalter . . . Da zugleich jedem Psalm eine . . . neue Melodey, mit dem basso continuo [chiefly by H. Gradenthaler], *etc.* 1675. 8°.   Hirsch III. **777**.

GRAEFE (Johann Friedrich)

—— Samlung verschiedener und auserlesener Oden zu welchen von den berühmtesten Meistern in der Music eigene Melodeyen verfertiget worden, besorgt und herausgegeben von einem Liebhaber der Music und Poesie ⟨J. F. Graefe⟩. Tl. 1–3. *Halle,* 1740–41. obl. 4°.
                Hirsch III. **778**.
Imperfect; wanting Tl. 4.

GRAEFE (Johann Friedrich)

—— Samlung verschiedener und auserlesener Oden . . . herausgegeben von einem Liebhaber der Music und Poesie ⟨J. F. Graefe.⟩ 4 Tl. *Halle,* 1743, 1740–43. obl. 4°.
                Hirsch III. **779**.
Tl. 1 is of the third edition.

GRAHL (Andreas Traugott)

—— *See* Gedichte. Gedichte von Filidor ⟨H. C. L. Senf⟩. Mit Musik. [With five songs, three by A. T. Grahl.] [1788.] 8°.   Hirsch III. **1098**.

GRANDI (Alessandro)

—— Celesti fiori . . . Libro quinto de concerti à 1. 2. 3. 4. voci. Con alcuni cantilene nel fine. Raccolti da Lunardo Simonetti . . . Nouamente ristampati. ⟨Canto.—Tenore. —Alto.—Basso.⟩ [Parts.] 4 pt. *Gardano: Venetia,* 1625. 4°.   Hirsch III. **780**.

GRASSET (Jean Jacques)

—— Six duos concertans pour deux violons . . . Œuvre 2ᵉ. [Parts.] 2 pt. *Chez Imbault: Paris,* [1790.] fol.
                Hirsch III. **229**.
Plate number 151.

GRAUN (Carl Heinrich)
—— [Another copy.] Duetti, terzetti, quintetti, sestetti ed alcuni chori delle opere del Signore C. E. Graun. *Berlino, Kœnigsberga*, 1773, 74. fol. Hirsch III. **781.**

GRAUN (Carl Heinrich)
—— [Another copy.] Te deum laudamus. *Leipzig*, 1757. fol. Hirsch IV. **749.**

GRAUN (Carl Heinrich)
—— Der Tod Jesu, eine Cantate. [Score.] pp. 116. *Johann Gottlob Immanuel Breitkopf: Leipzig*, 1760. fol. Hirsch IV. **750.**

GRAUN (Carl Heinrich)
—— Herrn Carl Heinrich Grauns ... Passions-Kantate: Der Tod Jesu, in einem Clavierauszuge herausgegeben von Johann Adam Hiller, *etc.* [Vocal score.] pp. 74. *Bey Gottlieb Löwe: Breslau*, 1785. obl. fol. Hirsch IV. **1153.**

GRAUN (Johann Gottlieb)
—— Eight Sonatas for two German Flutes or Violins with a Bass for the Violoncello or Harpsicord. [Parts.] *Printed for I. Walsh: London*, [1759.] fol. Hirsch M. **1468.** (5.)
Imperfect; wanting the titlepage and all after p. 8 of the primo part, and the bass part.

GRAZIANI (Carlo)
—— Six sonates a violoncello & basso ... Oeuvre troisième. [Score.] pp. 33. *Chés Jean Julien Hummel: Berlin, Amsterdam*, [1770?] fol. Hirsch III. **230.**
Plate number 9.

GRAZIOLI (Giovanni Battista)
—— Sei sonate da cembalo con violino obbligato ... Opera terza. [Score.] pp. 25. *Apo. Innocente, Alessandri e Pietro Scattaglia: Venezia*, [1785?] obl. fol. Hirsch IV. **1605.**
A slip bearing the imprint " Presso Giuseppe Benzon: Venezia " has been pasted over the original imprint.

GRAZIOLI (Giovanni Battista)
—— XII sonate per cembalo. pp. 48. [*Venice? 1800?*] obl. fol. Hirsch IV. **1606.**

GREENE (Maurice)
—— Spenser's Amoretti. [Songs.] pp. 47. *Printed for Inº Walsh: London*, 1739.] obl. fol. Hirsch III. **782.**

GREENE (Maurice)
—— Six Overtures for the Harpsicord or Spinnet ... Being proper pieces for the improvement of the hand. pp. 33. *Printed for I. Walsh: London*, [1750?] fol. Hirsch IV. **1606.** a.

GRÉTRY (André Ernest Modeste)
—— Partition de l'Amant jaloux. Comédie en trois actes ... Œuvre XV. Gravée par le Sʳ Huguet. [Score.] pp. 168. *Chez M. Houbaut: Paris*, [1778?] fol. Hirsch II. **299.**

GRÉTRY (André Ernest Modeste)
—— L'Ami de la maison. Comédie en trois actes et en vers mêlée d'ariettes ... Gravée par J. Dezauche. ⟨Œuvre VIII.⟩ [Score.] pp. 169. *Chés Houbaut: Paris*, [1775?] fol. Hirsch II. **302.**

GRÉTRY (André Ernest Modeste)
—— L'Amitié à l'épreuve. Comédie en deux actes mêlée d'ariettes ... Gravée par le Sʳ Dezauche. ⟨Œuvre VI.⟩ [Score.] pp. 129. *Aux adresses ordinaires de musique: Paris*, [1771?] fol. Hirsch II. **304.**

GRÉTRY (André Ernest Modeste)
—— L'Amitié à l'épreuve, comédie en deux actes et en vers, mêlée d'ariettes ... Les paroles sont de MM ***, & Favart, *etc.* [The libretto, with the air to one song.] pp. 46. *Chez la veuve Simon & fils: Paris*, 1777. 8°. Hirsch IV. **1340.**

GRÉTRY (André Ernest Modeste)
—— [Another edition.] Partition d'Andromaque. Tragédie lyrique en trois actes ... Œuvre XVII. Gravée par le Sʳ Huguet, *etc.* [Score.] pp. 202. *Chez Houbaut: Paris*, [1785?] fol. Hirsch II. **309.**

GRÉTRY (André Ernest Modeste)
—— [La Caravane du Caire.] De la Caravanne ... Ouverture. Arrangée en duo pour deux fluttes. [Parts.] 2 pt. *Chez Imbault: Paris*, [1785?] fol. Hirsch M. **1465.** (6.)

GRÉTRY (André Ernest Modeste)
—— [Another copy.] Colinette à la cour ... Comédie lyrique, *etc. Paris*, [1782?] fol. Hirsch II. **321.**

GRÉTRY (André Ernest Modeste)
—— Le Comte d'Albert. Drame en deux actes et la suite, opéra comique en un acte par M. Sedaine ... Œuvre XXV. Gravé par Huguet. [Score.] pp. 147. *Chez Houbaut: Paris; chez Castaud: Lyon*, [1786?] fol. Hirsch II. **297.**

GRÉTRY (André Ernest Modeste)
—— [Another copy.] Les Deux avares. Opéra boufon, *etc. Paris*, [1770?] fol. Hirsch II. **313.**

GRÉTRY (André Ernest Modeste)
—— L'Embarras des richesses. Comédie lyrique en trois actes, *etc.* [Score.] pp. 274. [*Paris? 1782?*] fol. Hirsch II. **327.**
The imprint has been erased.

GRÉTRY (André Ernest Modeste)
—— De l'Épreuve Villageoise ... Ouverture et morceaux, arrangés pour une flûte seule, avec accompagnement d'un second violon, à volonté. Par M. Abraham. [Parts.] 2 pt. *Chez Imbault: Paris*, [1785?] fol. Hirsch M. **1465.** (10.)

GRÉTRY (André Ernest Modeste)
—— La Fausse magie, comédie en un acte ... Gravée par J. Dezauche. ⟨Œuvre XI.⟩ [Score.] pp. 188. *Chés M. Houbaut: Paris*, [1775?] fol. Hirsch II. **341.**
The verso of the titlepage bears the dedication.

GRÉTRY (ANDRÉ ERNEST MODESTE)
—— Partition du Jugement de Midas. Comédie en trois actes . . . Œuvre XIV . . . Gravée par Dezauche. [Score.] pp. 182. *Chez M. Houbaut: Paris*, [1778?] fol.
                                         Hirsch II. **335**.
The verso of the titlepage contains a "Catalogue de la musique de M. Grétry."

GRÉTRY (ANDRÉ ERNEST MODESTE)
—— Lisbeth. Drame lyrique en trois actes et en prose. Paroles de Farières . . . Gravé par Huguet. [Score.] pp. 128. *Chez l'auteur: Paris*, [1797?] fol.
                                           Hirsch II. **337**.

GRÉTRY (ANDRÉ ERNEST MODESTE)
—— [Another copy.] Lucile. Comédie, *etc.* [*Paris, Lion*, 1769?] fol.   Hirsch II. **339**.
The titlepage has been mutilated.

GRÉTRY (ANDRÉ ERNEST MODESTE)
—— [Another copy.] Les Mariages samnites. Drame lyrique, *etc. Paris*, [1776?] fol.   Hirsch II. **345**.

GRÉTRY (ANDRÉ ERNEST MODESTE)
—— Les Méprises par ressemblance. Comédie en trois actes par M. Patrat . . . Œuvre XXVII. Gravé par Huguet, *etc.* [Score.] pp. 186. *Chez l'auteur: Paris*, [1786?] fol.
                                         Hirsch II. **347**.

GRÉTRY (ANDRÉ ERNEST MODESTE)
—— De Panurge . . . Ouverture et morceaux, arrangés pour une flûte seule, avec accompagnement d'un second violon, à volonté. Par M. Abraham. [Parts.] 2 pt. *Chez Bignon: Paris*, [1785?] fol.   Hirsch M. **1465.** (8.)

GRÉTRY (ANDRÉ ERNEST MODESTE)
—— [Another copy.] Pierre le grand. Comédie, *etc. Paris*, [1790.] fol.   Hirsch II. **351**.

GRÉTRY (ANDRÉ ERNEST MODESTE)
—— [Another copy.] Richard Cœur de Lion. Comédie, *etc. Paris*, [1785?] fol.   Hirsch II. **353**.

GRÉTRY (ANDRÉ ERNEST MODESTE)
—— [Richard Cœur de Lion.—Une fièvre brulante.] *See* BEETHOVEN (L. van) [*Variations. N.p.* 157.] VIII variations sur le tême (Mich brant ein heisses Fieber) de l'opéra Richard Löwenherz, pour le piano-forte, *etc.* [1798.] obl. fol.   Hirsch IV. **442**.

GRÉTRY (ANDRÉ ERNEST MODESTE)
—— La Rosière de Salenci. Pastorale en trois actes . . . Gravée par J. Dezauche. ⟨Œuvre X.⟩ [Score.] pp. 162. *Chés Houbaut: Paris*, [1774?] fol.   Hirsch II. **357**.
With a leaf containing a dedication preceding p. 1, but without the "Catalogue de musique de M. Grétry" on the verso of the titlepage.

GRÉTRY (ANDRÉ ERNEST MODESTE)
—— [Another issue.] La Rosière de Salenci. Pastorale, *etc. Paris*, [1774?] fol.   Hirsch II. **357. a.**
Without the dedication, but with the "Catalogue de la musique de M. Grétry" on the verso of the titlepage.

GRÉTRY (ANDRÉ ERNEST MODESTE)
—— Silvain, comédie en un acte, mêlée d'ariettes; par M. Marmontel, *etc.* [The libretto, with the voice part of two songs.] pp. 40. *Chez Merlin: Paris*, 1770. 12°.
                                         Hirsch IV. **1342**.

GRÉTRY (ANDRÉ ERNEST MODESTE)
—— [Another copy.] Silvain. Comédie, *etc. Paris*, [1770?] fol.   Hirsch II. **360**.

GRÉTRY (ANDRÉ ERNEST MODESTE)
—— [Another copy.] Le Tableau parlant. Comédie parade, *etc. Paris*, [1770?] fol.   Hirsch II. **362**.

GRÉTRY (ANDRÉ ERNEST MODESTE)
—— Zémire et Azor, comédie-ballet, en vers et en quatre actes; mêlée de chants et de danses, *etc.* [The libretto, with the voice part of two songs.] pp. 56. *Chez Vente: Paris*, 1772. 8°.   Hirsch IV. **1343**.

GRÉTRY (ANDRÉ ERNEST MODESTE)
—— [A reissue.] Zemire et Azor. Comédie-ballet, *etc. Chés Houbaut: Paris*, [1776?] fol.   Hirsch II. **366**.

GRÉTRY (LUCILE)
—— Le Mariage d'Antonio. Divertissement, en un acte et en prose . . . Gravé par Huguet, *etc.* [Score.] pp. 62. *Chez Houbaut: Paris*, [1800?] fol.   Hirsch II. **368**.

GROENLAND (PETERSEN)
—— *See* GEDICHTE. Gedichte. Von C. F. von Schmidt genannt Phiseldek. [With six songs by P. Grönland.] 1794. 8°.   Hirsch III. **1072**.

GUIDETTI (GIOVANNI)
—— Directorium chori ad vsum omnium ecclesiarum cathedralium, & collegiatarum . . . nuper ad nouam Romani Breuiarij correctionem ex præcepto Clementis VIII. impressam restitutum . . . & emendatum. Accesserunt huic postremæ editioni quamplures hymnorum, & antiphonarum toni, qui in præcedentibus desiderabantur. pp. 619. *Apud Andream Phœum: Romæ*, 1615. 8°.
                                         Hirsch III. **784**.

GUIRLANDE.
—— La Guirlande. Acte de ballet. *See* RAMEAU (J. P.)

GUNST.
—— Die Gunst des Augenblicks. [Four-part song.] *See* ZELTER (C. F.)

GYROWETZ (ADALBERT)
—— Italienisch u. Deutscher Gesang zum Piano Forte. no. 2. *In der Gombartischen Musik Handlung: Augsburg,* [1795?] fol.   Hirsch III. **785**.
 Plate number 137.

H., I. G.
—— G. W. Burmanns kleine Lieder für kleine Mädchen und Knaben. In Musik gesetzt von I. G. H. Nebst einem Anhang etlicher Lieder aus der Wochenschrift: Der Greis. Zu zweyen Stimmen ausgesetzt. pp. 119. *Gedruckt bey David Bürgkli: Zürich,* 1774. 4°.   Hirsch III. **673**.

HAENDEL (GEORG FRIEDRICH) [1. *Arnold's Edition.*]
—— [Another copy.] [The Works of G. F. Handel, edited in score by Samuel Arnold.] 49 vol. 180 no. [*London,* 1787-97.] fol.   Hirsch M. **1395**.

HAENDEL (GEORG FRIEDRICH) [2. *Arrangements and Selections.—a. Vocal.*]
—— [Another copy.] Auszug der vorzüglichsten Arien, Duette und Chöre aus . . . Messias und Judas Maccabäus in Claviermässiger Form von Johann Adam Hiller. *Dresden, Leipzig,* 1789. obl. fol.   Hirsch III. **787**.

HAENDEL (GEORG FRIEDRICH) [2. *Arrangements and Selections.—b. Instrumental.*]
—— Handel's Overtures from all his Operas & Oratorios for Violins &c. in 8 parts. [Parts.] 8 vol. *Printed for I. Walsh: London,* [1760?] fol.   Hirsch III. **237**.

HAENDEL (GEORG FRIEDRICH) [2. *Arrangements and Selections.—b. Instrumental.*]
—— Handel's Overtures arranged for the Piano-Forte, with an accompaniment ad libitum for a flute or violin, by I. Mazzinghi. no. 1-3. *Goulding, Phipps & D'Almaine: London,* [1800.] fol.   Hirsch M. **1472**. (5.)
 Imperfect; wanting the accompaniments.

HAENDEL (GEORG FRIEDRICH) [3. *Church Music.*]
—— The Anthem which was perform'd in Westminster Abby [*sic*] at the Funeral of Her most Sacred Majesty Queen Caroline . . . Vol. II. [Score.] pp. 54. *Printed for I. Walsh: London,* [1743.] fol.   Hirsch IV. **759**.

HAENDEL (GEORG FRIEDRICH) [3. *Church Music.*]
—— [Another copy.] Handel's Celebrated Coronation Anthems in Score, for Voices & Instruments. vol. 1. *London,* [1743.] fol.   Hirsch IV. **764**.

HAENDEL (GEORG FRIEDRICH) [3. *Church Music.*]
—— Georg Friedrich Händels Te Deum laudamus zur Utrechter Friedensfeyer ehemals in Engländischer Sprache componirt, und nun mit dem bekannten lateinischen Texte herausgegeben von Johann Adam Hiller. [Score.] pp. 72. *Im Schwickertschen Verlage: Leipzig,* [1780.] obl. fol.
   Hirsch IV. **787**.

HAENDEL (GEORG FRIEDRICH) [3. *Church Music.*]
—— Te Deum et jubilate, for Voices and Instruments perform'd before the Sons of the Clergy at the Cathedral-Church of St. Paul. [Score.] pp. 71. *Iohn Walsh: London,* [1735?] fol.   Hirsch IV. **786**.
 Plate number 212.

HAENDEL (GEORG FRIEDRICH) [4. *Operas.*]
—— [Another copy.] [Admetus, an Opera. Score.] [*London,* 1727.] 4°.   Hirsch II. **375**.
 Imperfect; wanting the titlepage which has been supplied in MS., *and the list of subscribers.*

HAENDEL (GEORG FRIEDRICH) [4. *Operas.*]
—— Alcina, an Opera as it is perform'd at the Theatre Royal in Covent Garden. [Score.] pp. 91. *I. Walsh: London,* [1737?] fol.   Hirsch IV. **1570**.
 Plate number 605.

HAENDEL (GEORG FRIEDRICH) [4. *Operas.*]
—— [Alessandro.] The Opera of Roxana or Alexander in India. [Score.] pp. 79. *I. Walsh: London,* [1743?] fol.
   Hirsch II. **379**.

HAENDEL (GEORG FRIEDRICH) [4. *Operas.*]
—— [Another copy.] [Arianna.] Ariadne, an Opera, *etc. London,* [1737.] fol.   Hirsch IV. **1571**.

HAENDEL (GEORG FRIEDRICH) [4. *Operas.*]
—— [Another copy.] [Arminio.] Arminius, an Opera, *etc. London,* [1737.] fol.   Hirsch II. **385**.

HAENDEL (GEORG FRIEDRICH) [4. *Operas.*]
—— Atalanta, an Opera as it is perform'd at the Theatre Royal in Covent Garden. [Score.] pp. 83. *I. Walsh: London,* [1736.] fol.   Hirsch IV. **1572**.
 Plate number 589. *With a list of subscribers.*

HAENDEL (GEORG FRIEDRICH) [4. *Operas.*]
—— [Another copy.] Berenice, an Opera, *etc. London,* [1737.] fol.   Hirsch II. **388**.

HAENDEL (GEORG FRIEDRICH) [4. *Operas.*]
—— [Another copy.] [Ezio.] Ætius, an Opera, *etc. London,* [1732.] fol.   Hirsch II. **392**.

HAENDEL (GEORG FRIEDRICH) [4. *Operas.*]
—— [Another issue.] Faramondo, an Opera, *etc. London,* [1740.] fol.   Hirsch II. **394**.

HAENDEL (GEORG FRIEDRICH) [4. *Operas.*]
—— [Another copy.] [Flavio.] Flavius, an Opera, *etc. London,* [1723.] fol.   Hirsch II. **396**.

HAENDEL (GEORG FRIEDRICH) [4. *Operas.*]
—— [Another issue.] [Floridante.] Floridant. An Opera, *etc. London,* [1722?] fol.   Hirsch II. **398**.

HAENDEL (GEORG FRIEDRICH) [4. *Operas.*]
—— [Another issue.] [Giustino.] Justin, an Opera, *etc.* London, [1737?] fol. Hirsch II. **400**.
Without the list of subscribers.

HAENDEL (GEORG FRIEDRICH) [4. *Operas.*]
—— [Another copy.] [Lotario.] Lotharius, an Opera. London, [1730.] fol. Hirsch II. **403**.

HAENDEL (GEORG FRIEDRICH) [4. *Operas.*]
—— [Another copy.] Orlando, an Opera, *etc.* London, [1740?] fol. Hirsch II. **406**.

HAENDEL (GEORG FRIEDRICH) [4. *Operas.*]
—— [Ottone.] Otho, an Opera, as it was perform'd at the King's Theatre for the Royal Accademy. [Score.] pp. 92. *I. Walsh: London*, [1735?] fol. Hirsch II. **408**.

HAENDEL (GEORG FRIEDRICH) [4. *Operas.*]
—— [Another copy.] Parthenope, an Opera, *etc.* London, [1730.] fol. Hirsch II. **410**.

HAENDEL (GEORG FRIEDRICH) [4. *Operas.*]
—— [Another copy.] [Poro.] Porus, an Opera, *etc.* London, [1731?] fol. Hirsch II. **413**.

HAENDEL (GEORG FRIEDRICH) [4. *Operas.*]
—— [Another copy.] Il Radamisto. Opera, *etc.* London, [1720.] fol. Hirsch II. **415**. (1.)

HAENDEL (GEORG FRIEDRICH) [4. *Operas.*]
—— [Another copy.] [Radamisto.] Arie aggiunte di Radamisto. Opera, *etc.* London, [1721.] fol. Hirsch II. **415**. (2.)

HAENDEL (GEORG FRIEDRICH) [4. *Operas.*]
—— [Another copy.] [Riccardo Primo.] Rich^d ye 1st King of England. An Opera. London, [1728.] fol. Hirsch IV. **1572**. a.

HAENDEL (GEORG FRIEDRICH) [4. *Operas.*]
—— [Another issue.] [Rinaldo.] Arie dell'opera di Rinaldo, *etc.* London, [1714?] fol. Hirsch II. **418**.

HAENDEL (GEORG FRIEDRICH) [4. *Operas.*]
—— [Rinaldo.] The Symphonys or Instrumental Parts in the Opera Call'd Rinaldo. As they are perform'd at the Queens Theatre. ⟨First Treble.—Second Treble.—Tenor.⟩ [Parts.] *Printed for I. Walsh, P: Randall, I: Hare: London*, [1711.] fol. Hirsch II. **418**. a.
Imperfect; wanting the bass part.

HAENDEL (GEORG FRIEDRICH) [4. *Operas.*]
—— [Rinaldo.—Vò far guerra.] The Celebrated grand Lesson as adapted for the harpsicord or piano forte by Sig^r Babel, from a favourite air out of . . . Rinaldo, *etc.* [1795?] fol. *See* BABELL (William) [*Suits of Harpsicord Lessons.*] Hirsch M. **1472**. (3.)

HAENDEL (GEORG FRIEDRICH) [4. *Operas.*]
—— [Another copy.] Rodelinda, an Opera. London, [1728?] fol. Hirsch II. **420**.

HAENDEL (GEORG FRIEDRICH) [4. *Operas.*]
—— The Opera of Roxana or Alexander in India. *See supra:* [*Alessandro.*]

HAENDEL (GEORG FRIEDRICH) [4. *Operas.*]
—— [Scipio, an Opera.] pp. 30. *Printed for I. Walsh: London*, [1745?] fol. Hirsch IV. **1572**. b.
The title has been supplied in MS.

HAENDEL (GEORG FRIEDRICH) [4. *Operas.*]
—— [Another copy.] [Serse.] Xerxes, an Opera, *etc.* London, [1738.] fol. Hirsch II. **426**.

HAENDEL (GEORG FRIEDRICH) [4. *Operas.*]
—— [For editions of and extracts from "Sosarme" published anonymously:] *See* SOSARME.

HAENDEL (GEORG FRIEDRICH) [4. *Operas.*]
—— [Another copy.] [Tolomeo.] The Favourite Songs in the Opera call'd Ptolomy. [By G. F. Haendel.] London, [1733?] fol. Hirsch II. **433**.
Printed on one side of the leaf only, from the plates previously used in "Apollo's Feast."

HAENDEL (GEORG FRIEDRICH) [5. *Oratorios, etc.*]
—— Acis and Galatea. A serenade with the recitatives songs & symphonys. [Score.] pp. 36. *Printed for J. Walsh: London*, [1721?] fol. Hirsch IV. **1569**.

HAENDEL (GEORG FRIEDRICH) [5. *Oratorios, etc.*]
—— [Another copy.] Acis and Galatea. A mask, *etc.* London, [1743.] fol. Hirsch II. **373**.

HAENDEL (GEORG FRIEDRICH) [5. *Oratorios, etc.*]
—— Alexander Balus, an Oratorio. [Overture and songs. Score.] pp. 94. *Printed for I. Walsh: London*, [1748.] fol. Hirsch IV. **754**.

HAENDEL (GEORG FRIEDRICH) [5. *Oratorios, &c.*]
—— Alexander's Feast or the Power of Musick. An ode wrote in honour of St. Cecilia by Mr Dryden . . . With the recitativo's, songs, symphonys and chorus's for voices and instruments. [Score.] pp. 158. *Printed for I. Walsh: London*, [1740?] fol. Hirsch IV. **755**.
Plate number 634.

HAENDEL (GEORG FRIEDRICH) [5. *Oratorios, &c.*]
—— [Another copy.] Alexander's Feast, *etc.* London, [1769.] fol. Hirsch IV. **756**.
Without the portrait.

HAENDEL (GEORG FRIEDRICH) [5. *Oratorios, &c.*]
—— L'Allegro, il Penseroso, ed il Moderato. The words taken from Milton. [Score. Arranged by C. Jennens.] pp. 63. *Printed for I. Walsh: London*, [1740.] fol. Hirsch IV. **758**.

HAENDEL (GEORG FRIEDRICH) [5. *Oratorios, &c.*]
—— [Another copy.] The Most Celebrated Songs in the Oratorio call'd Athalia. *London,* [1735.] fol.
Hirsch IV. **760.**

HAENDEL (GEORG FRIEDRICH) [5. *Oratorios, &c.*]
—— Belshazzar. An oratorio. [Overture and songs. Score.] pp. 86. *Printed for I. Walsh: London,* [1745.] fol.
Hirsch IV. **761.**

HAENDEL (GEORG FRIEDRICH) [5. *Oratorios, &c.*]
—— Belshazzar. A sacred oratorio, in score, *etc.* pp. 219. [*London,* 1790?] fol. Hirsch IV. **762.**
No. 68–71 of the works of Haendel, edited by Samuel Arnold.

HAENDEL (GEORG FRIEDRICH) [5. *Oratorios, &c.*]
—— The Most Celebrated Songs in the Oratorio call'd Deborah. [Score.] pp. 42. 12. *I. Walsh: London,* [1743?] fol. Hirsch IV. **765.**
Plate number 545. A different collection from the preceding. P. 12 is followed by three songs on six pages, of which the last two are numbered 16, 17.

HAENDEL (GEORG FRIEDRICH) [5. *Oratorios, &c.*]
—— [Another copy.] Israel in Egypt. An oratorio, *etc.* *London,* [1771.] fol. Hirsch IV. **767.**

HAENDEL (GEORG FRIEDRICH) [5. *Oratorios, &c.*]
—— [Another copy.] Jephtha. An oratorio. *London,* [1752.] fol. Hirsch IV. **768.**

HAENDEL (GEORG FRIEDRICH) [5. *Oratorios, &c.*]
—— [Another copy.] Jephtha. An oratorio, *etc.* *London,* [1770.] fol. Hirsch IV. **769.**

HAENDEL (GEORG FRIEDRICH) [5. *Oratorios, &c.*]
—— [Another copy.] Joseph and his Brethren. An oratorio. *London,* [1744.] fol. Hirsch IV. **770.**

HAENDEL (GEORG FRIEDRICH) [5. *Oratorios, &c.*]
—— [Another copy.] Joshua. An oratorio. *London,* [1748.] fol. Hirsch IV. **771.**

HAENDEL (GEORG FRIEDRICH) [5. *Oratorios, &c.*]
—— [Another copy.] Judas Macchabæus. An oratorio. *London,* [1747.] fol. Hirsch IV. **772.**

HAENDEL (GEORG FRIEDRICH) [5. *Oratorios, &c.*]
—— [Another copy.] Judas Macchabæus. An oratorio, *etc.* *London,* [1769.] fol. Hirsch IV. **773.**

HAENDEL (GEORG FRIEDRICH) [5. *Oratorios, &c.*]
—— [Another copy.] Messiah. An oratorio, *etc.* *London,* [1767?] fol. Hirsch IV. **774.**
Without the appendix of 35 pp. In several numbers German words have been added in MS.

HAENDEL (GEORG FRIEDRICH) [5. *Oratorios, &c.*]
—— Messiah. An oratorio in score ... by Mr Handel. To which are added his additional alterations. ⟨Appendix.⟩ [With a portrait.] pp. 188. 35. *H. Wright: London,* [1800?] fol. Hirsch IV. **775.**

HAENDEL (GEORG FRIEDRICH) [5. *Oratorios, &c.*]
—— The Occasional Oratorio, in score, *etc.* pp. 270. [*London,* 1791?] fol. Hirsch IV. **780.**
No. 99–105 of the works of Haendel, edited by Samuel Arnold.

HAENDEL (GEORG FRIEDRICH) [5. *Oratorios, &c.*]
—— The Most Celebrated Songs in the Oratorio call'd Queen Esther, to which is prefixt the overture in score. pp. 30. *I. Walsh: London,* [1732.] fol. Hirsch IV. **766.**
Plate number 288.

HAENDEL (GEORG FRIEDRICH) [5. *Oratorios, &c.*]
—— [Another copy.] Samson, an Oratorio, *etc.* *London,* [1742.] fol. Hirsch IV. **782.**

HAENDEL (GEORG FRIEDRICH) [5. *Oratorios, &c.*]
—— The Most Celebrated Songs in the Oratorio call'd Saul. [The overture and two collections of songs.] 3 no. *I. Walsh: London,* [1739.] fol. Hirsch IV. **783.**
Plate number 545.

HAENDEL (GEORG FRIEDRICH) [5. *Oratorios, &c.*]
—— [Another copy.] Semele, *etc.* [Oratorio.] *London,* [1744.] fol. Hirsch II. **424.**

HAENDEL (GEORG FRIEDRICH) [5. *Oratorios, &c.*]
—— [Another copy.] Solomon. An oratorio. *London,* [1749.] fol. Hirsch IV. **784.**

HAENDEL (GEORG FRIEDRICH) [5. *Oratorios, &c.*]
—— [Another copy.] Susanna. An oratorio. *London,* [1749.] fol. Hirsch IV. **785.**

HAENDEL (GEORG FRIEDRICH) [5. *Oratorios, &c.*]
—— [Another copy.] Theodora. An oratorio. *London,* [1751.] fol. Hirsch IV. **788.**

HAENDEL (GEORG FRIEDRICH) [5. *Oratorios, &c.*]
—— [Another copy.] The Triumph of Time and Truth. An oratorio. *London,* [1757.] fol. Hirsch IV. **789.**

HAENDEL (GEORG FRIEDRICH) [7. *Instrumental.*]
—— Six Concertos [Op. 4] for the Harpsicord or Organ. pp. 48. *I. Walsh: London,* [1738.] fol. Hirsch III. **234.**

HAENDEL (GEORG FRIEDRICH) [7. *Instrumental.*]
—— [Another copy.] A Second Set of Six Concertos for the Harpsicord or Organ. *London,* [1740.] fol.
Hirsch III. **235.**

HAENDEL (Georg Friedrich) [7. *Instrumental.*]
—— Pièces de clavecin ... Tirées par lui même, de ces [*sic*] meilleurs opera; et ajustées avec des variations. Œuvre VIIIe ... Gravées par le Sr Hue. pp. 42. *Chez Madame Boivin: Paris*, [1745?] fol. Hirsch III. **240**.

HAENDEL (Georg Friedrich) [7. *Instrumental.*]
—— [Another copy.] Solos for a German Flute, a Hoboy or a Violin with a Thorough Bass for the Harpsicord or Bass Violin. [Op. 1.] [*London*, 1733?] fol. Hirsch III. **243**.

HAENDEL (Georg Friedrich) [7. *Instrumental.*]
—— [Another copy.] Suites de pièces pour le clavecin ... Premier volume. *London*, [1720.] *obl.* fol.
Hirsch III. **241**.

HAENDEL (Georg Friedrich) [7. *Instrumental.*]
—— [Another copy.] Suites de pièces pour clavecin. 2 vol. *London*, [1733.] *obl.* fol. Hirsch III. **242**.

HAENDEL (Georg Friedrich) [7. *Instrumental.*]
—— [Another copy.] Handel's Celebrated Water Musick Compleat. Set for the harpsicord, *etc.* *London*, [1740.] fol. Hirsch IV. **1608**.

HAENDL (Jacobus) called *Gallus*.
—— Missarum IIII. vocum, liber I. Selectiores quaedam missæ ... nunc primùm in lucem datæ ac correctæ ... Libri quar: Discantus. ⟨Altus.—Tenor.—Bassus.⟩ [Parts.] 4 pt. *Ex Officina Typographica Georgii Nigrini: Pragæ*, 1580. *obl.* 4°. Hirsch III. **763**.

HAENDL (Jacobus) called *Gallus*.
—— Missarum v. vocum, liber I. Selectiores quaedam missæ ... nunc primùm in lucem datæ ac correctæ ... Libri tertii Discantus. ⟨Altus.—Tenor.—Bassus.—Quinta vox.⟩ [Parts.] 5 pt. *Ex Officina Typographica Georgii Nigrini: Pragæ*, 1580. *obl.* 4°. Hirsch III. **762**.

HAENDL (Jacobus) called *Gallus*.
—— Missarum VI. vocum, liber I. Selectiores quaedam missæ, nunc primùm in lucem datæ ac correctæ ... Libri secun: Discantus. ⟨Altus.—Tenor.—Bassus.—Quinta vox.—Sexta vox.⟩ [Parts.] 6 pt. *Ex Officina Nigriniana: Pragæ*, 1580. *obl.* 4°. Hirsch III. **761**.

HAENDL (Jacobus) called *Gallus*.
—— Missarum VII. & VIII. vocum, liber I. Selectiores quaedam missæ ... nunc primùm in lucem datæ ac correctæ ... Libri primi Discantus. ⟨Altus.—Tenor.—Bassus.—Quinta vox.—Sexta vox.—Septima et octava vox.⟩ [Parts.] 7 pt. *Ex Officina Nigriniana: Pragæ*, 1580. *obl.* 4°. Hirsch III. **760**.

HAENSEL (Pierre) *See* **HAENSEL** (Peter)

HAENSEL (Peter)
—— Trois quatuors à deux violons, alto et basse ... Oeuvre 3me. [Parts.] 4 pt. *Chez Jean André: Offenbach sur le Mein*, [1798.] fol. Hirsch III. **244**.
Plate number 1188.

SIG. 6.—PART 53.

HAERLEMSE ZANGEN. *See* **HARLEM SONGS**.

HAESSLER (Johann Wilhelm)
—— [Another copy.] Cantata per festeggiare le nozze delle AA. II. del Gran Duca Alessandro e della Principessa Elisabetta, *etc.* *Pietroburgo*, [1795.] *obl.* fol.
Hirsch III. **789**.

HAESSLER (Johann Wilhelm)
—— [Another copy.] Clavier- und Singstücke verschiedener Art. Samml. 1. *Erfurt*, 1782. *obl.* fol. Hirsch III. **790**.

HAESSLER (Johann Wilhelm)
—— [Another copy.] Clavier- und Singstücke verschiedener Art ... Samml. 2. *Leipzig*, [1786.] *obl.* fol.
Hirsch III. **790. a**.

HAESSLER (Johann Wilhelm)
—— [Another copy.] Sechs leichte Sonaten fürs Clavier oder Piano-Forte ... Zweiter Theil. *Erfurth*, 1787. *obl.* fol.
Hirsch III. **251**.
Cropped.

HAMLET.
—— Hamlet, Prinz von Dännemark, ein Trauerspiel, in sechs Aufzugen ... Nebst Brockmanns Bildniss ... und der zu dem Ballet verfertigten Musik. ⟨Pantomime zu Hamlet. [By J. D. Holland?]⟩ *In der Heroldschen Buchhandlung: Hamburg*, 1786. 8°. Hirsch IV. **1348. a**.

HARLEM SONGS.
—— Haerlemse Zangen. In Musicq gesteld by de Heeren Marpurg, Agricola, Schale, Nichelman, Bach, en andere vermaerde Componisten, en in Nederduytse Dichtmaat overgebracht door J. J. D. ⟨J. J. Dusterhoop.⟩ pp. 50. *Izaak en Johannes Enschede: te Haerlem*, 1761. *obl.* fol.
Hirsch III. **723**.

HARMONIA.
—— Harmonia carminis Sapphici. [Part-song.] *See* **REGIAE**. Regiæ stirpis suboles Sebalde. [An anonymous four-part setting.] [1509.] 4°. [**ROMMING** (J.) *In hoc libello continent haec, etc.*] Hirsch III. **1050**.

HASSE (Johann Adolph)
—— [Another copy.] Alcide al Bivio, festa theatrale per le ... nozze delle LL. AA. RR. l'Arciduca Giuseppe d'Austria e la Principessa Isabella di Borbone ... accommodata al clavicembalo, *etc.* *Lipsia*, 1763. *obl.* fol.
Hirsch IV. **1155**.

HASSE (Johann Adolph)
—— [Another copy of bk. 1, 2.] Venetian Ballad's, *etc.* [*London*, 1742.] *obl.* fol. Hirsch IV. **1682**.

HASSE (Johann Adolph)
—— [Another issue of bk. 2.] Venetian Ballads, *etc.* [*London*, 1742?] *obl.* fol. Hirsch III. **796**.
The titlepage is that to bk. 1.

HASSE (Johann Adolph)
—— [Another copy.] Meisterstücke des italiänischen Gesanges, in Arien, Duetten und Chören mit deutschen geistlichen Texten, *etc. Leipzig*, 1791. fol.   Hirsch III. **797**.

HASSE (Johann Adolph)
—— The Famous Salve Regina, compos'd by Sig^r Hasse. [Score.] pp. 14.   *I. Walsh: London*, [1740?] fol.
Hirsch IV. **791**.

HASSE (Johann Adolph)
—— Six simphonies à quatre parties, deux violon [*sic*], alto viola, et basse continue. ⟨Gravée par Melle Vandôme [*sic*].⟩ [Parts.] 4 pt.   *Chez Madame Boivin: Paris*, [1760?] fol.   Hirsch III. **258**.

HASSLER (Hans Leo)
—— [Another copy.] Cantiones sacræ, de festis præcipuis totius anni, 4, 5, 6, 7, 8, & plurium vocum ... Editio altera, *etc. Noribergæ*, 1597. 4°.   Hirsch III. **795**.
Imperfect; wanting sig. e-e4 *of the altus part, which have been supplied in* MS.

HASSLER (Hans Leo)
—— [Another copy.] Psalmen und Christliche Gesänge mit vier Stimmen, *etc. Leipzig*, 1777. fol.   Hirsch IV. **792**.

HAUSIUS (Carl Gottlob)
—— [Another copy.] Frohe und gesellige Lieder für das Clavier, *etc. Leipzig*, [1790?] obl. fol.   Hirsch III. **798**.

HAYDN (Franz Joseph) [*Complete Works.*]
—— Oeuvres complettes. 12 cah.
    cah. 1. VIII sonates pour le pianoforte.
    cah. 2. XI pièces pour le pianoforte.
    cah. 3. VI sonates pour le pianoforte avec l'accompagnement d'un violon et violoncelle.
    cah. 4. VIII pièces pour le pianoforte. VI sonates et I air varié pour le pianoforte seul. I trio pour le pianoforte avec accompagnement d'une flûte et violoncelle.
    cah. 5. V sonates pour le pianoforte avec l'accompagnement de violon et violoncelle.
    cah. 6. V sonates pour le pianoforte avec l'accompagnement de violon et violoncelle.
    cah. 7. VI sonates pour le pianoforte avec l'accompagnement de violon et violoncelle.
    cah. 8. XV airs et chansons. Arianne à Naxos. Scène avec accompagnement du pianoforte.
    cah. 9. XXXIII airs et chansons avec accompagnement du pianoforte.
    cah. 10. VIII sonates pour le pianoforte. V sonates avec accompagnement de violon et violoncelle, III sonates avec accompagnement de violon.
    cah. 11. XII sonates pour le pianoforte.
    cah. 12. 9 pièces pour le pianoforte.
Au magasin de musique de Breitkopf et Härtel: Leipsic, [1800–1806.] obl. fol. & fol.   Hirsch IV. **972**.

HAYDN (Franz Joseph) [2. *Vocal Works.—a. Sacred.*]
—— [Another copy.] Die Schoepfung. Ein Oratorium ... The Creation, *etc.* [Score.]   *Vienna*, 1800. fol.
Hirsch IV. **799**.

HAYDN (Franz Joseph) [2. *Vocal Works.—a. Sacred.*]
—— [Another copy.] [The Creation.] Die Schöpfung, ein Musikalisches Oratorium ... übersetzt für das Clavier von Sigmund Neukomm.   *Wien*, [1800?] obl. fol.
Hirsch IV. **1157**.

HAYDN (Franz Joseph) [2. *Vocal Works.—a. Sacred.*]
—— [The Creation.—In native Worth.] Arie. (Mit Würd' und Hoheit angethan) mit Begleitung des Pianoforte, *etc.* pp. 5.   *B. Schott: Mainz*, [1798?] obl. fol.
Hirsch III. **810**.
Plate number 38.

HAYDN (Franz Joseph) [2. *Vocal Works.—a. Sacred.*]
—— [Another copy.] [Gott erhalte Franz den Kaiser.] Hymn for the Emperor. Translated by Dr. Burney.   *London*, [1800?] fol.   Hirsch IV. **1683**. a.

HAYDN (Franz Joseph) [2. *Vocal Works.—a. Sacred.*]
—— Stabat Mater, à quatre voix et choeurs ... Gravé par Richomme. [Score.] pp. 154.   *Chez le Sr Sieber: Paris*, [1781?] fol.   Hirsch IV. **805**.

HAYDN (Franz Joseph) [2. *Vocal Works.—a. Sacred.*]
—— The Celebrated Stabat-Mater as performed at the Nobility's Concerts. [Score.] pp. 89.   *John Bland: London*, [1784.] fol.   Hirsch IV. **807**.

HAYDN (Franz Joseph) [2. *Vocal Works.—b. Secular.*]
—— [Another copy.] Arianna a Naxos. Cantata, *etc. Vienna*, [1790.] obl. fol.   Hirsch IV. **1683**.
Plate number 316. *The words* " A Francfort ches Jean J. Gayl " *have been impressed on the titlepage with a stamp.*

HAYDN (Franz Joseph) [2. *Vocal Works.—b. Secular.*]
—— [Another copy.] A Second Sett of Twelve Ballads ... adapted to English words, *etc. London*, [1787.] obl. fol.
Hirsch M. **1399**.

HAYDN (Franz Joseph) [2. *Vocal Works.—b. Secular.*]
—— [Another copy.] Dr Haydn's, VI original Canzonettas, for the Voice, *etc. London*, [1794.] fol. Hirsch III. **799**.
The titlepage bears the composer's autograph signature.

HAYDN (Franz Joseph) [2. *Vocal Works.—b. Secular.*]
—— Second Sett of Dr Haydn's, VI original Canzonettas, for the Voice with an accompaniment for the piano forte, *etc.* pp. 23.   *Corri, Dussek & Co: London & Edinburgh*, [1795.] fol.   Hirsch III. **800**.
P. 1 *contains a " Catalogue of new Music.* 1795."

HAYDN (Franz Joseph) [2. *Vocal Works.—b. Secular.*]
—— [Another copy.] [XII Lieder. Tl. 1.] Twelve Ballads ... adapted to English words, *etc.*   *London*, [1788?] obl. fol.   Hirsch M. **1398**.

HAYDN (Franz Joseph) [2. *Vocal Works.—b. Secular.*]
—— XII. Lieder für das Clavier. Tl. 2. pp. 23.   *Bey Artaria Comp.: Wienn*, [1781.] obl. fol. Hirsch III. **802**.
Plate number 20.

HAYDN (Franz Joseph) [2. *Vocal Works.—b. Secular.*]
—— XII Lieder für das Clavier. Tl. 2. pp. 21. *Im Musick Verlag von Iohann Michael Götz: Mannheim und München,* [1785?] obl. fol. Hirsch III. **807.**
Plate number 127.

HAYDN (Franz Joseph) [2. *Vocal Works.—b. Secular.*]
—— VI Lieder beim Clavier zu Singen. Tl. 3. pp. 25. *Bey Artaria und Comp.: Wien,* [1794.] obl. fol.
Hirsch III. **803.**
Plate number 496.

HAYDN (Franz Joseph) [2. *Vocal Works.—b. Secular.*]
—— Sechs Lieder beym Clavier zu singen mit deutschem und Englischen Texte. Tl. 4. pp. 20. *Bey Artaria und Comp.: Wien,* [1798.] obl. fol. Hirsch III. **804.**
Plate number 754.

HAYDN (Franz Joseph) [2. *Vocal Works.—b. Secular.*]
—— [Another copy.] [Ritter Roland.] Ouverture und Gesänge . . . im Klavierauszug von Grossheim. *Bonn,* [1799.] obl. fol. Hirsch M. **1400.**

HAYDN (Franz Joseph) [2. *Vocal Works.—b. Secular.*]
—— [Another copy.] [La Vera costanza.] Laurette. Opéracomique, etc. *Paris,* [1791.] fol. Hirsch II. **442.**

HAYDN (Franz Joseph) [3. *Instrumental Works.—d. Quartets.*]
—— [Op. 1.] Six quatuor à deux violons, taille et basse obligés . . . Opera prima. [Parts.] 4 pt. *Chez J. J. Hummel: Amsterdam,* [1765.] fol. Hirsch IV. **1611.**

HAYDN (Franz Joseph) [3. *Instrumental Works.—d. Quartets.*]
—— [Op. 1.] Six simphonies ou quatuors dialogués pour deux violons, alto viola et basse obligés . . . mis au jour par Mr de la Chevardière. ⟨Ceron sculp.⟩ [Parts.] 4 pt. *Chez Mr de la Chevardière: Paris; chez M^{rs} les frères Le Goux: Lyon,* [1773?] fol. Hirsch IV. **1611. a.**
A reprint of the edition of 1764, *with a publisher's catalogue advertising works dated* 1772.

HAYDN (Franz Joseph) [3. *Instrumental Works.—d. Quartets.*]
—— [Op. 1.] Six Quartettos for two Violins, Tenor and Violoncello obligato . . . Op. 1st. [Parts.] 4 pt. *Longman & Broderip: London,* [1780?] fol.
Hirsch III. **263.**

HAYDN (Franz Joseph) [3. *Instrumental Works.—d. Quartets.*]
—— [Op. 1.] Six quatuor a deux violons, taille et basse obligés . . . Opera I. [Parts.] 4 pt. *Preston & Son: London,* [1795?] fol. Hirsch M. **1401.**
Watermark date 1795.

HAYDN (Franz Joseph) [3. *Instrumental Works.—d. Quartets.*]
—— [Op. 2.] Six quatuor à deux violons, taille, et basse obligés . . . Opera seconda. [Parts.] 4 pt. *Chez J. J. Hummel: Amsterdam,* [1768.] fol. Hirsch M. **1402.**
Plate number 94.

HAYDN (Franz Joseph) [3. *Instrumental Works.—d. Quartets.*]
—— [Op. 3.] Six quatuors pour deux violons, une quinte et une basse . . . Œuvre XXVI. Mis au jour par Mr Bailleux. Gravés par Mme Annereau. [Parts.] 4 pt. *Chez Mr Bailleux: Paris,* [1775?] fol. Hirsch M. **1403.**

HAYDN (Franz Joseph) [3. *Instrumental Works.—d. Quartets.*]
—— [Op. 9.] Six quatuors à deux violons, alto & basse . . . Œuvre 9e. Mis au jour & gravés par Huberty. [Parts.] 4 pt. *Chez l'éditeur: Paris,* [1770?] fol.
Hirsch IV. **1613.**
Plate number 111.

HAYDN (Franz Joseph) [3. *Instrumental Works.—d. Quartets.*]
—— [Op. 9.] [Another copy.] VI quatour [*sic*], à deux violons, taille et basse . . . Opera VII. *London,* [1775?] fol. Hirsch III. **276.**

HAYDN (Franz Joseph) [3. *Instrumental Works.—d. Quartets.*]
—— [Op. 17.] Six grand Quartettos for two Violins, a Tenor and Violoncello obligato . . . Opera 9. [Parts.] 4 pt. *Welcker: London,* [1770?] fol. Hirsch III. **280.**

HAYDN (Franz Joseph) [3. *Instrumental Works.—d. Quartets.*]
—— [Op. 20.] [Another copy.] Six quatuors concertants à deux violons viola et violoncello . . . Oeuvre XVI. *Berlin, Amsterdam,* [1779.] fol. Hirsch M. **1404.**

HAYDN (Franz Joseph) [3. *Instrumental Works.—d. Quartets.*]
—— [Op. 20.] A Second Sett of Six Grand Quartetto's for two Violins, a Tenor and Violoncello obligato . . . Opera 16th. [Parts.] 4 pt. *James Blundell: London,* [1780?] fol. Hirsch III. **281.**

HAYDN (Franz Joseph) [3. *Instrumental Works.—d. Quartets.*]
—— [Op. 33.] Six quatuors pour deux violons, alto et basse . . . Oeuvre XXXIII. [Parts.] 4 pt. *Chez Artaria comp.: Vienne,* [1782.] fol. Hirsch III. **286.**
Plate number 26.

HAYDN (Franz Joseph) [3. *Instrumental Works.—d. Quartets.*]
—— [Op. 33. No. 1–6.] Trois quatuor pour deux violons alto et violoncelle . . . Oeuvre XVIII. livr. I. [II.]. [Parts.] 8 pt. *Chez J. Schmitt: Amsterdam,* [1782?] fol.
Hirsch IV. **1613. b.**
Plate number 47.

HAYDN (Franz Joseph) [3. *Instrumental Works.—d. Quartets.*]

—— [Op. 33.] Six quatuors pour deux violons, alto et basse. [Parts.] 4 pt. *Chez le Sr Sieber: Paris,* [1785?] fol.
Hirsch III. **285**.

HAYDN (Franz Joseph) [3. *Instrumental Works.—d. Quartets.*]

—— [Op. 33. No. 1–6.] Three Quartettos, for two Violins, Viola, & Violoncello with a Thorough Bass ... Op. XXXIII. [Parts.] 8 pt. *Willm Forster: London,* [1799?] fol.
Hirsch III. **284**.
Plate number 47. Watermark date 1799. *A reissue of an earlier edition.*

HAYDN (Franz Joseph) [3. *Instrumental Works.—d. Quartets.*]

—— [Op. 33. No. 1, 5, 6.] Trois sonates pour le clavecin ou piano-forte avec accompagnement d'un violon & violoncello ... Oeuvre 43. [Parts.] *Bei Rath Bossler: Speier,* [1788.] obl. 4°. [*Archiv der auserlesensten Musikalien.* Stück 8.] Hirsch III. **14**.
Imperfect; wanting the violoncello part.

HAYDN (Franz Joseph) [3. *Instrumental Works.—d. Quartets.*]

—— [Op. 33. No. 2, 3, 4.] Trois sonates pour le clavecin ou piano-forte avec accompangement d'un violon & violoncello ... Oeuvre 44. [Parts.] *Bei Rath Bossler: Speier,* [1788.] obl. 4°. [*Archiv der auserlesensten Musikalien.* Stück 9.] Hirsch III. **14**.
Imperfect; wanting the violoncello part.

HAYDN (Franz Joseph) [3. *Instrumental Works.—d. Quartets.*]

—— [Op. 50.] Six quatuors pour deux violons, alto et basse ... Oeuvre 50me. [Parts.] 4 pt. *Chez Artaria compagnie: Vienne,* [1787.] fol. Hirsch III. **290**.
Plate number 109.

HAYDN (Franz Joseph) [3. *Instrumental Works.—d. Quartets.*]

—— [Op. 50.] Six Quartettos for two Violins, a Tenor and a Violoncello ... Op: 44. [Parts.] 4 pt. *W. Forster:* [*London,* 1800?] fol. Hirsch III. **289**.
Watermark date 1800.

HAYDN (Franz Joseph) [3. *Instrumental Works.—d. Quartets.*]

—— [Op. 54.] Three Quartets for two Violins, Alto & Violoncello. Performed at the Professional Concert Hanover Square, 1789 ... Op. [57.] [Parts.] 4 pt. *Broderip & Wilkinson: London,* [1800?] fol. Hirsch III. **291**.

HAYDN (Franz Joseph) [3. *Instrumental Works.—d. Quartets.*]

—— [Op. 55.] Three Quartets for two Violins, Alto, & Violoncello, performed at the Professional Concert Hanover Square, 1789 ... Op. [61.] [Parts.] 4 pt. *Broderip & Wilkinson: London,* [1800?] fol. Hirsch III. **292**.

HAYDN (Franz Joseph) [3. *Instrumental Works.—d. Quartets.*]

—— [Op. 64.] Six Quartettos for two Violins, a Tenor and a Violoncello. Op. 65. [Parts.] 4 pt. *Printed for W. Forster: London,* [1795?] fol. Hirsch III. **293**.
Plate number 142.

HAYDN (Franz Joseph) [3. *Instrumental Works.—d. Quartets.*]

—— [Op. 64. No. 1–6.] Trois quatuors pour deux violons, alto et violoncelle ... Oeuvre 65. liv. I ⟨II.⟩ [Parts.] 8 pt. *Au magasin de musique dans l'Unterbreuner Strasse: Vienne,* [1791.] fol. Hirsch M. **1404**. a.

HAYDN (Franz Joseph) [3. *Instrumental Works.—d. Quartets.*]

—— [Op. 64. No. 2–4.] [Another copy.] Three Quartets for two Violins, Tenor, & Violoncello ... Set [IId.] Op. 65. *London,* [1792?] fol. Hirsch IV. **1615**. a.

HAYDN (Franz Joseph) [3. *Instrumental Works.—d. Quartets.*]

—— [Op. 71.] Trois quatuors pour deux violons, alto et violoncelle ... Oeuvre 71 ... Gravé par Favrot. [Parts.] 4 pt. *Chez Pleyel: Paris,* [1797.] fol. Hirsch III. **294**.
Plate number 29.

HAYDN (Franz Joseph) [3. *Instrumental Works.—d. Quartets.*]

—— [Op. 76. No. 1–6.] Trois quatuors pour deux violons, alto et violoncelle ... Oeuvre [75, 76]. [Parts.] 8 pt. *Chez Artaria et comp.: Vienne,* [1799.] fol.
Hirsch III. **299**.
Plate numbers 826, 837. *On p. 1 of the violoncello part of quartets no. 1–3 has been affixed a "Catalogue thématique des quatuors originaux de J. Haydn," issued by C. F. Peters, c. 1805.*

HAYDN (Franz Joseph) [3. *Instrumental Works.—d. Quartets.*]

—— [Op. 76. No. 1–3.] Three Quartets for two Violins, Tenor & Violoncello ... Op. 76. [Parts.] 4 pt. *Longman, Clementi & Comp^y: London,* [1799.] fol.
Hirsch IV. **1615**. b.

HAYDN (Franz Joseph) [3. *Instrumental Works.—e. Sonatas.*]

—— [B. & H. No. 27–32.] [Another copy.] Six sonates pour le clavecin ou le piano forte ... Oeuvre XIV. *Berlin, Amsterdam,* [1778.] fol. Hirsch III. **304**.

HAYDN (Franz Joseph) [3. *Instrumental Works.—e. Sonatas.*]

—— [B. & H. No. 37, 39, 38, 35, 36, 20.] Six sonates pour le clavecin ou le piano forte ... Oeuvre XVII. pp. 41. *Chés J. J. Hummel: Berlin, Amsterdam,* [1781.] fol.
Hirsch M. **1405**.
Plate number 412.

HAYDN (Franz Joseph) [3. *Instrumental Works.—e. Sonatas.*]

—— [B. & H. No. 37, 39, 38, 35, 36, 20.] Six Sonatas for the Forte Piano or Harpsichord ... Opera XVII. pp. 41. *Longman & Broderip: London,* [1782?] fol.
         Hirsch IV. **1616**. d.
Plate number 412.

HAYDN (Franz Joseph) [3. *Instrumental Works.—e. Sonatas.*]

—— [Another copy of No. 1. B. & H. No. 43.] A Fifth Sett of Sonatas for the Piano Forte or Harpsichord, *etc.* *London,* [1783.] fol.   Hirsch M. **1407**.

HAYDN (Franz Joseph) [3. *Instrumental Works.—e. Sonatas.*]

—— [Another copy.] [B. & H. No. 27–32.] Six Sonatas for the Forte Piano or Harpsichord ... Opera XI. *London,* [1784?] fol.   Hirsch IV. **1616**. c.
The opus number has been altered in ink to XIV.

HAYDN (Franz Joseph) [3. *Instrumental Works.—e. Sonatas.*]

—— [B. & H. No. 37, 39, 38, 35, 36, 20.] Six Sonatas for the Forte Piano or Harpsichord with an accompaniment for a violin ... Opera XVII. *Longman & Broderip: London,* [1790?] fol. Hirsch M. **1406**.
Imperfect; wanting the violin accompaniment. With 2 *pp. of Musical publications printed and sold by Longman & Broderip.*

HAYDN (Franz Joseph) [3. *Instrumental Works.—e. Sonatas.*]

—— [B. & H. No. 40–42.] Trois sonates pour le forte piano ... Oeuvre 37. pp. 28. *Chez Mac. Falter: Munic,* [1797.] obl. fol.   Hirsch III. **305**.
Lithographed throughout. A slip bearing the imprint: " B. Schott: Maience " has been pasted over the original imprint.

HAYDN (Franz Joseph) [3. *Instrumental Works.—e. Sonatas.*]

—— [B. & H. No. 52.] Grande sonate pour le clavecin ou piano-forte ... Oeuvre 82. pp. 17. *Chez Artaria et comp.: Vienne,* [1798.] obl. fol. Hirsch IV. **1617**.
Plate number 792.

HAYDN (Franz Joseph) [3. *Instrumental Works.—e. Sonatas.*]

—— Sonata [in G] pour le clavecin ou piano-forte avec accompagnement d'un violon ... Oeuvre 70. [Parts.] 2 pt. *Chez Artaria & comp.: Vienne,* [1794.] obl. fol.
         Hirsch III. **324**.
Plate number 474.

HAYDN (Franz Joseph) [3. *Instrumental Works.—f. Symphonies.*]

—— [B. & H. No. 47.] Sig^r Haydns grand Orchestre Sinfonie as performed at the Nobility's Concerts, adapted for the organ, harpsichord, or piano forte, *etc.* ⟨Adapted by Mr. Tindal.⟩ no. 1. pp. 9. *Printed for J. Bland: London,* [1790?] fol. Hirsch M. **1472**. (2.)

HAYDN (Franz Joseph) [3. *Instrumental Works.—f. Symphonies.*]

—— [B. & H. No. 53.] The Favorite Overture in all the Parts as performed ... at Messrs. Bach and Abel's Concerts. [Parts.] 11 pt. *J: Preston: London,* [1785?] fol.   Hirsch IV. **1619**.

HAYDN (Franz Joseph) [3. *Instrumental Works.—f. Symphonies.*]

—— [B. & H. No. 77.] Simphonie à plusieurs instruments ... N° [6.] [Parts.] 10 pt. *Chez Artaria comp.: Vienne,* [1789.] fol. Hirsch III. **308**.
Plate number 258. *Imperfect; wanting the corno secondo part which has been supplied in* MS.

HAYDN (Franz Joseph) [3. *Instrumental Works.—f. Symphonies.*]

—— [B. & H. No. 93.] Grand simphonie à plusieurs instruments ... N° [24.] [Parts.] 13 pt. *Chez Artaria et comp.: Vienne,* [1796.] fol. Hirsch III. **309**.
Plate number 649.

HAYDN (Franz Joseph) [3. *Instrumental Works.—f. Symphonies.*]

—— [B. & H. No. 94.] Haydn's Celebrated Symphony, composed for & performed at Mr Salomons Concert, Hanover Square, adapted for the piano forte, with an accompaniment for a violin & violoncello, (ad libitum). No. [3]. *Hanover Square Rooms:* [*London*]; *Corri, Dussek & Co.:* [*London*] *& Edinburgh,* [1796?] fol.
         Hirsch M. **1471**. (5.)
Imperfect; wanting the accompaniments. Watermark date 1796. *The titlepage bears the signature of J. P. Salomon.*

HAYDN (Franz Joseph) [3. *Instrumental Works.—f. Symphonies.*]

—— [B. & H. No. 95.] Grand simphonie à plusieurs instruments ... N° [19.] [Parts.] 13 pt. *Chez Artaria et comp.: Vienne,* [1795.] fol. Hirsch III. **311**.
Plate number 534.

HAYDN (Franz Joseph) [3. *Instrumental Works.—f. Symphonies.*]

—— [B. & H. No. 96.] Grand simphonie à plusieurs instruments ... N° [20.] [Parts.] 13 pt. *Chez Artaria et comp.: Vienne,* [1795.] fol. Hirsch III. **312**.
Plate number 535.

HAYDN (Franz Joseph) [3. *Instrumental Works.—f. Symphonies.*]

—— [B. & H. No. 99.] Grande simphonie à plusieurs instruments ... Oeuvre 91. [Parts.] 16 pt. *Chez Gombart: Augsbourg,* [1800?] fol. Hirsch III. **313**.
Plate number 265.

HAYDN (Franz Joseph) [3. *Instrumental Works.—g. Trios.—1. Pianoforte and Strings.*]

—— [No. 3.] Sonate pour le piano forte avec violon et violoncelle. ⟨Nro. I.⟩ [Parts.] 3 pt. *Chez Falter: Munic,* [1800?] obl. fol. Hirsch III. **318**.
Plate number 151. *The music is lithographed throughout.*

HAYDN (Franz Joseph) [3. *Instrumental Works.—g. Trios.* —1. *Pianoforte and Strings.*]

—— [No. 3, 4, 5.] Tre sonate per il clavicembalo o fortepiano con un violino e violoncello ... Opera [78.] [Parts.] 3 pt.   *Presso Artaria compagni: Vienna,* [1797.]   obl. fol.
Hirsch III. **317**.
Plate number 705.

HAYDN (Franz Joseph) [3. *Instrumental Works.—g. Trios.* 1. *Pianoforte and Strings.*]

—— [No. 3, 4, 5.] Three Sonatas for the Pianoforte with an accompaniment for the violin & violoncello ... Op. LXXV. [Parts.] 3 pt.   *Broderip & Wilkinson: London,* [1800?] fol.   Hirsch M. **1290**. a. (3.)

HAYDN (Franz Joseph) [3. *Instrumental Works.—g. Trios.* —1. *Pianoforte and Strings.*]

—— [No. 6, 1, 2.] Tre sonate per il clavicembalo o fortepiano con un violino e violoncello ... Opera [82.] [Parts.] 3 pt.   *Presso Artaria compagni: Vienna,* [1796.] obl. fol.
Hirsch III. **316**.
Plate number 624.

HAYDN (Franz Joseph) [3. *Instrumental Works.—g. Trios.* —1. *Pianoforte and Strings.*]

—— [No. 13.] Sonate pour le piano forte avec violon et violoncelle. ⟨Nro. 2.⟩ [Parts.] 3 pt.   *Chez Falter: Munic,* [1800?] obl. fol.   Hirsch III. **318**. a.
Plate number 151.   *The music is lithographed throughout.*

HAYDN (Franz Joseph) [3. *Instrumental Works.—g. Trios.* —1. *Pianoforte and Strings.*]

—— [No. 17.] Trio pour le clavecin ou piano-forte avec accompagnement d'un violon et violoncelle ... Oeuvre [80.] [Parts.] 3 pt.   *Chez Artaria et compagnie: Vienne,* [1798.] obl. fol. & fol.   Hirsch III. **319**.
Plate number 770.

HAYDN (Franz Joseph) [3. *Instrumental Works.—g. Trios.* —1. *Pianoforte and Strings.*]

—— [No. 22, 23, 21.] Trois sonates pour le clavecin ou pianoforte, avec accompagnement d'un violon et d'un violoncelle ... Oeuvre XL. [Parts.]   *Chez I. André: Offenbach,* [1785?] fol.   Hirsch M. **1410**.
Plate number 121.   *Imperfect; wanting all after p. 28 of the clavecin part, and the violin part.*

HAYDN (Franz Joseph) [3. *Instrumental Works.—g. Trios.* —1. *Pianoforte and Strings.*]

—— [No. 22, 23, 21.] Trois sonates pour le forte piano. Avec l'accompagnement d'un violon & violoncello ... Oeuvre 40.   pp. 33.   *Preston: London,* [1795?] fol.
Hirsch M. **1279**. (8.)
Imperfect; wanting the accompaniments.

HAYDN (Franz Joseph) [3. *Instrumental Works.—g. Trios.* —1. *Pianoforte and Strings.*]

—— [No. 22, 23, 21.] Trois sonates, pour le clavecin, avec l'accompagnement d'un violon, & violoncello ... Oeuvre 40.   *Lewis, Houston & Hyde: London,* [1797?] fol.
Hirsch M. **1409**.
Imperfect; the violin part only. Watermark date 1797. A slip bearing the imprint "Printed for Wm. Forster" has been pasted over the original imprint.

HAYDN (Franz Joseph) [3. *Instrumental Works.—g. Trios.* —1. *Pianoforte and Strings.*]

—— [No. 26, 27, 28.] Tre sonate per il clavicembalo o forte piano con un violino e violoncello ... Opera [40.] [Parts.] 3 pt.   *Presso Artaria compagni: Vienna,* [1793.] obl. fol.
Hirsch III. **320**.
Plate number 427.

HAYDN (Franz Joseph) [3. *Instrumental Works.—g. Trios.* —2. *String Trios.*]

—— Six sonates pour deux violons et une basse ... Opera IV. [Parts.] 3 pt.   *R. Bremner: London,* [1772.] fol.
Hirsch III. **321**.

HAYDN (Franz Joseph) [3. *Instrumental Works.—h. Minor Pianoforte Works.*]

—— Adagio per clavicembalo o piano-forte ... No. [3.] pp. 3. *Presso Artaria comp.: Vienna,* [1799.] obl. fol.
Hirsch III. **260**.
Plate number 806.

HAYDN (Franz Joseph) [3. *Instrumental Works.—h. Minor Pianoforte Works.*]

—— Différentes petites pièces faciles et agréables pour le clavecin ou piano forte ... Oeuvre 46.   pp. 15.   *Chez Artaria comp.: Vienne,* [1786.] obl. fol.   Hirsch M. **1413**.
Plate number 86.

HAYDN (Franz Joseph) [3. *Instrumental Works.—h. Minor Pianoforte Works.*]

—— [Variations.]   Arietta [in A major] con 12 variazioni per il clavicembalo ... No. [2.] pp. 9.   *Presso Artaria comp.: Vienna,* [1789.] obl. fol.   Hirsch IV. **1610**.
Plate number 186.

HAYDN (Franz Joseph) [3. *Instrumental Works.—h. Minor Pianoforte Works.*]

—— Variations pour le clavecin ou piano-forte sur le théme (Gott erhalte den Kaiser). pp. 5.   *Chez Artaria et comp.: Vienne,* [1799.] obl. fol.   Hirsch III. **323**.
Plate number 851.

HAYDN (Franz Joseph) [3. *Instrumental Works.—h. Minor Pianoforte Works.*]

—— [Variations.] Il Maestro e scolare, ô sonata con variazioni a quadri mani per un clavi-cembalo. pp. 11. *Presso Giuseppe Schmitt: Amsterdam,* [1780?] fol.
Hirsch M. **1411**.

HAYDN (Franz Joseph) [3. *Instrumental Works.—h. Minor Pianoforte Works.*]

—— [Variations.]   Minuet favorit [in E flat] avec variations; pour le clavecin.   Nro II.   pp. 7.   *Chés J. Schmitt: Amsterdam,* [1780?] fol.   Hirsch M. **1412**.
"*Haydn-Verzeichnis.*" no. 37.

HAYDN (Franz Joseph) [3. *Instrumental Works.—h. Minor Pianoforte Works.*]

—— [Variations.]   A Favorite Easy Sonata [in C major] for the Piano Forte.   *Bland: London,* [1795?] fol. [*Bland's Collection of Sonatas.* vol. 2. no. 18.]   Hirsch M. **1408**.
"*Haydn-Verzeichnis.*" no. 36.

HAYDN (Franz Joseph) [3. *Instrumental Works.—h. Minor Pianoforte Works.*]

—— Variations [in F minor] pour le clavecin ou piano-forte . . . Oeuvre [83.] pp. 11. *Chez Artaria & comp.: Vienne,* [1799.] *obl. fol.* Hirsch III. **322**.

Plate number 800.

HAYDN (Franz Joseph) [3. *Instrumental Works.—i. Miscellaneous.*]

—— Six allemandes à plusieurs instrumens. [Two violins, two horns, flute, bassoon, two oboes, drums and bass. Parts.] 10 pt. *Chez Artaria: Vienne,* [1787.] *fol.*
Hirsch IV. **1609**.

Plate number 76.

HAYDN (Franz Joseph) [3. *Instrumental Works.—i. Miscellaneous.*]

—— [Another copy.] Musica instrumentale sopra le sette ultime parole del nostro redentore in croce ō sieno Sette sonate . . . composte e ridotte in quartetti per due violini, viola e violoncello . . . Opera 48. *Vienna,* [1787.] *fol.*
Hirsch IV. **1610**. a.

HAYDN (Franz Joseph) [3. *Instrumental Works.—i. Miscellaneous.*]

—— [A reissue.] Musica instrumentale sulle sette ultime parole del redentore in croce . . . ridotto in quartetti per due violini, viola e violoncello . . . Op. 48. [Parts.] 4 pt. *Vienna,* [1795?] *fol.* Hirsch III. **262**.

The titlepage is mutilated.

HAYDN (Franz Joseph) [3. *Instrumental Works.—i. Miscellaneous.*]

—— Composizioni . . . sopra le sette ultime parole del nostro redentore in croce consistenti in sette sonate con un introduzione ed al fine un teremoto [*sic*] ridotte per il clavicembalo o forte piano. Opera 49. pp. 22. *Presso Artaria compagni: Vienna,* [1787.] *obl. fol.*
Hirsch III. **261**.

Plate number 117.

HAYDN (Franz Joseph) [4. *Doubtful and Spurious Works.*]

—— Six Quartets for two Violins, Tenor and Bass . . . Opera X. [Parts.] 4 pt. *John Preston: London,* [1800?] *fol.*
Hirsch III. **303**.

HAYDN (Franz Joseph) [5. *Appendix.*]

—— *See* HOFFMAN ( ) Six Duettos for two Violins. Composed in a familiar stile By Hoffman, Barbella and Haydn. [1794?] *fol.* Hirsch M. **1465**. (3.)

HAYDN (Franz Joseph) [6. *Index of Vocal Numbers.*]

—— Mit Würd' und Hoheit angethan. *See supra:* [*The Creation.—In native Worth.*]

HAYDN (Johann Michael)

—— [Another copy.] Tre sinfonie a grand orchestra, *etc. Vienna,* [1786.] *fol.* Hirsch M. **1414**.

Imperfect; wanting the basso part and the timpani part.

HECKEL (Wolf)

—— Discant. Lautten Büch, von mancherley schönen vnd lieblichen stucken, mit zweyen Lautten zusamenzuschlagē, vnd auch sonst das mehrer theyl allein für sich selbst. Gute Teutsche, Lateinische, Französische, Italienische Stuck oder lieder. Auch vilfaltige Newe Tentz, sampt mancherley Fantaseyen, Recercari, Pauana, Saltarelli, vnd Gassenhawer, &c. Durch W. Heckel . . . Auff das allerlieblichst. in ein verstendige Tabulatur, nach geschribner Art, aufgesetzt, vnd zusamen gebracht. pp. 80. *Getruckt bey Christian Müller: Strassburg,* 1562. *obl.* 8°.
Hirsch III. **326**.

HEIDEN (Sebaldus) *See* HEYDEN.

HERBING (August Bernhard Valentin)

—— [Another copy.] Musicalische Belustigungen in dreyssig scherzenden Liedern. Tl. 1. *Leipzig,* 1758. *fol.*
Hirsch III. **816**.

HERBING (August Bernhard Valentin)

—— Musicalische Belustigungen, in vierzig scherzenden Liedern. Tl. 2. pp. 44. *Bey Bernhard Christoph Breitkopf und Sohn: Leipzig,* 1767. 4°. Hirsch III. **816**. a.

HERBING (August Bernhard Valentin)

—— [Another copy.] Musikalischer Versuch in Fabeln und Erzählungen des Herrn Professor Gellerts. *Leipzig,* 1759. *obl. fol.* Hirsch III. **817**.

HERING (John Frederic)

—— [Another issue.] Twelve Hymns in four Parts, the words from Lady Huntingdon's Collection. *London,* [1795?] *fol.*
Hirsch M. **1472**. (4.)

In this issue the preface is undated.

HERMAN (Nicolaus)

—— [A Song, beginning " Hiefür eines frommen Bräutigams Thür," and headed " Wie man Braut vnd Breutigam ansingen mag, wenn man sie beyleget."] [1604.] 12°.
Hirsch III. **651**.

Contained on f. 161 of " Ehebüchlein, für christliche Eheleute . . . durch Caspar Melissandrum . . . Leipzig in vorlegung Barthol. Voigts."

HERMAN (Nicolaus)

—— Die Historien von der Sindflut, Joseph, Mose, Helia, Elisa, vnd der Susanna, sampt etlichen Historien aus den Euangelisten, auch etliche Psalmen vnd Geistliche Lieder, zu lesen vnd zu singen in Reyme gefasset, fur Christliche Hausveter vnd jre Kinder, durch N. Herman, *etc. Gedruckt durch Georgen Rhawen Erben: Wittemberg,* 1563. 8°.
Hirsch III. **818**.

HERTEL (Johann Wilhelm)

—— [Another copy.] Johann Wilhelm Hertels Musik zu vier und zwanzig neuen Oden und Liedern, *etc. Rostock,* 1760. *obl. fol.* Hirsch III. **819**.

HEYDEN (SEBALD)
— Die einsetzung vnd brauch des heyligen Abentmals Jesu Christi vnsers Herrn, inn gesangs weis gestelt. In des Passions thon. *Gedruckt durch Johan vom Berg vnd Vlrich Neuber: Nürnberg*, 1544. 8°. Hirsch III. **815**.

HEYNE (CHRISTIAN LEBERECHT) *See* WALL (A.) *pseud.*

HIEFUER.
— Hiefür eines frommen Bräutigams Thür. [Song.] *See* HERMAN (N.)

HIER.
— Hier wo die Frühlingslüfte. Duetto. *See* SALIERI (A.) [*Axur, König von Ormus.*]

HILLER (JOHANN ADAM)
— [Another copy.] Der Aerndtekranz, eine comische Oper, *etc. Leipzig*, 1772. *obl.* 4°. Hirsch IV. **1159**.

HILLER (JOHANN ADAM)
— [Another copy.] Der Dorfbalbier, eine comische Operette, *etc. Leipzig*, 1771. *obl.* 4°. Hirsch IV. **1160**.

HILLER (JOHANN ADAM)
— [Another copy.] Geistliche Lieder einer vornehmen Churländischen Dame [i.e. Elise von der Recke], mit Melodien von J. A. Hiller. *Leipzig*, 1780. *obl.* 4°. Hirsch III. **824**.

HILLER (JOHANN ADAM)
— Fünfzig geistliche Lieder für Kinder, mit claviermässig eingerichteten Melodien, zum Besten der neuen Armenschule zu Friedrichstadt bei Dresden. pp. 99. *Bey Bernhard Christoph Breitkopf und Sohn: Leipzig*, 1774. *obl.* 4°. Hirsch III. **827**.

HILLER (JOHANN ADAM)
— [Another copy.] Die Jagd, eine comische Oper, *etc. Leipzig*, 1776. *obl.* 4°. Hirsch IV. **1161**.

HILLER (JOHANN ADAM)
— Die kleine Aehrenleserinn, eine Operette in einem Aufzuge, für Kinder. In Musik gesetzt, und mit zwo begleitenden Violinen zum Druck gegeben von J. A. Hiller. [Vocal score and violin parts.] 3 pt. *Bey Siegfried Lebrecht Crusius: Leipzig*, 1778. *obl.* 4°. Hirsch IV. **1158**.

HILLER (JOHANN ADAM)
— Letztes Opfer, in einigen Lieder-Melodien, der comischen Muse . . . dargebracht, *etc.* pp. 27. *In der Dykischen Buchhandlung: Leipzig*, 1790. *obl.* 4°. Hirsch III. **825**.

HILLER (JOHANN ADAM)
— [Another copy.] Die Liebe auf dem Lande, eine comische Oper, *etc. Leipzig*, 1770. *obl.* 4°. Hirsch IV. **1162**.

HILLER (JOHANN ADAM)
— Lieder für Kinder, vermehrte Auflage. Mit Melodien von J. A. Hiller. [With a frontispiece.] pp. 138. *Bey Weidmanns Erben und Reich: Leipzig*, 1784. 8°. Hirsch III. **826**.

HILLER (JOHANN ADAM)
— Lottchen am Hofe, eine comische Oper in drey Acten, *etc.* [Vocal score.] pp. 83. *Bey Bernhard Christoph Breitkopf und Sohn: Leipzig*, 1769. *obl.* 4°. Hirsch IV. **1163**.

HILLER (JOHANN ADAM)
— [Another copy.] Der lustige Schuster . . . Eine comische Oper, *etc. Leipzig*, 1771. *obl.* 4°. Hirsch IV. **1164**.

HILLER (JOHANN ADAM)
— [Another copy.] Drey Melodien zu Wir gläuben all an einen Gott, *etc. Leipzig*, 1790. *obl.* 4°. Hirsch III. **828**.

HILLER (JOHANN ADAM)
— [Another copy.] Religiöse Oden und Lieder der besten deutschen Dichter und Dichterinnen, *etc. Hamburg*, 1790. *obl.* fol. Hirsch III. **830**.

HILLER (JOHANN ADAM)
— Sammlung der Lieder aus dem Kinderfreunde, die noch nicht componirt waren, mit neuen Melodien. pp. 45. *Bey Siegfried Lebrecht Crusius: Leipzig*, 1782. *obl.* 4°. Hirsch III. **831**.

HILLER (JOHANN ADAM)
— Die verwandelten Weiber, oder der Teufel ist los, erster Theil. Eine comische Oper in drey Aufzügen, herausgegeben von J. A. Hiller. [Vocal score.] pp. viii. 70. *Bey Johann Friedrich Junius: Leipzig*, 1770. *obl.* 4°. Hirsch IV. **1165**.

HILLER (JOHANN ADAM)
— [Another copy.] Vierstimmige Motetten und Arien in Partitur, von verschiedenen Componisten . . . gesammelt und herausgegeben von J. A. Hiller. ⟨Vierstimmige lateinische und deutsche Chorgesänge . . . Erster Theil, oder der Mottettensammlung [*sic*] sechster Theil.⟩ 6 Tl. *Leipzig*, 1776–91. 4°. Hirsch III. **829**.

HILLER (JOHANN ADAM)
— [Another copy.] Duetten. Zur Beförderung des Studium des Gesanges, *etc. Leipzig*, 1781. *obl.* fol. Hirsch III. **823**.

HILLER (JOHANN ADAM)
— *See* GRAUN (C. H.) Herrn Carl Heinrich Grauns . . . Passions-Kantate: Der Tod Jesu, in einem Clavierauszuge herausgegeben von J. A. Hiller, *etc.* 1785. *obl.* fol. Hirsch IV. **1153**.

HILLER (JOHANN ADAM)
— *See* HAENDEL (G. F.) Georg Friedrich Händels Te Deum laudamus . . . herausgegeben von J. A. Hiller. [1780.] *obl.* fol. Hirsch IV. **787**.

HILLER (Johann Adam)

—— *See* Neefe (C. G.) Vademecum für Liebhaber des Gesangs und Klaviers. [Including songs by J. A. Hiller.] 1780. *obl.* fol. Hirsch III. **956**.

HILLER (Johann Adam)

—— *See* Pergolesi (G. B.) [*Stabat Mater.*] Vollständige Passionsmusik . . . in der Harmonie verbessert, mit Oboen und Flöten verstärkt, und auf vier Singstimmen gebracht von J. A. Hiller. 1776. fol. Hirsch IV. **891**.

HIMMEL (Friedrich Heinrich)

—— [Another issue.] Deutsche Lieder am Clavier. Ein Neujahrsgeschenk an mein liebes Vaterland. *Zerbst*, [1797?] fol. Hirsch III. **837**.

HIMMEL (Friedrich Heinrich)

—— Der Leyermann, *etc.* [Song, words by — Metzel.] pp. 3. *Bey Iohann August Böhme: Hamburg*, [1800?] *obl.* fol. Hirsch III. **836**.

HIMMEL (Friedrich Heinrich)

—— [Another copy.] Trauer-Cantate zur Begræbnissfeyer seiner Königlichen Majestät von Preussen Friedrich Wilhelm II., *etc. Hamburg*, [1798.] fol. Hirsch IV. **811**.

HOCHZEIT.

—— Ein Hochzeit Lied, *etc.* [Song.] *See* Rosina. Rosina du mein höchste Zier. [1604.] 12°. [Bienemann (C.) Ehebüchlein für christliche Eheleute, *etc.*] Hirsch III. **651**.

HOEBERECHTS (John Lewis)

—— Three Sonatas, for the Piano Forte with—or without the additional keys and an accompaniment for a flute or violin. In which are introduced several favorite airs . . . Op. 10. pp. 27. *G. Goulding: London*, [1797?] fol. Hirsch M. **1282**. (31.)

Imperfect; wanting the accompaniments. Watermark date 1797.

HOFFMAN ( )

—— Six Duettos for two Violins. Composed in a familiar stile by Hoffman, Barbella and Haydn. [Parts.] 2 pt. *Preston & Son: London*, [1794?] fol. Hirsch M. **1465**. (3.)

Watermark date 1794.

HOFFMANN (Philipp Karl)

—— Air: Könnte jeder brave Mann tiré de l'opera: Die Zauberflöthe [*sic*, by W. A. Mozart] varié pour le clavecin ou forte-piano par P. C. Hoffmann. pp. 5. *Chez Jean André: Offenbach sur le Mein*, [1795.] fol. Hirsch IV. **199**.

Plate number 810. *Journal de musique pour les dames.* no. 70.

HOFFMEISTER (Franz Anton)

—— Sei menuetti con trios. Sei contradances. Sei tedeski [*sic*]. [Two violins, bass, two oboes, two horns. Parts.] 7 pt. *Presso Christophero Torricella:* [*Vienna*, 1785?] fol. Hirsch IV. **1622**.

SIG. 7.—PART 53.

HOFFMEISTER (Franz Anton)

—— Six quatuors concertantes pour 2 violons, alto viole et basse . . . Oeuvre IX. [Parts.] 4 pt. *Chez Artaria comp.: Vienne*, [1787.] fol. Hirsch M. **1415**.

Plate number 124.

HOFFMEISTER (Franz Anton)

—— Tre quintetti à due violini, due viole e violoncello . . . Opera XXIII. lib. [1]. [Parts.] 5 pt. *Presso Giov. André: Offenbach sul Meno*, [1789?] fol. Hirsch M. **1416**.

Plate numbers, on music 247; *on titlepage* 247, 285.

HOFFMEISTER (Franz Anton)

—— Deux quintetti à deux violins, deux violes et violoncelle . . . Oeuvre 32me. livr. [2]. [Parts.] 5 pt. *Chez I. André: Offenbach sur le Mein*, [1790?] fol. Hirsch M. **1417**.

Plate numbers, on music 363; *on titlepage* 361, 363.

HOFFMEISTER (Franz Anton)

—— [Another copy.] Six solos pour la flute et la basse . . . Op. 21. [Score.] pp. 27. *L'auteur: Vienne*; *J. Bland: London*, [1790.] fol. Hirsch M. **1418**.

HOFFMEISTER (Franz Anton)

—— Six sonates concertantes pour deux flûtes traversières. ⟨Oeuvre 1.⟩ [Parts.] 2 pt. *Chez le sieur Schott: Mayence*, [1780?] fol. Hirsch III. **328**.

Plate number 27.

HOFFMEISTER (Franz Anton)

—— 11 sonates pour le forte piano, ou clavecin. pp. 33. *A son magasin: Vienne*, [1790?] *obl.* fol. Hirsch IV. **1622**. a.

Plate number 125.

HOFFMEISTER (Franz Anton)

—— Variazioni per il clavicembalo o piano forte. pp. 11. *Presso Artaria e compag.: Vienna*, [1799.] *obl.* fol. Hirsch IV. **1622**. b.

Plate number 820.

HOLLAND (Johann David)

—— Hamlet, Prinz von Dännemark, ein Trauerspiel, in sechs Aufzugen . . . Nebst Brockmanns Bildniss . . . und der zu dem Ballet verfertigten Musik. ⟨Pantomime zu Hamlet. [By J. D. Holland?]⟩ 1786. 8°. *See* Hamlet. Hirsch IV. **1348**. a.

HOLLY (Andreas Franz)

—— [Another copy.] Der Kaufmann von Smyrna, eine komische Oper, *etc. Berlin*, 1775. *obl.* 4°. Hirsch IV. **1168**.

HOLZBAUER (Ignaz)

—— [Another copy.] Günther von Schwarzburg. Ein Singspiel, *etc.* [1785?] fol. Hirsch II. **457**.

HOMILIUS (Gottfried August)

—— [Another copy.] Die Freude der Hirten über die Geburt Jesu, nach der Poesie des Herrn Buschmann. *Frankfurth an der Oder*, 1777. *obl. fol.*   Hirsch IV. **814**.

HONAUER (Leontzi)

—— Six sonates pour le clavecin, dont la derniére est accompagnée d'un violon . . . Oeuvre premier. [Score.] pp. [39.]   *Chez J. J. Hummel: Amsterdam*, [1769?] fol.
Hirsch M. **1419**.
Plate number 149. *The last leaf has been mutilated.*

HOOK (James) [3. *Single Songs, etc.*]

—— [The Lass of Richmond Hill.] *See* Streicher (A.) Rondeau ou caprice et VIII variations sur l'air anglois The Lass of Richmond Hill [by J. Hook], pour clavecin, *etc.* [1796.] *obl. fol.*   Hirsch IV. **1662**.

HOOK (James) [4. *Instrumental Music.*]

—— Six Concertos for the Harpsichord or Forte-Piano with accompanyments for two violins and a violoncello, *etc. Welcker: London*, [1774.] fol.   Hirsch M. **1472**. (**6**.)
Imperfect; wanting the accompaniments.

HUBERTI (   )

—— *See* Haydn (F. J.) [3. *Instrumental Works.—d. Quartets.*] [*Op.* 9.] Six quatuors . . . Œuvre 9ᵉ. Mis au jour & gravés par Huberty. [1770?] fol.
Hirsch IV. **1613**.

HUELLMANDEL (Nicolaus Joseph)

—— [Another copy.] Six divertissements, ou IIᵉ suite de petits airs pour le piano forte ou le clavecin . . . Œuvre VIIᵉ, *etc. Paris*, [1775?] *obl. fol.*   Hirsch IV. **1622**. c. (**2**.)

HUELLMANDEL (Nicolaus Joseph)

—— [Another issue.] Iᵉʳ recueil de petits airs pour le clavecin ou piano forte . . . Œuvre IIᵉ, *etc. Paris*, [1775?] *obl. fol.*
Hirsch IV. **1622**. c. (**1**.)

HUELLMANDEL (Nicolaus Joseph)

—— [Another copy.] Principles of Music . . . Opera XII. *London*, [1795?] *obl. fol.*   Hirsch M. **1474**. (**2**.)

HURLEBUSCH (Conrad Friederich)

—— De 150 Psalmen Davids, met de zelver Lofgezangen, gemaakt voor het clavier en orgel, na hunne gegronde en ware harmonien, toon-aart, bassen, becyfferingen, musicale afdeelingen en kleine agrementen.   [*C. F. Hurlebusch:*] *Amsterdam*, 1761. *obl.* 4º.   Hirsch III. **848**.

HYMNE.

* —— Hymne an die Tonkunst. [Song.] *See* Schmiedt (S.)

HYMNS. [*Dutch.*]

—— A. Alewyns Zede- en Harpgezangen. Met Zangkunst Verrykt. 1694. 4º. *See* Petersen (D.)
Hirsch III. **983**.

HYMNS. [*French.*]

—— Premier Liure des Hymnes anciens, mis en uers françois, par Ch. de Nauières. pp. 46.   *Chez Artus Tauernier: Anuers*, 1580. 16º.   Hirsch III. **953**.

HYMNS. [*French.*]

—— Cantiques spirituels . . . accompagnez d'hymnes pour les principales fêtes de l'année, *etc.* 1706. 8º.   *See* Pellegrin (J. J.)   Hirsch III. **978**.

HYMNS. [*German.*]

—— Hymni Ecclesiastici duodecim, *etc.* 1550, 48. 8º. *See* Spangenberg (J.)   Hirsch III. **1104**.

HYMNS. [*German.*]

—— Die Historien von der Sindflut, Joseph . . . auch etliche Psalmen vnd Geistliche Lieder, *etc.* 1563. 8º. *See* Herman (N.)   Hirsch III. **818**.

HYMNS. [*German.*]

—— Vier vnd zwaintzig Geystliche Lieder, sambt jhren aignen Welsch- vnd Teutschen Melodeyen. [The text edited by David Spaiser.] pp. 78. [*Augsburg,*] 1609. 8º.
Hirsch III. **1103**.
Cropped.

HYMNS. [*German.*]

—— Trutz Nachtigal, oder Geistlichs—Poetisch Lust— Waldlein, *etc.* 1649. 12º. *See* Spee (F. von)
Hirsch III. **1105**.

HYMNS. [*German.*]

—— Geist-Reiches Gesangbuch, den Kern alter und neuer Lieder . . . in sich haltend, *etc.* 1715. 12º. *See* Freylinghausen (J. A.)   Hirsch III. **756**.

HYMNS. [*German.*]

—— Geistreiches Gesang-Buch den Kern alter und neuer Lieder in sich haltend, *etc.* 1741. 8º.   *See* Freylinghausen (J. A.)   Hirsch III. **757**.

HYMNS. [*German.*]

—— Wernigerödisches Gesang-Buch, begreifend 852 geistreiche . . . Lieder, *etc.* 1746. 8º. *See* Wernigeroda Song-Book.   Hirsch III. **766**.

HYMNS. [*German.*]

—— Singendes und Spielendes Vergnügen reiner Andacht, oder Geistreiche Gesänge, *etc.* 1758. 8º. *See* Schmidlin (J.)   Hirsch III. **1071**.

ICH.

—— Ich bin der lebendige Brunnen. [Song.] [1663.] 8º.
Hirsch III. **783**.
Contained on pp. 28–30 *of A. Gryphius's* "*Absurda comica, oder Peter Squentz.*"

IDASPE.

—— [Another copy.] Songs in the new Opera, call'd Hydaspes, *etc. London*, [1710.] fol.   Hirsch II. **559**.

IGLOU.

—— Iglou's der Mohrin Klaggesang. [Song.] *See* ZUMSTEEG (J. R.)

IHR.

—— Ihr die ihr Triebe des Herzens kennt. [Song.] *See* MOZART (W. A.) [*C. Vocal Music.—II. Operas.—Le Nozze di Figaro.—Voi, che sapete.*]

IHR.

—— Ihr schönsten Blumen in der Au. [Song, by Adam Krieger.] [1656.] 4º.   Hirsch III. **874.**
 Contained on pp. 16–20 of " Tim. Ritzschens verteutschte Spanische Ziegeunerin."

INDES DANSANTES.

—— Les Indes dansantes, parodie [by C. S. Favart] des Indes galantes [libretto by L. Fuzelier, music by J. P. Rameau] . . . Seconde édition . . . avec les airs notes. pp. 67. 8. *Chez la v. Delormel & fils: Paris*, 1751. 8º.
    Hirsch IV. **1334.**

INDIAN QUEEN.

—— The Additional Musick to the Indian Queen. *See* PURCELL (Daniel)

INSTRUCTION.

—— [Another issue.] Complete Instruction for the Guitar containing the most usefull directions & examples, *etc. London*, [1785 ?] obl. 4º.   Hirsch IV. **1623.**

INTAVOLATURA.

—— [Another copy.] Intavolatura di chitarra, e chitarriglia, con le più necessarie, e facili suonate à chi si diletta di tal professione, *etc. Bologna*, 1646. obl. 4º.
    Hirsch III. **146.**

IS.

—— [Another copy.] Is Innocence so void of Cares. [Song, in score, from the opera " Alexander the Great." Words by N. Lee, music by Daniel Purcell?]   [*London*, 1715?] *s. sh.* fol.   Hirsch M. **1475. (13.)**

ISOUARD (NICOLÒ)

—— *See* KREUTZER (R.) and ISOUARD (N.) Le Petit page, *etc.* [1800?] fol.   Hirsch II. **492.**

ITALIAN THEATRE.

—— Les Parodies du nouveau théâtre italien, *etc. See* PARODIES.

JAEGER.

—— Der Jäger. [Song.] *See* REICHARDT (J. F.)

JANLET (D. F.)

—— Trois duos pour un violon et alto viola . . . Oeuvre I. [Parts.] 2 pt. *Chés J: Schmitt: Amsterdam*, [1785 ?] fol.
    Hirsch IV. **1624.**

JARDINIER DE SIDON.

—— Le Jardinier de Sidon. Comédie. *See* PHILIDOR (F. A. D.)

JOHANNEUM. *See* LUNEBURG.

JOHNSON (SAMUEL)

—— [Another copy.] The Songs in Hurlothrumbo. *London*, [1729.] fol.   Hirsch III. **851.**

JOMELLI (NICOLÒ)

—— [Another copy.] La Passione di Nostro Signore Giesu Cristo. Oratorio, *etc. London*, [1770.] fol.
    Hirsch IV. **817.**

JOMELLI (NICOLÒ)

—— [Another copy.] Six Sonatas for two German Flutes or Violins with a Thorough Bass for the Harpsicord or Violoncello. *London*, [1753.] fol.   Hirsch III. **330.**

JOZZI (GIUSEPPE)

—— A [2ᵈ] Collection of Lessons for the Harpsicord compos'd by Sigʳ Jozzi, Sᵗ Martini of Milan, Alberti, Agrell. Never before printed. Book [II]. pp. 32.   *Printed for I. Walsh: London*, [1762.] obl. fol.   Hirsch IV. **3. (2.)**

JUENGER ZU EMAUS.

—— [Another copy.] Die Juenger zu Emaus. [Oratorio.] *Hamburg*, 1778. fol.   Hirsch IV. **909.**

JULIE.

—— Juliens Feyer an einen ihrer schönen Morgen. [Song with chorus.] *See* STERKEL (J. F. X.)

JUST (JOHANN AUGUST)

—— Six divertissements pour le clavecin ou le piano forte . . . Oeuvre XII. pp. 27.   *Chés J. J. Hummel: Berlin, Amsterdam*, [1781.] fol.   Hirsch III. **332.**
 Plate number 416.

KAPSBERGER (JOHANN HIERONYMUS)

—— [Another copy.] Libro Primo di Arie Passeggiate à vna Voce con l'intauolatura del Chitarone, *etc.*   *Roma*, 1612. fol.   Hirsch III. **853.**

KAPSBERGER (JOHANN HIERONYMUS)

—— Libro Primo di Mottetti Passeggiati à vna Voce . . . Raccolto dal Sigr. Francesco de Nobili. pp. 23.   *Roma*, 1612. fol.   Hirsch IV. **1684.**

KAPSBERGER (JOHANN HIERONYMUS)

—— [Another copy.] Libro Quarto di Villanelle a vna e piu Voci con l'Alfabeto per la Chitarra Spagnola, *etc. Roma*, 1623. fol.   Hirsch IV. **1685.**

KAYSER (PHILIPP CHRISTOPH)

—— Vermischte Lieder mit Melodien aufs Clavier. [By P. C. Kayser.] pp. 29. 1775. obl. 4º. *See* LIEDER.
    Hirsch III. **854.**

KAYSER (PHILIPP CHRISTOPH)

—— Weynachts Cantate in Partitur fyr zwey Discant Stimen, zween begleitenden Violinen, Viole und Bass. Nebst druntergesetztem Clavier Auszug. pp. 9.   *Bey Joh: Caspar Fuessli: Zyrich*, 1780. fol.   Hirsch IV. **819.**

KERNTL (C. F.)

—— [Another copy.] Six Duetts for Two Violins. [Op. 1.] London, [1771.] fol. Hirsch M. **1465. (2.)**

KHYM (Karl)

—— See Dittersdorf (C. D. von) [Das rothe Käppchen.] Gesænge ... im Clavier Auszug von K. Khym. [1783?] obl. fol. Hirsch III. **718.**

KINDERMANN (Johannes Erasmus)

—— Göttliche Liebesflamme ... Zum fünfften mal aufgelegt, von neuem vermehret und verbessert: durch J. M. Dilherrn. ⟨Folgen die Noten, oder Melodeyen aller vorhergehenden Lieder. Mit 2. Stimmen, in ein Clavicembel oder Spinet zu musiciren, componirt von I. E. Kindermann.⟩ [With a portrait.] pp. 739. In Verlegung Christoph Enders: Nürnberg, 1664. 12°. Hirsch III. **856.**
With an additional titlepage, engraved.

KIRMAIR (Friedrich Joseph)

—— Air varié ⟨Air des petits Savoyards. Ascouta Jeannetto de D'alairac⟩ pour le clavecin ... No. [6.] pp. 5. *Chez J. M. Götz: Mannheim,* [1797?] obl. 4°. Hirsch III. **333.**

Plate number 440.

KIRNBERGER (Johann Philipp)

—— [Another copy.] Lied nach dem Frieden, etc. *Berlin,* [1779.] fol. Hirsch III. **858.**

KIRNBERGER (Johann Philipp)

—— Oden mit Melodien. pp. 31. *Bey Jobst Herrmann Flörcke: Danzig,* 1773. obl. 4°. Hirsch III. **859.**

KIRNBERGER (Johann Philipp)

—— Vermischte Musikalien. MS. ANNOTATIONS [by J. A. André]. pp. 55. *Bey George Ludewig Winter: Berlin,* 1769. obl. fol. Hirsch III. **336.**

KOHAUT (Joseph)

—— La Bergère des Alpes. Pastorale en trois actes ... mêlée de chant. Par M. Marmontel. ⟨Airs, ariettes et duo de la Bergère des alpes ... Gravés par Gerardin.⟩ pp. 33. *Chez l'auteur: Paris,* [1766?] 8°. Hirsch III. **867.**

KOTZWARA (Franz)

—— [Three Solos or Sonatas, for a Tenor & Bass, etc.] [Parts.] 2 pt. [*Printed for John Bland: London,* 1790?] fol. Hirsch M. **1470. (8.)**
Imperfect; wanting the titlepage.

KOTZWARA (Franz)

—— Three Sonatas for the Harpsichord or Piano Forte, with an accompaniment for a violin ... Op. 34. *I. Bland: London,* [1790?] fol. Hirsch M. **1478. (5.)**
Imperfect; wanting the violin part.

KOTZWARA (Franz)

—— Six Trios for Two Violins and Bass ... Op. IX. [Parts.] 2 pt. *I. Preston: London,* [1790?] fol. Hirsch M. **1466. (1.)**
Imperfect; wanting the bass part.

KOŽELUCH (Leopold)

—— A favorite Concerto for the Harpsichord, or Piano-Forte, with accompaniments ... Op. 45. *R^t Birchall: London,* [1799?] fol. Hirsch M. **1286. (6.)**
Imperfect; wanting the accompaniments. Watermark date 1799.

KOŽELUCH (Leopold)

—— [Another copy.] Tre sonate per il clavicembalo o forte piano ... Opera [II.] *Vienna,* [1780.] obl. fol. Hirsch IV. **1626.**

KOŽELUCH (Leopold)

—— Deux sonates pour le clavecin ou forte piano ... Opera X. pp. [25.] *Chez Artaria comp.: Vienne,* [1787.] obl. fol. Hirsch IV. **1627.**
Plate number 119. *Cropped. A slip bearing the imprint "Presso Giuseppe Benzon: Venezia" has been pasted over the original imprint.*

KOŽELUCH (Leopold)

—— Trois sonates pour le clavecin ou le fortepiano ... Oeuvre XI. pp. 39. *Chez Artaria comp.: Vienne,* [1787.] obl. fol. Hirsch IV. **1628.**
Plate number 120. *A slip bearing the imprint "Presso Giuseppe Benzon: Venezia" has been pasted over the original imprint.*

KOŽELUCH (Leopold)

—— Trois sonates pour le clavecin ou piano-forte ... Oeuvre XI. pp. 47. *Ches Bossler: Spire,* [1788.] obl. 4°. [*Archiv der auserlesensten Musikalien. Stück* 1.] Hirsch III. **14.**

KOŽELUCH (Leopold)

—— Trois grandes sonates pour le clavecin ou le forte-piano avec accompagnement d'un violon ad libitum ... Première partie. Œuvre XVII. *Chez Mr Boyer; chez Mad^e Le Menu: Paris,* [1790?] fol. Hirsch M. **1286. (3.)**
Imperfect; wanting the violin part.

KOŽELUCH (Leopold)

—— [Op. 27.] Three Grand Sonatas or Trios, for the Harpsichord, or Piano Forte, Violin and Violoncello. ⟨Op: 24 or 27.⟩ [Parts.] *I. Bland: London,* [1790?] fol. Hirsch M. **1477. (6.)**
Le tout ensemble. no. 6. *Imperfect; wanting the harpsichord and violoncello parts.*

KOŽELUCH (Leopold)

—— Trois sonates pour le clavecin ou piano-forte avec l'accompagnement d'une flute ou d'un violon et violoncelle ... Oeuv. 41. [Parts.] *Au magazin de mussique* [sic]: *Vienne,* [1796?] obl. fol. Hirsch M. **1420.**
Plate number 213. *Imperfect; wanting the accompaniments.*

KOŽELUCH (LEOPOLD)
—— Partie III. Contenante trois sonates pour le clavecin ou piano-forte, *etc.* pp. 28. *Au magazin de l'auteur dans l'Unterbreuner-Strasse: Vienne,* [1790?] obl. fol.
Hirsch IV. **1625**.
A slip bearing the imprint " Presso Giuseppe Benzon: Venezia" has been pasted over the original imprint.

KRAUS (JOSEPH MARTIN)
—— Airs et chansons pour le clavecin. pp. 42. *Chez G. A. Silverstolpe: Stockholm,* [1785?] obl. fol.
Hirsch III. **870**.

KREUTZER (RUDOLPH)
—— [Another copy.] Lodoiska. Comédie, *etc.* *Paris,* [1791?] fol.
Hirsch II. **491**.

KREUTZER (RUDOLPH)
—— [Another copy.] Paul et Virginie. Comédie, *etc.* *Paris,* [1791.] fol.
Hirsch II. **493**.

KREUTZER (RUDOLPH)
—— Six quatuors concertans, pour deux violons, alto et basse . . . I^r livre des quatuors. [Parts.] 4 pt. *Chez Imbault: Paris,* [1790?] fol.
Hirsch III. **350**.

KREUTZER (RUDOLPH) and ISOUARD (NICOLÒ)
—— Le Petit page. Opéra en un acte. Paroles de G. Pixerécourt. Musique de Kreutzer et Nicolo [i.e. N. Isouard. Score.] pp. 117. *Au magasin de musique dirigé par MM^{rs} Chérubini, Méhul, Kreutzer, Rode, N. Isouard et Boieldieu: Paris,* [1800?] fol.
Hirsch II. **492**.
Plate number 334.

KRIEGER (ADAM)
—— Ihr schönsten Blumen in der Au. [Song, by A. Krieger.] [1656.] 4°. [*Tim. Ritzschens verteutschet Spanische Ziegeunerin.*] *See* IHR.
Hirsch III. **874**.

KRIEGSLIED.
—— Kriegs Lied der Oesterreicher. [Song.] *See* BEETHOVEN (L. van)

KROMMER (FRANZ)
—— Trois quatuors, pour deux violons, alto, et violoncelle . . . Oeuvre 3me. [Parts.] 4 pt. *Chez J. André: Offenbach sur le Mein,* [1793.] fol.
Hirsch M. **1421**.
Plate number 653.

KROMMER (FRANZ)
—— Trois quatuors pour deux violons, alto & violoncelle . . . Oeuvre 4me. [Parts.] 4 pt. *Chés J. André: Offenbach sur le Mein,* [1794.] fol.
Hirsch M. **1422**.
Plate number 674.

KUEHNAU (JOHANN CHRISTOPH)
—— [Another copy.] Das Weltgericht, ein Singestück, *etc.* *Berlin,* 1784. obl. fol.
Hirsch IV. **1169**.

KUHNAU (JOHANN)
—— Musicalische Vorstellung einiger Biblischer Historien, in 6 Sonaten, auff dem Claviere zu spielen, *etc.* pp. 109. *Gedruckt bey Immanuel Tietzen: Leipzig,* 1700. obl. 4°.
Hirsch III. **353**.
With an additional titlepage reading " Il Saggio fatto rappresentatione musicale d'alcune historie della Bibbia [sic] contenute in sei suonate . . . Lipsia, alle spese dell'autore."

KUHNAU (JOHANN)
—— Neuer Clavier Ubung erster Theil. Bestehend in sieben Partien aus dem Ut, Re, Mi oder Tertia majore eines jedweden Toni, *etc.* pp. 80. [*Johann Kuhnau:*] *Leipzig,* 1689. obl. 4°.
Hirsch III. **351**.
With an additional titlepage, bearing a portrait of the composer, and reading " Johann Kuhnauens neue Clavierubung."

KUHNAU (JOHANN)
—— Neuer Clavier Ubung andrer Theil, das ist: Sieben Partien aus dem Re, Mi, Fa oder Tertia minore eines jedweden Toni, benebenst einer Sonata aus dem B, *etc.* pp. 81. *In Verlegung des Autoris:* [*Leipzic,*] 1696. obl. 4°.
Hirsch III. **352**.

KUNZ (THOMAS ANTON)
—— Klavierauszug von Pygmalion, *etc.* [Vocal score.] pp. 19. *Bey Johann Ferdinand Edlen v. Schönfeld; bey Johann Balzer: Prag,* 1781. obl. fol.
Hirsch IV. **1170**.

KUNZEN (FRIEDRICH LUDWIG ARMILIUS)
—— [Another copy.] Holger Danske oder Oberon. Eine Oper, *etc.* *Copenhagen,* 1790. obl. fol.
Hirsch IV. **1171**.

L***, Madame.
—— Les Amants françois. [Play, by L. E. Billardon de Sauvigny. With a song by Madame L***.] [1782.] 12°.
Hirsch III. **652**.
Contained in tom. 3 of " Les Après soupers de la société, etc."

L****, M.
—— [Another copy.] Les A-propos de société, ou Chansons de M. L**** [i.e. P. Laujon.] ⟨Les A-propos de la folie, ou Chansons grotesques, grivoises et annonces de parade. Supplement aux A-propos de société.⟩ 3 tom. [*Paris,*] 1776. 8°.
Hirsch III. **889**.

LAAG (HEINRICH)
—— [Another copy.] Fünfzig Lieder und zwar drey und vierzig von Herrn Johann Caspar Lavater und sieben sonst bekannte Kirchen-Lieder, *etc.* *Cassel & Osnabrück,* 1777. 4°.
Hirsch III. **878**.

LABORDE (JEAN BENJAMIN DE)
—— [Another copy.] Choix de chansons mises en musique, *etc.* *Paris,* 1773. 8°.
Hirsch III. **879**.

LACOSTE ( )
—— [Another copy.] Aricie, Ballet, *etc.* *Paris,* 1697. obl. 4°.
Hirsch II. **497**.
Imperfect; wanting pp. i, ii.

LACOSTE ( )
—— Biblis, tragédie en musique, *etc.* [Score.] pp. lx. 275. *J.-B.-Christophe Ballard: Paris,* 1732. obl. 4°.
Hirsch II. **498.**

LACOSTE ( )
—— Creuse. Tragédie, *etc.* [Score.] pp. 44. 287. *Christophe Ballard: Paris,* 1712. obl. 4°. Hirsch II. **499.**
After p. 44 of the prologue there occur 4 pp. of "changements."

LACOSTE ( )
—— Orion, tragédie en musique. [Score.] pp. xvi [lvi]. 331. *J.-B.-Christophe Ballard: Paris,* 1728. obl. 4°.
Hirsch II. **500.**

LACOSTE ( )
—— Philomèle, tragédie, *etc.* [Score.] pp. lvi. 342. *Chez Christophe Ballard: Paris,* 1705. obl. 4°. Hirsch II. **501.**

LACOSTE ( )
—— Télégone, tragédie, *etc.* [Score.] pp. xlvii. 295. *J.-B.-Christophe Ballard: Paris,* 1725. obl. 4°.
Hirsch II. **502.**

LAENDLER.
—— XII Ländler samt Coda. Für das Forte-Piano. *Bey Joseph Sig.: Reitmayr: Straubing,* [1800.] obl. fol.
Hirsch III. **354.**
The music is lithographed throughout.

LAGARDE (N. DE)
—— Nouveaux airs à une et plusieurs voix . . . Gravés par J. Renou. livr. 1, 3. *Chez l'auteur: Paris,* [1760? 65?] obl. 4°. Hirsch III. **881.**
Imperfect; wanting livr. 2.

LAGARDE (N. DE)
—— [Another copy.] Cantate. ⟨Enée et Didon.⟩, *etc. Paris,* [1764.] obl. 4°. Hirsch III. **883.**

LAMBERT (MICHEL)
—— *See* PARODIES. Parodies spirituelles . . . sur des airs choisis de Messieurs Le Camus, Lambert, *etc.* 1717. obl. 4°. Hirsch III. **977.**

LAMBO (KNUT)
—— Oden. [Songs.] pp. 32. *Gedruckt bey J. G. Trausold: Hamburg,* 1754. 4°. Hirsch III. **884.**

LAMOTTE (FRANZ)
—— Sei sonate a violino e basso, tre composte da Franceso Lamota et altre tre da altro autore. pp. 28. *Welcker: London,* [1775?] fol. Hirsch III. **355.**

LAMPE (JOHANN FRIEDRICH)
—— [Margery.] Songs and Duetto's in the burlesque Opera, call'd Margery, being a sequel to the Dragon of Wantley, *etc.* [Score.] pp. 101. *Printed for John Wilcox: London,* 1739. fol. Hirsch II. **503.**

LAMPE (JOHANN FRIEDRICH)
—— Pyramus and Thisbe: a Mock-Opera. The words taken from Shakespeare, *etc.* [Score.] pp. 39. *Printed for I. Walsh: London,* [1745?] fol. Hirsch II. **504.**
In this issue the verso of p. 39 is blank.

LANG (J. C.)
—— Three Sonatas for the Piano Forte or Harpsichord, with an accompaniment for a violin . . . Opera VI. [Score.] pp. 17. *The Author: London,* [1795?] fol.
Hirsch M. **1423.**

LANGLÉ (HONORÉ FRANÇOIS MARIE)
—— [Another copy.] Corisandre, ou les Foux par enchantement. Opéra ballet, *etc. Paris,* [1791.] fol.
Hirsch II. **505.**

LASSO (ORLANDO DI) [2. *Madrigals and Villanelles.*]
—— Di Orlando Lasso . . . Libro quarto de Madrigali a Cinque Voci, da lui Nouamente in Germania composti, *etc.* ⟨Canto.—Alto.—Tenore.—Basso.—Quinto.⟩ [Parts.] 5 pt. *Appresso di Antonio Gardano: Venetia,* 1567. obl. 4°.
Hirsch III. **885.**

LASSO (ORLANDO DI) [5. *Motets.—c. Magnum Opus Musicum.*]
—— [Another copy.] Magnum Opus Musicum, *etc. Monachij,* 1604. fol. Hirsch III. **886.**

LASSO (ORLANDO DI) [5. *Motets.—c. Magnum Opus Musicum.*]
—— *See* VINCENTIUS (C.) In magni illius . . . Orlandi de Lasso magnum opus musicum bassus ad organum noua methodo dispositus. 1625. fol. Hirsch III. **887.**

LASSO (ORLANDO DI) [7. *Patrocinium Musices.*]
—— [Another copy.] Patrocinium Musices . . . Prima Pars, *etc. Monachij,* 1573. fol. Hirsch IV. **1690.**

LASSO (ORLANDO DI) [7. *Patrocinium Musices.*]
—— [Another copy.] Patrocinium Musices . . . Secunda pars, *etc. Monachij,* 1574. fol. Hirsch IV. **1690.** a.

LASSO (ORLANDO DI) [7. *Patrocinium Musices.*]
—— Patrocinium Musices. Orlandi de Lasso . . . Officia aliquot, de præcipuis festis anni, 5. vocum. Nunc primùm in lucem editæ. Tertia pars . . . D. Guilhelmi . . . Bauariæ Ducis, liberalitate in lucem editum. *Adamus Berg: Monachij,* 1576. fol. Hirsch IV. **1690.** b.

LASSO (ORLANDO DI) [7. *Patrocinium Musices.*]
—— [Another copy.] Patrocinium Musices. Orlando de Lasso . . . Quarta pars, *etc. Monachij,* 1575. fol.
Hirsch IV. **1690.** c.

LASSO (ORLANDO DI) [7. *Patrocinium Musices.*]
—— [Another copy.] Patrocinium Musices . . . Quinta pars, *etc. Monachij,* 1576. fol. Hirsch IV. **1690.** d.

LATOUR (T.)
—— *See* VIOTTI (G. B.) Viotti's New grand Concerto (in A) as performed at the Opera Concerts, arranged . . . by T. Latour. [1798?] fol.   Hirsch M. **1282.** (2.)

LAUDI.
—— [Another copy.] Il Quarto Libro delle Laudi a tre et quatro Voci, *etc*. [Edited by Francesco Soto.] *Roma*, 1591. 4°.   Hirsch III. **1101.**

LAUDI.
—— [Another copy.] Il Quinto Libro delle Laudi Spirituali, a tre, & quattro voci del Reuerendo P. Francesco Soto. *Ferrara*, 1598. 4°.   Hirsch III. **1102.**

LAURENTIUS [i.e. JOHANN MARTIN], *of Schnüffis, a Capuchin.*
—— [Another copy.] P. F. Laurentii, von Schüffis . . . Mirantisches Flötlein . . . Vierte Auflage, *etc*. *Franckfurt*, 1739. 8°.   Hirsch III. **916.**

LAUSKA (FRANZ)
—— VIII. variations pour le forte piano sur l'air: Ich küsse dich o Schleier: aus der Geister Insel von Herrn Kapellmeister Reichard. pp. 9.   *Chez M. Falter: Munic*, [1799.] obl. fol.   Hirsch III. **356.**
The music is lithographed throughout.

LAWES (HENRY)
—— The Treasury of Musick: containing Ayres and Dialogues to sing to the Theorbo-Lute or Basse-viol . . . In three books. [With a frontispiece to bk. 1.] 3 bk. *William Godbid for John Playford: London*, 1669. fol.
    Hirsch III. **891.**

LE BRUN (LUDWIG AUGUST)
—— Six Trios a deux violons ou une flûte, violon et basse . . . Œuvre 2. [Parts.] 2 pt.   *Chez le Sr Sieber: Paris*, [1775?] fol.   Hirsch M. **1466.** (2.)
Imperfect; wanting the bass part.

LE CAMUS (SEBASTIEN)
—— *See* PARODIES. Parodies spirituelles . . . sur des airs choisis de Messieurs Le Camus, Lambert, *etc*. 1717. obl. 4°.   Hirsch III. **977.**

LECLAIR (JEAN MARIE)
—— [Another copy.] Premier livre de sonates à violon seul avec la basse continue, *etc*. *Paris*, 1723. fol.
    Hirsch III. **357.** (1.)

LECLAIR (JEAN MARIE)
—— [Another copy.] Second livre de sonates pour le violon et pour la flûte traversière avec la basse continue, *etc*. *Paris*, [1725?] fol.   Hirsch III. **357.** (2.)

LECLAIR (JEAN MARIE)
—— Troisième livre de sonates à violon seul avec la basse continue . . . Gravé par Mme Leclair . . . Oeuvre v. [Score.] pp. 82.   *Chez l'auteur: Paris*, [1723?] fol.
    Hirsch III. **357.** (3.)
The date in the privilege is 1723.

LECLAIR (JEAN MARIE)
—— Quatrième livre de sonates à violon seul avec la basse continue . . . Gravées par Mme Le Clair . . . Œuvre IX. [Score.] pp. 75.   *Chez l'auteur: Paris*, [1745?] fol.
    Hirsch III. **357.** (4.)
With the bookplate of Michael Christian Festing.

LEDERER (JOSEPH)
—— Apparatus musicus, oder: Musikalischer Vorrath, enthaltend 18. Verse, 17. Präambulen, Menuet, Trio, 3. Sonaten, eine Art von Rondeau mit 5. Variationen, eine Cantate in Partitur von Canto Solo, Violin Solo, Orgel Solo, und Violoncello, *etc*. pp. 40.   *Johann Jakob Lotter: Augsburg*, 1781. fol.   Hirsch III. **358.**

LEMENU DE SAINT PHILBERT (CHRISTOPHE)
—— II^[e] recueil d'airs, serieux et à boire, melé de vaudeville, ronde de table, duo, recit de basse . . . Gravé par Labassée. pp. 28.   *Chez l'auteur: Paris*, [1740?] obl. fol.
    Hirsch III. **892.**

LEMIÈRE DE CORVEY (JEAN FRÉDÉRIC AUGUSTE)
—— La Révolution du 10 aoust, pot pourri national . . . Arrangée pour deux violons par J. B. Cartier. [Parts.] 2 pt.   *Chez Frère: Paris*, [1793?] fol.   Hirsch IV. **1592.**

LE MOYNE (JEAN BAPTISTE)
—— [Another copy.] Electre. Tragédie, *etc*.   *Paris*, [1782?] fol.   Hirsch II. **508.**

LE MOYNE (JEAN BAPTISTE)
—— Nephté, tragédie en trois actes . . . Gravée par Huguet. [Score.] pp. 361.   *Chez l'auteur: Paris*, [1789?] fol.
    Hirsch II. **509.**
With a leaf bearing a dedication, following the titlepage.

LE MOYNE (JEAN BAPTISTE)
—— Phèdre. Tragédie en trois actes . . . Gravée par Huguet. [Score.] pp. 339.   *Chez Le Duc: Paris*, [1790?] fol.
    Hirsch II. **510.**
Plate number 824.

LE MOYNE (JEAN BAPTISTE)
—— Les Pommiers et le moulin. Comédie lyrique . . . Gravée par Huguet. [Score.] pp. 167.   *Chez l'auteur: Paris*, [1790?] fol.   Hirsch II. **511.**

LE MOYNE (JEAN BAPTISTE)
—— [Another copy.] Les Prétendus. Comédie lyrique, *etc*. *Paris*, [1789?] fol.   Hirsch II. **512.**

LENORE.
—— Lenore. [Song.] *See* ZUMSTEEG (J. R.)

LENTO.

—— Lento il piè. Song. *See* MOZART (W. A.) [*C. Vocal Music.*—IV. *Songs.*—*b. Single Voice.*—*Dans un bois solitaire.*]

LÉONORE.

—— Léonore, ou l'Amour conjugal. [Opera.] *See* GAVEAUX (P.)

LE SAGE DE RICHÉE (PHILIPP FRANZ)

—— Cabinet der Lauten, in welchem zu finden 12. neue Partien, aus unterschiedenen Tonen und neuesten Manier so aniezo gebräuchlich, welche bestehen in Præludien, Allemanden, Couranten, Sarabanden, Giquen, Gavotten, Menuetten, Boureen, Chagonen, Passacaglien, Ouverturen, Rondeau sambt Echo, *etc.* [With a frontispiece.] ff. 37. [*The Composer: Breslau,*] 1735. *obl.* fol.

Hirsch III. **360**.
Printed on one side of the leaf only.

LESCOT (C. F.)

—— *See* PIIS (P. A. A. de) Les Solitaires de Normandie, opéra comique . . . Les airs arrangés par M. Lescot, *etc.* [1788?] fol.

Hirsch III. **987**.

LESUEUER (JEAN FRANÇOIS)

—— La Caverne. Drame lyrique en trois actes . . . Paroles de Dercis . . . Gravé par Huguet. [Score.] pp. 330. *Chez Naderman: Paris,* [1793.] fol.

Hirsch II. **515**.
Plate number 699.

LESUEUR (JEAN FRANÇOIS)

—— [Another copy.] Télémaque dans l'isle de Calypso . . . Tragédie lyrique, *etc. Paris,* [1796?] fol.

Hirsch II. **518**.

LEVERIDGE (RICHARD)

—— [Aesop.] Shou'd I once change my Heart. A Song in the Comedy call'd Æsope. [*London?* 1700?] fol.

Hirsch M. **1475. (5.)**

LIDEL (ANDREAS)

—— [Another copy.] Six Duettos, for the Violin and Tenor . . . Opera 3ᵈ. *London,* [1778.] fol.

Hirsch M. **1470. (3.)**

LIDEL (ANDREAS)

—— A Second Sett of Six Quartetto's, five for two Violins, Tenor and Violoncello, and one for a Flute or Oboe, Violin, Tenor and Violoncello . . . Op. VII. [Parts.] 4 pt. *William Forster: London,* [1785?] fol. Hirsch III. **364**.

LIEDER.

—— [Another copy.] Lieder eines Mägdchens, beym Singen und Claviere. *Münster,* 1774. *obl.* fol.

Hirsch III. **1149**.

LIEDER.

—— Lieder mit Melodien. *Bey Posch: Anspach,* 1758. 8°.

Hirsch III. **899**.

LIEDER.

—— Zwölf Lieder mit Melodien und eben so viel untermischte Galanteriestücke für das Clavier. pp. 55. *Bey George Jacob Decker: Berlin,* 1775. 8°. Hirsch III. **900**.

LIEDER.

—— Kleine Lieder für Kinder. Mit Melodien, zum singen beym Klavier. ff. xii. *Leipzig,* 1777. *obl.* 4°.

Hirsch III. **898**.
Printed on one side of the leaf only.

LIEDER.

—— Vermischte Lieder mit Melodien aufs Clavier. [By Philipp Christoph Kayser.] pp. 29. *Bey Heinrich Steiner und Compagnie: Winterthur,* 1775. *obl.* 4°.

Hirsch III. **854**.

LISBETH.

—— Lisbeth. Drame lyrique. *See* GRÉTRY (A. E. M.)

LOB.

—— Das Lob der Freundschaft. Kantate. *See* MOZART (W. A.) [*C. Vocal Music.*—III. *Masonic Cantatas. K.* 623.]

LOBWASSER (AMBROSIUS)

—— *See* PSALMS. [*German.*] Psalmen Davids, nach Französicher Melodey . . . in Teutsche Reymen . . . gebracht durch A. Lobwasser, *etc.* 1604. fol. Hirsch III. **904**.

LOCATELLI (PIETRO ANTONIO)

—— Sei sonate à trè, o due violini, o due flauti traversieri, è basso per il cembalo . . . Opera quinta. [Parts.] 4 pt. MS. ANNOTATIONS [by the composer]. *Apresso l'autore: Amsterdam,* [1736.] fol. Hirsch III. **367**.
With two copies of the basso part. The titlepage of the primo part bears the composer's autograph signature.

LOCATELLI (PIETRO ANTONIO)

—— [Another copy.] XII sonate a violino solo è basso da camera . . . Opera sesta, *etc. Paris,* [1750?] fol.

Hirsch III. **368**.

LOCKE (MATTHEW)

—— [Macbeth.] The Original Songs, Airs & Chorusses which were introduced in the Tragedy of Macbeth in Score . . . Revised & corrected by Dʳ Boyce, *etc.* pp. 29. *Longman & Broderip: London,* [1780?] fol. Hirsch II. **519**.

LODI (LUIGI)

—— La Morte di Mozart. Sinfonia per il pianoforte . . . Op. 27. pp. [8.] *Breitkopf & Härtel: Lipsia,* [1795.] *obl.* fol. Hirsch III. **369**.
Plate number 27. *Cropped.*

LOEHNER (JOHANN)

—— Sigmunds von Birken . . . Todes Gedanken und Todten-Andenken, *etc.* [With two four-part choruses and a song by J. Löhner.] pp. 492. *Bey Johann Kramern: Nürnberg,* 1670. 12°.

Hirsch III. **905**.

LOEILLET (Jean Baptiste)
—— [Another copy.] Solos for a German Flute or Violin with a Thorough Bass for the Harpsicord or Bass Violin ... Opera terza. *London*, [1729.] fol. Hirsch IV. **1630.**

LOEILLET (Jean Baptiste)
—— XII sonates à une flûte & basse continue ... Quatrième ouvrage. [Score.] pp. 45. *Chez Estienne Roger: Amsterdam*, [1715?] obl. fol. Hirsch III. **370.**
Plate number 401.

LÖHNER ( )
—— [For the German surname of this form:] *See* LOEHNER.

LOLLI (Antonio)
—— Sei sonate a violino solo col basso ... Opera prima. Gravé par Mad^me Oger. [Score.] pp. 31. *Aux adresses ordinaires de musique: Paris*, [1765?] fol.
Hirsch III. **371.**

LOLLI (Antonio)
—— [Another copy.] Sei sonate a violino solo col basso ... Opera terza, *etc. Paris*, [1770?] fol. Hirsch III. **372.**

LOLLI (Antonio)
—— Six sonates pour le violon et basse ... Mis au jour et gravés par Huberty ... Œuvre 5e. [Score.] pp. 31. *Chez Huberty: Paris*, [1780?] fol. Hirsch III. **373.**
Plate number 137. P. 2 bears the autograph signature of J. B. Cartier.

LOLLI (Antonio)
—— [Another copy.] Six sonates pour violons ... Œuvre [9me.] *Paris*, [1790?] fol. Hirsch III. **374.**
The titlepage bears the autograph signature of J. B. Cartier.

LOLLI (Antonio)
—— Six sonates pour violon et basse ... Œuvre [10.] [Score.] pp. 31. *Chez le Sr Sieber: Paris*, [1795?] fol.
Hirsch III. **375.**

LOMBARDINI, afterwards **SYRMEN** (Maddalena Laura)
—— [Another copy.] Six trios à deux violons et violoncello obligé ... Oeuvre première. *London*, [1770.] fol.
Hirsch III. **376.**

LORENZITI (Antonio)
—— Three Duettos for a Violin and Tenor ... Op. 3. [Parts.] 2 pt. *Longman & Broderip: London*, [1780?] fol.
Hirsch M. **1470. (4.)**

LORENZITTI ( ) *See* LORENZITI (A.)

LOVE.
—— Love in her Bosome. Song. *See* CORBETT (William)
SIG. 8.—PART 53.

LUCILE.
—— Lucile, comédie en un acte, mêlée d'ariettes [by A. R. M. Grétry], *etc.* [The libretto, with the voice part of one song and one chorus.] pp. 40. *Chez Merlin: Paris*, 1770. 12°. Hirsch IV. **1341.**

LUDMILLE.
—— Ludmille und Heinrich von Posen. Ballade. *See* CULLMANN (J. A.)

LUENEBURG. *See* LUNEBURG.

LULLI (Giovanni Battista)
—— [Another copy.] Acis et Galatée, pastorale heroïque, *etc. Paris*, 1686. fol. Hirsch II. **525.**

LULLI (Giovanni Battista)
—— [Another copy.] Alceste, tragédie, *etc. Paris*, 1708. fol. Hirsch II. **526.**

LULLI (Giovanni Battista)
—— [Another copy.] Amadis, tragédie, *etc. Paris*, 1684. fol. Hirsch II. **527.**

LULLI (Giovanni Battista)
—— Amadis, tragédie en cinq actes, par Quinault. [Libretto, with the music of two songs.] pp. viii. 62. 4. *Au bureau de la petite bibliothèque des théâtres: Paris*, 1786. 12°.
Hirsch IV. **1367.**

LULLI (Giovanni Battista)
—— Amadis, tragédie ... Nouvelle édition. [Score.] pp. 204. *J.-B.-Christophe Ballard: Paris*, 1719. fol.
Hirsch II. **528.**

LULLI (Giovanni Battista)
—— [Another copy.] Amadis, tragédie ... Nouvelle édition. *Paris*, 1725. fol. Hirsch II. **529.**

LULLI (Giovanni Battista)
—— [Another copy.] [Armide, tragédie], *etc. Paris*, 1686. fol. Hirsch II. **530.**
The titlepage and the leaf containing the dedication have been mutilated.

LULLI (Giovanni Battista)
—— [Another copy.] Armide, tragédie ... Seconde édition, *etc. Paris*, 1710. fol. Hirsch II. **531.**

LULLI (Giovanni Battista)
—— Armide, tragédie ... Seconde édition. [Score.] pp. 188. *J.-B.-Christophe Ballard: Paris*, 1718. fol.
Hirsch II. **532.**

LULLI (Giovanni Battista)
—— Atys, tragédie, *etc.* [Score.] pp. 318. *Christophe Ballard: Paris*, 1689. fol. Hirsch II. **533.**

LULLI (GIOVANNI BATTISTA)
—— Atys, tragédie . . . Seconde édition. Gravée par H. de Baussen. [Score.] pp. 225. *Paris*, 1709. fol.
Hirsch II. **534**.

LULLI (GIOVANNI BATTISTA)
—— [Another copy.] Bellérophon, tragédie, *etc.* *Paris*, 1679. fol.
Hirsch II. **535**.

LULLI (GIOVANNI BATTISTA)
—— [Another copy.] Bellérophon, tragédie . . . Seconde édition. *Paris*, 1714. fol.
Hirsch II. **536**.

LULLI (GIOVANNI BATTISTA)
—— Cadmus et Hermione, tragédie . . . Partition générale, imprimée pour la première fois. pp. 174. *J.-B.-Christophe Ballard: Paris*, 1719. fol.
Hirsch II. **537**.

LULLI (GIOVANNI BATTISTA)
—— Les Festes de l'amour et de Bacchus, pastorale . . . Imprimé pour la première fois. Partition générale. pp. 4. 134. *J.-B.-Christophe Ballard: Paris*, 1717. fol.
Hirsch II. **538**.

LULLI (GIOVANNI BATTISTA)
—— Fragments de Monsieur de Lully . . . Ballet, représenté, pour la première fois, par l'Académie royale de musique, *etc.* [Edited by André Campra. Words by Antoine Danchet.] [Score.] pp. xxxvi. 151. *Chez Christophe Ballard: Paris*, 1702. obl. 4°. Hirsch II. **539**.

LULLI (GIOVANNI BATTISTA)
—— [Another copy.] Idylle sur la paix, avec l'Eglogue de Versailles, *etc.* *Paris*, 1685. fol. Hirsch II. **540**.

LULLI (GIOVANNI BATTISTA)
—— Isis, tragédie [words by P. Quinault] . . . Partition générale, imprimée pour la première fois. pp. [289.] *J.-B.-Christophe Ballard: Paris*, 1719. fol.
Hirsch II. **541**.

LULLI (GIOVANNI BATTISTA)
—— [Another copy.] Persée, tragédie, *etc.* *Paris*, 1682. fol.
Hirsch II. **542**.

LULLI (GIOVANNI BATTISTA)
—— Persée, tragédie . . . Seconde édition. Gravée par H. de Baussen. [Score.] pp. 229. *Paris*, 1710. fol.
Hirsch II. **543**.

LULLI (GIOVANNI BATTISTA)
—— Persée, tragedie de Quinault. [Libretto, with the music of three songs.] pp. x. 64. 8°. *Au bureau de la petite bibliothèque des théâtres: Paris*, 1786. 12°.
Hirsch IV. **1369**.

LULLI (GIOVANNI BATTISTA)
—— [Another copy.] Phaëton, tragédie, *etc.* *Paris*, 1683. fol.
Hirsch II. **544**.

LULLI (GIOVANNI BATTISTA)
—— Phaëton, tragédie . . . Seconde édition. Gravée par H. de Baussen. [Score.] pp. 211. *Paris*, 1709. fol.
Hirsch II. **545**.

LULLI (GIOVANNI BATTISTA)
—— Phaëton, tragédie en cinq actes, de Quinault. [Libretto, with the music of two songs.] pp. x. 62. 8. *Au bureau de la petite bibliothèque des théâtres: Paris*, 1786. 12°.
Hirsch IV. **1370**.

LULLI (GIOVANNI BATTISTA)
—— [Another copy.] Proserpine, tragédie, *etc.* *Paris*, 1680. fol.
Hirsch II. **546**.

LULLI (GIOVANNI BATTISTA)
—— Proserpine, tragédie . . . Seconde édition. [Score.] pp. 427. *Christophe Ballard: Paris*, 1714. fol.
Hirsch II. **547**.

LULLI (GIOVANNI BATTISTA)
—— [Another copy.] Les Airs de la Tragédie de Proserpine, *etc.* *Amsterdam*, 1689. 8°. Hirsch III. **908**.

LULLI (GIOVANNI BATTISTA)
—— Psyché, tragédie . . . Partition générale, imprimée pour la première fois. Œuvre VIII. pp. 4. 207. *J.-B.-Christophe Ballard: Paris*, 1720. fol.
Hirsch II. **548**.

LULLI (GIOVANNI BATTISTA)
—— [Another copy.] Roland, tragédie, *etc.* *Paris*, 1685. fol.
Hirsch II. **549**.

LULLI (GIOVANNI BATTISTA)
—— [Another copy.] Roland, tragédie . . . Seconde édition, *etc.* *Paris*, 1709. fol. Hirsch II. **550**.
With a leaf inserted containing a " Catalogue des opera de Mr de Lully . . . qui se vendent chés le Sr Foucaut."

LULLI (GIOVANNI BATTISTA)
—— [Another copy.] Ballet du Temple de la paix, *etc.* *Paris*, 1685. fol.
Hirsch II. **551**.

LULLI (GIOVANNI BATTISTA)
—— [Another copy.] Thesée, tragédie, *etc.* *Paris*, 1688. fol.
Hirsch II. **552**.

LULLI (GIOVANNI BATTISTA)
—— Thesée, tragédie . . . Seconde édition. Gravée par H. de Baussen. [Score.] pp. 230. *Paris*, 1711. fol.
Hirsch II. **553**.

LULLI (GIOVANNI BATTISTA)
—— [Another copy.] Le Triomphe de l'amour, ballet royal, *etc.* *Paris*, 1681. fol. Hirsch II. **554**.
Between p. 117 and p. 118, and between p. 192 and p. 193, there occur, respectively, 18 and 12 unnumbered pages.

LULLI (Giovanni Battista)

—— Le Triomphe de l'amour, ballet en un acte et en vingt entrées, par Quinault. [Libretto, with the music of four songs.] pp. xxiv. 32. 11. *Au bureau de la petite bibliothèque des théâtres: Paris*, 1786. 12°.
Hirsch IV. **1371**.

LULLI (Giovanni Battista)

—— Le Triomphe de la raison sur l'amour, pastorale, *etc.* [Words by Charles Antoine Coypel. Score.] pp. 74. *Christophe Ballard: Paris*, 1697. obl. 4°. Hirsch II. **555**.

LULLI (Giovanni Battista)

—— *See* PARODIES. Parodies spirituelles . . . sur des airs choisis de Messieurs Le Camus . . . Lully, *etc.* 1717. obl. 4°. Hirsch III. **977**.

LULLY (Louis de)

—— Orphée, tragédie, *etc.* [Score.] pp. 255. *Christophe Ballard: Paris*, 1690. fol. Hirsch II. **556**.

LULLY (Louis de) and (Jean Louis de)

—— [Another copy.] Zephire et Flore, opéra, *etc.* *Paris*, 1688. fol. Hirsch II. **557**.

LUNEBURG.—*Johanneum.*

—— Beym Schluss der achtzehnten und Anfang des neunzehnten Jahrhunderts nach Christi Geburt. Vom Johanneum zu Lüneburg. Im Weihnachts-Feste 1800. [Part song. *Begin.* Der mit des Lichtes wallendem Aetherstrom Orion gürtet.] *Gedruckt mit Sternischen Schriften: Lüneburg*, [1800.] *s. sh.* obl. fol. Hirsch IV. **1692**.

LUSTIG (Jakob Wilhelm)

—— Six sonates pour le clavecin . . . Ouvrage premier. pp. 81. *Aux depens de Gerhard Fredrik Witvogel: Amsterdam*, [1740?] fol. Hirsch IV. **1631**.
Plate number 36.

LUTHER (Martin)

—— Deudsche Messe vnd Ordnung Gottes diensts, zu Wittemberg, fürgenomen. [The music by Johann Walther.] [*Friedrich Peypus: Nuremberg*,] 1526. 4°.
Hirsch III. **1140**.

M * * * * T (W. A.)

—— Die Maurerfreude. Eine Kantate gesungen am 24 April 785 zu Ehren des H. w. Br.: B . . n von den B. B. der Loge zu G. H. in O . . . . t von Wien. Die Worte von Br.: P . . n. Die Musik von Br.: W. A. M****t [i.e. W. A. Mozart]. [Vocal and full score.] pp. 28. [*Artaria:*] *Wien*, [1785.] obl. fol. Hirsch IV. **84**.
Plate number 69.

M * * * * * Y, Mr.

—— La Rose, ou la Feste de Salency, *etc.* ⟨La Musique avec accompagnement de harpe, &c. par Mʳ M****y [i.e. P. A. Monsigny].⟩ pp. xvi. 74. 107–120. *Ches Gauguery: Paris*, 1770. 8°.
Hirsch III. **653**.

M., J.

—— [Another copy.] A Set of easy Lessons for the Harpsichord . . . Opera trentesima prima. *London*, [1766.] obl. fol. Hirsch M. **1474. (4.)**
Imperfect; wanting the composer's preface, signed: J. M.

M., M.

—— Partition de Félix, ou l'Enfant trouvé. Comédie en trois actes en verse, et en prose [by M. J. Sedaine] . . . Mis en musique par M. M*** [i.e. P. A. Monsigny], *etc.* [Score.] pp. 210. *Chez Des Lauriers: Paris*, [1785?] fol. Hirsch II. **611**.

MACINTOSH (Robert)

—— [Another issue.] Sixty eight New Reels, Strathspeys and Quicksteps. Also some slow pieces with variations for the violin and piano forte, with a bass for the violoncello or harpsichord, *etc.* [Score.] pp. 39. *Printed for the Author: Edinburgh*, [1795?] fol. Hirsch M. **1467. (2.)**

MAD.

—— Mad Loons of Albany. Song. *See* CORBETT (William)

MADAMINA.

—— Madamina il catalogo e questo. Aria buffa. *See* MOZART (W. A.) [*C. Vocal Music.—II. Operas.—Don Giovanni.*]

MAGINI (Francesco)

—— Solfeggiamenti a due voci . . . Opera prima. pp. 104. *Per il Mascardi: Roma*, 1703. 4°. Hirsch III. **910**.

MAID OF THE MILL.

—— The Maid of the Mill. A comic opera . . . for the voice, harpsichord, or violin. [The words by Isaac Bickerstaffe.] pp. 73. *R. Bremner: London*, [1765.] obl. fol.
Hirsch M. **1424**.
The verso of p. 73 contains "A Catalogue of Vocal and Instrumental Music. Printed by R. Bremner."

MAISON ISOLÉE.

—— La Maison isolée. Comédie. *See* DALAYRAC (N.)

MAÎTRE EN DROIT.

—— Le Maître en droit. Opéra bouffon en deux actes. [Libretto by P. R. Lemonnier.] Mis en musique par Monsieur *** [i.e. P. A. Monsigny]. Gravé par Le Sʳ Hue. [Score.] pp. 117. *Chez le Sʳ Hue: Paris*, [1765?] fol.
Hirsch II. **612**.

MAL-ASSORTIS.

—— Les Mal-assortis. Comédie en deux actes, mise au théâtre par Monsieur du F***, et représentée pour la premiére fois . . . le trentiéme jour de May 1693. [With the music to five airs.] 1721. 12°. Hirsch IV. **1336. a.**
Contained in tom. 4 of E. Gherardi's "Théâtre italien."

MANCINELLI (Domenico)

—— [Another copy.] Six Sonatas for two German Flutes, or Violins . . . Opera III. *London*, [1776.] fol.
Hirsch M. **1468. (3.)**

MARAIS (MARIN)

—— [Another copy.] Ariane et Bachus, tragédie, *etc. Paris,* 1696. *obl.* 4°. Hirsch II. **560.**
Imperfect; wanting the list of errata and the additional leaf affixed to the bottom of p. 3.

MARAIS (MARIN)

—— Semelé, tragédie, *etc.* ⟨Suplément.⟩ [Score.] pp. 274. A–N. *Chez l'autheur: Paris,* 1709. *obl.* 4°.
Hirsch II. **561.**

MARCELLO (BENEDETTO)

—— [Psalm XLII.] Quel anelante, the celebrated Duett as sung by Messrs. Cimador and Viganoni at Messrs Cramer's & Cimador's Benefit Concerts. [Score.] pp. 7. *Monzani & Cimador: London,* [1800?] fol. Hirsch M. **1476.** (3.)

MARCHAL (PEDRO ANSELMO)

—— Pot pourri pour le clavecin ou forte piano. Arrangé par P. A. Marchal. Gravé par Madme Oger. 2 no. *Chez l'auteur: Paris,* [1780?] *obl.* fol. Hirsch III. **380.**

MARCHANDE DES MODES.

—— La Marchande des modes. Comédie. *See* FRAMERY (N. É.)

MARENZIO (LUCA) [2. *Madrigals. (Secular.)—c. For 5 Voices.*]

—— Di Luca Marenzio il Terzo Libro de Madrigali a cinque voci, nouamente composti, & dati in luce. ⟨Canto.—Tenore.—Alto.—Basso.—Quinto.⟩ [Parts.] 5 pt. *Appresso Angelo Gardano: Venetia,* 1582. *obl.* 4°.
Hirsch III. **913.**

MARPURG (FRIEDRICH WILHELM)

—— Friedr. Wilh. Marpurgs Fugen-Sammlung. pp. 20. *Bey Gottlieb August Lange: Berlin,* 1758. fol.
Hirsch III. **381.**

MARPURG (FRIEDRICH WILHELM)

—— [Another copy.] Fughe e capriccj pel clavicembalo ò per l'organo . . . Opera prima. *Berlin, Amsterdam,* [1777.] fol. Hirsch III. **382.**

MARPURG (FRIEDRICH WILHELM)

—— Neue Lieder zum singen beym Clavier. pp. 58. *Gottlieb August Lange: Berlin,* 1756. *obl.* 4°.
Hirsch III. **914.**

MARPURG (FRIEDRICH WILHELM)

—— [Another copy.] Raccolta delle più nuove composizioni di clavicembalo di differenti maestri ed autori. *Lipsia,* [1756,] 1757. *obl.* fol. Hirsch III. **383.**

MARPURG (FRIEDRICH WILHELM)

—— [Another copy.] Versuch in figurirten Chorälen sowohl für die Orgel, als für das Clavichord. *Berlin & Amsterdam,* [1790.] fol. Hirsch III. **384.**

MARPURG (FRIEDRICH WILHELM)

—— Zweyter Versuch in figurierten Chorälen und Fugen so wohl für die Orgel als für das Clavicord. pp. 19. *Bey J. J. Hummel: Berlin & Amsterdam,* [1792.] fol.
Hirsch III. **385.**
Plate number 824.

MARTIN Y SOLAR (VICENTE)

—— L'Arbore de Diana. Der Baum der Diana. Eine comische Oper in 2. Acten . . . Fürs Clavier eingerichtet von C. G. Neefe. [Vocal score.] *Ital. & Ger.* pp. 187. *Bei N. Simrock: Bonn,* [1796.] *obl.* fol. Hirsch IV. **1174.**
Plate number 27.

MARTIN Y SOLAR (VICENTE)

—— [Another copy.] [Une Cosa Rara.] Lilla oder Schönheit und Tugend . . . Clavierauszug v. A. Streicher, *etc. Munic,* [1790?] *obl.* fol. Hirsch IV. **1175.**

MARTINI (GIOVANNI) *il Tedesco, pseud.* [i.e. JOHANN PAUL ÆGIDIUS SCHWARTZENDORF.]

—— [Another issue.] L'Amoureux de quinze ans, ou la Double fête. Comédie . . . Œuvre VIIe, *etc. Paris,* [1771?] fol. Hirsch II. **871.**

MARTINI (GIOVANNI) *il Tedesco, pseud.* [i.e. JOHANN PAUL ÆGIDIUS SCHWARTZENDORF.]

—— [Another copy.] Annette et Lubin, opera comique, *etc. Paris,* [1789?] fol. Hirsch II. **872.**

MARTINI (GIOVANNI) *il Tedesco, pseud.* [i.e. JOHANN PAUL ÆGIDIUS SCHWARTZENDORF.]

—— Du Droit du Seigneur . . . Ouverture et morceaux, arrangés pour une flûte seul, avec accompagnement d'un second violon, à volonté. Par M. Abraham. [Parts.] 2 pt. *Chez Bignon: Paris,* [1785?] fol.
Hirsch M. **1465.** (7.)

MARTINI (GIOVANNI) *il Tedesco, pseud.* [i.e. JOHANN PAUL ÆGIDIUS SCHWARTZENDORF.]

—— [Another copy.] Henry IV. Drame lyrique, *etc. Paris,* [1785?] fol. Hirsch II. **873.**

MARTINI (GIOVANNI BATTISTA)

—— [Another copy.] Sonate d'intavolatura per l'organo e 'l cembalo, *etc. Amsterdam,* [1742.] fol. Hirsch III. **386.**

MASCITTI (MICHELE)

—— Sonate a violino solo col violone ó cimbalo e sonate a due violini, violoncello, é basso continuo . . . Opera prima. ⟨Gravé par H. de Baussen.⟩ [Score.] pp. 59. *Chez Foucaut: Parigi,* 1704. *obl.* fol. Hirsch III. **387.**

—— Violino secondo. Sonate a tré, due violini, violoncello e basso continuo . . . Opera prima. pp. 10. *Chez Foucaut: Parigi,* 1704. *obl.* fol.
Hirsch III. **387.** a.

MASCITTI (MICHELE)

—— Sonate da camera a violino solo col violone o cembalo . . . Opera seconda. ⟨Gravé par de Baussen.⟩ [Score.] pp. 62. *Chez Foucaut: Parigi,* 1706. *obl.* fol.
Hirsch III. **388.**

MASCITTI (Michele)
—— Sonate da camera a violino solo col violone o cembalo . . . Opera terza. ⟨Gravé par H. de Baussen.⟩ [Score.] pp. 57. *Chez Foucaut: Parigi,* 1707. *obl.* fol.
Hirsch III. **389.**
The date in the privilege is 1740.

MASCITTI (Michele)
—— Sonate a violino solo e basso, e sonate a due violini, e basso . . . Opera quarta. [Score.] pp. 68. *Chez Foucaut: Parigi,* 1711. *obl.* fol. Hirsch III. **390.**

—— Violino secondo delle sonate â tre, due violini ê basso . . . Opera quarta. pp. 10. *Chez Foucaut: Paris,* 1711. *obl.* fol. Hirsch III. **390.** a.

MASCITTI (Michele)
—— Sonate a violino solo e basso . . . Opera quinta. [Score.] pp. 58. *Chez Foucault: Parigi,* 1714. fol.
Hirsch III. **391.**
The date in the privilege is 1740.

MASCITTI (Michele)
—— Sonate a violino solo e basso . . . Opera sesta. Ce sixième livre renferme quinze sonates. La dernière est à trois parties dont la seconde est faite pour estre jouée par la basse de viole ou par le violoncelle. ⟨Gravé par F. du Plessy.⟩ [Score.] pp. 69. *Chez le Sieur Boivin: Parigi,* 1722. fol. Hirsch III. **392.**
The date in the privilege is 1740.

MASCITTI (Michele)
—— Sonate a violino solo, e basso—e quattro concerti a sei, due violini e basso del concertino—ed' un violino, alto viola col basso di ripieno. Il primo violino ed il basso del concertino é stampato in questo libro, il secondo violino e le tre altre parti di ripieno sono stampate in quattro libri separati . . . Opera settima. ⟨Grauée par Hüe.⟩ [Score.] pp. 55. *Chez le Sieur Boivin: Parigi,* 1727. fol.
Hirsch III. **393.**
Imperfect; wanting the separate parts to the concertos, which comprise 9–12 of this work.

MASCITTI (Michele)
—— Sonate a violino solo é basso . . . Opera ottava. ⟨Gravé par L. Hue.⟩ [Score.] pp. 53. *Chez le Sieur Boivin; chez le S^r Le Clair: Parigi,* 1731. fol. Hirsch III. **394.**

MASCITTI (Michele)
—— Sonate a violino solo é basso . . . Opera nona. ⟨Gravé par L. Hue.⟩ [Score.] pp. 51. *Chez Mme la Veuve Boivin; M^r Le Clerc: Parigi,* 1738. fol. Hirsch III. **394.** a.

MATTEIS (Nicola)
—— [Another copy.] Ayrs for the Violin. Preludes, allmands, sarabands, courantes gigues, diuisions and double compositions . . . The first part. ⟨Other Ayrs. Preludes, allmands, Sarabands &c. with full stops for the violin . . . The second part.⟩ [1675?] *obl.* 4°.
Hirsch M. **1425.**

MATTEIS (Nicola)
—— [Another copy.] Ayres for the Violin to wit Preludes, Fuges, Allmands, Sarabands, Courants, Gigues, Fancies, Divisions . . . For the emproving of the hand, upon the base viol or harpsechord. The third and fourth parts. [*London,* 1685.] *obl.* 4°. Hirsch III. **397.**

MATTEIS (Nicola)
—— Ayres for the Violin. Att two, three and four parts. preludes allemands, sarabands, fuges, single & double stopps wth several passages to emprove the hand. A concert of three trumpetts wth an addition of some new tunes for violins & flutes att the end of this book never before publish'd, with a second treble. pp. 122. [*London,*] 1685. *obl.* 4°. Hirsch IV. **1632. (1.)**

MATTEIS (Nicola)
—— [Another copy.] Other Ayres and Pieces for the Violin, Bass-Viol and Harpsechord somewhat more difficult and artificial then the former . . . The fourth part. [*London,* 1685.] *obl.* 4°. Hirsch III. **397.** a.

MATTEIS (Nicola)
—— Other Ayres and Pieces for the Violin, Bass-Viol and Harpsechord somewhat more difficult then the former . . . The fourth part. The book enlarged and perfected with a second treble. pp. 92. [*London,*] 1685. *obl.* 4°.
Hirsch IV. **1632. (2.)**

MATTEIS (Nicola)
—— A Collection of new Songs set by Mr. N. Matteis, made purposely for the use of his scholers, with a thorough bass to each song, for the harpsichord, theorboe or bass viol; to which is added some new airs for the violin and bass by the same author, as allso simphony's for two flutes by a person of qualyty: fairly engrav'd on copper plates. The 1st book. *John Walsh: London,* 1696. fol.
Hirsch M. **1426.**

MATTEIS (Nicola)
—— [Another copy.] The Second Treble of the Third and Fourth Parts, Preluds, Fuges, Allemandes ec^t with some Additions and new Tunes. [*London,*] 1687. *obl.* 4°.
Hirsch IV. **1632.** a. **(1.)**

MATTEIS (Nicola)
—— [Another copy.] The Second Treble of the Fourth Part, some Peeces harder than y̆ former. [*London,*] 1687. *obl.* 4°. Hirsch IV. **1632.** a. **(2.)**

MATTHESON (Johann)
—— [Another copy.] Der Brauchbare Virtuoso, welcher sich . . . mit zwölff neuen Kammer-Sonaten, auf der Flute Traversiere, der Violine und dem Claviere, bey Gelegenheit hören lassen mag, *etc. Hamburg,* 1720. fol.
Hirsch III. **400.**

MATTHESON (Johann)

—— [Another copy.] Pièces de clavecin en deux volumes consistant de ouvertures, preludes, fugues, allemandes, courentes, sarabandes, giques et aires. *London*, 1714. fol.
Hirsch III. **399**.

Imperfect; wanting pp. 46, 47, which have been supplied in MS. *Pp. 25–46 have been misnumbered 26–47.*

MATTHESON (Johann)

—— [Another copy.] [Die wol-klingende Finger-Sprache.] Les Doits parlans en douze fugues doubles à deux et trois sujets pour le clavessin . . . Seconde édition. *Nuremberg*, 1749. fol.
Hirsch III. **398**.

MAURERFREUDE.

—— Die Maurerfreude. Kantate. *See* M****T (W. A.)

MAURERFREUDE.

—— Die Maurerfreude. Kantate. *See* Mozart (W. A.) [*C. Vocal Music.—III. Masonic Cantatas.*]

MAYER (Johann Simon)

—— Chi non intende. Aria. pp. 4. *Monzani & Cimador: London*, [1800?] fol.
Hirsch M. **1476.** (4.)

A Collection of Periodical Italian Songs. no. 98. *Watermark date* 1800.

MAYER (Johann Simon)

—— Lieder beim Clavier zu singen. pp. 23. *Bey Johann Leopold Montags Erben: Regensburg*, 1786. obl. 4°.
Hirsch III. **921**.

MAZZINGHI (Joseph)

—— Three Sonatas for the Piano-Forte with or without the additional keys, and an accompaniment for a flute or violin, in which are introduced several favorite airs . . . Op. 28. [Parts.] *G. Goulding: London*, [1798.] fol.
Hirsch M. **1471.** (4.)

Imperfect; wanting the violin accompaniment.

MAZZINGHI (Joseph)

—— *See* Haendel (G. F.) [2. *Arrangements and Selections.—b. Instrumental.*] Handel's Overtures arranged for the Piano-Forte, with an accompaniment ad libitum for a flute or violin, by I. Mazzinghi. [1800.] fol.
Hirsch M. **1472.** (5.)

MAZZOCCHI (Domenico)

—— [Another copy.] La Catena d'Adone, *etc.* *Venetia*, 1626. fol.
Hirsch II. **567**.

MEDERITSCH (Johann) called *Gallus*, and **WINTER** (Peter von)

—— [Another copy.] Babilons Piramiden. Eine grosse herroisch-komische Oper . . . Für das Forte Piano übersezt von Hr. Johann Henneberg, *etc.* *Wien*, 1797. obl. fol.
Hirsch IV. **1176**.

MEGEL (Daniel)

—— [Another copy.] Ioannis Reuchlin Phorcensis Scenica Progymnasmata: Hoc est: Ludicra preexercitamenta. [fol. 11 *recto:*] Modos fecit Daniel Megel. [With the music to three choruses.] [*Basel,*] 1498. 4°.
Hirsch III. **922**.

MEGEL (Daniel)

—— Ioannis Reuchlin Phorcensis Scenica progymnasmata, hoc est ludricra preexercitamenta. ⟨Modos fecit D. Megal.⟩ [With the music to three choruses.]
MS. ANNOTATIONS. *Impressum per Iacobum Thaner: Liptzigk*, 1514. 4°.
Hirsch III. **923**.

MÉHUL (Étienne Nicolas)

—— [Another copy.] Ariodant. Opera en 3 actes, *etc.* *Paris*, [1800.] fol.
Hirsch II. **568**.

MÉHUL (Étienne Nicolas)

—— Euphrosine, ou le Tyran corrigé. Comédie en trois actes et en vers par F. Hoffman, *etc.* [Score.] pp. 242. *Chez Meysenberg: Paris*, [1790?] fol.
Hirsch II. **573**.

Plate number 239.

MÉHUL (Étienne Nicolas)

—— [Another copy.] Horatius Coclès. Acte lyrique, *etc.* *Paris*, [1794.] fol.
Hirsch II. **571**.

MÉHUL (Étienne Nicolas)

—— [Another copy.] Le Jeune sage et le vieux fou. Comédie, *etc.* *Paris*, [1793.] fol.
Hirsch II. **582**.

MÉHUL (Étienne Nicolas)

—— Mélidore et Phrosine, opéra en trois actes, *etc.* [Score.] pp. 300. *Chez Meysenberg: Paris*, [1800?] fol.
Hirsch II. **580**.

MELODIAE.

—— Melodiæ in Odas Horatij. Et quædam alia Carminum genera. [By Petrus Tritonius.] . . . Tenor. ⟨Discantus. Bassus.—Altus.⟩ [Parts.] 4 pt. *Apud Christianum Egenolphum: Francofordiæ*, 1532. 8°.
Hirsch III. **1129**.

MESTRINO (Nicolò)

—— Trois duos pour deux violons . . . 4ᵉ livre de duo. [Parts.] 2 pt. *Chez Aug^{te} Le Duc: Paris*, [1795?] fol.
Hirsch III. **404**.

Plate number 115.

MEUNIÈRE DE GENTILLY.

—— [Another copy.] La Meunière de Gentilly. Comédie, *etc.* *Paris*, 1768. fol.
Hirsch II. **496**.

MIDAS.

—— [Another copy.] Midas. A comic opera, *etc.* *London*, [1764.] *obl.* fol.
Hirsch IV. **1177**.

MILDHEIM SONGBOOK.
—— Mildheimisches Lieder-Buch von 518 lustigen und ernsthaften Gesängen . . . Gesammelt . . . von Rudolph Zacharias Becker. ⟨Melodien zum Mildheimischen Liederbuch für das Pianoforte oder Clavier.⟩ 2 vol. *In der Beckerischen Buchhandlung: Gotha,* 1799. 8º & obl. 8º.
Hirsch III. **901**.

MILDHEIMISCHES LIEDER-BUCH. See MILDHEIM SONGBOOK.

MILLIONI (PIETRO) and MONTE (LODOVICO)
—— [Another copy.] Vero e facil modo d'imparare a sonare et accordare da se medesimo la chitarra spagnuola, *etc. Venetia,* 1678. obl. 8º. Hirsch III. **405**.

MINNA.
—— Minna's Augen. [Song.] See MOZART (W. A.) [*E. Doubtful and Supposititious Works.*]

MIO.
—— Il mio tesoro intanto. Aria. See MOZART (W. A.) [*C. Vocal Music.—II. Operas.—Don Giovanni.*]

MISLIWECEK (GIUSEPPE) See MYSLIVEČEK (JOSEF)

MIT.
—— Mit Würd' und Hoheit angethan. Arie. See HAYDN (F. J.) [*2. Vocal Works.—a. Sacred.—The Creation.—In Native Worth.*]

MOCK.
—— Mock Address to the French King. Song. See CORBETT (William)

MOMIES D'ÉGYPTE.
—— Les Momies d'Égypte. Comedie en un acte, mise au théatre par Messieurs Regnard et du F**, et representée pour la premiére fois . . . le 19. jour de Mars 1696. [With the music to three airs.] 1721. 12º. Hirsch IV. **1336. a.** Contained in tom. 6 of E. Gherardi's "*Théâtre italien.*"

MONDONVILLE (JEAN JOSEPH CASSANEA DE)
—— [Another copy.] Daphnis et Alcimadure. Pastoral languedocienne, *etc. Paris,* [1755.] fol. Hirsch II. **602**.

MONDONVILLE (JEAN JOSEPH CASSANEA DE)
—— [Another copy.] Les Festes de Paphos. Ballet héroique, *etc. Paris,* [1758.] fol. Hirsch II. **603**.

MONDONVILLE (JEAN JOSEPH CASSANEA DE)
—— [Another copy.] Pièces de clavecin avec voix ou violon . . . Œuvre Vᵉ. *Paris,* [1745?] fol. Hirsch III. **407**.

MONDONVILLE (JEAN JOSEPH CASSANEA DE)
—— Titon et l'Aurore. Pastorale héroique . . . Œuvre VIIIᵉ. Gravé par Le Sʳ Hue. [Score.] pp. 205. *Chez l'auteur: Paris,* [1753?] fol. Hirsch II. **604**.

MONNET (JEAN)
—— [Another copy.] Anthologie françoise, ou Chansons choisies, depuis le 13ᵉ siècle jusqu'à present. [*Paris,*] 1795. 8º. Hirsch III. **939**.

MONSIGNY (PIERRE ALEXANDRE)
—— La Belle Arsène. Comédie-féerie en quatre actes par Mʳ ***. [Libretto by C. S. Favart, music by P. A. Monsigny.] pp. 109. [1775?] fol. See BELLE ARSÈNE.
Hirsch II. **607**.

MONSIGNY (PIERRE ALEXANDRE)
—— Le Cadi Dupé. Opéra bouffon en un acte . . . Mis en musique par Mʳ *** [i.e. P. A. Monsigny], *etc.* [Score and parts.] 7 pt. [1765?] fol. See CADI DUPÉ.
Hirsch II. **608**.

MONSIGNY (PIERRE ALEXANDRE)
—— Le Faucon, opéra-comique, en un acte, par Mʳ ***, *etc.* [Music by P. A. Monsigny. Score.] pp. 161. [1772?] See FAUCON. Hirsch II. **610**.

MONSIGNY (PIERRE ALEXANDRE)
—— Partition de Félix, ou l'Enfant trouvé. Comédie en trois actes en vers, et en prose. Mis en musique par M. M*** [i.e. P. A. Monsigny], *etc.* [Score.] pp. 210. [1785?] fol. See M., M. Hirsch II. **611**.

MONSIGNY (PIERRE ALEXANDRE)
—— Le Maître en droit. Opéra bouffon en deux actes. [Libretto by P. R. Lemonnier.] Mis en musique par Monsieur *** [i.e. P. A. Monsigny], *etc.* [Score.] pp. 117. [1765?] fol. See MAÎTRE EN DROIT. Hirsch II. **612**.

MONSIGNY (PIERRE ALEXANDRE)
—— La Rose, ou la Feste de Salency. ⟨La musique avec accompagnement de harpe, &c. par Mʳ M****y [i.e. P. A. Monsigny].⟩ pp. xvi. 74. 107–120. 1770. 8º. See M****y, Mr. Hirsch III. **653**.

MONTE (FILIPPO DI)
—— Di Filippo di Monte . . . il Secondo Libro de Madrigali spirituali a sei, & sette voci, nouamente . . . composti, & dati in luce. ⟨Canto.—Tenore.—Alto.—Basso.—Quinto.—Sesto.⟩ [Parts.] 6 pt. *Appresso Angelo Gardano: Venetia,* 1589. obl. 4º. Hirsch III. **940**.

MONTE (FILIPPO DI)
—— Di M. Filippo di Monte . . . il Terzo Libro delli Madrigali, à cinque voci, con vno à sette nel fine. Nuouamente posto in luce. ⟨Canto.—Tenore.—Alto.—Basso.—Quinto.⟩ [Parts.] 5 pt. *Appresso Girolamo Scotto: Vinegia,* 1570. 4º. Hirsch III. **941**.

MONTEVERDE (Claudio)
—— Il Quarto Libro de Madrigali a cinque voci ... Nuouamente composto, dato in luce. ⟨Canto.—Tenore.—Alto.—Basso.—Quinto.⟩ [Parts.] 5 pt. *Appresso Ricciardo Amadino: Venetia*, 1603. 4°. Hirsch III. **942**.

MONTEVERDE (Claudio)
—— Scherzi Musicali a tre voci, di Claudio Monteverde, raccolti da Giulio Cesare Monteverde suo fratello, *etc.* [Score.] pp. 40. *Appresso Ricciardo Amadino: Venetia*, 1609. fol. Hirsch III. **943**.

MONTEVERDE (Giulio Cesare)
—— *See* Monteverde (C.) Scherzi Musicali a tre voci ... raccolti da G. C. Monteverde, *etc.* 1609. fol. Hirsch III. **943**.

MONTÙ (Jean Marie)
—— Six ariettes italiennes: poesies de M^r l'Abbé Metastasio: avec accompagnement de piano-forte. ⟨Œuvre 6.⟩ liv. 2. *Chez C. S. Vahl: Stettin*, [1800?] obl. fol. Hirsch III. **944**.
Plate number 9. *Imperfect; wanting liv.* 1.

MOREAU (Jean Baptiste)
—— Intermèdes en musique de la tragédie d'Esther. Propres pour les dames religieuses, & toutes autres personnes, *etc.* [Score.] pp. 99. *Chez Christophe Ballard: Paris*, 1696. 4°. Hirsch II. **623**.

MOREL (J.)
—— Traduction françoise du Te Deum. Mise en musique. [Score.] pp. 108. *Chez Christophe Ballard: Paris*, 1706. 4°. Hirsch III. **945**.

MORIN (Jean Baptiste)
—— *See* Tons. Tons de chasse et fanfares à une et deux trompes. [Partly by J. B. Morin.] 1734. 8°. [*Les Dons des enfans de Latone, etc.*] Hirsch III. **513**.

MORTELLARI (Michele)
—— Eighteen Italian Catches and Glees, for three voices ... Op. XIII. pp. 32. *Printed for the author; sold by T. Skillern and Henry Holland: London*, [1790?] obl. fol. Hirsch III. **946**.

MOTETS. [1. *Ottaviano Petrucci.*]
—— Motetti. C. ⟨Sup.⟩ [*Impressum per Octauianum Petrutium: Venetijs*, 1504.] obl. 4°. Hirsch III. **984**.
The superius part only. The imprint occurs only in the colophon of the bass part. The composers named are: Josquin, Brumel, and Nic. Craen.

MOURET (Jean Joseph)
—— [Another copy.] Ragonde ou la Soirée de village, *etc.* [Opera.] *Paris*, [1742.] obl. 4°. Hirsch IV. **1178**.

MOURET (Jean Joseph)
—— [Another copy.] Le Triomphe des sens, ballet héroique, *etc. Paris*, [1732.] obl. 4°. Hirsch II. **624**.

MOZART (Wolfgang Amadeus)
ARRANGEMENT.
A. Complete Works.
B. Two or more different Works.
C. Vocal Music.
   I. Sacred.
   II. Operas.
   III. Masonic Cantatas.
   IV. Songs.
     a. Collections.
     b. Single Voice.
     c. Two or more Voices.
D. Instrumental Music.
   I. Orchestral Music.
     a. Symphonies.
     b. Serenades and Divertimenti.
     c. Dances.
     d. Concertos and Concerto movements.
   II. Chamber Music.
     a. Quintets.
     b. Quartets.
       i. Strings.
       ii. Pianoforte and Strings.
       iii. Flute and Strings.
     c. Trios.
       i. Strings.
       ii. Pianoforte and Strings.
       iii. Miscellaneous.
     d. Duos.
       i. Pianoforte and Violin.
       ii. Violin and Viola.
   III. Pianoforte Music.
     a. Two Pianofortes.
     b. Pianoforte Duet.
     c. Pianoforte Solo.
       i. Sonatas.
       ii. Variations.
       iii. Miscellaneous.
E. Doubtful and Supposititious Works.
F. Appendix.
G. Index.

MOZART (Wolfgang Amadeus) [*A. Complete Works.*]
—— [A collection of vocal and instrumental works.]
no. 1. [K. 301, 302, 304.] Trois sonates pour le forte piano accompagnés d'un violon.
no. 3. [K. 475, 457.] Fantaisie et sonate pour le forte piano.
no. 9. [K. 330, 331, 332.] Trois sonates pour le forte piano.
no. 13. [K. 481, 496, 526.] Trois sonates pour le forte piano accompagnés d'un violon obligé et la troisième avec un violoncell obligé.
no. 15. [K. 303, 305, 306.] Trois sonates pour le forte-piano accompagné d'un violon.
no. 17. [K. 179, 352, 455, 613.] IV thèmes variés pour le forte piano.
no. 18. [K. 180, 264, 265, Anh. 285.] Quatre thèmes variés pour le forte piano.
no. 19. [K. 360, 382, 501, 547a.] Trois [or rather, four] thèmes variés dont un à quatre mains pour le forte piano.
no. 20. [K. 500, 547 3rd. movement, K. 573, 574.] Trois thèmes variés et une gigue pour le forte piano.
no. 26. [K. 358, 381.] Deux sonates à quatre mains pour le forte piano.
no. 28. [K. 309, 533 with 494.] Deux sonates pour le forte piano.
no. 29. [K. 423 3rd. movement, K. 614 2nd. movement, K. 540.] Trois pièces, un rondo, une andante et un adagio pour le forte piano.
no. 30. [K. 497.] Une sonate à quatre mains pour le forte piano.

MOZART (WOLFGANG AMADEUS) [*A. Complete Work.*]

Au magasin de musique à la Höhe: Bronsvic, [1798, 99.] fol.
Hirsch IV. **986**. b.
The titlepage of each number bears the words " Collection complette." Imperfect ; the instrumental parts to no. 1, 13, 15, 19. *Wanting no.* 2, 4–8, 10–12, 14, 16, 21–25, 27, *which include the vocal works.*

MOZART (WOLFGANG AMADEUS) [*A. Complete Works.*]

—— Oeuvres complettes. 17 cah.
 cah. 1. [K. 330, 331, 332, 284, 310, 311.] VII sonates pour le pianoforte. pp. 108. [1798.]
 cah. 2. [K. 352, 264, 353, 354, K. Anh. 285, K. 573, 613, 265, 398, 179, 500.] Douze thémes variés pour le pianoforte. pp. 122. [1798.]
 cah. 3. [K. 309, 281, 279, 280, 282, 283, 533, 494.] VII sonates pour le pianoforte. pp. 107. [1799.]
 cah. 4. [K. 376, 296, 377, 378–380.] VI sonates pour le pianoforte avec l'accompagnement d'un violon. [Parts.] 2 pt. [1799.]
 cah. 5. [K. 472–474, 476, 519, 523, 524, 441, 517, 520, 307, 539, 619, 433, 596–598, 308, 437, 579, 152, 392, 518, 391, 529, 390, 531, 468, 530, 349a.] XXX Gesänge mit Begleitung des Pianoforte. pp. 100. [1799.]
 cah. 6. [K. 475, 457, 616, 485, 511, 574, 540, 408 1st movement arr., K. Anh. 289, K. 180, K. Anh. 287, K. 54, K. Anh. 135, K. 399.] XIV differentes pièces pour le pianoforte. pp. 103. [1799.]
 cah. 7. [K. 594, 497, 381, 358.] IV sonates pour le pianoforte. pp. 99. [1800.]
 cah. 8. [K. 394, 608, 501, 521, 401, 426.] VI pièces pour le pianoforte à deux et à quatre mains. pp. 97. [1800.]
 cah. 9. [K. 402, 526, 454, 481, 570.] V sonates pour le pianoforte avec accompagnement d'un violon. [Parts.] 2 pt. [1801.]
 cah. 10. [K. 502, 548, 542, 564.] IV sonates pour le pianoforte avec l'accompagnement d'un violon et violoncelle. [Parts.] 3 pt.
 cah. 11. [K. 305, 303, 306, 304, 302, 359, 360.] V sonates et II airs variés pour le pianoforte avec l'accompagnement d'un violon. [Parts.] 2 pt. [1802.]
 cah. 12. [K. 496, 498, 254, 617.] III trios et I quintetto pour le pianoforte. [Parts.] 6 pt. [1802.]
 cah. 13. [K. 478, 493, 301.] II quatuors et I sonate pour le pianoforte. Les 2 quatuors avec l'accompagnement de violon, viola et violoncelle. La sonate avec l'accompagnement d'un violon. [Parts.] 4 pt. [1802.]
 cah. 14. [K. 448, 452.] Une sonate pour deux pianofortes. Un quintetto pour le pianoforte, avec l'accompagnement de hautbois, clarinette, cor et basson. Le même arrangé en quartetto pour le pianoforte avec l'accompagnement de violon, alto et violoncelle. [The parts for the arrangement of K. 452 only, with the second pianoforte to K. 448.] 5 pt. [1803.]
 cah. 15. [K. 10–15, 26–31, 559, 562, 234, 233, 554, 555.] XII sonatines pour le pianoforte avec accompagnement de violon, et VI canons. [Parts.] 2 pt. [1804.]
 cah. 16. [K. 89, 57, 55, 58, 56, 60, 560, 553, 556, 558, 232, 561, 231, 229, K. Anh. 134, 284d, K. 507, K. Anh. 284b, K. 508, K. 228II., 230, K. Anh. 284e.] XI sonatines pour le pianoforte avec accompagnement d'un violon, et XVI canons. [Parts.] 2 pt. [1804.]
 cah. 17. [K. 576, 396, 397, 24, 25, 460, 355, K. Anh. 137, K. 61, 6–8.] Sonate, 2 fantaisies, 3 airs variés, 1 menuetto et 1 allegretto pour le pianoforte seul et 4 sonates pour le pianoforte avec l'accompagnement d'un violon. [Parts.] 2 pt. [1806.]
Breitkopf & Härtel: Leipsic, [1798–1806.] obl. fol. & fol.
Hirsch IV. **987**.
Printed from type. This set includes two copies of cah. 7.

—— [Another edition of cah. 2, 6.] *Breitkopf & Härtel: Leipzig,* [1810.] obl. fol. Hirsch IV. **987**. a.
Lithographically printed. This set includes two copies of cah. 6.

SIG. 9.—PART 53.

MOZART (WOLFGANG AMADEUS) [*B. Two or more different Works.*]

—— Trois sonates pour le clavecin ou piano forte. La troisième est accomp: d'un violon oblig: ... Oeuvre VII. [Parts.] 2 pt.   *Chéz Christoph Torricella: Vienne,* [1784.] obl. fol.   Hirsch IV. **18**.
The pianoforte sonatas K. 333, 284, *and the violin sonata K.* 454.

MOZART (WOLFGANG AMADEUS) [*B. Two or more different Works.*]

—— XII variations avec un rondo pour le clavecin ou fortepiano. pp. 19. *Bei Rath Bossler: Speier,* [1788.] obl. 4°. [*Archiv der auserlesensten Musikalien.* Stück 12.]
Hirsch III. **14**.
The variations K. 265 *and the rondo K.* 494.

MOZART (WOLFGANG AMADEUS) [*B. Two or more different Works.*]

—— Three Sonatas for the Piano-Forte. Two with accompaniments for a violin & violoncello ... Op. 19. *Preston & Son: London,* [1793.] fol.   Hirsch M. **1471**. (**8**.)
The sonatas K. 331, 330, *and the pianoforte trio K.* 564. *Imperfect ; wanting the accompaniments.*

MOZART (WOLFGANG AMADEUS) [*B. Two or more different Works.*]

—— Collection complette des variations de Mozart. no. 1, 2, 4, 5.
 no. 1. [K. 354.] Allegretto avec variations, pour clavecin ou fortepiano avec flute & violon ad libitum. [Parts.] 2 pt.
 no. 2. [K. 382 arr.] Rondo avec variations pour le clavecin ou fortepiano avec flute & violon ad libitum. [Parts.] 2 pt.
 no. 4. [K. 353.] La belle Française avec 12 var. pour le clavecin ou fortepiano avec flute & violon ad libitum. [Parts.] 2 pt.
 no. 5. [K. 455.] Air varié de l'opéra der dumme Gärtner (Ein Weib ist das herrlichste Ding) pour le clavecin ou fortepiano avec flute & violon ad libitum. [Parts.] 2 pt.
Rellstab: Berlin, [1792 ?] obl. fol.   Hirsch IV. **34**.
Imperfect ; wanting no. 3, 6.

MOZART (WOLFGANG AMADEUS) [*B. Two or more different Works.*]

—— Six Pieces, consisting of Four Rondos, an Andante & an Adagio. For the piano forte ... Book 11th of a complete collection. pp. 32. *Broderip & Wilkinson: London,* [1800 ?] fol.   Hirsch IV. **70**.
The rondos K. 616, 485, 511, *the finale of the string duo K.* 423, *the andante of the string quintet K.* 614, *and the adagio for pianoforte solo K.* 540.

MOZART (WOLFGANG AMADEUS) [*C. Vocal Music.— 1. Sacred.*]

—— Missa ex D. [K. 194.] A 4. vocibus ordinariis, 2. violinis, con organo & violoncello. [Parts.] 8 pt. *Sumptibus Joannis Jacobi Lotter & filii: Augustæ Vindelicorum,* 1793. fol.   Hirsch IV. **11**.

MOZART (WOLFGANG AMADEUS) [*C. Vocal Music.— I. Sacred.*]

—— [Requiem. K. 626.] [Another copy.] W. A. Mozarti Missa pro defunctis. Requiem. W. A. Mozarts Seelenmesse mit unterlegtem deutschem Texte. [Score.] *Leipzig,* [1800.] *obl. fol.* Hirsch IV. **988**.
Part of "Oeuvres de Mozart."

MOZART (WOLFGANG AMADEUS) [*C. Vocal Music.— II. Operas.*]

—— La Clemenza di Tito. Opera seria . . . Aggiustata per il piano forte del sign. A. E. Müller. [Vocal score.] *Ital. & Ger.* pp. 129. *Presso Günther e Böhme: Hamburgo,* [1795?] *obl. fol.* Hirsch IV. **210**.

MOZART (WOLFGANG AMADEUS) [*C. Vocal Music.— II. Operas.*]

—— La Clemenza di Tito. Opera seria . . . in due atti aggiustata per il cembalo. Titus der Grossmüthige . . . Im Klavierauszuge von Siegfried Schmiedt. [Vocal score. With a frontispiece.] *Ital. & Ger.* pp. 110. *In der Breitkopfischen Musikhandlung: Leipzig,* [1795?] *obl. fol.* Hirsch IV. **212**.

MOZART (WOLFGANG AMADEUS) [*C. Vocal Music.— II. Operas.*]

—— La Clemenza di Tito. Opera seria . . . Aggiustata per il piano forte del sign: C. G. Nefee [*sic*]. [Vocal score.] *Ital. & Ger.* pp. 113. *Presso N. Simrock: Bonna,* [1800.] *obl. fol.* Hirsch IV. **209**.
Plate number 121. With publisher's catalogues on the verso of the titlepage and the verso of p. 113.

MOZART (WOLFGANG AMADEUS) [*C. Vocal Music.— II. Operas.*]

—— [Another issue.] La Clemenza di Tito, etc. *Bonna,* [1800.] *obl. fol.* Hirsch IV. **209**. a.
Without the publisher's catalogues.

MOZART (WOLFGANG AMADEUS) [*C. Vocal Music.— II. Operas.*]

—— La Clemenza di Tito. Opera seria . . . ridotta per il piano forte dal sign^r A. E. Müller. [Vocal score.] *Ital. & Ger.* pp. 129. *Presso G. A. Böhme: Hamburgo,* [1800?] *obl. fol.* Hirsch IV. **211**.

MOZART (WOLFGANG AMADEUS) [*C. Vocal Music.— II. Operas.*]

—— [La Clemenza di Tito.—Deh per questo istante solo.] Gesænge beim Clavier . . . Nº 14. [Vocal score, with instrumental parts.] 9 pt. *Bey J. M. Götz: Mannheim,* [1800?] *obl. 4º & 4º.* Hirsch IV. **215**.
Plate number 557.

MOZART (WOLFGANG AMADEUS) [*C. Vocal Music.— II. Operas.*]

—— [La Clemenza di Tito.] Marcia per il clavicembalo, etc. pp. 3. *Presso Artaria e comp.: Vienna,* [1795.] *obl. fol.* Hirsch IV. **216**.
Plate number 546.

MOZART (WOLFGANG AMADEUS) [*C. Vocal Music.— II. Operas.*]

—— [La Clemenza di Tito.] Parto! ma tu ben mio, aria, etc. pp. 6. *Monzani & Cimador:* [*London,* 1800?] *fol.* Hirsch M. **1440**. (**1**.)
Italian Songs, Duets, Trios, etc. no. 60. *Watermark date* 1800.

MOZART (WOLFGANG AMADEUS) [*C. Vocal Music.— II. Operas.*]

—— [La Clemenza di Tito.] Quello di Tito è il volto. Terzetto . . . L'accompagnamentto [*sic*] del Sig^r Cimador. pp. 6. *Monzani & Cimador: London,* [1800?] *fol.* Hirsch M. **1440**. (**2**.)
A Collection of Periodical Italian Songs, Duets, Trios, &c. no. 63. *Watermark date* 1800.

MOZART (WOLFGANG AMADEUS) [*C. Vocal Music.— II. Operas.*]

—— [La Clemenza di Tito.] Torna di Tito a lato. Aria, etc. pp. 4. *Monzani & Cimador: London,* [1800?] *fol.* Hirsch M. **1440**. (**3**.)
A Collection of Periodical Italian Songs, Duets, Trios, &c. no. 39.

MOZART (WOLFGANG AMADEUS) [*C. Vocal Music.— II. Operas.*]

—— [La Clemenza di Tito.] Tu è ver m'assolvi. Chorus a cinque voci, etc. pp. 9. *Monzani and Cimador:* [*London,* 1800?] *fol.* Hirsch M. **1440**. (**4**.)
A Collection of Periodical Italian Songs, Duets, Trios, &c. no. 90. *Watermark date* 1800.

MOZART (WOLFGANG AMADEUS) [*C. Vocal Music.— II. Operas.*]

—— Così fan tutte o sia la scuola degli amanti, per il cembalo . . . Weibertreue, oder die Mädchen sind von Flandern . . . Im Klavierauszuge von Siegfried Schmiedt. [Vocal score. With a frontispiece.] 3 Hft. *In der Breitkopfischen Musikhandlung: Leipzig,* [1794?] *obl. fol.* Hirsch IV. **166**.

—— [Another copy.] Hirsch IV. **166**. a.
Imperfect; wanting the frontispiece.

MOZART (WOLFGANG AMADEUS) [*C. Vocal Music.— II. Operas.*]

—— [Così fan tutte.] Ouverture und Gesänge aus Weibertreue oder die Mädchen sind von Flandern . . . Klavierauszug von C. G. Neefe. [Vocal score.] *Ital. & Ger.* pp. 208. *Bey N. Simrock: Bonn,* [1799.] *obl. fol.* Hirsch IV. **164**.
Plate number 91.

MOZART (WOLFGANG AMADEUS) [*C. Vocal Music.— II. Operas.*]

—— [Così fan tutte.] Ah che tutto [*sic*] in un momento. Duettino, etc. pp. 4. *Monzani & Cimador: London,* [1800?] *fol.* Hirsch M. **1440**. (**5**.)
A Collection of Periodical Italian Songs, Duets, Trios, &c. no. 50.

MOZART (Wolfgang Amadeus) [*C. Vocal Music.—*
II. Operas.]

—— [Don Giovanni.] Dom Juan, oder Der steinerne Gast. Eine Oper in vier Aufzügen . . . In einem neuem, vermehrtem, und, nach der Schröterischen Bearbeitung des Textes, verbessertem Clavierauszuge, von C. G. Neefe. [Vocal score.] *Ital. & Ger.* pp. 205.   *Bei N. Simrock: Bonn,* [1797.] *obl. fol.*   Hirsch IV. **130.**
Plate number 42. *The verso of p. 205 contains a "Verzeichniss" of operas published by Simrock.*

MOZART (Wolfgang Amadeus) [*C. Vocal Music.—*
II. Operas.]

—— [Don Giovanni.] [Another issue.] Dom Juan . . . In einem neuem, vehmehrtem . . . Clavierauszuge, von C. G. Neefe. *Bonn,* [1797.] *obl. fol.*   Hirsch IV. **130.** a.
Without the "Verzeichniss" on the verso of p. 205.

MOZART (Wolfgang Amadeus) [*C. Vocal Music.—*
II. Operas.]

—— [Don Giovanni.] [Another issue.] Dom Juan . . . In einem neuem, vermehrtem . . . Clavierauszuge, von C. G. Neefe. *Bonn,* [1797.] *obl. fol.*   Hirsch IV. **130.** b.
The verso of p. 205 contains a list of dramatis personae and contents of "Così fan tutte."

MOZART (Wolfgang Amadeus) [*C. Vocal Music.—*
II. Operas.]

—— [Don Giovanni.] Il Dissoluto punito o sia il D. Giovanni. Dramma giocoso. La musica . . . messa per il piano forte del Carlo Zulehner. [Vocal score.] *Ital. & Ger.* pp. 207. *Presso B. Schott: Magonza,* [1792 ?] *obl. fol.*
Hirsch IV. **134.**
Plate number 138.

MOZART (Wolfgang Amadeus) [*C. Vocal Music.—*
II. Operas.]

—— [Don Giovanni.] Il Dissoluto punito . . . Dramma giocoso in due atti. [Vocal score.] *Ital. & Ger.* pp. 278. *Chez Tranquillo Mollo: Vienne,* [1800 ?] *obl. fol.*
Hirsch IV. **135.**
Plate numbers 1626, *throughout;* 1091, *pp. 1–97.*

MOZART (Wolfgang Amadeus) [*C. Vocal Music.—*
II. Operas.]

—— [Don Giovanni.] Aus Dom Juan Nro [11, 20, 23, 26.] 4 no. *Bei N. Simrock: Bonn,* [1797.] *obl. fol.*
Hirsch IV. **143.**
Reissues from the vocal score.

MOZART (Wolfgang Amadeus) [*C. Vocal Music.—*
II. Operas.]

—— [Don Giovanni.] Finale du premier acte . . . arrangé pour 2 violons, 2 alto's et basse . . . par H. C. Steup. [Parts.] 5 pt. *Chez H. C. Steup: Amsterdam,* [1800 ?] fol.
Hirsch IV. **138.**
Plate number 40.

MOZART (Wolfgang Amadeus) [*C. Vocal Music.—*
II. Operas.]

—— [Don Giovanni.] Overtura per clavicembalo, *etc.* pp. 8. *Presso Artaria compagni: Vienna,* [1788.] *obl. fol.*
Hirsch IV. **140. (1.)**
Plate number 197.

MOZART (Wolfgang Amadeus) [*C. Vocal Music.—*
II. Operas.]

—— [Don Giovanni.] Canzonetta. Deh vieni alla finestra o mio tesoro per clavicembalo, *etc.* pp. 4.   *Presso Artaria compagni: Vienna,* [1790 ?] *obl. fol.*
Hirsch IV. **140. (5.)**
Racolta d'arie. no. 58.

MOZART (Wolfgang Amadeus) [*C. Vocal Music.—*
II. Operas.]

—— [Don Giovanni.] Aria. Fin ch'han dal vino per clavicembalo, *etc.* pp. 5.   *Presso Artaria compagni: Vienna,* [1790 ?] *obl. fol.*   Hirsch IV. **140. (4.)**
Racolta d'arie. no. 61.

MOZART (Wolfgang Amadeus) [*C. Vocal Music.—*
II. Operas.]

—— [Don Giovanni.] Duetto. Là ci darem la mano per clavicembalo, *etc.* pp. 7.   *Presso Artaria compagni: Vienna,* [1790 ?] *obl. fol.*   Hirsch IV. **140. (3.)**
Racolta d'arie. no. 57.

MOZART (Wolfgang Amadeus) [*C. Vocal Music.—*
II. Operas.]

—— [Don Giovanni.] Aria buffa. Madamina il catalogo e questo per clavicembalo, *etc.* pp. 8.   *Presso Artaria compagni: Vienna,* [1790 ?] *obl. fol.*   Hirsch IV. **140. (2.)**
Racolta d'arie. no. 62.

MOZART (Wolfgang Amadeus) [*C. Vocal Music.—*
II. Operas.]

—— [Don Giovanni.] Il mio tesoro intanto. Aria, *etc.* pp. 6. *Monzani and Cimador:* [*London,* 1800 ?] fol.
Hirsch M. **1440. (6.)**
A Collection of Periodical Italian Songs, Duets, Trios, &c. no. 28.

MOZART (Wolfgang Amadeus) [*C. Vocal Music.—*
II. Operas.]

—— [Don Giovanni.] Aria. Vedrai carino per clavicembalo, *etc.* pp. 4.   *Presso Artaria compagni: Vienna,* [1790 ?] *obl. fol.*   Hirsch IV. **140. (6.)**
Racolta d'arie. no. 59.

MOZART (Wolfgang Amadeus) [*C. Vocal Music.—*
II. Operas.]

—— Die Entführung aus dem Serrail. Ein komisches Sing-Spiel in drey Aufzügen . . . der Klavierauszug von Herrn Abbé Starck, *etc.* [Vocal score.] pp. 134.
B. Schott: Mainz, [1785.] *obl. fol.*   Hirsch IV. **50.**
Plate number 44. *The overture is arranged for pianoforte solo, without violin accompaniment.*

MOZART (WOLFGANG AMADEUS) [*C. Vocal Music.—*
II. Operas.]

—— [Die Entführung aus dem Serail.] Favoritarien aus Belmont und Constanze . . . Inhalt. O wie will ich triumphiren . . . Welche Wonne, welche Lust . . . Durch Zärtlichkeit und Schmeicheln . . . Frisch zum Kampfe . . . Zweyte Auflage. [Vocal score.] pp. 20. *Im Verlage der Rellstabschen Musikhandlung: Berlin,* [1791?] fol.
Hirsch IV. **55.**

MOZART (WOLFGANG AMADEUS) [*C. Vocal Music.—*
II. Operas.]

—— Die Entführung aus dem Serail. Grosse Oper . . . für das Piano-Forte und die Violin eingerichtet von Carl Zulehner. [Parts.] 2 pt. *Bey Georg Zulehner: Eltvill,* [1795?] obl. fol. & fol. Hirsch IV. **52.**
Plate number 295. The imprint has been altered in ink to "Bey B. Schott in Mainz."

MOZART (WOLFGANG AMADEUS) [*C. Vocal Music.—*
II. Operas.]

—— Die Entführung aus dem Serail, ein komisches Singspiel in drey Aufzügen. . . . Im Klavierauszuge von August Eberhard Müller. [Vocal score.] pp. 154. *Bey Breitkopf und Härtel: Leipzig,* [1796.] obl. fol.
Hirsch IV. **48.**

MOZART (WOLFGANG AMADEUS) [*C. Vocal Music.—*
II. Operas.]

—— L'Enlèvement du Serail. (Die Entführung aus dem Serail.) Opéra en trois actes. Imité de l'allemand par le c^{en} Moline, redigé par I. Pleyel . . . Arrangé pour le clavecin par C. G. Neefe. [Vocal score.] *Fr. & Ger.* pp. 151. *Chez N. Simrock: Bonn,* [1799.] obl. fol.
Hirsch IV. **47.**
Plate number 76.

—— [Another copy.] Hirsch IV. **47. a.**

MOZART (WOLFGANG AMADEUS) [*C. Vocal Music.—*
II. Operas.]

—— [Die Entführung aus dem Serail.—Overture.] Sinfonia . . . ridotto a quadro mani per il clavicembalo . . . N° 2. pp. 17. *Schmid: Straubinga,* [1800?] fol.
Hirsch IV. **53.**
Lithographed throughout. The colophon reads: "Auf Stein gedruckt bey A. Niedermayr in Regensburg."

MOZART (WOLFGANG AMADEUS) [*C. Vocal Music.—*
II. Operas.]

—— [La Finta giardiniera.] Auswahl der vorzüglichsten Arien und Gesänge aus der komischen Oper die Gärtnerin aus Liebe im Clavierauszuge. 2 Hft. *In Commission bey Breitkopff und Härtel: Leipzig,* [1795?] obl. fol.
Hirsch IV. **12.**

MOZART (WOLFGANG AMADEUS) [*C. Vocal Music.—*
II. Operas.]

—— [Another copy.] Idomeneo, Rè di Creta. Opera seria in tre atti . . . Idomeneus, König von Creta . . . im Klavierauszuge von A. E. Müller. *Leipzig,* [1797.] obl. fol. Hirsch IV. **40.**

MOZART (WOLFGANG AMADEUS) [*C. Vocal Music.—*
II. Operas.]

—— [Another copy.] Idomeneo, Rè di Creta. Opera seria . . . aggiustata per il piano forte di Giov. Wenzel. [Vocal score.] *Leipzig,* [1797.] obl. fol. Hirsch IV. **41.**

MOZART (WOLFGANG AMADEUS) [*C. Vocal Music.—*
II. Operas.]

—— Idomeneo, Rè di Creta. Opera seria in tre atti . . . Idomeneus, König von Creta, etc. [Vocal score.] *Ital. & Ger.* pp. 183. *Bei N. Simrock: Bonn,* [1798.] obl. fol.
Hirsch IV. **39.**
Plate number 51.

MOZART (WOLFGANG AMADEUS) [*C. Vocal Music.—*
II. Operas.]

—— Aus Idomeneus. N° 1. ⟨6 [or rather, 2], 11, 13.⟩ [Vocal score.] 4 no. *N. Simrock: Bonn,* [1798.] obl. fol.
Hirsch IV. **42.**
Plate number 51.

MOZART (WOLFGANG AMADEUS) [*C. Vocal Music.—*
II. Operas.]

—— [Idomeneo.—Overture.] Sinfonia . . . ridotta a quadro mani per il clavicembalo . . . N° 4. pp. 21. *Schmid: Straubinga,* [1800.] fol. Hirsch IV. **44.**
The music is lithographed throughout.

MOZART (WOLFGANG AMADEUS) [*C. Vocal Music.—*
II. Operas.]

—— [Idomeneo.] Marcia per il clavicembalo, *etc.* pp. 3. [*Vienna?* 1797.] obl. fol. Hirsch IV. **43.**
Plate number 706, probably that of Artaria.

MOZART (WOLFGANG AMADEUS) [*C. Vocal Music.—*
II. Operas.]

—— [Le Nozze di Figaro.] Gesænge aus der komischen Oper: die Hochzeit des Figaro . . . N° ⟨1–6.⟩ pp. 23. *Bey Johann André: Offenbach am Mayn,* [1794.] fol.
Hirsch IV. **105.**
Plate number 721.

MOZART (WOLFGANG AMADEUS) [*C. Vocal Music.—*
II. Operas.]

—— [Another copy.] Le Nozze de [*sic*] Figaro. Eine comische Oper . . . fürs Clavier eingerichtet von C. G. Neefe. *Bonn,* [1796.] obl. fol. Hirsch IV. **99.**
With a copy of the libretto printed at Vienna in 1807 inserted.

MOZART (WOLFGANG AMADEUS) [*C. Vocal Music.—*
II. Operas.]

—— [Le Nozze di Figaro.—Al desio di chi t'adora.] Quintette pour flauto-traverso, violino, 2 violes, è violoncello traduite de l'opéra Figaro. [Parts.] 5 pt. *Chès Hoffmeister: Vienne,* [1795?] fol. Hirsch IV. **157. a.**
Plate number 208.

MOZART (WOLFGANG AMADEUS) [*C. Vocal Music.—* II. *Operas.*]

—— [Le Nozze di Figaro.—Che soave zeffiretto.] Die Hochzeit des Figaro " Duett. Wenn die sanften Abendlüfte." pp. 5. *In dem K: K: Hoff Theater Musick Verlag: Wien,* [1797?] *obl.* fol. Hirsch IV. **105**. a. (**2**.)

MOZART (WOLFGANG AMADEUS) [*C. Vocal Music.—* II. *Operas.*]

—— [Le Nozze di Figaro.—Non piu andrai.] Aria . . . mit Begleitung der Guitarre. *Ger. & Ital.* pp. 4. *Bei Concha: Berlin,* [1800?] *obl.* fol. Hirsch IV. **103**.
Plate number 312.

MOZART (WOLFGANG AMADEUS) [*C. Vocal Music.—* II. *Operas.*]

—— [Le Nozze di Figaro.—Se vuol ballare.] *See* BEETHOVEN (L. van) [*N. p.* 144.] XII variations [on " Se vuol ballare "] pour le clavecin . . . avec un violon obligé, *etc.* [1793.] *obl.* fol. Hirsch IV. **425**.

MOZART (WOLFGANG AMADEUS) [*C. Vocal Music.—* II. *Operas.*]

—— [Le Nozze di Figaro.—Voi, che sapete.] Die Hochzeit des Figaro. Aria Ihr die ihr Triebe des Herzens kennt. [Song.] pp. 4. *In dem K: K: Hof Theater Musick Verlag: Wien,* [1797?] *obl.* fol. Hirsch IV. **105**. a. (**1**.)

MOZART (WOLFGANG AMADEUS) [*C. Vocal Music.—* II. *Operas.*]

—— [Le Nozze di Figaro.—Voi, che sapete.] Aus der Hochzeit des Figaro. Nᵣₒ [11.] [Song.] *Bei N. Simrock: Bonn,* [1800?] *obl.* fol. Hirsch IV. **104**.
A reissue of pp. 58–60 *from the vocal score of* 1796.

MOZART (WOLFGANG AMADEUS) [*C. Vocal Music.—* II. *Operas.*]

—— [Another copy.] Der Schauspieldirektor . . . Im Klavierauszuge von Siegfried Schmiedt. [Vocal score.] *Leipzig,* [1792?] *obl.* fol. Hirsch IV. **93**.

MOZART (WOLFGANG AMADEUS) [*C. Vocal Music.—* II. *Operas.*]

—— [Der Schauspieldirektor.] Sinfonia . . . ridotta a quadro mani per il clavicembalo . . . No. 1. pp. 15. *Schmid: Straubinga,* [1800?] fol. Hirsch IV. **96**.
The music is lithographed throughout.

MOZART (WOLFGANG AMADEUS) [*C. Vocal Music.—* II. *Operas.*]

—— Die Zauberflöte in Clavierauszug. [Vocal score.] pp. 203. *In dem musikalischen Magazin in der untern Breunerstrasse: Wienn,* [1791, 92.] *obl.* fol.
Hirsch IV. **184**.

MOZART (WOLFGANG AMADEUS) [*C. Vocal Music.—* II. *Operas.*]

—— Die Zauberflöte. Eine Oper im Clavierauszuge . . . Zweyte Auflage, *etc.* [Vocal score.] pp. 78. *Im Verlage der Rellstabschen Musikhandlung: Berlin,* [1792.] fol.
Hirsch IV. **185**.

MOZART (WOLFGANG AMADEUS) [*C. Vocal Music.—* II. *Operas.*]

—— [Die Zauberflöte. Vocal score.] no. 1–11. pp. 1–64. [*J. J. Hummel: Amsterdam?* 1792?] fol.
Hirsch IV. **205**. b.
Plate number 846. *Plate letters* H, I, K—R. *P.* 1 *is headed "Zweyter Theil." The contents are as follows:* 1. Quintetto, " Hm, hm, hm " : 2. Recitativ, " Die Weisheitslehre dieser Knaben " : 3. Duetto, " Schnelle Füsse " : 4. Chor, " Es lebe Sarastro " : 5. Finale, " Nun stolzer Jungling " : 6. Quintetto, " Wie? wie? wie? " : 7. Finale, " Bald prangt " : 8. Duetto, " Der welcher wandelt " : 9. Chor, " Triumph, Triumph " : 10. Quintetto, " Halt ein " : " 11. Schlusschor, " Nur stille." *Each number bears the price "* 8 Sʳ."

—— [Another issue of no. 1 and 6, bearing the price " 12 Sʳ."]
Hirsch IV. **205**. a. (**2**.)

MOZART (WOLFGANG AMADEUS) [*C. Vocal Music.—* II. *Operas.*]

—— [Die Zauberflöte.] Clavier Auszug von Mozarts Zauberflœte. Fürs Clavier eingerichtet von Fridrich Eunike. [Vocal score.] pp. 145. *N: Simmrock: Bonn,* [1793.] *obl.* fol. Hirsch IV. **186**.
Plate number 4.

MOZART (WOLFGANG AMADEUS) [*C. Vocal Music.—* II. *Operas.*]

—— Die Zauberflöte. Eine grosse Oper in Clavierauszug. [Vocal score.] *Presso Artaria compagni: Vienna,* [1791–93?] *obl.* fol. Hirsch IV. **192**.
The title is taken from a label on the wrapper. A made-up edition, comprising the overture, plate number 377, *and* 23 *numbers originally issued as "Sammlung von Arien, no.* 97, 109, 110, 102, 94, 103, 107, 100, 106, 116, 101, 99, 108, 95, 96, 105, 98, 114, 113, 104, 111, 115, 112," *with plate numbers corresponding to those of the " Sammlung." A variant of no.* 107 *is entered separately below.*

MOZART (WOLFGANG AMADEUS) [*C. Vocal Music.—* II. *Operas.*]

—— Die Zauberflöte im Clavier-auszug, eine Operette in zwey Aufzügen. [Vocal score.] pp. 139. *Bey J. M. Götz: Mannheim,* [1794?] *obl.* fol. Hirsch IV. **191**.
Plate number 443.

MOZART (WOLFGANG AMADEUS) [*C. Vocal Music.—* II. *Operas.*]

—— [Another copy.] Il Flauto magico, *etc.* [Vocal score.] *Lipsia,* [1794.] *obl.* fol. Hirsch IV. **188**.
Without the engraved frontispiece by Rosmäsler.

MOZART (WOLFGANG AMADEUS) [*C. Vocal Music.—* II. *Operas.*]

—— Die Zauberflöte. Eine grosse Oper in zwey Aufzügen fürs Clavier oder Pianoforte. [Vocal score.] 2 Hft. 34 no. *In Commission der Breitkopfischen Musikhandlung: Leipzig,* [1795?] *obl.* fol. Hirsch IV. **187**.
With the overture and march, which are unnumbered, and a separate titlepage to Hft. 2 *reading: " Die Zauberflöte im Klavierauszuge."*

MOZART (WOLFGANG AMADEUS) [*C. Vocal Music.— II. Operas.*]

—— Die Zauberflöte, *etc.* [Vocal score.] 2 Hft. 34 no. *In Commission der Breitkopfischen Musikhandlung: Leipzig,* [1795?] *obl.* fol.   Hirsch IV. **187. a.**

Another issue of the preceding, with the numbers bound in a different order. Hft. 1 contains the overture, march, solos, duets and trios, Hft. 2 the ensemble numbers. Each Hft. has a special titlepage reading: "Die Zauberflöte im Klavierauszuge." In Hft. 2 an engraving by Rosmäsler has been inserted.

MOZART (WOLFGANG AMADEUS) [*C. Vocal Music.— II. Operas.*]

—— Die Zauberflöte in Klavierauszuge. [Vocal score.] [*Breitkopf: Leipzic,* 1795?] *obl.* fol.   Hirsch IV. **187. b.**

Another issue of the preceding, comprising only the overture, no. 2–4, 6–11, the march, no. 15, 16, 18, 20–25, 28–30, 32, 33.

MOZART (WOLFGANG AMADEUS) [*C. Vocal Music.— II. Operas.*]

—— Die Zauberflöte . . . Clavierauszug von Carl Zulehner. [Vocal score.] pp. 135.   *Bei B. Schott: Mainz,* [1795.] *obl.* fol.   Hirsch IV. **190.**

Plate number 178.

—— [Another copy.]   Hirsch IV. **190. a.**

MOZART (WOLFGANG AMADEUS) [*C. Vocal Music.— II. Operas.*]

—— [Die Zauberflöte.] Fünf Favoritarien, *etc.* [Vocal score.] Samml. 2.   *Bey Johann André: Offenbach am Mayn,* [1793.] *obl.* fol.   Hirsch IV. **203.**

Plate number 567. *Imperfect; wanting Samml. 1.*

MOZART (WOLFGANG AMADEUS) [*C. Vocal Music.— II. Operas.*]

—— Die Zauberflöte. Grand' opera ridotta in quartetti per due violini, viola e basso. [Parts.] 4 pt.   *Presso Artaria comp.: Vienna e Mayonza* [sic], [1791.] fol.   Hirsch IV. **198.**

Plate number 378.

MOZART (WOLFGANG AMADEUS) [*C. Vocal Music.— II. Operas.*]

—— Die Zauberflöte, grand opera . . . arrangé pour le clavecin, ou piano-forté, avec violon obligé, par Jean André. [Parts.] 2 pt.   *Chez J. André: Offenbach sur le Mein,* [1794.] fol.   Hirsch IV. **197.**

Plate number 672.

MOZART (WOLFGANG AMADEUS) [*C. Vocal Music.— II. Operas.*]

—— Die Zauberflöte. Grand opéra . . . arrangé pour le clavecin ou fortepiano avec violon obligé. [Parts.] 2 pt.   *Chez Jean Michel Goetz: Mannheim,* [1798?] fol.   Hirsch IV. **196.**

Plate number 542.

MOZART (WOLFGANG AMADEUS) [*C. Vocal Music.— II. Operas.*]

—— [Die Zauberflöte.] Sechs Deutsche Tänze für das Forte-Piano aus der Oper die Zauberflöte. [Twelve dances.] 2 no.   *In der Breitkopfischen Musikhandlung: Leipzig,* [1795?] *obl.* 4°.   Hirsch IV. **206.**

MOZART (WOLFGANG AMADEUS) [*C. Vocal Music.— II. Operas.*]

—— [Die Zauberflöte.] Ouverture fürs Clavier oder Pianoforte. pp. 7.   [*J. J. Hummel: Amsterdam?* 1793?] fol.   Hirsch IV. **205. a. (1.)**

Plate number 901. *The title of the opera does not occur in this edition.*

MOZART (WOLFGANG AMADEUS) [*C. Vocal Music.— II. Operas.*]

—— [Die Zauberflöte.] The Favorite Overture . . . for the Piano-Forte. pp. 7.   *Longman & Broderip: London,* [1795?] fol.   Hirsch IV. **205.**

MOZART (WOLFGANG AMADEUS) [*C. Vocal Music.— II. Operas.*]

—— [Die Zauberflöte.] Gesænge für das Klavier aus der neuen Opera die Zauberflöte. no. 9.   *Im Musikverlag von Johann Michael Gœtz: München,* [1791?] *obl.* fol.   Hirsch IV. **204.**

Plate number 248. *Imperfect; wanting no.* 1–8, 10–12.

MOZART (WOLFGANG AMADEUS) [*C. Vocal Music.— II. Operas.*]

—— [Die Zauberflöte.] Terzetto: Du feines Täubchen nur herein: beym Clavier, *etc.* [Vocal score.] pp. 6. [*Musikalisches Magazin: Wien,* 1791.] *obl.* fol.   Hirsch IV. **207.**

MOZART (WOLFGANG AMADEUS) [*C. Vocal Music.— II. Operas.*]

—— [Die Zauberflöte.—Könnte jeder brave Mann.]   *See* HOFFMANN (P. C.) Air: Könnte jeder brave Mann . . . varié pour le clavecin, *etc.* [1795.] fol.   Hirsch IV. **199.**

MOZART (WOLFGANG AMADEUS) [*C. Vocal Music.— II. Operas.*]

—— [Die Zauberflöte.—Ein Mädchen oder Weibchen.]   *See* BEETHOVEN (L. van) [*Variations. Op.* 66.] XII variations sur le thême (ein Mädchen oder Weibchen) . . . pour le piano-forte avec un violoncelle obligé, *etc.* [1800?] *obl.* fol.   Hirsch IV. **306.**

MOZART (WOLFGANG AMADEUS) [*C. Vocal Music.— II. Operas.*]

—— [Die Zauberflöte.] Terzetto: Soll ich dich Theurer nicht mehr sehen: beym Clavier, *etc.* [Vocal score.] pp. 8. [*Musikalisches Magazin: Wien,* 1791.] *obl.* fol.   Hirsch IV. **208.**

MOZART (WOLFGANG AMADEUS) [*C. Vocal Music.— II. Operas.*]

—— [Die Zauberflöte.] Aria: Papagena! Weibchen! Täubchen! meine Schöne: beim Clavier, *etc.* [Vocal score.] pp. 6.   *In dem musikalischen Magazin in der Unternbreunerstrasse: Wien,* [1791.] *obl.* fol.   Hirsch IV. **201.**

Plate number 116.

MOZART (WOLFGANG AMADEUS) [*C. Vocal Music.— II. Operas.*]

—— [Die Zauberflöte.] Aria. Wie stark ist nicht dein Zauber-ton, für das Clavier, *etc.* [Vocal score.] pp. 5. *Bey Artaria Comp.: Wien und Mainz*, [1791.] obl. fol.
Hirsch IV. **202**.
Samlung [sic] *von Arien.* no. 107.

MOZART (WOLFGANG AMADEUS) [*C. Vocal Music.— III. Masonic Cantatas.*]

—— [K. 471.] Die Maurerfreude. Eine Kantate gesungen am 24 April 785 zu Ehren des H.w. Br ·.. B .. n von den B. B. der Loge zur G. H. im O .... t von Wien. Die Worte von Br ·.. P .. n. Die Musik von Br ... W. A. M****t [i.e. W. A. Mozart]. [Full and vocal score.] pp. 28. [1785.] obl. fol. *See* M****T (W. A.)
Hirsch IV. **84**.

MOZART (WOLFGANG AMADEUS) [*C. Vocal Music.— III. Masonic Cantatas.*]

—— [K. 471.] Die Maurerfreude. Eine Kantate für eine Singstime [sic] mit Begleitung des Claviers. [Vocal score.] pp. 11. [*Artaria:*] *Wien*, [1792.] obl. fol. Hirsch IV. **85**.
Plate number 390.

MOZART (WOLFGANG AMADEUS) [*C. Vocal Music.— III. Masonic Cantatas.*]

—— [K. 619.] Cantate. (Die ihr des unermesslichen Weltalls Schöpfer ehrt !) Für's Clavier oder Forte-Piano. [Vocal score.] pp. 9. *Bei N. Simrock: Bonn*, [1800.] obl. fol.
Hirsch M. **1441**. (2.)
Plate number 124.

MOZART (WOLFGANG AMADEUS) [*C. Vocal Music.— III. Masonic Cantatas.*]

—— [K. 623.] Mozart's letztes Meisterstück, eine Cantate. Gegeben vor seinem Tode im Kreise vertrauter Freunde. [Score.] pp. 44. *Bey Joseph Hraschanzky: Wien*, 1792. obl. fol.
Hirsch IV. **220**.

MOZART (WOLFGANG AMADEUS) [*C. Vocal Music.— III. Masonic Cantatas.*]

—— [K. 623.] Das Lob der Freundschaft ... Partitur. pp. 24. *Bei Breitkopf und Härtel: Leipzig*, [1800.] fol.
Hirsch IV. **869**.

MOZART (WOLFGANG AMADEUS) [*C. Vocal Music.— III. Masonic Cantatas.*]

—— [K. 623.] Gesellschaftslied. Brüder reicht die Hand zum Bunde ! für's Forte-Piano. [Vocal score.] *Bey L. Rudolphus: Hamburg und Altona*, [1800 ?] obl. fol.
Hirsch IV. **222**.

MOZART (WOLFGANG AMADEUS) [*C. Vocal Music.— IV. Songs.—a. Collections.*]

—— Zwey Deutsche Arien. Tl. 1–4.
Tl. 1. [K. 523, 524.] Abendempfindung. An Chloe.
Tl. 2. [K. 476, 519.] Das Veilchen. Trennungslied.
Tl. 3. [K. Anh. 248, 249.] Minna's Augen. Das Mädchen und der Vogel.
Tl. 4. [K. 597, 598.] Im Frühlingsanfang. Das Kinderspiel.
Bei Artaria Comp.: Wien, [1789, 99.] obl. fol.
Hirsch IV. **86**.
Plate numbers 240, 270, 824, 827 & 828.

MOZART (WOLFGANG AMADEUS) [*C. Vocal Music.— IV. Songs.—a. Collections.*]

—— K. 523, 524, 476, 519, K. Anh. 246, 247.] VI. Deutsche Lieder mit Clavierbegleitung. [Samml. 1.] *Bey N. Simrock: Bonn*, [1798.] obl. fol. Hirsch IV. **87**. a.
Plate number 54.

MOZART (WOLFGANG AMADEUS) [*C. Vocal Music.— IV. Songs.—a. Collections.*]

—— [Another copy.] XII. Deutsche Lieder mit Clavierbegleitung. Samml. 2. *Bonn*, [1800 ?] obl. fol.
Hirsch IV. **59**.

MOZART (WOLFGANG AMADEUS) [*C. Vocal Music.— IV. Songs.—a. Collections.*]

—— [Another issue.] XII. Deutsche Lieder, *etc.* *Bonn*, [1800 ?] obl. fol. Hirsch IV. **59**. b.

MOZART (WOLFGANG AMADEUS) [*C. Vocal Music.— IV. Songs.—a. Collections.*]

—— [K. 307, 308, 518, 520, 530, 596.] VI Lieder mit deutsch und französischem Texte, *etc.* Samml. 3. *Bei N. Simrock: Bonn*, [1800.] obl. fol. Hirsch IV. **24**. a.
Plate number 108.

MOZART (WOLFGANG AMADEUS) [*C. Vocal Music.— IV. Songs.—b. Single Voice.*]

—— [K. 308. Dans un bois solitaire.] Lento il piè, song. pp. 4. *Monzani & Cimador: London*, [1800 ?] fol.
Hirsch M. **1440**. (7.)
A Collection of Periodical Italian Songs, Duets, Trios, &c. no. 114.

MOZART (WOLFGANG AMADEUS) [*C. Vocal Music.— IV. Songs.—b. Single Voice.*]

—— [K. 476.] Das Veilchen, ein Deutsches Lied mit Clavierbegleitung. *Bey N. Simrock: Bonn*, [1800.] obl. fol.
Hirsch IV. **87**.
A reissue of pp. 9–11 of " VI. Deutsche Lieder."

MOZART (WOLFGANG AMADEUS) [*C. Vocal Music.— IV. Songs.—b. Single Voice.*]

—— [K. 505.] Recitativo e rondo, Non temer, amato bene, per il soprano e fortepiano obligato. pp. 18. *Breitkopf: Lipsia*, [1795 ?] obl. fol. Hirsch IV. **120**.

MOZART (WOLFGANG AMADEUS) [*C. Vocal Music.— IV. Songs.—b. Single Voice.*]

—— [K. 523.] Abendempfindung, für Clavier und Gesang. pp. 5. *Bei N. Simrock: Bonn*, [1800 ?] obl. fol.
Hirsch M. **1441**. (3.)
A reissue of no. 1 of " VI Deutsche Lieder ... von W. A. Mozart."

MOZART (WOLFGANG AMADEUS). [*C. Vocal Music.— IV. Songs.—b. Single Voice.*]

—— [K. 524.] An Chloe, für Clavier und Gesang. *Bey N. Simrock: Bonn*, [1800 ?] obl. fol.
Hirsch M. **1441**. (4.)
A reissue of pp. 6–8 of " VI Deutsche Lieder ... von W. A. Mozart."

MOZART (WOLFGANG AMADEUS) [*C. Vocal Music.—IV. Songs.—b. Single Voice.*]

—— [K. 552.] Lied beim Auszug in das Feld. [*Taubstummen-Institut: Vienna*, 1788.] s. sh. 4°.   Hirsch IV. **149**.
Issued as a supplement to Bdchn. 4 of " Angenehme und lehrreiche Beschäftigung für Kinder in ihren Freistunden."

MOZART (WOLFGANG AMADEUS) [*C. Vocal Music.—IV. Songs.—b. Single Voice.*]

—— [K. Anh. 245. Io ti lascio, o cara.] Abschieds Lied an seine Geliebte. Mit Begleitung des Forte Piano, sowohl mit deutschen als italienischen Text. pp. 3.   *Bey Jos. Eder: Wien*, [1798.] obl. fol.   Hirsch IV. **226**.
Plate number 69.

MOZART (WOLFGANG AMADEUS) [*C. Vocal Music.—IV. Songs.—c. Two or more Voices.*]

—— [K. 441.] Das Bändchen. Ein scherzhaftes Terzett. [Score, with P. F. accompaniment.] pp. 11.   *In der Breitkopfischen Musikhandlung: Leipzig*, [1795.] obl. fol.   Hirsch IV. **72**.

MOZART (WOLFGANG AMADEUS) [*C. Vocal Music.—IV. Songs.—c. Two or more Voices.*]

—— [K. 441.] Das Bändchen. Ein scherzhaftes Terzett mit Klavierbegleitung. pp. 9.   *Bei N. Simrock: Bonn*, [1800?] obl. fol.   Hirsch M. **1441.** (5.)
Plate number 122.

MOZART (WOLFGANG AMADEUS) [*C. Vocal Music.—IV. Songs.—c. Two or more Voices.*]

—— [K. 437.] Terzett. (Mi lagnerò tacendo.) (Der Einsamkeit nur klagen.) Mit Clavierbegleitung. pp. 7.   *Bei N. Simrock: Bonn*, [1800?] obl. fol.   Hirsch M. **1441.** (6.)
Plate number 127.

MOZART (WOLFGANG AMADEUS) [*D. Instrumental Music.—I. Orchestral Music.—a. Symphonies.*]

—— [K. 319.] Grande simphonie periodique ⟨Sinfonia II⟩ à pluisieurs [*sic*] instrumens . . . Oeuvre [9me.] [Parts.] 11 pt.   *Chez Artaria comp.: Vienne*, [1785.] fol.   Hirsch IV. **26**.
Plate number 55.

MOZART (WOLFGANG AMADEUS) [*D. Instrumental Music.—I. Orchestral Music.—a. Symphonies.*]

—— [K. 385.] Grande simphonie periodique ⟨Sinfonia I⟩ à pluisieurs [*sic*] instrumens . . . Oeuvre [8me.] [Parts.] 10 pt.   *Chez Artaria comp.: Vienne*, [1785.] fol.   Hirsch IV. **56**.
Plate number 54. *The titlepage of the violino primo part is mutilated. Imperfect; wanting the violino secondo and fagotto primo parts, and the basso part, which has been supplied in* MS.

MOZART (WOLFGANG AMADEUS) [*D. Instrumental Music.—I. Orchestral Music.—a. Symphonies.*]

—— [K. 543.] Sinfonie à grand orchestre . . . Oeuvre 58. [Parts.] 15 pt.   *Chez J. André: Offenbach*, [1797.] fol.   Hirsch IV. **146**.
Plate number 1103. *This set includes two copies of the "Violono è violoncello" part.*

MOZART (WOLFGANG AMADEUS) [*D. Instrumental Music.—I. Orchestral Music.—b. Serenades and Divertimenti.*]

—— [K. 247.] Grand sextuor pour deux violons, deux cors, alt et basse . . . N° [II.] [Parts.] 6 pt.   *Chez Gombart et comp.: Augsburg*, [1799.] fol.   Hirsch IV. **14**.
Plate number 252.

MOZART (WOLFGANG AMADEUS) [*D. Instrumental Music.—I. Orchestral Music.—b. Serenades and Divertimenti.*]

—— [K. 287.] Grand sextuor pour deux violons, deux cors, alt & basse. [Parts.] 6 pt.   *Chez Gombart et comp.: Augsbourg*, [1799.] fol.   Hirsch IV. **20**.
Plate no. 217.

MOZART (WOLFGANG AMADEUS) [*D. Instrumental Music.—I. Orchestral Music.—b. Serenades and Divertimenti.*]

—— [K. 287 arr.] Grand quintetto pour deux violons, deux violes et violoncelle . . . Oeuvre 33me. [Parts.] 5 pt.   *Chez Jean André: Offenbach sur le Mein*, [1793.] fol.   Hirsch IV. **21**.
Plate number 593.

MOZART (WOLFGANG AMADEUS) [*D. Instrumental Music.—I. Orchestral Music.—b. Serenades and Divertimenti.*]

—— [K. 287 arr.] Grand quintetto per due violini, due viole e violoncello . . . N° [6.] [Parts.] 5 pt.   *Presso Artaria et comp.: Vienna*, [1800?] fol.   Hirsch IV. **22**.
Plate number 440.

MOZART (WOLFGANG AMADEUS) [*D. Instrumental Music.—I. Orchestral Music.—b. Serenades and Divertimenti.*]

—— [K. 334 arr.] Sestetto pour deux violons, alto, basse et deux cors . . . Oeuvre 61me. [Parts.] 6 pt.   *Chez Jean André: Offenbach s/M.*, [1798.] fol.   Hirsch IV. **32**.
Plate number 1152.

MOZART (WOLFGANG AMADEUS) [*D. Instrumental Music.—I. Orchestral Music.—b. Serenades and Divertimenti.*]

—— [K. 334.] Grand sextuor pour deux violons, deux cors, alt et basse. [Parts.] 6 pt.   *Chez Gombart et comp.: Augsbourg*, [1799.] fol.   Hirsch IV. **31**.
Plate number 217.

MOZART (WOLFGANG AMADEUS) [*D. Instrumental Music.—I. Orchestral Music.—c. Dances.*]

—— [K. 536, 567.] 12 Deutsche-Tænze für das Clavier übersetzt . . . I^ter Theil. pp. 13.   *Bey Artaria Comp.: Wien*, [1790?] obl. fol.   Hirsch IV. **144**.
Plate number 236.

MOZART (WOLFGANG AMADEUS) [*D. Instrumental Music.—I. Orchestral Music.—c. Dances.*]

—— [K. 599, 601, 604.] XII. Menuetten für das Clavier übersetzt . . . II^ter Theil. pp. 13.   *Bey Artaria Compag.: Wien*, [1791.] obl. fol.   Hirsch IV. **175**.
Plate number 344.

MOZART (WOLFGANG AMADEUS) [*D. Instrumental Music.—I. Orchestral Music.—c. Dances.*]

—— [K. 600, 602, 605.] 12 Deutsche-Tænze für das Clavier übersetzt . . . 2ter Theil. pp. 15.   *Bey Artaria Comp.: Wien*, [1791.] obl. fol.   Hirsch IV. **176**.
Plate number 345.

MOZART (Wolfgang Amadeus) [*D. Instrumental Music.—I. Orchestral Music.—c. Dances.*]

—— [K. 568.] XII Menuetten mit vollstimiger Musik, etc. [Orchestral parts.] 12 pt. *Bey Artaria Comp.: Wien*, [1789.] fol.   Hirsch IV. **153**.
Plate number 237.

MOZART (Wolfgang Amadeus) [*D. Instrumental Music.—I. Orchestral Music.—c. Dances.*]

—— [K. 585.] XII. Menuetten für das Clavier übersetzt... [3]^{ter} Theil. pp. 13. *Bey Artaria Compag.: Wien*, [1791.] obl. fol.   Hirsch IV. **162**.
Plate number 347.

MOZART (Wolfgang Amadeus) [*D. Instrumental Music.—I. Orchestral Music.—c. Dances.*]

—— [K. 586.] 12 Deutsche-Tænze für das Clavier übersetzt... [III]^{ter} Theil. pp. 13. *Bey Artaria comp.: Wien*, [1791.] obl. fol.   Hirsch IV. **163**.
Plate number 348.

MOZART (Wolfgang Amadeus) [*D. Instrumental Music.—I. Orchestral Music.—d. Concertos, etc.*]

—— [K. 467, 488, 459, 450, 415, 482, 491, 466, 453, 414, 456, 413, 451, 449, 595, 503, 365, 238, 271, 537.] Concert pour le piano-forte. No. 1⟨–20⟩. [P.F. and orchestral parts.] 20 no. *Breitkopf et Härtel: Leipsic*, [1800–04.] obl. fol. & fol.   Hirsch IV. **989**.
Part of " Oeuvres de W. A. Mozart."

MOZART (Wolfgang Amadeus) [*D. Instrumental Music—I. Orchestral Music.—d. Concertos, etc.*]

—— [K. 246.] Concerto facile pour le piano-forté... Oeuvre 84. Édition faite d'après la partition en manuscrit. [Parts.] 9 pt. *Chés Jean André: Offenbach s/m*, [1800.] obl. fol. & fol.   Hirsch IV. **13**. a.
Plate number 1422.

MOZART (Wolfgang Amadeus) [*D. Instrumental Music.—I. Orchestral Music.—d. Concertos, etc.*]

—— [K. 382 arr.] Rondo avec variations pour le clavecin ou fortepiano avec flute & violon ad libitum. [Parts.] 2 pt. *Rellstab: Berlin*, [1792.] obl. fol. [*Collection complette des variations de Mozart.* no. 2.]   Hirsch IV. **34**.

MOZART (Wolfgang Amadeus) [*D. Instrumental Music.—I. Orchestral Music.—d. Concertos, etc.*]

—— [K. 413.] Grand concert pour le clavecin ou forte-piano avec l'accompagnement des deux violons, alto, et basse, deux hautbois, et deux cors... Oeuvre IV. Livre [2.] [Parts.] 9 pt. *Chez Artaria comp.: Vienne*, [1784.] obl. fol.   Hirsch IV. **65**.
Plate number 42.

MOZART (Wolfgang Amadeus) [*D. Instrumental Music.—I. Orchestral Music.—d. Concertos, etc.*]

—— [K. 414.] Grand concert pour le clavecin ou forte-piano avec l'accompagnement des deux violons, alto, et basse, deux hautbois, et deux cors... Oeuvre IV. Livre [1.] [Parts.] 9 pt. *Chez Artaria comp.: Vienne*, [1784.] obl. fol.   Hirsch IV. **66**.
Plate number 41.

SIG. 10.—PART 53.

MOZART (Wolfgang Amadeus) [*D. Instrumental Music.—I. Orchestral Music.—d. Concertos, etc.*]

—— [K. 450.] Concerto pour le clavecin ou piano-forte avec accompagnement de grand orchestre... Oeuvre [44.] [Parts.] 12 pt. *Chez Artaria et comp.: Vienne*, [1798.] obl. fol. & fol.   Hirsch IV. **74**.
Plate number 768.

MOZART (Wolfgang Amadeus) [*D. Instrumental Music.—I. Orchestral Music.—d. Concertos, etc.*]

—— [K. 451.] Concert pour le forte-piano avec l'accompagnement de deux violons, 1 flutte [*sic*], 2 obois, 2 cors, 2 fagottes, 2 clarin: timp: et basse... Op. 18. [Parts.] 3 pt. *Chés Bossler: Spire*, [1791.] obl. fol.   Hirsch IV. **75**.
Plate number 228. The cembalo, violino primo and secondo parts only.

MOZART (Wolfgang Amadeus) [*D. Instrumental Music.—I. Orchestral Music.—d. Concertos, etc.*]

—— [K. 453.] Grand concert pour le clavecin ou piano-forte avec accompagnement de plusieurs instrumens... Oeuvre IX. [Parts.] 12 pt. *Chés Bossler: Spire*, [1787?] obl. fol. & fol.   Hirsch IV. **76**.

MOZART (Wolfgang Amadeus) [*D. Instrumental Music.—I. Orchestral Music.—d. Concertos, etc.*]

—— [K. 459.] Concerto pour le clavecin ou piano-forté, avec accompagnement de grand orchestre... Oeuvre 44me, etc. [Parts.] 12 pt. *Chez J. André: Offenbach sur le Mein*, [1794.] fol.   Hirsch IV. **82**.
Plate number 684.

MOZART (Wolfgang Amadeus) [*D. Instrumental Music.—I. Orchestral Music.—d. Concertos, etc.*]

—— [K. 467.] N° [6] des six grands concertos pour le pianoforté... Oeuvre 82. Édition faite d'après la partition en manuscrit. [Parts.] 15 pt. *Chés J. André: Offenbach s/m*, [1800.] obl. fol. & fol.   Hirsch IV. **83**.
Plate number 1420.

MOZART (Wolfgang Amadeus) [*D. Instrumental Music.—I. Orchestral Music.—d. Concertos, etc.*]

—— [K. 482.] N° [4] des six grands concertos pour le pianoforté... Oeuvre 82. Édition faite d'après la partition en manuscrit. [Parts.] 15 pt. *Chés J. André: Offenbach s/m.*, [1800.] obl. fol. & fol.   Hirsch IV. **91**. a.
Plate number 1418.

MOZART (Wolfgang Amadeus) [*D. Instrumental Music.—I. Orchestral Music.—d. Concertos, etc.*]

—— [K. 488.] N° 5 des six grands concertos pour le pianoforté... Oeuvre 82. Édition faite d'après la partition en manuscrit. [Parts.] 12 pt. *Chés J. André: Offenbach s/m.*, [1800.] fol.   Hirsch IV. **97**.
Plate number 1419.

MOZART (Wolfgang Amadeus) [*D. Instrumental Music.—I. Orchestral Music.—d. Concertos, etc.*]

—— [K. 488.] [Another issue.] N° [5] des six grands concertos pour le piano-forté... Oeuvre 82, etc. *Offenbach s/m.*, [1800.] obl. fol.   Hirsch IV. **97**. b.
Imperfect; wanting all except the pianoforte part.

MOZART (WOLFGANG AMADEUS) [*D. Instrumental Music.
—I. Orchestral Music.—d. Concertos, etc.*]

—— [K. 491.] Nº [3] des six grands concertos pour le pianoforté . . . Oeuvre 82. Édition faite d'après la partition en manuscrit. [Parts.] 17 pt. *Chés J. André: Offenbach s/m.*, [1800.] obl. fol. & fol. Hirsch IV. **97. a.**
Plate number 1417.

MOZART (WOLFGANG AMADEUS) [*D. Instrumental Music.
—I. Orchestral Music.—d. Concertos, etc.*]

—— [K. 503.] Concerto per il clavicembalo o piano forte. [Parts.] *Chés J. André: Offenbach s/m.*, [1800.] obl. fol. Hirsch IV. **119. a.**
Plate number 1415. *Imperfect; wanting all except the pianoforte part.*

MOZART (WOLFGANG AMADEUS) [*D. Instrumental Music.
—I. Orchestral Music.—d. Concertos, etc.*]

—— [K. 595.] Nº [2] des six grands concertos pour le pianoforté . . . Oeuvre 82. [Parts.] *Chés Jean André: Offenbach s/m.*, [1800.] obl. fol. Hirsch IV. **171. a.**
Plate number 1416. *Imperfect; wanting all except the pianoforte part.*

MOZART (WOLFGANG AMADEUS) [*D. Instrumental Music.
—II. Chamber Music.—a. Quintets.*]

—— [K. 174.] Grand quintetto per due violini, due viole e violoncello . . . Nº 6. [Parts.] 5 pt. *Presso Giovanni Traeg: Vienna*, [1798.] fol. Hirsch IV. **8.**

MOZART (WOLFGANG AMADEUS) [*D. Instrumental Music.
—II. Chamber Music.—a. Quintets.*]

—— [K. 406.] Grand quintetto per due violini, due viole e violoncello . . . Opera 24. [Parts.] 5 pt. *Presso Artaria comp.: Vienna*, [1792.] fol. Hirsch IV. **61.**
Plate number 388.

MOZART (WOLFGANG AMADEUS) [*D. Instrumental Music.
—II. Chamber Music.—a. Quintets.*]

—— [K. 407 arr.] Grand quintetto per due violini, due viole e violoncello . . . Nº [8]. [In fact, an arrangement for two violins, one viola and two violoncellos. Parts.] 5 pt. *Presso Artaria et comp.: Vienna*, [1800.] fol. Hirsch IV. **64.**
Plate number 852.

MOZART (WOLFGANG AMADEUS) [*D. Instrumental Music.
—II. Chamber Music.—a. Quintets.*]

—— [K. 515.] Grand quintetto per due violini, due viole e violoncello. [Parts.] 5 pt. *Presso Artaria comp.: Vienna*, [1789.] fol. Hirsch IV. **122.**
Plate number 283.

MOZART (WOLFGANG AMADEUS) [*D. Instrumental Music.
—II. Chamber Music.—a. Quintets.*]

—— [K. 515.] Grand quintetto per due violini, due viole e violoncello . . . Opera 24. Nº [1.] [Parts.] 5 pt. *Presso Artaria comp.: Vienna*, [1792?] fol. Hirsch IV. **122. a.**

MOZART (WOLFGANG AMADEUS) [*D. Instrumental Music.
—II. Chamber Music.—a. Quintets.*]

—— [K. 515.] No. [2] des cinq principaux quintetti pour deux violons, deux violes & violoncelle . . . Édition faite d'après la partition en manuscrit. [Parts.] 5 pt. *Chés Jean André: Offenbach s/m.*, [1800.] fol. Hirsch IV. **123.**
Plate number 1484.

MOZART (WOLFGANG AMADEUS) [*D. Instrumental Music.
—II. Chamber Music.—a. Quintets.*]

—— [K. 516.] Grand quintetto per due volini, due viole e violoncello . . . Nº [2]. [Parts.] 5 pt. *Presso Artaria et comp.: Vienna*, [1799.] fol. Hirsch IV. **125.**
Plate numbers, on music 315; on titlepage, 283, 315, 388, 428, 429, 440, 821.

MOZART (WOLFGANG AMADEUS) [*D. Instrumental Music.
—II. Chamber Music.—a. Quintets.*]

—— [K. 516.] Nº [3] des cinq principaux quintetti pour deux violons, deux violes & violoncelle . . . Édition faite d'après la partition en manuscrit. [Parts.] 5 pt. *Chés Jean André: Offenbach s/m.*, [1800.] fol. Hirsch IV. **126.**
Plate number 1485.

MOZART (WOLFGANG AMADEUS) [*D. Instrumental Music.
—II. Chamber Music.—a. Quintets.*]

—— [K. 593.] Grand quintetto per due violini, due viole, e violoncello . . . Nº [4.] [Parts.] 5 pt. *Chez Artaria: Vienne*, [1793.] fol. Hirsch IV. **167.**
Plate number 428.

MOZART (WOLFGANG AMADEUS) [*D. Instrumental Music.
—II. Chamber Music.—a. Quintets.*]

—— [K. 593.] Grand quintetto per due violini, due viole e violoncello . . . Nº [4.] [Parts.] 5 pt. *Presso Artaria comp.: Vienna*, [1793?] fol. Hirsch IV. **168.**
Plate numbers, on music 428; on titlepage, 283, 315, 388, 428, 429, 440.

MOZART (WOLFGANG AMADEUS) [*D. Instrumental Music.
—II. Chamber Music.—a. Quintets.*]

—— [K. 593.] [Another issue.] Grand quintetto per due violini, due viole e violoncello . . . Nº [4.] [Parts.] *Vienna*, [1793.] fol. Hirsch IV. **168. a.**
Plate numbers, on music 428; on titlepage 283, 315, 388, 428, 429.

MOZART (WOLFGANG AMADEUS) [*D. Instrumental Music.
—II. Chamber Music.—a. Quintets.*]

—— [K. 593.] Nº [4] des cinq principaux quintetti, pour deux violons, deux violes & violoncelle . . . Édition faite d'après la partition en manuscrit. [Parts.] 5 pt. *Chés Jean André: Offenbach s/m.*, [1800?] fol. Hirsch IV. **170.**
Plate number 1486.

MOZART (WOLFGANG AMADEUS) [*D. Instrumental Music.
—II. Chamber Music.—a. Quintets.*]

—— [K. 614.] Grand quintetto per due violini, due viole e violoncello . . . No. [5.] [Parts.] 5 pt. *Presso Artaria comp.: Vienna*, [1793.] fol. Hirsch IV. **180.**
Plate number 429.

MOZART (WOLFGANG AMADEUS) [*D. Instrumental Music.
—II. Chamber Music.—a. Quintets.*]

—— [K. 614.] N° [5] des cinq principaux quintetti pour deux violons, deux violes & violoncelle . . . Édition faite d'après la partition en manuscrit. [Parts.] 5 pt.   *Chés Jean André: Offenbach s/m.*, [1800.] fol.   Hirsch IV. **182**.
Plate number 1487.

MOZART (WOLFGANG AMADEUS) [*D. Instrumental Music.
—II. Chamber Music.—b. Quartets.—i. Strings.*]

—— [K. 387, 421, 428, 458, 464, 465.] Sei quartetti per due violini, viola, e violoncello . . . Opera X. [Parts.] 4 pt. *Presso Artaria comp.: Vienna,* [1785.] fol.
Hirsch IV. **57**.

Plate number 59.

MOZART (WOLFGANG AMADEUS) [*D. Instrumental Music.
—II. Chamber Music.—b. Quartets.—i. Strings.*]

—— Quatuors . . . pour deux violons, alto & basse. Mis en collection. [Parts.] 4 vol.

 Oeuvre 10. Partie 1re. 1. [K. 428.]
         2. [K. 458.]
         3. [K. 421.]
 Oeuvre 10. Partie 2me. 1. [K. 465.]
         2. [K. 387.]
         3. [K. 464.]
 Oeuvre 18. Partie 1re. 1. [K. 590.]
         2. [K. 589.]
         3. [K. 575.]
 Oeuvre 18. Partie 2me. 1. [K. 564. Pianoforte trio, arr.]
         2. [K. 521. Pianoforte duet, arr.]
         3. [K. 497. Pianoforte duet, arr.]
 Oeuvre 24. Partie 1re. 1. [K. 498. Clarinet trio, arr.]
         2. [K. 502. Pianoforte trio, arr.]
         3. [K. 499.]
 Oeuvre 24. Partie 2me. 1. [K. 548. Pianoforte trio, arr.]
         2. [K. 516. String quintet, arr.]
         3. [K. 593. String quintet, arr.]
 Oeuvre 94. Partie 1re. 1. [K. 168.]
         2. [K. 169.]
         3. [K. 170.]
 Oeuvre 94. Partie 2me. 1. [K. 171.]
         2. [K. 172.]
         3. [K. 173.]
 Oeuvre 96. 1. [K. 454. Violin sonata, arr.]
      2. [K. 542. Pianoforte trio, arr.]
      3. [K. 475. Pianoforte fantasia, arr.]

Chez Sieber père: Paris, [1790?–1800?] fol.
Hirsch III. **412**.
Plate numbers 1069, 1119, 1143, 1228, 1425, 1483, 1609, 1613, 1663.

MOZART (WOLFGANG AMADEUS) [*D. Instrumental Music.
—II. Chamber Music.—b. Quartets.—i. Strings.*]

—— [K. 575, 589, 590.] Tre quartetti per due violini, viola e basso . . . Opera 18. [Parts.] 4 pt. *Presso Artaria comp.: Vienna e Magonza,* [1791.] fol.   Hirsch IV. **155**.
Plate numbers 361; 360 on pp. 4–7 of first violin part.

MOZART (WOLFGANG AMADEUS) [*D. Instrumental Music.
—II. Chamber Music.—b. Quartets.—i. Strings.*]

—— [K. 575, 589, 590.] [Another issue.] Tre quartetti per due violini, viola e basso . . . Opera [18]. [Parts.] *Vienna,* [1791.] fol.   Hirsch IV. **155**. a.
Plate numbers 361; 360 on pp. 4–7 of first violin part; 361.59 on titlepage.

MOZART (WOLFGANG AMADEUS) [*D. Instrumental Music.
—II. Chamber Music.—b. Quartets.—i. Strings.*]

—— [K. 155, 160, 173.] Trois quatuors très faciles pour deux violons, alto et basso . . . 1er livre des quatuors. [Parts.] 4 pt. [*Artaria: Vienna,* 1792.] fol.   Hirsch IV. **5**.
Plate number 387.

MOZART (WOLFGANG AMADEUS) [*D. Instrumental Music.
—II. Chamber Music.—b. Quartets.—i. Strings.*]

—— [K. 575, 589, 590.] Trois quatuors pour deux violons, alto & violoncelle . . . Oeuvre XVIII. [Parts.] 4 pt. *Chés J. Schmitt: Amsterdam,* [1795?] fol.
Hirsch IV. **156**.

MOZART (WOLFGANG AMADEUS) [*D. Instrumental Music.
—II. Chamber Music.—b. Quartets.—i. Strings.*]

—— [K. 387, 421, 458, 428, 464, 465.] Three Quartets for two Violins, Tenor & Violoncello . . . dedicated to Dr. Haydn. [1st] Book. ⟨Three Quartetts . . . [2nd] Book.⟩ [Parts.] 8 pt. *P. H. Cardon: London,* [1796?] fol.
Hirsch M. **1432**.
Watermark date 1796.

MOZART (WOLFGANG AMADEUS) [*D. Instrumental Music.
—II. Chamber Music.—b. Quartets.—i. Strings.*]

—— [K. 387, 421, 458, 428, 464, 465, 575, 590, 589, 499, 546.] No. 1. 2. 3. ⟨No. 4. 5. 6—No. 7. 8.—No. [9, 10]⟩ des dix principaux quatuors pour deux violons, alto et violoncelle . . . Édition faite d'après le manuscrit original de l'auteur . . . [Parts.] 4 vol. 16 pt.   *Chés J. André: Offenbach,* [1800.] fol.   Hirsch M. **1431**.
Plate numbers 1441–1444. *The titlepages of vol. 4 read:* "*No. [4] des dix principaux quatuors.*"

MOZART (WOLFGANG AMADEUS) [*D. Instrumental Music.
—II. Chamber Music.—b. Quartets.—i. Strings.*]

—— [K. 575, 589, 590.] Trois quatuors pour deux violons, alto, & violoncelle . . . Oeuvre XVIII. [Parts.] 4 pt. *Chez W. N. Haueisen: Francfort sur le Mein,* [1800?] fol.
Hirsch M. **1433**.

MOZART (WOLFGANG AMADEUS) [*D. Instrumental Music.
—II. Chamber Music.—b. Quartets.—i. Strings.*]

—— [K. 499.] [xme] quatuor à deux violons, alto, et violoncelle. [Parts.] 4 pt.   *Chez Hoffmeister: Vienne,* [1786.] fol.   Hirsch IV. **111**.
Plate number 76.

MOZART (WOLFGANG AMADEUS) [*D. Instrumental Music.
—II. Chamber Music.—b. Quartets.—i. Strings.*]

—— [K. 499.] Quatuor à deux violons, viola et violoncelle . . . Oeuvre 42me. [Parts.] 4 pt.   *Chez Jean André: Offenbach sur le Mein,* [1794.] fol.   Hirsch IV. **112**.
Plate number 667.

MOZART (WOLFGANG AMADEUS) [*D. Instrumental Music.
—II. Chamber Music.—b. Quartets.—i. Strings.*]

—— [K. 499.] Quatuor à deux violons, alto, et violoncelle . . . Oeuvre 35. [Parts.] 4 pt.   *Chez T. Mollo et comp.: Vienne,* [1800?] fol.   Hirsch IV. **114**.
Plate number 74.

MOZART (WOLFGANG AMADEUS) [*D. Instrumental Music.—II. Chamber Music.—b. Quartets.—i. Strings.*]

—— [K. 546.] Fuga per 2. violini, viola, é violoncello. [Parts.] 4 pt. *Presso Hoffmeister: Vienna*, [1791?] fol.
Hirsch IV. **147.**
Plate number 159. *Without the adagio.*

MOZART (WOLFGANG AMADEUS) [*D. Instrumental Music.—II. Chamber Music.—b. Quartets.—i. Strings.*]

—— [K. 546.] Mozart's, celebrated Fugue, for two Violins, Tenor, & Violoncello. [Parts.] 4 pt. *Printed for T. Monzani: London,* [1800?] fol. Hirsch M. **1427.**
With the adagio.

MOZART (WOLFGANG AMADEUS) [*D. Instrumental Music.—II. Chamber Music.—b. Quartets.—ii. Pianoforte and Strings.*]

—— [K. 478.] Quatuor pour le clavecin, ou forte piano, violon, tallie [*sic*] et basse. [Parts.] 4 pt. *Au magazin de musique du Mr Hoffmeister: Viene* [sic], [1785.] *obl. fol. & fol.*
Hirsch IV. **89.**
Plate number 22.

MOZART (WOLFGANG AMADEUS) [*D. Instrumental Music.—II. Chamber Music.—b. Quartets.—ii. Pianoforte and Strings.*]

—— [K. 478.] Quartet pour le clavecin ou piano-forte avec accompagnement d'un violon, viole & violoncelle. [Parts.] 4 pt. *In Rath Bosslers Verlage: Speier,* [1788.] *obl.* 4°. [*Archiv der auserlesensten Musikalien. Stück* 10.]
Hirsch III. **14.**

MOZART (WOLFGANG AMADEUS) [*D. Instrumental Music.—II. Chamber Music.—b. Quartets.—ii. Pianoforte and Strings.*]

—— [K. 493.] Quartetto per il clavicembalo o forte piano con l'accompagnamento d'un violino, viola, e violoncello . . . Opera 13. [Parts.] 4 pt. *Presso Artaria compagni: Vienna*, [1787.] *obl.* fol. Hirsch IV. **107.**
Plate number 111.

MOZART (WOLFGANG AMADEUS) [*D. Instrumental Music—II. Chamber Music.—b. Quartets.—iii. Flute and Strings.*]

—— [K. 285.] Quartetto per flauto o violino primo, violino secondo, viola, e basso. [Parts.] 4 pt. *Presso Artaria comp.: Vienna e Magonza*, [1792.] fol.
Hirsch IV. **19.** a.
Plate number 389.

MOZART (WOLFGANG AMADEUS) [*D. Instrumental Music.—II. Chamber Music.—c. Trios.—i. Strings.*]

—— [K. 563.] Gran trio per violino, viola, e basso . . . Opera 19. [Parts.] 3 pt. *Presso Artaria comp.: Vienna, Magonza*, [1792.] fol. Hirsch IV. **150.**
Plate number 368.

MOZART (WOLFGANG AMADEUS) [*D. Instrumental Music.—II. Chamber Music.—c. Trios.—i. Strings.*]

—— [K. 563.] Deux trio concertants pour violon, alto et basse . . . Œuvre 19^m. [Parts.] 3 pt. *Chéz le Sr Sieber: Paris,* [1795?] fol. Hirsch M. **1428.**
Plate number 1265. *Comprising all six movements of the work.*

MOZART (WOLFGANG AMADEUS) [*D. Instrumental Music,—II. Chamber Music.—c. Trios.—i. Strings.*]

—— [K. 563.] [Another copy.] Grand trio per violino, viola, e basso . . . Op. 19. *London,* [1799.] fol.
Hirsch IV. **151.**

MOZART (WOLFGANG AMADEUS) [*D. Instrumental Music.—II. Chamber Music.—c. Trios.—ii. Pianoforte and Strings.*]

—— [K. 502, 542, 548.] Trois sonates pour le clavecin ou forte piano avec l'accompagnement d'un violon et violoncelle . . . Oeuvre 15. [Parts.] 3 pt. *Chez le Sr Goetz: Mannheim,* [1789.] *obl.* fol. Hirsch IV. **119.**
Plate number 203.

MOZART (WOLFGANG AMADEUS) [*D. Instrumental Music.—II. Chamber Music.—c. Trios.—ii. Pianoforte and Strings.*]

—— [K. 496.] Grand trio pour le clavecin ou piano forte accompagné d'un violon & violoncelle . . . Oeuvre VIII. [Parts.] 3 pt. *Chés J. J. Hummel: Berlin, Amsterdam*, [1792.] fol. Hirsch IV. **109.**
Plate number 825.

MOZART (WOLFGANG AMADEUS) [*D. Instrumental Music.—II. Chamber Music.—c. Trios.—ii. Pianoforte and Strings.*]

—— [K. 564.] Trio per il clavicembalo o forte piano con l'accompagnamento d'un violino e violoncello . . . Opera 16. [Parts.] 3 pt. *Presso Artaria compagni: Vienna*, [1790.] *obl.* fol. Hirsch IV. **152.**
Plate number 321.

MOZART (WOLFGANG AMADEUS) [*D. Instrumental Music.—II. Chamber Music.—c. Trios.—iii. Miscellaneous.*]

—— [K. 498.] Trio per il clavicembalo o forte-piano con l'accompagnamento d'un violino e viola . . . Opera 14. [Parts.] 3 pt. *Presso Artaria compagnie: Vienna*, [1788.] *obl.* fol. Hirsch M. **1437.**
Plate number 188.

MOZART (WOLFGANG AMADEUS) [*D. Instrumental Music.—II. Chamber Music.—d. Duos.—i. Pianoforte and Violin.*]

—— [K. 6, 7.] [Another copy.] Sonates pour le clavecin qui peuvent se jouer avec l'accompagnement de violon . . . Oeuvre première, *etc. Paris,* [1764.] *obl.* fol.
Hirsch IV. **1.**
Imperfect; wanting the violin part.

MOZART (WOLFGANG AMADEUS) [*D. Instrumental Music.—II. Chamber Music.—d. Duos.—i. Pianoforte and Violin.*]

—— [K. 6, 7.] Sonates pour le clavecin qui peuvent se jouer avec l'accompagnement de violon . . . Oeuvre 1. [Parts.] 2 pt. *R. Bremner: London,* [1765?] *obl.* fol.
Hirsch IV. **2.**

MOZART (WOLFGANG AMADEUS) [*D. Instrumental Music.—II. Chamber Music.—d. Duos.—i. Pianoforte and Violin.*]

—— [K. 8, 9.] [Another copy.] Sonates pour le clavecin qui peuvent se jouer avec l'accompag:^{mt} de violon . . . Oeuvre II, *etc. Paris,* [1764.] *obl.* fol. Hirsch IV. **3.** (**1.**)
Imperfect; wanting the violin part.

MOZART (WOLFGANG AMADEUS) [*D. Instrumental Music.—II. Chamber Music.—d. Duos.—i. Pianoforte and Violin.*]

—— [K. 10–15.] Six sonates pour le clavecin qui peuvent se jouer avec l'accompagnoment [*sic*] de violon, ou flaute traversière et d'un violoncelle . . . Oeuvre III. [Parts.] 2 pt.   *Printed for the Author: London*, [1765.] fol.
Hirsch IV. **3. a**.
The violin part is printed in score with the clavecin part. With the bookplate of Robert, Lord Clive.

MOZART (WOLFGANG AMADEUS) [*D. Instrumental Music.—II. Chamber Music.—d. Duos.—i. Pianoforte and Violin.*]

—— [K. 296, 376–380.] [Another copy.] Six sonates pour le clavecin . . . avec l'accompagnoment [*sic*] d'un violon . . . Oeuvre II.   *Vienne*, [1781.]   *obl.* fol.   Hirsch IV. **23. a**.
Imperfect; wanting the violin part.

MOZART (WOLFGANG AMADEUS) [*D. Instrumental Music.—II. Chamber Music.—d. Duos.—i. Pianoforte and Violin.*]

—— [K. 296, 376–380.] [A reissue.] Six sonates pour le clavecin, ou pianoforte avec l'accompagnement d'un violon . . . Oeuvre 2.   *Vienne*, [1785?]   *obl.* fol.   Hirsch IV. **23**.

MOZART (WOLFGANG AMADEUS) [*D. Instrumental Music.—II. Chamber Music.—d. Duos.—i. Pianoforte and Violin.*]

—— [K. 296, 376–380.] Three Sonatas for the Harpsichord or Piano Forte with an accompanyment for a violin . . . Op. 2. [Parts.] 4 pt.   *Longman and Broderip: London*, [1790?] fol.   Hirsch IV. **45**.
Two sets of three sonatas.

MOZART (WOLFGANG AMADEUS) [*D. Instrumental Music.—II. Chamber Music.—d. Duos.—i. Pianoforte and Violin.*]

—— [K. 303, 305, 306.] Tre sonate per clavicembalo o fortepiano con l'accompagnamento d'un violino . . . Opera 30. [Parts.] 2 pt.   *Presso Artaria comp.: Vienna*, [1794.] *obl.* fol.   Hirsch IV. **24**.
Plate number 461.

MOZART (WOLFGANG AMADEUS) [*D. Instrumental Music.—II. Chamber Music.—d. Duos.—i. Pianoforte and Violin.*]

—— [K. 481, 526.] Deux sonates pour le piano-forte avec violon obligé . . . Oeuvre 8. [Parts.] 2 pt.   *Chez Jean André: Offenbach s/m.*, [1799.] *obl.* fol.
Hirsch IV. **91**.
Plate number 1363.

MOZART (WOLFGANG AMADEUS) [*D. Instrumental Music.—II. Chamber Music.—d. Duos.—i. Pianoforte and Violin.*]

—— [K. 353.] La belle française avec 12. var. pour le clavecin ou fortepiano avec flute & violon ad libitum. [Parts.] 2 pt.   *Rellstab: Berlin*, [1792?] *obl.* fol. [*Collection complette des variations de Mozart.* no. 4.]   Hirsch IV. **34**.

MOZART (WOLFGANG AMADEUS) [*D. Instrumental Music.—II. Chamber Music.—d. Duos.—i. Pianoforte and Violin.*]

—— [K. 354.] Allegretto avec variations. Pour le clavecin ou fortepiano avec flute & violon ad libitum. [Parts.] 2 pt.   *Rellstab: Berlin*, [1792?] *obl.* fol. [*Collection complette des variations de Mozart.* no. 1.]   Hirsch IV. **34**.

MOZART (WOLFGANG AMADEUS) [*D. Instrumental Music.—II. Chamber Music.—d. Duos.—i. Pianoforte and Violin.*]

—— [K. 359.] La Bergère Celimene. 12 variazioni in G con violino obligato. [Parts.]   *See* WANHAL (J. B.) XIV. variations pour le clavecin, etc. [1788.] *obl.* 4°. [*Archiv der auserlesensten Musikalien.* Stück 5–7.]
Hirsch III. **14**.

MOZART (WOLFGANG AMADEUS) [*D. Instrumental Music.—II. Chamber Music.—d. Duos.—i. Pianoforte and Violin.*]

—— [K. 360.] VI variazioni in G minore per il clavicembalo con violino. [Parts.]   *See* FOERSTER (E. A.) VIII variations d'un thema de Mr. Mozart, etc. [1788.] *obl.* 4°. [*Archiv der auserlesensten Musikalien.* Stück 3, 4.]
Hirsch III. **14**.

MOZART (WOLFGANG AMADEUS) [*D. Instrumental Music.—II. Chamber Music.—d. Duos.—i. Pianoforte and Violin.*]

—— [K. 377.—Second movement.] *See* FOERSTER (E. A.) VIII variations d'un thema de Mr. Mozart pour le clavecin, etc. [1788.] *obl.* 4°. [*Archiv der auserlesensten Musikalien.* Stück 3, 4.]
Hirsch III. **14**.

MOZART (WOLFGANG AMADEUS) [*D. Instrumental Music.—II. Chamber Music.—d. Duos.—i. Pianoforte and Violin.*]

—— [K. 379.] Sonate pour clavecin ou piano forte avec accompagnement de violon . . . Oeuvre 2. [Parts.] 2 pt.   *Schott: Mayence*, [1800?] *obl.* fol.   Hirsch IV. **46**.
Plate number 278.

MOZART (WOLFGANG AMADEUS) [*D. Instrumental Music.—II. Chamber Music.—d. Duos.—i. Pianoforte and Violin.*]

—— [K. 481.] Sonate pour le fortepianò, ou clavecin avec accompagnement d'un violon. [Parts.] 2 pt.   *Au magazin de musique du Mr Hoffmeister: Vienne*, [1785.] *obl.* fol. & fol.
Hirsch IV. **90**.
Plate number 28.

MOZART (WOLFGANG AMADEUS) [*D. Instrumental Music.—II. Chamber Music.—d. Duos.—i. Pianoforte and Violin.*]

—— [K. 481.] Sonate pour le clavecin avec accompagnement d'un violon. [Parts.] 2 pt.   *Bei Rath Bossler: Speier*, [1788.] *obl.* 4°. [*Archiv der auserlesensten Musikalien.* Stück 11.]   Hirsch III. **14**.

MOZART (WOLFGANG AMADEUS) [*D. Instrumental Music.—II. Chamber Music.—d. Duos.—ii. Violin and Viola.*]

—— [K. 423.] Duetto per violino et viola. [Parts.] 2 pt.   *Longman and Broderip: London*, [1800?] fol.
Hirsch M. **1429**.

MOZART (WOLFGANG AMADEUS) [*D. Instrumental Music.—II. Chamber Music.—d. Duos.—ii. Violin and Viola.*]

—— [K. 424.] Second Duet for Violin and Tenor. [Parts.] 2 pt.   *Printed for T. Monzani: London*, [1797?] fol.
Hirsch M. **1430**.
Watermark date 1797.

MOZART (WOLFGANG AMADEUS) [*D. Instrumental Music.*
—III. Pianoforte Music.—a. Two Pianofortes.]

—— [K. 426.] Fuga per 2. cembali, *etc.* ⟨Cembalo II.⟩ *Presso Hoffmeister: Vienna*, [1790?] obl. fol.   Hirsch IV. **71**.
Plate number 144. Imperfect; wanting the Cembalo II part.

MOZART (WOLFGANG AMADEUS) [*D. Instrumental Music.
—III. Pianoforte Music.—a. Two Pianofortes.*]

—— [K. 448.] Sonate pour deux clavecins ou piano-forte ... Oeuvre 34me. [Parts.] 2 pt. pp. 33.   *Chez Artaria & comp.: Vienne*, [1795.] obl. fol.   Hirsch IV. **73**.
Plate number 550.

MOZART (WOLFGANG AMADEUS) [*D. Instrumental Music.
—III. Pianoforte Music.—b. Pianoforte Duet.*]

—— [K. 358, 381.] Deux sonates à quatre mains sur un clavecin ou pianoforte ... Oeuvre 3me. pp. 4–37.   *Chez Artaria compag.: Vienne*, [1783.] obl. fol.   Hirsch IV. **35**.
Plate number 25.

MOZART (WOLFGANG AMADEUS) [*D. Instrumental Music.
—III. Pianoforte Music.—b. Pianoforte Duet.*]

—— [K. 358, 381, 497.] Three Duetts for two Performers on the Piano Forte ... Book 10th of a complete collection. pp. 71.   *Broderip & Wilkinson: London*, [1800?] fol.
Hirsch IV. **36**.

MOZART (WOLFGANG AMADEUS) [*D. Instrumental Music.
—III. Pianoforte Music.—b. Pianoforte Duet.*]

—— [K. 358.] A Grand Duetto, for two Performers on the Piano Forte. pp. 17.   *T. Preston: London*, [1799?] fol.
Hirsch M. **1435**.
Watermark date 1799.

MOZART (WOLFGANG AMADEUS) [*D. Instrumental Music.
—III. Pianoforte Music.—b. Pianoforte Duet.*]

—— [K. 381.] A Duet for two Performers on one Piano Forte or Harpsichord ... Op. 3. pp. 17.   *Printed for R. Birchall: London*, [1797?] fol.   Hirsch M. **1434**.
Watermark date 1797.

MOZART (WOLFGANG AMADEUS) [*D. Instrumental Music.
—III. Pianoforte Music.—b. Pianoforte Duet.*]

—— [K. 497.] Grande sonate à quatre mains sur un clavecin ou pianoforte ... Oeuvre 12me. pp. 39.   *Chez Artaria compag.: Vienne*, [1787.] obl. fol.
Hirsch IV. **110**.
Plate number 108.

MOZART (WOLFGANG AMADEUS) [*D. Instrumental Music.
—III. Pianoforte Music.—b. Pianoforte Duet.*]

—— [K. 501.] Variations pour le forte-piano, ou clavecin à quatres [*sic*] mains. pp. 15.   *Chez Hoffmeister: Vienne*, [1786.] obl. fol.   Hirsch IV. **116**.
Plate number 79.

MOZART (WOLFGANG AMADEUS) [*D. Instrumental Music.
—III. Pianoforte Music.—b. Pianoforte Duet.*]

—— [K. 501.] Variations à quatre mains pour le clavecin ou forte-piano. pp. 9.   *Chès J. André: Offenbach sur le Mein*, [1792.] fol.   Hirsch IV. **117**.
Plate number 502.

MOZART (WOLFGANG AMADEUS) [*D. Instrumental Music.
—III. Pianoforte Music.—b. Pianoforte Duet.*]

—— [K. 521.] Une sonate à quatre mains pour le clavecin ou piano forte ... Oeuvre 14. pp. 31.   *Schott: Mayence*, [1790?] obl. fol.   Hirsch IV. **127**.
Plate number 89.

MOZART (WOLFGANG AMADEUS) [*D. Instrumental Music.
—III. Pianoforte Music.—b. Pianoforte Duet.*]

—— [K. 521.] A Duet for two Performers on one Piano Forte or Harpsichord ... Op. 14. pp. 31.   *Printed for R. Birchall: London*, [1800?] fol.   Hirsch M. **1436**.
Watermark date 1800.

MOZART (WOLFGANG AMADEUS) [*D. Instrumental Music.
—III. Pianoforte Music.—c. Pianoforte Solo.—i. Sonatas.*]

—— [K. 330, 331, 332.] Trois sonates pour le clavecin ou pianoforte ... Oeuvre VI. pp. 4–41.   *Chez Artaria comp.: Vienne*, [1784.] obl. fol.   Hirsch IV. **27**.
Plate number 47.

MOZART (WOLFGANG AMADEUS) [*D. Instrumental Music.
—III. Pianoforte Music.—c. Pianoforte Solo.—i. Sonatas.*]

—— [K. 284, 333.] III sonates pour le clavecin ou piano forte ... Oeuvre [VII.] pp. 28.   *Chez le Sr Schott: Mayence*, [1785?] obl. fol.   Hirsch IV. **19**.
Wanting all after p. 28, containing the third sonata.

MOZART (WOLFGANG AMADEUS) [*D. Instrumental Music.
—III. Pianoforte Music.—c. Pianoforte Solo.—i. Sonatas.*]

—— [K. 309, 310, 311.] Three Sonatas for the Harpsichord or Piano Forte ... Op. 5. pp. 27.   *I. Bland: London*, [1786?] fol.   Hirsch IV. **24**. b.

MOZART (WOLFGANG AMADEUS) [*D. Instrumental Music.
—III. Pianoforte Music.—c. Pianoforte Solo.—i. Sonatas.*]

—— [K. 533 with K. 494, K. 457, 475.] Three Sonatas for the Grand and Small Piano Forte ... Book [3] of a complete collection. pp. 43.   *Broderip & Wilkinson: London*, [1800?] fol.   Hirsch IV. **81**.

MOZART (WOLFGANG AMADEUS) [*D. Instrumental Music.
—III. Pianoforte Music.—c. Pianoforte Solo.—i. Sonatas.*]

—— [K. 310.] Sonate pour le clavecin ou piano-forte ... Oeuvre [ ]. pp. 17.   *Chez Artaria et comp.: Vienne*, [1792.] obl. fol.   Hirsch IV. **25**.
Plate number 370.

MOZART (WOLFGANG AMADEUS) [*D. Instrumental Music.
—III. Pianoforte Music.—c. Pianoforte Solo.—i. Sonatas.*]

—— [K. 475, 457.] Fantaisie et sonate pour le forte-piano ... Oeuvre XI. pp. 23.   *Chez Artaria comp.: Vienne*, [1785.] obl. fol.   Hirsch IV. **79**.
Plate number 70. The titlepage bears the autograph signature of F. W. Rust.

MOZART (WOLFGANG AMADEUS) [*D. Instrumental Music.
—III. Pianoforte Music.—c. Pianoforte Solo.—i. Sonatas.*]

—— [K. 475, 457.] Fantaisie et sonate pour le forte piano ... Oeuvre XI. pp. 23.   *Chez le Sr Götz: Mannheim et Munich*, [1786?] obl. fol.   Hirsch IV. **80**.
Plate number 139.

MOZART (WOLFGANG AMADEUS) [*D. Instrumental Music.—III. Pianoforte Music.—c. Pianoforte Solo.—i. Sonatas.*]

—— [K. 475, 457.] Fantaisie et sonate pour le forte piano . . . Op. XI. pp. 23. *Longman & Broderip: London,* [1790?] *obl. fol.* Hirsch IV. **79. a.**

MOZART (WOLFGANG AMADEUS) [*D. Instrumental Music.—III. Pianoforte Music.—c. Pianoforte Solo.—ii. Variations.*]

—— [K. 25, 180, 265, 360, 382, 398, 455, 500, 547a, 613, Anh. 285, 287, 289.] Air with Variations for the Piano Forte. no. 3, 4, 6, 8–10, 13, 14, 16, 17, 19–21. *R. Birchall: London,* [1800?–1815?] *fol.* Hirsch M. **1438.**
Imperfect; wanting no. 1, 2, 5, 7, 11, 12, 15, 18.

MOZART (WOLFGANG AMADEUS) [*D. Instrumental Music.—III. Pianoforte Music.—c. Pianoforte Solo.—ii. Variations.*]

—— [K. 179, 180, 354.] Trois airs variés pour le clavecin ou forte piano . . . Oeuvre IV. pp. 21. *Chez J. Schmitt: Amsterdam,* [1780?] *fol.* Hirsch IV. **9.**

MOZART (WOLFGANG AMADEUS) [*D. Instrumental Music.—III. Pianoforte Music.—c. Pianoforte Solo.—ii. Variations.*]

—— [K. 180.] Suite d'airs connus variés pour le clavecin, ou piano forte . . . Nº 10. Mio caro Adone. pp. 5. *Chez J. André: Offenbach sur le Mein,* [1792?] *fol.*
Hirsch IV. **10.**
Plate number 544.

MOZART (WOLFGANG AMADEUS) [*D. Instrumental Music.—III. Pianoforte Music.—c. Pianoforte Solos.—ii. Variations.*]

—— [K. 264.] Air varies [*sic*] pour clavecin. pp. 12. *Chez Götz: Mannheim,* [1786?] *fol.* Hirsch IV. **16.**
Plate number 131.

MOZART (WOLFGANG AMADEUS) [*D. Instrumental Music.—III. Pianoforte Music.—c. Pianoforte Solo.—ii. Variations.*]

—— [K. 264.] Ariette avec variations pour le clauecin ou piano forte . . . Nº [1.] pp. 12. *Chez Artaria comp.: Vienne,* [1790?] *obl. fol.* Hirsch IV. **15.**
Plate numbers, on music, 68; *on titlepage,* 68, 87–92, 110, 112, 341, 395, 398, 432.

MOZART (WOLFGANG AMADEUS) [*D. Instrumental Music.—III. Pianoforte Music.—c. Pianoforte Solo.—ii. Variations.*]

—— [K. 264.] A Periodical Sonata for the Piano Forte or Harpsichord, taken from the French song of Lison dormait dans un bocage [by N. Dezède], with variations by W. A. Mozart. pp. 9. *J. Cooper: London,* [1790?] *fol.*
Hirsch IV. **15. a.**

MOZART (WOLFGANG AMADEUS) [*D. Instrumental Music.—III. Pianoforte Music.—c. Pianoforte Solo.—ii. Variations.*]

—— [K. 265.] Variations ⟨Ah! vous dirai-je maman⟩ pour le clavecin ou piano-forte . . . Nº [8.] *Chez Artaria & comp.: Vienne,* [1787.] *obl. fol.* Hirsch IV. **17.**
Plate number 114.

MOZART (WOLFGANG AMADEUS) [*D. Instrumental Music.—III. Pianoforte Music.—c. Pianoforte Solo.—ii. Variations.*]

—— [K. 398.] Ariette, Salve tu domine [by G. Paisiello] avec variations pour le clavecin ou piano forte. pp. 7. *Chés J. J. Hummel: Berlin, Amsterdam,* [1791.] *fol.*
Hirsch IV. **60.**
Plate number 683.

MOZART (WOLFGANG AMADEUS) [*D. Instrumental Music.—III. Pianoforte Music.—c. Pianoforte Solo.—ii. Variations.*]

—— [K. 455.] Suite d'airs connus variés pour le clavecin, ou piano-forté . . . Nº 4. Unser dumer Pöebel [*sic*] meynt &c [by C. W. von Gluck]. pp. 11. *Chez J. André: Offenbach sur le Mein,* [1792?] *fol.* Hirsch IV. **78.**
Plate number 533.

MOZART (WOLFGANG AMADEUS) [*D. Instrumental Music.—III. Pianoforte Music.—c. Pianoforte Solo.—ii. Variations.*]

—— [K. 455.] Air [*sic*] variés ⟨Unser dummer Pöbel [by C. W. von Gluck]⟩ pour clavecin. pp. 12. *Chez Götz: Mannheim,* [1798?] *obl. fol.* Hirsch IV. **77.**
Plate number 538.

MOZART (WOLFGANG AMADEUS) [*D. Instrumental Music.—III. Pianoforte Music.—c. Pianoforte Solo.—ii. Variations.*]

—— [K. 455.] X variazioni per il clavicembalo: Unser dummer Pœbel [by C. W. von Gluck]. *See* WANHAL (J. B.) XIV. variations pour le clavecin, *etc.* [1788.] *obl.* 4º. [Archiv der auserlesensten Musikalien. Stück 5–7.]
Hirsch III. **14.**

MOZART (WOLFGANG AMADEUS) [*D. Instrumental Music.—III. Pianoforte Music.—c. Pianoforte Solo.—ii. Variations.*]

—— [K. 500.] Ariette avec variations pour le clavecin ou piano forte . . . Nº [13.] pp. 8. *Chez Artaria comp.: Vienne,* [1793.] *obl. fol.* Hirsch IV. **115.**
Plate number 432.

MOZART (WOLFGANG AMADEUS) [*D. Instrumental Music.—III. Pianoforte Music.—c. Pianoforte Solo.—ii. Variations.*]

—— [K. 547a.] VI variations pour le forte piano . . . Nº 14. pp. 6. *Chez Artaria et comp.: Vienne,* [1795.] *obl. fol.*
Hirsch IV. **4.**
Plate number 568.

MOZART (WOLFGANG AMADEUS) [*D. Instrumental Music.—III. Pianoforte Music.—c. Pianoforte Solo.—ii. Variations.*]

—— [K. 573.] Menuetto de Mr J. P. Duport varié pour le clavecin ou piano forte. pp. 7. *Au magazin de mussique* [*sic*] *dans l' Unterbreunerstrasse: Vienne,* [1794.] *obl. fol.*
Hirsch IV. **154.**
Plate number 120.

MOZART (WOLFGANG AMADEUS) [*D. Instrumental Music.—III. Pianoforte Music.—c. Pianoforte Solo.—ii. Variations.*]

—— [K. 613.] Ariette ⟨Ein Weib ist das herlichste [*sic*] Ding—Aria aus der Opera der dume Gärtner [by B. Schack & A. Gerl]⟩ avec variations pour le clauecin ou piano forte . . . Nº [10.] pp. 13. *Chez Artaria comp.: Vienne*, [1791.] *obl. fol.* Hirsch IV. **177**.
Plate numbers, on music 341; on titlepage 68, 87, 88, 89, 90, 91, 92, 110, 112, 341.

MOZART (WOLFGANG AMADEUS) [*D. Instrumental Music.—III. Pianoforte Music.—c. Pianoforte Solo.—ii. Variations.*]

—— [K. 613.] [A reissue.] Ariette ⟨Ein Weib ist das herlichste [*sic*] Ding⟩ avec variations pour le clavecin ou piano forte . . . Nº [10.] *Vienne*, [1792.] *obl. fol.*
Hirsch IV. **177**. a.
Plate numbers, on music 341; on titlepage 68, 87, 88, 89, 90, 91, 92, 110, 112, 341, 395, 398.

MOZART (WOLFGANG AMADEUS) [*D. Instrumental Music.—III. Pianoforte Music.—c. Pianoforte Solo.—ii. Variations.*)

—— [K. 613.] Air varié de l'opéra der dumme Gärtner (Ein Weib ist das herrlichste Ding) pour le clavecin ou fortepiano avec flute & violon ad libitum. [Parts.] 2 pt. *Rellstab: Berlin*, [1792?] *obl. fol.* [*Collection complette des variations de Mozart.* no. 5.] Hirsch IV. **34**.

MOZART (WOLFGANG AMADEUS) [*D. Instrumental Music.—III. Pianoforte Music.—c. Pianoforte Solo.—ii. Variations.*]

—— [K. 613.] Ariette, Ein Weib ist das herlichste [*sic*] Ding ⟨aus der Opera der dumme Gärtner [by B. Schack and A. Gerl]⟩; avec huit variations pour le clavecin ou piano-forte. pp. 9. *Chés J. Schmitt: Amsterdam*, [1795?] fol. Hirsch IV. **178**.

MOZART (WOLFGANG AMADEUS) [*D. Instrumental Music.—III. Pianoforte Music.—c. Pianoforte Solo.—iii. Miscellaneous.*]

—— [K. 511.] Rondeau pour le forte piano. pp. 9. *Bei N. Simrock: Bonn*, [1798?] *obl. fol.* Hirsch IV. **121**.
Plate number 70.

MOZART (WOLFGANG AMADEUS) [*D. Instrumental Music.—III. Pianoforte Music.—c. Pianoforte Solo.—iii. Miscellaneous.*]

—— [K. 540.] Adagio pour le piano-forte. pp. 4. *Chèz N. Simrock: Bonn*, [1798.] *obl. fol.* Hirsch IV. **145**.
Plate number 68.

MOZART (WOLFGANG AMADEUS) [*E. Doubtful and Supposititious Works.*]

—— [Another copy.] Anleitung, Englische Contretänze mit zwei Würfeln zu componiren so viele man will . . . Instruction, pour composer autant de contredances que l'on veut par le moyen de deux dés, etc. Ger., Fr., Eng. & Ital. *Bonn*, [1798.] fol. Hirsch IV. **237**.

MOZART (WOLFGANG AMADEUS) [*E. Doubtful and Supposititious Works.*]

—— Duae missae breves [K. Anh. 234, 235] a IV vocibus, II violinis et organo obligatis, II cornibus non obligatis. [Parts.] 9 pt. *Sumptibus Macarii Falter: Monachii*, [1800?] fol. Hirsch M. **1439**.
Plate number 111. The music is lithographed throughout.

MOZART (WOLFGANG AMADEUS) [*E. Doubtful and Supposititious Works.*]

—— [Another copy.] Das Mädchen und der Vogel. [Song. K. Anh. 248.] Von W. A. Mozart [or rather, by A. E. Müller?]. *Bonn*, [1800?] *obl. fol.* Hirsch M. **1441**. (7.)

MOZART (WOLFGANG AMADEUS) [*E. Doubtful and Supposititious Works.*]

—— Minna's Augen. [Song. K. Anh. 249. In fact, by A. E. Müller.] pp. 3. *Bey J. M. Götz: Mannheim*, [1797?] *obl. fol.* Hirsch III. **948**.
Plate number 460. Gesænge beim Clavier von W. A. Mozart. no. 14.

MOZART (WOLFGANG AMADEUS) [*E. Doubtful and Supposititious Works.*]

—— Phillis an das Clavier [K. Anh. 247] für Clavier und Gesang von W. A. Mozart [or rather, by G. L. Schneider]. *Bey N. Simrock: Bonn*, [1798.] *obl. fol.* Hirsch IV. **228**.
Plate number 54. A reissue of pp. 22–28 of "VI. Deutsche Lieder."

MOZART (WOLFGANG AMADEUS) [*E. Doubtful and Supposititious Works.*]

—— Sonate [K. Anh. 284a] pour le clavecin ou piano-forte composée par W. A. Mozart [or rather, by A. Eberl]. Oeuvre [31]. pp. 17. *Chez Artaria & comp.: Vienne*, [1794.] *obl. fol.* Hirsch IV. **230**.
Plate number 492.

MOZART (WOLFGANG AMADEUS) [*E. Doubtful and Supposititious Works.*]

—— Sonate [K. Anh. 291] pour le clavecin ou piano-forte avec un violon et violoncelle obligés par W. A. Mozart [or rather, by A. Eberl]. Oeuvre 41. [Parts.] 3 pt. *Chez Artaria et comp.: Vienne*, [1797.] *obl. fol.*
Hirsch IV. **236**.
Plate number 717.

MOZART (WOLFGANG AMADEUS) [*E. Doubtful and Supposititious Works.*]

—— Lied. [K. Anh. 246] Vergiss mein nicht, für das Clavier oder Piano-Forte von W. A. Mozart [or rather, by G. L. Schneider]. pp. 5. *Bey Artaria und Comp.: Wien*, [1795.] *obl. fol.* Hirsch IV. **227**.
Plate number 509.

MOZART (WOLFGANG AMADEUS) [*E. Doubtful and Supposititious Works.*]

—— Vergiss mein **n**icht. [K. Anh. 246.] Ein Deutsches Lied, mit Clavierbegleitung von W. A. Mozart [or rather, by G. L. Schneider]. *Bey N. Simrock: Bonn*, [1800?] *obl. fol.* Hirsch M. **1441**. (8.)
A reissue of pp. 18–21 of "VI Deutsche Lieder . . . von W. A. Mozart."

MOZART (WOLFGANG AMADEUS) [*E. Doubtful and Suppositious Works.*]
—— [Variations. K. Anh. 286.] Andante avec variations pour le piano-forte par W: A: Mozart [or rather, by A. E. Müller?]. pp. 5. *Chez Breitkopff & Härtel: Leipsic,* [1800?] obl. fol.   Hirsch IV. **233**.
    A slip bearing the imprint " à Vienne chez Hoffmeister & comp. à Leipsic au bureau de musique " has been pasted over the original imprint.

MOZART (WOLFGANG AMADEUS) [*E. Doubtful and Suppositious Works.*]
—— [Variations. K. Anh. 289.] Air de l'opéra I Finti eredi varié pour le piano-forte par Mozart [or rather, by E. A. Förster]. Oeuvre 66me. pp. 9.   *Chez Jean André: Offenbach s/m.,* [1798.] fol.   Hirsch IV. **234**.
    Plate number 1226.

MOZART (WOLFGANG AMADEUS) [*E. Doubtful and Suppositious Works.*]
—— [Variations. K. Anh. 290.] x variations sur l'aire [*sic*] de Malbrough pour clavecin ou forte piano par Mozart [*sic*] [or rather, by A. Eberl]. pp. 15.   *Chez Schott: Maience,* [1800?] obl. fol.   Hirsch IV. **235**.
    Plate number 280.

MOZART (WOLFGANG AMADEUS) [*G. Index.*]
—— Abschieds Lied an seine Geliebte. *See* [*C. IV. b.—K. Anh.* 245. *Io ti lascio, o cara.*]

MOZART (WOLFGANG AMADEUS) [*G. Index.*]
—— Ah che tutto [*sic*] in un momento. *See* [*C. II.—Così fan tutte.*]

MOZART (WOLFGANG AMADEUS) [*G. Index.*]
—— Brüder reicht die Hand zum Bunde. *See* [*C. III.—K.* 623.]

MOZART (WOLFGANG AMADEUS) [*G. Index.*]
—— Deh vieni alla finestra o mio tesoro. *See* [*C. II.—Don Giovanni.*]

MOZART (WOLFGANG AMADEUS) [*G. Index.*]
—— Du feines Täubchen nur herein. *See* [*C. II.—Die Zauberflöte.*]

MOZART (WOLFGANG AMADEUS) [*G. Index.*]
—— Fin ch'han dal vino. *See* [*C. II.—Don Giovanni.*]

MOZART (WOLFGANG AMADEUS) [*G. Index.*]
—— Gesellschaftslied. *See* [*C. III.—K.* 623.]

MOZART (WOLFGANG AMADEUS) [*G. Index.*]
—— Ihr die ihr Triebe des Herzens kennt. *See* [*C. II.—Le Nozze di Figaro.—Voi, che sapete.*]

MOZART (WOLFGANG AMADEUS) [*G. Index.*]
—— La ci darem la mano. *See* [*C. II.—Don Giovanni.*]

SIG. 11.—PART 53.

MOZART (WOLFGANG AMADEUS) [*G. Index.*]
—— Lento il piè. *See* [*C. IV. b.—K.* 308. *Dans un bois solitaire.*]

MOZART (WOLFGANG AMADEUS) [*G. Index.*]
—— Das Lob der Freundschaft. Kantate. *See* [*C. III.—K.* 623.]

MOZART (WOLFGANG AMADEUS) [*G. Index.*]
—— Madamina il catalogo questo. *See* [*C. II.—Don Giovanni.*]

MOZART (WOLFGANG AMADEUS) [*G. Index.*]
—— Il mio tesoro intanto. *See* [*C. II.—Don Giovanni.*]

MOZART (WOLFGANG AMADEUS) [*G. Index.*]
—— Papagena! Weibchen! Täubchen! meine Schöne. *See* [*C. II.—Die Zauberflöte.*]

MOZART (WOLFGANG AMADEUS) [*G. Index.*]
—— Parto! ma tu ben mio. *See* [*C. II.—La Clemenza di Tito.*]

MOZART (WOLFGANG AMADEUS) [*G. Index.*]
—— Phillis an das Clavier. *See* [*E.*]

MOZART (WOLFGANG AMADEUS) [*G. Index.*]
—— Quello di Tito è il volto. *See* [*C. II.—La Clemenza di Tito.*]

MOZART (WOLFGANG AMADEUS) [*G. Index.*]
—— Soll ich dich Theurer nicht mehr sehen. *See* [*C. II.—Die Zauberflöte.*]

MOZART (WOLFGANG AMADEUS) [*G. Index.*]
—— Torna di Tito a lato. *See* [*C. II.—La Clemenza di Tito.*]

MOZART (WOLFGANG AMADEUS) [*G. Index.*]
—— Tu è ver m' assolvi. *See* [*C. II.—La Clemenza di Tito.*]

MOZART (WOLFGANG AMADEUS) [*G. Index.*]
—— Vedrai carino. *See* [*C. II.—Don Giovanni.*]

MOZART (WOLFGANG AMADEUS) [*G. Index.*]
—— Vergiss mein nicht. *See* [*E.*]

MOZART (WOLFGANG AMADEUS) [*G. Index.*]
—— Wenn die sanften Abendlüfte. Duett. *See* [*C. II.—Le Nozze di Figaro.—Che soave zeffiretto.*]

MOZART (WOLFGANG AMADEUS) [*G. Index.*]
—— Wie stark ist nicht dein Zauber-ton. *See* [*C. II.—Die Zauberflöte.*]

MUELLER (AUGUST EBERHARD)
—— Andante avec variations pour le piano-forte par W: A: Mozart [or rather, by A. E. Müller?]. pp. 5. [1800?] obl. fol. *See* MOZART (W. A.) [*E. Doubtful and Supposititious Works.*]   Hirsch IV. **233**.

MUELLER (August Eberhard)
—— Minna's Augen. [Song.] ⟨Von W. A. Mozart.⟩ [Or rather, by A. E. Müller.] pp. 3. [1797?] *obl.* fol. *See* Mozart (W. A.) [*E. Doubtful and Supposititious Works.*]
Hirsch III. **948.**

MUELLER (August Eberhard)
—— Zwey Deutsche Arien [" Minna's Augen," and " Das Mädchen und der Vogel "] zum singen beym Clavier in Musick gesetzt von ... W. A. Mozart [or rather, by A. E. Müller] ... [3]ter Theil. pp. 5. [1799.] *obl.* fol. *See* Mozart (W. A.) [*E. Doubtful and Supposititious Works.*]
Hirsch IV. **229.**

MUELLER (August Eberhard)
—— *See* Mozart (W. A.) [*C. Vocal Music.—II. Operas.*] La Clemenza di Tito. Opera seria ... Aggiustata per il piano forte del sign. A. E. Müller. [1795?] *obl.* fol.
Hirsch IV. **210.**

MUELLER (August Eberhard)
—— *See* Mozart (W. A.) [*C. Vocal Music.—II. Operas.*] La Clemenza di Tito. Opera seria ... ridotta per il piano forte dal sign.r A. E. Müller. [1800?] *obl.* fol.
Hirsch IV. **211.**

MUELLER (August Eberhard)
—— *See* Mozart (W. A.) [*C. Vocal Music.—II. Operas.*] Die Entführung aus dem Serail, ein komisches Singspiel in drey Aufzügen ... Im Klavierauszuge von A. E. Müller. [1796.] *obl.* fol.
Hirsch IV. **48.**

MUETHEL (Johann Gottfried)
—— [Another copy.] Auserlesene Oden und Lieder von verschiedenen Dichtern: zum musikalischen Vergnügen in die Musik gesetzt. *Hamburg,* 1759. 4°.
Hirsch III. **949.**

MUFFAT (Gottlieb)
—— [Another copy.] Componimenti musicali per il cembalo, *etc. Augusta,* [1727.] *obl.* fol. Hirsch III. **443.**

MULLER (   ) Signor.
—— Six Duetts for a Violin and Tenor ... Opera 2, *etc.* [Parts.] 2 pt. *I. Bland: London,* [1785?] fol.
Hirsch M. **1470. (1.)**

MUSICAL MISCELLANIES.
—— Musical Miscellanies. [Songs and P.F. pieces. With a frontispiece.] pp. 139. *Printed for T. Williams: London,* 1784. 8°. Hirsch III. **926.**

MUSICALISCHER ZEIT-VERTREIB.
—— Musicalischer Zeit-Vertreib welchen man sich bey vergönten Stunden, auf dem beliebten Clavier, durch Singen und Spielen auserlesener Oden, vergnüglich machen kan. ⟨Zweyter Theil ... Mit einem angenehmen Accompagnement der Violine oder Flaute Traversiere.⟩ [With two frontispieces.] 2 Tl. *Franckfurt und Leipzig,* 1743, 46. 8°. Hirsch III. **1159.**

MYRA.
—— Myra. A pastoral elegy for three voices, *etc. See* Untimely. Untimely bowed by Fate's relentless Hand. [1790?] fol. Hirsch M. **1476. (6.)**

MYSLIVEČEK (Josef)
—— [Another copy.] Six Overtures, for two Violins, two Hoboys, two French Horns, two Tenors, with a Thorough Bass for the Harpsichord or Violoncello. *London,* [1772.] fol. Hirsch IV. **1633. a.**
Imperfect; wanting the corno 1 part, which has been supplied in photostat facsimile.

NAEGELI (Hans Georg)
—— Lieder in Musik gesetzt. 2 vol. *Im Verlage des Verfassers: Zürich,* [1795, 97.] 8°. Hirsch III. **950.**

NAISSANCE D'AMADIS.
—— La Naissance d'Amadis. Comédie en un acte mise au théâtre par Monsieur Regnard, et representée pour la premiére fois ... le dixiéme jour de Février 1694. [With the music to seven airs.] 1721. 12°.
Hirsch IV. **1336. a.**
Contained in tom. 5 of E. Gherardi's " Théâtre italien."

NAPIER (William)
—— [Another copy of vol. 2.] [A Selection of the most Favourite Scots Songs ... Adapted for the harpsichord, with an accompaniment for a violin, by eminent masters.] *London,* [1794.] fol. Hirsch III. **812.**
Otto Jahn's copy, with his bookplate. Imperfect; wanting vol. 1, 3, and the frontispiece and the list of subscribers to vol. 2.

NARDINI (Pietro)
—— Six Duets for two Tenors. [Parts.] 2 pt. *Printed for C. & S. Thompson: London,* [1775?] fol.
Hirsch M. **1442.**

NARES (James)
—— [Another copy.] Il Principio, or a Regular Introduction to playing the Harpsichord or Organ. *London,* [1777.] *obl.* fol. Hirsch M. **1474. (1.)**

NATA.
—— Nata et grata polo. [Six-part motet. By Andreas Pevernage.] [1595?] *obl.* fol. Hirsch III. **734.**
Contained on fol. 1 of " Encomium musices " edited by Philipp Galle.

NAUDOT (Jean Jacques)
—— Chansons notées de la très vénérable confrérie des francs-maçons ... Le tout recueilli et mis en ordre par frère Naudot. pp. 39. [*Paris?*] 1744. 12°.
Hirsch III. **952. (1.)**

NAUMANN (Johann Gottlieb)
—— [Another copy.] Amphion. Eine Oper, *etc.* [*Dresden,* 1784.] *obl.* fol. Hirsch II. **685.**

NAUMANN (Johann Gottlieb)
—— [Another copy.] Cora. Eine Oper. [Score.] *Leipzig*, 1780. *obl. fol.* Hirsch II. **686**.

NAUMANN (Johann Gottlieb)
—— [Another copy.] Cora. Eine Oper. [Vocal score.] *Leipzig*, 1780. *obl. fol.* Hirsch IV. **1232**.
Without the leaf containing the list of errata.

NAUMANN (Johann Gottlieb)
—— [Another copy.] Orpheus und Euridice. Eine Oper . . . Clavierauszug, *etc. Kiel*, 1787. *obl. fol.* Hirsch IV. **1233**.

NEEFE (Christian Gottlob)
—— Amors Guckkasten, eine komische Operette, *etc.* [Vocal score.] pp. 67. *Bey Engelhardt Benjamin Schwickert: Leipzig*, 1772. *obl.* 8°. Hirsch IV. **1235**.

NEEFE (Christian Gottlob)
—— [Another copy.] Die Apotheke, eine comische Oper, *etc. Leipzig*, 1772. *obl.* 8°. Hirsch IV. **1234**.

NEEFE (Christian Gottlob)
—— Sechs Claviersonaten mit der willkührlichen Begleitung einer Violine. pp. 43. *Bey Christian Friedrich Günther: Glogau*, [1770?] *obl. fol.* Hirsch III. **445**.

NEEFE (Christian Gottlob)
—— [Another copy.] Heinrich und Lyda, ein Drama, *etc. Naumburg und Zeitz*, 1777. *obl.* 8°. Hirsch IV. **1236**.
Otto Jahn's copy, with his bookplate.

NEEFE (Christian Gottlob)
—— [Another copy.] Zwölf Klavier-Sonaten. *Leipzig*, 1773. fol. Hirsch III. **446**.

NEEFE (Christian Gottlob)
—— Oden von Klopstock mit Melodien. pp. 31. *In der Kortenschen Buchhandlung: Flensburg und Leipzig*, 1776. *obl. fol.* Hirsch III. **954**.

NEEFE (Christian Gottlob)
—— [Another copy.] Serenaten beym Klavier zu singen. *Leipzig*, 1777. *obl.* 4°. Hirsch III. **955**.

NEEFE (Christian Gottlob)
—— Vademecum für Liebhaber des Gesangs und Klaviers. [Songs, canons and pianoforte works by C. G. Neefe, and songs by J. A. Hiller.] pp. 88. *Im Verlage der Dykischen Buchhandlung: Leipzig*, 1780. *obl. fol.* Hirsch III. **956**.

NEEFE (Christian Gottlob)
—— *See* DUMMER GAERTNER. Der dumme Gärtner, oder die Beyden Anton, ein comisches Singspiel [by Benedict Schack and Anton Gerl] in zwey Aufzügen fürs Clavier gesetzt von C. G. Neefe. [1796?] *obl. fol.* Hirsch IV. **1278**.

NEEFE (Christian Gottlob)
—— *See* MARTIN Y SOLAR (V.) L'Arbore de Diana . . . Fürs Clavier eingerichtet von C. G. Neefe. [1796.] *obl. fol.* Hirsch IV. **1174**.

NEEFE (Christian Gottlob)
—— *See* MOZART (W. A.) [C. *Vocal Music.*—II. *Operas.*] La Clemenza di Tito. Opera seria . . . Aggiustata per il piano forte del sign. C. G. Nefee [*sic*]. [1800.] *obl. fol.* Hirsch IV. **209**.

NEEFE (Christian Gottlob)
—— *See* MOZART (W. A.) [C. *Vocal Music.*—II. *Operas.*] [Cosi fan tutte.] Ouverture und Gesänge . . . Klavierauszug von C. G. Neefe. [1799.] *obl. fol.* Hirsch IV. **164**.

NEEFE (Christian Gottlob)
—— *See* MOZART (W. A.) [C. *Vocal Music.*—II. *Operas.*—Don Giovanni.] Dom Juan . . . In einem neuen, vehrmehrten . . . Clavierauszuge, von C. G. Neefe. [1797.] *obl. fol.* Hirsch IV. **130**.

NEEFE (Christian Gottlob)
—— *See* MOZART (W. A.) [C. *Vocal Music.*—II. *Operas.*] L'Enlevement du Serail . . . Arrangé pour le clavecin par C. G. Neefe. [1799.] *obl. fol.* Hirsch IV. **47**.

NEEFE (Christian Gottlob)
—— *See* PAISIELLO (G.) [1. *Operas.*] [La Molinara.] Ouverture und favorit-Arien . . . Fürs Clavier eingerichtet von Neefe. [1794.] *obl. fol.* Hirsch IV. **1238**.

NEEFE (Christian Gottlob)
—— *See* SALIERI (A.) Axur Koenig von Ormus . . . fürs Clavier eingerichtet von C. G. Neefe. [1796.] *obl. fol.* Hirsch IV. **1275**.

NEFEE ( ) *Signor. See* NEEFE (C. G.)

NÈGRES.
—— Les Nègres. Comédie. *See* DEZÈDE (N.)

NEUKOMM (Sigismund von)
—— *See* HAYDN (F. J.) [*The Creation.*] Die Schöpfung . . . übersetzt für das Clavier von S. Neukomm. [1800?] *obl. fol.* Hirsch IV. **1157**.

NEUMARK (Georg)
—— Georg Neumarks . . . Poetisch- und musikalisches Lustwäldchen, in welches erster Abtheilung . . . Ehren- und Liebeslieder mit beygefügten Melodien . . . enthalten sind. pp. 228. *In Verlegung Johann Naumanns: Hamburg*, 1652. 12°. Hirsch III. **958**.
With an additional titlepage, engraved.

NICOLAI (Johann Georg)
—— Six parties sur le clavecin. pp. 25. *Chez Jean Gottl. Imman. Breitkopf: Leipzig*, 1760. *obl. fol.* Hirsch III. **447**.

NICOLAI (Valentino)

—— [Another copy.] Six Sonatas for the Piano Forte or Harpsichord with an accompaniment for a violin . . . Opera III. *London*, [1775?] fol.   Hirsch III. **448**.

NIGER (Franciscus)

—— Diuersorum Carminum ex Francisco nigro Numeri. [Settings of Latin verses in various metres.] [1500.] fol.   Hirsch III. **962**.

Contained on fol. 71 verso and fol. 72 recto of " Vergiliana opuscula familiarit exposita," printed at Paris for Jean Petit by Thielman Kerver.

NINETTE À LA COUR.

—— Ninette à la cour. Parodie de Bertholde à la Ville. Comédie en deux actes [by Egidio R. Duni], melés d'ariettes par Mr Favart. ⟨Imprimé par Tournelle . . . Gravé par Melle Vendôme.⟩ [Score.] pp. 73. 76. *Chez Mr de la Chevardière: Paris,* [1755?] fol. Hirsch II. **222**.

NIVERS (Guillaume Gabriel)

—— [Another copy.] Motets à voix seule, accompagnée de la basse continue, et quelques autres motets à deux voix, propres pour les religieuses, *etc. Paris,* 1689. obl. 4°.   Hirsch III. **963**.

NOBILLI (Francesco de')

—— *See* Kapsberger (J. H.) Libro primo di mottetti passeggiati à una voce . . . Raccolto dal Sigr. F. de Nobili. 1612. fol.   Hirsch IV. **1684**.

NOFERI (Giovanni Battista)

—— Six Solos for a Violin and Bass . . . Opera seconda. [Score.] pp. 41. *Printed for the Author: Cambridge,* [1760?] fol.   Hirsch M. **1473**. (**2**.)
Imperfect; wanting pp. 11, 12.

NOFERI (Giovanni Battista)

—— [Another copy.] Six Solos, for the Violin and Bass . . . Opera XI. [1770?] fol.   Hirsch M. **1473**. (**1**.)

NON.

—— Non temer amato bene. Recitative e rondo. *See* Mozart (W. A.) [*C. Vocal Music.—IV. Songs.—b. Single Voice.*]

NOW.

—— Now we're met like jovial Fellows. *Sing old Rose and burn the Bellows.* A favourite glee for 3 voices. Sung by Mr. Bannister &c. in The Suicide. *Printed for J. Carr:* [*London,* 1780?] fol.   Hirsch M. **1476**. (**5**.)

NYMPHES DE DIANE.

—— Les Nymphes de Diane. Cantate françoise à deux voix et la basse continue. Composée par M^r . . . . . . Partition, *etc.* ⟨Gravé par Paulo Angelli.⟩ pp. 33. *Chez Foucault: Paris,* [1715?] fol.   Hirsch III. **697**. a.

ODEN.

—— [Another copy.] Berlinische Oden und Lieder. Tl. 1, 2. *Leipzig,* 1756, 59. obl. fol.   Hirsch III. **915**.
Imperfect; wanting Tl. 3.

ODEN.

—— Neue Samlung verschiedener und auserlesener Oden, von denen besten Dichtern itziger Zeit verfertiget und zu beliebter Clavier Übung und Gemüths Ergötzung mit eigenen Melodien versehen und herausgegeben. Tl. 1–4. *Leipzig,* 1746–48. obl. 4°.   Hirsch III. **1063**.
Imperfect; wanting Tl. 5.

ODEN.

—— Vier und zwanzig . . . Oden mit leichten . . . Melodien versehen, von T. J. P. [i.e. G. P. Telemann.] 1741. obl. 4°. *See* P., T. J.   Hirsch III. **1122**.

ODEN.

—— Oden mit Melodien. 2 Tl. *Bey Friedrich Wilhelm Birnstiel: Berlin,* 1761. obl. fol.   Hirsch III. **964**.
Imperfect; wanting the titlepage and all after p. 20 *of Tl.* 2.

ODEN.

—— Sammlung neuer Oden und Lieder . . . Dritte Auflage. [Words by F. von Hagedorn. Music by J. V. Görner.] 3 Tl. *Bey Johann Carl Bohn: Hamburg,* 1752. 8°.   Hirsch III. **771**.
Tl. 1 *is of the third, Tl.* 2 *is of the second edition.*

ODEN.

—— [Another copy.] Sammlung neuer Oden und Lieder. [Music by J. V. Görner.] Tl. 1. *Hamburg,* 1742. 8°.   Hirsch III. **770**.
Imperfect; wanting Tl. 2, 3.

OLD.

—— Old Lewis must thy frantick Riott. Song. *See* Corbett (William) [*Mock Address to the French King.*]

OLIVE (Joseph)

—— [Music Poetry & Painting, presenting an elegant selection of the most approved songs, sonatas &c. With a thorough bass for the harpsichord, under the inspection of Mr. J. Olive.] ff. 6. [*Printed for John Fielding: London,*] 1785. fol.   Hirsch M. **1475**. (**6**.)
Printed on one side of the leaf only. Imperfect; wanting the titlepage. The vignette at the head of each page has been coloured by hand. The composers named are: Mr. Olive, Mr. Shaw, Dr. Arne, and Mr. Battishill.

OLTHOF (Statius)

—— In Georgii Buchanani Paraphrasin Psalmorum Collectanea Nathanis Chytræi, *etc.* pp. 116. *Typis Christophori Coruini: Herbornæ,* 1595. 12°.   Hirsch III. **967**. (**2**.)
Pp. 104–116 *contain four-part settings, by S. Olthof, of poems by Horace, and of other Latin verses.*

OLTHOF (Statius)

—— In Georgii Buchanani Paraphrasin Psalmorum Collectanea Nathanis Chytræi, *etc.* pp. 104. *Typis Christophori Coruini: Herbornæ,* 1600. 12°.   Hirsch III. **966**.
Pp. 99–104 *contain four-part settings, by S. Olthof, of poems by Horace.*

OLTHOF (STATIUS)
—— Psalmorum Dauidis Paraphrasis poëtica Georgii Buchanani . . . Argumentis ac melodiis explicata, *etc.* [With four-part settings by S. Olthof.] pp. 407.   1595.   12º. *See* PSALMS. [*Latin.*]   Hirsch III. **967. (1.)**

OLTHOF (STATIUS)
—— Psalmorum Dauidis Paraphrasis poëtica Georgii Buchanani . . . Argumentis ac melodiis explicata, *etc.* [With four-part settings by S. Olthof.] pp. 407.   1600.   12º. *See* PSALMS. [*Latin.*]   Hirsch III. **968.**

ON NE S'AVISE JAMAIS DE TOUT.
—— [Another copy.] On ne s'avise jamais de tout. Opéra bouffon, *etc.* Paris, [1762.] fol.   Hirsch II. **613.**

OPÉRA COMIQUE.
—— L'Opéra comique. Opéra comique. *See* DELLA MARIA (D.)

ORIGINAUX.
—— Les Originaux, ou l'Italien. Comédie en trois actes, mise au théâtre par Monsieur de D. L. M., et representée pour la première fois . . . le treiziéme jour d'Août 1693. [With the music to six airs.]   1721.   12º.   Hirsch IV. **1336. a.** *Contained in tom. 4 of E. Gherardi's "Théâtre italien."*

ORION.
—— Orion. Tragédie. *See* LACOSTE (   )

ORPHÉE.
—— Orphée. Tragédie. *See* LULLY (L. de)

OSWALD (JAMES)
—— The Caledonian Pocket Companion in seven volumes, containing all the favourite Scotch tunes with variations for the German flute with an index to the whole. ⟨The Caledonian Pocket Companion containing a favourite collection of Scots tunes with variations for the German flute or violin . . . Book VIII.⟩ 8 bk.   *Printed for the Author: London*, [1750–60?] 8º.   Hirsch M. **1443.** *Imperfect; wanting p. 33 of bk. 7.*

OSWALD (JAMES)
—— Six Pastoral Solos for a Violin and Violoncello with a Thorough Bass for the Organ or Harpsicord. [Score.] pp. 16. *Printed for the Author: London*, [1765?] obl. fol.
Hirsch IV. **3. (6.)**

OTTONE.
—— The Favourite Songs in the opera call'd Otho. [By G. F. Händel.]   *J. Walsh & Inº & Joseph Hare: London*, [1723?] fol.   Hirsch M. **1396.**

OUDOT (CLAUDE)
—— Stances chrestiennes de M. l'abbé Testu mises en musique à deux, troix, & quatre parties, avec des symphonies . . . Seconde édition. [Score.] pp. 160.   *Chez Christophe Ballard: Paris*, 1696. 4º.   Hirsch III. **970.**

OUDOT (CLAUDE)
—— Stances chrétiennes de M. L. T. [i.e. l'Abbé Testu] mises en musique à deux, trois & quatre parties, avec des simphonies . . . Nouvelle édition. [Score.] pp. 160. *Chez Christophe Ballard: Paris*, 1704. 4º.   Hirsch III. **971.**

OVERTURES.
—— [Another copy.] Six Overtures fitted to the Harpsicord or Spinnet viz. Rodelinda, Otho, Floridant, Amadis, Radamistus, Muzio Scævola, *etc.* [By G. F. Haendel.] *London*, 1726. fol.   Hirsch III. **238.**

OVERTURES.
—— [Another copy.] Six Overtures fitted to the Harpsicord or Spinnet viz. Julius Caesar, Alexander, Tamerlane, Scipio, Flavius, Theseus . . . The second collection. [By G. F. Haendel.] *London*, [1728?] fol.   Hirsch III. **239.**

OVERTURES.
—— Quatre ouvertures composées par Guglielmi, Wanhal, Diters, et Haydn; arrangées pour le clavecin ou fortepiano et deux sonates par Clementi, et Scarlati [*sic*]. ⟨Gravé par Made Thurin.⟩ pp. 27.   *Chez M. Bailleux: Paris*, [1785?] fol.   Hirsch III. **450.**

P., H.
—— Deliciæ Musicæ: being, a Collection of the newest and best Songs sung at Court and at the Publick Theatres, most of them within the Compass of the Flute. With a thorowbass, for the theorbo-lute, bass-viol, harpsichord, or organ. Composed by several of the best masters. The first ⟨—fourth⟩ book. ⟨Deliciæ Musicæ . . . with the additional musick to the Indian Queen, by Mr. Daniel Purcell . . . The first book of the second Volume.—Deliciæ Musicæ . . . With the dialogues in the last new play call'd (Love's a Jest) sett by Mr John Eccles . . . The second book of the second volume.⟩ [The editor's advertisement to the reader signed: H. P., i.e. Henry Playford.] 2 vol. *Printed by J. Heptinstall, for Henry Playford: London*, 1695, 96. fol.   Hirsch IV. **1680. a.** *The first volume is in 4 bk.*

P****, M****.
—— Recueil d'airs d'un nouveau genre avec un accompagnement de flute. Composé par M.** P**. ⟨Gravé par Denise Vincent.⟩ [Score.] pp. 93.   *Chez le Sr Boivin; chez le Sr le Clerc: Paris*, 1732. obl. 4º.   Hirsch III. **1007.**

P., T. J.
—— Vier und zwanzig, theils ernsthafte, theils scherzende, Oden, mit leichten und fast für alle Hälse bequehmen Melodien versehen, von T. J. P. [i.e. G. P. Telemann.] pp. 24. *Bey Christian Herold: Hamburg*, 1741. obl. 4º.
Hirsch III. **1122.**

PACHELBEL (WILHELM HIERONYMUS)
—— [Another copy.] Præludium und Fuga, componirt und edirt von W. H. Pachelbel. [*Nuremberg?* 1725?] fol.
Hirsch III. **451.**

PAER (FERDINANDO)

—— L'Intrigo amoroso. Aria. Un solo quarto d'ora. pp. 7. *In dem K: K: Hof Theater Musick Verlag: Wien,* [1797?] *obl.* fol. Hirsch M. **1443. a.**

PAER (FERDINANDO)

—— La Virtu al cimento. Duetto. Vederlo sol bramo contento. pp. 8. *Nel magazino di musica dei teatri imp. e real.: Vienna,* [1797?] *obl.* fol. Hirsch M. **1443. b.**
Plate number 91.

PAER (FERDINANDO)

—— Un Solo quarto d'ora. *See* supra: L'Intrigo amoroso.

PAER (FERDINANDO)

—— Vederlo sol bramo contento. *See* infra: La Virtu al cimento.

PAGIN (ANDRÉ NOEL)

—— [Another copy.] Six Solos or Sonatas for a Violin with a Thorough Bass for the Harpsicord by six different authors of the best composers in Italy, viz:^{t} Sig^r Pagin, Locatelli, Sewalt Treimer, Ceci, Mossi, Fritz. *London,* [1750?] fol. Hirsch III. **453.**

PAGIN (ANDRÉ NOEL)

—— Sonates à violon seul et basse-continue . . . P^{er} œuvre . . . Gravée par le Sr Hue. [Score.] pp. 35. *Chez l'auteur: Paris,* [1748?] fol. Hirsch III. **454.**

PAISIELLO (GIOVANNI) [1. *Operas.*]

—— [Il Barbiere di Siviglia.] Le Barbier de Seville. Opéra comique en quatre actes. Mis en musique sur la traduction italienne . . . et remis en français d'après la pièce de Mr de Beaumarchais et parodié sous la musique, par Mr Framery, *etc.* [Score.] pp. 253. *Chez Leduc: Paris,* [1784?] fol. Hirsch II. **700.**
Plate number 78A. The verso of the titlepage and the following leaf bear a list of Leduc's publications.

PAISIELLO (GIOVANNI) [1. *Operas.*]

—— [Le Due contesse.] Les Deux comtesses. Opéra bouffon. Imité de l'italien et parodié . . . par Mr Framery. [Score.] pp. 236. *Chez Leduc: Paris,* [1776?] fol. Hirsch II. **701.**
Plate number 64A.

PAISIELLO (GIOVANNI) [1. *Operas.*]

—— [I Filosofi immaginari.] Le Philosophe imaginaire. Opéra bouffon en 3 actes . . . Paroles de M. Du Buisson. [Score.] pp. 201. *Le Sr Lawalle: Paris,* [1780?] fol. Hirsch II. **702.**

PAISIELLO (GIOVANNI) [1. *Operas.*]

—— [I filosofi immaginarii.—Salve tu domine.] *See* MOZART (W. A.) [*D. Instrumental Music.—III. Pianoforte Music. —c. ii. Variations.*] Ariette, Salve tu domine avec variations [K. 398] pour le clavecin, *etc.* [1791.] fol. Hirsch IV. **60.**

PAISIELLO (GIOVANNI) [1. *Operas.*]

—— [La Frascatana.] L'Infante de Zamora. Opéra comique en trois actes. Parodié sous la musique de la Frascatana, *etc.* [Score.] pp. 308. *Chez Aug^{te} Le Duc et comp^{ie}: Paris,* [1789?] fol. Hirsch II. **703.**
Plate number 18.

PAISIELLO (GIOVANNI) [1. *Operas.*]

—— [Another copy.] [Il Marchese Tulipano.] Le Marquis Tulipano. Opéra bouffon, *etc. Paris,* [1789.] fol. Hirsch II. **704.**

PAISIELLO (GIOVANNI) [1. *Operas.*]

—— [Another issue.] [La Molinara.] Ouverture und favorit Arien aus der Oper La Molinara (die Müllerinn) . . . Fürs Clavier eingerichtet von Neefe. [Vocal score.] *Bonn,* [1794.] *obl.* fol. Hirsch IV. **1238.**

PAISIELLO (GIOVANNI) [1. *Operas.*]

—— [La Molinara.—Nel cor più.] *See* BEETHOVEN (L. van) [*Variations. N. p.* 155.] Variazioni sopra il duetto Nel cor più no mi sento, dell'opera Molinara [by G. Paisiello] per il clavicembalo, *etc.* [1796.] *obl.* fol. Hirsch IV. **438.**

PAISIELLO (GIOVANNI) [1. *Operas.*]

—— [La Molinara.—Quant' è più bello.] *See* BEETHOVEN (L. van) [*Variations. N. p.* 155.] Variazioni della thema Quant' è più bello l'amor contadino nell'opera La Molinara [by G. Paisiello] per il piano-forte, *etc.* [1795.] *obl.* fol. Hirsch IV. **437.**

PAISIELLO (GIOVANNI) [1. *Operas.*]

—— [Il Re Teodoro in Venezia.] Le Roi Théodore a Venise. Opéra héroï-comique en trois actes . . . Paroles imitées de l'italien par M. Dubuisson . . . Gravé par Huguet. [Score.] pp. 350. *Chez Huguet: Paris,* [1786?] fol. Hirsch II. **706.**

PAISIELLO (GIOVANNI) [2. *Miscellaneous Vocal Works.*]

—— [Another copy.] La Liberta e palinodia. Twenty four duetts, *etc. London,* [1794?] *obl.* fol. Hirsch IV. **1698.**

PAIX (JACOB)

—— Ein Schön Nutz- vnnd Gebreuchlich Orgel Tabulaturbuch. Darinnen etlich der berümbten Componisten, beste Moteten, mit 12. 8. 7. 6. 5. vnd 4. Stimmen ausserlesen, dieselben auff alle fürneme Festa des gantzen Jars, vnd zu dem Chormas gesetzt. Zu letzt auch allerhand der schönsten Lieder, Pass' è mezzo vnd Täntz, Alle mit grossem fleiss Coloriert. Zu trewem dienst den liebhabern diser Kunst, selb Corrigiert vnd in Truck verwilligt. *In Verlegung Georgen Willers; getruckt bey Leonhart Reinmichel: Laugingen,* 1583. fol. Hirsch III. **455.**

PALESTRINA (GIOVANNI PIERLUIGI DA)

—— [Another copy.] Ioannis Petri Loysij Praenestini . . . Missarum Liber Primus. *Romae,* 1572. fol. Hirsch III. **973. (1.)**

PALESTRINA (Giovanni Pierluigi da)
—— Ioannis Petri Aloysi Praenestini Missarum liber secundus. *Apud Haeredes Valerii z Aloysii doricorum fratrum Brixiensium: Romae,* 1567. fol.   Hirsch III. **973. (2.)**

PALESTRINA (Giovanni Pierluigi da)
—— Ioannis Petraloysii Praenestini Missarum Liber Tertius. *Apud Haeredes Valerij, & Louisii Doricorum Fratrum: Romae,* 1570. fol.   Hirsch III. **973. (3.)**

PALESTRINA (Giovanni Pierluigi da)
—— *See* Burney (Charles) La Musica che si canta . . . nelle funzioni della settimana santa . . . composta da Palestrina, Allegri, *etc.* 1771. fol.   Hirsch IV. **727.**

PALMIRA.
—— Aus Palmira. [By A. Salieri.] No. 8. ⟨Aria e marcia.⟩ *Bei N. Simrock: Bonn,* [1797?] obl. fol.
Hirsch III. **1058.**
Plate number 36.

PAPAGENA.
—— Papagena! Weibchen! Täubchen! meine Schöne. Aria. *See* Mozart (W. A.) [C. *Vocal Music.—II. Operas. —Die Zauberflöte.*]

PAPHIAN DOVES.
—— [Another copy.] The Paphian Doves. A new book of kisses; set for the harpsichord or piano-forte, *etc. London,* [1780.] fol.   Hirsch III. **593.**

PARADIS (Maria Theresia)
—— Zwölf Lieder auf ihrer Reise in Musik gesetzt, *etc.* [With a silhouette portrait, possibly of the composer.] pp. 35. *Bey Johann Gottlob Immanuel Breitkopf: Leipzig,* 1786. obl. fol.   Hirsch III. **975.**

PARODIES.
—— [Another copy.] Les Parodies du nouveau théâtre italien, *etc.* tom. 1, 2. *Paris,* 1731. 12º.   Hirsch III. **671.**
Imperfect; wanting tom. 3.

PARODIES.
—— Parodies spirituelles, en forme de cantates; sur des airs choisis de Messieurs Le Camus, Lambert, de Lully, & autres. Nouvelle édition revûë & corrigée. pp. 67. *J. B. Christophe Ballard:* [*Paris,*] 1717. obl. 4º.
Hirsch III. **977.**

PARTHENIA.
—— Parthenia, or the Mayden-head of the first Musicke that ever was printed for the Virginalls. Composed by three famous masters: William Byrd, Dr John Bull, and Orlando Gibbons. *Printed for John Clarke:* [*London,*] 1651. fol.
Hirsch IV. **1648.**
Printed on one side of the leaf only.

PARTO.
—— Parto! ma tu ben mio. Aria. *See* Mozart (W. A.) [C. *Vocal Music.—II. Operas.—La Clemenza di Tito.*]

PARTSCH (Placidus)
—— Liedersammlung für Kinder und Kinderfreunde am Clavier. Frühlingslieder. [Edited by P. Partsch.] pp. xxx. xxx. *Bey Ignaz Alberti: Wien,* 1791. obl. 4º.
Hirsch IV. **173.**
The composers named are: Mozart, Wanhal, Wenc. Müller, Joh. Stenneberg, Krickel and Hoffmann.

PASQUIN ET MARFORIO.
—— Pasquin et Marforio, medecins des moeurs. Comédie en trois actes. Mise au théâtre par Messieurs du F**, & du B**, et representée pour la premiére fois . . . le troisiéme jour de fevrier 1697. [With the music to six airs.] 1721. 12º.   Hirsch IV. **1336. a.**
Contained in tom. 6 of E. Gherardi's " Théâtre italien."

PATONI (Giovanni Battista)
—— Six Sonatas or Duets for Two German Flutes or Violins . . . Opera prima. [Parts.] 2 pt. *Printed for Chas and Saml Thompson: London,* [1765?] fol.
Hirsch M. **1468. (1.)**

PELLEGRIN (Simon Joseph)
—— Cantiques spirituels, sur les points les plus importans de la religion . . . accompagnéz d'hymnes pour les principales fêtes de l'année . . . Sur des airs de l'opéra, vaudevilles choisis, sur les chants de l'église, & des noëls anciens, notez . . . Seconde édition, revûë, corrigée, & augmentée, *etc.* [Followed by " Chants des noels anciens."] 3 pt. *Chez Nicolas le Clerc: Paris,* 1706. 8º.   Hirsch III. **978.**
The date in the " approbation " is 1709.

PEPUSCH (Johann Christoph)
—— [Another copy.] An Entertainment of Musick call'd The Union of the three Sister Arts as it is perform'd at the Theatre in Lincolns Inn Fields for St Cecilia's Day 1723, *etc. London,* [1723.] fol.   Hirsch II. **708.**

PERCY (John)
—— [Romeo and Juliet.] The Garden Scene from Shakespears Romeo and Juliet versified, and set to music . . . by J. Percy. [Score, for two violins and bass.] pp. 13. *Printed for G. Goulding: London,* [1790?] fol.
Hirsch M. **1477. (7.)**

PEREZ (Davidde)
—— [Another copy.] Mattutino de' morti, *etc. London,* [1774.] fol.   Hirsch M. **1444.**

PERGOLESI (Giovanni Battista)
—— [Another copy.] Miserere à quatre voix. *Paris,* [1800?] fol.   Hirsch IV. **889.**
Bibliothèque musicale, première livraison vocale.

PERGOLESI (Giovanni Battista)
—— La Serva padrona. Intermezzo, *etc.* [Score.] pp. 68. *Aux adresses ordinaires et chez l'éditeur: Paris,* [1752?] obl. fol.
Hirsch II. **709.**

PERGOLESI (Giovanni Battista)
—— [Another copy.] La Serva Padrona. Intermezzo, *etc.* [Score.] *Londra,* 1777. fol.   Hirsch IV. **1577.**

PERGOLESI (GIOVANNI BATTISTA)
—— Stabat Mater. [Score.] pp. 26.   *I. Walsh: London*, [1740?] fol.   Hirsch M. **1445**.

PERGOLESI (GIOVANNI BATTISTA)
—— Stabat Mater, oder Passions-Cantate, mit der deutschen Parodie des Herrn Klopstocks, in einem Clavierauszuge. Zum Besten der neuen Armenschule zu Friedrichstadt bey Dressden. [Vocal score.] pp. 32.   *In Commission bey Bernhard Christoph Breitkopf und Sohn: Leipzig*, 1774. *obl.* 8°.   Hirsch IV. **1240**.

PERGOLESI (GIOVANNI BATTISTA)
—— [Stabat Mater.] Vollständige Passionsmusik zum Stabat Mater, mit der Klopstockischen Parodie; in der Harmonie verbessert, mit Oboen und Flöten verstärkt, und auf vier Singstimmen gebracht von Johann Adam Hiller. [Score.] pp. 59.   *Verlegts die Dykische Buchhandlung: Leipzig*, 1776. fol.   Hirsch IV. **891**.

PERGOLESI (GIOVANNI BATTISTA)
—— Tracollo. Intermède en deux actes, *etc.* [Score.] pp. 80. *Aux adresses ordinaires: Paris*, [1753?] *obl.* fol.
Hirsch IV. **1578**.

PERI (JACOPO)
—— Le Musiche di Iacopo Peri . . . sopra l'Euridice del Sig. Ottavio Rinuccini. Rappresentate nello sponsalizio della christianissima Maria Medici regina di Francia e di Navarra. [Score.] pp. 52. *Appresso Giorgio Marescotti: Fiorenza*, 1600. fol.   Hirsch II. **713**.

PERIODICAL PUBLICATIONS.—*Paris*.
—— [Another copy.] Les Diners du vaudeville. [With airs to some of the songs.] année 1–4. no. 1–48.   *Paris*, [1796–1803.] 12°.   Hirsch III. **682**.
Imperfect; wanting année 5, no. 49–52.

PERIODICAL PUBLICATIONS.—*Paris*.
—— La Feuille chantante, ou Journal hebdomadaire, composé de chansons, vaudevilles, rondeaux, ariettes, romances, duos, brunettes, etc. Avec un accompagnement de violon et basse chiffrée pour le clavecin ou la harpe, *etc.* vol. 1, 2, 18.   *Chés M. de la Chevardière: Paris*, [1764–1781.] 8°.   Hirsch III. **748**.
Imperfect; wanting vol. 3–17. The title of vol. 18 reads "Journal hebdomodaire," etc.

PERIODICAL PUBLICATIONS.—*Paris*.
—— Feuilles de Terpsichore, ou Journal composé d'ouvertures, d'airs arrangés et d'airs avec accompagnement pour le clavecin. année 2, no. 23.   *Chez les Srs. Cousineau père et fils: Paris*, [1786?] fol.   Hirsch M. **1478**. (2.)

PERIODICAL PUBLICATIONS.—*Spire*.
—— Bibliothek der Grazien. Eine Monatsschrift für Liebhaberinnen und Freunde des Gesangs und Klaviers. Jahrg. 1. no. 1, 3, 6. Jahrg. 2. no. 1–12. *Heinrich Philipp Bossler: Speier*, [1789, 90.] *obl.* fol.
Hirsch III. **649**.

PERIODICAL PUBLICATIONS.—*Spire*.
—— Blumenlese für Klavierliebhaber. Eine musikalische Wochenschrift . . . Herausgegeben von H. P. Bossler. Tl. 2. *Speier*, 1783. fol.   Hirsch III. **126**.

PÉRONNE SAUVÉE.
—— Péronne sauvée. Opera, *etc.* [By L. E. Billardon de Sauvigny. With songs.] [1782.] 12°.   Hirsch III. **652**.
Contained in tom. 4 of " Les Après soupers de la société."

PERSUIS (LOUIS LUC LOISEAU DE)
—— Fanny Morna, ou l'Eccossaise. Drame lyrique en trois actes, et en prose. Paroles d'Ed. Favières, *etc.* [Score.] pp. 164. *Chez Naderman: Paris*, [1800?] fol.
Hirsch II. **715**.
Plate number 697.

PETERSEN (DAVID)
—— A. Alewyns Zede en Harpgezangen. Met Zangkunst Verrykt door D. Petersen. pp. 69.   *By de Erfgen van J. Lescailje: Amsterdam*, 1694. 4°.   Hirsch III. **983**.
With an additional titlepage, engraved.

PETIT PAGE.
—— Le Petit page. Opéra.   See KREUTZER (R.) and ISOUARD (N.)

PETIT SOUPÉ.
—— Le Petit soupé, ou l'Abbé qui veut parvenir. [Play, by L. E. Billardon de Sauvigny. With songs.] [1783.] 12°.
Hirsch III. **652**.
Contained in tom. 1, cah. 2 of " Les Après soupers de la société."

PETRUS PAULUS, Mediolanensis. See BORRONO (P. P.)

PEVERNAGE (ANDREAS)
—— Nata et grata polo. [Six-part motet. By A. Pevernage.] [1595?] *obl.* fol. [*GALLE* (P.) Encomium musices.] See NATA.   Hirsch III. **734**.

PFEIFFER (JOHANN MICHAEL)
—— La Bambina al cembalo, o sia metodo facile, e dilettevole in pratica per aprendere a ben suonare, ed accompagnare sopra il clavi-cembalo o $\frac{\text{forte piano}}{2\ 1}$ [*sic*] . . . Seconda edizione. pp. 70.   *Presso Antonio Zatta: Venezia*, [1790?] *obl.* fol.   Hirsch III. **459**.

PFEIFFER (JOHANN MICHAEL)
—— Sonata a 4 mani. ⟨Op. 1.⟩   *J. Bland: London*, [1795?] fol.   Hirsch III. **460**.
No. 10 of a series entitled " A Duett for two Performers on one Harpsichord or Piano."

PFLEGERUS (AUGUSTINUS)
—— [Another copy.] Odæ Concertantes quas variis vocibus & instrumentis in actu inaugurationis lusit musicorum chorus, *etc.* [1666.] fol.   Hirsch III. **754**.
Part of " Meditatæ . . . in cimbrica chersoneso academiæ . . . Kiloniæ fundatæ . . . inaugurationis panegyrica descriptio," by A. J. T. Frangipanus.

PHILIDOR (François André Danican)
—— L'Amant déguisé, ou le Jardinier supposé. Comédie en un acte Mêlée d'ariettes ... Les paroles par M. F*** [i.e. C. S. Favart, and the Abbé Voisenon] ... avec les parties séparées. Gravée par Dezauche. [Score.] pp. 55. *Chez M. de la Chevardière: Paris*, [1770 ?] fol.
Hirsch II. **719**.
Without the instrumental parts.

PHILIDOR (François André Danican)
—— Blaise le savetier. Opéra bouffon ... Œuvre Ier. Les paroles par M^r S*** [i.e. J. M. Sedaine.] ⟨Gravé par Melle Vendôme.⟩ [Score.] pp. 104. *Chez Mr de la Chevardière: Paris*, [1760 ?] obl. fol. Hirsch II. **720**.

PHILIDOR (François André Danican)
—— [A reissue.] Le Bucheron, ou les Trois souhaits. Comédie en un acte mêlées d'ariettes ... Les paroles de M^{rs} G ... [i.e. Guichard] et C ... [i.e. Castet]. [Score.] *Chez Mr de la Chevardière: Paris*, [1765 ?] fol.
Hirsch II. **721**.
Without the leaf containing the dedication, but with Chevardière's catalogue on the verso of the titlepage.

PHILIDOR (François André Danican)
—— Carmen seculare. Poëme d'Horace. [Score.] pp. 237. *Chez Sieber: Paris*, [1790 ?] fol. Hirsch IV. **895**.
Plate number 1366.

PHILIDOR (François André Danican)
—— [Another copy.] Ernelinde. Tragédie lyrique, *etc. Paris*, [1769 ?] fol. Hirsch II. **722**.

PHILIDOR (François André Danican)
—— Les Femmes vengées. Opéra comique en un acte et en vers par M. Sedaine. Gravé par le Sr Huguet. [Score.] pp. 184. *Chés l'auteur: Paris*, [1775 ?] fol.
Hirsch II. **723**.

PHILIDOR (François André Danican)
—— Le Jardinier de Sidon. Comédie en deux actes tirée des œuvres de Mr de Fontenelle ... Y compris les parties separées. [Score and parts.] *Chez M. de la Chevardière: Paris*, [1768 ?] fol. Hirsch II. **724**.
Imperfect; the parts for alto, corno I, II, and oboe I only.

PHILIDOR (François André Danican)
—— [A reissue.] Le Maréchal Ferrant. Opéra comique en deux actes ... Les paroles sont de Mr Quétant, *etc.* [Score.] *Chez Mr de la Chevardière: Paris*, [1765 ?] fol.
Hirsch II. **725**.

PHILIDOR (François André Danican)
—— Le Soldat magicien. Opéra comique en un acte ... Les parties de cors sont gravés séparément ... Gravé par Mme Vendôme. [Score and horn parts.] 3 pt. *Chez l'auteur: Paris*, [1760 ?] fol. Hirsch II. **726**.

SIG. 12.—PART 53.

PHILIDOR (François André Danican)
—— Le Sorcier. Comédie lyrique en deux actes par Mr Poinsinet ... Gravé par Le Sr Hue, *etc.* [Score.] pp. 162. *Chez Mr de la Chevardière: Paris*, [1764 ?] fol.
Hirsch II. **727**.

PHILIDOR (François André Danican)
—— Tom Jones. Comédie lyrique en trois actes ... Les paroles de Mr Poinsinet ... Gravé par le Sr Hue. [Score.] pp. 172. *Chez M. de la Chevardière: Paris*, [1766 ?] fol.
Hirsch II. **728**.

PHILLIS.
—— Phillis an das Clavier. [Song.] *See* MOZART (W. A.) [*E. Doubtful and Supposititious Works.*]

PHILOMÈLE.
—— Philomèle. Tragédie. *See* LACOSTE ( )

PHILOMENA.
—— Philomena preuia temporis ameni, *etc.* [Two-part song.] 1503. 16º. Hirsch IV. **1676**.
Contained in "*Centiloquiū Seraphici doctoris sancti Bonauenture ... nouiter impressum*," *published at Paris by Iehan Petit.*

PHILOSOPHE IMAGINAIRE.
—— Le Philosophe imaginaire. Opéra bouffon. *See* PAISIELLO (G.) [1. *Operas.*] [*I Filosofi immaginari.*]

PICCINI (Nicolò)
—— Atys. Tragédie lyrique en trois actes ... Paroles de Quinault ... Gravé et corrigé par Huguet en 1781. [Score.] pp. 332. *Chez de la Chevardière: Paris*, [1781 ?] fol.
Hirsch II. **731**.

PICCINI (Nicolò)
—— La Buona figliuola maritata. Opera comica, *etc.* [Score.] pp. 89. *R. Bremner: London*, [1767.] fol.
Hirsch II. **734**.
Published in three parts. Without the overture.

PICCINI (Nicolò)
—— La Buona figliuola. Opéra boufon en III. actes traduit de l'italien ... Musique ... Arrangée par M. Baccelli ... Gravée par le Sr Huguet, *etc.* [Score.] pp. 150. *Ches M. Houbaut: Paris*, [1771 ?] fol. Hirsch II. **735**.

PICCINI (Nicolò)
—— Diane et Endimion. Opéra en trois actes ... Gravé par Huguet, *etc.* [Score.] pp. 230. *Chez l'auteur: Paris*, [1784 ?] fol. Hirsch II. **732**.

PICCINI (Nicolò)
—— Didon. Tragédie lyrique en trois actes ... Gravée par Huguet, *etc.* [Score.] pp. 307. *Chez le suisse de l'hôtel de Noailles: Paris*, [1783 ?] fol. Hirsch II. **733**.

PICCINI (Nicolò)

—— De Didon ... Ouverture et morceaux, arrangés pour une flute seule, avec accompagnement d'un second violon, à volonté. Par M. Abraham. [Parts.] 2 pt. *Chez Bignon: Paris*, [1785?] fol. Hirsch M. **1465**. (**5**.)

PICCINI (Nicolò)

—— Le Faux lord. Comédie en deux actes ... Gravée par Huguet, etc. [Score.] pp. 210. *Chez M. Brunet: Paris*, [1783?] fol. Hirsch II. **737**.

PICCINI (Nicolò)

—— Iphigénie en Tauride. Tragédie lirique en quatre actes ... Gravée par le Sr Huguet, etc. [Score.] pp. 264. *Chez le suisse de l'hôtel de Noailles: Paris*, [1781?] fol. Hirsch II. **736**.

PICCINI (Nicolò)

—— Pénélope. Tragédie lyrique en trois actes, etc. [Score.] pp. 243. *Chez Des Lauriers: Paris*, [1785?] fol. Hirsch II. **738**.

Without the leaf containing Des Lauriers' " Catalogue de musique."

PICCINI (Nicolò)

—— Roland. Opéra en trois actes ... Gravé par J. Dezauche. [Score.] pp. 466. *Ches l'auteur: Paris*, [1778?] fol. Hirsch II. **739**.

PICCINI (Nicolò)

—— [La Schiava.] L'Esclave, ou le Marin genereux, intermède en un acte; redigé et parodié de l'italien. [Score.] pp. 119. *Chez Mr Rigel: Paris*, [1774?] fol. Hirsch II. **740**.

The verso of the titlepage bears engraved " Notes " on Italian opera.

PICCINI (Nicolò)

—— [A reissue.] [La Schiava.] L'Esclave, ou le Marin généreux, intermède, etc. [Score.] *Chez Mr Rigel: Paris*, [1774?] fol. Hirsch II. **740**. a.

The verso of the titlepage bears a " Catalogue des oeuvres de l'auteur qui sont au jour."

PICCINISTES ET LES GLUCKISTES.

—— Les Piccinistes et les Gluckistes. [Play, by L. E. Billardon de Sauvigny. With songs.] [1782.] 32º. Hirsch III. **652**.

Contained in tom. 2 of " Les Après soupers de la société."

PICHL (Wenzel)

—— Trois duos à violon et violoncelle ... Oeuvre xiv. [Parts.] 2 pt. *Chés J. J. Hummel: Berlin, Amsterdam*, [1790?] fol. Hirsch III. **463**.

Plate number 650.

PICHL (Wenzel)

—— Six trios concertans a violon, viola & violoncelle ... Oeuvre vii. [Parts.] 3 pt. *Chés J. J. Hummel: Berlin, Amsterdam*, [1783.] fol. Hirsch M. **1446**.

Plate number 553.

PIIS (Pierre Antoine Auguste de)

—— Les Solitaires de Normandie, opéra comique en un acte, en vaudeville ... Les airs arrangés par M. Lescot ... Avec les parties séparées. [Vocal score.] pp. 46. *Chez Brunet: Paris*, [1788?] fol. Hirsch III. **987**.

Without the parts.

PIRRO E DEMETRIO.

—— Songs in the new Opera, call'd Pyrrhus and Demetrius, etc. [Music by A. Scarlatti, with additions by N. F. Haym. Score.] ff. 58. *Sold by I: Walsh ... P. Randall ... and I. Hare: London*, [1709.] fol. Hirsch II. **841**.

PIVETS (Enrico Gavard des) *See* Gavard des Pivets.

PIXIS (Friedrich Wilhelm)

—— Sonatine pour le clavecin avec accomp. de flute obligée & violoncelle, etc. *Chez M. Götz: Mannheim & Dusseldorf*, [1780?] obl. fol. Hirsch M. **1447**.

Imperfect; the clavecin part only.

PLÀ (José)

—— Six Sonatas for two German Flutes or Violins. Composed in a pleasing agreeable style ... Book I. [Score.] pp. 19. *Printed for Richard Bride: London*, [1770?] fol. Hirsch M. **1469**. (**4**.)

PLAYFORD (John)

—— [Another copy.] An Introduction to the Skill of Musick, in three Books ... The eleventh edition, corrected and enlarged. *London*, 1687. 8º. Hirsch M. **1448**.

PLAYFORD (John)

—— [Another copy.] An Introduction to the Skill of Musick: in three books ... The fifteenth edition. Corrected, and done on the new ty'd-note. *London*, 1703. 8º. Hirsch I. **463**.

PLAYING CARDS.

—— [A Pack of 52 Playing Cards, each bearing a song, with flute accompaniment.] [*London*, 1725?] 8º. Hirsch IV. **1444**.

PLEYEL (Ignaz Joseph) [1. *Concertos and Concertantes.*]

—— Pleyel's Celebrated Concertante [in E flat, No. 1,] as performed ... at the Pantheon & Hanover Square Concerts adapted for the harpsichord or piano-forte with an accompaniment for a violin. *Printed for William Rolfe: London*, [1800?] fol. Hirsch M. **1471**. (**6**.)

Imperfect; wanting the violin accompaniment.

PLEYEL (Ignaz Joseph) [1. *Concertos and Concertantes.*]

—— Concerto pour clarinette principale, deux violons, alto, basse, deux oboë et deux cors .. Œuvre I^r pour clarinette. [Parts.] 9 pt. *Chez M. Falter: Munic*, [1797.] fol. Hirsch III. **465**.

Lithographed throughout.

PLEYEL (IGNAZ JOSEPH) [2. *Instrumental Duets.—b. Pianoforte and Violin.*]

—— XII. petites pièces arrangées très faciles pour le clavecin ou piano-forte avec un violon, adlibitum, tirés [*sic*] des oeuvres de J. Pleyel. [Parts.] 2 pt. *Chez Artaria comp.: Vienne et Mayence,* [1790.] obl. fol. Hirsch M. **1449**.
Plate number 305.

PLEYEL (IGNAZ JOSEPH) [2. *Instrumental Duets.—c. Two Violins.*]

—— Douze petits duos pour deux violons . . . 8ᵉ livre de duos. livr. 2. [Parts.] 2 pt. *Chez Jean Auguste Böhme: Hambourg,* [1795?] fol. Hirsch III. **467**.

PLEYEL (IGNAZ JOSEPH) [2. *Instrumental Duets.—f. Violin and Violoncello.*]

—— Duo pour violoncelle et viola . . . Oeuvre 39ᵉ. [Parts.] 2 pt. *Chez J. André: Offenbach sur le Mein,* [1792.] fol. Hirsch III. **466**.
Plate number 532.

PLEYEL (IGNAZ JOSEPH) [6. *String Quartets.*]

—— Trois quatuor concertans pour flûte, violon, alto et violoncelle . . . 1ᵉʳ livre de quatuor de flûte. Œuvre 18ᵉ. [Parts.] 4 pt. *Chez M. Boyer; chez Madᵉ Le Menu: Paris,* [1790?] fol. Hirsch III. **468**.

PLEYEL (IGNAZ JOSEPH) [6. *String Quartets.*]

—— Trois quatuors pour deux violons, alto et violoncello, tirés de l'oeuvre 41ᵐᵉ. ⟨Viola.⟩ *Chez J. André: Offenbach,* [1795.] fol. Hirsch M. **1450**.
Imperfect; wanting the other parts.

PLEYEL (IGNAZ JOSEPH) [6. *String Quartets.*]

—— Douze quatuors pour deux violons, alto & violoncelle, dédiés à sa Majesté le Roi de Prusse. ⟨Viola.⟩ *Chés Jean André: Offenbach ˢ/M,* [1800.] fol. Hirsch M. **1451**.
Imperfect; wanting the other parts.

PLEYEL (IGNAZ JOSEPH) [9. *Instrumental Trios.*]

—— Trois sonates pour clavecin ou piano forte avec accompagnement d'une flute ou violon et basse . . . Livre I. [Parts.] *Chez Bernard Schott: Mayence,* [1790?] obl. fol. Hirsch M. **1452**.
Plate number 103. Imperfect; wanting the accompaniments.

PLEYEL (IGNAZ JOSEPH) [9. *Instrumental Trios.*]

—— Grande sonate in D♯ pour le piano-forte accompagnée d'une flute et violoncelle. *Chez Schott: Maience,* [1797?] obl. fol. Hirsch M. **1453**.
Plate number 195. Imperfect; wanting the accompaniments.

PLEYEL (IGNAZ JOSEPH) [*Appendix.*]

—— See MOZART (W. A.) [*C. Vocal Music.—II. Operas.*] L'Enlevement du Serail . . . redigé par I. Pleyel, *etc.* [1799.] obl. fol. Hirsch IV. **47**.

POECK (IGNAZ VON) *Baron*.

—— Sonata per il clavicembalo o piano forte accompagnato da un violino e violoncello . . . Opera II. [Parts.] 3 pt. *Presso Artaria e comp.: Vienna,* [1795.] obl. fol. Hirsch IV. **1649**.
Plate number 542.

POLLY.

—— [Another copy.] Polly: an Opera. Being the second part of the Beggar's Opera, *etc. London,* 1729. 4°. Hirsch IV. **1576**. (2.)

POMMIERS ET LE MOULIN.

—— Les Pommiers et le moulin. Comédie. *See* LE MOYNE (J. B.)

PONCE DE LËON.

—— Ponce de Lëon. Opéra bouffon. *See* BERTON (H. M.)

PRATI (ALESSIO)

—— [Another copy.] L'École de la jeunesse . . . Opéra comique, *etc. Paris,* [1779?] fol. Hirsch II. **741**.

PREUSSISCHE KRIEGSLIEDER. *See* PRUSSIAN WAR SONGS.

PROMENADES DE PARIS.

—— Les Promenades de Paris. Comédie en trois actes. Mise au théâtre par Monsieur Mongin, et representée pour la premiére fois . . . le sixiéme jour de Juin 1695. [With the music to four airs.] 1721. 12°. Hirsch IV. **1336**. a.
Contained in tom. 6 of E. Gherardi's "Théâtre italien."

PRUSSIAN WAR SONGS.

—— Preussische Kriegslieder in den Feldzügen 1756 und 1757, von einem Grenadier. Mit Melodien. pp. 134. *Bey Christian Friedrich Voss: Berlin,* [1758?] 16°. Hirsch III. **875**. (1.)

PSALMS. [*Dutch.*]

—— De 150 Psalmen Davids, met der zelver Lofgezangen, gemaakt voor het clavier en orgel, *etc.* 1761. obl. 4°. *See* HURLEBUSCH (C. F.) Hirsch III. **848**.

PSALMS. [*Dutch.*]

—— [Another copy.] Het Boek der Psalmen, nevens Christelyke Gezangen, *etc. Amsterdam,* 1779. 12°. Hirsch III. **997**.

PSALMS. [*Dutch.*]

—— [Another copy.] Het Boek der Psalmen, nevens de gezangen bij de hervormde kerk van Nederland in gebruik, *etc. te Haarlem,* 1787. 12°. Hirsch III. **998**. (2.)

PSALMS. [*English.*]

—— [Another copy.] The Booke of Psalmes, collected into English Meeter, by Thomas Sternhold, Iohn Hopkins and others, *etc. London*, 1639. 4º.　　　Hirsch III. **991.**

PSALMS. [*French.*]

—— Les Pseaumes de David, mis en Rime Françoise, par Clément Marot, & Théodore de Bèze. Item les cantiques, *etc.* ⟨La forme des prières ecclesiastiques.⟩　*Les héritiers de Hierosme Haultin: la Rochelle*, 1607. 8º.
Hirsch III. **994.**

PSALMS. [*French.*]

—— Les Pseaumes de David, mis en Rime Françoise, par Clément Marot, & Théodore de Bèze. ⟨La forme des prières ecclesiastiques.⟩　MS. ANNOTATIONS.　*Les héritiers de H. Haultin: la Rochelle*, 1612. 16º.　Hirsch III. **995.**

PSALMS. [*French.*]

—— Les CL. Pseaumes de David, mis en vers françois, par P. Des-Portes, *etc.* 1624. 8º.　*See* CAIGNET (D.)
Hirsch III. **675.**

PSALMS. [*French.*]

—— Les Pseaumes de David, mis en rime Françoise, par Clement Marot, et Theodore de Beze, *etc.* ⟨La forme des prières ecclesiastiques.⟩ 2 pt.　*Chez Jean & Daniel Steucker: la Haye*, 1664. 12º.　Hirsch III. **993.**

PSALMS. [*French.*]

—— [Another copy.] Les Pseaumes de David, mis en vers françois . . . Nouvelle édition. *Amsterdam*, 1729. 12º.
Hirsch III. **992.**

PSALMS. [*German.*]

—— [Another copy.] Der Psalter, in Newe Gesangsweise, vnd künstliche Reimen gebracht, durch Burcardum Waldis, *etc. Franckfurt am Meyn*, 1553. 8º.
Hirsch III. **1139.**

PSALMS. [*German.*]

—— Die Historien von der Sindflut, Joseph . . . auch etliche Psalmen vnd Geistliche Lieder, *etc.* 1563. 8º.　*See* HERMAN (N.)　　　　　　　　　Hirsch III. **818.**

PSALMS. [*German.*]

—— Psalmen Davids, nach Französischer Melodey vnnd Reymen art in Teutsche Reymen verständlich vnnd deutlich gebracht durch Ambrosium Lobwasser, D. Sampt etlichen andern Psalmen vnnd geistlichen Liedern, *etc.* ff. 263.　*Durch Wolgangum* [sic] *Kezelium: Lich*, 1604. fol.　　　　　　　　　　　Hirsch III. **904.**

PSALMS. [*German.*]

—— Harpffen Davids mit Teutschen Saiten bespañet auch zu Trost, vnd Erquickung der andächtigen Seel. Gesangsweiss angerichtet, *etc.* pp. 739.　*Bey Simon Utzschneider: Augspurg*, 1669. 8º.　　　　　Hirsch III. **707.**
With an additional titlepage, engraved.

PSALMS. [*German.*]

—— Lust- und Artzeney-Garten des Königlichen Propheten Davids. Das ist der gantze Psalter in teutsche Verse übersetzt . . . Da züglich jedem Psalm eine besondere neue Melodey, mit dem Basso Continuo [chiefly by H. Gradenthaler] . . . beygefügt worden . . . in Druck gegeben durch eine Mitglide der Hochlöbl. Fruchtbringenden Gesellschafft [i.e. J. L. Prasch]. pp. 526. pl. 150. *Gedruckt bey Christoff Fischern; in Verlegung Georg Sigmundt Freysingers des ältern und Joh: Conrads: Regenspurg*, 1675. 8º.　　　　　　　　　Hirsch III. **777.**

PSALMS. [*Latin.*]

—— Psalmorum Dauidis Paraphrasis poetica Georgii Buchanani . . . Argumentis ac melodiis explicata, *etc.* [With four-part settings by Statius Olthof.] pp. 407. *Herbornæ*, 1595. 12º.　　　　Hirsch III. **967. (1.)**

PSALMS. [*Latin.*]

—— Psalmorum Dauidis Paraphrasis poetica Georgii Buchanani . . . Argumentis ac melodiis explicata, *etc.* [With four-part settings by Statius Olthof.] pp. 407. *Herbornæ*, 1600. 12º.　　　　Hirsch III. **968.**

PSYCHÉ.

—— Pysché. Tragédie. *See* LULLI (G. B.)

PUGNANI (GAETANO)

—— [Another copy.] XII Favourite Minuets in 3 parts, compos'd for His Majesty the King of Denmark's Masquerade, *etc. London*, [1768.] fol.　　　Hirsch III. **470.**

PUGNANI (GAETANO)

—— Trè quintetti à due violini, due oboë ò flauti traversi obligati, due corni, alto viola & basso continuo. [Parts.] 5 pt.　*Chez J. J. Hummel: Amsterdam; chez B. Hummel: La Haye*, [1765?] fol.　　　Hirsch III. **471.**

PUGNANI (GAETANO)

—— [Another copy.] Six Sonatas for two Violins and a Bass . . . Opera seconda. *London*, [1765?] fol.
Hirsch IV. **1650.**

PURCELL (DANIEL)

—— [Another copy.] [The Humour of the Age.] Beneath a gloomy Shade, *etc.* [Song.] [*London*, 1701.] fol.
Hirsch M. **1475. (7.)**

PURCELL (DANIEL)

—— [The Humour of the Age.] Tis done, tis done. [Song.] Sung by Mrs Shaw in the Play call'd the Humors of the Age. [*London*, 1701.] fol.　　　Hirsch M. **1475. (8.)**

PURCELL (DANIEL)

—— [The Indian Queen.] *See* P., H. Deliciæ Musicæ, *etc.* ⟨Deliciæ Musicæ . . . with the additional Musick to the Indian Queen, by Mr. D. Purcell . . . The first book of the second volume.⟩ 1696. fol.
Hirsch IV. **1680. a. (2.)**

PURCELL (Daniel)
—— [Another copy.] Is Innocence so void of Cares. [Song, in score, from the opera "Alexander the Great." Words by N. Lee, music by D. Purcell?] [1715?] *s. sh.* fol. *See* Is. Hirsch M. **1475. (13.)**

PURCELL (Daniel)
—— [Another copy.] The Judgment of Paris. A pastoral. *London*, [1702.] fol. Hirsch II. **749.**
With a leaf of advertisements at the end, giving the contents of "Harmonia anglicana."

PURCELL (Daniel)
—— Tis done, tis done. *See* supra: [*The Humour of the Age.*]

PURCELL (Henry) [1. *Collections and Selections.*]
—— Orpheus Britannicus. A Collection of all the Choicest Songs. For one two, and three voices... The second edition with large additions, *etc.* [With a portrait.] 2 bk. *Printed by William Pearson, and sold by John Young: London*, 1706, 02. fol. Hirsch III. **1000.**
Bk. 2 bears the imprint "Printed by William Pearson, for Henry Playford," and is of the first edition.

PURCELL (Henry) [2. *Vocal Music.—a. Sacred.*]
—— [Another copy.] Te Deum & Jubilate, for Voices and Instruments, made for St Cæcilia's Day, 1694. *London*, 1697. fol. Hirsch IV. **896.**

PURCELL (Henry) [2. *Vocal Music.—c. Dramatic Music.—Bonduca.*]
—— [Another copy.] To Arms and Britains strike home. Two songs in Bonduca, *etc.* [*London*, 1710?] fol. Hirsch M. **1475. (9.)**

PURCELL (Henry) [2. *Vocal Music.—c. Dramatic Music.*]
—— [Another copy.] The Vocal and Instrumental Musick of the Prophetess, or the History of Dioclesian. MS. CORRECTIONS and DIRECTIONS [by the composer]. *London*, 1691. fol. Hirsch II. **754.**

PURCELL (Henry) [3. *Instrumental.*]
—— A Choice Collection of Lessons for the Harpsichord or Spinnet. pp. 1–60. *Printed on Copper Plates for Mrs Frances Purcell: London*, 1696. *obl.* 4°. Hirsch III. **472.**
Cropped. Imperfect; wanting the four leaves of instruction preceding p. 1, and p. 61. Bound up at the end are "A Cannon in two parts by Mr. Henry Purcell" and other pieces in contemporary manuscript.

PYGMALION.
—— Pygmalion. [Opera.] *See* KUNZ (T. A.)

QUELLO.
—— Quello di Tito è il volto. Terzetto. *See* MOZART (W. A.) [C. *Vocal Music.—II. Operas.—La Clemenza di Tito.*]

QUILICI (Gaetano)
—— Eight Songs, with an accompaniment for the harp, or piano forte... Op. XVI. pp. 20. *Printed for Rd Birchal* [sic]: *London*, [1790?] fol. Hirsch M. **1454.**

R., P.
—— Gesellschaftslied, gesungen bei Schleifung der Festung Mannheim. ⟨Von P. R. [i.e. Peter Ritter?]⟩ [Three-part song, with chorus.] pp. 3. 1799. fol. Hirsch III. **1047.**

RAMEAU (Jean François)
—— Acante et Céphise, ou la Sympathie. Pastorale héroïque à l'occasion de la naissance de Monseigneur le duc de Bourgogne, *etc.* [Score.] pp. 139. *Chez l'auteur: Paris*, [1751?] *obl.* fol. Hirsch II. **761.**

RAMEAU (Jean Philippe)
—— Anacréon. *See* infra: [*Les Surprises de l'amour.*]

RAMEAU (Jean Philippe)
—— [Another issue.] Castor et Pollux. Tragédie, *etc. Paris*, [1754?] *obl.* fol. Hirsch II. **763.**

RAMEAU (Jean Philippe)
—— Dardanus, tragédie, mise en musique... et representée pour la première fois... le dix-neuf octobre 1739, *etc.* [Score.] pp. xxxii. 178. *Chez l'auteur: Paris*, [1739?] *obl.* fol. Hirsch II. **765.**

RAMEAU (Jean Philippe)
—— [Another edition.] Les Fêtes d'Hébée, ou les Talents liriques, ballet, *etc.* [Score.] pp. 181. 97–113. *Chez l'auteur: Paris*, [1740?] *obl.* fol. Hirsch II. **767. (1.)**

RAMEAU (Jean Philippe)
—— [Another copy.] Les Festes de l'hymen et de l'amour, *etc. Paris*, [1749?] *obl.* fol. Hirsch II. **769.**

RAMEAU (Jean Philippe)
—— Les Fêtes de Polymnie. Ballet héroïque, *etc.* [Score.] pp. 151. *Chez Madame Boivin: Paris*, [1753?] *obl.* fol. Hirsch II. **771.**

RAMEAU (Jean Philippe)
—— La Guirlande. Acte de ballet... Gravé par Ls Hue. [Score.] pp. 54. *Chez l'autheur: Paris*, [1751?] *obl.* fol. Hirsch II. **774.**

RAMEAU (Jean Philippe)
—— [Another issue.] Hippolite et Arice. Tragédie, *etc. Paris*, [1733?] fol. Hirsch II. **775.**

RAMEAU (Jean Philippe)
—— Les Indes galantes. Balet, reduit a quatre grands concerts: Avec une nouvelle entrée complette. [Score.] pp. 226. *Chez M. Boivin: Paris*, [1740?] *obl.* fol. Hirsch II. **777.**

RAMEAU (Jean Philippe)
—— [Another copy.] Pièces de clavecin en concerts, avec un violon ou une flûte, et une viole ou un deuxième violon. *Paris*, 1741. fol. Hirsch III. **473.**

RAMEAU (Jean Philippe)
—— [Another issue.] Pigmalion, acte de ballet, *etc.* *Paris,* [1750?] *obl. fol.* Hirsch II. **781.**

RAMEAU (Jean Philippe)
—— [Another copy.] Platée, comédie-ballet, *etc.* *Paris,* [1750?] *obl. fol.* Hirsch II. **783.**

RAMEAU (Jean Philippe)
—— [Les Surprises de l'amour.] Anacréon. Ballet en un acte détaché des Surprises de l'amour, *etc.* [Score.] pp. 65. *Chez Mr. Daumont: Paris,* [1757?] fol.
Hirsch IV. **1580.**

RAMEAU (Jean Philippe)
—— [Another copy.] Zais, ballet héroïque, *etc.* *Paris,* [1748?] *obl. fol.* Hirsch II. **789.**
Without the " Additions à l'opera de Zais."

RAMEAU (Jean Philippe)
—— [Another copy.] Zoroastre, tragédie, *etc.* *Paris,* [1750?] *obl. fol.* Hirsch II. **792.**

RAMSAY (Allan)
—— The Gentle Shepherd: a Scots pastoral comedy . . . Adorned with cuts, the overtures to the songs and a complete glossary. [With a portrait.] pp. xv. 139. *Printed for John Robertson junr.: Glasgow,* 1758. 12°.
Hirsch III. **1003.**

RATHGEBER (Valentin)
—— Ohren-vergnügendes und Gemüth-ergötzendes Tafel-Confect; bestehend in 12. kurtzweiligen Sing- oder Tafel-Stucken von 1. 2. oder 3. Stimmen mit einem Clavier, oder Violoncello zu accompagniren . . . vorgesetzt von einem Recht gut-meinenden Liebhaber [i.e. V. Rathgeber?]. Im Jahr VVo Man hIer fröLICH VnD LVstIg VVar. ⟨Canto I.—Canto II.—Cembalo.⟩ 3 pt. [1733.] *obl.* 4°. *See* Tafel-Confect. Hirsch III. **1004.**

RAUCH (Andreas)
—— Gratulatio zum Ein: vnd Aussgang eines frid vnnd freudenreichen neuen Jahrs. [A two-part setting, unaccompanied, of a text beginning "Darumb ihr Königreiche auff Erden."] [1620?] *s. sh.* fol. Hirsch IV. **897.**

RAUCH (Andreas)
—— Gratulatio zum Ein vnd Aussgung eines frid vnnd freudenreicher neuen Ja[hrs. [A four-part setting, unaccompanied, of a text beginning "Und da acht Tage umb waren."] [1620?] *s. sh.* fol. Hirsch IV. **898.**

RAUHUS (Wolfgang)
—— 1. Epitaphium, Imp. Philippi, sex vocibus, Wolf. Rauhi . . . 26. Aug. 1589. II. Epitaphium, Augustæ Irenæ Hohenstauffæ . . . Quinq; vocibus Wolf. Rauhi, 7. Iul. 1589. [1593.] 4°. Hirsch III. **1005.**
Forming an appendix to "Martini Crusij . . . Oratio de Regina Rom. Augusta Irena . . . Tubingæ, apud Georgium Gruppenbachium, 1593."

RAUZZINI (Venanzio)
—— Six quatuors pour deux violons, alto et basse . . . Œuvre 2ᵉ. [Parts.] 4 pt. *Chez le Sʳ Sieber: Paris,* [1775?] fol.
Hirsch III. **474.**

RAVENSCROFT (Thomas)
—— [Another copy.] The Whole Booke of Psalmes: with the Hymnes Evangelicall, and Songs Spirituall. Composed into 4. parts by sundry authors . . . Newly corrected and enlarged by T. Rauenscroft, *etc. London,* 1621. 8°.
Hirsch IV. **1699. a.**

RAZZI (Serafino)
—— [Another copy.] Libro Primo delle Laudi Spirituali da diuersi . . . autori, antichi e moderni composte . . . Con la propria Musica e modo di cantare ciascuna Laude . . . Raccolta dal R.P. Fra S. Razzi . . . Nuouamente stampate. *Venetia,* 1563. 4°. Hirsch III. **1006.**

REBEL (François) and **FRANCŒUR** (François)
—— [Another copy.] Pirame et Thisbé. Tragédie, *etc. Paris,* [1726.] *obl.* fol. Hirsch II. **793.**

REBEL (François) and **FRANCŒUR** (François)
—— [Another copy.] Tarsis et Zélie, tragédie, *etc. Paris,* 1728. *obl.* 4°. Hirsch II. **795.**

REBEL (Jean Ferry)
—— Sonates à violon seul mellées de plusieurs récits pour la viole . . . Livre IIᵉ. Première partie. ⟨Seconde partie. Composée de preludes, allemandes, courantes, sarabandes, rondeaux, gavottes, et gigues.⟩ [Score.] pp. 74. *Chez l'auteur: Paris,* 1713. fol. Hirsch III. **475.**

RECUEIL.
—— Recueil de poés e. Par Mˡˡᵉ de St. Ph**** [i.e. François Thérèse Aumerle de Saint-Phalier.] Avec les airs notés à la fin. pp. 107. *Amsterdam,* 1751. 8°.
Hirsch III. **708.**

REEVE (William)
—— [The Turnpike Gate.] The Favorite Overture . . . Composed and arranged for the piano forte, with or without additional keys. pp. 7. *Goulding, Phipps & D'Almaine: London,* [1800?] fol. Hirsch M. **1279. (6.)**
Watermark date 1800.

REGIAE.
—— Regiæ stirpis suboles Sebalde. *Harmonia carminis Sapphici.* [An anonymous four-part setting.] [1509.] 4°. Hirsch III. **1050.**
Contained in a work by Johannes Romming, without title, but with a titlepage reading " In hoc libello continenť haec. Carmen ad lectorem," and a colophon " Impressum Nurembergę per Hieronymū Holczel."

REICHARDT (Johann Friedrich)
—— [Another copy.] Ariadne auf Naxos. Eine Cantate, *etc. Leipzig,* 1780. *obl.* fol. Hirsch II. **797.**

REICHARDT (JOHANN FRIEDRICH)
—— [Another copy.] Brenno. Opera seria, *etc*, *Berlino*, [1787.] fol.   Hirsch II. **798**.

REICHARDT (JOHANN FRIEDRICH)
—— [Another copy.] Cantus lugubris in obitum Friderici Magni Borussorum regis, ad voces alternas magnamque orchestram accommodatus, *etc*. [*Berlin*,] 1787. fol.
    Hirsch IV. **900**.

REICHARDT (JOHANN FRIEDRICH)
—— [Another copy.] Cephalus und Prokris, im Klavierauszuge. Ein Melodrama, *etc*. *Leipzig*, 1781. obl. fol.
    Hirsch IV. **1242**.

REICHARDT (JOHANN FRIEDRICH)
—— Clavier-Musik zu den Liedern geselliger Freude ... Neue Ausgabe. 4 no. *Bei Gerhard Fleischer d. Jüng.: Leipzig*, [1796–1804.] obl. 8°.   Hirsch III. **1015**.

REICHARDT (JOHANN FRIEDRICH)
—— Concerto per il clavicembalo accompagnato da due flauti traversi, due violini, viola e basso, *etc*. [Parts.] 7 pt. *E. B. Schwickert: Lipsia*, 1777. fol.   Hirsch III. **477**.

REICHARDT (JOHANN FRIEDRICH)
—— Erlkönig. [Song.] Ballade von Göthe ... für die Guitarre. pp. 5.   *Bey J: A: Böhme: Hamburg*, [1794?] obl. fol.   Hirsch III. **1017**.

REICHARDT (JOHANN FRIEDRICH)
—— Gedichte von Karoline Christiane Louise Rudolphi. Herausgegeben und mit einigen Melodien begleitet. pp. xvi. 206. *Bey August Mylius: Berlin*, 1781. 8°.
    Hirsch III. **1019**.

REICHARDT (JOHANN FRIEDRICH)
—— Die Geister-Insel. Ein Singspiel in 3 Akten von J. F. Gotter nach Shakespear's Sturm, *etc*. [Vocal score.] pp. 154.   *In der neuen berlinischen Musikhandlung: Berlin*, [1799.] fol.   Hirsch IV. **1243**.

REICHARDT (JOHANN FRIEDRICH)
—— [Die Geister Insel.—Ich küsse dich o Schleier.] *See* LAUSKA (F.) VIII. variations pour le forte piano sur l'air: Ich küsse dich o Schleier, *etc*. [1799.] obl. fol.
    Hirsch III. **356**.

REICHARDT (JOHANN FRIEDRICH)
—— [Another copy.] Gesänge der Klage und des Trostes. *Berlin*, 1797. 4°.   Hirsch III. **1021**.

REICHARDT (JOHANN FRIEDRICH)
—— [Another copy.] Einige Hexenscenen aus Schackspear's Macbeth nach Bürgers Verdeutschung in Musik gesetzt und fürs Clavier ausgezogen. pp. 1–20.   *Berlin*, [1789?] fol.   Hirsch III. **1023**.
Imperfect; wanting pp. 25–28.

REICHARDT (JOHANN FRIEDRICH)
—— Der Jäger ... von Mahlmann. [Song.] Mit Begleitung des Pianoforte, *etc*. pp. 3. *Bei Concha et Comp.: Berlin*, [1800?] obl. fol.   Hirsch III. **1024**.
Plate number 394.

REICHARDT (JOHANN FRIEDRICH)
—— Kleine Klavier- und Singestücke. pp. 45.   *Bey Karl Gottlob Dengel: Königsberg*, 1783. obl. fol.
    Hirsch III. **1025**.

REICHARDT (JOHANN FRIEDRICH)
—— [Another copy.] Lieder für die Jugend. *Leipzig*, [1799.] 4°.   Hirsch III. **1029**.

REICHARDT (JOHANN FRIEDRICH)
—— [Another copy.] Lieder für Kinder aus Campes Kinderbibliothek mit Melodieen, bey dem Klavier zu singen, *etc*. 4 Tl. *Hamburg*, 1781–90. obl. fol.   Hirsch IV. **1700**.
Tl. 3 *and* 4 *bear the imprint* " *In der Schulbuchhandlung: Wolfenbüttel,*" *and* " *In der Schulbuchhandlung: Braunschweig,*" *respectively*.

REICHARDT (JOHANN FRIEDRICH)
—— [Another copy.] Lieder geselliger Freude. *Leipzig*, 1796, 97. 8°.   Hirsch III. **1027**.
Without the separate instrumental parts.

REICHARDT (JOHANN FRIEDRICH)
—— [Another copy.] Lieder der Liebe und der Einsamkeit zur Harfe und zum Clavier zu singen. Samml. 1. *Leipzig*, [1798.] 4°.   Hirsch III. **1030**.
Imperfect; wanting Samml. 2.

REICHARDT (JOHANN FRIEDRICH)
—— Lieder von Gleim und Jacobi mit Melodieen. pp. 19. *Bey Carl Wilhelm Ettinger: Gotha*, 1784. obl. 8°.
    Hirsch IV. **1701**.

REICHARDT (JOHANN FRIEDRICH)
—— [Another copy.] Monolog aus Göthes Iphigenia als eine Probe musikalischer Behandlung jenes Meisterwerks, *etc*. *Leipzig*, [1800?] 4°.   Hirsch III. **1032**.

REICHARDT (JOHANN FRIEDRICH)
—— [Another copy.] Musik zu Göthe's Werken. *Berlin*, [1793.] fol.   Hirsch III. **1033**.

REICHARDT (JOHANN FRIEDRICH)
—— Neue Lieder geselliger Freude. [With frontispieces.] 2 Hft.   *Bei Gerhard Fleischer dem Jüngern: Leipzig*, 1799, 1804. 8°.   Hirsch III. **1028**.

REICHARDT (JOHANN FRIEDRICH)
—— [Another copy.] Oden und Lieder von Klopstock, Stolberg, Claudius und Hölty. Mit Melodien beym Klavier zu singen. *Berlin*, 1779–81. obl. fol.   Hirsch III. **1035**.

REICHARDT (Johann Friedrich)
—— Oden und Lieder von Uz, Kleist, Hagedorn und andren mit Melodien beym Clavier zu singen. pp. 43. *Im Verlag und auf Kosten der Evang. Schulanst.: Grotkau*, 1782. obl. fol. Hirsch III. **1034**.

REICHARDT (Johann Friedrich)
—— [Another copy.] Deux odes de Frédéric le Grand mises en musique, *etc. Berlin*, 1800. 4°. Hirsch III. **1036**.

REICHARDT (Johann Friedrich)
—— Clavier-Sonate, *etc.* pp. 7. *Bey George Ludewig Winter: Berlin*, 1772. obl. fol. Hirsch III. **478**.

REICHARDT (Johann Friedrich)
—— [Another copy.] Sonnetti e canzoni di Petrarca, *etc.* libro 1. *Berolino*, [1795?] fol. Hirsch III. **1038**.

REICHARDT (Johann Friedrich)
—— Wiegenlieder für gute deutsche Mütter. *Bei Gerhard Fleischer d: jüngeren: Leipzig*, [1798?] 8°.
Hirsch III. **1039**.

REICHARDT (Johann Friedrich)
—— *See* BLUMENSTRAUSS. Zweiter ⟨dritter⟩ musikalischen Blumenstrauss. ⟨IV. Musikalische Blumenlese für das Jahr 1795. Herausgegeben von J. F. Reichardt.⟩ [1793?–95.] 4°. Hirsch III. **659**.

REINARDS (William)
—— [Another copy.] Six Duets for two German Flutes or Violins. *London*, [1768.] fol. Hirsch M. **1469**. (**1**.)

REITER-LIED.
—— Reiter-Lied aus dem Wallenstein. [Duet with chorus.] *See* ZUMSTEEG (J. R.)

RELLSTAB (Johann Carl Friedrich)
—— Auswahl von Gesängen aus den vorzüglichsten ungedruckten Opern der deutschen Bühne fürs Clavier und Gesang eingerichtet von J. C. F. Rellstab. Erstes ⟨—sechstes⟩ Stück, *etc.* pp. 86. *Im Verlage der Musikhandlung und verbesserten Musikdruckerey des Herausgebers: Berlin*, [1788.] fol. Hirsch IV. **1674**.

RELLSTAB (Johann Carl Friedrich)
—— *See* GLUCK (C. W. von) Orphée ... arrangée pour le clavecin par J. C. F. Rellstab, *etc.* [1790?] obl. 4°.
Hirsch IV. **1151**.

REMBT (Johann Ernst)
—— Sechs Trios für die Orgel, *etc.* pp. 13. *Bey Johann Gottlob Immanuel Breitkopf: Dresden und Leipzig*, 1787. obl. fol. Hirsch III. **481**.

REMIGIO, *Romano*.
—— Canzonette Musicali, e moderne, raccolte da autori nella Poesia & Musica eccellentissimi ... Parte prima. ⟨Seconda —quarta—raccolta di canzonette musicali, *etc.*⟩ pp. 460. *Appresso i FF. Cavaleris: Torino*, 1624. 12°.
Hirsch III. **1048**.
With anonymous music in guitar tablature to some of the verses. Imperfect; wanting pp. 243–246, which have been supplied in photographic facsimile.

RETOUR DE LA FOIRE DE BEZONS.
—— Le Retour de la foire de Bezons. Comédie en un acte, mise au théâtre par Evariste Gherardy, et representée pour la premiére fois ... le premier jour d'Octobre 1695. [With the music to three airs.] 1721. 12°.
Hirsch IV. **1336**. a.
Contained in tom. 6 of E. Gherardi's "Théâtre italien."

RHEINECK (Christoph)
—— [Another copy.] Lieder mit Clavier Melodien in die Music gesetzt. *Nürnberg*, [1780.] fol. Hirsch III. **1043**.

RIBON ( )
—— [Another copy.] Parodies bachiques, sur les airs et symphonies des opera, *etc. Paris*, 1696. 8°.
Hirsch III. **907**.

RICCIOLTI (Carlo Bacciccia)
—— [Another copy.] VI. concerti armonici à quattro violini obligati, alto viola, violoncello obligato e basso continuo. *London*, [1755.] fol. Hirsch III. **482**.

RICHTER (Franz Xaver)
—— [Another copy.] Six Sonatas for the Harpsicord with accompanyments for a violin or German flute and violoncello. *London*, [1759.] fol. Hirsch IV. **1651**.

RICHTER (Franz Xaver)
—— [Another copy.] Six Sonatas for two Violins and Violoncello, with a Thorough Bass for the Harpsichord. *London*, [1764?] fol. Hirsch IV. **1652**.

RICHTER (Franz Xaver)
—— [Another copy.] A Second Set of Six Sonatas for two Violins and a Violoncello with a thorough Bass for the Harpsichord ... Opera IV. *London*, [1770?] fol.
Hirsch IV. **1653**.

RIGEL (Heinrich Joseph)
—— Blanche et Vermeille. Comédie pastorale en deux actes et en prose ... Gravée par Richomme. ⟨Opera IV.⟩ [Score.] pp. 132. *Chez l'auteur: Paris*, [1781?] fol.
Hirsch II. **799**.

RIGGIERI (Antoine)
—— Airs italiens chantés à la comédie italiene [*sic*], menuets et sonates en duo pour la mandoline ... Œuvre IIe. Gravé par Mad^{me} Oger. [Score.] pp. 24. *Chez l'auteur: Paris*, [1760?] fol. Hirsch III. **485**.

RIGGIERI (ANTOINE)

—— Six duo à deux mandolines et six sonates à mandoline, et basse ... Œuvre Ier. Gravé par Mad^{me} Oger. [Score.] pp. 23. *Chez l'auteur: Paris*, [1760?] fol.

Hirsch III. **486**.

RIGGIERI (ANTOINE)

—— Six duo à deux mandolines ... Œuvre IIIe. Gravé par Mad^{me} Oger. [Score.] pp. 23. *Chez l'auteur: Paris*, [1760?] fol.

Hirsch III. **487**.

RIST (JOHANN)

—— [Another copy.] Frommer und Gottseliger Christen Alltägliche Hausmusik, oder Musikalische Andachten, bestehend in ... Geistlichen Liederen und Gesängen ... hervor gegeben von J. Rist. *Lüneburg*, 1654. 8º.

Hirsch III. **1080**.

RIST (JOHANN)

—— Johann Risten Himlische Lieder, mit sehr lieblichen ... von dem ... weitberühmten H. Johann Schop, wolgesetzeten Melodeien, *etc.* pp. 351. *Verlegt durch Johann und Heinrich, Gebrüdere [sic], die Stern: Lüneburg*, 1652. 8º.

Hirsch III. **1081**.

With an additional titlepage, engraved.

RIST (JOHANN)

—— Neuer Himlischer Lieder Sonderbahres Buch, in sich begreiffend I. Klaag- und Buhsslieder. II. Lob- und Danklieder. III. Sonderbahre Lieder. IV. Sterbens und Gerichtslieder. V. Höllen- und Himelslieder. Welche so wol auf bekante ... Weisen, alss auf gantz Neue, und von etlichen ... Meistern der Singekunst wolgesetzte Melodeien können gesungen und gespielet werden ... Ausgefertiget und hervorgegeben von J. Rist. pp. 342. *Bei Johann und Heinrich, die Sterne: Lüneburg*, 1651. 8º.

Hirsch III. **1045**.

RIST (JOHANN)

—— [Another copy.] Neue Musikalische Fest-Andachten, bestehende in Lehr- Trost- Vermahnungs- und Warnungsreichen Liederen ... abgefasset und zum Drukke übergeben von J. Rist. *Lüneburg*, 1655. 8º.

Hirsch III. **1096**.

RIST (JOHANN)

—— [Another copy.] Neue Musikalische Katechismus Andachten, bestehende in ... Liederen über den gantzem ... Katechismum ... Abgefasset von J. Rist. *Lüneburg*, 1656. 8º.

Hirsch III. **791**.

RIST (JOHANN)

—— [Another copy.] Neue musikalische Kreutz- Trost- Lob- und Dank Schuhle, worinn befindlich Unterschiedliche Lehr- uñ Trost-reiche Lieder ... aufgerichtet und angeordnet von J. Rist. *Lüneburg*, 1659. 8º.

Hirsch III. **849**.

Imperfect; wanting the engraved titlepage.

SIG. 13.—PART 53.

RIST (JOHANN)

—— [Another copy.] Sabbahtische Seelenlust, dass ist: Lehr- Trost- Vermahnungs- und Warnungsreiche Lieder ... abgefasset und herausgegeben von J. Rist. *Lüneburg*, 1651. 8º.

Hirsch III. **1097**.

RITTER TOGGENBURG.

—— Ritter Toggenburg. [Song.] *See* ZUMSTEEG (J. R.)

RITTER (PETER)

—— Gesellschaftslied, gesungen bei Schleifung der Festung Mannheim. ⟨Von P. R. [i.e. Peter Ritter?]⟩ [Three-part song, with chorus.] pp. 3. 1799. fol. *See* R., P.

Hirsch III. **1047**.

ROI ET LE FERMIER.

—— [Another copy.] Le Roy et le fermier. Comédie en trois actes. Par M*** [i.e. P. A. Monsigny], *etc. Paris*, [1762.] fol.

Hirsch II. **615**.

ROLAND. Roland. Opéra. *See* PICCINI (N.)

ROLLE (JOHANN HEINRICH)

—— [Another copy.] Saul, oder die Gewalt der Musik, ein musikalisches Drama, *etc. Leipzig*, 1776. obl. fol.

Hirsch IV. **1246**.

ROLLE (JOHANN HEINRICH)

—— [Another copy.] Der Tod Abels, ein musikalisches Drama, *etc. Leipzig*, 1771. obl. 4º.

Hirsch IV. **1247**.

RORE (CIPRIANO DE)

—— Di Cipriano de Rore il Quinto Libro di Madrigali a Cinque Voci insieme alcuni de Diuersi Autori Nouamente ... con noua gionta Ristampato. ⟨Canto.—Alto.—Tenore.—Basso.—Quinto.⟩ [Parts.] 5 pt. *Appresso di Antonio Gardano: Venetia*, 1568. obl. 4º.

Hirsch III. **1051**.

ROSE.

—— La Rose, ou la Feste de Salency. [A novel, with songs.] *See* M*****Y, *Mr*.

ROSE ET COLAS.

—— [Another copy.] Rose et Colas. Comédie en un acte ... Par M^r *** [i.e. P. A. Monsigny], *etc. Paris*, [1764.] fol.

Hirsch II. **614**.

ROSENFEST.

—— Das Rosenfest. Operette. *See* WOLF (E. W.)

ROSETTI (FRANZ ANTON)

—— Six sonates pour la harpe ou le clavecin ou piano-forte avec accompagnement de violon ... Oeuvre II. [Parts.] 2 pt. *Chez Jean André: Offenbach sur le Mein*, [1785?] fol.

Hirsch III. **492**.

Plate number 71.

ROSINA.
—— Rosina du mein höchste Zier. *Ein Hochzeit Lied, etc.*
[1604.] 12º. Hirsch III. **651.**
Contained on f. 167 of " Ehebüchlein, für christliche Eheleute . . . durch Caspar Melissandrum . . . Leipzig, in vorlegung Barthol. Voigts."

ROSSI (IDELFONSO DE')
—— Sonate per cembalo. pp. 41. [1750?] *obl.* fol.
Hirsch III. **493.**

ROTHES KÄPPCHEN.
—— Das Rothe Käppchen. Oper. *See* DITTERSDORF (C. D. von)

ROUSSEAU (JEAN JACQUES) [1. *Musical Works.*]
—— [Another copy.] Les Consolations des misères de ma vie, *etc. Paris*, 1781. fol. Hirsch III. **1053.**

ROUSSEAU (JEAN JACQUES) [1. *Musical Works.*]
—— [Another issue.] Les Consolations des misères de ma vie, ou Recueil de romances. [*Paris*, 1788–93.] 8º.
Hirsch III. **1054.**
Without the second engraved titlepage reading " Recueil des œuvres de musique de J. J. Rousseau. Tom. 1ᵉʳ."

ROUSSEAU (JEAN JACQUES) [1. *Musical Works.*]
—— [Another copy.] [Daphnis et Chloé.] Fragmens de Daphnis et Chloé, *etc. Paris*, 1779. fol. Hirsch II. **819.**

ROUSSEAU (JEAN JACQUES) [1. *Musical Works.*]
—— Le Devin du village. Interméde . . . Gravé par Mᵉˡˡᵉ Vandôme [*sic*], *etc.* [Score.] pp. 95. *Chez Le Clerc: Paris*, [1753?] fol. Hirsch II. **821.**

ROUSSEAU (JEAN JACQUES) [1. *Musical Works.*]
—— The Favourite Songs in the Opera call'd Le Devin du Village, with a Thorough Bass for the Harpsichord or Violoncello. pp. 13. *Printed for John Cox: London*, [1755?] *obl.* fol. Hirsch IV. **3. (4.)**

ROXANA.
—— Roxana or Alexander in India. Opera. *See* HAENDEL (G. F.) [4. *Operas.*] [*Alessandro.*]

RUFFO (VINCENZO)
—— Motetti a sei Voci . . . Nouamente posti in luce da li suoi proprij originali, Corretti, & Stampati. ⟨Cantus.—Altus.—Tenor.—Bassus.—Quintus.—Sextus.⟩ [Parts.] 6 pt. *Apud Hieronymum Scotum: Venetiis*, 1555. *obl.* 4º.
Hirsch III. **1056.**

SACCHINI (ANTONIO MARIA GASPARO)
—— Chimène, ou le Cid. Tragédie lyrique en trois actes, *etc.* [Score.] pp. 274. *Chez l'auteur: Paris*, [1784?] fol.
Hirsch II. **824.**

SACCHINI (ANTONIO MARIA GASPARO)
—— Dardanus. Tragédie lyrique en quatre actes, *etc.* [Score.] *Chez Le Duc: Paris*, [1784?] fol.
Hirsch II. **825.**
Plate number 85A.

SACCHINI (ANTONIO MARIA GASPARO)
—— [Another copy.] [Erifile.] The Favourite Songs in the Opera Erifile. *London*, [1778.] fol. Hirsch II. **827.**

SACCHINI (ANTONIO MARIA GASPARO)
—— [Another issue.] Evelina. Opéra, *etc. Paris*, [1788?] fol. Hirsch II. **828.**

SACCHINI (ANTONIO MARIA GASPARO)
—— [Another copy.] [L'Isola d'amore.] La Colonie. Opéra comique . . . imité de l'italien et parodié sur la musique de Sᵍʳ Sacchini, *etc. Paris*, [1776.] fol. Hirsch II. **829.**

SACCHINI (ANTONIO MARIA GASPARO)
—— Œpide à Colone. Opéra en trois actes . . . Gravé par G. Magnian. [Score.] pp. 235. *Chez le Sieur Soldato: Paris*, [1787?] fol. Hirsch II. **830.**

SACCHINI (ANTONIO MARIA GASPARO)
—— [Another copy.] L'Olympiade, ou le Triomphe de l'amité. Drame héroïque . . . Imité de l'italien et parodié sur la musique du célèbre Sᵍʳ Sacchini, *etc. Paris*, [1777.] fol. Hirsch II. **831.**

SACCHINI (ANTONIO MARIA GASPARO)
—— [Another issue.] Renaud. Tragédie lyrique, *etc. Paris*, [1790?] fol. Hirsch II. **832.**

SACCHINI (ANTONIO MARIA GASPARO)
—— Six sonates pour clavecin ou forté piano avec accompagnement d'un violon . . . Œuvre IIIᵉ. *Chez le Sr. Sieber: Paris*, [1775?] *obl.* fol. Hirsch IV. **1654.**
Imperfect; wanting the violin part.

SACCHINI (ANTONIO MARIA GASPARO)
—— Six sonates pour clavecin ou piano forte avec accompagnement d'un violon . . . Œuvre IVᵐᵉ. [Score.] pp. 46. *Chez le Sr. Sieber: Paris*, [1775?] *obl.* fol.
Hirsch IV. **1655.**

SAGE ÉPREUVE.
—— La Sage épreuve, *etc.* [Play, by L. E. Billardon de Sauvigny. With songs.] [1782.] 12º. Hirsch III. **652.**
Contained in tom. 2 of " Les Après soupers de la société."

SALIERI (ANTONIO)
—— Armida . . . Eine tragische Oper von Carlo Coltellini . . . Herausgegeben von C. F. Cramer. [Score.] pp. viii. 162. *Gedruckt bey Johann Gottlob Immanuel Breitkopf: Leipzig*, 1783. *obl.* fol. Hirsch II. **834.**
Part of " Polyhymnia."

SALIERI (Antonio)

—— Axur, Koenig von Ormus, eine Oper in vier Aufzügen, nach Dr. Schmieders teutscher Bearbeitung und nach Salieri's Musick, fürs Clavier eingerichtet von C. G. Neefe. pp. 145. *Bei Nicolaus Simrock: Bonn*, [1796.] obl. fol.
Hirsch IV. **1275**.

Plate number 30.

SALIERI (Antonio)

—— [Axur, König von Ormus.] Duetto. Hier wo die Frühlingslüfte, *etc.* pp. 5. *Bey Iohann August Böhme: Hamburg*, [1800?] obl. fol. Hirsch III. **1057**.

SALIERI (Antonio)

—— Les Danaïdes, tragédie lirique en cinq actes, *etc.* [Score.] pp. 274. *Chez Des Lauriers: Paris*, [1784?] fol.
Hirsch II. **835**.

SALIERI (Antonio)

—— Falstaff, osia le Tre burle. [Opera.] . . . Op: 52⟨–59.⟩ [Vocal score.] 8 no. *Nella stamperia dei teatri imperiali: Vienna*, [1799.] obl. fol. Hirsch IV. **1276**.
Plate numbers 52–59.

SALIERI (Antonio)

—— [La Fiera di Venezia.—Mio caro Adone.] *See* MOZART (W. A.) [*D. Instrumental Music.—III. Pianoforte Music.—c. ii. Variations.*] [*K.* 180.] Suite d'airs connus variés pour le clavecin . . . No. 10. Mio caro Adone. [1792?] fol. Hirsch IV. **10**.

SALIERI (Antonio)

—— [Another copy.] La Grotta di Trofonio. Opera comica, *etc. Vienna*, [1785.] fol. Hirsch II. **836**.

SALIERI (Antonio)

—— Hier wo die Fruhlingslüfte. *See supra*: [*Axur, König von Ormus.*]

SALIERI (Antonio)

—— [Palmira.—Alderano a voi presenta.] Aus Palmira. [By A. Salieri.] No. 8. ⟨Aria e marcia.⟩ [1797?] obl. fol. *See* PALMIRA. Hirsch III. **1058**.

SALIERI (Antonio)

—— Tarare. Opéra en cinq actes avec un prologue . . . Paroles de M^r De Beaumarchais, *etc.* [Score.] pp. 544. *Chez Imbault: Paris*, [1787?] fol. Hirsch II. **837**.
Plate number 127.

SALOMON (   )

—— [Another copy.] Médée et Jason. Tragédie en musique, *etc.* ⟨Supplément à l'opéra le Médée et Jason.⟩ *Paris*, [1713.] obl. 4°. Hirsch II. **838**.

SAN MARTINI (Giovanni Battista)

—— *See* JOZZI (G.) A [2^d] Collection of Lessons for the Harpsicord compos'd by Sig^r Jozzi, St Martini of Milan . . . Book [II.] [1762.] obl. fol. Hirsch IV. **3. (2.)**

SAN MARTINI (Giuseppe)

—— VI concerti grossi con due violini, alto-viola, è violoncello obligati; è due violini è basso di rinforzo . . . Opra II. Scolp: da B. Fortier. [Parts.] 7 pt. *Londra*, 1738. fol.
Hirsch M. **1455**.

SANSEVERINO (Benedetto)

—— Intauolatura facile delli passacalli, ciaccone, sarauande, spagnolette, fulie, pauaniglie, pass' e mezzi, correnti, & altre varie suonate composte, & accommodate per la chitarra alla spagnuola da B. Sanseuerino . . . Opera terza. pp. 80. *Appresso Filippo Lomazzo: Milano*, 1620. 4°.
Hirsch III. **496**.

SANTOS (Joze Joaquim dos)

—— Stabat Mater a tres voces, dois supranos, baxo, com duas violetas e violoncelo. [Score.] pp. 66. *Vende se na real fabrica de muzica: Lisboa*, 1792. obl. fol. Hirsch IV. **904**.

SANZ (Gaspar)

—— [Another copy.] Instruccion de musica sobre la guitarra española, *etc.* ⟨Libro segundo, de cifras sobre la guitarra española, *etc.*—Libro tercero de musica, *etc.*⟩ *Zaragoça*, 1697. obl. fol. Hirsch III. **497**.

SARTI (Giuseppe)

—— [Fra i due litiganti il terzo gode.] Les Noces de Dorine, ou Helène et Francique. Opéra en quatre actes . . . Parolles de M^r ***, *etc.* [Score.] pp. 275. *Chez le Sr Sieber: Papis* [sic], [1790?] fol. Hirsch II. **839**.
Plate number 161.

SARTI (Giuseppe)

—— [Another copy.] Giulio Sabino. Dramma per musica, *etc. Vienna*, [1782?] obl. fol. Hirsch II. **840**.

SARTI (Giuseppe)

—— Giulio Sabino ed Epponina. Sonata caratteristica per il clavicembalo o forte-piano [and violin] . . . Opera 1ma, *etc.* [Parts.] 2 pt. *Artaria comp.: Vienna*, [1785.] obl. fol.
Hirsch M. **1456**.

Plate number 72.

SARTI (Giuseppe)

—— [Another copy.] Three Sonatas for the Harpsichord. *London*, [1769.] fol. Hirsch M. **1457**.
The pagination has been cropped.

SATZENHOVEN (Friedrich)

—— Die travestierte Ariadne auf Naxos, eine musikalische Laune oder Quotlibet als Drama in einem Aufzug, fürs Forte Piano . . . Herausgegeben vom Caspar Weiss. [Vocal score.] pp. 39. *Bey Joseph Eder: Wien*, [1798.] obl. fol. Hirsch IV. **1277**.
Plate number 102.

SCARLATTI (Domenico)

—— [Another copy.] Scarlatti's Chefs-d'œuvre for the Harpsichord or Piano-Forte; selected from an elegant collection of manuscripts in the possession of Muzio Clementi. *London*, [1792?] obl. fol. Hirsch M. **1379. (5.)**
The titlepage bears the editor's autograph signature.

SCARLATTI (Domenico)
—— [Another copy.] Twelve Concerto's in seven Parts for four Violins, one Alto Viola, a Violoncello, & a Thorough Bass, done from two books of lessons for the harpsicord composed by Sig^r D. Scarlatti, etc. *Newcastle*, 1744. fol. Hirsch III. **498**.

SCARLATTI (Domenico)
—— [Another copy.] Essercizi per gravicembalo, etc. [*London*, 1739.] obl. fol. Hirsch III. **499**.

SCARLATTI (Domenico)
—— Pièces choisis [*sic*], pour le clavecin ou l'orgue . . . Opera prima. pp. 21. *Chez Madame Boivin : chez le S^r le Clerc : Paris*, [1745?] fol. Hirsch III. **500**.

SCARLATTI (Domenico)
—— [Another copy.] Forty two Suits or Lessons for the Harpsichord . . . Revised & corrected [by] . . . T. Roseingrave. *London*, [1748?] obl. fol. Hirsch III. **501**.

SCHACK (Benedict) and **GERL** (Anton)
—— Der dumme Gärtner, oder die Beyden Anton, ein comisches Singspiel [by B. Schack and A. Gerl] in zwey Aufzügen fürs Clavier gesetzt von C. G. Neefe. [1796?] obl. fol. *See* Dummer Gaertner.
Hirsch IV. **1278**.

SCHADENFREUDE.
—— Die Schadenfreude. Operette. *See* Weimar (G. P.)

SCHEIBE (Johann Adolph)
—— [Another copy.] [Tragische Kantaten.] Herrn von Gerstenbergs . . . Ariadne auf Naxos, und Johann Elias Schlegels Prokris und Cephalus. In Musik gesetzt, für das Clavier und eine oder zwo Singestimmen, etc. *Altona*, 1779. fol. Hirsch IV. **1279**.

SCHEUENSTUHL (Michael)
—— Die beschäfftigte Müse Clio; oder zum Vergnügen der Seele und Ohrs eingerichtete III. Galanterie-Suiten auf das Clavier . . . Neuer Theil. pp. 14. *In Verlag Johann Ulrich Haffners : Nürnberg*, [1740?] obl. fol.
Hirsch IV. **1656**.
Plate number 36.

SCHMID (Bernhard)
—— Zwey Bücher. Einer Neuen Kunstlichen Tabulatur auff Orgel vnd Instrument. Deren das Erste ausserlesne Moteten vnd Stuck zu sechs, fünff vnd vier Stimmen, auss den Kunstreichesten vnd weitberümbtesten Musicis vnd Componisten diser vnser Zeit abgestzt. Das ander Allerley schöne Teutsche, Italienische, Frantzösische, Geistliche vnd Weltliche Lieder mit fünff vnd vier Stimmen, Passamezo, Galliardo vnd Täntze in sich begreifft. Alles . . . auffs Neue zusamen gebracht . . . Durch B. Schmid. *Getruckt bei Bernhart Jobin : Strassburg*, 1577. fol.
Hirsch III. **504**.
Imperfect; wanting the last leaf of the preface, preceding sig. A, which has been supplied in MS. *The composers named are:* Orlandi [Lasso], Crequilon, Zirlerus, Roger, Clemens non Papa, Archadelt, Berchem, Ferrabosco, Claudin, Godardus, Rore, and Jacobus Meiland.

SCHMIDLIN (Johannes)
—— [Another copy.] Hrn. Prof. Gellerts geistliche Oden und Lieder, in Music gesetzt. *Zürich*, 1761. 4°.
Hirsch III. **1069**.

SCHMIDLIN (Johannes)
—— Schweizerlieder mit Melodien. Neue, vermehrte Auflage. pp. 87. *Bey David Bürgklj : Zürich*, 1775. obl. 4°.
Hirsch III. **1070**.

SCHMIDLIN (Johannes)
—— Singendes und Spielendes Vergnügen reiner Andacht, oder Geistreiche Gesänge, nach der Wahl des Besten gesammlet . . . mit Musicalischen Compositionen begleitet . . . Zweyte, vermehrt- und privilegirte Auflage. [With a frontispiece.] pp. 941. *Getruckt in Bürgklischer Truckerey : Zürich*, 1758. 8°. Hirsch III. **1071**.

SCHMIEDT (Siegfried)
—— Clavier- und Singstücke. Samm. 1. pp. 21. *Bey Johann Gottlob Immanuel Breitkopf: Leipzig*, 1786. obl. fol.
Hirsch III. **1073**.

SCHMIEDT (Siegfried)
—— Hymne an die Tonkunst, von Schubart, etc. [Song.] pp. 14. *In der Breitkopfischen Buchhandlung : Leipzig*, [1790?] obl. fol. Hirsch III. **1074**.

SCHMIEDT (Siegfried)
—— *See* Mozart (W. A.) [C. *Vocal Music.*—II. *Operas.*] La Clemenza di Tito . . . Titus der Grossmuthige . . . Im Klavierauszuge von S. Schmiedt. [1795?] obl. fol.
Hirsch IV. **212**.

SCHMIEDT (Siegfried)
—— *See* Mozart (W. A.) [C. *Vocal Music.*—II. *Operas.*] Cosi fan tutte . . . Weibertreue . . . Im Klavierauszuge von S. Schmiedt. [1794?] obl. fol. Hirsch IV. **166**.

SCHMITBAUR (I.) *See* Schmittbaur (Joseph A.)

SCHMITTBAUR (Joseph Aloys)
—— Quartetto periodique à flute traversière, violon, alto, & violoncello . . . N^ro [III.] [Parts.] 4 pt. *Chez J. Schmitt : Amsterdam*, [1780?] fol. Hirsch M. **1458**.

SCHNEIDER (Georg Lorenz)
—— [For editions of the song " Phillis an das Clavier," attributed to W. A. Mozart, K. Anh. 247, but in fact by G. L. Schneider:] *See* Mozart (W. A.) [E. *Doubtful and Supposititious Works.*]

SCHOBERT (Johann)
—— [Another copy.] Trois sonates pour le clavecin avec accompagnemens de violon et basse ad libitum . . . Opera VI. [Parts.] *London*, [1770?] fol. Hirsch IV. **1656**. b.

SCHOBERT (JOHANN)

—— Trois sinfonies pour le clavecin avec l'accompagnement d'un violon & deux cornes de chasse ad libitum . . . Oeuvre IX. [Parts.] 4 pt. *Printed for R. Bremner: London*, [1770?] fol. Hirsch IV. **1656. a.**

Imperfect; wanting the violin and horn parts, which have been supplied in photostat facsimile.

SCHOENEBECK (CARL SIEGMUND)

—— Six duos concertans pour deux violoncelles . . . Opéra 12 (1 partie). [Parts.] 2 pt. *Chez Imbault: Paris*, [1795?] fol. Hirsch III. **506.**

Plate number 367.

SCHOPP (JOHANN)

—— *See* RIST (J.) Johann Risten Himlische Lieder, mit sehr lieblichen . . . von dem weitberühmten H. J. Schop, wolgesetzeten Melodeien, *etc.* 1652. 8°. Hirsch III. **1081.**

SCHROETER (CORONA)

—— [Another copy.] Gesaenge mit Begleitung des Fortepiano. Samml. 2. *Weimar*, 1794. obl. fol. Hirsch III. **1083.**

SCHROETER (CORONA)

—— [Another copy.] Fünf und zwanzig Lieder. In Musik gesetzt. *Weimar*, 1786. obl. 4°. Hirsch III. **1082.**

SCHROETER (JOHANN SAMUEL)

—— Trois sonates pour clavecin ou piano forte avec violon et violoncelle . . . Oeuvre 9. [Parts.] 3 pt. *Chez Schott: Mayence*, [1787?] obl. fol. Hirsch III. **507.**

Plate number 58.

SCHUBART (CHRISTIAN FRIEDRICH DANIEL)

—— Musicalische Rhapsodien. [Songs and P. F. pieces.] 3 Hft. *Gedrukt in der Buchdrukerei der Herzoglichen Hohen Carlsschule: Stuttgart*, 1786. obl. fol. Hirsch III. **1084.**

SCHUETZ (HEINRICH)

—— [Another copy.] Symphoniarum Sacrarum Secunda Pars. Worinnen zubefinden sind Deutsche Concerten mit 3.4.5. nehmlich einer, zwo, dreyen vocal, und zweyen Instrumental-Stimmen . . . Sambt beygefügtem geduppelten Basso Continuo . . . Opus decimum. *Dreszden*, 1647. 4°. Hirsch III. **1088.**

SCHULTZE (CHRISTOPH)

—— Das bittere Leiden und Sterben unsers Herrn und Erlösers Jesu Christi, aus dem Heiligen Evangelisten Luca, nach den Personen mit 4. Stimmen componiret. *Gedruckt durch Christophorum Cellarium: Leipzig*, 1653. 4°. Hirsch IV. **911.**

SCHULZ (JOHANN ABRAHAM PETER)

—— [Another copy.] [Athalie.] Chœurs d'Athalie . . . mis en musique. [Score.] *Hamburg*, 1786. obl. fol. Hirsch IV. **912. (1.)**

The wrapper bears the title: "Polyhymnia."

SCHULZ (JOHANN ABRAHAM PETER)

—— [Athalie.] Chöre und Gesänge zur Athalia von Racine. Clavierauszug der Partitur . . . Herausgegeben von C. F. Cramer. [Vocal score.] *Fr. & Ger.* pp. xxxviii. 43. *Bey dem Herausgeber: Kiel; in Commission bey Herrn Hofmann: Hamburg*, 1786. obl. fol. Hirsch IV. **1280.**

—— [Another copy.] Hirsch IV. **912. (2.)**

SCHULZ (JOHANN ABRAHAM PETER)

—— Gedichte von Friederike Brun, geb. Münter, herausgegeben durch Friedrich Matthison. [Including seven poems set as songs by J. A. P. Schulz.] pp. viii. 178. *Bey Orell, Gessner, Füssli & Comp.: Zürich*, 1795. 8°. Hirsch III. **1089.**

SCHULZ (JOHANN ABRAHAM PETER)

—— [Another copy.] Johann Peter Uzens lyrische Gedichte religiösen Innhalts . . . mit Melodien zum Singen bey dem Claviere, *etc. Hamburg*, 1784. obl. fol. Hirsch III. **1090.**

SCHULZ (JOHANN ABRAHAM PETER)

—— [Another copy.] Lieder im Volkston, bey dem Claviere zu singen. Tl. 3. *Berlin*, 1790. obl. fol. Hirsch III. **1091.**

Imperfect; wanting Tl. 1, 2.

SCHULZ (JOHANN ABRAHAM PETER)

—— [Another copy.] Maria und Johannes. Ein Passions-Oratorium von Johannes Ewald, im Clavierauszuge . . . Herausgegeben von C. F. Cramer. *Copenhagen*, 1789. obl. fol. Hirsch IV. **1281.**

SCHULZ (JOHANN ABRAHAM PETER)

—— Religiöse Oden und Lieder aus den besten deutschen Dichtern mit Melodien zum Singen bey dem Claviere, *etc.* pp. 50. *Bey Johann Henrich Herold: Hamburg*, 1786. obl. fol. Hirsch III. **1092.**

SCHWARTZ (CHRISTIAN)

—— Christian Schwartzen Musæ Teutonicæ, oder der Geistlichen Lieder, als des ersten Theils seiner poëtischen Wercke, erstes Buch: von gewissen preisswürdigen Musicis dieser Zeit, in Melodeyen gebracht. ff. 147. *Gedruckt bey Friderich Reusners Erben: Königsberg*, 1705. obl. 4°. Hirsch III. **1093.**

SCHWEITZER (ANTON)

—— [Another copy.] Alceste *etc.* [Opera.] *Leipzig*, [1774.] obl. fol. Hirsch IV. **1282.**

With a leaf of "Verbesserungen."

SCHWINDL (FRIEDRICH)

—— Six Sonatas for Two German Flutes with a Thorough Bass for the Harpsichord . . . Opera III. [Parts.] *Printed for A. Hummel: London*, [1765?] fol. Hirsch M. **1468. (2.)**

Imperfect; wanting the harpsichord part.

SCHWINDL (FRIEDRICH)

—— Six sonates à deux violons & basse . . . Opera v. [Parts.] 3 pt. *Chez B. Hummel: la Haye; chez J. J. Hummel: Amsterdam*, [1765?] fol. Hirsch III. **509.**

SECKENDORF (CARL SIEGMUND VON) *Baron.*
—— [Another copy.] Volks- und andere Lieder, mit Begleitung des Forte piano, *etc. Weimar*, 1779, 82. *obl.* 4°.
Hirsch III. **1095.**

SEMELÉ.
—— Semelé. Tragédie. *See* MARAIS (M.)

SENAILLÉ (JEAN BAPTISTE)
—— Premier livre de sonates à violon seul avec la basse-continue . . . Partition in folio. pp. 44. *Chez l'auteur; chez le Sr Foucault: Paris*, 1710. fol.
Hirsch III. **511. (1.)**

SENAILLÉ (JEAN BAPTISTE)
—— Deuxiéme livre de sonates a violon seul, avec la basse-continue. [Score.] pp. 51. *Chez l'auteur; chez le Sr Foucault: Paris*, 1712. fol. Hirsch III. **511. (2.)**

SENAILLÉ (JEAN BAPTISTE)
—— Sonates a violon seul avec la basse . . . Livre III. [Score.] pp. 47. *Chez l'auteur; chez M. Foucault: Paris*, 1716. fol. Hirsch III. **511. (3.)**

SENAILLÉ (JEAN BAPTISTE)
—— [Another copy.] Quatrième livre de sonates à violon seul avec la basse. *Paris*, 1721. fol.
Hirsch III. **511. (4.)**

SENAILLÉ (JEAN BAPTISTE)
—— Sonates à violon seul avec la basse . . . Oeuvre v^e. [Score.] pp. 53. *Chez l'auteur; chez Boivin: Paris*, 1727. fol.
Hirsch III. **512.**

SENAILLIÉ (   ) *Mr., le fils. See* SENAILLÉ (J. B.)

SENFL (LUDWIG)
—— [Another copy.] Liber Selectarum Cantionum quas uulgo Mutetas appellant, sex, quinque et quatuor vocum. [Edited by L. Senfl.] *Augustæ Vindelicorum*, 1520. fol.
Hirsch III. **1099.**
Imperfect; wanting f. 272, which has been supplied in photographic facsimile.

SERVA PADRONA.
—— La Servante maîtresse. Comédie en deux actes mêlée d'ariettes, parodiées de la Serva padrona, intermède italien, *etc.* [Music by G. B. Pergolesi.] ⟨Gravé par Melle Vendôme.⟩ [Score.] pp. 77. *Chez Madame la veuve Delormel: Paris*, [1754?] fol. Hirsch II. **711.**

SEYDELMANN (FRANZ)
—— Sechs Sonaten für zwo Personen auf einem Clavier. pp. 69. *Bey Johann Gottlob Immanuel Breitkopf: Leipzig*, 1781. *obl.* fol. Hirsch III. **514.**

SHIELD (WILLIAM)
—— Rosina. A comic opera . . . composed and selected by W. Shield. [Vocal score.] pp. 38. *Printed for J. Dale: London*, [1790?] *obl.* fol. Hirsch M. **555.**

SHIELD (WILLIAM) [*Appendix.*]
—— *See* HAYDN (F. J.) [2. *Vocal Works.—b. Secular.*] [*XII Lieder. Th.* 1.] Twelve Ballads . . . with an accompaniment . . . by W. Shield. [1790?] *obl.* fol.
Hirsch M. **1398.**

SIEBEN TUGENDEN.
—— Der VII Tugenden, Planeten, Töne oder Stimmen. Auszug. *See* STADEN (S. G.)

SIEBER (   )
—— [Six Sonatas for Flute and Bass.] *See* GALLIARD (J. E.) XII sonates à une flute & une basse continue, dont les 6 premiéres sont de la composition de Monsieur Galliard qui sont son opera prima & les 6 derniéres de celle de Monsieur Sieber demeurant à Rome. [1717?] *obl.* fol.
Hirsch III. **211.**

SIMONETTI (LEONARDO)
—— *See* GRANDI (A.) Celesti fiori . . . Raccolti da L. Simonetti, *etc.* 1625. 4°. Hirsch III. **780.**

SIMONETTI (LUNARDO) *See* SIMONETTI (Leonardo)

SING.
—— Sing old Rose and burn the Bellows. A favourite glee, *etc. See* Now. Now we're met like jovial Fellows. [1780?] fol. Hirsch M. **1476. (5.)**

SMART (THOMAS)
—— Preludes ad libitum for the Harpsichord or Forte Piano in all the most usefull keys flat and sharp for the use of young practicioners. pp. 15. *Printed for J. Bland: London*, [1795?] fol. Hirsch M. **1472. (7.)**

SOFONISBA.
—— [Another copy.] The Favourite Songs in the Opera Sofonisba. [A pasticcio.] *London*, [1770.] fol.
Hirsch II. **914.**

SOLIÉ (JEAN PIERRE)
—— [Another copy.] Le Jockei. Opéra, *etc. Paris*, [1796?] fol. Hirsch II. **878.**

SOLIÉ (JEAN PIERRE)
—— [Another copy.] Le Secret. Opéra, *etc. Paris*, [1796?] fol. Hirsch II. **879.**

SOLO.
—— Un Solo quarto d'ora. Aria. *See* PAER (F.) L'Intrigo amoroso.

SONGS.
—— Twelve Favourite Songs, with their original music, done into English by the translator of the German Erato [i.e. James Beresford], *etc.* pp. 31. *H. Frölich: Berlin*, 1800. 4°. Hirsch III. **643.**

SOSARME.

—— The Favourite Songs in the Opera call'd Sosarmes. [By G. F. Händel. In score, with the overture.] ff. 26. *I. Walsh: London*, [1732.] fol.   Hirsch M. **1397**.
Printed on one side of the leaf only.

SOSARMES. See SOSARME.

SPANGENBERG (JOHANN)

—— Hymni Ecclesiastici duodecim, summis Festiuitatibus ab Ecclesia solenniter cantari soliti, Annotationibus pijs explanati . . . Recens è Germanico sermone, Latino redditæ per Reinardum Lorichium . . . Accesserunt Funebres conciones quindecim, *etc.* 2 pt. *Apud Chr. Egenolphum: Franc.*, [*Frankfurt*], 1550, 48. 8°.   Hirsch III. **1104**.

SPEE (FRIEDRICH VON)

—— Trutz Nachtigal, oder Geistlichs—Poetisch Lust—Waldlein, dessgleichen noch nie zuvor in Teutscher Sprach gesehen, *etc.* [With melodies to some of the verses.] pp. 341. *In Verlag Wilhelmi Friessems: Cöllen*, 1649. 12°.
Hirsch III. **1105**.

SPERONTES, *pseud.* [i.e. JOHANN SIGISMUND SCHOLZE.]

—— Sperontes Singende Muse an der Pleisse in 2. mahl 50 Oden, der neuesten und besten musicalischen Stücke mit den darzu gehörigen Melodien zu beliebter Clavier-Übung und Gemüths-Ergötzung, *etc. Auf Kosten der lustigen Gesellschaft: Leipzig*, 1736. 8°.   Hirsch III. **1077**.
With an additional titlepage, engraved.

SPERONTES, *pseud.* [i.e. JOHANN SIGISMUND SCHOLZE.]

—— Sperontes Singende Muse an der Pleisse in 2. mahl 50 Oden, *etc. Auf Kosten der lustigen Gesellschaft: Leipzig*, 1741. 8°.   Hirsch III. **1078**.
With an additional titlepage, engraved.

SPERONTES, *pseud.* [i.e. JOHANN SIGISMUND SCHOLZE.]

—— [Another copy.] Sperontes Singende Muse an der Pleisse in 2. mahl 50 Oden, *etc.* ⟨Erste—dritte Fortsetzung.⟩ *Leipzig*, 1747, 42–47. 8°.   Hirsch III. **1079**.

STABAT MATER.

—— Stabat Mater. [For two sopranos, bass and strings.] *See* SANTOS (J. J. dos)

STAD (FRANZ)

—— Sei sonate à violino solo col basso . . . Gravés par Madame Lobry. [Score.] pp. 33. *Chez l'auteur: Paris*, [1775?] fol.
Hirsch III. **515**.

STAD (FRANZ)

—— 37 variations pour le violon et basse, *etc.* [Parts.] 2 pt. *Chez Artaria comp.: Vienne*, [1787.] fol.   Hirsch III. **516**.
Plate number 135. *A slip bearing the imprint " Chez Le Duc, Paris " has been pasted over the original imprint. P.* 1 *of the violin part bears the autograph signature of J. B. Cartier.*

STADEN (SIGMUND GOTTLIEB)

—— Das geistliche Waldgedicht, oder Freudenspiel, genant Seelewig, gesangsweis auf Italienische Text gesetzet. [Score.] [1644.] obl. 8°.   Hirsch III. **794**.
Contained on pp. 489–622 *of G. P. Harsdörffer's " Frauenzimmer Gesprechspiele," Tl.* 4.

STADEN (SIGMUND GOTTLIEB)

—— [Another copy.] Der VII Tugenden, Planeten, Töne oder Stimmen. Auszug. In kunstzierliche Melodien gesetzet. [1645.] obl. 8°.   Hirsch III. **794**.
Contained on sig. Mm i—*sig.* Oo iii *of G. P. Harsdörffer's " Frauenzimmer Gesprechspiele," Tl.* 5.

STAMITZ (CARL)

—— [Another copy.] Duo à un violon et alto viola. *Amsterdam*, [1785?] fol.   Hirsch IV. **1659**. a.

STAMITZ (CARL)

—— [Another copy.] Six Quartettos for two Violins, a Tenor & Violoncello obligato . . . Op. 4.   *London*, [1785?] fol.   Hirsch III. **518**.

STAMITZ (CARL)

—— Six quatuors concertans pour deux violons, alto et violoncello . . . Œuvre XXII. [Parts.] 4 pt. *Chez B. Hummel et fils: la Haye, Amsterdam*, [1785?] fol.
Hirsch IV. **1660**.
Imperfect; wanting the titlepage of the first violin part.

STAMITZ (CARL)

—— Quintetto concertante ⟨quintetto IV⟩. Violino primo et secondo, alto primo et secondo, basso . . . Mis au jour par Mr Heina. [Parts.] 5 pt.   *Chez l'éditeur: Paris*, [1770?] fol.   Hirsch III. **519**.

STAMITZ (CARL)

—— Six sinfonies. Grand orchestre, deux violons, alto et basso, deux hautbois et deux cors de chasses ad libitum . . . Op. XIII. ⟨Engraved by J. B. Scherer.⟩ [Parts.] 8 pt. *Preston & Son: London*, [1790?] fol.
Hirsch III. **520**.

STAMITZ (CARL)

—— Six simphonies à deux violons, alto et basse, deux hautbois, deux cors ad libitum . . . Œuvre XVI. [Parts.] 8 pt. *Chez le Sr Sieber: Paris*, [1785?] fol.   Hirsch III. **521**.

STAMITZ (JOHANN WENZEL ANTON)

—— [Another copy.] Three Duetts to be play'd on one Violin, in the manner of Capriccios . . . Opera 2do. *London*, [1763.] fol.   Hirsch M. **1470**. (7.)

STAMITZ (JOHANN WENZEL ANTON)

—— Sei quartetti à due violini, alto e basso concertanti . . . Œuvre XXX. [Parts.] 4 pt. *Chez M. de la Chevardière: Paris*, [1778?] fol.   Hirsch III. **517**.

STAMITZ (Johann Wenzel Anton)

—— Sei sonate da camera a violino I^{mo}, violino II^{do}, e basso, etc. [Parts.] 3 pt. *Alle spese di Giovanni Vlrico Haffner: Norimberga,* [1760?] fol. Hirsch IV. **1659**.
Plate number 116.

STAMITZ (Johann Wenzel Anton)

—— Six sonates à trois parties concertantes qui sont faites pour exécuter ou à trois, ou avec toute l'orchestre, etc. [Op. 1.] ⟨Violino primo.⟩ [Parts.] *Chez M^r De Lachevardière: Paris,* [1760?] fol. Hirsch M. **1464**. (3.)
Imperfect; wanting the second violin and bass parts.

STANLEY (John)

—— [Another copy.] Six Concertos set for the Harpsicord or Organ. [Op. 2.] *London,* [1755?] fol.
Hirsch IV. **1660**. a.

STARCK (   )

—— See Mozart (W. A.) [*C. Vocal Music.—II. Operas.*] Die Entführung aus dem Serrail ... der Klavierauszug von Herrn Abbé Starck, etc. [1785.] obl. fol. Hirsch IV. **50**.

STECHER (Marian)

—— XII Variationen nebst I. Rondo fürs Clavier oder Forte-Piano ... Op: 6. pp. 15. *In der Falterischen Musikhandlung: München,* [1798.] obl. fol.
Hirsch III. **522**.
Plate number 40. *The music is lithographed throughout.*

STEFFAN (Joseph Anton)

—— Sammlung Deutscher Lieder für das Klavier. Abt. 1. *Bei Joseph Edlen von Kurzböck: Wien,* 1778. obl. fol.
Hirsch III. **1107**.
Imperfect; wanting Abt. 2–4.

STEGMANN (Carl David)

—— [Another copy.] Das redende Gemählde, eine comische Oper, etc. *Mitau und Hasenboth,* 1775. obl. 8°.
Hirsch IV. **1285**.

STEIBELT (Daniel)

—— [Another copy.] Romeo et Juliette. Opéra, etc. *Paris,* [1793?] fol. Hirsch II. **890**.

STEIBELT (Daniel)

—— Three Sonatas, for the Piano Forte, with an Accompaniment for a Violin or Flute ... Op. XI. [bk. 2.] [Parts.] 2 pt. *J. Dale: London,* [1795?] fol.
Hirsch M. **1290**. a. (**14**.)

STEIBELT (Daniel)

—— Trois grandes sonates pour clavecin ou forte-piano ... Œuvre 29^e. pp. 59. *Chez H. Naderman: Paris,* [1790?] fol. Hirsch III. **524**.
Plate number 467.

STEINER (Johann Ludwig)

—— Musicalisch-Italienischer Arien Crantz. Aus denen berühmten Authoribus Aldrovandini, Bassani, Besechi, und Scarlati. In Cant: transponiert und zusam̄en getragen von J. L. Steiner. Und durchaus in Holtz geschnitten von David Redinger. Zufinden beÿ beiden. ff. 40. *Zürich,* 1724. obl. fol. Hirsch III. **1108**.

STERCKEL (   ) *Mr.* See Sterkel (J. F. X.)

STERKEL (Johann Franz Xaver)

—— Six duos pour violon et alto ... Oeuvre VIIIme. [Parts.] 2 pt. *Chez le Sr. Sieber: Paris,* [1790?] fol.
Hirsch IV. **1661**.

STERKEL (Johann Franz Xaver)

—— Juliens Feyer an einen ihrer schönen Morgen ... No. 1. [Song with chorus.] pp. 6. *Bey Friedrich Lehritter: Wirzburg,* [1785?] obl. fol. Hirsch III. **1110**.

STERKEL (Johann Franz Xaver)

—— Six pièces pour le clavecin ou piano forte ... Oeuvre 24. pp. 19. *Chez le Sr Fred. Lehritter: Virzbourg,* [1785?] obl. fol. Hirsch III. **525**.
Plate number 2.

STERKEL (Johann Franz Xaver)

—— Six sonates pour le clavecin ou piano forte accompagnées d'un violon et basse obligés ... Oeuvre XVII. [Parts.] 3 pt. *Chez Artaria comp.: Vienne,* [1785.] obl. fol.
Hirsch III. **528**.
Plate number 51.

STERKEL (Johann Franz Xaver)

—— Sonate à 4. mains. Pour clavecin ou piano forte ... Oeuvre [21.] pp. 17. *Chez le Sr Schott: Mayence,* [1780?] obl. fol. Hirsch III. **527**.

STERKEL (Johann Franz Xaver)

—— See Dalayrac (N.) Nina oder Wahnsinn aus Liebe. Clavier-auszug ... von Sterkel. [1788?] obl. fol.
Hirsch IV. **1143**.

STEUP (H. C.)

—— See Mozart (W. A.) [*C. Vocal Music.—II. Operas.*] [*Don Giovanni.*] Finale du premier acte ... arrangé pour 2 violons, 2 alto's et basse ... par H. C. Steup. [1800?] fol. Hirsch IV. **138**.

STORACE (Stephen) [*1. Operas, Entertainments, Ballet.*]

—— [Another issue.] No Song no Supper. A comic opera, etc. *London,* [1790?] obl. fol. Hirsch IV. **1287**.

STORACE (Stephen) [*1. Operas, Entertainments, Ballet.*]

—— [Another issue.] The Pirates, an Opera, etc. *London,* [1795?] obl. fol. Hirsch IV. **1286**.
Without the catalogue of music on p. 1.

STREICHER (Anton)

—— Rondeau ou caprice et VIII variations sur l'air anglois The Lass of Richmond Hill [by James Hook], pour clavecin ou forte piano ... Oeuvre I. pp. 15. *Chez Macarie Falter: Munic,* [1796.] obl. fol.
Hirsch IV. **1662**.

Lithographed throughout.

STREICHER (Anton)

—— *See* BEITRAG. Beytrag zur Aufnahme des Gesangs aus den wercken der grösten Tonsezer gezogen, *etc.* [Hft. 2, 5, edited by A. Streicher.] [1786.] obl. fol.
Hirsch III. **1117**.

SUESSMAYER (Franz Xaver)

—— [Solimann der Zweite.] *See* BEETHOVEN (L. van) [*Variations. N. p.* 158.] VI variations pour le clavecin ... sur le trio Tändeln und Scherzen de l'opéra Soliman [by F. X. Süssmayer], *etc.* [1799.] obl. fol.
Hirsch IV. **445**.

SUESSMAYER (Franz Xaver)

—— Der Spiegel von Arkadien, opéra [by F. X. Süssmayer], en duos pour deux flûtes traversières arrangées par Ehrenfried. ⟨Flauto primo.⟩ no. 9. [1797?] fol. *See* EHRENFRIED ( )
Hirsch M. **1477. (3.)**

SUSANNA.

—— Susanna. Comœdia tragica. Per Xystum Betulium. [With a four-part setting of a song beginning " Agrippina tibi laudibus inclytæ."] *Excudebat Ioannes Gymnicus: Coloniæ,* 1538. 8º.
Hirsch III. **654**.

SUSANNA.

—— Susanna. Comœdia tragica. Per Xystum Betulium. [With a four-part setting of a song beginning " Agrippina tibi laudibus inclytæ."] *Excudebat Ioannes Gymnicus: Coloniæ,* 1539. 8º.
Hirsch III. **655**.

T., G. P.

—— Musicalisch-Chorégraphisches Hochzeit-Divertissement, entworffen von G. P. T. [i.e. Georg Philipp Telemann.] [1750?] fol.
Hirsch III. **539**.

TAFEL-CONFECT.

—— Ohren-vergnügendes und Gemüth-ergötzendes Tafel-Confect; bestehend in 12. kurtzweiligen Sing-oder Tafel-Stucken von 1. 2. oder 3. Stimmen, mit einem Clavier, oder Violoncello zu accompagniren ... vorgesetzt von einem Recht gut-meinenden Liebhaber [i.e. Valentin Rathgeber?]. Im Jahr VVo Man hIer fröLICH VnD LVstIg VVar. ⟨Canto I.—Canto II.—Cembalo.⟩ [Parts.] 3 pt. *Bey Johann Jacob Lotter: Augspurg,* [1733.] obl. 4º.
Hirsch III. **1004**.

TAG (Christian Gotthilf)

—— Sechs Choralvorspiele nebst einem Trio und Allabreve für die Orgel, *etc.* pp. 16. *Auf Kosten des Verfassers: Leipzig und Dessau,* 1783. obl. fol. Hirsch III. **534**.

SIG. 14.—PART 53.

TARTINI (Giuseppe)

—— Sonate a violino e violoncello o cimbalo ... Opera prima ... Gravé par le Sr Hue. [Score.] pp. 57. *Chez Mr le Clerc; chez Mme Boivin,* [1740?] fol.
Hirsch III. **535**.

TARTINI (Giuseppe)

—— Sonate à violino e basso ... Opera seconda. [Score.] pp. 63. *Romæ,* [1745.] obl. fol. Hirsch III. **536**.

TASCHENBUCH.

—— Taschenbuch für Freunde des Gesangs, *etc.* ⟨Melodien, *etc.*⟩ [With plates.] 3 bk. *Bey Johann Friedrich Steinkopf: Stutgart,* 1796. 8º. Hirsch III. **1055**.

TEGHI (Pietro)

—— Des Chansons & Motetz Reduictz en tabulature de luc, à quatre, cincque et six parties, liure troixiesme, *etc.* 1547. obl. 4º. *See* CHANSONS. [3. *Phalèse's Collections.*]
Hirsch III. **462. (3.)**

TÉLÉGONE.

—— Télégone. Tragédie. *See* LACOSTE ( )

TELEMANN (Georg Philipp)

—— Fantaisies pour le clavessin; 3. douzaines. [1740?] 4º.
Hirsch III. **538**.

Printed on one side of the leaf only.

TELEMANN (Georg Philipp)

—— [Another copy.] Fast allgemeines Evangelisch-Musicalisches Lieder—Buch, welches 1. sehr viele alte Chorale nach ihren Uhr-Melodien ... herstellet ... zugleich 2. eine grosse Menge der itzt-üblichen Abweichungen anzeiget; hiernächst 3. den Bass also verfasset enthält, dass man die Lieder ... mit 4. Stimmen spielen kann, zu welchem Ende dann 4. die Ziefern ... hinzugefüget worden; welches ferner 5. so wohl Chor- als Cammer-mässig gebrauchet werden mag, und endlich 6. über 2000 Gesänge in 500 und etlichen Melodien darstellet; zusammen getragen ... und ... in dieser ... Forme herausgegeben von G. P. Telemann. *Hamburg,* 1730. obl. 4º. Hirsch III. **1121**.

TELEMANN (Georg Philipp)

—— Music vom Leiden und Sterben des Welt Erlösers bestehend aus Chören, Choralen, Arien, Cavaten und Recitativen; in vier Singestimen, und für mancherley Instrumente, also abgefasset, dass auch eine einzelne Person sich selbige beym Claviere zu nutze machen kan; und nach der Poesie des Herrn Pastor Zimermanns ... melodisch-harmonisch verfertiget von G. P. Telemann. [Vocal score.] pp. 32. *Verlegt von Balthasar Schmid: Nürnberg,* [1745?] fol. Hirsch IV. **923**.

TELEMANN (Georg Philipp)

—— Musicalisch-Chorégraphisches Hochzeit-Divertissement, entworffen von G. P. T. [i.e. G. P. Telemann.] [1750?] fol. *See* T., G. P. Hirsch III. **539**.

TELEMANN (Georg Philipp)

—— Vier und zwanzig, theils ernsthafte, theils scherzende, Oden, mit leichten und fast für alle Hälse bequehmen Melodien versehen, von T. J. P. [i.e. G. P. Telemann.] pp. 24. 1741. *obl.* 4º. *See* P., T. J.   Hirsch III. **1122**.

TESCHNER (Melchior)

—— Ein andechtiges Gebet, damit die Evangelische Bürgerschafft zur Frawenstadt Anno 1613. im Herbst, Gott dem Herrn das Hertz erweichet hat . . . So wol ein tröstlicher Gesang, darinnen ein frommes Hertz dieser Welt Valet gibet. Beydes gestellet durch Valerium Herbergerum. [Two different five-part settings of the "Valet" by M. Teschner.]   *Gedruckt durch Lorentz Kober; in Verlegung Thomæ Schürers: Leipzig,* 1614. 4º.
    Hirsch III. **1124**.
With a modern MS. *score of each setting inserted.*

TESSARINI (Carlo)

—— Concerti à cinque con 3 violini, violetta, violoncello ò basso continuo . . . Opera prima. 6 pt.   *Printed for I. Walsh . . . and Ioseph Hare: London,* [1727.] fol.
    Hirsch III. **540**.

TESARINI (Carlo)

—— [Another copy.] Concerti a piu istrumenti con violino obligato e due violini, alto viola, violoncello e cembalo . . . Opera terza. [Parts.]   *Amsterdam,* [1734.] fol.
    Hirsch IV. **1663**.
A slip bearing the imprint "Sold by Iohn Walsh" has been pasted over the imprint of the violino primo part.

TESSARINI (Carlo)

—— Introducioni à 4, cioe due violini, alto, viola, violoncelo è basso, per il cembalo . . . Opera XI. Libero 1º ⟨II.⟩ [Parts.] 10 pt.   *Chez Madame Boivin: Paris,* [1745?] fol.
    Hirsch IV. **1663**. a.

TESSARINI (Carlo)

—— Sonate a violino solo violoncello e cimbalo . . . Opera XVI. Libro secondo. [Score.] pp. 25.   *Paris,* [1750?] fol.
    Hirsch M. **1459**.

TESSARINI (Carlo)

—— [Another copy.] Six Sonatas or Duetts and Canone's . . . Book 2d.   *London,* [1754.] fol.   Hirsch IV. **1664**.

THÉAGENE ET CARICLÉE.

—— Théagene et Cariclée. Tragédie. *See* Demarets (H.)

THÉÂTRE.

— Le Théâtre de la foire, ou l'Opéra comique. Contenant les meilleures pièces qui ont été representées aux foires de S. Germain & de S. Laurent . . . avec une table de tous les vaudevilles & autres airs gravez-notez à la fin de chaque volume.—Par Mrs. Lesage & D'Orneval. 6 vol.   *Chez L'Honoré et Chatelin: Amsterdam,* 1723-31. 8º.
    Hirsch III. **893**.
Tom. 3, 4 *bear the imprint "Chez Étienne Ganeau: Paris"; tom.* 6, *"Chez Zacharie Chatelin: Amsterdam."*

THÉÂTRE.

—— Théâtre italien. *See* Italian Theatre.

THESAURUS MUSICUS.

—— Thesaurus musicus. A collection of two, three and four part songs, several of them never before printed. To which are added some choice dialogues set to musick by the most eminent masters viz. Dr Blow, H. Purcell, Handel, Dr Green, Dl Purcell, Eccles, Weldon, Leveridge, Lampe, Carey &c. ⟨Vol. 2d. Sct . . . by . . . Dr Croft, H. Purcell, Eccles, Dr Blow, Morly, Lock, Hicks, Travers, Corfe, Graves &c.⟩ The whole revis'd, carefully corrected and figur'd by a judicious master. MS. ANNOTATIONS [by Alfred Moffat]. 2 vol.   *J. Simpson: London,* [1745.] fol.
    Hirsch M. **1460**.
Imperfect; wanting pp. 71-77 *of vol.* 1, *which have been supplied in* MS.

TINDAL (   )

—— *See* Haydn (F. J.) [3. *Instrumental Works.—f. Symphonies. B. & H. No.* 47.] Sigr Haydns grand orchestre Sinfonie, as performed at the Nobility's Concerto, adapted for organ, harpsichord, or piano forte, *etc.* ⟨Adapted by Mr. Tindal.⟩ [1790?] fol.   Hirsch M. **1472**. (**2**.)

'TIS.

—— 'Tis done, 'tis done. [Song.] *See* Purcell (Daniel) [*The Humour of the Age.*]

TITON ET L'AURORE.

—— Titon et l'Aurore. Pastorale héroique. *See* Mondonville (J. J. C. de)

TITZ (August Ferdinand)

—— Six quatuors pour deux violons, alto, et basse . . . Œuvre I. ⟨Gravé par Mdame Olivier.⟩ [Parts.] 4 pt.   *Chez Mr Bailleux: Paris,* [1795?] fol.   Hirsch III. **542**.

TOINON ET TOINETTE.

—— Toinon et Toinette, comédie en deux actes et en prose, meslée d'ariettes [by F. J. Gossec], *etc.* pp. 52.   *Chez la veuve Duchesne: Paris,* 1767. 8º.   Hirsch III. **772**.

TOMBEAU DE MAÎTRE ANDRÉ.

— Le Tombeau de Maître André. Comédie en un acte, mise au théâtre par Monsieur de B****, et representée pour la premiére fois . . . le huitiéme jour de Janvier 1695. [With the music to three airs.] 1721. 12º.
    Hirsch IV. **1336**. a.
Contained in tom. 5 *of E. Gherardi's "Théâtre italien."*

TONNELIER.

—— Le Tonnelier. Opéra comique en un acte. Mis en musique par Messieurs *** . . . Gravé par Gerardin. [Words by F. A. Quétant and N. M. Audinot, music by N. M. Audinot, arranged by F. J. Gossec. Score.] pp. 99.   *Ches M. De la Chevardière: Paris,* [1765?] fol.
    Hirsch II. **294**.

TONS.

—— Tons de chasse et fanfares à une et deux trompes. [Partly by J. B. Morin.] 1734. 8º.   Hirsch III. **513.**

Forming a supplement to "Les Dons des enfans de Latone: la musique et la chasse du cerf" by Jean Serre de Rieux, published at Paris by Pierre Prault.

TORELLI (GIUSEPPE)

—— Concerti musicali. A quattro ... Opera sesta. ⟨Violino primo.—Violino secondo.—Alto viola.—Organo e violoncello.⟩ [Parts.] 5 pt. *Ches Estienne Roger: Amsterdam,* [1700?] fol.   Hirsch IV. **1665.**

With two copies of the organo e violoncello part.

TORNA.

—— Torna di Tito a lato. Aria. *See* MOZART (W. A.) [*C. Vocal Music.—II. Operas.—La Clemenza di Tito.*]

TRAVENOL (LOUIS)

—— Premier livre de sonates à violon seul, avec la basse continue ... Gravé par Labassée. [Score.] pp. 45. *Chez l'auteur: Paris,* 1739. fol.   Hirsch III. **543.**

The titlepage bears the autograph signature of J. B. Cartier.

TRAVESTIERTE ARIADNE AUF NAXOS.

—— Die Travestierte Ariadne auf Naxos. Musikalische Laune. *See* SATZENHOVEN (F.)

TRIOMPHE DE LA RAISON SUR L'AMOUR.

—— Le Triomphe de la raison sur l'amour. Pastorale. *See* LULLI (G. B.)

TRITONIUS (PETRUS)

—— [Another copy.] Harmonie Petri Tritonii super Odis Horatii Flacci. MS. ANNOTATIONS. *Augustæ,* 1507. 4º.
Hirsch III. **1128.**

TRITONIUS (PETRUS)

—— Melodiæ in Odas Horatij. Et quædam alia Carminum genera. [By P. Tritonius.] ... Tenor. ⟨Discantus.—Bassus.—Altus.⟩ [Parts.] 4 pt. 1532. 8º. *See* MELODIAE.
Hirsch III. **1129.**

TRITONIUS (PETRUS)

—— [Another copy.] Melopoiæ siue Harmoniæ tetracenticæ super xxii genera carminum Heroicorū Elegiacorū Lyricorum & ecclesiasticorū hymnorū per Petrum Tritonium et alios doctos sodalitatis Literariæ nostræ musicos secundū naturas & tempora syllabarū et pednm [sic] compositæ, etc. *Augusta uindelicorum,* 1507. fol. Hirsch III. **1130.**

TRIUMPHIRENDE LIEBE.

—— Die Triumphirende Liebe, umgeben mit den Sieghafften Tugenden, in einem Ballet, auff dem hochfürstlichem Beylager, des ... Fürsten und Herrn H. Christian Ludowigs, Hertzogen zu Brunsvig und Lüneburg, &c. gehalten, mit der ... Fürstin und Fräulein, Fräulein Dorothea, Hertzogin zu Schlesswig, Hollstein ... Auff der Fürstlichen Residentz Zelle vorgestellet am 12. Tage des Wein monats im 1653. Jahre. ⟨Folgen die Melodeien der Lieder, welche in diesem Ballett werden gesungen. [By — Du Haj?]⟩   *Bey Johann und Heinrich, denen Sternen: Lüneburg,* [1653.] fol.   Hirsch III. **365.**

TU.

—— Tu è ver m'assolvi. Chorus. *See* MOZART (W. A.) [*La Clemenza di Tito.*]

UND.

—— Und da achte Tage umb waren. [Four-part song.] *See* RAUCH (A.) Gratulatio zum Ein vnd Aussgang eines frid vnnd freudenreicher neuen Jahrs.

UNTIMELY.

—— [Another copy.] Untimely bow'd by Fate's relentless Hand. Myra. A pastoral elegy for three voices, *etc. London,* [1790?] fol.   Hirsch M. **1476. (6.)**

VALENTINI (GIUSEPPE)

—— Concerti grossi à quatro e sei strumenti, cioè à due, & quattro violini, alto viola, e violoncello, con due violini e basso di ripiena ... Opera settima. Libro primo ⟨secondo⟩. [Parts.] 14 pt. *Aux dépens d'Étienne Roger & Michel Charles Le Cène: Amsterdam,* [1712?] fol.
Hirsch III. **545.**

Plate numbers 182, 183.

VALET DE DEUX MAÎTRES.

—— Valet de deux maîtres. Opéra comique. *See* DEVIENNE (F.)

VALTHER (GIOVANNI GIACOMO) *See* WALTHER (J. J.)

VANITÉ DU NOM.

—— La Vanité du nom. [Play with songs.] *See* DEZÈDE (N.)

VEDERLO.

—— Vederlo sol bramo contento. Duetto. *See* PAER (F.) La Virtu al cimento.

VEDRAI.

—— Vedrai carino. Aria. *See* MOZART (W. A.) [*C. Operas. —II. Operas.—Don Giovanni.*]

VENTO (IVO DE)

—— Schöne, ausserlesene, newe Teutsche Lieder, mit 4. stimmen, wölche nit allein lieblich zu singen, sonder auch auff allerley Instrumenten zugebrauchen seind. Discantus. ⟨Altus.—Tenor.—Bassus.⟩ [Parts.] 4 pt. *Getruckt bey Adam Berg: München,* 1572. obl. 4º.
Hirsch III. **1132.**

VENTO (MATTIA)

—— [Another copy.] [Demofoonte.] The Favorite Songs in the Opera Demofoonte. no. 1. *London,* [1765.] fol.
Hirsch II. **913.**

Imperfect; wanting no. 2.

VERGISS.

—— Vergiss mein nicht. Lied. *See* MOZART (W. A.) [*E. Doubtful and Supposititious Works.*]

VERWANDELTEN WEIBER.

—— Die verwandelten Weiber. Comische Oper. *See* HILLER (J. A.)

VIADANA (Lodovico)

—— Opera omnia sacrorum concertuum, I. II. III. & IV. vocum, iam in vnum corpus conuenienter collecta, cum basso continuo & generali organo adplicato, nouaq́ inuentione pro omni genere & sorte cantorum & organistarum accomodata . . . Bassus generalis. *Apud Egenolphum Emmelium ; impensis Nicolai Steinij: Francofurti,* 1620. 4°.
Hirsch III. **546**.

Imperfect; wanting the voice parts.

VIERLING (Johann Gottfried)

—— Zwey und zwanzig leichte Orgelstücke für ein und zwey Manuale und Pedal . . . Zweyte Auflage. pp. 20. *Bey Johann Gottlob Immanuel Breitkopf: Leipzig,* [1790?] obl. fol.
Hirsch III. **547**.

VIGNOLES ( ) and DU BOIS ( )

—— La Lire maçonne, ou Recueil de chansons des francsmaçons. Revu, corrigé, mis dans un nouvel ordre, & augmenté de quantité de chansons qui n'avoient point encore paru . . . Avec les airs notés, mis sur la bonne clef, tant pour le chant que pour le violon & la flûte. Nouvelle édition. Revue, corrigée & augmentée. pp. 40. 516. *Chez R. van Laak: la Haye,* 1775. 12°.
Hirsch III. **902**.

VIGNOLES ( ) and DU BOIS ( )

—— [Another copy.] La Lire maçonne . . . Nouvelle édition, etc. *La Haye,* 1787.
Hirsch III. **903**.

—— [Another copy.]
Hirsch III. **903. a**.

VIGUERIE (Bernard)

—— Pot pourri d'airs connûs arrangés pour deux violons. [Parts.] 2 pt. *Chez l'auteur: Paris,* [1795?] fol.
Hirsch III. **548**.

Plate number P.V. 1.

VILLANELLA RAPITA.

—— [Another copy.] La Villanella rapita . . . Opera bouffon, etc. *Paris,* [1789.] fol.
Hirsch II. **63**.

VINCENTIUS (Caspar)

—— In magni illius . . . Orlandi de Lasso magnum opus musicum bassus ad organum noua methodo dispositus. *Typis ac sumptibus Ioannis Volmari: Wirceburgi,* 1625. fol.
Hirsch III. **887**.

VIOTTI (Giovanni Battista)

—— Viotti's, New grand Concerto (in A) as performed at the Opera Concerts, arranged for the Piano Forte, with or without the additional keys, and with the accompaniments of two violins, tenor, & bass . . . by T. Latour. *Bland & Weller's: London,* [1798?] fol. Hirsch M. **1282. (2.)**

Watermark date 1798. *Imperfect; wanting the accompaniments.*

VIOTTI (Giovanni Battista)

—— Six duos concertants pour deux violons. [Parts.] livr. 1. 2 pt. *Chez Sieber père: Paris,* [1795?] fol.
Hirsch III. **552**.

Plate number 960.

VIOTTI (Giovanni Battista)

—— Six sérénades en duo concertants pour deux violons . . . Opera 23. [Parts.] 2 livr. 4 pt. *Chez Imbault: Paris,* [1800?] fol.
Hirsch III. **556**.

Plate numbers 855, 856.

VIVALDI (Antonio)

—— vi concerti a flauto traverso, violino primo e secondo, alto viola, organo e violoncello . . . Opera decima. [Parts.] 6 pt. *Michele Carlo le Cene: Amsterdam,* [1730?] fol.
Hirsch III. **558**.

Plate number 544.

VIVALDI (Antonio)

—— [Another copy.] [L'Estro armonico.—Concertos 1–7.] Vivaldi's most celebrated Concerto's in all their parts for Violins and other Instruments with a Thorough Bass for the Harpsicord . . . Opera terza. *London,* [1730?] fol.
Hirsch III. **557**.

VIVALDI (Antonio)

—— [L'Estro armonico.—Concertos 8–12.] The Second Part of Vivaldi's most celebrated Concertos in all their Parts for Violins and other Instruments with a Thorough Bass for the Harpsicord . . . Parti 2ᵈ. [Parts.] 7 pt. *Printed for I: Walsh . . . and I: Hare: London,* [1730?] fol.
Hirsch III. **557. a**.

VOCAL ENCHANTRESS.

—— [Another copy.] The Vocal Enchantress. Presenting an elegant selection of the most favourite hunting, sea, love, & miscellaneous songs . . . With the music prefixed to each. *London,* [1783.] 8°. Hirsch III. **1135**.

VOGEL (Johann Christoph)

—— [A reissue.] Démophon. Opera lyrique, *etc.* *Paris,* [1790?] fol.
Hirsch II. **925**.

VOGEL (Johann Christoph)

—— Six quatuor concertants pour deux violons, alto et basse . . . Premier livre de quatuor de violon. Gravé par Madme. Oger. [Parts.] 4 pt. *Chez M. De Roullède: Paris,* [1770?] fol.
Hirsch IV. **1666**.

VOGEL (Johann Christoph)

—— [Another copy.] La Toison d'or. Tragédie lyrique, *etc. Paris,* [1786?] fol.
Hirsch II. **926**.

VOGLER (Georg Joseph)

—— Notturno en quatuor pour le piano-forte, un violon, la quinte et violoncelle . . . La seconde édition, enrichie des agrémens et des changemens pour les reprises. [Parts.] 4 pt. *Chés Bossler: Darmstadt,* [1795?] obl. fol.
Hirsch III. **561**.

Plate number 292.

VOGLER (Georg Joseph)

—— Six sonates pour deux clavecins. [Parts.] 2 pt. *Ches Bossler: Darmstadt,* [1795?] obl. fol.
Hirsch III. **563**.

Plate number 265.

VOGLER (GEORG JOSEPH)

—— Uibung für das Uiberspringen des zweiten Fingers der lincken Hand . . . Aus der Mannheimer Ton Schule . . . ausgezogen. pp. 6. *Im Hilscherschen Music Verlage: Dresden,* [1782?] *obl. fol.* Hirsch III. **564**.
Plate number 179.

VOLKMAR (ADAM VALENTIN)

—— Sammlung leichter Orgelstücke für ein oder zwei Claviere und Pedal, *etc.* pp. 18. *In der Breitkopfischen Musikhandlung: Leipzig,* [1795?] fol. Hirsch III. **571**.

VOLUPTAS.

—— Voluptatis cum Virtute disceptatio . . . a Benedicto Chelidonio Heroicis lusa versibus. [With three four-part choruses, by Jakob Diamond?] *Impressum per Ioannem Singrenium: expensis Leonardi Alantse: Viennæ Pannoniæ,* 1515. 4°. Hirsch III. **717**.

WALL (ANTON) *pseud.* [i.e. CHRISTIAN LEBERECHT HEYNE.]

—— Anton Wall's Kriegslieder. pp. 94. [*Leipzig,*] 1779. 8°. Hirsch III. **821**.

WALTER (IGNAZ)

—— *See* DITTERDORF (C. D. von) Das Rothe Käppchen . . . Clavier-auszug von Herrn I. Walter. [1794?] *obl. fol.* Hirsch IV. **1146**.

WALTHER (JOHANN)

—— Deudsche Messe vnd Ordnung Gottes diensts, zu Wittemberg, fürgenomen. [The music by J. Walther.] 1526. 4°. *See* LUTHER (M.) Hirsch III. **1140**.

WALTHER (JOHANN JACOB)

—— Scherzi da violino solo con il basso continuo per l'organo ò cimbalo, accompagnabile anche con una viola ò leuto. [Score.] ff. [46.] *Apud Lud. Bourgeat: Moguntiæ,* 1687. fol. Hirsch III. **572**.
Printed on one side of the leaf only.

WANHAL (JAN BAPTIST)

—— Trois caprises pour le clavecin ou piano forte . . . Oeuvre XXXI. pp. 33. *Chez Christoph Torricella: Vienne,* [1780?] *obl. fol.* Hirsch IV. **1669**.

WANHAL (JAN BAPTIST)

—— [Another copy.] Six Quartettos for two Violins, a Tenor and Bass. Selected from the different works of C: Vanhall. *London,* [1780?] fol. Hirsch III. **574**.

WANHAL (JAN BAPTIST)

—— XIV. variations pour le clavecin par Mr. Wanhal. La Bergère Celimene pour le clavecin avec un violon XX. variations pour le clavecin par Mr. W. A. Mozart. [Parts.] 3 pt. *Bei Rath Bossler: Splier,* [1788.] *obl.* 4°. [*Archiv der auserlesensten Musikalien.* Stück 5–7.] Hirsch III. **14**.

WEIBER VON WEINSBERG.

—— Die Weiber von Weinsberg. [Cantata.] *See* ANDRÉ (J. A.)

WEIMAR (GEORG PETER)

—— Die Schadenfreude, eine Operette für Kinder, in Musik gesetzt und zum Gesange beym Claviere ausgezogen. pp. 25. *Bey Siegfried Lebrecht Crusius: Leipzig,* 1779. *obl.* 8°. Hirsch IV. **1302**.

WEISBECK (NICOLAUS)

—— Votiva Oeolica acclamatio dem . . . Herrn Johann Georgen, Hertzogen zu Sachsen . . . Als Ihre Churfürstl. Gn. beneben andern des Heiligen Römischen Reichs hochlöblichen Chur vnd Fürsten den 1. Martii dieses 1620. Jahres zu Mülhausen glücklichen vnnd wohl angelanget . . . Mit 6. Stimmen auffss Lieblichste componiret durch N. Weisbeck. Altus. ⟨1. Tenor.—2. Tenor.—1. Cantus.—2. Cantus.—Basis.⟩ [Parts.] 6 pt. *Gedruckt bey Philipp Wittel: Erffurdt,* 1620. 4°. Hirsch III. **1147**.

WEISS (CASPAR)

—— *See* SATZENHOVEN (F.) Die travestierte Ariadne auf Naxos . . . Herausgegeben vom C. Weiss. [1798.] *obl. fol.* Hirsch IV. **1277**.

WELDON (JOHN)

—— Divine Harmony. Six select anthems for a voice alone with a thorow bass for the organ, harpsicord or arch-lute, *etc.* pp. 29. *Printed for I. Walsh: London,* [1716.] fol. Hirsch III. **1148**.
The first collection only. Imperfect; wanting the frontispiece.

WELDON (JOHN)

—— From grave Lessons and Restraint. *A Song* sung by Mrs Bradshaw in the last Entertainment of the Subscription Musick . . . On a Lady rambling in May Fare. [With flute accompaniment.] [*London,* 1710?] fol. Hirsch M. **1475**. (**10**.)

WELDON (JOHN)

—— Take Heed, Bellinda. *A Song* . . . The words by a Lady. Sung by Mrs Campion att the Consort in York Buildings and att the Theatre. [With flute accompaniment.] [*London,* 1710?] *s. sh.* fol. Hirsch M. **1475**. (**11**.)

WENN.

—— Wenn die sanften Abendlüfte. Duett. *See* MOZART (W. A.) [*C. Vocal Works.—II. Operas.—Le Nozze di Figaro.—Che soave zeffiretto.*]

WERNIGERODA SONG-BOOK.

—— Wernigerödisches Gesang-Buch, begreifend 852. geistreiche so wol alte als neue auserlesene Lieder, mit den Noten der unbekannten Melodeyen und einem kleinen Gebet-Buch versehen, *etc.* ⟨Nachlese einiger theils alten, theils noch nie gedruckten Lieder.⟩ pp. 862. 18. 47. *Johann Georg Struck: Wernigeroda,* 1746. 8°. Hirsch III. **766**.

WERNIGEROEDISCHES GESANG-BUCH. *See* WERNIGERODA SONG-BOOK.

WESLEY (SAMUEL)
—— A Favorite Rondo, for the Piano Forte. pp. 3. *L. Lavenu: London*, [1800?] fol. Hirsch M. **1282.** (**19.**)
Le Melange. no. 61. *Watermark date* 1800.

WIE.
—— Wie stark ist nicht dein Zauber-ton. Aria. *See* MOZART (W. A.) [*C. Vocal Music.—II. Operas.—Die Zauberflöte.*]

WIEGENLIED.
—— Wiegenlied. [Song.] *See* FLIES (B.)

WILBYE (JOHN)
—— [Another copy.] The First Set of English Madrigals to 3. 4. 5. and 6. voices. *London*, 1598. 4°.
Hirsch III. **1150.**

WILLIS (   )
—— Now my Freedom's regain'd. *A Song*. [With flute accompaniment.] [*London*, 1705?] *s. sh.* fol.
Hirsch M. **1475.** (**12.**)

WINTER (PETER VON)
—— [Another copy.] Gesænge beym Klavier, *etc.* *München*, [1799, 1805?] *obl.* fol. Hirsch III. **1151.**

WINTER (PETER VON)
—— [Another copy.] [Das Labyrinth.] Der Zweyte Theil der Zauberflöte unter dem Titel Das Labyrinth . . . Eine grosse heroisch-komische Oper . . . Für das Forte-Piano übersezt von Hrn. Johann Henneberg. [*Vienna*, 1798.] *obl.* fol. Hirsch IV. **1306.**

WINTER (PETER VON)
—— [Another copy.] Ogus o sia il Trionfo del bel sesso. Opera . . . Klavierauszug. *Leipzig*, [1796?] *obl.* fol.
Hirsch IV. **1303.**

WINTER (PETER VON)
—— [Another copy.] Das unterbrochene Opferfest. [Opera] . . . Klavierauszug von Carl Zulener [*sic*]. *Bonn*, [1798.] *obl.* fol. Hirsch IV. **1304.**

WINTER (PETER VON)
—— [Another edition.] Das unterbrochene Opferfest. Oper . . . Vollständiger Clavierauszug von C. Zulehner, *etc*. *Bonn et Cologne*, [1800?] *obl.* fol. Hirsch IV. **1305.**

WITTHAUER (JOHANN GEORG)
—— [Another copy.] Sechs Sonaten für's Clavier, *etc.* *Hamburg*, 1783. *obl.* fol. Hirsch III. **587.**

WOELFL (JOSEPH)
—— Trois grands trios pour le forté piano, violon et basse . . . Œuvre 23. Nº [2.] [Parts.] 3 pt. *Chez M*^{lles} *Erard: Paris*, [1800?] fol. Hirsch III. **588.**
Plate number 266.2.

WOLF (ERNST WILHELM)
—— [Another copy.] Der Abend im Walde, eine comische Oper, *etc*. [*Riga,*] 1775. *obl.* 8°. Hirsch IV. **1307.**

WOLF (ERNST WILHELM)
—— [Another copy.] Concerto I. per il cembalo concertato accompagnato da due oboi, due violini, viola e basso. *Riga*, 1777. fol. Hirsch M. **1461.**

WOLF (ERNST WILHELM)
—— Concerto II. per il cembalo concertato accompagnato da due violini, viola e basso. [Parts.] 5 pt. *Presso Giovanni Federico Hartknoch: Riga*, 1777. fol.
Hirsch III. **591.**

WOLF (ERNST WILHELM)
—— Sechs leichte Clavier-Sonaten. pp. 24. *Auf Kosten des Autors: Weimar*, 1786. *obl.* 4°. Hirsch III. **590.**

WOLF (ERNST WILHELM)
—— Ostercantate . . . Neue unveränderte Auflage. [Score.] pp. 136. *In der Gräffschen Buchhandlung: Leipzig*, 1794. fol. Hirsch IV. **936.**

WOLF (ERNST WILHELM)
—— [Another copy.] Polyxena, ein lyrisches Monodrama, *etc. Leipzig und Weimar*, 1776. *obl.* fol. Hirsch II. **975.**

WOLF (ERNST WILHELM)
—— Das Rosenfest, eine Operette in drey Acten, *etc.* [Vocal score.] pp. 111. *Bey George Ludewig Winter: Berlin*, 1771. *obl.* fol. Hirsch IV. **1308.**

WOLF (ERNST WILHELM)
—— Sei sonate per il clavicembalo solo. pp. 46. *Alle spese dell'autore: Lipsia*, 1774. *obl.* fol. Hirsch III. **589.**

WOLF (ERNST WILHELM)
—— [Another copy.] Wiegenliedchen für deutsche Ammen mit Melodien begleitet. *Riga*, 1775. *obl.* 4°.
Hirsch III. **1154.**

WRANICZKY (PAUL)
—— [Oberon.—Einmal in meinem achten Jahr.] Gesänge aus Oberon . . . No. [1.] pp. 10. *Bey I. M. Götz: Mannheim*, [1797?] *obl.* fol. Hirsch III. **1157.**
Plate number 475.

WRANICZKY (PAUL)
—— Trois quintetti pour deux violons, deux alto et basse . . . Oeuvre 18. Livre [1]. [Parts.] 5 pt. *Chez I. André: Offenbach sur le Mein*, [1792?] fol.
Hirsch M. **1462.**
Plate number 450.

YANIEWICZ (FELIX)
—— Two Concertos, adapted for the Piano Forte, with an accompaniment for the violin, the first arranged by J. B. Cramer, the second by J. L. Dussek, etc. *Printed for the Author, & sold by T. Skillern: London,* [1794?] fol.
Hirsch M. **1286**. (8.)
Watermark date 1794. Imperfect; wanting the violin part.

Z., D., *Monsieur.*
—— Alexis et Justine. Comédie lyrique en deux actes . . . Mise en musique par M. D. Z. [i.e. N. Dezède. Score.] pp. 183. *Chez Des Lauriers: Paris,* [1795?] fol.
Hirsch II. **202**.
Plate number 24.

Z., D., *Monsieur.*
—— [Another issue.] L'Erreur d'un moment . . . Comédie, etc. *Paris,* [1773?] fol. Hirsch II. **204**.

Z., D., *Monsieur.*
—— [Another copy.] Julie. Comédie, etc. *Paris,* [1772?] fol. Hirsch II. **207**.
Imperfect; wanting pp. 31–34 which have been supplied in MS.

Z., D., *Monsieur.*
—— [Another copy.] Les Trois fermiers. Comédie . . . Par Mr D. Z. [i.e. N. Dezède.] Oeuvre IV, etc. *Paris,* [1777?] fol. Hirsch II. **205**.

ZACHARIAE (JUSTUS FRIEDRICH WILHELM)
—— Sammlung einiger Musicalischen Versuche. [Songs and P.F. pieces.] 2 Tl. [*The Author: Brunswick,* 1760, 61.] *obl.* fol. Hirsch III. **1158**.

ZAPF (JOHANN NEPOMUK)
—— Trois sonates pour le piano-forte accompagnées d'un violon et violoncelle. [Parts.] 3 pt. *Chez Joseph Eder: Vienne,* [1800?] *obl.* fol. Hirsch III. **592**.
Plate number 163.

ZELTER (CARL FRIEDRICH)
—— Die Gunst des Augenblicks, von Friedrich von Schiller, vierstimmig in Musik gesetzt. [Score.] pp. 14. *Bei Günther: Berlin,* [1786.] fol. Hirsch III. **1161**.
Plate number 9.

ZELTER (CARL FRIEDRICH)
—— [Another copy.] Zwölf Lieder am Klavier zu singen. *Berlin und Leipzig,* [1796.] *obl.* fol. Hirsch III. **1164**.

ZIMERMANN (A.) *See* ZIMMERMANN (A.)

ZIMMERMANN (ANTON)
—— Andromeda und Perseus. Ein Melodram im Clavierauszug. pp. 50. *Artaria Compagn.: Wien,* [1781.] *obl.* fol. Hirsch IV. **1309**.
Plate number 17.

ZINGARELLI (NICOLÒ ANTONIO)
—— Antigone. Opéra en trois actes . . . Paroles de Mr Marmontel. [Score.] pp. 415. *Chez Imbault: Paris,* [1795?] fol. Hirsch II. **976**.

ZINGARELLI (NICOLÒ ANTONIO)
—— Stanze del canto duodecimo della Gerusalemme liberata di Torquato Tasso. ⟨Gravé par M. Oricheler.⟩ [Songs with orchestra. Score.] pp. 18. [1790?] *obl.* fol.
Hirsch III. **1170**.

ZINGARELLI (NICOLÒ ANTONIO)
—— Stanze del canto vigesimo della Gerusalemme liberata di Torquato Tasso. ⟨Gravé par M. Oricheler.⟩ [Songs with orchestra. Score.] pp. 19. [1790?] *obl.* fol.
Hirsch III. **1171**.

ZOLLICOFER (CASPAR)
—— [Another copy.] Himmlisch-Gesinnter Seelen Himmel-Durchschallende . . . Gebät-Music, das ist, Geistreiches Gesang-Gebät-Buch, etc. *St. Gallen,* 1738. 8º.
Hirsch III. **1172**.

ZOTTI (GIOVANNI DE)
—— Sonate a violino solo col suo basso per il cembalo . . . Opera prima. [Score.] pp. 60. *Appresso Antonio Bortoli: Venetia,* 1707. fol. Hirsch M. **1463**.

ZUCCHINETTI (GIOVANNI MARIA)
—— Tre sonate per cembalo o piano-forte, con violino, etc. [Parts.] 2 pt. *Appresso Luigi Marescalchi: Napoli,* [1790?] *obl.* fol. Hirsch IV. **1672**.

ZULEHNER (CARL)
—— *See* MOZART (W. A.) [C. *Vocal Music.—II. Operas.—Don Giovanni.*] Il Dissoluto punito . . . La musica . . . messa per il piano forte del C. Zulehner. [1792?] *obl.* fol.
Hirsch IV. **134**.

ZULEHNER (CARL)
—— *See* WINTER (P. von) Das unterbrochene Opferfest . . . Vollständiger Clavierauszug von C. Zulehner, etc. [1800?] *obl.* fol. Hirsch IV. **1305**.

ZULEHNER (CARL)
—— *See* MOZART (W. A.) [C. *Vocal Music.—II. Operas.*] Die Entführung aus dem Serail . . . für das Piano-Forte und die Violin eingerichtet von C. Zulehner. [1795?] *obl.* fol. Hirsch IV. **52**.

ZULEHNER (CARL)
—— *See* MOZART (W. A.) [C. *Vocal Music.—II. Operas.*] Die Zauberflöte . . . Clavierauszug von C. Zulehner. [1795.] *obl.* fol. Hirsch IV. **190**.

ZUMSTEEG (JOHANN RUDOLPH)
—— [A reissue.] Die Büssende. Ballade von Franz Leopold Grafen zu Stollberg, etc. *Leipzig,* [1800?] *obl.* fol.
Hirsch III. **1174**.

ZUMSTEEG (JOHANN RUDOLPH)
—— Colma, ein Gesang Ossians, von Goethe, fürs Clavier und Gesang. pp. 28. *In der Breitkopfischen Buchhandlung: Leipzig,* [1794.] *obl. fol.* Hirsch III. **1176.**

ZUMSTEEG (JOHANN RUDOLPH)
—— [Another copy.] Die Entführung, oder Ritter Karl von Eichenhorst und Fräulein Gertrude von Hochburg. Ballade. *Leipzig,* [1794.] *obl. fol.* Hirsch III. **1178.**

ZUMSTEEG (JOHANN RUDOLPH)
—— [Another copy.] Die Geister-Insel. Ein Singspiel . . . Im Klavierauszug. *Leipzig,* [1799.] *obl. fol.*
Hirsch IV. **1311.**
With the leaf containing the Dramatis personæ.

ZUMSTEEG (JOHANN RUDOLPH)
—— Drei Gesänge mit Begleitung des Pianoforte. pp. 18. *Bey Breitkopf und Härtel: Leipzig,* [1800?] *obl. fol.*
Hirsch III. **1179.**

ZUMSTEEG (JOHANN RUDOLPH)
—— Iglou's der Mohrin Klaggesang aus Quinctius Heimeran von Flaming in Musik gesetzt für's Forte-Piano. [Song.] pp. 7. *Bey Johann August Böhme: Hamburg,* [1795?] *obl. fol.* Hirsch III. **1180.**

ZUMSTEEG (JOHANN RUDOLPH)
—— Lenore von G. A. Buerger. [Song.] pp. 46. *Bey Breitkopf & Härtel: Leipzig,* [1795?] *obl. fol.*
Hirsch III. **1183.**

ZUMSTEEG (JOHANN RUDOLPH)
—— [Maria Stuart.] Scene aus dem Trauerspiel Maria Stuart von Fr: Schiller. [Song.] pp. 6. [1795?] *obl. fol.*
Hirsch III. **1188.**

ZUMSTEEG (JOHANN RUDOLPH)
—— [A reissue.] [Maria Stuart.] Scene aus dem Trauerspiel Maria Stuart, *etc. Hamburg,* [1800?] *obl. fol.*
Hirsch III. **1189.**

ZUMSTEEG (JOHANN RUDOLPH)
—— Reiter-Lied, aus dem Wallenstein. [Duet with chorus.] pp. 3. *Bey Iohann August Böhme: Hamburg,* [1790?] *obl. fol.* Hirsch III. **1184.**

ZUMSTEEG (JOHANN RUDOLPH)
—— Ritter Toggenburg. Ballade von Fr: Schiller. [Song.] pp. 5. [1795?] *obl. fol.* Hirsch III. **1186.**

ZUMSTEEG (JOHANN RUDOLPH)
—— [A reissue.] Ritter Toggenburg. Ballade, *etc. Hamburg,* [1800?] *obl. fol.* Hirsch III. **1185.**

ZURICH.—*Gesellschaft der Vocal- und Instrumental-Musik.*
Amalgamated in 1812 with the Musik Gesellschaft der deutschen Schule to form the Allgemeine Musik-Gesellschaft.

—— Musicalische Neu-Jahrs-Geschencke: Gott zu ehren, und zu vermehrung der freuden in Gott einer Ehr-Kunst- und Tugendliebenden Jugend in Zürich, von der Gesellschaft der Vocal und Instrumental-Music, ab dem Music-Sal daselbst verehrt, *etc.* no. [1]-93. 1685-1777. [*Zürich,* 1685-1777.] 4º.
The series title appears on no. 1 only. The other parts have individual titles.
[Continued as :]
Neujahrsgeschenck ab dem Musiksaal an die Zürchersche Jugend aufs Jahr MDCCLXXVII⟨-MDCCLXXXIX⟩. *Zürich,* [1778-89.] *obl.* 4º.
[Continued as :]
Gesänge zur Beförderung Vaterländischer Tugend. Neujahrsgeschenck ab dem Musiksaal an die Zürcherische Jugend. Auf das Jahr 1790⟨-1812⟩. *Zürich,* 1790]-1812. 4º. Hirsch IV. **1135.**
The issues for 1799-1812 have individual titles.

ZURICH.—*Musik-Gesellschaft der deutschen Schule.*
Amalgamated in 1812 with the Gesellschaft der Vocal- und Instrumental-Musik to form the Allgemeine Musik-Gesellschaft.

—— Musicalische Neu-Jahrs-Gedichte von der Music-Gesellschaft auf der Teutschen Schul in Zürich; der lieben Jugend daselbsten zuverehren angefangen, im Jahr des Heils, Herr! senDe GnaDen TrIebe ZV BrVeDerLICher LIebe! no. [1]-67. 1713-79. [*Zürich,* 1713-79.] 4º.
The series title appears on no. 1 only. The other numbers have individual titles.
[Continued as :]
Neujahrsgeschenck für die Vaterländische Jugend von der Musik-Gesellschaft auf der teutschen Schule in Zürich. 1780⟨-1783⟩. [*Zürich,* 1780-83.] *obl.* 4º.
[Continued as :]
National-Kinderlieder für die Zürchersche Jugend. Stück 1-17. 1784-1800. *Zürich,* 1784-1800. *obl.* 4º.
[Continued as :]
Neujahrs-Geschenk für die Zürchersche Jugend von der Musik-Gesellschaft ab der deutschen Schule auf das Jahr 1801⟨-1804⟩. *Zürich,* 1801-04. 4º.
[Continued as :]
—— Vater-Tugenden . . . Geschenk an die Zürchersche Jugend von der Musik-Gesellschaft der deutschen Schule. Auf das Neujahr 1805⟨-1811⟩. *Zürich,* 1805-11. 4º.
[Continued as :]
Neujahrsgeschenk an die Zürcherische Jugend von der Musik Gesellschaft zur Deutschen-Schule in Zürich auf das Jahr 1812. [*Zürich,* 1812.] 4º. Hirsch IV. **1135**a.

ZURICH.—*Musik-Gesellschaft der deutschen Schule.*
—— [Another copy of the issues for 1770-1811.]
Hirsch IV. **1135**b.

B. MUSIC PRINTED SINCE 1800

A.
—— À bas les femmes. Chanson. *See* PLANTADE (C. H.)

A.
—— A lei che adoro. Song. *See* PAER (F.) [*Griselda.*]

A.
—— A pascer le greggi. Air. *See* WINTER (P. von) [*Il Ratto di Proserpina.*]

A.
—— À sa majesté Louis XVIII, à l'occasion de l'exposition des produits de l'industrie française. [Song.] *See* DANS. Dans le temple de l'industrie, *etc.* [1820?] fol.
Hirsch M. **1298. (9.)**

ABADIE (LOUIS)
—— L'Amoureux de Pontoise. Romance extra-sentimentale. [Song.] Paroles de Marc Constantin. *F. Gauvin: Paris,* [1850?] fol.
Hirsch M. **1296. (6.)**

ABADIE (LOUIS)
—— L'Enfant et le négrier. Romance . . . Paroles de Marc Constantin. *J. Maho: Paris,* [1845?] fol.
Hirsch M. **1298. (1.)**

ABADIE (LOUIS)
—— La Fille à Jérome. J' l'aim' t' y. Chansonette . . . Paroles de Ch. Desforges de Vassens. *F. Gauvin: Paris,* [1850?] fol.
Hirsch M. **1296. (10.)**

ABATE ( )
—— *See* ROSSINI (G. A.) [*Bianca e Falliero.*] Sinfonia, *etc.* [In fact, the complete opera arranged for P.F. by — Abate, — Panizza, L. Truzzi, and D. Brogialdi.] [1835?] *obl.* fol.
Hirsch IV. **1252.**

ABENDLIED.
—— Abendlied. [Song.] *See* RANDHARTINGER (B.)

ABENDLIED.
—— Abendlied unterm gestirnten Himmel. [Song.] *See* BEETHOVEN (L. van)

ABERT (HERMANN)
—— *See* MOZART (J. G. L.) Leopold Mozart's Notenbuch seinem Sohne Wolfgang Amadeus . . . geschenkt. Zum erstenmale veröffentlicht von H. Abert. 1922. *obl.* 4°.
Hirsch M. **297.**

SIG. 15.—PART 53.

ABERT (HERMANN)
—— *See* MUNICH.—*Pergolesi Gesellschaft.* Die Magd als Herrin. ⟨La Serva padrona.⟩ Nach der italienischen Originalfassung übertragen und bearbeitet von H. Abert. [Score.] [1910.] *obl.* fol.
HIRSCH II. **710.**

ABERT (HERMANN)
—— *See* MUNICH.—*Pergolesi Gesellschaft.* Die Magd als Herrin. ⟨La Serva padrona.⟩ Nach der italienischen Originalfassung übertragen und bearbeitet von H. Abert. [Vocal score.] [1910.] *obl.* fol.
Hirsch M. **433.**

ABSCHIED.
—— Abschied. [Song.] *See* HETSCH (C. L. F.)

ABSCHIED.
—— Abschied. [Song.] *See* MARSCHNER (H. A.) Der fahrende Schüler . . . 168. Werk. [No. 6.]

ACH.
—— Ach Herr, lass deine lieben Engelein. Aria. *See* TUNDER (F.)

ADAM.
—— Adam. Tragédie lyrique religieuse. *See* LESUEUR (J. F.)

ADAM (ADOLPHE CHARLES)
—— Le Brasseur de Preston. Opéra comique en trois actes. Paroles de MM. de Leuven et Brunswick . . . Partition, *etc.* pp. 428. *Chez Richault: Paris,* [1838?] fol.
Hirsch II. **2.**

ADAM (ADOLPHE CHARLES)
—— Le Fidèle berger. Opéra comique en trois actes. Paroles de MM. Scribe et de Sᵗ Georges. Partition, *etc.* pp. 373. *Chez J. Delahante: Paris,* [1838?] fol. Hirsch II. **1.**

ADAM (ADOLPHE CHARLES)
—— Micheline, ou l'Heure de l'esprit. Opéra comique en un acte de MM. St. Hilaire & Masson . . . Partition. pp. 192. *Chez Ch. Boieldieu: Paris,* [1835?] fol. Hirsch II. **3.**

ADAM (ADOLPHE CHARLES)
—— Le Morceau d'ensemble. Opéra comique en un acte. Paroles de M.M. F. de Courcy et Carmouche . . . Partition, *etc.* pp. 180. *Chez Frère: Paris,* [1831?] fol.
Hirsch II. **4.**

ADAM (ADOLPHE CHARLES)
—— Pierre et Catherine. Opéra en un acte de Mʳ de St. Georges . . . Partition, *etc.* pp. 260. *Chez I. Pleyel: Paris,* [1829?] fol. Hirsch II. **5.**

ADAM (Adolphe Charles)
—— Le Postillon de Lonjumeau. Opéra comique en trois actes, paroles de MM de Leuven et Brunswick... Partition, etc. pp. 443. *Chez J. Delahante: Paris,* [1836?] fol.
Hirsch II. **6.**
The titlepage bears a MS. *dedication in the composer's autograph.*

ADAM (Adolphe Charles)
—— Le Proscrit. Drame lyrique en 3 actes. Paroles de MM. Saintine et Carmouche, *etc.* [Score.] pp. 306. *Chez Maurice Schlesinger: Paris,* [1833?] fol. Hirsch M. **663.**

ADAM (Adolphe Charles)
—— Régine, ou Deux nuits. Opéra comique en deux actes. Paroles de M. E. Scribe... Partition, *etc.* pp. 249. *J. Delahante: Paris,* [1839?] fol.   Hirsch II. **7.**

ADAM (Adolphe Charles)
—— Le Roi d'Yvetot. Opéra comique en 3 actes, paroles de Mrs de Leuven et Brunswick... Grande partition, *etc.* pp. 356. *J. Meissonnier: Paris,* [1842?] fol.
Hirsch II. **10.**
The fly-leaf bears a MS. *dedication in the composer's autograph.*

ADAM (Adolphe Charles)
—— [Si j'étais roi. Opera. Score.] pp. 501. [*J. Benacci Peschier: Paris,* 1852?] fol.   Hirsch II. **8.**
Imperfect; wanting the titlepage.

ADAM (Adolphe Charles)
—— Le Toréador, ou L'Accord parfait. Opéra bouffon en deux actes. Paroles de Mr T. Sauvage... Grande partition, *etc.* pp. 230. *Chez Bernard Latte: Paris,* [1849?] fol.
Hirsch II. **9.**

ADDIO.
—— Addio. Abschieds Arie. [Song.] *See* Mozart (W. A.) [*Io ti lascio, o cara, addio.* K. *Anh.* 245.]

ADDIO.
—— Addio Teresa. Chanson sicilienne. *See* Monpou (H.) Souvenirs de Naples. no. 1.

ADDISON (J. H.)
—— The Dark Seance Polka. [P.F.] pp. 8. *Metzler & Co.: London,* [1880?] fol.   Hirsch M. **1315. (1.)**

ADDISON (John)
—— *See* Beggar's Opera. The Overture, Airs, Duets, Trios, and Choruses, in the Beggars' Opera... The whole carefully collated, and supplied with appropriate accompaniments, for the piano-forte, by J. Addison. [1827?] fol.
Hirsch IV. **1239.**

ADDISON (John)
—— *See* Haendel (G. F.) The Messiah... The whole carefully revised & arranged with a compressed accompaniment for the piano forte or organ by J. Addison. [1831.] fol.   Hirsch IV. **777.**

ADDISON (John)
—— *See* Winter (P. von) [*Zaira.*] The celebrated Overture, performed to the... Opera of Zaira... Arranged for the piano forte by J. Addison. [1816?] fol.
Hirsch M. **1282. (22.)**

ADIEU.
—— Adieu bergère cherie, Chanson. *See* Bianchi (A.)

ADIEU.
—— Adieu Marie. [Song.] *See* Clapisson (A. L.)

ADVENT.
—— Advent Hymn. [Hymn.] *See* Lo. Lo he comes with Clouds descending. [1830?] fol. Hirsch M. **1272. (31.)**

ADVOCATEN.
—— Die Advocaten. Komisches Terzett. *See* Schubert (F. P.)

AGNETE.
—— Agnete. [Song.] *See* Loewe (J. C. G.)

AH.
—— Ah! che scordar. Cavatina. *See* Rossini (G. A.) [*Tancredi.*]

AH.
—— Ah non sai. Song. *See* Sarti (G.)

AH.
—— Ah! se de mali miei. Duett. *See* Rossini (G. A.) [*Tancredi.*]

AH.
—— Ah! welcome merry Hour of Dawn. Song. *See* Attwood (Thomas)

AIBLINGER (Johann Kaspar)
—— Aria per l'opera Agnese. [Vocal score.] pp. 10. *Presso Falter e figlio: Monaco,* [1810?] *obl.* fol. Hirsch III. **594.**
Giornale no. 43. *Lithographed throughout.*

AIBLINGER (Johann Kaspar)
—— Cavatina per l'opera: Paolo e Virginia. pp. 2. *Presso Falter e figlio: Monaco,* [1810?] *s. sh. obl.* fol.
Hirsch III. **596.**
Giornale no. 4. *Lithographed throughout.*

AIBLINGER (Johann Kaspar)
—— *See* Winter (P. von) V Ave Regina coelorum für Sopran, Alt, Tenor, Bass und Orgel von P. v. Winter, F. Danzi, J. K. Aiblinger, *etc.* [1815?] fol.
Hirsch IV. **1706.**

AIMON (Pamphile Léopold François)
—— Trois quatuors pour deux violons, alto et basse, *etc.* [Parts.] 4 pt. *Chez J. Frey: Paris,* [1815?] fol.
Hirsch III. **1.**

ALAN (T.)
—— *See* BRUCKNER (A.) "Te Deum" ... (Revised by T. Alan), *etc.* [1904.] 8°.   Hirsch IV. **726**.

ALBERT (CHARLES LOUIS NAPOLÉON D')
—— Bonnie Dundee Quadrille. [P.F.] pp. 14. [*Chappell: London,* 1856?] fol.   Hirsch M. **1314**. (**1**.)
The imprint has been cropped.

ALBERT (CHARLES LOUIS NAPOLÉON D')
—— Le Chant d'amour. Valse à deux temps. [P.F., with two cornet à pistons.] 2 pt.   *Chappell: London,* [1855?] fol.   Hirsch M. **1314**. (**2**.)

ALBERT (CHARLES LOUIS NAPOLÉON D')
—— The Czarina. Schottisch. [P.F.] pp. 5.   [*Chappell: London,* 1857?] fol.   Hirsch M. **1314**. (**3**.)
The imprint has been cropped.

ALBERT (CHARLES LOUIS NAPOLÉON D')
—— England. Quadrille upon English airs. [P.F. solo.] pp. 12. [*Chappell: London,* 1856?] fol.
Hirsch M. **1314**. (**4**.)
The imprint has been cropped.

ALBERT (CHARLES LOUIS NAPOLÉON D')
—— The Geneva Quadrille. [P.F.] pp. 7.   [*Chappell?: London,* 1855?] fol.   Hirsch M. **1314**. (**5**.)
The imprint has been cropped.

ALBERT (CHARLES LOUIS NAPOLÉON D')
—— Ireland. Quadrille upon Irish airs. [P.F. solo.] pp. 12. *Chappell: London,* [1855?] fol.   Hirsch M. **1315**. (**4**.)

ALBERT (CHARLES LOUIS NAPOLÉON D')
—— Il Lago Maggiore. Quadrille ⟨on operatic airs.⟩ [P.F.] pp. 7. *Chappell: London,* [1854?] fol.
Hirsch M. **1315**. (**5**.)

ALBERT (CHARLES LOUIS NAPOLÉON D')
—— Palermo. Quadrille. [P.F., with cornet à pistons.] 2 pt. *Chappell: London,* [1850?] fol.
Hirsch M. **1316**. (**1**.)

ALBERT (CHARLES LOUIS NAPOLÉON D')
—— Paris. Quadrille on popular French airs of C. d'Albert. [P.F.] pp. 6. *Chappell: London,* [1849?] fol.
Hirsch M. **1307**. (**4**.)

ALBERT (CHARLES LOUIS NAPOLÉON D')
—— Paris. Quadrille on popular French airs. [P.F.] pp. 13. *Chappell: London,* [1851?] fol.   Hirsch M. **1315**. (**6**.)

ALBERT (CHARLES LOUIS NAPOLÉON D')
—— The Pelissier Galop. [P.F.] pp. 7.   *Chappell: London,* [1855?] fol.   Hirsch M. **1314**. (**6**.)

ALBERT (CHARLES LOUIS NAPOLÉON D')
—— Rigoletto Quadrille. [P.F.] pp. 7.   *Chappell & Co.: London,* [1855?] fol.   Hirsch M. **1314**. (**7**.)

ALBERT (CHARLES LOUIS NAPOLÉON D')
—— La Sonnambula. Quadrille. [P.F., with two cornets.] 2 pt. *Chappell: London,* [1860?] fol.
Hirsch M. **1314**. (**8**.)

ALBERT (CHARLES LOUIS NAPOLÉON D')
—— The Star of the Night. Valse à deux temps. [P.F.] pp. 12. *Chappell: London,* [1850?] fol.
Hirsch M. **1307**. (**5**.)

ALBERT (CHARLES LOUIS NAPOLÉON D')
—— The War Galop. [P.F., with two cornets.] 2 pt. *Chappell: London,* [1855?] fol.   Hirsch M. **1314**. (**9**.)

ALBERT (EUGÈNE FRANCIS CHARLES D')
—— Die Abreise. Musikalisches Lustspiel in einem Aufzuge nach A. von Steigentesch eingerichtet von Ferdinand Graf Sporck. Orchester-Partitur. pp. 150.   [*Privately printed:*] *Leipzig,* [1898?] fol.   Hirsch II. **11**.
The titlepage bears a MS. *dedication in the composer's autograph.*

ALBERT (EUGÈNE FRANCIS CHARLES D')
—— [Another copy.] Concert (H-moll) in einem Satz für Pianoforte mit Orchester ... Op. 2. Partitur, *etc. Berlin & Posen,* [1884.] fol.   Hirsch M. **664**.
The titlepage bears a MS. *dedication to Hans von Bülow, in the composer's autograph.*

ALBERT (EUGÈNE FRANCIS CHARLES D')
—— [A reissue.] Zweites Concert (E dur) für Klavier und Orchester. Op. 12. Partitur, *etc. Berlin,* [1905?] fol.
Hirsch M. **665**.

ALBERT (EUGÈNE FRANCIS CHARLES D')
—— [Another copy.] Symphonie (F dur) für grosses Orchester. Op. 4. Partitur, *etc.   Berlin & Posen,* [1886.] fol.   Hirsch M. **666**.
The titlepage bears a MS. *dedication to Hans von Bülow, in the composer's autograph.*

ALBERT (EUGÈNE FRANCIS CHARLES D')
—— *See* BACH (J. S.) Das wohltemperirte Klavier ... Herausgegeben und bearbeitet von E. d'Albert. 1906. fol.
Hirsch M. **689**.

ALBRECHTSBERGER (JOHANN GEORG)
—— Six fugues pour le piano-forte ou l'orgue ... 18me, et dernier oeuvre, *etc.* pp. 15.   *Chez Jean Cappi: Vienne,* [1810?] *obl.* fol.   Hirsch III. **4**.

ALBUM.
—— Album. Émile Périer, A. Leduc, L. Bougnol, Mmes. V. Arago, J. Boucher. [Eleven songs, each with a lithographed illustration.] *Alphonse Leduc: Paris,* [1855?] fol.
Hirsch III. **982**.

ALBUM.
—— Album musicale. *See* PERIODICAL PUBLICATIONS.— *Vienna.*

ALFIERI (Pietro)
—— [Another copy.] Raccolta di musica sacra in cui contengosi i capi lavori de' più celebri compositori italiani, *etc.* vol. 1, 2. *Roma*, 1841. fol.　　　Hirsch IV. **660**.
Imperfect; wanting vol. 3–7. The covers bear the autograph signature of Ferdinand Hiller.

ALICE.
—— Alice aux bras nus. Romance. *See* LABARRE (T.)

ALINE REINE DE GOLCONDE.
—— Aline reine de Golconde. Opéra. *See* BERTON (H. M.)

ALLEGRI (Gregorio)
—— Miserere mei Deus. Psaume L [*sic*]. À deux chœurs sans orgue ni instrumens. [Score.] pp. 3–8. [1830.] fol.　　　Hirsch IV. **661**.
Without titlepage.

ALLES.
—— Alles in dir. [Song.] *See* LOEWE (J. C. G.)

ALMAVIVA.
—— Almaviva. Dramma giocoso. *See* ROSSINI (G. A.) [*Il Barbiere di Siviglia.*]

ALPIN.
—— Alpin's Klage um Morar. Gesang. *See* LOEWE (J. C. G.)

ALTE.
—— Der alte König. [Song.] *See* LOEWE (J. C. G.) Drei Balladen. Op. 116. No. 2.

AM.
—— Am Erlaf-See. [Song.] *See* SCHUBERT (F. P.)

AM.
—— Am Strand. [Song.] *See* WIECK, *afterwards* SCHUMANN (C.)

AMAT (Léopold)
—— Où vas-tu petit oiseau? Cantilena. [Song.] Paroles de Th^{le} Seguret. pp. 3. *Chez les fils de B. Schott: Mayence*, [1854?] fol.　　　Hirsch M. **1301**. (5.)
Lyre française. no. 497.

AMELN (Konrad)
—— Handbuch der deutschen evangelischen Kirchenmusik. Nach den Quellen herausgegeben von K. Ameln, Christhard Mahrenholz und Wilhelm Thomas unter Mitarbeit von Carl Gerhardt.
　　Bd. 1. Der Altargesang. Tl. 1. Bogen 1–28. Tl. 2. Bogen 1–20.
　　　　Tl. 3. Bogen 1–8. Tl. 4. Bogen 1–12.
　　Bd. 2. Das gesungene Bibelwort. pp. ix. 414.
　　Bd. 3. Das Gemeindelied. Tl. 1. Bogen 1, 2. Tl. 2. Bogen 1–6.
Vandenhoeck & Ruprecht: Göttingen, 1935 [1933–39]. 8°.
　　　Hirsch M. **1**.
A made-up set. Bd. 1 and 3 were published in parts. The title is taken from Bd. 2, which is a reissue in volume form. Bd. 1 is imperfect, wanting all after Bogen 28 of Tl. 1, and all after Bogen 20 of Tl. 2.

AMELN (Konrad)
—— *See* NEIDHART, *von Reuental.* Tanzlieder ... Mit den gleichzeitigen Melodien herausgegeben von K. Ameln und Wilhelm Rössle. 1927. 8°.　　　Hirsch. M. **442**.

AMI DE LA MAISON.
—— L'Ami de la maison. Opéra comique. *See* GRÉTRY (A. E. M.)

AMON (Johann Andréas)
—— Recueil de dix-huit cadences ou points d'orgue faciles pour piano-forté ... Oeuvre 22. *À l'imprimerie lithographique: Charenton; chez Mme Duhan et comp^{ie}: Paris*, [1804?] obl. fol.　　　Hirsch III. **5**.
Lithographed throughout, on one side of the leaf only.

AMOR.
—— Amor Proteus. [Song cycle.] *See* EBERWEIN (T. M.)

AMORE.
—— Amore tiranno. Cavatina. *See* ROSSINI (G. A.) [*Tancredi.*]

AMORS GUCKKASTEN.
—— Amors Guckkasten. Komische Operette. *See* NEEFE (C. G.)

AMOUR.
—— L'Amour de la patrie. [Song.] *See* PUGET, *afterwards* LEMOINE (L.)

AMOUREUX.
—— L'Amoureux de Pontoise. [Song.] *See* ABADIE (L.)

AMSTERDAM.—*Vereeniging voor Noord-Nederlands Muziekgeschiedenis, afterwards Vereeniging voor Nederlandsche Muziekgeschiedenis.*
—— [Another copy.] Van Ockeghem tot Sweelinck. Nederlandsche Muziekgeschiedenis in voorbeelden, *etc.* afl. 1. *Amsterdam*, 1939. 4°.　　　Hirsch M. **666**. a.
Imperfect; wanting afl. 2–4.

AMSTERDAM.—*Vereeniging voor Noord-Nederlands Muziekgeschiedenis, afterwards Vereeniging voor Nederlandsche Muziekegeschiedenis.*
—— [Another copy.] Uitgave van ondere Noord-nederlandsche Meesterwerken. uitgave 32–45. *Amsterdam*, 1912–38. 8° & 4°.　　　Hirsch IV. **1025**.
Imperfect; wanting uitgave 1–31.

AN.
—— An den Mond. [Song.] *See* TOMAŠEK (V. J.)

AN.
—— An den Tod. Lied. *See* SCHUBERT (F. P.)

AN.
—— An der Schenkenthür. [Song.] *See* MARSCHNER (H. A.) Der fahrende Schüler ... 168. Werk. No. 3.

AN.
—— An die Entfernte. [Song.] *See* MARSCHNER (H. A.) Zwei Lieder ... Op. 182. No. 1.

AN.
—— An die Geliebte. [Song.] *See* BEETHOVEN (L. van)

AN.
—— An die Kunstgenossen. [Part-song.] *See* TRUHN (F. H.)

AN.
—— An Weber's Grabe. [Part-song.] *See* WAGNER (W. R.)

AN.
—— An Weimar. Lied. *See* EBERWEIN (C.)

ANACRÉON.
—— Anacréon. Opéra comique. *See* GRÉTRY (A. E. M.)

ANDENKEN.
—— Andenken. [Song.] *See* BEETHOVEN (L. van)

ANDRÉ (ANTONIUS) *See* ANDRÉ (Johann A.)

ANDRÉ (JEAN BAPTISTE)
—— *See* MOZART (W. A.) W. A. Mozart's Klavier-Conzerte in Partitur ... mit Bearbeitung der Orchesterbegleitung für das Klavier ⟨no. 1-6⟩ von F. X. Gleichauf. ⟨No. 7, 8, von J. B. André.⟩ [1852.] fol. Hirsch III. **431**.

ANDRÉ (JOHANN)
—— Lenore. [Song, words by G. Bürger.] pp. 28. *Bei Johann Michel Götz: Worms*, [1801?] *obl*. fol.
Hirsch III. **600**.

ANDRÉ (JOHANN ANTON)
—— Anleitung zum Violinspielen, in stufenweise geordneten Übungsstücken ... Deutsch und Französisch. Op. 30. 2 Tl. *Bei Joh: André: Offenbach a/M.*, [1807?] fol.
Hirsch III. **6**.
Lithographed throughout.

ANDRÉ (JOHANN ANTON)
—— Sechs Duetten für Sopran und Alt mit Begleitung des Piano-Forté ... 51tes Werk, *etc.* pp. 19. *Bei Johann André: Offenbach a/m*, [1828?] *obl*. fol.
Hirsch III. **603**.

ANDRÉ (JOHANN ANTON)
—— Hymnus Te Deum laudamus, musicam quatuor vocibus humanis comitante orchestra exercendam concepit A. André ... Opus 60. Editio secundum manuscriptum originale. [Score.] pp. 35. *Sumptibus et typis Joannis André: Offenbachii ad Moenum*, [1829.] *obl*. fol.
Hirsch IV. **662**.

ANDRÉ (JOHANN ANTON)
—— XXIV Maurer-Gesænge mit Begleitung des Piano-Forte zum Gebrauche der ☐ Socrates zur Standhaftigkeit, *etc*. pp. 59. [1809.] 8°. Hirsch III. **604**.

ANDRÉ (JOHANN ANTON)
—— Missa. Musicam quatuor vocibus humanis comitante orchestra exercendam concepit A. André ... Opus 43. [Score.] pp. 103. *Sumptibus et typis Joannis André: Offenbachii ad Moenum*, [1818.] *obl*. fol. Hirsch IV. **663**.

ANDRÉ (JOHANN ANTON)
—— Poissons d'avril. Quatuor pour deux violons, alto et violoncelle, en partition et séparément ... Oeuvre 22 ... Seconde édition. [Score and parts.] 5 pt. *Chez J. André: Offenbach s/M.*, [1805?] fol. Hirsch III. **7**.

ANDRÉ (JOHANN ANTON)
—— Sonate à quatre mains pour le piano-forte ... Oeuvre 12me. pp. 19. *Chez J. André: Offenbach s/M.*, [1802?] *obl*. fol. Hirsch III. **9**.

ANDRÉ (JOHANN ANTON)
—— Grande sonate pour piano-forte et violon ... Oeuvre 21me. [Parts.] 2 pt. *Chez Jean André: Offenbach s/M.*, [1804.] *obl*. fol. Hirsch III. **10**.

ANDRÉ (JOHANN ANTON)
—— *See* MOZART (W. A.) [Collected Works.—e. *Pianoforte and Organ Works.—Smaller Collections and Arrangements.*] Ouvertures ... arrangées à quatre mains pour piano-forté par A. André. [1817.] *obl*. fol. Hirsch IV. **1638**.

ANDRÉ (JOHANN ANTON)
—— *See* MOZART (W. A.) Missa aus C moll [K. 427] ... Partitur ... herausgegeben ... von A. André. [1840.] *obl*. fol. Hirsch IV. **864**.

ANDRÉ (JOHANN ANTON)
—— *See* MOZART (W. A.) Missa in C moll [K. 427] ... Herausgegeben und mit einem Vorbericht begleitet ... von A. André. [1860?] *obl*. fol. Hirsch M. **375**.

ANDRÉ (JOHANN ANTON)
—— *See* MOZART (W. A.) [*Requiem*.] Partitur des Dies irae, Tuba mirum, Rex tremendae, Recordare, Confutatis, Lacrymosa, Domine Jesu und Hostias ... herausgegeben von A. André. [1829.] *obl*. fol. Hirsch IV. **876**.

ANDRÉ (JOHANN ANTON)
—— *See* MOZART (W. A.) [*Requiem*.] W. A. Mozart's Missa pro defunctis Requiem ... Neue ... Ausgabe. Nebst einem Vorbericht von A. André. [1827.] *obl*. fol.
Hirsch IV. **875**.

ANDRÉ (JOHANN ANTON)
—— *See* MOZART (W. A.) [*Requiem*.] Missa pro defunctis. Requiem. Klavier-Auszug von A. André. [1850?] *obl*. fol. Hirsch M. **395**.

ANDRÉ (JOHANN ANTON)
—— *See* MOZART (W. A.) Zaïde ... Partitur, *etc*. [Edited, and with an overture and finale composed by J. A. André.] [1838.] *obl*. fol. Hirsch II. **676**.

ANDRÉ (JOHANN ANTON)
—— See MOZART (W. A.) Zaïde . . . Klavierauszug, etc. [Edited, and with an overture and finale composed by J. A. André.] [1840?] *obl*. fol.　　Hirsch M. **415**.

ANDRÉ (JOHANN ANTON)
—— See MOZART (W. A.) [*Die Zauberflöte*.] Il Flauto magico . . . Klavierauszug von A. André j^r, etc. [1845?] *obl*. fol.　　Hirsch M. **422**.

ANDRÉ (PETER FRIEDRICH JULIUS)
—— See BEETHOVEN (L. van) Egmont. [Overture.] Arrangée par J. André. [1838.] *obl*. fol.　　Hirsch M. **44**.

ANDRÉ (PETER FRIEDRICH JULIUS)
—— See MOZART (W. A.) Don Giovanni . . . Klavier-Auszug von J. André, etc. [1835.] *obl*. fol.　　Hirsch M. **336**.

ANDRÉ (PETER FRIEDRICH JULIUS)
—— See MOZART (W. A.) Le Nozze di Figaro . . . Neuer vollständiger Klavier-Auszug von J. André, etc. [1835.] *obl*. fol.　　Hirsch M. **378**.

ANDRÉ (PETER FRIEDRICH JULIUS)
—— See MOZART (W. A.) L'Oca del Cairo . . . in einen Klavierauszug gebracht von J. André. [1855.] *obl*. fol.　　Hirsch M. **392**.

ANDRÉ (PETER FRIEDRICH JULIUS)
—— See MOZART (W. A.) Il Re Pastore . . . Klavierauszug von J. André. [1855?] fol.　　Hirsch M. **1106**.

ANDRÉ (PETER FRIEDRICH JULIUS)
—— See MOZART (W. A.) Lo Sposo deluso . . . in einen Klavierauszug gebracht von J. André. [1855.] *obl*. fol.　　Hirsch M. **405**.

ANDRÉ (PETER FRIEDRICH JULIUS)
—— See MOZART (W. A.) Lo Sposo deluso . . . für Pianoforte zu 4 Händen bearbeitet von J. André. [1855.] *obl*. fol.　　Hirsch M. **406**.

ANDRÉ (PETER FRIEDRICH JULIUS)
—— See MOZART (W. A.) Thamos König von Egypten . . . Abth. I. Drei Chöre . . . Abth. II. Vier Zwischen-Akte . . . Für Pianoforte zu 4 Händen eingerichtet von J. André. [1860?] *obl*. fol.　　Hirsch M. **410**.

ANDREAS HOFER.
—— Andreas Hofer. [Song.] *See* BERGER (L.)

ANGLAIS.
—— L'Anglais en traversée. [Song.] *See* LHUILLIER (E.)

ANGLAIS.
—— L'Anglais malade. [Song.] *See* KOCK (C. P. de)

ANNE AMELIA, *Consort of Ernest Augustus Constantine, Grand Duke of Saxe Weimar.*
—— Erwin und Elmire. Ein Schauspiel mit Gesang, von Goethe . . . Nach der in der Weimarer Landesbibliothek befindlichen handschriftlichen Partitur bearbeitet und zum Erstenmal herausgegeben von Max Friedlaender. **F.P.** pp. 178.　　*C. F. W. Siegel's Musikalienhandlung: Leipzig,* 1921. 4°.　　Hirsch M. **667**.
No. 5 of an edition of fifty copies, printed from plates, and bound in red morocco.

ANNUNZIO (GABRIELE D')
—— [Another copy.] Raccolta nazionale delle musiche italiane. Diretta da G. d'Annunzio, e dai maestri G. F. Malipiero, Carlo Perinello, Ildebrando Pizzetti, F. Balilla Pratella. quaderno 1, 3–11, 23–31, 33, 34, 43–46, 111, 113, 131–136, 141–146, 148, 155, 294.　　*Istituto editoriale italiano: Milano,* [1919, 20.] 4°.　　Hirsch IV. **1009**.
Imperfect; wanting all the other quaderni. Quaderni 111, 113, 155 *and* 294 *bear the imprint " Società anonima Notari."*

ANNUNZIO (GABRIELE D')
—— I Classici della musica italiana. Raccolta nazionale diretta da G. d'Annunzio. 36 no.　　*Società anonima Notari: Milano,* [1919?–21?] 4°.　　Hirsch IV. **951**.
The title is taken from the end-papers. Another issue of the sheets of G. d'Annunzio's " Raccolta nazionale delle musiche italiane," quaderno 1–18, 23–36, 40–47, 54–75, 79–96, 104–107, 110–136, 139–150, 155, 156, 164, 176–181, 205, 224, 225, 266, 267, 276–281, 284, 286–288, 290, 294–297, 303–307, *with the addition of a collection of arias by Cherubini, forming no.* 7. *The quaderni have been regrouped in alphabetical order of composers.*

ANTICO (ANDREA)
—— Canzoni, sonetti, strambotti et frottole, libro tertio . . . 1517. Edited by Alfred Einstein. [Score.] pp. xvii. 73.　　*Smith College: Northampton, Mass.,* [1941.] 4°.
　　Hirsch M. **2**.
Smith College Music Archives. no. 4.

ANTWERP.—*Vereeniging voor Muziekgeschiedenis te Antwerpen.*
—— [Another copy.] Monumenta musicæ belgicæ. Jahrg. 1–4.　　*Berchem-Antwerpen,* 1932–38.　　Hirsch IV. **986**.
Imperfect; wanting all after Jahrg. 4.

APELL (DAVID A. VON)
—— [Another copy.] Il Trionfo della musica. Cantata, etc. *Magonza,* [1805?] fol.　　Hirsch IV. **664**.

ARBEAU (THOINOT) *pseud.* [i.e. JEHAN TABOUROT.]
—— [Another copy.] Orchésographie . . . Réimpression, etc. *Paris,* 1888. 8°.　　Hirsch M. **4**.

ARBEAU (THOINOT) *pseud.* [i.e. JEHAN TABOUROT.]
—— Orchesography. A treatise in the form of a dialogue. Whereby all manner of persons may easily acquire and practice the honourable exercise of dancing . . . Now first translated from the original edition published at Langres, 1588. By Cyril W. Beaumont. With a preface by Peter Warlock. pp. 174.　　*C. W. Beaumont: London,* 1925. 8°.
　　Hirsch M. **5**.

ARBEAU (THOINOT) *pseud.* [i.e. JEHAN TABOUROT.]
—— [L'Orchésographie.] La Pavane d'après l'orchésographie de Thoinot Arbeau . . . Dessins de A. Guillaumot fils, d'après les estampes du XVIe siècle. pp. 15.
E. Capiomont et cie: Paris, [1920?] 4°.   Hirsch M. **668.**

ARCHADELT (JACOB)
—— The Chansons of Jacques Arcadelt. Volume 1. (Le Roi et Ballard 1553–59.) Edited by Everett B. Helm. pp. 105. *Smith College: Northampton, Mass.,* [1942.] 4°.
Hirsch M. **6.**
Smith College Music Archives. no. 5.

ARGENCE (ACH. D')
—— Une Fleur en automne. Polka pour piano . . . Orchestrée par Pilodo. [P.F. solo.] pp. 5.   *Petit ainé: Paris,* [1855?] fol.   Hirsch M. **1295. (14.)**

ARION.
—— [Another copy of vol. 1–3.] Arion. A collection of madrigals, glees, part-songs, etc. by ancient composers, etc. *London; Leipzig* [printed, 1899?] 4°. Hirsch M. **3.**

ARION.
—— Arion. Sammlung auserlesener Gesangstücke mit Begleitung des Piano-Forte. 9 Bd. 54 Hft.
Bei Fr. Busse: Braunschweig, [1828–35?] obl. 8°.
Hirsch III. **608.**
Bd. 9 is of a later issue and bears the imprint "Bei Robert Crayen: Leipzig."

ARION.
—— [A reissue.] Arion. Sammlung auserlesener Gesangstücke mit Begleitung des Pianoforte. Bd. 1–4. Hft. 1–24.
Bei Robert Crayen: Leipzig, [1840?] obl. 8°.
Hirsch III. **609.**
Imperfect; wanting all after Bd. 4. Hft. 24.

ARISTIPPE.
—— Aristippe. Opéra. *See* KREUTZER (R.)

ARKWRIGHT (FRANCES CRAUFORD) *Mrs.*
—— [A Set of six ancient Spanish Ballads.] " Ye Mariners of Spain," song of the galley, *etc.* [Song.]   *Chappell: London,* [1840?] fol.   Hirsch M. **1308. (12.)**

ARKWRIGHT (FRANCES CRAUFORD) *Mrs.*
—— Ye Mariners of Spain. *See supra:* [*A Set of six ancient Spanish Ballads.*]

ARME.
—— Das arme Kind. [Song.] *See* TRUHN (F. H.)

ARNAUD (JEAN ÉTIENNE GUILLAUME)
—— La Bohémienne. Boléro. [Song.] . . . Paroles de Mr J. Autran. *J. Meissonier: Paris,* [1835?] fol.
Hirsch M. **1297. (2.)**

ARNAUD (JEAN ÉTIENNE GUILLAUME)
—— La Chanson du berceau. [Song.] Paroles de ***.
Chez les fils de B. Schott: Mayence, [1858.] fol.
Hirsch M. **1301. (2.)**
Lyre française. no. 548.

ARNAUD (JEAN ÉTIENNE GUILLAUME)
—— L'Enfant Dieu. [Sacred song.] Paroles de Francis Tourte. pp. 3.   *Chez les fils de B. Schott: Mayence,* [1855?] fol.   Hirsch M. **1301. (1.)**
Lyre française. no. 538.

ARNAUD (JEAN ÉTIENNE GUILLAUME)
—— La Fontaine aux perles. [Song.] Paroles d'Eugène de Lonlay. pp. 3.   *Chez les fils de B. Schott: Mayence,* [1847?] fol.   Hirsch M. **1301. (6.)**
Lyre française. no. 239.

ARNAUD (JEAN ÉTIENNE GUILLAUME)
—— Les Yeux bleus. [Song.] Paroles d'Eugène de Lonlay. pp. 13. *Chez les fils de B. Schott: Mayence,* [1845.] fol.
Hirsch M. **1301. (4.)**
Lyre française. no. 144.

ARNAUD (JEAN ÉTIENNE GUILLAUME)
—— [Les Yeux bleus.] *See* BURGMUELLER (J. F. F.) Les Yeux bleus . . . valse . . . sur la romance favorite d'É. Arnaud. [1850?] fol.   Hirsch M. **1295. (1.)**

ARNDT (WILLY)
—— Altdeutsche Volkslieder, für eine Singstimme mit Lautenbegleitung. Wort und Weise bearbeitet, erläutert und zur Laute gesetzt von W. Arndt. pp. 204.
C. F. Peters: Leipzig, [1921.] 8°.   Hirsch M. **7.**

ARNE (THOMAS AUGUSTINE)
—— [Alfred.] Rule Britannia. Englisches Volkslied. [By T. A. Arne. Arranged by] H. Cramer. [P.F.] pp. 3. [1860?] fol. [*Chants nationaux.* no. 7.] *See* CRAMER (H.)
Hirsch M. **1312. (1.)**

ARNE (THOMAS AUGUSTINE)
—— [Artaxerxes.] The Overture to Artaxerxes. [P.F.] pp. 4. [1810?] fol.   Hirsch M. **1284. (7.)**
Watermark date 1810.

ARNE (THOMAS AUGUSTINE)
—— [When forced from dear Hebe to go.] *See* BROOKS (James) Sonata, for the Piano Forte in which is introduced the favorite air of " When forc'd from dear Hebe to go " [by T. A. Arne] with an accompaniment for the violin, etc. [1805?] fol.   Hirsch M. **1282. (32.)**

ARNOLD (   )
—— Le Tremolo. Polka du carnaval d'été . . . Arrangée pr piano, par Arnold. pp. 6.   *Bernard-Latte: Paris,* [1850?] fol.   Hirsch M. **1295. (19.)**

ARNOLD (J.)
—— *See* WEIXELBAUM (G.) Erinnerung. Lied . . . Mit Guitarre Begleitung von J. Arnold. [1820?] 8°.
Hirsch M. **1299. (20.)**

ARTUS (Amédée)
—— Les Bohémiens de Paris. Ronde... Paroles de M.M. Ad. d'Ennery & Granger. *J. Meissonier: Paris*, [1835?] fol.
Hirsch M. **1297**. (**3**.)

AS.
—— As welcome as the Flowers in May. [Song.] *See* Clifton (Harry)

ASENJO BARBIERI (Francisco)
—— [Another copy.] Cancionero musical de los siglos xv y xvi transcrito y comentado por F. Asenjo Barbieri, *etc. Madrid,* [1890.] 4°.
Hirsch M. **669**.

ASILO.
—— Asilo fortunato. Scena and cavatina. *See* Pucitta (V.) [*La Vestale.*]

ASIOLI (Bonifazio)
—— Perché mai ben mio. [Duet.] 1ᵉʳ notturno. pp. 3. [*P. Porro:*] *Paris,* [1815?] 8°. Hirsch M. **660**. (**24**.)
Journal de guitare ou lyre par P. Porro. année 17. no. 6.

ASRA.
—— Der Asra. [Song.] *See* Loewe (J. C. G.)

ASSOCIAZIONE DEI MUSICOLOGI ITALIANI.
See International Musical Society.—*Italian Section.*

ASTORGA (Emanuele d') *Baron.*
—— Stabat Mater für vier Singstimmen... In erweiterter Instrumentation und mit Clavierauszug versehen von Robert Franz. Partitur mit Clavierauszug, *etc.* pp. 90. *Heinrich Karmrodt: Halle,* 1864. fol. Hirsch M. **670**.

ATTWOOD (Thomas)
—— Ah! welcome merry Hour of Dawn, Song, as sung by Miss Tyrer, at the Theatre Royal, Covent Garden in Adrian & Orrilla, written by Wᵐ Dimond, *etc.* pp. 5. *Monzani & Co.: London,* [1806?] fol.
Hirsch M. **1277**. (**1**.)

AUBER (Daniel François Esprit)
—— Le Cheval de bronze. Opéra féerie en trois actes. Paroles de E. Scribe... Partition, *etc.* pp. 506. *Depôt central de musique de librairie: Paris,* [1835?] fol.
Hirsch II. **12**.

AUBER (Daniel François Esprit)
—— Concert à la cour, ou la Débutante. Opéra comique en un acte et en prose. Paroles de MMʳˢ Scribe et Mélesville, *etc.* [Score.] pp. 220. *Chez Frere: Paris,* [1824?] fol. Hirsch II. **13**.

AUBER (Daniel François Esprit)
—— Les Diamans de la couronne. Opéra comique en trois actes. Paroles de Mrs. Scribe et St. Georges... Partition, *etc.* pp. 439. *Chez E. Troupenas & cⁱᵉ: Paris,* [1841?] fol. Hirsch II. **14**.

AUBER (Daniel François Esprit)
—— [Another copy.] Le Dieu et la bayadère. Opéra, *etc. Paris,* [1835?] fol. Hirsch II. **17**.

AUBER (Daniel François Esprit)
—— Le Domino noir. Opéra comique en trois actes. Paroles de Scribe... Partition, *etc.* pp. 351. *Chez E. Troupenas: Paris,* [1837?] fol. Hirsch II. **18**.

AUBER (Daniel François Esprit)
—— [La Fiancée.] *See* Tolbecque (J. B. J.) Trois quadrilles de contredanses sur des motifs de La Fiancée [by D. F. E. Auber], *etc.* [1830?] *obl.* fol.
Hirsch M. **591**. (**4**.)

AUBER (Daniel François Esprit)
—— [La Fiancée du Roi de Garbe.] *See* Liszt (F.) Grande fantaisie... sur la tirolienne de l'opera: La Fiancée, *etc.* [1839.] fol. Hirsch M. **952**. (**6**.)

AUBER (Daniel François Esprit)
—— Fra Diavolo, ou l'Hotellerie de Terracine. Opéra comique en trois actes. Paroles de Mr. Scribe... Partition, *etc.* pp. 435. *Chez F. Troupenas: Paris,* [1830?] fol. Hirsch II. **15**.

AUBER (Daniel François Esprit)
—— Fra-Diavolo, oder Das Gasthaus von Terracina. Oper in 3 Aufzügen. Texte von Scribe... Für die deutsche Bühne bearbeitet von K. A. Ritter. [Score.] pp. 435. [1835?] fol. Hirsch II. **16**.

AUBER (Daniel François Esprit)
—— [Fra Diavolo.] *See* Tolbecque (J. B. J.) Trois quadrilles de contredanses... composées sur des motifs de Fra Diavolo [by D. F. E. Auber]. [1830?] *obl.* fol.
Hirsch M. **591**. (**3**.)

AUBER (Daniel François Esprit)
—— Gustave, ou le Bal masqué. Paroles de Mr. Scribe. Opéra historique en cinq actes, *etc.* [Score.] pp. 779. *Chez E. Troupenas: Paris,* [1835?] fol. Hirsch II. **19**.

AUBER (Daniel François Esprit)
—— Gustav, oder der Maskenball. ⟨Potpourri. Arr. von Baldenecker. [P.F.]⟩ pp. 15. *Im musikalischen Magazin: Leipzig,* [1840?] fol. Hirsch M. **1303**. (**1**.)
Opern-Bibliothek für Pianoforte-Spieler. Lfg. 2. *Imperfect; wanting pp. 7–10.*

AUBER (Daniel François Esprit)
—— Haydée ou le Secret. Opéra comique en trois actes. Paroles de Mʳ E. Scribe... Partition, *etc.* pp. 391. *Chez E. Troupenas: Paris,* [1847?] fol. Hirsch II. **20**.

AUBER (Daniel François Esprit)
—— Leicester, ou le Chateau de Kenilworth. Opéra comique en trois actes et en prose. Paroles de MMrs. Scribe et Melesville, *etc.* [Score.] pp. 340. *Chez Frère: Paris,* [1823?] fol. Hirsch II. **21**.

AUBER (DANIEL FRANÇOIS ESPRIT)
—— Léocadie. Drame lyrique en trois actes . . . Paroles de MM. Scribe et Melesville. [Score.] pp. 272. *Chez I. Pleyel & fils: Paris*, [1824?] fol. Hirsch II. **22.**

AUBER (DANIEL FRANÇOIS ESPRIT)
—— Lestocq. Opéra comique en quatre actes . . . Paroles de E. Scribe. Partition, *etc.* pp. 521. *Chez E. Troupenas: Paris*, [1834?] fol. Hirsch II. **23.**

AUBER (DANIEL FRANÇOIS ESPRIT)
—— [Another copy.] Le Maçon. Opéra comique, *etc.* Paris, [1825?] fol. Hirsch II. **24.**

AUBER (DANIEL FRANÇOIS ESPRIT)
—— [Le Maçon.] Der Maurer. Oper in drei Acten aus dem Französischen des Scribe & Delavigne übersetzt von K. A. Ritter. [Score.] pp. 323. [1825?] 4°. Hirsch II. **25.**

AUBER (DANIEL FRANÇOIS ESPRIT)
—— La Marche parisienne. Nauveau [sic] chant national, paroles de Mʳ Casimir Delavigne, traduit en allemand par C. Gollmick . . . Arrangée avec accompagnement de piano. Fr. & Ger. *Chez Fr. Ph. Dunst: Francfort s/m.*, [1835?] fol. Hirsch M. **1302.** (**1.**)

AUBER (DANIEL FRANÇOIS ESPRIT)
—— [Marco Spada.] *See* DANIELE (G.) Schottisch sur l'opera de Marco Spada . . . pour piano. [1850?] fol. Hirsch M. **1295.** (**18.**)

AUBER (DANIEL FRANÇOIS ESPRIT)
—— [Another copy.] La Muette de Portici. Opéra, *etc.* Paris, [1828?] fol. Hirsch II. **26.**

AUBER (DANIEL FRANÇOIS ESPRIT)
—— [La Muette de Portici.] Ouverture . . . à quatre mains pour pianoforte. pp. 15. *Chez les fils de B. Schott: Mayence et Anvers*, [1828.] fol. Hirsch M. **1303.** (**2.**)

AUBER (DANIEL FRANÇOIS ESPRIT)
—— [La Muette de Portici.] *See* LISZT (F.) Tarantelle (di bravura), d'après la tarantelle de La Muette de Portici, *etc.* [1847.] fol. Hirsch M. **954.** (**9.**)

AUBER (DANIEL FRANÇOIS ESPRIT)
—— [La Muette de Portici.] *See* TOLBECQUE (J. B. J.) Trois quadrilles de contredanses . . . sur des motifs de La Muette de Portici [by D. F. E. Auber], *etc.* [1830?] obl. fol. Hirsch M. **591.** (**5.**)

AUBER (DANIEL FRANÇOIS ESPRIT)
—— [Another copy.] La Neige. Opéra comique, *etc.* Paris, [1824?] fol. Hirsch II. **27.**

AUBER (DANIEL FRANÇOIS ESPRIT)
—— [La Part du diable.] *See* MUSARD (P.) Deux quadrilles pour le piano sur des motifs de La Part du diable, *etc.* [1843?] obl. fol. Hirsch M. **1291.** (**10.**)

SIG. 16.—PART 53.

AUBER (DANIEL FRANÇOIS ESPRIT)
—— [La Part du diable.] *See* STRAUSS (J.) *the Elder*. Beliebte Quadrille, nach Motiven aus Auber's Oper: Des Teufels Antheil . . . 211ᵗᵉˢ Werk. [1847.] fol. Hirsch M. **1218.** (**2.**)

AUBER (DANIEL FRANÇOIS ESPRIT)
—— Le Philtre. Opéra en deux actes. Paroles de Mʳ Eugéne Scribe . . . Partition, *etc.* pp. 463. *Chez E. Troupenas: Paris*, [1831?] fol. Hirsch II. **28.**

AUBER (DANIEL FRANÇOIS ESPRIT)
—— Le Séjour militaire. Opéra comique en un acte. Paroles de Mʳ Bouilly, *etc.* [Score.] pp. 136. *Chez Boieldieu jeune: Paris*, [1813?] fol. Hirsch II. **29.** (**1.**)

AUBER (DANIEL FRANÇOIS ESPRIT)
—— [Le Séjour militaire.] Orchestre du Séjour militaire, *etc.* [Orchestral parts.] 14 pt. *Chez Boieldieu jeune: Paris*, [1813?] fol. Hirsch II. **29.** (**2.**)

AUBER (DANIEL FRANÇOIS ESPRIT)
—— [La Sirène.] *See* MUSARD (P.) 2 quadrilles sur les motifs de La Sirène, *etc.* [1845?] obl. fol. Hirsch M. **1291.** (**11.**)

AUBER (DANIEL FRANÇOIS ESPRIT)
—— Le Testament et les billets doux. Opéra comique en un acte, paroles de Mʳ Planard . . . Partition, *etc.* pp. 156. *Ph. Petit: Paris*, [1819?] fol. Hirsch II. **30.**

AUBER (DANIEL FRANÇOIS ESPRIT)
—— Des Teufels Antheil. *See supra*: [La Part du diable.]

AUBER (DANIEL FRANÇOIS ESPRIT)
—— Zerline, ou la Corbeille d'oranges. Opéra en trois actes. Paroles de Mʳ E. Scribe . . . Grande partition. pp. 571. *Chez Brandus et cⁱᵉ: Paris*, [1851?] fol. Hirsch II. **31.** With a German translation by J. C. Grünbaum added in MS. throughout.

AUCASSIN ET NICOLETTE.
—— Aucassin et Nicolette. Comédie. *See* GRÉTRY (A. E. M.)

AUF.
—— Auf dem Berge. [Song.] *See* LINDBLAD (A. F.) Lieder. no. 9.

AUF.
—— Auf, Deutsche, eilt zu euren Fahnen. *Aufruf an die Deutschen*. Ein Volkslied von Kotzebue. 1814. 8°. Hirsch III. **869.**

AUFERWECKUNG DES LAZARUS.
—— Die Auferweckung des Lazarus. [Oratorio.] *See* LOEWE (J. C. G.)

AUFRUF.
—— Aufruf an die Deutschen. Ein Volkslied von Kotzebue. *See* AUF. Auf, Deutsche, eilt zu euren Fahnen. 1814. 8°. Hirsch III. **869.**

AUTEUR MORT ET VIVANT.
—— L'Auteur mort et vivant. Opéra comique. *See* HÉROLD (L. J. F.)

AVE.
—— Ave Maria. [Sacred song.] *See* MARSCHNER (H. A.)

AVIS AUX FEMMES.
—— Avis aux femmes. Comédie. *See* GAVEAUX (P.)

AVISON (CHARLES)
—— Avison's Sonata, arranged by T. Haigh. [P.F.] pp. 5. *Chappell & Co.: London,* [1820?] fol. [*Antient Relics for the Piano Forte.* no. 7.] Hirsch M. **1287. (1.)**

B., E. H.
—— The Pisa Polka . . . By . . . E. H. B. [P.F.] pp. 4. *C. Milsom & Son's Piano Forte & Music Saloon: Bath; Addison & Co.: London,* [1860?] Hirsch M. **1307. (1.)**

BACH (AUGUST WILHELM)
—— [Another copy.] Orgelstücke. Hft. 1. *Leipzig,* [1818?] *obl.* fol. Hirsch M. **8.**
Imperfect; wanting Hft. 2 and 3.

BACH (CARL PHILIPP EMANUEL)
—— Lieder und Gesänge. Eingeleitet und herausgegeben von Otto Vrieslander. [With a portrait.] pp. xxiii. 71. *Drei Masken Verlag: München,* 1922. 8°. Hirsch M. **9.**
One of the "Musikalische Stundenbücher."

BACH (CARL PHILIPP EMANUEL)
—— [Another copy.] Magnificat a 4 voci, 3 trombe e timpani, 2 corni, 2 flauti, 2 oboi, 2 violini, viola e continuo, *etc. Bonna,* [1830.] fol. Hirsch IV. **668.**

BACH (CARL PHILIPP EMANUEL)
—— [Another copy.] Versuch über die wahre Art das Klavier zu spielen. Kritisch revidierter Neudruck . . . versehen von Dr. Walter Niemann. 2 Tl. *Leipzig,* 1906. 8°. Hirsch M. **10.**

BACH (FRIEDEMANN) *See* BACH (Wilhelm F.)

BACH (JOHANN BERNHARD)
—— [Another copy.] Erste Ouverture für Sologeige und Streichorchester . . . Partitur mit untergelegter Klavierstimme (Cembalo) herausgegeben von Alexander Fareanu, *etc. Leipzig,* [1920.] 4°. Hirsch M. **671.**
Die Kunst des Bachschen Geschlechts. Bd. 1.

BACH (JOHANN CHRISTIAN)
—— [Konzert und Opernarien.] [Edited with P.F. accompaniment by Ludwig Landshoff.] 2 vol. pp. 320. [*Drei Masken Verlag: Munich,* 1923.] 8°. Hirsch M. **11.**
The sheets of an unpublished collection. Imperfect; wanting pp. 321, 322. The title is taken from the half-title of vol. 2.

BACH (JOHANN CHRISTIAN)
—— Zehn Klavier-Sonaten . . . Herausgegeben von Ludwig Landshoff. [With a portrait.] pp. 103. *C. F. Peters: Leipzig,* [1925.] 4°. Hirsch M. **672.**
Edition Peters. no. 3831.

BACH (JOHANN CHRISTIAN)
—— [Six favourite Overtures in VIII Parts. no. 5.] Sinfonie, G dur (1760) . . . Herausgegeben und bearbeitet von Robert Sondheimer. [Score.] pp. 11. *Edition Bernoulli: [Vienna?* 1935.] fol. [*Werke aus dem 18. Jahrhundert.* no. 34.] Hirsch IV. **1020.**

BACH (JOHANN CHRISTIAN)
—— [Six favourite Overtures in VIII Parts. No. 5.] Zwei Stücke. Allegro con brio. Allegro commodo . . . für Klavier bearbeitet von Robert Sondheimer. pp. 11. *Edition Bernoulli: Basel, Berlin,* [1923.] fol. [*Werke aus dem 18. Jahrhundert.* no. 8.] Hirsch IV. **1020.**

BACH (JOHANN CHRISTIAN)
—— [Another copy.] Sechs Quintette. Op. 11 . . . Herausgegeben von Rudolf Steglich. *Hannover,* 1935. fol. [*Das Erbe deutscher Musik.* Reihe 1. Reichsdenkmale. Bd. 3.] Hirsch IV. **960.**

BACH (JOHANN CHRISTIAN)
—— Sinfonie, G dur, 1760. *See supra:* [*Six favourite Overtures in VIII Parts.* No. 5.]

BACH (JOHANN CHRISTIAN)
—— [Six sonates pour le clavecin. Oeuvre 5. No. 4.] Sonate in Es-dur . . . Neu herausgegeben von Robert Sondheimer. *See* SONDHEIMER (R.) Originalkompositionen für Klavier, *etc.* [1923.] fol. [*Werke aus dem 18. Jahrhundert.* no. 17.] Hirsch IV. **1020.**

BACH (JOHANN CHRISTIAN)
—— Zwei Stücke . . . für Klavier bearbeitet von Robert Sondheimer. *See supra:* [*Six favourite Overtures in VIII Parts.* No. 5.]

BACH (JOHANN CHRISTIAN)
—— *See* MOZART (W. A.) Coloraturen und Cadenzen zu vermuthlich Bach'schen Arien. [In fact, three vocal cadenzas, K. 293e, to arias by J. C. Bach.] [1910?] *s. sh. obl.* 4°. Hirsch M. **323.**

BACH (JOHANN CHRISTOPH FRIEDRICH)
—— [Another copy.] Die Amerikanerin (ein lyrisches Gemählde) vom Herrn von Gerstenberg . . . Bearbeitet von Georg A. Walter. *Berlin,* [1919.] 4°. Hirsch M. **673.**
Tonwerke alter Deutscher Meister des XVIIten und XVIIIten Jahrhunderts. Bd. 1.

BACH (JOHANN SEBASTIAN) [*Collected Works.—a. Complete Works and Large Collections.*]
—— [Another copy.] Johann Sebastian Bach's Werke. Herausgegeben von der Bach-Gesellschaft in Leipzig. Jahrg. 1–47. *Leipzig*, [1851–1926.] fol. Hirsch IV. **940**.

—— [Another copy of the revised edition of Jahrg. 4.] Das Leiden unseres Herrn Jesu Christi nach dem Evangelisten Matthaeus . . . herausgegeben von Max Schneider. Partitur, *etc. Leipzig*, [1935.] fol. Hirsch IV. **940. a**.

BACH (JOHANN SEBASTIAN) [*Collected Works.—a. Complete Works and Large Collections.*]
—— [Another copy.] Veröffentlichungen der Neuen Bachgesellschaft. Joh. Seb. Bachs Werke. Jahrg. 1–36. *Leipzig*, 1901–36. Hirsch IV. **941**.
Various formats. The "Bach-Jahrbuch," which was issued as part of each Jahrgang from 1913 to 1936, is catalogued separately.

BACH (JOHANN SEBASTIAN) [*Collected Works.—b. Cantatas.*]
—— [Another copy.] Kirchen-Musik . . . Herausgegeben von Adolph Bernhard Marx. Bd. 1. *Bonn*, [1830.] fol.
Hirsch IV. **676**.
Imperfect; wanting Bd. 2.

BACH (JOHANN SEBASTIAN) [*Collected Works.—c. Choralgesänge, Hymns, etc.*]
—— Joh. Seb. Bachs vierstimmige Kirchengesänge. Geordnet und mit einem Vorwort begleitet von C. F. Becker . . . Mit Johann Sebastian Bachs Portrait. Lfg. I. pp. x. 279. *Robert Friese: Leipzig*, [1841.] 8°.
Hirsch M. **12**.

BACH (JOHANN SEBASTIAN) [*Collected Works.—c. Choralgesänge, Hymns, etc.*]
—— [Another copy.] Joh. Seb. Bach's vierstimmige Kirchengesänge. Geordnet . . . von C. F. Becker, *etc. Leipzig*, 1843. 8°. Hirsch M. **13**.

BACH (JOHANN SEBASTIAN) [*Collected Works.—e. Organ Works.—Complete and Large Collections.*]
—— [A reissue.] Johann Sebastian Bach's Compositionen für die Orgel. Kritisch-korrekte Ausgabe von F. C. Griepenkerl und F. Roitzsch. 8 bd. *Leipzig u. Berlin*, [1860?, 1850–60?] obl. fol. Hirsch III. **66**.

BACH (JOHANN SEBASTIAN) [*Collected Works.—f. Organ Works.—Smaller Collections and Arrangements.*]
—— J. S. Bachs Choral-Vorspiele für die Orgel mit einem und zwey Klavieren und Pedal. 4 Hft. *Bey Breitkopf und Härtel: Leipzig*, [1806.] fol. Hirsch III. **68**.

BACH (JOHANN SEBASTIAN) [*Collected Works.—f. Organ Works.—Smaller Collections and Arrangements.*]
—— [Another copy.] Zwölf Choräle . . . umgearbeitet von Vogler, *etc. Leipzig*, [1811.] obl. fol. Hirsch III. **44**.

BACH (JOHANN SEBASTIAN) [*Collected Works.—f. Organ Works.—Smaller Collections and Arrangements.*]
—— Johann Sebastian Bach's noch wenig bekannte Orgelcompositionen . . . gesammelt und herausgegeben von Adolph Bernhard Marx. 4 Hft. *Bei Breitkopf & Härtel: Leipzig*, [1828.] obl. fol. Hirsch III. **69**.

BACH (JOHANN SEBASTIAN) [*Collected Works.—f. Organ Works.—Smaller Collections and Arrangements.*]
—— Sämmtliche Orgel-Werke. no. 1, 2. *Bei Tobias Haslinger: Wien*, [1831.] fol. Hirsch III. **67**.
No more published.

BACH (JOHANN SEBASTIAN) [*Collected Works.—g. Pianoforte Works.—Collections and Arrangements.*]
—— Oeuvres complettes. cah. 2. *Chez Hoffmeister et comp.: Vienne; au bureau de musique: Leipzig*, [1801.] obl. fol.
Hirsch III. **61**.
Imperfect; wanting cah. 1, cah. 3–14.

BACH (JOHANN SEBASTIAN) [*Collected Works.—g. Pianoforte Works.—Collections and Arrangements.*]
—— Sammlung der Clavier-Compositionen von J. S. Bach. Herausgegeben von Friedrich Chrysander. [With a portrait.] 4 Bd. *L. Holle: Wolfenbuettel*, [1856, 57.] fol.
Hirsch III. **41**.

BACH (JOHANN SEBASTIAN) [*Collected Works.—g. Pianoforte Works.—Collections and Arrangements.*]
—— Drei Menuette. *Georg Kallmeyer: Wolfenbüttel, Berlin; Wien* [printed], 1932. obl. 4°. Hirsch M. **14**.

BACH (JOHANN SEBASTIAN) [*Collected Works.—h. Miscellaneous Instrumental Selections and Arrangements.*]
—— Sechs Sonaten und Suiten für Violine und Violoncello solo. Herausgegeben und eingeleitet von Ernst Kurth. [With a portrait.] pp. xxi. 157. *Drei Masken Verlag: München*, 1921. 8°. Hirsch M. **15**.
One of the "Musikalische Stundenbücher."

BACH (JOHANN SEBASTIAN) [*Collected Works.—h. Miscellaneous Instrumental Selections and Arrangements.*]
—— Kompositionen für die Laute. Erste vollständige und kritisch durchgesehene Ausgabe. Nach altem Quellenmaterial für die heutige Laute übertragen und herausgegeben von Hans Dagobert Bruger. Dritte, wesentlich ergänzte und verbesserte Auflage. [With a facsimile.] pp. 62. *Julius Zwisslers Verlag: Wolfenbüttel*, 1925. 4°.
Hirsch M. **674**.
Denkmäler alter Lautenkunst. Bd. 1.

BACH (JOHANN SEBASTIAN)
—— [Ach Herr, mich armen Sünder.] Domin. 3 post Trinit. Ach Herr mich armen Sünder, à 4 voc., 2 Hautbois, 2 Violini, Viola e Continuo. [A facsimile of the autograph score, edited by Karl Straube.] ff. 9. *C. G. Röder: Leipzig*, [1926.] fol. Hirsch M. **1319**.

BACH (JOHANN SEBASTIAN)
—— Das alte Jahr vergangen ist. *See infra*: [*Orgel-Büchlein.*]

BACH (JOHANN SEBASTIAN)
—— [Another copy.] Komische Cantaten... Herausgegeben von S. W. Dehn. 2 no. *Berlin*, [1837.] fol.
Hirsch IV. **671**.

BACH (JOHANN SEBASTIAN)
—— Capriccio in B-dur sopra la lontananza del suo fratello diletissimo. Nebst einer Sonate aus Johann Kuhnaus Musikalische Vorstellung einiger Biblischer Historien als Zugabe. [P.F.] Eingeleitet und herausgegeben von Herman Roth. [With a portrait of J. S. Bach.] pp. xix. 31. *Drei Masken Verlag: München*, 1920. 8°.
Hirsch M. **16**.
One of the "Musikalische Stundenbücher."

BACH (JOHANN SEBASTIAN)
[Choräle aus der Sammlung von C. P. E. Bach.] Sechzig Choralgesänge... Ausgewählt und eingeleitet von Herman Roth. [With a facsimile.] pp. xx. 63. *Drei Masken Verlag: München*, 1920. 8°. Hirsch M. **17**.
One of the "Musikalischer Stundenbücher."

BACH (JOHANN SEBASTIAN)
—— Klavierbüchlein für Friedemann Bach. Herausgegeben von Hermann Keller. pp. 127. *Bärenreiter-Verlag: Kassel*, 1927. obl. 4°.
Hirsch M. **18**.

BACH (JOHANN SEBASTIAN)
—— [Another copy.] [Clavierübung. Th. III.] Präludium und Fuge in Es-dur für Orgel... Für grosses Orchester gesetzt von Arnold Schönberg. [Score.] *Wien, Leipzig*, 1929. fol. Hirsch M. **1320**.

BACH (JOHANN SEBASTIAN)
—— [Clavierübung. Theil IV. Aria mit 30 Veränderungen.] Exercices pour le clavecin... Oeuvre 1. pp. 1-12. *Chez Hoffmeister & comp.: Vienne; au bureau de musique: Leipsic*, [1803.] obl. fol. Hirsch III. **45**.
Imperfect; wanting all after p. 12.

BACH (JOHANN SEBASTIAN)
—— [Clavierübung. Th. IV. Aria mit 30 Veränderungen.] Exercices pour le clavecin... Oeuv. II. Partie I. pp. 47. *C. F. Peters: Leipzig*, [1820.] obl. fol. Hirsch M. **19**.

BACH (JOHANN SEBASTIAN)
—— Durch Adams Fall ist ganz verderbt. *See* infra: [*Orgel-Büchlein.*]

BACH (JOHANN SEBASTIAN)
—— Exercices pour le clavecin. *See* supra: [*Clavierübung. Th. IV. Aria mit 30 Veränderungen.*]

BACH (JOHANN SEBASTIAN)
—— Fantaisie pour le clavecin. [In C minor. B.G. Jahrg. 36. No. 25.]... No. 1. pp. 4. *Chez C. F. Peters: Leipzig*, [1815?] obl. fol. Hirsch III. **47**.

BACH (JOHANN SEBASTIAN)
—— Chromatische Fantasie für das Pianoforte. [In D minor. B.G. Jahrg. 36. No. 11.]... Neue Ausgabe, etc. pp. 15. *Im Bureau de Musique von C. F. Peters: Leipzig*, [1819.] obl. fol. Hirsch III. **46**.

—— [Another copy.] Hirsch III. **46**. a.

BACH (JOHANN SEBASTIAN)
—— Fantaisie pour l'orgue ou le pianoforte. [In G major. B.G. Jahrg. 38. No. 10.]... No. II. pp. 9. *C. F. Peters: Leipzig*, [1828?] obl. fol. Hirsch III. **48**.

BACH (JOHANN SEBASTIAN)
—— Eine feste Burg ist unser Gott. Cantate für 4 Singstimmen mit Begleitung des Orchesters... Partitur. Nach J. S. Bach's Original-Handschrift. pp. 34. *Bey Breitkopf und Härtel: Leipzig*, [1821.] fol.
Hirsch IV. **670**.

BACH (JOHANN SEBASTIAN)
—— Fugue. [In E minor. B.G. Jahrg. 36. No. 29.] [1839.] *See* PERIODICAL PUBLICATIONS.—Leipsic.—*Neue Zeitschrift für Musik*. [Sammlung von Musik-Stücken, etc.] Hft. 7. [1838, etc.] fol. Hirsch M. **1134**.

BACH (JOHANN SEBASTIAN)
—— Fuge für Clavier od. Orgel. [In C minor. B.G. Jahrg. 38. No. 15.] [1839.] *See* PERIODICAL PUBLICATIONS.—Leipsic.—*Neue Zeitschrift für Musik*. [Sammlung von Musik-Stücken, etc.] Hft. 5. [1838, etc.] fol.
Hirsch M. **1134**.

BACH (JOHANN SEBASTIAN)
—— [Geistliche Lieder aus Schemellis Gesangbuch.] Seb. Bachs Gesänge zu G. Chr. Schemellis "Musicalischem Gesangbuch" Leipzig 1736. Mit ausgearbeitetem Generalbass herausgegeben von Max Seiffert. pp. vii. 72. **F.P.** *Leo Liepmannsohn: Berlin*, 1925. 8°.
Hirsch M. **20**.
No. 2 of an edition of twenty copies.

BACH (JOHANN SEBASTIAN)
—— [Geistliche Lieder aus Schemellis Gesangbuch.] Seb. Bachs Gesänge zu G. Chr. Schemellis "Musicalischem Gesangbuch"... Herausgegeben von Max Seiffert. Dritte, durchgesehene Ausgabe. pp. vii. 72. *Bärenreiter-Verlag: Kassel*, [1930?] 8°. Hirsch M. **21**.

BACH (JOHANN SEBASTIAN)
—— Goethe's Legende von Hufeisen. *See* infra: [*Grosse Passionsmusik nach dem Evangelium Matthaei.*]

BACH (JOHANN SEBASTIAN)
—— [Ich will den Kreutzstab gerne tragen.] Dominica XIX post Trinit: Ich will den Xstab gerne tragen. 2 Hautbois ò Violini, Viola ò Taille, S.A.T. et Basso Conc: con Continuo. [A facsimile of the autograph score.] [*Drei Masken Verlag:*] *München*, 1921. fol. Hirsch M. **675**.

BACH (JOHANN SEBASTIAN)
—— xv inventions pour le clavecin. pp. 15. *Chez Hoffmeister & comp.: Vienne; au bureau de musique: Leipsic*, [1801.] *obl.* fol. Hirsch III. **49**.

BACH (JOHANN SEBASTIAN)
—— [Dreistimmige Inventionen.] xv simphonies pour le clavecin. 1801. See supra: [*Collected Works.—g. Pianoforte Works.—Collections and Arrangements.*] Oeuvres complettes. cah. 2. [1801.] *obl.* fol. Hirsch III. **61**.

BACH (JOHANN SEBASTIAN)
—— xv inventions pour le clavecin. ⟨Nouvelle édition.⟩ pp. 15. *C. F. Peters: Leipsic*, [1815?] *obl.* fol. Hirsch III. **50**.

BACH (JOHANN SEBASTIAN)
—— Zweistimmige Inventionen. Inventions à deux parties. [Edited by Franz Kroll.] pp. 19. *Adolph Fürstner: Berlin*, [1890?] fol. Hirsch M. **677**.
Bibliothek älterer und neuerer Klavier-Musik. Bd. 23.

BACH (JOHANN SEBASTIAN)
—— [Another copy.] Die 15 zweistimmigen Inventionen und die 15 dreistimmigen Sinfonien im Urtext. Herausgegeben von Ludwig Landshoff. ⟨Revisionsbericht.⟩ 4 pt. *Leipzig*, [1933.] 4° & 8°. Hirsch M. **676**.

BACH (JOHANN SEBASTIAN)
—— [Another copy.] Die Kunst der Fuge. [Score, with P.F. reduction.] *Zürich*, [1802.] *obl.* fol. Hirsch III. **64**.

BACH (JOHANN SEBASTIAN)
—— [Die Kunst der Fuge.] L'Art de la fugue. [Score.] pp. 183. *Chez Jean George Naigueli: Zuric*, [1805?] *obl.* fol. Hirsch III. **65**.

BACH (JOHANN SEBASTIAN)
—— [Die Kunst der Fuge.] L'Art de la fugue. [Score.] pp. 183. *Chez Richault: Paris*, [1830?] *obl.* fol. Hirsch M. **22**.
The titlepage bears the autograph signature of C. K. Salaman.

BACH (JOHANN SEBASTIAN)
—— Joh. Seb. Bachs Kunst der Fuge. Mit in den Notentext eingefügten Analysen und Bemerkungen von M. Ritter. pp. 81. *Max Hesses Verlag: Leipzig*, [1910.] 8°. Hirsch M. **23**.

BACH (JOHANN SEBASTIAN)
—— Die Kunst der Fuge. Herausgegeben von Hans Th. David. ⟨Revisionsbericht.⟩ [Score, with facsimiles of the autograph.] 2 pt. *C. F. Peters: Leipzig*, [1928.] fol. Hirsch M. **678**.
Edition Peters. no. 3940.

BACH (JOHANN SEBASTIAN)
—— Lob und Ehre und Weisheit. Achtstimmige Motette. See infra: [*Doubtful and Spurious Works.*]

BACH (JOHANN SEBASTIAN)
—— [Another copy.] Missa quatuor vocibus cantanda comitante orchestre . . . No. 11. [Score. Edited by Georg Poelchau.] *Bonnae*, [1828.] *obl.* fol. Hirsch M. **24**.

BACH (JOHANN SEBASTIAN)
—— [Another copy.] Missa. ⟨Hohe Messe in H-moll. Faksimile Ausgabe.⟩ *Leipzig*, 1924. fol. Hirsch IV. **683**.

BACH (JOHANN SEBASTIAN)
—— Die hohe Messe in H-moll . . . für zwei Sopran, Alto, Tenor und Bass. Im Clavierauszuge von Adolph Bernhard Marx. pp. 126. *Bei N. Simrock: Bonn*, [1840?] *obl.* fol. Hirsch M. **25**.

BACH (JOHANN SEBASTIAN)
—— Die hohe Messe in H-moll . . . Partitur. pp. 219. *C. F. Peters: Leipzig & Berlin*, [1867?] 8°. Hirsch IV. **684**.

BACH (JOHANN SEBASTIAN)
—— [Another copy.] Motetten in Partitur. 2 Hft. *Leipzig*, [1802, 03.] fol. Hirsch IV. **685**.

BACH (JOHANN SEBASTIAN)
—— [Another copy.] Musikalisches Opfer. Im Urtext und in einer Einrichtung für den praktischen Gebrauch . . . Herausgegeben von Ludwig Landshoff. ⟨Beilage. Eingerichtete Partitur.—Beiheft zur Urtext-Ausgabe. Bemerkungen . . . von Ludwig Landshoff.⟩ 3 pt. *Leipzig*, [1937.] 8° & 4°. Hirsch M. **679**.
In this copy has been inserted a separate Violino 1 part from the Peters edition of the work issued in parts in 1938.

BACH (JOHANN SEBASTIAN)
—— [Another copy.] [Musikalisches Opfer.] Musical Offering . . . Authentic text . . . prepared by Hans T. David for string and wind ensembles with keyboard instrument. Score, etc. *New York*, 1944. 4°. Hirsch M. **680**.

BACH (JOHANN SEBASTIAN)
—— Johann Sebastian Bachs Notenbüchlein für Anna Magdalena Bach (1725), etc. [Edited by Richard Batka.] pp. 3. 124. *Georg D. W. Callwey: München*, [1904.] *obl.* 4°. Hirsch M. **26**.

BACH (JOHANN SEBASTIAN)
—— O Mensch, bewein' dein Sünde gross. See infra: [*Orgel-Büchlein.*]

BACH (JOHANN SEBASTIAN)
—— [Orgel-Büchlein.] Choralvorspiel. "Das alte Jahr vergangen ist." ⟨Für Orgel.⟩ [1839.] See PERIODICAL PUBLICATIONS.—Leipzig.—*Neue Zeitschrift für Musik*. [Sammlung von Musik-Stücken, etc.] Hft. 8. [1838, etc.] fol. Hirsch M. **1134**.

BACH (JOHANN SEBASTIAN)
—— [Orgel-Büchlein.] "Durch Adams Fall ist ganz verderbt." Choralvorspiel für Orgel. [1840.] *See* PERIODICAL PUBLICATIONS.—*Leipzig.—Neue Zeitschrift für Musik.* [Sammlung von Musik-Stücken, *etc.*] Hft. 10. [1838, *etc.*] fol. Hirsch M. **1134**.

BACH (JOHANN SEBASTIAN)
—— [Orgel-Büchlein.] Choralvorspiel. "Ich ruf zu Dir Herr Jesu Christ," *etc.* ⟨Für Orgel.⟩ [1839.] *See* PERIODICAL PUBLICATIONS.—*Leipzig.—Neue Zeitschrift für Musik.* [Sammlung von Musik-Stücken, *etc.*] Hft. 8. [1838, *etc.*] fol. Hirsch M. **1134**.

BACH (JOHANN SEBASTIAN)
—— [Orgel-Büchlein.] "O Mensch bewein' dein Sünde gross," für Orgel. [1842.] *See* PERIODICAL PUBLICATIONS.—*Leipzig.—Neue Zeitschrift für Musik.* [Sammlung von Musik-Stücken, *etc.*] Hft. 16. [1838, *etc.*] fol. Hirsch M. **1134**.

BACH (JOHANN SEBASTIAN)
—— [For editions of the partitas for violin solo, published with the sonatas for violin solo:] *See infra:* [Sonatas and partitas for violin solo.]

BACH (JOHANN SEBASTIAN)
—— [Another copy.] Grosse Passionsmusik nach dem Evangelium Johannis . . . Partitur, *etc. Berlin*, 1831. fol. Hirsch IV. **673**.

BACH (JOHANN SEBASTIAN)
—— Passionsmusik nach dem Evangelisten Johannes . . . Partitur. pp. 147. *C. F. Peters: Leipzig & Berlin*, [1870?] 8°. Hirsch IV. **675**.

BACH (JOHANN SEBASTIAN)
—— Passionsmusik nach dem Evangelisten Johannes, bearbeitet von Heinrich Reimann. Partitur. pp. viii. 244. *Breitkopf & Härtel: Leipzig*, [1906.] fol. Hirsch IV. **674**. *Partitur Bibliothek.* no. 1806.

BACH (JOHANN SEBASTIAN)
—— Grosse Passionsmusik nach dem Evangelium Matthaei . . . Partitur, *etc.* pp. viii. 5–324. *In der Schlesinger'schen Buch- und Musikhandlung: Berlin*, 1830. fol. Hirsch IV. **677**.
With a "Subscribenten-Verzeichniss."

BACH (JOHANN SEBASTIAN)
—— Joh. Seb. Bach's Passionsmusik nach dem Evangelisten Matthäus mit ausgeführten Accompagnement bearbeitet von Robert Franz. Partitur. pp. v. 285. *Breitkopf & Härtel: Leipzig*, [1867.] fol. Hirsch IV. **678**.

BACH (JOHANN SEBASTIAN)
—— Passionsmusik nach dem Evangelisten Matthaeus . . . Partitur. pp. 268. *C. F. Peters: Leipzig & Berlin*, [1867?] 8°. Hirsch IV. **680**.

BACH (JOHANN SEBASTIAN)
—— Grosse Passionsmusik nach dem Evangelium Matthaei . . . Vollständiger Klavierauszug von Adolph Bernhard Marx, *etc.* [Vocal score.] pp. 190. *In der Schlesinger'schen Buch- und Musikhandlung: Berlin*, 1830. obl. fol. Hirsch IV. **1136**.
With a list of subscribers and index.

BACH (JOHANN SEBASTIAN)
—— Matthäus-Passion. Oratorium . . . Partitur. ⟨Nach der Ausgabe der Bach-Gesellschaft gedruckt.⟩ [Edited by S. Jadassohn.] pp. 268. *C. F. Peters: Leipzig*, [1890?] 4°. Hirsch IV. **681**.

BACH (JOHANN SEBASTIAN)
—— [Another copy.] Passio Domini nostri J. C. secundum Evangelistam Matthæum, *etc.* ⟨Faksimile Ausgabe.⟩ *Leipzig*, 1922. fol. Hirsch IV. **679**.

BACH (JOHANN SEBASTIAN)
—— Passionsmusik nach dem Evangelisten Matthäus. Herausgegeben von Siegfried Ochs. Partitur. pp. 223. 9. *C. F. Peters: Leipzig*, [1929.] fol. Hirsch IV. **682**. *Edition Peters.* no. 4000.

BACH (JOHANN SEBASTIAN)
—— [Grosse Passionsmusik nach dem Evangelium Matthaei.] Goethes Legende von Hufeisen. Am Klavier zu singen von J. S. Bach. [Melodies from J. S. Bach's "Grosse Passionsmusik nach dem Evangelium Matthaei," adapted to Goethe's poem, the setting here stated to be the work of Philipp Carl Emanuel Bach, presumed to be a son of C. P. E. Bach. Edited by Leopold Hirschberg.] pp. 12. **F.P.** *C. Martin Fraenkel: Berlin*, 1925. obl. fol. Hirsch M. **27**.
No. 6 of an edition of forty copies.

BACH (JOHANN SEBASTIAN)
—— Phantasie für Orgel. [In C minor. B.G. Jahrg. 38. No. 8.] [1841.] *See* PERIODICAL PUBLICATIONS.—*Leipzig. Neue Zeitschrift für Musik.* [Sammlung von Musik-Stücken, *etc.*] Hft. 13. [1838, *etc.*] fol. Hirsch M. **1134**.

BACH (JOHANN SEBASTIAN)
—— Practische Orgelschule. *See infra:* [Sechs Sonaten für zwei Claviere und Pedal.]

BACH (JOHANN SEBASTIAN)
—— Prelude et fugue pour l'orgue ou le piano-forte. [In A minor. B.G. Jahrg. 38. No. 3.] . . . No. 1. pp. 7. *C. F. Peters: Leipzig*, [1828?] obl. fol. Hirsch III. **70**.

BACH (JOHANN SEBASTIAN)
—— [Praeludien und Fugen. Erste Folge. No. 5.] Prelude et fugue pour l'orgue ou le piano-forte . . . No. [III.] pp. 9. *C. F. Peters: Leipzig*, [1828?] obl. fol. Hirsch III. **70**. b.

BACH (JOHANN SEBASTIAN)
—— [Praeludien und Fugen. Zweite Folge. No. 8.] Toccata et fugue pour l'orgue ou le piano-forte . . . No. III. pp. 15. *C. F. Peters: Leipzig*, [1828?] obl. fol. Hirsch III. **73**. a.

BACH (JOHANN SEBASTIAN)
—— [Praeludien und Fugen für Orgel. Zweite Folge. No. 10.] Toccata et fugue pour l'orgue ou le piano-forte ... No. II. pp. 15. *C. F. Peters: Leipzig*, [1828?] *obl. fol.*
Hirsch III. **73**.

BACH (JOHANN SEBASTIAN)
—— [Praeludien und Fugen. Zweite Folge. No. 11.] Prelude et fugue pour l'orgue ou le piano-forte ... No. II. pp. 9. *C. F. Peters: Leipzig*, [1828?] *obl. fol.*
Hirsch III. **70. a**.

BACH (JOHANN SEBASTIAN)
—— Sechs Præludien und sechs Fugen [Dritte Folge. No. 13–18] für Orgel oder Pianoforte mit Pedal. pp. 63. *Bei S. A. Steiner und Comp.: Wien*, [1824.] *obl. fol.*
Hirsch III. **71**.

BACH (JOHANN SEBASTIAN)
—— Der 117te Psalm für vier Singstimmen ... Partitur. Nach J. S. Bach's Original-Handschrift. pp. 13. *Bey Breitkopf und Härtel: Leipzig*, [1823.] fol.
Hirsch IV. **687**.

BACH (JOHANN SEBASTIAN)
—— [Sechs Sonaten für zwei Claviere und Pedal.] Practische Orgelschule enthaltend sechs Sonaten für zwey Manuale und durchaus obligates Pedal. pp. 94. *Bey Hans Georg Nägeli und Comp.: Zürich*, [1810?] *obl. fol.*
Hirsch III. **72**.

BACH (JOHANN SEBASTIAN)
—— [Sechs Sonaten für Clavier und Violine.] Clavier Sonaten mit obligater Violine. [Score, with separate violin part.] 2 pt. *Bey Hans Georg Nägeli: Zürich*, [1804?] *obl. fol.*
Hirsch III. **77**.
Part of "Musikalische Kunstwerke im strengen Style von J. S. Bach u. andern Meistern."

BACH (JOHANN SEBASTIAN)
—— [Sonatas and partitas for violin solo.] Studio o sia tre sonate per il violino solo. pp. 43. *Presso N. Simrock: Bonna*, [1825?] fol. Hirsch III. **76**.

BACH (JOHANN SEBASTIAN)
—— Studio o sia tre sonate per il violino solo. *See supra*: [*Sonatas and partitas for violin solo.*]

BACH (JOHANN SEBASTIAN)
—— Toccata per clavicembalo ... No. [I.] [B.G. Jahrg. 36. No. 5.] pp. 11. *Presso C. F. Peters: Lipsia*, [1815?] *obl. fol.* Hirsch III. **62**.

BACH (JOHANN SEBASTIAN)
—— Vergnügte Pleissen-Stadt. Hochzeits-Kantate für Sopran und Alt. A Wedding Cantata for Soprano and Alto. Als Fragment aufgefunden und herausgegeben von Werner Wolffheim. Vollendet und für zwei Flöten, Oboe, Violoncello und Klavier gesetzt von Georg Schumann. English translation by C. Sanford Terry, *etc*. [Vocal score with instrumental parts.] 4 pt. *Schlesingersche Buch- und Musikhandlung, Rob. Lienau: Berlin*, [1924.] 4°.
Hirsch M. **681**.

BACH (JOHANN SEBASTIAN)
—— [Weinen, Klagen.] *See* LISZT (F.) "Weinen, Klagen, Sorgen, Zagen." Praeludium nach J. S. Bach, *etc*. [1863.] fol. Hirsch M. **953. (13.)**

BACH (JOHANN SEBASTIAN)
—— [Weinen, Klagen.] *See* LISZT (F.) "Weinen, Klagen, Sorgen, Zagen." Praeludium nach J. S. Bach, *etc*. [1910?] fol. Hirsch M. **948. (4.)**

BACH (JOHANN SEBASTIAN)
—— Das wohltemperirte Clavier, oder Präludien und Fugen durch alle Töne. 2 Tl. *Bey Hans Georg Nägeli: Zürich*, [1801.] *obl. fol.* Hirsch III. **60**.

BACH (JOHANN SEBASTIAN)
—— [Das wohltemperirte Clavier.] Le Clavecin bien tempéré, ou Préludes et fugues dans tous les tons et demitons du mode majeur et mineur. 2 vol. *Chez Hoffmeister & comp.: Vienne; au bureau de musique: Leipsic*, [1802.] *obl. fol.* Hirsch III. **59**.

BACH (JOHANN SEBASTIAN)
—— [Das wohltemperirte Clavier.] 48. préludes et fugues dans tous les tons, tant majeurs, que mineurs, pour le clavecin ou piano forté ... Dédiés au Conservatoire de Musique par l'éditeur. ⟨Écrit par Sampier.⟩ 2 vol. *Aux adresses ordinaires: Paris; chez Nas Simrock: Bonn*, [1801?] *obl. fol.* Hirsch III. **57**.

BACH (JOHANN SEBASTIAN)
—— [Das wohltemperirte Clavier.] Preludes et fugues pour le forte-piano, dans tous les tons, tant majeurs que mineurs ... Dédiés au Conservatoire de Musique par l'éditeur. vol. 2. *Imprimés par Preston: Londres*, [1815?] *obl. fol.*
Hirsch III. **56**.
Imperfect; wanting vol. 1.

BACH (JOHANN SEBASTIAN)
—— [Das wohltemperirte Clavier.] Le Clavecin bien tempéré, ou Preludes et fugues dans tous les tons et demitons du mode majeur et mineur ... Édition nouvelle et corrigée. vol. 2. *C. F. Peters: Leipzig*, [1815?] *obl. fol.*
Hirsch III. **53**.
Imperfect; wanting vol. 1.

BACH (JOHANN SEBASTIAN)
—— [Das Wohltemperirte Clavier.] S. Wesley and C. F. Horn's new and correct Edition of the Preludes and Fugues of John Sebastian Bach. 4 bk. *Rt Birchall: London*, [1829?] *obl. fol.* Hirsch IV. **1588**.
Watermark date 1829.

BACH (JOHANN SEBASTIAN)
—— [Das wohltemperirte Clavier.] Vingt-quatre préludes et fugues dans tous les tons et demi-tons du mode majeur et mineur. Pour le clavecin ou piano-forté. 2 vol. *Chez Richault: Paris*, [1830?] *obl. fol.* Hirsch III. **58**.

BACH (JOHANN SEBASTIAN)

—— [Das wohltemperirte Clavier.] Le Clavecin bien tempéré, ou Preludes et fugues dans tous les tons et demi-tons sur les modes majeurs et mineurs . . . Édition nouvelle, soigneusement revue, corrigée et doigtée . . . par Charles Czerny. [With a portrait.] 2 vol. *C. F. Peters: Leipzig,* [1837.] fol.   Hirsch III. **52.**
Oeuvres complets. liv. 1, 2.

BACH (JOHANN SEBASTIAN)

—— [Das wohltemperirte Clavier.] Le Clavecin bien tempéré, ou 48 préludes et fuges [*sic*] dans tous les tons majeurs et mineurs pour le piano-forte. [With a portrait.] 2 vol. *Chez C. M. Esslinger: Berlin,* [1838.] *obl.* fol.   Hirsch III. **51.**

BACH (JOHANN SEBASTIAN)

—— [Das wohltemperirte Clavier.] Le Clavecin bien tempéré, ou Préludes et fugues dans tous les tons et demi-tons sur les modes majeurs et mineurs. 2 vol. *Chez Ed. Bote & G. Bock: Berlin,* [1852?] fol.   Hirsch M. **682.**

BACH (JOHANN SEBASTIAN)

—— [Das wohltemperirte Clavier.] The Well Tempered Clavichord, forty-eight Preludes and Fugues, in all the major & minor keys . . . Edited & collated with all former editions of the work, by W. T. Best. pp. 197. *J. Alfred Novello: London,* [1860?] fol. Hirsch III. **55.**

BACH (JOHANN SEBASTIAN)

—— [Das wohltemperirte Clavier.] The Student's Edition of Forty-eight Preludes and Fugues. ⟨Edited by John Francis Barnett and Cipriani Potter.⟩ pp. 231. *Hutchings & Romer: London,* [1860?] *obl.* fol. Hirsch M. **28.**

BACH (JOHANN SEBASTIAN)

—— Das wohltemperirte Clavier oder Präludien u. Fugen in allen Dur- u. Molltonarten . . . Neue und kritische Ausgabe nach handschriftlichen Quellen bearbeitet . . . von Franz Kroll. 2 Bd. *C. F. Peters: Leipzig u. Berlin,* 1862 [1863]. fol.   Hirsch III. **54.**

BACH (JOHANN SEBASTIAN)

—— [Das wohltemperirte Clavier.] Le Clavecin bien tempéré, ou Préludes et fugues dans tous les tons et demi-tons sur les modes majeurs et mineurs . . . Édition nouvelle, revue et corrigée critiquement, doigtée, métronomisée et enrichie de notes sur l'exécution par Charles Czerny. 2 Tl. *C. F. Peters: Leipzig & Berlin,* [1870?] 4°.   Hirsch M. **683.**

BACH (JOHANN SEBASTIAN)

—— [Another copy.] Das wohltemperirte Klavier . . . Herausgegeben von Robert Franz und Otto Dresel. *Leipzig, Brüssel,* [1890.] fol.   Hirsch M. **684.**

BACH (JOHANN SEBASTIAN)

—— [Das wohltemperirte Clavier.] 48 Preludes & Fugues in all the major & minor keys. 2 bk. *Robert Cocks & Co.: London,* [1890?] fol.   Hirsch M. **685.**
The Burlington Edition.

BACH (JOHANN SEBASTIAN)

—— [Another copy.] Das wohltemperirte Klavier . . . herausgegeben von Carl Reinecke. *Leipzig,* [1892.] fol.   Hirsch M. **686.**

BACH (JOHANN SEBASTIAN)

—— Das wohltemperirte Klavier . . . revidiert und mit Fingersatz versehen von Carl Czerny. [With a portrait.] 2 Tl. *C. F. Peters: Leipzig,* [1894?] 4°.   Hirsch M. **687.**

BACH (JOHANN SEBASTIAN)

—— Das wohltemperirte Clavier (Le Clavecin bien tempéré.) . . . Akademische Neuausgabe. Kritisch revidiert in Bezug auf Textdarstellung, Tempo und Vortragszeichen . . . von Heinrich Germer. Tl. 2. *Henry Litolff's Verlag: Braunschweig,* [1895.] 4°.   Hirsch M. **688.**
Collection Litolff. Imperfect; wanting Tl. 1.

BACH (JOHANN SEBASTIAN)

—— Das wohltemperirte Klavier . . . Herausgegeben und bearbeitet von Eugen d'Albert. ⟨The Well-Tempered Pianoforte . . . English translation of the instructive Text by John Bernhoff.⟩ Tl. 1. *J. G. Cotta'sche Buchhandlung Nachfolger: Stuttgart und Berlin,* 1906. fol.   Hirsch M. **689.**
Instruktive Ausgabe klassischer Klavierwerke. Abt. 12, Bd. 1. *Imperfect; wanting Tl.* 2.

BACH (JOHANN SEBASTIAN)

—— [Another copy.] Das wohltemperirte Clavier, *etc.* [Edited by Hermann Abert.] *Leipzig,* 1922. fol.   Hirsch M. **1321.**

BACH (JOHANN SEBASTIAN)

—— Das wohltemperirte Clavier. [Tl. 1. No. 1-6, 8, 10, 11, 13, 15, 16, 21, 22. Tl. 2. No. 1, 4, 6, 10-12, 18, 24.] Ausgewählte Präludien und Fugen bearbeitet und herausgegeben von Carl Tausig, mit einem Vorwort von Louis Ehlert. pp. 86.   *T. Trautwein'sche Buch- & Musikhandlung: Berlin,* [1869.] fol.   Hirsch M. **690.**

BACH (JOHANN SEBASTIAN)

—— [Das wohltemperirte Clavier. Tl. 1. No. 1, 3, 4, 7, 10, 21, 22. Tl. 2. No. 7.] Acht Fugen . . . durch Farben analytisch dargestellt, mit beigefügter harmonischer Structur zum Gebrauch in Musikschulen . . . Herausgegeben und erklärt von Bern. Boekelman. 2 ser. *Jul. Heinr. Zimmermann: Leipzig,* [1895.] fol.   Hirsch M. **1322.**
The wrappers bear the title: " Joh. Seb. Bach. 16 Fugen durch Farbendruck analytisch dargestellt."

BACH (JOHANN SEBASTIAN) [*Doubtful and Spurious Works*].

—— [Another copy.] Lob und Ehre und Weisheit. Achtstimmige Motette. Musik von J. S. Bach [or rather, by G. G. Wagner]. Partitur. *Leipzig,* [1819.] fol.   Hirsch IV. **686.**

BACH (Philipp Emanuel Carl)

—— Goethe's Legende von Hufeisen. Am Klavier zu singen von J. S. Bach. [Melodies from J. S. Bach's "Grosse Passionsmusik nach dem Evangelium Matthaei," adapted to Goethe's poem, the setting here stated to be the work of P. E. C. Bach, presumed to be a son of C. P. E. Bach. Edited by Leopold Hirschberg.] pp. 12. **F.P.** 1925. *obl. fol.* See BACH (J. S.) [*Grosse Passionsmusik nach dem Evangelium Matthaei.*] Hirsch M. **27**.

BACH (Wilhelm Friedemann)

—— Kein Hälmlein wächst auf Erden. Ein Lied. *Georg Kallmeyer: Wolfenbüttel, Berlin*, [1922.] *obl.* 8°. Hirsch M. **29**.

BĄDARZEWSKA (Thecla)

—— La Prière d'une vierge. Composée pour le piano. pp. 5. *Chez Jean André: Offenbach s/m.*, [1860?] fol. Hirsch M. **1303**. (**3**.)

BAER (Abraham)

—— בעל תפלה Baal T'fillah oder "Der pracktische Vorbeter." Vollständiger Sammlung der Recitative der gottesdienstlichen Gesänge und Recitative der Israeliten nach polnischen, deutschen (aschk'nasischen) und portugiesischen (sephardischen) Weisen nebst allen den Gottesdienst betreffenden rituellen Vorschriften und Gebräuchen (דינים ומנהגים). pp. xxii. 358. *Breitkopf und Härtel: Leipzig*, [1877.] fol. Hirsch M. **691**.

BAER (Ferd.) *See* PAER (Ferdinando)

BAEUME.

—— Die Bäume grünen. [Song.] *See* MARSCHNER (H. A.) Sechs Liebeslieder von Hoffmann von Fallersleben . . . Op. 155. No. 3.

BAGNALL (Samuel J.)

—— The Fisherman's Daughter that lives o'er the Water. [Song.] . . . Written & composed by S. Bagnall. pp. 5. *Hopwood & Crew: London*, [1865?] fol. Hirsch M. **1317**. (**1**.)

BAILLOT (Pierre Marie François de Sales)

—— L'Art du violon. Nouvelle méthode . . . Die Kunst des Violinspiels . . . Aus dem Französischen übersetzt von H. Panofka. *Fr. & Ger.* pp. 311. pl. III. *In der Schlesinger'schen Buch- und Musikhandlung: Berlin*, [1835.] fol. Hirsch III. **78**.

BAILLOT (Pierre Marie François de Sales)

—— Méthode de violon par MM. Baillot, Rode et Kreutzer . . . Redigée par Baillot . . . Gravée par Le Roy. pp. 165. *Chez Janet et Cotelle: Paris*, [1825?] fol. Hirsch III. **79**.

BAILLOT (Pierre Marie François de Sales)

—— [Méthode de violon.] Violinschule von Rode, Kreutzer und Baillot. Geordnet von Baillot, *etc.* pp. 59. *Bei J. S. Lischke: Berlin*, [1830?] fol. Hirsch III. **80**.

SIG. 17.—PART 53.

BALAKIREV (Mily Aleksyeevich)

—— *See* GLINKA (M. I.) Русланъ и Людмила, *etc.* [Edited by M. A. Balakirev and others.] [1878.] fol. Hirsch II. **258**.

BALAKIREV (Mily Aleksyeevich)

—— *See* GLINKA (M. I.) Жизнь за Царя . . . Подъ редакціей М. Балакирева и С. Ляпунова, *etc.* [1905?] 8°. Hirsch II. **259**.

BALALAYKA.

—— La Balalayka. Chants populaires russes et autres morceaux de poésie traduits en vers et en prose par Paul de Julvécourt. pp. xxii. 240. *Delloye, Desmé et c^{ie}: Paris*, 1837. 8°. Hirsch M. **30**.

BALDENECKER (   )

—— *See* AUBER (D. F. E.) Gustav, *etc.* ⟨Arr. von Baldenecker. [P.F.]⟩ [1840?] fol. Hirsch M. **1303**. (**1**.)

BALFE (Michael William)

—— [The Daughter of St. Mark.] The Gondolier, Ballad, *etc.* pp. 5. *Chappell: London*, [1845?] fol. Hirsch M. **1308**. (**13**.)

BALFE (Michael William)

—— [The Daughter of St. Mark.] We may be happy yet, Ballad, *etc.* ⟨Twelfth edition.⟩ pp. 5. *Chappell: London*, [1851?] fol. Hirsch M. **1276**. (**11**.)

BALFE (Michael William)

—— [Les quatre fils d'Aymon.] *See* LEDUC (A.) Les 4 fils Aymon. Quadrille . . . sur des motifs de W. Balfe. [1845.] *obl.* fol. Hirsch M. **1291**. (**7**.)

BALLADE.

—— Ballade sur la mort d'Ophélie. [Part-song.] *See* BERLIOZ (L. H.) Tristia . . . Œuv: 18. No. 2.

BAL Y GAY (Jesús)

—— Romances y villancios españoles del siglo XVI. Dispuestos en edición moderna para canto y piano por J. Bal y Gay. Primera serie. pp. 47. *La Casa de España: Mexico*, 1939. 4°. Hirsch M. **692**. *The fly-leaf bears a* MS. *dedication from the editor to Paul Hirsch.*

BAL Y GAY (Jesús)

—— *See* VILLANCICOS. Cancionero de Upsala. ⟨Villancicos di diuersos autores.⟩ . . . Transcripción musical en notación moderna de J. Bal y Gay, *etc.* 1944. 4°. Hirsch M. **1030**.

BAMBERG MANUSCRIPT.

—— [Another copy.] Cent motets du XIIIe siècle publiés d'après le manuscrit Ed. IV. 6 de Bamberg par Pierre Aubry, *etc. Paris*, 1908. 4°. Hirsch M. **31**. *Part of "Publications de la Société Internationale de Musique, section de Paris."*

BANTING.
—— Banting. [Song.] *See* PAUL (George H. H.)

BARCELONA.—*Institut d'Estudis Catalans.—Biblioteca de Catalunya.*
—— [Another copy.] Publicacions del Departament de Música. no. 1, 3, 4. *Barcelona*, 1921–27.
Hirsch IV. **1005**.
Imperfect; wanting no. 2 and all after no. 4.

BARGÈRE. *See* BERGÈRE.

BARGIEL (WOLDEMAR)
—— [Drei Frühlingslieder. Op. 35.] III. Frühling. [Words by] Theodor Körner. Sopran I. ⟨Sopran II.—Alt.⟩ 3 pt. [*J. Rieter-Biedermann: Leipzig, Winterthur*, 1868.] *s. sh.* fol.
Hirsch M. **693**.

—— [Another copy.] Hirsch M. **694**.
Imperfect; wanting the soprano I part.

BARGIEL (WOLDEMAR)
—— *See* CHOPIN (F. F.) [*Collected Works.—a. Complete Works.*] Friedr. Chopin's Werke . . . Revisionsbericht über Fr. Chopin's Notturnen und Polonaisen . . . Revisor W. Bargiel. 1880. 8º. Hirsch IV. **950**. a.

BARINI (GIORGIO)
—— *See* PAISIELLO (G.) Socrate immaginario . . . Riduzione per canto e pianoforte . . . di G. Barini. 1931. 4º.
Hirsch M. **924**.

BARNETT (JOHN)
—— Rose of Lucerne, or the Swiss toy girl, *etc.* ⟨Tenth edition.⟩ [Song.] pp. 5. *Goulding and D'Almaine: London*, [1830?] fol. Hirsch M. **1309**. (**1**.)

BARNETT (JOHN)
—— *See* MOZART (W. A.) [*Don Giovanni.*] Chappell's new edition of Il Don Giovanni . . . Arranged & edited . . . by J. Barnett. [1860?] fol. Hirsch M. **1073**.

BARNETT (JOHN FRANCIS)
—— *See* BACH (J. S.) [*Das wohltemperirte Clavier.*] The Student's Edition of Forty-eight Preludes and Fugues. ⟨Edited by J. F. Barnett and C. Potter.⟩ [1860?] *obl.* fol.
Hirsch M. **28**.

BARROIS (   )
—— *See* BLANGINI (G. M. M. F.) So che un sogno la speranza . . . Accompt. de guitare ou lyre par Barrois. [1810?] 8º.
Hirsch M. **660**. (**19**.)

BARROIS (   )
—— *See* ZINGARELLI (N. A.) [*Giulietta e Romeo.—Tranquillo io son fra poco.*] Récitatif et rondeau . . . Avec accompagnement de guitare ou lyre par Barrois. [1815?] 8º.
Hirsch M. **660**. (**22**.)

BARTHELEMAN (   ) *Mr. See* BARTHELEMON (F. H.)

BARTHELEMON (FRANÇOIS HIPPOLYTE)
—— A New Round for Christmas 1795. *See* OF. Of all the Girls, *etc.* [1805?] fol. Hirsch M. **1277**. (**42**.)

BARTÓK (BÉLA)
—— [Another copy.] Mikrokosmos. Progressive Piano pieces, *etc. London*, 1940. 4º. Hirsch M. **695**.
Part of the "Winthrop Rogers Edition."

BARTÓK (BÉLA) and KODÁLY (ZOLTÁN)
—— Chansons populaires. ⟨Les hongrois de transylvanie.⟩ pp. 212. *Société de littérature populaire: Budapest*, [1921.] 8º. Hirsch M. **32**.

BATAILLE (GABRIEL)
—— [Another copy.] [Airs de differents autheurs.] French Ayres . . . Transcribed for voice and piano by Peter Warlock. *London*, [1928.] 8º. Hirsch M. **33**.
With the book plate of G. E. P. Arkwright.

BATCHELDER (JAMES)
—— The Ferry Boat. [P.F.] pp. 5. *H. D'Alcorn: London*, [1870?] fol. Hirsch M. **1315**. (**7**.)
Rural Gleanings. no. 6.

BATKA (RICHARD)
—— *See* BACH (J. S.) Johann Sebastian Bachs Notenbüchlein für Anna Magdalena Bach, *etc.* [Edited by R. Batka.] [1904.] *obl.* 4º. Hirsch M. **26**.

BATTON (DÉSIRÉ ALEXANDRE)
—— Partition de la Fenêtre secrète, ou une Soirée à Madrid. Comédie en trois actes, mêlée de chant, *etc.* pp. 251. *Chez l'auteur: Paris*, [1818?] fol. Hirsch II. **34**.

BAUMBACH (FRIEDRICH AUGUST)
—— Theresens Klagen über den Tod ihrer unglücklichen Mutter Maria Antonia. Eine Cantate am Fortepiano zu singen. [With a frontispiece.] pp. 12. *Bei Voss & Compagnie: Leipzig*, [1810?] *obl.* fol. Hirsch III. **628**.

BAUMÈS-ARNAUD (H.)
—— La Chanson de l'alouette. [Song.] Paroles de Mr. Victor de la Prade. *J. Meissonier: Paris*, [1835?] fol.
Hirsch M. **1297**. (**1**.)

BAUMGARTNER (WILHELM)
—— Sängergruss auf das Eidgenössische Sängerfest in Zürich 1858 gedichtet von Gottfried Keller, für Männerchor, *etc.* pp. 24. *Bei Gebrüder Hug: Zürich*, [1858?] 8º.
Hirsch M. **34**.

BAYLY (THOMAS HAYNES)
—— I'd be a Butterfly. A ballad . . . The words & melody by T. H. Bayly, *etc.* ⟨Third edition.⟩ pp. 5. *Willis & Co.: London and Dublin*, [1835?] fol.
Hirsch M. **1306**. (**1**.)

BAYLY (THOMAS HAYNES)
—— Long, long ago ! A ballad. pp. 5.   *Cramer, Addison & Beale: London*, [1845 ?] fol.   Hirsch M. **1272. (9.)**

BAYLY (THOMAS HAYNES)
—— [Songs of the Boudoir.] We met ! Ballad, *etc.* ⟨Third edition.⟩ pp. 5. *A. Betts: London*, [1835 ?] fol.
Hirsch M. **1276. (23.)**

BAYLY (THOMAS HAYNES)
—— We met ! *See* supra : [*Songs of the Boudoir.*]

BAYR (G.)
—— *See* CARAFA DI COLOBRANO (M. E. F. V. A. P.) *Prince.* Polacca ... eingerichtet für die Flöte mit Clavierbegleitung von G. Bayr. [1825 ?] *obl.* fol.   Hirsch III. **152.**

BAZIN (FRANÇOIS EMMANUEL JOSEPH)
—— Les Matelots sur la mer. [Song.] Pour voix de basse. Paroles de T. Gautier. pp. 7.   *Chez S. Richault: Paris*, [1835 ?] fol.   Hirsch M. **1297. (4.)**

BEAU.
—— Le Beau Dunois. Romance. *See* HORTENSE, *Queen Consort of Louis, King of Holland.* [Partant pour la Syrie.]

BEAUMONT (CYRIL WILLIAM)
—— *See* ARBEAU (T.) *pseud.* Orchesography ... Translated from the original edition ... by C. W. Beaumont, *etc.* 1925. 8°.   Hirsch M. **5.**

BEAUMONT (CYRIL WILLIAM)
—— *See* LAMBRANZI (G.) [*Neue und curieuse Theatrialische Tanz-Schul.*] New and curious School of Theatrical Dancing ... Edited ... by C. W. Beaumont. 1928. 8°.   Hirsch M. **210.**

BEAUPLAN (AMÉDÉE DE) *pseud.* [i.e. AMÉDÉE ROUSSEAU.]
—— La Demoiselle au bal. Chansonnette. Paroles et musique de Mr A. de Beauplan. Arrangée pour la guitare par Meissonnier jne.   *Chez J. Meissonier: [Paris*, 1825 ?] 8°.
Hirsch M. **1293. (14.)**

BEAUPLAN (AMÉDÉE DE) *pseud.* [i.e. AMÉDÉE ROUSSEAU.]
—— La Grand' mère imprudente. ⟨Chansonette.⟩ Paroles et musique de A. de Beauplan. pp. 3.   *Chez A. Meissonier et J. L. Heugel: Paris*, [1845 ?] fol.
Hirsch M. **1297. (10.)**

BEAUPLAN (AMÉDÉE DE) *pseud.* [i.e. AMÉDÉE ROUSSEAU.]
—— L'Ingénue de St. Lô et le petit parisien. Historiette. Paroles & musique de Mr A. de Beauplan.   *Chez J. Meissonier: Paris*, [1840 ?] fol.   Hirsch M. **1298. (2.)**

BEAUPLAN (AMÉDÉE DE) *pseud.* [i.e. AMÉDÉE ROUSSEAU.]
—— La Jeune batelière. Barcarolle. [Song.] Paroles de Mr Adolphe Cholet. *C. Heu: Paris*, [1840 ?] fol.
Hirsch M. **1297. (6.)**

BEAUPLAN (AMÉDÉE DE) *pseud.* [i.e. AMÉDÉE ROUSSEAU.]
—— Keepsake musical. Album de douze romances, chansonettes, ballades, siciliennes, et nocturnes mis en musique avec accompagnement de piano. [With twelve lithographs.] *Janet et Cotelle: Paris*, [1835 ?] 4°.
Hirsch III. **630.**

BEAUPLAN (AMÉDÉE DE) *pseud.* [i.e. AMÉDÉE ROUSSEAU.]
—— Le Pardon. Romance. Paroles et musique d'A. de Beauplan. (3e édition.)   *Chez A. Meissonier et J. L. Heugel: Paris*, [1840 ?] fol. Hirsch M. **1297. (11.)** 3 mélodies favorites du Ménestrel. no. 3.

BEAUPLAN (AMÉDÉE DE) *pseud.* [i.e. AMÉDÉE ROUSSEAU.]
—— La Petite Madelon. Historiette. [Song.] ... Paroles de M. Armand Renard. *Chez C. Heu: Paris*, [1840 ?] fol.
Hirsch M. **1297. (7.)**

BEAUPLAN (AMÉDÉE DE) *pseud.* [i.e. AMÉDÉE ROUSSEAU.]
—— Les Souvenirs du pays, tyrolienne. [Song.] Paroles de Mr A. Bétourné ... Arrangée pour la guitare par Meissonnier jne. *Chez J. Meissonier: [Paris*, 1825 ?] 8°.
Hirsch M. **1293. (1.)**

BEAUPLAN (AMÉDÉE DE) *pseud.* [i.e. AMÉDÉE ROUSSEAU.]
—— Trompez-moi, trompons-nous ! Franchise. [Song.] Paroles et musique de Mr A. de Beauplan.   *Chez C. Heu: Paris*, [1840 ?] fol.   Hirsch M. **1297. (9.)**

BECK (FRANZ)
—— Das Sinfonische Werk von Franz Beck ... herausgegeben und bearbeitet von Robert Sondheimer. No. 1 : Sinfonie in G moll. Partitur. ⟨No. 2. Sinfonie in Es dur. Partitur.—No. 3. Sinfonia grande, G-moll. [Score.]⟩ 3 no. *Edition Bernoulli: Berlin*, [1927, 37.] fol. [*Werke aus dem 18. Jahrhundert.* no. 20, 21, 43.]
Hirsch IV. **1020.**

BECKER (   )
—— Anhang zu Beckers Taschenbuch 1809 ⟨1811⟩ enthaltend Compositionen und Tänze, von Harder, Reichardt, Zelter, Himmel und Bergt ⟨von Methfessel, Schneider, Bergt, Zelter, Fürstenau und Schreiber⟩. 2 no. [1809, 11.] 16°.
Hirsch III. **1118.**

BECKER (CONSTANTIN JULIUS)
—— Das Islamägdlein, Gedicht vom Componisten. [Partsong.] [1840.] *See* PERIODICAL PUBLICATIONS.—Leipzig. —*Neue Zeitschrift für Musik.* [Sammlung von Musik-Stücke, *etc.*] Hft. 12. [1838, *etc.*] fol. Hirsch M. **1134.**

BECKMANN (GUSTAV)
—— Das Violinspiel in Deutschland vor 1700. 12 Sonaten für Violine und Klavier und eine Suite für Violine allein aus dem 17. Jahrhundert herausgegeben und für den Vortrag bearbeitet von G. Beckmann, *etc.* 5 Hft.
N. Simrock: Berlin, Leipzig, [1921.] 4°. Hirsch M. **696.**

BECKMANN (GUSTAV)

—— See GLUCK (C. W. von) Klopstocks Oden für eine Singstimme und Klavier . . . herausgegeben von Dr. G. Beckmann. 1917. fol. [*Veröffentlichungen der Gluckgesellschaft.* no. 3.] Hirsch M. **940**.

BECKMANN (GUSTAV)

—— See GLUCK (C. W. von) [*Six Sonatas for two Violins & a Thorough Bass. No.* 1-3.] Sonaten Nr. 1-3 für 2 Violinen, Violoncell (Bass) und Pianoforte . . . Zum praktischen Gebrauch herausgegeben von Dr. G. Beckmann. [1919.] fol. [*Veröffentlichungen der Gluckgesellschaft.* no. 4.] Hirsch M. **940**.

BÉDARD (JEAN BAPTISTE)

—— See DU. Du bon roi d'Agobert . . . Avec accompagnement de guitare par J. B. Bédard. [1810?] 8°. Hirsch M. **660**. (27.)

BÉDARD (JEAN BAPTISTE)

—— See GARAUDÉ (A. de) Plus d'espérance. Romance . . . Accomp^t guitare par J. B. Bédard. [1810?] 8°. Hirsch M. **660**. (7.)

BEETHOVEN.

—— Beethoven's Begräbniss. [Part-song.] See BEETHOVEN (L. van) [*Sonata. Op.* 26. *Marcia funebre sulla morte d'un eroe.*]

BEETHOVEN-CANTATE.

—— Beethoven-Cantate. See LISZT (F.) Zur Säcular-Feier Beethovens.

BEETHOVEN (LUDWIG VAN) [1. *Thematic Catalogues.*]

—— [Another copy.] Thematisches Verzeichniss sämmtlicher im Druck erschienenen Werke. *Leipzig,* 1851. 8°. Hirsch IV. **1058**.

BEETHOVEN (LUDWIG VAN) [*Collected Works.—a. Complete Works and Large Collections.*]

—— Collection complète des trios, quatuors & quintetti composés pour instrumens à cordes . . . Nouvelle édition, très soigneusement corrigée. [Parts. With a facsimile.] 4 vol. *Chez Maurice Schlesinger: Paris,* [1827?] fol. Hirsch M. **1323**.

Imperfect; wanting all except the seventeen string quartets.

BEETHOVEN (LUDWIG VAN) [*Collected Works.—a. Complete Works and Large Collections.*]

—— [An edition of Beethoven's works issued in separate numbers.]

[ser.] 1. no. 1-5, 20, 22, 23, 25-30. [Pianoforte sonatas. Nottebohm p. 147, no. 1-3; Op. 10. No. 1, 2; Op. 29, 57, 78, 81, 90, 101, 109, 110, 111.]
[ser.] 2. no. 2. Tl. 2. [Smaller pianoforte works.] Prélude [in F minor].
[ser.] 5. no. 1-8. [Duets for pianoforte and violin. Op. 17 arr.; 23, 24; Op. 30, No. 1-3; Op. 47, 96. Parts.]
[ser.] 6. no. 1. [Duets for pianoforte and violoncello. Op. 17 arr. Parts.]
[ser.] 7. no. 1-3, 5. [Pianoforte trios. Op. 1, No. 1-3; Op. 97. Parts.]
[ser.] 8. no. 1, 2. [Pianoforte quartets and quintets. Op. 16. Parts.]
[ser.] 9. no. 1. [Pianoforte concertos. Op. 15. Score.]
[ser.] 11. no. 4, 8, 9, 10. [String quartets. Op. 18, No. 4; Op. 59, No. 2, 3; Op. 95. Parts.]

Bei Tobias Haslinger: Wien, [1828-45.] fol. Hirsch IV. **943**.

Imperfect; wanting ser. 1, *no.* 6-19, 21, 24; *ser.* 2, *no.* 1, *Tl.* 1, 3, 4; *ser.* 7, *no.* 4; *the string parts to ser.* 8, *no.* 1, 2; *the whole of ser.* 10, *string trios; ser.* 11, *no.* 1-3, 5-7, 11. *Ser.* 3, 4 *and all after ser.* 11, *intended to complete the edition were never published. This set includes two copies of ser.* 1, *no.* 27-30. *A reissue of ser.* 1 *is catalogued separately under:* [Sonatas.]

BEETHOVEN (LUDWIG VAN) [*Collected Works.—a. Complete Works and Large Collections.*]

—— Collection complète des trios, quatuors et quintetti composés pour instrument à cordes. [Parts.]

Quatuors. no. 1-17. Op. 18. No. 1-6. Op. 59. No. 1-3. Op. 74, 95, 132, 130, 133, 127, 131, 134 [or rather 135].
Trios. no. 1-6. Op. 3, 8. Op. 9. No. 1-3. Op. 25.
Quintetti. no. 1-6. Op. 4, 29, 76.

5 vol. *Société pour la publication à bon marché de musique classique et moderne: Paris,* [1835?] fol. Hirsch III. **85**.

The titlepages of the parts for second violin, viola and violoncello bear the words " Nouvelle édition."

BEETHOVEN (LUDWIG VAN) [*Collected Works.—a. Complete Works and Large Collections.*]

—— [Another copy.] Ludwig van Beethoven's Werke. Vollständige kritisch durchgesehene überall berechtigte Ausgabe, *etc.* 25 ser. *Leipzig,* [1862-88.] fol. Hirsch IV. **942**.

Without the " Revisionsbericht " to ser. 25. *The titlepages to many of the volumes bear autograph signature of Julius Stockhausen. This copy includes separate instrumental parts to ser.* 6, *quartets; ser.* 7, *string trios; ser.* 10, *pianoforte quartets and quintets; ser.* 11, *pianoforte trios; ser.* 12, *sonatas for pianoforte and violin; ser.* 13, *sonatas for pianoforte and violoncello; ser.* 14, *sonatas for pianoforte and wind instruments; ser.* 24, *songs with accompaniment for pianoforte, violin and violoncello.*

BEETHOVEN (LUDWIG VAN) [*Collected Works.—b. Pianoforte Works.—Large Collections.*]

—— Monzani & Hill's Selection of Beethoven's Piano Forte Music. [With violin and violoncello accompaniment.] no. 11-14, 16, 22, 23, 37-43. *Monzani & Hill: London,* [1810?] fol. Hirsch M. **697**.

Imperfect; wanting no. 1-10, 15, 17-21, 24-36 *and all after no.* 43, *both accompaniments to no.* 16, *and the violoncello part to no.* 23. *This set includes the violin and violoncello accompaniments only to no.* 44, 45 *and the violin part to no.* 21, *and* 35.

BEETHOVEN (LUDWIG VAN) [*Collected Works.—b. Pianoforte Works.—Large Collections.*]

—— Monzani & Hill's Selection of Piano Forte Music, composed by L. V. Beethoven. no. 10, 21, 33, 35, 64, 67–69. *Monzani & Hill: London*, [1820?] fol. Hirsch M. **698**.

Imperfect; wanting no. 1–9, 11–20, 22–32, 34, 36, 63, 65, 66 and all after 69; wanting the accompaniments to no. 10, 21 and 33. No. 35, an edition of the quartet op. 16, has the string parts but lacks the ad libitum part for flute.

BEETHOVEN (LUDWIG VAN) [*Collected Works.—b. Pianoforte Works.—Large Collections.*]

—— Œuvres complètes de Beethoven pour piano. Seule édition complète.

- vol. 1, 2. Trios.
- vol. 3, 4. Collection des sonates, piano et violon ou viol^{lle}.
- vol. 5, 6. Collection des sonates, piano seul.
- vol. 7. Collection des variations, fantaisies, bagatelles, pour piano seul.
- vol. 8. Contenant : le quatuor, les rondo et variations concertantes et les pièces diverses à 4 mains.
- vol. 9, 10. [Parts for violin and violoncello to vol. 1–4, 7, 8.]

Brandus et c^{ie}: Paris, [1860?] fol. Hirsch IV. **944**.

BEETHOVEN (LUDWIG VAN) [*Collected Works.—d. Miscellaneous Instrumental Selections and Arrangements.*]

—— L. van Beethoven's Quintetten für 2 Violinen, 2 Bratschen & Violoncell. Op. 4. 29. Septett für Violine, Bratsche, Horn, Clarinette, Fagot, Violoncell & Contra Bass. Op. 20. Sextett für 2 Violinen, Bratsche, Violoncell & 2 Hörner obligat. Op. 81. Partitur-Ausgabe. pp. 400. *Bei K. F. Heckel: Mannheim*, [1850?] 16°.

Hirsch III. **87**.

BEETHOVEN (LUDWIG VAN) [*Collected Works.—g. Vocal Works.—Smaller Collections.*]

—— Sammlung deutscher und italiänischer Gesaenge mit Begleitung des Pianoforte. ["Drey Gesange," Op. 83, and "Vier Arietten und ein Duett," Op. 82.] pp. 23. *In J. Riedl's Kunsthandlung: Wien und Pest*, [1816?] obl. fol.

Hirsch M. **36**.

BEETHOVEN (LUDWIG VAN) [*Collected Works.—g. Vocal Works.—Smaller Collections.*]

—— [Another copy.] Vier deutsche Gedichte ... für eine Singstimme mit Begleitung des Pianoforte ... Op: 113. *Wien*, [1823.] obl. fol. Hirsch IV. **469**.

BEETHOVEN (LUDWIG VAN)

—— Abendlied unterm gestirnten Himmel. [Song.] Von H. Goeble, etc. *Gedruckt bey Anton Strauss: [Vienna,* 1820.] *s. sh.* obl. 4°. Hirsch IV. **468**.

Musik-Beylage zur Wiener Zeitschrift, $\frac{1820}{38}$.

BEETHOVEN (LUDWIG VAN)

—— Adelaide. Gedicht von Matthison für eine Singstimme mit Begleitung des Pianoforte. [Op. 46.] pp. 11. *Im bureau de musique von C. F. Peters: Leipzig,* [1815?] obl. fol.

Hirsch III. **632**.

BEETHOVEN (LUDWIG VAN)

—— [Ah! perfido.] Musica vocale per uso de' concerti let. B. Scena ed aria (Ah! perfido spergiuro) per il soprano, accompagnata con 2 violini, viola, 2 fagotti, flauto, 2 clarinetti, 2 corni e basso ... Die Sopranstimme enthält auch den Klavierauszug. [Parts.] 12 pt. *Presso Hoffmeister & Kühnel: Lipsia,* [1805.] fol.

Hirsch IV. **305**.

BEETHOVEN (LUDWIG VAN)

—— [Ah! perfido.] Musica vocale ... Scena et aria (Ah! perfido, spergiuro), etc. [Parts.] 12 pt. *Presso A. Kühnel: Lipsia,* [1805.] fol. Hirsch IV. **305. a**.

A slip bearing the imprint "Chez C. Förster à Breslau" has been pasted over the original imprint.

BEETHOVEN (LUDWIG VAN)

—— [Another copy.] An die ferne Geliebte. Ein Liederkreis von Al. Jeitteles ... 98tes Werk. *Wien,* [1816.] obl. fol. Hirsch IV. **358**.

BEETHOVEN (LUDWIG VAN)

—— An die ferne Geliebte. Ein Liederkreis. [With a "Nachwort" by Max Friedländer.] pp. 70. *Insel-Verlag: Leipzig,* [1927.] 8°. Hirsch M. **37**.

BEETHOVEN (LUDWIG VAN)

—— An die Geliebte. [Song.] Gedichtet von Stoll. pp. 2. [*Vienna,* 1814.] 4°. Hirsch IV. **464**.

Beylage zu d: Fried. Blättern.

BEETHOVEN (LUDWIG VAN)

—— An die Geliebte. [Song.] Ein Gedicht von Stoll mit Begleitung des Piano-Forté. pp. 3. *Bey N. Simrock: Bonn und Cöln,* [1817.] obl. fol. Hirsch IV. **465**.

BEETHOVEN (LUDWIG VAN)

—— An die Hoffnung, von Tiedge. [Song. Op. 32.] ... No. 32. pp. 3. *Im Kunst und Industrie Comptoir: Wien,* [1805.] obl. fol. Hirsch IV. **273**.

BEETHOVEN (LUDWIG VAN)

—— An die Hoffnung, von Tiedge. [Song. Op. 32.] No. 32. *In J. Riedls Kunsthandlung: Wien,* [1815?] obl. fol.

Hirsch M. **38**.

BEETHOVEN (LUDWIG VAN)

—— [Another copy.] An die Hoffnung, aus Tiedge's Urania ... für eine Singstimme ... 94tes Werk. *Wien,* [1816.] obl. fol. Hirsch IV. **354**.

BEETHOVEN (LUDWIG VAN)

—— [Another copy.] Andante [in F] pour le pianoforte. *Vienne,* [1806.] obl. fol. Hirsch IV. **435**.

BEETHOVEN (LUDWIG VAN)

—— Andante [in F] pour le piano forte. pp. 9. *Chez B. Schott: Mayence,* [1810?] fol. Hirsch III. **121**.

BEETHOVEN (Ludwig van)
—— A Favorite Andante [in F], for the Piano Forte. pp. 9. *Rt. Birchall: London,* [1817?] fol. Hirsch M. **762.** (2.)
Watermark date 1817.

BEETHOVEN (Ludwig van)
—— A Favorite Andante [in F], for the Piano Forte. pp. 9. *Birchall: London,* [1820?] fol. Hirsch M. **700.**

BEETHOVEN (Ludwig van)
—— [Andante in F.] Rondeau pour 2 violons, alto, et violoncelle ... arrangé d'après un rondeau pour le pianoforte. [Parts.] 4 pt. *Bey Franz Anton Hoffmeister: Wien,* [1806.] fol. Hirsch M. **699.**

BEETHOVEN (Ludwig van)
—— Andenken, von Matthison. [Song.] pp. 7. *Bey Breitkopf & Härtel: Leipzig,* [1810.] obl. fol.
Hirsch iv. **460.**

BEETHOVEN (Ludwig van)
—— [Another copy.] Vier Arietten und ein Duett (italienisch und deutsch) mit Begleitung des Pianoforte ... Op. 82. *Leipzig,* [1811.] obl. fol. Hirsch iv. **330.**

—— [Another copy.] Hirsch iv. **330**a.

BEETHOVEN (Ludwig van)
—— Bagatellen. ⟨Op. 33. Op. 119. Op. 126.⟩ ... Herausgegeben und eingeleitet von Paul Bekker. [With a portrait.] pp. xiv. 75. *Drei Masken Verlag: München,* 1920. 8°. Hirsch M. **39.**
One of the " Musikalische Stundenbücher."

BEETHOVEN (Ludwig van)
—— Bagatelles pour le pianoforte ... Oeuvre 33. pp. 21. *Propriété du bureau d'arts et d'industrie: Vienne,* [1803.] obl. fol. Hirsch iv. **274.**

BEETHOVEN (Ludwig van)
—— [Another issue.] Bagatelles pour le pianoforte ... Oeuvre 33. *Vienne,* [1805.] obl. fol. Hirsch iv. **274**a.
Without the publisher's address in the imprint.

BEETHOVEN (Ludwig van)
—— Des bagatelles pour la piano forte. [Op. 33.] pp. 20. *Printed for J. Dale: London,* [1810?] fol.
Hirsch M. **701.**

BEETHOVEN (Ludwig van)
—— Bagatelles or Select Pieces for the Piano Forte. [Op. 33.] pp. 19. *Preston: London,* [1810?] fol. Hirsch M. **702.**

BEETHOVEN (Ludwig van)
—— [Bagatelles. Op. 33.] Airs ou bagatelles pour le pianoforte. pp. 20. *Chappell & Co.: London,* [1820?] fol.
Hirsch M. **703.**

BEETHOVEN (Ludwig van)
—— [Another copy.] [Nouvelles bagatelles faciles et agréables. Op. 119.] Trifles ⟨Bagatelles⟩ for the Piano Forte, *etc.* pp. 14. *London,* [1822?] fol.
Hirsch M. **704.**
Watermark date 1822.

BEETHOVEN (Ludwig van)
—— [Bagatelles. Op. 119.] Nouvelles bagatelles faciles et agréables pour le piano forte ... Oeuv: 112. pp. 12. *Sauer et Leidesdorf: Vienne,* [1824.] fol. Hirsch iv. **386.**

BEETHOVEN (Ludwig van)
—— Six bagatelles pour le piano-forté ... Oeuvre 126. pp. 17. *Chez B. Schott fils: Mayence,* [1825.] fol.
Hirsch iv. **397.**

BEETHOVEN (Ludwig van)
—— Beethoven's Begräbniss. See infra: [Sonata. Op. 26. Marcia funebre sulla morte d'un eroe.]

BEETHOVEN (Ludwig van)
—— [Another copy.] Bundeslied ... von J. Wolfgang von Goethe. Für zwey Solo und drey Chorstimen ... 122tes Werck. Partitur. *Mainz,* [1825.] fol. Hirsch iv. **391.**

BEETHOVEN (Ludwig van)
—— Bundeslied, in allen Guten Stunden erhöht &c. &c. von Johann Wolfgang v. Goethe, für zwei Solo und dreÿ Chorstimmen ... 122tes Werck. [Vocal score.] pp. 7. *Bei Fr. Ph. Dunst: Frankfurt a/M.,* [1830?] fol.
Hirsch M. **760.** (2.)
Part of Abt. 4, no. 18 of " Sämmtliche Wercke für das Klavier."

BEETHOVEN (Ludwig van)
—— Canon für drei Singstimmen. [1842.] *See* Periodical Publications.—Leipzig.—*Neue Zeitschrift für Musik.* [Sammlung von Musik-Stücken, *etc.*] Hft. 16. [1838, *etc.*] fol. Hirsch M. **1134.**

BEETHOVEN (Ludwig van)
—— Canon zu sechs Stimmen ... Worte aus dem Gedichte: das Göttliche, von Goethe. ⟨Abendlied, von F. H. Slawik. In Musik gesetzt von Benedict Randhartinger.⟩ *Gedruckt bey Anton Strauss:* [*Vienna,* 1823.] s. sh. obl. 4°.
Hirsch iv. **452.**
Beylage zur Wiener Zeitschrift, $\frac{74}{1823}$.

BEETHOVEN (Ludwig van)
—— [Another copy.] Christus am Oelberge. Oratorium ... Partitur. 85tes Werk. *Leipzig,* [1811.] fol.
Hirsch iv. **336.**
A slip bearing the imprint " Chez Aug^{te} le Duc, Paris " has been pasted over the original imprint.

BEETHOVEN (Ludwig van)
—— [Christus am Oelberge.] Cristo sull' Oliveto. Oratorio . . . Prima versione italiana . . . da Francesco Sal. Kandler. [Score.] pp. 132. *Presso Gio. Ricordi: Milano*, [1828?] fol. Hirsch IV. **688**.

—— [Another copy.] **L.P.** Hirsch IV. **688**a.
With two copies inserted of the words in Italian.

BEETHOVEN (Ludwig van)
—— [Christus am Oelberge.] Cristo sull'Oliveto . . . Œuvre 85. [Score.] *Ital.* pp. 131. *Chez A. Farrenc: Paris*, [1828.] fol. Hirsch IV. **689**.
With a booklet of 7 pp. inserted containing the words in French.

BEETHOVEN (Ludwig van)
—— Christus am Oelberge. Oratorium. Op. 85. ⟨Partitur.⟩ pp. 124. *Breitkopf & Härtel: Leipzig*, [1865?] fol. Hirsch M. **706**.
Ludwig van Beethoven's Werke. ser. 19. no. 205.

BEETHOVEN (Ludwig van)
—— Christus am Oelberge. Oratorium . . . Klavierauszug. [Vocal score.] pp. 52. *Bey Breitkopf & Härtel: Leipzig*, [1811.] *obl.* fol. Hirsch IV. **337**.

BEETHOVEN (Ludwig van)
—— [A reissue.] [Christus am Oelberge.] The Mount of Olives, a sacred Oratorio . . . The vocal parts in score . . . and the instrumental parts arranged for the piano forte by Sir George Smart. pp. 96. *London*, [1820?] fol.
Hirsch M. **705**.

BEETHOVEN (Ludwig van)
—— Christus am Oelberge. Oratorium . . . Klavierauszug. [Vocal score.] pp. 50. *Bey Breitkopf und Härtel: Leipzig*, [1821.] *obl.* fol. Hirsch IV. **1137**.

BEETHOVEN (Ludwig van)
—— Concerte . . . in Partitur. Klavier-Concerte Op. 15. 19. 37. 58. 73. Violin Concert Op. 61. *C. F. Peters: Leipzig*, [1870.] 8°. Hirsch M. **41**.
Edition Peters. no. 33a. *Imperfect; Op. 73 only.*

BEETHOVEN (Ludwig van)
—— Concertos de Beethoven arrangés pour le piano seul par J. Moscheles. 5 no. *G. Brandus, Dufour & c^ie: Paris*, [1860?] fol. Hirsch. IV. **944**. a.

BEETHOVEN (Ludwig van)
—— Concert für das Piano-forte mit Begleitung des Orchesters . . . [15]^tes Werk. Vollständige Partitur. No. [1.] pp. 187. 1833. *See supra:* [Collected Works.—a. *Complete Works and Large Collections.*] [An edition of Beethoven's works issued in separate numbers.] [ser.] 9. no. 1. 1828, *etc.* fol. Hirsch IV. **943**.

BEETHOVEN (Ludwig van)
—— Grand concert pour le pianoforte à grand orchestre . . . Op. 15. Partitions [*sic*]. pp. 77. *Chez Fr: Ph: Dunst: Francfort s/M*, [1834.] fol. Hirsch III. **90**. (1.)

BEETHOVEN (Ludwig van)
—— Grand concert pour le forte-piano avec deux violons, deux alto, basse et violoncelle, deux flûtes, deux oboë, deux clarinettes, deux bassons, deux trompettes, et timballes . . . Oeuvre 15. [Parts.] 17 pt. *Chez T. Mollo et comp.: Vienne*, [1801.] *obl.* fol. Hirsch IV. **252**.

BEETHOVEN (Ludwig van)
—— Deuxième concert pour le piano forte avec II violons, viola, violoncelle et bass [*sic*], une flûte, II oboes, II cors, II bassons . . . Op. 19. Partitions [*sic*]. pp. 67. *Chez Fr: Ph: Dunst: Francfort s/M*, [1834.] fol.
Hirsch III. **90**. (2.)

BEETHOVEN (Ludwig van)
—— [Another copy.] Concert pour le pianoforte avec 2 violons, viole, violoncelle et basse, une flûte, 2 oboes, 2 cors, 2 bassons . . . Oeuvre XIX. [Parts.] *Vienne; Leipsic*, [1801.] *obl.* fol. & fol. Hirsch IV. **256**.

BEETHOVEN (Ludwig van)
—— Grand concerto pour le piano forte avec accompagnement d'orchestre . . . Oeuvre 37. Partition {ou pianoforte seul.} pp. 91. *Chez Fr: Ph: Dunst: Francfort s/M.*, [1834.] fol. Hirsch III. **90**. (3.)

BEETHOVEN (Louis van)
—— Grand concerto pour le pianoforte, 2 violons, alto, 2 flûtes, 2 hautbois, 2 clarinettes, 2 cors, 2 bassons, 2 trompettes, et timbales, violoncelle et basse . . . Op. 37. [Parts.] 18 pt. *Au bureau d'arts et d'industrie: Vienne*, [1804.] *obl.* fol. & fol. Hirsch IV. **280**.

BEETHOVEN (Ludwig van)
—— Grand concerto concertant pour piano, violon et violoncelle avec accompagnement d'orchestre . . . Oeuvre 56. Partition {ou pianoforte seul.} pp. 123. *Chez Fr: Ph: Dunst: Francfort s/M*, [1835?] fol.
Hirsch III. **90**. (4.)

BEETHOVEN (Ludwig van)
—— Concert für Pianoforte, Violine und Violoncello mit Begleitung des Orchesters . . . Op. 56. [Score.] pp. 100. *Breitkopf & Härtel: Leipzig*, [1893.] fol.
Hirsch M. **708**.
Part of " Breitkopf & Härtel's Partitur-Bibliothek."

BEETHOVEN (Ludwig van)
—— [Another copy.] Grand concerto concertant pour pianoforte, violon et violoncelle avec accompagnement de deux violons, alto, flûte, deux hautbois, deux clarinettes, deux cors, deux bassons, trompettes, timballes et basse . . . Op. 56. [Parts.] *Vienne*, [1807.] *obl.* fol. & fol.
Hirsch IV. **296**.

BEETHOVEN (Ludwig van)
—— [Another copy.] Grand concerto concertant . . . Op. 56. [Parts.] *Vienne*, [1807.] *obl.* fol. & fol. Hirsch M. **707**.
Imperfect; wanting pp. 3–35 of the pianoforte part.

BEETHOVEN (LUDWIG VAN)

—— Grand concerto concertant pour pianoforte, violon et violoncelle avec accompagnement de deux violons, alto, flûte, deux hautbois, deux clarinettes, deux cors, deux bassons, trompettes, timballes et basse . . . Op. 56. *Chez Tobie Haslinger: Vienne,* [1830?] *obl. fol.*
Hirsch M. **40**.
Imperfect; wanting all except the pianoforte part.

BEETHOVEN (LUDWIG VAN)

—— Viertes Concert für das Pianoforte mit 2. Violinen, Viola, Flöte, 2 Hautbois, 2 Clarinetten, 2 Hörnern, 2 Fagotten, Trompetten, Pauken, Violoncell und Bass . . . Op. 58. [Parts.] 17 pt. *Im Verlage des Kunst u. Industrie Comptoirs: Wien und Pesth,* [1808.] *obl. fol. & fol.*
Hirsch IV. **298**.

—— [Another copy of the piano-forte part only, without the price on the titlepage.] Hirsch IV. **298a**.

BEETHOVEN (LUDWIG VAN)

—— [Viertes Concert für das Pianoforte. Op. 58.] *See* BRAHMS (J.) 2 Cadenzen zu Beethoven's Klavierkonzert in G dur, Op. 58. [1907.] fol. Hirsch M. **811**. (2.)

BEETHOVEN (LUDWIG VAN)

—— [Another copy.] Grand concerto pour le pianoforte avec l'accompagnement de l'orchestre . . . Ouev. [*sic*] 73. [Parts.] *Leipsic,* [1811.] fol. Hirsch IV. **319**.
Imperfect; wanting the timpani part.

BEETHOVEN (LUDWIG VAN)

—— Cristo sulle Oliveto. *See* [*Christus am Oelberge.*]

BEETHOVEN (LUDWIG VAN)

—— Concert für die Violine . . . Op. 61. [Score.] pp. 64. *Breitkopf & Härtel: Leipzig,* [1893.] fol.
Hirsch M. **709**.
Part of "Breitkopf & Härtel's Partitur-Bibliothek."

BEETHOVEN (LUDWIG VAN)

—— Concerto pour le pianoforte avec accompagnement de grand orchestre arrangé d'après son 1er concerto de violon . . . par L. van Beethoven. Oeuvre 61. [Parts.] 18 pt. *Au bureau des arts et d'industries: Vienne & Pesth,* [1810?] *obl. fol. & fol.* Hirsch IV. **301**.

BEETHOVEN (LUDWIG VAN)

—— [Coriolan.] Ouverture de Coriolan, tragédie de Mr. de Collin, à 2 violons, alto, 2 flûtes, 2 hautbois, 2 clarinettes, 2 cors, 2 bassons, trompettes, timballes, violoncelle et basse . . . Op. 62. [Parts.] 17 pt. *Au bureau des arts et d'industrie: Vienne,* [1808.] fol. Hirsch IV. **302**.

BEETHOVEN (LUDWIG VAN)

—— Sechs deutsche Gedichte aus Reissigs Blümchen der Einsamkeit für das Piano-Forté. [Songs.] pp. 15. *Bei Johann André: Offenbach a/M.,* [1818?] *obl. fol.*
Hirsch III. **635**.
Lithographed throughout.

BEETHOVEN (LUDWIG VAN)

—— [XII Deutsche Tänze.] Twelve Waltzes, for the Piano Forte. pp. 11. *Broderip & Wilkinson: London,* [1808?] fol. Hirsch M. **711**.
Watermark date 1808.

BEETHOVEN (LUDWIG VAN)

—— [XII Deutsche Tänze.] Twelve Walzes, for the Piano Forte. pp. 11. *Preston: London,* [1811?] fol.
Hirsch M. **710**.
Watermark date 1811.

BEETHOVEN (LUDWIG VAN)

—— [Egmont.] Ouverture et entr'actes d'Egmont . . . Partition. pp. 164. *Chez Breitkopf & Härtel: Leipsic,* [1831.] 8°. Hirsch IV. **335**.

BEETHOVEN (LUDWIG VAN)

—— [Another copy.] [Egmont.] Gesänge und Zwischenacte zu Egmont, Trauerspiel von Göthe, für das Pianoforte. 84tes Werk. [The songs in vocal score.] *Leipzig,* [1812.] *obl. fol.* Hirsch IV. **334**.

BEETHOVEN (LUDWIG VAN)

—— [Egmont.] Ouverture d'Egmont (tragédie de Göthe) à grand orchestre . . . Oeuv. 84. [Parts.] 19 pt. *Chez Breitkopf & Härtel: Leipsic,* [1811.] fol. Hirsch IV. **332**.
Imperfect; wanting the timpani part.

BEETHOVEN (LUDWIG VAN)

—— [Egmont.] Ouverture d'Egmont, tragédie de Göthe, pour le piano-forte . . . Oeuv. 84. pp. 11. *Chez Breitkopf & Härtel: Leipsic,* [1823?] *obl. fol.*
Hirsch M. **42**.

BEETHOVEN (LUDWIG VAN)

—— [Egmont.] Ouverture d'Egmont. Oeuvre 84. Arrangée pour le piano-forte à 4 mains par Charles Czerny. pp. 15. *Chez Ant. Diabelli et comp.: Vienne,* [1827.] *obl. fol.*
Hirsch M. **43**.
Ouvertures à 4 mains. no. 2.

BEETHOVEN (LUDWIG VAN)

—— Egmont. [Overture.] Arrangée [for P.F., four hands] par Jules André. pp. 15. *Chez Jean André: Offenbach,* [1838.] *obl. fol.* Hirsch M. **44**.
Ouvertures pour piano-forte à quatre mains, nouvel arrangement. no. 4.

BEETHOVEN (LUDWIG VAN)

—— [Egmont.] Entr'actes à grand orchestre . . . Musik zu Egmont, Trauerspiel von Göthe, für ganzes Orchester . . . Oeuv. 84. [Parts.] 21 pt. *Chez Breitkopf & Härtel: Leipsic,* [1812.] fol. Hirsch IV. **333**.

BEETHOVEN (LUDWIG VAN)

—— Fantaisie pour le pianoforte . . . Oeuv. 77. pp. 13. *Chez Breitkopf & Härtel: Leipsic,* [1810.] *obl. fol.*
Hirsch IV. **324**.

BEETHOVEN (Ludwig van)
—— Fantasia, for the Piano Forte. [Op. 77.] pp. 13. *Clementi & Comp{y}: London,* [1814?] fol.
Hirsch M. **1284. (17.)**
Watermark date 1814.

BEETHOVEN (Ludwig van)
—— Phantasie für Pianoforte, Chor und Orchester. Op. 80. ⟨Partitur.⟩ pp. 56. *Breitkopf & Härtel: Leipzig,* [1865?] fol. Hirsch M. **761. (1.)**
Another issue of the sheets of "*Ludwig van Beethoven's Werke.*" ser. 9. no. 71.

BEETHOVEN (Ludwig van)
—— Fantasie für das Pianoforte mit Begleitung des ganzen Orchesters und Chor . . . [80]{s} Werk. [Parts.] 22 pt. *Bey Breitkopf & Härtel: Leipzig,* [1811.] fol.
Hirsch IV. **327.**

BEETHOVEN (Ludwig van)
—— Grande fugue tantôt libre, tantôt recherchée pour 2 violons, alte & violoncelle . . . Oeuvre 133 . . . en partition. pp. 37. *Chez Math. Artaria: Vienne,* [1827.] fol.
Hirsch IV. **408.**
With a half-title reading "*Partition de la grande fugue, etc.*"

BEETHOVEN (Ludwig van)
—— Grande fugue tantôt libre, tantôt recherchée pour 2 violons, alte & violoncelle . . . Oeuvre 133 . . . Part. sep. 4 pt. *Chez Math. Artaria: Vienne,* [1827.] fol.
Hirsch IV. **409.**

BEETHOVEN (Ludwig van)
—— [Another copy.] Grande fugue tantôt libre, tantôt recherchée pour 2 violons, alte & violoncelle. Oeuvre 133 de Louis van Beethoven . . . arrangée pour le pianoforte à quatre mains par l'auteur même. Oeuvre 134. *Vienne,* [1827.] *obl.* fol.
Hirsch IV. **410.**

BEETHOVEN (Lugwig van)
—— Fuge (in D.) für 2 Violinen, 2 Violen und Violoncell . . . 137{tes} Werk . . . Partitur und Stimmen. 5 pt. *Bei Tobias Haslinger: Wien,* [1827.] fol. Hirsch IV. **418.**

BEETHOVEN (Ludwig van)
—— Das Geheimniss. Liebe und Wahrheit, von Wessenberg mit Begleitung des Piano-Forté. pp. 3. *Bey N. Simrock: Bonn und Cöln,* [1817.] *obl.* fol. Hirsch IV. **466.**
—— [Another copy.] Hirsch IV. **466**b.

BEETHOVEN (Ludwig van)
—— [Another copy.] [Germania's Wiedergeburt.] Schluss Gesang ⟨Schluss-Chor⟩ aus dem Singspiele: Die gute Nachricht. [Vocal score.] *Wien,* [1814.] *obl.* fol.
Hirsch IV. **450.**

SIG. 18.—PART 53.

BEETHOVEN (Ludwig van)
—— Gesang der Mönche, aus Schiller's Wilhelm Tell, für zwei Tenore und Bass. [1839.] *See* PERIODICAL PUBLICATIONS.—Leipzig.—*Neue Zeitschrift für Musik.* [Sammlung von Musik-Stücken, *etc.*] Hft. 6. [1837, *etc.*] fol.
Hirsch M. **1134.**

BEETHOVEN (Ludwig van)
—— [Another copy.] Sechs Gesaenge mit Begleitung des Pianoforte . . . Oeuv. 75. *Leipzig,* [1810.] *obl.* fol.
Hirsch IV. **321.**

BEETHOVEN (Ludwig van)
—— Sechs Gesänge mit Begleitung des Pianoforte . . . Op. 75. pp. 21. *Bey Breitkopf & Härtel: Leipzig,* [1819.] *obl.* fol.
Hirsch IV. **322.**

BEETHOVEN (Ludwig van)
—— Gesänge und Lieder mit Begleitung des Pianoforte . . . [75]{tes} Werk. pp. 25. *Bei Tobias Haslinger: Wien,* [1830?] *obl.* fol. Hirsch III. **634.**

BEETHOVEN (Ludwig van)
—— [Another copy.] Drey Gesaenge von Göthe mit Begleitung des Pianoforte . . . 83{tes} Werk. *Leipzig,* [1811.] *obl.* fol. Hirsch IV. **331.**

BEETHOVEN (Ludwig van)
—— [Die Geschöpfe des Prometheus.] Gli Uomini di Prometeo. Ballo per il clavicembalo e piano-forte . . . Opera 24. No. —. [Arranged by the composer.] pp. 55. *Presso Gio. Cappi: Vienna,* [1802?] *obl.* fol.
Hirsch IV. **284.**

BEETHOVEN (Ludwig van)
—— [Die Geschöpfe des Prometheus.] Ouverture et onze airs du ballet Gli Uomini di Prometeo, composés par L. van Beethoven, arrangés en quatuors pour deux violons, alto et violoncelle par l'auteur. [Parts.] 4 pt. *Chez Sieber père: Paris,* [1815?] fol. Hirsch IV. **1590. a.**

BEETHOVEN (Ludwig van)
—— [Another copy.] Der glorreiche Augenblick. [Op. 136.] Cantate . . . Partitur, *etc. Wien,* [1836.] fol.
Hirsch IV. **413.**

BEETHOVEN (Ludwig van)
—— [Der glorreiche Augenblick. Op. 136.] Preis der Tonkunst. Cantate . . . Partitur. [With new words by F. Rochlitz.] pp. 168. *Bei Tobias Haslinger: Wien,* [1836.] fol. Hirsch IV. **414.**

BEETHOVEN (Ludwig van)
—— [Der glorreiche Augenblick. Op. 136.] Preis der Tonkunst. Cantate . . . Klavier-auszug. [Vocal score.] pp. 84. *Bei Tobias Haslinger: Wien,* [1836.] fol.
Hirsch IV. **415.**

BEETHOVEN (LUDWIG VAN)
—— [Der glorreiche Angenblick. Op. 136.] Preis der Tonkunst. Cantate . . . Orchester-Stimmen. 26 pt. *Bei Tobias Haslinger: Wien,* [1836.] fol.   Hirsch IV. **416.**

BEETHOVEN (LUDWIG VAN)
—— [Der glorreiche Augenblick. Op. 136.] Preis der Tonkunst. Cantate . . . Gesang-Stimmen. 16 pt. *Bei Tobias Haslinger: Wien,* [1836.] fol.   Hirsch IV. **417.**
This set includes two copies of each part.

BEETHOVEN (LUDWIG VAN)
—— Das Glück der Freundschaft. [Song. Op. 88.] *Bey Löschenkohl: Wien,* 1803. *obl.* fol.   Hirsch IV. **340.**

BEETHOVEN (LUDWIG VAN)
—— Das Glück der Freundschaft. *Lied.* [Op. 88.] Mit deutschem und italienischem Text. pp. 3. *Bey Cappi und Comp.: Wien,* [1805?] *obl.* fol.   Hirsch III. **636.**

BEETHOVEN (LUDWIG VAN)
—— [Another copy.] Ich war bey Chloen ganz allein, mit Clavierbegleitung . . . 121tes Werk [or rather, Op. 128]. *Mainz,* [1825.] *obl.* fol.   Hirsch IV. **400.**

BEETHOVEN (LUDWIG VAN)
—— Ariette, Ich war bei Chloen ganz allein, mit Clavierbegleitung . . . 128tes Werk. pp. 3. *Bei Fr. Ph. Dunst: Frankfurt a/M.,* [1830?] fol.   Hirsch M. **712.**
Part of Abt. 4, no. 18 of " Sämmtliche Wercke für das Klavier."

BEETHOVEN (LUDWIG VAN)
—— [Another copy.] [König Stephan.] Grosse Ouverture (in Es.) zu König Stephan . . . 117tes Werk . . . Partitur. *Wien,* [1826.] fol.   Hirsch IV. **384.**

—— [Another copy.]   Hirsch IV. **384a.**

BEETHOVEN (LUDWIG VAN)
—— 6 Ländlerische Tänze für das Forte-Piano. pp. 5. *Bey Artaria & Comp.: Wien,* [1810?] *obl.* fol.
Hirsch IV. **434.**

BEETHOVEN (LUDWIG VAN)
—— Lebensglück (vita felice) mit deutschem und italienischem Text. [Song.] pp. 5. *Bey Ioh. Aug. Böhme: Hamburg,* [1835?] *obl.* fol.   Hirsch M. **48.**

BEETHOVEN (LUDWIG VAN)
—— [Another copy.] [Leonore.] Fidelio. Eine grosse Oper in 2 Aufzugen im vollständigen, einzig-rechtmässigen Clavierauszug . . . neu vermehrt und verändert. [Vocal score.] 17 no. *Wien,* [1814.] *obl.* fol.   Hirsch IV. **318.**
Without the titlepage to Act 2, and the leaf containing the dedicatory poem.

BEETHOVEN (LUDWIG VAN)
—— [Another copy.] [Leonore.] Fidelio, drame lyrique, *etc.* [Score.] *Paris,* [1826.] fol.   Hirsch II. **39.**

BEETHOVEN (LUDWIG VAN)
—— [Leonore.] Fidelio. Oper in zwei Akten nach dem Französischen bearbeitet von H. Treitschke . . . Partitur. Op. 88 [or rather, 72]. [With a portrait.] pp. 265. *Bei N. Simrock: Bonn,* [1847.] fol.   Hirsch II. **37.**

BEETHOVEN (LUDWIG VAN)
—— [Leonore.] Fidelio. Oper in zwei Acten nach dem Französischen bearbeitet von H. Treitschke . . . Partitur. Neue Ausgabe. Op. 72. pp. 265. *Bei N. Simrock: Berlin,* [1850?] fol.   Hirsch II. **36.**

BEETHOVEN (LUDWIG VAN)
—— [Leonore.] Fidelio. (Leonore.) Oper in zwei Aufzügen . . . Op. 72. ⟨Partitur.⟩ pp. 286. *Breitkopf & Härtel: Leipzig,* [1865?] fol.   Hirsch II. **40.**
Ludwig van Beethoven's Werke. ser. 20. no. 206.

BEETHOVEN (LUDWIG VAN)
—— [Leonore.] Fidelio. Oper in 2 Akten . . . Partitur. pp. 269. *C. F. Peters: Leipzig & Berlin,* [1875?] 4°.
Hirsch II. **38.**

BEETHOVEN (LUDWIG VAN)
—— Leonore. Oper in zwey Aufzügen . . . Klavierauszug [Vocal score.] pp. 82. *Bey Breitkopf & Härtel: Leipzig,* [1810.] *obl.* fol.   Hirsch IV. **315.**

BEETHOVEN (LUDWIG VAN)
—— [Another copy.] [Leonore.] Fidelio. Eine grosse Oper in 2 Aufzügen, im vollständigen, einzig-rechtmässigen Clavierauszug, *etc.* [Vocal score.] [Act I.] Overture, no. 1–10. *Wien,* [1814.] *obl.* fol.   Hirsch M. **45.**
Imperfect; wanting no. 11–16. Without the leaf bearing the dedication.

BEETHOVEN (LUDWIG VAN)
—— [Another copy.] [Leonore.] Fidelio. Oper in zwey Aufzügen nach dem französischen bearbeitet von F. Treitschke . . . Clavierauszug. [Vocal score.] *Bonn,* [1815.] *obl.* fol.   Hirsch IV. **1138.**

BEETHOVEN (LUDWIG VAN)
—— [Leonore.] Fidelio. Oper in 2 Aufzügen . . . Vollständiger Clavierauszug. [Vocal score.] no. 9. *Bei N. Simrock: Bonn u. Cöln,* [1815.] *obl.* fol.
Hirsch M. **46.**
Imperfect; wanting no. 1–8, 10–16.

BEETHOVEN (LUDWIG VAN)
—— Leonore. Oper in zwei Akten . . . Vollständiger Klavierauszug der zweiten Bearbeitung mit den Abweichungen der ersten. [Vocal score. Edited, with a preface, by Otto Jahn.] pp. xii. 205. *Bei Breitkopf & Härtel: Leipzig,* [1851.] fol.   Hirsch M. **713.**

BEETHOVEN (LUDWIG VAN)
—— Leonore. Oper in drei Acten. Klavier-Auszug. Zweite vermehrte und verbesserte Auflage. [Vocal score. Edited with an introduction by Erich Prieger.] pp. xi. 290. *Breitkopf & Härtel: Leipzig,* 1907. fol.   Hirsch M. **714.**

BEETHOVEN (Ludwig van)

—— [Another copy.] [Leonore.] Ouverture in C. [No. 1.] componirt im Jahr 1805. Zur Oper Leonore . . . 138tes Werk . . . Partitur. *Wien,* [1835?] fol. Hirsch IV. **419**.

BEETHOVEN (Ludwig van)

—— [Leonore.] Ouverture N° 2 zur Oper: Leonore . . . Partitur. pp. 83. *Bei Breitkopf & Härtel: Leipzig,* [1842.] 8°. Hirsch IV. **316**.
With the titlepage and preface in duplicate.

BEETHOVEN (Ludwig van)

—— [Leonore.] Ouverture No. 2 für grosses Orchester . . . Partitur. Neue vervollständigte Ausgabe. pp. 88. *Bei Breitkopf & Härtel: Leipzig,* [1854.] 8°. Hirsch III. **106**.

BEETHOVEN (Ludwig van)

—— [Another copy.] [Leonore.] Ouverture de l'opéra: Leonore. [No. 3.] . . . Partition. *Leipsic,* [1840?] 8°. Hirsch IV. **317**.

BEETHOVEN (Ludwig van)

—— [Leonore.] Ouverture de l'opéra: Fidelio. [Op. 72b.] . . . Partition. pp. 48. *Chez Breitkopf et Härtel: Leipsic,* [1828.] 8°. Hirsch M. **47**.

BEETHOVEN (Ludwig van)

—— [Another copy.] Lied aus der Ferne mit Begleitung des Piano Forte. *Leipzig,* [1810.] obl. fol. Hirsch IV. **463**.

BEETHOVEN (Ludwig van)

—— Lied mit Veränderungen zu vier Händen geschrieben im Jahre 1800 in das Stammbuch der Gräfinnen Josephine Deym und Therese Brunswick . . . N. 27. pp. 13. *Im Verlage des Kunst- und Industrie-Comptoirs: Wien,* [1805.] obl. fol. Hirsch IV. **429**.

BEETHOVEN (Ludwig van)

—— VI Lieder von Gellert am Klavier zu singen, etc. [Op. 48.] pp. 13. *Bey Artaria u. Comp.: Wien,* [1803.] obl. fol. Hirsch IV. **288**.

BEETHOVEN (Ludwig van)

—— VI Lieder von Gellert am Klavier zu singen. [Op. 48.] pp. 15. *Bei C. F. Peters: Leipzig,* [1815?] obl. fol. Hirsch M. **49**.

BEETHOVEN (Ludwig van)

—— Sechs Lieder von Gellert mit Begleitung des Pianoforte. [Op. 48.] pp. 15. *Au bureau de musique de C. F. Peters: Leipzig,* [1820?] obl. fol. Hirsch III. **633**.

BEETHOVEN (Ludwig van)

—— [Sechs Lieder von Gellert. Op. 48. No. 1, 3, 4.] Beethoven's geistliche Lieder von Gellert für das Pianoforte übertragen von Franz Liszt. cah. 1–3. [1840.] fol. *See* Liszt (F.) Hirsch M. **952**. (2.)

BEETHOVEN (Ludwig van)

—— Acht Lieder mit Begleitung des Claviers . . . Op. 52. pp. 19. *Im Kunst und Industrie Comptoir: Wien,* [1805.] obl. fol. Hirsch IV. **292**.

BEETHOVEN (Ludwig van)

—— Acht Lieder mit Begleitung des Claviers . . . Op. 52. pp. 19. *In J. Riedls Kunsthandlung: Wien,* [1815?] obl. fol. Hirsch M. **50**.

BEETHOVEN (Ludwig van)

—— Lieder von Göthe und Matthisson . . . (nebst dessen vierstimmigem Neujahrs Canon, als Anhang.) pp. 25. *In: J. Riedl's Kunsthandlung: Wien und Pest,* [1816.] obl. fol. Hirsch IV. **453**.

BEETHOVEN (Ludwig van)

—— Zwei Lieder. Resignation, von Grafen Paul von Haugwitz. Abendlied unterm gestirnten Himmel, von Goeble. Mit Begleitung des Pianoforte. pp. 5. *Bei H. A. Probst: Leipzig,* [1828.] obl. fol. Hirsch III. **638**.

BEETHOVEN (Ludwig van)

—— Der Mann von Wort. Ein Gedicht von Fried: Aug: Kleinschmid . . . für Gesang mit Begleitung des Piano-Forte . . . 99tes Werk. pp. 7. *Bei S. A. Steiner: Wien,* [1816.] obl. fol. Hirsch IV. **359**.

BEETHOVEN (Ludwig van)

—— Three Grand Marches for two Performers on the Piano Forte . . . Op. 45. pp. 13. *R^t Birchall: London,* [1803?] fol. Hirsch M. **715**.
Watermark date 1803.

BEETHOVEN (Ludwig van)

—— Trois grandes marches pour le pianoforte, à quatre mains . . . Oeuvre 45. pp. [19.] *Au bureau d'arts et d'industrie: Vienne,* [1804.] obl. fol. Hirsch IV. **285**.

BEETHOVEN (Ludwig van)

—— Trois grandes marches pour le piano forte à quatre mains . . . Oeuvre 45. pp. 13. *Chez Clementi, Banger, Hyde, Collard et Davis: Londres,* [1815?] fol. Hirsch M. **716**.
Watermark date 1815.

BEETHOVEN (Ludwig van)

—— Trois grandes marches, pour le piano forte, à quatre mains . . . Oeuvre 45. pp. 13. *Chez G. Walker: Londres,* [1819?] fol. Hirsch M. **763**. (2.)
Watermark date 1819.

BEETHOVEN (Ludwig van)

—— Maurerfragen. Ein Lied für die Loge d. F. C. à l'O.·. d. Bonn [i.e. des frères courageux à l'Orient de Bonn] . . . Unterlegte Worte von ∴ ∴ er [i.e. Wegeler]. [Song.] pp. 3. *Bey N. Simrock: Bonn,* [1806.] obl. fol. Hirsch IV. **458**.

BEETHOVEN (LUDWIG VAN)
—— Meeres Stille und Glückliche Fahrt. Gedichte von J: W: von Goethe . . . 112tes Werk . . . Partitur. pp. 31. *Bei S: A: Steiner und Comp.: Wien,* [1823.] fol.
Hirsch IV. **373**.

BEETHOVEN (LUDWIG VAN)
—— Meeres Stille und Glückliche Fahrt. Gedichte von J: W: von Goethe . . . 112tes Werk . . . Partitur. pp. 31. *Bei Tobias Haslinger: Wien,* [1825?] fol. Hirsch IV. **690**.

BEETHOVEN (LUDWIG VAN)
—— Meeres Stille und Glückliche Fahrt. Von J: W: von Göthe . . . Für 4 Singstimen, 2 Violinen, Viola, Violoncell, und Contrabass, 2 Flöten, 2 Hoboen, 2 Clarinetten, 2 Fagott, 4 Hörner, 2 Trompeten und Pauken . . . [112]^{tes} Werk. [Parts.] 23 pt. *Bei S. A. Steiner und Comp.: Wien,* [1823.] fol. Hirsch IV. **374**.

BEETHOVEN (LUDWIG VAN)
—— [Another copy.] Menuet pour le pianoforte . . . N. 28. *Vienne,* [1805.] *obl.* fol. Hirsch IV. **431**.

BEETHOVEN (LUDWIG VAN)
—— [Another copy.] Merkenstein nächst Baden. Ein Gedicht . . . für Gesang mit Begleitung des Pianofortes . . . gesetzt . . . (100tes Werk.) *Wien,* [1816.] *obl.* fol.
Hirsch IV. **360**.

BEETHOVEN (LUDWIG VAN)
—— Merkenstein nächst Baden, ein Gedicht . . . von Joh. Bapt. Rupprecht . . . mit Begleitung des Pianoforte . . . Oeuv. 100. pp. 3. *Bei Fr. Ph. Dunst: Frankfurt a/M.,* [1825?] fol. Hirsch M. **718**.
Part of Abt. 4, no. 12 of " Sämmtliche Wercke für das Klavier."

BEETHOVEN (LUDWIG VAN)
—— Merkenstein. Gedicht von Joh. Bapt. Rupprecht. In Musik gesetzt für eine Singstimme mit Begleitung des Pianoforte . . . 100tes Werk. pp. 3. *Bei Tobias Haslinger: Wien,* [1830?] *obl.* fol. Hirsch M. **51**.

—— [Another copy.] Hirsch M. **52**.

BEETHOVEN (LUDWIG VAN)
—— Merkenstein, von J. B. Rupprecht. [Song.] [1816.] 16°. Hirsch IV. **471**.
A different song from the preceding. Contained between p. 202 and p. 203 of " Selam. Ein Almanach für Freunde der Mannigfaltigen. Herausgegeben von J. F. Castelli. Fünfter Jahrgang," published at Vienna by Anton Strauss.

BEETHOVEN (LUDWIG VAN)
—— [Another copy.] Messa a quattro voci coll'accompagnamento dell'orchestra . . . 86^s Werk. Partitur. *Leipzig,* [1812.] *obl.* fol. Hirsch IV. **338**.

BEETHOVEN (LUDWIG VAN)
—— Messe für vier Solostimmen Chor und Orchester . . . Op. 86. ⟨Partitur.⟩ pp. 138. *Breitkopf & Härtel: Leipzig,* [1865?] fol. Hirsch M. **717**.
Ludwig van Beethoven's Werke. ser. 19. no. 204.

BEETHOVEN (LUDWIG VAN)
—— [Another copy.] Missa . . . Opus 123, *etc.* [Score.] *Moguntiae,* 1827. fol. Hirsch IV. **392**.
The wrapper bears the title: " Beethoven's Grosse Messe (in D dur) Op: 123. Partition."

BEETHOVEN (LUDWIG VAN)
—— Missa solemnis. Für 4 Solostimmen, Chor und Orchester . . . Op. 123. Partitur. pp. 262. *C. F. Peters: Leipzig,* [1879.] fol. Hirsch IV. **691**.

BEETHOVEN (LUDWIG VAN)
—— La Molinara. Thême varié. *See infra:* [*Variations.* N. p. 155.]

BEETHOVEN (LUDWIG VAN)
—— [Another copy.] Ein Notierungsbuch von Beethoven aus dem Besitze der Preussischen Staatsbibliothek zu Berlin . . . herausgegeben . . . von K. L. Mikulicz. *Leipzig,* 1927. *obl.* 4°. Hirsch M. **53**.

BEETHOVEN (LUDWIG VAN)
—— [Octett. Op. 103.] Grand octuor original pour deux clarinettes, deux hautbois, deux cors et deux bassons. [Parts.] 8 pt. *Chez Artaria & comp.: Vienne,* [1830.] fol. Hirsch IV. **362. a**.

BEETHOVEN (LUDWIG VAN)
—— Opferlied. Die Flamme lodert! milder Schein durchglänzt &. &. von Friedrich von Matthison für eine Singstimme mit Chor und Orchesterbegleitung . . . 121tes Werck . . . Partitur. pp. 7. *B. Schott Söhne: Mainz,* [1825.] fol. Hirsch IV. **389**.

BEETHOVEN (LUDWIG VAN)
—— [Another copy.] Opferlied . . . 121tes Werck. Clavierauszug. *Mainz,* [1825.] *obl.* fol. Hirsch IV. **390**.

BEETHOVEN (LUDWIG VAN)
—— Opferlied. Die Flamme lodert! Milder Schein durchglänzt &c. von F. von Matthison für eine Singstimme mit Chor . . . 121tes Werk. pp. 5. *Bei Fr. Ph. Dunst: Frankfurt a/M.,* [1830?] fol. Hirsch M. **760. (1.)**
Part of Abt. 4, no. 18 of " Sämmtliche Wercke für das Klavier."

BEETHOVEN (LUDWIG VAN)
—— Ouverturen. Partitur. ⟨Ouverture zu Fidelio. Opus 72. E dur. Ouverture zu Prometheus. Opus 43. Ouverture zu Coriolan. Opus 62. Ouverture zu Egmont. Opus 84.⟩ pp. 73. *C. F. Peters: Leipzig,* [1879.] 4°. [DOERFFEL (A.) *Berühmte Ouverturen von Mozart, Beethoven, etc.*] Hirsch M. **858**.

BEETHOVEN (LUDWIG VAN)
—— [Another copy.] Grosse Ouverture in C dur . . . 115tes Werk. Partitur. *Wien,* [1825.] fol. Hirsch IV. **380**.

BEETHOVEN (LUDWIG VAN)

—— Grosse Ouverture in C dur gedichtet für grosses Orchester . . . 115tes Werk. Auflagstimen: 2 Violinen, Viola, 2 Flöten, 2 Fagotte, 2 Oboen, 2 Clarinetten, 4 Hörner, 2 Tromponi [*sic*], Violoncello und Basso, Timpani. [Parts.] 18 pt.   *Bei S. A. Steiner und Comp.: Wien*, [1825.] fol.   Hirsch IV. **381**.

BEETHOVEN (LUDWIG VAN)

—— [Another copy.] Ouverture en ut à grand orchestre . . . Oeuvre 124. ⟨Partition.⟩ *Mayence*, [1825.] fol.   Hirsch IV. **393**.

With a leaf inserted bearing an " Einladung zur Subscription " to Op. 123, 124, 125, 127, and an announcement of the periodical " Cäcilia."   Hirsch IV. **393**.

—— [Another copy, without the leaf of advertisements.]   Hirsch IV. **393**a.

BEETHOVEN (LUDWIG VAN)

—— Ouverture en ut à grand orchestre pour 2 violons, alto, violoncelle et basse, 2 flûtes, 2 clarinettes, 2 hautbois, 2 bassons, 4 cors, 2 trompettes et timballes . . . Oeuvre 124. [Parts.] 21 pt.   *Chez B. Schott fils: Mayence*, [1825.] fol.   Hirsch IV. **394**.

BEETHOVEN (LUDWIG VAN)

—— Polonoise, pour le piano forte, *etc*. [Op. 89.] pp. 9.   *Chez Clementi & c^o: Londres*, [1819?] fol.   Hirsch M. **763**. (7.)

Watermark date 1819.

BEETHOVEN (LUDWIG VAN)

—— Polonoise pour le piano-forte, *etc*. [Op. 89.] pp. 9.   *Chez Pierre Mechetti: Vienne*, [1820?] obl. fol.   Hirsch IV. **341**.

BEETHOVEN (LUDWIG VAN)

—— Deux preludes par tous les 12. tons majeurs pour le fortepiano, ou l'orgue . . . Oeuvre 39. pp. 7.   *Chez Hoffmeister et Kühnel: Leipzig*, [1803.] obl. fol.   Hirsch IV. **282**.

BEETHOVEN (LUDWIG VAN)

—— Prélude pour le pianoforte. pp. 3.   *Au bureau d'arts et d'industrie: Vienne*, [1805.] obl. fol.   Hirsch IV. **432**.

BEETHOVEN (LUDWIG VAN)

—— [Quartets. Op. 18, 59, 74, 95, 127, 130–133, 135.] L. van Beethoven's Quartetten für zwei Violinen, Viola u. Violoncello. Partitur-Ausgabe. 3 Bd.   *Bei K. Ferd. Heckel: Mannheim*, [1850?] 16°.   Hirsch III. **92**.

BEETHOVEN (LUDWIG VAN)

—— [Quartets. Op. 18, 59, 74, 95, 127, 130–133, 135.] L. van Beethoven's Quartetten für zwei Violinen, Viola u. Violoncello. Partitur-Ausgabe. ⟨Quartetto I–XI, 14–17.⟩ *Bei K. Ferd. Heckel: Mannheim*, [1850?] 16°.   Hirsch III. **94**. b.

Imperfect; wanting quartets 12, 13, *Op*. 127, 130.

BEETHOVEN (LUDWIG VAN)

—— [Quartets. Op. 18, 59, 74, 95, 127, 130–133, 135.] Beethoven's Violin Quartets in Score. ⟨Quartetto 12, 13.⟩   *Ewer & Co.: London; Leipsic* [printed, 1855?] 16°.   Hirsch III. **94**. c.

Imperfect; wanting quartets no. 1–11, 14–17, *Op*. 18, 59, 74, 95, 131–133, 135.

BEETHOVEN (LUDWIG VAN)

—— [Quartets. Op. 18.] Partitions des 6 premiers quatuors (oeuvre 18) pour deux violons, alto et violoncelle. 6 no.   *Chez Jean André: Offenbach s/m*, [1829.] 8°.   Hirsch III. **94**.

—— [Another copy.]   Hirsch III. **94**a.

BEETHOVEN (LUDWIG VAN)

—— [Quartets. Op. 18.] Six quatuors pour deux violons, alto, et violoncelle . . . Oeuvre [18. Liv. 1, 2]. [Parts.] 8 pt.   *Chez T. Mollo.: Vienne*, [1801.] fol.   Hirsch IV. **255**.

BEETHOVEN (LUDWIG VAN)

—— [Quartets. Op. 18.] Three Quartetts, for two Violins, Tenor and Violoncello . . . Op. 18. bk. 1. no. 1–3. [Parts.] 4 pt.   *Clementi, Banger, Hyde, Collard & Davis: London*, [1805?] fol.   Hirsch M. **719**.

Watermark date 1805. *Imperfect; wanting bk*. 2, *no*. 4–6.

BEETHOVEN (LUDWIG VAN)

—— [Quartets. Op. 18.] Three Quartets, for two Violins, Tenor and Violoncello . . . Op. 18 [No. 1–6.] 2 bk. [Parts.] 8 pt.   *Clementi and C^o: London*, [1810?] fol.   Hirsch M. **720**.

Watermark date 1810.

BEETHOVEN (LUDWIG VAN)

—— [Quartets. Op. 18.] Six quatuors pour deux violons, alto et violoncelle . . . Oeuvre 18. [Parts.] 2 livr. 8 pt.   *Chez Charles Zulehner: Mayence*, [1820?] fol.   Hirsch III. **93**.

BEETHOVEN (LUDWIG VAN)

—— [Quartets. Op. 59.] Partitions des trois grands quatuors oeuvre 59 (suite de l'oeuvre 18) pour deux violons, alto et violoncelle. 3 no.   *Chez J. André: Offenbach s/m*, [1830.] 8°.   Hirsch III. **104**.

—— [Another copy.]   Hirsch III. **104**a.

BEETHOVEN (LUDWIG VAN)

—— [Quartets. Op. 59.] Trois quatuors pour deux violons, alto et violoncello . . . Oeuvre 59me. Livraison—. [Parts.] 12 pt.   *Au bureau des arts et d'industrie: Vienne*, [1808.] fol.   Hirsch IV. **299**.

BEETHOVEN (LUDWIG VAN)

—— [Quartets. Op. 59.] Trois quatuors pour deux violons, alto et violoncello . . . Oeuv. 59. [Parts.] 4 pt.   *Chez Bernard Schott: Mayence*, [1810?] fol.   Hirsch III. **103**.

BEETHOVEN (LUDWIG VAN)
—— [Quartets. Op. 74.] Partition du dixième quatuor (oeuvre 74) pour deux violons, alto et violoncelle. pp. 35. *Chez Jean André: Offenbach s/m,* [1833?] 8°.
Hirsch III. **107**.

BEETHOVEN (LUDWIG VAN)
—— [Quartets. Op. 74.] [Another copy.] Quatuor pour deux violons, viola et violoncelle... Oeuv. 74. [Parts.] *Leipsic,* [1810.] fol. Hirsch IV. **320**.

BEETHOVEN (LUDWIG VAN)
—— [Quartets. Op. 95.] Partition de l'onzième quatuor (oeuvre 95) pour deux violons, alto et violoncelle. pp. 37. *Chez Jean André: Offenbach s/m,* [1838.] 8°.
Hirsch III. **113**.

BEETHOVEN (LUDWIG VAN)
—— [Quartets. Op. 95.] Eleventh Quartet, for 2 Violins, Tenor & Bass... Op. 95. [Parts.] 4 pt. *Clementi & Co.: London,* [1815?] fol. Hirsch M. **721**.
Watermark date 1815.

BEETHOVEN (LUDWIG VAN)
—— [Quartets. Op. 95.] [Another copy.] Eilftes Quartet für zwey Violinen, Bratsche und Violoncelle... 95tes Werk. [Parts.] *Wien,* [1816.] fol. Hirsch IV. **355**.

BEETHOVEN (LUDWIG VAN)
—— [Quartets. Op. 127.] [Another copy.] Grand quatuor en partition pour deux violons, alto et violoncelle... Oeuv. 127. *Mayence,* [1826.] 8°. Hirsch IV. **398**.

—— [Another copy.] Hirsch IV. **398**a.

BEETHOVEN (LUDWIG VAN)
—— [Quartets. Op. 127.] Grand quatuor pour deux violons, alto et violoncelle... Œuv. 127. [Parts.] 4 pt. *Chez les fils de B. Schott: Paris,* [1826?] fol.
Hirsch M. **721**. a.

BEETHOVEN (LUDWIG VAN)
—— [Quartets. Op. 127.] [Another copy.] Quatuor pour deux violons, alto et violoncelle... Oeuvre 127. [Parts.] *Mayence,* [1826.] fol. Hirsch IV. **399**.

BEETHOVEN (LUDWIG VAN)
—— [Quartets. Op. 130.] [Another copy.] Troisième quatuors pour 2 violons, alte & violoncelle des quatuors... Oeuvre 130. ⟨Partition.⟩ *Vienne,* [1827.] fol.
Hirsch IV. **402**.

BEETHOVEN (LUDWIG VAN)
—— [Quartets. Op. 130.] Troisième quatuor pour 2 violons, alte & violoncelle des quatuors... Oeuvre 130. [Parts.] 4 pt. *Chez Matth^s Artaria: Vienne,* [1827.] fol.
Hirsch IV. **403**.

BEETHOVEN (LUDWIG VAN)
—— [Quartets. Op. 131.] [Another issue.] Grand quatuor en partition pour deux violons, alto, et violoncelle... Op. 131. *Mayence,* [1840?] 8°. Hirsch IV. **404**.

—— [Another copy.] Hirsch IV. **404**a.

BEETHOVEN (LUDWIG VAN)
—— [Quartets. Op. 131.] [Another copy.] Grand quatuor en ut dièze mineur pour deux violons, alto et violoncelle... Oeuvre 131. [Parts.] *Mayence,* [1827.] fol.
Hirsch IV. **405**.

BEETHOVEN (LUDWIG VAN)
—— [Quartets. Op. 132.] [Another copy.] Quatuor pour 2 violons, alto & violoncelle... Partition. Oeuvre posthume... Oeuv. 132, *etc. Berlin,* [1827.] 8°.
Hirsch IV. **406**.

BEETHOVEN (LUDWIG VAN)
—— [Quartets. Op. 132.] Quatuor pour 2 violons, alto & violoncelle... Partition. Oeuvre posthume. Oeuv. 132, *etc.* ⟨2e édition correcte.⟩ pp. 54. *Chez Ad. Mt. Schlesinger: Berlin,* [1827.] 8°. Hirsch III. **119**.

BEETHOVEN (LUDWIG VAN)
—— [Quartets. Op. 132.] [Another copy.] Quatuor pour 2 violons, alto & violoncelle... Oeuvre posthume. Oeuv. 132, *etc.* [Parts.] *Berlin,* [1827.] fol. Hirsch IV. **407**.

BEETHOVEN (LUDWIG VAN)
—— [Quartets. Op. 135.] [Another copy.] Quatuor pour 2 violons, alto & violoncelle... Partition. Oeuvre posthume... Oeuv. 135, *etc. Berlin,* [1827.] 8°.
Hirsch IV. **411**.

BEETHOVEN (LUDWIG VAN)
—— [Quartets. Op. 135.] Quatuor pour 2 violons, alto & violoncelle... Partition. Oeuvre posthume... Oeuv. 135, *etc.* ⟨2e édition correcte.⟩ pp. 34. *Chez Ad. Mt. Schlesinger: Berlin,* [1827.] 8°. Hirsch III. **120**.

BEETHOVEN (LUDWIG VAN)
—— [Quartets. Op. 135.] [Another copy.] Quatuor pour 2 violons, alto & violoncelle... Oeuvre posthume. Œuv. 135, *etc.* [Parts.] *Berlin,* [1827.] fol. Hirsch IV. **412**.

BEETHOVEN (LUDWIG VAN)
—— [Quintets. Op. 4.] Partition du premier quintetto (oeuvre 4) pour deux violons, deux altos et violoncelle. pp. 43. *Chez J. André: Offenbach s/m,* [1829?] 8°.
Hirsch III. **88**.

BEETHOVEN (LUDWIG VAN)
—— [Quintets. Op. 4.] Quintetto. [Score.] pp. 42. [*Mme. v^{ve} Launer: Paris,* 1850?] 8°. Hirsch M. **54**.
Extracted from " Collection complète du septuor, des deux quintettes, dix-sept quatuors et quatre trios."

BEETHOVEN (LUDWIG VAN)
—— [Quintets. Op. 4.] Grand Quintett for two Violins, two Tenors and Violoncello . . . Nº [3.] [Parts.] 5 pt. *Clementi & Cº: London*, [1805?] fol.　　Hirsch M. **722**.

BEETHOVEN (LUDWIG VAN)
—— [Quintets. Op. 4.] [Another copy.] Grande sonate pour le forte-piano avec violon et basse obligé [op. 63] tirée du grand quintetto op. 4. [Parts.]　*Vienna*, [1806.] obl. fol.　　Hirsch IV. **303**.

BEETHOVEN (LUDWIG VAN)
—— [Quintets. Op. 4.] Premier quintetto, Mi♭ maj. Es dur, pour deux violons, deux altos et violoncelle . . . Op. 4. [Parts.] 5 pt.　*Chez Jean André: Offenbach a/M.*, [1855?] fol.　　Hirsch M. **723**.

BEETHOVEN (LUDWIG VAN)
—— [Quintets. Op. 16.] Grand quintetto pour le fortepiano avec oboë, clarinette, basson, et cor, où [sic] violon, alto, et violoncelle . . . Oeuvre 16. [Parts.] 8 pt.　*Chez T. Mollo et comp.: Vienne*, [1805?] obl. fol.　　Hirsch IV. **253**.

BEETHOVEN (LUDWIG VAN)
—— [Quintets. Op. 16.] Quatuor pour 2 violons, viole et violoncelle par L. van Beethoven. Arrangé d'après son quintetto pour le clavecin avec clarinette obligé. No. 75. [Parts.] 4 pt.　*Chez Artaria et comp.: Vienne*, [1820?] fol.　　Hirsch M. **724**.

BEETHOVEN (LUDWIG VAN)
—— [Quintets. Op. 16.] Grand quintetto pour le pianoforte avec oboe, clarinette, cors et basson . . . Op. 16. [Score and parts.] 5 pt.　*Chez Fr. Ph. Dunst: Francfort s/M.*, [1830?] fol.　Hirsch IV. **1589**. a.
Oeuvres complets de piano. 3ʳᵉ [sic] partie, no. 9.

BEETHOVEN (LUDWIG VAN)
—— [Quintets. Op. 29.] Grand quintetto pour 2 violons, 2 alti et violoncelle . . . Oeuv. 29. Partition. pp. 62. *Chez Ad. Mt. Schlesinger: Berlin*, [1828.] 8º.
　　Hirsch IV. **267**. a.

BEETHOVEN (LUDWIG VAN)
—— [Quintets. Op. 29.] Partition du second quintetto (oeuvre 29) pour deux violons, deux altos et violoncelle. pp. 39. *Chez Jean André: Offenbach s/m*, [1829?] 8º.
　　Hirsch III. **88**. a.

BEETHOVEN (LUDWIG VAN)
—— [Quintets. Op. 29.] Quintetto pour 2 violons, 2 altos et violoncelle . . . Oeuv. 29. [Parts.] 5 pt.　*Breitkopf & Härtel: Leipsic*, [1802.] fol.　Hirsch IV. **267**.

BEETHOVEN (LUDWIG VAN)
—— [Quintets. Op. 29.] Grand quintuor (Ut maj. C dur) pour 2 violons, 2 violas et violoncelle. Op. 29. [Parts.] 5 pt. *Chez Jean André: Offenbach a/M.*, [1860?] fol.
　　Hirsch M. **725**.

BEETHOVEN (LUDWIG VAN)
—— [Quintets. Op. 104.] Quintett für 2 Violinen, 2 Bratschen und Violonzell von L. van Beethoven, nach einem seiner schönsten Trios [i.e. Op. 1. No. 3] fürs Piano-Forte von ihm selbst, frey bearbeitet, und neu eingerichtet. [Parts.] 5 pt.　*Bey Artaria und Comp.: Wien*, [1819.] fol.
　　Hirsch IV. **363**.

BEETHOVEN (LUDWIG VAN)
—— Recueil thématique . . . Autographe. Contenant 37 pages de musique. Donné à Mʳ Artot . . . par Mʳ Auguste Artaria . . . à Vienne le 19 Mai 1835. ⟨Esquisses autographes de Louis van Beethoven.⟩ [A facsimile. With a portrait.]　*C. G. Röder: Leipzig*, [1913.] obl. fol.
　　Hirsch M. **35**.
Printed on one side of the leaf only.

BEETHOVEN (LUDWIG VAN)
—— Resignation. [Song.] Vom Herrn Grafen Paul v. Haugwitz. [*Vienna*, 1818.] s. sh. obl. 4º.
　　Hirsch IV. **467**.
Beylage zur Wiener Zeitschrift. $\frac{39}{1818}$.

BEETHOVEN (LUDWIG VAN)
—— Romance pour le violon principale avec accompagnement de deux violons, flûte, 2 oboes, 2 bassons, 2 cors, alto, et basse . . . Oeuvre 40. [Parts.] 5 pt.　*Chez Hoffmeister et Kühnel: Leipzig*, [1803.] fol.
　　Hirsch IV. **283**.

BEETHOVEN (LUDWIG VAN)
—— Romance pour le violon avec accompagnement d'orchestre ou de pianoforte . . . Oeuvre 40. [Parts. Violin and P.F.] 2 pt. *C. F. Peters: Leipzig*, [1837.] fol.
　　Hirsch III. **100**.

BEETHOVEN (LUDWIG VAN)
—— Rondeau pour 2 violons, alto, et violoncelle. *See supra:* [*Andante in F.*]

BEETHOVEN (LUDWIG VAN)
—— Rondo. *See also infra:* [*Sonatas. Op. 79.—Andante and Vivace.*]

BEETHOVEN (LUDWIG VAN)
—— [Rondos. Op. 51. No. 1.] A Favorite Rondo for the Piano Forte. pp. 8. *J. Hamilton: London*, [1806?] fol.
　　Hirsch M. **725**. a.
Watermark date 1806.

BEETHOVEN (LUDWIG VAN)
—— [Rondos. Op. 51. No. 2.] Rondo pour le clavecin ou pianoforte. pp. 11. *Chez Artaria: Vienne*, [1802.] obl. fol.　　Hirsch IV. **291**.

—— [Another copy, without the plate number on the title-page.]　　Hirsch IV. **291**a.

BEETHOVEN (LUDWIG VAN)
—— [Rondos. Op. 51. No. 2.] Rondeau en sol (G dur) pour le pianoforte. pp. 10. *Chez P. J. Simrock: Cologne*, [1813?] fol.　　Hirsch M. **726**.

BEETHOVEN (Ludwig van)

—— [Rondos. Op. 51. No. 2.] Rondo, for the Piano Forte. No. [1.] pp. 9. *Royal Harmonic Institution: London,* [1819?] fol. Hirsch M. **762**. (3.)
Watermark date 1819.

BEETHOVEN (Ludwig van)

—— [Rondos. Op. 129.] Rondò a capriccio per il pianoforte solo . . . Opera postuma. pp. 41. *Presso Ant. Diabelli e c°: Vienna,* [1835?] obl. fol.
Hirsch IV. **401**.
A reissue from the plates of the original edition.

BEETHOVEN (Ludwig van)

—— [Rondo in G. Nottebohm. p. 144.] Rondeau pour le piano-forte avec violon obligé. [Parts.] 2 pt. *Chez N. Simrock: Bonn,* [1808.] obl. fol. & fol. Hirsch IV. **424**.

BEETHOVEN (Ludwig van)

—— [Rondos. Nottebohm. p. 141.] Rondo ⟨in B⟩ für das Pianoforte mit Begleitung des Orchesters. Nachgelassenes Werk. ⟨Partitur.⟩ pp. 26. *Breitkopf & Härtel: Leipzig,* [1865?] fol. Hirsch M. **761**. (2.)
Ludwig van Beethoven's Werke. ser. 9. no. 72.

BEETHOVEN (Ludwig van)

—— [Rondos. Nottebohm. p. 141.] [Another copy.] Rondeau en si♭. pour le piano-forte avec accompagnement d'orchestre . . . Oeuvre posthume. Pantheon no. 8. [Parts.] *Vienne,* [1829.] obl. fol. & fol. Hirsch IV. **422**.

BEETHOVEN (Ludwig van)

—— Die Ruinen von Athen. [Op. 113.] Ein Fest- und Nachspiel, mit Chören und Gesängen . . . Erste vollständige Ausgabe in Partitur nach dem Original-Manuscripte. pp. 178. *Artaria & Comp.: Wien,* [1846.] fol.
Hirsch IV. **377**.

BEETHOVEN (Ludwig van)

—— [Another copy.] [Die Ruinen von Athen.] Ouverture zu Aug: v: Kotzebue's: Ruinen von Athen . . . 113tes Werk. [Score.] *Wien,* [1823.] fol. Hirsch IV. **375**.

—— [Another copy.] Hirsch IV. **375**a.

BEETHOVEN (Ludwig van)

—— [Die Ruinen von Athen.] Ouverture zu Aug: v: Kotzebue's: Ruinen von Athen . . . 113tes Werk. [Parts.] 18 pt. *Bei Tobias Haslinger: Wien,* [1830?] fol.
Hirsch IV. **376**.

BEETHOVEN (Ludwig van)

—— [Die Ruinen von Athen.] Feyerlicher Marsch mit Chor . . . 114tes Werk . . . Partitur. pp. 30. *Bei Tobias Haslinger: Wien,* [1830?] fol. Hirsch III. **116**.

—— [Another copy.] Hirsch III. **116**a.

BEETHOVEN (Ludwig van)

—— [Die Ruinen von Athen.] Feyerlicher Einzugs-Marsch . . . 114tes Werk. Eingerichtet für das Pianoforte auf [2] Hände. pp. 5. *Bei S. A. Steiner und Comp.: Wien,* [1823.] obl. fol. Hirsch IV. **378**.

BEETHOVEN (Ludwig van)

—— [Die Ruinen von Athen.] Feyerlicher Einzugs-Marsch . . . 114tes Werk. Eingerichtet für das Pianoforte auf [4] Hände. pp. 7. *Bei S. A. Steiner und Comp.: Wien,* [1825?] obl. fol. Hirsch IV. **379**.

BEETHOVEN (Ludwig van)

—— [Die Ruinen von Athen.] Türkischer Marsch, etc. [Orchestral score.] pp. 11. *Breitkopf & Härtel: Leipzig,* [1893.] fol. Hirsch M. **727**.
Part of "Breitkopf & Härtel's Partitur-Bibliothek."

BEETHOVEN (Ludwig van)

—— Sanft wie du lebtest, hast du vollendet. Elegischer Gesang für 4 Singstimmen mit Belgeitung von 2 Violinen, Viola und Violoncello, oder des Pianoforte . . . 118tes Werk . . . Partitur, Gesang und Begleitungsstimmen. 18 pt. *Bei Tobias Haslinger: Wien,* [1826.] fol.
Hirsch IV. **385**.
The voice parts are in triplicate.

BEETHOVEN (Ludwig van)

—— Schluss-Gesang, Es ist vollbracht. Aus dem beliebten patriotischen Singspiele: die Ehrenpforten. ⟨Worte von F. Treitschke.⟩ [Vocal score.] pp. 7. *Bei S. A. Steiner: Wien,* [1815.] obl. fol. Hirsch IV. **451**.

BEETHOVEN (Ludwig van)

—— Schottische Lieder mit englischem und deutschem Texte. Für eine Singstimme und kleines Chor mit Begleitung des Piano-Forte, Violine und Violoncelle obligat . . . Op. 108. Hft. 1–3. [Parts.] 12 pt. *In der Ad. Mt. Schlesingerschen Buch- und Musikhandlung: Berlin,* [1821.] obl. fol. & fol.
Hirsch IV. **369**.
Each Heft includes the words printed separately from the music.

BEETHOVEN (Ludwig van)

—— [Scottish Songs.] Thomson's Collection of the Songs of Burns, Sir Walter Scott Bar^t . . . united to the Select Melodies of Scotland, and of Ireland & Wales. With symphonies & accompaniments for the piano forte by Pleyel . . . Beethoven, *etc.* [1825.] 8°. *See* THOMSON (George) Hirsch IV. **455**. b.

BEETHOVEN (Ludwig van)

—— [Scottish Songs.] A Select Collection of Original Scottish Airs . . . with . . . symphonies and accompaniments for the piano forte, violn. or flute & violoncello by Pleyel . . . Beethoven, *etc.* 1826. fol. *See* THOMSON (George)
Hirsch IV. **1705**.

BEETHOVEN (Ludwig van)

—— Sehnsucht von Goethe. [Song.] [1808.] *s. sh.* 8°.
Hirsch IV. **461**.
One setting only. Contained in "Prometheus. Eine Sammlung deutscher Original-Aufsätze . . . Herausgegeben von J. L. Stoll."

BEETHOVEN (Ludwig van)

—— Die Sehnsucht von Göthe mit vier Melodien nebst Clavierbegleitung . . . No. 38. pp. 5. *Im Kunst und Industrie Comptoir: Wien und Pesth,* [1810.] obl. fol.
Hirsch iv. **462**.

BEETHOVEN (Ludwig van)

—— [Another copy.] Die Sehnsucht, von Göthe, mit vier Melodien nebst Clavierbegleitung . . . No. 38. *Wien,* [1824.] obl. fol. Hirsch M. **55**.

—— [Another copy.] Hirsch M. **56**.

BEETHOVEN (Ludwig van)

—— The Select Melodies of Scotland, interspersed with those of Ireland and Wales . . . with symphonies & accompaniments for the piano forte by Pleyel . . . Beethoven, *etc.* 1822, [23.] 8°. *See* THOMSON (George)
Hirsch iv. **455. a**.

BEETHOVEN (Ludwig van)

—— Grand septuor. Oeuvre 20 . . . Partition. pp. 92. **L.P.** *C. F. Peters: Leipzig,* [1832.] 8°. Hirsch iii. **95**.

BEETHOVEN (Ludwig van)

—— Septett. Op. 20. Partitur. pp. 59. *C. F. Peters: Leipzig,* [1879.] 8°. Hirsch M. **57**.
Edition Peters. no. 1019.

BEETHOVEN (Ludwig van)

—— Septett für Violine, Bratsche, Horn, Clarinette, Fagott, Violoncell und Contrabass . . . Op. 20. [Score.] pp. 40. *Breitkopf & Härtel: Leipzig,* [1898.] fol.
Hirsch M. **728**.
Part of " Breitkopf & Härtel's Partitur-Bibliothek.

BEETHOVEN (Ludwig van)

—— Septetto pour violon, alto, clarinette, corno, basson, violoncelle et contre-basse . . . Oeuvre 20. Partie 1 ⟨[II]⟩. 14 pt. *Au bureau de musique: Leipsic,* [1805 ?] fol.
Hirsch iv. **257**.

BEETHOVEN (Ludwig van)

—— [Septet. Op. 20.] Beethoven's Grand Septuor, arranged as a duett for two performers on one piano forte by the author. pp. 47. *Clementi & Co.: London,* [1817 ?] fol.
Hirsch M. **729**.
Watermark date 1817.

BEETHOVEN (Ludwig van)

—— [Septet. Op. 20.] Grand trio pour le pianoforte avec l'accompagnement de la clarinette ou violon et violoncelle concertans d'après le septetto . . . Op: 20. Composé par L. van Beethoven, arrangé par lui même . . . Op: 38. [Parts.] 4 pt. *Au bureau d'arts et d'industrie: Vienne,* [1805.] obl. fol. & fol. Hirsch iv. **281**.

BEETHOVEN (Ludwig van)

—— [Septet. Op. 20.] Quintetto pour 2 violons, 2 violes et violoncelle . . . Oeuv. 20. No. 1. [Parts.] 5 pt.
C. F. Peters: Leipzig, [1815 ?] fol. Hirsch M. **730**.
An arrangement of the first three movements of the septet.

SIG. 19.—PART 53.

BEETHOVEN (Ludwig van)

—— [Septet. Op. 20.] Quintetto pour 2 violons, 2 violes et violoncelle . . . Oeuv. 20. No. 2. [Parts.] 5 pt.
C. F. Peters: Leipzig, [1815 ?] fol. Hirsch M. **731**.
An arrangement of the last three movements of the septet.

BEETHOVEN (Ludwig van)

—— Serenata per flauto, violino, e viola . . . Opera 25. [Parts.] 3 pt. *Presso Cappi e comp.: Vienna,* [1810 ?] fol.
Hirsch iv. **262**.

BEETHOVEN (Ludwig van)

—— [Another copy.] Seufzer eines Ungeliebten. Gedicht von G. A. Bürger, *etc. Wien,* [1837.] fol.
Hirsch iv. **470**.

BEETHOVEN (Ludwig van)

—— [Another copy.] [Sextet. Op. 81b.] Partition du troisième Quintetto (Oeuvre 82.) pour deux violons, deux altos et violoncelle. [Score.] *Offenbach s/M.,* [1830 ?] 8°. Hirsch M. **58**.

BEETHOVEN (Ludwig van)

—— [Sextet. Op. 81b.] Sextuor pour deux violons, alt, violoncelle, et deux cors, obligés . . . Oeuvre 81. [Parts.] 6 pt. *Chez N. Simrock: Bonn,* [1810.] fol.
Hirsch iv. **329**.

BEETHOVEN (Ludwig van)

—— [Sextet. Op. 81b.] Quintuor pour deux violons, deux altos et violoncelle. Op. 82 [Parts.] 5 pt. *Chez N. Simrock: Bonn,* [1820 ?] fol. Hirsch M. **732**.

BEETHOVEN (Ludwig van)

—— So oder So. Lied mit Begleitung des Pianoforte. pp. 3. *Bei N. Simrock: Cöln und Bonn,* [1817.] obl. fol.
Hirsch iv. **466. a**.

BEETHOVEN (Ludwig van)

—— [Sonatas.] [An edition of Beethoven's sonatas for pianoforte, issued in separate numbers, comprising: three early sonatas (Nottebohm p. 147), the sonatas Op. 2, 7, 10, 13, 14, 22, 26, 27, 28, 31, 49, 53, 54, 57, 78, 79, 81a, 90, 101, 106, 109, 110 and 111. With a portrait.] 2 vol. 35 no. [*Tobias Haslinger: Vienna,* 1828–40 ?] fol.
Hirsch iv. **943. a**.
The binding of each volume bears the title " Beethoven. Sonates pour le pianoforte seul," and the imprint " Vienne. Artaria & comp," which also occurs on the portrait in vol. 1. *The original issue of this edition forms ser.* 1 *of a collected edition of Beethoven's works, which is entered above under* [Collected Works.—a. Complete Works and Large Collections.]

BEETHOVEN (Ludwig van)

—— [Sonatas. Op. 101, 106, 109, 110, 11.] Die letzten fünf Sonaten . . . Kritische Ausgabe mit Einführung und Erläuterung von Heinrich Schenker. Piano Solo. 4 no. *Universal Edition: Wien, Leipzig,* [1913–21.] 4°.
Hirsch M. **733**.
Imperfect; wanting the number containing the sonata Op. 106.

BEETHOVEN (Ludwig van)

—— [Sonatas. Op. 13. Op. 31. No. 3.] Deux sonates pour le piano forte. 2 no. *Chez Jean George Naigueli: Zuric*, [1804.] obl. fol. [*Répertoire des clavecinistes.* suite 11.]
Hirsch IV. **1012**.

BEETHOVEN (Ludwig van)

—— [Sonatas. Op. 2.] Three Sonatas for the Piano Forte . . . Op. 2. pp. 48. *R^t Birchall: London*, [1815?] fol.
Hirsch M. **734**.
Watermark date 1815.

BEETHOVEN (Ludwig van)

—— [Sonatas. Op. 6.] Sonata for two Performers on one Piano Forte . . . Op. 6. pp. 11. *Printed for Monzani & Cimador: London*, [1804?] fol. Hirsch M. **734**. a.
Watermark date 1804.

BEETHOVEN (Ludwig van)

—— [Sonatas. Op. 6.] A Favorite Duet, for the Piano Forte, *etc.* pp. 15. *R^t Birchall: London*, [1805?] fol.
Hirsch M. **735**.

BEETHOVEN (Ludwig van)

—— [Sonatas. Op. 6.] A Duet, for two Performers, on one Piano Forte, *etc.* pp. 15. *J. Walker: London*, [1817?] fol. Hirsch M. **763**. (**1**.)
Watermark date 1817.

BEETHOVEN (Ludwig van)

—— [Sonatas. Op. 13.] A Grand Sonata Pathétique for the Piano Forte . . . Op. 13. pp. 19. *Preston: London*, [1817?] fol. Hirsch M. **738**.
Watermark date 1817.

BEETHOVEN (Ludwig van)

—— [Sonatas. Op. 14. No. 1, 2.] Deux sonates pour le piano-forte . . . Oeuvre XIV. pp. 23. *Chez Hoffmeister et Kühnel: Leipzig*, [1804.] obl. fol. Hirsch M. **59**.

BEETHOVEN (Ludwig van)

—— [Sonatas. Op. 14. No. 1, 2.] Deux sonates pour le piano-forté . . . Oeuvre 14. pp. 27. *Chez J. André: Offenbach*, [1813?] obl. fol. Hirsch III. **89**.

BEETHOVEN (Ludwig van)

—— [Sonatas. Op. 14. No. 1.] Quatuor pour deux violons, alto et violoncelle, d'après une sonate, composée . . . par L. van Beethoven, arrangé par lui même. [Parts.] 4 pt. *Au bureau d'arts et d'industrie: Vienne*, [1802.] fol.
Hirsch IV. **251**.

BEETHOVEN (Ludwig van)

—— [Sonatas. Op. 14. No. 1.] Quatuor pour deux violons, alto, et violoncelle d'après une sonate composés . . . par Louis van Beethoven, arrangés par lui même. [Parts.] 4 pt. *Chez N. Simrock: Bonn*, [1802.] fol.
Hirsch M. **739**.

BEETHOVEN (Ludwig van)

—— [Sonatas. Op. 22.] Grande sonate pour le piano forte . . . Oeuvre XXII. pp. 23. *Au bureau de musique: Leipsic*, [1805?] obl. fol. Hirsch IV. **260**.

BEETHOVEN (Ludwig van)

—— [Sonatas. Op. 22.] Rondo, for the Piano Forte. No. [3.] pp. 9. *Royal Harmonic Institution: London*, [1819?] fol. Hirsch M. **472**. (**4**.)
Watermark date 1819.

BEETHOVEN (Ludwig van)

—— [Sonatas. Op. 26.] [Another copy.] As-dur Sonate Op. 26 . . . Facsimile, *etc. Bonn*, 1895. obl. fol.
Hirsch M. **60**.

BEETHOVEN (Ludwig van)

—— [Sonatas. Op. 26.] Grande sonate pour le clavecin ou forte-piano . . . Oeuvre 26. pp. 19. *Chez Jean Cappi: Vienne*, [1802.] obl. fol. Hirsch IV. **263**.

BEETHOVEN (Ludwig van)

—— [Sonatas. Op. 26.] Grande sonate pour le piano forte . . . Oeuvre 26. pp. 15. *Chez N. Simrock: Bonn*, [1802?] fol. Hirsch III. **99**.

BEETHOVEN (Ludwig van)

—— [Sonatas. Op. 26.—Marcia funebre sulla morte d'un eroe.] Beethoven's Begräbniss. Gedicht von Jeitteles. Nach einer Composition des verewigten: "Marcia funebre sulla morte d'un eroe" für 4 Singstimmen mit Begleitung des Pianoforte eingerichtet von Ignaz Ritter von Seyfried. [Parts.] 5 pt. *Bey Tobias Haslinger: Wien*, [1827.] fol.
Hirsch IV. **1675**.

BEETHOVEN (Ludwig van)

—— [Sonatas. Op. 27. No. 1.] Sonata quasi una fantasia per il clavicembalo o piano-forte . . . Opera 27. No. 1. pp. 13. *Presso Gio. Cappi: Vienna*, [1805?] obl. fol.
Hirsch IV. **264**.
The titlepage bears the autograph signature of Robert Volkmann.

BEETHOVEN (Ludwig van)

—— [Sonatas. Op. 27. No. 2.] Sonata quasi una fantasia per il clavicembalo o piano-forte . . . Opera 27. No. 2. pp. 15. *Presso Cappi e comp.: Vienna*, [1810?] obl. fol.
Hirsch IV. **265**.

BEETHOVEN (Ludwig van)

—— [Sonatas. Op. 28.] Grande sonate pour le pianoforte . . . Oeuvre XXVIII. pp. 22. *Au bureau d'arts et d'industrie: Vienne*, [1802.] obl. fol. Hirsch IV. **266**.

BEETHOVEN (Ludwig van)

—— [Sonatas. Op. 28.] Sonate pastorale pour le piano-forte . . . Op. 28. pp. 23. *Preston: Londres*, [1817?] fol.
Hirsch M. **740**.
Watermark date 1817.

BEETHOVEN (Ludwig van)
—— [Sonatas. Op. 31. No. 1, 2.] Deux sonates pour le piano forte. pp. 51. *Chez Jean George Naigueli: Zuric,* [1803.] *obl.* fol. [*Répertoire des clavecinistes.* suite 5.]
Hirsch IV. **1012**.
The sonata Op. 31, No. 3 was first published with the sonata Op. 13 as suite 11 of the " Repertoire des clavecinistes."

BEETHOVEN (Ludwig van)
—— [Sonatas. Op. 31.] Trois sonates, pour le piano-forte . . . Oeuvre 31. Liv. 3. Edition très correcte. pp. 46–65. *Chez N. Simrock: Bonn,* [1803.] *obl.* fol.
Hirsch M. **62**.
The sonata Op. 31, No. 3 only. Sonatas No. 1 and 2 were published by Simrock with a titlepage reading "Deux sonates . . . Oeuvre [31]*," and paginated 1–44.*

BEETHOVEN (Ludwig van)
—— [Sonatas. Op. 31. No. 2.] Deux sonates pour le clavecin ou piano-forte. Oeuvre 29. pp. 23. *Chez Jean Cappi: Vienne,* [1804?] *obl.* fol. Hirsch M. **61**.

BEETHOVEN (Ludwig van)
—— [Sonatas. Op. 31. No. 3.] [Another copy.] A Grand Sonata for the Piano Forte. Op. 47. *London,* [1803?] fol. Hirsch M. **763**. (3.)
Watermark date 1803.

BEETHOVEN (Ludwig van)
—— [Sonatas. Op. 49.] Deux sonates faciles pour le pianoforte . . . Op. 49. pp. 17. *Au bureau d'arts et d'industrie: Vienna,* [1805.] *obl.* fol. Hirsch IV. **289**.

BEETHOVEN (Ludwig van)
—— [Sonatas. Op. 49.] Two Sonatas, for the Piano Forte . . . Op. 49. pp. 13. *G. Walker: London,* [1819?] fol.
Hirsch M. **763**. (4.)
Watermark date 1819.

BEETHOVEN (Ludwig van)
—— [Sonatas. Op. 49.] Deux sonates faciles pour le pianoforte . . . Op: 49. pp. 13. *Chèz B. Schott fils: Mayence,* [1822?] fol. Hirsch III. **101**.

BEETHOVEN (Ludwig van)
—— [Sonatas. Op. 53.] Grande sonate pour le pianoforte. pp. 29. *Chez Jean George Naigueli: Zuric,* [1805.] *obl.* fol. [*Répertoire des clavecinistes.* suite 15.]
Hirsch IV. **1012**.

BEETHOVEN (Ludwig van)
—— [Sonatas. Op. 53.] [Another copy.] Grande sonate pour le pianoforte . . . Op. 53. *Vienne,* [1805.] *obl.* fol.
Hirsch IV. **293**.

BEETHOVEN (Ludwig van)
—— [Sonatas. Op. 53.] A Grand Sonata, for the Pianoforte . . . Op. 53. pp. 24. *G. Walker: London,* [1815?] fol. Hirsch M. **763**. (5.)
Watermark date 1815.

BEETHOVEN (Ludwig van)
—— [Sonatas. Op. 54.] [Another copy.] LIme sonate pour le pianoforte . . . Op. 54. *Vienne,* [1806.] *obl.* fol.
Hirsch IV. **294**.

BEETHOVEN (Ludwig van)
—— [Sonatas. Op. 57.] [Another copy.] LIVme sonate . . . pour pianoforte . . . Op. 57. *Vienne,* [1807.] *obl.* fol. Hirsch IV. **297**.

BEETHOVEN (Ludwig van)
—— [Sonatas. Op. 78.] [Another copy.] [Sonata. Op. 78. P.F. A facsimile of the autograph.] *München,* 1923. *obl.* fol. Hirsch M. **64**.

BEETHOVEN (Ludwig van)
—— [Sonatas. Op. 78.] Sonate pour le piano-forte . . . Oeuvre 78. pp. 11. *Chez Artaria et compag.: Vienne,* [1810?] *obl.* fol. Hirsch III. **108**.

BEETHOVEN (Ludwig van)
—— [Sonatas. Op. 78.] [Another copy.] Sonate pour le piano forte . . . Oeuv. 78. *Leipzic,* [1810.] *obl.* fol.
Hirsch IV. **325**.

BEETHOVEN (Ludwig van)
—— [Sonatas. Op. 78.] Sonate pour le pianoforte . . . dédiée à Madame la Comtesse T. de Brunswic. Oeuv. 78. pp. 13. *Chez Breitkopf & Härtel: Leipzic,* [1819.] *obl.* fol.
Hirsch M. **63**.

BEETHOVEN (Ludwig van)
—— [Sonatas. Op. 79.] Sonatine pour le pianoforte . . . Oeuv. 79. pp. 17. *Chez Breitkopf & Härtel: Leipsic,* [1810.] *obl.* fol. Hirsch IV. **326**.
The titlepage bears an autograph inscription: "Maximiliane Brentano eigenhändig von Beethoven erhalten."

BEETHOVEN (Ludwig van)
—— [Sonatas. Op. 79.—Andante and Vivace.] Rondo, for the Piano Forte. No. [4]. pp. 7. *Royal Harmonic Institution: London,* [1824?] fol. Hirsch M. **762**. (5.)
Watermark date 1824.

BEETHOVEN (Ludwig van)
—— [Sonatas. Op. 81a.] [Another copy.] Les Adieux, l'absence et le retour. Sonate pour le pianoforte . . . Oeuv. 81. *Leipsic,* [1811.] *obl.* fol. Hirsch IV. **328**.

BEETHOVEN (Ludwig van)
—— [Sonates. Op. 81a.] Les Adieux, l'absence, et le retour. Sonate pour le piano-forte . . . Op: 81. pp. 17. *Chez Artaria et comp.: Vienne,* [1811.] *obl.* fol.
Hirsch III. **109**.

BEETHOVEN (Ludwig van)
—— [Sonatas. Op. 81a.] Les Adieux, l'absence, et le retour. Sonate pour le piano-forte . . . Op: 81. pp. 21. *Chez T. Mollo: Vienne,* [1812?] *obl.* fol. Hirsch III. **110**.

BEETHOVEN (Ludwig van)
—— [Sonatas. Op. 90.] [Another copy.] Sonate für das Piano-Forte . . . 90tes Werk. *Wien*, [1815.] *obl.* fol.
Hirsch iv. **342**.

BEETHOVEN (Ludwig van)
—— [Sonatas. Op. 90.] Sonate für das Piano-Forte . . . 90tes Werk. pp. 16. *Bey S. A. Steiner: Wien*, [1820?] *obl.* fol.
Hirsch iv. **342. a**.

BEETHOVEN (Ludwig van)
—— [Sonatas. Op. 101.] [Another copy.] Sonate, pour le piano-forte, für das Hamer-Klavier, des Museum's für Klavier-musik. Erste Lieferung. 101tes Werk. *Wien*, [1817.] *obl.* fol.
Hirsch iv. **361**.
With an additional titlepage reading " Musée musical des clavicinistes. Museum für Klaviermusik. —tes. Heft."

BEETHOVEN (Ludwig van)
—— [Sonatas. Op. 101.] [A reissue.] Sonate pour le piano-forte, für das Hamer-Klavier . . . 101tes Werk. *Bei Tobias Haslinger: Wien*, [1830?] *obl.* fol.
Hirsch M. **65**.

BEETHOVEN (Ludwig van)
—— [Sonatas. Op. 106.] Grosse Sonate für das Hammer-Klavier . . . Op: 106. pp. 59. *Bey Artaria und Comp.: Wien*, [1819.] fol.
Hirsch iv. **366**.

BEETHOVEN (Ludwig van)
—— [Sonatas. Op. 106.] [Another issue.] Grosse Sonate für das Hammer-Klavier . . . Op. 106. *Wien*, [1819.] fol.
Hirsch iv. **366. b**.
In this issue the music is preceded by 4 pp. of Artaria's " Catalogue des œuvres de Louis van Beethoven," Op. 1–106.

BEETHOVEN (Ludwig van)
—— [Sonatas. Op. 106.] Grosse Sonate für das Hammer-Klavier . . . Op. 106. Zweite Original Ausgabe. pp. 55. *Bei Artaria und Comp.: Wien*, 1856. fol.
Hirsch M. **742**.

BEETHOVEN (Ludwig van)
—— [Sonatas. Op. 106.] [A reissue.] Grosse Sonate für das Hammer-Klavier . . . Op: 106. *Wien*, [1832.] fol.
Hirsch iv. **366. a**.
In this issue the music is preceded by 6 pp. of Artaria's " Catalogue des oeuvres de Louis van Beethoven," Op. 1–138.

BEETHOVEN (Ludwig van)
—— [Sonatas. Op. 109.] Sonate für das Pianoforte . . . 109^{ts} Werk. pp. 21. *In der Schlesingerschen Buch- und Musikhandlung: Berlin; bei Artaria & Co.: Wien*, [1821.] *obl.* fol.
Hirsch iv. **370**.

BEETHOVEN (Ludwig van)
—— [Sonatas. Op. 109.] Sonate für das Piano-Forte . . . 109tes Werk. pp. 17. *Bey Johann Cappi: Wien*, [1822?] *obl.* fol.
Hirsch iii. **114**.

BEETHOVEN (Ludwig van)
—— [Sonatas. Op. 109.] Sonate für das Pianoforte . . . 109tes Werk. pp. 19. *Bey Cappi und Diabelli: Wien*, [1823.] *obl.* fol.
Hirsch iii. **115**.

BEETHOVEN (Ludwig van)
—— [Sonatas. Op. 110.] [Another copy.] Sonate pour le piano forté . . . Œuvre 110. *Paris*, [1822.] fol.
Hirsch iv. **371**.

BEETHOVEN (Ludwig van)
—— [Sonatas. Op. 111.] [Another copy.] [Sonata in C minor. Op. 111. P.F. A facsimile of the autograph.] *München*, 1922. *obl.* fol.
Hirsch M. **66**.

BEETHOVEN (Ludwig van)
—— [Sonatas. Op. 111.] Sonate pour le piano forte . . . Op. 111. ⟨Einzig rechtmässig Originalausgabe.⟩ pp. 27. *Chez Ad. Mt. Schlesinger: Berlin*, [1825?] fol.
Hirsch iv. **372**.

BEETHOVEN (Ludwig van)
—— [Sonatas. P.F. and horn. Op. 17.] Sonate pour le forte-piano avec un cor, oû [sic] violoncelle . . . Oeuvre 17. [Parts.] 2 pt. *Chez T. Mollo et comp.: Vienne*, [1801.] *obl.* fol.
Hirsch iv. **254**.

BEETHOVEN (Ludwig van)
—— [Sonatas. P.F. and horn. Op. 17.] Sonate pour le forte piano avec violon ou violoncelle . . . Oeuvre viii. [Parts.] 3 pt. *Chés J. J. Hummel: Berlin, Amsterdam*, [1805?] fol.
Hirsch iii. **91**.

BEETHOVEN (Ludwig van)
—— [Sonatas. P.F. and violin. Op. 23, 24.] Deux sonates pour le piano forte avec un violon . . . Oeuvre xxiii. [Parts.] 2 pt. *Chez T. Mollo et comp.: Vienne*, [1801.] *obl.* fol. & fol.
Hirsch iv. **261**.
Imperfect; wanting the violin part to sonata Op. 24.

BEETHOVEN (Ludwig van)
—— [Sonatas. P.F. and violin. Op. 12.] Three Sonatas for the Piano Forte [and Violin] . . . Op. 12. [Score.] pp. 43. *Clementi, Banger, Hyde, Collard & Davis: London*, [1802?] fol.
Hirsch M. **736**.
Watermark date 1802.

BEETHOVEN (Ludwig van)
—— [Sonatas. P.F. and violin. Op. 12. No. 2.] A Sonata for the Piano Forte, with an accompaniment for the violin . . . Op. 12. No. [2.] 2 pt. *Royal Harmonic Institution: London*, [1820?] fol.
Hirsch M. **737**.

BEETHOVEN (Ludwig van)
—— [Sonatas. P.F. and violin. Op. 30.] Trois sonates pour le pianoforte avec l'accompagnement d'un violon . . . Oeuvre xxx. N. [1–3.] [Parts.] 6 pt. *Au bureau d'arts et d'industrie: Vienne; chés Dale: Londres*, [1803.] *obl.* fol. & fol.
Hirsch iv. **268–270**.

BEETHOVEN (Ludwig van)
—— [Sonatas. P.F. and violin. Op. 30.] Trois sonates pour le piano-forte avec accompagnement de violon . . . Oeuvre 30. [2.] Livraison. [Parts.] 2 pt. [1825?] fol.
Hirsch M. **740. a.**
The sonata Op. 30, No. 1 only, here numbered 2. Imperfect; wanting livr. 1, 3.

BEETHOVEN (Ludwig van)
—— [Sonatas. P.F. and violin. Op. 47.] Sonata per il piano-forte ed un violino obligato, scritta in uno stile molto concertante, quasi come d'un concerto . . . Opera 47. [Parts.] 2 pt. *Chez N. Simrock: Bonn,* [1805.] *obl.* fol. & fol. Hirsch IV. **287.**

BEETHOVEN (Ludwig van)
—— [Sonatas. P.F. and violin. Op. 96.] Sonate für Piano-Forte und Violin . . . 96tes Werk. [Parts.] 2 pt. *Bei S. A. Steiner und Comp.: Wien,* [1816.] fol.
Hirsch IV. **356.**

BEETHOVEN (Ludwig van)
—— [Sonatas. P.F. and violin. Op. 96.] Sonate für Piano-Forte und Violin . . . 96tes Werk. [Parts.] 2 pt. *Bei Tobias Haslinger: Wien,* [1830?] fol. Hirsch M. **741.**

BEETHOVEN (Ludwig van)
—— [Sonatas. P.F. and violoncello. Op. 69.] Grande sonate pour pianoforte et violoncelle . . . Oeuv. 69. [Parts.] 2 pt. *Chez Breitkopf & Härtel: Leipsic,* [1809.] *obl.* fol. & fol. Hirsch IV. **312.**

BEETHOVEN (Ludwig van)
—— [Sonatas. P.F. and violoncello. Op. 102.] [Another copy.] Deux sonates pour le pianoforté et violoncell . . . Op. 102. [Parts.] *Bonn et Cologne,* [1817.] *obl.* fol. & fol. Hirsch IV. **362.**

BEETHOVEN (Ludwig van)
—— [Symphonies. Op. 21, 36, 55, 60.] Collection des symphonies de L. van Beethoven en grande partition. Édition . . . revue par Mr Fétis. 4 no. *Chez A. Farrenc: Paris,* [1835?] fol. Hirsch III. **97.**

BEETHOVEN (Ludwig van)
—— Symphonie . . . No. 1⟨–7.⟩ [In score.] 7 no. *Chez Marquerie frères: Paris,* 1846, 40–46. 8°.
Hirsch IV. **1590.**

BEETHOVEN (Ludwig van)
—— [Symphonies.] Collection complète des symphonies à grand orchestre, en partition, en 10 volumes. no. 8–10. *E. Girod: Paris,* [1850?] 8°. Hirsch III. **117.**
A made-up set. Imperfect; wanting no. 1–7. No. 10 comprises the choral finale of symphony no. 9.

—— [Another copy of no. 9, with a different titlepage.]
Hirsch III. **117. a.**

—— [Another copy of no. 9 and 10.] Hirsch III. **117. b.**
Imperfect; wanting the titlepages.

BEETHOVEN (Ludwig van)
—— [Symphonies.] The Nine Symphonies of Ludwig van Beethoven. Full score. No. IX. Choral Symphony. *Schott & Co.: London,* 1867. 8°. Hirsch M. **67.**
Imperfect; wanting symphonies 1–8. The titlepage of no. 9 bears the autograph signature of Sir A. C. Mackenzie, and a note in his hand: "Hans Richter's pencil marks are in the scherzo."

BEETHOVEN (Ludwig van)
—— [Symphonies.] Neun Symphonien für Orchester . . . in Partitur. ⟨Symphonie No. 4, B dur.—Neunte Symphonie.⟩ 2 no. *C. F. Peters: Leipzig,* [1878.] 4°.
Hirsch M. **743.**
Edition Peters. no. 1020d. Imperfect; wanting symphonies no. 1–3, 5–8.

BEETHOVEN (Ludwig van)
—— [Symphonies.] [Another copy.] The Nine Symphonies of Beethoven in Score. Edited by A. E. Wier. *Cambridge; printed in U.S.A.,* [1945.] fol. [*Miniature Score Series.* vol. 1.] Hirsch M. **1270.**

BEETHOVEN (Ludwig van)
—— [Symphonies.] Collection complète des symphonies de Beethoven . . . arrangées pour piano seul . . . par Fréd: Kalkbrenner. livr. 9, 10. *Chez Schonenberger: Paris,* [1842?] fol. Hirsch III. **118.**
Imperfect; wanting livr. 1–8. Livr. 9, 10 comprise symphony no. 9.

BEETHOVEN (Ludwig van)
—— [Another copy.] Neuf symphonies. ⟨Réduites pour piano seul par G. Micheuz.⟩ vol. 1–3. *Paris,* [1872.] 8°. Hirsch III. **98.**
Part of "Chefs-d'oeuvre des grands maîtres." Imperfect; wanting vol. 4, 5, containing symphonies no. 7–9.

BEETHOVEN (Ludwig van)
—— [Symphonies. Op. 21.] 1re grande simphonie en ut majeur (C dur) . . . Oeuvre XXI. Partitur. pp. 108. *Chez N. Simrock: Bonn et Cologne,* [1822.] 8°.
Hirsch IV. **258.**
Without the metronome markings.

BEETHOVEN (Ludwig van)
—— [Symphonies. Op. 21.] 1re grande simphonie en ut majeur (C dur) . . . Oeuvre XXI. Partition. pp. 108. *Chez N. Simrock: Bonn et Cologne,* [1822.] 8°.
Hirsch IV. **258. a.**
With engraved metronome markings.

BEETHOVEN (Ludwig van)
—— [Symphonies. Op. 21.] Grande simphonie pour 2 violons, viole, violoncelle et basse, 2 flûtes, 2 oboes, 2 cors, 2 bassons, 2 clarinettes, 2 trompettes et tymbales . . . Oeuvre XXI. [Parts.] 17 pt. *Chez C. F. Peters: Leipzig,* [1814?] fol. Hirsch IV. **259.**

BEETHOVEN (LUDWIG VAN)

—— [Symphonies. Op. 36.] 11me grande simphonie en rè majeur (D dur) ... Oeuvre XXXVI. Partition. pp. 162. *Chez N. Simrock: Bonn et Cologne*, [1822.] 8°.
Hirsch IV. **278.**

BEETHOVEN (LUDWIG VAN)

—— [Symphonies. Op. 36.] [Another copy.] Grande sinfonie ... Op. 36. [Parts.] *Vienne*, [1804.] fol.
Hirsch IV. **277.**

BEETHOVEN (LUDWIG VAN)

—— [Symphonies. Op. 36.] Deuxième grande sinfonie ... arrangée en trio pour pianoforte, violon et violoncelle par l'auteur même. [Parts.] 3 pt. *J. Riedl: Vienne*, [1806.] obl. fol. & fol.
Hirsch IV. **279.**

BEETHOVEN (LUDWIG VAN)

—— [Symphonies. Op. 55.] [Another copy.] Sinfonia eroica ... Op. 55, No. III. Partizione. *Presso N. Simrock: Bonna e Colonna*, [1822.] 8°.
Hirsch IV. **295.**

BEETHOVEN (LUDWIG VAN)

—— [Symphonies. Op. 60.] [Another copy.] 4me grande simphonie en si ♭ majeur (B dur) ... Op: 60. Partition. *Bonn et Cologne*, [1823.] 8°.
Hirsch IV. **300.**

BEETHOVEN (LUDWIG VAN)

—— Grande simphonie en si ♭ majeur (B dur) ... Op: 60. Partition. pp. 195. *Chez N. Simrock: Bonn et Cologne*, [1823.] 8°.
Hirsch IV. **300. a.**

BEETHOVEN (LUDWIG VAN)

—— [Symphonies. Op. 67.] [A reissue.] Cinquième sinfonie en ut mineur: c moll ... Oeuvre 67. Partition. *Leipsic*, [1840?] 8°.
Hirsch IV. **308.**

BEETHOVEN (LUDWIG VAN)

—— [Symphonies. Op. 67.] Sinfonie pour 2 violons, 2 violes, violoncelle et contre-violon, 2 flûtes, petite flûte, 2 hautbois, 2 clarinettes, 2 bassons, contre-basson, 2 cors, 2 trompettes et 3 trompes ... No. 5 des sinfonies. ⟨Oeuv. 67.⟩ [Parts.] 23 pt. *Chez Breitkopf & Härtel: Leipsic*, [1809.] fol.
Hirsch IV. **307.**
This copy includes an additional violoncello part in MS.

BEETHOVEN (LUDWIG VAN)

—— [Symphonies. Op. 67.] [A reissue.] Sinfonie ... No. 5 des sinfonies. ⟨Oeuv. 67.⟩ [Parts.] *Leipzig*, [1825?] fol.
Hirsch IV. **307. a.**
In several parts some leaves have been printed conjugately with a leaf of the part for another instrument, as follows: flauto piccolo with flauto I^mo; contra-fagotto with oboe I^mo; clarinetto II^do with clarinetto I^mo; fagotto II^do with fagotto I^mo; corno II^do with corno I^mo; bassi with viole.

BEETHOVEN (LUDWIG VAN)

—— [Symphonies. Op. 67.] Cinquième sinfonie ... arrangée pour le piano-forte à quatre mains. pp. 61. *Chez Breitkopf & Härtel: Leipsic*, [1809.] obl. fol.
Hirsch IV. **309.**

BEETHOVEN (LUDWIG VAN)

—— [Symphonies. Op. 67.—Andante.] Beethoven's celebrated Andante ... Arranged for two performers on one piano forte by the author. pp. 11. *G. Walker: London*, [1819?] fol.
Hirsch M. **763. (6.)**
Watermark date 1819.

BEETHOVEN (LUDWIG VAN)

—— [Symphonies. Op. 68.] [A reissue.] Sixième sinfonie, pastorale en fa majeur: F dur ... Oeuvre 68. Partition. *Leipsic*, [1830?] 8°.
Hirsch IV. **311.**

BEETHOVEN (LUDWIG VAN)

—— [Symphonies. Op. 68.] Sinfonia pastorale ... Op. 68. [Score, with P.F. reduction.] pp. 208. *Presso Carlo Pozzi: Mendrisio*, [1870?] 4°.
Hirsch III. **105.**

BEETHOVEN (LUDWIG VAN)

—— [Symphonies. Op. 68.] Sinfonie pastorale ⟨oeuv. 68⟩ pour 2 violons, 2 violes, violoncelle et contre-violon, 2 flûtes, petite flûte, 2 hautbois, 2 clarinettes, 2 bassons, 2 cors, 2 trompettes, timbales et 2 trompes ... No. 6 des sinfonies. [Parts.] 24 pt. *Breitkopf & Härtel: Leipsic*, [1809.] fol.
Hirsch IV. **310.**
This copy includes the string parts in duplicate.

BEETHOVEN (LUDWIG VAN)

—— [Symphonies. Op. 92.] Siebente grosse Sinfonie ... 92tes Werk ... Partitur. pp. 180. *Bey Tobias Haslinger: Wien*, [1816.] fol.
Hirsch III. **111.**

BEETHOVEN (LUDWIG VAN)

—— [Symphonies. Op. 92.] Siebente grosse Sinfonie in A dur ... 92tes Werk. Vollständige Partitur. pp. 224. *Bei S. A. Steiner und Comp.: Wien*, [1816.] 4°.
Hirsch IV. **346.**

BEETHOVEN (LUDWIG VAN)

—— [Symphonies. Op. 92.] Siebente Grosse Sinfonie in A dur für 2 Violinen, 2 Violen, 2 Flauten, 2 Oboen, 2 Clarinetten, 2 Fagott, 2 Horn, 2 Trompeten, Pauken, Violoncello und Basso ... 92tes Werk. [Parts.] 17 pt. *Bei S. A. Steiner und Comp.: Wien*, [1816.] fol.
Hirsch IV. **347.**

BEETHOVEN (LUDWIG VAN)

—— [Symphonies. Op. 92.] [Another copy.] Siebente grosse Sinfonie in A dur ... 92tes Werk. Für 2 Violinen, 2 Violen und Violonzello eingerichtet. [Parts.] *Wien*, [1816.] fol.
Hirsch IV. **348. a.**

BEETHOVEN (LUDWIG VAN)

—— Siebente grosse Sinfonie in A dur ... 92tes Werk. Für das Piano-Forte eingerichtet. pp. 43. *Bey S. A. Steiner: Wien*, [1816.] obl. fol.
Hirsch IV. **348.**

BEETHOVEN (LUDWIG VAN)

—— [Symphonies. Op. 93.] [Another copy.] Achte grosse Sinfonie in F dur ... 93tes Werk. Vollständige Partitur. *Wien*, [1816.] 4°.
Hirsch IV. **349.**

BEETHOVEN (LUDWIG VAN)

—— [Symphonies. Op. 93.] Achte grosse Sinfonie . . . 93tes Werk. Partitur. pp. 133. *Bei Tobias Haslinger: Wien,* [1837.] fol.   Hirsch III. **112**.

BEETHOVEN (LUDWIG VAN)

—— [Symphonies. Op. 93.] Achte grosse Sinfonie in F dur . . . 93tes Werk. Für das Piano-Forte, Violin und Violonzello eingerichtet. [Parts.] 3 pt.   *Bei S: A: Steiner und Comp.: Wien,* [1816.] obl. fol. & fol.   Hirsch IV. **353**.

BEETHOVEN (LUDWIG VAN)

—— [Symphonies. Op. 93.] Achte grosse Sinfonie in F dur für 2 Violinen, 2 Violen, 2 Flauten, 2 Oboen, 2 Clarinetten, 2 Fagott, 2 Horn, 2 Trompeten, Pauken, Violoncello und Basso . . . 93tes Werk. [Parts.] 17 pt.   *Bei S: A: Steiner und Comp.: Wien,* [1816.] fol.   Hirsch IV. **350**.

BEETHOVEN (LUDWIG VAN)

—— [Symphonies. Op. 93.] Achte grosse Sinfonie in F dur . . . 93tes Werk. Für das Piano-Forte eingerichtet. pp. 31.   *Bei S: A: Steiner und Comp.: Wien,* [1816.] obl. fol.   Hirsch IV. **351**.

BEETHOVEN (LUDWIG VAN)

—— [Symphonies. Op. 93.] Achte grosse Sinfonie in F dur . . . 93tes Werk. Für zwey Piano-Forte eingerichtet. [Parts.] 2 pt.   *Bei S. A. Steiner und Comp.: Wien,* [1816.] obl. fol.   Hirsch IV. **352**.

BEETHOVEN (LUDWIG VAN)

—— [Symphonies. Op. 125.] [Another copy.] Sinfonie mit Schluss-Chor . . . 125tes Werk. ⟨Faksimile-Ausgabe.⟩ *Leipzig,* 1924. fol.   Hirsch M. **1324**.

BEETHOVEN (LUDWIG VAN)

—— [Symphonies. Op. 125.] [Another copy.] Sinfonie mit Schluss-Chor über Schillers Ode : " An die Freude " für grosses Orchester, 4 Solo- und 4 Chor-Stimmen . . . 125tes Werk. [Score.]   *Mainz und Paris; Antwerpen,* [1826.] fol.   Hirsch IV. **395**.

With a leaf inserted containing a " Subscribenten-Verzeichniss auf folgende Werke von Ludwig van Beethoven. Missa solennis. Op. 123. Ouverture. Op. 124. Sinfonie mit Chor. Op. 125."

BEETHOVEN (LUDWIG VAN)

—— [Symphonies. Op. 125.] [Another copy.] Sinfonie mit Schluss-Chor . . . 125tes Werk. [Score.]   *Mainz und Paris; Antwerpen,* [1826.] fol.   Hirsch IV. **394**. a.

Without the leaf containing the " Subscribenten-Verzeichniss," but with the wrapper, which bears the title : " Sinfonie en ré mineur . . . Oeuvre 125. Partition."

BEETHOVEN (LUDWIG VAN)

—— [Symphonies. Op. 125.] Neunte Symphonie mit Schlusschor über Schiller's Ode an die Freude . . . Op. 125. ⟨Partitur.⟩ pp. 276.   *Breitkopf & Härtel: Leipzig,* [1865 ?] fol.   Hirsch M. **744**.

Another issue of the sheets of " Ludwig van Beethoven's Werke." ser. 1. no. 9.

BEETHOVEN (LUDWIG VAN)

—— [Symphonies. Op. 125.] Sinfonia no. IX. Op. 125. [Score.] 1867. *See* supra: The Nine Symphonies of Ludwig van Beethoven . . . No. IX, *etc.* 1867. 8°.   Hirsch M. **67**.

BEETHOVEN (LUDWIG VAN)

—— [Symphonies. Op. 125.] Sinfonie mit Schluss-Chor über Schillers Ode : " An die Freude " für grosses Orchester, 4 Solo- und 4 Chor-Stimmen . . . 125tes Werk. [Parts.] 30 pt.   *Bey B. Schotts Söhnen: Mainz und Paris; bey A. Schott: Antwerpen,* [1826.] fol.   Hirsch IV. **396**.

BEETHOVEN (LUDWIG VAN)

—— [Another copy.] Terzetto originale. Tromate [*sic*], empi, tremate per voci di soprano, tenore e basso con accompagnamento di cembalo . . . Opera 116. [Vocal score.] *Vienna,* [1826.] obl. fol.   Hirsch IV. **383**.

BEETHOVEN (LUDWIG VAN)

—— Terzetto (Tremate, empi, tremate !) per il soprano, tenore e basso con accompagnemento dell'orchestra . . . Op: 116. [Parts.] 17 pt.   *Presso S. A. Steiner e comp.: Vienna,* [1826.] fol.   Hirsch IV. **382**.

BEETHOVEN (LUDWIG VAN)

—— Trios pour piano, violon & violoncelle (avec le quintuor oeuv. 16.), *etc.* [Score and parts.] 40 pt.

    livre 1.   Trois trios . . . Oeuvre 1. No. 1–3.
            Trio B dur . . . Oeuvre 11.
            Grand trio . . . Oeuvre 38.
    livre 2.   Deux trios . . . Oeuvre 70. No. 1, 2.
            Grand trio . . . Oeuvre 97.
            Grand quintuor . . . ou en quatuor . . . Oeuvre 16.
            Trio non difficile . . . Oeuvre posthume. No. 1.
            Petit trio en Si♭ maj. . . . Comp. 1812. No. 2.

Chez André: Offenbach s/m., [1855 ?] fol.   Hirsch III. **83**.

BEETHOVEN (LUDWIG VAN)

—— [Trios.] [A Collection of Trios, in score, comprising Op. 3, Op. 8, Op. 9, No. 1–3, Op. 25 and Op. 87.] pp. 342. *Bei K. Ferd. Heckel: Mannheim,* [1848.] 16°.   Hirsch III. **84**.

BEETHOVEN (LUDWIG VAN)

—— [Trios.] Collection complète des oeuvres pour le pianoforte avec accompagnement de violon et violoncello . . . 3me partie. [Score and parts.] no. 1–8, 10–14. 39 pt.

    no. 1–3.   Trois trios . . . Oeuvre 1. No. 1–3.
    no. 4.   Grand trio . . . Oeuvre 11.
    no. 5.   Grand trio d'après le septuor Op. 20 . . . Arrangé . . . Op. 38.
    no. 6, 7.   Deux trios. Oeuv. 70. No. 1, 2.
    no. 8.   Trio . . . 97tes Werck.
    no. 10.   Adagio, Variationen und Rondo . . . Opus 121.
    no. 11.   Symphonie [Op. 36] arrangée . . . par l'auteur.
    no. 12.   Six variations . . . Op. 44.
    no. 13.   Trio . . . Oeuvre posthume.
    no. 14.   Trio in einem Satze . . . Comp. 1812.

Chez Franz Philipp Dunst: Francfort s/m., [1830 ?] fol.   Hirsch III. **82**.

Imperfect; wanting partie 1 and 2, and no. 9 of partie 3.

BEETHOVEN (LUDWIG VAN)
—— [Trios. Op. 1.] Trois trios pour le piano-forte, violon, et violoncelle . . . Oeuvre 1ʳᵉ. *Chez Jean Cappi: Vienne*, [1802.] obl. fol.   Hirsch IV. **239**.
Imperfect; wanting the parts for violin and violoncello.

BEETHOVEN (LUDWIG VAN)
—— [Trios. Op. 3.] A Grand Trio, for Violin, Tenor & Violoncello . . . Op. 3. [Parts.] 3 pt. *Clementi, Banger, Collard, Davis & Collard: London*, [1810?] fol.
                                                    Hirsch M. **745**.
Watermark date 1810.

BEETHOVEN (LUDWIG VAN)
—— [Trios. Op. 3.] Grande sonate pour le forte-piano avec accompᵗ de violoncelle obbligé (tirée du grand trio pour le violon oeuv. 3ᵐᵉ) . . . No. 64. [Parts.] 2 pt. *Chez Artaria et comp.: Vienne*, [1807.] obl. fol.
                                                    Hirsch IV. **304**.

BEETHOVEN (LUDWIG VAN)
—— [Trios. Op. 3.] Grande sonate pour le piano-forte d'après d'un trio par L. van Beethoven, pp. 19. *Chez S. A. Steiner: Vienne*, [1815.] obl. fol.   Hirsch III. **86**.

BEETHOVEN (LUDWIG VAN)
—— [Trios. Op. 8.] A Trio for a Violin, Viola & Violoncello . . . Op. 8. [Parts.] 3 pt. *Broderip & Wilkinson: London*, [1807?] fol.   Hirsch M. **746**.
Watermark date 1807.

BEETHOVEN (LUDWIG VAN)
—— [Trios. Op. 8.] A Trio for a Violin, Viola & Violoncello . . . Op. 8. [Parts.] 3 pt. *Preston: London*, [1812?] fol.   Hirsch M. **747**.
Watermark date 1812.

BEETHOVEN (LUDWIG VAN)
—— [Trios. Op. 9.] Three Trios, for Violin, Tenor & Violoncello . . . Op. 4. [Parts.] 3 pt. *Clementi, Banger, Hyde, Collard & Davis: London*, [1802?] fol.
                                                    Hirsch M. **748**.
Watermark date 1802.

BEETHOVEN (LUDWIG VAN)
—— [Trios. Op. 70.] Deux trios pour pianoforte, violon et violoncelle . . . Oeuv. 70. No. [1, 2.] [Parts.] 6 pt. *Chez Breitkopf & Härtel: Leipsic*, [1809.] fol.
                                                    Hirsch IV. **313**.

BEETHOVEN (LUDWIG VAN)
—— [Trios. Op. 70.] Deux trios pour pianoforte, violon et violoncelle . . . Oeuv. 70. No. 1. [Parts.] *Chez Breitkopf et Härtel: Leipsic*, [1815?] fol.
                                                    Hirsch IV. **314**.
Imperfect; wanting No. 2.

BEETHOVEN (LUDWIG VAN)
—— [Trios. Op. 87.] Grand trio pour deux hautbois et un cor anglais . . . Op: [87.] [Parts.] 3 pt. *Chez Artaria et comp.: Vienne*, [1806.] fol. Hirsch IV. **339**.

BEETHOVEN (LUDWIG VAN)
—— [Trios. Op. 97.] [Another copy.] Trio für Piano-Forte, Violin und Violoncello . . . 97ᵗᵉˢ Werk. [Parts.] *Wien*, [1816.] obl. fol. & fol.   Hirsch IV. **357**.

BEETHOVEN (LUDWIG VAN)
—— [Trios. Nottebohm p. 144.] Trio in einem Satze für das Piano Forte, Violine & Violoncello . . . Comp: 1812. [Score and parts.] 3 pt. *Bei Fr. Ph. Dunst: Frankfurt a/M.*, [1830.] fol.   Hirsch IV. **423**.

BEETHOVEN (LUDWIG VAN)
—— Gli Uomini di Prometeo. *See supra:* [*Die Geschöpfe des Prometheus.*]

BEETHOVEN (LUDWIG VAN)
—— [Variations.] A Favorite Air with Variations for the Piano Forte. no. 1, 2, 4. *Rᵗ Birchall: London*, [1820?] fol.   Hirsch M. **750**.
Imperfect; wanting no. 3 and all after no. 4.

BEETHOVEN (LUDWIG VAN)
—— [Variations.] Airs with Variations for the Piano Forte (with and without Accompaniments). no. 9. *Birchall & Co.: London*, [1822?] fol.   Hirsch M. **762**. (**1**.)
Watermark date 1822. Imperfect; wanting no. 1–8 and all after no. 9.

BEETHOVEN (LUDWIG VAN)
—— [Variations.] Foreign and English Airs arranged with Variations & as Rondos for the Piano Forte by Louis von Beethoven. 12 no. pp. 121. *Preston: London*, [1825?] fol.   Hirsch M. **749**.

—— [Another copy of no. 2.]   Hirsch M. **1287**. (**7**.)

BEETHOVEN (LUDWIG VAN)
—— [Variations.] The Favorites, No. 1. Rule Britannia with 5 vars. & coda. No. 2. Original Thema with vars. in G. No. 3. Standeln [*sic*] & Scherzen. Original thema with varˢ in F. 3 no. *Keith Prowse & Co.: London*, [1845?] fol.   Hirsch M. **1283**. (**8**.)

BEETHOVEN (LUDWIG VAN)
—— [Variations. Op. 105. No. 1–6. Op. 107. No. 2, 6, 7.] No. [1, 2, 3]⟨[4, 5, 6–7, 8, 9]⟩ of Twelve national Airs with Variations for the Piano Forte and an accompaniment for the Flute. [Score. With a portrait on the titlepage.] pp. 58. *T. Preston: London; G. Thomson: Edinburgh*, [1819.] fol.   Hirsch IV. **364**.
No. 10–12 of this collection were never published.

BEETHOVEN (LUDWIG VAN)
—— [Variations. Op. 34.] [Another copy.] VI variations pour le pianoforte . . . Oeuv. [34.] *Leipsic*, [1803.] obl. fol.   Hirsch IV. **275**.

BEETHOVEN (LUDWIG VAN)
—— [Variations. Op. 34.] An Air with characteristic Variations for the Piano Forte. pp. 11. *Chappell & Co.: London*, [1819?] fol.   Hirsch M. **762**. (**6**.)
Watermark date 1819.

BEETHOVEN (LUDWIG VAN)
—— [Variations. Op. 35.] [Another copy.] Variations pour le pianoforte . . . Oeuv. 35. *Leipsic*, [1803.] obl. fol.
Hirsch IV. **276**.

BEETHOVEN (LUDWIG VAN)
—— [Variations. Op. 76.] Variations pour le pianoforte . . . Oeuv. 76. pp. 8. *Chez Breitkopf & Härtel: Leipsic*, [1810.] obl. fol. Hirsch IV. **323**.

BEETHOVEN (LUDWIG VAN)
—— [Variations. Op. 105.] Six thêmes variés bien faciles à éxécuter pour le piano-forte seul ou avec accompagnement d'une flûte ou d'un violon (ad libitum) . . . Oeuvre 105. No. [1, 2.] [Parts.] 6 pt. *Chez Artaria et compag.: Vienne*, [1819.] fol. Hirsch IV. **365**.

BEETHOVEN (LUDWIG VAN)
—— [Variations. Op. 107.] Dix thêmes russes, écossais et tyroliens, variés pour le piano-forte avec accompagnement d'une flûte ou d'un violon ad libitum . . . Op. [107.] liv. 1–5. no. 1, 2–9, 10. [Parts.] 10 pt. *Chez N. Simrock: Bonn et Cologne*, [1820.] fol. Hirsch IV. **367**.

BEETHOVEN (LUDWIG VAN)
—— [Variations. Op. 120.] 33 Veränderungen über einen Walzer für das Piano-Forte . . . 120tes Werk. pp. 43. *Bey Cappi u: Diabelli: Wien*, [1823.] obl. fol.
Hirsch IV. **387**.

BEETHOVEN (LUDWIG VAN)
—— [Variations. Op. 120.] [A reissue.] 33 Veränderungen über einen Walzer für das Piano-Forte . . . 120tes Werk. *Bey A. Diabelli et Comp.: Wien*, [1824.] obl. fol. [*Vaterländischer Künstlerverein. Veränderungen, etc.* Abt. 1.]
Hirsch IV. **387. a**.

BEETHOVEN (LUDWIG VAN)
—— [Variations. Op. 120.] [A reissue.] 33 Veränderungen über einen Walzer für das Piano-Forte . . . 120tes Werk. *Wien*, [1835?] obl. fol. Hirsch M. **69**.

BEETHOVEN (LUDWIG VAN)
—— [Variations. Op. 121a.] [Another copy.] Adagio, Variationen und Rondo für Pianoforte, Violine und Violoncell . . . 121tes Werk. [Parts.] *Wien*, [1824.] fol.
Hirsch IV. **388**.

BEETHOVEN (LUDWIG VAN)
Variations without opus number, arranged according to the pages of Nottebohm's " Thematisches Verzeichniss der im Druck erschienenen Werke von Ludwig van Beethoven. Zweite vermehrte Auflage," 1868.

BEETHOVEN (LUDWIG VAN)
—— [Variations. N.p. 144.] Air [Se vuol ballare] from Mozart's Opera of Le Nozze di Figaro, with variations for the piano forte and an accomp^t for the violin.
Clementi & Co.: London, [1813?] fol. Hirsch M. **754**.
Watermark date 1813. *Imperfect; wanting the violin part.*

SIG. 20.—PART 53.

BEETHOVEN (LUDWIG VAN)
—— [Variations. N.p. 144.] Air [" See the conquering Hero comes " from Handel's " Judas Maccabaeus "] with Variations for the Piano Forte . . . No. [5.] [With violoncello accompaniment.] [Parts.] 2 pt. *Preston: London*, [1811?] fol. Hirsch M. **755**.
Watermark date 1811.

BEETHOVEN (LUDWIG VAN)
—— [Variations. N.p. 144.] Handel's celebrated Air, " See the conquering Hero comes ! " with variations for the piano-forte . . . with an accompaniment for a flute or violoncello. [Parts.] *Willis & Co.: London*, [1840?] fol. Hirsch M. **756**.
Imperfect; wanting the flute part.

BEETHOVEN (LUDWIG VAN)
—— [Variations. N.p. 145.] Variations pour le clavecin sur le thême, Bey Männer welche Liebe fühlen de l'opéra, die Zauberflöte, de Mr Mozart. *Chez T. Mollo et comp.: Vienne*, 1802. obl. fol. Hirsch IV. **427**.
Without the violoncello part.

BEETHOVEN (LUDWIG VAN)
—— [Variations. N.p. 155.] Paisiello's, admired Duet, " Nel cor più non mi sento," arranged with variations for the pianoforte. pp. 6. *Preston: London*, [1807?] fol.
Hirsch M. **751**.
Watermark date 1807.

BEETHOVEN (LUDWIG VAN)
—— [Variations. N.p. 155.] La Molinara. Thême [" Nel cor più," by G. Paisiello] varié par Beethoven. [P.F., edited by F. Le Couppey.] pp. 9. *J. Maho: Paris*, [1860?] fol. Hirsch M. **1294. (5.)**
Part of " Les Classiques du piano."

BEETHOVEN (LUDWIG VAN)
—— [Variations. N.p. 155.] Quanté [sic] piu bella. An air, from the Opera Le [sic] Molinara [by G. Paisiello], with variations, by Beethoven. No. 2. [P.F.] pp. 7.
G. Walker: London, [1821?] fol. Hirsch M. **763. (9.)**
Watermark date 1821.

BEETHOVEN (LUDWIG VAN)
—— [Variations. N.p. 156.] Air [by J. J. Haibel] with variations for the Piano Forte . . . No. [3.] pp. 13.
Broderip & Wilkinson: London, [1808?] fol.
Hirsch M. **753**
Watermark date 1808.

BEETHOVEN (LUDWIG VAN)
—— [Variations. N.p. 157.] Air [" La Stessa, la stessissima " by A. Salieri] with Variations for the Piano Forte. pp. 13.
Broderip & Wilkinson: London, [1805?] fol.
Hirsch M. **757**.
Watermark date 1805.

BEETHOVEN (LUDWIG VAN)
—— [Variations. N.p. 157.] VIII Variations, on a celebrated Air [Une fièvre brûlante], in the Opera of Richard Cœur de Lion [by A. E. M. Grétry], for the Piano Forte. pp. 10. *G. Walker: London,* [1819?] fol. Hirsch M. **763**. (8.)
Watermark date 1819.

BEETHOVEN (LUDWIG VAN)
—— [Variations. N.p. 158.] [Another copy.] VI variations très faciles pour le forte-piano. *Vienne,* [1801.] *obl. fol.*
Hirsch IV. **446**.

BEETHOVEN (LUDWIG VAN)
—— [Variations. N.p. 158.] VIII. Variations pour le clavecin ou piano-forte sur le trio: Tândeln und Scherzen de l'opéra Soliman oder die drey Sultaninnen [by F. X. Süssmayer] ... Nro 10. pp. 9. *Chez Jean Cappi: Vienne,* [1804?] *obl.* fol. Hirsch M. **68**.

BEETHOVEN (LUDWIG VAN)
—— [Variations. N.p. 159.] Variations pour le pianoforte sur le thême God save the King ... No. 25. pp. 9. *Au bureau d'arts et d'industrie: Vienne,* [1804.] *obl.* fol.
Hirsch IV. **447**.

BEETHOVEN (LUDWIG VAN)
—— [Variations. N.p. 159.] Variations pour le pianoforte sur le thême: Rule Britannia [from T. A. Arne's "Alfred"] ... N. 26. pp. 9. *Au bureau d'arts et d'industrie: Vienne,* [1804.] *obl.* fol. Hirsch IV. **448**.

BEETHOVEN (LUDWIG VAN)
—— [Variations. N.p. 159.] [Another copy.] Trente deux variations pour le pianoforte ... No. 36. *Wien,* [1807.] *obl.* fol. Hirsch IV. **449**.

BEETHOVEN (LUDWIG VAN)
—— Variationen für 2 Oboen und English Horn über das Thema Là ci darem la mano—Reich' mir die Hand mein Leben, aus Mozart, Don Juan. Für 2 Oboen und Englisch Horn zum Vortrag eingerichtet und erstmalig 1914 herausgegeben von Fritz Stein. Für 2 Violinen und Viola bearbeitet von Herm. Gärtner. [Score and parts.] 3 pt. *Breitkopf & Härtel: Leipzig,* [1914.] 4º.
Hirsch M. **759**. a.
Not in Nottebohm. Edition Breitkopf. no. 3970. Imperfect; wanting the first violin part.

BEETHOVEN (LUDWIG VAN)
—— Der Wachtelschlag. [Song.] Mit Begleitung des Pianoforte ... N. 24. pp. 7. *Im Verlage des Kunst- und Industrie-Comptoirs: Wien,* [1804.] *obl.* fol.
Hirsch IV. **459**.

BEETHOVEN (LUDWIG VAN)
—— Der Wachtelschlag mit Clavier Begleitung. [Song.] Nro. 24. pp. 7. *In J. Riedl's Kunsthandlung: Wien und Pest,* [1815?] *obl.* fol. Hirsch M. **70**.

BEETHOVEN (LUDWIG VAN)
—— Favorit-Walzer für's Piano-Forte. no. 11. *Bei J. André: Offenbach a/M.,* [1829.] 8º. Hirsch M. **1300**. (1.)
Imperfect; wanting no. 1–10 and all after no. 11.

BEETHOVEN (LUDWIG VAN)
—— Wellingtons Sieg, oder: die Schlacht bey Vittoria ... 91tes Werk. Vollständige Partitur. pp. 114. *Bey S. A. Steiner und Comp.: Wien,* [1816.] 4º.
Hirsch IV. **343**.

BEETHOVEN (LUDWIG VAN)
—— [Another copy.] Wellingtons Sieg ... für das Piano-Forte ... 91tes Werk. *Wien,* [1816.] *obl.* fol.
Hirsch IV. **344**.

BEETHOVEN (LUDWIG VAN)
—— [Another issue.] [Wellingtons Sieg ... für das Piano-Forte. 91tes Werk.] [*Vienna,* 1816.] *obl.* fol.
Hirsch IV. **344**. a.
Imperfect; wanting the titlepage. P. [1] contains a "Pränumerations-Anzeige auf zwey neue grosse Sinfonien (in A. und F. dur) von Ludwig van Beethoven", dated Feb. 1816.

BEETHOVEN (LUDWIG VAN)
—— Wellingtons-Sieg oder: die Schlacht bey Vittoria. Eingerichtet für vollständiges türkische Musik ... 91tes Werk. [Parts.] *Bey S. A. Steiner und Comp.: Wien,* [1816.] 8º. Hirsch IV. **345**.
Journal für Harmonie und türkische Musik. Hft. 1. Imperfect; wanting the parts for clarinet in D, horns in E flat, bass drum and side-drum.

BEETHOVEN (LUDWIG VAN)
—— [Another copy.] 11 Wiener Tänze ... Partitur. *Leipzig,* [1907.] fol. Hirsch M. **758**.
Part of "Breitkopf & Härtel's Partitur-Bibliothek."

BEETHOVEN (LUDWIG VAN) [*Doubtful and Spurious Works.*]
—— Symphonie in C dur mit Ludwig van Beethovens Namen überliefert ... eingerichtet und herausgegeben von Fritz Stein. Taschenpartitur, etc. pp. iv. 64. *Breitkopf & Härtel: Leipzig,* [1911.] 8º. Hirsch M. **71**.

BEETHOVEN (LUDWIG VAN) [*Doubtful and Spurious Works.*]
—— [Another copy.] Symphonie in C dur mit Ludwig van Beethovens Namen überliefert ... herausgegeben von Fritz Stein. [Score.] *Leipzig,* [1911.] fol.
Hirsch M. **759**.
Without the leaf containing the English translation of the "Vorwort."

BEETHOVEN (LUDWIG VAN) [*Doubtful and Spurious Works.—Waltzes.—Le Désir.*]
—— *See* HUENTEN (F.) Trois airs gracieux sur des thêmes favoris d'Auber, de Bellini et de Beethoven [or rather, F. P. Schubert] ... No. 1. [1830?] fol.
Hirsch M. **1289**. (5.)

BEETHOVEN (LUDWIG VAN) [*Appendix*.]

—— *See* DIEMER (L.) Transcriptions symphoniques. [P.F.] Haydn ... Beethoven, *etc.* [1860?] fol.
Hirsch M. **1294. (6.)**

BEGEGNUNG.

—— Die Begegnung am Meeresstrande. [Song.] *See* LOEWE (J. C. G.)

BEGGAR'S OPERA.

—— The Overture, Airs, Duets, Trios, and Choruses, in the Beggars' Opera, written by John Gay. The whole carefully collated, and supplied with appropriate accompaniments, for the piano-forte, by J. Addison. pp. viii. 74. *Goulding and D'Almaine: London*, [1827?] fol.
Hirsch IV. **1239.**

Watermark date 1827.

BEGGAR'S OPERA.

—— The Beggar's Opera ... The Ouverture and Basses compos'd by Dr. Pepusch. *See* CALMUS (G.) Zwei Opern-Burlesken aus der Rokokozeit, *etc.* 1912. 8°.
Hirsch M. **105.**

BEHRENS (H.)

—— *See* WEBER (C. M. F. E. von) Euryanthe. Romantic Opera ... Arranged for the pianoforte by H. Behrens. [1840?] 4°.
Hirsch M. **640.**

BEITRAEGE.

—— Beitraege zur Unterhaltung in Erholungsstunden. VI Lieder, *etc.* [1810?] obl. fol. *See* S. Hirsch III. **639.**

BEKKER (PAUL)

—— *See* BEETHOVEN (L. van) Bagatellen ... ⟨Op. 33. Op. 119. Op. 126.⟩ Herausgegeben und eingeleitet von P. Bekker. 1920. 8°.
Hirsch M. **39.**

BELLE.

—— Belle à nous rendre fous! Chansonette. *See* MASINI (F.)

BELLINI (VINCENZO)

—— [I Capuleti.—L'amo, l'amo.] Ill' [*sic*] weep for thee ever, Ballad ... the poetry by ... the Honble Mrs. Norton, *etc.* ⟨2nd edition.⟩ pp. 5. *W. Allcroft: London*, [1845?] fol.
Hirsch M. **1272. (5.)**

BELLINI (VINCENZO)

—— [I Capuleti.] *See* HUENTEN (F.) Trois airs gracieux sur des thêmes favoris d'Auber, de Bellini et de Beethoven ... No. 2. [1830?] fol.
Hirsch M. **1289. (5.)**

BELLINI (VINCENZO)

—— [Another copy.] Norma. Tragedia lirica ... Partitura d'orchestra. *Milano*, 1915. 4°.
Hirsch II. **45.**

BELLINI (VINCENZO)

—— [Norma.] Casta diva, che inargenti, cavatina. pp. 9. *R. Mills: London*, [1840?] fol. Hirsch M. **1308. (24.)**

BELLINI (VINCENZO)

—— [Norma.—Deh! con te.] The Pilot's Grave. [Song.] The words by B. Miles, *etc.* ⟨Arranged by J. Wilkinson.⟩ pp. 5. *B. Williams: London*, [1845?] fol.
Hirsch M. **1272. (4.)**

BELLINI (VINCENZO)

—— [Norma.—Deh, con te.] Yes together we will live & die. Duet ... Adapted by T. Cooke. *Chappell: London*, [1850?] fol. Hirsch M. **1276. (5.)**

BELLINI (VINCENZO)

—— [Norma.] *See* LANNER (J. F. C.) Marsch und Galoppe nach ... Motiven der Oper ... Norma, *etc.* [1833.] obl. fol.
Hirsch M. **214. (8.)**

BELLINI (VINCENZO)

—— [Norma.] *See* LISZT (F.) Reminiscences de Norma. ⟨Grande fantaisie.⟩ [1843.] fol. Hirsch M. **953. (10.)**

BELLINI (VINCENZO)

—— The Pilot's Grave. *See supra*: [*Norma.—Deh! con te.*]

BELLINI (VINCENZO)

—— [Il Pirata.] Tu vedrai, the celebrated Air ... arranged as a rondo for the piano forte ... by Thomas Valentine. pp. 7. *Keith, Prowse and Co.: London*, [1845?] fol.
Hirsch M. **1283. (1.)**

BELLINI (VINCENZO)

—— I Puritani. Opera seria in tre atti. Poesia del Conte Pepoli ... Die Puritaner. Ernste Oper in drei Akten nach dem Italienischen des Grafen Pepoli ... Für die deutsche Bühne bearbeitet von dem Freiherrn von Lichtenstein. Vollständiger Clavier Auszug. pp. 279. *Bei B. Schott's Söhnen: Mainz und Antwerpen*, [1835.] fol.
Hirsch M. **764.**

With a libretto of the opera in German inserted.

BELLINI (VINCENZO)

—— [I Puritani.—Suoni la tromba.] *See* FIORINI (G. E.) Suoni la tromba, Duetto, in I Puritani, arranged as a rondino for the piano forte. [1840?] fol.
Hirsch M. **1272. (23.)**

BELLINI (VINCENZO)

—— [I Puritani.] *See* LISZT (F.) J Puritani. Jntroduction et polonaise, *etc.* [1841.] fol. Hirsch M. **953. (9.)**

BELLINI (VINCENZO)

—— [La Sonnambula.—Tutto è sciolto.] All is lost now! Scena ... adapted to the English stage by H. R. Bishop. ⟨Fifth edition.⟩ pp. 12. *T. Boosey & Co.: London*, [1850?] fol. Hirsch M. **1276. (6.)**

BELLINI (VINCENZO)

—— [La Sonnambula.] *See* ALBERT (Charles L. N. d') La Sonnambula. Quadrille. [1860?] fol.
Hirsch M. **1314. (8.)**

BELLINI (Vincenzo)
—— [La Straniera.—Meco tu vieni.] Aus der Oper die Fremde ... Für die Guitarre eingerichtet v. J. D. Hoffmann. [Song.]   *Bei A. Fischer: Frankfurt a/M.*, [1830?] 8°.   Hirsch M. **1300. (2.)**
Part of the " Journal für Guitarre und Gesang."

BELLINI (Vincenzo)
—— [La Straniera.] *See* Strauss (J.) *the Elder.* Cotillons nach beliebten Melodien aus der Oper: Die Unbekannte (La Straniera), *etc.* [1831?] *obl.* fol.
Hirsch M. **561. (16.)**

BELLINI (Vincenzo)
—— Yes together we will live & die. *See* supra: [*Norma.— Deh, con te.*]

BELMONT E CONSTANZA.
—— Belmont e Constanza. Komische Oper. *See* Mozart (W. A.) [*Die Entführung aus dem Serail.*]

BENDA (Georg)
—— Sinfonie, B dur, für Streicher ... herausgegeben von Robert Sondheimer. [Score.] pp. 10. *Edition Bernoulli: Berlin*, [1932.] 8°. [*Werke aus dem 18. Jahrhundert.* no. 24.]   Hirsch IV. **1020.**

BENEDICT (Sir Julius)
—— Hans und Verene. [Song.] Von Hebel. [1839.] *s. sh.* 8°.   Hirsch M. **659.**
Contained between p. 144 and p. 145 of " Europa. Chronik der gebildeten Welt," Bd. 4, 1839.

BENIOUWSKY.
—— Beniouwsky. Opéra. *See* Boieldieu (F. A.)

BENNETT (Sir William Sterndale)
—— Pianoforte Compositions ... New edition, carefully edited & fingered by Arthur O'Leary. ser. 1. no. 28–33, 38. *Joseph Williams: London*, [1880?] fol.
Hirsch M. **766. (4.)**
Imperfect; wanting ser. 1. no. 1–27, 34–37, 39, 40.

BENNETT (Sir William Sterndale)
—— Sir William Sterndale Bennett's Pianoforte Works. Edited & fingered by Walter Macfarren. no. 1–5, 16, 20–23, 27, 29, 34, 35, 37, 41. *Edwin Ashdown: London*, [1880?] fol.   Hirsch M. **765. (1.)**
A made-up set, of various issues. Imperfect; wanting no. 6–15, 17–19, 24–26, 28, 30–33, 36, 38–40, and all after no. 41.

BENNETT (Sir William Sterndale)
—— " Allegro grazioso," for the Piano Forte ... Op. 18. pp. 9. *Joseph Williams: London*, [1870?] fol.
Hirsch M. **766. (1.)**

BENNETT (Sir William Sterndale)
—— L'Amabile e l'appassionata. Two characteristic studies, for the piano forte ... Op. 29. *Joseph Williams: London*, [1870?] fol.   Hirsch M. **766. (5.)**

BENNETT (Sir William Sterndale)
—— The Better Land. [Song.] Words by Mrs. Hemans. pp. 5. *Lamborn Cock: London*, [1882?] fol.
Hirsch M. **769. (13.)**

BENNETT (Sir William Sterndale)
—— Castle Gordon. *See* infra: [*Six Songs. Op.* 35. No. 4.]

BENNETT (Sir William Sterndale)
—— [Concerto No. 1. Op. 1.] Andante, *etc.* [P.F. Duet.] pp. 13. *Edwin Ashdown: London*, [1870?] fol.
Hirsch M. **768. (1.)**
One of " Select Movements from William Sterndale Bennett's Piano Forte Concertos, arranged by the author for two performers."

BENNETT (Sir William Sterndale)
—— [Concerto No. 1. Op. 1.] Scherzo, *etc.* [P.F. Duet.] pp. 15. *Ashdown & Parry: London*, [1870?] fol.
Hirsch M. **768. (2.)**
One of " Select Movements from William Sterndale Bennett's Piano Forte Concertos, arranged by the author for two performers."

BENNETT (Sir William Sterndale)
—— [Concerto No. 3. Op. 9.] Romanza, *etc.* [P.F. Duet.] pp. 15. *Ashdown & Parry: London*, [1870?] fol.
Hirsch M. **768. (3.)**
One of " Select Movements from William Sterndale Bennett's Piano Forte Concertos, arranged by the author for two performers."

BENNETT (Sir William Sterndale)
—— [Concerto No. 4. Op. 19.] Barcarolle (arranged by the composer) ... for the Pianoforte. pp. 9. *Edwin Ashdown: London*, [1880?] fol.   Hirsch M. **766. (2.)**

BENNETT (Sir William Sterndale)
—— [Concerto No. 4. Op. 19.] Barcarolle, *etc.* [P.F. Duet.] pp. 13. *Edwin Ashdown: London*, [1870?] fol.
Hirsch M. **768. (4.)**
One of " Select Movements from William Sterndale Bennett's Piano Forte Concertos, arranged by the author for two performers."

BENNETT (Sir William Sterndale)
—— In radiant Loveliness, canzonet, poetry by James Montgomery. ⟨Revised & edited by Walter Macfarren.⟩ pp. 5. *Edwin Ashdown: London*, [1880?] fol.
Hirsch M. **769. (14.)**

BENNETT (Sir William Sterndale)
—— Indian Love. *See* infra: [*Six Songs. Op.* 35. No. 1.]

BENNETT (Sir William Sterndale)
—— Die Jungfrau von Orleans. (Schiller.) The Maid of Orleans. Sonata for the pianoforte ... Op. 46. pp. 36. *J. B. Cramer: London*, [1870?] fol. Hirsch M. **767. (1.)**

BENNETT (*Sir* WILLIAM STERNDALE)
—— The May Queen, a Pastoral . . . Op. 39. no. 1. *Novello, Ewer & Co.: London & New York*, [1880?] fol.
Hirsch M. **768**. (**8**.)
No. 1 comprises the overture, arranged for P.F. duet by the composer. Imperfect; wanting no. 2–12.

BENNETT (*Sir* WILLIAM STERNDALE)
—— Minuetto espressivo . . . Newly revised and fingered by Arthur O'Leary. [P.F.] pp. 5. *Joseph Williams: London*, [1880?] fol.
Hirsch M. **767**. (**2**.)

BENNETT (*Sir* WILLIAM STERNDALE)
—— Musing on the roaring Ocean. *See infra*: [*Six Songs. Op. 23. No. 1.*]

BENNETT (*Sir* WILLIAM STERNDALE)
—— Now my God, let I beseech Thee, Anthem, composed for the occasion of the consecration of the chapel of St. John's College, Cambridge, May 12, 1869. [Vocal score.] pp. 24. *J. B. Cramer & Co.: London*, [1880?] fol.
Hirsch M. **769**. (**20**.)

BENNETT (*Sir* WILLIAM STERNDALE)
—— Of all the Arts beneath the Heaven, the words by James Hogg, etc. [Part-song.] pp. 6. *Edwin Ashdown: London*, [1880?] 4°.
Hirsch M. **769**. (**22**.)
Modern Four-Part Songs for Mixed Voices. no. 55.

BENNETT (*Sir* WILLIAM STERNDALE)
—— [Paradise & the Peri.] Fantasie-overture . . . Newly arranged for two performers on the pianoforte by W. Dorrell. Op. 42. pp. 29. *Augener & Co.: London*, [1870?] fol.
Hirsch M. **768**. (**9**.)

BENNETT (*Sir* WILLIAM STERNDALE)
—— [Parisina.] Overture, *etc.* [P.F. duet.] pp. 19. *Augener & Co.: London*, [1865?] fol.
Hirsch M. **768**. (**5**.)
Part of "Overtures transcribed for the Pianoforte. Second series."

BENNETT (*Sir* WILLIAM STERNDALE)
—— Praeludium, for the Piano Forte, as performed by Mr. Harold Thomas. pp. 5. *Augener & Co.: London*, [1875?] fol.
Hirsch M. **767**. (**4**.)

BENNETT (*Sir* WILLIAM STERNDALE)
—— Preludes and Lessons, for the Piano Forte, composed for the use of Queen's College London . . . Op. 33. pp. 53. *Edwin Ashdown: London*, [1870?] fol.
Hirsch M. **766**. (**7**.)

BENNETT (*Sir* WILLIAM STERNDALE)
—— Rondeau à la polonaise, pour le piano . . . Op. 37. pp. 9. *Joseph Williams: London*, [1870?] fol.
Hirsch M. **766**. (**9**.)

BENNETT (*Sir* WILLIAM STERNDALE)
—— Four Sacred Duets. [Op. 30.] 4 no. *Novello, Ewer & Co.: London*, [1870?] fol. Hirsch M. **769**. (**19**.)
A made-up set. No. 3 and 4 are reissues from an edition published by Lamborn Cock, and bear their imprint.

BENNETT (*Sir* WILLIAM STERNDALE)
—— Sextett, for Piano Forte, two Violins, Tenor, Violoncello & Double Bass, (or 2nd. V. Cello) . . . Op. 8. [P.F. score and parts.] 6 pt. *Augener & Co.: London*, [1870?] 4°.
Hirsch M. **767**. (**8**.)

BENNETT (*Sir* WILLIAM STERNDALE)
—— "Sonata Duo," for the Piano Forte and Violoncello . . . Op. 32. [Parts.] 2 pt. *Stanley Lucas, Weber & Co.: London*, [1865?] fol.
Hirsch M. **767**. (**6**.)

BENNETT (*Sir* WILLIAM STERNDALE)
—— Six Songs, (Op. 23) . . . Arranged for the piano forte, by the composer. pp. 16. *Novello, Ewer & Co.: London*, [1880?] fol.
Hirsch M. **766**. (**3**.)

BENNETT (*Sir* WILLIAM STERNDALE)
—— [Six Songs. Op. 23. No. 1.] Musing on the roaring Ocean. Song, *etc.* ⟨English words by R. Burns. German words by W. Gerhard.⟩ pp. 5. *Novello, Ewer & Co.: London*, [1880?] fol.
Hirsch M. **769**. (**1**.)

BENNETT (*Sir* WILLIAM STERNDALE)
—— [Six Songs. Op. 23. No. 2.] May Dew, Song, *etc.* ⟨English words by H. H. Pierson. German words by Uhland.⟩ pp. 7. *Novello, Ewer & Co.: London & New York*, [1880?] fol.
Hirsch M. **769**. (**2**.)

BENNETT (*Sir* WILLIAM STERNDALE)
—— [Six Songs. Op. 23. No. 3.] Forget-me-not. Song, *etc.* ⟨English words by L. E. L., German words by W. Gerhard.⟩ pp. 3. *Novello, Ewer & Co.: London*, [1880?] fol.
Hirsch M. **769**. (**3**.)

BENNETT (*Sir* WILLIAM STERNDALE)
—— [Six Songs. Op. 23. No. 4.] To Chloe (in Sickness). Song, *etc.* ⟨English words by R. Burns. German words by W. Gerhard.⟩ pp. 5. *Novello, Ewer & Co.: London & New York*, [1880?] fol.
Hirsch M. **769**. (**4**.)

BENNETT (*Sir* WILLIAM STERNDALE)
—— [Six Songs. Op. 23. No. 5.] The Past. Entflohenes Glück. English words by Shelley. German words by W. Gerhard. pp. 5. *Lamborn Cock: London*, [1860?] fol.
Hirsch M. **769**. (**5**.)

BENNETT (*Sir* WILLIAM STERNDALE)
—— [Six Songs. Op. 23. No. 6.] Gentle Zephyr, Song with English & German words. pp. 5. *Novello, Ewer & Co.: London*, [1880?] fol.
Hirsch M. **769**. (**6**.)

BENNETT (Sir WILLIAM STERNDALE)
—— [Six Songs. Op. 35. No. 1.] Indian Love, Song, etc. ⟨English words by Barry Cornwall. German version by C. Klingemann. Op. 35. No. 7.⟩ pp. 4. *Novello, Ewer & Co.: London,* [1880?] fol. Hirsch M. **769**. (**7**.)
The numbering Op. 35. No. 7 is taken from that of " Twelve Songs," Op. 23 and Op. 35, in Novello's Octavo Edition.

BENNETT (Sir WILLIAM STERNDALE)
—— [Six Songs. Op. 35. No. 2.] Winter's gone, Song, etc. ⟨English words by John Clare. German version by C. Klingemann. Op. 35. No. 8.⟩ *Novello, Ewer & Co.: London,* [1880?] fol. Hirsch M. **769**. (**8**.)
The numbering Op. 35. No. 8 is taken from that of " Twelve Songs," Op. 23 and 35, in Novello's Octavo Edition.

BENNETT (Sir WILLIAM STERNDALE)
—— [Six Songs. Op. 35. No. 3.] Dawn, gentle Flower. Song, etc. ⟨English words by Barry Cornwall. German version by C. Klingemann. Op. 35. No. 9.⟩ *Novello, Ewer & Co.: London & New York,* [1880?] fol.
Hirsch M. **769**. (**9**.)
The numbering Op. 35. No. 9 is taken from that of " Twelve Songs," Op. 23 and 35, in Novello's Octavo Edition.

BENNETT (Sir WILLIAM STERNDALE)
—— [Six Songs. Op. 35. No. 4.] Castle Gordon. Song, etc. ⟨English words by Burns. German words by C. Klingemann. Op. 35. No. 10.⟩ *Novello, Ewer & Co.: London,* [1880?] fol. Hirsch M. **769**. (**10**.)
The numbering Op. 35. No. 10 is taken from that of " Twelve Songs," Op. 23 and 35, in Novello's Octavo Edition.

BENNETT (Sir WILLIAM STERNDALE)
—— [Six Songs. Op. 35. No. 5.] As lonesome through the Woods. Song, etc. ⟨English version by Miss H. F. Jonhston [sic]. Original German of C. Klingemann. Op. 35. No. 11.⟩ *Novello, Ewer & Co.: London,* [1880?] fol. Hirsch M. **769**. (**11**.)
The numbering Op. 35. No. 11 is taken from that of " Twelve Songs," Op. 23 and 35, in Novello's Octavo Edition.

BENNETT (Sir WILLIAM STERNDALE)
—— [Six Songs. Op. 35. No. 6.] Sing, Maiden, sing ! The words written by Barry Cornwall, etc. pp. 8. *Lamborn Cock: London,* [1865?] fol.
Hirsch M. **769**. (**12**.)

BENNETT (Sir WILLIAM STERNDALE)
—— Six Studies, in the form of Capriccios, for the Piano Forte . . . Op. 11. ⟨New & improved edition.⟩ pp. 21. *Joseph Williams: London,* [1860?] fol.
Hirsch M. **765**. (**2**.)

BENNETT (Sir WILLIAM STERNDALE)
—— Sweet Stream that winds through yonder Glade. Part song. The poetry by Cowper. pp. 7. *Edwin Ashdown: London,* [1880?] 4º. Hirsch M. **769**. (**21**.)
Modern Four-part Songs for Mixed Voices. no. 31.

BENNETT (Sir WILLIAM STERNDALE)
—— Tema e variazioni, per il piano forte . . . Op. 31. pp. 7. *Joseph Williams: London,* [1870?] fol.
Hirsch M. **766**. (**6**.)

BENNETT (Sir WILLIAM STERNDALE)
—— Toccata, for the Piano Forte . . . Op. 38. pp. 7. *Joseph Williams: London,* [1880?] fol.
Hirsch M. **766**. (**10**.)

BENNETT (Sir WILLIAM STERNDALE)
—— Chamber Trio for Pianoforte, Violin and Violoncello . . . Op. 26. [Score and parts.] 3 pt. *Augener & Co.: London,* [1880?] 4º. Hirsch M. **767**. (**7**.)

BENNETT (Sir WILLIAM STERNDALE)
—— [Chamber Trio. Op. 26.] Serenade . . . for piano duet, arr. by the composer, etc. pp. 9. *Augener & Co.: London,* [1860?] fol. Hirsch M. **768**. (**11**.)

BENNETT (Sir WILLIAM STERNDALE)
—— [Die Waldnymphe.] Overture, etc. [P.F. duet.] pp. 27. *Augener & Co.: London,* [1865?] fol.
Hirsch M. **768**. (**7**.)
Part of " Overtures transcribed for the Pianoforte. Second series."

BENNETT (Sir WILLIAM STERNDALE)
—— Winter's gone. *See supra*: [Six Songs. Op. 35. No. 2.]

BENOIST (FRANÇOIS)
—— [Another copy.] Léonore et Félix. Opéra comique, etc. *Paris,* [1821.] fol. Hirsch II. **48**.

BÉRAT (FRÉDÉRIC)
—— Le Petit cochon de Barbarie. Tyrolienne. [Song.] Paroles et musique de F. Bérat. *Chez Colombier: Paris,* [1840?] fol. Hirsch M. **1297**. (**5**.)

BERG (ALBAN)
—— [Another copy.] [Lulu.] Symphonische Stücke aus der Oper " Lulu " . . . Partitur. *Wien,* [1935.] fol.
Hirsch IV. **1558**.

BERG (ALBAN)
—— [Another copy.] Georg Büchners Wozzeck. Oper . . . Op. 7. Partitur. *Wien, Leipzig,* [1926.] fol.
Hirsch II. **49**.
The titlepage bears the composer's autograph signature.

BERG (ALBAN)
—— [Wozzeck.] Drei Bruchstücke für Gesang und Orchester . . . Partitur. Ausgabe für Konzertmässige Aufführungen. pp. 60. *Universal Edition A.-G.: Wien, New York,* [1924.] fol. Hirsch M. **770**.

BERGER (Ludwig)

—— Andreas Hofer, von J. Mosen, für Singstimme und Pianoforte. Dasselbe für vier Stimmen. [1838.] *See* Periodical Publications.—Leipzig.—*Neue Zeitschrift für Musik.* [Sammlung von Musik-Stücken, *etc.*] Hft. 13. [1838, *etc.*] fol. Hirsch M. **1134**.

BERGER (Ludwig)

—— Acht deutsche Lieder mit Begleitung des Klaviers. pp. 17. *Auf Kosten des Verfassers: Berlin*, 1801. obl. 4°. Hirsch III. **644**.

BERGÈRE.

—— La Bargère aux champs. Chanson. *See* Vimeux (J.)

BERGÈRE.

—— La Bergère fileuse. [Duet.] *See* Bruguière (É.)

BERGMANN.

—— Der Bergmann. Liederkreis. *See* Loewe (J. C. G.)

BERIOT (Charles Auguste de)

—— Dix études ou caprices pour le violon... Op: 9. pp. 23. *Chez N. Simrock: Bonn,* [1828?] fol. Hirsch M. **771**.

BERLIN.—*Gesellschaft für Musikforschung.*

—— [Another copy.] Publikation aelterer praktischer und theoretischer Musik-Werke vorzugsweise des xv. und xvi. Jahrhunderts, *etc.* 29 Bd. *Berlin*, 1873–1905. fol., 4° & 8°. Hirsch IV. **1007**.

BERLIN.—*Singakademie.*

—— [Another copy.] Sämmtliche Werke von Karl Christian Friedrich Fasch, herausgegeben von der Singakademie in Berlin. Partitur. Lfg. 3. *Berlin,* [1839?] Hirsch IV. **743**.

Imperfect; wanting Lfg. 1, 2, 4–7.

BERLIN.—*Staatliches Institut für deutsche Musikforschung.*

—— Das Erbe deutscher Musik. Herausgegeben im Auftrage des staatlichen Instituts für deutsche Musikforschung. Reihe 1. Reichsdenkmale.

Bd. 1, 2. Altbachisches Archiv. Aus Johann Bachs Sammlung von Werken seiner Vorfahren Johann, Heinrich, Georg Christoph, Johann Michael und Johann Christoph Bach... Herausgegeben von Max Schneider. Tl. 1. Motetten und Chorlieder. Tl. 2. Kantaten. 1935.
Bd. 3. Johann Christian Bach. Sechs Quintette. Op. 11. Herausgegeben von Rudolf Steglich. pp. xiii. 96. 1935.
Bd. 4, 8. Das Glogauer Liederbuch. Herausgegeben von Heribert Ringmann. 2 Tl. 1936, 37.
Bd. 5. Ludwig Senfl. Sieben Messen. Herausgegeben von Edwin Löhrer und Otto Ursprung. pp. xix. 119. 1936.
Bd. 6. Georg Philipp Telemann. Pimpinone. Herausgegeben von Th. W. Werner. [With a portrait.] pp. xv. 105. 1936.
Bd. 7. Trompeterfanfaren, Sonaten und Feldstücke. Herausgegeben von Georg Schünemann. pp. xxiii. 80. 1936.
Bd. 9. Orgelchoräle um Joh. Seb. Bach. Herausgegeben von Gotthold Frotscher. pp. xvii. 113. 1937.

BERLIN.—*Staatliches Institut für deutsche Musikforschung.*

Bd. 10. Ludwig Senfl. Deutsche Lieder. Tl. 1. Lieder aus handschriftlichen Quellen bis etwa 1533. Herausgegeben von Arnold Geering. [With a portrait.] 1938.
Bd. 11. Gruppenkonzerte der Bachzeit. Herausgegeben von Karl Michael Komma. pp. xi. 106. 1938.

Breitkopf & Härtel: Leipzig, 1935–38. fol. Hirsch IV. **960**.

Imperfect; wanting Bd. 10, Tl. 2, and all after Bd. 11. Bd. 1, 2, and 11 only were published by Breitkopf & Härtel. The remainder were issued by various publishers.

BERLIN.—*Staatliches Institut für deutsche Musikforschung.*

—— Das Erbe deutscher Musik. Herausgegeben im Auftrage des staatlichen Instituts für deutsche Musikforschung. Reihe 2. Landschaftsdenkmale.

Bayern.
Bd. 1. Rupert Ignaz Mayr. Ausgewählte Kirchenmusik. Bearbeitet von K. G. Fellerer. pp. vi. 147. 1936.
Mitteldeutschland.
Bd. 1. Friedrich Wilhelm Rust. Werke für Klavier und Streichinstrumente. Herausgegeben von Rudolf Czach. pp. x. 99. 1939.
Niedersachsen.
Bd. 1. Johannes Schultz. Musikalischer Lüstgarte. Herausgegeben von Hermann Zenck. pp. xvi. 104. 1937.
Schleswig-Holstein und Hansestädte.
Bd. 1. Nicolaus Bruhns. Gesammelte Werke. Tl. 1. Bearbeitet von Fritz Stein. 1937.
Bd. 3. Johann Sigismund Kusser. Arien, Duette und Chöre aus Erindo. Herausgegeben von Helmuth Osthoff. pp. xix. 72. 1938.

Henry Litolff's Verlag: Braunschweig; Georg Kallmeyer: Wolfenbüttel & Berlin, 1937–39. fol. Hirsch IV. **960**. a.

Imperfect; wanting all the other volumes.

BERLIN WALTZES.

—— Woll'n wir mal Enen riskiren? Zwei Berliner Favorit-Galopp-Walzer, für Fortepiano, Flöte oder Violine, *etc.* [1840?] 4°. *See* Wir. Hirsch M. **1312**. (**21**.)

BERLIOZ (Louis Hector)

—— [Another copy.] Werke. Herausgegeben von Ch. Malherbe und F. Weingartner. Bd. 1–16, 18–20. *Leipzig,* [1899–1907.] fol. Hirsch IV. **945**.

Imperfect; wanting Bd. 17.

BERLIOZ (Louis Hector)

—— Ausgewählte Lieder... Eingeleitet und herausgegeben von Dr. Karl Blessinger. [With a portrait.] pp. xii. 74. *Drei Masken Verlag: München,* 1920. 8°. Hirsch M. **72**.

Part of "Musikalische Stundenbücher."

BERLIOZ (Louis Hector)

—— Ballade sur la mort d'Ophélie. *See infra*: Tristia... Œuv: 18. No. 2.

BERLIOZ (Louis Hector)

—— Benvenuto Cellini. Opéra en trois actes. Paroles de MM. Léon de Wailly & Auguste Barbier. ⟨Partition orchestre.⟩ pp. 470. *Choudens père & fils: Paris,* [1886.] fol. Hirsch IV. **1559**.

BERLIOZ (LOUIS HECTOR)
—— Benvenuto Cellini . . . Ouverture. [Score.] pp. 52. *G. Brandus, Dufour et c^e: Paris*, [1854?] fol.
Hirsch M. **772**.

BERLIOZ (LOUIS HECTOR)
—— La Captive. Rêverie pour mezzo, soprano ou contralto . . . Paroles de Victor Hugo. Œuv: 12 . . . En partition, *etc.* pp. 14. *S. Richault: Paris*, [1850?] fol.
Hirsch M. **773**.

BERLIOZ (LOUIS HECTOR)
—— [A reissue.] Le Carnaval romain. Ouverture. Op. 9. [Score.] *Paris*, [1850?] fol. Hirsch M. **774**.

BERLIOZ (LOUIS HECTOR)
—— La Damnation de Faust. Fausts Verdammung. Légende dramatique . . . Texte français et allemand. Partition d'orchestre. [With a portrait.] pp. 410. *Costallat & c^ie: Paris*, [1890?] 8°. Hirsch IV. **693**.

BERLIOZ (LOUIS HECTOR)
—— La Damnation de Faust. Légende dramatique en quatre parties . . . Œuv. 24 : Grande partition avec texte français et allemand. Quelques morceaux du livret sont empruntés à la traduction française du Faust de Goëthe par Mr Gérard de Nerval ; une partie des scènes 1, 4, 6 et 7 est de Mr Gandonnière ; tout le reste des paroles est de Mr H. Berlioz. Traduction allemande par Mr Minslaff. pp. 32. 410. *S. Richault: Paris*, [1854.] fol.
Hirsch IV. **694**.

BERLIOZ (LOUIS HECTOR)
—— [La Damnation de Faust.] Danse des sylphes de la Damnation de Faust . . . transcrite pour le piano par François Liszt. pp. 13. *J. Rieter-Biedermann: Leipzig et Winterthour*, [1866.] fol. Hirsch M. **775**.

BERLIOZ (LOUIS HECTOR)
—— [La Damnation de Faust.] Menuet des follets . . . pour orchestre. Partition, *etc. S. Richault: Paris*, [1865?] fol.
Hirsch M. **776**.

BERLIOZ (LOUIS HECTOR)
—— [Another copy.] [L'Enfance du Christ.] Die Flucht nach Egypten . . . Op. 25. . . . Partitur. *Leipzig*, [1854.] fol. Hirsch IV. **696**.

BERLIOZ (LOUIS HECTOR)
—— L'Enfance du Christ. (Des Heiland's Kindheit.) Trilogie sacrée. Première partie : Le Songe d'Hérode. Deuxième partie : La Fuite en Égypte. Troisième partie : L'Arrivée à Saïs. Texte français et allemand. Paroles et musique de H. Berlioz. Œuvre 25 . . . Grande partition, *etc.* pp. 230. *Richault & c^ie: Paris*, [1870?] fol.
Hirsch IV. **695**.

BERLIOZ (LOUIS HECTOR)
—— Episode de la vie d'un artiste. Symphonie fantastique en cinq parties . . . Op. 14. Partition, *etc.* pp. 127. *Brandus et c^ie: Paris*, [1852?] fol. Hirsch M. **777**.

BERLIOZ (LOUIS HECTOR)
—— [Episode de la vie d'un artiste.] Symphonie fantastique, 2me partie un Bal . . . pour piano seul par F. Liszt. pp. 15. *Chez A^d Mt Schlesinger: Berlin*, [1842.] fol.
Hirsch M. **778**.

BERLIOZ (LOUIS HECTOR)
—— [Episode de la vie d'un artiste.] Marche au supplice de la Sinfonie fantastique . . . transcrite pour le piano par François Liszt. pp. 15. *J. Rieter-Biedermann: Leipzig et Winterthour*, [1866.] fol. Hirsch M. **779**.

BERLIOZ (LOUIS HECTOR)
—— [Episode de la vie d'un artiste.] *See* LISZT (F.) L'Idée fixe. Andante amoroso . . . d'après une mélodie de H. Berlioz. [1847.] fol. Hirsch M. **953**. (**4**.)

BERLIOZ (LOUIS HECTOR)
—— Huit scènes de Faust. Tragédie de Goëthe, traduites par Gérard . . . Grande partition . . . Œuvre 1. pp. 97. *Chez Schlesinger: Paris*, [1829.] fol. Hirsch IV. **703**.

BERLIOZ (LOUIS HECTOR)
—— [Another copy.] Harold en Italie . . . Op. 16. Grande partition, *etc. Paris*, [1849?] fol. Hirsch M. **780**.

BERLIOZ (LOUIS HECTOR)
—— [Harold en Italie.] Marche des pélerins de la sinfonie Harold en Italie transcrite pour le piano par François Liszt. pp. 19. *J. Rieter-Biedermann: Leipzig et Winterthour*, [1866.] fol. Hirsch M. **781**.

BERLIOZ (LOUIS HECTOR)
—— Hymne à la France. *See* infra : Vox populi. Œuv: 20. No. 2.

BERLIOZ (LOUIS HECTOR)
—— L'Impériale. Cantate à deux chœurs et à grand orchestre. Paroles du capitaine Lafont . . . Œuvre: 26. Grande partition. pp. 47. *Chez G. Brandus Dufour et c^ie: Paris*, [1856.] fol. Hirsch IV. **697**.

BERLIOZ (LOUIS HECTOR)
—— Irlande. *See* infra : [*Neuf mélodies irlandaises. Op.* 2.]

BERLIOZ (LOUIS HECTOR)
—— [Another copy.] Lelio. Monodrame lyrique . . . Grande partition . . . Œuv. 14 bis. *Paris*, [1857.] fol.
Hirsch IV. **1436**. a. (**1**.)
In this copy p. 1 is blank, and the titlepage is preceded by a cancel titlepage, reading " Episode de la vie d'un artiste. Symphonie fantastique en cinq parties . . . Op: 14," and a leaf containing the " programme " of the work in French and German.

BERLIOZ (LOUIS HECTOR)
—— [A reissue.] Lélio. Monodrame lyrique . . . Œuv. 14 bis. Grande partition, *etc. Paris*, [1870?] fol.
Hirsch IV. **698**.
In this issue p. 1 is blank. The titlepage bears an autograph dedication from the publisher to Felix Mottl. Without the portrait.

BERLIOZ (LOUIS HECTOR)
—— March funèbre pour la dernière scène d'Hamlet. *See* infra : Tristia . . . Œuv : 18. No. 3.

BERLIOZ (LOUIS HECTOR)
—— Méditation religieuse. *See* infra : Tristia . . . Œuv : 18. No. 1.

BERLIOZ (LOUIS HECTOR)
—— Neuf mélodies imitées de l'anglais (Irish Melodies) pour une & deux voix, & chœur avec accompagnement de piano, ornée d'une lythographie [*sic*] de Barathier . . . Paroles de T. Gounet. Œuvre 2. pp. 33. *Chez Schlesinger : Paris*, [1830.] fol. Hirsch IV. **699**.

BERLIOZ (LOUIS HECTOR)
—— [Neuf mélodies irlandaises. Op. 2. No. 4.] La Belle voyageuse. Légende irlandaise, extraite de neuf mélodies, traduites de l'anglais, de Thomas Moore par Th. Gounet. Instrumentée pour orchestre par l'auteur . . . G^{de} partition, *etc.* pp. 11. *Chez S. Richault : Paris*, [1845 ?] fol. Hirsch M. **782**.

BERLIOZ (LOUIS HECTOR)
—— La Menace des Francs. *See* infra : Vox populi. Œuv. 20. No. 1.

BERLIOZ (LOUIS HECTOR)
—— Menuet des follets. *See* supra : [*La Damnation de Faust.*]

BERLIOZ (LOUIS HECTOR)
—— [Another copy.] Grande messe des morts . . . Op. 5. [Score.] *Paris*, [1838.] fol. Hirsch IV. **700**.

BERLIOZ (LOUIS HECTOR)
—— [Les Nuits d'été. Op. 7.] Die Sommernächte. (Les Nuits d'été.) Sechs Gesänge von Th. Gautier ins Deutsche übertragen von P. Cornelius . . . für eine Singstimme mit Begleitung von kleinem Orchester oder Pianoforte. Partitur, *etc.* pp. 77. *Bey J. Rieter Biedermann : Winterthur*, [1856.] fol. Hirsch M. **783**.

BERLIOZ (LOUIS HECTOR)
—— [Les Nuits d'été. Op. 7. No. 4.] Absence. Mélodie . . . instrumentée pour l'orchestre par l'auteur . . . G^{de} partition, *etc.* pp. 5. *Chez S. Richault : Paris*, [1845 ?] fol. Hirsch M. **784**.

BERLIOZ (LOUIS HECTOR)
—— [Another copy.] Ouverture du Corsaire. Grande partition. Œuvre : 21, *etc. Paris*, [1865 ?] 8º. Hirsch M. **73**.

BERLIOZ (LOUIS HECTOR)
—— Grande ouverture des Francs Juges. Grande partition . . . Œuv : 3, *etc.* pp. 52. *Chez Richault : Paris*, [1834 ?] fol. Hirsch M. **785**.

SIG. 21.—PART 53.

BERLIOZ (LOUIS HECTOR)
—— Grande ouverture de Waverley. Op. : 1er. Partition, *etc.* pp. 50. *Richault & c^{ie} : Paris*, [1870 ?] fol. Hirsch M. **786**.

BERLIOZ (LOUIS HECTOR)
—— La Prise de Troie. ⟨Die Einnahme von Troja.⟩ [By L. H. Berlioz.] Opéra en trois actes et quatre tableaux. [Score.] *Fr. & Ger.* pp. 265. [1899 ?] fol. *See* PRISE DE TROIE. Hirsch M. **787**.

BERLIOZ (LOUIS HECTOR)
—— [Another copy.] Roméo et Juliette. Symphonie dramatique . . . Op. 17 . . . Grande partition, *etc.* ⟨2me. édition corrigée par l'auteur.⟩ *Paris*, 1857. fol. Hirsch IV. **701**.
Without the preliminary matter.

BERLIOZ (LOUIS HECTOR)
—— Roméo et Juliette. Symphonie dramatique avec chœurs, solos de chant et prologue en récitatif choral. Composée d'après la tragédie de Shakespeare . . . Op. 17. Paroles d'Emile Deschamps, *etc.* [Score.] pp. vi. 387. *Ernst Eulenburg : Leipzig*, [1900 ?] 8º. Hirsch M. **74**.
Eulenburg's kleine Partitur-Ausgabe. Symphonien. no. 24.

BERLIOZ (LOUIS HECTOR)
—— Sara la baigneuse. Ballade à trois chœurs et à grand orchestre. Paroles de Victor Hugo . . . Œuv : 11 . . . Grande partition, *etc.* pp. 41. *Chez S. Richault : Paris*, [1850 ?] fol. Hirsch IV. **702**.

BERLIOZ (LOUIS HECTOR)
—— Die Sommernächte. *See* supra : [*Les Nuits d'été. Op. 7.*]

BERLIOZ (LOUIS HECTOR)
—— [Another copy.] Grande symphonie funèbre et triomphale . . . Op : 15. Partition, *etc.* pp. 71. *Paris*, [1840 ?] fol. Hirsch M. **788**.

BERLIOZ (LOUIS HECTOR)
—— Grand traité d'instrumentation et d'orchestration modernes . . . Œuvre 10me. pp. 289. MS. ANNOTATIONS and CORRECTIONS [by the author]. *Schonenberger : Paris*, [1843.] fol. Hirsch IV. **1436**.
The fly-leaf bears a MS. *dedication to Stephen Heller in the composer's autograph.*

BERLIOZ (LOUIS HECTOR)
—— Tristia. 3 chœurs avec orchestre. Œuv : 18 . . . No. 1. Méditation religieuse. ⟨Paroles traduites de Th : Moore.⟩ No. 2. Ballade sur la mort d'Ophélie. ⟨Paroles imitées de Shakespeare par Ernest Legouvé.⟩ No. 3. Marche funèbre pour la dernière scène d'Hamlet, *etc.* [Score.] 3 no. *S. Richault : Paris*, [1852.] fol. Hirsch IV. **704**.

BERLIOZ (LOUIS HECTOR)
—— [A reissue.] Tristia . . . Œuv : 18 . . . Partition, *etc.* 3 no. *Paris*, [1865 ?] fol. Hirsch M. **789**.

BERLIOZ (Louis Hector)
—— Les Troyens à Carthage. [Opera.] Paroles et musique de H. Berlioz... Partition grand orchestre. pp. 318. *Choudens: Paris*, [1885.] fol.   Hirsch M. **790**.
Without the titlepage to acts 3 and 4.

BERLIOZ (Louis Hector)
—— Vox populi. Deux grands chœurs... Œuv. 20: No. 1. La menace des Francs. Paroles de *** . No. 2. Hymne à la France. Paroles d'Aug^te Barbier, *etc.* [Score.] 2 no. *Chez S. Richault: Paris*, [1851.] fol.
Hirsch IV. **704**. a.

BERLIOZ (Louis Hector)
—— *See* Schubert (F. P.) [*Erlkönig. Op.* 1.] Le Roi des aulnes. Der erl König... Orchestrée par H. Berlioz, *etc.* [1860?] fol.   Hirsch M. **1169**.

BERLIOZ (Louis Hector)
—— *See* Schubert (F. P.) [*Erlkönig. Op.* 1.] Le Roi des aulnes... Orchestrée par H. Berlioz. MS. CORRECTIONS [by L. H. Berlioz]. [1860?] fol.
Hirsch IV. **1436**. a. (**2**.)

BERNDT (F.)
—— Der Krakuse. Polens-Klage. Gedicht von Heinrich der Franke. Für eine Singstimme mit Begleitung des Piano Forte oder der Guitarre, *etc. Bei P. C. Ruprecht: Cassel*, [1835?] 8°.   Hirsch M. **1299**. (**1**.)

BERNOULLI (Eduard)
—— [Another copy.] Chansons und Tänze. Pariser Tabulaturdrucke für Tasteninstrumente aus dem Jahre 1530 von Pierre Attaingnant... herausgegeben von Eduard Bernoulli. 5 Hft. *München*, 1914. obl. 8°.
Hirsch M. **75**.
Seltenheiten aus süddeutschen Bibliotheken. Bd. 3. Hft. 1–5.

BERTON (Henri Montan)
—— Aline reine de Golconde. Opéra en trois actes. Paroles de M.Mrs Vial & Faviére, *etc.* [Score.] pp. 278. *Chez Berton & Loraux: Paris*, [1803?] fol.   Hirsch II. **52**.

BERTON (Henri Montan)
—— [Aline.—Marche golcondoise.] *See* Knittelmair (L.) Variations pour le piano-forte à quatre mains sur la marche favorite de l'opéra Aline [by H. M. Berton], *etc.* [1805?] obl. fol.   Hirsch III. **344**.

BERTON (Henri Montan)
—— [Another copy.] Le Concert interrompu. Opéra comique, *etc.* [Score.] *Paris*, [1802.] fol.   Hirsch II. **54**.

BERTON (Henri Montan)
—— [Another copy.] Le Grand deuil. Opéra, *etc. Paris*, [1801.] fol.   Hirsch II. **56**.

BERTON (Henri Montan)
—— Les Maris garçons. Opéra comique en un acte. Paroles de Mr de Nanteuil, *etc.* [Score.] pp. 186. *Chez V^r Dufaut et Dubois: Paris*, [1810?] fol.   Hirsch II. **57**.

BERTON (Henri Montan)
—— [Ninon chez Mme de Sévigné.—Non de ses feux.] Duo... Paroles de Mr E. Dupatz... Accomp^t de lyre où guitare par Mr Lami. pp. 8.   *Chez Mme Duhan et compagnie: Paris*, [1810?] 8°.   Hirsch M. **660**. (**11**.)

BERTON (Henri Montan)
—— Les Petits appartements. Opéra comique en un acte de MM^rs Varner et Dupin... Partition, *etc.* pp. 195. *Chez C. Heu: Paris*, [1827?] fol.   Hirsch II. **53**.

BERTON (Henri Montan)
—— Valentin, ou le Paysan romanesque. Opéra comique en deux actes, *etc.* [Score.] pp. 203.   *Chez Aug^te Le Duc: Paris*, [1813?] fol.   Hirsch II. **59**.
The titlepage bears a MS. *dedication in the composer's autograph.*

BERTON (Henri Montan)
—— [Another copy.] Virginie. Tragédie lyrique.   *Paris*, [1823?] fol.   Hirsch II. **60**.
With a portrait of the composer inserted.

BERTON (Henri Montan)
—— *See* Grétry (A. E. M.) Guillaume Tell... Remis à la scène avec des changemens au poëme par Mr Pellissier, et à la musique par Mr H. Berton. [1828?] fol.
Hirsch II. **364**.

BERTONI (Ferdinando Giuseppe)
—— [Ezio.] Mi dona, mi rende, a favorite song, *etc.* [With string accompaniment, in score.] pp. 4.   *Printed for R^t Birchall: London*, [1815?] fol. Hirsch M. **1275**. (**8**.)

BERTONI (Ferdinando Giuseppe)
—— Mi dona, mi rende. Song. *See supra*: [*Ezio.*]

BERUHIGUNG.
—— Beruhigung. [Song.] *See* Fischer (G. E.)

BEST (William Thomas)
—— *See* Bach (J. S.) [*Das wohltemperirte Clavier. Tl.* 1, 2.] The Well Tempered Clavichord... Edited... by W. T. Best. [1860?] fol.   Hirsch III. **55**.

BETHOVEN (   ) *See* Beethoven (L. van)

BETTER.
—— The Better Land. [Song.] *See* Bennett (*Sir* William S.)

BEVILACQUA (Matteo)
—— Sei canzonette veneziane con accompagnamento di chitarra... Op: 20. pp. 11.   *Nel magazzino della Caes: Real: Privil: stamperia chimica: Vienna*, [1805?] obl. fol.
Hirsch III. **646**.
Lithographed throughout.

BEYER (Ferdinand)
—— Camellia Polka. *See infra*: [*Drei Polkas. Op.* 51. No. 1.]

BEYER (Ferdinand)
—— [Drei Polkas. Op. 51. No. 1.] Camellia Polka, etc. [P.F.] pp. 3. *Bei B. Schott's Söhnen: Mainz,* [1841.] obl. fol. Hirsch M. **1291**. (**1**.)
Die Rheinlaender. Sammlung beliebter Polkas. no. 8.

BIANCHI (Antonio)
—— Chanson. Adieu bergère chérie etc. *Chez L. Rudolphus: Altona,* [1810?] obl. fol. Hirsch III. **647**.

BIANCHI (Antonio)
—— Favorit-Gesänge. 2 no.
    no. 1. Lied für Deutsche.
    no. 2. Lied für junge Mädchen.
Bei L. Rudolphus: Hamburg & Altona, [1810?] obl. fol. Hirsch III. **648**.

—— [Another copy of no. 2.] Hirsch III. **648. a**.

BIANCHI (Francesco)
—— Or che il cielo a me ti rende. A rondo . . . composed & arranged with an accompaniment for the piano forte. [Song.] pp. 4. *Chappell & Co.: London,* [1820?] fol. Hirsch M. **1273**. (**29**.)
Watermark date 1820.

BIANCHI (Francesco)
—— Vien qua Dorina bella [by F. Bianchi]. Favorite Italian song, with symphonies & accompaniments composed and arranged for the piano forte . . . by C. M. Sola. pp. 3. [1821.] fol. *See* Sola (C. M. A.) Hirsch M. **1273**. (**9**.)

BIANCHI (Francesco)
—— [Vien qua Dorina bella.] *See* Weber (C. M. F. E. von) Vien qua Dorina bella [by F. Bianchi], with Variations for the Piano Forte, etc. [1845?] fol. Hirsch M. **1283**. (**7**.)

BICKNELL (George)
—— *See* Lloyd (Arthur) Constantinople, etc. ⟨Arranged by G. Bicknell.⟩ [1870?] fol. Hirsch M. **1317**. (**5**.)

BIE (Oscar)
—— *See* Lanner (J. F. C.) Ausgewählte Walzer. Mit einer Einleitung herausgegeben von . . . O. Bie. 1920. 8°. Hirsch M. **212**.

BIEREY (Gottlob Benedict)
—— *See* Himmel (F. H.) Fanchon das Leyermädchen . . . In vollständigem Klavierauszug von G. B. Bierey. [1805?] obl. fol. Hirsch IV. **1166**.

BINCHOIS (Gilles)
—— Sechzehn weltliche Lieder zu 3 Stimmen für eine Singstimme mit Instrumenten. Herausgegeben von Wilibald Gurlitt. pp. 18. *Georg Kallmeyer: Wolfenbüttel, Berlin,* 1933. 8°. Hirsch M. **76**.
Das Chorwerk. Hft. 22.

BIONDINA.
—— La Biondina in gondoletta. ⟨Air 1.—La Biondina, arranged as a duet.⟩ *Printed for R^t Birchall: London,* [1819?] fol. Hirsch M. **1275**. (**22**.)
Watermark date 1819.

BISHOP (C. H.)
—— The Child's first Grief. A favorite song, written by Mrs. Hemans, etc. pp. 3. *Duncombe: London,* [1845?] fol. Hirsch M. **1276**. (**15**.)

BISHOP (Sir Henry Rowley)
—— [Another copy.] [The Barber of Seville.] The Overture and Music (complete) to the Comic Opera called The Barber of Seville . . . arranged, altered & adapted . . . by H. R. Bishop, etc. *London,* [1818.] fol. Hirsch M. **791**. (**2**.)

BISHOP (Sir Henry Rowley)
—— [Another copy.] [The Comedy of Errors.] The Overture, Songs, two Duetts, & Glees, in Shakspeare's Comedy of errors, etc. *London,* [1819?] fol. Hirsch M. **791**. (**1**.)

BISHOP (Sir Henry Rowley)
—— [Comedy of Errors.] As it fell upon a Day, Duetts, etc. pp. 6. *Goulding and D'Almaine: London,* [1827?] fol. Hirsch IV. **1297. a**. (**3**.)
Watermark date 1827.

BISHOP (Sir Henry Rowley)
—— [Guy Mannering.] The Chough & Crow to roost are gone the celebrated Gipsey Glee . . . Arranged for three voices, the words by Joanna Baillie. pp. 11. *Goulding, D'Almaine & Co.: London,* [1830?] fol. Hirsch IV. **1297. a**. (**9**.)

BISHOP (Sir Henry Rowley)
—— [He is all the World to me.] *See* Ries (F.) The Thirty Eighth Sonata for the Piano Forte & Flute . . . in which is introduced . . . " He is all the World to me," etc. [1820?] fol. Hirsch M. **1290. a**. (**11**.)

BISHOP (Sir Henry Rowley)
—— " I stood amid the glittering Throng," a Ballad, the poetry by F. W. N. Bayley, etc. ⟨Fourth edition.⟩ pp. 5. *Goulding and D'Almaine: London,* [1825?] fol. Hirsch M. **1309**. (**2**.)

BISHOP (Sir Henry Rowley)
—— [Another copy.] The Shakesperean Overture, for the Piano Forte, etc. *London,* [1847.] fol. Hirsch M. **1283**. (**11**.)

BISHOP (Sir Henry Rowley)
—— [The Slave.] The Celebrated Mocking Bird Song . . . Arranged as a divertimento for the piano forte with an accompaniment for a flute. By Philip Knapton. *Goulding, D'Almaine Potter & Co.: London,* [1816?] fol. Hirsch M. **1285**. (**11**.)
Watermark date 1816. Imperfect; wanting the flute accompaniment.

BISHOP (Sir Henry Rowley)
—— Teach me to forget. [Song.] . . . The poetry by Thomas Haynes Bayley. ⟨New edition.⟩ pp. 5. *D'Almaine & Co.: London*, [1845?] fol.
Hirsch M. **1272. (16.)**

BISHOP (Sir Henry Rowley)
—— [Twelfth Night.] The Overture to Shakespeare's Twelfth Night . . . arranged for the piano forte. pp. 8 [7]. *Goulding, D'Almaine, Potter & Co.: London*, [1820?] fol.
Hirsch M. **1283. (12.)**
Previously published as the Overture to Sir H. R. Bishop's "Midsummer Night's Dream." The words "Mid^sr^* Nights D." occur at the foot of pp. 1–6.*

BISHOP (Sir Henry Rowley)
—— [Two Gentlemen of Verona.] Overture to Shakespeare's Two Gentlemen of Verona . . . Arranged for the piano forte. pp. 6. *Goulding, D'Almaine, Potter & Co.: London*, [1821?] fol.
Hirsch M. **1283. (13.)**

BISHOP (Sir Henry Rowley)
—— *See* BELLINI (V.) [La Sonnambula.—Tutto è sciolto.] All is lost now! Scena . . . adapted . . . by H. R. Bishop. [1850?] fol.
Hirsch M. **1276. (6.)**

BISHOP (Sir Henry Rowley)
—— *See* STEVENSON (*Sir* John A.) Tell me where is Fancy bred? Duetts . . . Arranged for two treble voices, by H. R. Bishop, *etc.* [1828?] fol. Hirsch IV. **1297. a. (2.)**

BITTERN.
—— Der Bittern Lustmarsch. [Song.] *See* BITTNER (C.)

BITTNER (Carl)
—— Der Bittern Lustmarsch für Pianoforte (Gesang ad libitum) . . . der Frankfurter Carnevals-Gesellschaft Die Bittern gewidmet. pp. 5. *Bei Th. Henkel: Frankfurt a/M.*, [1850?] fol. Hirsch M. **1303. (4.)**

BITTNER (Julius)
—— Der Bergsee. Ein Vorspiel und zwei Akte. ⟨Worte und Musik von J. Bittner.⟩ Partitur No. 44. pp. 275. *Kurt Fliegel & Co.: Berlin*, [1911.] fol. Hirsch II. **64.**

BITTNER (Julius)
—— Das höllisch Gold. Ein deutsches Singspiel in einem Aufzug. Partitur. pp. 242. *Universal-Edition A.-G.: Wien, Leipzig*, [1916.] 4°. Hirsch II. **65.**

BIZET (Alexandre César Léopold)
—— L'Arlésienne. Drame en 3 actes de Alphonse Daudet . . . Partition orchestre. pp. 133. *Choudens, père & fils: Paris*, [1890?] 8°. Hirsch M. **77.**

BIZET (Alexandre César Léopold)
—— Carmen. Opéra en 4 actes tiré de la nouvelle de Prosper Mérimée, poëme de H. Meilhac et L. Halévy. Partition orchestre. pp. 579. *Choudens: Paris*, [1885?] fol.
Hirsch II. **66.**

BIZET (Alexandre César Léopold)
—— Carmen. Oper in 4 Akten. Partitur. *Ger.* pp. 574. *Choudens: Paris;* [*Leipzig* printed,] [1905.] 8°.
Hirsch II. **67.**
The titlepage bears the words "In die Edition Peters aufgenommen."

—— [Another copy, printed on India paper.]
Hirsch II. **67. a.**

BIZET (Alexandre César Léopold)
—— Djamileh. Opéra-comique en un acte de Louis Gallet. Op. 24. Partition orchestre. pp. 245. 34. *Choudens fils: Paris*, [1892.] fol. Hirsch II. **68.**

BIZET (Alexandre César Léopold)
—— [Another copy.] Roma. 3me suite de concert pour orchestre . . . Partition d'orchestre, *etc. Paris*, [1880.] 8°.
Hirsch **78.**

BIZOT (Charles)
—— *See* MONTAUBRY (E.) Les Filles de marbre . . . pour le piano par C. Bizot. [1854?] fol. Hirsch M. **1304. (14.)**

BLACKWOOD (Helen Selina) *Baroness Dufferin, afterwards* **HAY** (Helen Selina) *Countess of Gifford.*
—— By-gone Hours. *See infra:* [A Set of ten Songs, *etc.* No. 9.]

BLACKWOOD (Helen Selina) *Baroness Dufferin, afterwards* **HAY** (Helen Selina) *Countess of Gifford.*
—— [A Set of ten Songs, *etc.* No. 1.] They bid me forget thee, Ballad, *etc.* pp. 5. *Chappell's Musical Circulating Library: London*, [1840?] fol. Hirsch M. **1272. (8.)**

BLACKWOOD (Helen Selina) *Baroness Dufferin, afterwards* **HAY** (Helen Selina) *Countess of Gifford.*
—— [A Set of ten Songs, *etc.* No. 9.] By-gone Hours, *etc.* [Song.] *Chappell's Musical Circulating Library: London*, [1840?] fol. Hirsch M. **1308. (17.)**

BLACKWOOD (Helen Selina) *Baroness Dufferin, afterwards* **HAY** (Helen Selina) *Countess of Gifford.*
—— They bid me forget thee. *See supra:* [A Set of ten Songs, *etc.* No. 1.]

BLAGADOS.
—— Blagados. [Song.] *See* CLEMENT D'ANCRE (J. B.)

BLAMPHIN (Charles)
—— [A reissue.] Oh that I were a Bird, *etc.* [Song.] pp. 5. *Hopwood & Crew: London*, [1870?] fol.
Hirsch M. **1317. (2.)**

BLANCHE ET VERMEILLE.
—— Blanche et Vermeille. Comédie pastorale. *See* RIGEL (H. J.)

BLANGINI (GIUSEPPE MARCO MARIA FELICE)
—— [III. Notturni. No. 1.] Amor che nasce con la speranza, duett.   *Falkner's Opera Music Warehouse: London; Mrs. Attwood's: Dublin*, [1815?] fol.
Hirsch M. **1273.** (43.)

BLANGINI (GIUSEPPE MARCO MARIA FELICE)
—— [III. Notturni. No. 2.] Sentir si dire dal caro bene. Duett.   *Falkner's Opera Music Warehouse: London; Mrs. Attwood's: Dublin*, [1815?] fol.
Hirsch. M. **1273.** (42.)

BLANGINI (GIUSEPPE MARCO MARIA FELICE)
—— So che un sogno la speranza. *Canzoncina 4ta*. Accomp^t de guitare ou lyre par Barrois.   *Chez Aug. Leduc: Paris*, [1810?] 8°.   Hirsch. M. **660.** (19.)

BLANGINI (GIUSEPPE MARCO MARIA FELICE)
—— La Speranza del mio core. Canzonetta. pp. 3. *Birchall & Co.: London*, [1822?] fol.
Hirsch M. **1273.** (2.)
Watermark date 1822.

BLECH (LEO)
—— Versiegelt. Komische Oper in einem Akt nach Rauppach von Richard Batka und Pordes-Milo. ⟨Op. 18.⟩ Partitur. pp. 203. *Verlag Harmonie: Berlin*, [1908.] fol.
Hirsch II. **70.**

BLESSINGER (KARL)
—— *See* BERLIOZ (L. H.) Ausgewählte Lieder... Eingeleitet und herausgegeben von Dr. K. Blessinger. 1920. 8°.
Hirsch M. **72.**

BLEWITT (JONATHAN)
—— *See* MOZART (W. A.) [*Don Giovanni.*] Mozart's celebrated Overture to Don Juan, arranged as a duet for two performers on one pianoforte by J. Blewitt. [1807?] fol.
Hirsch M. **1079.**

BLOOMERISTES.
—— Les Bloomeristes. [Song.] *See* PONSIN (N.)

BLOW (JOHN)
—— Venus and Adonis. Edited by Anthony Lewis. ⟨With seven designs for the opera by Marie Laurencin.⟩ [Score and parts.] 7 pt.   *Editions de l'Oiseau Lyre: Paris*, [1939.] 4°.   Hirsch M. **792.**

BLUEMLEIN.
—— Blümlein all' in dem duftigen Thale. Romance. *See* MEYERBEER (G.)

BLUM (CARL)
—— Dreystimmige Canons mit Begleitung der Guitarre... 5tes Werk. pp. 11.   *Bey Breitkopf & Härtel: Leipzig*, [1814.] *obl.* fol.   Hirsch III. **657.**

BLUMEN.
—— Der Blumen Schmerz. [Song.] *See* SCHUBERT (F. P.)

BLUMEN.
—— Die Blumen und der Schmetterling. Zehn Lieder. *See* HIMMEL (F. H.)

BLUMEN.
—— Die köstlichsten Blumen und Früchte, als Geschenk bey frohen Gelegenheiten zu einem Kranz gewunden von M. Claudius, G. Förster, J. W. v. Göthe [and others]... Mit Musik von J. F. Reichardt, V. Righini, C. F. Zelter u.a. pp. 156. *In Joachim's Buchhandlung: Leipzig*, [1811.] 8°.
Hirsch III. **658.**

BLUMENBALLADE.
—— Blumenballade. [Song.] *See* LOEWE (J. C. G.) Drei Balladen. Op. 78. No. 3.

BOCCHERINI (LUIGI)
—— Drei Poesien. Largo, Menuetto [from Sei Quintetti. Op. 12. No. 1, 2.] Lento [from "Sinfonie in D"]... Für Klavier gesetzt von Robert Sondheimer. pp. 8. *Edition Bernoulli: Basel, Berlin*, [1923.] fol. [*Werke aus dem 18. Jahrhundert.* no. 9.]   Hirsch IV. **1020.**

BOCCHERINI (LUIGI)
—— Menuett... Für Violine und Klavier bearbeitet von Robert Sondheimer. [Parts.] 2 pt. *Edition Bernoulli: Basel, Berlin*, [1923.] fol. [*Werke aus dem 18. Jahrhundert.* no. 11.]   Hirsch IV. **1020.**

BOCCHERINI (LUIGI)
—— Six quartettino pour deux violons, alto et basse... Oeuvre 40... Gravés par Richomme. [Parts.] 4 pt. *Chez Ignace Pleyel: Paris*, [1805?] fol.   Hirsch III. **135.**

BOCCHERINI (LUIGI)
—— [Quintets. Op. 12, 13, 17, 20, 23, 33, 36, 37, 47–51.] Collection des quintetti de Boccherini pour deux violons, alto et deux violoncelles. La partie de premier violoncelle peut être remplacée par l'alto violoncelle. [With a portrait.] [Parts.] 2 tom. 12 pt.   *Chez Janet et Cotelle: Paris*, [1829.] fol.   Hirsch III. **137.**

BOCCHERINI (LUIGI)
—— [Quintets. Op. 12. No. 1.] Largo... für Streichquintett... Herausgegeben und mit allen Vortragszeichen versehen von Robert Sondheimer. [Parts.] 5 pt. *Edition Bernoulli: Basel, Berlin*, [1922.] fol. [*Werke aus dem 18. Jahrhundert.* no. 4.]   Hirsch IV. **1020.**

BOCCHERINI (LUIGI)
—— [Quintets. Op. 12. No. 2.] Quintett, Op. 12, No. 2 (1773), für 2 Violinen, Viola, 2 Violoncelli... Herausgegeben und mit allen Vortragszeichen versehen von Robert Sondheimer. Partitur. pp. 29.   *Edition Bernoulli: Basel, Berlin*, [1922.] 8°.

—— [Parts.] 5 pt.   *Edition Bernoulli: Basel, Berlin*, [1922.] fol. [*Werke aus dem 18. Jahrhundert.* no. 3.]
Hirsch IV. **1020.**

BOCCHERINI (LUIGI)
—— Partition du Stabat Mater à trois voix, avec deux violons, alto, violoncelle et contre basse, *etc.* pp. 69. *Chez Sieber: Paris*, [1801?] fol.   Hirsch IV. **705**.

BOCCHERINI (LUIGI) .
—— [Symphonies. Op. 16. No. 3.] Sinfonie à plusieurs instruments récitants ... Œuvre 16e, ⟨Neu herausgegeben und mit allen Vortragszeichen versehen von R. Sondheimer.⟩ [Score.] pp. 24.   *Edition Bernoulli: Basel & Berlin*, [1922.] fol. [*Werke aus dem 18. Jahrhundert.* no. 1.]   Hirsch IV. **1020**.

BOCCHERINI (LUIGI)
—— Sinfonie, A-dur (1782) ... Herausgegeben und bearbeitet von Robert Sondheimer. [Score.] pp. 14. *Edition Bernoulli:* [*Vienna*, 1937.] fol. [*Werke aus dem 18. Jahrhundert.* no. 44.]   Hirsch IV. **1020**.

BOCCHERINI (LUIGI)
—— Sinfonia funebre (B dur, 1782) ... Herausgegeben und bearbeitet von Robert Sondheimer. [Score.] pp. 17. *Edition Bernoulli:* [*Vienna*, 1937.] fol. [*Werke aus dem 18. Jahrhundert.* no. 45.]   Hirsch IV. **1020**.

BOCCHERINI (LUIGI)
—— Sinfonie, D dur (1782) ... Herausgegeben und bearbeitet von Robert Sondheimer. [Score.] pp. 19. *Edition Bernoulli:* [*Vienna*, 1935.] fol. [*Werke aus dem 18. Jahrhundert.* no. 36.]   Hirsch IV. **1020**.

BOCCHERINI (LUIGI)
—— Sonate per violoncello e pianoforte a cura di Alceo Toni. [Score.] pp. 22.   *Società anonima notari: Milano*, [1919.] 4º. [*Classici della musica italiana.* quaderno 3.]   Hirsch IV. **951**.

BOCCHERINI (LUIGI)
—— [Trios. Op. 2–4, 7, 9, 14, 35, 38, 44.] Collection des trios pour deux violons et basse, et pour violon, alto et basse, composés par L. Boccherini. [Parts.] 3 pt. *Chez Janet et Cotelle: Paris*, [1835?] fol. Hirsch III. **138**.

BOCHKOLTZ, afterwards **FALCONI** (ANNA)
—— Deux mélodies. Zwei Lieder ... [No. 1.] Warnung vor dem Rhein. [No. 2.] In der Ferne. *Ger.* no. 1. *Challiot: Paris*, [1850?] fol.   Hirsch M. **1298**. (3.)
Imperfect; wanting no. 2.

BOCHKOLTZ, afterwards **FALCONI** (ANNA)
—— Warnung. *See supra:* Deux mélodies. [No. 1.]

BOCHKOLTZ (NANNY)   *See* BOCHKOLTZ, afterwards FALCONI (A.)

BOEHL VON FABER (JOHANN NIKOLAUS)
—— *See* WUNDERHORN. Vier und zwanzig alte deutsche Lieder aus dem Wunderhorn, *etc.* [Edited by J. N. Boehl von Faber.] 1810. 4º.   Hirsch III. **661**.

BOEHM (GEORG)
—— 5 Praeludien und Fugen. ⟨Herausgegeben von Max Seiffert.⟩ pp. 28.   *Fr. Kistner & C. F. W. Siegel: Leipzig*, [1925.] fol. [*Organum.* Reihe 4. Hft. 4.]   Hirsch M. **1204**.

BOEHME (H.)
—— *See* MENDELSSOHN BARTHOLDY (J. L. F.) Symphonies ... Partitions d'orchestre, revues par H. Böhme, *etc.* [1877?] 4º.   Hirsch M. **1023**.

BOEKELMAN (BERNARD)
—— *See* BACH (J. S.) [*Das wohltemperirte Clavier.*] Acht Fugen ... durch Farben analytisch dargestellt ... Herausgegeben ... von B. Boekelman. [1895.] fol.   Hirsch M. **1322**.

BOETHOVEN (LOUIS VAN)   *See* BEETHOVEN (Ludwig van)

BOHÉMIENNE.
—— La Bohémienne. [Song.]   *See* ARNAUD (J. É. G.)

BOHÉMIENS.
—— Les Bohémiens à Paris. [Song.]   *See* PUGET, afterwards LEMOINE (L.)

BOHÉMIENS.
—— Les Bohémiens de Paris. Ronde. *See* ARTUS (A.)

BOIELDIEU (FRANÇOIS ADRIEN)
—— Beniouwsky. Opéra en 3 actes. Paroles de Mr Duval ... à grand orchestre, *etc.* pp. 310.   *Chez M^{elles} Erard: Paris*, [1801?] fol.   Hirsch II. **72**.

BOIELDIEU (FRANÇOIS ADRIEN)
—— Le Calife de Bagdad. Opéra en un acte de St Just Daucourt, *etc.* [Score.] pp. 187.   *Chez M^{elles} Erard: Paris*, [1805?] fol.   Hirsch II. **73**.

BOIELDIEU (FRANÇOIS ADRIEN)
—— [Le Calife de Bagdad.] The Celebrated Overture ... arranged for the piano forte. pp. 9.   *Keith Prowse & Co.: London*, [1845?] fol.   Hirsch M. **1283**. (**10**.)

BOIELDIEU (FRANÇOIS ADRIEN)
—— [Another copy.] La Dame blanche. Opéra comique. [Score.] *Paris*, [1825?] fol.   Hirsch II. **76**.

BOIELDIEU (FRANÇOIS ADRIEN)
—— La Dame blanche (Die weisse Dame). Opéra ... Partition d'orchestre revue par Gustav F. Kogel. *Fr. & Ger.* pp. 341.   *C. F. Peters: Leipzig*, [1880?] fol.   Hirsch II. **77**.

BOIELDIEU (FRANÇOIS ADRIEN)
—— [La Dame blanche.—Pauvre dame Marguerite.] The Spinning Wheel, written and adapted to the music of the admired Ballad in the opera of "La Dame blanche" ... the words by William Ball. pp. 6.   *I. Willis & Co.: London*, [1824?] fol.   Hirsch M. **1309**. (**4**.)
Watermark date 1824.

BOIELDIEU (François Adrien)
—— [Another issue.] Les Deux nuits. Opéra comique, etc. [Score.] *Paris*, [1829?] fol.   Hirsch II. **82**.

BOIELDIEU (François Adrien)
—— Quatrième duo pour piano et harpe, ou deux pianos, etc. ⟨Piano.⟩   *Chez Chérubini, Méhul, Kreutzer, Rode, N. Isouard et Boieldieu: Paris*, [1805?] fol.
                             Hirsch M. **1280**. (4.)
Imperfect; wanting the harp part.

BOIELDIEU (François Adrien)
—— [Another issue.] La Fête du Village Voisin. Opéra comique, etc. [Score.] *Paris*, [1816?] fol.
                             Hirsch II. **80**.

BOIELDIEU (François Adrien)
—— Jean de Paris, opéra comique en deux actes, paroles de Monsieur de St Just, etc. [Score.] pp. 208. 101.   *Chez Boieldieu jeune: Paris*, [1812?] fol.   Hirsch II. **81**.

BOIELDIEU (François Adrien)
—— [Jean de Paris.] Ouverture . . . arrangée à quatre mains pour le piano-forté par P. J. Riotte. pp. 15.   *Chez B. Schott: Mayence*, [1813?] obl. fol.
                             Hirsch M. **1290**. (1.)

BOIELDIEU (François Adrien)
—— [Another copy.] La Jeune femme colère. Comédie . . . Mise en opéra, etc. [Score.] *Paris*, [1805.] fol.
                             Hirsch II. **79**.

BOIELDIEU (François Adrien)
—— [Another copy.] Ma tante Aurore . . . Opéra bouffon, etc. [Score.] *Paris*, [1803.] fol.   Hirsch II. **71**.

BOIELDIEU (François Adrien)
—— [Another copy.] Partition du Nouveau seigneur du village. Opéra comique, etc. *Paris*, [1813.] fol.
                             Hirsch II. **84**.

BOIELDIEU (François Adrien)
—— On tente peu quand l'amour est extrême. Romance . . . Arrangée pour la guitare ou lyre par Lintant.   *Chez les frères Gaveaux: Paris*, [1805?] 8°.   Hirsch M. **660**. (5.)

BOIELDIEU (François Adrien)
—— Partition du Petit chaperon rouge, opéra-féerie, en trois actes, paroles de Mr. Théaulon, etc. pp. 361.   *Chez Boieldieu jeune: Paris*, [1818?] fol.   Hirsch II. **74**.

BOIELDIEU (François Adrien)
—— [Another copy.] Rien de trop . . . opéra comique . . . Partition, etc. *Paris*, [1811.] fol.   Hirsch II. **83**.

BOIELDIEU (François Adrien)
—— The Spinning Wheel. *See supra*: [La Dame blanche.— Pauvre dame Marguerite.]

BOIELDIEU (François Adrien)
—— [Another copy.] Partition des Voitures versées, opéra comique, etc. *Paris*, [1820?] fol.   Hirsch II. **85**.

BOIELDIEU (François Adrien) and **HÉROLD** (Louis Joseph Ferdinand)
—— [Another copy.] Charles de France . . . opéra comique, etc. [Score.] *Paris*, [1816?] fol.   Hirsch II. **75**.

BOIGELET (Charles van)
—— The Second Cottage Rondo. [P.F.] pp. 5.   *G. Walker: London*, [1815?] fol.   Hirsch M. **1310**. (2.)
Watermark date 1815.

BOÎTE.
—— La Boîte aux agnus. Chansonette. *See* Puget, afterwards Lemoine (L.)

BOITO (Antonio Arrigo)
—— [Another issue.] Mefistofele. Opera . . . Partitura d'orchestra. *Milano*, 1919. 8°.   Hirsch II. **87**.

BOITO (Antonio Arrigo)
—— [Another copy.] Nerone. Tragedia . . . Partitura d'orchestra, etc. *Milano*, 1925. 8°.   Hirsch II. **88**.

BOLTE (Johannes)
—— Alte und neue Lieder mit Bildern und Weisen, etc. ⟨Herausgegeben von J. Bolte, Max Friedlaender [and others].⟩ [With illustrations.] 4 Hft.   *Insel-Verlag: Leipzig*, [1916.] 8°.   Hirsch M. **79**.

BON.
—— Le Bon pasteur. Romance. *See* Romagnesi (A.)

BONAVENTURA, *de Brixia*.
—— Regula Musice plane. [A facsimile of the edition of 1497.]   *Bollettino Bibliografico Musicale: Milano*, 1932. 8°.   Hirsch M. **80**.
Part of "Collezione di trattati e musiche antiche edite in fac-simile."

BONN.—*Beethovenhaus*.
—— [Another copy.] Veröffentlichungen des Beethovenhauses in Bonn, etc. Bd. 1–9. *Bonn*. 1920–33. 4° & fol.
                             Hirsch M. **793**.
Imperfect; wanting Bd. 10. Bd. 5–9 bear the imprint "Quelle & Meyer, Leipzig."

BONNET (L.)
—— Recueil de cantiques chrétiens. Pour l'usage du culte public et particulier. [Compiled by L. Bonnet.] pp. xii. 438. *C. Krebs-Schmitt: Francfort s/M.*, 1849. 8°.
                             Hirsch M. **81**.

BONNET (Pierre)
—— Airs et villanelles. [Four- and five-part songs. Score. Edited by H. Expert.] pp. iii. 24.   *À la cité des livres: Paris*, 1929. 8°. [*Florilège du concert vocal de la renaissance*. no. 5.]   Hirsch IV. **961**.

BORDÈSE (LUIGI)
—— L'Italie. Mélodie. [Song.] Paroles de S. Sasserno. *Schott Frères: Bruxelles*, [1858.] fol.
Hirsch M. **1301**. (**12**.)
The words " Lyre française, no. 715 " have been impressed on the titlepage with a stamp.

BORDÈSE (LUIGI)
—— Si j'étais. Rondino. [Song.] Paroles de S. Sasserno. *Schott Frères: Bruxelles*, [1858.] fol.
Hirsch M. **1301**. (**10**.)
The words " Lyre française, no. 717 " have been impressed on the titlepage with a stamp.

BORISTHÈNE.
—— Le Boristhène. Romance. *See* STRUNTZ (J.)

BORODIN (ALEKSANDR PORFIR'EVICH)
—— [Князь Игорь.] Polovetzer Tänze. Polovec Dances. Danses polovtsiennes. [Score, with a portrait.] pp. 99. *Wiener Philharmonischer Verlag: Wien*, 1927. 8°.
Hirsch M. **82**.
Philharmonia Partituren. no. 171.

BORODIN (ALEKSANDR PORFIR'EVICH)
—— [Symphonie No. 2, H moll. [Score.] pp. 173. *Ernst Eulenburg: Leipzig, Wien*, [1930?] 8°. Hirsch M. **83**.
Eulenburgs kleine Partitur-Ausgabe. Symphonien. no. 91.

BORREN (CHARLES VAN DEN)
—— *See* MONTE (F. di) Opera. [Edited by J. van Nuffel, C. van den Borren, and G. van Doorslaer.] [1927]–35. 8°.
Hirsch IV. **984**.

BOSCH (FERD.)
—— *See* STRAUSS (J.) *the Elder.* Des Verfassers beste Laune ... Für das Pianoforte eingerichtet von F. Bosch. [1850?] obl. fol. Hirsch M. **1291**. (**16**.)

BOSISIO (   )
—— Jenny Lind. Suite de valses avec acc^{ts}. ⟨Arrangée à 4 mains par J. C. Mootz.⟩ pp. 15. *Chez S. Richault: Paris*, [1845?] obl. fol. Hirsch M. **1291**. (**2**.)

BOUFIL (J.)
—— *See* GARAUDÉ (A. de) Clara. Romance ... Acc^t de guitare par J. Boufils. [1810?] 8°. Hirsch M. **660**. (**7**.)

BOUSQUET (NARCISSE)
—— Les Coucous de Mabille. Valse ... Composée pour l'orchestre et arrangée p^r piano. pp. 8. *Bernard-Latte: Paris*, [1850?] fol. Hirsch M. **1295**. (**17**.)

BOUSQUET (NARCISSE)
—— La Hongroise. Nouvelle danse des salons, *etc*. [P.F.] *Chez Bernard Latte: Paris*, [1850?] fol.
Hirsch M. **1295**. (**2**.)

BOUTIN (R. F.)
—— Le Chat de Madame Chopin. Chanson burlesque. Paroles & musique de R. F. Boutin. *Chez A. Meissonnier: Paris*, [1830?] fol. Hirsch M. **1298**. (**4**.)

BOUTIN (R. F.)
—— Le Petit garçon de la voisine en face. Chansonette. Paroles et musique de R. F. Boutin. *Chez Nadaud: Paris*, [1850?] fol. Hirsch M. **1296**. (**14**.)

BOYNEBURGK (FRIEDRICH VON) *Baron.*
—— *See* MOZART (W. A.) [*Don Giovanni.*] Don Juan ... arrangé pour le pianoforte à quatre mains ... par Fr. Baron de Boyneburgk. [1834.] obl. fol. Hirsch M. **354**.

BRAHAM (JOHN) *Public Singer,* and **NATHAN** (ISAAC)
—— [A Selection of Hebrew Melodies.] Sammlung Hebräischer Original-Melodien mit untergelegten Gesängen von Lord G. G. Byron und deren Übersetzung vom Geheimen Krieges-Rath Kretzschmer. Hft. 1. *Im Magazin für Kunst, Geographie und Musik: Berlin*, [1822.] fol.
Hirsch III. **1064**.
Imperfect; wanting Hft. 2.

BRAHMS (JOHANNES) [*Collected Works.*—a. *Complete Works.*]
—— [Another copy.] Sämtliche Werke. Ausgabe der Gesellschaft der Musikfreunde in Wien. *Leipzig*, [1926–28.] fol. Hirsch IV. **946**.

BRAHMS (JOHANNES) [*Collected Works.*—d. *Vocal Music, Songs, etc.*]
—— Ausgewæhlte Lieder. ⟨Version française de Victor Wilder.⟩ Ger., Eng. & Fr. Bd. 1. *N. Simrock: Berlin*, [1889?] 4°. Hirsch M. **1302**. (**2**.)
Imperfect; wanting Bd. 2–8.

BRAHMS (JOHANNES) [*Collected Works.*—d. *Vocal Music, Songs, etc.*]
—— Drei Lieder. " Mainacht," " Sapphische Ode," " Nachtwandler." Nach den Handschriften. Herausgegeben in Faksimile-Reproduktion vom Besitzer Max Kalbeck. pp. x. 9. **F.P.** *Universal-Edition A.-G.: Wien und New York*, 1921. obl. fol. [*Musikalische Seltenheiten.* Bd. 3.] Hirsch M. **856**.
No. 24 of an edition of fifty copies.

BRAHMS (JOHANNES)
—— [A reissue.] Akademische Fest-Ouvertüre ... Op. 80. Partitur. *Berlin*, 1881 [1898?] 8°. Hirsch M. **84**.

BRAHMS (JOHANNES)
—— Ave maria. Für weiblichen Chor mit Orchester- oder Orgelbegleitung ... Op. 12. Partitur. pp. 15. *J. Rieter-Biedermann: Leipzig*, 1912. 8°. Hirsch IV. **706**.

BRAHMS (JOHANNES)
—— Balladen für das Pianoforte ... Op. 10. pp. 23. *Bei Breitkopf & Härtel: Leipzig*, [1856.] fol.
Hirsch M. **811**. (**1**.)

BRAHMS (JOHANNES)
—— 2 Cadenzen zu Beethoven's Klavierkonzert in G dur, Op. 58. [P.F.] pp. 8. *Verlag ... der Deutschen Brahms Gesellschaft: Berlin*, [1907.] fol. Hirsch M. **811. (2.)**

BRAHMS (JOHANNES)
—— [Another copy.] Elf Choral-Vorspiele für die Orgel ... Op. 122. *Berlin*, 1902. fol. Hirsch M. **811. (3.)**

BRAHMS (JOHANNES)
—— [Another copy.] Concert für das Pianoforte mit Begleitung des Orchesters. Op. 15. Partitur. *Leipzig u. Winterthur*, 1875. 8°. Hirsch M. **85.**

BRAHMS (JOHANNES)
—— Concert (No. 2, B dur) für Pianoforte mit Begleitung des Orchesters ... Op. 83. Partitur. pp. 159. *N. Simrock: Berlin*, [1882.] fol. Hirsch M. **794.**

BRAHMS (JOHANNES)
—— Concert für Violine mit Begleitung des Orchesters ... Op. 77. Partitur. pp. 208. *N. Simrock: Berlin*. 1879. 8°. Hirsch M. **86.**

BRAHMS (JOHANNES)
—— Concert für Violine und Violoncell mit Orchester ... Op. 102. Partitur. pp. 130. *N. Simrock: Berlin*, 1888. fol. Hirsch M. **795.**

BRAHMS (JOHANNES)
—— Ein deutsches Requiem nach Worten der heil. Schrift für Soli, Chor und Orchester (Orgel ad libitum) ... Op. 45. [Score.] pp. 191. *J. Rieter-Biedermann: Leipzig u. Winterthur*, [1868.] fol. Hirsch IV. **715.**

BRAHMS (JOHANNES)
—— [A reissue.] Ein deutsches Requiem, ... Op. 45. [Score.] *Leipzig*, [1885?] fol. Hirsch IV. **715. b.**

BRAHMS (JOHANNES)
—— [Another copy.] Fest- und Gedenksprüche für achtstimmigen Chor (a capella) ... Op. 109 ... Partitur. *Berlin*, 1890. 8°. Hirsch IV. **706. a.**

BRAHMS (JOHANNES)
—— Gesang der Parzen, von Goethe, für sechstimmigen Chor und Orchester ... Op. 89. Partitur. ⟨Translated into English by Mrs. Natalie Macfarren.⟩ pp. 31. *N. Simrock: Berlin*, 1883 [1890?] fol. Hirsch IV. **707.**

BRAHMS (JOHANNES)
—— [Fünf Gesänge für gemischten Chor a cappella. Op. 104 —No. 1. Nachtwache.] Feiger Gedanken, *etc. Aus den Liedern und Romanzen für vierstimmigen gemischten Chor. Paul Koch: Frankfurt am Main*, [1933.] 4°.
Hirsch M. **796.**
The colophon reads: " Über die Auflage gedruckt für Paul Hirsch."

SIG. 22.—PART 53.

BRAHMS (JOHANNES)
—— [Vier ernste Gesänge. Op. 121. A facsimile of the composer's autograph.] *Drei Masken Verlag: München*, 1923. obl. fol. Hirsch M. **87.**

BRAHMS (JOHANNES)
—— Liebeslieder-Walzer (Songs of Love) ... (Erste Sammlung, Op. 52) für Streich-Quintett oder Streich-Orchester bearbeitet von Friedrich Hermann. Partitur, *etc.* pp. 39. *N. Simrock: Berlin*, 1889. 8°. Hirsch M. **88.**

BRAHMS (JOHANNES)
—— [A reissue.] Liebeslieder. Songs of Love. Waltzes. Walzer für das Pianoforte zu vier Händen (und Gesang ad libitum). Op. 52, *etc.* Eng. & Ger. *Berlin*, [1880?] fol.
Hirsch M. **809. (1.)**

BRAHMS (JOHANNES)
—— Liebeslieder. Songs of Love. Waltzes. Walzer für das Pianoforte zu vier Händen (und Gesang ad libitum) Erste Sammlung, Op. 52 ... Mit Begleitung des Pianoforte Solo. Ger. & Eng. pp. 31. *N. Simrock: Berlin*, [1895?] fol. Hirsch M. **809. (2.)**

BRAHMS (JOHANNES)
—— [A reissue.] Liebeslieder. Songs of Love. Waltzes. Walzer für das Pianoforte zu vier Händen (und Gesang ad libitum) ... Op. 52, *etc.* Ger. & Eng. *Berlin*, [1900?] fol. Hirsch M. **809. (3.)**

BRAHMS (JOHANNES)
—— [A reissue.] Neue Liebeslieder. New Songs of Love. Waltzes ... Walzer für vier Singstimmen und Pianoforte zu vier Händen. Op. 65, *etc.* Ger. & Eng. *Berlin*, 1875 [1910?] fol. Hirsch M. **809. (4.)**

BRAHMS (JOHANNES)
—— Ein- und zweistimmige Lieder und Gesänge. English version by Paul England, N. Macfarren, J. P. Morgan. Mit Begleitung des Pianoforte. 30 no.
Op. 3. Sechs Gesänge für eine Stimme.
Op. 7. Sechs Gesänge für eine Stimme.
Op. 19. Fünf Gedichte für eine Stimme.
Op. 20. Drei Duette für Sopran und Alt.
Op. 46. Vier Gesänge für eine Stimme.
Op. 47. Fünf Lieder für eine Stimme.
Op. 48. Sieben Lieder für eine Stimme.
Op. 49. Fünf Lieder für eine Stimme.
Op. 61. Vier Duette für Sopran und Alt.
Op. 66. Fünf Duette für Sopran und Alt.
Op. 69. Hft. I. Fünf Gesänge für eine Stimme.
 Hft. II. Vier Gesänge für eine Stimme.
Op. 70. Vier Gesänge für eine Stimme.
Op. 71. Fünf Gesänge für eine Stimme.
Op. 72. Fünf Gesänge für eine Stimme.
Op. 75. Balladen und Romanzen für zwei Stimmen.
Op. 84. Romanzen und Lieder für eine oder zwei Stimmen.
Op. 85. Sechs Lieder für eine Stimme.
Op. 86. Sechs Lieder für eine tiefere Stimme.
Op. 91. Zwei Gesänge für eine Altstimme (mit Bratsche).
Op. 94. Fünf Lieder für tiefe Stimme.
Op. 95. Sieben Lieder für eine Stimme.
Op. 96. Vier Lieder für eine Stimme.
Op. 97. Sechs Lieder für eine Stimme.
Op. 103. Acht Zigeunerlieder für eine Stimme.
Op. 105. Fünf Lieder für eine tiefere Stimme.
Op. 106. Fünf Lieder für eine Stimme.
Op. 107. Fünf Lieder für eine Stimme.
Op. 121. Vier ernste Gesänge für eine Bassstimme.
N. Simrock: Berlin, [1900?] fol. Hirsch M. **797.**
This set includes two issues of Op. 46.

BRAHMS (JOHANNES)

—— [Another copy.] Lieder und Gesänge für eine Singstimme mit Pianoforte. Op. 63. Hft. 1. *Leipzig & Berlin*, [1874.] 4°. Hirsch M. **810**. (**1**.)

Imperfect; wanting Hft. 2.

BRAHMS (JOHANNES)

—— Zwölf Lieder und Romanzen für Frauenchor, a capella, oder mit willkührlicher Begleitung des Pianoforte . . . Op. 44, *etc.* [Score.] 2 Hft. *J. Rieter-Biedermann: Leipzig u. Winterthur*, [1880?] fol. Hirsch IV. **708**.

BRAHMS (JOHANNES)

—— [Zwölf Lieder und Romanzen für Frauenchor. Op. 44. Voice parts.] Sopran I. ⟨Sopran II.—Alt I.—Alt II.⟩ 4 pt. [*J. Rieter-Biedermann: Leipzic, Winterthur,* 1866.] fol. Hirsch M. **798**.

Without titlepage.

BRAHMS (JOHANNES)

—— Lieder und Romanzen für vierstimmigen gemischten Chor . . . Op. 93ª. Partitur. pp. 27. *N. Simrock: Berlin*, [1890?] 8°. Hirsch IV. **709**.

BRAHMS (JOHANNES)

—— 2 Motetten für fünfstimmigen gemischten Chor a capella . . . Op. 29. [Score.] 2 no. *N. Simrock: Berlin*, [1888.] 8°. Hirsch IV. **710**.

BRAHMS (JOHANNES)

—— Zwei Motetten . . . Op. 74. No. 1. Warum ist das Licht gegeben dem Mühseligen? No. 2. O Heiland, reiss die Himmel auf. Translated into English by Mrs. Natalie Macfarren . . . Partitur. 2 no. *N. Simrock: Berlin,* [1890?] 8°. Hirsch IV. **711**.

BRAHMS (JOHANNES)

—— [Another copy.] Drei Motetten für vier- und achtstimmigen Chor . . . Op. 110 . . . Partitur. *Berlin,* 1890. 8°. Hirsch IV. **712**.

BRAHMS (JOHANNES)

—— Nänie, von Friedrich Schiller für Chor und Orchester (Harfe ad libitum) . . . Op. 82. ⟨Englische Uebersetzung von Mrs. J. P. Morgan.⟩ [Score.] pp. 29. *C. F. Peters: Leipzig,* [1885?] fol. Hirsch IV. **713**.

Edition Peters. no. 2081.

BRAHMS (JOHANNES)

—— [Another copy.] Oktaven und Quinten u. A. Aus dem Nachlass herausgegeben und erläutert von Heinrich Schenker. *Wien,* [1933.] obl. fol. Hirsch M. **89**.

BRAHMS (JOHANNES)

—— Psalm XIII. [Op. 27. Voice parts.] 3 pt. [*C. Spina: Vienna,* 1864.] s. sh. fol. Hirsch M. **809**. (**5**.)

—— [Another copy.] Hirsch M. **809**. (**6**.)

BRAHMS (JOHANNES)

—— [Another copy.] Drei Quartette für vier Solostimmen (Sopran, Alt, Tenor und Bass) mit Pianoforte. Op. 31. no. 2. *Leipzig,* [1864.] fol. Hirsch M. **809**. (**7**.)

Imperfect; wanting no. 1 *and* 3.

BRAHMS (JOHANNES)

—— Quartette für vier Solostimmen mit Pianoforte. Op. 64, *etc.* [Score.] pp. 27. *C. F. Peters: Leipzig,* [1900?] 4°. Hirsch M. **810**. (**2**.)

Edition Peters. no. 1461.

BRAHMS (JOHANNES)

—— [Another copy.] Sechs Quartette für Sopran, Alt, Tenor, Bass mit Pianoforte . . . Opus 112. [Score.] *Leipzig,* [1892.] 4°. Hirsch M. **810**. (**3**.)

BRAHMS (JOHANNES)

—— [A reissue.] Sechs Quartette für Sopran, Alt, Tenor, Bass mit Pianoforte. Opus 112. ⟨Partitur.⟩ *Leipzig,* [1892.] 4°. Hirsch M. **810**. (**4**.)

Edition Peters. no. 2646.

BRAHMS (JOHANNES)

—— Regenlied. Gedicht von Klaus Groth. Für eine Singstimme mit Begleitung des Pianoforte . . . Mit einer Vorbemerkung von Hermann Stange und einer Facsimile-Wiedergabe des Original-Manuscripts. Ausgabe für hohe Stimme. Ausgabe für tiefe Stimme. 2 no. *Verlag der Deutschen Brahms-Gesellschaft: Berlin,* [1908.] obl. fol. Hirsch M. **799**.

BRAHMS (JOHANNES)

—— Rhapsodie. (Fragment aus Goethe's Harzreise im Winter.) Für eine Altstimme, Männerchor und Orchester . . . Op. 53. Translated into English by R. H. Benson. Partitur, *etc.* pp. 39. *N. Simrock: Berlin,* [1880?] 8°. Hirsch IV. **714**.

BRAHMS (JOHANNES)

—— [Another copy.] Rinaldo. Cantate . . . Op. 50. Partitur, *etc. Berlin,* [1869.] fol. Hirsch IV. **715**. a.

BRAHMS (JOHANNES)

—— Romanzen aus L. Tieck's Magelone für eine Singstimme mit Pianoforte . . . Op. 33. Für tiefe Stimme. Englische Uebersetzung von A. Lang und R. H. Benson. 5 Hft. *J. Rieter-Biedermann: Leipzig,* 1875 [1880?]. fol. Hirsch M. **809**. (**8**.)

BRAHMS (JOHANNES)

—— Zwei Sarabanden für Klavier. Nachgelassenes Werk. Mit einem Vorwort von Max Friedländer und der Wiedergabe der Urschrift. pp. 9. *Deutsche Brahms-Gesellschaft: Berlin,* [1919.] obl. fol. Hirsch M. **800**. (**1**.)

—— [Another copy.] Hirsch M. **800**. (**2**.)

BRAHMS (JOHANNES)
—— Schicksalslied . . . von Friedrich Hölderlin (traduction française par Amédée Boutarel), für Chor und Orchester . . . Op. 54. Neue Ausgabe. Partitur, *etc.* pp. 63. *N. Simrock: Berlin*, 1892. 8°.   Hirsch IV. **716**.
The words are given in German and English only.

BRAHMS (JOHANNES)
—— [Another copy.] Serenade (D dur) für grosses Orchester. Op. 11. Partitur. *Leipzig,* [1861.] 8°.   Hirsch M. **90**.
Otto Jahn's copy, with his bookplate.

BRAHMS (JOHANNES)
—— [A reissue.] Serenade (D dur) für grosses Orchester. Op. 11. Partitur. *Berlin,* [1870?] 8°.   Hirsch M. **91**.

BRAHMS (JOHANNES)
—— [A reissue.] Serenade für kleines Orchester . . . Op. 16 . . . Partitur. *Berlin,* [1875?] fol.   Hirsch M. **801**.

BRAHMS (JOHANNES)
—— [Another copy.] Sonate (C dur) für das Pianoforte . . . Op. 1. *Leipzig,* [1853.] fol.   Hirsch M. **811**. (4.)

BRAHMS (JOHANNES)
—— [A reissue.] Sonate (Fis moll) für das Pianoforte . . . Op. 2. *Leipzig,* [1860?] fol.   Hirsch M. **811**. (5.)

BRAHMS (JOHANNES)
—— [Another copy.] Sonate (F moll) für das Pianoforte . . . Op. 5. *Leipzig,* [1854.] fol.   Hirsch M. **802**.
The titlepage bears the autograph signature of J. Stockhausen.

BRAHMS (JOHANNES)
—— [Another copy.] The Symphonies of Brahms [no. 1, 2, 3 and 4] and Tschaikowsky in Score, *etc.   Cambridge; printed in U.S.A.,* [1945.] fol. [*Miniature Score Series.* vol. 2.]   Hirsch M. **1270**.

BRAHMS (JOHANNES)
—— [Another copy.] Symphonie (C moll) für grosses Orchester. Op. 68. Partitur. *Berlin,* 1877. fol.
Hirsch M. **803**. (1.)

BRAHMS (JOHANNES)
—— [Another copy.] Symphonie (C moll) für grosses Orchester . . . Op. 68. Partitur. *Berlin,* 1877. fol.
Hirsch M. **804**.

BRAHMS (JOHANNES)
—— [Another copy.] Zweite Symphonie (D dur) für grosses Orchester. Op. 73. Partitur. *Berlin,* 1878. fol.
Hirsch M. **803**. (2.)

BRAHMS (JOHANNES)
—— [Another issue.] Zweite Symphonie (D dur) für grosses Orchester. Op. 73. Partitur. *Berlin,* 1878. fol.
Hirsch M. **805**.

BRAHMS (JOHANNES)
—— Dritte Symphonie (F dur) für grosses Orchester. Op. 90. Partitur. pp. 109. *N. Simrock: Berlin,* 1884. fol.
Hirsch M. **803**. (3.)

BRAHMS (JOHANNES)
—— [Another issue.] Dritte Symphonie (F dur) für grosses Orchester. Op. 90, *etc. Berlin,* 1884. fol.
Hirsch M. **806**.

BRAHMS (JOHANNES)
—— [Another copy.] Vierte Symphonie (E moll) für grosses Orchester . . . Op. 98. Partitur. *Berlin,* 1886. fol.
Hirsch M. **803**. (4.)

BRAHMS (JOHANNES)
—— [Another issue.] Vierte Symphonie (E moll) für grosses Orchester . . . Op. 98. Partitur. *Berlin,* 1886. fol.
Hirsch M. **807**.

BRAHMS (JOHANNES)
—— [Another copy.] Tragische Ouvertüre für Orchester. Op. 81. Partitur. *Berlin,* 1881. 8°.   Hirsch M. **92**.

BRAHMS (JOHANNES)
—— Triumphlied (Offenb. Joh. Cap. 19.) für achtstimmigen Chor u. Orchester (Orgel ad libitum) . . . Op. 55. Partitur. Ger. & Eng. pp. 89.   *N. Simrock: Berlin,* 1872 [1890?] fol.   Hirsch IV. **717**.

BRAHMS (JOHANNES)
—— Ungarische Tänze [no. 1, 3 and 10] für Orchester gesetzt von J. Brahms. Partitur, *etc.* pp. 60.   *N. Simrock: Berlin,* [1874.] 8°.   Hirsch M. **93**.

BRAHMS (JOHANNES)
—— Variationen über ein Thema ⟨Chorale St. Antoni⟩ von Jos. Haydn für Orchester. Op. 56ᵃ. Partitur. pp. 83. *N. Simrock: Berlin,* [1898?] 8°.   Hirsch M. **94**.

BRAHMS (JOHANNES)
—— Neue Volkslieder von Brahms. 32 Bearbeitungen nach der Handschrift aus dem Besitz Clara Schumanns. Zum ersten Male herausgegeben im Auftrage der Deutschen Brahms-Gesellschaft von Max Friedlaender. pp. 62. *Verlag der Deutschen Brahms-Gesellschaft: Berlin,* 1926. obl. 4°.
Hirsch M. **808**.

BRAHMS (JOHANNES)
—— [A reissue.] Zigeunerlieder für vier Singstimmen (Sopran, Alt, Tenor und Bass) mit Begleitung des Pianoforte. Op. 103. *Berlin,* [1910?] fol.
Hirsch M. **809**. (10.)

BRAHMS (JOHANNES)
—— [A reissue.] Acht Zigeunerlieder für eine Singstimme mit Begleitung des Pianoforte. Op. 103, *etc.   Berlin,* [1895?] fol.   Hirsch M. **809**. (9.)

BRAHMS (Johannes)
—— *See* Couperin (F.) *the Younger.* Pièces de clavecin... Revues par J. Brahms & F. Chrysander. [1930?] 4°.
Hirsch M. **119**.

BRAHMS (Johannes)
—— *See* Schubert (F. P.) [*Sieben Gesänge. Op.* 52. *No.* 2.] Ellens zweiter Gesang... für Sopran-Solo, Frauenchor und Blasinstrumente gesetzt von J. Brahms, *etc.* [1906.] fol. Hirsch IV. **910**.

BRAHMS (Johannes)
—— *See* Schubert (F. P.) Grosse Messe (in Es) für Chor und Orchester, *etc.* [Vocal score by J. Brahms.] 1865. fol. Hirsch IV. **656**. a.

BRAND (Alexander)
—— *See* Mozart (W. A.) [*Le Nozze di Figaro.*] Les Noces de Figaro... arrangé pour pianoforte et violon par A. Brand. [1830?] fol. Hirsch M. **1098**.

BRAND (Alexander)
—— *See* Mozart (W. A.) Die Zauberfloete... für Piano Forte und Violin eingerichtet von A. Brand. [1830?] fol. Hirsch M. **1121**.

BRAND (Alexander)
—— *See* Weber (C. M. F. von) Freyschütz. Romantische Oper... arrangirt für Pianoforte und Violin von A. Brand. [1823?] *obl.* fol. Hirsch M. **641**. a.

BRASSEUR DE PRESTON.
—— Le Brasseur de Preston. Opéra comique. *See* Adam (A. C.)

BRAUNFELS (Walter)
—— Prinzessin Brambilla. Heitere Oper in 2 Aufzügen nach einer Novelle des E. T. A. Hoffmann. Text und Musik von W. Braunfels. Partitur in 2 Bänden, *etc.* pp. 647. *Dr. Heinrich Lewy: München,* [1908.] fol.
Hirsch II. **94**.

BREITKOPF (Bernhard Theodor)
—— Goethes Leipziger Liederbuch, in Melodien gesetzt von B. T. Breitkopf, 1769. Neu bearbeitet von Günter Raphael. pp. 27. *Breitkopf & Härtel: Leipzig,* [1932.] 4°. Hirsch M. **812**.
No. 7 of an edition of fifty copies.

BREITKOPF (Bernhard Theodor)
—— Neue Lieder in Melodien gesetzt... Leipzig, Bey Bernhard Christoph Breitkopf und Sohn, 1770. [A facsimile. With a postscript by Albert Köster.] pp. 42. [*Inselverlag:*] *Leipzig,* 1906. *obl.* 4°. Hirsch M. **95**.

BRENT (Mrs. P.)
—— Hail! peaceful Night. [Song.] ⟨The words by George Garraway.⟩ pp. 4. *Jeffreys & Nelson: London,* [1845?] fol. Hirsch M. **1309**. (**5**.)
Prince Albert's Gallery of Music. no. 3.

BRIDAL.
—— The Bridal Ring. Score. ⟨Merrily while the Deer is browsing. Score.⟩ [From G. F. Rodwell's opera "The Lord of the Isles."] *D'Almaine & Co.:* [*London,* 1835?] *s. sh.* fol. Hirsch IV. **933**. (**4**.)

BRISSLER (Franz)
—— *See* Mozart (W. A.) [*La Clemenza di Tito.*] Titus... Clavier-Auszug... bearbeitet von Brissler, *etc.* [1855?] fol. Hirsch M. **1050**.

BRISSLER (Franz)
—— *See* Mozart (W. A.) [*Don Giovanni.*] Don Juan... Arrangement von F. Brissler. [1866?] 8°.
Hirsch M. **350**.

BRISSLER (Franz)
—— *See* Mozart (W. A.) [*Le Nozze di Figaro.*] Die Hochzeit des Figaro... Arrangement von F. Brissler. [1866?] 8°. Hirsch M. **387**.

BRISSLER (Franz)
—— *See* Mozart (W. A.) Requiem... Klavier-Auszug ⟨von F. Brissler⟩. [1880?] 8°. Hirsch M. **398**.

BROGIALDI (Dionigi)
—— *See* Rossini (G. A.) [*Bianca e Falliero.*] Sinfonia, *etc.* [In fact, the complete opera arranged for P.F. by D. Brogialdi and others.] [1835?] *obl.* fol. Hirsch IV. **1252**.

BROOKS (James)
—— Sonata, for the Piano Forte in which is introduced the favorite air of "When forc'd from dear Hebe to go" [by T. A. Arne] with an accompaniment for the violin, *etc. Wr. Turnbull:* [*London,* 1805?] fol.
Hirsch M. **1282**. (**32**.)
Imperfect; wanting the violin part.

BROWN (   )
—— Brown the Tragedian. [Song.] *See* Lloyd (A.)

BROWNE, afterwards **HUGHES** (Harriet)
—— The Homes of England. A song, written by Mrs. Hemens, composed by her sister, *etc.* pp. 5. *I. Willis & Co.: London,* [1835?] fol. Hirsch M. **1306**. (**2**.)

BROWNE, afterwards **HUGHES** (Harriet)
—— The Landing of the Pilgrim Fathers. A ballad, *etc.* ⟨Thirty-fifth edition.⟩ pp. 7. *Willis & Co.: London,* [1840?] fol. Hirsch M. **1272**. (**10**.)

BRUCH (Max Christian Friedrich)
—— Concert für die Violine (Vorspiel, Adagio und Finale.)... Op. 26. Partitur. pp. 120. *Bei Aug. Fr. Cranz: Bremen,* [1868.] 8°. Hirsch M. **96**.

BRUCH (Max Christian Friedrich)
—— [Another copy.] Zweite Sinfonie (F moll) für grosses Orchester... Op. 36, *etc. Berlin,* [1870?] 8°.
Hirsch M. **97**.

BRUCKNER (Anton)
—— [Another copy.] Anton Bruckner. Sämtliche Werke. Kritische Gesamtausgabe, *etc.* Bd. 1, 2, 4–6, 9, 15. *Wien; Leipzig* [printed, 1935, 31–38.] fol.   Hirsch IV. **947**.
Bd. 15 bears the imprint Dr. Benno Filser Verlag: Augsburg, Wien.

BRUCKNER (Anton)
—— Sämtliche Werke . . . Studienpartitur. 6 vol.
Bd. 1.   I. Symphonie, C-moll.   (Linzer-Fassung.)
Bd. 4.   IV. Symphonie, Es-dur.   (Original Fassung.)
Bd. 5.   V. Symphonie, B-dur.   (Original Fassung.)
Bd. 6.   VI. Symphonie, A-dur.   (Original Fassung.)
Bd. 9.   IX. Symphonie, D-moll.   (Original Fassung.)
Bd. 15.   Requiem, D-moll.   (Original Fassung.)
Musikwissenschaftlicher Verlag: Wien, Leipzig [printed, 1935, 31–36.] 8°.   Hirsch IV. **947**. a.
A reissue, reproduced photographically in a reduced form, of Bd. 1, 4, 5, 6, 9, 15 of the preceding, giving the original version only of each work, without the " Berichte."

BRUCKNER (Anton)
—— Christus factus est, für gemischten Chor. Partitur. Nachgelassenes Werk, *etc.* pp. 5.   *Internationale Bruckner-Gesellschaft: Wien*, [1934.] 4°.   Hirsch IV. **718**.

BRUCKNER (Anton)
—— [Another copy.] Helgoland . . . Für Männerchor und grosses Orchester . . . Orchesterpartitur, *etc.*   *Wien*, [1899.] fol.   Hirsch IV. **719**.
A slip bearing the imprint Universal-Edition has been pasted over the original imprint.

BRUCKNER (Anton)
—— Das hohe Lied. (Heinrich von der Mattig.) Männerchor mit Tenorsolo und Orchester- oder Clavierbegleitung . . . Für die Aufführung im Akademischen Gesangvereine eingerichtet und mit Clavierbegleitung versehen von Hans Wagner. Partitur mit unterlegtem Clavierauszug, *etc.* pp. 13.   *Ludwig Doblinger: Wien*, [1902 ?] fol.
Hirsch IV. **721**.
A slip bearing the imprint Universal-Edition has been pasted over the original imprint.

BRUCKNER (Anton)
—— [Another copy.] Der 150. Psalm für Chor, Soli und Orchester . . . Partitur, *etc.   Wien*, [1892.] fol.
Hirsch IV. **725**.

BRUCKNER (Anton)
—— 2 Kirchen-Chöre. No. 1. Antiphon für gemischten Chor und Orgel. No. 2. Ave Maria für Sopran, Alt I, II, Tenor I, II und Bass I, II . . . Partitur, *etc.* 2 no.   *Julius Hainauer: Breslau; Alexander Rosé: Wien*, [1900.] 8°.
Hirsch IV. **720**.

BRUCKNER (Anton)
—— Grosse Messe (N^ro 3 in F moll) . . . Orchester-Partitur, *etc.* pp. 161.   *Ludwig Doblinger: Wien*, [1894.] fol.
Hirsch IV. **724**.
A slip bearing the imprint Universal-Edition has been pasted over the original imprint.

BRUCKNER (Anton)
—— Messe in (E moll) . . . für 8stimmigen Chor u. Blas-Orchester . . . Orchester-Partitur, *etc.* pp. 51.
Ludwig Doblinger: Wien, [1896.] fol.   Hirsch IV. **722**.

BRUCKNER (Anton)
—— Messe in E moll. Mass in E minor . . . Neurevision von, new revision by . . . Josef V. Wöss. [Score. With a portrait.] pp. 100.   *Wiener Philharmonischer Verlag: Wien*, 1924. 8°.   Hirsch IV. **723**.
Philharmonia Partituren. no. 204.

BRUCKNER (Anton)
—— Missa solemnis in B-moll. Klavierauszug von Ferdinand Habel. 〈Ausgabe der Internationalen Bruckner-Gesellschaft.〉 [Vocal score.] pp. 48.   *Musikwissenschaftlicher Verlag: Wien*, 1934. fol.   Hirsch IV. **947**. b.

BRUCKNER (Anton)
—— Overtüre G moll für Orchester . . . (Nachgelassenes Werk) veröffentlicht mit der Studie: Unbekannte Frühwerke Anton Bruckners von Dr. Alfred Orel. [Score.] 2 pt.   *Universal-Edition A.-G.: Wien, New York*, [1921.] 8°.   Hirsch M. **98**.

BRUCKNER (Anton)
—— Quintett, F-dur, für 2 Violinen, 2 Violen und Violoncell. Für Pianoforte zu 2 Händen bearbeitet von August Stradal. 〈Ausgabe der Internationalen Bruckner-Gesellschaft.〉 pp. 49.   *Dr. Benno Filser Verlag: Augsburg, Wien*, [1929.] fol.   Hirsch IV. **947**. c.

BRUCKNER (Anton)
—— [A reissue.] Erste Symphonie (C-moll) für grosses Orchester . . . Partitur.   *Wien, Leipzig*, [1910 ?] fol.
Hirsch M. **813**.

BRUCKNER (Anton)
—— [Another copy.] Symphonie No. 1, C moll. [Score.]   *Leipzig*, [1912.] 8°.   Hirsch M. **99**.
Eulenburg's kleine Orchester-Partitur-Ausgabe. Symphonien. no. 59.

BRUCKNER (Anton)
—— [Another copy.] Zweite Symphonie (C moll) für grosses Orchester . . . Partitur, *etc.   Wien*, [1892.] fol.
Hirsch M. **814**.

BRUCKNER (Anton)
—— [Another copy.] Zweite Symphonie (C-moll) für grosses Orchester. Partitur, *etc.   Wien*, [1892.] fol.
Hirsch M. **815**.
A slip bearing the imprint Universal-Edition has been pasted over the original imprint.

BRUCKNER (Anton)
—— Symphonie in (D moll) für grosses Orchester . . . Partitur, *etc.* pp. 172.   *A. Bösendorfer's Musikalienhandlung: Wien*, [1880 ?] fol.   Hirsch M. **816**.

BRUCKNER (ANTON)
—— [A reissue.] III. Symphonie in D-moll für grosses Orchester . . . Partitur, *etc.* *Schlesinger'sche Buch- & Musikhandlung:* [*Berlin*, 1895?] 8°. Hirsch M. **100**.
The original imprint of Th. Rättig, Wien has been erased and the name given above has been substituted with a stamp.

BRUCKNER (ANTON)
—— [A reissue.] Vierte (romantische) Symphonie (Es dur) für grosses Orchester . . . Partitur, *etc.* *Wien u. Leipzig*, [1895.] fol. Hirsch M. **817**.

BRUCKNER (ANTON)
—— [Another copy.] Fünfte Symphonie (B dur) für grosses Orchester. Partitur, *etc.* *Wien*, 1896. fol. Hirsch M. **818**.
A slip bearing the imprint Universal-Edition has been pasted over the original imprint.

BRUCKNER (ANTON)
—— [Another copy.] Sechste Symphonie, A dur, für grosses Orchester . . . Partitur, *etc.* *Wien*, [1899.] fol. Hirsch M. **819**.

BRUCKNER (ANTON)
—— [A reissue.] Siebente Symphonie (E dur) für grosses Orchester . . . Partitur, *etc.* *Wien u. Leipzig*, [1895.] fol. Hirsch M. **820**.

BRUCKNER (ANTON)
—— [A reissue.] Achte Symphonie (C-moll) für grosses Orchester. Partitur, *etc.* *Wien*, [1910?] fol. Hirsch M. **821**.

BRUCKNER (ANTON)
—— Achte Sinfonie in C-moll für grosses Orchester . . . Kleine Partitur. pp. 129. *Carl Haslinger: Wien*, [1910?] 8°. Hirsch M. **101**.

BRUCKNER (ANTON)
—— [Another copy.] Neunte Symphonie für grosses Orchester . . . Partitur, *etc.* *Wien*, [1903.] fol. Hirsch M. **822**.
A slip bearing the imprint Universal-Edition has been pasted over the original imprint.

BRUCKNER (ANTON)
—— [A reissue.] Neunte Symphonie für grosses Orchester . . . Partitur. *Universal-Edition: Wien*, [1910?] 8°. Hirsch M. **102**.

BRUCKNER (ANTON)
—— "Te Deum," für Chor, Soli und Orchester, Orgel ad libitum . . . (Revised by T. Alan.) Partitur, *etc.* pp. 63. *Th. Rättig: Leipzig*, [1904.] 8°. Hirsch IV. **726**.

BRUCKNER (ANTON)
—— Vorspiel und Fuge C-moll für Orgel . . . Ergänzt und bearbeitet von Franz Philipp. pp. 7. *Dr. Benno Filser Verlag: Augsburg*, [1929.] obl. fol. Hirsch M. **103**.

BRUELL (IGNAZ)
—— Das goldene Kreuz. Oper in zwei Acten nach dem Französischen von H. S. von Mosenthal . . . Orchester-partitur, *etc.* pp. 664. *Ed. Bote & G. Bock: Berlin*, [1876.] fol. Hirsch II. **95**.
With two copies of a sheet of "Aenderungen" inserted.

BRUELL (IGNAZ)
—— [Another copy.] Serenade für Orchester . . . Op. 29. Partitur. *Berlin & Posen*, [1877.] 8°. Hirsch M. **104**.

BRUELL (IGNAZ)
—— See MOZART (W. A.) [*Le Nozze di Figaro.*] Die Hochzeit des Figaro . . . Klavier-Auszug . . . revidiert von I. Brüll. [1905?] 8°. Hirsch M. **385**.

BRUGER (HANS DAGOBERT)
—— [Another copy.] Alte Lautenkunst aus drei Jahrhunderten. *Berlin, Leipzig*, [1923.] 4°. Hirsch M. **823**.

BRUGER (HANS DAGOBERT)
—— See BACH (J. S.) [*Collected Works.—h. Miscellaneous Instrumental Selections and Arrangements.*] Kompositionen für die Laute . . . Nach altem Quellenmaterial . . . übertragen und herausgegeben von H. D. Bruger, *etc.* 1925. 4°. Hirsch M. **674**.

BRUGUIÈRE (ÉDOUARD)
—— La Bergère fileuse. Nocturne à deux voix. ⟨Accompagnement de guitare par F. Carulli.⟩ pp. 3. *Chez A. Petibon: Paris*, [1825?] 8°. Hirsch M. **1293**. (3.)

BRUGUIÈRE (ÉDOUARD)
—— La Danse n'a plus mon amour. Chansonette. Paroles de M. F. Barateau. pp. 3. *Prilipp et c^{ie}: Paris*, [1840?] fol. Hirsch M. **1298**. (4*.)

BRUGUIÈRE (ÉDOUARD)
—— L'Heureux perroquet. Chansonette, paroles de Mr. Ernest Dunant . . . Accomp^t de guitare par F. Carulli. *Chez A. Petibon: Paris*, [1825?] 8°. Hirsch M. **1293**. (4.)

BRUGUIÈRE (ÉDOUARD)
—— Le Militaire observateur. Chansonette. Paroles de Mr. Guttinguer. *Chez Alfred Ikelmer & c^o: Paris*, [1840?] fol. Hirsch M. **1298**. (5.)

BRUGUIÈRE (ÉDOUARD)
—— [Another copy.] Rendez moi mon léger bateau. Barcarolle, *etc.* *Paris*, [1825?] 8°. Hirsch M. **1293**. (6.)

BRUHNS (NICOLAUS)
—— Gesamtausgabe der Werke. Kantaten—Orgelwerke. Kantate 1⟨-3⟩ . . . herausgegeben von Fritz Stein. [Score.] Bd. 1. Lfg. 1-3. *Henry Litolff's Verlag: Braunschweig*, 1935. fol. Hirsch IV. **948**.
No more published in this edition.

BRUHNS (Nicolaus)
—— [Another copy.] Gesammelte Werke . . . Bearbeitet von Fritz Stein.
   Tl. 1. Kirchenkantaten. Nr. 1–7.
   Braunschweig, 1937. fol. [*Das Erbe deutscher Musik. Landschaftsdenkmale. Schleswig-Holstein und Hansestädte. Bd. 1.*] Hirsch IV. **960. a.**

BRUHNS (Nikolaus)
—— 3 Praeludien und Fugen. ⟨Herausgegeben von Max Seiffert.⟩ pp. 25. *Fr. Kistner & C. F. W. Siegel: Leipzig*, [1925.] fol. [*Organum. Reihe 4. Hft. 8.*] Hirsch M. **1204.**

BRUNCKHORST (Arnold M.)
—— Praeludium . . . Herausgegeben von Max Seiffert. [Organ.] [1925.] *See* Seiffert (M.) Organum, *etc.* Reihe 4. Hft. 7. a. [1924–30?] fol. Hirsch M. **1204.**

BUCK (Sir Percy Carter)
—— [Another copy.] Tudor Church Music. Editorial committee. P. C. Buck . . . A. Ramsbotham . . . E. H. Fellowes . . . R. R. Terry . . . S. Townsend Warner. *London*, 1923–29. fol. Hirsch IV. **1024. a.**

—— Appendix, *etc. London*, 1948. fol. Hirsch IV. **1024. b.**

BUECKEBURG.—*Fürstliches Institut für musikwissenschaftliche Forschung.*
—— Veröffentlichungen, *etc.*
   Reihe 1. Veröffentlichung 1. Bd. 1, 5, 7, no. 1, 2, 4. Veröffentlichung 2. Hft. 1–6.
   Reihe 2. Veröffentlichungen 1, 2, 3.
   Reihe 4. Bd. 1, 2, 3.
   Reihe 5. Bd. 1, 2, 3.
   Bückburg & Leipzig, 1919–35. fol., etc. Hirsch M. **824.**
   Imperfect; wanting Reihe 1, Veröffentlichung 1, Bd. 7, no. 3; Reihe 5, Bd. 4.

BUELOW (Hans Guido von)
—— *See* Wagner (W. R.) Tristan und Isolde . . . Vollständiger Klavierauszug von H. von Bülow. [1890?] fol. Hirsch M. **1258.**

BUESCHING (Johann Gustav Gottlieb) and **HAGEN** (Friedrich Heinrich von der)
—— [Another copy.] Sammlung deutscher Volkslieder mit einem Anhange Flammländischer und Französischer, nebst Melodien, *etc. Berlin*, 1807. 8º.

—— Melodien, *etc. Berlin*, [1807.] obl. 8º. Hirsch III. **672.**

BUETTINGER (Carl Conrad)
—— *See* Nicola (C.) Der Lauf der Welt . . . Mit Guitarre Begleitung von C. Büttinger. [1825?] 8º. Hirsch M. **1300. (16.)**

BUETTINGER (Carl Conrad)
—— *See* Nicola (C.) Der Schmied . . . Mit Guitarre Begleitung von C. Büttinger. [1825?] 8º. Hirsch M. **1299. (10.)**

BUETTINGER (Carl Conrad)
—— *See* Tschiersky (W.) Das tanzlustige Mädchen. [Song.] . . . Mit Guitarre Begleitung von C. Büttinger. [1824?] 8º. Hirsch M. **1300. (26.)**

BUNDESLIED.
—— Bundeslied. [Part-song.] *See* Marschner (H. A.)

BURGMUELLER (Johann Friedrich Franz)
—— Grande valse sur le Juif errant de F. Halévy. [P.F.] pp. 7. *Benoît aîné: Paris*, [1860?] fol. Hirsch M. **1298. (6.)**

BURGMUELLER (Johann Friedrich Franz)
—— Les Yeux bleus. Grande valse brillante. 2ème édition . . . Sur la romance favorite d'Étienne Arnaud . . . à 2 mains. [P.F.] pp. 10. *Au Ménestrel: Paris*, [1850?] fol. Hirsch M. **1295. (1.)**

BURGMUELLER (Norbert)
—— Frühlingslied, von C. W. Müller. [Song.] [1840.] *See* Periodical Publications.—Leipzig.—*Neue Zeitschrift für Musik.* [Sammlung von Musik-Stücken, etc.] Hft. 12. [1838, etc.] fol. Hirsch M. **1134.**

BURKHARDT (Hans)
—— *See* Rabsch (E.) and Burkhardt (H.) Musik. Ein Unterrichtswerk für die Schule, *etc.* 1928–31. 8º. Hirsch M. **462.**

BURNEY (Cecilia)
—— Le Séjour agréable. A sonata, for the piano forte . . . Op. 2. pp. 8. *G. Walkar* [sic]: *London*, [1810?] fol. Hirsch M. **1287. (6.)**
   Watermark date 1810.

BURROWES (John Freckleton) *the Elder.*
—— *See* Mozart (W. A.) [La Clemenza di Tito.] Overture . . . Arranged as a duett for two performers on the piano forte, by J. F. Burrowes. [1804?] fol. Hirsch M. **1284. (6.)**

BURROWES (John Freckleton) *the Younger.*
—— *See* Mozart (W. A.) [Collected Works.—c. Instrumental Selections and Arrangements.] Select Airs from the celebrated operas . . . Arranged for the piano forte, with an accompaniment for the flute . . . by J. F. Burrowes. [1815?–1830?] fol. Hirsch M. **1283. (17.)**

BUSONI (Ferruccio Benvenuto)
—— Die Brautwahl. Musikalisch-fantastische Komödie nach E. T. A. Hoffmanns Erzählung . . . Bühnenbilder von Karl Walser. Traduzione italiana di Augusto Anzoletti. Partitur. pp. 678. "*Harmonie*": *Berlin*, [1914.] fol. Hirsch II. **99.**

BUSONI (Ferruccio Benvenuto)
—— Zigeunerlied. Im Nebelgeriesel im tiefen Schnee. (Wolfgang von Goethe.) Ballade für Bariton mit Orchester . . . Op. 55. Nr. 2. Partitur, *etc.* pp. 16. *Breitkopf & Härtel: Leipzig*, [1924.] fol. Hirsch M. **825.**
   Part of "Breitkopf & Härtel's Partitur Bibliothek."

BUTENUTH (LEOPOLD)
—— Batty-Galopp . . . Op. 60. [P.F.] pp. 5. *Bei S. Philipp: Berlin*, [1840?] fol.   Hirsch M. **1304. (1.)**

BUTTING (MAX)
—— [Another copy.] Heitere Musik für kleines Orchester. (Radiomusik 11.) Op. 38 . . . Partitur. *Wien, Leipzig*, 1930. fol.   Hirsch M. **826**.
The titlepage bears a MS. *dedication to Paul Hirsch in the composer's autograph.*

BUXTEHUDE (DIETRICH)
—— [Another copy.] Dietrich Buxtehudes Werke. Bd. 1–7. *Klecken*, 1925–37. fol.   Hirsch IV. **949**.
Bd. 3–7 were published at Hamburg.

BUXTEHUDE (DIETRICH)
—— [VII Suonate à due. Op. 2.] Sonate (D dur) Op. 2 (1696). Nr. 2 für Violine, Gambe (Violoncello) und Cembalo. ⟨Bearbeitet von Max Seiffert.⟩ [Score and parts.] 3 pt.   *Fr. Kistner & C. F. W. Siegel: Leipzig*, [1924.] fol. [*Organum*. Reihe 3. no. 6.]
Hirsch M. **1204**.

BY-GONE.
—— By-gone Hours. [Song.] *See* BLACKWOOD (Helena S.) *Baroness Dufferin, afterwards* HAY (H. S.) *Countess of Gifford*. [*A Set of Ten Songs, etc*. No. 9.]

BYRD (WILLIAM)
—— [Another copy.] The Collected Vocal Works of William Byrd, *etc*. vol. 1–9. *London*, 1937–39. 8°.
Hirsch IV. **950**.
Imperfect; wanting all after vol. 9.

BYRD (WILLIAM)
—— A Prelude & The Carman's Whistle, an Air with Variations. [P.F.] pp. 7.   *Chappell & Co.: London*, [1818?] fol. [*Antient Relics for the Piano Forte*. no. 5.]
Hirsch M. **1287. (1.)**
Watermark date 1818.

BYRD (WILLIAM)
—— [Another copy.] My Lady Nevells Booke, *etc*. *London*, 1926. fol.   Hirsch M. **827**.

CACCINI (GIULIO)
—— [A reissue.] L'Euridice. ⟨Opera.⟩ Composto in musica in stile rappresentativo. *Milano*, [1880.] 8°.
Hirsch IV. **1560**.

CACCINI (GIULIO)
—— Le Nuove musiche. Prefazione a cura di Francesco Vatielli. [A facsimile of the edition of 1601.] *Reale accademia d'Italia: Roma*, 1934. fol.   Hirsch M. **828**.

CACCINI (GIULIO)
—— [Another copy.] Le Nuove musiche. Riproduzione dell'edizione del 1601 a cura di Francesco Mantica, *etc*. *Roma*, 1930. fol. [*Prime fioriture del melodramma italiano* vol. 2.]   Hirsch M. **1006**.

CALCOTT (J.) *the Younger*.
—— They may talk of flying Cinders. *Pat of Mullingar*. [Song, melody by J. Calcott.] Written and sung by Harry Sydney. pp. 4. [1860?] fol. *See* THEY.
Hirsch M. **1317. (10.)**

CALINDA.
—— La Calinda. [Song.] *See* MASINI (F.)

CALKIN (JAMES)
—— Fantasia brillante, introducing the Waltz and Jaeger Chorus, Der Freischütz [by C. M. F. E. von Weber], composed for the piano forte. pp. 13.   *T. Lindsay: London*, [1823?] fol.   Hirsch M. **1310. (24.)**
Watermark date 1823.

CALL (LEONHARD VON)
—— Trois duos pour deux flûtes . . . Oeuvre 1. N. 1 ⟨II.⟩ [Parts.] 4 pt.   *Au bureau d'art et d'industrie: Vienne*, [1801, 05.] fol.   Hirsch III. **145**.

CALMUS (GEORGY)
—— Zwei Opern-Burlesken aus der Rokokozeit. Télémaque. Parodie von Le Sage, Paris 1715. The Beggar's Opera von Gay und Pepusch, London 1728. Mit sieben Abbildungen. Zum erstenmal mit der Musik neu herausgegeben, übersetzt und eingeleitet von G. Calmus. pp. xl. 223. *Commissionsverlag von Leo Liepmannssohn: Berlin*, 1912. 8°.
Hirsch M. **105**.

CANGÉ SONG BOOK.
—— [Another copy.] Le Chansonnier Cangé. Manuscrit français no. 846 de la Bibliothèque Nationale de Paris. tom. 2. *Philadelphia*, 1927. 4°.   Hirsch M. **106**.
Part of "Corpus cantilenarum medii aevi."

CANNABICH (CHRISTIAN)
—— Sinfonie, G dur (1760) . . . Herausgegeben und bearbeitet von Robert Sondheimer. [Score.] pp. 11. *Edition Bernoulli:* [*Vienna?* 1935.] fol. [*Werke aus dem* 18. *Jahrhundert*. no. 35.]   Hirsch IV. **1020**.

CANTINA.
—— Cantina belina. *La Stracavata*. Canzonetta veneziana. [With accompaniment for harp or P.F. and Tamburino.] *Theobald Monzani: London*, [1805?] fol.
Hirsch M. **1277. (39.)**
A Periodical Collection of Italian Songs. no. 14. *Watermark date* 1805.

CANZONETTE.
—— Canzonette. [Song.] *See* LOEWE (J. C. G.)

CAPELLE.
—— Die Capelle. [Song.] *See* VIARDOT-GARCIA (M. P.)

CAPELLE (PIERRE)
—— [Another copy.] [La Clé du Caveau . . . Seconde édition, *etc*.] [*Paris*, 1816.] obl. 8°.   Hirsch III. **681**.
Imperfect; wanting the titlepage.

CAPTIVE.

—— The Captive Knight. Song. *See* WEST (William)

CARA.

—— Cara adorata immagine. [Aria.] *See* PACINI (G.) [*Il Barone di Dolsheim.*]

CARAFA DI COLOBRANO (MICHELE ENRICO FRANCESCO VINCENZO ALOISIO PAOLO) *Prince.*

—— [Adele di Lusignano.] Grazie vi rendo, recitativo, ed Amor fortuna e pace, cavatina, *etc.* pp. 7. *Birchall & Co.: London,* [1817?] fol. Hirsch M. **1273.** (**16.**)
Watermark date 1817.

CARAFA DI COLOBRANO (MICHELE ENRICO FRANCESCO VINCENZO ALOISIO PAOLO) *Prince.*

—— Io d'amore oh dio mi moro. Cavatina, with an accompaniment for the piano forte. pp. 6. *Birchall & Co.: London,* [1820?] fol. Hirsch M. **1273.** (**17.**)

CARAFA DI COLOBRANO (MICHELE ENRICO FRANCESCO VINCENZO ALOISIO PAOLO) *Prince.*

—— Frà tante angoscie e palpiti, cavatina, introduced . . . in the opera of La Cenerentola . . . arranged from the score with an accomp^t for the piano forte. By Signor Scappa. pp. 7. *Goulding, D'Almaine, Potter & Co.: London,* [1820?] fol. Hirsch M. **1275.** (**13.**)
Watermark date 1820.

CARAFA DI COLOBRANO (MICHELE ENRICO FRANCESCO VINCENZO ALOISIO PAOLO) *Prince.*

—— [Gabriella di Vergi.] Ombra che a me, cavatina . . . arranged with an accomp^t for the piano forte . . . by C. M. Sola. pp. 3. *Goulding, D'Almaine, Potter & Co.: London,* [1820?] fol. Hirsch M. **1273.** (**14.**)
Watermark date 1820.

CARAFA DI COLOBRANO (MICHELE ENRICO FRANCESCO VINCENZO ALOISIO PAOLO) *Prince.*

—— [Another copy.] Partition de Jeanne d'Arc. Opéra, *etc. Paris,* [1821?] fol. Hirsch II. **105.**

CARAFA DI COLOBRANO (MICHELE ENRICO FRANCESCO VINCENZO ALOISIO PAOLO) *Prince.*

—— [A reissue.] Masaniello, ou le Pêcheur napolitain. Drame historique . . . Orchestre, *etc.* [Score.] *Chez Alex^{dre} Grus: Paris,* [1835?] fol. Hirsch II. **106.**

CARAFA DI COLOBRANO (MICHELE ENRICO FRANCESCO VINCENZO ALOISIO PAOLO) *Prince.*

—— Ombra che a me. *See supra:* [*Gabriella di Vergi.*]

CARAFA DI COLOBRANO (MICHELE ENRICO FRANCESCO VINCENZO ALOISIO PAOLO) *Prince.*

—— Polacca . . . gesungen von Madame Metzger-Vesperman, eingerichtet für die Flöte mit Clavierbegleitung von G. Bayr. [Parts.] 2 pt. *Im Verlag des lithogr. Inst.: [Vienna,* 1825?] obl. fol. & fol. Hirsch III. **152.**

SIG. 23.—PART 53.

CARAFA DI COLOBRANO (MICHELE ENRICO FRANCESCO VINCENZO ALOISIO PAOLO) *Prince.*

—— La Prison d'Édimbourg, opéra comique en 3 actes, paroles de MM. Scribe et E. de Planard . . . Partition, *etc.* pp. 512. *Ph. Petit: Paris,* [1833?] fol. Hirsch II. **107.**

CARAFA DI COLOBRANO (MICHELE ENRICO FRANCESCO VINCENZO ALOISIO PAOLO) *Prince.*

—— [Another copy.] Le Solitaire. Opéra comique, *etc.* [Score.] *Paris,* [1822?] fol. Hirsch II. **108.**

CARAFA DI COLOBRANO (MICHELE ENRICO FRANCESCO VINCENZO ALOISIO PAOLO) *Prince.*

—— Le Valet de chambre. Opéra comique en un acte. Paroles de Mrs Scribe & Mélesville . . . Partition, *etc.* pp. 165. *Chez Gambaro: Paris,* [1823?] fol.
Hirsch II. **109.**

CARAFA DI COLOBRANO (MICHELE ENRICO FRANCESCO VINCENZO ALOISIO PAOLO) *Prince.*

—— [Another copy.] La Violette . . . Opéra comique, *etc.* [Score.] *Paris,* [1829?] fol. Hirsch II. **110.**

CARAFA DI COLOBRANO (MICHELE ENRICO FRANCESCO VINCENZO ALOISIO PAOLO) *Prince.*

—— *See* TOLBECQUE (J. B. J.) Quadrille de contredanses sur les plus jolis motifs de Masaniello, *etc.* [1830?] obl. fol. Hirsch M. **591.** (**6.**)

CARAFA DI COLOBRANO (MICHELE ENRICO FRANCESCO VINCENZO ALOISIO PAOLO) *Prince.*

—— *See* WINTER (P. von) Tema del Sig^{re} Caraffa. Variationi. [Vocal variations, on a song "O cara memoria."] [1815?] obl. fol. Hirsch III. **1152.**

CARAVANE DU CAIRE.

—— La Caravane du Caire. Opéra. *See* GRÉTRY (A. E. M.)

CARCASSI (MATTEO)

—— *See* PUGET, *afterwards* LEMOINE (L.) Douze romances, *etc.* ⟨Accomp^t de guitare par M. Carcassi.⟩ [1845?] 8°.
Hirsch III. **999.**

CARE.

—— Care donzelle. [Duet.] *See* NAZOLINI ( )

CAROTTES.

—— Les Carottes supérieures. [Song.] *See* CONSTANTIN (L. C.)

CARRIÈRE.

—— La Carrière amoureuse de chauvin. Chanson. *See* LHUILLIER (E.)

CARULLI (FERDINAND)

—— *See* BRUGUIÈRE (É.) La Bergère fileuse, *etc.* ⟨Accompagnement de guitare par F. Carulli.⟩ [1825?] fol.
Hirsch M. **1293.** (**3.**)

CARULLI (FERDINAND)
—— See BRUGUIÈRE (É.) L'Heureux perroquet. Chansonette... Accomp^t de guitare par F. Carulli. [1825?] 8°. Hirsch M. 1293. (4.)

CASELLA (ALFREDO)
—— Italia. Rhapsodie für grosses Orchester... Op. 11. [Score. With a portrait.] pp. 100. *Wiener Philharmonischer Verlag: Wien*, 1925. 8°.
Hirsch M. 107.
Philharmonia Partituren. no. 210.

CASTLE.
—— Castle Gordon. [Song.] See BENNETT (*Sir* William S.) [*Six Songs. Op.* 35. *No.* 4.]

CASTRO ( )
—— See DALVIMARE (M. P.) Mon cœur soupire... Romance... Arrangée pour la guitarre par Castro. [1805?] 8°.
Hirsch M. 660. (3.)

CATALANI (ANGELICA)
—— Papa, as sung... in the Opera of Il Furbo contro il Furbo [by V. Fioravanti]. [Song.] pp. 4. *Clementi & Comp^y: London*, [1820?] fol. Hirsch M. 1274. (19.)
Watermark date 1820.

CATEL (CHARLES SIMON)
—— [Another copy.] Les Artistes par occasion. Opéra bouffon, *etc.* [Score.] *Paris*, [1807.] fol.
Hirsch II. 111.

CATEL (CHARLES SIMON)
—— [Another copy.] L'Auberge de Bagnères. Comédie... mêlée de chants, *etc.* [Score.] *Paris*, [1807.] fol.
Hirsch II. 112.

CATEL (CHARLES SIMON)
—— [Another copy.] Les Aubergistes de qualité. Opéra comique, *etc.* [Score.] *Paris*, [1812?] fol.
Hirsch II. 113.

CATEL (CHARLES SIMON)
—— [Another copy.] Les Bayadères. Opéra, *etc.* [Score.] *Paris*, [1810.] fol. Hirsch II. 114.

CATEL (CHARLES SIMON)
—— L'Officier enlevé, opéra comique en un acte, paroles de Mr. Alexandre Duval, *etc.* [Score.] pp. 182. *Chez Mme Benoist: Paris*, [1820?] fol. Hirsch II. 115.

CATEL (CHARLES SIMON)
—— [Another copy.] Sémiramis. Tragédie lyrique, *etc.* [Score.] *Paris*, [1804?] fol. Hirsch II. 116.

CATEL (CHARLES SIMON)
—— [A reissue.] Sémiramis. Tragédie lyrique, *etc.* [Score.] *Chez Janet et Cotelle: Paris*, [1810?] fol. Hirsch II. 117.

CATEL (CHARLES SIMON)
—— Wallace, ou le Ménestrel écossais, opéra héroïque en trois actes... Paroles de Mr. ***, *etc.* [Score.] pp. 1–252. *Chez A. Petit: Paris*, [1825?] fol. Hirsch II. 118.
Imperfect; wanting pp. 253, 254.

CATEL (CHARLES SIMON)
—— [Another copy.] Zirphile et fleur de myrte... opéra, *etc.* [Score.] *Paris*, [1818?] fol. Hirsch II. 119.

CATRUFO (GIUSEPPE)
—— [Another copy.] Félicie... Opéra comique, *etc.* [Score.] *Paris*, [1815?] fol. Hirsch II. 120.

CATRUFO (GIUSEPPE)
—— Une Matinée de Frontin. Opéra comique en un acte. Paroles de Mr C. Leber, *etc.* [Score.] pp. 161. *Chez Mr Pacini: Paris*, [1815?] fol. Hirsch II. 121.

CAUCHIE (MAURICE)
—— See COUPERIN (F.) *the Younger.* Œuvres complètes... Publié par un groupe de musicologues sous la direction de M. Cauchie. [1933.] fol. Hirsch IV. 956.

CAVALIERI (EMILIO DEL)
—— [Another copy.] Rappresentatione di anima, et di corpo. Riproduzione dell'unica edizione romana del 1600 a cura di Francesco Mantica, *etc. Roma*, 1912. fol. [*Prime fioriture del melodramma italiano.* vol. I.]
Hirsch M. 1006.

CE.
—— C'est lui. [Song.] See KUECKEN (F. W.)

CE.
—— C'est Pietro seul que j'aime. Romance. See FELTRE (A. C. de) *Count.*

CHABRIER (ALEXIS EMMANUEL)
—— España. Rapsodie pour orchestre... Partition d'orchestre, *etc.* pp. 61. *Enoch & c^{ie}: Paris; Enoch & Sons: London*, [1885?] fol. Hirsch M. 829.

CHABRIER (ALEXIS EMMANUEL) and **GOUZIEN** (ARMAND)
—— [Another copy.] Les Plus jolies chansons du pays de France, *etc. Paris*, [1888.] 8°. Hirsch M. 830.

CHAGRIN.
—— Chagrin et plaisir. [Song.] See PLANTADE (C. H.)

CHAMBONNIÈRES (JACQUES CHAMPION DE)
—— [Another copy.] Œuvres complètes de Chambonnières, *etc. Paris*, 1925. fol. Hirsch M. 831.
Part of "Les Maîtres français du clavecin."

CHAMPEIN (STANISLAS)
—— [Another copy.] Menzikoff et Fœdor... opéra, *etc.* [Score.] *Paris*, [1808?] fol. Hirsch II. 126.

CHAMPEIN (STANISLAS)

—— Menzikoff et Fœdor . . . Opéra, *etc*. [Orchestral parts.] 21 pt. *Au magasin de Mrs Cherubini, Méhul &c.: Paris*, [1808?] fol. Hirsch II. **126**a.

CHANSON.

—— Chanson à toi. [Song.] *See* PAER (F.)

CHANSON.

—— La Chanson de l'alouette. [Song.] *See* BAUMÈS-ARNAUD (H.)

CHANSON.

—— La Chanson du berceau. [Song.] *See* ARNAUD (J. É. G.)

CHANSON.

—— Chanson du bon roi d'Agobert. *See* DU. Du bon roi d'Agobert, *etc*. [1810?] 8°. Hirsch M. **660**. (**27**.)

CHANSON.

—— Chanson du matin. [Song.] *See* PLEYEL (M.)

CHANSONS.

—— Mes passe-temps: chansons suivies de l'art de danse, poëme en quatre chants . . . Par Jean-Étienne Despréaux . . . Avec les airs notés. Seconde édition. 2 tom. *Chez Leopold Collin: Paris*, 1809. 8°. Hirsch III. **715**.

CHANT.

—— Le Chant du départ. Hymne de guerre en 1793. *See* VICTOIRE. La Victoire enchantant [*sic*], *etc*. [1825?] 8°. Hirsch M. **1293**. (**8**.)

CHANTS.

—— [Another copy.] Chants et chansons populaires de la France. *Paris*, 1843. 8°. Hirsch M. **108**.
Imperfect; wanting the printed titlepage to each series, but with the wrappers.

CHANTS.

—— Chants nationaux, arrangés pour le piano par Henri Cramer. *See* CRAMER (H.)

CHARLATAN.

—— Le Charlatan. Chansonette parade. *See* MORAL (A.)

CHASSEUR NOIR.

—— Le Chasseur noir. Opera. *See* WEBER (C. M. F. E. von) [*Der Freischütz*.]

CHAT.

—— Le Chat de Madame Chopin. Chanson burlesque. *See* BOUTIN (R. F.)

CHERET (P.)

—— Le Petit mousse noir. Romance, paroles de Marc Constantin. pp. 3. *Chez Chabal: Paris*, [1840?] fol. Hirsch M. **1297**. (**15**.)

CHERUBINI (MARIA LUIGI CARLO ZENOBIO SALVATORE)

—— Anacréon, ou l'Amour fugitif. Opéra ballet en deux actes par le C. R. Mendouze, *etc*. [Score.] pp. 382. *Au magasin de musique dirigé par MM^rs Chérubini, Méhul, Kreutzer, Rode, N. Isouard et Boieldieu: Paris*, [1803.] fol. Hirsch II. **127**.

CHERUBINI (MARIA LUIGI CARLO ZENOBIO SALVATORE)

—— [Another copy.] [Anacreon.] Cherubini's Overture to Anacreon, arranged for the piano forte, flute, violoncello, and an (ad libitum) accomp^t for the harp . . . by J. Mazzinghi. *London*, [1817?] fol. Hirsch M. **1284**. (**5**.)
Watermark date 1817. Imperfect; wanting the accompaniments.

CHERUBINI (MARIA LUIGI CARLO ZENOBIO SALVATORE)

—— [Another copy.] Bayard à Mézières. Opéra comique, *etc*. [Score.] *Paris*, [1814?] fol. Hirsch II. **128**.

CHERUBINI (MARIA LUIGI CARLO ZENOBIO SALVATORE)

—— Chant sur la mort de Joseph Haydn à trois voix, avec accompagnements, *etc*. [Score.] pp. 61. *Au magazin de musique: Paris*, [1810.] fol. Hirsch IV. **729**.

CHERUBINI (MARIA LUIGI CARLO ZENOBIO SALVATORE)

—— [Les Deux journées.] Ouverture zur Oper: Die Tage der Gefahr für das Piano-Forte. pp. 11. *Im Verlage des lithographischen Institutes: Wien*, [1822?] obl. fol. Hirsch III. **153**.

CHERUBINI (MARIA LUIGI CARLO ZENOBIO SALVATORE)

—— [Another copy.] Faniska. Opéra, *etc*. [Score.] *Paris*, [1845?] fol. Hirsch II. **131**.

CHERUBINI (MARIA LUIGI CARLO ZENOBIO SALVATORE)

—— Marche religieuse, exécutée après la messe, le jour du sacre de Charles X pendant la communion du roi. [Score.] pp. 6. [1825?] fol. Hirsch IV. **734**. (**2**.)

CHERUBINI (MARIA LUIGI CARLO ZENOBIO SALVATORE)

—— [Another copy.] Messe à trois voix et chœurs avec accompagnemens. [Score.] *Paris*, [1810.] fol. Hirsch IV. **732**.

CHERUBINI (MARIA LUIGI CARLO ZENOBIO SALVATORE)

—— [Another copy.] Deuxième messe solennelle à quatre parties avec accompagnemens à grand orchestre. [Score.] *Paris*, [1825?] fol. Hirsch IV. **733**.

CHERUBINI (MARIA LUIGI CARLO ZENOBIO SALVATORE)

—— Troisième messe solennelle à trois parties en chœur avec accompagnemens à grand orchestre executée au sacre de S.M. le roi Charles X. [Score.] pp. 200. *Chez l'auteur; chez Mr. Frey: Paris*, [1825.] fol. Hirsch IV. **734**. (**1**.)

CHERUBINI (MARIA LUIGI CARLO ZENOBIO SALVATORE)

—— Quatrième messe solennelle à 4 & à 5 parties avec récits, chœurs & accompagnemens à grand orchestre. [Score.] pp. 144. *Chez l'auteur; chez Mr. Frey: Paris*, [1825?] fol. Hirsch IV. **735**.

CHERUBINI (Maria Luigi Carlo Zenobio Salvatore)
—— Messe de requiem à quatre parties en chœur avec accompagnement à grand orchestre. [Score.] pp. 139. *Chez l'auteur; chez Boieldieu: Paris*, [1820?] fol.
Hirsch IV. **730**.

CHERUBINI (Maria Luigi Carlo Zenobio Salvatore)
—— [Another copy.] Deuxième messe de requiem pour voix d'hommes avec accompagnement à grand orchestre ou piano. *Paris*, [1840.] fol. Hirsch IV. **731**.

CHERUBINI (Maria Luigi Carlo Zenobio Salvatore)
—— Ouverturen für Orchester . . . Partitur. pp. 532. *Breitkopf & Härtel: Leipzig*, [1877.] 8°. Hirsch M. **109**.

CHERUBINI (Maria Luigi Carlo Zenobio Salvatore)
—— [Another copy.] Trois quatuors pour deux violons, alto & violoncelle, *etc.* [Parts.] *Leipsic*, [1835?] fol.
Hirsch M. **832**.

CHILD.
—— The Child's first Grief. Song. *See* Bishop (C. H.)

CHILESOTTI (Oscar)
—— [Another copy.] Da un codice Lauten-Buch del cinquecento. Trascrizioni in notazione moderna di O. Chilesotti. *Lipsia e Brusselles*, [1890.] obl. 8°.
Hirsch M. **110**.

CHILESOTTI (Oscar)
—— [Another copy.] Lautenspieler des XVI. Jahrhunderts, *etc. Leipzig*, [1891.] obl. 8°. Hirsch M. **111**.

CHINOISERIE.
—— Une Chinoiserie. [Song.] *See* Marquerie (A.)

CHOIR RESPONSES.
—— Choir Responses, according to the Use of Sarum. [1894?] 8°. *See* London.—*Plainsong and Mediaeval Music Society.* Hirsch M. **228**.

CHOPIN (Frédéric François) [*Collected Works.—a. Complete Works.*]
—— Friedr. Chopin's Werke. Kritisch durchgesehene Gesammt-ausgabe. Revisionsbericht über Fr. Chopin's Notturnen und Polonaisen in der Gesammtausgabe von Breitkopf und Härtel Serie IV und V. Revisor: Woldemar Bargiel. ⟨Revisionsbericht zu Band II. Etuden—Band XIV. Gesänge mit Pianoforte. Revisor: E. Rudorff.⟩ 2 no. *Breitkopf und Härtel: Leipzig*, 1880. 8°.
Hirsch IV. **950. a**.

CHOPIN (Frédéric François) [*Collected Works.—c. Pianoforte Works.—Smaller Collections.*]
—— Trois manuscrits de Chopin. Ballade en fa—Valse Op. 69, No. 1 (Valse de l'adieu)—Berceuse. [Facsimiles.] Commentés par Alfred Cortot et accompagnés d'une étude historique sur les manuscrits par Édouard Ganche. 2 pt. *Dorbon aîné: Paris*, 1932. obl. fol. Hirsch M. **112**.
Manuscrits des maîtres anciens de la musique reproduits en facsimile. no. 1.

CHOPIN (Frédéric François)
—— Grand concerto (mi-mineur) pour pianoforte avec accompagnement d'orchestre . . . Op. 11. Partition. pp. 350. *Fr. Kistner: Leipzig*, [1866?] 8°. Hirsch M. **113**.

CHOPIN (Frédéric François)
—— Erstes grosses Concert für das Pianoforte mit Begleitung des Orchesters . . . Op. 11. [Score.] pp. 92. *Breitkopf & Härtel: Leipzig*, [1893.] fol. Hirsch M. **833**.
Part of "*Breitkopf & Härtels Partitur-Bibliothek, Gruppe* VI."

CHOPIN (Frédéric François)
—— [Another copy.] Second concerto pour le pianoforte avec accompagnement de l'orchestre . . . Op. 21. Partition. *Leipzig*, [1865?] 8°. Hirsch M. **114**.

CHOPIN (Frédéric François)
—— Sonate pour le piano . . . Oeuv. 35. pp. 23. *Chez Breitkopf & Härtel: Leipzig*, [1840.] fol. Hirsch M. **834**.

CHOPIN (Frédéric François)
—— [Another copy.] Trois valses brillantes pour le piano. Op. 34, *etc.* no. 2. *Leipzig*, [1860?] fol.
Hirsch M. **834. a**.
Imperfect; wanting no. 1 *and* 3.

CHOPIN (Frédéric François)
—— Trois valses pour le piano. Op. 64. no. 1. *Chez Breitkopf & Härtel: Leipzig*, [1861.] fol. Hirsch M. **835**.
Imperfect; wanting no. 2 *and* 3.

CHOR.
—— Chor aus Ossian's Gesängen, für Männerstimmen, von *⁎⁎. See* Lasst. Lasst die Nacht also vergeh'n. [1839.] fol. [*Sammlung von Musik-Stücken . . . als Zulage zur neuen Zeitschrift für Musik.* Hft. 7.]
Hirsch M. **1134**.

CHOR.
—— Chor der Engel. [Four-part song.] *See* Schubert (F. P.)

CHOTEK (Franz Xaver)
—— *See* Strauss (J.) *the Elder.* Alexandra-Walzer, für das Piano-Forte zu 6 Händen, *etc.* ⟨Arrangirt v. F. X. Chotek.⟩ [1832.] obl. fol. Hirsch M. **561. (3.)**

CHRISTUS.
—— Christus factus est. [Chorus.] *See* Bruckner (A.)

CHRYSANDER (Friedrich)
—— *See* Bach (J. S.) [*Collected Works.—g. Pianoforte Works.—Collections and Arrangements.*] Sammlung der Clavier-Compositionen von J. S. Bach. Herausgegeben von F. Chrysander. [1856, 57.] fol. Hirsch III. **41**.

CHRYSANDER (Friedrich)
—— *See* Couperin (F.) *the Younger.* Pièces de clavecin . . . Revues par J. Brahms & F. Chrysander. [1930?] 4°.
Hirsch M. **119**.

CHURCH (John)
—— [Another copy.] An Introduction to Psalmody, *etc.* London, [1723?] 8°. Hirsch IV. **1481.**

CIANCHETTINI (Pio)
—— Rondeau for the Piano Forte, composed at the age of six years, *etc.* pp. 7. *Cianchettini & Sperati: London*, [1810?] fol. Hirsch M. **1289. (1.)**

CIEL.
—— Le Ciel est, pardessus le toit... [Song, words by Paul Verlaine.] *Gedruckt auf der lithographischen Handpresse von Herm. Birkholz: Berlin*, [1925?] 8°.
Hirsch M. **661.**

CIMADOR (Giovanni Battista)
—— *See* Mozart (W. A.) [*Die Zauberflöte.*] Se potesse' un suono egual e Oh cara armonia. Due duettini... L'accompagnamento del Sig.^{r} Cimador. [1803?] fol.
Hirsch M. **1123. (6.)**

CIMADOR (Giovanni Battista)
—— *See* Zingarelli (N. A.) Dunque il tuo bene... L'accompagnamento del Sig.^{r} Cimador. [1805?] fol.
Hirsch M. **1277. (38.)**

CIMAROSA (Domenico)
—— Rondo Ah tomar la bella aurora... nella Vergine del sole [by G. Andreozzi] in S. Pietroburgo. [Song.] pp. 7. *Preston: London*, [1815?] fol. Hirsch M. **1273. (22.)**
Watermark date 1815.

CIMAROSA (Domenico)
—— Il Matrimonio segreto, dramma giocoso in due atti, ou le Mariage secret. Opéra comique en deux actes... Paroles françaises de Moline. ⟨Gravé par L. Aubert.⟩ [Score.] *Ital. & Fr.* pp. 492. *Chez Imbault: Paris*, [1801?] fol. Hirsch II. **137.**

CIMAROSA (Domenico)
—— Il Matrimonio segreto. Opera buffa in due atti... Partitura completa a piena orchestra. [With portraits.] 2 vol. pp. iv. 608. *G. Guidi: Firenze*, 1870. 8°.
Hirsch IV. **1564.**

CIMAROSA (Domenico)
—— Non vè piu barbaro, a favorite arietta. pp. 3. *R^t Birchall: London*, [1805?] fol. Hirsch M. **1277. (5.)**

CIMAROSA (Domenico)
—— Oh notte soave. Duettino. *Ital. & Ger.* pp. 5. *In der Falters'chen Musikhandlung: München*, [1805?] obl. fol.
Hirsch M. **1278. (1.)**
Part of "*Auswahl von Arien.*" Lithographed throughout.

CIMAROSA (Domenico)
—— [Another copy.] Gli Orazi e i Curiazi. Opera seria, *etc.* [Score.] *Paris*, [1802?] fol. Hirsch II. **138.**

CIMAROSA (Domenico)
—— Partiro dal caro bene. [Aria, with string accompaniment, in score.] pp. 7. *G. Goulding: London*, [1816?] fol. Hirsch M. **1273. (1.)**
Periodical Italian Song. no. 30. *Watermark date* 1816.

CIMAROSA (Domenico)
—— Parto ti lascio addio. *See infra* : [*La Vergine del sole.*]

CIMAROSA (Domenico)
—— [La Vergine del sole.] Parto ti lascio addio, the favorite duett in the opera of La Vergine del sole [by D. Cimarosa]. pp. 7. [1817?] fol. *See* Vergine del Sole.
Hirsch M. **1273. (40.)**

CITADINES.
—— Les Citadines. Nocturne à deux voix. *See* Clarke (Alphonse)

CLAPISSON (Antonin Louis)
—— Adieu Marie. [Song.] Paroles de F. de Courcy. *Chez J. Meissonnier: Paris*, [1835?] fol.
Hirsch M. **1297. (12.)**

CLAPISSON (Antonin Louis)
—— Lorsque j'étais folle. Romance... Paroles de Mr. Émile Barateau. pp. 3. *Chez Mme Lemoine et c^{ie}: Paris*, [1840?] fol. Hirsch M. **1297. (13.)**

CLAPISSON (Antonin Louis)
—— Le Postillon de Mad^e Ablou. Scène populaire... Paroles de Lefort... 2e édition. pp. 3. *Chez J. Meissonnier: Paris*, [1835?] fol. Hirsch M. **1298. (7.)**

CLARA.
—— Clara. Romance. *See* Garaudé (A. de)

CLARKE (Alphonse)
—— Les Citadines. Nocturne à deux voix... Paroles de Mr Scribe. pp. 3. *Chez Ph. Petit: Paris*, [1835?] fol.
Hirsch M. **1298. (8.)**

CLARKE (James)
—— The Maid of Llangollen. Ballad, *etc.* ⟨Fifth edition.⟩ *Mori & Lavenu: London*, [1835?] fol.
Hirsch M. **1308. (20.)**

CLARKE, afterwards **CLARKE-WHITFELD** (John)
—— *See* Haendel (G. F.) [*Messiah.*] He was despised and rejected, Air... arranged by Dr. J. Clarke. [1830?] fol.
Hirsch M. **1272. (32.)**

CLÉMENT (J. B.)
—— Une Fille perdue, ou les Soucis de la veuve Grinchon... [Song.] Paroles de Narcisse. *Chez Alphonse Leduc: Paris; Molter-Févrot: Lyon*, [1850?] fol.
Hirsch M. **1296. (17.)**

CLEMENT D'ANCRE (J. B.)

—— Blagados. Scène comique. [Song.] Paroles de Narcisse, *etc.* *Chez S. Lévy: Paris,* [1845?] fol.
Hirsch M. **1296**. (2.)

CLEMENTI AND CO.

—— Clementi & Comp^ys Collection of Rondos, Airs, with Variations, and military Pieces for the Piano Forte. By the most esteemed composers. no. 57. *Clementi, Banger, Collard, Davis, & Collard: London,* [1810?] fol.
Hirsch M. **1306**. (4.)
Watermark date 1810. *Imperfect; wanting no.* 1–56.

CLEMENTI (Muzio)

—— Sonate per pianoforte a cura di G. C. Paribeni. pp. 94. *Società anonima notari: Milano,* [1919.] 4°. [*Classici della musica italiana.* quaderno 8.] Hirsch IV. **951**.

CLEMENTI (Muzio)

—— [Sonatas. Op. 2.] Trois sonates pour le piano forte. pp. 27. *Chez Jean George Naigueli: Zuric,* [1803.] obl. fol. [*Répertoire des clavecinistes.* suite 1.] Hirsch IV. **1012**.

CLEMENTI (Muzio)

—— [Sonatas. Op. 24.] Trois sonates pour le piano forte. pp. 35. *Chez Jean George Naigueli: Zuric,* [1804.] obl. fol. [*Répertoire des clavecinistes.* suite 10.] Hirsch IV. **1012**.

CLEMENTI (Muzio)

—— Six Progressive Sonatinas for the Piano Forte . . . Op. 36. pp. 29. *Muzio Clementi & Co.: London,* [1805?] fol. Hirsch M. **1287**. (4.)
Watermark date 1805.

CLEMENTI (Muzio)

—— *See* Mozart (W. A.) [*Don Giovanni.*] Overture . . . newly adapted for the piano forte, with the coda . . . by M. Clementi. [1815?] fol. Hirsch M. **1284**. (1.)

CLIFTON (Harry)

—— As welcome as the Flowers in May, or the Jolly miller. [Song.] Written & composed by H. Clifton. pp. 5. *Metzler & Co.: London,* [1880?] fol.
Hirsch M. **1313**. (3.)

CLOCHETTE.

—— La Clochette. Opéra-féerie. *See* Hérold (L. J. F.)

COLMA.

—— Colma. [Song.] *See* Zumsteeg (J. R.)

COMMER (Franz)

—— [Another copy.] Collectio operum musicorum batavorum saeculi XVI. Edidit F. Commer. 12 tom. *Berolini,* [1844–58.] fol. Hirsch IV. **952**.
Without the titlepages to tom. 2 *and* 4, *the indexes to tom.* 1–8 *and the annotations issued with tom.* 8. *In this copy tom.* 1 *contains an index to tom.* 1–4.

COMMER (Franz)

—— *See* Lasso (O. di) Selectio modorum ab Orlando di Lasso compositorum . . . [tom. 8.] Collegit et edi curavit F. Commer. [1867.] fol. Hirsch M. **938**.

CONCERT À LA COUR.

—— Concert à la cour. Opéra comique. *See* Auber (D. F. E.)

CONCERTS.

—— Concerts spirituels, ou Recueil de motets, à une, à deux, à trois, et à un plus grand nombre de voix, sur la musique de Gluck, Piccini, Sacchini, Mozart, Rossini, Beethoven, Weber, & autres maîtres célèbres . . . Avec accompagnement de piano (ou d'orgue). 4 livr. *Seguin ainé: Avignon,* [1840?] fol. Hirsch IV. **953**.

CONCONE (Giuseppe)

—— La Marine. Barcarolle. [Song.] Paroles d'E. Plouvier, *etc.* *Chez Alex. Grus: Paris,* [1840?] fol.
Hirsch M. **1297**. (14.)

CONRADI (August)

—— La Célèbre Zigeuner-Polka de Conradi, pour le piano par F. Liszt. pp. 12. *Chez A^d Mt Schlesinger: Berlin,* [1849.] fol. Hirsch M. **836**.

CONSTANTIN (L.)

—— Polichinel rossiniste. Collection de nouvelles contredanses, plusieurs motifs extraits de Rossini. Composé pour le piano forte par L. Constantin. [1825?] 8°. *See* Rossini (G. A.) Hirsch M. **1299**. (13.)

CONSTANTIN (L. C.)

—— Les Carottes supérieures . . . [Song.] Paroles de R. F. Boutin. pp. 3. *Vieillot: Paris,* [1850?] fol.
Hirsch M. **1296**. (15.)

CONSTANTINOPLE.

—— Constantinople. [Song.] *See* Lloyd (Arthur)

CONSTITUTIONSLIED.

—— Constitutionslied. [Part-song.] *See* Schubert (F. P.)

CONTREDANSES.

—— Dix contredanses, *etc.* [1830?] obl. 8°. *See* Knecht (F.)
Hirsch III. **339**.

COOKE (T.)

—— *See* Bellini (V.) [*Norma.*—Deh, con te.] Yes together we will live & die. Duet . . . adapted by T. Cooke. [1850?] fol. Hirsch M. **1276**. (5.)

COPLEY (James)

—— [Another copy.] Seven English Songs and Carols of the fifteenth Century. Transcribed by J. Copley. [*Leeds,*] 1940. 8°. Hirsch M. **115**.
University of Leeds School of English Language. Texts and Monographs. no. 7.

CORDONNIER (Marie Louis)
—— Psaume 127. Héb. 128. Mis en musique au sujet du mariage de LL. MM. impériales et royales, *etc.* [Score.] pp. 11. 18. [*Rouen*, 1810.] fol. Hirsch IV. **737**.

CORELLI (Arcangelo)
—— [Another copy.] Les Oeuvres de Arcangelo Corelli revues par J. Joachim & F. Chrysander. *London*, [1890, 91.] 8°. Hirsch IV. **954**.

CORELLI (Arcangelo)
—— Triosonaten. Sonate a tre. Sonates en trio. Originalgetreue Gebrauchsausgabe aller 48 Triosonaten, im Auftrag des Arbeitskreises für Hausmusik besorgt von Waldemar Woehl . . . Op. 1: Sonate da chiesa a trè. Op. 2: 12 Sonate da camera a trè. Op. 3: 12 Sonate da chiesa a trè. Op. 4: 12 Sonate da camera a trè. Partitur mit Stimmen, *etc.* 16 no. *Im Bärenreiter-Verlag: Kassel*, 1939. 4°. Hirsch M. **837**.

CORELLI (Arcangelo)
—— Six Sonatas Opera III^{zo}. Adapted for the Organ. Six Sonatas Opera IV^{to}. Adapted for the piano forte or harpsichord by Edward Miller. bk. 2. *Muzio Clementi & C°: London*, [1805?] fol.
Hirsch M. **1287**. (2.)
Imperfect; wanting bk. 1.

CORELLI (Arcangelo)
—— [Sonatas. Op. 3. No. 4.] Sonata da chiesa a tre, Op. III. Nr. 4, H moll (1689) für 2 Violinen, Violoncello und Cembalo. ⟨Bearbeitet von Max Seiffert.⟩ [Score and parts.] 4 pt. *Fr. Kistner & C. F. W. Siegel: Leipzig*, [1924.] fol. [*Organum*. Reihe 3. no. 1.]
Hirsch M. **1204**.

CORELLI (Arcangelo)
—— [Sonatas. Op. 5.] Sonate a violino e violone o cimbalo . . . Opera quinta. Parte prima. London. Printed by Preston & Son, *etc.* ⟨Preludi, allemande, correnti, gigue, sarabande, gavotte e follia . . . Parte seconda.⟩ [Score. With a portrait.] pp. 69. *Robert Cocks & Co.: London*, [1850?] fol. Hirsch III. **162**.
The portrait bears the imprint of Robert Cocks & Co., and their plate number, 9173, is printed on each page of the music. Except for pp. 43, 44, 56, 62 and 65, this edition is a reissue of the Preston edition of c. 1809, which is itself a reissue of the Benjamin Cooke edition of c. 1735.

CORELLI (Arcangelo)
—— [Sonatas. Op. 5. No. 8.] Sonate, E moll, für Violine und Klavier bearbeitet von Robert Sondheimer. [Parts.] 2 pt. *Edition Bernoulli:* [*Vienna?*, 1936.] fol. [*Werke aus dem 18. Jahrhundert*. no. 39.] Hirsch IV. **1020**.

CORELLI (Arcangelo)
—— [Sonatas. Op. 5. No. 9.] Sonate, A dur, für Violine und Klavier bearbeitet von Robert Sondheimer. [Parts.] 2 pt. *Edition Bernoulli:* [*Vienna?*, 1936.] fol. [*Werke aus dem 18. Jahrhundert*. no. 40.] Hirsch IV. **1020**.

CORELLI (Arcangelo)
—— [Sonatas. Op. 5. No. 10.] Sonate, F dur, für Violine und Klavier bearbeitet von Robert Sondheimer. [Parts.] 2 pt. *Edition Bernoulli:* [*Vienna?*, 1936.] fol. [*Werke aus dem 18. Jahrhundert*. no. 41.] Hirsch IV. **1020**.

CORELLI (Arcangelo)
—— [Sonatas. Op. 5. No. 11.] Kammersonate, Op. v. Nr. 11, E dur (1700), für Violine und Cembalo. ⟨Bearbeitet von Max Seiffert.⟩ 2 pt. *Fr. Kistner & C. F. W. Siegel: Leipzig*, [1924.] fol. [*Organum*. Reihe 3. no. 2.] Hirsch M. **1204**.

CORNELIUS (Carl August Peter)
—— [Another copy.] Musikalische Werke. Erste Gesamtausgabe, *etc.* 5 Bd. *Leipzig*, [1905, 06.] fol.
Hirsch IV. **955**.

CORNELIUS (Carl August Peter)
—— Weihnachtslieder ⟨Op. 8⟩ und Trauer und Trost ⟨Op. 3⟩ . . . Herausgegeben und eingeleitet von Gerhart v. Westerman. [With a portrait.] pp. xv. 41. *Drei Masken Verlag: München*, 1921. 8°. Hirsch M. **116**.
One of the " Musikalische Stundenbücher."

CORNELIUS (Carl August Peter)
—— Der Barbier von Bagdad. Komische Oper in 2 Acten . . . Nach der Originalpartitur bearbeitet von Felix Mottl. Ouverture. Partitur. pp. 51. *C. F. Kahnt Nachfolger: Leipzig*, [1885?] 8°. Hirsch M. **117**.

CORNELIUS (Carl August Peter)
—— Der Barbier von Bagdad. Komische Oper in 2 Acten. Partitur. [Edited by Felix Mottl.] pp. 49. 488. *C. F. Kahnt: Leipzig*, [1887.] fol. Hirsch II. **142**.

CORNELIUS (Carl August Peter)
—— Der Barbier von Bagdad . . . Ouvertüre in H moll. Partitur, *etc.* pp. 46. *Breitkopf & Härtel: Leipzig*, [1905.] fol. Hirsch M. **838**.
A reissue of the overture from " Peter Cornelius. Musikalische Werke, Bd. 3."

CORNELIUS (Carl August Peter)
—— Der Cid. Lyrisches Drama in 3 Aufzügen. Dichtung und Musik von P. Cornelius. Für die Aufführung an der Münchner Hofbühne revidirt und bearbeitet . . . Vollständige Partitur, *etc.* pp. 459. *Jos. Aibl: München*, [1891.] fol. Hirsch II. **144**.

CORNETTE (Victor)
—— *See* Le Sueur (J. F.) Deuxième messe solennelle . . . Avec accompagnement séparé de piano ou d'orgue par Cornette. [1831.] fol. Hirsch IV. **821**.

CORNETTE (Victor)
—— *See* Monpou (H.) Les Deux reines. Opéra comique . . . avec accomp^t de piano par Cornette. [1840?] fol.
Hirsch M. **1297**. (**41**.)

CORRI (Montague P.)

—— The Alarm. A characteristic sonata, for the piano forte. pp. 8. *T. T. Bennison: London*, [1802?] fol.
Hirsch M. **1279. (3.)**
Watermark date 1802.

CORRI (Natale)

—— *See* Giornovichi (G. M.) Giornovichi's last Concerto, arranged for the piano-forte . . . by N. Corri. [1820?] fol.
Hirsch M. **1310. (5.)**

CORSAIR.

—— The Corsair's Farewell. [Song.] *See* Linley (George)

CORTOT (Alfred)

—— *See* Chopin (F. F.) Collected Works.—c. Pianoforte Works.—Smaller Collections.] Trois manuscrits de Chopin. Ballade en fa—Valse Op. 69, No. 1 . . . Berceuse. Commentés par A. Cortot, etc. 1932. obl. fol.
Hirsch M. **112.**

COSTELEY (Guillaume)

—— Arreste un peu, mon coeur. Voicy la saison plaisante. Dessoubz le may, près la fleur eglantine. [Four- and five-part songs. Score. Edited by H. Expert. With a portrait.] pp. 24. *A la cité des livres: Paris*, 1928. 8°. [*Florilège du concert vocal de la renaissance.* no. 4.]
Hirsch IV. **961.**

COSTELLOW (Thomas)

—— The Acquittal. A favorite rondo for the piano forte. pp. 10. *Bland & Weller's: London*, [1811?] fol.
Hirsch M. **1282. (15.)**
Watermark date 1811.

COUNTRY DANCES.

—— Pop goes the Weasel! The Spanish & forty other country dances. ⟨New Country Dances, as danced at the London Casinos, arranged by W. W. Waud.⟩ *Davidson: [London*, 1850?] fol.
Hirsch M. **1314. (26.)**
A made-up collection.

COUPERIN (François) *the Younger.*

—— Oeuvres complètes . . . Publié par un groupe de musicologues sous la direction de Maurice Cauchie. 12 vol.

1. Oeuvres didactiques.
2–5. Musique de clavecin. 1–4.
6. Musique d'orgue.
7–10. Musique de chambre. 1–4.
11, 12. Musique vocale. 1, 2.

Éditions de l'oiseau lyre: Paris, [1933.] fol.
Hirsch IV. **956.**

COUPERIN (François) *the Younger.*

—— L'Art de toucher le clavecin . . . Die Kunst das Clavecin zu spielen. The Art of playing the Harpsichord. Herausgegeben und ins Deutsche übersetzt von Anna Linde. Englische Übersetzung von Mevanwy Roberts. pp. 38. *Breitkopf & Härtel: Leipzig*, [1933.] 4°. Hirsch M. **118.**

COUPERIN (François) *the Younger.*

—— Pièces de clavecin . . . Revues par J. Brahms & F. Chrysander. 4 livr. *Augener: London*, [1930?] 4°.
Hirsch M. **119.**

COURSE.

—— Une Course d'omnibus. [Song.] *See* Plantade (C. H.)

COUSSEMAKER (Charles Edmond Henri de)

—— [Another copy.] Messe du XIIIe siècle. Traduite en notation moderne . . . par E. de Coussemaker. *Tournai*, 1861. 4°.
Hirsch M. **839.**

CRAMER (Heinrich) *See* Cramer (Henry)

CRAMER (Henry)

—— Chants nationaux (Vaterlandslieder) arrangés (en forme de morceaux) pour le piano. *Chez Jean André: Offenbach s/M.*, [1860?] fol. Hirsch M. **1312. (1.)**
Imperfect; wanting all except no. 2 and 7.

CRAMER (Henry)

—— *See* Mozart (W. A.) La Clemenza di Tito. Titus . . . für das Pianoforte, ohne Worte eingerichtet von H. Cramer, etc. [1860?] fol.
Hirsch M. **1052.**

CRAMER (Henry)

—— *See* Mozart (W. A.) Don Giovanni . . . für das Pianoforte, ohne Worte eingerichtet von H. Cramer, etc. [1850?] fol.
Hirsch M. **1075.**

CRAMER (Henry)

—— *See* Mozart (W. A.) Die Entführung aus dem Serail . . . für das Pianoforte, ohne Worte eingerichtet von H. Cramer. [1855?] fol.
Hirsch M. **1084.**

CRAMER (Henry)

—— *See* Mozart (W. A.) Idomeneo Rè di Creta . . . für das Pianoforte allein übertragen von H. Cramer, etc. [1870?] fol.
Hirsch M. **1091.**

CRAMER (Henry)

—— *See* Mozart (W. A.) Le Nozze di Figaro . . . für das Pianoforte, ohne Worte eingerichtet von H. Cramer. [1860?] fol.
Hirsch M. **1095.**

CRAMER (Henry)

—— *See* Mozart (W. A.) [Die Zauberflöte.] Il Flauto magico . . . für das Pianoforte, ohne Worte eingerichtet von H. Cramer, etc. [1850?] fol. Hirsch M. **1117.**

CRAMER (Johann Baptist)

—— Études pour le piano-forte, ou exercices dans les différens tons . . . Cahier [2]. Nouvelle édition exacte avec le doigté corrigé et augmenté. pp. 43. *Chez Tobie Haslinger: Vienne*, [1824.] fol. Hirsch III. **166.**
Clara Schumann's copy, with her autograph signature on the titlepage, and many marks of fingering.

CRAMER (JOHANN BAPTIST)
—— Cramer's Grand March. For the piano forte or harp, with or without the additional keys. pp. 7. *R^t Birchall: London*, [1806?] fol. Hirsch M. **1288. (2.)**
Watermark date 1806.

CRAMER (JOHANN BAPTIST)
—— March & Rondo ... arranged for the harp & piano forte by F. Dizi. pp. 5. *R^t Birchall: London*, [1806?] fol.
Hirsch M. **1289. (2.)**
Watermark date 1806.

CRAMER (JOHANN BAPTIST)
—— Midsummer Day. A new divertimento, for the piano forte, *etc.* pp. 11. *Regent's Harmonic Institution: London*, [1824?] fol. Hirsch M. **1285. (13.)**
Watermark date 1824.

CRAMER (JOHANN BAPTIST)
—— [Another copy.] Pauvre Madelon, a French Air ... with an introduction and ten variations, for the piano forte, *etc. London*, [1825?] fol. Hirsch M. **1285. (9.)**

CRAMER (JOHANN BAPTIST)
—— Deux rondos pour le piano forte avec flûte ou violon ad libitum. [Parts.] 2 pt. *Chez M. Falter: Munic*, [1805?] obl. 4º. Hirsch III. **167.**
Lithographed throughout.

CRAMER (JOHANN BAPTIST)
—— Trois sonates pour le piano forte. pp. 37. *Chez Jean George Naigueli: Zuric*, [1803.] obl. fol. [*Répertoire des clavecinistes.* suite 2.] Hirsch IV. **1012.**

CRAMER (JOHANN BAPTIST)
—— Walses [*sic*] pour le piano forte. pp. 10. *Chez M. Falter: Munic*, [1805?] obl. fol. Hirsch III. **169.**
Lithographed throughout.

CRAMER (JOHANN BAPTIST)
—— *See* GIBBONS (Orlando) Introduction Fantasia & Air ... Adapted ... by I. B. Cramer. [1814?] fol. [*Antient Relics for the Piano Forte.* no. 3.] Hirsch M. **1287. (1.)**

CRAZEL ( )
—— Berliner Dischbraziohns- oder sanfter Heinrichs-Walzer. pp. 3. *Bei Wagenführ: Leipzig*, [1845?] fol.
Hirsch M. **1312. (2.)**
With an octavo leaflet containing the words inserted.

CRÉMONT (PIERRE)
—— *See* MEYERBEER (G.) [*Margherita d'Anjou.*] Marguerite d'Anjou ... Arrangé pour la scène française par P. Crémont, *etc.* [1826?] fol. Hirsch II. **591.**

CRÉMONT (PIERRE)
—— *See* WEIGL (J.) [*Die Schweizerfamilie.*] Emmeline, ou la Famille suisse ... Arrangé pour la scène française par Mr Crémont. [1827.] fol. Hirsch II. **972.**

SIG. 24.—PART 53.

CRINOLINE.
—— A bas la crinoline! Schottisch pour piano. pp. 5. *C. A. Spina: Vienne*, [1857?] fol. Hirsch M. **1302. (6.)**

CROKER (W.)
—— Life in Dublin, No. 1. An admired national melody overture introducing 15 favorite Irish airs ... Arranged & partly composed for the piano forte by W. Croker. ⟨Third edition.⟩ pp. 13. *Metzler & Co.: London*, [1840?] fol.
Hirsch M. **1308. (8.)**

CROTCH (WILLIAM)
—— *See* GEMINIANI (F.) [*Concerti Grossi.* Op. 3. No. 1.] Concerto ... Adapted by Dr. Crotch. [1819?] fol. [*Antient Relics for the Piano Forte.* no. 4.]
Hirsch M. **1287. (1.)**

CROUCH (FREDERICK NICHOLLS)
—— Dermot Astore. (The Reply of Kathleen Mavourneen.) ... [Song.] Written by Mrs. Crauford, *etc.* pp. 5. *D'Almaine & Co.: London*, [1850?] fol.
Hirsch M. **1276. (13.)**
Echoes of the Lakes. no. 10.

CROUCH (FREDERICK NICHOLLS)
—— Minona Ashtore. [Song] ... Written by Mrs. Crauford. pp. 5. *D'Almaine: London*, [1850?] fol.
Hirsch M. **1276. (14.)**
Echoes of the Lakes. no. 12.

CURCCIO (GIUSEPPE)
—— Care zittelle, the favorite duet ... in the opera of Le Due Nozze e un sol marito [by P. Guglielmi]. pp. 8. *Falkner's Opera Music Warehouse: London*, [1815?] fol.
Hirsch M. **1273. (41.)**

CURCEIO ( ) Signor. *See* CURCCIO (G.)

CUTLER (WILLIAM HENRY)
—— Love and Friendship, a Parody, written by C. Clementi *etc.* ⟨Op. 45.⟩ [Song.] pp. 5. *Clementi & Co: London*, [1830?] fol. Hirsch M. **1272. (22.)**

CZERNY (CARL)
—— 24 airs populaires en rondeaux ... Op. 609. No. [XXI.] pp. 5. *Chez N. Simrock: Bonn*, [1840?] fol.
Hirsch M. **1303. (5.)**

CZERNY (CARL)
—— Impromptus ou variations brillantes sur un cotillon favori de Gallenberg, pour le piano forte ... Oeuvre 36. pp. 11. *C. Wheatstone: London*, [1824?] fol.
Hirsch M. **1285. (4.)**
Watermark date 1824.

CZERNY (CARL)
—— *See* BACH (J. S.) [*Das wohltemperirte Clavier.*] Le Clavecin bien tempéré ... Édition nouvelle, revue et corrigée ... par C. Czerny. [1870?] 4º.
Hirsch M. **683.**

CZERNY (Carl)
—— See Bach (J. S.) Das wohltemperirte Klavier ... revidirt ... von C. Czerny. [1894?] 4º.
Hirsch M. **687**.

CZERNY (Carl)
—— See Beethoven (L. van) [*Egmont.*] Ouverture d'Egmont. Oeuvre 84. Arrangée pour le piano-forte à 4 mains par C. Czerny. [1827.] *obl.* fol. Hirsch M. **43**.

CZERNY (Carl)
—— See Mozart (W. A.) The Requiem ... arranged for the piano forte [by] C. Czerny. [1860?] fol.
Hirsch M. **1107**.

CZERNY (Carl)
—— See Schubert (F. P.) Drang in die Ferne ... [Op. 71.] Für das Piano-Forte übertragen von C. Czerny. [1839?] fol. Hirsch M. **1182**. (3.)

DA.
—— Da te mio ben dipende. Duett. *See* Tritto (G.)

DALAYRAC (Nicolas)
—— [Another copy.] Deux mots ... comédie, *etc.* [Score.] *Paris,* [1806?] fol. Hirsch II. **167**.

DALAYRAC (Nicolas)
—— [Another copy.] Gulistan ... Opéra, *etc.* [Score.] *Paris,* [1805?] fol. Hirsch II. **157**.

DALAYRAC (Nicolas)
—— [Gulistan.—Ils vont venir.] Duo ... Paroles de MM ... ... Accompt de lyre ou guitare, par Lemoine. pp. 7. *Chez Mlles Erard: Paris; chez Garnier: Lyon,* [1810?] 8º.
Hirsch M. **660**. (**12**.)

DALAYRAC (Nicolas)
—— [Another issue.] Une Heure de mariage. Comédie, *etc.* [Score.] *Paris,* [1804?] fol. Hirsch II. **159**.

DALAYRAC (Nicolas)
—— [Another copy.] La Jeune prude ... Comédie, *etc.* [Score.] *Paris,* [1804?] fol. Hirsch II. **173**.

DALAYRAC (Nicolas)
—— [Another issue.] Koulouf ... Opéra comique, *etc.* [Score.] *Paris,* [1806?] fol. Hirsch II. **160**.

DALAYRAC (Nicolas)
—— [Another copy.] Léhéman ... Opéra, *etc.* [Score.] *Paris,* [1802?] fol. Hirsch II. **161**.

DALAYRAC (Nicolas)
—— [Another copy.] Lina ... Opéra ... Partition. *Paris,* [1807?] fol. Hirsch II. **162**.

DALAYRAC (Nicolas)
—— [Another copy.] Le Pavillon des fleurs ... Comédie lyrique, *etc.* [Score.] *Paris,* [1822?] fol.
Hirsch II. **169**.

DALAYRAC (Nicolas)
—— Picaros et Diego, ou la Folle soirée. Opéra bouffon en un acte et en prose. Paroles de Mr *** . [i.e. L. Mercier Dupaty. Score.] pp. 236. *Chez Pleyel: Paris,* [1803?] fol. Hirsch II. **171**.

DALAYRAC (Nicolas)
—— Le Poëte et le musicien, ou Je cherche un sujet. Comédie en trois actes et en vers mélée de chant précédée d'un prologue en vers libre par Mr Emmanuel Dupaty. Musique posthume de Dalayrac, *etc.* [Score.] pp. 243. *Chez Mme Duhan et compie: Paris,* [1811?] fol.
Hirsch II. **172**.

DALBERG (Johann Friedrich Hugo von) *Baron.*
—— Sonata a cinque mani per il piano-forte ... Op. 19. pp. 43. *Presso N. Simrock: Bonna,* [1803.] *obl.* fol.
Hirsch III. **170**.

DALVIMARE (Martin Pierre)
—— Mon cœur soupire..... Romance ... Arrangée pour la guitarre par Castro. pp. [3.] *Chez Lemoine: Paris,* [1805?] 8º. Hirsch M. **660**. (3.)

DANIELE (Giuseppe)
—— La Schottisch. 3ème édition. Nouvelle danse, *etc.* [P.F.] pp. 4. *Bernard-Latte: Paris,* [1850?] fol.
Hirsch M. **1295**. (**16**.)

DANIELE (Giuseppe)
—— Schottisch sur l'opéra de Marco Spada, D. F. E. Auber, pour piano. pp. 5. *Chez J. E. Libau: Bruxelles; chez J. Ruttens: Londres,* [1850?] fol. Hirsch M. **1295**. (**18**.)

DANS.
—— Dans le temple d'industrie. *À sa majesté Louis XVIII,* à l'occasion de l'exposition des produits de l'industrie française. [Song.] Paroles et musique de *. ⟨Gravé par Mme Pannetier.⟩ *A. Senefelder & cie: [Paris,* 1820?] fol.
Hirsch M. **1298**. (9.)

DANSE.
—— La Danse n'a plus mon amour. Chansonette. *See* Bruguière (E.)

DANZI (Franz)
—— Ballade von Stollberg. [Song.] pp. 4. [1805?] *obl.* fol. Hirsch III. **709**.
Lithographed throughout.

DANZI (Franz)
—— Sechs deutscher Lieder mit Begleitung des Piano-Forte ... 14tes Werk. pp. 19. *In der Falterischen Musikhandlung: München,* [1802?] *obl.* fol. Hirsch III. **712**.
Lithographed throughout.

DANZI (Franz)
— vi deutsche Gesänge mit Begleitung des Piano Forte . . . 19tes Werk. pp. 16. *In der Falterischen Musikhandlung: München*, [1803?] *obl.* fol. Hirsch III. **711.**
Lithographed throughout.

DANZI (Franz)
— Sechs deutsche Gesänge mit Begleitung des Pianoforte. pp. 13. *Bei C. F. Peters: Leipzig*, [1813.] *obl.* fol.
Hirsch III. **710.**

DANZI (Franz)
— ix Lateinische Vesper-Psalmen für Sopran, Alt, Tenor und Bass, ii Violinen, Viola und Orgel, ii Trompetten u. Paucken ad lib: [Parts.] 13 pt. *Falter und Sohn: München*, [1815?] fol. Hirsch IV. **1680.**
Lithographed throughout.

DANZI (Franz)
— *See* WINTER (P. von) v Ave Regina coelorum für Sopran, Alt, Tenor, Bass und Orgel von P. v. Winter, F. Danzi . . . i Alma Redemptoris für iiii Singstimmen . . . von F. Danzi. [1815?] fol. Hirsch IV. **1706.**

DANZI (Franz) and **WINTER** (Peter von)
— Zwey Lytaneyen für Sopran, Alt, Tenor und Bass, ii. Violinen, Viola und Orgel von F. Danzi & P. v. Winter . . . und Alma redemptoris für vier Singstimmen und Orgel ad lib: von P. von Winter. [Parts.] 13 pt. *Falter und Sohn: München*, [1815?] fol. & *obl.* 8°.
Hirsch IV. **1679.**
Lithographed throughout.

DAVID (Félicien César)
— Le Désert. Ode symphonie en trois parties, poésie de M. A. Colin . . . Ornée de trois dessins par C. Nanteuil et du portrait de F. David. Partition piano et chant. pp. 76. *Au bureau central de musique: Paris*, [1845?] fol.
Hirsch M. **840.**

DAVID (Félicien César)
— Rêverie. Mélodie, *etc.* ⟨Paroles de Mme E. Tourneux de Voves.⟩ *Au bureau central de musique: Paris*, [1845?] fol. Hirsch M. **1298. (10.)**

DAVID (Ferdinand)
— Ferdinand David's Bunte Reihe. 24 Stücke für Violine und Pianoforte componirt, für das Pianoforte übertragen von Franz Liszt. 4 Hft. *Bei Fr. Kistner: Leipzig*, [1851.] 4°. Hirsch M. **841.**

DAVID (Ferdinand)
— *See* MOZART (W. A.) Quartette für zwei Violinen, Viola und Violoncell . . . genau bezeichnet von F. David, *etc.* [1856.] fol. Hirsch III. **429.**

DAVID (Hans Theodore)
— *See* BACH (J. S.) Die Kunst der Fuge. Herausgegeben von H. T. David. [1928.] fol. Hirsch M. **678.**

DAVIS (Eliza)
— The Better Land. A ballad, the words by Mrs Hemans. ⟨Thirty-ninth edition.⟩ pp. 7. *Willis & Co.: London*, [1840?] fol. Hirsch M. **1308. (19.)**

DAVY (John)
— Just like Love is yonder Rose, the favorite Rondo. [Song.] Sung . . . in Life's Masquerade or Fortune's Wheel in motion. pp. 4. *Preston: London*, [1807?] fol.
Hirsch M. **1277. (8.)**
Watermark date 1807.

DEBUSSY (Claude Achille)
— La Damoiselle élue. Poème lyrique d'après D.-G. Rossetti. Pour voix de femmes, solo, chœur et orchestre. Traduction française de Gabriel Sarrazin . . . Partition d'orchestre, *etc.* pp. 74. *A. Durand & fils: Paris*, [1902.] fol. Hirsch M. **842.**

DEBUSSY (Claude Achille)
— La Damoiselle élue . . . Partition d'orchestre format de poche, *etc.* pp. 74. *A. Durand & fils: Paris*, [1920?] 8°. Hirsch M. **120.**

DEBUSSY (Claude Achille)
— Danses. i. Danse sacrée. ii. Danse profane. Pour harpe à pedales, ou piano avec acc^t d'orchestre à cordes. Partition d'orchestre, format de poche. pp. 28. *A. Durand et fils: Paris*, [1910?] 8°. Hirsch M. **121.**
Reproduced photographically, in a reduced form, from the edition of 1907.

DEBUSSY (Claude Achille)
— [Another copy.] Fantaisie pour piano et orchestre. Partition d'orchestre. *Paris*, [1920.] fol.
Hirsch M. **1325.**

DEBUSSY (Claude Achille)
— Gigues. "Images" pour orchestre, no. 1. Partition d'orchestre, *etc.* pp. 39. *A. Durand & fils: Paris*, [1913.] fol. Hirsch M. **843.**

DEBUSSY (Claude Achille)
— Iberia. "Images" pour orchestre, no. 2 . . . Partition d'orchestre, *etc.* pp. 110. *A. Durand & fils: Paris*, [1910.] fol. Hirsch M. **844.**

DEBUSSY (Claude Achille)
— [Another copy.] Jeux. Poème dansé . . . Partition d'orchestre, *etc. Paris*, [1914.] fol. Hirsch M. **845.**

DEBUSSY (Claude Achille)
— [A reissue.] La Mer . . . Trois esquisses symphoniques . . . Partition d'orchestre, *etc. Paris*, [1909.] fol.
Hirsch M. **846.**

DEBUSSY (Claude Achille)
— La Mer . . . Trois esquisses symphoniques . . . Partition d'orchestre, *etc.* pp. 137. *A. Durand & fils: Paris*, [1910?] 8°. Hirsch M. **122.**
Photographically reproduced, in a reduced form, from the folio edition of 1905.

DEBUSSY (CLAUDE ACHILLE)
—— [A reissue.] Nocturnes... Partition d'orchestre, etc. Paris, [1909.] fol. Hirsch M. **847**.

DEBUSSY (CLAUDE ACHILLE)
—— Nocturnes... Partition d'orchestre. pp. 111. Benno Balan: Berlin, [1925?] 8°. Hirsch M. **123**.
Photographically reproduced, in a reduced form, from the edition issued c. 1904 by Eugène Fromont.

DEBUSSY (CLAUDE ACHILLE)
—— Pelléas et Mélisande. Drame lyrique en 5 actes et 12 tableaux de Maurice Maeterlinck... Partition d'orchestre. pp. 409. *A. Durand & fils: Paris*, [1904.] fol.
Hirsch II. **180**.

DEBUSSY (CLAUDE ACHILLE)
—— [Another copy.] Pelléas et Mélisande... Partition d'orchestre. *Paris*, [1908?] 8°. Hirsch II. **181**.
Photographically reproduced, in a reduced form, from the folio edition of 1904.

DEBUSSY (CLAUDE ACHILLE)
—— [A reissue.] Prélude à "L'après-midi d'un faune." Partition d'orchestre. *Paris*, [1910?] fol.
Hirsch M. **848**.

DEBUSSY (CLAUDE ACHILLE)
—— Printemps. Suite symphonique. Partition d'orchestre, etc. ⟨Nouvelle édition.⟩ pp. 98. *A. Durand & fils: Paris*, [1913.] fol. Hirsch M. **849**.

DEBUSSY (CLAUDE ACHILLE)
—— [Another copy.] Rapsodie, pour orchestre et saxophone... Partition d'orchestre, etc. *Paris*, [1919.] fol.
Hirsch M. **850**.

DEBUSSY (CLAUDE ACHILLE)
—— [Another copy.] Première rhapsodie pour orchestre, avec clarinette principale en si ♭. Partition d'orchestre, etc. *Paris*, [1911.] fol. Hirsch M. **851**.

DEBUSSY (CLAUDE ACHILLE)
—— [Another issue.] Rondes de printemps. "Images" pour orchestre, no. 3... Partition d'orchestre, etc. *Paris*, [1915?] fol. Hirsch M. **852**.

DECKER (JOHANN)
—— Praeambulum... Herausgegeben von Max Seiffert. [Organ.] [1925.] *See* SEIFFERT (M.) Organum, etc. Reihe 4. Hft. 2. c. [1924–30?] fol. Hirsch M. **1204**.

DEH.
—— Deh, se piacer mi vuoi. Aria. *See* MOZART (W. A.) [*La Clemenza di Tito*.]

DE LAIRE (J. A.)
—— Le Paladin et la bergère. Chansonette... Accompagnement de guitare par B. Pastou. pp. 3. *Chez Aulagnier: Paris*, [1825?] 8°. Hirsch M. **1293**. (2.)

DELIBES (CLÉMENT PHILIBERT LÉO)
—— Sylvia. Ballet. 1. Prélude—Les chasseresses. 2. Intermezzo et valse lente. 3. Pizzicati. 4. Cortège de Bacchus. Suite d'orchestre... Partition orchestre, etc. pp. 105. *Heugel et fils: Paris*, [1880?] 8°. Hirsch M. **124**.

DELIBES (CLÉMENT PHILIBERT LÉO)
—— *See* GOUNOD (C. F.) Faust... Partition piano & chant arrangée par L. Delibes. ⟨2ᵉ édition.⟩ [1860?] 8°.
Hirsch M. **170**.

DELIUS (FREDERICK)
—— Brigg Fair. An English rhapsody. Handpartitur. pp. 39. *F. E. C. Leuckart: Leipzig*, [1913?] 8°.
Hirsch M. **125**.
Photographically reproduced, in a reduced form, from the folio edition of 1910.

DELIUS (FREDERICK)
—— A Dance Rhapsody. Handpartitur. pp. 40. *F. E. C. Leuckart: Leipzig*, [1913?] 8°. Hirsch M. **126**.
Photographically reproduced in a reduced form, from the folio edition of 1910. Pp. 2 and 3 bear a MS. dedication in the composer's autograph to Hans Sitt.

DELIUS (FREDERICK)
—— [Another copy.] Im Meerestreiben, etc. ⟨Partitur.⟩ *Berlin*, [1906?] fol. Hirsch M. **853**.

DELIUS (FREDERICK)
—— In a Summer Garden. Handpartitur. pp. 34. *F. E. C. Leuckart: Leipzig*, [1913?] 8°. Hirsch M. **127**.
Photographically reproduced, in a reduced form, from the folio edition of 1911.

DELIUS (FREDERICK)
—— 2 Stücke für kleines Orchester. 1. On hearing the first Cuckoo in Spring. Beim ersten Kuckucksruf im Frühling. II. Summer Night on the River. Sommernacht am Flusse. Partitur, etc. pp. 14. *Tischer & Jagenberg: Cöln*, [1914.] fol. Hirsch M. **854**.

DEMOISELLE.
—— La Demoiselle au bal. Chansonette. *See* BEAUPLAN (A. de) *pseud*.

DENKE.
—— Mörike. Denk' es, o Seele. [Song.] *See* TAENNLEIN. Ein Tännlein grünet, etc. [1922?] 8°. Hirsch M. **662**.

DENKMAELER.
—— [Another copy.] Denkmæler der Tonkunst. no. 1–3. *Bergedorf*, 1869, 71. 8°. Hirsch M. **128**.
Imperfect; wanting no. 4, 5.

DENT (EDWARD JOSEPH)
—— [Another copy.] Three Motets for unaccompanied Chorus, etc. ⟨Motets... Second series.⟩ *London*, [1940, 41.] 8°. Hirsch IV. **737**. a.

DÉPART.
—— Le Départ du trompette de cuirassiers. Chanson militaire. *See* PLANTADE (C. H.)

DESPRÉAUX (LOUIS FÉLIX)
—— Genres de musique des différens peuples arrangés pour le piano par L. F. Despréaux. 5e partie du Cours d'education de musique et piano du même auteur. pp. 37. *Chez Imbault: Paris,* [1805?] *obl.* fol.   Hirsch M. **129**.

DESPRÉAUX (LOUIS FÉLIX)
—— Préludes et exercices pour le piano... Quatrième partie du Cours d'education de musique et de piano, par le même auteur. pp. 31. *Chez Imbault: Paris,* [1805?] *obl.* fol.
Hirsch M. **130**.

DES PRÈS (JOSQUIN)
—— [Another copy.] Werken... Uitgegeven door Dr. A. Smijers. *Leipzig; Amsterdam,* 1921–36. 4º.
Hirsch IV. **976**.
Imperfect; wanting Bundel 7–9 of the "Missen," and Bundel 7–9 of the "Motetten."

DESSAUER (JOSEPH)
—— Dessauer's Lieder. Lockung. Zwei Wege. Spanisches Lied. Für das Pianoforte übertragen von Fr. Liszt. 3 no. *Bei H. F. Müller: Wien,* [1847.] fol.
Hirsch M. **855**.

DESSAUER (JOSEPH)
—— Sérénade, tirée de Marie Tudor de Victor Hugo, etc. [Song.] pp. 3.   *Chez Maurice Schlesinger: Paris,* [1834.] fol.   Hirsch M. **1298**. (**11**.)

DEUTSCH (OTTO ERICH)
—— Musikalische Seltenheiten. Wiener Liebhaberdrucke. Geleitet von O. E. Deutsch, *etc.* Bd. 2–4.   *Universal-Edition A.-G.: Wien, New York,* 1921, 22. fol. & obl. fol.
Hirsch M. **856**.
Imperfect; wanting Bd. 1 and 5.

DEUTSCH (OTTO ERICH)
—— *See* HAYDN (F. J.) [*Collected Works.—d. Pianoforte Selections and Arrangements.—Smaller Collections.*] Contredanse und Zingarese, *etc.* ⟨Herausgegeben von O. E. Deutsch.⟩ [1930.] 4º.   Hirsch M. **910**.

DEUTSCHE.
—— Deutsche Barcarole. [Song.] *See* LOEWE (J. C. G.)

DEUTSCHES REQUIEM.
—— Deutsches Requiem. *See* SCHUBERT (Ferdinand)

DEUX.
—— Les Deux cousines. Duettino. *See* MONPOU (H.) Souvenirs de Naples. No. 3.

DEUX AVEUGLES DE TOLÈDE.
—— Les Deux aveugles de Tolède. Opéra comique. *See* MÉHUL (É. N.)

DÈZES (KARL)
—— Messen und Motettensätze des 15. Jahrhunderts für 3stimmigen Knaben und Frauenchor. Zum praktischen Gebrauch herausgegeben von K. Dèzes. Hft. 1. pp. 10. *Bärenreiter-Verlag: Augsburg,* [1926.] 4º.
Hirsch M. **131**.
No more published.

DIABELLI (ANTON)
—— Hirtenklänge. Pastoral-Rondo, Marsch, Andantino und Rondino für das Piano-Forte allein, nebst einem Pastoral-Rondo für das Pianoforte auf vier Hände... Op. 159. [With a plate.] pp. 17.   *Bei Ant. Diabelli und Comp.: Wien,* [1835?] 8º.   Hirsch M. **1300**. (**3**.)

DIABELLI (ANTON)
—— Philomèle. Eine Sammlung der beliebtesten Gesänge mit Begleitung des Pianoforte eingerichtet und herausgegeben von A. Diabelli. no. 228, 294, 297, 476.   *Bei A. Diabelli et Comp.: Wien,* [1829, 32.] *obl.* fol.
Hirsch M. **132**.
Imperfect; wanting all the other numbers.

DIABELLI (ANTON)
—— x pièces favorites de differents auteurs arrangées pour la guitarre seule par A. Diabelli. pp. 9.   *Au magasin de l'imprimerie chimique:* [*Vienna,* 1809?] fol.
Hirsch III. **177**.
Lithographed throughout.

DIABLE COULEUR DE ROSE.
—— Le Diable couleur de rose. Opéra comique.   *See* GAVEAUX (P.)

DIABLE EN VACANCES.
—— Le Diable en vacances. Opéra. *See* GAVEAUX (P.)

DID.
—— Did you ever catch a Weasel asleep? [Song.] *See* REDMOND (Walter)

DIÉMER (LOUIS)
—— [Another copy.] Les Clavecinistes français.   *Paris,* [1895?–1912.] 4º.   Hirsch M. **857**.

DIÉMER (LOUIS)
—— Transcriptions symphoniques. [P.F.] Haydn. 1. Andante de la symphonie de la Reine. 2. Finale de la 9e symphonie in si ♭. 3. Andante de la 3e symphonie en sol. 4. Finale de la 16e symphonie en sol. Beethoven. 5. Adagio du septuor. 6. Thême varié du septuor. 7. Fragments du ballet de Prométhée. 8. Scherzo de la symphonie en ré. Mozart. 9. Menuet de la symphonie en ré majeur. 10. Menuet de la symphonie en sol mineur. 11. Allegro de la 3e symphonie. 12. Larghetto du quintette en la. Par L. Diémer. [With portraits.] 3 no. *Heugel et cie: Paris,* [1860?] fol. Hirsch M. **1294**. (**6**.)
Part of "Répertoire des concerts du Conservatoire, etc."

DIEUDONNÉ (A.)
—— See LULLI (G. B.) Œuvres complètes, etc. ⟨Les Ballets. tom. 1, 2. Réduction pour clavier des parties instrumentales et réalisation de la basse continue par Mlle. A. Dieudonné.⟩ 1930-39. fol.   Hirsch IV. **983**.

DIEUX.
—— Les Dieux. Chanson. See NADAUD (J.)

DILLMANN (JOSEPH) and WEHRAN (KARL)
—— Vierzehn Engel fahren. Reim-, Reigen- und Rätsellust für die singende, spielende Jugend, etc. ⟨Notenheft.⟩ 2 pt. *Englert und Schloffer: Frankfurt am Main, 1923.* 8°.   Hirsch M. **133**.

DISTICHEN.
—— Distichen. [Song.] See SCHUMANN (R. A.) [*Lieder und Gesänge. Op. 27. No. 5.*]

DITHYRAMBE.
—— Dithyrambe. [Song.] See REICHARDT (J. F.)

DIZI (FRANCIS JOSEPH)
—— See CRAMER (J. B.) March & Rondo . . . arranged for the harp & piano forte by F. Dizi. [1806?] fol.   Hirsch M. **1289. (2.)**

DOEHLER (AUGUST)
—— Gott sende seine Güte, etc. ⟨Vierstimmiger Gesang, aus einer Motette.⟩ [1841.] See PERIODICAL PUBLICATIONS. —*Leipzig.—Neue Zeitschrift für Musik.* [Sammlung von Musik-Stücken, etc.] Hft. 13. [1838, etc.] fol.   Hirsch M. **1134**.

DOEHLER (THEODOR)
—— Souvenir. [Song.] Paroles françaises de M*r* Maurice Bourges. pp. 5.   *Chez Maurice Schlesinger: Paris,* [1842?] fol.   Hirsch M. **1297. (16.)**

DOEHLER (THEODOR)
—— Tarantelle pour le piano . . . Oeuvre 39. pp. 11. *Chez Pietro Mechetti: Vienne,* [1841?] fol.   Hirsch M. **1303. (6.)**

DOERFCHEN.
—— Das Dörfchen. [Part-song.] See SCHUBERT (F. P.)

DOERFFEL (ALFRED)
—— Berühmte Ouverturen von Mozart, Beethoven, Weber, Cherubini. In Partitur herausgegeben von A. Dörffel. *C. F. Peters: Leipzig,* [1879.] 4°.   Hirsch M. **858**.
Edition Peters. no. 1021b. Imperfect; wanting all except Bd. 2 of the overtures by Beethoven.

DOERFFEL (ALFRED)
—— See GLUCK (C. W. von) Iphigenie en Aulis . . . In Partitur herausgegeben von A. Dörffel. 1884. fol.   Hirsch II. **276**.

DOERFFEL (ALFRED)
—— See GLUCK (C. W. von) Orpheus . . . In Partitur herausgegeben von A. Dörffel, etc. [1878?] fol.   Hirsch II. **282**.

DOERFFEL (ALFRED)
—— See MOZART (W. A.) [*Don Giovanni.*] Don Juan . . . Partitur herausgegeben von A. Dörffel. [1882?] fol.   Hirsch II. **649**.

DOERFFEL (ALFRED)
—— See SCHUMANN (R. A.) Concert für das Pianoforte mit Begleitung des Orchesters. Op. 54. Revidirt von A. Dörffel, etc. [1887?] 8°.   Hirsch M. **541**.

DOERFFEL (ALFRED)
—— See SCHUMANN (R. A.) Genoveva . . . Op. 81 . . . Orchester-Partitur revidirt von A. Dörffel. [1880?] fol.   Hirsch II. **870**.

DOISY (   )
—— See PAER (F.) Un Solo quarto d'ora. Aria . . . avec accomp*t* de guitare ou lyre par Doisy. [1810?] 8°.   Hirsch M. **660. (14.)**

DOLCE.
—— Dolce fiamma di gloria. Cavatina. See PORTOGALLO (M. A.) *pseud.* [*Il Principe di Taranto.*]

DOLORE.
—— Il Dolore. Canzonetta. See STERKEL (J. F. X.)

DOMBAU.
—— Der Dombau. [Chorus.] See HENSELT (A.)

DONIZETTI (DOMENICO GAETANO MARIA)
—— [*Dom Sébastien.*] See LISZT (F.) Marche funèbre de Dom Sébastien de C. [*sic*] Donizetti variée pour le piano. [1845.] fol.   Hirsch M. **953. (7.)**

DONIZETTI (DOMENICO GAETANO MARIA)
—— [Another copy.] L'Elisir d'amore. Melodramma giocoso . . . Partitura d'orchestra. *Milano,* [1916.] 8°.   Hirsch II. **209**.

DONIZETTI (DOMENICO GAETANO MARIA)
—— [Another copy.] La Favorite. Opéra . . . Partition. *Paris,* [1840?] fol.   Hirsch II. **210**.

DONIZETTI (DOMENICO GAETANO MARIA)
—— La Favorite. Opéra en 4 actes . . . Partition piano et chant arrangée par Richard Wagner. ⟨3*e* édition.⟩ pp. 254. *Brandus et c*ie*: Paris,* [1850?] 8°.   Hirsch IV. **1456**.

DONIZETTI (DOMENICO GAETANO MARIA)
—— La Favorite. Opéra . . . arrangé en quatuor pour deux violons, alto et basse par R. Wagner . . . en trois suites. [Parts.] 12 pt.   *Chez Maurice Schlesinger: Paris,* [1841.] fol.   Hirsch IV. **1457**.

DONIZETTI (DOMENICO GAETANO MARIA)
—— La Favorite. Opera . . . arrangé pour deux violons concertans, par R. Wagner . . . En trois suites. ⟨Première suite.⟩ 2 pt. *Chez A. Grus: Paris*, [1845?] fol.
Hirsch M. **859**.
Imperfect; wanting the second and third suites.

DONIZETTI (DOMENICO GAETANO MARIA)
—— La Fille du Régiment. Opéra comique en 2 actes, paroles de Mrs Bayard et St Georges. Partition orch^e, etc. pp. 339. *Chez Schonenberger: Paris*, [1840?] fol.
Hirsch II. **211**.

DONIZETTI (DOMENICO GAETANO MARIA)
—— [Lucia di Lammermoor.] *See* JULLIEN (L. A.) The Ravenswood Waltzes. Composed on . . . The Bride of Lammermoor. [1850?] fol. Hirsch M. **1307. (11.)**

DONIZETTI (DOMENICO GAETANO MARIA) [2. *Miscellaneous and Unidentified.*]
—— J'attends toujours. [Song.] Paroles de Mr. Eugène Lonlay . . . Ich harre hier. Ins Deutsche übertragen von M. G. Friedrich. pp. 3. *Chez les fils de B. Schott: Mayence*, [1844?] fol. Hirsch M. **1297. (17.)**
L'Aurore. Collection de chansons modernes. no. 61.

DONIZETTI (DOMENICO GAETANO MARIA) [2. *Miscellaneous and Unidentified.*]
—— Lénore. [Song.] Paroles de Mr. Marie Escudier. *Chez J. E. Libau: Bruxelles*, [1845?] fol.
Hirsch M. **1297. (18.)**

DONIZETTI (DOMENICO GAETANO MARIA) [2. *Miscellaneous and Unidentified.*]
—— Miserere à plusieurs voix et avec choeurs. ⟨Partition d'orchestre.⟩ pp. 42. *Chez les fils de B. Schott: Mayence*, [1845?] fol. Hirsch IV. **738**.

DONNERWETTER.
—— Das Donnerwetter, für das Piano-Forte. *See* WALZES. Favorit Walzer, etc. [1814?] 8°.
Hirsch M. **1300. (28.)**

DOORSLAER (GEORGES VAN)
—— *See* MONTE (F. di) Opera. [Edited by J. van Nuffel, C. van den Borren and G. van Doorslaer.] [1927]–35. 8°.
Hirsch IV. **984**.

DORFKIRCHE.
—— Die Dorfkirche. [Song.] *See* LOEWE (J. C. G.) Drei Balladen. Op. 116. [No. 1.]

DORRELL (WILLIAM)
—— *See* BENNETT (*Sir* William S.) [*Paradise & the Peri.*] Fantasie-Overture . . . Newly arranged for two performers on the pianoforte by W. Dorrell. [1870?] fol.
Hirsch M. **768. (9.)**

DORS.
—— Dors mon ange aux jolis yeux bleus. Romance. *See* LATOUR (A. de)

DOURLEN (VICTOR CHARLES PAUL)
—— [Another copy.] Le Frère Philippe. Opéra comique, etc. [Score.] *Paris*, [1818?] fol. Hirsch II. **215**.

DOWLAND (JOHN)
—— [The First Booke of Songes.] Komm zurück [and eight other songs]. Madrigale für vierstimmigen Chor herausgegeben von Walther Pudelko. pp. 30. *Bärenreiter-Verlag: Augsburg*, 1925. 8°. [*Alte Madrigale.* Hft. 1.]
Hirsch M. **458**.

DRACHENFELS.
—— Der Drachenfels. [Song.] *See* LOEWE (J. C. G.) Zwei Balladen. Op. 121. II.

DRESS'D. *See* DRESSED.

DRESSED.
—— Dress'd in a Dolly Varden. [Song.] *See* MOORE (George W.)

DROSTE (CLEMENS VON) *Baron.*
—— Messe in c-moll, für achtstimmigen gemischten Doppelchor a cappella und Sopran-solo (mit Orgel- Vor- und Zwischenspielen für nichtliturgische Aufführungen). [Score, with separate organ part.] 2 pt. *Dr. Benno Filser Verlag: Augsburg*, [1930.] fol. Hirsch IV. **739**.
Musica orans. Hft. 44.

DROZ (EUGÉNIE) and **THIBAULT** (GENEVIÈVE)
—— [Another copy.] Poètes et musiciens du xve siècle. *Paris*, 1924. fol. Hirsch M. **860**.
Documents artistiques du xve siècle. tom. 1.

DU.
—— Du bon roi d'Agobert. *Chanson du bon roi d'Agobert.* Avec accompagnement de guitare par J. B. Bédard. *Chez Frère:* [*Paris*, 1810?] 8°. Hirsch M. **660. (27.)**

DUFAY (GUILLAUME)
—— 1. Kyrie. ⟨2. Agnus Dei.—3. Christe redemptor.—4. Veni creator spiritus.—De nativitate domini prosa.—6. Kyrie in dominicis diebus.⟩ [A collection, edited by Karl Dèzes.] pp. 10. *Bärenreiter-Verlag: Augsburg*, [1926.] 4°. [*Messen- und Motettensätze des 15. Jahrhunderts für 3stimmigen Knaben- resp. Frauenchor.* Hft. 1.]
Hirsch M. **131**.

DUGAZON (GUSTAVE)
—— Danses nationales de chaque pays . . . arrangées et composées par G. Dugazon. Ornée de vignettes. 6 no. pp. 47. *Gide fils: Paris*, [1825?] obl. 8°.
Hirsch IV. **1437**.

DUHAMEL (MAURICE)
—— *See* GUILBERT (Y.) Chansons de la vieille France . . . Reconstituées et harmonisées par M. Duhamel. [1910.] 4°. Hirsch M. **896**.

DUKAS (Paul)
—— [Another copy.] L'Apprenti sorcier... Partition d'orchestre, *etc. Paris*, [1900?] fol.　　Hirsch M. **861**.

DUKAS (Paul)
—— Ariane et Barbe-bleue. Conte en trois actes, poème de Maurice Maeterlinck. Partition d'orchestre. pp. 572. *A. Durand & fils: Paris*, [1907.] 8°.　　Hirsch II. **216**.

DUPORT (Lia)
—— Album de Mlle Lia Duport, contenant 12 romances. [With plates, including a portrait.] 12 no. *M^{ce} Schlesinger: Paris; A. M. Schlesinger: Berlin*, [1844?] 4°.　　Hirsch M. **134**.

DURANTE (Francesco)
—— XII duetti da camera per imperar a cantare... col accompagnamento di pianoforte. Parte 1. No. 1–4. (Mit italienischem und deutschem Text.) pp. 18. *Presso Breitkopf e Härtel: Lipsia*, [1825?] obl. fol.
　　Hirsch III. **722**.

DUSSEK (Jan Ladislav)
—— Sonate pour le pianoforte avec accompagnem^t de flûte et violoncelle... Oeuv. 21. *Chez Breitkopf & Härtel: Leipsic*, [1819?] obl. fol.　　Hirsch M. **135**.
Imperfect; wanting the accompaniments.

DUSSEK (Jan Ladislav)
—— [Another copy.] Introduction and Hope told a flattering tale, with variations... Arranged as a duett for two performers on the piano forte, with an accompaniment for the flute and violoncello... by D. Bruguier. *London*, [1817.] fol.　　Hirsch M. **1281**. (5.)
Imperfect; wanting the accompaniments.

DUSSEK (Jan Ladislav)
—— A New Sonata, for two Performers, on one Piano Forte, *etc.* pp. 13. *Cianchettini & Sperati: London*, [1807?] fol.
　　Hirsch M. **1289**. (3.)

DUSSEK (Jan Ladislav)
—— Trois sonates pour le piano forte. pp. 41. *Chez Jean George Naigueli: Zuric*, [1803.] obl. fol. [*Répertoire des clavecinistes.* suite 3.]　　Hirsch IV. **1012**.

DUSSEK (Jan Ladislav)
—— [Sonatas. Op. 14. No. 1.] A Favorite Sonata, for the Piano Forte, *etc.* pp. 11. *Halliday & Co.: London*, [1813?] fol.　　Hirsch M. **1287**. (5.)
Watermark date 1813.

DUSSEK, afterwards **CIANCHETTINI** (Veronica Elisabeth)
—— A Second Sett of favorite Airs, and a March, arranged as rondos: for the piano forte, *etc.* pp. 11. *Goulding, Phipps & D'Almaine: London*, [1802?] fol.
　　Hirsch M. **1279**. (5.)
Watermark date 1802. *The verso of p. 9 bears a list of the composer's works.*

DVOŘÁK (Antonín)
—— Aus der neuen Welt. (Z nového světa.) Symphonie No. 5, Emoll... Op. 95. [Score.] pp. 162. *Ernst Eulenburg: Leipzig*, [1930?] 8°.　　Hirsch M. **140**.
Eulenburgs kleine Partitur-Ausgabe. no. 433.

DVOŘÁK (Antonín)
—— [Another copy.] Concert für Pianoforte und Orchester... Op. 33. Partitur, *etc. Breslau*, [1883.] fol.
　　Hirsch M. **862**.

DVOŘÁK (Antonín)
—— Concert für Violine mit Begleitung des Orchesters... Op. 53. Partitur. pp. 211. *N. Simrock: Berlin*, [1883.] 8°.　　Hirsch M. **136**.

DVOŘÁK (Antonín)
—— [Another issue.] Concert für Violoncell mit Begleitung des Orchesters... Op. 104. Partitur, *etc. Berlin*, [1896.] fol.　　Hirsch M. **863**.

DVOŘÁK (Antonín)
—— Violoncell-Konzert. Čellový koncert... H moll, B minor... Op. 104. [Score. With a portrait.] pp. 104. *Wiener Philharmonischer Verlag: Wien*, 1926. 8°.
　　Hirsch M. **137**.
Philharmonia Partituren. no. 180.

DVOŘÁK (Antonín)
—— [Another copy.] Das goldene Spinnrad... Symphonische Dichtung... Op. 109. Partitur. *Berlin*, [1896.] fol.　　Hirsch M. **864**.

DVOŘÁK (Antonín)
—— [Another copy.] Heldenlied... Op. 111. Partitur, *etc.* pp. 87. *Berlin*, [1899.] fol.　　Hirsch M. **865**.

DVOŘÁK (Antonín)
—— [Another copy.] Legenden für Orchester... Op. 59 ... Partitur. Erste Sammlung... Zweite Sammlung. *Berlin*, 1882. 8°.　　Hirsch M. **138**.

DVOŘÁK (Antonín)
—— Mein Heim. Ouvertüre für grosses Orchester... Op. 62. Partitur. pp. 69. *N. Simrock: Berlin*, 1882. 8°.
　　Hirsch M. **139**.

DVOŘÁK (Antonín)
—— [Another copy.] Die Mittagshexe... Op. 108. Partitur. *Berlin*, [1896.] fol.　　Hirsch M. **866**.

DVOŘÁK (Antonín)
—— [A reissue.] Serenade (E dur). Für Streich-Orchester. Partitur. Op. 22. *Berlin*, [1885?] fol.　Hirsch M. **868**.

DVOŘÁK (Antonín)
—— [Another copy.] Serenade für Blasinstrumente... Op. 44. Partitur. *Berlin*, 1879. fol.　　Hirsch M. **867**.

DVOŘÁK (ANTONÍN)
—— [Another copy.] Slavische Rhapsodien für grosses Orchester . . . Op. 45. Partitur. *Berlin*, 1879. fol.
Hirsch M. **869**.

DVOŘÁK (ANTONÍN)
—— [Another issue.] Symphonie (D dur) für grosses Orchester . . . Op. 60. Partitur. *Berlin*, 1882. fol.
Hirsch M. **870**.

DVOŘÁK (ANTONÍN)
—— [Another copy.] Symphonie (No. 2, D moll) für grosses Orchester . . . Op. 70. Partitur. *Berlin*, 1885. fol.
Hirsch M. **871. (1.)**

DVOŘÁK (ANTONÍN)
—— [Another copy.] Symphonie (No. 3, F dur) für grosses Orchester . . . Op. 76. Partitur. *Berlin*, 1888. fol.
Hirsch M. **871. (2.)**

DVOŘÁK (ANTONÍN)
—— [Another copy.] Die Waldtaube . . . Op. 110. Partitur, etc. *Berlin*, [1899.] fol. Hirsch M. **872**.

DYTHIRAMBE. See DITHYRAMBE.

EBERL (ANTON)
—— Grand quatuor pour le pianoforte, violon, alto et violoncelle obligés . . . Oeuvre XVIII. [Parts.] 4 pt. *Au bureau d'arts et d'industrie: Vienne*, [1803?] *obl*. fol. & fol.
Hirsch III. **181**.

EBERL (ANTON)
—— Grande sonate pour le pianoforte . . . Oeuvre XVI. pp. 19. *Au bureau d'arts et d'industrie: Vienne*, [1802.] *obl*. fol. Hirsch III. **182**.

EBERL (ANTON)
—— Grande sonate pour le pianoforte . . . Op. 27. pp. 26. *Au bureau des arts et d'industrie: Vienne*, [1805.] *obl*. fol.
Hirsch III. **183**.

EBERS (CARL FRIEDRICH)
—— See HAYDN (F. J.) [Symphonies. B. & H. No. 99.] Sinfonia. Haydn, par Ebers. [1809.] fol.
Hirsch IV. **1094**.

EBERS (CARL FRIEDRICH)
—— See MOZART (W. A.) [Die Entführung aus dem Serail.] Belmonte et Constance . . . Arrangé à quatre mains pour le pianoforte par C. F. Ebers. [1826.] *obl*. fol.
Hirsch IV. **1184**.

EBERWEIN (CARL)
—— An Weimar. Lied zu Goethes Jubilaeum am 7ten. November 1825. Gedichtet von Weichhardt . . . mit Begleitung des Piano-Forte. pp. 11. *In A^d Mt Schlesinger's Buch- u. Musikhandlung: Berlin*, [1825?] *obl*. fol. Hirsch III. **724**.

SIG. 25.—PART 53.

EBERWEIN (CARL)
—— Lenore. Liederspiel in drei Abteilungen von Carl von Holtei . . . Vollständiger Klavierauszug vom Componisten. pp. 31. *T. Trautwein: Berlin*, [1825?] *obl*. fol.
Hirsch III. **725**.

EBERWEIN (CARL)
—— Lieder aus Goethe's West-oestlichen Divan . . . fürs Pianoforte, *etc*. Hft. 6, 8. *Bey Joh. Ang. Böhme: Hamburg*, [1820?] *obl*. fol. Hirsch III. **726**.
Imperfect; wanting Hft. 1-5, 7.

EBERWEIN (CARL)
—— Ouverture du monodrame Proserpine de Goethe . . . Op. 17. [Parts.] 20 pt. *Chez Breitkopf & Härtel: Leipsic*, [1827.] fol. & *obl*. 4°. Hirsch III. **184**.

EBERWEIN (MAX) See EBERWEIN (T. M.)

EBERWEIN (TRAUGOTT MAXIMILIAN)
—— Amor Proteus, oder Liebeserklärungen verschiedener Stände und Temperamente von Ernst Conradi mit Pianoforte—oder Guitarrebegleitung . . . 13^s Werk. pp. 37. *Bei C. F. Peters: Leipzig*, [1814?] *obl*. fol.
Hirsch III. **728**.

EBERWEIN (TRAUGOTT MAXIMILIAN)
—— [Das befreite Jerusalem.] Lied der Christen . . . mit Begleitung des Pianoforte. pp. 5. *Bei G. Müller: Rudolstadt*, [1820?] *obl*. fol. Hirsch III. **729**.

EBERWEIN (TRAUGOTT MAXIMILIAN)
—— Lied der Christen. See supra: [Das befreite Jerusalem.]

EBERWEIN (TRAUGOTT MAXIMILIAN)
—— Deuxième quatuor pour la flûte, violon, alto et violoncelle . . . Oeuvre 74. [Parts.] 4 pt. *Chez Frédéric Hofmeister: Leipsic*, [1824?] fol.
Hirsch III. **185**.

ECCLESIASTICON.
—— [Another copy.] [Ecclesiasticon. Eine Sammlung classischer Kirchenmusik in Partitur.] Lfg. 25-30. *Wien*, [1829?] fol. Hirsch III. **689**.
Imperfect; wanting Lfg. 1-24, 31-67.

ÉCHELLE DE SOIE.
—— L'Échelle de soie. Opéra comique. See GAVEAUX (P.)

ECHO.
—— Das Echo. [Song.] See SCHUBERT (F. P.)

ECKSTEIN (FRIEDRICH)
—— See MOZART (W. A.) [Symphonies. K. 551.] Das Finale der Jupiter-Symphonie . . . Analyse von S. Sechter . . . Mit Einleitung und Erläuterungen neu herausgegeben von F. Eckstein, *etc*. 1923. 8°. Hirsch M. **408**.

ÉCORCHEVILLE (JULES)
—— [Another copy.] Vingt suites d'orchestre du XVIIe siècle français, etc. 2 tom. *Berlin; Paris*, 1906. fol.
Hirsch M. **873**.

EHERNE SCHLANGE.
—— Die eherne Schlange. Vocal-Oratorium. *See* LOEWE (J. C. G.)

EHLERS (WILHELM)
—— Lieder mit Begleitung der Guitarre oder des Pianoforte . . . 2^s Werk. pp. 11. *Bei Fr. Hofmeister: Leipzig*, [1817.] obl. fol. Hirsch III. **730**.

EICHNER (ERNST)
—— [Symphony in F.] Sonate F dur . . . Für Violine und Klavier bearbeitet von Robert Sondheimer. [Parts.] 2 pt. *Edition Bernoulli: Berlin, Basel*, [1923.] fol. [*Werke aus dem 18. Jahrhundert.* no. 15.] Hirsch IV. **1020**.

EICHWALD.
—— Der Eichwald braust. [Song.] *See* WAGNER (C.) *Grossherzoglicher Hessischer Hofkapellmeister. Gesang aus Piccolomini von F. Schiller.*

EIGNE.
—— Eigne Bahn. [Song.] *See* WEBENAU (J. von)

EINKEHR.
—— Einkehr. [Song.] *See* MARSCHNER (H. A.) *Der fahrende Schüler* . . . 168. Werk. [No. 1.]

EINSTEIN (ALFRED)
—— The Golden Age of the Madrigal. Twelve Italian madrigals for five-part chorus of mixed voices, never before published in a modern edition. Selected, edited, and annotated by A. Einstein. With English versions by Gustave Reese. pp. 95. *G. Schirmer: New York*, [1942.] 8°. Hirsch M. **141**.

EINSTEIN (ALFRED)
—— *See* ANTICO (A.) Canzoni, sonetti, strambotti et frottole . . . Edited by A. Einstein. [1941.] 4°. Hirsch M. **2**.

EINSTEIN (ALFRED)
—— *See* MOZART (W. A.) [*Don Giovanni.*] Il Dissoluto punito ossia il Don Giovanni . . . revidiert und mit Vorwort versehen von A. Einstein. [1931.] 8°.
Hirsch IV. **1573**.

EINSTEIN (ALFRED)
—— *See* PALESTRINA (G. P. da) [*Missarum Liber Secundus.*] Missa Papae Marcelli. Eingeleitet und herausgegeben von Dr. A. Einstein. 1921. 8°. Hirsch M. **447**.

EISENHOFER (FRANZ XAVER)
—— XII gesellschaftliche Gesänge für drey Männerstimmen . . . 6 Werk. 2te Auflage. [Parts.] 3 pt. *Falter und Sohn: München*, [1815?] obl. 4°. Hirsch III. **731**.
Lithographed throughout.

EISENHOFER (FRANZ XAVER)
—— VI gesellschaftliche Gesänge für drey Männerstimmen . . . XII^{tes} Werk, etc. [Parts.] 3 pt. *Bei Falter und Sohn: München*, [1810?] obl. 4°. Hirsch III. **732**.
Lithographed throughout.

EISENHOFER (FRANZ XAVER)
—— VI. gesellschaftliche Gesänge für zwey Tenor & zwey Bassstimmen. [Parts.] Lfg. 1. 4 pt. *In Kommission der Falterschen Musikhandlung: München*, [1805?] obl. fol.
Hirsch III. **733**.
Lithographed throughout.

ELEWYCK (XAVIER VICTOR VAN) *Chevalier*.
—— [Another copy.] Collection d'oeuvres composées par d'anciens et de célèbres clavecinistes flamands, retrouvées et publiées par le Chevalier van Elewyck. *Bruxelles*, [1877.] fol. Hirsch M. **873. a**.
The titlepage bears a MS. dedication in the composer's autograph.

ELGAR (Sir EDWARD WILLIAM) *Bart*.
—— [Another issue.] The Dream of Gerontius, by Cardinal Newman. (Deutsche Uebersetzung von Julius Buths.) (Traduction française de J. D'Offoël.) . . . (Op. 38.) Full score. *London*, [1902.] fol. Hirsch IV. **741**.
In this issue, the lists of contents are given in English, German and French.

ELGAR (Sir EDWARD WILLIAM) *Bart*.
—— [Another copy.] Introduction and Allegro for Strings . . . (Op. 47.) [Score.] *London*, [1905.] fol.
Hirsch M. **874**.

ELGAR (Sir EDWARD WILLIAM) *Bart*.
—— May-Song. Violin & piano. [Parts.] 2 pt. ON VELLUM. *W. H. Broome: London*, 1901. fol. Hirsch IV. **1438**.

ELGAR (Sir EDWARD WILLIAM)
—— Serenade für Streichorchester . . . Op. 20. Partitur, etc. pp. 16. *Breitkopf & Härtel: Leipzig*, 1893. fol.
Hirsch M. **875**.
The wrapper bears a MS. dedication to Hugh Blair in the composer's autograph.

ELSNER (JOSEPH)
—— [Passionsoratorium.] Trauermarsch aus dessen neuster Passionsmusik, für Pianoforte eingerichtet. [1838.] *See* PERIODICAL PUBLICATIONS.—Leipzig.—*Neue Zeitschrift für Musik.* [*Sammlung von Musik-Stücken, etc.*] Hft. 4. [1838, *etc.*] fol. Hirsch M. **1134**.

ELSNER (JOSEPH)
—— Trauermarsch. *See supra:* [*Passionsoratorium.*]

EMMA.
—— Emma. [Song.] *See* MASINI (F.)

EMMELINE.
—— Emmeline. Opéra-comique. *See* WEIGL (J.) [*Die Schweizerfamilie.*]

EMSHEIMER (Ernst)

—— See Steigleder (J. U.) Vier Ricercare für Orgel. Herausgegeben von E. Emsheimer, *etc.* [1929.] *obl.* fol.
Hirsch M. 560.

ENFANT.

—— L'Enfant Dieu. [Sacred song.] *See* Arnaud (J. É. G.)

ENFANT.

—— L'Enfant et le négrier. Romance. *See* Abadie (L.)

ENFANT.

—— Enfant si j'étais roi! Romance. *See* Pantaleoni (L.)

ENGEL (Louis)

—— La Seguidilla. *See infra*: [*Die verwandelten Weiber. Op.* 25.]

ENGEL (Louis)

—— [Die verwandelten Weiber. Op. 25.] La Seguidilla. Polka-mazurka, und Polka, in dem Ballet: Die Weiberkur getanzt von Fräulein Marie Taglioni für Clavier arrangirt von L. Engel. 2 no. *Bei C. A. Spina: Wien*, [1853?] fol.
Hirsch M. 1312. (3.)

EPSTEIN (Peter)

—— *See* Joseph (G.) Heilige Seelen-Lust, *etc.* ⟨Mit einer Einführung herausgegeben von P. Epstein.⟩ 1931. 4º.
Hirsch M. 928.

ERA.

—— Era felice un dì. Ariettina. *See* Mayer (J. S.) [*Ginevra di Scozia.*]

ERINNERUNG.

—— Erinnerung. Lied. [Song.] *See* Weixelbaum (G.)

ERLEBACH (Ph. E.) *See* Erlebach (P. H.)

ERLEBACH (Philipp Heinrich)

—— Sonate (E moll) (1694) für Violine, Gambe (oder Violoncello) und Cembalo. ⟨Bearbeitet von Max Seiffert.⟩ [Score and parts.] 3 pt. *Fr. Kistner & C. F. W. Siegel: Leipzig*, [1924.] fol. [*Organum.* Reihe 3. no. 5.]
Hirsch M. 1204.

ERLKOENIG.

—— Erlkœnig. [Song.] *See* Reichardt (J. F.)

ERMEL (Louis Constant)

—— *See* Le Sueur (J. F.) Trois Te Deum à grand orchestre ... avec accompagnement de piano ou orgue par MM^{rs} Ermel et Prévôt. [1829.] fol.   Hirsch iv. 826.

ERMUNTERUNG.

—— Ermunterung. [Part-song.] *See* Rieffel (H. W.)

ERNDTEKRANZ.

—— Erndtekranz, 1793. Auserlesene Lieder bei Sonnenschein und Regen, beim Heumachen, Kornbinden und Erndtekranz ... neu herausgegeben von Willi Schramm. pp. 29. *Bärenreiter-Verlag: Kassel*, 1935. 8º.
Hirsch M. 142.

ERNEST II., *Duke of Saxe-Coburg-Gotha.*

—— [Diana von Solange.] *See* Liszt (F.) Festmarsch nach Motiven von E. H. Z. S. [i.e. Ernst Herzog zu Sachsen-Coburg-Gotha], *etc.* [1860.] fol.   Hirsch M. 952. (8.)

ERSCHEINUNG.

—— Die Erscheinung. [Song.] *See* Fuss (J.)

ERWIN UND ELMIRE.

—— Erwin und Elmire. Schauspiel. *See* Anne Amelia, *Consort of Ernest Augustus Constantine, Grand Duke of Saxe Weimar.*

ESCH (Louis von)

—— A Military Divertimento for the Piano Forte, with an accompaniment for a flute, violin and bass ad libitum, *etc. Broderip & Wilkinson: London*, [1805?] fol.
Hirsch M. 1279. (9.)
Imperfect; wanting the accompaniments. Watermark date 1805.

ESPAGNE (Franz)

—— *See* Schubert (F. P.) Grosse Messe (in Es) für Chor und Orchester. ⟨Die Partitur ist von Herrn F. Espagne mit dem in der Königl. Bibliothek zu Berlin vorhandenen Autograph sorgfältig verglichen.⟩ 1865. fol.
Hirsch M. 1172.

ESSER (Heinrich)

—— Abschied, von J. N. Vogl, für eine Singstimme mit Begleitung des Pianoforte ... Für Sopran oder Tenor, *etc.* pp. 3. *Bei B. Schott's Söhnen: Mainz*, [1855?] fol.
Hirsch M. 1301. (14.)

ESSER (Heinrich)

—— Das Wirtshaus am Rhein, von K. C. Tenner, für eine Singstimme mit Begleitung des Piano-Forte. pp. 3. *Bei B. Schott's Söhnen: Mainz*, [1842?] fol.
Hirsch M. 1304. (2.)

ESTHER.

—— Esther. Liederkreis. *See* Loewe (J. C. G.)

ETTHOFEN (Heinz)

—— *See* Vienna.—*Gesellschaft zur Herausgabe der Denkmäler der Tonkunst in Österreich.* Denkmäler der Tonkunst in Österreich ... Register zu den ersten zwanzig Jahrgängen ... Zusammengestellt von H. Etthofen. 1914. 8º.
Hirsch iv. 959. a.

ETTLING (Émile)

—— Lara. Opéra comique en 3 actes de A. Maillart. Polkamazurka pour piano par E. Ettling. pp. 5. *Chez les fils de B. Schott: Mayence*, [1865.] fol.
Hirsch M. 1303. (7.)

ETTLING (ÉMILE)
—— Stella. Polka, extraite du ballet de Stella ou les Contrebandiers ... musique de Pugni. Pour le piano. pp. 3. *Chez les fils de B. Schott: Mayence*, [1850?] fol.
Hirsch M. **1312.** (**4.**)

EUDORA.
—— Eudora. Auserlesene Sammlung der beliebtesten Duetten mit Begleitung des Piano-Forte. no. 5. *Bei A. Fischer: Frankfurt a/m*, [1835?] obl. fol.
Hirsch M. **1278.** (**2.**)
Imperfect; wanting all the other numbers.

EURIDICE.
—— Euridice. Opera. *See* PERI (J.)

ÉVÈNEMENS IMPRÉVUS.
—— Évènemens imprévus. Comédie. *See* GRÉTRY (A. E. M.)

EXPERT (HENRY)
—— La Fleur des musiciens de P. de Ronsard. Sonnets, odes et chansons à quatre voix, suivis de diverses pièces à voix seule et de deux dialogues à huit. Recueillie par H. Expert. pp. x. 104. *À l'enseigne de la cité de livres: Paris*, 1923. 4º.
Hirsch M. **876.**

EXPERT (HENRY)
—— Florilège du concert vocale de la renaissance. Publié par H. Expert. 8 no. *À la cité des livres: Paris*, 1928. 8º.
Hirsch IV. **961.**

EXPERT (HENRY)
—— [Another copy.] Les Maîtres musiciens de la renaissance française, *etc.* *Paris*, 1894–1908. 4º. Hirsch IV. **962.**

EXPERT (HENRY)
—— [Another copy.] Monuments de la musique française au temps de la renaissance. Éditions publiés par M. H. Expert, *etc.* livr. 1–5. *Éditions Maurice Senart: Paris*, 1924–26. 4º. Hirsch IV. **963.**
Imperfect; wanting livr. 6–10.

EYBLER (JOSEPH VON)
—— Requiem ... Partitur. pp. 184. *Bei S. A. Steiner und Comp.: Wien*, [1826.] fol. Hirsch IV. **742.**
Without the half-title.

FANCHETTE.
—— Fanchette la bavarde. Chanson comique. *See* PARIZOT (V.)

FANTINI (GIROLAMO)
—— [Another copy.] Modo per imparare a sonare di tromba, *etc.* *Milano*, 1934. fol. Hirsch M. **877.**
Part of "Collezione di trattati e musiche antiche edite in fac-simile."

FARFALETTA.
—— La Farfaletta. Canzonetta. *See* MAYER (J. S.)

FARFALETTA.
—— La Farfaletta. Canzonet. *See* MILLICO (G.) [*Six Songs. No.* 4.]

FARRENC (JACQUES HIPPOLYTE ARISTIDE)
—— Le Trésor des pianistes. Collection des œuvres choisies des maîtres de tous les pays et de toutes les époques depuis le XVIe siècle jusqu'à la moitié du XIXe, accompagnées de notices biographiques, de renseignements bibliographiques et historiques ... etc., etc. Recueillies et transcrites en notation moderne par A. Farrenc avec le concours de Mme. Louise Farrenc. 23 vol. *Aristide Farrenc: Paris*, 1861[–72]. fol. Hirsch IV. **964.**
Some of the titlepages in vol. 8–23 bear the imprint "L. Farrenc."

FAURÉ (GABRIEL URBAIN)
—— Pelleas et Melisande. Suite d'orchestre, tirée de la musique de scène ... Op. 80. No. 1. Prélude. No. 2. Fileuse. No. 3. Molto adagio. Partition d'orchestre, *etc.* pp. 53. *J. Hamelle: Paris*, [1900?] 8º.
Hirsch M. **143.**

FEIND.
—— Der Feind. [Song.] *See* LOEWE (J. C. G.) Fünf Lieder. Op. 145. No. 2.

FELDHERR.
—— Der Feldherr. [Song.] *See* LOEWE (J. C. G.) [3 historische Balladen. Op. 67. No. 1.]

FELDFLASCHE.
—— Die Feldflasche. [Song.] *See* KELLER (C.)

FELICITÀ.
—— La Felicità. Canzonetta. *See* STERKEL (J. F. X.)

FELLOWES (EDMUND HORACE)
—— [Another copy.] The English Madrigal School. Edited by E. H. Fellowes. 36 vol. *London*, 1921, 1914–24. 8º.
Hirsch IV. **965.**
Vol. 2–5, 7 and 8 are of the second edition.

FELLOWES (EDMUND HORACE)
—— [Another copy.] The English School of Lutenist Song Writers, *etc.* ser. 1. vol. 1–3. *London*, 1920, 21. 4º.
Hirsch M. **144.**
Imperfect; wanting ser. 1, vol. 4–16, and the whole of ser. 2.

FELTRE (ALPHONSE CLARKE DE) *Count.*
—— C'est Pietro seul que j'aime. Romance. Paroles de M. Émile Barateau. *Chez Colombier: Paris*, [1840?] fol.
Hirsch M. **1297.** (**19.**)

FELTRE (ALPHONSE CLARKE DE) *Count.*
—— Les Femmes. Six mélodies. Paroles de Mr. Émile Barateau. 1. Douze ans. 2. Laquelle aime-t-il. 3. Plaire. 4. Pas même un regard de pitié. 5. Une prière pour lui. 6. Pour mon fils. no. 3. *Chez Colombier: Paris,* [1840?] fol. Hirsch M. **1297.** (**21.**)
Imperfect; wanting no. 1, 2, 4–6.

FELTRE (ALPHONSE CLARKE DE) *Count.*
—— [Les Femmes. No. 4.] Pas même un regard de pitié. [Song.] ⟨Paroles de Mr. Emile Barateau.⟩ *Chez Colombier: Paris,* [1840?] fol. Hirsch M. **1297.** (**20.**)

FELTRE (ALPHONSE CLARKE DE) *Count.*
—— Pas même sur regard de pitié. *See supra*: [*Les Femmes. No.* 4.]

FELTRE (ALPHONSE CLARKE DE) *Count.*
—— Plaire. *See supra*: Les Femmes. 3.

FEMME.
—— La Femme du capitaine. [Song.] *See* PLANTADE (C. H.)

FENÊTRE SECRÈTE.
—— La Fenêtre secrète. Comédie. *See* BATTON (D. A.)

FERDINAND III., *Emperor of Germany.*
—— [Another copy.] Musikalische Werke der Kaiser Ferdinand III., Leopold I. und Joseph I., *etc.* 2 Bd. **F.P.** *Wien,* [1892, 93.] fol. Hirsch IV. **966.**

FERRARI (GIACOMO GOTIFREDO)
—— [Another copy.] Capi d'opera, *etc.* [*London*, 1801.] *obl.* fol. Hirsch III. **745.**

FERRARI (GIACOMO GOTIFREDO)
—— Sei duetti coll'accompagnamento del pianoforte e della chitarra. pp. 23. *Presso Breitkopf e Härtel: Lipsia,* [1805?] *obl.* fol. Hirsch III. **746.**

FERRARI (GIACOMO GOTIFREDO)
—— [L'Eroina di Raab.] Per queste amare lagrime, the favorite preghiera . . . arranged for the piano forte by M. C. Mortellari. [Song.] *Falkner & Christmas: London,* [1812?] fol. Hirsch M. **1273.** (**34.**)
Watermark date 1812.

FERRARI (GIACOMO GOTIFREDO)
—— Per queste amare lagrime. *See supra*: [*L'Eroina di Raab.*]

FERRARI (GIACOMO GOTIFREDO)
—— La Wellington, and three original Airs, for the Piano Forte, with an accompaniment for the German flute or violin. pp. 11. *Goulding, D'Almaine, Potter, & Co.: London,* [1810?] fol. Hirsch M. **1282.** (**34.**)
Watermark date 1810. *Imperfect; wanting the accompaniment.*

FESCA (FRIEDRICH ERNST)
—— Quintetto pour deux violons, deux altos et violoncelle . . . Œuv. 8. [Parts.] 5 pt. *Chez Richault: Paris,* [1835?] fol. Hirsch M. **278.**

FEST DER HANDWERKER.
—— Lied des Nassauer aus dem Singspiele Das Fest der Handwerker, mit Guitarre und Pianoforte Begleitung. *Bei L. Schellenberg: Wiesbaden,* [1825?] 8°. Hirsch M. **1299.** (**2.**)

FÊTE.
—— La Fête du printemps. [Song.] *See* PUGET, afterwards LEMOINE (L.)

FÉTIS (FRANÇOIS JOSEPH)
—— *See* BEETHOVEN (L. van) [*Symphonies. No.* 1–4.] Collection des symphonies de L. van Beethoven . . . Édition . . . revue par Mr Fétis. [1835?] fol. Hirsch III. **97.**

FIEZ.
—— Fiez vous donc aux fleurs. [Song.] *See* THYS (A.)

FILIDOR, *der Dorfferer, pseud.* [i.e. CASPAR STIELER.]
—— Die geharnschte Venus oder Liebes-Lieder im Kriege gedichtet mit neuen Gesangweisen zu singen und spielen gesezzet . . . Herausgegeben von Filidor dem Dorfferer. Hamburg . . . 1660. [A reprint, with a criticism of the music by Kathi Meyer, and a postscript by Conrad Höfer.] pp. 213. 1925. 8°. *See* MUNICH.—*Gesellschaft der Münchner Bücherfreunde.* Hirsch M. **432.**

FILLE.
—— La Fille à Jérome. Chansonette. *See* ABADIE (L.)

FILLE.
—— La Fille de l'hôtesse. [Song.] *See* MOREL (A.)

FILLE.
—— Une Fille perdue. [Song.] *See* CLÉMONT (J. B.)

FILS.
—— Le Fils du Corse. Romance dramatique. *See* MOREL (A.)

FILTZ (ANTON)
—— Böhmische Sinfonie, A dur, für Streicher, Hörner, Oboe, Fagott, Konzertflügel . . . Herausgegeben und bearbeitet von Robert Sondheimer. [Score.] pp. 18. *Edition Bernoulli: Berlin,* [1932.] 8°. [*Werke aus dem 18. Jahrhundert.* no. 23.] Hirsch IV. **1020.**

FILZ (ANTON) *See* FILTZ.

FINK (GOTTFRIED WILHELM)
—— Kinder Gesangbuch, gedichtet und in Musik gesetzt von G. W. Fink. Hft. 1, 2. *C. F. Peters: Leipzig,* [1814.] *obl.* fol. Hirsch III. **749.**

FINK (Gottfried Wilhelm)
—— [Another copy.] Musikalischer Hausschatz der Deutschen, etc. Leipzig, 1843. 8°.　Hirsch M. **145**.

FIORAVANTI (Valentino)
—— [Another copy.] I Virtuosi ambulanti. Opera buffa, etc. [Score.] Parigi, [1807?] fol.　Hirsch II. **229**.

FIORAVANTI (Valentino)
—— [I Virtuosi ambulanti.—Adorata eccelsa diva.] Air ... Arrangée avec accompt de lyre ou guitare. Par Meissonnier. pp. 4. Chez Carli et c^{ie}: Paris, [1810?] 8°.
Hirsch M. **660**. (**21**.)

FIORELLO (F.) See Fiorillo (F.)

FIORILLO (Federigo)
—— Three Divertimentos, for the Piano Forte ... Op. 24. pp. 13.　Lavenu & Mitchell, for the Author: London, [1803?] fol.　Hirsch M. **1279**. (**10**.)
Watermark date 1803.

FIORILLO (Federigo)
—— Trois nouveaux duos pour deux violons ... Opéra 69. [Parts.] 2 pt. Chez Sieber: Paris, [1805?] fol.
Hirsch III. **197**.

FIORILLO (Federigo)
—— Étude de violon formant 36 caprices ... Édition correcte. pp. 34. Chez C. F. Peters: Leipzig, [1815?] fol.
Hirsch III. **198**.

FIORINI (G. E.)
—— Suoni la tromba, duetto, in I Puritani [by V. Bellini], arranged as a rondino for the piano forte by G. E. Fiorini. pp. 3.　Cramer & Co.; R. Mills: London, [1840?] fol.
Hirsch M. **1272**. (**23**.)

FISCHER.
—— Der Fischer. [Song.] See Kraus (V.)

FISCHER (Anton)
—— Die Advocaten. Komisches Terzett für 2 Tenor und Bass, mit Begleitung des Pianoforte. Von Franz Schubert. [Or rather, by A. Fischer.] 74tes Werk. [Score.] pp. 15. Wien, [1827.] obl. fol. See Schubert (F. P.) [Doubtful and Supposititious Works.]　Hirsch IV. **553**.

FISCHER (C.)
—— See Ries (F.) Air styrien composé par C. Fischer, varié pour le pianoforte. [1840?] fol.　Hirsch M. **1303**. (**18**.)

FISCHER (Gottfried Emil)
—— Beruhigung ⟨von Mathisson⟩ ... Für die Guitarre. [Song.] Bei N. Simrock: Bonn, [1815?] obl. fol.
Hirsch M. **1278**. (**3**.)

FISCHER (H.)
—— Walse favorite de Francfort, pour le piano-forte. pp. 3. Chez Fr. Ph. Dunst: Francfort s/m., [1835?] 8°.
Hirsch M. **1300**. (**4**.)

FISCHER (Johann Caspar Ferdinand)
—— Suiten für fünf Streich- oder Blasinstrumente und Generalbass. Erste Folge. Suite 5 und 6. ⟨Herausgegeben von Waldemar Woehl.⟩ [Parts.] 6 pt. Bärenreiter-Verlag: Kassel, [1937.] 8°.　Hirsch M. **146**.
Part of " Gesellige Spielmusik."

FISCHER (Michael Gotthardt)
—— See Mozart (W. A.) [Die Zauberflöte.] Il Flauto magico ... Die Zauberflöte ... im Klavierauszug von ... M. G. Fischer. [1818?] obl. fol.　Hirsch IV. **1218**. a.

FISCHERLIED.
—— Fischerlied. [Song.] See Kueffner (J.)

FISHERMAN.
—— The Fisherman's Daughter that lives o'er the Water. [Song.] See Bagnall (Samuel J.)

FITZGERALD (Otho)
—— The Spirit of the Ball. A galop. [P.F.] pp. 5. Henry Bussell: Dublin, [1860?] fol.
Hirsch M. **1316**. (**2**.)

FITZWILLIAM VIRGINAL BOOK.
—— [A reissue.] The Fitzwilliam Virginal Book. Edited ... by J. A. Fuller Maitland and W. Barclay Squire. 2 vol. London & Leipzig, 1899. fol.　Hirsch M. **879**.

FLEUR.
—— Une Fleur. [Song.] See Viardot-Garcia (M. P.)

FLEUR.
—— Fleur des champs. Romance. See Puget, afterwards Lemoine (L.)

FLEURS.
—— Fleurs de bruyère. [Song.] See Puget, afterwards Lemoine (L.)

FLOR (Christian)
—— 2 Praeludien. ⟨Herausgegeben von Max Seiffert.⟩ [Organ.] [1925.] fol. See Seiffert (M.) Organum, etc. Reihe 4. Hft. 2. f. [1924–30?] fol.　Hirsch M. **1204**.

FLORILÈGE.
—— Florilège du concert vocale de la renaissance. See Expert (H.)

FLORIO (C. H.)
—— Se mi credi amato bene, a favorite duett, etc. pp. 6. Theobald Monzani: London, [1805?] fol.
Hirsch M. **1277**. (**10**.)

FLOTOW (Friedrich Ferdinand Adolf von) Baron.
—— [Alessandro Stradella.] Lieblings-Gesaenge für eine Singstimme mit leichter Pianoforte Begleitung. no. 8. Bei Joh. Aug. Böhme: Hamburg, [1845?] fol.
Hirsch M. **1301**. (**17**.)
Imperfect; wanting no. 1–7.

FLOTOW (Friedrich Ferdinand Adolf von) *Prince*.
—— Martha. Romantisch-komische Oper in 4 Acten, von W. Friedrich. [Vocal score.] no. 15.   [*H. F. Müller:*] *Wien*, [1847?] fol.   Hirsch M. **1301. (18.)**
Imperfect; wanting the overture, no. 1–14, 16–21.

FLOTOW (Friedrich Ferdinand Adolf von) *Baron*.
—— Martha. Ouverture. [Score.] pp. 35.   *Choudens: Paris*, [1920?] fol.   Hirsch II. **231. (1.)**

FLOTOW (Friedrich Ferdinand Adolf von) *Baron*.
—— [Martha.] Lieblings-Gesänge, *etc.* [Vocal score.] no. 9 bis. [*H. F. Müller:*] *Wien*, [1847?] fol.
Hirsch M. **1301. (19.)**
Imperfect; wanting no. 8 *bis, no.* 10 *bis, no.* 12, *no.* 14, *no.* 15, *no.* 16, *no.* 17 *bis*.

FLOTOW (Friedrich Ferdinand Adolf von) *Baron*.
—— [Rübezahl.] *See* Neumann (E.) Rübezahl ... I. Galop. II. Polka-Mazurka. III. Quadrille. Pour piano. [1854?] fol.   Hirsch M. **1304. (17.)**

FODOR (Antoine)
—— Fodor's, Favorite Concerto, for the Piano Forte, with accompaniments for two violins, tenor, & violoncello. No. 1. [Op. 1.] *Preston: London*, [1802?] fol.
Hirsch M. **1282. (30.)**
Imperfect; wanting the accompaniments. Watermark date 1802.

FONTAINE.
—— La Fontaine aux perles. [Song.] *See* Arnaud (J. É. G.)

FORBES (   ) *Captain*.
—— The Northcote [Fly] Waltzes. [P.F.] pp. 9.   *R. J. & R. Adams: Glasgow*, [1880?] fol. Hirsch M. **1315. (10.)**
The word 'fly' is indicated on the titlepage by a representation of a fisherman's fly.

FORGE (G. Sazerac de) *See* Sazerac de Forge.

FRAENZL (Ferdinand)
—— Souvenir de Blevio sur le lac de Como contenant cinq romances et un duo italiens avec accompagnement de piano forte, *etc.* pp. 17.   *Chez Falter et fils: Munich*, [1810?] *obl.* fol.   Hirsch III. **753.**
Lithographed throughout.

FRAEULEIN.
—— Ein Fräulein schaut vom hohen Thurm. Ballade. *See* Schubert (F. P.)

FRANCIS GUSTAVUS OSCAR, *Duke of Upland*.
—— [Another copy.] " I rosens doft." Schwedisches Lied, *etc. Mainz*, [1853?] fol.   Hirsch M. **1301. (25.)**

FRANCISQUE (Antoine)
—— [Another copy.] [Le Trésor d'Orphée ⟨Livre de tablature de luth⟩ ... Transcrit pour piano par Henri Quittard.] [*Paris*, 1906.] 4°.   Hirsch M. **147.**
Part of the " Publications de la Société Internationale de Musique. Section de Paris." Imperfect; wanting the wrappers.

FRANCK (César Auguste Jean Guillaume Hubert)
—— [Another copy.] Les Éolides ... Partition d'orchestre, *etc. Paris*, [1893.] 8°.   Hirsch M. **148.**

FRANCK (César Auguste Jean Guillaume Hubert)
—— [Another copy.] Symphonie pour orchestre ... Partition d'orchestre, *etc. Paris*, [1896.] fol. Hirsch M. **880.**
With the bookplate of Felix Mottl.

FRANCK (César Auguste Jean Guillaume Hubert)
—— [Variations symphoniques.] Symphonische Variationen, für Pianoforte und Orchester. [Score.] pp. 80. *Ernst Eulenburg: Leipzig, Wien*, [1925.] 8°.
Hirsch M. **149.**
Eulenburgs kleine Partitur-Ausgabe. no. 738.

FRANÇOIS Iᴇʀ·
—— François Iᵉʳ. Opera. *See* Kreutzer (R.)

FRANK (Otto)
—— Der Kyffhäuser. Sammlung vierstimmiger Männerchöre für Krieger-, Militär- und andere patriotische Vereine. Herausgegeben von O. Frank. pp. 286.   *W. Moeser Hofbuchhandlung: Berlin*, [1895?] 8°.   Hirsch M. **150.**

FRANSÉN (Oskar Natanael)
—— *See* Petri (L.) *Nericius, Archbishop of Upsala.* Laurentii Petri Nericii Tractatus de punctis distinctionum ... editus et in svecanum versus a N. Fransén. 1930. 4°.
Hirsch M. **1137.**

FRANSÉN (Oskar Natanael)
—— *See* Psalms. [*Swedish.*] Melodierna till 1695 års psalmbok ... Återgivna i faksimile ... och utskrivna i fyrstämmig notsats av N. Fransén. 1930. 8°.   Hirsch M. **457.**

FRANZ (Robert)
—— Er ist gekommen in Sturm und Regen. Lied ... für das Pianoforte übertragen von F. Liszt. pp. 7.   *Bei Fr. Kistner: Leipzig*, [1849.] fol.   Hirsch M. **881.**

FRANZ (Robert)
—— Lieder ... für das Pianoforte übertragen von Franz Liszt. Hft. 2, 3.   *Bei Breitkopf & Härtel: Leipzig*, [1849.] fol.   Hirsch M. **882.**
Imperfect; wanting Hft. 1.

FRANZ (Robert)
—— *See* Astorga (E. d') *Baron.* Stabat Mater für vier Singstimmen ... In erweiterter Instrumentation und mit Clavierauszug versehen von R. Franz. 1864. fol.
Hirsch M. **670.**

FRANZ (Robert)

— See Bach (J. S.) Joh. Seb. Bach's Passionsmusik nach dem Evangelisten Matthäus mit ausgeführten Accompagnement bearbeitet von R. Franz, *etc.* [1867.] fol.
Hirsch IV. **678**.

FRANZ (W.)

— Mutterseelen-Allein. Lied für eine Singstimme, Gedicht von Tenner, mit beigefügter Begleitung des Pianoforte. pp. 3. *Bei I. Fr. Weber: Cöln*, [1855?] fol.
Hirsch M. **1301**. (**23**.)

FRASER (Simon)

— [Another edition.] The Airs and Melodies peculiar to the Highlands of Scotland and the Isles . . . with an admired plain harmony for the pianoforte, harp, organ, or violoncello . . . Edited by Captⁿ S. Fraser, *etc.* pp. 118. *The Editor: Edinburgh*, [1816?] fol. Hirsch III. **755**.

FRASER (Simon)

— [Another copy.] The Airs and Melodies peculiar to the Highlands of Scotland and the Isles, *etc.* pp. xii. 109. *Inverness*, 1874. fol. Hirsch M. **883**.

FRAUENLIEBE.

— Frauenliebe. Liederkranz. *See* Loewe (J. C. G.)

FRÄULEIN. *See* Fraeulein.

FREDERICK II., called *the Great, King of Prussia*.

— [Another copy.] Friedrich des Grossen musikalische Werke. 3 Bd. *Leipzig*, [1889.] fol. Hirsch IV. **968**.

FREIBEUTER.

— Freibeuter. [Song.] *See* Loewe (J. C. G.)

FRENCH SONG BOOKS.

— [Another copy.] Trois chansonniers français du xve siècle. *Paris*, 1927. fol. Hirsch M. **884**.
Documents artistiques du xve *siècle*. tom. 4.

FRERE (Walter Howard)

— The Sarum Gradual and the Gregorian antiphonale missarum. A dissertation and an historical index with four facsimiles by W. H. Frere . . . Extracted from Graduale Sarisburiense. pp. cii. 1895. fol. *See* London.— *Plainsong and Mediæval Music Society*. Hirsch M. **1331**.

FREUND (A.)

— *See* Silesian Poems. Schlesische Gedichte. Von Karl von Holtei. [With melodies edited by A. Freund.] 1830. 8°. Hirsch III. **845**.

FRIEDLAENDER (Max)

— [Another copy.] Gedichte von Goethe in Compositionen seiner Zeitgenossen, *etc.* 2 Bd. *Weimar*, 1896, 1916. 4°.
Hirsch M. **885**.
Schriften der Goethe-Gesellschaft. Bd. 11, 31.

FRIEDLAENDER (Max)

— Volksliederbuch für gemischten Chor. Herausgegeben auf Veranlassung Seiner Majestät des deutschen Kaisers Wilhelm II. Partitur. [Compiled by M. Friedlaender.] 2 Bd. *C. F. Peters: Leipzig*, [1915.] 8°.
Hirsch M. **151**.

FRIEDLAENDER (Max)

— *See* Anne Amelia, *Consort of Ernest Augustus Constantine, Grand Duke of Saxe Weimar*. Erwin und Elmire. Ein Schauspiel mit Gesang . . . herausgegeben von M. Friedlaender. 1921. 4°. Hirsch M. **667**.

FRIEDLAENDER (Max)

— *See* Bolte (J.) Alte und neue Lieder mit Bildern und Weisen, *etc.* ⟨Herausgegeben von J. Bolte, M. Friedlaender [and others].⟩ [1916.] 8°. Hirsch M. **79**.

FRIEDLAENDER (Max)

— *See* Brahms (J.) Neue Volkslieder von Brahms . . . Zum ersten Male herausgegeben im Auftrage der Deutschen Brahms-Gesellschaft von M. Friedlaender. 1926. *obl.* 4°. Hirsch M. **808**.

FRIEDLAENDER (Max)

— *See* Mozart (W. A.) [*Collected Works.—f. Vocal Works, Songs, etc.*] Lieder für eine Singstimme mit Klavierbegleitung . . . Kritisch revidiert und mit Anmerkungen versehen von M. Friedlaender. [1915?] 8°.
Hirsch M. **305**.

FRIEDLAENDER (Max)

— *See* Schroeter (C.) [*Fünf und zwanzig Lieder.*] Fünf Volkslieder . . . Für Clavierbegleitung instrumentirt von M. Friedländer. [1902?] 8°. Hirsch M. **521**.

FRIEDLAENDER (Max)

— *See* Schubert (F. P.) Die Schöne Müllerin . . . Kritische Ausgabe . . . von M. Friedlaender. [1922.] 4°.
Hirsch M. **1177**.

FRIEDRICH (Eduard Ferdinand)

— Album des photographies des compositeurs célèbres. (Série 1.) Morceaux élégants pour piano. Op. 81, 82, 91, 92. *Ernst Berens: Hambourg*, [1865?] fol.
Hirsch M. **1304**. (**3**.)
Imperfect; wanting Op. 83–90. *The title occurs on the wrappers of Op.* 91 *and Op.* 92.

FRIEDRICH (Eduard Ferdinand)

— *See* Schaeffer (H.) [*Die Post im Walde.*] Die Post . . . Rêverie für Piano von F. Friedrich, op. 144. [1850?] fol. Hirsch M. **1303**. (**19**.)

FRIEDRICH (Ferdinand) *See* Friedrich (Eduard F.)

FRITZE (J. C.)

— Der Todten-Graeber. [Song.] Seitenstück zu Höltys Liede: Grabe Spaten, Grabe, etc. Mit Begleitung des Pianoforte . . . und für die Guitarre eingerichtet von W. Hambuch. pp. 3. *Auf Kosten des Verfassers: Berlin*, [1840?] *obl.* fol. Hirsch M. **1291**. (**3**.)

FROHE.
—— Frohe Empfindungen. [Song.] *See* ROTTMANNER (E.)

FROTSCHER (GOTTHOLD)
—— Orgelchoräle um Joh. Seb. Bach. Nach Handschriften und Drucken des 18. Jahrhunderts. Herausgegeben von G. Frotscher. [Score. With illustrations and facsimiles.] pp. xvii. 113. *Henry Litolff's Verlag: Braunschweig*, 1937. fol. [*Das Erbe deutscher Musik.* Reihe 1. Reichsdenkmale. Bd. 9.] Hirsch IV. **960**.

FRUEHLING.
—— Frühling. [Song.] *See* LOEWE (J. C. G.)

FRUEHLINGSLIED.
—— Frühlingslied. [Song.] *See* BURGMUELLER (N.)

FRUEHLINGSMORGEN.
—— Der Frühlingsmorgen. Cantate. *See* SCHUBERT (F. P.)

FUNKE (JOSEPH)
—— Écoutez-moi ! Romance sans paroles pour piano . . . Op. 1. pp. 3. *Chez les fils de B. Schott: Mayence*, [1870?] fol. Hirsch M. **1303**. (8.)

FUSS (JOHANN)
—— Die Erscheinung, ein launiges Gedicht von Lessing . . . für die Guitarre eingerichtet. [Song.] pp. 6. *Bei C. G. Förster: Breslau*, [1810?] obl. fol.
Hirsch III. **758**.
Lithographed throughout.

G . . . (SOPHIE)
—— [Another copy.] Les Deux jaloux. Opéra-comique, etc. *Paris*, [1813?] fol. Hirsch II. **237**.

GABUSSI (VINCENZO)
—— La Ronda. Duetto per tenore e basso, parole del Sig. Berettoni. pp. 11. *Pittarelli e c°: Roma*, [1835?] obl. fol.
Hirsch M. **1278**. (4.)

GADE (NIELS VILHELM)
—— Michel Angelo. Concert-Ouverture für Orchester . . . Op. 39 . . . Partitur. pp. 53. *Fr. Kistner: Leipzig*, [1861?] 8°. Hirsch M. **152**.
Imperfect; wanting the titlepage. The title is taken from the cover, which bears a MS. dedication in the composer's autograph to Hans von Bülow.

GAERTNER (HERMANN)
—— *See* BEETHOVEN (L. van) Variationen für 2 Oboen und English Horn über das Thema Là ci darem la mano . . . aus Mozart, Don Juan . . . Für 2 Violinen und Viola bearbeitet von H. Gärtner. [1914.] 4°. Hirsch M. **759**. a.

GÁL (HANS)
—— *See* GLUCK (C. W. von) Sinfonia, G dur, bearbeitet von H. Gál, *etc.* [1934.] 4°. Hirsch M. **889**.

SIG. 26.—PART 53.

GALILEI (VINCENTIO)
—— [Another copy.] Dal secondo Libro de Madrigali . . . Venetia, Gardano, 1587. Trascrizione e interpretazione di Felice Boghen, *etc. Firenze*, 1930. obl. 8°.
Hirsch M. **153**.

GALLENBERG (WENZEL ROBERT VON) Count.
—— [Arsena.—Cotillon.] *See* CZERNY (C.) Impromptus ou variations brillantes sur un cotillon favori de Gallenberg, pour le piano forte . . . Oeuvre 36. [1824?] fol.
Hirsch M. **1285**. (4.)

GALOP.
—— Favorit-galopp über zwey Lieder aus dem alten Feldherrn. "Ford're niemand mein Schicksal zu hören," "Denkst du daran mein tapferer Lagienka." *Bei A. Fischer: Frankfurt a/M.*, [1835?] 8°.
Hirsch M. **1300**. (5.)

GALOPPADE.
—— Galoppade über Wie geht's meiner Patientin ?— Hitz' hot'se segt'se hätt'se. Für das Piano-Forte. *Bei G. H. Hedler: Frankfurt a/M.*, [1830?] 8°.
Hirsch M. **1299**. (3.)

GANASSI (SILVESTRO)
—— [Another copy.] Opera intitulata Fontegara, *etc. Milano*, 1934. obl. 8°. Hirsch M. **154**.
Part of " Collezione di trattate e musiche antiche edite in facsimile."

GANG.
—— Der Gang nach dem Eisenhammer. Ballade. *See* LOEWE (J. C. G.)

GANZ (ADOLPH)
—— Maurerischer Gesang für vier Maennerstimmen, gedichtet von Br. Stiebel. [1833.] 8°. Hirsch III. **747**.
Contained on pp. 131–134 of " Festgaben, dargebracht von Brüdern der Loge zur aufgehenden Morgenröthe im Orient zu Frankfurt a/M."

GARAUDÉ (ALEXIS DE)
—— Clara. Romance à trois notes, paroles et musique de A. Garaudé. Acc^t de guitare par J. Boufil. *Chez Sieber: Paris*, [1810?] 8°. Hirsch M. **660**. (7.)

GARAUDÉ (ALEXIS DE)
—— Plus d'espérance. Romance. Paroles et musique de A. Garaudé. Accomp^t de lyre ou guitare par J. B. Bédard. *Chez Sieber: Paris*, [1810?] 8°.
Hirsch M. **660**. (7.)

GARCIA (PAULINE) *See* VIARDOT-GARCIA (M. P.)

GASSE (FERDINAND)
—— *See* HAENDEL (G. F.) Le Messie . . . Accompag^t de piano & harmonie en petites notes par F. Gasse. [1830?] fol. Hirsch IV. **778**.

GASSE (FERDINAND)
—— See HAENDEL (G. F.) Le Messie. Oratorio . . . Accompag^t de piano & harmonie en petites notes par F. Gasse. [1840?] fol. Hirsch IV. **779**.

GATAYES (GUILLAUME PIERRE ANTOINE)
—— See MORAL (A.) Le Charlatan. Chansonette . . . Accompag^t de guitare par Gatayes. [1825?] 8º.
Hirsch M. **1293.** (18.)

GAVEAUX (PIERRE)
—— Avis aux femmes, ou le Mari colère, comédie en un acte et en prose, paroles de R. C. Guilbert Pixérecourt . . . Œuvre XXIII, etc. [Score.] pp. 132. *Chez MM^{rs} Gaveaux frères: Paris*, [1804?] fol.
Hirsch II. **241**.

GAVEAUX (PIERRE)
—— Le Diable couleur de rose, où le Bon homme misère. Opéra comique en un acte. Paroles de Mr. Levrier Champrion . . . Œuvre 19e, etc. [Score.] pp. 114. *Chez les frères Gaveaux: Paris,* [1804?] fol.
Hirsch II. **243**.

GAVEAUX (PIERRE)
—— Le Diable en vacances, ou la Suite du diable couleur de rose, opéra féerie et comique, en un acte . . . Paroles de MM^{rs} Désaugiers et Bosquier gavaudan . . . Œuvre XXIIII, etc. [Score.] pp. 146. *Chez M Mrs Gaveaux: Paris,* [1805?] fol. Hirsch II. **244**.

GAVEAUX (PIERRE)
—— L'Échelle de soie. Opéra comique, en un acte et en vers libres ; paroles de Mr Planard . . . Œuvre 26, etc. [Score.] pp. 148. *Chez MM. Pierre Gaveaux . . . et Simon Gaveaux frères: Paris,* [1808?] fol. Hirsch II. **245**.

GAVEAUX (PIERRE)
—— [Another copy.] L'Enfant prodigue. Opéra, etc. [Score.] *Paris,* [1811.] fol. Hirsch II. **246**.

GAVEAUX (PIERRE)
—— Monsieur des Chalumeaux. Opéra bouffon en trois actes, paroles de Mr Auguste . . . Œuvre 25, etc. [Score.] pp. 154. *Chez MM. Gaveaux frères: Paris,* [1806?] fol.
Hirsch II. **242**.

GAVEAUX (PIERRE)
—— Un Quart-d'heure de silence. Opéra comique en un acte. Paroles de Mr P. Guillet . . . Œuv. XXI. [Score.] pp. 116. *Chez les frères Gaveaux: Paris,* [1804?] fol.
Hirsch II. **252**.

GAVEAUX (PIERRE)
—— Le Réveil du peuple en 1830. [Song.] Paroles de Jules Maurel. Sur l'air du reveil du peuple en 1794. *Chez Ph. Petit: Paris,* [1830?] 8º. Hirsch M. **1293.** (9.)

GAVINIÉS (PIERRE)
—— Dernière étude en concerto, etc. [Violin solo.] pp. 9. *Au magasin de musique dirigé par Mrs Cherubini, Méhul, Kreutzer, Rode, Nicolo et Boieldieu: Paris,* [1810?] fol.
Hirsch IV. **1597**.

GAY (JESÚS BAL Y) See BAL Y GAY.

GAYER (A.)
—— 1ter Homburger fav: Galopp, für das Pianoforte. pp. 3. *Bei Fr. Ph. Dunst: Frankfurt a/M.,* [1840?] 8º.
Hirsch M. **1300.** (6.)

GAYER (A.)
—— 3ter Homburger fav: Walzer, für das Pianoforte. pp. 3. *Bei Fr. Ph. Dunst: Frankfurt a/M.,* [1840?] 8º.
Hirsch M. **1300.** (7.)

GEBET.
—— Gebet während der Schlacht. [Song.] See HIMMEL (F. H.)

GEERING (ARNOLD)
—— See SENFL (L.) Deutsche Lieder . . . Herausgegeben von A. Geering, etc. 1938. fol. [*Das Erbe deutscher Musik.* Reihe 1. Reichsdenkmale. Bd. 10.] Hirsch IV. **960**.

GEFANGENE.
—— Der gefangene Admiral. [Song.] See LOEWE (J. C. G.) Zwei Balladen. Op. 114, 115.

GEIRINGER (KARL)
—— Old Masters of Choral Song. Edited by K. Geiringer. 10 no. *G. Schirmer: New York,* [1939.] 8º.
Hirsch M. **155**.

GEIRINGER (KARL)
—— See SCHUBERT (F. P.) Tantum ergo für Soli, Chor und Orchester. Op. posth. Nach dem Autograph erstmalig veröffentlicht von K. Geiringer, etc. 1935. 4º.
Hirsch M. **1178**.

GEIRINGER (KARL)
—— See WAGENSEIL (G. C.) Triosonate F dur, etc. ⟨Bearbeitung von K. Geiringer.⟩ [1934.] 4º.
Hirsch M. **1246**.

GEIST.
—— Geist der Liebe. [Part-song.] See SCHUBERT (F. P.)

GEISTER.
—— Die Geister des Sees. [Song.] See WOELFL (J.)

GEISTERINSEL.
—— Die Geisterinsel. [Song.] See VESQUE VON PUTTLINGEN (J. E.)

GELINEK (JOSEPH)
—— XII variations pour le clavecin ou forte-piano sur un walz, Ländler, favorit de Mozart . . . N. 25. pp. 11. *Chez Artaria et comp.: Vienne,* [1802?] *obl.* fol.
Hirsch III. **213.**

GELINEK (JOSEPH)
—— *See* MOZART (W. A.) [*Quintets.* K. 614.] Grande sonate pour le forte-piano, par l'abbé Gelinek, tirée d'une simphonie composées [*sic*] par W. A. Mozart. [1803.] *obl.* fol.
Hirsch IV. **183.**

GEMINIANI (FRANCESCO)
—— [Concerti Grossi. Op. 3. No. 1.] Concerto . . . Adapted by Dr Crotch. [P.F.] pp. 7. *Chappell & Co.: London,* [1819?] fol. [*Antient Relics for the Piano Forte.* no. 4.]
Hirsch M. **1287. (1.)**
Watermark date 1819.

GEMINIANI (FRANCESCO)
—— Concerto grosso (Op. 3. No. 5, um 1735) . . . Für den praktischen Gebrauch bearbeitet von A. Schering. [Score.] pp. 18. *C. F. Kahnt: Leipzig,* [1918.] fol.
Hirsch M. **886.**
Perlen alter Kammermusik deutscher und italienischer Meister. no. 7.

GENERALBEICHTE.
—— Generalbeichte. [Dreistimmig.] *See* SCHEFER (L.)

GENERALI (FEDERICO)
—— [Die Bacchanten.] Auswahl von Arien. Aria, *etc.* [Begins "Ecco il sen fericio mai."] *Ital. & Ger.* pp. 10. *Bey Falter und Sohn: München,* [1816?] *obl.* fol.
Hirsch III. **765.**
Lithographed throughout.

GENTILE.
—— La Gentile andalouse. [Song.] *See* THYS (A.)

GEORGII (WALTER)
—— *See* WEBER (C. M. F. E. von) Dritte grosse Sonate D-moll ⟨für Klavier. Op. 49⟩. Herausgegeben und eingeleitet von Dr. W. Georgii. 1920. 8°.
Hirsch M. **647.**

GERECHTEN WERDEN WEGGERAFFT.
—— Die Gerechten werden weggerafft. [Cantata.] *See* KRIEGER (J. P.)

GERHARDT (CARL)
—— *See* AMELN (K.) Handbuch der deutschen evangelischen Kirchenmusik . . . herausgegeben von K. Ameln, C. Mahrenholz . . . unter Mitarbeit von C. Gerhardt. 1935 [1933-39].
Hirsch M. **1.**

GERMAN SONGS.
—— Auswahl deutscher Lieder, mit ein- und mehrstimmigen Weisen . . . Sechste stark vermehrte und verbesserte Auflage. pp. 484. *Serig'sche Buchhandlung: Berlin,* 1844. 16°.
Hirsch M. **156.**

GERMANY.—*Deutsche Musikgesellschaft.*
—— [Another copy.] Publikationen älterer Musik, *etc.* Jahrg. 1-9. *Leipzig,* 1926-37. 4°, *obl.* 4° & 8°.
Hirsch IV. **1007.** a.

GERMER (HEINRICH)
—— *See* BACH (J. S.) Das wohltemperirte Clavier . . . Akademische Neuausgabe. Kritisch revidirt . . . von H. Germer. [1895.] 4°.
Hirsch M. **688.**

GERSTENBERG (WALTER)
—— *See* SCARLATTI (D.) 5 Claviersonaten, herausgegeben von W. Gerstenberg. [1930.] 4°.
Hirsch M. **1155.**

GESAENGE.
—— Lustige Gesænge aus den norischen Alpen für eine, zwey und mehrere Singstim̃en mit Begleitung des Piano-Forte.
no. 5. Der komische Singlehrer der Solmisation. [Parts.] 4 pt.
Bey Bened. Hacker: Salzburg, [1810?] *obl.* fol.
Hirsch IV. **1681.**
Imperfect; wanting no. 1-4 *and all after no.* 5.

GESANG.
—— Gesang der Geister über den Wassern. [Part-song.] *See* SCHUBERT (F. P.)

GESANG.
—— Gesang der Mönche. [Three-part song.] *See* BEETHOVEN (L. van)

GESANG.
—— Gesang der Sterne. [Chorus.] *See* LORENZ (O.)

GESANG.
—— Gesang und Liebe. Lied. *See* WEBER (G.)

GESELLSCHAFT.
—— Gesellschaft der Müncher Bücherfreunde. *See* MUNICH.

GEVAERT (FRANÇOIS AUGUSTE)
—— *See* HAYDN (F. J.) Concert in D dur für Violoncell und Orchester . . . Bearbeitet, neu instrumentirt und mit Cadenzen versehen von F. A. Gevaert, *etc.* [1895?] fol.
Hirsch M. **912.**

GIBBONS (ORLANDO)
—— Introduction, Fantasia & Air . . . Adapted from the obsolete notation of the Parthenia or Virginal Book published in 1659, by I. B. Cramer. [P.F.] pp. 9. *Chappell & Co.: London,* [1814?] fol. [*Antient Relics for the Piano Forte.* no. 3.]
Hirsch M. **1287. (1.)**
Watermark date 1814.

GIDE (CASIMIR)
—— [Le Diable boiteux.] *See* JULLIEN (L. A.) Quadrille et walse sur des motifs du ballet du Diable boiteux, *etc.* [1840?] *obl.* fol.
Hirsch M. **1290. (3.)**

GIELIS (A.)

—— Introduction et variations pour pianoforte . . . Opéra 10. pp. 7. *Chez les fils de B. Schott: Mayence*, [1830?] fol.
Hirsch M. **1289**. (**13**.)

GIESE (Theodor)

—— El Toreador. Schottisch pour piano. pp. 3. *Chez G. W. Niemeyer: Hambourg*, [1850?] fol.
Hirsch M. **1304**. (**4**.)

GILLIER (Jean Claude)

—— Parodie de l'opéra de Télémaque [i.e. of "Télémaque et Calypso" by A. C. Destouches and S. J. Pellegrin]. Pièce d'un acte. Par Monsieur le S * * [i.e. A. R. Lesage], etc. [The music arranged by J. C. Gillier.] *See* CALMUS (G.) Zwei Opern-Burlesken aus der Rokokozeit, etc. 1912. 8º.
Hirsch M. **105**.

GIORNOVICHI (Giovanni Mane)

—— Giornovichi's last Concerto, arranged for the Piano-Forte, with or without additional keys & with accompaniments for two violins, tenor & violoncello, by N. Corri. *Robt Purdie: Edinburgh*, [1820?] fol.
Hirsch M. **1310**. (**5**.)
Watermark date 1820. *Imperfect; wanting the accompaniments.*

GIORNOVICHI (Giovanni Mane)

—— Trois quatuors concertants pour deux violons, viola & violoncelle. ⟨Oeuvre premier de quatuors.⟩ [Parts.] 4 pt. *Chéz J. J. Hummel: Berlin, Amsterdam*, [1803?] fol.
Hirsch M. **887**.

GIUSTINI (Lodovico)

—— [Another copy.] Twelve Piano-Forte Sonatas, etc. *Cambridge*, 1933. obl. 8º.
Hirsch M. **157**.

GLAUBE.

—— Glaube, Hoffnung und Liebe. [Song.] *See* SCHUBERT (F. P.)

GLAZUNOV (Aleksandr Konstantinovich)

—— Concerto (la) pour violon avec accompagnement d'orchestre . . . Op. 82. Partition d'orchestre, etc. pp. 66. *M. P. Belaïeff: Leipzig*, 1905. fol.
Hirsch M. **888**.

GLAZUNOV (Aleksandr Konstantinovich)

—— [Another copy.] 1re Ouverture sur trois thèmes grecs pour grand orchestre . . . Op. 3. Partition, etc.
St. Petersburg, [1885.] 8º.
Hirsch M. **158**.

GLAZUNOV (Aleksandr Konstantinovich)

—— [Another copy.] Первая симфонія, E-dur, для большаго оркестра. Op. 5, etc. *Лейпцигъ*, [1886.] 8º.
Hirsch M. **159**.
The fly-leaf bears a MS. *dedication in the composer's autograph to Hans von Bülow.*

GLAZUNOV (Aleksandr Konstantinovich)

—— *See* GLINKA (M. I.) Жизнь за Царя . . . Новое изданіе пересмотренное и исправленное Н. А. Римскимъ-Корсаковымъ и А. К. Глазуновымъ. 1907. fol.
Hirsch II. **260**.

GLEICHAUF (Franz Xaver)

—— *See* MOZART (W. A.) W. A. Mozart's Klavier-Conzerte in Partitur . . . mit Bearbeitung der Orchesterbegleitung für das Klavier ⟨No. 1–6⟩ von F. X. Gleichauf. ⟨No. 7, 8, von J. B. André.⟩ [1852.] fol.
Hirsch III. **431**.

GLEISNER (Franz) *See* GLEISSNER.

GLEISSNER (Franz)

—— vi. Menuetten für zwey Violinen und Bass mit willkührlicher Begleitung der Blasinstrumente. [Parts.] 6 pt. *Im Verlag der k.k. priv. chemischen Druckerey: Wien*, [1803.] fol.
Hirsch III. **226**.
Lithographed throughout.

GLEISSNER (Franz)

—— Trois sonates pour le pianoforte avec accompagnement de violon . . . Oeuvre 6. ⟨Sonata I.⟩ [Parts.] 2 pt. *Chez A. Senefelder: Vienne*, [1803.]
Hirsch III. **227**.
Lithographed throughout.

GLEISSNER (Franz)

—— Trois sonates pour le pianoforte avec accompagnement de Violon . . . Oeuvre 6. ⟨Sonata III.⟩ [Parts.] 2 pt. *Chez A. Senefelder: Vienne*, [1804.] obl. fol.
Hirsch III. **228**.
Lithographed throughout.

GLEISSNER (Franz)

—— *See* MOZART (W. A.) [Serenades. K. 361 arr.] Sinfonie concertante . . . arrangée d'après une grande sérénade pour des instruments à vent . . . par F. Gleissner. [1801.] fol.
Hirsch M. **1109**.

GLINKA (Mikhail Ivanovich)

—— Русланъ и Людмила. Большая волшебная опера въ пяти дѣйствіяхъ. Сюжетъ заимствованъ изъ поэмы А. С. Пушкина, съ сохраненіемъ многихъ его стиховъ . . . Партитура издана Л. И. Шестаковой, etc. [Edited by N. A. Rimsky-Korsakov, M. A. Balakirev and A. K. Lyadov.] *Russ. & Ger.* pp. iv. 723. [*Stellowsky; St. Petersburg;*] *Leipzig* [printed, 1878.] fol.
Hirsch II. **258**.

GLINKA (Mikhail Ivanovich)

—— [Русланъ и Людмила.] Ouverture zur Oper Ruslan und Ludmilla. [Score.] pp. 64. *Ernst Eulenburg: Leipzig*, [1905.] 8º.
Hirsch M. **160**.
Eulenburg's kleine Orchester-Partitur-Ausgabe. Ouverturen, no. 39.

GLINKA (Mikhail Ivanovich)

—— Souvenir d'une nuit d'été à Madrid. Fantaisie sur des thèmes espagnoles. Partition d'orchestre, etc. pp. 39. *P. Jurgenson: Moscou*, [1905?] 4º.
Hirsch M. **161**.

GLINKA (Mikhail Ivanovich)
—— Жизнь за Царя. Большая опера въ 4-хъ дѣйствіяхъ съ эпилогомъ. Текстъ Барона Розена ... Подъ редакціей М. Балакирева и С. Ляпунова. Оркестровая партитура ... съ приложеніемъ упрощенныхъ переложеній no. no. 23 и 24 (безъ мѣдныхъ оркестровъ) ... Das Leben für den Zaren ... Deutsch von L. Esbeer. pp. 688. *P. Jurgenson: Moskau, Leipzig*, [1905?] 8°.
Hirsch II. **259**.

GLINKA (Mikhail Ivanovich)
—— Жизнь за Царя. Опера ... Новое изданіе пересмотренное и исправленное Н. А. Римскимъ-Корсаковымъ и А. К. Глазуновымъ. [Score.] *Russ., Fr. & Ger.* pp. 593. *М. П. Бѣляевъ: Лейпцигъ*, 1907. fol.
Hirsch II. **260**.
Part of "Collection des œuvres de M. Glinka." The title on the cover reads " La Vie pour le Tsar ... Version française de J. Sergennois ... Das Leben für den Zaren ... Deutsch von Hans Schmidt, etc."

GLOCKENTHUERMER.
—— Des Glockenthürmers Töchterlein. [Song.] *See* LOEWE (J. C. G.)

GLOGAU SONGBOOK.
—— Das Glogauer Liederbuch ... Herausgegeben von Heribert Ringmann. Textrevision von Joseph Klapper. [Score. With facsimiles.] 2 Tl. *Bärenreiter-Verlag: Kassel*, 1936, 37. fol. [*Das Erbe deutscher Musik.* Reihe 1. Reichsdenkmale. Bd. 4, 8.] Hirsch IV. **960**.

GLOSSY (Blanka) and **HAAS** (Robert)
—— Zärtliche und scherzhafte Lieder aus galanter Zeit. Herausgegeben von B. Glossy und R. Haas. pp. ix. 72. *Ed. Strache: Wien*, [1925.] *obl.* 4°. Hirsch M. **162**.

GLOVER (Charles William)
—— Jeannette et Jeannot. [No. 1.] (The Conscript's Departure.) Song. ⟨Songs of a Conscript. Jeannette's Song.⟩ pp. 5. *C. Jefferys: London*, [1850?] fol.
Hirsch M. **1309**. (6.)

GLOVER (Stephen)
—— [Cheerful Songs for the Home Circle. No. 1.] Happy Days and happy Nights, *etc.* [Song.] Words by Chas. Jefferys. pp. 5. *C. Jefferys: London*, 1852. fol.
Hirsch M. **1318**. (1.)

GLOVER (Stephen)
—— Happy Days and happy Nights. *See supra:* [*Cheerful Songs for the Home Circle. No.* 1.]

GLOVER (Stephen)
—— Picturesque Divertimentos. No. 1. England. Windsor Castle. ⟨No. 3. Scotland. Loch Katrine.⟩ Arranged by S. Glover. [P.F.] no. 1, 3. *Jeffreys & Nelson: London*, [1840?] fol. Hirsch M. **1310**. (6.)
Imperfect; wanting no. 2 and all after no. 3. P. 1 of each number bears the title " National Divertimentos."

GLOVER (Stephen)
—— The Polka Quadrilles. With the proper figures, arranged for the piano forte. pp. 7. *C. Jefferys: London*, [1845?] fol. Hirsch M. **1308**. (4.)

GLOVER (Stephen)
—— A Voice from the Waves, Duett ... Written by Richard Ryan. pp. 7. *Robert Cocks & Co.: London*, [1851?] fol.
Hirsch M. **1276**. (2.)

GLOVER (Stephen)
—— Why do you watch the lone, lone Deep? Duett, words by Joseph Edwardes Carpenter. pp. 9. *Robert Cocks & Co.: London*, [1855?] fol.
Hirsch M. **1276**. (3.)

GLUCK (Christoph Willibald von)
—— Veröffentlichungen der Gluckgesellschaft. 4 no.
[no. 1.] Ier acte de l'opéra Demofoonte (1742.) Airs et marche transcrits ... par Julien Tiersot. pp. 56. 1914.
[no. 2.] Orpheus und Eurydike. Klavierauszug mit Text ... bearbeitet von Hans Kleemann. pp. iv. 139. 1916.
[no. 3.] Klopstocks Oden für eine Singstimme und Klavier ... herausgegeben von Dr. Gustav Beckmann. pp. 13. 1917.
[no. 4.] Sonaten Nr. 1–3 für 2 Violinen, Violoncell (Bass) und Pianoforte ... herausgegeben von Dr. Gustav Beckman. [Score and parts.] 3 pt. [1919?]
1914–[1919?] 8° & fol. *See* LEIPSIC.—*Gluckgesellschaft.*
Hirsch M. **940**.

GLUCK (Christoph Willibald von)
—— [Another copy.] Alceste. Tragédie-opéra, *etc. Paris; Leipzig* [printed, 1874.] fol. Hirsch II. **262**.

GLUCK (Christoph Willibald von)
—— [Alceste.] Ouvertüre zu Alceste. Mit Vortragsbezeichnungen und einem Schluss versehen von Felix Weingartner. Partitur. pp. 27. *Breitkopf & Härtel: Leipzig*, [1905?] 8°.
Hirsch M. **163**.

GLUCK (Christoph Willibald von)
—— [Another copy.] Armide. Drame héroïque, *etc.* [Score.] *Paris; Leipzig* [printed, 1890.] fol. Hirsch II. **269**.

GLUCK (Christoph Willibald von)
—— [Another copy.] De profundis ... Ouvrage posthume, *etc.* [Score.] *Paris*, [1805?] *obl.* fol. Hirsch IV. **746**.

GLUCK (Christoph Willibald von)
—— De profundis ... Partition et parties ... Traduction de L. Porro. Orgue ou piano de F. Dietrich. [Score.] *Chez P. Porro: Paris*, [1820?] fol. Hirsch IV. **747**.
Musique sacrée. no. 6. Imperfect; wanting the parts.

GLUCK (Christoph Willibald von)
—— De profundis ... Ouvrage posthume. Gravé d'après le manuscrit original de l'auteur. Partition et arrangement pour le piano forte ou orgue. pp. 15. *Chez N. Simrock: Berlin*, [1870?] *obl.* fol. Hirsch IV. **745**.

GLUCK (Christoph Willibald von)
—— [Demofoonte.] 1ᵉʳ acte de l'opéra Demofoonte (1742). Airs et marche transcrits et publiés par Julien Tiersot. [P.F. and vocal score.] pp. 56. *Breitkopf & Härtel: Leipzig*, 1914. 8°. [*Veröffenlichungen der Gluckgesellschaft.* no. 1.] Hirsch M. **940**.

GLUCK (Christoph Willibald von)
—— [Another copy.] Don Juan. Ballet . . . Vollständiger Klavierauszug von Friedrich Wollank. *Berlin*, [1820?] *obl. fol.* Hirsch IV. **1149**.

GLUCK (Christoph Willibald von)
—— [Another copy.] Echo et Narcisse. Drame lyrique, *etc.* [Score.] *Paris; Leipzig* [printed, 1902.] fol. Hirsch II. **272**.

GLUCK (Christoph Willibald von)
—— [Another copy.] Iphigénie en Aulide. Tragédie-opéra, *etc.* [Score.] *Paris; Leipzig* [printed, 1873.] fol. Hirsch II. **275**.

GLUCK (Christoph Willibald von)
—— Iphigenie in Aulis. Oper in 3 Akten . . . In Partitur herausgegeben von Alfred Dörffel. *Fr. & Ger.* pp. 242. *C. F. Peters: Leipzig*, 1884. fol. Hirsch II. **276**.

GLUCK (Christoph Willibald von)
—— [Iphigénie en Aulide.] Ouvertüre zu Iphigenia in Aulis. Nach Rich. Wagners Bearbeitung. Partitur. pp. 35. *Breitkopf & Härtel: Leipzig,* [1905?] 8°. Hirsch M. **164**.

GLUCK (Christoph Willibald von)
—— [Iphigénie en Aulide.] Ouverture . . . en parodie comique pour 2 voix avec pianoforte. pp. 15. *Chez A. Kühnel: Leipzig*, [1811?] fol. Hirsch III. **769**. a.

GLUCK (Christoph Willibald von)
—— [Another copy.] Iphigénie en Tauride. Tragédie, *etc.* [Score.] *Paris; Leipzig* [printed, 1874.] fol. Hirsch II. **278**.

GLUCK (Christoph Willibald von)
—— L'Ivrogne corrigé, ou le Mariage du diable. Opéra-comique, representé à la Cour de Vienne, en 1760 par Mr. Anseaume . . . Partition piano et chant réduite par Vincent d'Indy. Livret intercalé. pp. 86. *Gustave Legouix: Paris,* [1925.] 8°. Hirsch M. **165**.

GLUCK (Christoph Willibald von)
—— Klopstocks Oden für eine Singstimme und Klavier . . . herausgegeben von Dr. Gustav Beckmann. pp. vi. 13. *Breitkopf & Härtel: Leipzig*, 1917. fol. [*Veröffentlichungen der Gluckgesellschaft.* no. 3.] Hirsch M. **940**.

GLUCK (Christoph Willibald von)
—— Orpheus. Oper in 3 Acten . . . In Partitur herausgegeben von Alfred Dörffel. Zweite verbesserte Ausgabe. *Ger., Fr. & Ital.* pp. 196. *C. F. Peters: Leipzig & Berlin*, [1878?] fol. Hirsch II. **282**.

GLUCK (Christoph Willibald von)
—— [Another copy.] Orphée et Euridice. Tragédie-opéra *etc.* [Score.] *Paris; Leipzig* [printed, 1898.] fol. Hirsch II. **283**.

GLUCK (Christoph Willibald von)
—— Orpheus und Eurydike. (Text von Calzabigi.) Klavierauszug mit Text nach der neuen Ausgabe von Hermann Abert (in den Denkmälern der Tonkunst in Österreich, 21. Jahrg., Bd. 44a) bearbeitet von Hans Kleemann. pp. iv. 139. *Breitkopf & Härtel: Leipzig*, 1916. 8°. [*Veröffentlichungen der Gluckgesellschaft.* no. 2.] Hirsch M. **940**.

GLUCK (Christoph Willibald von)
—— La Rencontre imprévue, ou les Pélerins de la Mecque. Opéra-comique, poème de Dancourt (1764) . . . Partition piano et chant, reduite par J. B. Wekerlin. [With a portrait, and with the libretto.] 2 no. *G. Legouix: Paris*, [1890?] 8°. Hirsch M. **166**.

GLUCK (Christoph Willibald von)
—— [Six Sonatas for two Violins & a Thorough Bass. No. 1-3.] Sonaten Nr. 1-3 für 2 Violinen, Violoncell (Bass) und Pianoforte . . . Zum praktischen Gebrauch herausgegeben von Dr. Gustav Beckmann. Partitur und Stimmen. 4 pt. *Breitkopf & Härtel: Leipzig*, [1919.] fol. [*Veröffentlichungen der Gluckgesellschaft.* no. 4.] Hirsch M. **940**.

GLUCK (Christoph Willibald von)
—— Sinfonia, G dur, bearbeitetet von Hans Gál. Partitur. pp. 14. *Universal-Edition: Wien*, [1934.] 4°. Hirsch M. **889**.

GOD.
—— God save the King. *See* KALKBRENNER (F. W. M.) God save the King, with eight Variations for the Piano Forte. Op. 18. [1826?] fol. Hirsch M. **1285**. **(5.)**

GODFREY (Charles) *the Younger.*
—— Princess Louise. Quadrille on Scottish melodies. pp. 8. [*Ashdown & Parry: London*, 1870?] fol. Hirsch M. **1314**. **(12.)**
The imprint has been cropped.

GODFREY (Daniel)
—— The Lord of Lorne. Galop pour piano. pp. 5. *Chez les fils de B. Schott: Mayence*, [1871.] fol. Hirsch M. **1304**. **(5.)**

GODILLON (Juliette)
—— Contes fantastiques de Hoffmann. Traduits pour le piano par J. Godillon. Partition de luxe illustrée par Charles Bour. [With a portrait.] no. 1-5. *Chez Ed. Mayaud: Paris*, [1850?] fol. Hirsch M. **890**. *Imperfect; wanting no. 6-10.*

GOEHLER (Georg)
—— *See* MOZART (W. A.) [*Les Petits riens.*] Ballettmusik . . . Für den Konzertgebrauch eingerichtet von G. Göhler. [1907.] fol. Hirsch M. **1100**.

GOETTIG (WILLY WERNER)

—— See WEBER (C. M. F. E. von) Abu Hassan... Vollständige Partitur... herausgegeben von W. W. Göttig. [1925.] 4°.
Hirsch II. **964**.

GOETZ (HERMANN)

—— Concert (B dur) für Pianoforte mit Begleitung des Orchesters... Op. 18. (No. 5 der nachgelassenen Werke.) Partitur, *etc.* pp. 230. *Fr. Kistner: Leipzig*, [1879.] 8°.
Hirsch M. **167**.

GOETZ (HERMANN)

—— Nenie. Gedicht von Fr. Schiller für Chor und Orchester... Op. 10. Partitur, *etc.* pp. 42. *Fr. Kistner: Leipzig*, [1876.] fol.
Hirsch M. **891**.

GOETZ (HERMANN)

—— [A reissue.] Sinfonie (in F dur) für grosses Orchester... Op. 9. Partitur, *etc. Leipzig*, [1886?] 8°.
Hirsch M. **168**.

GOETZ (HERMANN)

—— Der Widerspänstigen Zähmung. Komische Oper in 4 Akten nach Shakespeare's gleichnamigen Lustspiel frei bearbeitet von Joseph Viktor Widmann. Partitur, *etc.* pp. 283. *Fr. Kistner: Leipzig*, [1875.] fol.
Hirsch II. **289**.

Felix Mottl's copy, with his bookplate.

GOING.

—— Going to the Derby. [Song.] *See* LLOYD (Arthur)

GOLDMARK (CARL)

—— Die Königin von Saba. Oper in vier Acten (nach einem Text von Mosenthal.) Op. 27. Partitur, *etc.* pp. 386. *Hugo Pohle: Hamburg*, [1876.] fol.   Hirsch II. **290**.

GOLDMARK (CARL)

—— Ouverture zu Sakuntala, für Orchester... Op. 13... Partitur, *etc.* pp. iii. 81. *Rózsavölgy & Co.: Budapest u. Leipzig*, [1870?] 8°.   Hirsch M. **169**.

GOLDMARK (CARL)

—— Sturm und Drang. 9 characteristische Stücke für das Pianoforte... Op. 5, *etc.* 4 Hft. *Fr. Kistner: Leipzig*, [1865.] fol.   Hirsch M. **892**.

The titlepage bears a MS. dedication in the composer's autograph to Peter Cornelius.

GOLTHER (WOLFGANG)

—— See WAGNER (W. R.) Zehn Lieder aus den Jahren 1838-1858. Herausgegeben und eingeleitet von Prof. Dr. W. Golther. 1921. 8°.   Hirsch M. **627**.

GOMION (L.)

—— La Cracovienne, pas dansé dans la Gipsy par Fanny Elssler, arrangée pour le piano par L. Gomion. *Chez A. Meissonier et J. L. Heugel: Paris*, [1845?] fol.
Hirsch M. **1298. (13.)**

GOMIS (JOSÉ MELCHOR)

—— Le Diable à Seville. Opéra comique en un acte. Paroles de Mr Cavé... Partition, *etc.* pp. 37-222. *Chez E. Troupenas: Paris*, [1831?] fol.   Hirsch II. **291**.

Imperfect; wanting pp. 1-36, containing the overture.

GOMIS (JOSÉ MELCHOR)

—— Le Portefaix. Opéra comique en trois actes... Paroles de E. Scribe... Partition, *etc.* pp. 349. *Chez E. Troupenas: Paris*, [1835?] fol.   Hirsch II. **292**.

GOMIS (JOSÉ MELCHOR)

—— Le Revenant. Opéra fantastique en cinq tableaux tiré du roman de Walter Scott Redgauntlet [*sic*]. Paroles de Mr Albert de Calvimont... Partition, *etc.* pp. 241. *Chez Maurice Schlesinger: Paris*, [1834.] fol.
Hirsch II. **293**.

GONDOLIER.

—— Le Gondolier. [Song.] *See* PANTALEONI (L.)

GORIA (ALEXANDRE ÉDOUARD)

—— Olga, mazurka pour le piano... Op. 5. pp. 5. *Chez les fils de B. Schott: Mayence*, [1846?] fol.
Hirsch M. **1312. (7.)**

GOSSEC (FRANÇOIS JOSEPH)

—— [Six sinfonies. Op. 12. No. 3.] Sinfonie, C dur... (1768)... Herausgegeben und bearbeitet von Robert Sondheimer. [Score.] pp. 15. *Edition Bernoulli: [Vienna, 1937.] fol. [Werke aus dem 18. Jahrhundert. no. 42.]*   Hirsch IV. **1020**.

GOTT.

—— Gott sende seine Güte. [Part-song.] *See* DOEHLER (A.)

GOTT HAT JESUM ERWECKET.

—— Gott hat Jesum erwecket. Cantata. *See* RITTER (C.)

GÖTTIG ( )

—— [For the German surname of this form:] *See* GOETTIG.

GOUNOD (CHARLES FRANÇOIS)

—— Faust. Opéra en cinq actes... Paroles de MM. J. Barbier et M. Carré... Partition grand orchestre. pp. 533. *Choudens: Paris*, [1859?] 8°.   Hirsch II. **295. (1.)**

GOUNOD (CHARLES FRANÇOIS)

—— Faust. Opéra en 5 actes de J. Barbier et M. Carré. ⟨La Nuit de Valpurgis. Partition d'orchestre. [Act 5 only.] Édition avec ballet.⟩ pp. 132. *Choudens père & fils: Paris*, [1890?] 8°.   Hirsch II. **295. (2.)**

GOUNOD (CHARLES FRANÇOIS)

—— Faust. Opéra en cinq actes, de MMrs Jules Barbier & Michel Carré... Partition piano & chant, arrangée par Léo Delibes. ⟨2e édition. Avec les récitatifs ajoutés par l'auteur. Réduits pour piano par Emile Périer.⟩ pp. 252. *Choudens: Paris*, [1860?] 8°.   Hirsch M. **170**.

The leaf containing the list of contents bears a MS. dedication in the composer's autograph to " Gretchen ", E. Schmidt.

GOUNOD (Charles François)

—— La Nuit de Valpurgis. *See* supra : Faust.

GOUNOD (Charles François)

—— Offices de la semaine-sainte ... Œuv: 2. [Score.] pp. 12. *S. Richault: Paris*, [1846.] fol. Hirsch IV. **748**.

GRAENER (Paul)

—— [Another copy.] Don Juans letztes Abenteuer. Oper, etc. ⟨Op. 42. Partitur.⟩ *Wien, Leipzig; München, Berlin*, [1914.] fol. Hirsch II. **296**.

GRAFF (Johann)

—— [VI Sonate. Op. 1.] Violinsonate Op. 1, Nr. 3, D dur (1718), für Violine und Cembalo mit Violoncello ad lib. ⟨Bearbeitet von Max Seiffert.⟩ 2 pt. *Fr. Kistner & C. F. W. Siegel: Leipzig*, [1924.] fol. [*Organum.* Reihe 3. no. 3.] Hirsch M. **1204**.

GRAND'MÈRE.

— La Grand'mère imprudente. Chansonette. *See* Beauplan (A. de) *pseud.*

GRASSI (Bartolomeo)

—— *See* Rossini (G. A.) [*Bianca e Falliero.*] Sinfonia ... Ridotta per cembalo solo da B. Grassi. [1835?] obl. fol. Hirsch IV. **1252**.

GRAZIE.

—— Grazie agli ingani [*sic*] tuoi. Canzonetta. *See* Mayer (J. S.)

GREGOR.

—— Gregor auf dem Stein. [Song.] *See* Loewe (J. C. G.)

GRELL (August Eduard)

—— Missa sollemnis, senis denis vocibus decantanda. [Score.] pp. 237. *Ed. Bote & G. Bock: Berolini*, 1863. fol. Hirsch IV. **752**.

GRELL (August Eduard)

—— [Another copy.] Missa sollemnis senis denis vocibus decantanda. *London*, [1926.] fol. Hirsch M. **893**.

GRETCHEN.

—— Gretchen am Spinnrad. [Song.] *See* Schunke (L.)

GRÉTRY (André Ernest Modeste)

—— [Another copy.] Collection complète des œuvres de Grétry, etc. livr. 1–49. *Leipzig*, [1883–1937.] fol. Hirsch IV. **970**.

GRÉTRY (André Ernest Modeste)

—— L'Ami de la maison. Opéra comique en trois actes. Paroles de Marmontel. [Score.] pp. 169. *Au magasin de J. Frey: Paris*, [1823.] fol. Hirsch II. **301**.
  Collection des opéras de Grétry en grandes partitions. no. 8.

GRÉTRY (André Ernest Modeste)

—— Anacréon. Opéra comique en trois actes. Paroles de Guy. [Score.] pp. 258. *Au magasin de J. Frey: Paris*, [1823.] fol. Hirsch II. **307**.
  Collection des opéras de Grétry en grandes partitions. no. 31.

GRÉTRY (André Ernest Modeste)

—— Aucassin et Nicolette, ou les Moeurs du bon vieux tems. Comédie en trois actes ... Œuvre XX ... Gravée par le Sʳ Huguet, etc. [Score.] pp. 135. *Chez Mˡˡᵉ Jenny Grétry: Paris*, [1805?] fol. Hirsch II. **311**.

GRÉTRY (André Ernest Modeste)

—— Barbe bleue. Comédie en prose et en trois actes. Paroles de M. Sedaine ... Œuvre XXVIII ... Gravée par Huguet. [Score.] pp. 149. *Chez l'auteur: Paris*, [1805.] fol. Hirsch II. **315**.
  The verso of the titlepage contains a " Catalogue de musique de M. Grétry."

GRÉTRY (André Ernest Modeste)

—— La Caravane du Caire. Grand opéra en trois actes. Paroles de Morel. [Score.] pp. 243. *Au magasin de J. Frey: Paris*, [1823.] fol. Hirsch II. **317**.
  Collection des opéras de Grétry en grandes partitions. no. 19.

GRÉTRY (André Ernest Modeste)

—— Cephale et Procis. Ballet héroique, etc. [Score.] pp. 252. *Chez Mˡˡᵉ Jenny Grétry: Paris*, [1805?] fol. Hirsch II. **319**.

GRÉTRY (André Ernest Modeste)

—— Elisca. Opéra comique en trois actes. Paroles de Favières et Grétry neveu. [Score.] pp. 141. *Au magasin de J. Frey: Paris*, [1823.] fol. Hirsch II. **325**.
  Collection des opéras de Grétry en grandes partitions. no. 32.

GRÉTRY (André Ernest Modeste)

—— L'Épreuve villageoise. Opéra bouffon en deux actes en vers, par M. Desforges ... Gravé par Huguet ... Oeuvre XXIII. [Score.] pp. 114. *Chez Mˡˡᵉ Jenny Grétry: Paris*, [1805?] fol. Hirsch II. **329**.

GRÉTRY (André Ernest Modeste)

—— [L'Épreuve villageoise.] *See* Michel (C.) L'Épreuve villageoise ... Polka pour piano. [1850?] fol. Hirsch M. **1295**. (22.)

GRÉTRY (André Ernest Modeste)

—— Partition des Événemens imprévus. Comédie en trois actes ... Œuvre XVI. Gravée par le Sʳ Huguet. [Score.] pp. 141. *Chez Mˡˡᵉ Jenny Grétry: Paris*, [1805?] fol. Hirsch II. **331**.

GRÉTRY (ANDRÉ ERNEST MODESTE)

—— Guillaume Tell, drame lyrique en trois actes... Remis à la scène avec des changemens au poëme par Mr Pellissier, et à la musique par Mr. H. Bertan... Partition, *etc.* pp. 211. *Chez A. Petit: Paris*, [1828?] fol.
Hirsch II. **364.**

GRÉTRY (ANDRÉ ERNEST MODESTE)

—— Le Huron. Comédie en deux actes, et en vers, *etc.* ⟨Œuvre 1er.⟩ [Score.] pp. 183. *Chez Mlle Jenny Grétry: Paris*, [1805?] fol. Hirsch II. **333.**

GRÉTRY (ANDRÉ ERNEST MODESTE)

—— La Magnifique. Comédie en trois actes mêlée d'ariettes... Gravée par J. Dezauche, *etc.* ⟨Œuvre IX.⟩ [Score.] pp. 179. *Chez Mlle Jenny Grétry: Paris*, [1805?] fol.
Hirsch II. **343.**

GRÉTRY (ANDRÉ ERNEST MODESTE)

—— Panurge dans l'isle des lanternes. Comédie lirique en trois actes... Œuvre XXIII. Gravée par Huguet, *etc.* [Score.] pp. 232. *Chez Mlle Jenny Grétry: Paris*, [1805?] fol. Hirsch II. **349.**

GRÉTRY (ANDRÉ ERNEST MODESTE)

—— [Richard Coeur-de-Lion.—Une fièvre brûlante.] *See* BEETHOVEN (L. van) [*Variations. N.p.* 157.] VIII Variations, on a celebrated Air, in the Opera of Richard Cœur de Lion, for the piano forte. [1819?] fol.
Hirsch M. **763.** (8.)

GRÉTRY (ANDRÉ ERNEST MODESTE)

—— Le Rival confident. Opéra comique en deux actes. Paroles de Feorgeot. [Score.] pp. 130. *Au magasin de J. Frey: Paris*, [1823.] fol. Hirsch II. **355.**
Collection des opéras de Grétry en grandes partitions. no. 25.

GRIEG (EDVARD HAGERUP)

—— [A reissue.] Aus Holberg's Zeit. Suite im alten Style für Streichorchester... Op. 40. [Score.] *Leipzig*, [1895?] Hirsch M. **894.**
Edition Peters. no. 1931.

GRIEG (EDVARD HAGERUP)

—— Concert für Pianoforte mit Begleitung des Orchesters... Opus 16. Partitur. pp. 85. *C. F. Peters: Leipzig*, [1890.] obl. 4°. Hirsch M. **171.**
Edition Peters. no. 2485.

GRIEG (EDVARD HAGERUP)

—— [Peer Gynt.] Erste Orchestersuite aus der Musik zu "Peer Gynt"... zur Concertaufführung neu bearbeitet... Op. 46. Partitur. pp. 39. *C. F. Peters: Leipzig*, [1887?] fol. Hirsch M. **895.**

GRIEG (EDVARD HAGERUP)

—— Scenen aus Olav Trygvason, unvollendetes Drama von Bjornstjerne Björnson, für Solostimmen, Chor und Orchester... Opus 50. Partitur. pp. 125.
C. F. Peters: Leipzig, [1890.] fol. Hirsch IV. **753.**
Edition Peters. no. 2438.

SIG. 27.—PART 53.

GRIFFIN (GEORGE EUGENE)

—— Concerto No. 1 for the Piano Forte with accompaniments for a full orchestra... Op: 1. *Printed for the Author: London*, [1821?] fol. Hirsch M. **1285.** (6.)
Watermark date 1821. *Imperfect; wanting the accompaniments.*

GRIFFIN (GEORGE EUGENE)

—— Divertimento, for the Piano Forte, *etc.* [No. 5.] pp. 13. *Printed for the Author: London*, [1820?] fol.
Hirsch M. **1285.** (7.)

GRIFFIN (GEORGE EUGENE)

—— The "Old Highland Laddie," arranged as a rondo, for the piano forte, *etc.* pp. 11. *Royal Harmonic Institution, for the Author: London*, [1819?] fol.
Hirsch M. **1285.** (8.)
Watermark date 1819.

GRILLE DU PARC.

—— La Grille du parc. Opéra comique. *See* PANSERON (A. M.)

GRISAR (ALBERT)

—— Les Amours du diable. Opéra féerie en 4 actes, paroles de M^r de St Georges... Partition orchestre, *etc.* pp. 662. *Colombier: Paris*, [1853?] fol. Hirsch II. **369.**

GRISAR (ALBERT)

—— [Another copy.] Gille Ravisseur. Opera comique... Grande partition, *etc. Paris*, [1848?] fol.
Hirsch II. **370.**

GRISAR (ALBERT)

—— [Another copy.] Les Porcherons, opéra-comique, *etc.* [Score.] *Paris*, [1850?] fol. Hirsch II. **371.**

GRISAR (ALBERT)

—— Sarah. Opéra comique en deux actes, paroles de Mr Mélesville... Partition, *etc.* pp. 320. *Chez Bernard Latte: Paris*, [1836?] fol. Hirsch II. **372.**

GROSSPETTER (DOMENICO)

—— IV menuetti per il cembalo o piano-forte a quadro mani. pp. 9. *Nel magasino della Caes: Real: Priv: stamperia chimica: Vienna*, [1806?] obl. fol. Hirsch III. **231.**
Lithographed throughout.

GRUBER (FERDINAND)

—— 12 Lændler für das Piano-Forte... No. 1. pp. 7. *Bey Artaria u. Comp.: Wien*, [1820.] obl. fol.
Hirsch M. **1290.** (2.)

GRUBER (M. C.)

—— XV variations pour le piano-forte... Oeuvre 9me. pp. 17. *Au magasin de l'imprimerie chymique: Vienne*, [1805?] obl. fol. Hirsch III. **232.**
Lithographed throughout.

GRUFT.
—— Die Grust der Liebenden. Ballade. *See* LOEWE (J. C. G.)

GRUSS.
—— Gruss seiner treuen an Friedrich August den Geliebten bei Seiner Zurückkunft aus England den 9ten August 1844. [Part-song.] *See* WAGNER (W. R.)

GRUSS.
—— Gruss vom Meere. [Song.] *See* LOEWE (J. C. G.)

GUCKKASTEN.
—— Der Guckkasten. Lied. *See* KELLER (C.)

GUENTHER (L.)
—— *See* STRAUSS (J.) *the Elder*. Meiner schönster Tag in Baden. Walzer [Op. 58] . . . Nach der Partitur für das Pianoforte eingerichtet von L. Günther. [1835?] *obl.* fol.
Hirsch M. **563**. (8.)

GUGLER (BERNARD)
—— *See* MOZART (W. A.) Mozart's Don Giovanni. Partitur . . . herausgegeben . . . von B. Gugler. [1868.] fol.
Hirsch II. **644**.

GUILBERT (YVETTE)
—— Chansons de la vieille France. Recueillies et chantées par Y. Guilbert. Reconstituées et harmonisées par Maurice Duhamel. *Librairie Félix Juven: Paris*, [1910?] 4°. Hirsch M. **896**.

GUILLAUME TELL.
—— Guillaume Tell. Drame lyrique. *See* GRÉTRY (A. E. M.)

GUMBERT (FERDINAND)
—— [Sechs Lieder. Op. 11. No. 4.] Was ich so tief im Herzen trage, *etc.* [Song.] pp. 3. *Schlesinger: Berlin*, [1846.] Hirsch M. **1301**. (15.)
Part of "Auswahl beliebter Gesänge und Lieder. Zweite Sammlung."

GUMBERT (FERDINAND)
—— Das theure Vaterhaus. Lied mit Begleitung des Pianoforte . . . Op. 9 . . . Für Sopran oder Tenor, *etc.* pp. 6. *Schlesinger: Berlin*, [1845?] fol. Hirsch M. **1301**. (13.)

GUMBERT (FERDINAND)
—— Was ich so tief im Herzen trage. *See supra*: [Sechs Lieder. Op. 11. No. 4.]

GUNG'L (JÓZSEF)
—— Schönbrunner-Quadrille, für das Pianoforte . . . Op. 127. pp. 11. *Bei Ed. Bote & G. Bock: Berlin*, [1856?] *obl.* fol.
Hirsch M. **1291**. (5.)

GUNTRAM.
—— Guntram. [Opera.] *See* STRAUSS (R. G.)

GURLITT (WILIBALD)
—— *See* BINCHOIS (G.) Sechzehn weltliche Lieder zu 3 Stimmen für eine Singstimme mit Instrumenten. Herausgegeben von W. Gurlitt. 1933. 8°. Hirsch M. **76**.

GUTENBERG.
—— Gutenbergs Bild. [Part-song.] *See* LOEWE (J. C. G.)

GUYLOTT (ROBERT)
—— Song of the old Bell. [Song.] . . . The poetry from Bentley's Miscellany, *etc.* pp. 4. [*Edinburgh*, 1850?] fol. Hirsch M. **1276**. (22.)
Part of " Caldwell's Musical Journal."

GYROWETZ (ADALBERT)
—— [Another copy.] Agnes Sorel, eine grosse Oper . . . Klavierauszug. [Vocal score.] *Wien*, [1806.] *obl.* fol.
Hirsch IV. **1153**. a.
The last leaf is mutilated.

GYROWETZ (ADALBERT)
—— La Chasse, pour le piano forte, avec la marche du regiment d'Orange. pp. 9. *J. Balls: Londres*, [1808?] fol.
Hirsch IV. **1607**.
Watermark date 1808.

GYROWETZ (ADALBERT)
—— [Makbeth—Verschwunden ist die finstre Nacht.] Lied . . . mit Begleitung des Guitarre. pp. 3. *Im Verlag der K.K. priv. chemischen Druckerey: Wien*, [1810?] *obl.* fol.
Hirsch III. **786**.
Lithographed throughout.

GYROWETZ (ADALBERT)
—— Notturno pour le piano forte avec accompagnement d'un violon et violoncelle . . . Oev: 35. *Chez B. Schott: Maience*, [1809?] *obl.* fol. Hirsch M. **172**.
Imperfect; wanting the accompaniments.

GYROWETZ (ADALBERT)
—— Three Sonatas, for the grand & small Piano Forte, in which are introduced the subjects of the Adagios " Wind gentle Evergreen," " My native Land," with accompaniments for a violin & violoncello . . . Op. 18. *Muzio Clementi & Co.: London*, [1807?] fol.
Hirsch M. **1310**. (7.)
Watermark date 1807. *Imperfect; wanting the accompaniments.*

GYROWETZ (ADALBERT)
—— Walzes et allemandes pour forte-piano par Girowetz et Mozart. Livre 3. pp. 15. *Chez Sieber: Paris*, [1810?] fol. Hirsch M. **897**.

GYROWETZ (ADALBERT)
—— *See* ROSSINI (G. A.) Zelmira . . . ridotta per il pianoforte dal Sig. maestro Girowetz, *etc.* [1822.] *obl.* fol.
Hirsch M. **489**.

H., J. G.

—— Favorit Walzer nach Paganini fürs Piano Forte von J. G. H. *Bey B. Schott's Söhnen: Mainz,* [1830?] 8°.
Hirsch M. **1300**. (8.)

H., M.

—— See PAGANINI (N.) Stammbuchblatt . . . Mit Zusätzen von M. H., J. M. und W. T. [1842.] fol. [*Sammlung von Musik-Stücken . . . als Zulage zur neuen Zeitschrift für Musik.* Hft. 16.]
Hirsch M. **1134**.

H., R. E.

—— Aufgabe von Ludwig van Beethoven gedichtet, vierzig Mahl verändert und ihrem Verfasser gewidmet von seinem Schüler R: E: H: [i.e. Rudolph, Erzherzog.] [P.F.] pp. 32. *Bei S. A. Steiner und Comp.: Wien,* [1821?] obl. fol.
Hirsch III. **494**.
Musée musical des clavecinistes. Hft. 7.

HAAK (C. G.)

—— Caprice & variations pour le piano forte. pp. 38. *Chez Jean George Naigueli: Zuric,* [1803?] obl. fol. [*Répertoire des clavecinistes.* suite 6.]
Hirsch IV. **1012**.

HAAS (FRITZ)

—— See MOZART (W. A.) [*La Finta Giardiniera.*] Die Gärtnerin aus Liebe . . . Vollständiger Klavier-Auszug, neu bearbeitet von F. Haas. 1917. 8°.
Hirsch M. **367**.

HAAS (ROBERT)

—— See GLOSSY (B.) and HAAS (R.) Zärtliche und scherzhafte Lieder aus galanter Zeit, *etc.* [1925.] obl. 4°.
Hirsch M. **162**.

HABEL (FERDINAND)

—— See BRUCKNER (A.) Missa solemnis in B-moll. Klavierauszug von F. Habel. 1934. fol.
Hirsch IV. **947**. b.

HAENDEL (GEORG FRIEDRICH) [*Collected Works.—a. Complete Works and Large Collections.*]

—— [Another copy.] Georg Friedrich Händel's Werke. Ausgabe der deutschen Händelgesellschaft. Bd. 1–48, 50–94. *Leipzig,* [1859–1903.] fol.
Hirsch IV. **971**.
Bd. 49 was never published. Bd. 1 contains a list of subscribers.

HAENDEL (GEORG FRIEDRICH) [*Collected Works.—a. Complete Works and Large Collections.*]

—— [Georg Friedrich Händel's Werke. Ausgabe der deutschen Händelgesellschaft.] Supplemente, enthaltend Quellen zu Händel's Werken. no. 1, 3. *Leipzig,* 1888. 8°.
Hirsch IV. **971**. a.
Imperfect; wanting no. 2, 4–6.

HAENDEL (GEORG FRIEDRICH) [*Collected Works.—d. Vocal Works.*]

—— [Another copy.] The Beauties of Handel, *etc.* 3 vol. *London,* [1825?] obl. fol.
Hirsch III. **788**.

HAENDEL (GEORG FRIEDRICH) [*Collected Works.—g. Instrumental Selections and Arrangements.—Pianoforte.*]

—— [Another copy.] Stücke für Clavicembalo. Pieces for Harpsichord . . . Herausgegeben von . . . W. Barclay Squire—J. A. Fuller-Maitland. 2 vol. *Mainz und Leipzig,* [1928.] 4°.
Hirsch M. **898**.

HAENDEL (GEORG FRIEDRICH)

—— [Another copy.] Alexander's Fest, oder die Gewalt der Musik. Eine grosse Cantate . . . mit neuer Bearbeitung von W. A. Mozart. Partitur und Klavierauszug. *Leipzig,* [1812.] fol.
Hirsch IV. **757**.

HAENDEL (GEORG FRIEDRICH)

—— Belsazer. Oratorium in drei Abtheilungen . . . Übersetzt und bearbeitet von J. F. von Mosel. [Score.] pp. 293. *Bei Tobias Haslinger: Wien,* [1836.] fol.
Hirsch IV. **763**.

HAENDEL (GEORG FRIEDRICH)

—— [Chandos Anthems. H.G. XXXIV. No. 6a.—As pants the Hart.] Psalm . . . in vollständiger Original Partitur mit untergelegtem deutschen Texte, herausgegeben . . . von J. O. H. Schaum. pp. 57. *Bei E. H. G. Christiani: Berlin,* [1822.] obl. fol.
Hirsch IV. **781**. (3.)

HAENDEL (GEORG FRIEDRICH)

—— [Chandos Anthems. H.G. XXXV. No. 8.—O come let us sing unto the Lord.] Psalm . . . in vollständiger Original Partitur, mit untergelegtem deutschen Texte, herausgegeben . . . von J. O. H. Schaum. pp. 97. *Bei E. H. G. Christiani: Berlin,* [1822.] obl. fol.
Hirsch IV. **781**. (2.)

HAENDEL (GEORG FRIEDRICH)

—— [Chandos Anthems. H.G. XXXVI. No. 12.—O praise the Lord.] Psalm . . . in vollständiger Original Partitur, mit untergelegtem deutschen Texte, herausgegeben . . . von J. O. H. Schaum. pp. 35. *Bei E. H. G. Christiani: Berlin,* [1822.] obl. fol.
Hirsch IV. **781**. (1.)

HAENDEL (GEORG FRIEDRICH)

—— [12 Grand Concertos. Op. 6. No. 2.] Concert, F dur, für Streich-orchester, 2 obligate Violinen und obligates Violoncell . . . Für den Concertvortrag bearbeitet und genau bezeichnet von Gustav F. Kogel. [Score.] pp. 23. *C. F. Peters: Leipzig,* [1895?] fol.
Hirsch M. **899**.
Edition Peters. no. 2820.

HAENDEL (GEORG FRIEDRICH)

—— [12 Grand Concertos. Op. 6. No. 2.] Zweites Concerto Grosso in F dur . . . auf Grund von Chrysanders Ausgabe der Deutschen Händelgesellschaft für die Akademischen Orchesterconcerte in Leipzig eingerichtet von Hermann Kretzschmar. Partitur, *etc.* pp. 25. *Breitkopf & Härtel: Leipzig,* [1898.] fol.
Hirsch M. **900**.
Part of "Breitkopf & Härtel's Partitur-Bibliothek."

HAENDEL (Georg Friedrich)
—— [12 Grand Concertos. Op. 6. No. 5.] Concert, D-dur, für Streichorchester, 2 oblig. Violinen, oblig. Violoncell u. Continuo . . . Für den Concertvortrag bearbeitet und genau bezeichnet von Gustav F. Kogel. [Score.] pp. 31. *C. F. Peters: Leipzig,* [1897.] fol.   Hirsch M. **901**.
Edition Peters. no. 2904.

HAENDEL (Georg Friedrich)
—— [Another copy.] Neun deutsche Arien. Herausgegeben, gesetzt und eingeleitet von Herman Roth.   *München,* 1921. 8°.   Hirsch M. **173**.
One of the " Musikalische Stundenbücher."

HAENDEL (Georg Friedrich)
—— [Another copy.] Deutsche Arie [No. 4] für Sopran (Tenor) " Süsse Stille " (1729) (B. H. Brockes), mit Begleitung der Flöte, Violoncello, Kontrabass und Cembalo. Cembalo-Partitur, *etc.*   *Leipzig,* [1924.] fol. [*Organum.* Reihe 2, no. 5.]   Hirsch M. **1204**.

HAENDEL (Georg Friedrich)
—— [Another copy.] Deutsche Arie [No. 9] für Sopran " Flammende Rose " (1729) (B. H. Brockes), mit Begleitung der Violine, Violoncello, Kontrabass und Cembalo. Cembalo-Partitur, *etc.*   *Leipzig,* [1924.] fol. [*Organum.* Reihe 2, no. 4.]   Hirsch M. **1204**.

HAENDEL (Georg Friedrich)
—— [Another copy.] [Floridante.—Quando pena la costanza.] Manuscript of the Finale from Floridante. [Facsimile.] *London,* 1936. *obl.* 4°.   Hirsch M. **174**.
No. 7 of an edition of ten copies.

HAENDEL (Georg Friedrich)
—— Fugen. [Op. 3.] pp. 19.   *Bey Hans Georg Nägeli: Zürich,* [1805?] *obl.* fol.   Hirsch III. **236**.
—— [Another copy.]   Hirsch III. **236**. a.

HAENDEL (Georg Friedrich)
—— [Another copy.] [Jephtha.] Das Autograph des Oratoriums " Jephtha " . . . Fest-Ausgabe . . . Februar 1885. [*Hamburg,* 1885.] *obl.* fol.   Hirsch IV. **971**. b.

HAENDEL (Georg Friedrich)
—— [Another copy.] F. G. Händels Oratorium Der Messias, nach W. A. Mozart's Bearbeitung.   *Leipzig,* [1803.] *obl.* fol.   Hirsch IV. **776**.

HAENDEL (Georg Friedrich)
—— Le Messie. Oratorio en grande partition avec paroles françaises et anglaises . . . Accompag^t de piano & harmonie en petites notes par F. Gasse. 3 pt. pp. 384.   *Chez Beauvais: Paris,* [1830?] fol.   Hirsch IV. **778**.

HAENDEL (Georg Friedrich)
—— The Messiah, an Oratorio in complete score . . . Appended to which in a distinct form are the accompaniments for wind instruments added by W. A. Mozart, the whole carefully revised & arranged with a compressed accompaniment for the piano forte or organ by J. Addison, *etc.* [With plates, including a portrait.] 2 vol. *D'Almaine & Co.: London,* [1831.] fol.   Hirsch IV. **777**.

HAENDEL (Georg Friedrich)
—— [Messiah.] Das Autograph des Oratoriums " Messias " . . . Für die deutsche Händelgesellschaft herausgegeben von Friedrich Chrysander. pp. xv. 330.   *Hamburg,* 1892. *obl.* fol.   Hirsch IV. **971**. c.

HAENDEL (Georg Friedrich)
—— [Messiah.] Händel's Oratorium. Der Messias im Clavierauszuge von C, F, G, Schwencke mit deutschem Texte von Klopstock und Ebeling. [Vocal score.] pp. 166.   *Bey Johann August Böhme: Hamburg,* [1809.] *obl.* fol.
   Hirsch IV. **1154**.

HAENDEL (Georg Friedrich)
—— Le Messie. Oratorio en grande partition avec paroles françaises et anglaises . . . Accompag^t de piano & harmonie en petites notes par F. Gasse. 3 pt. pp. 384.   *Chez Marquerie frères: Paris,* [1840?] fol.   Hirsch IV. **779**.

HAENDEL (Georg Friedrich)
—— [Another copy.] [Messiah.] Fac-simile of the Autograph Score of Messiah . . . executed in photolithography . . . from the original in the library at Buckingham Palace. *London,* 1868. *obl.* fol.   Hirsch M. **175**.
The fly-leaf bears a MS. *dedication to Ferdinand Hiller from Hermine Rudersdorff.*

HAENDEL (Georg Friedrich)
—— [Messiah.] He was despised and rejected, Air . . . arranged by Dr. J. Clarke. pp. 3.   *R. Mills: London,* [1830?] fol.   Hirsch M. **1272**. (32.)

HAENDEL (Georg Friedrich)
—— [Another copy.] Quel fior ch'all' alba ride. Duetto. [Facsimile of the autograph.] *Munich,* 1923. *obl.* fol.
   Hirsch M. **176**.

HAENDEL (Georg Friedrich)
—— [Suite de pièces. 1st. Collection.] Clavier Suiten. pp. 69.   *Bey Hans Georg Nägeli: Zürich,* [1802.] *obl.* fol.
   Hirsch III. **233**.
Part of "Musikalische Kunstwerke im strengen Style von J. S. Bach u. andern Meistern."

HAENDEL (Georg Friedrich)
—— [Theodora.] Angels ever bright and fair. Air . . . Arranged by S. Webbe. pp. 3.   *Birchall & C°: London,* [1827?] fol.   Hirsch IV. **1297**. a. (8.)
Watermark date 1827.

HAENDEL (GEORG FRIEDRICH)
—— [Another copy.] [Venus and Adonis.] Dear Adonis. Song . . . from the Cantata Venus and Adonis . . . Edited by W. C. Smith, *etc. London*, [1938.] 4º.
Hirsch M. **902**.

HAENDEL (GEORG FRIEDRICH)
—— [Another copy.] [Venus and Adonis.] Transporting Joy. Song . . . from the Cantata Venus and Adonis . . . Edited and with a foreword by W. C. Smith, *etc. London*, [1938.] 4º.
Hirsch M. **903**.

HAENSEL (PETER)
—— Quintetto pour deux violons, deux alto et violoncelle . . . Oeuvre 11ᵉ. [Parts.] 5 pt. *Chez F. Reinhard et cᵉ: Strasbourg*, [1805?] fol. Hirsch III. **245**.
The wrapper bears the composer's autograph signature.

HAESSLER (JOHANN WILHELM)
—— Caprice, divertissement, romance et presto pour le piano-forte . . . Oeuvre 34. pp. 15. *Chez Paez: St. Petersbourg*, [1810?] fol. Hirsch III. **246**.

HAESSLER (JOHANN WILHELM)
—— Deux nouvelles fantaisies et deux sonates anciennes pour le pianoforte . . . Op: 35. pp. 21. *Chez Paez: St. Petersbourg*, [1815?] fol. Hirsch III. **247**.

HAESSLER (JOHANN WILHELM)
—— Grande gigue pour le piano-forte . . . Op. 31. Seconde édition. pp. 12. *Chez C. Wenzel: Moscou*, [1805?] fol.
Hirsch III. **248**.

HAESSLER (JOHANN WILHELM)
—— Trois parties pour le piano . . . Op: 8. Quatrième édition, corrigée et doigtée. pp. 17. *Chez C. Wenzel: Moscow*, [1805?] fol. Hirsch III. **249**.

HAESSLER (JOHANN WILHELM)
—— Trois parties pour le piano-forte . . . Op. 37. Quatrième édition, soigneusement corrigée et doigtée. pp. 20. *Chez C. Wenzel: Moscou*, [1805?] fol. Hirsch III. **250**.

HAESSLER (JOHANN WILHELM)
—— Trois sonates pour le pianoforte . . . Oeuv. 13. pp. 27. *Chez Breitkopf & Haertel: Leipsic*, [1803?] fol.
Hirsch III. **255**.

HAESSLER (JOHANN WILHELM)
—— Trois sonates pour le pianoforte . . . Oeuv. 14. pp. 29. *Breitkopf & Härtel: Leipzig*, [1804?] fol.
Hirsch III. **255**. a.

HAESSLER (JOHANN WILHELM)
—— Trois sonates expressives pour le piano forte . . . Op: 32. pp. 18. *Chez Paez: St. Petersbourg*, [1815?] fol.
Hirsch III. **252**.

HAESSLER (JOHANN WILHELM)
—— Deux grandes sonates pour le piano forte . . . Op. 33. pp. 18. *Chez Paez: St. Petersbourg*, [1815?] fol.
Hirsch III. **253**.

HAESSLER (JOHANN WILHELM)
—— Six sonatines faciles et agréables pour le piano-forte . . . Op. 40. pp. 17. *Chez F. X. Weisgaerber: [Moscow*, 1820?] fol. Hirsch III. **254**.

HAIBEL (JOHANN JAKOB)
—— [Le Nozze disturbate . . . Menuetto.] *See* BEETHOVEN (L. van) [Variations. N.p. 156.] Air [by J. J. Haibel] with Variations for the Piano Forte. [1808?] fol.
Hirsch M. **753**.

HAIGH (THOMAS) *of Manchester.*
—— *See* AVISON (Charles) Avison's Sonata, arranged by T. Haigh. [1820?] fol. [*Antient Relics for the Piano Forte.* no. 7.] Hirsch M. **1287**. (**1**.)

HAIL.
—— Hail! peaceful Night. [Song.] *See* BRENT (*Mrs.* P.)

HALBIG (HERMANN)
—— Klaviertänze des 16. Jahrhunderts. Herausgegeben von Dr. H. Halbig. ⟨Instruktive Ausgabe.⟩ pp. 28. *J. G. Cotta'sche Buchhandlung Nachfolger: Stuttgart und Berlin*, [1928.] fol. Hirsch M. **904**.

HALÉVY (JACQUES FRANÇOIS FROMENTAL ÉLIE)
—— [Another copy.] L'Éclair. Opéra comique . . . Partition, *etc. Paris*, [1836.] fol. Hirsch II. **435**.

HALÉVY (JACQUES FRANÇOIS FROMENTAL ÉLIE)
—— La Fée aux roses. Opéra comique en 3 actes . . . Paroles de MM. Scribe et de Sᵗ Georges . . . Grande partition, *etc.* pp. 529. *Brandus et cⁱᵉ; Troupenas et cⁱᵉ: Paris*, [1849.] fol. Hirsch II. **436**.

HALÉVY (JACQUES FRANÇOIS FROMENTAL ÉLIE)
—— Le Guitarrero. Opéra comique en 3 actes, paroles de Mʳ E. Scribe . . . Partition, *etc.* pp. 427. *Chez Maurice Schlesinger: Paris*, [1841.] fol. Hirsch II. **437**.
The titlepage bears a MS. dedication in the composer's autograph to Cherubini, whose name is stamped on the binding.

HALÉVY (JACQUES FRANÇOIS FROMENTAL ÉLIE)
—— [Another copy.] La Juive. Opéra . . . Partition, *etc. Paris*, [1836.] fol. Hirsch II. **438**.

HALÉVY (JACQUE FRANÇOIS FROMENTAL ÉLIE)
—— [Le Juif errant.] *See* BURGMUELLER (J. F. F.) Grande valse sur le Juif errant de F. Halévy. [1860?] fol.
Hirsch M. **1298**. (**6**.)

HALÉVY (Jacques François Fromental Élie)
—— Marche funèbre et de profundis en hébreu, à 3 voix et à grand orchestre, (avec une traduction italienne ⟨de Mr Sarchi⟩ et accompagnement de piano), *etc.* pp. 41. *Chez Ignaz Pleyel et fils: Paris,* [1820?] fol. Hirsch IV. **790.**

HALÉVY (Jacques François Fromental Élie)
—— [Another copy.] Les Mousquetaires de la reine. Opéra comique... G^{de} partition, *etc. Paris,* [1846.] fol. Hirsch II. **439.**
In this copy a German translation by J. C. Grünbaum has been added in MS. *beneath the French words.*

HALÉVY (Jacques François Fromental Élie)
—— Nizza la calabraise. [Song.] Paroles de Mr Émile Barateau. *Chez Maurice Schlesinger: Paris,* [1850?] fol. Hirsch M. **1297. (22.)**

HALÉVY (Jacques François Fromental Élie)
—— [La Reine de Chypre.] Airs de l'opera La Reine de Chypre... pour deux violons par R. Wagner. En 4 suites. Suite 4. 2 pt. *Chez Henry Lemoine: Paris,* [1845?] fol. Hirsch M. **905.**
Imperfect; wanting suites 1–3.

HALÉVY (Jacques François Fromental Élie)
—— Le Shérif. Opéra comique en trois actes. Paroles de Mr E. Scribe... Partition. pp. 519. *Chez Maurice Schlesinger: Paris,* [1839.] fol. Hirsch II. **440.**
The titlepage bears a MS. *dedication in the composer's autograph to Cherubini, whose name is stamped on the binding.*

HALÉVY (Jacques François Fromental Élie)
—— Le Val d'Andorre. Opéra comique en trois actes. Paroles de M^r de St Georges... Grande partition, *etc.* pp. 604. *Brandus et c^{ie}; Troupenas et c^{ie}: Paris,* [1848.] fol. Hirsch II. **441.**

HALÉVY (Jacques François Fromental Élie)
—— *See* Tolbecque (J. B. J.) Quadrille de contredanses... sur des motifs du Dilettante d'Avignon [by J. F. F. E. Halévy]. [1830?] *obl.* fol. Hirsch M. **591. (10.)**

HAMBUCH (W.)
—— *See* Fritze (J. C.) Der Todten-Graeber... für die Guitarre eingerichtet von W. Hambuch. [1835?] *obl.* fol. Hirsch M. **1291. (3.)**

HAMM (Johann Valentin)
—— Eine Blume auf das Grab der gefeierten Sängerin Henriette Sontag. Elegie für das Piano-Forte. pp. 3. *Bei B. Schott's Söhnen: Mainz,* [1858.] fol. Hirsch M. **1303. (9.)**

HAMM (Johann Valentin)
—— Deutscher Schützenfest Marsch, über einige Volkslieder, für das Pianoforte... Op. 133. pp. 3. *Bei G. H. Hedler's Nachfolger: Frankfurt a/M.,* [1840?] fol. Hirsch M. **1304. (6.)**

HAMMERICH (Angul)
—— [Another copy.] Mediæval Musical Relics of Denmark, *etc. Leipzig; Copenhagen printed,* 1912. fol. Hirsch M. **906.**

HANS.
—— Hans und Verene. [Song.] *See* Benedict (*Sir* Julius)

HAPPY.
—— Happy Days and happy Nights. [Song.] *See* Glover (Stephen) [*Cheerful Songs for the Home Circle.* No. 1.]

HAPPY.
—— The Happy Hour to meet. Duet. *See* Lover (Samuel) [*The Greek Boy.*]

HARBORDT (Gottfried) *See* Harbordt (J. G.)

HARBORDT (Johann Gottfried)
—— Thème avec XII variations pour piano-forte et flûte, *etc. Bei Wittwe Burx: Darmstadt,* [1815?] *obl.* fol. Hirsch III. **256.**
Imperfect; wanting the flute part.

HARDER (August)
—— Tiedge's lyrische Gedichte in Musik gesetzt, *etc.* Hft. 1. pp. 33. *Im Kunst- und Industrie-Comptoir: Berlin,* [1805?] *obl.* fol. Hirsch III. **792.**
No more published.

HARDER (August)
—— *See* Himmel (F. H.) Zwölf alte deutsche Lieder des Knaben Wunderhorn mit Begleitung des Pianoforte (oder der Guitarre, von Harder gesetzt), *etc.* [1808.] *obl.* fol. Hirsch III. **839.**

HARROW REPLICAS.
—— [Another copy.] The Harrow Replicas. no. 1–4, 6–8. *Cambridge,* 1942–45. *obl.* 8º & 8º. Hirsch M. **177.**
Imperfect; wanting no. 5.

HASLINGER (Tobias)
—— Das neubeglückte Oesterreich, oder Triumph des Wiedersehens bey Franz I. Rückkehr zu seinen Landeskindern. Ein grosses Tongemälde für das Piano-Forte... 18tes Werk. pp. 14. *Auf Kosten des Herausgebers: Wien,* [1814.] fol. Hirsch III. **257.**
The wrapper bears an engraved illustration.

HAST.
—— Hast du nicht einen Gruss für mich. [Song.] *See* Marschner (N. A.) Sechs Liebeslieder von Hoffmann von Fallersleben... Op. 155. No. 6.

HATZFELD (Émile)
—— [Another copy.] Masterpieces of Music. Edited by E. Hatzfeld. *London & Edinburgh,* [1912.] 4º. Hirsch M. **907.**
An imperfect set, comprising only the volumes on Beethoven, Haydn, Mendelssohn, Mozart, Rossini, Schubert, Schumann and Tschaikowsky.

HAUER (Josef Matthias)

—— Erste Suite für Orchester . . . Op. 31. Partitur, *etc.* pp. 82. *Schlesinger'sche Buch- und Musikhandlung: Berlin; Carl Haslinger: Wien*, [1925.] fol.
Hirsch M. **908**.

HAUSCHILD (J. G.)

—— Fest-Walzer. Schottisch zur Eröffnung des neuen Postgebäudes zu Leipzig, für das Pianoforte . . . Liv. 55. pp. 5. *G. Schubert; Leipzig*, [1835?] fol.   Hirsch M. **1304**. (**7**.)
Imperfect; wanting pp. 3, 4.

HAUTMANN (Charles Louis de)

—— IV: allemandes avec trios et IV: angloises pour le clavecin ou pianoforte. ⟨Op: I.⟩ pp. 3.   *Chez Theob: Senefelder et comp.: Munic*, 1804. obl. fol.   Hirsch III. **259**.
Lithographed throughout.

HAWES (William)

—— See WEBER (C. M. F. E. von) [*Der Freischütz.*] The Whole of the Music consisting of Overture Songs, Duetts, Trios, and concerted Pieces . . . Arranged for the English stage by W. Hawes, *etc.* [1825?] fol.   Hirsch IV. **1292**.

HAYDN (Franz Joseph) [*Collected Works.—a. Complete Works and Large Collections.*]

—— [Another copy.] Joseph Haydns Werke. Erste kritisch durchgesehene Gesamtausgabe, *etc.* ser. 1. Bd. 1–4. ser. 14. Bd. 1–3. ser. 16. Bd. 5, 6/7. ser. 20. Bd. 1. *Leipzig*, [1908–32.] fol.   Hirsch IV. **973**.
No more published.

HAYDN (Franz Joseph) [*Collected Works.—b. Instrumental Collections and Arrangements.*]

—— Münchner Haydn-Renaissance. Unbekannte Werke . . . aufgefunden und für den Vortrag eingerichtet von Adolf Sandberger. Abt. 1. no. 1. Abt. 2. no. 1, 2. Abt. 4. no. 2. *München*, 1934–[1936]. fol.   Hirsch M. **909**.
Imperfect; wanting all the other numbers.

HAYDN (Franz Joseph) [*Collected Works.—d. Pianoforte Selections and Arrangements.—Smaller Collections.*]

—— The Beauties of Haydn. Being a selection of the most esteemed sonatas composed . . . for the piano forte with accompaniments ⟨violin & violoncello⟩. [Parts.] bk. 3. *Preston: London*, [1815?] fol.   Hirsch M. **1290**. a. (**1**.)
Imperfect; wanting bk. 1, 2, 4–6.

HAYDN (Franz Joseph) [*Collected Works.—d. Pianoforte Selections and Arrangements.—Smaller Collections.*]

—— Contredanse und Zingarese, für Klavier zu zwei Händen. ⟨Herausgegeben von Otto Erich Deutsch.⟩ Zum erstenmal veröffentlicht. pp. 13.   *Ed. Strache: Wien*, [1930.] 4°.   Hirsch M. **910**.

HAYDN (Franz Joseph) [*Collected Works.—e. Miscellaneous Vocal Selections.*]

—— Szene der Berenice (1795). (Text aus Pietro Metastasios " Antigone.") Arie der Errisena (1787). (Text aus Pietro Metastasios " Alessandro nell'Indie.") Für eine Sopranstimme mit Begleitung des Orchesters. Herausgegeben, für dem Konzertgebrauch bearbeitet und mit deutschem Text versehen von Alfred Orel. Partitur mit Klavierauszug (vom Herausgeber). pp. 41.   *Musikwissenschaftlicher Verlag: Leipzig, Wien*, [1937.] fol.
Hirsch M. **911**.

HAYDN (Franz Joseph)

—— Ariette avec variations. [P.F., in A major. Edited by A. F. Marmontel.] pp. 9.   *Heugel et c*^{ie}*: Paris*, [1850?] fol.   Hirsch M. **1294**. (**3**.)
Part of " Édition classique."

HAYDN (Franz Joseph)

—— VI Canon für Canto Primo, Canto Secondo, Tenor & Bass. [Parts.] 4 pt.   *In der Gombart'schen Musikhandlung: Augsburg*, [1810?] obl. 4°.   Hirsch III. **805**.

HAYDN (Franz Joseph)

—— 42 Canons für drey und mehrere Singstimmen, *etc.* [Score.] pp. 34.   *Bey Breitkopf & Härtel: Leipzig*, [1810.] obl. fol.   Hirsch III. **806**.

HAYDN (Franz Joseph)

—— [VI Original Canzonettas.] Englische Canzonetten. Eingeleitet und herausgegeben von Ludwig Landshoff. Deutsche Nachdichtungen von Karl Wolfskehl. pp. lxi. 56. *Drei Masken Verlag: München*, 1924. 8°.
Hirsch M. **178**.
One of the " Musikalische Stundenbücher."

HAYDN (Franz Joseph)

—— Concert in D dur für Violoncell und Orchester. [Op. 101.] . . . Bearbeitet, neu instrumentirt und mit Cadenzen versehen von F. A. Gevaert. Partitur, *etc.* pp. 41. *Breitkopf & Härtel: Leipzig*, [1895?] fol. Hirsch M. **912**.
Part of " Breitkopf & Härtel's Partitur Bibliothek."

HAYDN (Franz Joseph)

—— Konzert, D-dur, Opus 101, für Violoncello und Orchester. Partitur, nach dem Stimmen-Erstdruck der Preussischen Staatsbibliothek zu Berlin herausgegeben von Kurt Soldan. pp. 44.   *C. F. Peters: Leipzig*, [1934.] fol.
Hirsch M. **913**.

HAYDN (Franz Joseph)

—— La Création du monde. Oratorio en trois parties . . . Traduit de l'allemand, mis en vers français par Joseph A. Ségur. Arrangé . . . par D. Steibelt, *etc.* [Score. With a frontispiece.] pp. 1–324.   *Chez M*^{elles} *Erard: Paris*, [1801.] fol.   Hirsch IV. **803**.
Imperfect; wanting all after p. 324, containing the final chorus. This copy contains separate parts, printed in score, for three trombones and contra-bassoons.

HAYDN (Franz Joseph)
—— La Création. Oratorio. Traduit de l'allemand et mis en vers français par Desriaux et en italien par * * * * * ... Gravée par Lobry. [Score.] pp. 311. *Chez Pleyel: Paris*, [1802?] fol. Hirsch IV. **804**.

HAYDN (Franz Joseph)
—— [The Creation.] Die Schoepfung. Ein Oratorium ... The Creation, *etc.* [Score.] pp. 303. *Bey Breitkopf & Härtel: Leipzig*, [1805?] fol. Hirsch IV. **800**.

HAYDN (Franz Joseph)
—— [Another copy.] The Creation, an Oratorio ... Die Schöpfung, *etc.* [Score.] *Leipzig*, [1820?] fol. Hirsch IV. **801**.

HAYDN (Franz Joseph)
—— [The Creation.] Die Schöpfung. (The Creation.) Oratorium ... Partitur. pp. ii. 245. *C. F. Peters: Leipzig*, [1879.] fol. Hirsch IV. **802**.
Edition Peters. no. 1029.

HAYDN (Franz Joseph)
—— [The Creation.—Graceful Consort.] Duett im Klavierauszug .. Holde Gattin ... Près de toi. pp. 11. *Bei Ferd. Sam. Lischke: Berlin*, [1820?] *obl.* fol.
Hirsch III. **811**.

HAYDN (Franz Joseph)
—— [Divertimento, Feldpartita, für 8 stimmigen Bläserchor.—Chorale St. Antoni.] *See* BRAHMS (J.) Variationen über ein Thema von Jos. Haydn für Orchester. Op. 56ª. [1898?] 8°. Hirsch M. **94**.

HAYDN (Franz Joseph)
—— Unbekanntes Divertimento in C-dur für 2 Oboen, 2 Hörner und 2 Fagotte. Aufgefunden und für den Vortrag eingerichtet von Adolf Sandberger. [Score.] pp. 8. *München*, [1935.] fol. [*Münchner Haydn-Renaissance.* Abt. 4. no. 2.] Hirsch M. **909**.

HAYDN (Franz Joseph)
—— [Gott erhalte Franz den Kaiser.] Inno nazionale austriaco, per S. M. I. R. Ap. Ferdinando I°. Poesia del signor J. C. Barone di Sedlitz ... Traduzione italiana del professore Cesare Arici, *etc.* ⟨In partitura.⟩ pp. 5. *Presso Gio. Ricordi: Milano*, [1838.] fol. Hirsch IV. **794**.

HAYDN (Franz Joseph)
—— Haydn's Schwanengesang. *See infra:* Hin ist alle meine Kraft.

HAYDN (Franz Joseph)
—— [Die heiligen Zehn Gebote.] Die Zehn Gebote der Kunst. Zehn Canons. pp. 8. *Bey Breitkopf & Härtel: Leipzig*, [1810?] *obl.* fol. Hirsch III. **812**. a.

HAYDN (Franz Joseph)
—— Hin ist alle meine Kraft. *Haydn's Schwanengesang.* Quartett für vier Singstimmen mit Begleitung des Klaviers. [Score.] pp. 7. *Bei Joh. André: Offenbach a/M.*, [1807?] *obl.* fol. Hirsch III. **809**.

HAYDN (Franz Joseph)
—— Holde Gattin. *See supra:* [*The Creation.—Graceful Consort.*]

HAYDN (Franz Joseph)
—— Ihr schönen aus der Stadt. *See infra:* [*The Seasons.—Ye Ladies bright and fair.*]

HAYDN (Franz Joseph)
—— Inno nazionale austriaco. *See supra:* [*Gott erhalte Franz den Kaiser.*]

HAYDN (Franz Joseph)
—— [Another copy.] Messe à 4 voix avec accompagnement de 2 violons, viola et basse, 2 hautbois, 2 clarinettes, 2 bassons, trompettes, timbales et orgue ... No. I. Partition. *Leipsic*, [1802.] *obl.* fol. Hirsch IV. **797**. (**1**.)

HAYDN (Franz Joseph)
—— [Another copy.] Messe à 4 voix avec accompagnement de 2 violons, viola et basse, une flûte, 2 hautbois, 2 clarinettes, 2 bassons, 2 cors, 2 trompettes, timbales et orgue ... No. II. Partition. *Leipsic*, [1803?] *obl.* fol.
Hirsch IV. **797**. (**2**.)

HAYDN (Franz Joseph)
—— [Another copy.] Messe à 4 voix avec accompagnement de 2 violons, viola et basse, une flûte, 2 hautbois, 2 bassons, 2 cors, 3 trompettes, timbales et orgue ... No. III. Partition. *Leipsic*, [1804?] *obl.* fol. Hirsch IV. **797**. (**3**.)

HAYDN (Franz Joseph)
—— [Another copy.] Messe à 4 voix avec accompagnement de 2 violons, alto et basse, 2 hautbois, 2 clarinettes, 2 bassons, 2 cors, 2 trompettes, timbales et orgue ... No. IV. Partition. *Leipsic*, [1805?] *obl.* fol.
Hirsch IV. **797**. (**4**.)

HAYDN (Franz Joseph)
—— [Another copy.] Messe à 4 voix, avec accompagnement de 2 violons, viola et basse, 2 hautbois, 2 cors, 2 trompettes, timbales et orgue ... No. V. Partition. *Leipsic*, [1806?] *obl.* fol. Hirsch IV. **797**. (**5**.)

HAYDN (Franz Joseph)
—— [Another copy.] Messe à 4 voix, avec accompagnement de 2 violons, viola et basse, flûte, 2 hautbois, 2 clarinettes, 2 bassons, 2 cors, 2 trompettes, timpales [*sic*] et orgue ... No. VI. Partition. *Leipsic*, [1808.] *obl.* fol.
Hirsch IV. **797**. (**6**.)

HAYDN (Franz Joseph)
—— Motette. *See infra:* [*Il Ritorno di Tobia.—Svanisce in un momento.*]

HAYDN (Franz Joseph)
—— Notturno Nr. 3 in G-dur für Flöte, Oboe (ursprünglich 2 Liren), 2 Hörner, 2 Violinen, 2 Violen, Celli, Bass und Cembalo. Aufgefunden und für den Vortrag eingerichtet von Adolf Sandberger. [Score.] pp. 25. *München*, [1936.] fol. [*Münchner Haydn-Renaissance.* Abt. 2. no. 2.]
Hirsch M. **909**.

HAYDN (Franz Joseph)
—— [Another copy.] Orfeo e Euridice. Dramma per musica ... in partitura, *etc. Lipsia*, [1808?] fol.
Hirsch II. **443**.
Otto Jahn's copy, with his bookplate.

HAYDN (Franz Joseph)
—— Unbekannte Partita in B-dur, *etc.* ⟨Für Streicher, zwei Oboen, ein Fagott, zwei Hörner, Orgel und Cembalo.⟩ [Edited in score by Adolf Sandberger.] pp. 20. *München,* [1934.] fol. [*Münchner Haydn-Renaissance. Abt. 2. no. 1.*]
Hirsch M. **909**.

HAYDN (Franz Joseph)
—— [Quartets.] [Another copy.] Deux tables thematiques et chronologiques des quatuors pour deux violons, alto et violoncelle en partition de Joseph Haydn. *Berlin,* [1845.] 8°.
Hirsch III. **264**. a.
Wilhelm Rust's copy, with a short list of Haydn's works in his autograph inserted.

HAYDN (Franz Joseph)
—— [Quartets. Op. 20, 33, 50, 71, 74, 76.] [Another copy.] Œuvres d'Haydn en partitions. Quatuors, *etc.* tom. 1, 3-9. *Paris,* [1802?] 8°.
Hirsch III. **283**.
Part of " Bibliothèque musicale." Imperfect; wanting tom. 2, 10.

HAYDN (Franz Joseph)
—— [Quartets. Op. 20, 33, 50, 71, 74, 76.] Œuvres d'Haydn en partitions. Quatuors ... Gravés par Lobry. tom. 6, 9. *Chez Richault: Paris,* [1815?] 8°. Hirsch III. **283**. a.
Imperfect; wanting tom. 1-5, 7, 8, 10.

HAYDN (Franz Joseph)
—— [Quartets. Op. 1, 2, 3, 9, 17, 20, 33, 42, 50, 51, 54, 55, 64, 71, 74, 76, 77, 103.] [Partition des quatuors de J. Haydn. Nouvelle édition.] 83 no. [*Trautwein & comp.: Berlin,* 1840-45.] 8°. Hirsch III. **264**.
Imperfect; wanting the wrappers, from which the title and imprint are taken.

HAYDN (Franz Joseph)
—— [Quartets. Op. 1, 2, 3, 9, 17, 20, 33, 42, 50, 51, 54, 55, 64, 71, 74, 76, 77, 103.] Joseph Haydn's Quartetten für zwei Violinen, Viola u. Violoncello. Partitur-Ausgabe. 6 vol. *Bei K. Ferd. Heckel: Mannheim,* [1860?, 1855-70?] 16°. Hirsch III. **272**.

HAYDN (Franz Joseph) [3. *Instrumental Works.—d. Quartets.*]
—— Collection complette des quatuors d'Haydn ... Gravée par Richomme. [Parts. With a portrait.] 4 vol. *Chez Pleyel: Paris,* [1802?] fol. Hirsch III. **273**.

HAYDN (Franz Joseph)
—— [Quartets. Op. 1, 2, 3, 9, 17, 20, 33, 42, 50, 51, 54, 55, 64, 71, 74, 76, 77, 103.] Collection complette des quatuors d'Haydn ... Gravée par Richomme. [Parts. With a portrait.] 4 vol. *Chez Pleyel: Paris,* [1805?] fol.
Hirsch III. **273**. a.

SIG. 28.—PART 53.

HAYDN (Franz Joseph)
—— [Quartets. Op. 1, 2, 3, 9, 17, 20, 33, 42, 50, 51, 54, 55, 64, 71, 74, 76, 77, 103.] Quatuors ... pour deux violons, alto et basse, mis en collection. [Parts. With a portrait.] 4 vol. *Chez Sieber père: Paris,* [1806?] fol.
Hirsch IV. **1612**.
This edition includes the extra quartet " Op. 1, No. 1." The titlepage of the volume containing the first violin parts bears the signature " Ve Sieber."

HAYDN (Franz Joseph)
—— [Quartets. Op. 9, 17, 20, 54, 55, 64, 71, 74, 76, 77.] Collection des quatuors originaux de J. Haydn. [Parts.] 4 vol. *Chez C. F. Peters: Leipzig,* [1815?] fol.
Hirsch III. **277**.

HAYDN (Franz Joseph)
—— [Quartets. Op. 1, 2, 3, 9, 17, 20, 33, 42, 50, 51, 54, 55, 64, 71, 74, 76, 77, 103.] Collection complète des quatuors d'Haydn. Nouvelle édition. Gravée par Richomme. [Parts. With a portrait.] 4 vol. *Chez Ignaz Pleyel & fils: Paris,* [1820?] fol. Hirsch III. **274**.

HAYDN (Franz Joseph)
—— [Quartets. Op. 9, 17, 20, 33, 50, 54, 55, 64, 71, 74, 76, 77.] Quatuors pour deux violons, alto et basse. [Parts.] 4 vol. *Janet et Cotelle: Paris,* [1820?] fol.
Hirsch III. **279**.
Part of " Œuvres choisies de J. Haydn."

HAYDN (Franz Joseph)
—— [Quartets. Op. 1, 2, 3, 9, 17, 20, 33, 42, 50, 51, 54, 55, 64, 71, 74, 76, 77, 103.] [Another copy.] A Complete Collection of Haydn's Quartetts. Being a corrected copy of the Paris edition. [Parts.] *London,* [1834?] fol.
Hirsch III. **270**.

HAYDN (Franz Joseph)
—— [Quartets. Op. 1, 2, 3, 9, 17, 20, 33, 42, 50, 51, 54, 55, 64, 71, 74, 76, 77, 103.] A Complete Collection of Haydn's Quartetts. Being a corrected copy of the Paris edition. [Parts. With a portrait.] 4 vol. *Monro and May: London,* [1840?] fol.
Hirsch III. **271**.

HAYDN (Franz Joseph)
—— [Quartets. Op. 1, 2, 3, 9, 17, 20, 33, 50, 51, 54, 55, 64, 71, 74, 76, 77, 103.] Vollständige Sammlung der Quartetten für zwei Violinen, Viola u. Violoncello von J. Haydn. Neue Ausgabe. Revidirt und mit Tempobezeichnung versehen von Carl Lipinski. [Parts. With a portrait.] 4 vol. *Bei Wilhelm Paul: Dresden,* [1848-52.] fol.
Hirsch III. **266**.

HAYDN (Franz Joseph)
—— [Quartets. Op. 1, 2, 3, 9, 17, 20, 33, 42, 50, 51, 54, 55, 64, 71, 74, 76, 77, 103.] Jos. Haydn's sämmtliche Quartette ... Neue vollständige Ausgabe nach den Originalen revidirt von Friedrich Hermann. [Parts.] 4 vol. *A. H. Payne: Leipzig,* [1863, 64.] fol. Hirsch III. **268**.

HAYDN (Franz Joseph)

—— [Quartets. Op. 1, 2, 3, 9, 17, 20, 33, 42, 50, 51, 54, 55, 64, 71, 74, 76, 77, 103.] Quatuors pour 2 violons, alto et violoncelle. [Parts.] 4 vol. *Henry Litolff's Verlag: Braunschweig*, [1870?] fol. Hirsch III. **265**.

HAYDN (Franz Joseph)

—— [Quartets. Op. 1, 2, 3, 9, 17, 20, 33, 42, 50, 51, 54, 55, 64, 71, 74, 76, 77, 103.] Collection de quatuors pour 2 violons, viola et violoncelle. [Parts.] 4 vol. *C. F. Peters: Leipzig*, [1895?] fol. Hirsch III. **269**.

HAYDN (Franz Joseph)

—— [Quartets. Op. 1, 2, 3, 9, 17, 20, 33, 42, 50, 51, 54, 55, 64, 71, 74, 76, 77, 103.] Sämmtliche Quartette für 2 Violinen, Viola und Violoncell. Genau revidirt, und mit Fingersatz-, Bogenstrich-, und Vortragszeichen versehen von Reinhold Jockisch. [Parts. With a portrait.] 4 vol.
A. Payne's Musikverlag: Leipzig, [1896.] fol.
Hirsch III. **267**.

HAYDN (Franz Joseph)

—— [Quartets. Op. 1.] Six quatuor à deux violons, taille, et basse obligés ... Opera I. [Parts.] 4 pt.
Preston & Son: London, [1806?] fol. Hirsch IV. **1611**. b.
Watermark date 1806.

HAYDN (Franz Joseph)

—— [Another copy.] Quartet Opus I. No. 1. Newly edited ... by Marion M. Scott ... Score, *etc. London*, 1931. 4º.
Hirsch M. **179**.

HAYDN (Franz Joseph)

—— [Quartets. Op. 2.] Six quatuors à deux violons, taille et basse obligés ... Opera [II.] [Parts.] 4 pt.
Preston & Son: London, [1807?] fol. Hirsch III. **275**. a.
Watermark date 1807.

HAYDN (Franz Joseph)

—— [Quartets. Op. 2.] Six quatuor à deux violons, taille et basse obligés ... Opera [II.] [Parts.] 4 pt. *Preston & Son: London*, [1808?] fol. Hirsch III. **275**.
Watermark date 1808.

HAYDN (Franz Joseph)

—— [Quartets. Op. 9.] VI quatour [*sic*], à deux violons, taille et basse ... Opera VII. [Parts.] 4 pt. *Muzio Clementi & Cº: London*, [1807?] fol. Hirsch III. **278**.
Watermark date 1807.

HAYDN (Franz Joseph)

—— [Quartets. Op. 17.] VI quatour [*sic*] à deux violons, taille et basse ... Opera [9.] [Parts.] 4 pt. *Muzio Clementi & Cº: London*, [1808?] fol. Hirsch III. **278**. a.

HAYDN (Franz Joseph)

—— [Quartets. Op. 20.] A Second Sett of Six grand Quartetto's for two Violins, a Tenor and Violoncello Obligato ... Opera 16th. [Parts.] 4 pt. *J. Preston: London*, [1807?] fol. Hirsch III. **282**.
Watermark date 1807.

HAYDN (Franz Joseph)

—— [Quartets. Op. 64. No. 1–3.] Trois quatuors pour deux violons, viole et violoncelle ... 1. œuvre des quatuors. Livre [1.] [Parts.] 4 pt. *Chez Artaria comp.: Vienne*, [1805.] fol. Hirsch IV. **1614**.

HAYDN (Franz Joseph)

—— [Quartets. Op. 64. No. 4–6.] Trois quatuors pour deux violons, viole et violoncelle ... [4] œuvre des quatuors. Livre [2.] [Parts.] 4 pt. *Chez Artaria comp.: Vienne*, [1805.] fol. Hirsch IV. **1615**.

HAYDN (Franz Joseph)

—— [Quartets. Op. 71.] Trois quatuors pour deux violons, alto, et violoncello ... Op. 72. [Parts.] 4 pt. *Corri, Dussek & Cº: London*, [1804?] fol. Hirsch III. **295**.
Watermark date 1804.

HAYDN (Franz Joseph)

—— [Quartets. Op. 74.] Trois quatuors pour deux violons, alto, et violoncello ... Op. 72. [Parts.] 4 pt. *Corri, Dussek & Cº: London*, [1803?] fol. Hirsch III. **296**.
Watermark date 1803. *The opus number has been corrected in ink to* 74.

HAYDN (Franz Joseph)

—— [Quartets. Op. 76. No. 1–3.] Three Quartets for two Violins, Tenor & Violoncello ... Op. 76. [Parts.] 4 pt. *Muzio Clementi & Compy: London*, [1806?] fol.
Hirsch III. **297**.
Watermark date 1806.

HAYDN (Franz Joseph)

—— [Quartets. Op. 76. No. 4–6.] Three Quartets for two Violins, Tenor & Violoncello ... Op. 76. [Parts.] 4 pt. *Muzio Clementi & Compy: London*, [1807?] fol.
Hirsch III. **298**.
Watermark date 1807.

HAYDN (Franz Joseph)

—— [Quartets. Op. 77.] Deux quatuors pour deux violons, alto et violoncelle ... Op. 77. [Parts.] 4 pt. *Chez J. Dale: London*, [1805?] fol. Hirsch IV. **1616**. b.

HAYDN (Franz Joseph)

—— [Quartets. Op. 77.] Two Quartetts, for two Violins, Tenor & Violoncello ... Op. 80. [Parts.] 4 pt. *Clementi, Banger, Hyde, Collard & Davis: London*, [1805?] fol. Hirsch III. **300**.
Watermark date 1805.

HAYDN (Franz Joseph)

—— [Quartets. Op. 103.] The Eighty Third and last Quartett, for two Violins, Tenor, & Bass, *etc*. [Parts.] 4 pt. *Clementi, Banger, Hyde, Collard & Davis: London*, [1804?] fol. Hirsch III. **301**.
Watermark date 1804.

HAYDN (Franz Joseph)
—— [Il Ritorno di Tobia.—Svanisce in un momento.] Insanae et vanae curae. (Des Staubes eitle Sorgen.) Motette für 4 Singstimmen mit Begleitung des Orchesters . . . Partitur. pp. 33. *Bei Breitkopf & Härtel: Leipzig*, [1860?] fol. Hirsch IV. **798**.

HAYDN (Franz Joseph)
—— [Il Ritorno di Tobia.—Svanisce in un momento.] Motette. (Insanae et vanae curae. Des Staubes eitle Sorgen.) Für vier Singstimmen und Orchester . . . Singstimmen. 4 pt. *Bei Breitkopf & Härtel: Leipzig*, [1846?] fol. Hirsch IV. **798**. a.

HAYDN (Franz Joseph)
—— Der schlaue Pudel für Gesang mit Klavierbegleitung. *Bei Breitkopf und Härtel: Leipzig*, [1806.] obl. fol. Hirsch III. **808**.

HAYDN (Franz Joseph)
—— [Scottish Songs.] A Select Collection of Original Scottish Airs . . . with . . . symphonies and accompaniments for the piano forte, violⁿ or flute & violoncello by Pleyel, Haydn, etc. 1826. fol. *See* THOMSON (George) Hirsch IV. **1705**.

HAYDN (Franz Joseph)
—— [Scottish Songs.] The Select Melodies of Scotland, interspersed with those of Ireland and Wales . . . with symphonies & accompaniments for the piano forte by Pleyel . . . Haydn, etc. 1822, [23]. 8º. *See* THOMSON (George) Hirsch IV. **455**. a.

HAYDN (Franz Joseph)
—— [Scottish Songs.] Thomson's Collections of the Songs of Burns, Sir Walter Scott . . . United to the Select melodies of Scotland, and of Ireland & Wales. With symphonies & accompaniments for the piano forte by Pleyel, Haydn, etc. [1825.] 8º. *See* THOMSON (George) Hirsch IV. **455**. b.

HAYDN (Franz Joseph)
—— [A Selection of Original Scots Songs in Three Parts.] Zwölf schottische Volkslieder. Für eine Singstimme mit Klavier, Violine und Violoncell. Deutscher Text von Hugo Engelbert Schwarz. Musikalische Bearbeitung von Eusebius Mandyczewski. 4 pt. **F.P.** *Universal-Edition A.G.: Wien, New York*, [1921.] 4º. [*Musikalische Seltenheiten.* Bd. 2.] Hirsch M. **856**.
No. 24 of an edition of fifty copies.

HAYDN (Franz Joseph)
—— [The Seasons.] Die Jahreszeiten, nach Thomson . . . Partitur. Ger. & Fr. 2 Abt. pp. 496. *Bey Breitkopf & Hærtel: Leipzig*, [1802.] fol. Hirsch IV. **795**.

HAYDN (Franz Joseph)
—— [Another copy.] [The Seasons.] Die Jahreszeiten, nach Thomson . . . Partitur. Ger. & Eng. *Leipzig*, [1802.] fol. Hirsch IV. **795**. a.

HAYDN (Franz Joseph)
—— [The Seasons.] Die Jahreszeiten. Oratorium . . . Partitur. pp. 312. *C. F. Peters: Leipzig*, [1885?] fol. Hirsch IV. **796**.
Edition Peters. no. 1447.

HAYDN (Franz Joseph)
—— [The Seasons.] Die Jahreszeiten. Nach Thomson . . . Für das Klavier übersetzt von Sigmund Neukomin. [Vocal score.] 4 Tl. pp. 240. *Bey T. Mollo e Comp.: Wien*, [1805?] obl. fol. Hirsch IV. **1156**.

HAYDN (Franz Joseph)
—— [The Seasons.—Ye Ladies bright and fair.] Ihr Schönen aus der Stadt für das Clavier. Duetto. pp. 11. *Bey Johann Cappi: Wien*, [1801?] obl. fol. Hirsch III. **801**.

HAYDN (Franz Joseph)
—— [Sonatas.] Quatuors d'après les sonates d'Haydn. Faisant suite à la collection des quatuors du même auteur . . . Gravés par Richomme. [Parts.] 4 vol. *Chez Pleyel: Paris*, [1815?] fol. Hirsch III. **302**.

HAYDN (Franz Joseph)
—— Dernière sonate pour le piano avec accompagnement de violon. *See infra*: [*Trio.* No. 15.]

HAYDN (Franz Joseph)
—— [Another copy.] Stabat Mater à 4 voci coll'accompagnamento dell'orchestra . . . Partitura, etc. *Leipzig*, [1803.] fol. Hirsch IV. **806**.

HAYDN (Franz Joseph)
—— [Another copy.] [The Storm.] La Tempesta. Coro coll'accompagnamento dell'orchestra . . . Der Sturm . . . In Partitur, etc. *Leipzig*, [1802.] fol. Hirsch IV. **809**.

HAYDN (Franz Joseph)
—— [Symphonies. B. & H. No. 6, 41, 44, 45, 48, 51, 53, 57, 61, 63, 64, 66, 67, 69–71, 75, 83, 85, 90–93, 95, 98, Overture No. 14.] Partition des symphonies d'Haydn, *etc.* ⟨Gravé par Guyot.⟩ no. 1–26. *Chez le Duc: Paris*, [1802–10.] fol. Hirsch III. **306**.

HAYDN (Franz Joseph)
—— [Symphonies. B. & H. No. 99, 102–104.] Œuvres d'Haydn en partitions. Simphonies . . . Gravés par Richomme. [With a portrait.] tom. 1–4. *Chez Pleyel: Paris*, [1802?] 8º. Hirsch III. **314**.
Part of "*Bibliothèque musicale.*"

HAYDN (Franz Joseph)
—— [Symphonies. B. & H. No. 93, 94, 99, 101, 103, 104.] Sinfonie de Jos. Haydn. Partition. no. 1–6. *Chez Breitkopf & Härtel: Leipsic*, [1806–08.] fol. Hirsch IV. **1620**.

HAYDN (Franz Joseph)

—— [Another copy.] A Compleat Collection of Haydn, Mozart, and Beethoven's Symphonies, in score, *etc. London*, [1807–09.] 4⁰.　　　　Hirsch III. **307**.

　　Haydn's symphonies B. & H. no. 41, 44, 45, 51, 53, 57, 64, 66, 69–71, 75, 83, 85, 90–92, *overture no.* 14 ; *Mozart's overtures to " Figaro " and " Die Zauberflöte " and symphonies K.* 504, 543, 550, 551 ; *Beethoven's symphonies op.* 21, 36, 55.

HAYDN (Franz Joseph)

—— [Symphonies. B. & H. No. 6, 41, 44, 45, 48, 51, 53, 57, 61, 63, 64, 66, 67, 69–71, 75, 83, 85, 90–93, 95, 98, Overture 14.] Collection choisie des symphonies d'Haydn en partition. Publiées, mises en ordre, enrichies du portrait, et d'une notice sur la vie de l'auteur, par A. Choron. 3 tom. 26 no.　*Chez Aug^te Le Duc : Paris*, [1815 ?]　fol.
　　　　　　　　　　　　　　　Hirsch IV. **1618**.

　　Imperfect ; wanting the portrait, the " notice," and the titlepage to tom. 2.

HAYDN (Franz Joseph)

—— [Symphonies. B. & H. No. 94, 100–104.] Sinfonies ... en partitions. no. 1–6.　*Chez Ed. Bote & G. Bock : Berlin*, [1838 ?]　8⁰.　　　　Hirsch III. **310**.

—— [Another issue of no. 1–3. B. & H. No. 94, 102, 104.] *Berlin*, [1840 ?] 8⁰.　　　　Hirsch III. **310**. a.

HAYDN (Franz Joseph)

—— [Symphonies. B. & H. No. 101.] Symphonien in Partitur. no. 5.　　*Bei Ed. Bote & G. Bock : Berlin u. Breslau*, [1850 ?]　8⁰.　　　Hirsch III. **310**. b.

　　Imperfect ; wanting no. 1–4, 6.

HAYDN (Franz Joseph)

—— [Another copy.] The Symphonies of Haydn, Schubert and Mozart in score, *etc.　Cambridge ; printed in U.S.A.*, [1945.]　fol.　[*Miniature Score Series.* vol. 3.]
　　　　　　　　　　　　　　　Hirsch M. **1270**.

　　Haydn's Symphonies B. & H. no. 45, 92, 97, 100, 101, 104 ; *Schubert's symphonies no.* 5, 7, 8 ; *Mozart's symphonies K.* 385, 425, 504, 543, 550, 551.

HAYDN (Franz Joseph)

—— [Symphonies. B. & H. No. 99, 102, 104.] Trois qatuors [sic] pour deux violons, viola, & violoncelle ... Oeuvre XXXXIV. [Parts.] 4 pt.　*Chés J. J. Hummel : Berlin, Amsterdam*, [1804 ?]　fol.　Hirsch III. **315**.

HAYDN (Franz Joseph)

—— [Symphonies. B. & H. No. 45.—Finale and Adagio.] Abschieds-Sinfonie für Orchester. Partitur, *etc.* pp. 19. *Bei Joh. André : Offenbach a/M.*, [1860 ?] 8⁰.
　　　　　　　　　　　　　　　Hirsch M. **180**.

HAYDN (Franz Joseph)

—— [Symphonies. B. & H. No. 94.] Haydn's Celebrated Grand Symphonie No. [3]. Composed for & performed at Salomons Concerts, adapted for the piano forte with an accompaniment for the violin & violoncello (ad libitum). *Preston : London*, [1815 ?] fol.　Hirsch M. **1284**. (**16**.)

　　Watermark date 1815. *Imperfect ; wanting the accompaniments.*

HAYDN (Franz Joseph)

—— [Symphonies. B. & H. No. 99.] Sinfonia. Haydn, par Ebers. ⟨Violino primo.—Violino secondo.—Viole.—Basso e violoncello.—Clarinetto primo.—Clarinetto secondo.—Corno primo.—Corno secondo.⟩ [Parts.] 8 pt. *Jean André : Offenbach s/M.*, [1809.] fol.
　　　　　　　　　　　　　　　Hirsch IV. **1094**.

　　Lithographed throughout. Without titlepage. Imperfect ; wanting the parts for flutes, oboes, bassoon, trumpets and timpani.

HAYDN (Franz Joseph)

—— [Symphonies. B. & H. No. 100.—Allegretto.] *See* STEIBELT (Daniel) Haydn's celebrated Military Movement with variations & an introduction, *etc.* [1813 ?] fol. [*Piano Forte Journal.* no. 2.]　Hirsch M. **1282**. (**28**.)

HAYDN (Franz Joseph)

—— [Symphonies.] Unbekannte Sinfonie in B-dur, *etc.* ⟨Für Streicher, zwei Oboen, zwei Hörner, Cembalo.⟩ [Edited in score by Adolf Sandberger.] pp. 38.　*München*, [1934.] fol.　[*Müncher Haydn-Renaissance.* Abt. 1. no. 1.]　　　　　　　Hirsch M. **909**.

HAYDN (Franz Joseph)

—— [Another copy.] Te Deum à 4 voci coll'accompagnamento dell'orchestra ... Partitura, *etc.*　*Leipzig*, [1802.] fol.　　　　　Hirsch IV. **808**.

HAYDN (Franz Joseph)

—— [Trios for P.F. and Strings. No. 22, 23 and 21.] Trois sonates pour le piano-forte avec l'accompagnement d'un violon & violoncello ... Oeuvre 40.　　*Chez J. J. Hummel : Amsterdam*, [1805 ?] fol.
　　　　　　　　　　　　　　Hirsch M. **1288**. (**6**.)

　　Imperfect ; wanting the violin and violoncello parts.

HAYDN (Franz Joseph)

—— [Trios for P.F. and Strings. No. 2, 23, 21.] Trois sonates pour le piano-forte avec l'accompagnement d'un violon et violoncello ... Oeuvre 40. [Parts.] 3 pt.　*Chez J. J. Hummel : Amsterdam ; chez G. Walker : Londres*, [1817 ?] fol.　　　Hirsch M. **1290**. a. (**2**.)

　　Watermark date 1817.

HAYDN (Franz Joseph)

—— [Trios for P.F. and Strings. No. 1.—Rondo à la ongarese.] The Gipsy Rondo. [P.F.] [1810 ?] *See* CLEMENTI AND Co. Clementi & Comp^ys Collection of Rondos, *etc.* no. 57. [1810 ?] fol.　　Hirsch M. **1306**. (**4**.)

HAYDN (Franz Joseph)

—— [Trios for P.F. and Strings. No. 1.—Rondo all'ongarese.] A Favorite Rondo in the gipsy style. [P.F.] pp. 5.　*G. Walker : London*, [1815 ?] fol.
　　　　　　　　　　　　　　Hirsch M. **1284**. (**15**.)

HAYDN (Franz Joseph)

—— [Trios for P.F. and Strings. No. 15.] Dernière sonate pour le piano avec accompagnement de violon, *etc.* [Parts.] 2 pt.　*Chez Richault : Paris*, [1835 ?] fol.
　　　　　　　　　　　　　　　Hirsch III. **325**.

HAYDN (Franz Joseph)

—— [Trios for P.F. and Strings. No. 24.] A Favorite Sonata for the Harpsichord with accompaniments for a Violin and Violoncello ... Op. 68. [Parts.] 3 pt. *Muzio Clementi & Co.: London,* [1815?] fol.
Hirsch M. **1290.** a. (4.)
Watermark date 1815.

HAYDN (Franz Joseph)

—— [Another copy.] Werke für das Laufwerk, *etc. Hannover,* 1931. obl. 8°. Hirsch M. **181.**

HAYDN (Franz Joseph)

—— [Another copy.] Die Worte des Erlösers am Kreuze. ⟨Partitur.⟩ *Leipzig,* [1801.] obl. fol. Hirsch IV. **810.**

HAYDN (Franz Joseph)

—— [Die Worte des Erlösers am Kreuze.] Einleitung zu die Sieben letzten Worte unseres Erlösers am Kreuz. Herausgegeben von Robert Sondheimer. Partitur. pp. 7. *Edition Bernoulli: Berlin,* [1925.] 8°. [*Werke aus dem 18. Jahrhundert.* no. 19.] Hirsch IV. **1020.**

HAYDN (Franz Joseph)

—— Die Zehn Gebote der Kunst. *See supra:* [*Die heiligen Zehn Gebote.*]

HAYDN (Franz Joseph) [*Appendix.*]

—— *See* DIEMER (L.) Transcriptions symphoniques. [P.F.] Haydn ... Beethoven, *etc.* [1860?] fol.
Hirsch M. **1294.** (6.)

HAYDN (Franz Joseph) [*Appendix.*]

—— *See* WERNER (G. J.) VI Fugen in Quartetten ... herausgegeben von J. Haydn, *etc.* [1804?] fol.
Hirsch III. **586.**

HAYDN (Johann Michael)

—— An alle Deutsche. Carl der Held, Erzherzog von Oesterreich, souvrainer Chef der kk. Armeen. Ein Gesang zu vier Männerstimmen ohne Begleitung. [Parts.] 4 pt. *In Commission der Mayrschen Buchhandlung: Salzburg,* [1805?] obl. 4°. Hirsch III. **813.**

HE.

—— He wont be happy till he gets it! [Song.] *See* SOLOMON (Edward)

HEART.

—— The Heart that can feel for Distress. Ballad. *See* WELSH (Thomas)

HEBREW MELODIES.

—— Sammlung Hebräischer Original-Melodien. *See* BRAHAM (John) *Public Singer,* and NATHAN (I.) [*A Selection of Hebrew Melodies.*]

HEILIG.

—— Heilig, heimlich. [Duet.] *See* LOEWE (J. C. G.)

HEILIGES.

—— Das heilige Haus zu Loretto. [Song.] *See* LOEWE (J. C. G.) Legenden. 1. Heft. Op. 33. No. 2.

HEIMATH.

—— Die Heimath. Lied. *See* KREBS (C. A.)

HEIMLICHKEIT.

—— Heimlichkeit. [Song.] *See* LOEWE (J. C. G.) Fünf Lieder. Op. 145. No. 4.

HEINZELMAENNCHEN.

—— Die Heinzelmännchen. [Song.] *See* LOEWE (J. C. G.)

HELD (Bruno)

—— Variations pour le piano forte, avec accompagnement d'un violon et violoncelle ad libitum ... Oeuv. 8. [Parts.] 3 pt. *In Commission bei Falter und Sohn: München,* [1810?] obl. fol. & fol. Hirsch III. **327.**
Lithographed throughout.

HELLER (Stephan) *See* HELLER (Stephen)

HELLER (Stephen)

—— [Art of Phrasing. Op. 16. No. 7.] Toccatina für Pianoforte. [1840.] *See* PERIODICAL PUBLICATIONS.—Leipsic.—*Neue Zeitschrift für Musik.* [Sammlung von Musik-Stücken, *etc.*] Hft. 10. [1838, *etc.*] fol.
Hirsch M. **1134.**

HELLER (Stephen)

—— Deutsche Taenze, für Pianoforte. [1838.] *See* PERIODICAL PUBLICATIONS.—Leipsic.—*Neue Zeitschrift für Musik.* [Sammlung von Musik-Stücken, *etc.*] Hft. 13. [1838, *etc.*] fol. Hirsch M. **1134.**

HELLER (Stephen)

—— Toccatina für Pianoforte. *See supra:* [*Art of Phrasing. Op.* 16. *No.* 7.]

HELM (Everett B.)

—— *See* ARCHADELT (J.) The Chansons of Jacques Arcadelt ... Edited by E. B. Helm. [1942.] 4°. Hirsch M. **6.**

HENRION (Paul)

—— La Manola. Canzonetta. Paroles de Mr Ernest Bourget. pp. 3. *Chez les fils de B. Schott: Mayence,* [1847?] fol.
Hirsch M. **1301.** (8.)
Lyre française. no. 307.

HENRION (Paul)

—— La Pavana. Canzonetta. Paroles de M^r Ad^re. Flan. pp. 3. *Chez les fils de B. Schott: Mayence,* [1853.]
Hirsch M. **1301.** (7.)
Lyre française. no. 462.

HENSELT (Adolph)

—— Der Dombau, von W. v. Waldbruehl, für Chor. [1840.] *See* PERIODICAL PUBLICATIONS.—Leipsic.—*Neue Zeitschrift für Musik.* [Sammlung von Musik-Stücken, *etc.*] Hft. 11. [1838, *etc.*] fol. Hirsch M. **1134.**

HENSELT (ADOLPH)
—— Impromptu für Pianoforte. [1838.] *See* PERIODICAL PUBLICATIONS.—Leipsic.—*Neue Zeitschrift für Musik.* [Sammlung von Musik-Stücken, *etc.*] Hft. 3. [1838, *etc.*] fol. Hirsch M. **1134**.

HENSELT (ADOLPH)
—— Rhapsodie für Pianoforte. [1838.] *See* PERIODICAL PUBLICATIONS.—Leipsic.—*Neue Zeitschrift für Musik.* [Sammlung von Musik-Stücken, *etc.*] Hft. 1. [1838, *etc.*] fol. Hirsch M. **1134**.

HENSELT (ADOLPH)
—— Romanze für Pianoforte. [1839.] *See* PERIODICAL PUBLICATIONS.—Leipsic.—*Neue Zeitschrift für Musik.* [Sammlung von Musik-Stücken, *etc.*] Hft. 8. [1838, *etc.*] fol. Hirsch M. **1134**.

HERMANN ET KETTY.
—— Hermann et Ketty. Scène lyrique. *See* THOMAS (C. L. A.)

HERMANN (FRIEDRICH)
—— *See* BRAHMS (J.) Liebeslieder-Walzer (Songs of Love) . . . (Erste Sammlung, Op. 52) für Streich-Quintett oder Streich Orchester bearbeitet von F. Hermann. 1889. 8°. Hirsch M. **88**.

HERMANN (FRIEDRICH)
—— *See* HAYDN (F. J.) [Quartets. Op. 1, 2, 3, 9, 17, 20, 33, 42, 50, 51, 54, 55, 64, 71, 74, 76, 77, 103.] Jos. Haydn's sämmtliche Quartette . . . Neue vollständige Ausgabe nach den Originalen revidirt von F. Hermann. [1863, 64.] fol. Hirsch III. **268**.

HÉROLD (LOUIS JOSEPH FERDINAND)
—— L'Auteur mort et vivant. Opéra comique en un acte, paroles de M*r* Planard, *etc.* [Score.] pp. 139. *Chez Boieldieu jeune: Paris,* [1820?] fol. Hirsch M. **914**.

HÉROLD (LOUIS JOSEPH FERDINAND)
—— La Clochette, ou le Diable page. Opéra-féerie en 3 actes. Paroles de M*r* Théaulon, *etc.* [Score.] pp. 308. *Chez Henry Lemoine et c*ie*: Paris,* [1817?] fol. Hirsch II. **444**.

HÉROLD (LOUIS JOSEPH FERDINAND)
—— L'Illusion. Drame lyrique en un acte, paroles de M*rs* de S*t* Georges et Menissier, *etc.* [Score.] pp. 208. *Chez M*elles *Erard: Paris,* [1829?] fol. Hirsch II. **445**.

HÉROLD (LOUIS JOSEPH FERDINAND)
—— [Another copy.] Lasthénie. Opéra, *etc.* [Score.] *Paris,* [1826?] fol. Hirsch M. **915**.

HÉROLD (LOUIS JOSEPH FERDINAND)
—— [Another copy.] Marie. Opéra comique . . . Partition, *etc. Paris,* [1826?] fol. Hirsch II. **446**.

HÉROLD (LOUIS JOSEPH FERDINAND)
—— [Marie.—Sur la rivière.] *See* SCHUBERT (F. P.) Variationen für das Piano-Forte zu 4 Händen über ein Thema aus der Oper: Marie, von Herold . . . 82tes Werk. [1827.] obl. fol. Hirsch IV. **560**.

HÉROLD (LOUIS JOSEPH FERDINAND) [*Marie.*]
—— *See* TOLBECQUE (J. B. J.) Quadrille de contredanses sur les plus jolis motifs de Marie, *etc.* [1830?] obl. fol. Hirsch M. **591**. (2.)

HÉROLD (LOUIS JOSEPH FERDINAND)
—— [Another copy.] La Médecine sans médecin. Opéra comique . . . Partition, *etc. Paris,* [1832?] fol. Hirsch M. **916**.

HÉROLD (LOUIS JOSEPH FERDINAND)
—— [Another copy.] Le Pré aux clercs. Opéra comique . . . Partition, *etc. Paris,* [1833?] fol. Hirsch II. **447**.

HÉROLD (LOUIS JOSEPH FERDINAND)
—— Le Premier venu, ou Six lieues de chemin, comédie en 3 actes, de M*r* Vial, *etc.* [Score.] pp. 252. *Chez Henry Lemoine et compie.: Paris,* [1818?] fol. Hirsch II. **448**.

HÉROLD (LOUIS JOSEPH FERDINAND)
—— [Another copy.] Les Rosières, opéra-comique, *etc.* [Score.] *Paris,* [1817?] fol. Hirsch II. **449**.

HÉROLD (LOUIS JOSEPH FERDINAND)
—— [Les Rosières.] Ouverture de l'opéra Les Rosières. [P.F.] pp. 7. *Chez B. Schott fils: Maience,* [1818?] obl. fol. Hirsch M. **1291**. (6.)

HÉROLD (LOUIS JOSEPH FERDINAND)
—— [Another copy.] Les Troqueurs. Opéra-comique, *etc.* [Score.] *Paris,* [1819?] fol. Hirsch II. **450**.

HÉROLD (LOUIS JOSEPH FERDINAND)
—— [Another copy.] Zampa . . . Opéra comique . . . Partition, *etc. Paris,* [1831?] fol. Hirsch II. **451**.

HÉROLD (LOUIS JOSEPH FERDINAND)
—— [Zampa.—Camille est là.—Il faut céder à mes lois.] Favorit-Galoppade über "Wenn ein Mädchen mir gefällt" . . . für das Piano-Forte. *Beÿ A. Fischer: Frankfurt a/M,* [1835?] 8°. Hirsch M. **1300**. (9.)

HÉROLD (LOUIS JOSEPH FERDINAND)
—— [Zampa.] Walse composée pour le pianoforte, sur des motifs de l'opéra Zampa [by L. J. F. Hérold], *etc.* [1830?] 8°. *See* KUEFFNER (J.) Hirsch M. **1300**. (12.)

HERR.
—— Herr, unser Gott! erhöre unser Flehen. [Hymn.] *See* SCHUBERT (F. P.) Hymne . . . 154tes Werk.

HERR, WENN ICH NUR DICH HABE.

—— Herr, wenn ich nur dich habe. Cantata. *See* Zachow (F. W.)

HERZ (Henri)

—— Les Belles du nord . . . Six polka . . . Op. 140. no. 2, 6. *Chez T. Boosey & Co.: Londres*, [1845?] fol.
Hirsch M. **1307**. (**7**.)

Imperfect; wanting no. 1, 3–5.

HERZ (Henri)

—— Les Belles du nord . . . Six polka . . . Op. 140. no. 5. *Chez les fils de B. Schott: Mayence*, [1845?] fol.
Hirsch M. **1307**. (**8**.)

Imperfect; wanting no. 1–4, 6.

HERZOG (Augustus)

—— Hamburger Polka, für das Pianoforte . . . 3te Auflage. pp. 5. *Bei Joh. Aug. Bohme: Hamburg*, [1845?] fol.
Hirsch M. **1304**. (**8**.)

HETSCH (Carl Ludwig Friedrich)

—— Abschied, von W. Müller, für Singstimme u. Pianoforte. [1839.] *See* Periodical Publications.—*Leipsic.—Neue Zeitschrift für Musik.* [Sammlung von Musik-Stücken, etc.] Hft. 5. [1838, etc.] fol. Hirsch M. **1134**.

HETSCH (Karl Ludwig Friedrich)

—— Musikbeilage zu Maler Nolten von Eduard Mörike. [Songs. By K. L. F. Hetsch.] pp. 32. [1832.] obl. 8°. *See* Maler Nolten. Hirsch III. **820**.

HEXENKUECHE.

—— Hexenküche aus Faust. [Song.] *See* Rietz (J.)

HEXENLIED.

—— Das Hexenlied. Mit begleitender Musik für Orchester. *See* Schillings (M. von)

HILLER (Ferdinand)

—— Sechs Gesänge für eine Singstimme mit Begleitung des Pianoforte . . . Op. 26. pp. 17. *Bei N. Simrock: Bonn*, [1840?] obl. fol. Hirsch M. **182**.

HILLER (Ferdinand)

—— Drei Maurergesänge von Br. Heinr. Schwarzschild . . . in Musik gesetzt für einer Maennerchor ohne Begleitung. [1833.] 8°. Hirsch III. **747**.

Contained on pp. 135–147 *of* "*Festgaben dargebracht von Brüdern der Loge zur aufgehenden Morgenröthe im Orient zu Frankfurt a/M.*"

HILLER (Ferdinand)

—— Die Rheinmöve, von H***********. [Song.] [1840.] *See* Periodical Publications.—*Leipsic.—Neue Zeitschrift für Musik.* [Sammlung von Musik-Stücken, etc.] Hft. 9. [1838, etc.] fol. Hirsch M. **1134**.

HIMMEL (Friedrich Heinrich)

—— [Alexis und Ida. Op. 43. No. 40.] Ida. Die Sendung mit Begleitung des Piano-Forte. [Song.] pp. 3. [1830?] *obl.* fol. Hirsch M. **1278**. (**5**.)

HIMMEL (Friedrich Heinrich)

—— Zwölf alte deutsche Lieder des Knaben Wunderhorn mit Begleitung des Pianoforte (oder der Guitarre, von Harder gesetzt) . . . 27^s Werk. pp. 30. *Bei A. Kühnel: Leipzig*, [1808.] *obl.* fol. Hirsch III. **839**.

HIMMEL (Friedrich Heinrich)

—— Die Blumen und der Schmetterling. Zehn Lieder von Karl Müchler . . . Mit Begleitung des Pianoforte und eines willkürlichen Violoncells . . . Mit zehn Kupfertafeln. [Parts.] 2 pt. *Bei A. Kühnel: Leipzig*, [1803?] fol.
Hirsch III. **833**.

HIMMEL (Friedrich Heinrich)

—— Die Blumen und der Schmetterling. Zehn Lieder von Karl Müchler . . . Mit Begleitung des Pianoforte und eines willkürlichen Violoncells. [Parts.] 2 pt. *Bei Rudolph Werckmeister: Berlin*, [1805?] fol.
Hirsch III. **832**.

HIMMEL (Friedrich Heinrich)

—— Fanchon das Leyermädchen. Ein Singspiel [by A. Kotzebue] . . . In vollständigen Klavierauszug von G. B. Bierey. [Vocal score.] pp. 84. *Bei Breitkopf und Härtel: Leipzig*, [1805?] *obl.* fol. Hirsch IV. **1166**.

HIMMEL (Friedrich Heinrich)

—— Gebet während der Schlacht, von Theodor Körner. [Song.] . . . Mit Klavier und Guitarre Begleitung. pp. 3. *Bei B. Schott: Mainz*, [1815?] 8°. Hirsch M. **1300**. (**10**.)

HIMMEL (Friedrich Heinrich)

—— Gesänge aus Tiedge's Urania . . . 5te vermehrte und verbesserte Ausgabe. pp. 47. *Bei C. F. Peters: Leipzig*, [1815?] *obl.* fol. Hirsch III. **834**.

HIMMEL (Friedrich Heinrich)

—— Kriegslieder der Teutschen verfasst von Borbstädt, Collin, Theodor Körner, Baron von Lüttwitz, Karl Müchler, Elisa von der Recke und Tiedge mit Begleitung des Pianoforte, etc. pp. 25. *Joseph Max et Comp.: Breslau*, 1813. *obl.* 4°. Hirsch III. **835**.

The wrapper, which is dated 1814, *bears the title* "*Sammlung neuer teutscher Kriegslieder.*"

HIMMEL (Friedrich Heinrich)

—— Sechs Lieder . . . [Ite.] Sammlung. pp. 13. *Bey Carl Zulehner: Mainz*, [1805?] *obl.* fol. Hirsch III. **838**.

HIMMEL (Friedrich Heinrich)

—— Die Rose. [Song, words by Karl Müchler.] . . . Für die Guitarre. ⟨No. 1.⟩ *Bei N. Simrock: Bonn*, [1815?] *obl.* fol. Hirsch III. **840**.

HIMMEL (Friedrich Heinrich)

—— Die Sendung. *See supra*: [Alexis und Ida. Op. 43. No. 40.]

HIMMEL (Friedrich Heinrich)
—— [Another copy.] Die Sylphen. Eine Zauber-Oper . . . Klavierauszug. [Vocal score.] *Berlin*, [1806.] *obl.* fol.
Hirsch IV. **1167**.

HIMMEL (Friedrich Heinrich)
—— Die Unschuld, von Müchler. [Song.] . . . 39^s Werk. pp. 7. *Bei A. Kühnel: Leipzig*, [1811?] *obl.* fol.
Hirsch III. **841**.

HIMMEL (Friedrich Heinrich)
—— Vater unser, von A. Mahlmann . . . Vollständiger Klavierauszug. [Cantata. Vocal score.] pp. 35. *Bei C. F. Peters: Leipzig*, [1815?] *obl.* fol. Hirsch III. **842**.

HIN.
—— Hin ist alle meine Kraft. [Four-part song.] *See* Haydn (F. J.)

HINAUS.
—— Hinaus! Hinauf! Hinab! [Song.] *See* Loewe (J. C. G.)

HINDEMITH (Paul)
—— Cardillac. Oper in drei Akten (vier Bildern) von Ferdinand Lion . . . Opus 39. Partitur. pp. 265. *B. Schott's Söhne: Mainz*, [1926.] fol. Hirsch II. **452**.

HINDEMITH (Paul)
—— Hin und zurück. Sketch mit Musik. Text von Marcellus Schiffer . . . Opus 45a. Partitur. pp. 36. *B. Schott's Söhne: Mainz*, [1927.] fol. Hirsch II. **453**.

HINDEMITH (Paul)
—— Die Junge Magd. Sechs Gedichte von Georg Trakl. Für eine Altstimme mit Flöte, Klarinette und Streichquartett . . . Opus 23, Nr. 2. Partitur, *etc.* pp. 23. *B. Schott's Söhne: Mainz, Leipzig*, [1922.] 8°.
Hirsch M. **183**.

HINDEMITH (Paul)
—— [Another copy.] Kammermusik No. 1. für kleines Orchester . . . Op. 24. No. 1. ⟨Partitur.⟩ *Mainz*, [1922.] 8°. Hirsch M. **184**.

HINDEMITH (Paul)
—— [Another copy.] Kammermusik No. 2. (Clavier-Konzert) . . . Opus. 36. No. 1. ⟨Partitur.⟩ *Mainz*, [1924.] 8°. Hirsch M. **185**.

HINDEMITH (Paul)
—— Kammermusik No. 4 für Solo-Violine und grösseres Kammerorchester . . . Opus 36. No. 3. ⟨Partitur.⟩ pp. 118. *B. Schott's Söhne: Mainz*, [1925.] 8°.
Hirsch M. **186**.

HINDEMITH (Paul)
—— Kammermusik Nr. 5 für Solo-Bratsche und grösseres Kammerorchester . . . Opus 36. Nr. 4. ⟨Partitur.⟩ pp. 115. *B. Schott's Söhne: Mainz und Leipzig*, [1927.] 8°.
Hirsch M. **187**.

HINDEMITH (Paul)
—— Kleine Kammermusik für 5 Bläser (Flöte, Oboe, Clarinette, Horn, Fagott), opus 24, nr. 2 . . . Partitur, *etc.* pp. 34. *B. Schott's Söhne: Mainz*, [1922.] 8°.
Hirsch M. **188**.

HINDEMITH (Paul)
—— [A reissue.] Kleine Kammermusik für 5 Bläser . . . Opus 24, Nr. 2 . . . Partitur. *Mainz*, [1925?] 8°.
Hirsch M. **189**.

HINDEMITH (Paul)
—— [Another copy.] Konzert für Orchester . . . Opus 38. ⟨Partitur.⟩ *Mainz*, [1925.] 8°. Hirsch M. **190**.

HINDEMITH (Paul)
—— [Another copy.] Konzertmusik für Klavier, Blechbläser und Harfen . . . Partitur, *etc. Mainz*, [1930.] 4°.
Hirsch M. **917**.
With a slip pasted on the verso of the titlepage, bearing directions relating to the performance of the harp parts.

HINDEMITH (Paul)
—— Konzertmusik für Solobratsche und grösseres Kammerorchester, *etc.* ⟨Partitur.⟩ pp. 96. *B. Schott's Söhne: Mainz und Leipzig*, [1930.] 8°. Hirsch M. **191**.

HINDEMITH (Paul)
—— Symphonie, Mathis der Maler. Partitur. I. Engelkonzert. II. Grablegung. III. Versuchung des Heiligen Antonius. [Score.] pp. 65. *B. Schott's Söhne: Mainz*, [1934.] fol. Hirsch M. **1326**.

HINDEMITH (Paul)
—— [Another copy.] Symphonie. Mathis der Maler. Partitur. *Mainz*, [1934.] 8°. Hirsch M. **192**.

HINDEMITH (Paul)
—— Neues vom Tage. Lustige Oper in drei Teilen. Text von Marcellus Schiffer . . . Partitur. pp. xviii. 459. *B. Schott's Söhne: Mainz*, [1929.] fol. Hirsch II. **454**.

HINDEMITH (Paul)
—— Das Nusch-Nuschi. Ein Spiel für burmanische Marionetten in einem Akt von Franz Blei . . . Op. 20. Orchesterpartitur. pp. 199. *Bei B. Schott's Söhne: Mainz*, [1921.] fol. Hirsch II. **455**.

HINDEMITH (Paul)
—— [Another copy.] Philharmonisches Konzert. Variationen für Orchester. Partitur. *Mainz und Leipzig*, [1932.] 8°. Hirsch M. **193**.

HINDEMITH (Paul)
—— Plöner Musiktag-Einzel-Ausgaben. Partituren. A. Morgenmusik. B. Tafelmusik. C. Kantate. D. Abendkonzert. 1. Einleitungsstück für Orchester. 2. Flötensolo mit Streichern. 3. Zwei Duette für Violine und Klarinette. 4. Variationen für Klarinette und Streicher. 5. Trio für Blockflöten. 6. Quodlibet für Orchester. 9 no. *B. Schott's Söhne: Mainz*, [1932.] 4°. Hirsch IV. **812**.

HINDEMITH (Paul)
—— [Another copy.] Sancta Susanna. Ein Akt... Opus 21. ⟨Partitur.⟩ *Mainz*, [1921.] 8°. Hirsch II. **456.**

HINDEMITH (Paul)
—— Das Unaufhörliche. Oratorium. Text von Gottfried Benn... Partitur, *etc.* pp. 223. *B. Schott's Söhne: Mainz*, [1931.] fol. Hirsch IV. **813.**

HINNENTHAL (W.)
—— *See* Tunder (F.) Kantate Hosianna dem Sohne David. Klavierauszug (W. Hinnenthal), *etc.* 1931. 8°.
Hirsch M. **612.**

HIRSCH (Paul Adolf)
—— [Another copy.] Veröffentlichungen der Musik-Bibliothek Paul Hirsch, Frankfurt am Main, *etc. Berlin, etc.,* 1922–47. 8° & obl. 8°. Hirsch M. **194.**
This set includes two copies of Reihe 1, *Bd.* 3, *being no.* 19 *of an edition of eighty copies, bound in full leather, two editions of Reihe* 1, *Bd.* 4, *and two copies of Reihe* 1, *Bd.* 6.

HIRSCHBERG (Leopold)
—— *See* Bach (J. S.) [*Grosse Passionsmusik nach dem Evangelium Matthaei.*] Goethe's Legende vom Hufeisen, *etc.* [Edited by L. Hirschberg.] 1925. obl. fol.
Hirsch M. **27.**

HIRT.
—— Der Hirt auf dem Felsen. [Song.] *See* Schubert (F. P.)

HO.
—— Ho già penato crudel Bruneta. [Song, with guitar accompaniment.] [*Bodoni: Parma*, 1805.] *s. sh.* obl. 4°.
Hirsch III. **680.**

HOCH.
—— Hoch vom Dachstein an. *Steirerlied.* [Song.] pp. 3. *Adolph Nagel: Hannover*, [1840?] obl. fol.
Hirsch M. **1278. (18.)**
Volkslieder. no. 26.

HÖCKNER (   )
—— [For the German surname of this form:] *See* Hoeckner.

HOECKNER (Hilmar)
—— *See* Purcell (Henry) [*Abdelazer.*] Spielmusik... Eingerichtet von H. Höckner. 1926. obl. 8°.
Hirsch M. **460.**

HOECKNER (Hilmar)
—— *See* Purcell (Henry) [*The Fairy Queen.*] Spielmusik zum Sommernachtstraum, *etc.* ⟨Herausgegeben von H. Höckner.⟩ [1937.] 8°. Hirsch M. **461.**

HOFFMANN (August Heinrich) *von Fallersleben.*
—— [Another copy.] Deutsches Volksgesangbuch, *etc. Leipzig*, 1848. 8°. Hirsch M. **195.**

SIG. 29.—PART 53.

HOFFMANN (August Heinrich) *von Fallersleben.*
—— Rheinleben. Zwanzig Lieder. Zweite Auflage. pp. 34. *J. G. Wirth Sohn: Mainz*, 1851. 8°. Hirsch M. **196.**

HOFFMANN (Ernst Theodor Wilhelm)
—— [Another copy.] Musikalische Werke, *etc.* Bd. 1, 2. *Leipzig*, [1922, 23.] fol. Hirsch IV. **974.**
Imperfect; wanting Bd. 4, *no.* 1. *No more published.*

HOFFMANN (Ernst Theodor Wilhelm)
—— Sechs italienische Duettinen für Sopran und Tenor mit unterlegtem deutschen Text und Begleitung des Pianoforte. pp. 35. *In der Schlesingerschen Buch und Musikhandlung: Berlin*, [1819?] obl. fol.
Hirsch III. **843.**

HOFFMANN (Ernst Theodor Wilhelm)
—— Klaviersonate cis-moll. Andante aus der F-dur-Sonate. Herausgegeben und eingeleitet von Dr. Gerhart v. Westerman. [With a portrait.] pp. xxi. 32. *Drei Masken Verlag: München*, 1921. 8°. Hirsch M. **197.**
One of the "Musikalische Stundenbücher."

HOFFMANN (J. D.)
—— *See* Bellini (V.) [*La Straniera.—Meco tu vieni.*] Aus der Oper die Fremde... Für die Guitarre eingerichtet v. J. D. Hoffmann. [1830?] 8°. Hirsch M. **1300. (2.)**

HOFFMEISTER (Franz Anton)
—— [Another copy.] Grand quintetto pour 2 violons, 2 altos et violoncelle... Oeuvre IIIme des quintets pour violon No. 1. [Parts.] *Vienne*, [1801.] fol. Hirsch M. **918.**

HOFFMEISTER (Franz Anton)
—— Sinfonie, C dur (1780)... Herausgegeben und bearbeitet von Robert Sondheimer. [Score.] pp. 14. *Edition Bernoulli:* [*Vienna?*, 1935.] fol. [*Werke aus dem* 18. *Jahrhundert.* no. 33.] Hirsch IV. **1020.**

HOFFMEISTER (Franz Anton)
—— [Telemach der Königssohn aus Ithaka.] XII Variations pour deux violons concertants sur un thême de l'opéra: Telemach der Königssohn aus Ithaka... No. 1. [Parts.] 2 pt. *Au bureau de musique de A. Külnel: Leipsic,* [1803?] fol. Hirsch M. **919.**

HOFFMEISTER (Franz Anton)
—— *See* Mozart (W. A.) [*Collected Works.—c. Instrumental Selections and Arrangements.*] Trois quatuors... Tirés des oeuvres pour clavecin par F. A. Hoffmeister, *etc.* [1801.] fol. Hirsch M. **1041.**

HOHES LIED.
—— Das hohe Lied. [For male chorus, with tenor solo and orchestra.] *See* Bruckner (A.)

HOHNROTH (F.)
—— Orpheus in der Hölle [by J. Offenbach]. Tänze für Piano, von F. Hohnroth... No. 34, Pluto-Polka. *Bei Jean Haring: Hamburg*, [1860?] fol.
Hirsch M. **1312. (8.)**
Imperfect; wanting all the other numbers.

HOLD.
—— Hold ist der Cyanenkranz. [Song.] *See* WEBER (C. M. F. R. von)

HOLDE.
—— Holde Gattin. Duett. *See* HAYDN (F. J.) [*The Creation.—Graceful Consort.*]

HOLDER (JOSEPH WILLIAM)
—— A Sonata for the Harpsichord, or Piano-Forte. [With violin. Score.] pp. 7. *Printed for Goulding & Co.: London,* [1802 ?] Hirsch M. **1279.** (7.)
Watermark date 1802.

HOLST (M.)
—— The Frogmore Divertimento. [P.F.] pp. 8. *G. Walker: London,* [1809 ?] fol. Hirsch M. **1310.** (8.)
Watermark date 1809.

HOLST (M.)
—— Ludlow Castle. A divertimento. [P.F.] pp. 7. *G. Walker: London,* [1820 ?] fol. Hirsch M. **1310.** (9.)

HOMANN (F. P.)
—— XII duetti facile e progressive per due violini. 2 bk. [Parts.] 4 pt. *Chez N. Simrock: Bonn et Cologne,* [1814 ?] Hirsch III. **329.**

HOMES.
—— The Homes of England. Song. *See* BROWNE, afterwards HUGHES (Harriet)

HORN (AUGUST)
—— *See* MOZART (W. A.) [*Don Giovanni.*] Klavier-Auszug v. A. Horn. [1865 ?] 8º. Hirsch M. **341.**

HORN (AUGUST)
—— *See* MOZART (W. A.) Idomeneo ... Klavierauszug von A. Horn. [1880 ?] 8º. [*Mozart's Opern.* no. 1.] Hirsch M. **304.**

HORN (AUGUST)
—— *See* MOZART (W. A.) Der Schauspieldirector ... Klavierauszug von A. Horn. [1871 ?] 8º. [*Mozart's Opern.* no. 3.] Hirsch M. **304.**

HORN (CHARLES EDWARD)
—— The Moorish Maid, a Serenade, etc. [Song.] ⟨Second edition.⟩ pp. 5. *J. B. Cramer, Addison & Beale: London,* [1845 ?] fol. Hirsch M. **1272.** (18.)

HORR (PETER)
—— *See* MOZART (W. A.) [*La Clemenza di Tito.*] Titus der Gütige ... Opera ... für das Pianoforte zu 4 Händen eingerichtet von P. Horr. [1860 ?] *obl.* fol. Hirsch M. **320.**

HORR (PETER)
—— *See* MOZART (W. A.) [*Don Giovanni.*] Don Juan ... für das Piano-Forte zu vier Händen eingerichtet von P. Horr, *etc.* [1860 ?] *obl.* fol. Hirsch M. **355.**

HORR (PETER)
—— *See* MOZART (W. A.) Idomeneo ... für das Pianoforte zu 4 Händen eingerichtet von P. Horr, *etc.* [1860 ?] *obl.* fol. Hirsch M. **371.**

HORR (PETER)
—— *See* MOZART (W. A.) [*Le Nozze di Figaro.*] Die Hochzeit des Figaro ... Für das Pianoforte zu vier Händen eingerichtet von P. Horr, *etc.* [1860 ?] *obl.* fol. Hirsch M. **388.**

HORR (PETER)
—— *See* MOZART (W. A.) Der Schauspieldirector ... für das Pianoforte zu vier Händen eingerichtet von P. Horr. [1860 ?] *obl.* fol. Hirsch M. **403.**

HORR (PETER)
—— *See* MOZART (W. A.) Zaïde ... für das Pianoforte zu 4 Händen arrangirt von P. Horr. [1860 ?] *obl.* fol. Hirsch M. **418.**

HORR (PETER)
—— *See* SPOHR (Louis) [*Faust.*] Choix de dix pièces favorites ... arrangées pour piano-forte à quatre mains, par P. Horr. No. 2, *etc.* [1828 ?] *obl.* fol. Hirsch M. **559.**

HORSLEY (WILLIAM) *Glee Writer.*
—— An Explanation of Musical Intervals, and of the major & minor Scales, with a series of exercises for the piano forte ... Op. 8. ⟨The second edition considerably enlarged & improved.⟩ pp. 47. *Chappell & Co.: London,* [1825 ?] 4º. Hirsch M. **198.**
Watermark date 1825.

HORTENSE, *Queen Consort of Louis, King of Holland.*
—— Livre d'art de la reine Hortense. Une visite à Augsbourg, esquisse biographique. Lettres, dessins, musique. [Including twelve songs.] *Heugel & c^{ie}: [Paris,* 1860 ?] *obl.* fol. Hirsch III. **846.**
The songs are printed on one side of the leaf only. With an additional titlepage reading "Album artistique de la reine Hortense."

HORTENSE, *Queen Consort of Louis, King of Holland.*
—— Partant pour la Syrie. Romance nouvelle. [By Hortense, Queen Consort of Louis, King of Holland.] Avec accompag^t de guitare. [1810 ?] 8º. *See* PARTANT. Hirsch M. **660.** (6.)

HORTENSE, *Queen Consort of Louis, King of Holland.*
—— [Partant pour la Syrie.] La Romance le beau Dunois ... avec accompagnement de guitarre. Ger. & Fr. *Chez B. Schott fils: Mayence,* [1824 ?] 8º. Hirsch M. **1300.** (11.)

HORTENSE, *Queen Consort of Louis, King of Holland.*
—— Romances mises en musique par Hortense Duchesse de Saint-Leu, ex-reine de Hollande. *Dobbs & Co., for the Proprietors: London,* [1832 ?] *obl.* fol. Hirsch III. **847.**
Forming part of " Mémoires sur Madame la Duchesse de St.-Leu ... suivies des romances composées ... par elle-même ... Londres: chez Colburn et Bentley."

HOSIANNA DEM SOHNE DAVID.
—— Hosianna dem Sohne David. Kantate. *See* TUNDER (F.)

HUBER (FERDINAND FURCHTEGOTT)
—— [Another copy.] Sammlung von Schweizer-Kühreihen und Volksliedern, *etc. Bern*, 1826. obl. fol.
Hirsch III. **1062.**

HUBER (WALTER SIMON)
—— *See* SCHUETZ (H.) Historia der Auferstehung Jesu Christi . . . herausgegeben von W. S. Huber. ⟨Vier Psalmen Davids . . . herausgegeben von W. S. Huber.⟩ [1928, 29.] 8°.
Hirsch M. **533.**

HUENTEN (FRANZ)
—— Air suisse varié pour le pianoforte seul . . . Oeuv. 32. pp. 7. *Chez Guillaume Paul: Dresde,* [1830?] fol.
Hirsch M. **1289. (14.)**

HUENTEN (FRANZ)
—— Trois airs gracieux sur des thêmes favoris d'Auber, de Bellini et de Beethoven [or rather, F. P. Schubert] variés pour le forte-piano . . . No. 1. Air allemand, le Désir, de Beethoven [or rather F. P. Schubert]. No. 2. Air italien sur l'opéra Montecchi & Capuleti de Bellini, No. 3. Air français sur un thême d'Auber. Op. 56. no. 1, 2. *Chez les fils de B. Schott: Mayence,* [1830?] fol.
Hirsch M. **1289. (5.)**
Imperfect; wanting no. 3.

HUESKA.
—— Hueska. [Song.] *See* LOEWE (J. C. G.)

HUMMEL (JOHANN NEPOMUK)
—— Zweytes Concert für das Piano-Forte mit Begleitung des Orchesters . . . 34tes Werk. [Parts.] 5 pt. *Bey Tobias Haslinger: Wien,* [1824.] fol. Hirsch M. **920.**

HUMPERDINCK (ENGELBERT)
—— [Another edition.] Hänsel und Gretel. Dichtung von Adelheid Wette geb: Humperdinck. Märchenspiel in drei Bildern . . . Vollständige Orchester-Partitur, *etc.* pp. 335. *Schott & Co.: London,* [1894.] fol. Hirsch II. **459.**
Engraved throughout. The fly-leaf bears a MS. dedication in the composer's autograph to James Kwast.

HUMPERDINCK (ENGELBERT)
—— [Another issue.] Maurische Rhapsodie für Orchester . . . Partitur, *etc. Leipzig,* [1899.] fol. Hirsch M. **921.**

HUMPERDINCK (ENGELBERT)
—— Die Wallfahrt nach Kevlar (Heinrich Heine), Ballade für Mezzo-Sopran-Solo, Tenor-Solo, gemischten Chor und Orchester . . . Partitur. pp. 47. *B. Schott's Söhne: Mainz,* [1888.] fol. Hirsch IV. **815.**

HUMPERDINCK (ENGELBERT)
—— *See* WAGNER (W. R.) [*Der Ring des Nibelungen.— Götterdämmerung.*] Siegfried's Rheinfahrt . . . eingerichtet von E. Humperdinck. [1890?] fol.
Hirsch M. **1260. (6.)**

HUOT (GUSTAVE)
—— Les Pérégrinations de Babylas. Chansonette comique . . . Paroles de Adolphe Joly. *N. Paté: Paris,* [1850?] fol. Hirsch M. **1296. (20.)**

HUOT (GUSTAVE)
—— Les Souvenirs d'un homme qui a bu. Scène comique. [Song.] Paroles de Joly. *Chez N. Paté: Paris,* [1850?] fol. Hirsch M. **1296. (4.)**

HUOT (GUSTAVE)
—— Le Viveur. Scène comique. [Song.] . . . Paroles de E. Pierson. pp. 3. *Chez A. Aulagnier: Paris,* [1850?] fol.
Hirsch M. **1296. (9.)**

HURON.
—— Le Huron. Comédie. *See* GRÉTRY (A. E. M.)

HYMNE.
—— Hymne à la France. [Chorus.] *See* BERLIOZ (L. H.) Vox populi. Œuv: 20. No. 2.

HYMNS. [*French.*]
—— Recueil de cantiques à l'usage des chrétiens évangéliques. Par MM. les pasteurs de l'église de la confession d'Augsbourg à Paris. pp. 352. 43. 4. *Chez MM. Treuttel et Wurtz: Paris,* 1819. 12°. Hirsch III. **1011.**

HYMNS. [*French.*]
—— Recueil de cantiques chrétiens, *etc.* 1849. 8°. *See* BONNET (L.) Hirsch M. **81.**

I.
—— I canno' laike ye gentle Sir. Ballad. *See* SHIELD (William)

I.
—— I dream of all Things free. Song. *See* WEST (William)

I.
—— I would not be a Butterfly. [Song.] *See* KIRBY (William)

ICH.
—— Ich war wañ ich erwachte. Aria. *See* UNTERBROCHENE OPFERFEST.

ICH.
—— Ich war wañ ich erwachte. [Song.] *See* WINTER (P. von) [*Das unterbrochene Opferfest.*]

ICH.
—— Ich weih' o Theure alles dir. *Mein Herz und meine Laute. My Heart and Lute.* [Song] . . . mit Clavier oder Guitarre Begleitung. pp. 3. *Bei B. Schott's Söhnen: Mainz,* [1826.] 8°. Hirsch M. **1299. (4.)**

ICH.

—— Ich weiss nicht. *Loreley.* Volkslied für eine Singstimme mit Begleitung des Piano-Forte oder der Guitarre. pp. 3. *Bei B. Schott's Söhnen: Mainz,* [1863?] fol.
Hirsch M. **1301.** (20.)

IDEALE.

—— Die Ideale. [Song.] *See* THIERRY (A.)

IDELSOHN (ABRAHAM ŠĔBHĪ)

—— Hebräisch-orientalischer Melodienschatz. Zum erstenmal gesammelt, erläutert und herausgegeben von A. Z. Idelsohn.
  Bd. 1. Gesänge der jemenischen Juden. pp. xi. 158. 1914.
  Bd. 2. Gesänge der babylonischen Juden. pp. ix. 140. 1922.
  Bd. 3. Gesänge der persischen, bucharischen und daghestanischen Juden. pp. viii. 51. 68. 1922.
  Bd. 4. Gesänge der orientalischen Sefardim. pp. xv. 280. 1923.
  Bd. 5. Gesänge der marokkanischen Juden. pp. 119. 1929.
Breitkopf & Härtel: Leipzig, 1914–29. 4° & fol.
Hirsch M. **922.**
Bd. 2–4 were published by the Benjamin Harz Verlag, Berlin. Imperfect; wanting Bd. 6–9.

IHR.

—— Ihr Schönen aus der Stadt. Duetto. *See* HAYDN (F. J.) [*The Seasons.—Ye Ladies bright and fair.*]

IL.

—— Il m'aimait tant. Mélodie. *See* LISZT (F.)

IM.

—— Im Sturme. [Song.] *See* LOEWE (J. C. G.) Fünf Lieder. Op. 145. No. 3.

IMPÉRIALE.

—— L'Impériale. Cantate. *See* BERLIOZ (L. H.)

IN.

—— In die Ferne. [Song.] *See* LOEWE (J. C. G.)

IN.

—— Arietta " In questa tomba oscura " con accompagnamento di pianoforte in XVIII composizioni di diversi maestri: Beethoven, Danzi, Eberl, Himmel, Hofmann, Kozeluch, Paer, Righini, Roesler, Salieri, Sterkel, Terziani, Weigl, Zeuner, Zingarelli. pp. 41. *Presso A. Kühnel: Lipsia,* [1811.] *obl.* fol.
Hirsch III. **637.**

INCANTO.

—— L'Incanto degli occhi. [Song.] *See* SCHUBERT (F. P.)

INDIAN.

—— Indian Love. Song. *See* BENNETT (*Sir* William S.) [*Six Songs.* Op. 35. No. 1.]

INDY (PAUL MARIE THÉODORE VINCENT D')

—— Wallenstein. Trilogie d'après le poême dramatique de Schiller. Op. 12. 1ʳᵉ partie . . . La Camp de Wallenstein . . . 2ᵉ partie . . . Max et Thécla . . . 3ᵉ partie . . . La Mort de Wallenstein. Partition d'orchestre, *etc.* pt. 1. *A. Durand & fils: Paris,* [1885?] 8°.   Hirsch M. **199.**
Imperfect; wanting pt. 2 and 3.

INDY (PAUL MARIE THÉODORE VINCENT D')

—— *See* GLUCK (C. W. von) L'Ivrogne corrigé . . . Partition piano et chant réduite par V. d'Indy, *etc.* [1925.] 8°.
Hirsch M. **165.**

INGÉNUE.

—— L'Ingénue de St. Lô et le petit parisien. [Song.] *See* BEAUPLAN (A. de) *pseud.*

INNO.

—— Inno nazionale austriaco. *See* HAYDN (F. J.) [*Gott erhalte Franz den Kaiser.*]

INTERNATIONAL MUSICAL SOCIETY.

—— J. Schobert, Andante aus der Klaviersonate Op. 17 Nr. 2 und W. A. Mozart, Andante aus dem Klavierkonzert Nr. 2 (Köchel-Verg. Nr. 39) in Gegenüberstellung. Beilage zu dem Aufsatz: Un maître inconnu de Mozart von T. de Wyzewa und G. de Saint-Foix in der Zeitschrift der Internationalen Musikgesellschaft, *etc.* 2 no. *Breitkopf & Härtel: Leipzig,* [1909.] 4°.   Hirsch M. **923.**

INTERNATIONAL MUSICAL SOCIETY.—*Italian Section.*

—— Socrate immaginario. Commedia per musica di F. Galiani—G. B. Lorenzi. Musica di Giovanni Paisiello. Riduzione per canto e pianoforte con introduzione e note di Giorgio Barini. pp. viii. 356. *Firenze,* 1931. 4°.
Hirsch M. **924.**
Pubblicazioni per la diffusione della cultura musicale. vol. 2.

INTERROGEZ.

—— Interrogez-moi. [Song.]   *See* PUGET, *afterwards* LEMOINE (L.)

INTRIGUE AUX FENÊTRES.

—— L'Intrigue aux fenêtres. Opéra. *See* ISOUARD (N.)

IO.

—— Io d'amore oh dio mi moro. Cavatina. *See* CARAFA DI COLOBRANO (M. E. F. V. A. P.) *Prince.*

IRRELOHE.

—— Irrelohe. Oper. *See* SCHREKER (F.)

ISABELLE ET GERTRUDE.

—— Isabelle et Gertrude. Opéra comique. *See* PACINI (A. F. G.)

ISLAMÄGDLEIN.

—— Das Islamägdlein. [Part-song.] *See* BECKER (C. J.)

ISOUARD (Nicolò)
—— [Another copy.] Le Billet de loterie. Opéra comique, etc. [Score.] *Paris*, [1811?] fol.　　Hirsch II. **460**.

ISOUARD (Nicolò)
—— [Another copy.] Cendrillon. Opéra féerie, etc. [Score.] *Paris*, [1810?] fol.　　Hirsch II. **461**.

ISOUARD (Nicolò)
—— [Cendrillon.] Ouverture de Cendrillon pour le piano forte. pp. 11. *Chez M. Falter: Munic*, [1810?] obl. fol.　　Hirsch III. **331**.

Lithographed throughout.

ISOUARD (Nicolò)
—— [A reissue.] Cimarosa. Opéra comique, etc. [Score.] *Au magasin de musique, dirigé par MM^{rs} Cherubini, Méhul, Kreutzer, Rode et Boieldieu: Paris*, [1820?] fol.　　Hirsch II. **462**.

ISOUARD (Nicolò)
—— [Another copy.] Les Confidences. Opéra, etc. [Score.] *Paris*, [1803?] fol.　　Hirsch II. **463**.

ISOUARD (Nicolò)
—— [Another copy.] Le Déjeuner de garçon. Comédie . . . Mêlée de musique, etc. [Score.] *Paris*, [1805?] fol.　　Hirsch II. **464**.

ISOUARD (Nicolò)
—— Partition du Français à Venise. Comédie en un acte. Mêlée de musique. Paroles de Mr. Justin Gensoul . . . Par Nicolo de Malte [i.e. N. Isouard]. pp. 122. *Chez E. Troupenas: Paris*, [1825?] fol.　　Hirsch II. **465**.

ISOUARD (Nicolò)
—— [Another copy.] L'Impromptu de campagne. Mis en opéra comique, etc. [Score.] *Paris*, [1801?] fol.　　Hirsch II. **466**.

ISOUARD (Nicolò)
—— L'Intrigue aux fenêtres. Opéra en un acte. Paroles de Bouilly & Dupaty. Composé . . . par Nicolo de Malthe [i.e. N. Isouard], etc. [Score.] pp. 196. *Au magasin de musique dirigé par Mrs. Chérubini, Méhul, Kreutzer, Rode, N. Isouard et Boieldieu: Paris*, [1805?] fol.　　Hirsch II. **467**.

ISOUARD (Nicolò)
—— Jeannot et Colin. Opéra comique en trois actes. Paroles de Mr. Etienne . . . Mis en musique . . . par Nicolo de Malte [i.e. N. Isouard], etc. [Score.] pp. 238. *Chez Bochsa père: Paris*, [1815?] fol.　　Hirsch II. **468**.

ISOUARD (Nicolò)
—— Joconde, ou les Coureurs d'avantures. Opéra comique en trois actes. Paroles de M. Etienne . . . Musique de Nicolo [i.e. N. Isouard], etc. [Score.] pp. 284. *Chez Bochsa père: Paris*, [1815?] fol.　　Hirsch II. **469**.

ISOUARD (Nicolò)
—— Un Jour à Paris, ou la Leçon singulière. Opéra comique en trois actes. Paroles de Mr. Etienne . . . Par Nicolo [i.e. N. Isouard. Score.] pp. 321. *Au magasin de musique dirigé par MMrs. Chérubini, Méhul, Kreutzer, Rode et Boieldieu: Paris*, [1810?] fol.　　Hirsch II. **470**.

ISOUARD (Nicolò)
—— [Another issue.] Léonce, ou le Fils adoptif. Opéra, etc. [*Score.*] *Paris*, [1805?] fol.　　Hirsch II. **471**.

ISOUARD (Nicolò)
—— [Another copy.] Lulli et Quinault. Opéra comique, etc. [Score.] *Paris*, [1812?] fol.　　Hirsch II. **472**.

ISOUARD (Nicolò)
—— [Another copy.] Le Magicien sans magie. Opéra comique, etc. [Score.] *Paris*, [1811?] fol.　　Hirsch II. **473**.

ISOUARD (Nicolò)
—— [Another copy.] Partition du Médecin turc. Opéra bouffon, etc. [Score.] *Paris*, [1803?] fol.　　Hirsch II. **474**.

ISOUARD (Nicolò)
—— [Another copy.] Michel-Ange. Opéra, etc. [Score.] *Paris*, [1802?] fol.　　Hirsch II. **475**.

ISOUARD (Nicolò)
—— [Another copy.] Le Prince de Catane. Opéra, etc. [Score.] *Paris*, [1813?] fol.　　Hirsch II. **476**.

ISOUARD (Nicolò)
—— [Another copy.] Partition des Rendez-vous bourgeois, etc. [Opera.] *Paris*, [1807?] fol.　　Hirsch II. **477**.

ISOUARD (Nicolò)
—— [Another copy.] La Ruse inutile . . . Opéra, etc. [Score.] *Paris*, [1805?] fol.　　Hirsch II. **478**.

ITALIAN MUSICAL ART.
—— [Another copy.] Istituzioni e monumenti dell'arte musicale italiana. vol. 1-5. *Milano*, 1931-34. fol.　　Hirsch IV. **975**.

Imperfect; wanting vol. 6.

ITALIE.
—— L'Italie. [Song.] *See* BORDÈSE (L.)

JA.
—— Ja du bist mein. [Song.] *See* MARSCHNER (H. A.) Sechs Liebeslieder von Hoffmann von Fallersleben . . . Op. 115. No. 1.

JACKSON (VINCENT)
—— [Another copy.] English Melodies from the 13th to the 18th Century. One hundred songs edited . . . by V. Jackson, etc. *London*, 1910. 8°.　　Hirsch M. **200**.

JADASSOHN (Salomon)

—— See Bach (J. S.) Matthäus-Passion, etc. [Edited by S. Jadassohn.] [1890?] 4°.   Hirsch IV. **681**.

JAEGERLIED.

—— Jaegerlied. [Song.] See Kiefer (C. J. M.)

JAHN (Otto)

—— See Beethoven (L. van) Leonore . . . Vollständiger Klavierauszug der zweiten Bearbeitung mit Abweichungen der ersten. [Edited, with a preface, by O. Jahn.] [1851.] fol.   Hirsch M. **713**.

JANÁČEK (Leoš)

—— [Another copy.] Concertino pro klavír, dvoje housle, violu, klarinet, lesní roh a fagot. Partitura. *Praha*, 1926. fol.   Hirsch M. **925**.

JANNEQUIN (Clément)

—— Chantons, sonnons, trompètes. J'atens le temps. Sy celle-la. Il s'en va tard. Ouvrez-moy l'huis. [Four-part songs. Score. Edited by H. Expert.] pp. ii. 24. *A la cité des livres: Paris*, 1928. 8°. [*Florilège du concert vocal de la renaissance.* no. 1.]   Hirsch IV. **961**.

JANNEQUIN (Clément)

—— Les Cris de Paris. (1529.) [Four-part songs. Score. Edited by H. Expert.] pp. iii. 24. *A la cité des livres: Paris*, 1928. 8°. [*Florilège du concert vocal de la renaissance.* no. 3.]   Hirsch IV. **961**.

JANSEN (Louis)

—— Amusements des enfans. Songs for the nursery . . . for the voice & piano forte. pp. 13.   *G. Walker: London*, [1815?] fol.   Hirsch M. **1309**. (8.)

JAUMANN (Johann)

—— Der sechs und dreyssigste Psalm nach hebräischer Ordnung der sieben und dreyssigste. Aus demselben die Verse 1. 2. 10. 11. 12. 13. 14. 15. 16. 23. 29. 30. 36. 37. 38 aufs Klavier mit Begleitung einer Flöte gesetzt, *etc.* [Parts.] 2 pt.   *Bey Nicolaus Doll: Augsburg*, 1814. obl. fol.   Hirsch III. **850**.

JE.

—— J'aime la valse. [Song.] See Lhuillier (E.)

JE.

—— J'aime le son du cor. Romance. See Latour (A. de)

JE.

—— J'attends toujours. [Song.] See Donizetti (D. G. M.) [*Miscellaneous and Unidentified Works.*]

JENA MANUSCRIPT.

—— [Another copy.] Die Jenaer Liederhandschrift. [A facsimile.] *Jena*, 1896. fol.   Hirsch M. **1327**.

JENA MANUSCRIPT.

—— [Another copy.] Die Jenaer Liederhandschrift . . . Herausgegeben von Dr. Georg Holz . . . Dr. Franz Saran . . . und Dr. Eduard Bernoulli. *Leipzig*, 1901. 4°.   Hirsch M. **926**.

JEUNE.

—— La Jeune batelière. [Song.] See Beauplan (A.) *pseud.*

JEUNE.

—— Le Jeune homme charmant. Chansonette.   See Lhuillier (E.)

JOACHIM (Joseph)

—— [Another copy.] Concert (in ungarischer Weise) für die Violine mit Orchesterbegleitung . . . Op. 11. Partitur, *etc.* *Leipzig*, [1879.] fol.   Hirsch M. **927**.
The wrapper bears a MS. *dedication in the composer's autograph.*

JOACHIM (Joseph)

—— See Schubert (F. P.) [*Grand duo pour le pianoforte à quatre mains. Op.* 140.] Sinfonie . . . Nach op. 140 instrumentirt von J. Joachim. [1872?] Hirsch M. **527**.

JOCKISCH (Reinhold)

—— See Haydn (F. J.) [*Quartets. Op.* 1, 2, 3, 9, 17, 20, 33, 42, 50, 51, 54, 55, 64, 71, 74, 76, 77, 103.] Sämmtliche Quartette . . . Genau revidirt . . . von R. Jockisch. [1896.] fol.   Hirsch III. **267**.

JOEDE (Fritz)

—— Chorbuch. Herausgegeben von F. Jöde. 6 Tl.
1. Alte geistliche Lieder für gemischte Stimmen. pp. 172. 1927.
2. Geistliche Chorgesänge für gemischte Stimmen. pp. 170. 1931.
3. Alte weltliche Lieder für gemischte Stimmen. pp. 175. 1931.
4. Weltliche Chorgesänge für gemischte Stimmen. pp. 166. 1931.
5. Geistliche Lieder und Gesänge für gleiche Stimmen. pp. 172. 1930.
6. Weltliche Lieder und Gesänge für gleiche Stimmen. pp. 172. 1930.

Georg Kallmeyer: Wolfenbüttel, Berlin, 1927–31. 8°.   Hirsch M. **201**.

JOEDE (Fritz)

—— Der Kanon. Ein Singbuch für alle. Herausgegeben von F. Jöde. 11.–12. Tausend der Gesamtausgabe. pp. 373.   *Georg Kallmeyer: Wolfenbüttel und Berlin*, 1937. 8°.   Hirsch M. **202**.

JOEDE (Fritz)

—— See Schein (J. H.) [*Banchetto musicale.*] Fünf Suiten für allerlei Instrumente, *etc.* [Edited by F. Jöde.] 1925. obl. 8°.   Hirsch M. **515**.

JOHANNA.

—— Johannen's Lebewohl aus Schiller's Jungfrau von Orleans. [Song.] See Zumsteeg (J. R.)

JOHANNA SEBUS.
—— Johanna Sebus. [Part-song.] *See* ZELTER (C. F.)

JOMELLI (NICOLÒ)
—— [Another copy.] Miserere o Salmo 50 di Davidde à due canti soli, 2 violini, viola e basso . . . Partitur. *Leipzig,* [1804.] fol.   Hirsch IV. **816.**

JOMELLI (NICOLÒ)
—— The Favorite Overture and Chaconne . . . adapted for the Piano Forte, by Wm Smethergell. pp. 7.   *Clementi, Banger, Collard, Davis & Collard: London,* [1811?] fol.
Hirsch M. **1284.** (**4.**)
Watermark date 1811.

JONES (J. G.)
—— The Military Schottische, *etc.* [P.F.] pp. 5. *J. Williams: London,* [1860?] fol.
Hirsch M. **1295.** (**4.**)

JOSEPH (GEORG)
—— Heilige Seelen-Lust, oder Geistliche Hirten-Lieder der in ihren Jesum verliebten Psyche, gesungen von Johann Angelo Silesio und von Herren G. Josepho mit aussbündig schönen Melodeyen geziert, *etc.* ⟨Mit einer Einführung herausgegeben von Peter Epstein.⟩ pp. 10. *Konrad Littmann: Breslau,* 1931. 4°.   Hirsch M. **928.**
Alte Schlesische Musik. Hft. 1.

JOSSE (J. B.)
—— Mimi, ou les Amours d'une portière. Scène comique . . . Paroles de M. Ernest Bourget.   *L. Vieillot: Paris,* [1850?] fol.   Hirsch M. **1296.** (**3.**)

JOSSE (J. B.)
—— Prodige de la chimie. Parade. [Song.] Paroles de Mr E. Bourget, *etc.*   *L. Vieillot: Paris,* [1850?] fol.
Hirsch M. **1296.** (**18.**)

JOSSE (J. B.)
—— Tire la ficelle ma femme. Scène d'optique. [Song.] . . . Paroles de M. Ernest Bourget. pp. 3.   *Chez Nadaud: Paris,* [1840?] fol.   Hirsch M. **1297.** (**23.**)

JOURNAL.
—— Journal de lyre ou guitare. *See* PERIODICAL PUBLICATIONS.—*Paris*.

JULLIEN (LOUIS ANTOINE)
—— The Caroline Polka. [P.F.] pp. 9.   *Jullien & Co.: London,* [1850?] fol.   Hirsch M. **1307.** (**12.**)

JULLIEN (LOUIS ANTOINE)
—— The Drum Polka, 15th edition. [P.F.] pp. 7. *Jullien & Co.: London,* [1855?] fol.
Hirsch M. **1307.** (**14.**)

JULLIEN (LOUIS ANTOINE)
—— [Jullien's celebrated Polkas. No. 1.] The Original Polka, *etc.* [P.F.] pp. 5.   *Jullien: London,* [1845?] fol.   Hirsch M. **1314.** (**14.**)

JULLIEN (LOUIS ANTOINE)
—— [Jullien's Celebrated Polkas. No. 9.] The Queen and Prince Albert's Polka, *etc.* [P.F.] pp. 7.   *Jullien: London,* [1845?] fol.   Hirsch M. **1314.** (**15.**)

JULLIEN (LOUIS ANTOINE)
—— Quadrille et walse sur des motifs du ballet du Diable boiteux, musique de Casimir Gide . . . Composés pour grand orchestre par L. Jullien. Arrangés pour le piano, avec acc^t de violon, flûte ou flageolet et cornet à pistons, ad lib: par Henry Lemoine. pp. 8.   *Chez Henry Lemoine: Paris,* [1840?] obl. fol.
Hirsch M. **1290.** (**3.**)

JULLIEN (LOUIS ANTOINE)
—— The Ravenswood Waltzes. Composed on Donizetti's opera The Bride of Lammermoor, *etc.* [P.F.] pp. 10. [*Jullien & Co.: London,* 1850?] fol.
Hirsch M. **1307.** (**11.**)
The imprint has been cropped.

JULLIEN (LOUIS ANTOINE)
—— The Royal Irish Quadrilles, *etc.* ⟨Twelfth edition.⟩ [P.F.] *S. J. Pigott: Dublin,* [1860?] fol.
Hirsch M. **1310.** (**11.**)

JUNGER.
—— Der junge Herr. [Song.] *See* LOEWE (J. C. G.) 2 Polnische Balladen. Op. 50. [No. 2.]

JUNGFRAEULEIN.
—— Jungfräulein Annika. [Song.] *See* LOEWE (J. C. G.) Drei Balladen. Op. 78. No. 1.

JUNGMANN (ALBERT)
—— Heimweh. Melodie für das Pianoforte . . . Op. 117. pp. 6. *Bei Joh. André: Offenbach a/M.,* [1875?] fol.
Hirsch M. **1304.** (**9.**)

K., L.
—— Gesænge mit Begleitung des Piano Forte . . . von L. K. [i.e. Lambert Knittelmair]. pp. 35.   *In der von Schmidischen Buchhandlung: Straubing,* [1805?] obl. fol.
Hirsch III. **865.**
Lithographed throughout.

KAISER.
—— Kaiser Heinrich's Waffenwacht. [Song.] *See* LOEWE (J. C. G.)

KAISER.
—— Kaiser Karl v. in Wittenberg. [Song.] *See* LOEWE (J. C. G.) Kaiser Karl v. Vier historische Balladen. II.

KAISER.
—— Kaiser Otto's Weinachtsfeier. [Song.]   *See* LOEWE (J. C. G.) Zwei Balladen. Op. 121. I.

KALKBRENNER (Friedrich Wilhelm Michael)
—— Grand Duett, for the Piano Forte and Flute (or Violoncello), *etc.* [Parts.] 3 pt. *Goulding, D'Almaine, Potter & Co.: London*, [1816?] fol. Hirsch M. **1290. a. (7.)**
Watermark date 1816.

KALKBRENNER (Friedrich Wilhelm Michael)
—— God save the King, with eight Variations for the Piano Forte by F. Kalkbrenner ... Op. 18. pp. 7. *Clementi & Co.: London*, [1826?] fol. Hirsch M. **1285. (5.)**
Watermark date 1826.

KALKBRENNER (Friedrich Wilhelm Michael)
—— Grand Sonata for the Pianoforte with an accompaniment for the violin ... Op. 22. [Parts.] 2 pt. *Goulding, D'Almaine, Potter & Co.: London*, [1817?] fol. Hirsch M. **1290. a. (5.)**
Watermark date 1817.

KALKBRENNER (Friedrich Wilhelm Michael)
—— Sonata for the Piano Forte, Flute & Violoncello ... Op. 39. [Parts.] 3 pt. *E. Lavenu: London*, [1815?] fol. Hirsch M. **1290. a. (6.)**
Watermark date 1815.

KALKBRENNER (Friedrich Wilhelm Michael)
—— *See* BEETHOVEN (L. van) [Symphonies.] Collection complète des symphonies de Beethoven ... arrangées pour piano seul ... par F. Kalkbrenner. [1842?] fol. Hirsch III. **118.**

KAM.
—— Kam ein Wandrer einst gegangen. [Song.] *See* REICHARDT (J. F.)

KAMINSKI (Heinrich)
—— Magnificat, für Solo-Sopran, Solo-Bratsche, Orchester und kleinen Fernchor ... Partitur. pp. 64. *Universal-Edition: Wien, New York*, [1926.] fol. Hirsch IV. **818.**

KAMPF.
—— Der Kampf. [Song.] *See* SCHUBERT (F. P.)

KAPPES (J.)
—— *See* WALTZES. Waltzer für das Clavier. ⟨Tl. 2. 12. Walzer, arrangées par le cⁿ J. Kappes.⟩ [1801?] *obl.* 8°. Hirsch M. **631.**

KASKEL (Karl) *Baron. See also* LASSEK (C.) *pseud.*

KEISER (Reinhard)
—— 9 Compositionen aus den Jahren 1700–1734. Ouverture, 7 Opernarien und Duett, *etc.* [P.F. and vocal score.] pp. 19. *Schlesinger'sche Buch- und Musikhandlung: Berlin*, 1855. fol. [LINDNER (E. O.) Die erste stehende deutsche Oper. Bd. 2.] Hirsch M. **928. a.**
With this copy are bound up other compositions by Keiser: "Aria aus L'inganno fedele. Beilage zu no. 44 der Neuen Zeitschrift für Musik," and four pieces in MS. score: "Motetto 1.," "Partitura, Ich liege und schlafe ganz mit Frieden," "Beati omnes à 12 et piu," and "Serenata auf die Vermählung Hn. Otto Luis mit Mad. Bettgens."

KELLER (Carl)
—— Die Feldflasche. ("Helft Leutchen mir vom Wagen doch.") [Song.] Gedicht von Veith, mit Begleitung der Guitarre. *B. Schott's Söhne: Mainz*, [1822?] 8°. Hirsch M. **1299. (5.)**

KELLER (Carl)
—— Der Guckkasten. Lied, mit Begleitung einer Guitarre. *Bei B. Schott: Mainz*, [1816?] 8°. Hirsch M. **1299. (6.)**

KELLER (Hans)
—— *See* STEIGLEDER (J. U.) Vier Ricercare für Orgel ... Für den praktischen Gebrauch eingerichtet von H. Keller. [1929.] *obl.* fol. Hirsch M. **560.**

KELLER (Hermann)
—— *See* BACH (J. S.) Klavierbüchlein für Friedemann Bach. Herausgegeben von H. Keller. 1927. *obl.* 4°. Hirsch M. **18.**

KELLER (Max)
—— Deutsch-figurirte Messe in C, wobey die Orgel und eine Singstimme obligat, zweite und dritte Singstimme aber, dann zwei Violine, zwei Flöten, zwei Klarinette, zwei Waldhörner, zwei Trompetten, Paucken und Violon nicht obligat sind, *etc.* [Parts.] 12 pt. *Falter u. Sohn: München*, [1815?] fol. Hirsch IV. **1686.**
Lithographed throughout.

KELLER (Max)
—— Drey Lateinische Messen für Landchöre. No. I. in G.D. für eine Singstimme und Orgel obligat, Alt, Bass, 2 Violinen, 2 Hörner, und 2 Trompeten ad libitum ... Für 3 Singstimmen mit fig: Orgel, *etc.* [Vocal score and parts.] 4 pt. *Bey Falter & Sohn: München*, [1825?] fol. Hirsch M. **929.**
This edition does not include the instrumental parts. Lithographed throughout.

KELLER (Max)
—— Drey Lateinische Messen für Landchöre. No. II. in D.F. für eine Singstimme und Orgel obligat, Alt, Bass, 2 Violinen, 2 Hörner, und 2 Trompeten ad libitum ... Mit Instrumenten, *etc.* [Parts.] 8 pt. *Bey Falter & Sohn: München*, [1825?] fol. Hirsch M. **930.**
Lithographed throughout.

KELLER (Max)
—— VI Lieder, fünf für den Advent, und eines auf die Fest-Tage der seligsten Jungfrau Maria, für eine Singstimme und Orgel, mit willkührlicher Begleitung von 2 Violinen, Bratsche, 2 Hörner, Violon und Orgel. [Parts.] 2 Abt. 14 pt. *Bey Falter und Sohn: München*, [1810?] fol. Hirsch III. **855.**
Lithographed throughout.

KELLER (Max)
—— Teutsche Messe in C für die Gedächtniss Tage der Kirchweihe für Orgel und eine Singstimme obligat, 2te & 3te Singstimme aber, dann 2 Violine, 2 Floeten, 2 Clarinetten, 2 Waldhoerner, 2 Trompeten, Paucken und Violon ad libitum, *etc.* [Parts.] 12 pt. *Falter und Sohn: München*, [1815?] fol. Hirsch IV. **1687.**
Lithographed throughout.

KELLER (Max)

—— Teutsch figurirte Messe in G. Wobey die Orgel und eine Singstimme obligat zweÿte und dritte Singstimme aber, dann zwey Violine, zwey Flöten, zwey Waldhörner und Violon nicht obligat sind, *etc.* [Parts.] 11 pt. *Falter und Sohn: München*, [1815?] fol. Hirsch IV. **1688**.
Lithographed throughout.

KELLER (Max)

—— Trauer-Amt für die Orgel und eine Singstimme obligat zweite und dritte Singstimme, dann 2 Violine, 2 Hörner und Violon ad libitum für nichtmusikalische Sänger geschrieben von M. Keller. [Parts.] 3 no. *Falter und Sohn: München*, [1815?] fol. Hirsch IV. **1689**.
Each number comprises 9 parts. Lithographed throughout.

KELLY (Michael)

—— [Algonah.] The Favorite Overture to Algonah ... Composed & selected by M. Kelly. [P.F.] pp. 6.
M. Kelly: London, [1802?] fol. Hirsch M. **1282. (21.)**

KELLY (Michael)

—— [Fashionable Friends.] In the rough Blast heaves the Billow, [Song] as sung ... in the Comedy of Fashionable Friends ... with an accompaniment for the piano forte or harp. pp. 4. *M. Kelly: [London*, 1803?] fol.
Hirsch M. **1277. (11.)**

KELLY (Michael)

—— *See* NASOLINI (S.) [*La Morte di Mitridate.*] Pace riposo calma. *The Favorite Trio* ... Arranged by M. Kelly. [1802?] fol. Hirsch M. **1277. (22.)**

KIEFER (C. J. M.)

—— Jaegerlied. [Song.] Gedicht von H. J. Kiefer ... mit Guitarrebegleitung. *Bei B. Schott's Söhnen: Mainz*, [1824?] 8°. Hirsch M. **1299. (7.)**

KIENZL (Wilhelm)

—— *See* MOZART (W. A.) [*Don Giovanni.*] Don Juan ... Klavierauszug (mit den Secco-Recitativen) bearbeitet nach der Original-Partitur von Dr. W. Kienzl. [1901.] 8°. Hirsch M. **347**.

KING (Matthew Peter)

—— *See* MOZART (W. A.) [*Don Giovanni.*] Mozart's Il Don Giovanni. The most admired airs ... arranged as duets for two performers, on the pianoforte, by M. P. King. [1825?] fol. Hirsch M. **1080**.

KINSKY (Georg)

—— *See* SCHUBERT (F. P.) Quartett für Flöte, Gitarre, Bratsche und Violoncell. Nach der Urschrift herausgegeben von G. Kinsky. 1926. *obl.* 8°. Hirsch M. **531**.

KIRBY (William)

—— I would not be a Butterfly. Cavatina. [Song.] ⟨Written by Rosamand Wadams.⟩ pp. 5. *W. George; T. Lindsay: London*, [1830?] fol. Hirsch M. **1306. (5.)**

SIG. 30.—PART 53.

KIRMAIR (Friedrich Joseph)

—— Deux sonates pour piano-forté, accompagné de violon obligé et basse ad libitum, composées sur différents thêmes et phrases de l'opéra: Les mystères d'Isis [" Die Zauberflöte " by W. A. Mozart] ... Oeuvre 9. pp. 17.
A l'imprimerie lithographique: Charenton, [1805?] fol.
Hirsch III. **334**.
Lithographed throughout. Imperfect; wanting the accompaniments.

KIRMAIR (Friedrich Joseph)

—— Variations pour le piano-forté ... sur 3 airs de l'enlèvement du sérail, opéra de Mozart, *etc.* pp. 8. *À l'imprimerie lithographique: Paris*, [1805?] fol. Hirsch III. **335**.
Lithographed throughout.

KISTLER (Cyrill)

—— *See* WAGNER (W. R.) [*Die Meistersinger von Nürnberg.*] Apotheose des Hans Sachs ... zum Concertvortrage eingerichtet von C. Kistler, *etc.* [1886?] fol.
Hirsch M. **1259. (13.)**

KLAGE.

—— Klage. [Song.] *See* MARSCHNER (H. A.)

KLEEMANN (Hans)

—— *See* GLUCK (C. W. von) Orpheus und Eurydike ... Klavierauszug mit Text ... bearbeitet von H. Kleemann. 1916. 8°. [*Veröffentlichungen der Gluckgesellschaft.* no. 2.] Hirsch M. **940**.

KLEIN (Bernhard Joseph)

—— [Another copy.] Die Braut von Corinth. Ballade von Göthe. Für eine Singstimme mit Begleitung des Pianoforte. *Elberfeld*, [1830?] *obl.* fol. Hirsch III. **860**.
Original-Gesang-Magazin. Bd. 2. Hft. 5, 6.

KLEIN (Bernhard Joseph)

—— Gesänge mit Begleitung des Pianoforte. pp. 11. *Bey Breitkopf und Härtel: Leipzig*, [1820?] *obl.* fol.
Hirsch III. **861**.

KLEIN (Bernhard Joseph)

—— Sieben Gesänge aus den Bildern des Orients und der Frithiof's Sage für eine Singstimme mit Begleitung des Pianoforte. pp. 26–37. *Bei F. W. Betzhold: Elberfeld*, [1830?] *obl.* fol. Hirsch III. **863**.
Original-Gesang-Magazin. Bd. 3. Hft. 2.

KLEIN (Bernhard Joseph)

—— Drei Gesänge. "Mignonslied und Sehnsucht, von Göthe, und Sehnsucht nach Ruhe," für eine Singstimme mit Begleitung des Pianoforte. pp. 79–91. *Bei F. W. Betzhold: Elberfeld*, [1830?] *obl.* fol.
Hirsch III. **862**.
Original-Gesang-Magazin. Bd. 3. Hft. 6.

KLEIN (Bernhard Joseph)
—— Ritter Toggenburg. Ballade von Schiller für eine Singstimme mit Begleitung des Pianoforte. pp. 39–45. *Bei F. W. Betzhold: Elberfeld*, [1830?] obl. fol.
Hirsch III. **864.**
Original-Gesang-Magazin. Bd. 2. Hft. 3.

KLEINE.
—— Der kleine Schiffer. Ballade. *See* Loewe (J. C. G.)

KLEINER.
—— Kleiner Haushalt. [Song.] *See* Loewe (J. C. G.)

KLEINES.
—— Ein kleines Kindelein. Aria. *See* Tunder (F.)

KLEINMICHEL (Richard)
—— *See* Lortzing (G. A.) Die Opernprobe ... Orchester-Partitur revidirt von R. Kleinmichel. [1899.] fol.
Hirsch II. **521.**

KLENAU (Paul August von)
—— Sulamith. Nach den Worten der heiligen Schrift (Übersetzt v. Herder). Ein Opernakt in sechs Bildern ... Partitur. pp. 203. *Universal-Edition A.G.: Wien, Leipzig*, [1914.] fol. Hirsch II. **482.**
The titlepage bears a MS. *dedication to Paul Hirsch in the composer's autograph.*

KLENGEL (August Alexander)
—— La Promenade sur mèr [*sic*], interrompue par la tempête. Souvenir de l'Italie composée pour le pianoforte, *etc.* ⟨Oeuv. 19.⟩ pp. 21. *Au bureau de musique de C. F. Peters: Leipzig*, [1815?] fol.
Hirsch M. **1303. (11.)**

KLINGER (Joseph)
—— 6 allemandes avec trio pour le piano forte. pp. 7. *Auf Stein gestochen von A. Niedermayr: Regensburg*, [1805?] obl. fol. Hirsch III. **337.**
Lithographed throughout.

KLINGER (Joseph)
—— VII variations pour le piano forte, *etc.* pp. 12. *In der Keyser und Niedermayrschen Kunst Musick und Buchhandlung: Regensburg*, [1802.] obl. fol. Hirsch III. **338.**
Lithographed throughout.

KNAPTON (Philip)
—— *See* Bishop (*Sir* Henry R.) [*The Slave.*] The Celebrated Mocking Bird Song ... Arranged as a divertimento for the piano forte with an accompaniment for a flute. By P. Knapton. [1816?] fol. Hirsch M. **1285. (11.)**

KNECHT (Frédéric)
—— Dix contredanses en partie composées et en partie arrangées par F. Knecht. [P. F.] 2 pt. pp. 27. *Chez E. Pichler: Francfort s/m*, [1830?] obl. 8º.
Hirsch III. **339.**

KNECHT (Justin Heinrich)
—— Neue vollständige Sammlung aller Arten von Vor- und Nachspielen, Fantasien, Versetten, Fugetten u. Fugen für ... Klavier und Orgel Spieler ... Zweite verbesserte Auflage. Hft. 4. *In der Falterischen Musikhandlung: München*, [1805?] obl. fol. Hirsch III. **340.**
Lithographed throughout. Imperfect; wanting Hft. 1–3 *and all after Hft.* 4.

KNELLER (Andreas)
—— Praeludium und Fuge ... Herausgegeben von Max Seiffert. [1925.] *See* Seiffert (M.) Organum, *etc.* Reihe 4. Hft. 7. b. [1924–30?] fol. Hirsch M. **1204.**

KNIDTLMAIER (Lambert) *See* Knittelmair.

KNIDTLMAYR (P. L.) *See* Knittelmair (L.)

KNIGHT (Joseph Philip)
—— Beautiful Venice! Ballad, *etc.* ⟨15th edition.⟩ pp. 5. *Z. T. Purday: London*, [1840?] fol.
Hirsch M. **1308. (14.)**

KNIGHT (Joseph Philip)
—— "Of what is the old Man thinking." Ballad ... the poetry by Thomas Haynes Bayley. pp. 5. *Addison & Hodson: London*, [1845?] fol. Hirsch M. **1276. (10.)**

KNITLMAYR (Lambert) *See* Knittelmair.

KNITTELMAIR (Lambert)
—— IX. allemandes pour clavecin ou pianoforte. pp. 11. *Chez Jos. Sig. Reitmayr: Straubing*, [1805?] obl. fol.
Hirsch III. **341.**
The music is lithographed throughout.

KNITTELMAIR (Lambert)
—— XII allemandes tirés [*sic*] des idées d'Haydn, Mozart, Cramer, Clementi, Bethofen et arrangés [*sic*] pour le pianoforte. pp. 16. *Chez Max de Schmid: Straubing*, [1805?] obl. fol. Hirsch III. **342.**
The music is lithographed throughout.

KNITTELMAIR (Lambert)
—— Gesænge mit Begleitung des Piano Forte ... von L. K. [i.e. L. Knittelmair]. pp. 35. [1805?] obl. fol. *See* K., L. Hirsch III. **865.**

KNITTELMAIR (Lambert)
—— Trois marches arrangées pour piano-forte à 4 mains par L. Knittelmair. pp. 13. *Chez Falter et fils: Munic*, [1805?] obl. fol. Hirsch III. **343.**
Lithographed throughout.

KNITTELMAIR (Lambert)
—— Die Nachtigall. Eine Ode von Fr. Matthisson. [Song.] pp. 11. *Bey Philipp Krüll: Landshut*, [1810?] obl. fol.
Hirsch III. **866.**

KNITTELMAIR (LAMBERT)
—— XI variations pour le piano forte, *etc.* *Chèz Joseph Sigmund Reitmayer: Straubing*, 1802. *obl.* fol.
Hirsch III. **346.**
Lithographed throughout.

KNITTELMAIR (LAMBERT)
—— Variations pour le piano-forte à quatre mains sur la marche favorite de l'opéra Aline [by H. M. Berton], *etc.* pp. 19. *Chez Falter et fils: Munic*, [1805 ?] *obl.* fol.
Hirsch III. **344.**
Lithographed throughout.

KNITTELMAIR (LAMBERT)
—— Variations pour le piano-forte à quatre mains sur la romance favorite de l'opéra Joseph: à peine au sortir [by E. N. Méhul]. pp. 15. *Chez M. Falter: Munic*, [1810 ?] *obl.* fol.
Hirsch III. **345.**
Lithographed throughout.

KNYVETT (WILLIAM)
—— O Love thou soft Intruder say, Ballad. pp. 3. *Monzani & Cimador: London*, [1805 ?] fol.
Hirsch M. **1277. (13.)**

KNYVETT (WILLIAM)
—— To Rosa. Duett. pp. 3. *Monzani & Cimador: London*, [1805 ?] fol.
Hirsch M. **1277. (14.)**

KNYVETT (WILLIAM)
—— With twenty Chords my Lyre is strung. A favorite duet, *etc.* pp. 5. *R^t Birchall: London*, [1810 ?] fol.
Hirsch M. **1277. (15.)**

KOBELL (WOLFGANG FRANZ XAVER VON)
—— [Another copy.] Oberbayerische Lieder, *etc.* *München*, 1860. 8º.
Hirsch M. **203.**

KOCH (HERMANN ERNST)
—— *See* MUNICH.—*Pergolesigesellschaft.* Giov. Batt. Pergolesi. Sinfonia, G-dur, *etc.* ⟨Bearbeitet von H. E. Koch.⟩ [1910 ?] 4º.
Hirsch M. **1126.**

KOCK (CHARLES PAUL DE)
—— L'Anglais malade. Scène comique. [Song.] 2e édition ... Paroles et musique de M. C. P. de Kock. *L. Vieillot: Paris*, [1850 ?] fol.
Hirsch M. **1296. (12.)**

KODÁLY (ZOLTÁN)
—— *See* BARTÓK (B.) and KODÁLY (Z.) Chansons populaires. ⟨Les hongrois de Transylvanie.⟩ [1921.] 8º.
Hirsch M. **32.**

KOENIG.
—— Des Königs Zuversicht. Volkslied. *See* LOEWE (J. C. G.)

KOGEL (GUSTAV FRIEDRICH)
—— *See* BOIELDIEU (F. A.) La Dame blanche (Die weisse Dame) ... Partition d'orchestre revue par G. F. Kogel. [1880 ?] fol.
Hirsch II. **77.**

KOGEL (GUSTAV FRIEDRICH)
—— *See* HAENDEL (G. F.) [12 *Grand Concertos. Op.* 6. *No.* 2.] Concert, F dur, für Streichorchester, 2 obligate Violinen und obligates Violoncell ... bearbeitet und genau bezeichnet von G. F. Kogel. [1895.] fol.
Hirsch M. **899.**

KOGEL (GUSTAV FRIEDRICH)
—— *See* HAENDEL (G. F.) [12 *Grand Concertos. Op.* 6. *No.* 5.] Concert, D-dur, für Streichorchester, 2 oblig. Violinen, oblig. Violoncell u. Continuo ... bearbeitet und genau bezeichnet von G. F. Kogel. [1897.] fol.
Hirsch M. **901.**

KOGEL (GUSTAV FRIEDRICH)
—— *See* LORTZING (G. A.) Czaar und Zimmermann ... In Partitur herausgegeben von G. F. Kogel. [1900.] fol.
Hirsch II. **520.**

KOGEL (GUSTAV FRIEDRICH)
—— *See* LORTZING (G. A.) Der Waffenschmied ... In Partitur herausgegeben von G. F. Kogel. [1922.] fol.
Hirsch II. **523.**

KOGEL (GUSTAV FRIEDRICH)
—— *See* MÉHUL (É. N.) Joseph ... Orchester-Partitur revidirt von G. F. Kogel. [1881.] fol. Hirsch II. **578.**

KOGEL (GUSTAV FRIEDRICH)
—— *See* MOZART (W. A.) [*Don Giovanni.*] Don Juan ... Klavierauszug. Neu revidirt von G. F. Kogel. [1880 ?] fol.
Hirsch M. **1077.**

KOGEL (GUSTAV FRIEDRICH)
—— *See* MOZART (W. A.) [*Don Giovanni.*] Don Juan ... Klavierauszug mit Secco-Recitativen von G. F. Kogel. [1900 ?] 8º.
Hirsch M. **346.**

KOGEL (GUSTAV FRIEDRICH)
—— *See* MOZART (W. A.) Die Zauberflöte ... Klavierauszug von G. F. Kogel. [1880 ?] 4º. Hirsch M. **1119.**

KOGEL (GUSTAV FRIEDRICH)
—— *See* MOZART (W. A.) Die Zauberflöte ... Klavierauszug revidirt von G. F. Kogel. [1893.] 8º. Hirsch M. **427.**

KOMMA (KARL MICHAEL)
—— Gruppenkonzerte der Bachzeit. Herausgegeben von K. M. Komma. [Score. With facsimiles.] pp. xi. 106. *Breitkopf & Härtel: Leipzig*, 1938. fol. [*Das Erbe deutscher Musik.* Reihe 1. Reichsdenkmale. Bd. 11.]
Hirsch IV. **960.**

KORNGOLD (ERICH WOLFGANG)
—— Der Ring des Polykrates. Heitere Oper in einem Akt frei nach dem gleichnamigen Lustspiel des H. Teweles ⟨Op. 7.⟩ ... Orchester-Partitur. pp. 272. *B. Schott's Söhne: Mainz, Leipzig*, [1916.] fol.
Hirsch II. **483.**

KORNGOLD (Erich Wolfgang)
—— [Another copy.] Schauspiel-Ouvertüre für grosses Orchester. Op. 4. Partitur, *etc. Mainz*, [1912.] fol.
Hirsch M. **931**.

KORNGOLD (Erich Wolfgang)
—— Sinfonietta für grosses Orchester. Op. 5. Partitur, *etc.* pp. 192. *B. Schott's Söhne: Mainz*, [1914.] fol.
Hirsch M. **932**.
The titlepage bears a MS. *dedication to Paul Hirsch in the composer's autograph.*

KORNGOLD (Erich Wolfgang)
—— Die tote Stadt. Oper in 3 Bildern frei nach G. Rodenbachs Schauspiel " Bruges la morte " von Paul Schott ... Opus 12. Vollständige Orchesterpartitur. pp. 425. *Bei B. Schott's Söhne: Mainz*, [1920.] fol.
Hirsch II. **484**.

KORNGOLD (Erich Wolfgang)
—— Violanta. Oper in einem Akt von Hans Müller ⟨Op. 8.⟩ ... Orchester-Partitur. pp. 293. *B. Schott's Söhne: Mainz, Leipzig*, [1916.] fol.
Hirsch II. **485**.

KOSAK.
—— Der Kosak und sein Mädchen. [Song.] *See* Schoene. Schöne Minka, ich muss scheiden. [1810?] obl. fol.
Hirsch III. **868**.

KOSSMALY (Carl)
—— Mein erster Gedanke, von König Ludwig von Baiern, für Singstimme und Pianoforte. [1839.] *See* Periodical Publications.—Leipzig.—*Neue Zeitschrift für Musik.* [Sammlung von Musik-Stücken, *etc.*] Hft. 6. [1838, *etc.*] fol.
Hirsch M. **1134**.

KOSSMALY (Carl)
—— " Von dir so ferne " ⟨von F. Rückert⟩, für Männerstimmen. [1840.] *See* Periodical Publications.—Leipzig.—*Neue Zeitschrift für Musik.* [Sammlung von Musik-Stücken, *etc.*] [1838, *etc.*] fol. Hirsch M. **1134**.

KOSSMALY (Carl)
—— Die Weinende, von Lord Byron, für eine Singstimme & Pianoforte. [1841.] *See* Periodical Publications.—Leipzig.—*Neue Zeitschrift für Musik.* [Sammlung von Musik-Stücken, *etc.*] Hft. 15. [1838, *etc.*] fol.
Hirsch M. **1134**.

KOTZWARA (Franz)
—— The Battle of Prague, a favorite Sonata for the Piano Forte. pp. 8. *G. Walker: London*, [1813?] fol.
Hirsch M. **1284**. (**10**.)
Watermark date 1813.

KOŽELUCH (Leopold)
—— Three Sonatas. Op. 3. *See infra*: [Trios for P.F. and Strings. Op. 3.]

KOŽELUCH (Leopold)
—— Trois sonates pour le clavecin ou piano forte avec accompagnement d'un violin ad libitum ... Œuvre XVIII. *Muzio Clementi & Co.: London*, [1807?] fol.
Hirsch M. **1286**. (**4**.)
Watermark date 1807. *Imperfect; wanting the violin part.*

KOŽELUCH (Leopold)
—— Three favorite Sonatas for the Piano Forte, with an accompaniment for the Violin ... Op. 20. *Paine & Hopkins: London*, [1820?] fol. Hirsch M. **1286**. (**5**.)
Watermark date 1820. *Imperfect; wanting the violin part.*

KOŽELUCH (Leopold)
—— [Trios for P.F. and Strings. Op. 3.] Three Sonatas for the Piano Forte witha ccompaniments for the violin & violoncello ... Op. 3. *Chappell & Co.: London*, [1819?] fol. Hirsch M. **1286**. (**1**.)
Watermark date 1819. *Imperfect; wanting the accompaniments.*

KOŽELUCH (Leopold)
—— [Trios for P.F. and Strings. Op. 23.] Sonata I. [P.F.] pp. 13. *Longman, Clementi and Co.:* [*London*, 1810?] fol.
Hirsch M. **1286**. (**7**.)
Watermark date 1810.

KOŽELUCH (Leopold)
—— *See* Thomson (George) The Select Melodies of Scotland ... with symphonies & accompaniments for the piano forte by Pleyel, Kozeluch, *etc.* 1822, [23]. 8º.
Hirsch IV. **455**. a.

KRAKUSE.
—— Der Krakuse. Polens Klage. [Song.] *See* Berndt (F.)

KRANKE.
—— Das kranke Landmädchen. [Song.] *See* Tschiersky (W.)

KRAUS (Hedwig)
—— *See* Raimund (F.) Raimund-Liederbuch, *etc.* [Edited by H. Kraus.] 1924. obl. 8º. Hirsch M. **464**.

KRAUS (Vincenz)
—— Der Fischer. Ballade von von Göthe, in Musik gesetzt für eine Singstimme mit Pianoforte-Begleitung ... Op. 16. pp. 7. *Bei F. Glöggl: Wien,* [1845?] fol.
Hirsch M. **933**.

KREBS (Carl August)
—— Die Heimath. Lied für eine Singstimme mit Begleitung des Pianoforte gedichtet, in Musik gesetzt ... von C. Krebs. Op. 56. pp. 6. *Schuberth & Comp.: Hamburg u. Leipzig*, [1855?] fol. Hirsch M. **1301**. (**21**.)

KREISSIG (Martin)

—— *See* Schumann (R. A.) [43 *Clavierstücke für die Jugend. Op.* 68.] Skizzenbuch zu dem Album für die Jugend ... Biographische und musikalische Erläuterungen ... unter Mitwirkung von M. Kreissig ... von L. Windsperger. [1924.] *obl. fol.* Hirsch M. **539.**

KREITZER (M.) *See* Kreutzer (R.)

KREMPLSETZER (Georg)

—— Der Vetter auf Besuch. Operette in einem Akt. Text von Wilhelm Busch ... Mit Bildern von Wilhelm Busch. Klavierbearbeitung mit vollständigem Text. [With a preface by Rudolf Will entitled " Wilhelm Busch und das Theater."] pp. 66. *Otto Weber: Leipzig*, [1928.] fol. Hirsch M. **934.**

KŘENEK (Ernst)

—— [Another copy.] Concerto grosso II. Op. 25 ... Orchesterpartitur. *Wien, New York*, [1925.] fol. Hirsch M. **935.**

KŘENEK (Ernst)

—— [Another copy.] Jonny spielt auf. Oper ... Op. 45. Partitur. *Wien, Leipzig*, [1927.] fol. Hirsch II. **486.**

KRETSCHMER (Edmund)

—— Die Folkunger. Grosse Oper in 5 Akten von S. H. Mosenthal. Partitur, *etc.* pp. 326. *Fr. Kistner: Leipzig*, [1874.] fol. Hirsch II. **487.**
With an Italian translation of the words added in MS. *throughout.*

KRETZSCHMAR (Hermann)

—— *See* Haendel (G. F.) Zweites Concerto Grosso in F dur [Op. 6. No. 2] ... eingerichtet von H. Kretzschmar, *etc.* [1898.] fol. Hirsch M. **900.**

KRETZSCHMER (Andreas)

—— [Another copy.] Deutsche Volkslieder mit ihren Original-Weisen ... nach handschriftlichen Quellen herausgegeben ... von A. Kretzschmer. 2 Tl. *Berlin*, 1840, 1838–40. 8°. Hirsch III. **871.**

KREUTZER (Conradin)

—— Mädchen und Blumen. Gedicht von Hermann Butterweck, für eine Singstimme mit Pianoforte-Begleitung. Letzte Composition ... Einlage zu dem komischen Volksgemälde " Der Unbedeutende." pp. 3. *Bei Joh. André: Offenbach a/M.*, [1860?] fol. Hirsch M. **1304.** (**10.**)

KREUTZER (Conradin)

—— Grande sonate pour le piano forté avec accompagnement de violon et violoncelle ... Op: 23. No. [1.] [Parts.] 3 pt. *Chez N. Simrock: Bonn et Cologne*, [1815?] *obl. fol. & fol.* Hirsch III. **348.**

KREUTZER (Conradin)

—— Sonate concertante pour pianoforte et flûte ... Oeuv: 35. [Parts.] 2 pt. *Gombart e comp^e: Augsbourg*, [1805?] *obl. fol. & fol.* Hirsch III. **349.**

KREUTZER (Conradin)

—— [Another copy.] Neun Wander Lieder von Uhland mit Begleitung des Piano Forte ... 34tes Werk. Hft. 2. [1820?] *obl. fol.* Hirsch III. **873.**
Imperfect; wanting Hft. 1.

KREUTZER (Conradin)

—— Wanderlied. [Song.] Von Uhland ... mit Pianofortebegleitung. *Bey G. H. Hedler: Frankfurt a/m.*, [1835?] *obl. fol.* Hirsch III. **872.**

KREUTZER (Rudolph)

—— Aristippe. Opéra en deux actes. Paroles de Monsieur Giraud, *etc.* [Score.] pp. 285. *Au magasin de musique dirigé par MM. Chérubini, Méhul, Kreutzer, Rode et Boieldieu: Paris*, [1808?] fol. Hirsch II. **489.**

KREUTZER (Rudolph)

—— François Ier, ou la Fête mistérieuse, opéra en deux actes et en vers, de MM^rs Sewrin et Chazet, *etc.* [Score.] pp. 172. *Chérubini, Méhul, Kreutzer, Rode, N. Isouard et Boieldieu: Paris*, [1807?] fol. Hirsch II. **490.**

KREUTZER (Rudolph)

—— [Lodoiska.] The Favorite Overture to Lodoiska, *etc.* [P.F.] pp. 6. *G. Walker: London*, [1807?] fol. Hirsch M. **1284.** (**8.**)
Watermark date 1807.

KREUTZER (Rudolph)

—— *See* Baillot (P. M. F. de S.) Méthode de violon par M.M. Baillot, Rode et Kreutzer ... Rédigée par Baillot, *etc.* [1825?] fol. Hirsch III. **79.**

KREUTZER (Rudolph)

—— *See* Baillot (P. M. F. de S.) [*Méthode de violon.*] Violinschule von Rode, Kreutzer und Baillot. Geordnet von Baillot, *etc.* [1830?] fol. Hirsch III. **80.**

KRIEGER (Johann Philipp)

—— " Die Gerechten werden weggerafft " (Jes. 57, 1–2). Trauermusik für Sopran, Alt, Tenor und Bass mit Streichorchester und Orgel ... Partitur, *etc.* ⟨Bearbeitet von Max Seiffert.⟩ pp. 9. *Fr. Kistner & C. F. W. Siegel: Leipzig*, [1924.] fol. [*Organum.* Reihe 1. no. 6.] Hirsch M. **1204.**

KRIEGER (Johann Philipp)

—— Partie (F dur) für Bläser (Oboe I, II, Englisch Horn, Fagott) oder Streicher ... bezw. Bläser und Streicher mit Cembalo. (" Feldmusik " 1704, Nr. III.) ⟨Bearbeitet von Max Seiffert.⟩ [Score.] pp. 18. *Fr. Kistner & C. F. W. Siegel: Leipzig*, [1925.] fol. [*Organum.* Reihe 3. no. 9.] Hirsch M. **1204.**

KRIEGER (Johann Philipp)

—— " Rufet nicht die Weisheit " für Sopran, Alt, Tenor und Bass mit Streichorchester und Orgel. Partitur, *etc.* ⟨Bearbeitet von Max Seiffert.⟩ pp. 23. *Fr. Kistner & C. F. W. Siegel: Leipzig*, [1925.] fol. [*Organum.* Reihe 1, no. 10.] Hirsch M. **1204.**

KRIEGER (JOHANN PHILIPP)
—— [XII Sonate à doi. Op. 2. No. 2.] Sonate (D moll) für Violine, Gambe (Violoncello) und Cembalo, *etc.* ⟨Bearbeitet von Max Seiffert.⟩ [Score.] pp. 13. *Fr. Kistner & C. F. W. Siegel: Leipzig*, [1926.] fol. [*Organum.* Reihe 3. no. 10.] Hirsch M. **1204**.

KRIEGER (JOHANN PHILIPP)
—— " Wo wilt du hin, weil's Abend ist," für 2 Sopranstimmen und Cembalo. ⟨Dichtung von Angelus Silesius 1657 . . . Bearbeitet von Max Seiffert.⟩ [Score.] pp. 12. *Fr. Kistner & C. F. W. Siegel: Leipzig*, [1924.] fol. [*Organum*. Reihe 1. no. 3.] Hirsch M. **1204**.

KRIGAR (HERMANN)
—— Spanische Lieder, nach Paul Heyse's Uebertragungen für Gesang und Pianoforte . . . Op. 26. pp. 17. *G. Heinze: Leipzig*, 1866. fol. Hirsch IV. **1446**.

KROLL (FRANZ)
—— *See* BACH (J. S.) Das wohltemperirte Clavier . . . Neue und kritische Ausgabe . . . bearbeitet von F. Kroll. 1862 [1863]. fol. Hirsch III. **54**.

KROLL (FRANZ)
—— *See* BACH (J. S.) Zweistimmige Inventionen, *etc.* [Edited by F. Kroll.] [1890?] fol. Hirsch M. **677**.

KUECKEN (FRIEDRICH WILHELM)
—— C'est lui. Melodie. [Song.] Paroles de Mʳ Maurice Bourges. pp. 5. *Maurice Schlesinger: Paris; A. M. Schlesinger: Berlin*, [1844.] fol. Hirsch M. **1297**. (26.)

KUECKEN (FRIEDRICH WILHELM)
—— [Sechs ernste und heitere Lieder. Op. 23. No. 4.] Lauf der Welt. [Song.] Gedicht von Uhland, *etc.* pp. 5. *Schlesinger: Berlin*, [1847?] fol. Hirsch M. **1301**. (16.) Part of " Auswahl beliebter Gesänge und Lieder."

KUECKEN (FRIEDRICH WILHELM)
—— [Zwei Gesänge. Op. 31.—No. 1. Maurisches Ständchen.] La Sérénade moresque. [Song.] Paroles de M. Maurice Bourges. pp. 3. *Maurice Schlesinger: Paris; A. M. Schlesinger: Berlin*, [1844.] fol. Hirsch M. **1297**. (29.)

KUECKEN (FRIEDRICH WILHELM)
—— Lauf der Welt. *See supra:* [*Sechs ernste und heitere Lieder. Op. 23. No. 4.*]

KUECKEN (FRIEDRICH WILHELM)
—— [Lieder und Gesänge. Op. 19. No. 1.] Ave Maria. Prière. Paroles de M. Émile Deschamps. *Maurice Schlesinger: Paris*, [1845?] fol. Hirsch M. **1297**. (25.)

KUECKEN (FRIEDRICH WILHELM)
—— Mystère du cœur. Romance. Paroles de Mʳ Maurice Bourges. *Maurice Schlesinger: Paris*, [1845?] fol. Hirsch M. **1297**. (28.)

KUECKEN (FRIEDRICH WILHELM)
—— Où donc est le bonheur? Mélodie. [Song.] Paroles de M. Maurice Bourges. pp. 5. *Maurice Schlesinger: Paris; A. M. Schlesinger: Berlin*, [1844.] fol. Hirsch M. **1297**. (27.)

KUECKEN (FRIEDRICH WILHELM)
—— Sérénade moresque. *See supra:* [*Zwei Gesänge. Op. 31.—No. 1. Maurisches Ständchen.*]

KUECKEN (FRIEDRICH WILHELM)
—— Va, doux ramier. [Song.] Paroles de M. Maurice Bourges. pp. 3. *Maurice Schlesinger: Paris*, [1844.] fol. Hirsch M. **1297**. (24.)

KUECKEN (FRIEDRICH WILHELM)
—— Wenn du wärst mein eigen. [Song.] Text von H. Heine. pp. 3. *T. Trautwein: Berlin*, [1860?] fol. Hirsch M. **1301**. (22.) *Liederspende.* no. 1.

KUEFFNER (JOSEPH)
—— Fischerlied. Willkommen Genossen im schaukelnden Kahn! [Song.] Gedicht von Freiherrn F. von Zurhein . . . mit Clavier oder Guitare Begleitung. *Bey B. Schott's Söhnen: Mainz*, [1830?] 8°. Hirsch M. **1299**. (8.)

KUEFFNER (JOSEPH)
—— Walse composée pour le piano forte, sur des motifs de l'opéra Zampa [by L. J. F. Hérold], *etc. Chez les fils de B. Schott: Mayence*, [1830?] 8°. Hirsch M. **1300**. (12.)

KUEFFNER (JOSEPH)
—— *See* MOZART (W. A.) Don Juan. Grand opéra . . . arrangé en quatuor pour deux violons, alto et violoncelle par J. Küffner, *etc.* [1822.] fol. Hirsch IV. **1639**.

KUENSTLER LIEDER.
—— [Another copy.] Künstler Lieder. ⟨Melodien zu den Künstlerliedern.⟩ *Basel*, 1809. 16°. Hirsch III. **876**.

KUESTER (ALBERT)
—— *See* TELEMANN (G. P.) Zwölf Fantasien, für die Geige allein . . . Herausgegeben von A. Küster. 1927. obl. 8°. Hirsch M. **588**.

KUFFERATH (HUBERT FERDINAND)
—— " Morgen," von Wilhelm Müller. [Song.] [1840.] *See* PERIODICAL PUBLICATIONS.—Leipzig.—*Neue Zeitschrift für Musik.* [Sammlung von Musik-Stücken, *etc.*] Hft. 12. [1838, *etc.*] fol. Hirsch M. **1134**.

KUHN (GOTTHOLD JACOB)
—— [Another copy.] Sammlung von Schweizer-Kühreihen und alten Volksliedern, *etc. Bern*, 1812. obl. 4°. Hirsch III. **1061**.

KUHNAU (Johann)

—— [Musikalischer Vorstellung einiger Biblischer Historien. No. 4.] Hiskia agonizzante e risanato. [P.F.] *See* Bach (J. S.) Capriccio in B-dur sopra la lontananza del suo fratello diletissimo, *etc.* 1920. 8°. Hirsch M. **16**.

KUNDE.

—— Kunde aus dem Feenlande. [Song.] *See* Marschner (H. A.) Caledon, N. Motherwell's Lieder . . . Op. 125. No. 5.

KURTH (Ernst)

—— *See* Bach (J. S.) [*Collected Works.—h. Miscellaneous Instrumental Selections and Arrangements.*] Sechs Sonaten und Suiten für Violine und Violoncello solo. Herausgegeben und eingeleitet von E. Kurth. 1921. 8°. Hirsch M. **15**.

KUR-WALZER.

—— Kur-Waltzer für das Piano-Forte. [1830?] 8°. *See* Waltzes. Hirsch M. **1299. (18.)**

KUSSER (Johann Sigismund)

—— [Erindo.] Arien, Duette und Chöre aus Erindo oder die Unsträfliche Liebe. Herausgegeben von Helmut Osthoff. [Score. With a facsimile of the libretto in the edition of 1694.] pp. xix. 72. *Henry Litolff's Verlag: Braunschweig*, 1938. fol. [*Das Erbe deutscher Musik.* Reihe 2. Landschaftsdenkmale. Schleswig-Holstein und Hansestädte. Bd. 3.] Hirsch IV. **960. a.**

LABARRE (Théodore)

—— Alice aux bras nus. Romance. Paroles de Mr Aimé Gourdin. *Maurice Schlesinger: Paris; A. M. Schlesinger: Berlin*, [1841.] fol. Hirsch M. **1297. (31.)**

LABARRE (Théodore)

—— Merci monseigneur. [Song.] . . . Paroles de Mr A. Gourdin, *etc.* *Chez les fils de B. Schott: Mayence et Anvers*, [1840?] fol. Hirsch M. **1297. (32.)**

LABISKY (H.)

—— Nouvelle polka pour piano, *etc.* pp. 3. *Chez Mme. vve Launer: Paris*, [1845?] fol. Hirsch M. **1308. (1.)**

With an additional titlepage, lithographed.

LABITZKY (Joseph)

—— Beliebte Polkas für das Pianoforte. No. 1. Narcissen Polka. 56tes Werk. No. 2. Hyacinthen Polka. 67tes Werk. no. 2. *Bei Joh. Hoffmann: Prag*, [1840?] obl. fol. Hirsch M. **204. (1.)**

Imperfect; wanting no. 1.

LABITZKY (Joseph)

—— Apollo's Stunden. Walzer für das Piano-Forte . . . 19tes Werk. pp. 10. *Bei Marco Berra: Prag*, [1930?] obl. fol. Hirsch M. **204. (2.)**

LABITZKY (Joseph)

—— Burlington—Walzer, für das Pianoforte . . . 114tes Werk. pp. 11. *Bei Friedrich Hofmeister: Leipzig*, [1850?] obl. fol. Hirsch M. **204. (3.)**

LABITZKY (Joseph)

—— Carlsbad Walzer für das Pianoforte . . . 107tes Werk. pp. 11. *Bei Friedrich Hofmeister: Leipzig; bei Johann Hoffmann: Prag*, [1845?] obl. fol. Hirsch M. **204. (4.)**

LABITZKY (Joseph)

—— Carlsbader-Cur-Tänze, für das Pianoforte . . . 194tes Werk. pp. 9. *Bei Friedrich Hofmeister: Leipzig*, [1852.] fol. Hirsch M. **936. (1.)**

LABITZKY (Joseph)

—— Carlsbader Sprudel-Galopp, für das Pianoforte . . . 131tes Werk. pp. 7. *Bei Friedrich Hofmeister: Leipzig*, [1850?] obl. fol. Hirsch M. **204. (5.)**

LABITZKY (Joseph)

—— Dalkeith-Walzer, For the pianoforte . . . Op. 88. pp. 11. *R. Cocks & Co.: London*, [1840?] fol. Hirsch M. **1308. (6.)**

LABITZKY (Joseph)

—— Eleonoren-Walzer, für das Pianoforte . . . 120s Werk. pp. 11. *Bei Friedrich Hofmeister: Leipzig*, [1846?] obl. fol. Hirsch M. **204. (6.)**

LABITZKY (Joseph)

—— Die Faschingsstreiche. Walzer für das Pianoforte . . . 29tes Werk. pp. 10. *Bei Marco Berra: Prag*, [1835?] obl. fol. Hirsch M. **204. (7.)**

LABITZKY (Joseph)

—— Gruss an Dresden. Drei Polka für das Pianoforte . . . 186tes Werk. pp. 11. *Bei Friedrich Hofmeister: Leipzig*, [1851?] fol. Hirsch M. **936. (2.)**

LABITZKY (Joseph)

—— Gruss an Leipzig. Galopp für das Pianoforte . . . 166s Werk. pp. 7. *Bei Friedrich Hofmeister: Leipzig*, [1849?] obl. fol. Hirsch M. **204. (8.)**

LABITZKY (Joseph)

—— Herbstblumen. Walzer für das Pianoforte . . . 153tes Werk. pp. 11. *Bei Friedrich Hofmeister: Leipzig*, [1850?] obl. fol. Hirsch M. **204. (9.)**

LABITZKY (Joseph)

—— Hirschsprung-Walzer, für das Pianoforte . . . x. Werk. pp. 9. *Bei Marco Berra: Prag*, [1830?] obl. fol. Hirsch M. **204. (10.)**

LABITZKY (Joseph)

—— Hyacinthen Polka. 67tes Werk. *See supra*: Beliebte Polkas . . . No. 2.

LABITZKY (Joseph)
—— Olga. Polka-mazurka... Op. 189. [P.F.] pp. 5. *Friedrich Hofmeister: Leipzig*, [1851?] obl. fol.
Hirsch M. **204. (12.)**
Part of " Mazurka's für das Pianoforte von J. Labitzky."

LABITZKY (Joseph)
—— Sarah. Quadrille für das Pianoforte... 192tes Werk. pp. 7. *Bei Friedrich Hofmeister: Leipzig*, [1852.] fol.
Hirsch M. **936. (3.)**

LABITZKY (Joseph)
—— Schwalbenmärchen. Walzer... Op. 197. [P.F.] pp. 7. *Bei Fr. Hofmeister: Leipzig*, [1852.] fol.
Hirsch M. **936. (4.)**
Ball Sträusschen. Hft. 83.

LABITZKY (Joseph)
—— Sträusschen am Wege. Walzer für das Pianoforte... 143tes Werk. pp. 11. *Bei Friedrich Hofmeister: Leipzig*, [1850?] obl. fol.
Hirsch M. **204. (13.)**

LABITZKY (Joseph)
—— Die Sylphen. Walzer für das Pianoforte... 195tes Werk. pp. 11. *Bei Friedrich Hofmeister: Leipzig*, [1852.] obl. fol.
Hirsch M. **204. (14.)**

LABITZKY (Joseph)
—— Tunnel-Fest-Walzer, für das Pianoforte... 132tes Werk. pp. 11. *Bei Friedrich Hofmeister: Leipzig*, [1850?] obl. fol.
Hirsch M. **204. (15.)**

LABITZKY (Joseph)
—— Valses (Marien-Walzer) pour le pianoforte... Oeuv. 42. pp. 10. *Chez Marco Berra: Prague*, [1835?] obl. fol.
Hirsch M. **204. (11.)**

LABITZKY (Joseph)
—— Waldblumen. Drei Polka... Op. 205. [P.F.] pp. 7. *Bei Fr. Hofmeister: Leipzig*, [1853?] fol.
Hirsch M. **936. (5.)**
Ball-Sträusschen. Hft. 90.

LABITZKY (Joseph)
—— Waldesträume. Walzer für das Pianoforte... 199tes Werk. pp. 11. *Bei Friedrich Hofmeister: Leipzig*, [1852?]
Hirsch M. **204. (16.)**

LABITZKY (Joseph)
—— Wanderlust. Drei Polka für das Pianoforte... 139tes Werk. pp. 11. *Bei Friedrich Hofmeister: Leipzig*, [1850?] fol.
Hirsch M. **936. (6.)**

LABITZKY (Joseph)
—— Washington-Galopp, für das Pianoforte... 188tes Werk. pp. 7. *Bei Friedrich Hofmeister: Leipzig*, [1851?] obl. fol.
Hirsch M. **204. (17.)**

LABITZKY (Joseph)
—— Winterblüthen Walzer, für das Pianoforte... 144tes Werk. pp. 11. *Bei Friedrich Hofmeister: Leipzig*, [1850?] obl. fol.
Hirsch M. **204. (18.)**

LABORDE (Jean Benjamin de)
—— [Another copy.] Choix de chansons mise en musique, *etc.* [A facsimile of the edition of 1773.] *Rouen*, 1881. 8°.
Hirsch M. **205.**

LABORDE (Jean Benjamin de)
—— [An imperfect set of proofs of the illustrations for J. B. de Laborde's " Choix de chansons," 1881.] [1880?] 8°.
Hirsch M. **206.**

LACHNER (Franz)
—— Suiten in vier Sätzen für grosses Orchester. No. 1. Praeludium. No. 2. Menuet. No. 3. Variationen und Marsch. No. 4. Introduction u. Fuge... Op. 113. Partitur, *etc.* pp. 175. *Bei B. Schott's Söhnen: Mainz*, [1863.] 8°.
Hirsch M. **207.**

LACHNER (Franz)
—— [Suite. Op. 113.—No. 3. Variationen und Marsch.] Marche célèbre... Partition d'orchestre, *etc.*
B. Schott's Söhne: Mayence, [1887.] 8°. Hirsch M. **208.**
A reissue of pp. 124–148 of the preceding.

LAFFILLÉ (Charles)
—— Le Souvenir des ménestrels, contenant une collection de romances inédites. Le tout recueilli et publié par un amateur ⟨C. Laffillé⟩. année 2. *Chez l'éditeur: Paris*, 1815. 16°.
Hirsch III. **880.**

LAIR DE BEAUVAIS (Alfred)
—— La Lune de miel. Chansonette normande... Paroles de Mr Eugène de Lonlay. pp. 3. *Chez les fils de B. Schott: Mayence*, [1858.] fol.
Hirsch M. **1301. (11.)**
Lyre française. no. 578.

LALO (Édouard Victor Antoine)
—— [A reissue.] Symphonie espagnole pour violon principal & orchestre... Op. 21... Partition d'orchestre, *etc. Durand & Schœnewerk: Paris*, [1880?] 8°.
Hirsch M. **209.**

LAMBRANZI (Gregorio)
—— [Neue und curieuse Theatralische Tantz-Schul.] New and curious School of Theatrical Dancing... With all the original plates by Johann Georg Puschner. Translated from the German by Derra de Moroda. Edited with a preface by Cyril W. Beaumont. 2 pt. *C. W. Beaumont: London*, 1928. 8°.
Hirsch M. **210.**

LAMENTO.
—— Lamento. [Song.] *See* Monpou (H.) Souvenirs de Naples. No. 2.

LAMI ( ) *Professeur*.

—— See BERTON (H. M.) Duo de Ninon chez Mme. de Sévigné... Accompt de lyre ou guitare par Mr Lami. [1810?] 8º.   Hirsch M. 660. (11.)

LAMI ( ) *Professeur*.

—— See MOZART (W. A.) [*Le Nozze di Figaro.—Sull'aria.*] Duo... Accompt de lyre ou guitarre par Lami. [1810?] 8º.   Hirsch M. 660. (26.)

LAMI ( ) *Professeur*.

—— See STERKEL (J. F. X.) La Felicità... Accompagnement de lyre ou guitare par Lami. [1810?] 8º.   Hirsch M. 660. (17.)

LAMI ( ) *Professeur*.

—— See STERKEL (J. F. X.) Il Dolore... Accompt de guitare ou lyre. Par Lami. [1810?] 8º.   Hirsch M. 660. (18.)

LA MIÈRE DE CORVEY (JEAN FRÉDÉRIC AUGUSTE)

—— See ROSSINI (G. A.) [*La Donna del Lago.*] La Dame du lac... Arrangée pour la scène française par Mr le Mière de Corvey, *etc.* [1825?] fol.   Hirsch II. 806.

LAMOND (FREDERIC A.)

—— Aus dem schottischen Hochlande. Concert-Ouverture für grosses Orchester... Op. 4. Partitur, *etc.* pp. 39. *Steyl & Thomas: Frankfurt a/Main*, [1894.] fol.
Hirsch M. 937.

LAMOTTE (PHILIPPE)

—— S'il faut vieillir. Romance. Paroles de Mr Alfr Goy. *J. Maho: Paris*, [1845?] fol.   Hirsch M. 1298. (14.)

LANDSHOFF (LUDWIG)

—— Alte Meister des bel canto. Eine Sammlung von Arien aus Opern und Kantaten, von Kanzonen, Kanzonetten, Opern- und Kammerduetten, für den praktischen Gebrauch herausgegeben von L. Landshoff. pp. 223. *C. F. Peters: Leipzig*, [1915.] 4º.   Hirsch M. 211.
Edition Peters. no. 3348.

LANDSHOFF (LUDWIG)

—— See BACH (J. C.) Zehn Klavier-Sonaten... Herausgegeben von L. Landshoff. [1925.] 4º.   Hirsch M. 672.

LANDSHOFF (LUDWIG)

—— See BACH (J. C.) [Konzert- und Opernarien. Edited, with P.F. accompaniment, by L. Landshoff.] [1923.] 8º.   Hirsch M. 11.

LANDSHOFF (LUDWIG)

—— See HAYDN (F. J.) [*VI Original Canzonettas.*] Englische Canzonetten. Eingeleitet und herausgegeben von L. Landshoff, *etc.* 1924. 8º.   Hirsch M. 178.

LANDSHOFF (LUDWIG)

—— See ZELTER (C. F.) Fünfzig Lieder... herausgegeben von L. Landshoff. 1932. 8º.   Hirsch M. 658.

LANG (JOSEPHINE)

—— Das Traumbild, von H. Heine. [Song.] [1838.] See PERIODICAL PUBLICATIONS.—Leipsic.—*Neue Zeitschrift für Musik.* [Sammlung von Musik-Stücken, *etc.*] Hft. 13. [1838, *etc.*] fol.   Hirsch M. 1134.

LANNER (JOSEF FRANZ CARL)

—— [A reissue.] Josef Lanner's Werke. ⟨Neue Gesammtausgabe... herausgegeben von Eduard Kremser.⟩ 8 Bd. *Leipzig*, [1895?] fol.   Hirsch IV. 977.

LANNER (JOSEF FRANZ CARL)

—— Ausgewählte Walzer. Mit einer Einleitung herausgegeben von... Oskar Bie. [With a portrait.] pp. xii. 79. *Drei Masken Verlag: München*, 1920. 8º.
Hirsch M. 212.
One of the " Musikalische Stundenbücher."

LANNER (JOSEF FRANZ CARL)

—— Der Kinder-Ball. Album der beliebtesten Walzer etc. fur das Pianoforte, im leichten Style mit Hinweglassung der Octaven für die Jugend. Hft. 2, 4. *Bei Pietro Mechetti: Wien*, [1840.] obl. fol.
Hirsch M. 216. (1.)
Imperfect; wanting Hft. 1, 3.

LANNER (JOSEF FRANZ CARL)

—— Die Abenteurer. Walzer, für das Pianoforte... 91stes Werk. pp. 11. *Bei Pietro Mechetti: Wien*, [1834.] obl. fol.   Hirsch M. 213. (1.)

LANNER (JOSEF FRANZ CARL)

—— Abschied von Pesth. Monument-Walzer, für das Pianoforte... 95stes Werk. pp. 11. *Bei Pietro Mechetti: Wien*, [1835.] obl. fol.   Hirsch M. 216. (2.)

LANNER (JOSEF FRANZ CARL)

—— Aeskulap—Walzer für das Pianoforte... 113tes Werk. pp. 11. *Bei Pietro Mechetti: Wien*, [1837.] obl. fol.
Hirsch M. 213. (2.)

LANNER (JOSEF FRANZ CARL)

—— Almacks-Tänze, für das Piano-Forte... 205tes Werk. pp. 11. *Bei Tobias Haslinger: Wien*, [1843.] obl. fol.
Hirsch M. 213. (3.)

LANNER (JOSEF FRANZ CARL)

—— Alpen-Rosen. Walzer für das Pianoforte... 162stes Werk. pp. 11. *Bei Pietro Mechetti: Wien*, [1840.] obl. fol.
Hirsch M. 216. (3.)

LANNER (JOSEF FRANZ CARL)

—— Amors-Flügel. Walzer für das Pianoforte... 120stes Werk. pp. 11. *Bei Pietro Mechetti: Wien*, [1837.] obl. fol.
Hirsch M. 213. (4.)

LANNER (JOSEF FRANZ CARL)

—— Ball-Contouren. Walzer für das Pianoforte... 193tes Werk. pp. 11. *Bei Tobias Haslinger: Wien*, [1842.] obl. fol.   Hirsch M. 216. (4.)

LANNER (JOSEF FRANZ CARL)
—— Blumen der Lust, Walzer für das Pianoforte . . . 73stes Werk. pp. 11. *Bei P. Mechetti: Wien,* [1833.] *obl.* fol.
Hirsch M. 213. (5.)

LANNER (JOSEF FRANZ CARL)
—— Dampf-Walzer, für das Pianoforte . . . 94stes Werk. pp. 15. *Bei Pietro Mechetti: Wien,* [1835.] *obl.* fol.
Hirsch M. 213. (6.)

LANNER (JOSEF FRANZ CARL)
—— Flora-Walzer, für das Piano-Forte . . . 33tes Werk. pp. 6. *Bei Tobias Haslinger: Wien,* [1830?] *obl.* fol.
Hirsch M. 213. (7.)

LANNER (JOSEF FRANZ CARL)
—— Frohsinns Scepter. Walzer für das Pianoforte . . . 131stes Werk. pp. 11. *Bei Pietro Mechetti: Wien,* [1838.] *obl.* fol. Hirsch M. 213. (8.)

LANNER (JOSEF FRANZ CARL)
—— Gusto-Ländler, für das Pianoforte . . . 69stes Werk. pp. 10. *Bei P. Mechetti: Wien,* [1833.] *obl.* fol.
Hirsch M. 213. (9.)

LANNER (JOSEF FRANZ CARL)
—— Die Haimbacher. Erinnerungs-Walzer für das Pianoforte . . . 112tes Werk. pp. 12. *Bei Pietro Mechetti: Wien,* [1836.] *obl.* fol. Hirsch M. 213. (10.)

LANNER (JOSEF FRANZ CARL)
—— Hesperiens Echo. Cotillons, nach den beliebtsten Motiven der neuesten italienischen Opern, für das Pianoforte . . . 98stes Werk. pp. 11. *Bei Pietro Mechetti: Wien,* [1835.] *obl.* fol. Hirsch M. 213. (11.)

LANNER (JOSEF FRANZ CARL)
—— Hexentanz. Walzer für das Pianoforte . . . 203tes Werk. pp. 11. *Bei Tobias Haslinger: Wien,* [1843.] *obl.* fol. Hirsch M. 213. (12.)

LANNER (JOSEF FRANZ CARL)
—— s' Hoamweh. Original Steyrer Ländler für das Piano-Forte . . . 202tes Werk. pp. 9. *Bei Tobias Haslinger: Wien,* [1842.] *obl.* fol. Hirsch M. 213. (13.)

LANNER (JOSEF FRANZ CARL)
—— Hof-Ball-Tänze, für das Pianoforte . . . 161stes Werk. pp. 11. *Bei Pietro Mechetti: Wien,* [1840.] *obl.* fol.
Hirsch M. 213. (14.)

LANNER (JOSEF FRANZ CARL)
—— Hoffnungs-Strahlen. Walzer für das Pianoforte . . . 158stes Werk. pp. 11. *Bei Pietro Mechetti: Wien,* [1840.] *obl.* fol. Hirsch M. 213. (15.)

LANNER (JOSEF FRANZ CARL)
—— Hymens Feier-Klänge. Walzer für das Pianoforte . . . 115tes Werk. pp. 11. *Bei Pietro Mechetti: Wien,* [1837.] *obl.* fol. Hirsch M. 213. (16.)

LANNER (JOSEF FRANZ CARL)
—— Isabella-Walzer, für das Pianoforte . . . 74stes Werk. pp. 11. *Bei P. Mechetti: Wien,* [1833.] *obl.* fol.
Hirsch M. 214. (1.)

LANNER (JOSEF FRANZ CARL)
—— Jubel-Walzer, für das Pianoforte . . . 100stes Werk. pp. 11. *Bei Pietro Mechetti: Wien,* [1835.] *obl.* fol.
Hirsch M. 216. (5.)

LANNER (JOSEF FRANZ CARL)
—— Die jüngsten Kinder meiner Laune. Ländler für das Pianoforte . . . 65tes Werk. pp. 9. *Bei P. Mechetti: Wien,* [1833?] *obl.* fol. Hirsch M. 214. (2.)

LANNER (JOSEF FRANZ CARL)
—— Kaiserl. Königl. Kammer-Ball-Tänze, für das Piano-Forte . . . 177tes Werk. pp. 11. *Bei Tobias Haslinger: Wien,* [1841.] *obl.* fol. Hirsch M. 216. (6.)

LANNER (JOSEF FRANZ CARL)
—— Komet-Walzer, für das Pianoforte . . . 87stes Werk. pp. 11. *Bei Pietro Mechetti: Wien,* [1834.] *obl.* fol.
Hirsch M. 216. (7.)

LANNER (JOSEF FRANZ CARL)
—— Die Kosenden. Walzer für das Pianoforte . . . 128stes Werk. pp. 11. *Bei Pietro Mechetti: Wien,* [1838.] *obl.* fol.
Hirsch M. 214. (3.)

LANNER (JOSEF FRANZ CARL)
—— Krönungs-Walzer, für das Pianoforte . . . 133stes Werk. pp. 11. *Bei Pietro Mechetti: Wien,* [1838.] *obl.* fol.
Hirsch M. 216. (8.)

LANNER (JOSEF FRANZ CARL)
—— Labyrinth-Walzer, für das Pianoforte . . . 109tes Werk. pp. 11. *Bei Pietro Mechetti: Wien,* [1836.] *obl.* fol.
Hirsch M. 214. (4.)

LANNER (JOSEF FRANZ CARL)
—— Die Lebenswecker. Walzer für das Pianoforte . . . 104tes Werk. pp. 15. *Bei Pietro Mechetti: Wien,* [1835.] *obl.* fol. Hirsch M. 214. (5.)

LANNER (JOSEF FRANZ CARL)
—— Lock-Walzer, für das Pianoforte . . . 80stes Werk. pp. 11. *Bei P. Mechetti: Wien,* [1833.] *obl.* fol.
Hirsch M. 214. (6.)
Imperfect; wanting pp. 5-8.

LANNER (JOSEF FRANZ CARL)
—— Marien-Walzer, für das Pianoforte . . . 143stes Werk. pp. 11. *Bei Pietro Mechetti: Wien,* [1839.] *obl.* fol.
Hirsch M. 214. (7.)

LANNER (JOSEF FRANZ CARL)
—— Marsch und Galoppe nach den beliebtesten Motiven der Oper von V. Bellini: Norma, für das Pianoforte . . . 75tes Werk. pp. 6. *Bei P. Mechetti: Wien,* [1833.] *obl.* fol. Hirsch M. 214. (8.)

LANNER (Josef Franz Carl)
—— Masken-Bilder. Walzer für das Pianoforte . . . 170tes Werk. pp. 11. *Bei Tobias Haslinger: Wien,* [1840.] *obl.* fol. Hirsch M. **216**. (**9**.)

LANNER (Josef Franz Carl)
—— Mille-Fleurs-Walzer, für das Pianoforte . . . 116tes Werk. pp. 11. *Bei Pietro Mechetti: Wien,* [1837.] *obl.* fol. Hirsch M. **214**. (**9**.)

LANNER (Josef Franz Carl)
—— Musen-Klänge. Cotillon in Galoppen, für das Pianoforte . . . 71stes Werk. pp. 9. *Bei P. Mechetti: Wien,* [1833.] *obl.* fol. Hirsch M. **214**. (**10**.)

LANNER (Josef Franz Carl)
—— Die nächtlichen Wanderer. Walzer für das Pianoforte . . . . 171tes Werk. pp. 11. *Bei Tobias Haslinger: Wien,* [1840.] *obl.* fol. Hirsch M. **214**. (**11**.)

LANNER (Josef Franz Carl)
—— Die Neapolitaner. Walzer für das Pianoforte . . . 107tes Werk. pp. 11. *Bei Pietro Mechetti: Wien,* [1836.] *obl.* fol. Hirsch M. **214**. (**12**.)

LANNER (Josef Franz Carl)
—— Nixen Tänze, für das Piano-Forte . . . 198tes Werk. pp. 10. *Bei Tobias Haslinger: Wien,* [1842.] *obl.* fol. Hirsch M. **216**. (**10**.)

LANNER (Josef Franz Carl)
—— Nord-Klänge. Mazur für das Pianoforte . . . 66stes Werk. pp. 4. *Bei P. Mechetti: Wien,* [1833 ?] *obl.* fol. Hirsch M. **214**. (**13**.)

LANNER (Josef Franz Carl)
—— Olymp's Walzer, für das Pianoforte . . . 67tes Werk. pp. 9. *Bei P. Mechetti: Wien,* [1833 ?] *obl.* fol. Hirsch M. **214**. (**14**.)

LANNER (Josef Franz Carl)
—— Orpheus-Klänge. Walzer für das Pianoforte. (Fortsetzung der Olymps-Walzer.) . . . 126stes Werk. pp. 10. *Bei Pietro Mechetti: Wien,* [1838.] *obl.* fol. Hirsch M. **214**. (**15**.)

LANNER (Josef Franz Carl)
—— Paradies " Soirée " Walzer, für das Pianoforte . . . 52stes Werk. pp. 7. *Bei Pietro Mechetti: Wien,* [1831.] *obl.* fol. Hirsch M. **215**. (**1**.)
The wrapper bears the title: " Paradies Garten-Musik."

LANNER (Josef Franz Carl)
—— Pesther-Walzer, für das Pianoforte . . . 93tes Werk. pp. 11. *Bei Pietro Mechetti: Wien,* [1833.] *obl.* fol. Hirsch M. **215**. (**2**.)

LANNER (Josef Franz Carl)
—— Die Petersburger. Russische National-Walzer für das Pianoforte . . . 132stes Werk. pp. 11. *Bei Pietro Mechetti: Wien,* [1838.] *obl.* fol. Hirsch M. **215**. (**3**.)

LANNER (Josef Franz Carl)
—— Prometheus-Funken. Graetzer Soirée-Walzer für das Pianoforte . . . 123stes Werk. pp. 11. *Bei Pietro Mechetti: Wien,* [1837.] *obl.* fol. Hirsch M. **215**. (**4**.)

LANNER (Josef Franz Carl)
—— Quadrilles françaises, pour le pianoforte . . . Oeuvre 68. pp. 7. *Chez P. Mechetti: Wien,* [1833.] *obl.* fol. Hirsch M. **215**. (**5**.)

LANNER (Josef Franz Carl)
—— Regata-Galoppe, für das Pianoforte . . . 134stes Werk, pp. 7. *Bei Pietro Mechetti: Wien,* [1838.] *obl.* fol. Hirsch M. **215**. (**6**.)

LANNER (Josef Franz Carl)
—— Die Romantiker. Walzer für das Pianoforte . . . 167tes Werk. pp. 11. *Bei Pietro Mechetti: Wien,* [1841.] *obl.* fol. Hirsch M. **215**. (**7**.)

LANNER (Josef Franz Carl)
—— Die Rosensteiner. Walzer für das Pianoforte . . . 204tes Werk. pp. 11. *Bei Tobias Haslinger's Witwe u. Sohn: Wien,* [1843.] *obl.* fol. Hirsch M. **215**. (**8**.)

LANNER (Josef Franz Carl)
—— Die Schönbrunner. Walzer für das Pianoforte . . . 200tes Werk. pp. 11. *Bei Tobias Haslinger: Wien,* [1842.] *obl.* fol. Hirsch M. **216**. (**11**.)

LANNER (Josef Franz Carl)
—— Die Schwimmer. Walzer für das Pianoforte . . . 99stes Werk. pp. 11. *Bei Pietro Mechetti: Wien,* [1835.] *obl.* fol. Hirsch M. **216**. (**12**.)

LANNER (Josef Franz Carl)
—— Sommernachts-Traum-Galoppen, für das Pianoforte . . . 90stes Werk. pp. 7. *Bei Pietro Mechetti: Wien,* [1834.] *obl.* fol. Hirsch M. **215**. (**9**.)

LANNER (Josef Franz Carl)
—— Steyrische Taenze, für das Pianoforte . . . 165stes Werk. pp. 7. *Bei Pietro Mechetti: Wien,* [1841.] *obl.* fol. Hirsch M. **215**. (**10**.)

LANNER (Josef Franz Carl)
—— Talismane. Walzer für das Pianoforte . . . 176tes Werk. pp. 11. *Bei Tobias Haslinger: Wien,* [1841.] *obl.* fol. Hirsch M. **215**. (**11**.)

LANNER (Josef Franz Carl)
—— Trennungs-Walzer, für das Piano-Forte . . . 19tes Werk. pp. [4.] *Bei Tobias Haslinger: Wien,* [1828 ?] *obl.* fol. Hirsch M. **215**. (**12**.)

LANNER (Josef Franz Carl)
—— Die Troubadours. Walzer für das Pianoforte . . . 197tes Werk. pp. 11. *Bei Tobias Haslinger: Wien,* [1842.] *obl.* fol. Hirsch M. **216**. (**13**.)

LANNER (JOSEF FRANZ CARL)
—— Der Uhlane. (Le Lancier.) Mazur, für das Pianoforte . . . 76stes Werk. pp. 7. *Bei P. Mechetti: Wien,* [1833.] *obl.* fol. Hirsch M. **215. (13.)**

LANNER (JOSEF FRANZ CARL)
—— Die Vorstädtler. Walzer für das Piano-Forte . . . 195tes Werk. pp. 10. *Bei Tobias Haslinger: Wien,* [1842.] *obl.* fol. Hirsch M. **216. (14.)**

LANNER (JOSEF FRANZ CARL)
—— Walzer für das Pianoforte . . . 101stes Werk. pp. 11. *Bei Pietro Mechetti: Wien,* [1835.] *obl.* fol. Hirsch M. **215. (15.)**

LANNER (JOSEF FRANZ CARL)
—— Die Werber. Walzer für das Pianoforte . . . 103tes Werk. pp. 15. *Bei Pietro Mechetti: Wien,* [1835.] *obl.* fol. Hirsch M. **215. (16.)**

LANNER (JOSEF FRANZ CARL)
—— Wiener-Juristen-Ball-Tänze, für das Pianoforte . . . 70stes Werk. pp. 10. *Bei P. Mechetti: Wien,* [1833.] *obl.* fol. Hirsch M. **215. (14.)**

LANZA (GESUALDO)
—— Rosa Damaschina. The Damask Rose. [Song.] A favorite rondo, with Italian & English words . . . The Italian words by Signor Caravita. The English words by I. B. Orme. pp. 6. *Button & Whitaker: [London,] W. Power & Co.: Dublin,* [1810?] fol. Hirsch M. **1318. (2.)**
Watermark date 1810.

LASCIAMI.
—— Lasciami, non t'ascolto. Duett. *See* ROSSINI (G. A.) [*Tancredi.*]

LASEKK (CHARLES) *pseud.* [i.e. Baron KARL KASKEL.]
—— Souvenir de Carlsbad. Fantasie pour le pianoforte. pp. 7. *Au bureau de musique et des beaux arts de Meser: Dresde,* [1825?] *obl.* fol. Hirsch M. **1311.**

LASSO (ORLANDO DI)
—— [Another copy.] Sämmtliche Werke. 21 Bd. *Leipzig,* [1894–1927.] fol. Hirsch IV. **978.**

LASSO (ORLANDO DI)
—— Selectio modorum ab Orlando di Lasso compositorum, continens modos quatuor, quinque, sex, septem et octo vocibus concinendos. Collegit et edi curavit Franciscus Commer. tom. [8]. *T. Trautwein (M. Bahn): Berlin,* [1867.] fol. Hirsch M. **938.**
Musica Sacra. tom. 12.

LASSO (ORLANDO DI)
—— O temps divers. Sçais tu dir' l'Ave. Quand un cordier. Qui bien se mire. Petite folle. En m'oyant. J'ay de vous voir. [Four-part songs. Score. Edited by H. Expert. With a portrait.] pp. 24. *A la cité des livres: Paris,* 1928. 8º. [*Florilège du concert vocal de la renaissance.* no. 2.] Hirsch IV. **961.**

LASST.
—— Lasst die Nacht also vergeh'n. Chor aus Ossian's Gesängen ⟨für Männerstimmen, von *⁎*⁎⟩. [1839.] *See* PERIODICAL PUBLICATIONS.—Leipsic.—*Neue Zeitschrift für Musik.* [Sammlung von Musik-Stücken, *etc.*] Hft. 6. [1838, *etc.*] fol. Hirsch M. **1134.**

LASST.
—— Last [*sic*] uns zur dunkeln Laube gehn. [Three-part Song.] *See* SCHIKANEDER (E.)

LATOUR (ARISTIDE DE)
—— Dors mon ange aux jolis yeux bleus. Romance. Paroles et musique d'A. de Latour. *Chez Mme A. Guérin: Paris,* [1843?] fol. Hirsch M. **1297. (34.)**

LATOUR (ARISTIDE DE)
—— J'aime le son du cor. Romance. Paroles de Mme Mélanie Waldor. *Chez Mme A. Guérin: Paris,* [1843?] fol. Hirsch M. **1297. (33.)**

LATOUR (PIERRE)
—— Home Scenes. Bone of Contention Galop. Delighted to see you Schottische. Live & let live Waltz. Rather too much Polka. "Go slow" mazourka. Not caught yet Quickstep. [*H. N. Hempstead: Milwaukee, Wis.,* 1880?] fol. Hirsch M. **1310. (12.)**
The "Not caught yet Quickstep" only.

LATOUR (T.)
—— The Favorite Guitar Dance, with variations for the piano forte with an accompaniment for the flute. [Score.] pp. 7. *Chappell & Co.: London,* [1812?] fol. Hirsch M. **1282. (12.)**
Watermark date 1812.

LATOUR (T.)
—— Lieber Augustine, a favorite Suabian air with variations for the piano forte, *etc.* pp. 8. *Rt Birchall: London,* [1811?] fol. Hirsch M. **1282. (5.)**
Watermark date 1811.

LATOUR (T.)
—— A New Overture for the Piano Forte, with an accompaniment for a violin, (ad libitum) in which is introduced the favorite air of Whither my Love, *etc.* pp. 9. *Bland & Wellers: London,* [1804?] fol. Hirsch M. **1310. (14.)**
Watermark date 1804.

LATOUR (T.)
—— Le Retour de Windsor, a new Sonata, for the Piano Forte, with or without the additional keys, with an accompaniment for a violin (ad libitum) . . . Op. 9. *Bland & Wellers: London,* [1810?] fol. Hirsch M. **1282. (7.)**
Imperfect; wanting the violin part.

LATOUR (T.)
—— A Grand Sonata, for the Piano Forte, with or without the additional keys. And accompaniments for a violin, and bass, (ad libitum) in which is introduced, Mozarts, favorite air, The manly Heart . . . Op. 8. *Bland & Wellers: London,* [1810?] fol. Hirsch M. **1282. (6.)**
Imperfect; wanting the accompaniments.

LAUF.
—— Der Lauf der Welt. [Song.] *See* NICOLA (C.)

LEBENSLIED.
—— Lebenslied. Eine Frühlings-Cantate. *See* SCHOLZ (B.)

LE BRUN (LOUIS SÉBASTIAN)
—— [Another copy.] Le Rossignol. Opéra comique, *etc.* [Score.] *Paris,* [1816?] fol.   Hirsch II. **506**.

LECOCQ (ALEXANDRE CHARLES)
—— [Another copy.] Les Jumeaux de Bergame. Opéra comique ... Partition d'orchestre. *Paris,* [1884.] 8º.   Hirsch II. **507**.

LECOCQ (ALEXANDRE CHARLES)
—— *See* MOZART (W. A.) [*Sonatas. K. 7.*] Sonate inachevée pour le clavecin ou pianoforte avec accompagnt. de violon ... Nouvelle édition revue et corrigée par C. Lecocq, *etc.* [1880?] fol.   Hirsch M. **1111**.

LE COUPPEY (FÉLIX)
—— *See* BEETHOVEN (L. van) [*Variations. N.p. 155.*] La Molinara. Thème varié, *etc.* [Edited by F. Le Couppey.] [1860?] fol.   Hirsch M. **1294**. (5.)

LEDUC (ALPHONSE)
—— Les 4 fils Aymon. Quadrille pour le piano sur des motifs de W. Balfe. pp. 5.   *Chez les fils de B. Schott: Mayence,* [1845.] *obl.* fol.   Hirsch M. **1291**. (7.)

LEDUC (ALPHONSE)
—— Le Marchand d'habits. Scène comique. [Song.] Paroles d'Alfred Deschamps. pp, 3.   *Alphonse Leduc: Paris,* [1850?] fol.   Hirsch M. **1296**. (5.)

LEFÉBURE-WÉLY (LOUIS JAMES ALFRED)
—— Les Cloches du monastère. Nocturne pour piano ... Op. 54. pp. 7.   *Chez le sucr de G. H. Hedler: Francfort s/M.,* [1850?] fol.   Hirsch M. **1303**. (12.)

LEFEBVRE (ALBERT)
—— L'Avenir de la France. Marche des bataillons scolaires. [P.F.]   *Chez l'auteur:* [*Paris,* 1850?] fol.   Hirsch M. **1298**. (15.)

LEFEBVRE (VICTOR)
—— La Créole. Grande valse pour le piano. pp. 5.   *Chez Ed. Bote & G. Bock: Berlin,* [1850?] fol.   Hirsch M. **1303**. (13.)

LEGENDE.
—— Goethe's Legende von Hufeisen. [Songs.] *See* BACH (J. S.) [*Grosse Passionsmusik nach dem Evangelium Matthaei.*]

LEICESTER.
—— Leicester. Opéra comique. *See* AUBER (D. F. E.)

LEICHT.
—— Leicht Gepäck. [Song.] *See* NAUMANN (T. W.)

LEICHTENTRITT (HUGO)
—— Deutsche Hausmusik aus vir Jahrhunderten. Ausgewählt und zum Vortrag eingerichtet, nebst erläuterndem Text von H. Leichtentritt. [The music edited by Richard Strauss.] pp. 110.   *In Max Hesses Verlag: Berlin,* [1910?] 4º.   Hirsch M. **939**.

LEIDESDORF (MAX JOSEPH)
—— *See* MOZART (W. A.) [*Don Giovanni.*] Don Juan ... Für das Piano-Forte eingerichtet von M. J. Leidesdorf. [1821?] *obl.* fol.   Hirsch IV. **1211**.

LEIDESDORF (MAX JOSEPH)
—— *See* MOZART (W. A.) Die Entführung aus dem Serail ... Für das Piano-Forte allein ... eingerichtet von M. J. Leidesdorf. [1819.] *obl.* fol.   Hirsch IV. **1191**.

LEIDESDORF (MAX JOSEPH)
—— *See* MOZART (W. A.) Die Entführung ... Für das Piano-Forte eingerichtet von M. J. Leidesdorf. [1819.] *obl.* fol.   Hirsch IV. **1192**. a.

LEIDESDORF (MAX JOSEPH)
—— *See* MOZART (W. A.) Die Entführung ... Für das Piano-Forte eingerichtet von M. J. Leidesdorf. [1820?] *obl.* fol.   Hirsch IV. **1192**.

LEIDESDORF (MAX JOSEPH)
—— *See* MOZART (W. A.) [*Le Nozze di Figaro.*] Figaro's Hochzeit ... Für das Pianoforte allein ... eingerichtet von M. J. Leidesdorf. [1821?] *obl.* fol.   Hirsch IV. **1201**.

LEIDESDORF (MAX JOSEPH)
—— *See* MOZART (W. A.) [*Le Nozze di Figaro.*] Die Hochzeit des Figaro ... Für das Pianoforte allein ... eingerichtet von M. J. Leidesdorf. [1830.] *obl.* fol.   Hirsch IV. **1200**.

LEIDESDORF (MAX JOSEPH)
—— *See* ROSSINI (G. A.) Adelaide di Borgogna ... ridotto per il cembalo solo da M. I. Leidesdorf. [1824.] *obl.* fol.   Hirsch IV. **1248**.

LEIDESDORF (MAX JOSEPH)
—— *See* ROSSINI (G. A.) Armida ... ridotta per il cembalo solo da M. I. Leidesdorf. [1823.] *obl.* fol.   Hirsch IV. **1249**.

LEIDESDORF (MAX JOSEPH)
—— *See* ROSSINI (G. A.) Armida ... Ridotta per il cembalo solo da M. I. Leidesdorf. [1823.] *obl.* fol.   Hirsch M. **480**.

LEIDESDORF (MAX JOSEPH)
—— *See* ROSSINI (G. A.) Aureliano in Palmira ... ridotto per il cembalo solo da M. I. Leidesdorf. [1825?] *obl.* fol.   Hirsch IV. **1250**.

LEIDESDORF (MAX JOSEPH)
—— See ROSSINI (G. A.) Der Barbier von Sevilla . . . Für das Pianoforte . . . eingerichtet von M. J. Leidesdorf. [1820?] *obl.* fol.   Hirsch IV. **1251**.

LEIDESDORF (MAX JOSEPH)
—— See ROSSINI (G. A.) Demetrio e Polibio . . . ridotta per il cembalo solo da M. I. Leidesdorf. [1825?] *obl.* fol.   Hirsch IV. **1254**.

LEIDESDORF (MAX JOSEPH)
—— See ROSSINI (G. A.) La Donna del Lago . . . ridotto per il cembalo solo da M. I. Leidesdorf. [1828?] *obl.* fol.   Hirsch IV. **1255**.

LEIDESDORF (MAX JOSEPH)
—— See ROSSINI (G. A.) Edoardo e Cristina . . . ridotto per il cembalo solo da M. I. Leidesdorf. [1828?] *obl.* fol.   Hirsch IV. **1256**.

LEIDESDORF (MAX JOSEPH)
—— See ROSSINI (G. A.) Matilde di Chabran . . . ridotto per il cembalo solo da M. I. Leidesdorf. [1824?] *obl.* fol.   Hirsch IV. **1262**.

LEIDESDORF (MAX JOSEPH)
—— See ROSSINI (G. A.) La Pietra del Paragone . . . ridotto per il cembalo solo da M. I. Leidesdorf. [1825.] *obl.* fol.   Hirsch IV. **1267**.

LEIDESDORF (MAX JOSEPH)
—— See ROSSINI (G. A.) Ricciardo e Zoraide. Opera seria . . . ridotto per il cembalo solo da M. I. Leidesdorf. [1824.] *obl.* fol.   Hirsch M. **487**.

LEIDESDORF (MAX JOSEPH)
—— See ROSSINI (G. A.) Il Turco in Italia . . . ridotto per il cembalo solo da M. I. Leidesdorf. [1823.] *obl.* fol.   Hirsch IV. **1272**.

LEIDESDORF (MAX JOSEPH)
—— See ROSSINI (G. A.) Zelmira . . . ridotta per il piano forte da M. J. Leidesdorf, *etc.* [1821.] *obl.* fol.   Hirsch IV. **1274**.

LEIPSIC.—*Gesellschaft zur Herausgabe von Denkmälern der Tonkunst in Bayern.*
—— [Another copy.] Denkmäler deutscher Tonkunst. Zweite Folge. Denkmäler der Tonkunst in Bayern, *etc.* 30 Jahrg. *Leipzig*, 1900–31. fol.   Hirsch IV. **958**.

LEIPSIC.—*Gluckgesellschaft.*
—— [Another copy.] Chr. Will. von Gluck . . . Sämtliche Werke. Bd. 1. [*Leipsic*, 1910.] fol.   Hirsch II. **288**.
No more published.

LEIPSIC.—*Gluckgesellschaft.*
—— Veröffentlichungen der Gluckgesellschaft. 4 no.
   [no. 1.] 1er Acte de l'opéra Demofoonte (1742). Airs et marche transcrits . . . par Julien Tiersot. pp. 56. 1914.
   [no. 2.] Orpheus und Eurydike. Klavierauszug mit Text . . . bearbeitet von Hans Kleemann. pp. iv. 139. 1916.
   [no. 3.] Klopstocks Oden für eine Singstimme und Klavier . . . herausgegeben von Dr. Gustav Beckmann. pp. 13. 1917.
   [no. 4.] Sonaten Nr. 1–3 für 2 Violinen, Violoncell (Bass) und Pianoforte . . . herausgegeben von Dr. Gustav Beckmann. [Score and parts.] 3 pt. [1919?]
Breitkopf & Härtel: Leipzig, 1914–[1919?]. 8° & fol.   Hirsch M. **940**.

LEIPSIC.—*Leipziger Bibliophilen-Abend.*
—— Sperontes. Singende Muse an der Pleisse. 1736, *etc.* [Edited by Georg Witkowski.] [*Leipzig*,] 1905. 8°.   Hirsch M. **217**.
No. 9 of an edition of twenty-seven copies on japanese paper, with the bookplates of the " Leipziger Bibliophilen Abend " and of Hans F. Helmolt.

LEIPSIC.—*Musikgeschichtliche Kommission.*
—— [Another copy.] Denkmäler deutscher Tonkunst. Erste Folge, *etc.* 65 Bd. *Leipzig*, 1892–1931. fol.   Hirsch IV. **957**.

LEIPSIC.
—— Die Schlacht bey Leipzig, oder: Deutschlands Befreyung. Ein charakteristisches Ton-Gemählde für das Piano-Forte. pp. 17. *Thadé Weigl: Wien*, [1813?] *obl.* fol.   Hirsch III. **503**.

LEIPSIC.
—— Die Schlacht bey Leipzig, oder Deutschlands Befreyung. Ein charakteristisches Ton-Gemählde für das Piano-Forte. pp. 17. *Bei B. Schott: Mainz*, [1814?] *obl.* fol.   Hirsch III. **502**.

LE JEUNE (CLAUDE)
—— Las ! où vas-tu sans moy. Je pleure, je me deux. Comment pensés-vous que je vive. Nostre vicaire, un jour de feste. [Part-songs. Score. Edited by H. Expert. With a portrait.] pp. 24. *A la cité des livres: Paris*, 1929. 8°. [*Florilège du concert vocal de la renaissance.* no. 6.]   Hirsch IV. **961**.

LEMIÈRE DE CORVEY (JEAN FRÉDÉRIC AUGUSTE)
—— [Another issue.] Duo concertant pour harpe et forte piano . . . 23e œuvre. ⟨Forte piano.⟩ *Paris*, [1805?] fol.   Hirsch M. **1280**. (5.)
Imperfect ; wanting the harp part.

LEMIÈRE DE CORVEY (JEAN FRÉDÉRIC AUGUSTE)
—— Deuxième duo concertant pour harpe et piano . . . Œuvre 24. ⟨Forte piano.⟩ *Chez Naderman: Paris*, [1805?] fol.   Hirsch M. **1280**. (6.)
Imperfect ; wanting the harp part.

LEMIÈRE DE CORVEY (Jean Frédéric Auguste)
—— Troisième duo concertant pour harpe et piano . . . Œuvre 28. ⟨Forte piano.⟩ pp. 23. *Chez Naderman: Paris*, [1805?] fol. Hirsch M. **1280**. **(7.)**
Imperfect; wanting the harp part.

LEMOINE ( )
—— *See* Dalayrac (N.) [*Gulistan.—Ils vont venir.*] Duo . . . Accompt de lyre ou guitare, par Lemoine. [1810?] 8º. Hirsch M. **660**. **(12.)**

LEMOINE ( )
—— *See* Paer (F.) Chanson à toi . . . Accompagnement de lyre ou guitarre par Lemoine. [1805?] 8º. Hirsch M. **660**. **(2.)**

LEMOINE ( )
—— *See* Paer (F.) Tu le veux donc. Romance . . . Accompagnement de lyre ou guitare par Lemoine. [1805?] 8º. Hirsch M. **660**. **(4.)**

LEMOINE ( )
—— *See* Paisiello (G.) [*Nina.—Il mio ben quando verrà.*] Cavatina . . . avec accompagnet de lyre ou guitarre par Mr Lemoine. [1805?] 8º. Hirsch M. **660**. **(15.)**

LEMOINE ( )
—— *See* Romagnesi (A.) Le Tombeau de Rolland. [Song] . . . Accompagnement de lyre ou guitarre par Lemoine. [1810?] 8º. Hirsch M. **660**. **(10.)**

LEMOINE ( )
—— *See* Vacher (P. J.) Mon dernier mot. Romance . . . Avec accompt de guitarre par Lemoine. [1810?] 8º. Hirsch M. **660**. **(9.)**

LEMOINE (Henry)
—— *See* Jullien (L. A.) Quadrille et walse sur des motifs du ballet du Diable boiteux, musique de Casimir Gide . . . Arrangées pour le piano . . . par H. Lemoine. [1840?] *obl.* fol. Hirsch M. **1290**. **(3.)**

LÉNER (Jenő)
—— [Another copy.] The Technique of String Quartet playing, *etc. London*, 1935. 4º. Hirsch M. **941**.

LENOIR DE LA FAGE (Juste Adrien)
—— [Another copy.] Essais de diphthérographie musicale, *etc. Paris*, 1864. 8º. Hirsch M. **218**.
The "exemples de musique only."

LENORE.
—— Lenore. [Song.] *See* André (J.)

LÉNORE.
—— Lénore. [Song.] *See* Donizetti (D. G. M.) [*Miscellaneous and Unidentified Works.*]

LENORE.
—— Lenore. Liederspiel. *See* Eberwein (C.)

LENORE.
—— Lenore. [Song.] *See* Zumsteeg (J. R.)

LENORMAND (Léonce)
—— Trop tard! Romance . . . Paroles de Mr Et. Bourlet Delavallée. *Chez Janet & Cotelle: Paris*, [1835?] Hirsch M. **1298**. **(16.)**

LENZ (Leopold)
—— Mignon der Harfner und Philine, ein Cyclus von acht Gesaengen aus " Wilhelm Meisters Lehrjahre " in Musik gesetzt für eine tiefe Sopran- oder Barytonstimme mit Begleitung des Pianoforte . . . Op: 12. pp. 29. *Falter u. Sohn: München*, 1832. obl. fol. Hirsch IV. **1691**.

LEO (Leonardo)
—— [Amor vuol sofferenze.] Sinfonie, D-dur . . . Herausgegeben und bearbeitet. [Score.] pp. 7. *Edition Bernoulli: Vienna*, [1937.] fol. [*Werke aus dem 18. Jahrhundert*. no. 46.] Hirsch IV. **1020**.

LEO (Leonardo)
—— [Sant' Elena al Calvario.] Sinfonie, G moll (1732) . . . Herausgegeben und bearbeitet. [Score.] pp. 11. *Edition Bernoulli:* [*Vienna*, 1937.] fol. [*Werke aus dem 18. Jahrhundert*. no. 47.] Hirsch IV. **1020**.

LEONCAVALLO (Ruggiero)
—— Pagliacci. ⟨Dramma in due atti.⟩ [Score, with Intermezzo.] pp. 299. x. 128. [*Edoardo Sonzogno: Milano*, 1892.] fol. Hirsch II. **513**.
The words, in French only, have been added in MS. *throughout.*

LEONHARDT (Andreas)
—— Waffenfreude. Drey original Märsche für das Piano-Forte zu 4 Hände, *etc.* pp. 13. *Lithographische Anstalt des J. F. Kaiser:* [*Graz*, 1820?] *obl.* fol. Hirsch III. **359**.
Lithographed throughout.

LESUEUR (Jean François)
—— Adam. Tragédie lyrique religieuse en trois actes, suivie du ciel. Paroles de feu Guillard, imitée du célèbre Klopstock, *etc.* [Score.] pp. 512. *Chez J. Frey: Paris*, [1809?] fol. Hirsch II. **514**.

LESUEUR (Jean François)
—— Ensemble. Primo. Messe basse et Domine salvum, soli et chœurs. Secundo. Motet. Joannes Baptizat et Domine salvum, soli et chœurs . . . Avec accompagnement d'orgue. [Score.] 2 no. pp. 126. *Lemoine; Sieber: Paris*, [1840?] fol. Hirsch IV. **820**.
Oeuvres sacrées de Lesueur. livr. 15, 16.

LESUEUR (Jean François)
—— Deuxième messe solennelle à grands chœurs et à grand orchestre . . . Avec accompagnement séparé de piano ou d'orgue par Comette. [Score.] pp. 173. *J. Frey: Paris*, [1831.] fol. Hirsch IV. **821**.
Livr. 5 of Lesueur's sacred works.

LESUEUR (Jean François)
—— [Another copy.] Oratorio de noël, à grands chœurs, etc. [Score.] *Paris,* [1826.] fol. Hirsch IV. **825.**
Livr. 16 of Lesueur's sacred works.

LESUEUR (Jean François)
—— Premier ⟨deuxième, troisième⟩ oratorio pour le couronnement des princes, souverains de toute la chretienté n'importe les communions. [Score.] 3 vol. *J. Frey: Paris,* [1825?] fol. Hirsch IV. **822.**
Livr. 9, 10, 11 of Lesueur's sacred works.

LESUEUR (Jean François)
—— Ossian, ou les Bardes. Opéra en cinq actes, paroles de feu Dercis et Mr Deschamps, etc. [Score.] pp. 546. *Chez Janet et Cotelle: Paris,* [1804?] fol. Hirsch II. **516.**

LESUEUR (Jean François)
—— Paul et Virginie, ou le Triomphe de la vertu. Drame lyrique en trois actes... Paroles de l'auteur d'Iphigénie en Tauride de Piccinni [i.e. A. Du Congé Dubreuil]. [Score.] pp. 346. *Chez Naderman: Paris,* [1815?] fol. Hirsch II. **517.**

LESUEUR (Jean François)
—— Trois Te Deum à grand orchestre... avec accompagnement de piano ou orgue par MM^{rs} Ermel et Prévôt. [Score.] 3 vol. pp. 233. *J. Frey: Paris,* [1829.] fol. Hirsch IV. **826.**
Livr. 3 of Lesueur's sacred works.

LETOCART (Henry)
—— *See* LULLI (G. B.) Œuvres complètes, etc. ⟨Les Motets. tom. 2. Réalisation de la basse-continue à l'orgue par H. Letocart et G. Sazerac de Forge.⟩ 1930–1939. fol. Hirsch IV. **983.**

LETTRE.
—— Lettre écrite d'Alger, par Dumanet. [Song.] *See* PLANTADE (C. H.)

LETZTE.
—— Der letzte Ritter. [Song cycle.] *See* LOEWE (J. C. G.)

LETZTEN.
—— Die letzten Zehn vom 4ten Regiment. [Song.] *See* SCHNYDER VON WARTENSEE (X.)

LEYDING (Georg Dietrich)
—— 2 Praeludien. ⟨Herausgegeben von Max Seiffert.⟩ [Organ.] *See* SEIFFERT (M.) Organum, etc. Reihe 4. Hft. 7. c. [1924–30?] fol. Hirsch M. **1204.**

LHUILLIER (Edmond)
—— J'aime la valse. Fantaisie... Paroles et musique de E. Lhuillier. *J. Meissonnier fils: Paris,* [1840?] fol. Hirsch M. **1298. (17.)**

LHUILLIER (Edmond)
—— L'Anglais en traversée. Oppression de voyage. [Song.] ... Paroles de E. Bourget. *J. Meissonnier et fils: Paris,* [1850?] fol. Hirsch M. **1296. (13.)**

LHUILLIER (Edmond)
—— La Carrière amoureuse de chauvin, Chanson... Arrangée pour la guitare par Meissonnier jeune. pp. 3. *Chez J. Frey: Paris,* [1825?] 8º. Hirsch M. **1293. (19.)**

LHUILLIER (Edmond)
—— Le Jeune homme charmant. Chansonette de Mr Boucher de Perthes, etc. pp. 3. *Chez J. Frey: Paris,* [1830?] fol. Hirsch M. **1298. (18.)**

LHUILLIER (Edmond)
—— M'direz vous qu' j'en ai menti? Chansonette. Paroles de Mr Jaime... Arrangée pour la guitare par Meissonnier jeune. *Chez J. Meissonnier:* [*Paris,* 1825?] 8º. Hirsch M. **1293. (15.)**

LHUILLIER (Edmond)
—— La Ménagerie. Chanson parade. Paroles de Mr Théodore P...K... Arrangée pour la guitare par Meissonnier jeune. *Chez Ph. Petit:* [*Paris,* 1825?] 8º. Hirsch M. **1293. (17.)**

LHUILLIER (Edmond)
—— Les Rats de l'opéra. Cri de guerre. [Song.] Paroles de E. Bourget. *J. Meissonnier fils: Paris,* [1850?] fol. Hirsch M. **1296. (8.)**

LIADOV (Anatoly Konstantinovich)
—— *See* GLINKA (M. I.) Русланъ и Людмила, etc. [Edited by A. K. Liadov and others.] [1878.] fol. Hirsch II. **258.**

LICHNOWSKY (Moritz) *Count.*
—— 7 variations pour le clavecin ou piano-forte sur l'air Nel cor più non mi sento de l'opéra la Molinara [by G. Paisiello]. pp. 11. *Chez Jean Traeg:* [*Vienna,* 1805?] obl. fol. Hirsch III. **361.**

LICHTENTHAL (Peter)
—— Quatuor pour le piano-forte avec violon, alto, et violoncelle concertantes... Oeuv. 2ma [Parts.] 4 pt. *Au magasin de l'imprimerie chymique: Vienne,* [1805?] obl. fol. & fol. Hirsch III. **362.**
Lithographed throughout.

LICHTENTHAL (Peter)
—— VII variations pour le clavecin ou pianoforte... Oeuvre III. pp. 9. *Au magasin de l'imprimerie chymique: Vienne,* [1805?] obl. fol. Hirsch III. **363.**
Lithographed throughout.

LIEBE.
—— Der Liebe himmlisches Gefühl. Arie. *See* MOZART (W. A.)

LIED.

—— Lied der Christen. [Song.] *See* EBERWEIN (T. M.) [*Das befreite Jerusalem.*]

LIED.

—— Lied der Königin Elisabeth. [Song.] *See* LOEWE (J. C. G.)

LIED.

—— Lied des Nassauer. [Song.] *See* FEST DER HANDWERKER.

LIED.

—— Lied nach Heinrich von der Vogelweide. [Song.] *See* MARSCHNER (H. A.) Sechs Lieder . . . 92tes Werk. No. 5.

LIED.

—— Lied nach Reimar der Alte. [Song.] *See* MARSCHNER (H. A.) Sechs Lieder . . . 92tes Werk. No. 4.

LIEDER.

—— Lieder, von Stilling. [Four songs, "Es leuchten drei Sterne über ein Königes Haus," "Zu Kindelsberg auf dem hohen Schloss," "Hört ihr lieben Vögelein," "Noch einmal blickt mein mattes Auge."] *Bei Julius Eduard Hitzig: Berlin*, 1811. obl. 8°.
Hirsch III. **852**.
Issued as a supplement to "Die Jahreszeiten. Eine Vierteljahrschrift für romantische Dichtungen . . . Frühlingsheft."

LIEDERBUCH.

—— [Another copy.] Peter Schöffers Liederbuch. Tenor/Discantus/Bassus/Altus. Mainz 1513, *etc.* [A facsimile.] *München*, 1909. obl. 8°. Hirsch M. **219**.
No. 34 of an edition of sixty copies issued for non-members of the society.

LIEDERSAMMLUNG.

—— Liedersammlung für den schweizerischen Turnverein. Dritte Auflage. pp. 238. *Verlag der Brodtmann'schen Buchhandlung: Schaffhausen*, 1852. 8°.
Hirsch M. **220**.

LILLE (GASTON DE)

—— Polka des singes, pour piano. pp. 6. *Colombier: Paris*, [1860?] fol. Hirsch M. **1298. (20.)**

LINDBLAD (ADOLPH FREDRIK)

—— Auf dem Berge. *See infra*: Lieder. no. 9.

LINDBLAD (ADOLPH FREDRIK)

—— Lieder mit Begleitung des Pianoforte . . . aus dem Schwedischen übertragen von A. Dohrn. no. 9. *Bei N. Simrock: Bonn*, [1840?] obl. fol.
Hirsch M. **1278. (6.)**
Imperfect; wanting no. 1-8, 10-25.

SIG. 32.—PART 53.

LINDE (ANNA)

—— *See* COUPERIN (F.) *the Younger.* L'Art de toucher le clavecin . . . Herausgegeben und ins Deutsche übersetzt von A. Linde, *etc.* [1933.] 4°. Hirsch M. **118**.

LINDPAINTNER (PETER JOSEPH)

—— Danina oder Joko, der Brasilianische Affe, idealisches Ballet in 4. Acten von Ph. Taglioni . . . Vollständiger von . . . Ludwig Schunke verfertigter Clavier Auszug. pp. 95. *Bei Ferd. Heckel: Mannheim*, [1830?] obl. fol.
Hirsch IV. **1172**.

LINDPAINTNER (PETER JOSEPH)

—— [Faust.] Ouverture à grand orchestre de la tragédie Faust de Goethe . . . Oeuv. 80. [Parts.] 23 pt. *C. F. Peters: Leipzig*, [1832.] fol. Hirsch IV. **1629**.

LINDPAINTNER (PETER JOSEPH)

—— [Die Genueserinn.] Ouverture . . . für das Piano-Forte . . . 106tes Werk. pp. 13. *Bei Tobias Haslinger: Wien*, [1838?] fol. Hirsch M. **1304. (11.)**

LINDPAINTNER (PETER JOSEPH)

—— Was zagst du holdes Mädchen? *Lied, von Fues.* [1839.] s. sh. 4°. Hirsch M. **659**.
Contained between p. 520 and p. 521 of "Europa. Chronik der gebildeten Welt," Bd. 4.

LINDPAINTNER (PETER JOSEPH)

—— *See* MARCELLO (B.) [*Estro poetico-armonico.*] Solo- und Chor-Gesänge aus "Marcello's" Psalmen . . . bearbeitet und instrumentirt von P. Lindpaintner, *etc.* [1840?] fol.
Hirsch IV. **845**.

LING (J. R.)

—— Mary Blane. Quadrille, for the pianoforte, introducing the popular airs, as sung by the Ethiopian Serenaders, arranged by J. R. Ling. pp. 11. *J. Williams: London*, [1850?] fol. Hirsch M. **1314. (17.)**

LINLEY (GEORGE)

—— The Corsair's Farewell. Song, written and composed by G. Linley. pp. 5. *D'Almaine & Co.: London*, [1840?] fol.
Hirsch M. **1272. (2.)**
Illustrated Songs, Ballads & Duets. no. 4.

LINLEY (GEORGE)

—— The Heart of thy Norah is breaking for thee. Ballad, written, composed . . . by G. Linley. pp. 5. *Chappell's Musical Circulating Library: London*, [1845?] fol.
Hirsch M. **1272. (3.)**

LINTANT ( )

—— *See* BOIELDIEU (F. A.) On tente peu quand l'amour est extrême. Romance . . . Arrangée pour la guitare ou lyre par Lintant. [1805?] 8°. Hirsch M. **660. (5.)**

LIPAVSKY (Joseph)

—— VIII variations pour le piano-forte sur la romance: In des Tirannes Eisenmacht etc. tirée de l'opéra de Mr Méhul Die beiden Füchse. pp. 11.   *Au magasin de l'imprimerie chymique: Vienne*, [1805?]   obl. fol.
Hirsch III. **366**.

Lithographed throughout.

LIPINSKI (Karol Józef)

—— *See* HAYDN (F. J.) [*Quartets. Op. 1, 2, 3, 9, 17, 33, 50, 51, 54, 55, 64, 74, 76, 77, 103.*] Vollständige Sammlung der Quartetten für zwei Violinen, Viola u. Violoncello . . . Neue Ausgabe. Revidirt . . . von C. Lipinski. [1848–52.] fol.   Hirsch III. **266**.

LIPPHARDT (Walther)

—— Das Männerlied. Liederbuch für Männerchöre. Herausgegeben von W. Lipphardt, *etc.* pp. 136.   *Bärenreiter-Verlag: Kassel*, [1934.]   8º.   Hirsch M. **221**.

LISTE (Antoine)

—— Deux sonates pour le piano forte. pp. 48.   *Chez Jean George Naigueli: Zuric*, [1804.]   obl. fol. [*Répertoire des clavecinistes.* suite 9.]   Hirsch IV. **1012**.

LISTE (Antoine)

—— Grande sonate pour le piano-forté. pp. 45.   *Chez J. George Naigueli & comp.: Zuric*, [1805?]   obl. fol. [*Répertoire des clavecinistes.* suite 17.]   Hirsch IV. **1012**.

LISTE (Antoine)

—— *See* BLUMEN. Die köstlichsten Blumen und Früchte . . . Mit Musik von J. F. Reichardt . . . u.a. [1811.] 8º.   Hirsch III. **658**.

LISTE (Anton) *See* LISTE (Antoine)

LISZT (Franz) [*Collected Works.—a. Complete Works.*]

—— Franz Liszt's musikalische Werke. Herausgegeben von der Franz Liszt-Stiftung. [With portraits and a facsimile.]
   I. Für Orchester. Bd. 1–13. [1907–17?]
   II. Pianoforte Werke. Bd. 1–12. [1910–26.]
   V. Kirchliche und geistliche Gesangswerke. Bd. 3, 5, 6, 7. [1918]–36.
   VII. Einstimmige Lieder und Gesänge. Bd. 1–3. [1919–22.]
      Freie Bearbeitungen. Bd. 1–3. [1910–22.]
Breitkopf & Härtel: Leipzig, [1907]–36. fol.
Hirsch IV. **979**.

LISZT (Franz) [*Collected Works.—d. Songs.*]

—— 3 Gedichte von Göthe. I. "Wer nie sein Brod mit Thränen ass." II. "Über allen Gipfeln ist Ruh." III. Lied aus Egmont. "Freudvoll, leidvoll" . . . für eine Singstimme mit Begleitung des Pianoforte. pp. 39.   *Bei Tobias Haslinger's Witwe und Sohn: Wien*, [1847.]   fol.
Hirsch M. **949**. (**1.**)

LISZT (Franz)

—— Trois airs suisses pour le piano. ⟨Schweizerische Alpenklänge . . . L'Echo des alpes suisses.⟩ No. 1. Improvisata sur le ranz des vaches: "Depart pour les alpes" . . . de Ferd. Huber. No. 2. Nocturne sur le "Chant montagnard" . . . d'Ernest Knop. No. 3. Rondeau sur le "Ranz de chèvres" . . . de Ferd. Huber. Op. 10. 3 no.   *Chez Erneste Knop: Basle*, [1836.]   fol.   Hirsch M. **952**. (**1.**)

LISZT (Franz)

—— Albumblatt, für Pianoforte. [1841.]   *See* PERIODICAL PUBLICATIONS.—*Leipsic.—Neue Zeitschrift für Musik.* [*Sammlung von Musik-Stücken, etc.*] Hft. 15. [1838, *etc.*]   fol.   Hirsch M. **1134**.

LISZT (Franz)

—— Allegro di bravura, pour le piano-forte . . . Œuvre 4. pp. 15.   *Chez Fr. Kistner: Leipzig*, [1825.]   obl. fol.
Hirsch M. **222**.

LISZT (Franz)

—— An die Künstler. Gedicht von Schiller componirt für Männergesang (Soli und Chor) und Orchester . . . Partitur und Clavierauszug. pp. 40. *Weimar*, 1854.   fol.
Hirsch IV. **830**.

LISZT (Franz)

—— Années de pélerinage. Suite de compositions. [P.F.] Première année. Suisse. ⟨Deuxième année. Italie.⟩ année 1. no. 1–3, 5–9. année 2. no. 1–7.   *Chez les fils de B. Schott: Mayence*, [1855, 58.] fol.   Hirsch M. **942**.
Imperfect; wanting année 1. no. 4.

LISZT (Franz)

—— [Another copy.] Années de pélerinage, pour piano. Nouvelle édition revue par K. Klindworth . . . Deuxième année. no. 1,2.   *Mainz, Leipzig*, [1912.]   fol.
Hirsch M. **948**. (**3.**)
Imperfect; wanting no. 3–7.

LISZT (Franz)

—— Années de pélerinage. Compositions pour piano . . . Troisième année. no. 1.   *Schott & Co.: London; B. Schott's Söhne: Mayence*, [1885.]   fol.
Hirsch M. **948**. (**2.**)
Imperfect; wanting no. 2–7.

LISZT (Franz)

—— Apparitions pour piano seul. no. 1, 3.   *Chez Frédéric Hofmeister: Leipzig*, [1835.]   fol.
Hirsch M. **950**. (**1.**)
Imperfect; wanting no. 2.

LISZT (Franz)

—— Ballade für Pianoforte. pp. 11.   *Bei Fr. Kistner: Leipzig*, [1844.]   fol.   Hirsch M. **950**. (**2.**)

LISZT (Franz)

—— [Another copy.] 2me ballade pour piano.   *Leipzig*, [1854.]   fol.   Hirsch M. **950**. (**3.**)

LISZT (FRANZ)
—— Beethoven-Cantate. *See infra* : Zur Säcular-Feier Beethovens.

LISZT (FRANZ)
—— Beethoven's geistliche Lieder von Gellert für das Pianoforte übertragen. no. 1, 3, 4. *Schuberth & Comp.: Hamburg und Leipzig*, [1840.] fol. Hirsch M. **952. (2.)**
Imperfect; wanting no. 2, 5, 6.

LISZT (FRANZ)
—— Benedictus. *See infra* : [*Koronázási Mise*.]

LISZT (FRANZ)
—— Berceuse für das Pianoforte. pp. 13. *Gustav Heinze: Leipzig*, [1865.] fol. Hirsch M. **950. (4.)**

LISZT (FRANZ)
—— Buch der Lieder für Piano allein. Poésies pour piano seul. 1. Loreley. 2. Au Rhin. 3. Mignon. 4. Le Roi de Thule. 5. Invocation. 6. Angiolin. 6 no. *Chez A^d Mt Schlesinger: Berlin*, [1844.] fol.
Hirsch M. **951. (9.)**

LISZT (FRANZ)
—— Christus. Oratorium, nach Texten aus der heiligen Schrift und der katholischen Liturgie, für Soli, Chor, Orgel und grosses Orchester ... Partitur, *etc.* pp. 332. *J. Schuberth & Co.: Leipzig, New York*, [1872.] fol.
Hirsch IV. **829**.
The list of contents is preceded by 3 pages, issued in 1874 with a special titlepage, containing abridgments sanctioned by the composer at the first performance in 1873. Both titlepages bear the autograph signature of A. W. Gottschalg.

LISZT (FRANZ)
—— Zwei Concertetuden. 1. Waldesrauschen. 2. Gnomenreigen. Für die grosse Clavierschule von Lebert u. Stark. no. 2. *I. G. Cotta'sche Buchhandlung: Stuttgart*, [1863.] fol.
Hirsch M. **950. (5.)**
Imperfect; wanting no. 1.

LISZT (FRANZ)
—— Grosses Concert-Solo für das Pianoforte, *etc.* pp. 31. *Bei Breitkopf & Härtel: Leipzig*, [1851.] fol.
Hirsch M. **954. (1.)**

LISZT (FRANZ)
—— [A reissue.] Erstes Concert für Pianoforte und Orchester ... Pianoforte mit Orchester Partitur, *etc.*
Carl Haslinger: Wien, [1885?] fol. Hirsch M. **943**.

LISZT (FRANZ)
—— 2tes Concert. Pianoforte und Orchester, *etc.* ⟨A-dur. Partitur.⟩ pp. 84. *Bei B. Schott's Söhnen: Mainz*, [1876?] fol. Hirsch M. **944**.

LISZT (FRANZ)
—— Divertissement pour piano sur le cavatine de Pacini. *See infra* : [*Trois morceaux de salon. Op.* 5. *No.* 1.]

LISZT (FRANZ)
—— [A reissue.] Zwei Episoden aus Lenau's Faust für grosses Orchester. No. 1. Der nächtliche Zug. No. 2. Der Tanz in der Dorfschenke. (Mephisto-Walzer.) Orchester-Partitur, *etc.* no. 2. *Leipzig*, [1875?] fol.
Hirsch M. **945**.
Imperfect; wanting no. 1.

LISZT (FRANZ)
—— Études pour le piano en douze exercices ... Oeuvre 1. 2 livr. *Chez Fr. Hofmeister: Leipzig*, [1840.] fol.
Hirsch M. **950. (6.)**

LISZT (FRANZ)
—— Études pour le piano en douze exercices ... Oeuvre 1. ... No. 9 in As, *etc.* *Chez Fr. Hofmeister: Leipzig*, [1840.] fol. Hirsch M. **950. (7.)**

LISZT (FRANZ)
—— 3 études de concert pour piano, *etc.* no. 1. *Chez Fr. Kistner: Leipsic*, [1849.] fol. Hirsch M. **950. (8.)**
Imperfect; wanting no. 2, 3.

LISZT (FRANZ)
—— Fantaisie romantique sur deux mélodies suisses. *See infra* : [*Trois morceaux de salon. Op.* 5. *No.* 2.]

LISZT (FRANZ)
—— Eine Faust-Symphonie in drei Charakterbildern (nach Goethe). I. Faust. II. Gretchen. III. Mephistopheles und Schluss Chor: " Alles Vergängliche ist nur ein Gleichniss," für grosses Orchester und Männer-Chor. Orchester Partitur, *etc.* pp. 328. *J. Schuberth & Co.: Leipzig*, [1880?] 8°. Hirsch M. **223**.

LISZT (FRANZ)
—— Grande fantaisie de bravoure sur la clochette de Paganini, pour le piano-forte ... Oeuvre 2. pp. 39. *Chez Pietro Mechetti: Vienne*, [1840.] fol.
Hirsch M. **952. (5.)**

LISZT (FRANZ)
—— Grande fantaisie pour le piano-forte sur la tirolienne de l'opéra : La Fiancée d'Auber. ⟨Oeuvre 1.⟩ pp. 23. *Chez Pietro Mechetti: Vienne*, [1839.] fol.
Hirsch M. **952. (6.)**

LISZT (FRANZ)
—— Fantaisie (reminiscences) sur des thèmes de l'opéra Robert le Diable de Meyerbeer, arrangée pour le piano à quatre mains. pp. 29. *Chez A^d Mt Schlesinger: Berlin*, [1843.] fol. Hirsch M. **952. (7.)**

LISZT (FRANZ)
—— Grande fantaisie sur la Niobe de Pacini. *See supra* : [*Trois morceaux de salon. Op.* 5. *No.* 1.]

LISZT (Franz)

—— Fantasie und Fugue über das Thema ... BACH für das Pianoforte. pp. 19. *C. F. W. Siegel's Musikalienhandlung: Leipzig,* [1871.] fol. Hirsch M. 950. (10.)
The verso of the titlepage bears a MS. dedication in the composer's autograph to A. W. Gottschalg, relating to his performance of the work.

LISZT (Franz)

—— Faribolo Pastour. Chanson tirée du poème de Françonnetto de Jasmin et la Chanson du Béarn, transcrite pour piano. [no. 1.] *Chez les fils de B. Schott: Mayence,* [1845.] fol. Hirsch M. 950. (11.)
Imperfect; wanting no. 2, entitled "Pastorale du Béarn."

LISZT (Franz)

—— [Another copy.] Fest-Cantate componirt für die Inaugurations-Feier des Beethoven-Denkmals ... Klavierauszug für 4 Hände. *Mainz,* [1846.] fol.
Hirsch M. 949. (2.)

LISZT (Franz)

—— Festmarsch nach Motiven von E. H. Z. S. [i.e. from "Diana von Solange," an opera by Ernst, Herzog zu Sachsen-Coburg-Gotha] für grosses Orchester ... Edition für Piano a 2^m, *etc.* pp. 10. *J. Schuberth & Co.: Leipzig & New York,* [1860.] fol. Hirsch M. 952. (8.)

LISZT (Franz)

—— Feuilles d'album pour piano [in E flat]. pp. 3. *Chez les fils de B. Schott: Mayence,* [1844.] fol.
Hirsch M. 951. (1.)

LISZT (Franz)

—— 2 feuilles d'album pour piano [in E major and A minor]. pp. 9. *Schuberth & Comp.: Leipzig & New York,* [1850?] fol. Hirsch M. 951. (2.)

LISZT (Franz)

—— Gaudeamus igitur. Paraphrase. [P.F.] pp. 17. *Bei Julius Hainauer: Breslau,* [1845?] fol.
Hirsch M. 953. (1.)

LISZT (Franz)

—— Geharnischte Lieder nach den Männer-Chorgesängen für das Pianoforte übertragen von Franz Liszt. pp. 11. *Bei C. F. Kahnt: Leipzig,* [1861.] fol. Hirsch M. 953. (2.)

LISZT (Franz)

—— [Another copy.] Grand duo concertant pour piano et violon sur la romance de M. Lafont le Marin. *Mayence,* [1852.] fol. Hirsch M. 952. (4.)

LISZT (Franz)

—— Grand galop chromatique composé pour le piano à deux ou à quatre mains ... Oeuv. 12 ... à 4 mains. pp. 17. *Chez Fr. Hofmeister: Leipzig,* [1838.] fol.
Hirsch M. 954. (2.)

LISZT (Franz)

—— Harmonies poëtiques et religieuses pour le pianoforte seul, *etc.* pp. 9. *Chez Frédéric Hofmeister: Leipzig,* [1835.] fol. Hirsch M. 951. (3.)

LISZT (Franz)

—— [Harmonies poëtiques et religieuses. P.F.] no. 2–6, 10. *Fr. Kistner: Leipzig,* [1905?] fol. Hirsch M. 948. (1.)
Without titlepage. Imperfect; wanting no. 1, 7–9.

LISZT (Franz)

—— Die heilige Cäcilia. Legende, gedichtet von Madame Emile de Girardin. Für eine Mezzo-Sopran-Stimme mit Chor (ad libitum) und Orchester ... Begleitung ... Sainte Cécile. Légende ... Partitur, *etc.* ⟨Anhang.⟩ pp. 57. iv. *C. F. Kahnt: Leipzig,* [1876.] fol.
Hirsch IV. 828.
The titlepage bears the autograph signature of A. W. Gottschalg.

LISZT (Franz)

—— Heroischer Marsch in ungarischem Styl für das Piano-Forte. pp. 13. *In der Schlesinger'schen Buch- u. Musikhandlung: Berlin,* [1844?] fol.
Hirsch M. 951. (4.)

LISZT (Franz)

—— Huldigungs-Marsch für das Piano-Forte. pp. 10. *Ed. Bote & G. Bock: Berlin & Posen,* [1865.] fol.
Hirsch M. 951. (5.)

LISZT (Franz)

—— Hussiten-Lied aus dem 15ten Jahrhunderte, für das Pianoforte zu vier Händen. pp. 15. *Bei Joh. Hoffmann: Prag,* [1840?] fol. Hirsch M. 953. (3.)

LISZT (Franz)

—— L'Idée fixe. Andante amoroso pour le piano d'après une mélodie de H. Berlioz. pp. 7. *Chez Pietro Mechetti: Vienne,* [1847.] fol. Hirsch M. 953. (4.)

LISZT (Franz)

—— Il m'aimait tant (er liebte mich so sehr), mélodie, paroles de Mme Emile de Girardin, *etc.* pp. 5. *Chez les fils de B. Schott: Mayence,* [1843.] fol. Hirsch M. 949. (3.)
L'Aurore. no. 51.

LISZT (Franz)

—— Il m'aimait tant!! [Song.] Paroles de Mme Émile de Girardin. pp. 5. *Chez Bernard-Latte: Paris,* [1845?] fol.
Hirsch M. 1297. (35.)

LISZT (Franz)

—— Impromptu pour le piano sur des thêmes de Rossini et Spontini ... Oeuvre 3. pp. 11. *Chez Pietro Mechetti: Vienne,* [1841.] fol. Hirsch M. 953. (5.)

LISZT (Franz)

—— Improvisata sur le ranz des vaches da Ferd. Huber. *See supra: Trois airs suisses.* no. 1.

LISZT (FRANZ)
—— Jeanne d'Arc au bucher (Johanna beim Scheiterhaufen), romance dramatique, paroles d'Alexandre Dumas, etc. pp. 9. *Chez les fils de B. Schott: Mayence*, [1846.] fol.
Hirsch M. 949. (4.)

LISZT (FRANZ)
—— [Koronázási Mise.] Aus der Ungarischen Krönungs Messe. Benedictus. Offertorium . . . Orchester-Partitur, etc. 2 no. *J. Schuberth & Co.: Leipzig, New York*, [1867.] fol.
Hirsch IV. 832.

LISZT (FRANZ)
—— [Another copy.] Die Legende von der heiligen Elisabeth. Oratorium . . . Partitur. *Leipzig*, [1869.] fol.
Hirsch IV. 831.

LISZT (FRANZ)
—— Légendes pour piano. 1. St. François d'Assise, " La prédication aux oiseaux. 2. St. François de Paule marchant sur les flots. no. 1. *Chez Rózsavölgyi & Co.: Pest*, [1866.] fol.
Hirsch M. 951. (6.)
Imperfect; wanting no. 2.

LISZT (FRANZ)
—— Leyer und Schwerdt nach Carl Maria von Weber und Körner, Heroide, für das Pianoforte . . . Schwerdtlied. Lützow's wilde Jagd. Gebet. pp. 14. *In der Schlesinger'schen Buch u. Musikhandlung: Berlin*, [1848.] fol.
Hirsch M. 953. (6.)

LISZT (FRANZ)
—— Lieder aus Schiller's " Wilhelm Tell." I. Der Fischerknabe. II. Der Hirt. III. Der Alpenjäger . . . für eine Singstimme mit Begleitung des Pianoforte. pp. 24. *Bei Tobias Haslinger's Witwe und Sohn: Wien*, [1848.] fol.
Hirsch M. 949. (5.)

LISZT (FRANZ)
—— Drei Lieder für eine Sopran- oder Tenor-Stimme, mit Begleitung des Pianoforte. pp. 13. *Bei Fr. Kistner: Leipzig*, [1850.] fol.
Hirsch M. 949. (6.)

LISZT (FRANZ)
—— [Drei Lieder für eine Tenor- oder Sopranstimme. No. 3.] " O lieb'," Lied von F. Freiligrath für eine Singstimme mit Begleitung des Pianoforte. pp. 13. *Bei Fr. Kistner: Leipzig*, [1850.] fol.
Hirsch M. 949. (7.)

LISZT (FRANZ)
—— Die Macht der Musik. Gedicht von der Herzogin Helene von Orleans für eine Singstimme (Tenor, Soprano oder Mezzo-Sopran), mit Begleitung des Pianoforte. pp. 19. *Bei Fr. Kistner: Leipzig*, [1849.] fol.
Hirsch M. 949. (8.)

LISZT (FRANZ)
—— Marche funèbre de Dom Sébastien de C. [*sic*] Donizetti variée pour le piano. pp. 15. *Chez Pietro Mechetti: Vienne*, [1845.] fol.
Hirsch M. 953. (7.)

LISZT (FRANZ)
—— Seconde Marche hongroise, ungarischer Sturm-Marsch, für das Piano-Forte. pp. 13. A^d Mt *Schlesinger: Berlin*, [1843?] fol.
Hirsch M. 954. (3.)

LISZT (FRANZ)
—— Mazurka brillante pour le piano. pp. 13. *Chez Bartholf Senff: Leipzig*, [1850.] fol. Hirsch M. 951. (7.)

LISZT (FRANZ)
—— Mélodies hongroises d'après Fr. Schubert, pour piano seul. [Based on Schubert's " Divertissement à la hongroise," Op. 54.] 3 cah. *Chez A. Diabelli et comp.: Vienne*, [1840.] fol.
Hirsch M. 955. (1.)

LISZT (FRANZ)
—— [Mélodies hongroises.] Schubert's ungarische Melodien aus dem ungarischen Divertissement zu 4 Händen, Op. 54. Zweihändig auf eine neue leichtere Art gesetzt. 3 no. *Bei A. Diabelli u. Comp.: Wien*, [1846.] fol.
Hirsch M. 955. (3.)

LISZT (FRANZ)
—— Missa solennis quam ad mandatum eminentissimi ac reverendissimi domini domini Johannis Scitovszky a Nagykér . . . composuit F. Liszt, etc. [Score.] pp. 130. *Typis Caes. Reg. Status Officinae: Viennae Austriacorum*, 1859. fol.
Hirsch IV. 833.

LISZT (FRANZ)
—— Missa solennis zur Einweihung der Basilica in Gran . . . Für Pianoforte zu 2 Händen von Aug. Stradal. pp. 55. *J. Schuberth & Co.: Leipzig*, [1901.] fol. Hirsch M. 946.

LISZT (FRANZ)
—— Le Moine, der Mönch, suivi de deux mélodies par Meyerbeer transcrits pour piano, etc. pp. 21. *Chez A^d Mt Schlesinger: Berlin*, [1842.] fol.
Hirsch M. 953. (8.)

LISZT (FRANZ)
—— Morceau de salon. Étude de perfectionnement de la méthode des méthodes pour le piano, etc. pp. 7. *Chez A^d Mt Schlesinger: Berlin*, [1840.] fol.
Hirsch M. 951. (8.)

LISZT (FRANZ)
—— [Trois morceaux de salon. Op. 5. No. 1.] Divertissement pour piano sur la cavatine de Pacini (I tuoi frequenti palpiti), etc. pp. 19. *Chez Fr. Hofmeister: Leipzig*, [1837.] fol.
Hirsch M. 952. (3.)

LISZT (FRANZ)
—— [Trois morceaux de salon. Op. 5. No. 1.] Grande fantaisie sur la Niobe de Pacini, pour le piano. pp. 23. *Chez A^d Mt Schlesinger: Berlin*, [1842.] fol.
Hirsch M. 954. (6.)

LISZT (Franz)
—— [Trois morceaux de salon. Op. 5. No. 2.] Fantaisie romantique sur deux mélodies suisses, *etc.* [P.F.] pp. 23. *Chez Fr. Hofmeister: Leipzig*, [1837.] fol.
Hirsch M. 950. (9.)

LISZT (Franz)
—— [Trois morceaux de salon. Op. 5. No. 3.] Rondeau fantastique sur un thême espagnol (El Contrabandista) composé pour le piano. pp. 27. *Chez Fr. Hofmeister: Leipzig*, [1837.] fol. Hirsch M. 953. (11.)

LISZT (Franz)
—— Nocturne sur le "Chant montagnard" de Ernest Knop. *See* supra: Trois airs suisses. no. 2.

LISZT (Franz)
—— Nuits d'été à Pausilippe. [P.F.] 2 no. pp. 16.
[no. 1.] Il Barcajuolo de Donizetti.
[no. 2.] L'Alito di bice de Donizetti.
Chez les fils de B. Schott: Mayence, [1840.] fol.
Hirsch M. 954. (4.)
Imperfect; wanting no. 3 "La Torre de biasone de Donizetti." The numeration on the titlepages, no. 7[-9] is in continuation of that of "Soirées italiennes."

LISZT (Franz)
—— Offertorium. *See* supra: [*Koronázási Mise.*]

LISZT (Franz)
—— J Puritani [by V. Bellini]. Jntroduction et polonaise pour le piano. pp. 9. *Chez les fils de B. Schott: Mayence*, [1841.] fol. Hirsch M. 953. (9.)

LISZT (Franz)
—— Rapsodies hongroises pour le piano. no. 10. *Chez les fils de B. Schott: Mayence*, [1853.] fol.
Hirsch M. 951. (10.)

LISZT (Franz)
—— Reminiscences des Huguenots [by Meyerbeer]. Grande fantaisie dramatique pour le pianoforte ... Op. 11. pp. 31. *Frédéric Hofmeister: Leipzig*, [1838.] fol.
Hirsch M. 954. (7.)

LISZT (Franz)
—— Reminiscences de Norma [by V. Bellini]. ⟨Grande fantaisie.⟩ [P.F.] pp. 23. *Chez les fils de B. Schott: Mayence*, [1843.] fol. Hirsch M. 953. (10.)

LISZT (Franz)
—— Rondeau sur le "Ranz de chèvres" de Ferd. Huber. *See* supra: Trois airs suisses. no. 3.

LISZT (Franz)
—— Schubert's Märsche [Op. 40 and Op. 121] für das Pianoforte Solo. 3 no. *Bei A. Diabelli & Co.: Wien*, [1846.] fol. Hirsch M. 955. (2.)

LISZT (Franz)
—— Schubert's ungarische Melodien. *See* supra: [*Mélodies hongroises.*]

LISZT (Franz)
—— Soirées italiennes. [P.F.] 6 no. pp. 80.
no. 1. La Primavera de Mercadante.
no. 2. Jl Galop de Mercadante.
no. 3. Jl Pastore svizzero de Mercadante.
no. 4. La Serenata del Marinaro de Mercadante.
no. 5. Jl Brindisi de Mercadante.
no. 6. La Zingarella spagnola de Mercadante.
Chez les fils de B. Schott: Mayence, [1840.] fol.
Hirsch M. 954. (8.)
No. 7–9 of this work form no. 1–3 of " Nuits d'été à Pausilippe."

LISZT (Franz)
—— Soirées musicales de Rossini, transcrites pour le piano. no. 4. *Chez les fils de B. Schott: Mayence*, [1838.] fol.
Hirsch M. 953. (12.)
Imperfect; wanting no. 1–3, 5–12.

LISZT (Franz)
—— Symphonie zu Dante's Divina Commedia. [Score, with an introduction by Richard Pohl.] pp. 8. 216. *Breitkopf & Härtel: Leipzig*, [1893.] 8°. Hirsch M. 224.
Part of " Partitur-Bibliothek. Gruppe 1.*"*

LISZT (Franz)
—— Symphonische Dichtungen für grosses Orchester. Partitur, *etc.* 12 no. *Breitkopf & Härtel: Leipzig*, [1857–95?] 8°. Hirsch M. 225.
A made-up set, of different issues. No. 3, 5, 6 form part of " Breitkopf & Härtel's Partitur-Bibliothek."

LISZT (Franz)
—— Tarantelle (di bravura) d'après la tarantelle de la Muette de Portici d'Auber, pour piano, *etc.* pp. 23. *Chez Pietro Mechetti: Vienne*, [1847.] fol. Hirsch M. 954. (9.)

LISZT (Franz)
—— Der traurige Mönch. Ballade von N. Lenau. Mit melodramatischer Pianoforte-Begleitung zur Declamation. pp. 10. *Bei C. F. Kahnt: Leipzig*, [1872.] fol.
Hirsch M. 949. (9.)

LISZT (Franz)
—— Ungarische Melodien ... Jm leichten Style bearbeitet. [P.F.] pp. 7. *Bei Tobias Haslinger's Witwe: Wien*, [1843.] fol. Hirsch M. 951. (11.)
Neuigkeiten für das Pianoforte im eleganten Style. Abt. 9, no. 86.

LISZT (Franz)
—— Grande valse di bravura composé pour le piano ... Op. 6. pp. 13. *Chez Fr. Hofmeister: Leipzig*, [1836.] fol.
Hirsch M. 951. (12.)

LISZT (Franz)
—— Grande valse di bravura, pour le piano-forte à 4 mains ... Oeuvre 6. pp. 27. *Chez T. Haslinger: Vienne*, [1838.] fol. Hirsch M. 954. (5.)

LISZT (FRANZ)
—— Grande valse di bravura composée pour piano ... Op. 6. pp. 15. *Chez A^d Mt Schlesinger: Berlin*, [1840?] fol.
Hirsch M. **951**. (**13**.)

LISZT (FRANZ)
—— Valse mélancolique composée pour le piano. pp. 7. *Chez Tob. Haslinger: Vienne*, [1840.] fol.
Hirsch M. **951**. (**14**.)

LISZT (FRANZ)
—— [Another copy.] Von der Wiege bis zum Grabe. Symphonische Dichtung ... Partitur, *etc. Berlin & Posen*, [1883.] fol.
Hirsch M. **947**.

LISZT (FRANZ)
—— Weimar's Volkslied. Zur Carl-August-Feier. (September 1857) Gedichtet von Peter Cornelius ... Für eine Singstimme mit Piano, *etc.* pp. 13. *T. F. A. Kühn: Weimar*, [1857.] fol.
Hirsch M. **949**. (**10**.)

LISZT (FRANZ)
—— "Weinen, Klagen, Sorgen, Zagen." Praeludium nach Joh. Seb. Bach für das Pianoforte. pp. 5. *Verlag der Schlesinger'schen Buch- und Musikhandlung: Berlin*, [1863.] fol.
Hirsch M. **953**. (**13**.)

LISZT (FRANZ)
—— "Weinen, Klagen, Sorgen, Zagen." Praeludium nach Joh. Seb. Bach für das Pianoforte. pp. 5. *Schlesinger: Berlin*, [1910?] fol.
Hirsch M. **948**. (**4**.)

LISZT (FRANZ)
—— Zur Säcular-Feier Beethovens. Cantate. Gedichtet von Adolf Stern ... Partitur. pp. 184. *Bei C. F. Kahnt: Leipzig*, [1870.] 8°.
Hirsch IV. **827**.
The cover bears the title "Beethoven-Cantate."

LISZT (FRANZ)
—— *See* BERLIOZ (L. H.) [*La Damnation de Faust.*] Danse des sylphes ... transcrite pour le piano par F. Liszt. [1866.] fol.
Hirsch M. **775**.

LISZT (FRANZ)
—— *See* BERLIOZ (L. H.) [*Episode de la vie d'un artiste.*] Symphonie fantastique, 2me partie, ⟨un Bal⟩ ... pour piano seul par F. Liszt. [1842.] fol.
Hirsch M. **778**.

LISZT (FRANZ)
—— *See* BERLIOZ (L. H.) [*Episode de la vie d'un artiste.*] Marche au supplice ... transcrite pour le piano par F. Liszt. [1866.] fol.
Hirsch M. **779**.

LISZT (FRANZ)
—— *See* BERLIOZ (L. H.) [*Harold en Italie.*] Marche des pélerins ... transcrite pour le piano par F. Liszt. [1866.] fol.
Hirsch M. **781**.

LISZT (FRANZ)
—— *See* CONRADI (A.) La Célèbre Zigeuner-Polka ... pour le piano par F. Liszt. [1849.] fol.
Hirsch M. **836**.

LISZT (FRANZ)
—— *See* DAVID (F.) Ferdinand David's Bunte Reihe ... für das Pianoforte übertragen von F. Liszt. [1851.] 4°.
Hirsch M. **841**.

LISZT (FRANZ)
—— *See* DESSAUER (J.) Dessauer's Lieder ... für das Pianoforte übertragen von F. Liszt. [1847.] fol.
Hirsch M. **855**.

LISZT (FRANZ)
—— *See* FRANZ (R.) Er ist gekommen in Sturm und Regen ... für das Pianoforte übertragen von F. Liszt. [1849.] fol.
Hirsch M. **881**.

LISZT (FRANZ)
—— *See* FRANZ (R.) Lieder ... für das Pianoforte übertragen von F. Liszt. [1849.] fol.
Hirsch M. **882**.

LISZT (FRANZ)
—— *See* SCHUBERT (F. P.) [*Collected Works.—e. Instrumental Arrangements of Vocal Works, Songs, etc.*] Lieder ... für das Piano-forte übertragen von F. Liszt. [1838.] 4°.
Hirsch M. **1182**. (**1**.)

LISZT (FRANZ)
—— *See* SCHUBERT (F. P.) [*Collected Works.—e. Instrumental Arrangements of Vocal Works, Songs, etc.*] Müller-Lieder ... Für das Pianoforte in leichteren Styl übertragen von F. Liszt, *etc.* [1847.] fol.
Hirsch M. **1182**. (**2**.)

LISZT (FRANZ)
—— *See* SCHUBERT (F. P.) Die Forelle ... Für das Piano. Zweite Version von F. Liszt. [1846.] 4°.
Hirsch M. **1182**. (**4**.)

LISZT (FRANZ)
—— *See* SCHUBERT (F. P.) Grosse Fantasie. Op. 15. Symphonisch bearbeitet für Piano und Orchester von F. Liszt, *etc.* [1874?] fol.
Hirsch M. **1170**.

LLOYD (ARTHUR)
—— Brown the Tragedian. [Song.] Written, composed & sung by A. Lloyd. pp. 4. *H. D'Alcorn & Co.: London*, [1880?] fol.
Hirsch M. **1313**. (**7**.)

LLOYD (ARTHUR)
—— Captain La-di-da-di-doo. [Song.] Written, composed and sung by A. Lloyd. pp. 5. *Hopwood & Crew: London*, 1879. fol.
Hirsch M. **1313**. (**1**.)

LLOYD (ARTHUR)
—— Constantinople. ⟨The Countess from Constantinople.⟩ [Song.] Written, composed & sung by A. Lloyd. ⟨Arranged by Geo. Bicknell.⟩ pp. 4. *H. D'Alcorn: London*, [1870?] fol.
Hirsch M. **1317**. (**5**.)

LLOYD (ARTHUR)
—— The Countess from Constantinople. *See supra:* Constantinople.

LLOYD (Arthur)
—— Going to the Derby, in my little Donkey Cart. [Song.] Written, composed & sung by A. Lloyd. pp. 4. *H. D'Alcorn & Co.: London*, [1880?] fol.
Hirsch M. **1313**. (**10**.)

LLOYD (T. W.)
—— Der Freischutz, the popular Quadrilles arranged from the Opera of Karl Maria von Weber, with entire new figures and a novel finale to the celebrated waltz, *etc.* [P.F.] pp. 6. *Quadrille Repository & Music Warehouse: [London, 1822?]* fol. Hirsch IV. **1671**.
Watermark date 1822.

LO.
—— Lo he comes with Clouds descending. Advent Hymn. ⟨Pleyel's German Hymn.⟩ *T. Holloway: London*, [1830?] fol.
Hirsch M. **1272**. (**31**.)

LOB DER FREUNDSCHAFT.
—— Das Lob der Freundschaft. Cantate. *See* Mozart (W. A.)

LOCHEIM SONGBOOK.
—— [Another copy.] Locheimer Liederbuch und Fundamentum organisandi des Conrad Paumann. In Faksimiledruck herausgegeben von Konrad Ameln. *Berlin*, 1925. 8°. Hirsch M. **226**.

LODER (Edward James)
—— [Francis the First.] The Old House at Home. Score. *D'Almaine & Co.: London*, [1840?] *s. sh.* fol.
Hirsch IV. **933**. (**2**.)

LOEHRER (Edwin)
—— *See* Senfl (L.) Sieben Messen... Herausgegeben von E. Löhrer und O. Ursprung. 1936. fol. [*Das Erbe deutscher Musik*. Reihe 1. Reichsdenkmale. Bd. 5.]
Hirsch IV. **960**.

LOEWE (Ferdinand)
—— *See* Bruckner (A.) Neunte Symphonie... herausgegeben von F. Löwe. [1910?] 8°. Hirsch M. **102**.

LOEWE (Johann Carl Gottfried)
—— [Another copy.] Carl Loewe's Werke. Gesamtausgabe... herausgegeben von Dr. Max Runze. Bd. 1–15. *Leipzig*, [1899–1902.] Hirsch IV. **980**.
Imperfect; wanting Bd. 16, 17.

LOEWE (Johann Carl Gottfried)
—— Sämmtliche Lieder, Gesänge, Romanzen und Balladen, für eine Singstimme mit Pianoforte Begleitung... Oe. 9. Hft. 6. *Bei Friedrich Hofmeister: Leipzig*, [1832?] obl. fol.
Hirsch M. **985**. (**1**.)
Imperfect; wanting Hft. 1–5. *In Hft.* 6 *pp.* 9–12 *are missing, and have been supplied in* MS.

LOEWE (Johann Carl Gottfried)
—— Gesammelte Lieder, Gesänge, Romanzen und Balladen für eine Singstimme mit Pianoforte-Begleitung... Op. 9. Hft. 4. *Bei Friedrich Hofmeister: Leipzig*, [1835?] obl. fol. Hirsch M. **985**. (**2**.)
Imperfect; wanting Hft. 1–3, 5–10.

LOEWE (Johann Carl Gottfried)
—— Feuersgedanken. Allegorie von Trinius. Op. 70. Die Ueberfahrt, Ballade von L. Uhland, No. 1. Die schwarzen Augen, Ballade von N. Vogl, No. II. Op. 94. Für Gesang und Piano. *Bei Wilhelm Paul: Dresden*, [1840?] fol.
Hirsch M. **983**. (**1**.) & M. **962**. (**2**.)
Imperfect; wanting Op. 94. *No.* 2.

—— [Another copy of Op. 70.] Hirsch M. **963**. (**5**.)

LOEWE (Johann Carl Gottfried)
—— Mahomed's Gesang, von Goethe, für eine Tenorstimme. Op. 85... Mein Herz ich will dich fragen. Was ist denn Liebe? Sag! Lied aus Halm's Sohn der Wildniss. Op. 86... Für eine Singstimme mit Begleitung des Pianoforte. 2 no. *Schlesinger: Berlin*, [1842.] fol.
Hirsch M. **965**. (**6**.)

LOEWE (Johann Carl Gottfried)
—— Lieder und Balladen für eine Singstimme mit Begleitung des Pianoforte... Op. 15, Op. 23, Op. 29, Op. 43, Op. 60, Op. 61. *C. A. Challier & Co.: Berlin*, [1850?] obl. fol.
Hirsch M. **957**. (**1**.) & M. **959**. (**4**.)
Imperfect; wanting all except Op. 15, *and Op.* 43, *No.* 2.

LOEWE (Johann Carl Gottfried)
—— Der 23ste Psalm. "Der Herr ist mein Hirte." Opus 100. Der 121ste Psalm. "Die Hülfe mein vom Herren kommt." Opus 101. Der 33ste Psalm. "Freuet euch des Herrn ihr Gerechten." Opus 102. Für vierstimmigen Männerchor... Partitur und Stimmen. 3 no. 15 pt. *Gustav Heinze: Leipzig*, [1850? 35?] fol.
Hirsch IV. **837**.
A made-up set. Op. 101, 102 *are of the edition published at Dresden by Wilhelm Paul*.

LOEWE (Johann Carl Gottfried)
—— Compositionen für Pianoforte... Op. 11. Abendfantasie. Op. 16. Grosse Sonate in E dur. Op. 27. Mazeppa. Tondichtung nach Byron. Op. 28. Der barmherzige Bruder. Tondichtung. Op. 32. Grande sonate élégique. (F moll). 5 no. *C. A. Challier: Berlin*, [1875?] obl. fol. Hirsch M. **987**. (**1**.)

LOEWE (Johann Carl Gottfried)
—— [Another copy.] Loewe-Album. Ausgewählte Balladen, etc. 7 Bd. *Leipzig*, [1879–80?] 8°. Hirsch M. **976**.

LOEWE (Johann Carl Gottfried)
—— Balladen und Lieder für eine Singstimme mit Begleitung des Pianoforte... Op. 10. 44. 58. 59. 75. 76. Neue Ausgabe. pp. 150. *Breitkopf & Härtel: Leipzig*, [1885?] 8°
Hirsch M. **977**.

LOEWE (Johann Carl Gottfried)

—— [Another copy.] Arien aus ungedruckten Opern und Oratorien . . . Herausgegeben . . . von Dr. Max Runze. Klavierauszug von Fritz Schneider. 3 Hft. *Leipzig*, [1892.] 8°.   Hirsch M. **978**.

LOEWE (Johann Carl Gottfried)

—— Hohenzollern-Album . . . No. 1. Für 4stimmigen Männergesang. ⟨No. 2. Balladen und Gesänge.⟩ . . . Herausgegeben von Dr. Max Runze. 2 vol. *Breitkopf & Härtel: Leipzig*, [1898.] 8°.   Hirsch M. **979**.

LOEWE (Johann Carl Gottfried)

—— Abendfantasie. Op. 11. [P.F.] *See also supra*: Compositionen für Pianoforte.

LOEWE (Johann Carl Gottfried)

—— Abendfantasie, für das Pianoforte . . . Op. 11. pp. 9. *H. Wagenführ's Buch- u. Musikhandlung: Berlin*, [1828?] obl. fol.   Hirsch M. **973**. (1.)

LOEWE (Johann Carl Gottfried)

—— Der Abschied des Auswanderers vom Vaterland. *See infra*: Vier Phantasien für das Pianoforte. Op. 137. No. 1.

LOEWE (Johann Carl Gottfried)

—— Agnete. Ballade von Louise v. Ploennies in 4 Abteilungen für eine Singstimme mit Begleitung des Pianoforte . . . Op. 134. pp. 19. *C. A. Spina: Wien*, [1865.] fol.   Hirsch M. **964**. (5.)

LOEWE (Johann Carl Gottfried)

—— Alles in dir. [Song.] Gedicht von Dilia Helena . . . Op. 107. No. 2. pp. 3. *Bei G. Müller: Rudolstadt*, [1850?] fol.   Hirsch M. **966**. (2.)
Album für Gesang. no. 18.

LOEWE (Johann Carl Gottfried)

—— Alpenfantasie für das Pianoforte . . . Opus 53. pp. 13. *Bei Friedrich Hofmeister: Leipzig*, [1835.] obl. fol.   Hirsch M. **987**. (2.)

—— [Another copy.]   Hirsch M. **973**. (8.)

LOEWE (Johann Carl Gottfried)

—— Alpin's Klage um Morar. Gesang Ossian's von Goethe, für eine Singstimme und Piano . . . Op. 94. pp. 21. *In der Schlesinger'schen Buch- u. Musikhandlung: Berlin*, [1844.] obl. fol.   Hirsch M. **985**. (3.)

LOEWE (Johann Carl Gottfried)

—— Alpin's Klage um Morar. Ein Gesang Ossians von Goethe, etc. [Song. Op. 94.] pp. 21. *In der Schlesinger'schen Buch- und Musikhandlung: Berlin*, [1850?] obl. fol.   Hirsch M. **960**. (8.)
Part of "Balladen für eine Singstimme von Carl Loewe, etc."

sig. 33.—part 53.

LOEWE (Johann Carl Gottfried)

—— Der alte König. *See infra*: Drei Balladen. Op. 116. [No. 2.]

LOEWE (Johann Carl Gottfried)

—— Am Klosterbrunnen. Von J. N. Vogl. Wolkenbild. Von Lina Loeper. Zwei Lieder für eine Singstimme mit Begleitung des Pianoforte . . . Op. 110. 2 no. *In der Hofmusikalien-Handlung von Ch. Bachmann: Hannover*, [1850?] fol.   Hirsch M. **966**. (4.)

LOEWE (Johann Carl Gottfried)

—— Die Apostel von Philippi. Vocal Oratorium für Männerstimmen, gedichtet vom Professor Giesebrecht . . . 48tes Werk . . . Partitur. pp. 46. *C. A. Challier & Co.: Berlin*, [1870?] obl. fol.   Hirsch M. **968**. (5.)

LOEWE (Johann Carl Gottfried)

—— Archibald Douglas. [Song, words by] (Th. Fontane.) . . . Op. 128. *Shclesinger: Berlin*, [1890?] fol.   Hirsch M. **964**. (2.)
A reissue of pp. 44–57 of "Balladen, Gesänge und Lieder . . . von Carl Löwe."

LOEWE (Johann Carl Gottfried)

—— Der Asra. Ballade von Heinr. Heine . . . Op. 133. pp. 5. *Julius Bauer: Braunschweig*, [1860?] fol.   Hirsch M. **964**. (4.)

LOEWE (Johann Carl Gottfried)

—— Die Auferweckung des Lazarus. [Oratorio.] Ev. Joh. Cap. 11., mit Begleitung der Orgel oder des Pianoforte . . . Op. 132. Clavier-Auszug . . . Mit deutschem und englischem Text. pp. 55. *Heinrichshofen's Verlag: Magdeburg*, [1870?] fol.   Hirsch M. **983**. (2.)

LOEWE (Johann Carl Gottfried)

—— Balladen für eine Singstimme . . . mit Begleitung des Pianoforte. Ausgewählt aus Opus 1–8. 13. 14. 20. 21. 25. 33. 49 etc. no. 1, 4. *In der Schlesinger'schen Buch- und Musikhandlung: Berlin*, [1835?] obl. fol.   Hirsch M. **985**. (4.)
Imperfect; wanting no. 2, 3, 5–11.

LOEWE (Johann Carl Gottfried)

—— Balladen von Herder, Uhland, Goethe, Körner und W. Alexis . . . mit Begleitung des Pianoforte . . . Op. 1 . . . Op. 2 . . . Op. 3. *Im Musikalischen Magazine von I. P. Spehr: Braunschweig*, [1830?] obl. fol.   Hirsch M. **985**. (5.)
Imperfect; wanting all except no. 4 and no. 6 in op. 2.

LOEWE (Johann Carl Gottfried)

—— Balladen von Herder, Uhland, Goethe, Körner und W. Alexis . . . mit Begleitung des Pianoforte . . . Op. 1 . . . Op. 2 . . . Op. 3. *Im Musikalischen Magazine von I. P. Spehr: Braunschweig*, [1830?] obl. fol.   Hirsch M. **958**. (1.)
Imperfect; wanting all except no. 6 in op. 2.

LOEWE (Johann Carl Gottfried)
—— Drei Balladen. Op. 1. No. 1. Edward. No. 2. Der Wirthin Töchterlein. No. 3. Erlkönig. no. 2, 3. *Schlesinger: Berlin,* [1850?] fol.   Hirsch M. 961. (1.)
Imperfect; wanting no. 1.

LOEWE (Johann Carl Gottfried)
—— Drei Balladen von Theodor Körner, Herder und Wild. Alexis. Für eine Singstimme, mit Begleitung des Piano-Forte ... Op. 2. Samml. 2. no. 4–6. pp. 21.   *In A^d Mt Schlesingers Buch- und Musikhandlung: Berlin,* [1824.] obl. fol.   Hirsch M. 985. (6.)
Imperfect; wanting Samml. 1. *The titlepage bears a* MS. *dedication in the composer's autograph.*

LOEWE (Johann Carl Gottfried)
—— Balladen. Für eine Singstimme. Mit Begleitung des Pianoforte ... Op: 7. Samml. 4. no. 10, 11.   *In der A^d Mt Schlesinger'schen Buch- u. Musikhandlung: Berlin,* [1828?] obl. fol.   Hirsch M. 985. (7.)
Imperfect; wanting Samml. 1–3.

—— [A reissue of no. 10.] *Berlin,* [1840?] obl. fol.
Hirsch M. 958. (3.)

LOEWE (Johann Carl Gottfried)
—— Zwei Balladen. Op. 8. No. 1. Goldschmieds Töchterlein. No. 2. Der Mutter Geist. *Schlesinger: Berlin,* [1850?] fol.   Hirsch M. 961. (2.)
Imperfect; wanting no. 2.

LOEWE (Johann Carl Gottfried)
—— [2 Balladen. Op. 8. No. 2.] Der Mutter Geist. Ballade von Talvj, aus dem Altschottischen.   *Bei Carl Haslinger: Wien,* [1860?] obl. fol.   Hirsch. M. 958. (4.)
Balladen für eine Singstimme von Carl Loewe ... ausgewählt aus Opus 1–8, 13, 14, 20, 21, 25, 33, 49, *etc.* no. 20.

LOEWE (Johann Carl Gottfried)
—— [3 Balladen von Göthe. Op. 20. No. 2.] Der Zauberlehrling. *Bei Carl Haslinger: Wien,* [1860?] obl. fol.
Hirsch M. 958. (6.)
Balladen für eine Singstimme von Carl Loewe ... ausgewählt aus Opus 1–8, 13, 14, 20, 21, 23, 33, 49, *etc.* no. 16.

LOEWE (Johann Carl Gottfried)
—— [Drei Balladen. Op. 56.] [No. 1.] Heinrich der Vogler. [No. 2.] Der Gesang. [No. 3.] Urgrossvaters Gesellschaft ... Für eine Singstimme mit Begleitung des Pianoforte ... Neue Ausgabe. no. 2, 3. *Bei Bernhard Friedel: Dresden,* [1855?] obl. fol.   Hirsch M. 960. (4.)
Imperfect; wanting no. 1.

LOEWE (Johann Carl Gottfried)
—— Drei Balladen. Op. 56. [No. 1.] "Heinrich der Vogler." [No. 2.] "Der Gesang." [No. 3.] "Urgrossvaters Gesellschaft." no. 1. *Gustav Heinze: Leipzig,* [1860?] obl. fol.
Hirsch M. 960. (3.)
Part of "Compositionen von Carl Loewe." Imperfect; wanting no. 2, 3.

LOEWE (Johann Carl Gottfried)
—— Drei Balladen. Op. 65. [No. 1.] Das vergessene Lied. [No. 2.] "Das Erkennen." [No. 3.] Wittekind. no. 3. *Gustav Heinze: Leipzig,* [1860?] obl. fol.
Hirsch M. 960. (6.)
Imperfect; wanting no. 1, 2.

LOEWE (Johann Carl Gottfried)
—— [Drei Balladen. Op. 65. No. 1.] Das vergessene Lied, *etc.* [Song.] pp. 7.   *Bei Wilhelm Paul: Dresden,* [1850?] obl. fol.   Hirsch M. 960. (5.)
Sängers Lieblingslieder. no. 13.

LOEWE (Johann Carl Gottfried)
—— Drei Balladen. Op. 78. No. 1. Jungfräulein Annika. No. 2. Die verlorene Tochter. No. 3. Blumenballade. (Annunciata.) no. 1, 3.   *Schlesinger: Berlin,* [1850?] fol.
Hirsch M. 961. (9.)
Imperfect; wanting no. 2. *No.* 1 *is of an earlier issue being no.* 23 *of an unidentified collection with German and Swedish words.*

LOEWE (Johann Carl Gottfried)
—— Zwei Balladen. Op. 94. [No. 1.] Die Ueberfahrt. [No. 2.] Die schwarzen Augen. no. 2.   *Gustav Heinze: Leipzig,* [1850?] fol.   Hirsch M. 962. (3.)
Imperfect; wanting no. 1.

LOEWE (Johann Carl Gottfried)
—— Zwei Balladen. [No. 1.] Der Mönch zu Pisa von J. N. Vogl. ⟨Op. 114.⟩ [No. 2.] Der gefangene Admiral von Moritz Grafen von Strachwitz. ⟨Op. 115.⟩ Für Bariton oder Bass mit Piano, *etc.* no. 2.   *In der Schlesinger'schen Buch- und Musikhandlung: Berlin,* [1850.] obl. fol.
Hirsch M. 985. (8.)
Imperfect; wanting no. 1.

LOEWE (Johann Carl Gottfried)
—— Drei Balladen. [Songs.] Op. 116. [No. 1.] Die Dorfkirche. [No. 2.] Der alte König. [No. 3.] Der Mummelsee. 3 no. *Gustav Heinze: Leipzig,* [1860?] fol.
Hirsch M. 963. (2.)

LOEWE (Johann Carl Gottfried)
—— Zwei Balladen für eine Singstimme mit Begleitung des Pianoforte ... Op. 121. I. Kaiser Otto's Weinachtsfeier ... II. Der Drachenfels. no. 2.   *Bei F. W. Arnold: Elberfeld,* [1855?] fol.   Hirsch M. 963. (5.)
Imperfect; wanting no. 1.

LOEWE (Johann Carl Gottfried)
—— Zwei Balladen für eine Singstimme mit Begleitung des Pianoforte ... Op. 121. I. Kaiser Otto's Weinachtsfeier ... II. Der Drachenfels. no. 1.   *Adolph Fürstner: Berlin,* [1880?] fol.   Hirsch M. 963. (4.)
Imperfect; wanting no. 2.

LOEWE (Johann Carl Gottfried)
—— Drei Balladen. Op. 125. No. 1. Landgraf Philipp der Grossmüthige. No. 2. Das Vaterland. No. 3. Der alte Schiffsherr. no. 2. *Schlesinger: Berlin,* [1890?] fol.
Hirsch M. 963. (9.)
Imperfect; wanting no. 1, 3.

LOEWE (Johann Carl Gottfried)

—— 3 Balladen für eine Singstimme mit Piano ... Op. 129. I. Der Teufel. Nach dem Koran Sure I. von Siebel. II. Der Nöck. Norische Sage von Kopisch. III. Die Schwanenjungfrau für Sopran oder Tenor von Vogl. 3 no. *Schlesinger: Berlin*, [1860, 90?] fol. Hirsch M. 964. (3.)
No. 1 only is of the original edition.

LOEWE (Johann Carl Gottfried)

—— Der barmherzige Bruder. Tondichtung. Op. 28. [P.F.] *See* also supra: Compositionen für Pianoforte.

LOEWE (Johann Carl Gottfried)

—— Der barmherzige Bruder. Eine Tondichtung für das Pianoforte ... 28tes Werk. pp. 6. *H. Wagenführ's Buch- und Musikalienhandlung: Berlin*, [1833?] fol. Hirsch M. 973. (5.)

LOEWE (Johann Carl Gottfried)

—— Die Begegnung am Meeresstrande. (The Meeting on the Seashore.) [Song.] ... Op. 120. Ger. & Eng. pp. 9. *B. Schott's Söhne: Mainz*, [1853.] fol.
Hirsch M. 963. (3.)

LOEWE (Johann Carl Gottfried)

—— Der Bergmann. Ein Liederkreis in Balladenform in fünf Abtheilungen gedichtet von Ludwig Giesebrecht, für eine Singstimme mit Begleitung des Pianoforte ... 39tes. Werk. pp. 19. *Bei F. W. Betzhold: Elberfeld*, [1840?] obl. fol. Hirsch M. 959. (3.)

LOEWE (Johann Carl Gottfried)

—— Der Bergmann. Ein Liederkreis in Balladenform, in fünf Abtheilungen gedichtet von Ludwig Giesebrecht für eine Singstimme mit Begleitung des Pianoforte ... 39tes Werk. pp. 19. *Bei F. W. Betzhold: Elberfeld*, [1840?] obl. fol. Hirsch M. 985. (9.)
Original-Gesang-Magazin. Bd. 1. Hft. 1.

LOEWE (Johann Carl Gottfried)

—— Der Bettler. Der getreue Eckardt. Der Todtentanz. Drei Balladen von Göthe, für eine Singstimme mit Pianofortebegleitung ... Op. 44. pp. 33. *Bei Breitkopf & Härtel: Leipzig*, [1833.] obl. fol. Hirsch M. 985. (10.)

LOEWE (Johann Carl Gottfried)

—— Biblische Bilder. I. Bethesda ... II. Gang nach Emmahus ... III. Martha u. Maria ... Für das Pianoforte ... Op. 96. 3 no. *Bei Ed. Bote & G. Bock: Berlin*, [1850?] fol. Hirsch M. 984. (1.)

LOEWE (Johann Carl Gottfried)

—— Biblische Bilder. I. Bethesda ... II. Gang nach Emmahus ... III. Martha u. Maria. Für das Pianoforte. Op. 96. 3 no. *Ed. Bote & G. Bock: Berlin & Posen*, [1870?] fol.
Hirsch M. 974. (4.)

LOEWE (Johann Carl Gottfried)

—— Blumenballade. *See* supra: Drei Balladen. Op. 78. No. 3.

LOEWE (Johann Carl Gottfried)

—— Die Braut von Corinth. Ballade von J. W. v. Göthe für eine Singstimme mit Begleitung des Piano-Forte ... 29tes Werk. pp. 31. *H. Wagenführ's Buch- und Musikhandlung: Berlin*, [1830?] obl. fol.
Hirsch M. 985. (11.)

LOEWE (Johann Carl Gottfried)

—— Die Braut von Corinth. Ballade v. Göthe. Op. 29. pp. 31. *C. A. Challier: Berlin*, [1870?] obl. fol.
Hirsch M. 958. (7.)
Part of "Lieder und Balladen," etc.

LOEWE (Johann Carl Gottfried)

—— Canzonette. [Song, with P.F. and Guitar accompaniment.] Text von Goethe. *Bei B. Schott's Söhnen: Mainz & Antwerpen*, [1835?] fol. Hirsch M. 966. (10.)
Issued with "Der Minnesänger," Jahrg. 3. no. 44.

LOEWE (Johann Carl Gottfried)

—— Czaty. Piérwiosnek. Trzech budrysów. Ballady przez Adama Mieckiewicza. Die Lauer. Die Schlüsselblume. Die drei Budrisse ... übersetzt von Carl v. Blankensee, für eine Singstimme mit Begleitung des Pianoforte. Op. 49. 2 no. *In der Schlesinger'sche Buch- und Musikhandlung: Berlin*, [1835.] obl. fol.
Hirsch M. 959. (7.)

LOEWE (Johann Carl Gottfried)

—— [For editions of "Deutsche Barcarole," published with other songs as Op. 103:] *See* infra: Gruss vom Meere. Menschenloose. Deutsche Barcarole.

LOEWE (Johann Carl Gottfried)

—— Die Dorfkirche. *See* supra: Drei Balladen. Op. 116. [No. 1.]

LOEWE (Johann Carl Gottfried)

—— Der Drachenfels. *See* supra: Zwei Balladen. Op. 121. II.

LOEWE (Johann Carl Gottfried)

—— [Die drei Wünsche.] Ouverture pour le piano de l'operette Die drei Wünsche ... Op. 42. pp. 9. *Chez N. Simrock: Bonn*, [1834.] fol. Hirsch M. 974. (3.)

LOEWE (Johann Carl Gottfried)

—— Grosses Duo für das Pianoforte zu vier Händen ... Op. 18. pp. 47. *Bei T. Trautwein: Berlin*, [1830?] obl. fol.
Hirsch M. 973. (3.)

LOEWE (Johann Carl Gottfried)

—— Die eherne Schlange. Vocal-Oratorium für Männerstimmen, gedichtet vom Professor Giesebrecht ... 40tes Werk ... Partitur und Stimmen. 5 pt. *H. Wagenführ's Buch- und Musikalienhandlung: Berlin*, [1835?] obl. fol.
Hirsch M. 968. (4.)

LOEWE (Johann Carl Gottfried)

—— Die eherne Schlange. Vocal-Oratorium für Männerstimmen, gedichtet von Professor Giesebrecht ... 40tes Werk ... Partitur. pp. 22. *C. A. Challier & Co.: Berlin*, [1850?] obl. fol. Hirsch M. 986. (1.)

LOEWE (JOHANN CARL GOTTFRIED)
—— Esther. Ein Liederkreis in Balladenform, in fünf Abteilungen, gedichtet von Ludwig Giesebrecht, für eine Singstimme mit Begleitung des Pianoforte ... Op. 52. pp. 22. *Bei Friedrich Hofmeister: Leipzig,* [1837.] *obl. fol.*
Hirsch M. **960.** (**1.**)

LOEWE (JOHANN CARL GOTTFRIED)
—— IV Fabellieder für eine Singstimme mit Begleitung des Pianoforte ... Op. 64. 2 Hft. [*A. M. Schlesinger:*] *Berlin,* [1838? 35?] *fol.* Hirsch M. **965.** (**3.**)
Hft. 2 is of the original, Hft. 1 of a later issue.

LOEWE (JOHANN CARL GOTTFRIED)
—— Der Feind. *See infra*: Fünf Lieder. Op. 145. No. 2.

LOEWE (JOHANN CARL GOTTFRIED)
—— Der Feldherr. *See infra*: [3 *historische Balladen.* Op. 67. No. 1.]

LOEWE (JOHANN CARL GOTTFRIED)
—— [Another copy.] Die Festzeiten. Geistliches Oratorium ... Op. 66. [Score.] *Mainz,* [1844.] *fol.*
Hirsch IV. **834.**

LOEWE (JOHANN CARL GOTTFRIED)
—— Der Fischer. Der Räuber. Das nussbraune Mädchen. Drei Balladen für eine Singstimme mit Begleitung des Piano-Forte ... 43s Werk. pp. 13–21. *H. Wagenführ's Buch- und Musikalienhandlung: Berlin,* [1835?] *obl. fol.*
Hirsch M. **959.** (**5.**)
Imperfect; wanting pp. 1–12, containing "Der Fischer" and "Der Räuber."

LOEWE (JOHANN CARL GOTTFRIED)
—— Frauenliebe. Liederkranz von Adalbert von Chamisso, für die Altstimme mit Begleitung des Pianoforte ... 60s Werk, 2te Auflage. pp. 21. *H. Wagenführ: Berlin,* [1835?] *obl. fol.* Hirsch M. **957.** (**5.**)

—— [Another copy.] Hirsch M. **986.** (**2.**)

LOEWE (JOHANN CARL GOTTFRIED)
—— Freibeuter, Gedicht von Goethe. [Song.] pp. 3. *B. Schott's Söhne: Mainz,* [1860?] *fol.*
Hirsch M. **966.** (**19.**)

LOEWE (JOHANN CARL GOTTFRIED)
—— Die Freude. An Sami. März. Drei Gedichte von Göthe als Duetten für zwei Bass-Stimmen mit Begleitung des Pianoforte componirt ... Op. 104. 3 no. *In der Hofmusikalienhandlung von C. Bachmann: Hannover,* [1845?] *obl. fol.* Hirsch M. **967.** (**2.**)

LOEWE (JOHANN CARL GOTTFRIED)
—— Fridericus Rex. General Schwerin. Gedichtet von Dr. G. W. H. Häring ... 61tes Werk ... für eine Singstimme. ⟨2te Aufl.⟩ *H. Wagenführ: Berlin,* [1830?] *fol.*
Hirsch M. **961.** (**7.**)
"General Schwerin" only.

LOEWE (JOHANN CARL GOTTFRIED)
—— Fridericus Rex.—General Schwerin. Op. 61. [Four-part songs, words by Willibald Alexis. Score and parts.] 5 pt. *C. A. Challier & Co.: Berlin,* [1870?] 8°.
Hirsch M. **980.** (**3.**)

LOEWE (JOHANN CARL GOTTFRIED)
—— Frühling. [Song.] Gedicht von Dilia Helena ... Op. 107. No. 3. *Bei G. Müller: Rudolstadt,* [1850?] *fol.*
Hirsch M. **966.** (**3.**)
Album für Gesang. no. 24.

LOEWE (JOHANN CARL GOTTFRIED)
—— Der Gang nach dem Eisenhammer. Ballade von Schiller mit Beibehaltung von B. A. Weber's melodramatischer Instrumental-musik, für eine Singstimme, mit Begleitung des Piano-Forte ... Op. 17. pp. 41. *Im Bureau de Musique von C. F. Peters: Leipzig,* [1830.] *obl. fol.*
Hirsch M. **958.** (**5.**)

LOEWE (JOHANN CARL GOTTFRIED)
—— Fünf Gedichte von Göthe aus dem Nachlasse des Dichters ... für eine Singstimme mit Begleitung des Pianoforte. pp. 23. *Bei Friedrich Hofmeister: Leipzig,* [1833.] *obl. fol.* Hirsch M. **986.** (**3.**)

LOEWE (JOHANN CARL GOTTFRIED)
—— Der gefangene Admiral. Op. 115. *See infra*: Zwei Balladen. Op. 114, 115.

LOEWE (JOHANN CARL GOTTFRIED)
—— 5 geistliche Gesaenge für eine Singstimme mit Begleitung des Pianoforte, oder auch für Sopran, Alt, Tenor und Bass ... 22tes Werk, Heft I ... Partitur u. Stimmen ... 2te Auflage. 5 pt. *H. Wagenführ's Buch und Musikalienhandlung: Berlin,* [1833.] *obl. fol.*
Hirsch M. **968.** (**1.**)

LOEWE (JOHANN CARL GOTTFRIED)
—— 5 Geistliche Gesaenge für eine Singstimme mit Begleitung des Pianoforte, oder auch für Sopran, Alt, Tenor und Bass ... 22tes Werk ... 2te Auflage. Hft. 2. *H. Wagenführ's Buch- und Musikalienhandlung: Berlin,* [1840?] *obl. fol.* Hirsch M. **957.** (**3.**)
Imperfect; wanting Hft. 1.

LOEWE (JOHANN CARL GOTTFRIED)
—— 5 Geistliche Gesaenge für eine Singstimme mit Begleitung des Pianoforte, oder auch für Sopran, Alt, Tenor und Bass ... 22tes Werk. Hft. 1. *C. A. Challier & Co.: Berlin,* [1845?] *obl. fol.* Hirsch M. **957.** (**2.**)
Imperfect; wanting Hft. 2.

LOEWE (JOHANN CARL GOTTFRIED)
—— 5 Geistliche Gesaenge für eine Singstimme mit Begleitung des Pianoforte, oder auch für Sopran, Alt, Tenor und Bass ... 22tes Werk, Heft II ... Partitur u. Stimmen. 5 pt. *C. A. Challier & Co.: Berlin,* [1880?] *obl. fol.*
Hirsch M. **968.** (**2.**)

LOEWE (JOHANN CARL GOTTFRIED)
—— Gesang der Geister über den Wassern. Göthe'sche Ode für vier Solostimmen (Sopran, Alt, Tenor und Bass) mit Begleitung des Pianoforte ... Op. 88. [Score and parts.] 5 pt. *Schlesinger'sche Buch- u. Musikhandlung: Berlin*, [1842.] fol. Hirsch M. 967. (4.)

LOEWE (JOHANN CARL GOTTFRIED)
—— 6 Gesänge für fünf und vier Männerstimen ... Op. 19. [Score and parts.] 5 pt. *C. A. Challier: Berlin*, [1860?] 8°. Hirsch M. 980. (1.)
The parts are of the original edition published by Wagenführ c. 1840.

LOEWE (JOHANN CARL GOTTFRIED)
—— Zwei Gesaenge für eine Singstimme mit Begleitung des Pianoforte ... Op. 63. pp. 13. *Bei A^d Mt Schlesinger: Berlin*, [1836?] fol. Hirsch M. 965. (2.)

—— [Another copy.] Hirsch M. 983. (3.)

LOEWE (JOHANN CARL GOTTFRIED)
—— [Gesänge fur 4 Singstimme. Partitur. Op. 79.] pp. 10. [*Wilhelm Paul: Dresden*, 1840?] 8°. Hirsch M. 982. (1.)
Imperfect; wanting the titlepage.

LOEWE (JOHANN CARL GOTTFRIED)
—— Drei Gesänge. Op. 123. No. 1. Sängers Gebet. No. 2. Trommelständchen. No. 3. Die Uhr. no. 1, 3. *Schlesinger: Berlin*, [1870?] fol. Hirsch M. 966. (7.)
Imperfect; wanting no. 2.

LOEWE (JOHANN CARL GOTTFRIED)
—— Des Glockenthürmers Töchterlein. [Song, words by Fr. Rückert.] ... Op. 112a. pp. 7. *Schlesinger: Berlin*, [1890?] fol. Hirsch M. 963. (1.)

LOEWE (JOHANN CARL GOTTFRIED)
—— Gregor auf dem Stein. [Song.] Gedicht von Franz Kugler ... Op. 38. pp. 27. *B. Schott's Söhne: Mainz*, [1850?] fol. Hirsch M. 961. (4.)
Compositionen für eine Singstimme mit Begleitung des Pianoforte. no. 2.

LOEWE (JOHANN CARL GOTTFRIED)
—— Die Gruft der Liebenden. Ballade ... Für eine Singstimme mit Begleitung des Pianoforte ... Op. 21. pp. 21. *In der Schlesinger'schen Buch- und Musikhandlung: Berlin*, [1832.] obl. fol. Hirsch M. 986. (4.)

LOEWE (JOHANN CARL GOTTFRIED)
—— Gruss vom Meere ... [Song.] Op. 103. No. 1. pp. 7. *Bei Bauer & Pahlmann: Braunschweig*, [1850?] fol. Hirsch M. 965. (8.)
Sængerhalle. no. 24.

LOEWE (JOHANN CARL GOTTFRIED)
—— Gruss vom Meere. Menschenloose. Deutsche Barcarole. Drei Lieder von Fürsten Schwarzenburg, L. A. Frankl & Otto Prechtler, mit Begleitung des Pianoforte. Op. 103. no. 3. *Bei J. P. Spehr: Braunschweig*, [1845?] fol. Hirsch M. 965. (10.)
Imperfect; wanting no. 1, 2.

LOEWE (JOHANN CARL GOTTFRIED)
—— Gutenberg. Oratorium in drei Abtheilungen, von Ludwig Giesebrecht. Componirt zur Feier der Inauguration der Bildsaeule Johann Gutenbergs in Mainz ... Opus 55, etc. [Score.] pp. 125. *In der ... Hofmusikhandlung von B. Schott's Söhnen: Mainz*, [1837.] fol. Hirsch IV. 835.

LOEWE (JOHANN CARL GOTTFRIED)
—— [Another copy.] Gutenberg. Oratorium ... Opus. 55, etc. [Vocal score.] *Mainz*, [1837.] fol. Hirsch M. 971.

LOEWE (JOHANN CARL GOTTFRIED)
—— Gutenbergs Bild, von L. Giesebrecht ... für zwei Tenor und zwei Bass-Stimmen oder für Sopran, Alt, Tenor und Bass-Stimmen. [Score.] pp. 3. *Bei B. Schott's Söhnen: Mainz und Antwerpen*, [1837.] fol. Hirsch M. 983. (4.)

LOEWE (JOHANN CARL GOTTFRIED)
—— Harald und Mahadoeh. Zwei Balladen ... für eine Singstimme mit Begleitung des Pianoforte ... 45tes Werk. pp. 21. *Bei Friedrich Hofmeister: Leipzig*, [1835.] obl. fol. Hirsch M. 959. (6.)

LOEWE (JOHANN CARL GOTTFRIED)
—— Hebräische Gesänge, Geschichte und Balladen nach Lord Byron von Fr. Theremin in deutscher Uebersetzung, für eine Singstimme mit Begleitung des Pianoforte ... Op. 4. Op. 5. Op. 13. Op. 14. *In der Schlesinger'schen Buch- und Musikhandlung: Berlin*, [1832?] obl. fol. Hirsch M. 986. (5.)
Imperfect; Op. 13 only.

LOEWE (JOHANN CARL GOTTFRIED)
—— Heilig, heimlich, Gedicht von F. W. Gubitz, für Sopran und Tenor mit Begleitung des Piano ... Op. 91. pp. 15. *Bei Wilhelm Paul: Dresden*, [1840?] fol. Hirsch M. 967. (1.)

LOEWE (JOHANN CARL GOTTFRIED)
—— Das heilige Haus zu Loretto. *See infra:* Legenden. 1. Hft. Op. 33. No. 2.

LOEWE (JOHANN CARL GOTTFRIED)
—— [Another copy.] Die Heilung des Blindgebornen. Vocal-Oratorium ... Op. 131. Partitur, etc. *Berlin*, [1860?] fol. Hirsch IV. 836.

LOEWE (JOHANN CARL GOTTFRIED)
—— Heimlichkeit. *See infra:* Fünf Lieder. Op. 145. No. 4.

LOEWE (JOHANN CARL GOTTFRIED)
—— Heinrich der Vogler. *See supra:* Drei Balladen. Op. 56. [No. 1.]

LOEWE (JOHANN CARL GOTTFRIED)
—— Die Heinzelmännchen. Ein Märchen von A. Kopisch, für eine Singstimme mit Begleitung des Pianoforte ... Op. 83. pp. 15. *Bei Ed. Bote & G. Bock: Berlin*, [1842.] fol. Hirsch M. 983. (5.)

LOEWE (JOHANN CARL GOTTFRIED)
—— [A reissue.] Die Heinzelmännchen. Ein Mährchen von A. Kopisch, für eine Singstimme mit Begleitung des Pianoforte . . . Op. 83. *Berlin & Posen,* [1850?] fol.
Hirsch M. 961. (10.)

LOEWE (JOHANN CARL GOTTFRIED)
—— Die Heinzelmännchen. [Four-part song.] Ein Mährchen von A. Kopisch . . . Op. 83. Arr. v. Joh. Messchaert. [Score and parts.] 5 pt. *Ed. Bote & G. Bock: Berlin,* [1889.] 8°. Hirsch M. 980. (4.)

LOEWE (JOHANN CARL GOTTFRIED)
—— Hinaus! Hinauf! Hinab! Gedicht von Dr. Lasker, für Gesang und Piano. pp. 3. *Bei Wilhelm Paul: Dresden,* [1840?] fol. Hirsch M. 966. (14.)

LOEWE (JOHANN CARL GOTTFRIED)
—— [3 historische Balladen. Op. 67. No. 1.] Der Feldherr, *etc.* [Song.] pp. 8. *Bei Wilhelm Paul: Dresden,* [1850?] *obl.* fol. Hirsch M. 960. (7.)
Sängers Lieblingslieder. no. 19.

LOEWE (JOHANN CARL GOTTFRIED)
—— Hochzeit der Thetis. Gedicht von Fr. v. Schiller, Uebersetzung aus Act IV der Jphigenie in Aulis des Euripides. Grosse Cantate für Solo und Chor-Gesang . . . Op. 120. Vollständiger Clavierauszug vom Componisten. pp. [52.] *Schlesinger: Berlin,* [1850?] fol.
Hirsch M. 983. (6.)

LOEWE (JOHANN CARL GOTTFRIED)
—— Hueska. Ballade von Vogl für eine Singstimme mit Begleitung des Pianoforte . . . Op. 108. No. 2. pp. 19. *In der Heinrichshofen'schen Musikalien-Handlung: Magdeburg,* [1847?] fol. Hirsch M. 962. (8.)

LOEWE (JOHANN CARL GOTTFRIED)
—— Fünf Humoresken, für vier Männerstimmen . . . Op. 84. [Score and parts.] 5 pt. *Ed. Bote & G. Bock: Berlin & Posen,* [1842.] 8°. Hirsch M. 980. (5.)

LOEWE (JOHANN CARL GOTTFRIED)
—— In die Ferne. Preislied von Klätke, für eine Singstimme mit Begleitung des Pianoforte, *etc.* pp. 9. *Bei Fr. Hofmeister: Leipzig,* [1843?] fol. Hirsch M. 983. (7.)

LOEWE (JOHANN CARL GOTTFRIED)
—— Im Sturme. *See infra:* Funf Lieder. Op. 145. No. 3.

LOEWE (JOHANN CARL AUGUST)
—— Johann Huss. Oratorium, gedichtet von Prof. Dr. August Zeune . . . Op. 82. Klavier-Auszug vom Componisten. pp. 124. *Ed. Bote & G. Bock: Berlin & Posen,* [1890?] 8°. Hirsch M. 972.
Part of "Bibliothek classischer und moderner Oratorien und grösserer Chorwerke in vollständigen Klavierauszügen mit Text."

LOEWE (JOHANN CARL GOTTFRIED)
—— Jungfräulein Annika. *See supra:* Drei Balladen. Op. 78. No. 1.

LOEWE (JOHANN CARL GOTTFRIED)
—— [Another copy.] Acht Jugendlieder für eine Singstimme mit Begleitung des Pianoforte . . . Mit einem Lebensbild aus Loewe's Jugendzeit, *etc. Leipzig,* 1891. fol.
Hirsch M. 965. (1.)

LOEWE (JOHANN CARL GOTTFRIED)
—— Der junge Herr. *See infra:* 2 Polnische Balladen. Op. 50. [No. 2.]

LOEWE (JOHANN CARL GOTTFRIED)
—— Kaiser Heinrich's IV Waffenwacht. Ballade von Schwab für eine Singstimme mit Begleitung des Pianoforte . . . Op. 122. pp. 15. *Heinrichshofen: Magdeburg,* [1855?] fol. Hirsch M. 963. (6.)

LOEWE (JOHANN CARL GOTTFRIED)
—— Kaiser Karl V. Vier historische Balladen. I. Das Wiegenfest zu Gent, von Anastasius Grün. II. Kaiser Karl V. in Wittenberg, von Hohlfeld. III. Der Pilgrim vor St. Just, von A. Graf v. Platen. IV. Die Leiche zu St. Just, von Anastasius Grün für eine Singstimme mit Begleitung des Pianoforte . . . Op. 99. no. 2, 3. *Bei Fr. Hofmeister: Leipzig,* [1845.] *obl.* fol. Hirsch M. 986. (6.)
Imperfect; wanting no. 1, 4.

LOEWE (JOHANN CARL GOTTFRIED)
—— Kaiser Otto's Weinachtsfeier. *See supra:* Zwei Balladen. Op. 121. I.

LOEWE (JOHANN CARL GOTTFRIED)
—— Der kleine Schiffer. Ballade gedichtet von Luise v. Ploennies, für Sopran oder Tenor mit Begleitung des Piano . . . Op. 127. pp. 17. *Schlesinger: Berlin,* [1859.] fol.
Hirsch M. 964. (1.)

LOEWE (JOHANN CARL GOTTFRIED)
—— Kleiner Haushalt. Lyrische Fantasie von Fr. Rückert, für eine Singstimme mit Begleitung des Pianoforte . . . Op. 71. pp. 11. *Bei Carl Cranz: Breslau,* [1840?] *obl.* fol.
Hirsch M. 986. (7.)

LOEWE (JOHANN CARL GOTTFRIED)
—— Des Königs Zuversicht. Ein preussisches Volkslied. Für eine Singstimme mit Piano . . . Op. 118. ⟨Nach Psalm III gedichtet von W. Telschow.⟩ pp. 3. *Schlesinger: Berlin,* [1850?] fol. Hirsch M. 966. (5.)

LOEWE (JOHANN CARL GOTTFRIED)
—— Des Königs Zuversicht. Ein preussisches Volkslied . . . Für eine Singstimme . . . Op. 118. [Voice part only.] *Schlesinger: Berlin,* [1850?] 8°. Hirsch M. 980. (8.)

LOEWE (JOHANN CARL GOTTFRIED)
—— Des Königs Zuversicht. Ein preussisches Volkslied . . . Für vier Männerstimmen . . . Op. 118. [Parts.] 4 pt. *Schlesinger: Berlin,* [1850?] 8°. Hirsch M. 980. (7.)
Imperfect; wanting the score.

LOEWE (JOHANN CARL GOTTFRIED)
—— Die Lauer. Die Schlüsselblume. Die drei Budrisse. *See* supra: Czaty. Piérwiosnek. Trzech budrysów.

LOEWE (JOHANN CARL GOTTFRIED)
—— Legenden. 1. Hft. Op. 33. No. 1. Jungfrau Lorenz. No. 2. Das heilige Haus zu Loretto. No. 3. Des Kindes heiliger Christ. no. 2. *Schlesinger: Berlin*, [1850?] fol.
Hirsch M. **961**. (**3**.)
Imperfect; wanting no. 1, 3.

LOEWE (JOHANN CARL GOTTFRIED)
—— Legenden für eine Singstimme mit Begleitung des Pianoforte. Op. 35 ... Op. 36. 2 no. *Friedrich Hofmeister: Leipzig*, [1840, 1835?] obl. fol. Hirsch M. **959**. (**1**.)
Op. 36 is of the original, Pp. 35 of a later issue.

LOEWE (JOHANN CARL GOTTFRIED)
—— Der letzte Ritter, von Anastasius Grün. Drei Balladen für Gesang und Pianoforte ... 124^(tes) Werk. [No. 1.] Max in Augsburg (1518). [No. 2.] Max und Dürer. [No. 3.] Abschied. no. 2, 3. *Verlag von Pietro Mechetti sel. Witwe: Wien*, [1854?] fol. Hirsch M. **963**. (**8**.)
Imperfect; wanting no. 1.

LOEWE (JOHANN CARL GOTTFRIED)
—— Der letzte Ritter, von Anastasius Grün. Drei Balladen für Gesang und Pianoforte ... 124^(tes) Werk. [No. 1.] Max in Augsburg. [No. 2.] Max und Dürer. [No. 3.] Abschied. no. 1. *Aug. Cranz: Hamburg*, [1880?] fol.
Hirsch M. **963**. (**7**.)
Imperfect; wanting no. 2, 3.

LOEWE (JOHANN CARL GOTTFRIED)
—— Lied der Königin Elisabeth, von ihr selbst in der Gefangenschaft zu Woodstock gedichtet, im Jahre 1556. [Song.] Aus dem Englischen übersetzt von Herder ... Op. 119. pp. 5. *Schlesinger: Berlin*, [1880?] fol.
Hirsch M. **966**. (**6**.)

LOEWE (JOHANN CARL GOTTFRIED)
—— Gesammelte Lieder, Gesänge, Romanzen und Balladen, für eine Singstimme mit Pianoforte-Begleitung ... Op. 9. 10 Hft. *Bei Friedrich Hofmeister: Leipzig*, [1850?–1880?] obl. fol. Hirsch M. **956**.
A made-up set, of various editions.

LOEWE (JOHANN CARL GOTTFRIED)
—— [Gesammelte Lieder, Gesänge, etc. Op. 9.] Loewe-Album. 12 ausgewählte Gesänge aus Opus 9. Für eine Singstimme mit Begleitung des Pianoforte. Text deutsch und englisch. ⟨English version by Mrs. John P. Morgan.⟩ pp. 35. *Friedrich Hofmeister: Leipzig*, [1892.] 8º.
Hirsch M. **981**. (**1**.)

LOEWE (JOHANN CARL GOTTFRIED)
—— [Gesammelte Lieder, Gesänge, etc. Op. 9.] Loewe-Album. 8 für weibliche Stimme ausgewählte Gesänge (aus Opus 9.) mit Begleitung des Pianoforte. Text deutsch und englisch. Bd. 2. pp. 31. *Friedrich Hofmeister: Leipzig*, [1894.] 8º. Hirsch M. **981**. (**2**.)

LOEWE (JOHANN CARL GOTTFRIED)
—— Fünf Lieder für Sopran, Alt, Tenor und Bass ... Op. 81. [Score.] pp. 19. *Bei Breitkopf & Härtel: Leipzig*, [1841.] 8º. Hirsch M. **982**. (**3**.)

LOEWE (JOHANN CARL GOTTFRIED)
—— Sechs Lieder, von Dilia Helena, für eine Singstimme mit Begleitung des Pianoforte ... Op. 89, etc. pp. 15. *Schlesinger: Berlin*, [1843.] fol. Hirsch M. **965**. (**7**.)

LOEWE (JOHANN CARL GOTTFRIED)
—— Fünf Lieder. Op. 145. No. 1. Meeresleuchten. ⟨Ged. von C. Siebel.⟩ No. 2. Der Feind. ⟨Ged. von Scherenberg.⟩ No. 3. Im Sturme. ⟨Ged. von C. Siebel.⟩ No. 4. Heimlichkeit. ⟨Ged. von C. Siebel.⟩ No. 5. Reiterlied. ⟨Ged. von Oscar von Redwitz.⟩ 5 no. *Schlesinger: Berlin*, [1880?] fol. Hirsch M. **966**. (**9**.)

LOEWE (JOHANN CARL GOTTFRIED)
—— Liedergabe. Fünf Lieder von Siebel, Rückert, Rose, Karlopago Ziegler, für eine Singstimme mit Piano ... Op. 130. Lief. 1. Waldkapelle. 2. Herzenrose. 3. Die Amsel floetet. 4. Hirt auf der Brücke ... Lief. II. Frühlingsankunft " Es ist mein Herz." 2 Lfg. *Schlesinger: Berlin*, [1860.] fol. Hirsch M. **966**. (**8**.)

LOEWE (JOHANN CARL GOTTFRIED)
—— Zwei lyrische Fantasien. [Op. 73.] No. 1. Die Göttinn im Putzzimmer, von Fr. Rückert. No. 2. Die Zugvögel, aus dem Schwedischen des Tegner ... für eine Singstimme mit Begleitung des Pianoforte. pp. 9. *Gustav Rotter: Dresden*, [1840?] obl. fol. Hirsch M. **957**. (**8**.)

LOEWE (JOHANN CARL GOTTFRIED)
—— Mazeppa. Tondichtung nach Byron. Op. 27. [P.F.] *See also* supra: Compositionen für Pianoforte.

LOEWE (JOHANN CARL GOTTFRIED)
—— Mazeppa. Eine Tondichtung nach Byron für das Pianoforte ... 27^(tes) Werk. pp. 12. *H. Wagenführ's Buch- und Musikalienhandlung: Berlin*, [1833?] obl. fol.
Hirsch M. **973**. (**4**.)

LOEWE (JOHANN CARL GOTTFRIED)
—— Meeresleuchten. *See* supra: Fünf Lieder. Op. 145. No. 1.

LOEWE (JOHANN CARL GOTTFRIED)
—— Meerfahrt des Auswanderers. *See* infra: Vier Phantasien für das Pianoforte. Op. 137. No. 2.

LOEWE (JOHANN CARL GOTTFRIED)
—— Mehrstimmige Gesänge ... Heft 1. Drei Gesänge für Sopran, Alt, Tenor u. Bass ... Heft II. Zwei Gesänge für drei Frauenstimmen. Op. 80. 2 Hft. *Schlesinger'sche Buch- u. Musikhandlung: Berlin*, [1842?] 8º.
Hirsch M. **982**. (**2**.)

LOEWE (JOHANN CARL GOTTFRIED)
—— Menschenloose. [Song.] Gedicht von L. A. Frankl. Op. 103. No. 2. pp. 9. *Bei C. Weinholtz: Braunschweig,* [1860?] fol. Hirsch M. **965**. (**9**.)
Sängerhalle. no. 25.

LOEWE (JOHANN CARL GOTTFRIED)
—— [Another copy.] Der Mohrenfürst. Die Mohrenfürstin. Der Mohrenfürst auf der Messe. Drei Balladen ... 97stes Werk. *Wien,* [1844.] fol. Hirsch M. **962**. (**4**.)

LOEWE (JOHANN CARL GOTTFRIED)
—— Mondlicht. [Song.] Gedicht von Dilia Helena ... Op. 107. No. 1. pp. 5. *Bei G. Müller: Rudolstadt,* [1850?] fol. Hirsch M. **966**. (**1**.)
Album für Gesang. no. 13.

LOEWE (JOHANN CARL GOTTFRIED)
—— Moosröslein. Legende ... Op. 37. ⟨No. 2.⟩ pp. 5. *B. Schott's Söhne: Mainz,* [1860?] fol.
Hirsch M. **983**. (**8**.)

LOEWE (JOHANN CARL GOTTFRIED)
—— [For editions of "Moosröslein" issued with other songs as Op. 37:] *See* infra: Das Muttergottesbild. Moosröslein. Das Paradies in der Wüste.

LOEWE (JOHANN CARL GOTTFRIED)
—— Der Mummelsee. *See* supra: Drei Balladen. Op. 116. [No. 3.]

LOEWE (JOHANN CARL GOTTFRIED)
—— Die Mutter an der Wiege. [Song.] pp. 3. *Bei Julius Bauer: Braunschweig,* [1850?] fol.
Hirsch M. **966**. (**13**.)
Sängerhalle. no. 2.

LOEWE (JOHANN CARL GOTTFRIED)
—— Das Muttergottesbild. Moosröslein. Das Paradies in der Wüste. Drei Legenden für eine Singstimme mit Begleitung des Pianoforte ... Opus 37. pp. 15. *Bei B. Schott's Söhnen: Mainz und Antwerpen,* [1836.] obl. fol. Hirsch M. **959**. (**2**.)

LOEWE (JOHANN CARL GOTTFRIED)
—— Nacht am Rheine. Lied für eine Singstimme mit Pianofortebegleitung. pp. 3. *B. Schott's Söhne: Mainz,* [1877.] fol. Hirsch M. **966**. (**15**.)

LOEWE (JOHANN CARL GOTTFRIED)
—— Die naechtliche Heerschau. (La revue nocturne.) Ballade vom Freiherrn von Zedlitz, mit französischer Uebersetzung von Méry und Barthélemy ... mit Begleitung des Piano Forte .. 2te Auflage. 23tes Werk. pp. 7. *Ernst Challier: Berlin,* [1850?] obl. fol.
Hirsch M. **986**. (**8**.)

LOEWE (JOHANN CARL GOTTFRIED)
—— Nebo. Ballade von F. Freiligrath. Für eine Singstimme mit Begleitung des Pianoforte ... Op. 135 [b]. pp. 11. *Aug. Cranz: Hamburg,* [1870?] fol. Hirsch M. **964**. (**7**.)

LOEWE (JOHANN CARL GOTTFRIED)
—— Die neue Heimath des Auswanderers. *See* infra: Vier Phantasien für das Pianoforte. Op. 137. No. 4.

LOEWE (JOHANN CARL GOTTFRIED)
—— Noch ahnt man kaum der Sonne Licht, von Uhland. Duett für Sopran und Tenor ... Op. 113. pp. 11. *In der Schlesinger'schen Buch- u. Musikhandlung: Berlin,* [1850.] obl. fol. Hirsch M. **967**. (**3**.)

LOEWE (JOHANN CARL GOTTFRIED)
—— Der Nöck. *See* supra: 3 Balladen ... Op. 129. II.

LOEWE (JOHANN CARL GOTTFRIED)
—— Fünf Oden des Horaz, auf den lateinischen Text mit deutscher Uebersetzung von Voss, für vier Männerstimmen ... Op. 58. [Score and parts.] 5 pt. *C. A. Challier & Co.: Berlin,* [1865?] 8°.
Hirsch M. **980**. (**2**.)

LOEWE (JOHANN CARL GOTTFRIED)
—— Der Papagei. Humoristische Ballade von Fr. Rückert, für eine Singstimme, mit Begleitung des Pianoforte ... Op. 111. pp. 7. *Bei W. Damköhler: Berlin,* [1850?] fol.
Hirsch M. **983**. (**9**.)

LOEWE (JOHANN CARL GOTTFRIED)
—— Der Papagei. Humoristische Ballade von Fr. Rückert für eine Singstimme mit Begleitung des Pianoforte ... Op. 111. pp. 7. *F. E. C. Leuckart: Leipzig,* [1880?] fol.
Hirsch M. **962**. (**10**.)

LOEWE (JOHANN CARL GOTTFRIED)
—— Der Papagei. Humoristische Ballade von Fr. Rückert für vierst. Männerchor ... Op. 111. Zweite Auflage. [Score and parts.] 5 pt. *F. E. C. Leuckart: Breslau,* [1860?] 8°. Hirsch M. **980**. (**6**.)
The parts are of a later issue.

LOEWE (JOHANN CARL GOTTFRIED)
—— Vier Phantasien für das Pianoforte. No. 1. Der Abschied des Auswanderers vom Vaterland. No. 2. Meerfahrt des Auswanderers. No. 3. Die Prairie. No. 4. Die neue Heimath des Auswanderers. Op. 137. 4 no. *Verlag von Wilh. Müller: Berlin,* [1870?] fol.
Hirsch M. **984**. (**2**.)

—— [Another copy.] Hirsch M. **974**. (**7**.)

LOEWE (JOHANN CARL GOTTFRIED)
—— Der Pilgrim vor St. Just. *See* supra: Kaiser Karl v. ... III.

LOEWE (JOHANN CARL GOTTFRIED)
—— 2 Polnische Balladen. Op. 50. [No. 1.] Wilia und das Mädchen. [No. 2.] Der junge Herr. 2 no. *Ad Mt Schlesinger: Berlin,* [1835, 60?] fol.
Hirsch M. **961**. (**5**.)
Part of "Polskie spiewy ulubionych autorów."

LOEWE (Johann Carl Gottfried)
—— Die Prairie. *See supra*: Vier Phantasien für das Pianoforte. Op. 137. No. 3.

LOEWE (Johann Carl Gottfried)
—— " Le Printemps " Sonate pour piano. Der Frühling. Eine Tondichtung in Sonatenform ... Op. 47. pp. 27. *In der Schlesinger'schen Buch- und Musikhandlung: Berlin*, [1835?] *obl*. fol. Hirsch M. 973. (7.)

LOEWE (Johann Carl Gottfried)
—— " Le Printemps " Sonate pour Piano. Der Frühling. Eine Tondichtung in Sonatenform für das Pianoforte ... Op. 47. Neue Auflage. pp. 27. *In der Schlesinger'schen Buch- und Musikhandlung: Berlin*, [1840?] *obl*. fol. Hirsch M. 987. (3.)

LOEWE (Johann Carl Gottfried)
—— Prinz Eugen der edle Ritter. Ballade von Freiligrath, für eine Singstimme mit Begleitung des Pianoforte ... Op. 92. *Ed. Bote & G. Bock: Berlin & Posen*, [1850?] fol. Hirsch M. 983. (10.)

LOEWE (Johann Carl Gottfried)
—— Prinz Eugen der edle Ritter. Ballade von Freiligrath für eine Singstimme, mit Begleitung des Pianoforte ... Op. 92. pp. 7. *Ed. Bote & G. Bock: Berlin & Posen*, [1870?] fol. Hirsch M. 962. (1.)

LOEWE (Johann Carl Gottfried)
—— Trois Quatuors pour 2 violons, viola et violoncelle ... Oeuvre 24. no. 1, 2. [Parts.] 8 pt. *C. A. Challier & Co.: Berlin*, [1880?] fol. Hirsch M. 975. (2.)
The title is taken from the violoncello part. Imperfect; wanting no. 3.

LOEWE (Johann Carl Gottfried)
—— Quatuor spirituel (geistliches Quartett) pour deux violons, viole et violoncelle ... O. 26. [Parts.] 4 pt. *Chez T. Trautwein: Berlin*, [1825?] fol. Hirsch M. 975. (3.)

LOEWE (Johann Carl Gottfried)
—— Die Reigerbaize. Ballade von Anastasius Grün ... für eine Singstimme mit Begleitung des Pianoforte ... 106^s Werk. pp. 14. *Bei G. M. Meyer, J^r: Braunschweig*, [1845?] fol. Hirsch M. 983. (11.)

LOEWE (Johann Carl Gottfried)
—— Die Reigerbaize. Ballade von Anastasius Grün ... für eine Singstimme mit Begleitung des Pianoforte ... 106^s Werk. pp. 13. *Bei G. M. Meyer J^r: Braunschweig*, [1850?] fol. Hirsch M. 962. (6.)

LOEWE (Johann Carl Gottfried)
—— Reiterlied. *See supra*: Fünf Lieder. Op. 145. No. 5.

SIG. 34.—PART 53.

LOEWE (Johann Carl Gottfried)
—— Rückert's Gedichte ... für eine Singstimme mit Begleitung des Piano-Forte ... Op. 62. Hft. 1. *Moritz Westphal: Berlin*, [1835?] *obl*. fol. Hirsch M. 957. (6.)
Imperfect; wanting Hft. 2.

LOEWE (Johann Carl Gottfried)
—— Rückert's Gedichte ... für eine Singstimme mit Begleitung des Piano-Forte ... Op. 62. Hft. 1, 2. *Bei Ed. Bote & G. Bock: Berlin*, [1840?] *obl*. fol. Hirsch M. 986. (9.)

LOEWE (Johann Carl Gottfried)
—— Rückert's Gedichte ... für eine Singstimme mit Begleitung des Piano-Forte ... Op. 62. Hft. 1. *Bei Ed. Bote & G. Bock: Berlin & Posen*, [1860?] *obl*. fol. Hirsch M. 957. (7.)
Imperfect; wanting Hft. 2.

LOEWE (Johann Carl Gottfried)
—— Salvum fac regem. [Four-part song.] Arr. v. A. Z. [Score and parts.] 5 pt. *Ed. Bote & G. Bock: Berlin*, [1890.] 8°. Hirsch M. 980. (9.)

LOEWE (Johann Carl Gottfried)
—— Sanct Helena. Ballade, gedichtet v. August Kahlert ... Op. 126. pp. 8. *Schlesinger: Berlin*, [1890?] fol. Hirsch M. 963. (10.)

LOEWE (Johann Carl Gottfried)
—— Sängers Wanderlied, von Theodor Körner. Für Sopran oder Tenor, mit Chor ad libitum. [With guitar and P.F. accompaniment. Score.] pp. 3. *B. Schott's Söhne: Mainz*, [1860?] fol. Hirsch M. 966. (21.)

LOEWE (Johann Carl Gottfried)
—— Das Schifflein. Ballade von Uhland, für eine Singstimme mit Pianofortebegleitung. pp. 3. *B. Schott's Söhne: Mainz*, [1860?] fol. Hirsch M. 983. (12.)

LOEWE (Johann Carl Gottfried)
—— Das Schifflein. Ballade, Text von Uhland. pp. 3. *B. Schott's Söhne: Mainz*, [1865?] fol. Hirsch M. 966. (18.)
Compositionen für eine Singstimme mit Begleitung des Pianoforte. no. 3.

LOEWE (Johann Carl Gottfried)
—— Schottische Bilder, componirt für Clarinette und Pianoforte, oder Violoncello und Piano ... Op. 112, etc. [Score, with separate clarinet part.] 2 pt. *Schlesinger: Berlin*, [1850.] fol. Hirsch M. 974. (6.)

LOEWE (Johann Carl Gottfried)
—— Der Schützling. Ballade von Vogl. Für 1 Singstimme mit Begleitung des Pianoforte ... Op. 108. 1. pp. 18. *In der Heinrichshofen'schen Musikalienhandlung: Magdeburg*, [1847?] fol. Hirsch M. 962. (7.)

LOEWE (JOHANN CARL GOTTFRIED)
—— Die Schwanenjungfrau. *See* supra: 3 Balladen . . . Op. 129. III.

LOEWE (JOHANN CARL GOTTFRIED)
—— Der selt'ne Beter. Ballade von Fitzau, für eine Bass- oder Bariton-Stimme. Mit Begleitung des Pianoforte . . . Op. 141. pp. 9. *Verlag von Wilhelm Müller: Berlin*, [1880?] fol. Hirsch M. 983. (13.)

LOEWE (JOHANN CARL GOTTFRIED)
—— Sechs Serbenlieder. Op. 15. *See also* supra: Lieder und Balladen . . . Op. 15, Op. 23, *etc.*

LOEWE (JOHANN CARL GOTTFRIED)
—— VI Serbenlieder (übersetzt von Talvj) für eine Singstimme mit Begleitung des Piano Forte . . . 15tes Werk. *H. Wagenführ's Buch- u. Musikhandlung: Berlin*, [1830?] obl. fol. Hirsch M. 986. (10.)

LOEWE (JOHANN CARL GOTTFRIED)
—— Die sieben Schlaefer. Oratorium in drei Abteilungen von Professor Ludwig Giesebrecht . . . Clavierauszug, *etc.* pp. 104. *B. Schott's Söhne: Mainz*, [1840?] fol. Hirsch M. 970.

LOEWE (JOHANN CARL GOTTFRIED)
—— Grosse Sonate, in E dur. Op. 16. [P.F.] *See also* supra: Compositionen für Pianoforte.

LOEWE (JOHANN CARL GOTTFRIED)
—— Gr: Sonate in E dur für das Pianoforte . . . 16tes Werk. pp. 23. *H. Wagenführ's Buch- u. Musikhandlung: Berlin*, [1830.] obl. fol. Hirsch M. 973. (2.)

LOEWE (JOHANN CARL GOTTFRIED)
—— Grande sonate élégique. (F moll.) Op. 32. [P.F.] *See also* supra: Compositionen für Pianoforte.

LOEWE (JOHANN CARL GOTTFRIED)
—— Grande sonate elégique, en fa mineur, pour le pianoforte . . . Oeuvre 32. pp. 27. *Chez H. Wagenführ: Berlin*, [1835?] obl. fol. Hirsch M. 972. (6.)

LOEWE (JOHANN CARL GOTTFRIED)
—— Spirito santo. [Song.] Gedicht von Frau Baronin Emily G.... . . . Op. 143. pp. 7. *Schlesinger: Berlin*, [1890?] fol. Hirsch M. 964. (9.)

LOEWE (JOHANN CARL GOTTFRIED)
—— Die Spree-Norne. *See* supra: Balladen. Op. 7. No. 10.

LOEWE (JOHANN CARL GOTTFRIED)
—— Stimmen der Elfen . . . Drei Duettinen für Sopran und Alt, mit Begleitung des Pianoforte . . . 31tes Werk. 2te Auflage. pp. 9. *H. Wagenführ: Berlin*, [1840?] obl. fol. Hirsch M. 957. (4.)

LOEWE (JOHANN CARL GOTTFRIED)
—— Der Sturm von Alhama. Spanische Romanze, nach den Arabischen von Huber, für eine Singstimme mit Begleitung des Pianoforte . . . Opus 54. pp. 14. *Bei Friedrich Hofmeister: Leipzig*, [1835.] obl. fol. Hirsch M. 960. (2.)

LOEWE (JOHANN CARL GOTTFRIED)
—— Das Sühnopfer des neuen Bundes. Passions-Oratorium in 3 Abteilungen nach den Worten der heiligen Schrift, gedichtet von W. Telschow . . . (Aus dem Nachlass herausgegeben.) Partitur. pp. 103. *F. W. Gadow & Sohn: Hildburghausen*, [1900.] fol. Hirsch IV. 840.

LOEWE (JOHANN CARL GOTTFRIED)
—— Te Deum für Chor und Orchester . . . Op. 77. [Score.] pp. 24. *Ed. Bote & G. Bock: Berlin & Posen*, [1860?] fol. Hirsch IV. 841.

LOEWE (JOHANN CARL GOTTFRIED)
—— Der Teufel. *See* supra: 3 Balladen . . . Op. 129. I.

LOEWE (JOHANN CARL GOTTFRIED)
—— Tod und Tödin. Ballade von Adolph Ritter von Tschabuschnigg, für eine Singstimme mit Begleitung des Pianoforte . . . Op. 105. pp. 15. *Bei Joh. Pet. Spehr: Braunschweig*, [1845?] fol. Hirsch M. 983. (14.)
—— [Another copy.] Hirsch M. 962. (5.)

LOEWE (JOHANN CARL GOTTFRIED)
—— Tom der Reimer. Altschottische Ballade . . . Op. 135. pp. 9. *Julius Bauer: Braunschweig*, [1870?] fol. Hirsch M. 964. (6.)

LOEWE (JOHANN CARL GOTTFRIED)
—— Der Traum der Wittwe. Eine arabische Legende von Fr. Rückert, für eine Alt oder Bariton Stimme mit Begleitung des Pianoforte . . . Op. 142. pp. 13. *Wilhelm Müller: Berlin*, [1870?] fol. Hirsch M. 964. (8.)

LOEWE (JOHANN CARL GOTTFRIED)
—— Grand Trio. Op. 12. [P.F. and strings. Parts.] 3 pt. *Friedrich Hofmeister: Leipzig*, [1850?] fol. Hirsch M. 974. (1.) & M. 975. (1.)

LOEWE (JOHANN CARL GOTTFRIED)
—— Treuröschen, von Körner. *See* supra: Balladen von Herder, Uhland . . . Op. 1 . . . Op. 2. No. 4.

LOEWE (JOHANN CARL GOTTFRIED)
—— Das Vaterland. *See* supra: Drei Balladen. Op. 125. No. 2.

LOEWE (JOHANN CARL GOTTFRIED)
—— Zwei Vaterlands-Lieder. No. 1. Preussens Huldigungslied von L. Giesebrecht. No. 2. Der deutsche Rhein von N. Becker. Für den vierstimmigen Männerchor mit Solo-Stimmen. [Score and parts.] 5 pt. *Bei F. W. Betzhold: Elberfeld*, [1845?] 8º. Hirsch M. 980. (11.)

LOEWE (JOHANN CARL GOTTFRIED)
—— Die verfallene Mühle. Ballade von J. N. Vogl für eine Singstimme mit Begleitung des Pianoforte ... Op. 109. pp. 14.   *In der Hofmusikalien-Handlung von Ch. Bachmann: Hannover,* [1870?] fol.
Hirsch M. 962. (9.)

LOEWE (JOHANN CARL GOTTFRIED)
—— Das vergessene Lied. *See* supra: [*Drei Balladen*. Op. 65. No. 1.]

LOEWE (JOHANN CARL GOTTFRIED)
—— VI vierstimmige Gesänge für Männerstimmen, *etc.* [Score and parts.] 5 pt. *B. Schott's Söhne: Mainz,* [1850?] 8°.
Hirsch M. 980. (10.)

LOEWE (JOHANN CARL GOTTFRIED)
—— Das Vöglein. [Song.] pp. 3.   *Bei Edmund Stoll: Leipzig,* [1860?] fol.   Hirsch M. 966. (11.)
Beliebte Lieder für eine Singstimme, etc. no. 10.

LOEWE (JOHANN CARL GOTTFRIED)
—— Von Gerstenbergk's nachgelassene Gedichte ... Op. 69. [Songs.] pp. 17.   *Bei Friedrich Hofmeister: Leipzig,* [1843.] fol.   Hirsch M. 965. (4.)

LOEWE (JOHANN CARL GOTTFRIED)
—— Wallhaide. Ballade [by T. Körner]. Op. 6. pp. 23. *Friedrich Hofmeister: Leipzig,* [1833?] obl. fol.
Hirsch M. 958. (2.)
One of " *Lieder, Gesänge und Balladen, etc.*"

LOEWE (JOHANN CARL GOTTFRIED)
—— Die Walpurgisnacht. Ballade von Göthe für Solo und Chorgesang mit Begleitung des Pianoforte ... Op. 25. pp. 24.   *In der Schlesinger'schen Buch- und Musikhandlung: Berlin,* [1832.] obl. fol.
Hirsch M. 968. (3.)

LOEWE (JOHANN CARL GOTTFRIED)
—— Walpurgisnacht, von W. Alexis. [Song.] *See* supra: Balladen von Herder, Uhland, Goethe, Körner und W. Alexis ... Op. 1 ... Op. 2 ... Op. 3. no. 6.

LOEWE (JOHANN CARL GOTTFRIED)
—— Wanderlied. [Song.] Gedicht von A. L. Lua. pp. 3. *Bei Ed. Bote & G. Bock: Berlin u. Breslau,* [1848?] fol.
Hirsch M. 966. (17.)
Lieder Lenz. no. 3.

LOEWE (JOHANN CARL GOTTFRIED)
—— Wechsel, von Göthe. [Song.] pp. 5.   *B. Schott's Söhne: Mainz,* [1860?] fol.   Hirsch M. 966. (20.)

LOEWE (JOHANN CARL GOTTFRIED)
—— Wilia und das Mädchen. *See* supra: 2 Polnische Balladen. Op. 50. [No. 1.]

LOEWE (JOHANN CARL GOTTFRIED)
—— Wittekind. *See* supra: Drei Balladen. Op. 65. [No. 1.]

LOEWE (JOHANN CARL GOTTFRIED)
—— Der Zauberlehrling. *See* supra: [3 *Balladen von Göthe.* Op. 20. No. 2.]

LOEWE (JOHANN CARL GOTTFRIED)
—— [Another copy.] Die Zerstörung von Jerusalem. Grosses Oratorium ... Op. 30 ... Partitur. *Leipzig,* [1833.] fol.
Hirsch IV. 842.
In this copy 4 pages containing the German text have been inserted.

LOEWE (JOHANN CARL GOTTFRIED)
—— Die Zerstörung von Jerusalem. Grosses Oratorium in zwei Abteilungen, von G. Nicolai ... Op. 30. Vollständiger Klavierauszug. pp. 148.   *Bei Friedrich Hofmeister: Leipzig,* [1832?] obl. fol.   Hirsch M. 969.

LOEWE (JOHANN CARL GOTTFRIED)
—— [Die Zerstörung von Jerusalem. Op. 30.] Ouverture ... Partitur. Neu herausgegeben und bearbeitet von Robert Sondheimer. pp. 31.   *Edition Bernoulli: Berlin,* [1925.] fol. [*Sammlung Sondheimer.* no. 350.]
Hirsch IV. 1020.

LOEWE (JOHANN CARL GOTTFRIED)
—— Zigeuner-Sonate für das Pianoforte ... Op. 107. pp. 39. *Bei Wilhelm Paul: Dresden,* [1847?] fol.
Hirsch M. 984. (3.)

LOEWE (JOHANN CARL GOTTFRIED)
—— Zigeuner-Sonate für das Pianoforte ... Op. 107. pp. 39. *Bei Bernhard Friedel: Dresden,* [1855?] fol.
Hirsch M. 974. (5.)

LOEWE (JOHANN CARL GOTTFRIED)
—— Zwist und Sühne. Gedicht von Simrock für eine Singstimme mit Begleitung des Piano Forte. pp. 6.   *Ed. Bote & G. Bock, Berlin,* [1840?] obl. fol.   Hirsch M. 957. (9.)

—— [Another copy.]   Hirsch M. 986. (11.)

LONDON.—*Musical Antiquarian Society.*
—— [Another copy.] [Publications.] 19 vol.   *London,* [1841–47.] fol.   Hirsch IV. 997.
This set includes two copies of vol. 3.

LONDON.—*Musical Antiquarian Society.*
—— [Another copy.] [Publications. Organ accompaniments to vol. 1, 6, and P.F. accompaniments to vol. 2–5, 7–17, arranged by Sir G. A. Macfarren.] 17 vol. *London,* [1841–46.] fol.   Hirsch IV. 997. a.

LONDON.—*Plainsong and Mediæval Music Society.*
—— [Another copy.] Anglo-French Sequelæ, *etc.*
Burnham, Bucks., London, 1934. 8º. Hirsch M. **227.**

LONDON.—*Plainsong and Mediæval Music Society.*
—— Choir Responses, according to the Use of Sarum.
Novello, Ewer & Co.: London & New York, [1894?] 8º.
Hirsch M. **228.**

LONDON.—*Plainsong and Mediæval Music Society.*
—— [Another copy.] A Collection of Songs and Madrigals by English composers of the close of the fifteenth Century, *etc. London,* 1891. fol. Hirsch M. **1328.**
With an envelope containing the songs in old notation.

LONDON.—*Plainsong and Mediæval Music Society.*
—— [Another copy.] Early English Harmony from the 10th to the 15th century, *etc.* 2 vol. *London,* 1897, 1913. fol.
Hirsch M. **1329.**

LONDON.—*Plainsong and Mediæval Music Society.*
—— [Another copy.] The Elements of Plainsong, *etc.* 2 pt. *London,* 1895. 4º. Hirsch M. **229.**

LONDON.—*Plainsong and Mediæval Music Society.*
—— [Another copy.] Graduale Sarisburiense, *etc.*
MS. ANNOTATIONS. *London,* 1894. fol. Hirsch M. **1330.**

LONDON.—*Plainsong and Mediæval Music Society.*
—— [Graduale Sarisburiense.] The Sarum Gradual and the Gregorian antiphonale missarum. A dissertation and an historical index with four facsimiles by Walter Howard Frere . . . Extracted from Graduale Sarisburiense, *etc.* pp. cii. *Bernard Quaritch: London,* 1895. fol.
Hirsch M. **1331.**
A reissue of the introduction to the "Graduale Sarisburiense," with four of the plates.

LONDON.—*Plainsong and Mediæval Music Society.*
—— [Another copy.] Madrigals by English Composers of the close of the fifteenth Century. *London,* 1893. 4º.
Hirsch M. **989.**

LONDON.—*Plainsong and Mediæval Music Society.*
—— [Another copy.] Missa "O quam suavis" for five Voices, by an anonymous English Composer, circa 1500, A.D., *etc. Burnham, Bucks.,* 1927. 4º. Hirsch M. **990.**

LONDON.—*Plainsong and Mediæval Music Society.*
—— [Another copy.] Missa "Rex splendens," *etc. London,* 1891. 8º. Hirsch M. **230.**

LONDON.—*Plainsong and Mediæval Music Society.*
—— [Another copy.] The Old Hall Manuscript, *etc.* 3 vol. *Burnham, Bucks.,* 1930–38. 4º. Hirsch M. **991.**

LONDON.—*Plainsong and Mediæval Music Society.*
—— [Another copy.] Pars Antiphonarii. A reproduction in facsimile of a manuscript of the eleventh century in the Chapter Library at Durham, *etc. London,* 1923. fol.
Hirsch M. **1332.**

LONDON.—*Plainsong and Mediæval Music Society.*
—— [Another copy.] Piæ Cantiones. A collection of church & school songs, chiefly ancient Swedish, originally published in A.D. 1582 by Theodoric Petri of Nyland, *etc. London,* 1910. 8º. Hirsch M. **231.**
Without the list of the publications of the Society.

LONDON.—*Plainsong and Mediæval Music Society.*
—— [Another copy.] Polyphonia Sacra. A continental miscellany of the fifteenth century, *etc. Burnham, Bucks.,* [*London,*] 1932. 4º. Hirsch M. **992.**

LONDON.—*Plainsong and Mediæval Music Society.*
—— The Sarum Gradual and the Gregorian antiphonale missarum. *See supra :* [*Graduale Sarisburiense.*]

LONDON.—*Plainsong and Mediæval Music Society.*
—— [Another copy.] Worcester Mediæval Harmony of the thirteenth & fourteenth Centuries, *etc. Burnham, Bucks.,* 1928. 4º. Hirsch M. **993.**

LONDON.—*Royal College of Physicians.*
—— [Another copy.] L art et instruction de bien danser. (Michel Toulouze, Paris.) A facsimile, *etc. London,* 1936. 8º. Hitsch M. **232.**

LORELEY.
—— Loreley. [Song.] *See* ICH. Ich weiss nicht.
[1863?] fol. Hirsch M. **1301. (20.)**

LORENZ (OSWALD)
—— Gesang der Sterne, von Reinhold, für weiblichen Chor & Pianoforte. [1841.] *See* PERIODICAL PUBLICATIONS.—Leipsic.—*Neue Zeitschrift für Musik.* [Sammlung von Musik-Stücken, *etc.*] Hft. 15. [1838, *etc.*] fol.
Hirsch M. **1134.**

LORENZ (OSWALD)
—— Mignons Lied, von Goethe. [Song.] [1838.] *See* PERIODICAL PUBLICATIONS.—Leipsic.—*Neue Zeitschrift für Musik.* [Sammlung von Musik-Stücken, *etc.*] Hft. 2.
[1838, *etc.*] fol. Hirsch M. **1134.**

LORSQUE.
—— Lorsque j'étais folle. Romance. *See* CLAPISSON (A. L.)

LORTZING (GUSTAV ALBERT)
—— Czaar und Zimmermann. Komische Oper in drei Aufzügen. Dichtung und Musik von A. Lortzing. In Partitur herausgegeben von Gustav F. Kogel. pp. 410.
C. F. Peters: Leipzig, [1900.] fol. Hirsch II. **520.**

LORTZING (GUSTAV ALBERT)
—— Die Opernprobe. Komische Oper in einem Act. Text nach Joh. Friedrich Jünger frei bearbeitet . . . Orchester-Partitur revidirt von Richard Kleinmichel. pp. 109.
Bartholf Senff: Leipzig, [1899.] fol. Hirsch II. **521.**

LORTZING (Gustav Albert)

—— [Another copy.] Der Pole und sein Kind. Vaudeville ... Im vollständigen Clavierauszuge ... von: C. Braun. [Vocal and P.F. score.] *Regensburg*, [1830?] obl. 8°.
Hirsch iv. **1173**.

LORTZING (Gustav Albert)

—— Undine. Romantische Zauberoper in 4 Aufzügen ... Partitur nach der vom Komponisten für Wien neu bearbeiteten Partitur herausgegeben von Kurt Soldan. pp. 489. *C. F. Peters: Leipzig*, [1925.] fol.
Hirsch ii. **522**.
Edition Peters. no. 3789.

LORTZING (Gustav Albert)

—— Der Waffenschmied. Komische Oper in drei Akten. Dichtung und Musik von A. Lortzing. In Partitur herausgegeben von Gustav F. Kogel. pp. 339. *C. F. Peters: Leipzig*, [1922.] fol. Hirsch ii. **523**.
Edition Peters. no. 3769.

LORTZING (Gustav Albert)

—— Der Wildschütz, oder die Stimme der Natur. Komische Oper in drei Akten ... Partitur herausgegeben von Kurt Soldan. ⟨Revisionsbericht.⟩ pp. iv. iv. 430. *C. F. Peters: Leipzig*, [1928.] fol. Hirsch ii. **524**.
Edition Peters. no. 3885.

LOTHAR (Friedrich Wilhelm)

—— *See* Purcell (Henry) [*The Fairy Queen.*] Spielmusik zum Sommernachtstraum, für vier Streich- oder Blasinstrumente und Generalbass. ⟨Generalbass-Bearbeitung von F. W. Lothar.⟩ [1937.] 8°. Hirsch M. **461**.

LOUIS FERDINAND, *Prince of Prussia.*

—— [Another copy.] Musikalische Werke. *Leipzig*, [1911.] fol. Hirsch iv. **981**.

LOUIS FERDINAND, *Prince of Prussia.*

—— Andante avec variations pour le piano-forte, violon, alto et violoncelle, *etc.* ⟨Oeuv. 4.⟩ [Parts.] 4 pt. *Chez Breitkopf & Härtel: Leipsic*, [1807.] fol. Hirsch iii. **377**.

LOUIS FERDINAND, *Prince of Prussia.*

—— Quatuor pour le piano-forte, violon, alto et violoncelle, *etc.* ⟨Oeuv. [5.]⟩ [Parts.] 4 pt. *Chez Breitkopf & Härtel: Leipsic*, [1820?] fol. Hirsch iii. **378**.

LOUIS FERDINAND, *Prince of Prussia.*

—— Quatuor pour le piano-forte, violon, viole et violoncelle, *etc.* ⟨Oeuv. 6.⟩ [Parts.] 4 pt. *Breitkopf & Härtel: Leipsic*, [1807.] fol. Hirsch iii. **379**.

LOVE.

—— Love and Friendship. [Song.] *See* Cutler (William H.)

LOVER (Samuel)

—— [The Greek Boy.] The Happy Hour to meet, Duet, *etc.* pp. 5. *Duff & Hodgson: London*, [1845?] fol.
Hirsch M. **1272**. (17.)

LOVER (Samuel)

—— The Happy Hour to meet. *See supra*: [*The Greek Boy.*]

LUEBECK (Vincent)

—— [Another copy.] Musikalische Werke, *etc.* *Klecken*, 1921. fol. Hirsch iv. **982**.

LUEBECK (Vincent)

—— 4 Praeludien und Fugen. ⟨Herausgegeben von Max Seiffert.⟩ [Organ.] pp. 33. *Fr. Kistner & C. F. W. Siegel: Leipzig*, [1925.] fol. [*Organum.* Reihe 4. Hft. 9.] Hirsch M. **1204**.

LULLI (Giovanni Battista)

—— Œuvres complètes ... publiées sous la direction de Henry Prunières. [With a portrait.] 10 tom.

Les Opéras. tom. 1. Cadmus et Hermione ... Réduction pour clavier des parties instrumentales et réalisation de la basse continue par Matthys Vermeulen. pp. 196. 1930.

tom. 2. Alceste ... Réduction pour clavier des parties instrumentales et réalisation de la basse continue par Raymond Moulaert. pp. xxxiii. 349. 1932.

tom. 3. Amadis ... Réduction pour clavier des parties instrumentales et réalisation de la basse continue par Mlle G. Sazerac de Forge. pp. 251. 1939.

Les Ballets. tom. 1. Ballet du temps. Ballet des plaisirs. Ballet de l'amour malade ... Réduction pour clavier des parties instrumentales et réalisation de la basse continue par Mlle A. Dieudonné. pp. lii. 128. 1931.

tom. 2. Ballets d'Alcidiane ... Réduction pour clavier des parties instrumentales et réalisation de la basse continue par Mlle A. Dieudonné. pp. xiv. 206. 1933.

Les Comédies-ballets. tom. 1. Le Mariage forcé. L'Amour médecin ... Réduction pour clavier des parties instrumentales et réalisation de la basse continue par Mlle G. Sazerac de Forge. pp. xxiv. 109. 1931.

tom. 2. Les Plaisirs de l'île enchanté. La Pastorale comique. Le Sicilien. Le Grand divertissement royal de Versailles ... Réalisation de la basse-continue et réduction pour clavier des parties instrumentales par Mlle G. Sazerac de Forge. pp. xvi. 245. 1933.

tom. 3. Monsieur de Pourceaugnac. Le Bourgeois gentilhomme. Les Amants magnifiques ... Réalisation de la basse-continue et réduction pour clavier des parties instrumentales par Mlle G. Sazerac de Forge. pp. viii. 237. 1938.

Les Motets. tom. 1. Miserere mei deus ... Réalisation de la basse-continue à l'orgue par Félix Raugel. pp. viii. 78. [1931.]

tom. 2. Plaude, lætare, Gallia. Te deum laudamus. Dies irae, dies illa ... Réalisation de la basse-continue à l'orgue par Henry Letocart et G. Sazerac de Forge. pp. vi. 261. 1935.

Éditions de la Revue musicale: Paris, 1930–39. fol.
Hirsch iv. **983**.
No. 2 of an edition of twenty-five copies on fine paper.

LUNE.
—— La Lune de miel. Chansonette. *See* LAIR DE BEAUVAIS (A.)

LUNGI.
—— Lungi dal caro bene. Cavatina. *See* PACINI (G.) [*La Sposa fidele.*]

LUTHER (MARTIN)
—— Geystliche Lieder. Mit einer newen vorrhede, D. Mart. Luth. . . . Leipzig. ⟨Psalmen und Geistliche lieder, welche von fromen Christen gemacht vnd zu samen gelesen sind.⟩ [A facsimile of the edition published at Leipsic in 1545 by Valentin Pabst, with a postscript by Konrad Ameln.] 2 pt. *Bärenreiter-Verlag: Kassel*, 1929. 8°.
Hirsch M. **233**.

LUTHIER DE VIENNE.
—— Le Luthier de Vienne. Opéra comique. *See* MONPOU (H.)

LUTZ (WILHELM MEYER)
—— " The Forty Thieves." Lancers . . . Founded on the popular melodies sung in Mr. Reece's burlesque drama, *etc.* [P.F.] pp. 9. *Francis Bros. & Day: London*, [1883 ?] fol.
Hirsch M. **1315. (16.)**

LYAPUNOV (SERGYEI MIKHAILOVICH)
—— *See* GLINKA (M. I.) Жизнь за Царя . . . Подъ редакціей М. Балакирева и С. Ляпунова, *etc.* [1905 ?] 8°. Hirsch II. **259**.

LYSER (JOHANN PETER)
—— Musikalisches Bilder-ABC zum Lesenlernen der Noten, Vorzeichen und Schüssel; Vorschule des ABC vom Prof. Panseron. ff. 12. *Schlesinger: Berlin*, [1850.] *obl.* 4°. Hirsch III. **909**.

M., J.
—— *See* PAGANINI (N.) Stammbuchblatt . . . Mit Zusätzen von M. H., J. M. und W. T. [1842.] fol. [*Sammlung von Musik-Stücken . . . als Zulage zur neuen Zeitschrift für Musik.* Hft. 16.] Hirsch M. **1134**.

MA.
—— Ma gaieté perdue. [Song.] *See* MEES (J.)

MACFARREN (WALTER CECIL)
—— *See* BENNETT (*Sir* William S.) In radiant Loveliness, Canzonet, *etc.* ⟨Revised & edited by W. Macfarren.⟩ [1880 ?] fol. Hirsch M. **769. (14.)**

MACFARREN (WALTER CECIL)
—— *See* BENNETT (*Sir* William S.) Sir William Sterndale Bennett's Pianoforte Works. Edited & fingered by W. Macfarren. [1880?] fol. Hirsch M. **765. (1.)**

MACHT.
—— Die Macht der Musik. [Song.] *See* LISZT (F.)

MADAME DE LAVALLIÈRE.
—— Madame de Lavallière. Romance. *See* VACHER (P. J.)

MADAME LA SHARTY.
—— Madame La Sharty. [Song.] *See* ROGERS (Sam)

MAEDCHEN.
—— Maedchen und Blumen. [Song.] *See* KREUTZER (C.)

MAGNIFICAT.
—— Magnificat. [For soli, chorus and orchestra.] *See* KAMINSKI (H.)

MAGNIFIQUE.
—— La Magnifique. Comédie. *See* GRÉTRY (A. E. M.)

MAHLER (GUSTAV)
—— Kinder-Totenlieder, von Rückert. Für eine Singstimme mit Klavier oder Orchester . . . Orchester-Partitur, *etc.* pp. 86. *C. F. Kahnt Nachfolger: Leipzig*, [1905.] fol.
Hirsch M. **994**.

MAHLER (GUSTAV)
—— [Another copy.] " Das klagende Lied " (in 2 Abtheilungen) für Sopran,—Alt—Tenor-Solo, gemischten Chor und grosses Orchester . . . Orchester Partitur, *etc.* *Wien*, [1902.] fol. Hirsch IV. **843**.

MAHLER (GUSTAV)
—— Das klagende Lied (in 2 Abteilungen) für Sopran,—Alt,—Tenorsolo, gemischten Chor und grosses Orchester . . . Partitur. pp. 114. *Universal-Edition: Wien, Leipzig*, [1914.] 8°. Hirsch IV. **844**.
Reproduced photographically, in a reduced form, from the preceding.

MAHLER (GUSTAV)
—— Das Lied von der Erde. Eine Symphonie für eine Tenor- und einer Alt- (oder Bariton-)Stimme und Orchester. (Nach Hans Bethges " Die chinesische Flöte.) . . . Partitur. pp. 146. *Universal Edition: Wien, Leipzig*, [1912.] fol.
Hirsch M. **995**.

MAHLER (GUSTAV)
—— Lieder eines fahrenden Gesellen. Songs of a Wayfarer. Chants d'un garçon errant. English words by A. Graf & M. W. Pursey. [With a portrait.] Ger. & Eng. pp. 68. *Wiener Philharmonischer Verlag A.-G.: Wien*, [1924.] 8°.
Hirsch M. **234**.
Philharmonia Partituren. no. 251.

MAHLER (GUSTAV)
—— [Another copy.] Symphonie No. 1, in D-dur . . . Partitur, *etc.* pp. 171. MS. CORRECTIONS. *Universal-Edition:* [*Vienna*, 1905 ?] fol. Hirsch M. **996**.
A slip bearing the words " Universal-Edition " has been pasted over the original imprint of Josef Weinberger.

MAHLER (GUSTAV)
—— Erste Symphonie in D dur . . . Partitur. pp. 171. *Universal-Edition:* [*Vienna*, 1906.] 8°. Hirsch M. **235**.
Reproduced photographically, in a reduced form, from the folio edition published by Josef Weinberger in 1899.

MAHLER (GUSTAV)
—— Zweite Symphonie in C moll ... Partitur. pp. 209. *Universal-Edition:* [*Vienna*, 1906.] 8°.　Hirsch M. **236**.
Reproduced photographically, in a reduced from, from the folio edition published by Friedrich Hoffmeister in 1897. In this copy three programmes of performances given in 1916, 1925 and 1928 have been inserted.

MAHLER (GUSTAV)
—— Zweite Symphonie, C moll ... Partitur. pp. 209. *Universal Edition: Wien, Leipzig,* [1912?] fol.
　　　　　　　　　　　　　　　　　　Hirsch M. **997**.

MAHLER (GUSTAV)
—— Dritte Symphonie in D moll ... Partitur. pp. 231. *Universal Edition:* [*Vienna,* 1906.] 8°.　Hirsch M. **237**.
Photographically reproduced, in a reduced form, from the edition published by Josef Weinberger in 1898.

MAHLER (GUSTAV)
—— Dritte Symphonie, D moll ... Partitur. pp. 231. *Universal-Edition: Wien, Leipzig,* [1912?] fol.
　　　　　　　　　　　　　　　　　　Hirsch M. **998**.

MAHLER (GUSTAV)
—— Vierte Symphonie in G dur ... Partitur. pp. 125. *Universal-Edition:* [*Vienna,* 1906.] 8°.　Hirsch M. **238**.
Photographically reproduced, in a reduced form, from the folio edition published by Ludwig Doblinger in 1901.

MAHLER (GUSTAV)
—— Vierte Symphonie, G dur ... Partitur. pp. 125. *Universal-Edition: Wien, Leipzig,* [1912?] fol.
　　　　　　　　　　　　　　　　　　Hirsch M. **999**.

MAHLER (GUSTAV)
—— Symphonie No. 5 für grosses Orchester. [Score.] pp. 251. *C. F. Peters: Leipzig,* [1904.] fol.
　　　　　　　　　　　　　　　　　　Hirsch M. **1000**.

MAHLER (GUSTAV)
—— Symphonie No. 5 für grosses Orchester ... Partitur, *etc.* pp. 246. *C. F. Peters: Leipzig,* [1904.] 8°.
　　　　　　　　　　　　　　　　　　Hirsch M. **239**.
Edition Peters. no. 3087.

MAHLER (GUSTAV)
—— Sechste Symphonie, für grosses Orchester ... Partitur, *etc.* pp. 263. *C. F. Kahnt Nachfolger: Leipzig,* [1906.] fol.
　　　　　　　　　　　　　　　　　　Hirsch M. **1001**.

MAHLER (GUSTAV)
—— Sechste Symphonie für grosses Orchester ... Partitur, *etc.* pp. 263. *Universal-Edition:* [*Vienna,* 1910?] 4°.
　　　　　　　　　　　　　　　　　　Hirsch M. **240**.

MAHLER (GUSTAV)
—— Siebente Sinfonie für grosses Orchester, *etc.* [Score.] pp. 257. *Ed. Bote & G. Bock: Berlin,* [1909.] fol.
　　　　　　　　　　　　　　　　　　Hirsch M. **1002**.
In this copy 2 pp. of " Druckfehler und Änderungen" precede the titlepage, and the programme of a performance given in 1931 has been inserted.

MAHLER (GUSTAV)
—— Siebente Sinfonie ... Orchester-Partitur. Kleine Ausgabe. pp. 257. *Ed. Bote & G. Bock: Berlin,* [1909.] 4°.
　　　　　　　　　　　　　　　　　　Hirsch. M. **241**.
Photographically reproduced, in a reduced form, from the folio edition of 1909.

MAHLER (GUSTAV)
—— [Another issue.] Achte Symphonie ... Partitur. *Wien, Leipzig,* [1911?] fol.　Hirsch M. **1333**.

MAHLER (GUSTAV)
—— [Another copy.] Neunte Symphonie ... Partitur. *Wien, Leipzig,* [1912.] fol.　Hirsch M. **1003**.

MAHLER (GUSTAV)
—— Neunte Symphonie ... Partitur. pp. 182. *Universal-Edition: Wien, Leipzig,* [1913.] 8°.　Hirsch M. **242**.
Photographically reproduced, in a reduced form, from the folio edition of 1912. With two programmes inserted of performances given in 1922 and 1930.

MAHLER (GUSTAV)
—— [Another issue.] Zehnte Symphonie. ⟨Faksimile Ausgabe.⟩ *Wien,* 1924. *obl.* fol.　Hirsch M. **1004**.

MAHRENHOLZ (CHRISTHARD)
—— *See* AMELN (K.) Handbuch der deutschen evangelischen Kirchenmusik ... herausgegeben von K. Ameln, C. Mahrenholz, *etc.* 1935 [1933–39]. 8°.　Hirsch M. **1**.

MAID.
—— The Maid of Llangollen. Ballad. *See* CLARKE (James)

MAIER (JULIUS JOSEF)
—— Auswahl Englischer Madrigale für gemischten Chor. Mit deutscher Übersetzung der Texte von Fanny v. Hoffnaas & Heinr. v. St. Julien. Herausgegeben von J. J. Maier. 3 Hft. *F. E. C. Leuckart: Leipzig,* [1863.] 8°.
　　　　　　　　　　　　　　　　　　Hirsch M. **243**.

MAIGNARD (HIPPOLYTE)
—— Le Pilier d'estaminet. Esquisse de mœurs tabagiques. [Song.] Paroles et musique, H. Maignard. *N. Paté: Paris,* [1850?] fol.　Hirsch M. **1296**. (**1**.)

MAILLART (LOUIS AIMÉ)
—— Les Dragons de Villars. Opéra comique en 3 actes. Paroles de MM. Lockroy et Cormon ... La grande partition, *etc.* pp. 551. *G. Brandus, Dufour et c*^{ie}*: Paris,* [1856?] fol.　Hirsch II. **558**.

MAILLART (Louis Aimé)

—— [Lara.] *See* Ettling (E.) Lara . . . Polka-mazurka pour piano. [1865.] fol.   Hirsch M. **1303**. (**7**.)

MAINLUST.

—— Die Mainlust. Auswahl vorzüglich beliebter Tänze, für das Pianoforte. no. 3–5, 7, 53, 113.   *Bei G. H. Hedler: Frankfurt a/m.*, [1835–40?]   8°.   Hirsch M. **1300**. (**13**.)
Imperfect; wanting all the other numbers. This set includes two editions of no. 3.

MAINLUST WALTZES.

—— Mainlust Walzer. Der Schnellsegler, für das Pianoforte. pp. 3.   *Bei Fr. Ph. Dunst: Frankfurt a/m.*, [1840?]   8°.   Hirsch M. **1300**. (**14**.)

MAINS.

—— Les Mains pleines de roses. Mélodie. *See* Weckerlin (J. B. T.)

MAJOR SCHLAGMANN.

—— Le Major Schlagmann. [Song.] *See* Puget, afterwards Lemoine (Loïsa)

MALDEGHEM (Robert Julien van)

—— [Another copy.] Trésor musical . . . Recueillie et transcrite en notation moderne par R.-J. van Maldeghem . . . Op. 170. Musique religieuse. (Musique profane.) *Bruxelles*, 1865. fol.   Hirsch M. **1005**.
Imperfect; wanting all except the "première année" of each series.

MALER NOLTEN.

—— Musikbeilage zu Maler Nolten von Eduard Mörike. [Songs. By K. L. F. Hetsch.] pp. 32.   *E. Schweizerbart's Verlagshandlung: Stuttgart*, [1832.]   obl. 8°.
                                                              Hirsch III. **820**.
A photostat copy.

MALIPIERO (G. Francesco)

—— Ritrovari per 11 strumenti. Partitura. pp. 95. [*Privately printed*, 1930?] 8°.   Hirsch M. **244**.
No. 5 of an edition of five numbered copies. The verso of the half-title bears a MS. dedication in the composer's autograph to Paul Hirsch.

MAMMA.

—— Mamma mia, *etc.* [Song.] *Preston: London,* [1811?] fol.
                                            Hirsch M. **1275**. (**2**.)
Watermark date 1811.

MANDYCZEWSKI (Eusebius)

—— *See* Schubert (F. P.) [*Collected Works.—c. Vocal Works, Songs, etc.—Large Collections.*] Lieder und Gesänge . . . Auf Grund der kritischen Ausgabe herausgegeben von E. Mandyczewski, *etc.* [1899–1901.] 8°. Hirsch M. **522**.

MANGEOT (André)

—— *See* Mozart (W. A.) [*Quartets.* K. 387, 421, 428, 458, 464, 465. 499, 575, 589, 590.] Ten Quartets for two Violins, Viola and Violoncello . . . Authentic text established . . . by A. Mangeot. [1942.] 4°.
                                                              Hirsch M. **1104**.

MANGOLT (Burk)

—— Die Lieder des Hugo von Montfort mit den Melodien des Burk Mangolt. Herausgegeben von Paul Runge. Mit einem Faksimile. pp. 75.   *Breitkopf und Härtel: Leipzig*, 1906.   8°.   Hirsch M. **245**.

MANOLA.

—— La Manola. Canzonetta. *See* Henrion (P.)

MANTICA (Francesco)

—— [Another copy.] Prime fioriture del melodramma italiano. 2 vol. *Roma*, 1912, 30. fol.   Hirsch M. **1006**.

MARCAILHOU (Gatien)

—— La Toulousaine. Grande valse pour le piano. pp. 7. *Chez les fils de B. Schott: Mayence*, [1848?] fol.
                                                      Hirsch M. **1312**. (**9**.)

MARCELLO (Benedetto)

—— [Another copy.] Estro poetico-armonico. Parafrasi sopra li primi ⟨secondi⟩ venticinque salmi. 8 tom. *Venezia*, 1803. fol.   Hirsch IV. **1693**.

MARCELLO (Benedetto)

—— [Estro poetico-armonico.] Solo- und Chor-Gesänge aus "Marcello's" Psalmen, nach Giustiniani's Dichtung in's Deutsche übertragen von Dr. Carl Grüneisen, bearbeitet und instrumentirt von Peter Lindpaintner. Partitur und Klavierauszug. ⟨Psalm 17. 7. 26. 42. 18. 41. 32. 33. 30. 32. 20. 20.⟩ pp. 95.   *Bei G. A. Zumsteeg: Stuttgart*, [1840?] fol.   Hirsch IV. **845**.

MARCELLO (Benedetto)

—— [Psalm 42.] Qual anelante, a favorite duett, *etc.* [With string accompaniment, in score.] pp. 7.   *Clementi & Cº: London*, [1820?] fol.   Hirsch M. **1274**. (**28**.)

MARCELLO (Benedetto)

—— [Another copy.] Salmi di Davide parafrasati di Ascanio Giustiniani . . . con accompagnamento di piano della composizione di Francesco Mirecki, *etc.* 4 vol.   *Parigi*, [1828?] fol.   Hirsch III. **912**.

MARCHAND.

—— Le Marchand d'habits. [Song.] *See* Leduc (A.)

MARCHE.

—— La Marche parisienne. Chant national. *See* Auber (D. F. E.)

MARCHES.
—— A Second Collection of admired Marches, Waltzes, Minuets & Airs. Some of which have been performed by the Pandeans and Silver Miners Band at Vauxhall Gardens ... To which are added several original compositions ... by Mozart, Beethoven, Gluck &c. &c. The whole properly arranged for the piano forte. pp. 32. *N. Corri: Edin^r*, [1810?] fol. Hirsch M. **1306.** (**9.**)

MARCHES.
—— Partitur von sechs Märschen für das gesammte Bürgermilitär des Königreichs Baiern, *etc.* ⟨Ordonanz für die Trompeter der bürgl. Cavallerie des Königreichs Baiern.⟩ pp. 44. [1807.] 4°. Hirsch III. **544.**
Forming the second part of " Uniformirung und Organisation des Bürgers-Militärs in dem Königreiche Baiern." The music is lithographed throughout.

MARCHES.
—— [Another copy.] A Select Collection of all the Marches, Minuets, Waltzes & Airs performed by the Pandeans Band at Vauxhall, *etc. Edin^r*, [1810?] fol.
Hirsch M. **1279.** (**1.**)

MARINE.
—— La Marine. [Song.] *See* CONCONE (G.)

MARMONTEL (ANTOINE FRANÇOIS)
—— *See* HAYDN (F. J.) Ariette avec variations. [Edited by A. F. Marmontel.] [1850?] fol.
Hirsch M. **1294.** (**3.**)

MARMONTEL (ANTOINE FRANÇOIS)
—— *See* MOZART (W. A.) [*Variations*. K. 265.] Ah ! vous dirai-je, maman ! 9e thème varié. [P.F., edited by A. F. Marmontel.] [1850?] fol. Hirsch M. **1294.** (**4.**)

MARQUERIE (A.)
—— Une Chinoiserie. Recit asiapékinocochinchinonankinochinois. [Song.] Paroles de E. Bourget. *Chez Mme Lemoine & c^{ie}: Paris*, [1850?] fol.
Hirsch M. **1296.** (**21.**)

MARROCCO (W. THOMAS)
—— [Another copy.] Fourteenth-Century Italian Cacce. Edited by W. T. Marrocco. *Cambridge, Mass.*, 1942. 4°. Hirsch M. **246.**
Mediaeval Academy of America. Publication no. 39.

MARSCHNER (ADOLPH EDUARD)
—— *See* MOZART (W. A.) Don Giovanni. Don Juan ... Vollständiger Klavierauszug, mit der Partitur verglichen von A. E. Marschner, *etc.* [1850?] fol. Hirsch M. **1071.**

MARSCHNER (HEINRICH AUGUST)
—— Oeuvres choisis pour le pianoforte. cah. 4. no. 1. *Chez Frédéric Hofmeister: Leipzig*, [1832.] obl. fol.
Hirsch M. **247.**
Imperfect ; wanting cah. 1–3, cah. 4, no. 2–5, cah. 5.

SIG. 35.—PART 53.

MARSCHNER (HEINRICH AUGUST)
—— Abschied. *See* infra: Der fahrende Schüler ... 168. Werk. [No. 6.]

MARSCHNER (HEINRICH AUGUST)
—— An der Schenkenthür. *See* infra: Der fahrende Schüler ... 168. Werk. [No. 3.]

MARSCHNER (HEINRICH AUGUST)
—— An die Entfernte. *See* infra: Zwei Lieder ... Op. 182. No. 1.

MARSCHNER (HEINRICH AUGUST)
—— Ave Maria. Der Kuss. An Suleika. Abendlied. Ueber Nacht. Liebesmuth. " Mein Herz ist am Rheine." Für Tenor oder Sopran und Piano ... Op. 115. *Bei Bernhard Friedel: Dresden*, [1850?] fol.
Hirsch M. **1007.** (**1.**)
Imperfect ; wanting all except no. 1, " Ave Maria."

MARSCHNER (HEINRICH AUGUST)
—— Die Bäume grünen. *See* infra: Sechs Liebeslieder von Hoffmann von Fallersleben ... Op. 155. No. 3.

MARSCHNER (HEINRICH AUGUST)
—— Bilder des Orients, von H. Stieglitz, für eine Singstimme mit Begleitung des Pianoforte ... Op. 140. (Neue Folge von Op. 90.) Hft. 3, 4. *Bei Fr. Kistner: Leipzig*, [1849.] fol. Hirsch M. **1007.** (**2.**)

MARSCHNER (HEINRICH AUGUST)
—— Bundeslied der vereinigten norddeutschen Liedertafeln von Schnabel für zwei Männerchore ... 97tes Werk. [Score and parts.] 5 pt. *Adolph Nagel: Hannover*, [1850?] 8°. Hirsch M. **248.**
Imperfect ; wanting pp. 3–12 of the score.

MARSCHNER (HEINRICH AUGUST)
—— Bundeslied ... Op. 97. [Score and parts.] 5 pt. [1850?] 8°. Hirsch M. **249.**
The title is taken from the part for first tenor. An imperfect copy of an unidentified edition, plate number 3682; wanting pp. 1, 2 and all after p. 10 of the score.

MARSCHNER (HEINRICH AUGUST)
—— Caledon. N. Motherwell's Lieder übersetzt von H. J. Heinze für Sopran oder Tenor und Piano ... Op. 125. Hft. 1. No. 1. Entzücken ... No. 2. Die Stimme der Liebe ... No. 3. Er ist fort ... No. 4. Liebesvertrauen ... No. 5. Kunde aus dem Feenlande, *etc.* no. 5. *C. Bachmann: Hannover*, [1840?] fol.
Hirsch M. **1007.** (**3.**)
Imperfect ; wanting no. 1–4.

MARSCHNER (HEINRICH AUGUST)
—— Drei Charakterstücke. No. 1. Die Keifende. No. 2. Die unschuldige Coquette. No. 3. Plaudereien einer Grossmutter. Für das Pianoforte ... Op. 181. 3 no. *Friedrich Hofmeister: Leipzig*, [1859.] fol. Hirsch M. **1009.** (**1.**)

MARSCHNER (Heinrich August)
—— Denkst du daran? Eine Ball-Erinnerung am Pianoforte. Op. 149. pp. 19. *Verlag der Heinrichshofenschen Musikalien Handlung: Magdeburg*, [1850?] fol.
Hirsch M. **1009**. (**2**.)

MARSCHNER (Heinrich August)
—— Drei Duetten für zwei Sopran-Stimmen mit Begleitung des Pianoforte... Op. 145, *etc.* pp. 29. *Bei Fr. Kistner: Leipzig*, [1849.] fol. Hirsch M. **1007**. (**4**.)

MARSCHNER (Heinrich August)
—— Vier Duettinen für Sopran und Alt mit Begleitung des Pianoforte... Op. 157. Heft 1. Abend am Meer. Wiedersehen. Heft 2. Der Schalk. Das Kindesauge. 2 Hft. *Bei Friedrich Hofmeister: Leipzig*, [1852.] fol.
Hirsch M. **1007**. (**5**.)

MARSCHNER (Heinrich August)
—— Einkehr. *See infra:* Der fahrende Schüler... 168. Werk. [No. 1.]

MARSCHNER (Heinrich August)
—— Der fahrende Schüler. 6 Lieder aus dem Wanderbuche von Julius von Rodenberg. Für eine tiefe Stimme am Pianoforte zu singen. 168. Werk. [No. 1.] Einkehr. [No. 2.] Nachts, in der Herberge. [No. 3.] An der Schenkenthür & [No. 4.] Tanzlied. [No. 5.] Wirthstöchterlein singt. [No. 6.] Abschied. no. 1–5. *Bei Joh. Aug. Böhme: Hamburg*, [1845?] fol.
Hirsch M. **1007**. (**6**.)
Imperfect; wanting no. 6.

MARSCHNER (Heinrich August)
—— Der fahrende Schüler... 168. Werk. no. 6. *Aug. Cranz: Hamburg*, [1885?] fol. Hirsch M. **1007**. (**7**.)
Imperfect; wanting no. 1–5.

MARSCHNER (Heinrich August)
—— Frühlingsliebe, von Fr. Rückert für eine Sopran -oder Tenor-Stimme mit Begleitung des Pianoforte... 106tes Werk. No. 1. Mein, auf allen Wegen. 2. Du hast mir hell in's Herz geblickt. 3. Du liebest mich! 4. Mein bessres Ich. 5. Liebespredigt. 6. An die schöne Müllerinn. pp. 23. *Adolph Nagel: Hannover*, [1840.] obl. fol.
Hirsch M. **250**.

MARSCHNER (Heinrich August)
—— [Another copy.] Der Gefangene... für eine Singstimme mit Begleitung des Pianoforte... Op. 141. *Leipzig*, [1849.] fol. Hirsch M. **1007**. (**8**.)

MARSCHNER (Heinrich August)
—— Der Gefangene... Op. 141. Arrangement für Alt oder Bass. pp. 11. *Bei Fr. Kistner: Leipzig*, [1850?] fol.
Hirsch M. **1007**. (**9**.)

MARSCHNER (Heinrich August)
—— Sechs Gesaenge für 2 Tenor- u. 2 Bassstimmen... 52^{s} Werk. 4 pt. *Fr. Hofmeister: Leipzig*, [1832?] 8°.
Hirsch M. **251**.

—— [Another copy.] Hirsch M. **252**.

MARSCHNER (Heinrich August)
—— Sechs Gesaenge, von Wilhelm Müller für eine Bariton-Stimme mit Pianoforte-Begleitung... 68^{s} Werk. pp. 17. *Bei Fr. Kistner: Leipzig*, [1831.] obl. fol.
Hirsch M. **253**.

MARSCHNER (Heinrich August)
—— [A reissue.] Sechs Gesaenge... 68^{s} Werk. *Leipzig*, [1835?] obl. fol. Hirsch M. **254**.

MARSCHNER (Heinrich August)
—— Drei Gesänge, für eine Bariton- oder Alt-Stimme mit Begleitung des Pianoforte... Op. 116. ⟨Treu, süsses Mädchen, lieb' ich Dich. Er liebt und reitet fort. Komm! Komm und fort auf die Bergeshöh'.⟩ pp. 11. *Bei Fr. Kistner: Leipzig*, [1842.] fol. Hirsch M. **1008**. (**1**.)

MARSCHNER (Heinrich August)
—— [6 Gesänge und Lieder. Op. 154. No. 1, 3, 4, 6.] 4 Gesänge für eine Bariton-Stimme mit Begleitung des Pianoforte... Aus Op. 154... ⟨1. Gebet, von Geibel. 3. Im Gebirg, von Geibel. 4. Herbstlied, von Geibel. 6. Glaubst du? Von M. M.⟩ no. 1, 3. *Verlag der Heinrichshofen'schen Musikalien-Handlung: Magdeburg*, [1855?, 80?] fol. Hirsch M. **1008**. (**4**.)
Imperfect; wanting no. 2, 4. *No.* 3 *is of a later issue.*

MARSCHNER (Heinrich August)
—— 6 Gesänge und Lieder, für eine Bariton-Stimme mit Begleitung des Pianoforte... aus Op. 154. no. 4, 6. *Verlag der Heinrichshofen'schen Musikalien-Handlung: Magdeburg*, [1850?] fol. Hirsch M. **1008**. (**3**.)
Imperfect; wanting no. 1–3, 5.

MARSCHNER (Heinrich August)
—— Fünf Gesänge, für drei weibliche Stimmen mit Begleitung des Pianoforte. Op. 188... Part. u. Stimmen, *etc.* Hft 1. *J. Rieter-Biedermann: Winterthur*, [1860?] fol.
Hirsch M. **1008**. (**2**.)
Imperfect; wanting Hft. 2.

MARSCHNER (Heinrich August)
—— 6 Gesänge für zwei Tenor- & zwei Bassstimmen... 195tes Werk. Heft 1. No. 1. Handwerksburschenlied, von L. Pfau. 2. Rosenzeit, C. Siebel. 3. Wirkung des Weins, C. Siebel. 4. Der neue Kaiser, L. Pfau. Heft 2. 5. O glücklicher Mann, C. Siebel. 6. Zigeunerleben, E. Geibel. Hft. 2. *B. Schott's Söhne: Mainz*, [1863.] 8°.
Hirsch M. **255**.
Imperfect; wanting Hft. 1.

MARSCHNER (Heinrich August)
—— [Another copy.] Hans Heiling. Romantische Oper... In Partitur herausgegeben von Gustav F. Kogel. *Leipzig*, [1893.] fol. Hirsch II. **564**.

MARSCHNER (Heinrich August)
—— Hast du nicht einen Gruss für mich. *See infra:* Sechs Liebeslieder von Hoffmann von Fallersleben... Op. 155. No. 6.

MARSCHNER (Heinrich August)
—— Humoresken. Komische Lieder im Volkston von Fr. Rückert. Op. 112. Stimmen und Partitur. 5 pt. *Bei Fr. Hofmeister: Leipzig,* [1842.] 8°. Hirsch M. **256**.
Tafelgesänge für Mænnerstimmen. Hft. 17.

MARSCHNER (Heinrich August)
—— Ja du bist mein. *See* infra: Sechs Liebeslieder von Hoffmann von Fallersleben . . . Op. 115. No. 1.

MARSCHNER (Heinrich August)
—— Juniuslieder, von Emanuel Geibel, am Pianoforte zu singen . . . 146tes Werk. No. 1. Trinklied der Alten. No. 2. Du mit den schwarzen Augen. No. 3. Weit, weit aus ferner Zeit. No. 4. Unter der Loreley. no. 4. *Bei Johann André: Offenbach a/M.,* [1850?] fol.
Hirsch M. **1008**. (5.)
Imperfect; wanting no. 1–3.

MARSCHNER (Heinrich August)
—— Klage. [Song.] *T. Trautwein: Berlin,* [1840?] fol.
Hirsch M. **1008**. (6.)
Liederspende. no. 24.

MARSCHNER (Heinrich August)
—— Kunde aus dem Feenlande. *See* supra: Caledon. N. Motherwell's Lieder . . . Op. 125. No. 5.

MARSCHNER (Heinrich August)
—— Sechs Liebeslieder, von Hoffmann von Fallersleben, für eine Alt- oder Baritonstimme mit Pianoforte-Begleitung. Op. 115. No. 1. Ja du bist mein. (Yes mine thou art.) No. 2. Wenn die Lerche singt. No. 3. Die Bäume grünen. (The Trees bud forth.) No. 4. Auf die Berge muss ich gehen. No. 5. O der Liebe süsse Leiden. No. 6. Hast du nicht einen Gruss für mich. no. 1, 3, 6. *Ger. & Eng. Joh. André: Offenbach a/M.,* [1850?] fol.
Hirsch M. **1008**. (7.)
Imperfect; wanting no. 2, 4, 5. No. 3 is of the edition for soprano voice.

MARSCHNER (Heinrich August)
—— Lied nach Heinrich von der Vogelweide. *See* infra: Sechs Lieder . . . 92tes Werk. No. 5.

MARSCHNER (Heinrich August)
—— Lied nach Reimar der Alte. *See* infra: Sechs Lieder . . . 92tes Werk. No. 4.

MARSCHNER (Heinrich August)
—— Sechs Lieder für vier Männerstimmen . . . 66stes Werk. Partitur und Stimmen. 5 pt. *Bei Fr. Kistner: Leipzig,* [1831?] 8°. Hirsch M. **257**.

MARSCHNER (Heinrich August)
—— Sechs Lieder . . . Op. 85. Stimmen u. Partitur. *Bei Fr. Hofmeister: Leipzig,* [1835.] 8°. Hirsch M. **258**.
Tafelgesänge für Mænnerstimmen. Hft. 10. *Imperfect; wanting the parts.*

MARSCHNER (Heinrich August)
—— Sechs Lieder mit Begleitung des Pianoforte . . . 92tes Werk. No. 1. Der Verlust: von Ida Gräfinn von Hahn. No. 2. Wenn du wärst mein eigen v. Ida Gr: v. Hahn. No. 3. Wo? v. Franz Dingelstedt. No. 4. Lied nach Reimar der Alte v. Minna Witte. No. 5. Lied nach Heinrich von der Vogelweide v. M. Witte. No. 6. Abschied! von H. Heine. no. 4, 5. *In der Hofmusikalien-Handlung von Adolph Nagel: Hannover,* [1845?] obl. fol.
Hirsch M. **259**.
Imperfect; wanting no. 1–3, 6.

MARSCHNER (Heinrich August)
—— Lieder nach Robert Burns, von F. Freiligrath, für eine Sopran oder Tenorstimme mit Begleitung des Piano Forte . . . 103tes Werk. pp. 14. *Bei B. Schott's Söhnen: Mainz und Antwerpen,* [1839.] fol.
Hirsch M. **1008**. (11.)

MARSCHNER (Heinrich August)
—— Zwei Lieder für eine Tenor oder Sopranstimme mit Begleitung des Pianoforte . . . Op. 182. No. 1. ⟨An die Entfernte, von Lenau.⟩ [In A flat and F.] No. 2. ⟨Wo find' ich mein' Lieb'?, von G. Pfarrius.⟩ 3 no. *Bei C. F. W. Siegel: Leipzig,* [1855?] fol.
Hirsch M. **1008**. (8.)

—— [Another copy of No. 1, in F.] Hirsch M. **1008**. (9.)

MARSCHNER (Heinrich August)
—— Sechs Lieder, von Carl Siebel, für eine Singstimme mit Begleitung des Pianoforte . . . Op. 189. 2 Hft. *J. Rieter-Biedermann: Leipzig,* [1865?, 60.] fol.
Hirsch M. **1008**. (10.)
Hft. 2 only is of the first edition. Hft. 1, bearing the imprint "Leipzig u. Winterthur," is of a later issue.

MARSCHNER (Heinrich August)
—— Nachts, in der Herberge. *See* supra: Der fahrende Schüler . . . 168. Werk. [No. 2.]

MARSCHNER (Heinrich August)
—— Rondino pour pianoforte. Oeuvre 58. pp. 9. *Chez Frédéric Hofmeister: Leipzig,* [1832.] obl. fol. [Oeuvres choisies pour le pianoforte par Henri Marschner. cah. 4. no. 1.] Hirsch M. **247**.

MARSCHNER (Heinrich August)
—— Rondo brillant pour le pianoforte . . . Oeuvre 79. pp. 22. *Schuberth & Niemeyer: Leipzig,* [1835?] obl. fol.
Hirsch M. **260**.

MARSCHNER (Heinrich August)
—— Sehnsucht der Liebe. Zwei Lieder für eine Singstimme mit Begleitung des Piano. Op. 123. pp. 7. *C. Bachmann: Hannover,* [1845?] fol. Hirsch M. **1008**. (12.)

MARSCHNER (Heinrich August)
—— Tanzlied. *See* supra: Der fahrende Schüler . . . 168. Werk. [No. 4.]

MARSCHNER (Heinrich August)

—— Trinklieder von Carl Herlossohn für 2 Tenor- und 2 Bassstimmen ... Op. 93. Partitur und Stimmen.
Julius Wunder: Leipzig, [1840?] 8°. Hirsch M. **261**.
Imperfect; wanting the parts.

MARSCHNER (Heinrich August)

—— Tunnellieder für 2 Tenöre und 2 Bässe ohne Begleitung ... 46. Werk. [Parts.] 4 pt. *Bei Friedrich Hofmeister: Leipzig,* [1828.] 8°. Hirsch M. **262**.

MARSCHNER (Heinrich August)

—— Unpolitische Lieder von Hoffmann von Fallersleben ... Op. 108. Stimmen u. Partitur. *Bei Fr. Hofmeister: Leipzig,* [1841?] 8°. Hirsch M. **263**.
Tafelgesänge für Mænnerstimmen. Hft. 14. *Imperfect; wanting the parts.*

MARSCHNER (Heinrich August)

—— Unter der Lorely. *See supra*: Juniuslieder von Emanuel Geibel ... 146tes Werk. No. 4.

MARSCHNER (Heinrich August)

—— Sechs vierstimmige Gesänge für Männerstimmen ... 41tes Werk. [Parts.] 4 pt. *Bei N. Simrock: Bonn,* [1828.] 8°. Hirsch M. **264**.

MARSCHNER (Heinrich August)

—— Wirthstöchterlein singt. *See supra*: Der fahrende Schüler ... 168. Werk. [No. 5.]

MARSCHNER (Heinrich August)

—— Wo find' ich mein Lieb'? *See supra*: Zwei Lieder ... Op. 182. No. 2.

MARSEILLAISE.

—— La Marseillaise. Französische National-Hymne. [By C. J. Rouget de Lisle.] [Arranged by H. Cramer. [P.F.] pp. 3. *Chez Jean André: Offenbach s/M.,* [1860?] fol. [*Chants nationaux.* no. 2.] Hirsch M. **1312**. (**1**.)

MARSEILLEISE.

—— La Marseilleise. Chant national de 1792. *See* Meissonnier (J.)

MARSEILLESE.

—— Marche des Marseillois [by C. J. Rouget de Lisle], arrangée pour piano-forté. pp. 3. *Chez J. André: Offenbach s/m.,* [1830?] 8°. Hirsch M. **1300**. (**15**.)

MARTÍNEZ TORNER (Eduardo)

—— *See* Narbaez (L. de) El Delphin de música, *etc.* [Libro 1 and 2 transcribed and edited by E. M. Torner.] [1923.] 4°. Hirsch M. **438**.

MARTÍNEZ TORNER (Eduardo)

—— *See* Narbaez (L. de) [*El Delphin de musica.*] Composiciones escogidas ... Arregladas para piano y para canto y piano por E. M. Torner. [1923.] 4°.
Hirsch M. **439**.

MARTIN Y SOLAR (Vicente)

—— [Una Cosa rara.] Nel cor mi sento, a cavatina, sung ... in the opera La Cosa Rara ... arranged for the piano forte by C. M. Sola. pp. 5. *Printed for H. Falkner: London,* [1821?] fol. Hirsch M. **1273**. (**30**.)
Watermark date 1821.

MARTIN Y SOLAR (Vicente)

—— [Una Cosa rara.] Parto fra gl'innocenti madre, duett. pp. 8. *Mr Kelly: London,* [1805?] fol.
Hirsch M. **1273**. (**38**.)

MARTIN Y SOLAR (Vicente)

—— [Una Cosa rara.] Più bianca di giglio. A favorite song. pp. 3. *Preston: London,* [1817?] fol.
Hirsch M. **1273**. (**33**.)
Watermark date 1817.

MARTIN Y SOLAR (Vicente)

—— Guardami un poco. *See infra*: [*La Scuola dei maritati.*]

MARTIN Y SOLAR (Vicente)

—— [La Scuola dei maritati.] Martini's celebrated Polacca ⟨La Donna ha dolce il core⟩ as sung by Madame Bertinotti ... with additions expressly composed for her by F. Radicati. pp. 6. *Goulding & Co.: London,* [1811?] fol.
Hirsch M. **1275**. (**15**.)
Watermark date 1811.

MARTIN Y SOLAR (Vicente)

—— [La Scuola dei maritati.—Guardami un poco.] *See* Steibelt (Daniel) Steibelt's Eighteenth Pot Pouri for the Piano Forte in which is introduced Martini's favorite Air of Guardami un poco. [1811?] fol.
Hirsch M. **1282**. (**26**.)

MARTIN Y SOLAR (Vicente)

—— Parto fra gl'innocenti madre. *See supra*: [*Una Cosa rara.*]

MARX (Adolph Bernhard)

—— *See* Bach (J. S.) [*Collected Works.—f. Organ Works.—Smaller Collections and Arrangements.*] Johann Sebastian Bach's noch wenig bekannte Orgelcompositionen ... herausgegeben von A. B. Marx. [1828.] obl. fol.
Hirsch III. **69**.

MARX (Adolph Bernhard)

—— *See* Bach (J. S.) Die hohe Messe in H-moll ... Im Clavierauszuge von A. B. Marx. [1840?] obl. fol.
Hirsch M. **25**.

MARX (Adolph Bernhard)

—— *See* Bach (J. S.) Grosse Passionsmusik nach dem Evangelium Matthæi ... Vollständiger Klavierauszug von A. B. Marx, *etc.* 1830. obl. fol. Hirsch IV. **1136**.

MASINI (Francesco)

—— Album ... Paroles d'Ém. Barateau. [Ten songs.] *Colombier: Paris,* [1844.] 4°. Hirsch III. **919**.

MASINI (Francesco)
—— Album . . . Contenant 12 melodies. Paroles de Marc Constantin. Dessins de Sorrieu. *J. Meissonnier: Paris*, [1845?] 4°. Hirsch III. **918.**

MASINI (Francesco)
—— Album lyrique. Poésies de Mme Amable Tastu & Mr Émile Barateau. Dessins de Mr Achille Deveria. [Twelve songs.] *Chez J. Meissonnier: Paris*, [1840?] obl. 4°. Hirsch III. **917.**

MASINI (Francesco)
—— Belle à nous rendre fous! Chansonette. Paroles de M. Émile Barateau. *Chez Colombier: Paris*, [1842?] fol. Hirsch M. **1297. (39.)**

MASINI (Francesco)
—— La Calinda. Danse péruvienne. [Song.] Paroles de Mr Charles Jobey. pp. 3. *Chez les fils de B. Schott: Mayence*, [1854?] fol. Hirsch M. **1301. (9.)**
Lyre française. no. 501.

MASINI (Francesco)
—— Emma. [Song.] Paroles d'Émile Barateau. *Chez Colombier: Paris*, [1844.] fol. Hirsch M. **1297. (37.)**

MASINI (Francesco)
—— Les Fiancées des pâtres. Styrienne à deux voix . . . Paroles de Mr Crevel de Charlemagne. *Chez J. Meissonnier: Paris*, [1830?] fol. Hirsch M. **1298. (21.)**

MASINI (Francesco)
—— Petite fleur des bois. Chansonette. Paroles de Mme Desirée Pacault. pp. 3. *Chez Bennacci et Pescher: Lyon*, [1845?] fol. Hirsch M. **1297. (38.)**

MASINI (Francesco)
—— Veux-tu mon nom? Romance. Paroles de Mr Auguste Richomme. *Chez A. Meissonnier & Heugel: Paris*, [1845?] fol. Hirsch M. **1297. (36.)**

MASSÉ (Félix Marie)
—— [Galathée.] *See* Schubert (C.) 2e quadrille sur Galathée, *etc.* [1855?] obl. fol. Hirsch M. **1291. (14.)**

MASSON (Paul Marie)
—— [Another copy.] Chants de carneval florentins (canti carnascialeschi) de l'époque de Laurent le Magnifique, *etc.* Paris, [1913.] 4°. Hirsch M. **265.**
Bibliothèque de l'Institut Français de Florence. Publications. ser. 3. vol. 1.

MATELOTS.
—— Les Matelots sur la mer. [Song.] *See* Bazin (F. E. J.)

MATHIAS (Henry)
—— Rondo alla Tedesca, for the Piano Forte, *etc.* pp. 7. *Printed for the Author: London*, [1806?] fol. Hirsch M. **1282. (14.)**
Watermark date 1806.

MATHIAS (Henry)
—— The Welsh Whim, an Air with Variations for the Piano Forte or Harp, *etc.* pp. 4. *E. Riley, for the Author: London*, [1806?] fol. Hirsch M. **1282. (13.)**
Watermark date 1806.

MATHIEUX (Johanna)
—— Trinklied, für Tenor und Chor, mit Pianoforte-Begleitung. [1838.] *See* Periodical Publications.—Leipsic. —*Neue Zeitschrift für Musik.* [Sammlung von Musik-Stücken, *etc.*] Hft. 3. [1838, *etc.*] fol. Hirsch M. **1134.**

MATIEGKA (Wenzel)
—— Sonate facile pour la guitarre seule . . . Oeuv. 16. pp. 7. *Au magasin de l'imprimerie chimique: Vienne*, [1808?] fol. Hirsch III. **395.**
Lithographed throughout.

MATIEGKA (Wenzel)
—— Six variations pour la guitarre seule . . . Oeuvre 8me. pp. 7. *Au magasin de l'imprimerie chymique: Vienne*, [1807?] fol. Hirsch III. **396.**
Lithographed throughout.

MATINÉE DE FRONTIN.
—— Une Matinée de Frontin. Opéra comique. *See* Catrufo (G.)

MATTHAEI (Heinrich August)
—— Sechs deutsche Arietten mit Begleitung des Pianoforte . . . Oeuv. 4. pp. 13. *Bey Breitkopf & Härtel: Leipzig*, [1809?] obl. 4°. Hirsch III. **920.**

MATTHAEI (Karl)
—— Ausgewählte Orgelstücke des 17. Jahrhunderts. Herausgegeben von K. Matthei. Notenbeilage zum Bericht über die Freiburger Tagung für deutsche Orgelkunst 1926, *etc.* pp. 41. *Bärenreiter-Verlag: Augsburg*, [1927.] obl. 4°. Hirsch M. **266.**

MAUDE (   )
—— The Eastbourne Polka. [P.F.] pp. 9. *London Music Publishing and General Agency Co.: London*, [1890?] fol. Hirsch M. **1315. (17.)**

MAUDUIT (Jacques)
—— Psaumes mesurés à l'antique, de J.-A. Baif. [For four and five voices. Score. Edited by H. Expert. With portraits.] pp. 24. *A la cité des livres: Paris*, 1928. 8°. [*Florilège du concert vocal de la renaissance.* no. 7.] Hirsch IV. **961.**

MAURERFRAGEN.
—— Maurerfragen. Lied. *See* Beethoven (L. van)

MAYER (Johann Simon)
—— Donne, l'amore, a Venetian canzonet. pp. 3. *Clementi & Co.: London*, [1821?] fol. Hirsch M. **1274. (15.)**
Watermark date 1821.

MAYER (JOHANN SIMON)
—— Era felice un dì. *See* infra : [*Ginevra di Scozia.*]

MAYER (JOHANN SIMON)
—— [Il Fanatico per la musica.] Chi dice mal d'amore, the favorite song, *etc.* pp. 5. *G. Walker: London,* [1811?] fol. Hirsch M. **1275. (19.)**
Watermark date 1811.

MAYER (JOHANN SIMON)
—— [Il Fanatico per la musica.] Chi dice mal d'amore, the favorite Song, *etc.* pp. 5. *R^t Birchall: London,* [1820?] fol. Hirsch M. **1277. (18.)**

MAYER (JOHANN SIMON)
—— La Farfaletta. Canzonetta. pp. 3. *Theobald Monzani: London,* [1805?] fol. Hirsch M. **1277. (19.)**
A Periodical Collection of Italian Songs, etc. no. 12.

MAYER (JOHANN SIMON)
—— [Ginevra di Scozia.] Era felice un dì. Ariettina, *etc.* pp. 3. *Birchall & Co.: London,* [1825?] fol. Hirsch M. **1273. (3.)**

MAYER (JOHANN SIMON)
—— Grazie agli ingani [*sic*] tuoi, canzonetta with a harp, or piano forte, accompaniment, *etc.* pp. 3. *T. Monzani: London,* [1804?] fol. Hirsch M. **1277. (20.)**
A Periodical Collection of Italian Songs, etc. no. 10.
Watermark date 1804.

MAYER (JOHANN SIMON)
—— Grazie agli inganni tuoi. Canzonetta, with a harp or pianoforte accompaniment. pp. 3. *Printed for R^t Birchall: London,* [1815?] fol. Hirsch M. **1273. (32.)**
Watermark date 1815.

MAYER (JOHANN SIMON)
—— Gran messa da requiem, in partitura. pp. 344. *Pietro Visoni: [Milan,* 1820?] fol. Hirsch IV. **846.**

MAYER (JOHANN SIMON)
—— Oh come scorrono ! Cavatina. Avec accomp^t de guitare. pp. 4. *Chez Mme Duhan & c^{ie}: Paris,* [1810?] 8°. Hirsch M. **660. (16.)**

MAYER (JOHANN SIMON)
—— [Il Ritorno di Serse.] Oh, quanto l'anima, cavatina, *etc.* pp. 4. *Clementi & Co.: London,* [1819?] fol. Hirsch M. **1274. (1.)**
Watermark date 1819.

MAYER (LUDWIG KARL)
—— *See* WEBER (C. M. F. E. von) [*Collected Works.—d. Vocal Works.*] Lieder zur Gitarre. Ausgewählt, eingeleitet und herausgegeben von L. K. Mayer. 1921. 8°.
Hirsch M. **634.**

MAYERBEER (   ) *See* MEYERBEER (G.)

MAYR (RUPERT IGNAZ)
—— [Another copy.] Ausgewählte Kirchenmusik. Bearbeitet von K. G. Fellerer. [Score.] pp. vi. 147. *Henry Litolff's Verlag: Braunschweig,* 1936. fol. [*Das Erbe deutscher Musik.* Reihe 2. Landschaftsdenkmale. Bayern. Bd. 1.] Hirsch IV. **960. a.**
Issued as Bd. 37 *of " Denkmäler der Tonkunst in Bayern."*

MAYSEDER (JOSEPH)
—— First Polonaise for the Piano Forte. pp. 11. *Welsh & Hawes: London,* [1824?] fol. Hirsch M. **1285. (12.)**
Watermark date 1824.

MAYSEDER (JOSEPH)
—— [Quartet. Op. 7. No. 3.] Quatuor pour deux violons, alto et violoncelle, *etc.* [Parts.] 4 pt. *Chez S. Richault: Paris,* [1825?] fol. Hirsch III. **401.**

MAYSEDER (JOSEPH)
—— Premier grand quintetto pour deux violons, deux altos et violoncelle (et contre-basse ad libitum) ... Œuvre 50. [Parts.] 6 pt. *Chez Richault: Paris ; chez Artaria et c^{ie}: Vienne,* [1835?] fol. Hirsch III. **402.**

MAZZINGHI (JOSEPH)
—— *See* MOZART (W. A.) [*La Clemenza di Tito.*] The Favorite Overture, Songs, Duetts &c. ... for the piano forte ... Arranged ... by J. Mazzinghi. [1817?] fol.
Hirsch M. **1281. (1.)**

MAZZINGHI (JOSEPH)
—— *See* MOZART (W. A.) [*Don Giovanni.*] The Favorite Overture, Songs, Duetts &c. ... for the piano forte ... Arranged ... by J. Mazzinghi. [1818?] fol.
Hirsch M. **1281. (3.)**

MAZZINGHI (JOSEPH)
—— *See* MOZART (W. A.) [*Le Nozze di Figaro.*] The Favorite Overture, Songs, Duetts &c. ... for the piano forte ... Arranged ... by J. Mazzinghi. [1820?] fol.
Hirsch M. **1281. (2.)**

ME.
—— M'direz vous qu' j'en ai menti ? Chansonette. *See* LHUILLIER (E.)

MECHEL (KARL AUGUST)
—— XII Redout Deutsche für das Jahr 1815. Gesetzt für das Forte Piano. pp. 9. *Bei And. Boehm: Augsburg,* [1815.] *obl.* fol. Hirsch III. **403.**

MEDITATION.
—— Méditation religieuse. [Part-song.] *See* BERLIOZ (L. H.) Tristia ... Œuv: 18. No. 1.

MEERESLEUCHTEN.
—— Meeresleuchten. [Song.] *See* LOEWE (J. C. G.) Fünf Lieder. Op. 145. No. 1.

MEES (J.)

—— Ma gaieté perdue. [Song.] Paroles de M^de Agathe L.... *See* Periodical Publications.—*Paris.* Journal de lyre, *etc.* année. 2. no. 72. [1805?] 8°.
Hirsch M. **660. (1.)**

MEES (J.)

—— Le Rendez-vous. [Song.] Paroles de M^de Agathe L.... *See* Periodical Publications.—*Paris.* Journal de lyre, *etc.* année. 2. no. 69. [1805?] 8°.
Hirsch M. **660. (1.)**

MÉHUL (Étienne Nicolas)

—— [A reissue.] Bion. Opéra, *etc.* [Score.] *Chez Pleyel: Paris,* [1805?] fol. Hirsch II. **570.**

MÉHUL (Étienne Nicolas)

—— [Le Chant du départ.] *See* Micheuz (G.) 3 fantaisies nationales... pour le piano... No. 3 Le Chant du départ [by E. N. Méhul], *etc.* [1880?] fol.
Hirsch M. **1298. (25.)**

MÉHUL (Étienne Nicolas)

—— [Another copy.] Chant lyrique pour l'inauguration de la statue votée à sa majesté l'empereur et roi [par l'institut national. Paroles de Mr Arnault]. [Score.] [*Paris,* 1811.] fol. Hirsch IV. **847.**
The titlepage is mutilated.

MÉHUL (Étienne Nicolas)

—— Les Deux aveugles de Tolède. Opéra comique en un acte et en prose. Paroles de Mr Marsolier, *etc.* [Score.] pp. 194. *Chez Richault: Paris,* [1806?] fol.
Hirsch II. **569.**

MÉHUL (Étienne Nicolas)

—— [Another copy.] Partition d'une Folie. Opéra, *etc. Paris,* [1802?] fol. Hirsch II. **574.**

MÉHUL (Étienne Nicolas)

—— [Une Folie.—Je suis encore dans mon printemps.] *See* Lipavsky (J.) VIII variations pour le piano-forte sur la romance: In des Tirannes Eisenmacht etc. tirée de l'opéra.... Die beiden Füchse. [1805?] *obl.* fol.
Hirsch III. **366.**

MÉHUL (Étienne Nicolas)

—— [Another copy.] Gabrielle d'Estrées... Opéra. [Score.] *Paris,* [1806?] fol. Hirsch II. **572.**

MÉHUL (Étienne Nicolas)

—— Héléna. Opéra en trois actes, paroles de J. N. Bouilly, *etc.* [Score.] pp. 239. *Chez Meysenberg: Paris,* [1803?] fol. Hirsch II. **575.**

MÉHUL (Étienne Nicolas)

—— [Another issue.] L'Irato, ou l'Emporté. Opéra bouffon. [Score.] *Paris,* [1801?] fol. Hirsch II. **576.**

MÉHUL (Étienne Nicolas)

—— [Another copy.] Joseph. Opéra, *etc.* [Score.] *Paris,* [1807?] fol. Hirsch II. **577.**

MÉHUL (Étienne Nicolas)

—— Joseph. Oper in 3 Akten... Orchester-Partitur revidirt von Gust. F. Kogel. pp. 150. *C. F. Peters: Leipzig,* [1881.] fol. Hirsch II. **578.**

MÉHUL (Étienne Nicolas)

—— [Joseph.—A peine au sortir.] *See* Knittelmair (L.) Variations pour le piano-forte à quatre mains sur la romance favorite de l'opéra Joseph: à peine au sortir [by E. N. Méhul]. [1810?] *obl.* fol. Hirsch III. **345.**

MÉHUL (Étienne Nicolas)

—— La Journée aux aventures. Opéra comique en trois actes et en prose. Paroles de MM. Capelle et Mézières, *etc.* [Score.] pp. 136. 71. 44. *Ph. Petit: Paris,* [1816?] fol. Hirsch II. **579.**

MÉHUL (Étienne Nicolas)

—— [Another copy.] L'Oriflamme. Opéra, *etc.* [Score.] [*Paris,* 1814?] fol. Hirsch II. **581.**

MÉHUL (Étienne Nicolas)

—— [Another issue.] Le Prince Troubadour, opéra-comique, *etc.* [Score.] *Paris,* [1813?] fol. Hirsch II. **585.**

MÉHUL (Étienne Nicolas)

—— Stratonice. Opéra en un acte. [Score.] pp. 127. *Chez Richault: Paris,* [1810?] fol. Hirsch II. **583.**

MÉHUL (Étienne Nicolas)

—— [Another copy.] Le Trésor supposé. Comédie, *etc.* [Score.] *Paris,* [1803.] fol. Hirsch II. **584.**
The titlepage bears the composer's autograph signature.

MÉHUL (Étienne Nicolas)

—— Uthal. Opéra en un acte imité d'Ossian. Paroles de Mr St Victor, *etc.* [Score.] pp. 151. *Chez Meysenberg: Paris,* [1815?] fol. Hirsch II. **586.**

MÉHUL (Étienne Nicolas)

—— [Another issue.] Valentine de Milan. Opéra, Œuvre posthume; partition terminée... par J^h Daussoigne, *etc. Paris; Berlin,* [1822?] fol. Hirsch II. **587.**

MEIN.

—— Mein erster Gedanke. [Song.] *See* Kossmaly (C.)

MEIN.

—— Mein Herz und meine Laute. [Song.] *See* Ich. Ich weih' o Theure alles dir, *etc.* [1826.] 8°.
Hirsch M. **1299. (4.)**

MEIN.

—— Mein Schatz ist ein Reuter. *Lied:* für Piano-forte oder Guitarre Begleitung. *Bei B. Schott's Söhnen: Mainz,* [1823?] 8°. Hirsch M. **1299. (9.)**

MEISSONNIER (ANTOINE)

—— See FIORAVANTI (V.) [*I Virtuosi ambulanti.—Adorata eccelsa diva.*] Air arrangée avec accomp^t de lyre ou guitare. Par Meissonnier. [1810?] 8º.
Hirsch M. **660. (21.)**

MEISSONNIER (ANTOINE)

—— See ROMAGNESI (A.) Le Bon pasteur. Romance ... Accompagnement de guitare par A. Meissonnier. [1825?] 8º. Hirsch M. **1293. (7.)**

MEISSONNIER (JOSEPH)

—— La Marseilleise. Chant national de 1792 [by C. J. Rouget de Lisle]. Arrangé pour la guitare par Meissonnier j^{ne}. *Chez J. Meissonnier: Paris,* [1825?] 8º.
Hirsch M. **1293. (10.)**

MEISSONNIER (JOSEPH)

—— La Parisienne, marche nationale. [Song.] Paroles de Mr. Casimir Delavigne ... Arrangée pour la guitare par Meissonnier j^{ne}. *Chez Meissonnier: Paris,* [1825?] 8º.
Hirsch M. **1293. (11.)**

MEISSONNIER (JOSEPH)

—— See BEAUPLAN (A. de) *pseud.* La Demoiselle au bal. Chansonette ... Arrangée pour la guitare par Meissonnier j^{ne}. [1825?] 8º. Hirsch M. **1293. (14.)**

MEISSONNIER (JOSEPH)

—— See BEAUPLAN (A. de) *pseud.* Les Souvenirs du pays ... Arrangée pour la guitare par Meissonnier j^{ne}. [1825?] 8º. Hirsch M. **1293. (1.)**

MEISSONNIER (JOSEPH)

—— See LHUILLIER (E.) La Carrière amoureuse de chauvin. Chanson ... Arrangée pour la guitare par Meissonnier jeune. [1825?] 8º. Hirsch M. **1293. (19.)**

MEISSONNIER (JOSEPH)

—— See LHUILLIER (E.) M'direz vous qu' j'en ai menti? Chansonette ... Arrangée pour la guitare par Meissonnier jeune. [1825?] 8º. Hirsch M. **1293. (15.)**

MEISSONNIER (JOSEPH)

—— See LHUILLIER (E.) La Ménagerie. Chanson ... Arrangée pour la guitare par Meissonnier jeune. [1825?] 8º. Hirsch M. **1293. (17.)**

MEISSONNIER (JOSEPH)

—— See PLANTADE (C. H.) Le Départ du trompette de cuirassiers. Chanson militaire ... Accompagnement de guitare par Meissonnier jeune. [1825?] 8º.
Hirsch M. **1293. (13.)**

MEISSONNIER (JOSEPH)

—— See PLANTADE (C. H.) La Noce de Mlle Gibou. Narration ... Arrangée pour la guitare par Meissonnier jeune. [1830?] 8º. Hirsch M. **1293. (16.)**

MEISSONNIER (JOSEPH)

—— See PLANTADE (C. H.) La Promenade du dimanche ... Chanson militaire ... Accompagnement de guitare par Meissonnier jeune. [1825?] 8º. Hirsch M. **1293. (12.)**

MEISSONNIER (JOSEPH)

—— See VICTOIRE. La Victoire enchantant [*sic*]. Le Chant du départ ... Arrangé pour la guitare par Meissonnier j^{ne}. [1825?] 8º. Hirsch M. **1293. (8.)**

MÉLANCHOLIE.

—— La Mélancholie. Air. See WINTER (P. von) [*Marie de Montalban.—Rosenbilder süsser Liebe.*]

MÉLIANT (CH..... DE)

—— See NAZOLINI ( ) Care donzelle ... Accompagnement de guitare ou lyre par Ch..... de Méliant. [1820?] 8º. Hirsch M. **660. (23.)**

MÉLIANT (CH..... DE)

—— See PAISIELLO (G.) Occhietto furbetto ... Accompagnement de guitare ou de lyre par Ch..... de Méliant. [1810?] 8º. Hirsch M. **660. (25.)**

MENACE.

—— La Menace des Francs. [Chorus.] See BERLIOZ (L. H.) Vox populi. Œuv: 20. No. 1.

MÉNAGERIE.

—— La Ménagerie. Chanson parade. See LHUILLIER (E.)

MENDELSSOHN-BARTHOLDY (JACOB LUDWIG FELIX)
[*Collected Works.—a. Complete Works and Larger Collections.*]

—— Felix Mendelssohn Bartholdy's Sämmtliche Werke. Symphonien, Ouverturen, Quartette u. Concerte. *C. F. Peters: Leipzig,* [1879.] 4º. Hirsch M. **1010.**
Imperfect; wanting all except the volume containing the overtures.

MENDELSSOHN-BARTHOLDY (JACOB LUDWIG FELIX)
[*Collected Works.—c. Miscellaneous Vocal Collections.*]

—— Geistliche Gesangwerke ... Für Solostimmen und Chor ohne Begleitung. Partitur. pp. 84. *Breitkopf & Härtel: Leipzig,* [1875.] fol. Hirsch IV. **850.**
Felix Mendelssohn Bartholdy's Werke. ser. 14. Abt. c.

MENDELSSOHN-BARTHOLDY (JACOB LUDWIG FELIX)
[*Collected Works.—d. Songs.—Large Collections.*]

—— Gesänge und Lieder für eine Singstimme mit Begleitung des Pianoforte ... Op. 8 ... Op. 9. *Schlesinger: Berlin,* [1830?] obl. fol. Hirsch M. **267.**
Imperfect; wanting all except no. 11 of Op. 8 and no. 7–12 of Op. 9.

MENDELSSOHN-BARTHOLDY (JACOB LUDWIG FELIX)

—— Antigone des Sophokles nach Donner's Uebersetzung ... Op. 55. [Score.] pp. 134. *Breitkopf & Härtel: Leipzig,* [1875.] fol. Hirsch II. **588.**
Part of ser. 15 of " Felix Mendelssohn-Bartholdy's Werke."

MENDELSSOHN-BARTHOLDY (Jacob Ludwig Felix)
—— [Another copy.] Concerte für das Pianoforte mit Begleitung des Orchesters. Partitur. No. 1. G moll. Op. 25. No. 2. D moll. Op. 40. no. 1. *Leipzig*, [1862.] 8°.
Hirsch M. **268**.
Imperfect ; wanting no. 2.

MENDELSSOHN-BARTHOLDY (Jacob Ludwig Felix)
—— Erstes Concert für das Pianoforte mit Begleitung des Orchesters . . . Op. 25. [Score.] pp. 46. *Breitkopf & Härtel : Leipzig*, [1893 ?] fol. Hirsch M. **1011**.
Part of " Partitur-Bibliothek. Gruppe VI."

MENDELSSOHN-BARTHOLDY (Jacob Ludwig Felix)
—— [Another copy.] Concert für die Violine mit Begleitung des Orchesters. Op. 64. Partitur. *Leipzig*, [1862.] 8°.
Hirsch M. **269**.

MENDELSSOHN-BARTHOLDY (Jacob Ludwig Felix)
—— Concert für die Violine mit Begleitung des Orchesters . . . Op. 64. [Score.] pp. 55. *Breitkopf & Härtel : Leipzig*, [1893 ?] fol. Hirsch M. **1012**.
Part of " Breitkopf & Härtel's Partitur Bibliothek."

MENDELSSOHN-BARTHOLDY (Jacob Ludwig Felix)
—— [Another copy.] Elias. Ein Oratorium . . . Op. 70. Partitur. *Bonn*, [1847.] fol. Hirsch IV. **848**.

MENDELSSOHN-BARTHOLDY (Jacob Ludwig Felix)
—— Elias. Ein Oratorium nach Worten des alten Testaments . . . Op. 70. [Score.] pp. 337. *Breitkopf & Härtel : Leipzig*, [1895 ?] fol. Hirsch IV. **849**.
Partitur-Bibliothek. no. 684.

MENDELSSOHN-BARTHOLDY (Jacob Ludwig Felix)
—— [Another issue.] Die erste Walpurgisnacht. Ballade für Chor und Orchester . . . Op. 60. Partitur. *Leipzig*, [1844.] fol. Hirsch IV. **855**.

MENDELSSOHN-BARTHOLDY (Jacob Ludwig Felix)
—— Die erste Walpurgisnacht. Ballade von Goethe für Chor und Orchester . . . Op. 60. [Score.] pp. 154. *Breitkopf & Härtel : Leipzig*, [1875.] fol. Hirsch IV. **856**.
Felix Mendelssohn-Bartholdy's Werke. ser. 15.

MENDELSSOHN-BARTHOLDY (Jacob Ludwig Felix)
—— [Another copy.] Festlied zu Zelters siebzigstem Geburtstag MDCCCXXVIII. Gedichtet von Goethe, *etc*. [A facsimile.] *Leipzig*, [1928.] obl. 4°. Hirsch M. **270**.

MENDELSSOHN-BARTHOLDY (Jacob Ludwig Felix)
—— Zwoelf Gesænge mit Begleitung des Pianoforte . . . Op: 8. 2 Hft. *In der Schlesinger'schen Buch und Musikhandlung : Berlin*, [1826.] obl. fol. Hirsch M. **271**.

MENDELSSOHN-BARTHOLDY (Jacob Ludwig Felix)
—— [A reissue.] Zwoelf Gesænge mit Begleitung des Pianoforte . . . Op: 8. Hft. 1. *Berlin*, [1830 ?] obl. fol.
Hirsch M. **272**.
Imperfect ; wanting Hft. 2.

SIG. 36.—PART 53.

MENDELSSOHN-BARTHOLDY (Jacob Ludwig Felix)
—— Sechs Gesänge mit Begleitung des Pianoforte . . . Op. 19. pp. 13. *Bei Breitkopf & Härtel : Leipzig*, [1845 ?] obl. fol.
Hirsch M. **273**.

MENDELSSOHN-BARTHOLDY (Jacob Ludwig Felix)
—— Sechs Gesaenge mit Begleitung des Pianoforte . . . Op: 34. pp. 15. *Bei Breitkopf & Härtel : Leipzig*, [1837.] obl. fol. Hirsch M. **274**.

MENDELSSOHN-BARTHOLDY (Jacob Ludwig Felix)
—— Sechs Gesänge für eine Singstimme mit Begleitung des Pianoforte . . . Op. 99. pp. 15. *Bei Breitkopf & Härtel : Leipzig*, [1852.] obl. fol. Hirsch M. **275**.

MENDELSSOHN-BARTHOLDY (Jacob Ludwig Felix)
—— [Zwei Gesänge. No. 1.] Das Waldschloss. Lied, gedichtet von Eichendorff. [1838.] *See* PERIODICAL PUBLICATIONS.—Leipsic.—*Neue Zeitschrift für Musik.* [Sammlung von Musik-Stücken, *etc.*] Hft. 1. [1838, *etc.*] fol.
Hirsch M. **1134**.

MENDELSSOHN-BARTHOLDY (Jacob Ludwig Felix)
—— [Zwei Gesänge. No. 2.] Pagenlied, von v. Eichendorf [*sic*] [1838.] *See* PERIODICAL PUBLICATIONS.—Leipsic.—*Neue Zeitschrift für Musik.* [Sammlung von Musik-Stücken, *etc.*] Hft. 2. [1838, *etc.*] fol. Hirsch M. **1134**.

MENDELSSOHN-BARTHOLDY (Jacob Ludwig Felix)
—— Gondellied, für Pianoforte. [1841.] *See* PERIODICAL PUBLICATIONS.—Leipsic.—*Neue Zeitschrift für Musik.* [Sammlung von Musik-Stücken, *etc.*] Hft. 14. [1838, *etc.*] fol. Hirsch M. **1134.**

MENDELSSOHN-BARTHOLDY (Jacob Ludwig Felix)
—— Heimkehr aus dem Fremde. Liederspiel in einem Acte . . . Op. 89. [Score.] pp. 140. *Breitkopf & Härtel : Leipzig*, [1875.] fol. Hirsch M. **1013**.
Part of ser. 15 of " Felix Mendelssohn-Bartholdy's Werke."

MENDELSSOHN-BARTHOLDY (Jacob Ludwig Felix)
—— [Another copy.] [Sechs Kinderstücke. Op. 72.] Six Pieces for the Piano-forte, *etc. London*, [1847.] fol.
Hirsch M. **1283**. (5.)
The imprint of William Prowse has been impressed on the titlepage with a stamp.

MENDELSSOHN-BARTHOLDY (Jacob Ludwig Felix)
—— Sechs Lieder mit Begleitung des Pianoforte . . . Op. 47. pp. 17. *Bei Breitkopf & Härtel : Leipzig*, [1840.] obl. fol.
Hirsch M. **276**.

MENDELSSOHN-BARTHOLDY (Jacob Ludwig Felix)
—— Sechs Lieder mit Begleitung des Pianoforte . . . Op. 57. pp. 17. *Bei Breitkopf & Härtel : Leipzig*, [1843.] obl. fol.
Hirsch M. **277**.

MENDELSSOHN-BARTHOLDY (Jacob Ludwig Felix)
—— Sechs Lieder mit Begleitung des Pianoforte . . . Op. 71. pp. 15. *Bei Breitkopf & Härtel : Leipzig*, [1847 ?] obl. fol.
Hirsch M. **278**.

MENDELSSOHN-BARTHOLDY (Jacob Ludwig Felix)

—— Lieder ohne Worte. Ausgewählt und mit einem Vorwort von Hermann W. v. Waltershausen. [With a portrait.] pp. xiii. 75. *Drei Masken Verlag: München*, 1920. 8°. Hirsch M. **279**.

One of the " Musikalische Stundenbücher."

MENDELSSOHN-BARTHOLDY (Jacob Ludwig Felix)

—— [Lieder ohne Worte.] Venezianische Gondellieder. ⟨Opus 19, Nr. 6. Opus 62, Nr. 5. Opus 30, Nr. 6.⟩ Mit vier Radierungen von Hermann Struck. *Horodisch & Marx: Berlin*, 1925. 4°. Hirsch M. **1014**.

MENDELSSOHN-BARTHOLDY (Jacob Ludwig Felix)

—— [Another issue.] Lobgesang. Eine Symphonie-Cantate . . . Partitur. Op. 52. *Leipzig*, [1841.] fol.
Hirsch IV. **851**.

MENDELSSOHN-BARTHOLDY (Jacob Ludwig Felix)

—— Lobgesang. Eine Symphonie-Cantate nach Worten der heiligen Schrift . . . Op. 52. [Score.] pp. 204. *Breitkopf & Härtel: Leipzig*, [1875.] fol. Hirsch IV. **853**.

Felix Mendelssohn-Bartholdy's Werke. ser. 14, Abt. A.

MENDELSSOHN-BARTHOLDY (Jacob Ludwig Felix)

—— Lobgesang. Eine Symphonie-Cantate nach Worten der heiligen Schrift . . . Op. 52. [Score.] pp. 179. *Henry Litolff's Verlag: Braunschweig*, [1877?] fol.
Hirsch IV. **852**.

Symphonies de Félix Mendelssohn-Bartholdy. Partitions d'orchestre revues par H. Böhme. no. 2.

MENDELSSOHN-BARTHOLDY (Jacob Ludwig Felix)

—— Ouverturen. ⟨1. Ouverture zum Sommernachtstraum. 2. Ouverture: Die Fingals-Höhle (Hebriden). 3. Ouverture: "Meeresstille und glückliche Fahrt." 4. Ouverture zur Schönen Melusine. 5. Ouverture zu Ruy Blas.⟩ pp. 131. [1879.] 4°. *See supra:* [*Collected Works.— a. Complete Works and larger Collections.*]
Hirsch M. **1010**.

MENDELSSOHN-BARTHOLDY (Jacob Ludwig Felix)

—— Ouverture für Harmoniemusik . . . Op. 24. pp. 47. *Bei N. Simrock: Bonn*, [1852.] 8°. Hirsch M. **280**.

MENDELSSOHN-BARTHOLDY (Jacob Ludwig Felix)

—— [Overture. Op. 26.] "Die Hebriden." First version of the concert-overture. [Orchestral score, dated " Rom. 16 Dec. 1830." A facsimile of the autograph, with a preface by Max F. Schneider.] *Amerbach Publishing Co.: Basle*, [1947.] obl. 4°. Hirsch M. **281**.

MENDELSSOHN-BARTHOLDY (Jacob Ludwig Felix)

—— Ouverture zu Ruy Blas für grosses Orchester . . . Op. 95 . . . Partitur, etc. pp. 64. *Bei Fr. Kistner: Leipzig*, [1851.] 8°. Kirsch M. **282**.

MENDELSSOHN-BARTHOLDY (Jacob Ludwig Felix)

—— [Another issue.] Paulus. Oratorium nach Worten der heiligen Schrift . . . Opus. 36. [Score, with a portrait.] *Bonn*, [1837.] fol. Hirsch IV. **854**.

In this issue the text preceding the music is lithographed on 2 pp.

MENDELSSOHN-BARTHOLDY (Jacob Ludwig Felix)

—— Drittes Quartett für Fortepiano, Violine, Viola u. Violoncell . . . 3tes Werk. [Parts.] 4 pt. *Bei Friedr. Hofmeister: Leipzig*, [1832.] fol. Hirsch M. **1015**.

MENDELSSOHN-BARTHOLDY (Jacob Ludwig Felix)

—— Grand quatuor concertant pour deux violons, alto et violoncelle . . . Oeuv. 12. [Parts.] 4 pt. *Chez Frédéric Hofmeister: Leipzig*, [1830.] fol.
Hirsch M. **1016**.

MENDELSSOHN-BARTHOLDY (Jacob Ludwig Felix)

—— [A reissue.] Quatuor pour deux violons, viola et violoncelle. Op. 13. [Parts.] *Leipzig*, [1835?] fol.
Hirsch M. **1017**.

MENDELSSOHN-BARTHOLDY (Jacob Ludwig Felix)

—— Trois grands quatuors pour deux violons, alto et basse . . . . Oeuv. 44. [Parts.] 12 pt. *Chez Breitkopf & Härtel: Leipzig*, [1850?] fol. Hirsch M. **1019**.

MENDELSSOHN-BARTHOLDY (Jacob Ludwig Felix)

—— Trois grands quatuors pour deux violons, alto et basse . . . Oeuv. 44. No. I. ⟨–III.⟩ [Parts.] 12 pt. *Chez Breitkopf & Härtel: Leipsic*, [1838?] fol.
Hirsch M. **1018**.

The titlepages bear MS. *dedications in the composer's autograph.*

MENDELSSOHN-BARTHOLDY (Jacob Ludwig Felix)

—— [Another copy.] Quintuor pour deux violons, deux altos et violoncelle . . . Oeuvre 18. [Parts.] *Bonn*, [1834.] fol. Hirsch M. **1020**.

MENDELSSOHN-BARTHOLDY (Jacob Ludwig Felix)

—— Quintett für 2 Violinen, 2 Bratschen u. Violoncell . . . Op. 87. No. 16. der nachgelassenen Werke. [Parts.] 5 pt. *Bei Breitkopf & Härtel: Leipzig*, [1850?] fol.
Hirsch M. **1021**.

MENDELSSOHN-BARTHOLDY (Jacob Ludwig Felix)

—— [Another copy.] Rondo brillant für das Pianoforte mit Begleitung des Orchesters . . . Op. 29. Partitur. *Leipzig*, [1865?] 8°. Hirsch M. **283**.

MENDELSSOHN-BARTHOLDY (Jacob Ludwig Felix)

—— Seemann's Scheidelied. Neue Dichtung von Hoffmann von Fallersleben für eine Singstimme und Piano. pp. 3. *In der Schlesinger'schen Buch u. Musikhandlung: Berlin*, [1843?] fol. Hirsch M. **1022**.

MENDELSSOHN-BARTHOLDY (Jacob Ludwig Felix)
—— Ein Sommernachtstraum von Shakespeare ... Op. 61. [Score.] pp. 174. *Breitkopf & Härtel: Leipzig*, [1895?] fol.
Hirsch II. **589**.
A reissue of the sheets of ser. 15, no. 117 of "Felix Mendelssohn Bartholdy's Werke," in the series entitled "Partitur-Bibliothek."

MENDELSSOHN-BARTHOLDY (Jacob Ludwig Felix)
—— [Ein Sommernachtstraum.—Overture.] Il Sogno d'una notta d'estate. Sinfonia, con illustrazione [by A. Basevi]. [Score.] pp. 78. *G. G. Guidi: Firenze*, 1862. 8°.
Hirsch M. **284**.
Part of the "Biblioteca del sinfonista."

MENDELSSOHN-BARTHOLDY (Jacob Ludwig Felix)
—— [Ein Sommernachtstraum.] [A reissue.] Fünf Orchesterstücke aus der Musik zu Shakespeares Sommernachtstraum ... Op. 61. [Score.] *Leipzig, Wien*, [1930?] 8°.
Hirsch M. **285**.
Eulenburgs kleine Partitur-Ausgabe. no. 804.

MENDELSSOHN-BARTHOLDY (Jacob Ludwig Felix)
—— [Ein Sommernachtstraum.] Overture to Shakespeare's Midsummer Night's Dream, for the Piano Forte. pp. 14. *Cramer, Beale & Co.: London*, [1848?] fol.
Hirsch M. **1283. (9.)**

MENDELSSOHN-BARTHOLDY (Jacob Ludwig Felix)
—— Sechs Sonaten für die Orgel ... Op. 65. pp. 70. *Bei Breitkopf & Härtel: Leipzig*, [1845?] obl. fol.
Hirsch M. **286**.

MENDELSSOHN-BARTHOLDY (Jacob Ludwig Felix)
—— [Another copy.] Study for the Piano-forte. *London*, [1848.] fol.
Hirsch M. **1283. (4.)**
The imprint of William Prowse has been impressed on the titlepage with a stamp.

MENDELSSOHN-BARTHOLDY (Jacob Ludwig Felix)
—— Symphonies ... Partitions d'orchestre, revues par H. Böhme. No. 1. Symphonie en Ut mineur ... Op. 11. ⟨No. 5. Symphonie de la Réformation en re mineur ... Op. 107.⟩ 2 no. *Henry Litolff's Verlag: Braunschweig*, [1877?] 4°.
Hirsch M. **1023**.
Part of "Collection Litolff." Imperfect; wanting symphonies no. 2-4.

MENDELSSOHN-BARTHOLDY (Jacob Ludwig Felix)
—— Symphonie en ut mineur ... Op. 11. [Score. Edited by H. Böhme.] pp. 61. [1877?] *See* supra: Symphonies, *etc.* no. 1. [1877?] 4°.
Hirsch M. **1023**.

MENDELSSOHN-BARTHOLDY (Jacob Ludwig Felix)
—— Erste Symphonie ... Op. 11. ⟨Partitur.⟩ pp. 60. *Breitkopf & Härtel: Leipzig*, [1874.] fol.
Hirsch M. **1024**.
Another issue of ser. 1, no. 1 of "Felix Mendelssohn-Bartholdy's Werke."

MENDELSSOHN-BARTHOLDY (Jacob Ludwig Felix)
—— [Another copy.] Symphonie No. 3 ... Partitur. Op. 56, etc. *Leipzig*, [1843.] 8°.
Hirsch M. **287**.
With different wrappers.

MENDELSSOHN-BARTHOLDY (Jacob Ludwig Felix)
—— [Another copy.] Symphonie No. 4 für Orchester ... Op. 90 ... Partitur. *Bei Breitkopf & Härtel: Leipzig*, [1851.] 8°.
Hirsch M. **288**.

MENDELSSOHN-BARTHOLDY (Jacob Ludwig Felix)
—— Vierte Symphonie ... Op. 90. ⟨Partitur.⟩ pp. 66. *Breitkopf & Härtel: Leipzig*, [1874.] fol.
Hirsch M. **1025**.
Another issue of ser. 1, no. 4 of "Felix Mendelssohn-Bartholdy's Werke."

MENDELSSOHN-BARTHOLDY (Jacob Ludwig Felix)
—— Reformations-Sinfonie, No. 5 ... Op. 107. No. 36 der nachgelassenen Werke, neue Folge. Partitur, *etc. Bei N. Simrock: Bonn*, [1860?] 8°.
Hirsch M. **289**.

MENDELSSOHN-BARTHOLDY (Jacob Ludwig Felix)
—— Symphonie de la Réformation, en ré mineur ... Op. 107. [Score. Edited by H. Böhme.] pp. 67. [1877?] *See* supra: Symphonies, *etc.* no. 5. [1877.] 4°.
Hirsch M. **1023**.

MENDELSSOHN-BARTHOLDY (Jacob Ludwig Felix)
—— Fünfte Symphonie ... Op. 107. ⟨Partitur.⟩ pp. 1-32, 91. *Breitkopf & Härtel: Leipzig*, [1875?] fol.
Hirsch M. **1026**.
Another issue of ser. 1, no. 5 of "Felix Mendelssohn-Bartholdy's Werke." Imperfect; wanting pp. 33-90.

MENDELSSOHN-BARTHOLDY (Jacob Ludwig Felix)
—— Grand trio pour piano, violon et violoncelle. Oeuvr. 49. [Score and parts.] 3 pt. *Chez Breitkopf et Härtel: Leipsic*, [1845?] fol.
Hirsch M. **1027**.

MENDELSSOHN-BARTHOLDY (Jacob Ludwig Felix)
—— [Another copy.] Second grand trio pour piano, violon et violoncelle ... Op. 66. [Score and parts.] *Leipzig*, [1846.] fol.
Hirsch M. **1028**.

MENDELSSOHN-BARTHOLDY (Jacob Ludwig Felix)
—— Sechs zweistimmige Lieder mit Begleitung des Pianoforte ... Op. 63. pp. 25. *Bei Fr. Kistner: Leipzig*, [1844.] obl. fol.
Hirsch M. **290**.

MENDELSSOHN-BARTHOLDY (Jacob Ludwig Felix)
—— Drei zweistimmige Lieder mit Begleitung des Pianoforte ... Op. 77. Heft 2 der zweistimmigen Lieder. No. 5 der nachgelassenen Werke. pp. 13. *Bei Fr. Kistner: Leipzig*, [1849.] obl. fol.
Hirsch M. **291**.

MENEHOU (MICHEL DE)
—— [Another copy.] Nouvelle instruction familière en laquelle sont contenues les difficultés de la musique. [Edited by Henry Expert.] *Paris*, 1900. 8°.
                                                                 Hirsch M. **1029**.
    Part of "Les Théoriciens de la musique au temps de la renaissance."

MENSCHENLOOSE.
—— Menschenloose. [Song.] *See* LOEWE (J. C. G.)

MERCADANTE (SAVERIO)
—— [Andronico.] Nel seggio placido dell'ombre amanti, piccolo notturno, *etc.* [Song.] pp. 5. *Birchall & Co.: London*, [1820?] fol.   Hirsch M. **1273. (7.)**

MERZ (CARL)
—— *See* WEBER (C. M. F. E. von) Oberon, *etc.* ⟨Corrector: C. Merz.⟩ [1825.] fol.   Hirsch IV. **1298**.

MESSCHAERT (JOHANNES MARTINUS)
—— *See* LOEWE (J. C. G.) Die Heinzelmännchen ... Op. 83. Arr. v. J. Messchaert. [1889.] 8°.   Hirsch M. **980. (4.)**

MESSEMAECKERS (HENDRIK)
—— Bataille de belle alliance. Fantaisie pour le piano-forte ... dédiée aux armées alliées. pp. 21. *Chez Pierre Mechetti: Vienne*, [1818.] obl. fol.
                                                                Hirsch M. **1292. (1.)**

METCALF (I. N.)
—— Woodland Waltz. [P.F.] pp. [5.] *Oliver Ditson Co.: Boston*, [1880.] fol.   Hirsch M. **1310. (16.)**

MÉTRA (JULES LOUIS OLIVIER)
—— Orphée aux enfers. Grande valse, sur les motifs de la nouvelle partition de J. Offenbach. [P.F.] pp. 9. *Heugel et cie: Paris*, [1860?] obl. fol.
                                                                Hirsch M. **1291. (8.)**

MEURIOT (J. P.)
—— Les Tribulations d'un anglais. Scène comique. [Song.] ... Paroles de M. Paul Bonjour. *L. Vieillot: Paris*, [1850?] fol.   Hirsch M. **1296. (11.)**

MEXICO, City of.—Colegio de México.
—— Cancionero de Upsala. ⟨Villancicos de diuersos autores a dos, y a tres, y a quatro y a cinco bozes.⟩ Introducción, notas y comentarios de Rafael Mitjana. Transcripción musical en notación moderna de Jesús Bal y Gay. Con un estudio sobre "El Villancico polifónico" de Isabel Pope. pp. 71. 155. [*México*,] 1944. 4°.   Hirsch M. **1030**.

MEYER (D.)
—— Praeludium ... Herausgegeben von Max Seiffert. [Organ.] [1925.] *See* SEIFFERT (M.) Organum, *etc.* Reihe 4. Hft. 2. d. [1924–30?] fol.   Hirsch M. **1204**.

MEYER (KATHI)
—— *See* MUNICH.—*Gesellschaft der Münchner Bücherfreunde*. Der geharnschte Venus ... Herausgegeben von Filidor dem Dorfferer. Hamburg ... 1660. [A reprint, with a criticism of the music by K. Meyer.] 1925. 8°.
                                                               Hirsch M. **432**.

MEYERBEER (GIACOMO)
—— L'Africaine. Opéra en cinq actes. Paroles de E. Scribe ... Grande partition, *etc.* (Édition ... conforme au manuscrit de Meyerbeer revue par F. J. Fétis.) ⟨Supplément no. 1–4.⟩ pp. 862. 72. *Chez G. Brandus & S. Dufour: Paris*, [1865?] fol.   Hirsch II. **590**.

MEYERBEER (GIACOMO)
—— Blümlein all' in dem duftigen Thale. *See infra*: Romance.

MEYERBEER (GIACOMO)
—— Braut-Geleite aus der Heimath. Lied für gemischten Chor. Gedichtet von Rellstab, *etc.* [Orchestral score.] *Bei Ed. Bote & G. Bock: Berlin & Posen*, [1855?] fol.
                                                          Hirsch II. **599. (2.)**
    The titlepage bears a MS. *dedication in the composer's autograph to Ferdinand Hiller.*

MEYERBEER (GIACOMO)
—— [Emma di Resburgo.—La Sorte barbara.] Cavatina, *etc. Ital. & Ger.* pp. 4. *Presso Falter e figli: Monaco*, [1820?] obl. fol.   Hirsch III. **925**.
    Giornale. no. 31. Lithographed throughout.

MEYERBEER (GIACOMO)
—— L'Étoile du nord, opéra comique en trois actes, paroles de E. Scribe ... Grande partition, *etc.* pp. [783.] *Brandus et cie: Paris*, [1854?] fol.   Hirsch II. **592**.
    Without the two supplements. From pp. 562 onwards the leaves are unpaginated.

MEYERBEER (GIACOMO)
—— [L'Étoile du Nord.] *See* MUSARD (P.) L'Étoile du nord ... Quadrille pour piano. [1850?] fol.
                                                          Hirsch M. **1295. (15.)**

MEYERBEER (GIACOMO)
—— [L'Étoile du Nord.] *See* STRAUSS (J.) *the Younger*. Nordstern Quadrille (nach Motiven von G. Meyerbeer), *etc.* [1854.] fol.   Hirsch M. **1228. (16.)**

MEYERBEER (GIACOMO)
—— [Another issue.] Fackeltanz ... Partitur für Militair Musik arrangirt von W. Wieprecht. Für Infanterie, *etc. Berlin*, [1853?] obl. 4°.   Hirsch M. **292**.
    Imperfect; wanting pp. 9, 10, 46 and 47 in the place of which this copy contains pp. 19, 20, 40 and 41 in duplicate.

MEYERBEER (GIACOMO)
—— [Another copy.] Les Huguenots. Opéra ... Partition. *Paris*, [1836.] fol.   Hirsch II. **593**.

MEYERBEER (Giacomo)
—— [Les Huguenots.] Gli Ugonotti. Grand'opera in cinque atti ... Partitura a piena orchestra con illustrazione e ritratto. pp. 890. *G. G. Guidi: Firenze*, [1861.] 8°.
Hirsch II. **594.**

MEYERBEER (Giacomo)
—— [Les Huguenots.] *See* Liszt (F.) Reminiscences des Huguenots. Grande fantaisie dramatique pour le pianoforte, *etc.* [1838.] fol. Hirsch M. **954. (7.)**

MEYERBEER (Giacomo)
—— [Les Huguenots.] *See* Strauss (J.) *the Elder.* Cotillons pour le piano, sur un thème des Huguenots ... Op. 92. [1845?] obl. fol. Hirsch M. **561. (18.)**

MEYERBEER (Giacomo)
—— [Margherita d'Anjou.] Marguerite d'Anjou. Drame lyrique en 3 actes. Paroles de M. T. Sauvage ... Arrangé pour la scène française par P. Crémont, *etc.* [Score.] pp. 2. 571. *Chez H. A. Kretschmer et chez J. Frey: Paris*, [1826?] fol. Hirsch II. **591.**

MEYERBEER (Giacomo)
—— [Overture in the form of a March.] Fest-Ouverture im Marschstÿl für das Concert zur Eröffnung der englischen Industrie-Ausstellung von 1862. a. Triumph-Marsch. b. Religiöser-Marsch. c. Geschwind-Marsch und englisches Volkslied. Partitur für Orchester, *etc.* pp. 68. *Bei Ed. Bote & G. Bock: Berlin & Posen*, [1865?] fol.
Hirsch II. **599. (3.)**
The wrapper bears a MS. *dedication in the composer's autograph to Ferdinand Hiller.*

MEYERBEER (Giacomo)
—— Le Pardon de Ploërmel. Opéra comique en 3 actes. Paroles de MM. Jules Barbier et Michel Carré ... Grande partition, *etc.* pp. 544. *G. Brandus & S. Dufour: Paris*, [1859?] fol. Hirsch II. **595.**

MEYERBEER (Giacomo)
—— [Le Pardon de Ploërmel.] *See* Strauss (J.) *the Younger.* Dinorah Quadrille, nach Themen der G. Meyerbeer'schen Oper: Die Wallfahrt nach Ploërmel, *etc.* [1860?] obl. fol.
Hirsch M. **566. (3.)**

MEYERBEER (Giacomo)
—— Le Prophète. Opéra en cinq actes. Paroles de E. Scribe. ⟨Supplément. No. 1, 2.⟩ [Score.] pp. 794. 3. 10. *Brandus & cie: Paris*, [1849?] fol. Hirsch II. **596.**

MEYERBEER (Giacomo)
—— Robert le Diable. Opéra en 5 actes, paroles de MM. Scribe et G. Delavigne ... Partition. ⟨Suppléments à la partition.⟩ pp. 882. 16. *Chez Maurice Schlesinger: Paris*, [1831.] fol. Hirsch II. **597.**

MEYERBEER (Giacomo)
—— [Robert le Diable.] Roberto il Diavolo. Opera in 5. atti ... Partitura a grande orchestra, *etc.* pp. 883. *G. G. Guidi: Firenze*, [1869.] 8°. Hirsch II. **598.**

MEYERBEER (Giacomo)
—— [Robert le Diable.] *See* Liszt (F.) Fantaisie ... sur des thèmes de l'opéra Robert le Diable ... arrangée pour le piano à quatre mains. [1843.] fol.
Hirsch M. **952. (7.)**

MEYERBEER (Giacomo)
—— [Robert le Diable.] *See* Strauss (J.) *the Elder.* Robert-Tänze, nach beliebten Motiven aus Meyerbeer's Oper, *etc.* [1833.] obl. fol. Hirsch M. **565. (22.)**

MEYERBEER (Giacomo)
—— Romance ⟨Blümlein all' in dem duftigen Thale⟩ ... Mit deutschem u. französischem Text. ⟨Paroles de Henri Blaze. Deutsch von Castelli.⟩ pp. 7. *A^d Mt Schlesinger: Berlin*, [1840?] fol. Hirsch M. **1304. (13.)**
Choix de romances. no. 177.

MEYERBEER (Giacomo)
—— [Another copy.] Struensee. Trauerspiel ... Partitur, *etc. Berlin*, [1847.] fol. Hirsch II. **599. (1.)**
The wrapper bears a MS. *dedication in the composer's autograph to Ferdinand Hiller.*

MEYERBEER (Giacomo)
—— Le Vœu pendant l'orage. [Song.] Paroles de Mr A. Bétourné. pp. 5. *Chez M. Schlesinger: Paris; chez A. M. Schlesinger: Berlin*, [1819.] fol.
Hirsch M. **1298. (24.)**

MEYERBEER (Giacomo)
—— *See* Liszt (F.) Le Moine ... suivi de deux mélodies par Meyerbeer transcrits pour le piano. [1842.] fol.
Hirsch M. **953. (8.)**

MEYERBEER (Giacomo)
—— *See* Pantaleoni (L.) Le Gondolier. [Song] ... avec accompagnement de piano par G. Meyerbeer. [1845?] fol.
Hirsch M. **1304. (19.)**

MEYERBEER (Giacomo)
—— *See* Pantaleoni (L.) Romance. Enfant si j'étais roi! ... Avec accompagnement de piano par G. Meyerbeer. [1845?] fol. Hirsch M. **1304. (20.)**

MI.
—— Mi dona, mi rende. Song. *See* Bertoni (F. G.) [*Ezio.*]

MICHEL (Camille)
—— Colombine. Polka brillante pour piano. pp. 5. *Chez Brandus et cie: Paris*, [1850?] fol. Hirsch M. **1295. (6.)**

MICHEL (Camille)
—— Colombine. Polka brillante pour piano. pp. 5. *Brandus & cie: Paris*, [1855?] fol.
Hirsch M. **1295. (21.)**

MICHEL (CAMILLE)
—— L'Épreuve villageoise, musique de Grétry. Polka pour piano. pp. 3. *Chez Petit ainé: Paris*, [1850?] fol.
Hirsch M. 1295. (22.)

MICHELINE.
—— Micheline. Opéra comique. *See* ADAM (A. C.)

MICHEUZ (GEORGES)
—— 3 fantaisies nationales . . . pour le piano. No. 1. La Marseillaise. No. 2. La Parisienne. No. 3. Le Chant du départ [by E. N. Méhul]. Op. 79. no. 3. *Choudens: Paris*, [1880?] fol. Hirsch M. 1298. (25.)
Imperfect; wanting no. 1 and 2.

MICHEUZ (GEORGES)
—— *See* MOZART (W. A.) [*Don Giovanni.*] Don Juan, etc. (Réduit pour piano seul par G. Micheuz.) [1870?] 8°.
Hirsch M. 351.

MIGNON.
—— Mignon der Harfner und Philine. Cyclus. *See* LENZ (L.)

MIGNON.
—— Mignons Lied. [Song.] *See* LORENZ (O.)

MILITAIRE.
—— Le Militaire observateur. Chansonette. *See* BRUGUIÈRE (E.)

MILLER (EDWARD) *Organist at Doncaster.*
—— *See* CORELLI (A.) Six Sonatas Opera III^{zo}. Adapted for the organ. Six Sonatas Opera IV^{to}. Adapted for the piano forte or harpsichord by E. Miller. [1805?] fol.
Hirsch M. 1287. (2.)

MILLICO (GIUSEPPE)
—— La Farfaletta. *See infra*: [*Six Songs. No. 4.*]

MILLICO (GIUSEPPE)
—— Ho sparso tante lacrime. *See infra*: [*Six Songs. No. 1.*]

MILLICO (GIUSEPPE)
—— La Piu vezzosa. *See infra*: [*Six Songs. No. 5.*]

MILLICO (GIUSEPPE)
—— [Six Songs. No. 1.] Ho sparso tante lacrime. A celebrated canzonet. pp. 3. *Goulding, D'Almaine, Potter & Co.: London*, [1816?] fol.
Hirsch M. 1273. (11.)
Watermark date 1816.

MILLICO (GIUSEPPE)
—— [Six Songs. No. 4.] La Farfaletta. A celebrated canzonet. *Goulding, D'Almaine, Potter & Co.: London*, [1816?] fol. Hirsch M. 1273. (13.)
Pp. 10–12 of a collection of "Millico's Canzonets." Watermark date 1816.

MILLICO (GIUSEPPE)
—— [Six Songs. No. 5.] La Piu vezzosa. A celebrated canzonet. *Goulding, D'Almaine, Potter & Co.: London*, [1820?] fol. Hirsch M. 1273. (15.)
Pp. 13–15 of a collection of "Millico's Canzonets."

MILLOECKER (CARL)
—— Der arme Jonathan. Operette in 3 Acten von Hugo Wittmann und Julius Bauer. [Score.] pp. 429. *Aug. Cranz: Hamburg*, [1890?] fol. Hirsch II. 601.
The title is taken from the cover.

MILLOECKER (CARL)
—— Der Bettelstudent. Operette in 3 Acten von F. Zell u. R. Genée. [Score.] pp. 556. *Gustav Lewy: Wien*, [1883?] fol. Hirsch II. 600.

MIMI.
—— Mimi, ou les Amours d'une portière. [Song.] *See* JOSSE (J. B.)

MINONA.
—— Minona Ashtore. [Song.] *See* CROUCH (F. N.)

MIRANDOLINA.
—— Mirandolina. Komische Oper. *See* SCHOLZ (B.)

MISERERE.
—— Miserere mei Deus. Psaume L [*sic*]. [For two four-part choruses.] *See* ALLEGRI (G.)

MITJANA (RAFAEL)
—— *See* VILLANCICOS. Cancionero de Upsala. ⟨Villancicos de diuersos autores.⟩ Introducción, notas y comentarios de R. Mitjana, etc. 1944. 4°. Hirsch M. 1030.

MITTERMAIER (GEORG)
—— Variationen für den Gesang mit Begleitung des Forte Piano über das Thema Mich fliehen alle Freuden, *etc.* pp. 15. *Bei Falter und Sohn: München*, [1815?] obl. 4°.
Hirsch III. 937.
Lithographed throughout.

MODO.
—— Il modo di prender moglie. [Song.] *See* SCHUBERT (F. P.)

MOELLER (HEINRICH)
—— [Another copy.] Das Lied der Völker, *etc. Mainz*, [1930.] 4°. Hirsch M. 1031.

MOERICKE (OSCAR)
—— Das Nibelungenringerl. Travestie. Dichtung von v. Miris, mit ein leitendem Dialog von R. Stuckenbrock als Soloscherz für Baryton musikalisch bearbeitet . . . Klavierauszug mit Text, *etc.* pp. 75. *Gustav Lichtenberger: Leipzig*, [1884.] 8°. Hirsch M. 293.

MOJSISOVICS (Roderich von)

— Frühlingslieder. Drei Gedichte von Elsa Asenijeff. 1. Einladung. 2. Die Blume an den Frühling. 3. Nachtbild ... Fur eine Singstimme und Klavier, Opus 41, *etc.* ⟨Zum Leipziger Margaretentage, 1912.⟩ pp. 11. **F.P.** *C. F. W. Siegel's Musikalienhandlung: Leipzig,* [1912.] fol.
Hirsch M. **1312. (10.)**
No. 32 of an edition of fifty copies, signed by the composer, the poet, and Wil Howard, the designer of the cover.

MOLITOR (Sebastian)

— Recueil de petites pièces favorites de differents auteurs et un rondeau original pour la guitarre seul ... Liv. [III.] pp. 7. *Au magasin de l'imprimerie chymique: Vienne,* [1805?] fol. Hirsch III. **406.**
Lithographed throughout.

MOLTKE (Carl Melchior Jacob)

— Acht Lieder mit Begleitung des Pianoforte oder der Guitarre, *etc.* Hft. 1. *Bey Breitkopf & Härtel: Leipzig,* [1814.] obl. fol. Hirsch III. **938.**
Imperfect; wanting Hft. 2, 3.

MON.

— Mon cœur soupire. Romance. *See* Dalvimare (M. P.)

MON.

— Mon dernier mot. Romance. *See* Vacher (P. J.)

MON.

— Mon étoile. Romance. *See* Tadolini (G.)

MONATS-FRUECHTE.

— Monats-Früchte für Clavier und Gesang den Freunden des Schönen und Edeln gewidmet. 6 Hft. *Im Verlage des Bureau de Musique von Rudolph Werckmeister: Oranienburg,* [1804.] obl. fol. Hirsch IV. **1694.**

MONDENSCHEIN.

— Mondenschein. [Part-song.] *See* Schubert (F. P.)

MONDLICHT.

— Mondlicht. [Song.] *See* Loewe (J. C. G.)

MONDNACHT.

— Mondnacht. [Song.] *See* Schumann (R. A.) [Liederkreis. Op. 39. No. 5.]

MONDONVILLE (Jean Joseph Cassanea de)

— Introduction and Toccata. [P.F.] pp. 5. *Chappell & Co.: London,* [1813?] fol. [*Antient Relics for the Piano Forte.* no. 1.] Hirsch M. **1287. (1.)**
Watermark date 1813.

MONDONVILLE (Jean Joseph Cassanea de)

— Pièces de clavecin en sonates. Publiées avec une introduction par Marc Pincherle. [With the violin part.] 2 pt. *E. Droz: Paris,* 1935. fol. [*Publications de la société française de musicologie.* ser. 1. tom. 9.]
Hirsch IV. **1006.**

MONIOT (Eugène)

— Polka des oiseaux merveilleux ... Op. 44. *Petit ainé: Paris,* [1850?] fol. Hirsch M. **1295. (3.)**

MONPOU (Hippolyte)

— Addio Teresa. *See infra:* Souvenirs de Naples. No. 1.

MONPOU (Hippolyte)

— Les Deux cousines. *See infra:* Souvenirs de Naples. No. 3.

MONPOU (Hippolyte)

— Les Deux reines. Opéra comique en un acte. Paroles de Mrs Fréd. Soulié et Arnould ... avec accompt de piano par Cornette. no. 1. *Alexandre Cotelle: Paris,* [1840?] fol.
Hirsch M. **1297. (41)**
Imperfect; wanting no. 2–7.

MONPOU (Hippolyte)

— Lamento. *See infra:* Souvenirs de Naples. No. 2.

MONPOU (Hippolyte)

— Le Luthier de Vienne, opéra comique en un acte, paroles de MM. de St Georges et de Leuven ... Partition, *etc.* pp. 207. *Chez J. Meissonnier: Paris,* [1836?] fol.
Hirsch II. **605.**

MONPOU (Hippolyte)

— Le Planteur. Opéra comique en deux actes, paroles de Mr H. de St Georges ... Partition, *etc.* pp. 215. *Chez S. Richault: Paris,* [1839?] fol. Hirsch II. **606.**

MONPOU (Hippolyte)

— Souvenirs de Naples. No. 1. Addio Teresa. Chanson sicilienne, d'Alexandre Dumas. ⟨No. 2. Lamento, d'Alexandre Dumas. [Song.] No. 3. Les Deux cousines. Duettino.⟩ 3 no. *Chez Bernard-Latte: Paris,* [1840?] fol.
Hirsch M. **1298. (26.)**

MONSIEUR DES CHALUMEAUX.

— Monsieur des Chalumeaux. Opéra bouffon. *See* Gaveaux (P.)

MONTAUBRY (E.)

— Les Filles de marbre. Polka des pièces d'or. [P.F.] *J. E. Libau: Bruxelles,* [1850?] fol.
Hirsch M. **1295. (11.)**
Part of "Collection de nouvelles polkas pour le piano."

MONTAUBRY (E.)

— Les Filles de marbre ... No. 1. Polka des pièces d'or. No. 2. Polka-mazurka. Pour le piano par Charles Bizot. no. 1. *Chez les fils de B. Schott: Mayence,* [1854?] fol.
Hirsch M. **1304. (14.)**
Imperfect; wanting no. 2.

MONTE (Filippo di)

— Opera. [Edited by Julius van Nuffel, Charles van den Borren and Georgius van Doorslaer.] 26 no. *Sumptibus L. Schwann: Düsseldorf,* [1927]–35. 8°. Hirsch IV. **984.**

MONTEVERDI (Claudio)
—— [Another copy.] Tutte le opere di Claudio Monterverdi . . . Nuovamente date in luce da G. Francesco Malipiero. 16 tom. *Asolo,* 1926-42. 4⁰.   Hirsch IV. **985**.
  Tom. 11–14 bear the imprint " Universal-Edition, Vienna," tom. 15 and 16 " Nel vittoriale degli italiani."

MONTEVERDI (Claudio)
—— [Arianna.] Lamento d'Ariana, *etc.* [Vocal score. Edited by G. F. Malipiero.] pp. 8.   *Enrico Venturi : Bologna,* [1930.] 4⁰.   Hirsch M. **1032**.
  A reissue of pp. 159–167 of tom. 11 of " Tutte le opere di Claudio Monteverdi " edited by G. F. Malipiero, with the addition of a portrait and a prospectus.

MONTEVERDI (Claudio)
—— [Another copy.] [L'Incoronazione di Poppea.] Le Couronnement de Poppée . . . Sélection. Publié . . . par Vincent d'Indy. *Paris,* [1908.] fol.
                                    Hirsch M. **1033**.

MONTEVERDI (Claudio)
—— [Il Secondo Libro de Madrigali a cinque voci.—Ecco mormorar l'onde.] Seht dort murmelnde Wellen . . . Herausgegeben von Hermann Müller. pp. 11.   *Fr. Kistner & C. F. W. Siegel: Leipzig,* [1924.] 4⁰. Hirsch M. **1034**.
  Alte Gesangsmusik aus dem 15.–18. Jahrhundert. Reihe 1. no. 1.

MONTEVERDI (Claudio)
—— Monteverdis Orfeo. Facsimile des Erstdrucks der Musik. Eingeleitet und herausgegeben von Adolf Sandberger. pp. 7. 100. *Benno Filser: Augsburg,* 1927. fol.
                                    Hirsch M. **1037**.

MONTEVERDI (Claudio)
—— [Another copy.] L'Orfeo di Claudio Monteverdi. Trascritto . . . da Giacomo Orefice. *Milano,* 1909. fol.
                                    Hirsch M. **1036**.

MONTEVERDI (Claudio)
—— [Another copy.] Orfeo . . . Sélection . . . Publié . . . par Vincent d'Indy. *Paris,* [1905.] fol.
                                    Hirsch M. **1035**.

MONTEVERDI (Claudio)
—— Seht dort murmelnde Wellen. *See supra :* [*Il Secondo Libro de Madrigali a cinque Voci.—Ecco mormorar l'onde.*]

MONTEVERDI (Claudio)
—— [Another copy.] Selva morale et spirituale. Venetia 1641 . . . Messa a quattro da cappella. Mise en partition . . . par Antonio Tirabassi, *etc. Bruxelles,* [1914.] 8⁰.
                                    Hirsch M. **294**.

MONTFERRINES.
—— Trois montferrines et trois ecossaises pour la grande salle des redoutes à Munic. [P.F.]   *Chez Mac. Falter : Munic,* [1805 ?] obl. fol.   Hirsch III. **408**.
  Lithographed throughout.

MONTGOMERY (William Henry)
—— The Mouse-Trap Man Waltz. [P.F.] pp. 9.
  C. Sheard : London, [1870 ?] fol. Hirsch M. **1315**. (**18**.)

MONTPELLIER.—*École de Médecine.*
—— Polyphonies du XIII⁰ siècle. Le manuscrit H 196 de la Faculté de Médecine de Montpellier publié par Yvonne Rokseth. tom. 1. Reproduction phototypique du manuscrit. (tom. 2, 3. Transcription intégrale du manuscrit.) tom. 1–3. *Editions de l'oiseau lyre: Paris,* 1935, 36. 4⁰.
                                    Hirsch M. **1038**.
  No. 7 of a special printing of fifteen copies " hors commerce." Imperfect; wanting tom. 4.

MONTPELLIER.—*Faculté de Médecine. See supra :* École de Médecine.

MONZANI AND HILL.
—— Monzani & Hill's Selection of Beethoven's Piano Forte Music. no. 11–14, 16, 22, 23, 37–43. [1810 ?] fol. *See* BEETHOVEN (L. van) [*Collected Works.—b. Pianoforte Works.—Large Collections.*]   Hirsch M. **697**.

MONZANI AND HILL.
—— Monzani & Hill's Selection of Piano Forte Music, composed by L. V. Beethoven. no. 10, 21, 33, 35, 64, 67–69. [1820 ?] fol. *See* BEETHOVEN (L. van) [*Collected Works. b. Pianoforte Works.—Large Collections.*]
                                    Hirsch M. **698**.

MOORE (George Washington)
—— Dress'd in a Dolly Varden. [Song.] Written, composed . . . by G. W. Moore. pp. 5. *Hopwood & Crew : London,* [1870 ?] fol.   Hirsch M. **1318**. (**3**.)

MOORE (Thomas) *the Poet.*
—— A Canadian Boat-Song, arranged for three voices by Thomas Moore . . . A new and enlarged edition. pp. 11. *J. Power: London,* [1825 ?] fol.
                                 Hirsch IV. **1297**. a. (**6**.)
  Watermark date 1825.

MOORE (Thomas) *the Poet.*
—— Here's the Bower, a Ballad, *etc.* ⟨Music & words by Thos Moore.⟩ pp. 5.   *I. Powers Music Ware House : London,* [1806 ?] fol.   Hirsch M. **1277**. (**21**.)
  Watermark date 1806.

MOORE (Thomas) *the Poet.*
—— [Another copy.] A Selection of Irish Melodies, with symphonies and accompaniments by Sir John Stevenson . . . and characteristic words by Thomas Moore, *etc.* no. 1–9. *London,* [1807–24.] fol.   Hirsch III. **1114**.
  Imperfect; wanting no. 10, *and the supplement.*

MOORE (Thomas) *the Poet.*
—— [A Selection of Irish Melodies. 5th Number.] The Minstrel Boy. [Song.] . . . Arranged with symphonies and accompaniment by Sir John Stevenson. pp. 5. *J. Power: London,* [1823 ?] fol. Hirsch IV. **1297**. a. (**4**.)
  Watermark date 1823.

MOORE (THOMAS) *the Poet.*
—— Love & the Sun Dial. A duet, *etc.* pp. 7. *Powers Music Ware House: London*, [1820?] fol.
Hirsch M. **1306**. (**6**.)

MOORE (THOMAS) *the Poet.*
—— The Minstrel Boy. *See supra:* [*A Selection of Irish Melodies. 5th Number.*]

MOOSROESLEIN.
—— Moosröslein. [Song.] *See* LOEWE (J. C. G.)

MOOTZ (J. C.)
—— *See* BOSISIO ( ) Jenny Lind. Suite de valses, *etc.* ⟨Arrangée à 4 mains par J. C. Mootz.⟩ [1845?] *obl.* fol.
Hirsch M. **1291**. (**2**.)

MORAL (ALPHONSE)
—— Le Charlatan. Chansonette parade. Paroles et musique d'A: Moral. Accompag^t de guitare par Gatayes. *Chez Lemoine ainé: Paris*, [1825?] 8°. Hirsch M. **1293**. (**18**.)

MORCEAU D'ENSEMBLE.
—— Le Morceau d'ensemble. Opéra comique. *See* ADAM (A. C.)

MOREL (AUGUSTE)
—— La Fille de l'hôtesse. Ballade. Paroles d'Édouard Thierry, *etc.* pp. 3. *Chez Bernard Latte: Paris*, [1840?] fol. Hirsch M. **1297**. (**43**.)

MOREL (AUGUSTE)
—— Le Fils du Corse. Romance dramatique pour voix de basse. Paroles d'Aimé Gourdin. pp. 7. *Chez Bernard Latte: Paris*, [1845?] fol.
Hirsch M. **1297**. (**42**.)

MORGAN (JOHN WILFORD)
—— Sweetheart Waltz, founded on the popular song " My Sweetheart when a Boy." [P.F.] pp. 9. *Duncan, Davison & Co.: London*, [1875?] fol.
Hirsch M. **1314**. (**19**.)

MÖRICKE ( )
—— [For the German surname of this form :] *See* MOERICKE.

MORIN (AUGUST)
—— Banner-Marsch des Deutschen Schützenbundes zum IX. Bundes und Jubiläums-Schiessen zu Frankfurt a/M., 1887, *etc.* [P.F.] pp. 7. *Th. Henkel: Frankfurt a/M.*, [1887.] fol. Hirsch M. **1304**. (**15**.)

MORLEY (THOMAS)
—— [Another copy.] A Plaine and Easie Introduction to Practicall Musicke ... With an introduction by Edmund H. Fellowes. *London*, 1937. 8°. Hirsch M. **295**.
Shakespeare Association Facsimiles. no. 14.

SIG. 37.—PART 53.

MORPHY Y FERRIZ DE GUZMÁN (GUILLERMO) *Count.*
—— [Another copy.] Les Luthistes espagnols du XVIe siècle, *etc.* 2 Bd. *Leipzig*, 1902. fol. Hirsch M. **1039**.

MORTELLARI (MICHELE C.) *the Younger.*
—— *See* FERRARI (G. G.) [*L'Eroina di Raab.*] Per queste amare lagrime ... Arranged for the piano forte by M. C. Mortellari. [1812?] fol. Hirsch M. **1273**. (**34**.)

MORTELLARI (MICHELE C.) *the Younger.*
—— *See* ROSSINI (G. A.) [*La Gazza ladra.*] Deh ! pensa che domani, rec^{vo} e Ebben per mia memoria. [Duet] ... Arranged by M. C. Mortellari. [1819?] fol.
Hirsch M. **1274**. (**30**.)

MORTELLARI (MICHELE C.) *the Younger.*
—— *See* ROSSINI (G. A.) [*La Gazza ladra.*] O nume benefico! The favorite canon ... arranged by M. C. Mortellari. [1817?] fol. Hirsch M. **1273**. (**48**.)

MORTELLARI (MICHELE C.) *the Younger.*
—— *See* ROSSINI (G. A.) [*L'Italiana in Algeri.*] Cruda sorte ! amor tiranno ... Arranged by M. C. Mortellari. [1820?] fol. Hirsch M. **1274**. (**2**.)

MORTELLARI (MICHELE C.) *the Younger.*
—— *See* ROSSINI (G. A.) [*Tancredi.*] Tradimi il caro ben ! The favorite cavatina ... arranged by M. C. Mortellari. [1820?] fol. Hirsch M. **1274**. (**5**.)

MORTELLARI (MICHELE C.) *the Younger.*
—— *See* ROSSINI (G. A.) [*Il Turco in Italia.*] Un Vago sembiante, cavatina ... arranged by M. C. Mortellari. [1817?] fol. Hirsch M. **1274**. (**4**.)

MORTELLARI (MICHELE C.) *the Younger.*
—— *See* WINTER (P. von) [*Il Ratto di Proserpina.*] A pascer le greggi ... arranged for the piano forte by M. C. Mortellari. [1814?] fol. Hirsch M. **1273**. (**23**.)

MORTELLARI (MICHELE C.) *the Younger.*
—— *See* WINTER (P. von) [*Il Ratto di Proserpina.*] Rendimi ai dolci amplessi, duetto ... arranged by M. C. Mortellari. [1819?] fol. Hirsch M. **1273**. (**36**.)

MORTELLARI (MICHELE C.) *the Younger.*
—— *See* WINTER (P. von) [*Il Ratto di Proserpina.*] Ti veggio t'abbraccio ... arranged by M. C. Mortellari. [1819?] fol. Hirsch M. **1273**. (**35**.)

MORTELLARI (MICHELE C.) *the Younger.*
—— *See* WINTER (P. von) [Il Ratto di Proserpina.] Vaghi colli, ameni prati ... duet ... arranged by M. C. Mortellari. [1817?] fol. Hirsch M. **1275**. (**33**.)

MORTELLARI (MICHELE C.) *the Younger.*
—— *See* WINTER (P. von) [*Il Trionfo del amor fraterno.*] The Favorite Duet Me n' andro di giore al piede ... arranged by M. C. Mortellari. [1819?] fol.
Hirsch M. **1273**. (**37**.)

MOSCHELES (Ignaz)
—— Bonbonnière musicale. Suite de morceaux faciles, agréables et doigtés. Pour le piano. Oeuv. 55. l^on 1. *Chez Maurice Schlesinger: Paris*, [1822?] *obl.* 4º.
Hirsch M. **1292**. (2.)

MOSCHELES (Ignaz)
—— Präludium und Fuge für Pianoforte. [1838.] *See* PERIODICAL PUBLICATIONS.—Leipsic.—*Neue Zeitschrift für Musik*. [Sammlung von Musik-Stücken, *etc.*] Hft. 1. [1838, *etc.*] fol.
Hirsch M. **1134**.

MOSCHELES (Ignaz)
—— The Tyrolese Family. A divertimento for the pianoforte, *etc.* no. 1. *Willis & Co.: London*, [1827?] fol.
Hirsch M. **1306**. (7.)
Imperfect; wanting no. 2, 3. Watermark date 1827.

MOSCHELES (Ignaz)
—— *See* BEETHOVEN (L. van) Concertos de Beethoven arrangés pour le piano seul par J. Moscheles. [1860?] fol.
Hirsch IV. **944**. a.

MOSCHELES (Ignaz)
—— *See* WEBER (C. M. F. E. von) [*Collected Works.—b. Instrumental Selections and Arrangements. Pianoforte.*] C. M. von Weber's Piano Forte Works, edited by J. Moscheles. [1845?] fol.
Hirsch M. **1283**. (6.)

MOSEL (Ignaz Franz von)
—— *See* HAENDEL (G. F.) Belsazer... Übersetzt und bearbeitet von J. F. von Mosel. [1836.] fol.
Hirsch IV. **763**.

MOSER (Hans Joachim)
—— Alte Meister des deutschen Liedes. Dreissig Gesänge des 17. und 18. Jahrhunderts ausgewählt und bearbeitet von H. J. Moser. pp. 58. *C. F. Peters: Leipzig*, [1916.] 8º.
Hirsch M. **296**.
Edition Peters. no. 3495.

MOTTL (Felix)
—— *See* CORNELIUS (C. A. P.) Der Barbier von Bagdad, *etc.* [Edited by F. Mottl.] [1887.] fol.
Hirsch II. **142**.

MOTTL (Felix)
—— *See* CORNELIUS (C. A. P.) Der Barbier von Bagdad... Nach der Originalpartitur bearbeitet von F. Mottl. Ouverture, *etc.* [1885?] 8º.
Hirsch M. **117**.

MOTTL (Felix)
—— *See* WAGNER (W. R.) Tannhäuser und der Sängerkrieg auf Wartburg, *etc.* [Edited by F. Mottl.] [1925?] 8º.
Hirsch II. **956**.

MOTTL (Felix)
—— *See* WAGNER (W. R.) Tristan und Isolde, *etc.* [Edited by F. Mottl.] [1914.] 8º.
Hirsch II. **960**.

MOULAERT (Raymond)
—— *See* LULLI (G. B.) Œuvres complètes, *etc.* ⟨Les Opéras. tom. 2. Réduction pour clavier des parties instrumentales et réalisation de la basse continue par R. Moulaert.⟩ 1930–39. fol.
Hirsch IV. **983**.

MOZART (Johann Georg Leopold)
—— Musikalische Schlittenfahrt arrangirt für das Pianoforte. pp. 9. *Bei A. Kühnel: Leipzig*, [1812.] *obl.* fol.
Hirsch IV. **1634**.
Otto Jahn's copy, with his bookplate.

MOZART (Johann Georg Leopold)
—— Leopold Mozart's Notenbuch, seinem Sohne Wolfgang Amadeus zu dessen siebenten Namenstag (1762) geschenkt. Zum erstenmale veröffentlicht von Hermann Abert. pp. viii. 51. *C. F. W. Siegel's Musikalienhandlung (R. Linnemann): Leipzig*, 1922. *obl.* 4º. Hirsch M. **297**.

MOZART (Wolfgang Amadeus) [*Thematic Catalogues.*]
—— [Another copy.] Thematisches Verzeichniss sämmtlicher Kompositionen von W. A. Mozart, *etc.* *Offenbach a/M*, 1805. 8º.
Hirsch IV. **1062**.
Lithographed throughout.

MOZART (Wolfgang Amadeus) [*Thematic Catalogues.*]
—— W. A. Mozart's thematischer Catalog, so wie er solchen vom 9. Februar 1784 bis zum 15. November 1791 eigenhändig geschrieben hat, nebst einem erläuternden Vorbericht von A. André. Neue mit dem Original-Manuscript nochmals verglichene Ausgabe. [With a portrait.] pp. 63. *Bei Johann André: Offenbach $\frac{a}{m}$*, [1828.] 8º.
Hirsch IV. **1063**.

—— [Another copy.] Hirsch IV. **1063**. a.

MOZART (Wolfgang Amadeus) [*Thematic Catalogues.*]
—— Thematisches Verzeichniss derjenigen Originalhandschriften von W. A. Mozart... welche Hofrath André in Offenbach a. M. besitzt. pp. 77. *Offenbach a. M.*, 1841. 8º.
Hirsch IV. **1064**.

MOZART (Wolfgang Amadeus) [*Collected Works.—a. Complete Works and Large Collections.*]
—— Collection complète de toutes les oeuvres de musique pour le piano-forte, composées par W. A. Mozart. cah. 1–24.

cah.	I.	Trois sonates pour le piano-forte. Oeuvre VI. [K. 330–332.] Ariette variée. No. 1. [K. 573.]
cah.	II.	Trio pour le piano-forte, violon et violoncelle. Oeuvre 14. No. 1. [K. 496.] Trio pour le piano-forte, clarinette ou violon & alto. Oeuvre 14. No. 2. [K. 498.]
cah.	III.	Fantaisie et sonate. [K. 475, 457.] Ariette variée. No. 1 [*sic*]. [K. 264.] Rondeau pour le piano-forte. [K. 485.]
cah.	IV.	Sonate pour le piano-forte, avec accompagnement de violon. Oeuvre —. [K. 454.] Sonate pour le piano-forte. [K. 547a.] Ariette variée. No. 1 [4]. [K. 455.]
cah.	V.	Trois sonates pour le piano-forte. Oeuvre V. [K. 284, 333, 533 & 494.]

MOZART (WOLFGANG AMADEUS) [*Collected Works.—
a. Complete Works and Large Collections.*]

    cah. VI.   Quatuor pour le piano-forte, violon, alto & violoncelle. No. 1. [K. 478.] Ariette variée. No. 1 [5]. [K. Anh. 285.]
    cah. VII.   Sonates à quatre mains. ⟨No. 1 & 2.⟩ [K. 381, 521.]
    cah. VIII.   Trio pour le piano-forte, violon et violoncelle. Oeuvre 15. No. 1. [K. 502.] Ariette variée ⟨No. 6⟩ [K. 354], ⟨No. 7⟩ [K. 547a].
    cah. IX.   Trio pour le piano-forte, violon et violoncelle. Oeuvre 15. No. II. [K. 542.] Ariette variée ⟨No. 8⟩ [K. 613], ⟨No. 9⟩ [K. 353].
    cah. X.   Trio pour le piano-forte, violon et violoncelle. Oeuvre 15. No. 3. [K. 548.] Ariette variée ⟨No. 10⟩ [K. 265], ⟨No. 11⟩ [K. 500].
    cah. XI.   Trois sonates pour le piano-forte avec accompagnement de violon. ⟨Oeuvre 2. Liv: I.⟩ [K. 296, 376, 377.]
    cah. XII.   Trois sonates pour le piano-forte avec accompagnement de violon. ⟨Oeuvre 2. Liv: II.⟩ [K. 378–380.]
    cah. XIII.   Sonate à quatre mains. [K. 497.] Variations à quatre mains. [K. 501.]
    cah. XIV.   Quatuor pour le piano-forte, alto & violoncelle. ⟨No. 2.⟩ [K. 493.] Ariette variée. [12.] [K. 179.]
    cah. XV.   Trois sonates pour le piano-forte. Oeuvre V. [K. 309–311.] Ariette variée. [13.] [K. 180.]
    cah. XVI.   Trois sonates pour le piano-forte, avec accompagnement de violon. Oeuvre —. [K. 402, 481, 526.]
    cah. XVII.   Quatuor pour le piano-forte, violon, alto & violoncelle. No. 1. [K. 452.] Ariette variée. [16.] [K. Anh. 289.] Rondeau pour le piano-forte. No. 1. [K. 616.]
    cah. XVIII.   Trois sonates pour le piano-forte. Oeuvre V. [K. 279–281.] Ariette variée ⟨No. 14⟩ [K. 398], ⟨No. 15⟩ [K. Anh. 287].
    cah. XIX.   Trois sonates pour le piano-forte avec l'accompagnement de violon. Oeuvre —. [K. 301–303.] Ariette variée. ⟨No. 17.⟩ [K. 359.]
    cah. XX.   Trois sonates pour le pianoforte avec accompagnement de violon. Op. I. Liv. II. [K. 304–306.]
    cah. XXI.   Trio pour le piano-forte, violon et violoncelle. Oeuvre 14. No. III. [K. 254.] Sonate pour le piano-forte, avec accompagnement de violon. Oeuvre —. [K. 570.] Rondeau pour le piano-forte. No. III. [K. 511.]
    cah. XXII.   Sonate à quatre mains. No. —. [K. 358.] Fantasia à quatre mains. [K. 608.] Fuga à quatre mains. [K. 401.]
    cah. XXIII.   Quintetto pour piano-forte, flauto, oboe, viola & violoncello. [K. 617.] Sonate pour le pianoforte. Oeuvre posthume. [K. 576.] Trio pour le piano-forte, violon et violoncelle. Oeuvre 14. No. 1. [K. 564.]
    cah. XXIV.   Sonate pour deux piano-forte. [K. 448.] Fuga pour deux piano-forte. [K. 426.]

Chez N. Simrock: Bonn, [1803–08?] fol.   Hirsch IV. **994**.
Imperfect; wanting cah. 25–28, and the second part of cah. 20 comprising the variations K. 360. Cah. 20 is of a later issue, c. 1835.

MOZART (WOLFGANG AMADEUS) [*Collected Works.—
a. Complete Works and Large Collections.*]

——— Oeuvres de W. A. Mozart. cah. 3, 5.

    cah. [3.]   VII sonates pour le pianoforte. [K. 309, 281, 279, 280, 283, 533 & 494.]
    cah. [5.]   XXX Gesänge mit Begleitung des Pianoforte. [K. 472–474, 476, 519, 523, 524, 441, 517, 520, 307, 539, 619, 596–598, 308, 437, 579, 152, 392, 518, 391, 529, 390, 531, 468, 530, 349a.]

Au magasin de l'imprimerie chimique: Vienne, [1804?] *obl. fol.*   Hirsch IV. **992**.
Lithographed throughout. Imperfect; wanting cah. 1, 2, 4, 6–17.

MOZART (WOLFGANG AMADEUS) [*Collected Works.—
a. Complete Works and Large Collections.*]

——— Collection complette des quatuors, quintetti & trio de W. A. Mozart. Gravée par Richomme. [Parts.] 5 vol.

    oeuvre 1. [K. 157, 160, 173.]
    oeuvre 2. [K. 428, 458, 421.]
    oeuvre 3. [K. 465, 387, 464.]
    oeuvre 4. [K. 575, 589, 590.]
    oeuvre 5. [K. 499.]
    oeuvre 6. [K. 593, 614, 406.]
    oeuvre 7. [K. 478 arr., 515, 287 arr.]
    oeuvre 8. [K. 174, 375, 516.]
    oeuvre 9. [K. 407.]
    oeuvre 10. [K. 563.]

Chez Pleyel: Paris, [1805?] fol.   Hirsch III. **411**.

MOZART (WOLFGANG AMADEUS) [*Collected Works.—
a. Complete Works and Large Collections.*]

——— Sæmmtliche Werke für das Clavier mit und ohne Begleitung. ⟨Hft. 1–5, 7–9. Gestochen von Johann Schönwälder.⟩ 38 Hft.

    Hft. 1.   4 Sonaten für das Piano-Forte. [K. 279, 283, 282, 281.]
    Hft. 2.   3 Sonaten für das Piano-Forte. [K. 309, 280, 311.]
    Hft. 3.   3 Sonaten für das Piano-Forte. [K. 330–332.]
    Hft. 4.   2 Sonaten für das Piano-Forte. [K. 333, 284.]
    Hft. 5.   3 Sonaten für das Piano-Forte. [K. 310, 576, 533 & 494.]
    Hft. 6.   2 Sonaten und 3 Fantasien für das Piano-Forte. [K. 547a. I & II, 475, 457, 397, 394, 396.]
    Hft. 7.   4 Sonaten für Pianoforte und Violine. [K. 6, 55, 29, 30.]
    Hft. 8.   4 Sonaten für Pianoforte und Violine. [K. 56, 15, 7, 31.]
    Hft. 9.   5 Sonaten für Pianoforte und Violin. [K. 27, 26, 10, 13, 28.]
    Hft. 10.   5 Sonaten für Pianoforte und Violin. [K. 12, 57, 8, 58, 59.]
    Hft. 11.   4 Sonaten für Pianoforte und Violin. [K. 60, 61, 11, 14.]
    Hft. 12.   3 Sonaten für Pianoforte und Violin. [K. 305, 303, 306.]
    Hft. 13.   3 Sonaten für Pianoforte und Violin. [K. 304, 302, 301.]
    Hft. 14.   2 Sonaten für Pianoforte und Violin. [K. 376, 296.]
    Hft. 15.   2 Sonaten für Pianoforte und Violin. [K. 377, 378.]
    Hft. 16.   3 Sonaten für Pianoforte und Violin. [K. 379, 380, 402.]
    Hft. 17.   2 Sonaten für Pianoforte und Violin. [K. 570, 454.]
    Hft. 18.   2 Sonaten für Pianoforte und Violin. [K. 481, 526.]
    Hft. 19.   2 Sonaten für's Pianoforte auf 4 Hände. [K. 381, 521.]
    Hft. 20.   2 Sonaten für's Pianoforte auf 4 Hände. [K. 594, 497.]
    Hft. 21.   Sonate, Variationen, Fantasie und Fuge, für's Pianoforte auf 4 Hände. [K. 358, 501, 608, 401.]
    Hft. 22.   Sonate und Fuge für zwey Pianoforte. [K. 448, 426.]
    Hft. 23.   2 Terzetten für Pianoforte, Violine und Violoncell. [K. 254, 564.]
    Hft. 24.   2 Terzetten (1.) für Pianoforte, Violine und Violoncell, (2.) für Pianoforte, Violine (oder Clarinette) und Viola. [K. 496, 498.]
    Hft. 25.   2 Terzetten für Pianoforte, Violine und Violoncell. [K. 548, 542.]
    Hft. 26.   Terzett für Pianoforte, Violine und Violoncell. [K. 502.]
    Hft. 27.   Quartett für Pianoforte, Violine, Viola und Violoncell. [K. 478.]
    Hft. 28.   Quartett für Pianoforte, Violine, Viola und Violoncell. [K. 493.]
    Hft. 29.   Quartett für Pianoforte, Violine, Viola und Violoncell. [K. 452 arr.]

MOZART (Wolfgang Amadeus) [*Collected Works.—
a. Complete Works and Large Collections.*]

    Hft. 30.   2 Quintetten. No. 1. für Pianoforte, Hoboe, Clarinette, Fagott und Horn; No. 2. für Pianoforte, Hoboe, Flöte, Viola und Violoncell. [K. 452, 617.]

    Hft. 31.   Ouverture, vier Rondo's, Adagio, und mehrere kleinere Stücke für das Pianoforte. [K. 399, 616, 485, 511, 423 III arr., 574, 540, 408 I arr., 355.]

    Hft. 32.   5 Thema mit Variationen für das Pianoforte. [K. 352, 264, 353, 455, 354.]

    Hft. 33.   5 Thema mit Variationen für das Pianoforte. [K. Anh. 285, K. 573, 613, 265, 398.]

    Hft. 34.   5 Thema mit Variationen für das Pianoforte. [K. 179, 500, K. Anh. 287, K. 180, K. Anh. 289.]

    Hft. 35.   5 Thema mit Variationen für das Pianoforte allein und Zwey Thema mit Variationen für Pianoforte und Violine. [K. 24, 25, 460, 581 IV arr., K. Anh. 138a, K. 359, 360.]

    Hft. 36.   Gesänge und Lieder mit Begleitung des Pianoforte. No. 1 bis 14. [K. 472–474, 476, 519, 523, 524, 441, 307, 520, 517, 539, 433, 596.]

    Hft. 37.   Gesänge und Lieder mit Begleitung des Pianoforte. No. 15 bis 31. [K. 597, 598, 619, 308, 437, 579, 152, 392, 518, 391, 529, 390, 531, 468, 530, 349, K. Anh. 246.]

    Hft. 38.   Canons für zwey, drey, vier und sechs Singstimmen. [K. 562, 559, 233, 554, 555, 234, 560, 553, 556, 232, 561, 231, 558, 229, 410 arr., 226, 507, 227, 508, 228, 230, 235 arr.]

Bey S. A. Steiner und Comp.: Wien, [1810?–18?] *obl. fol. & fol.*   Hirsch IV. **993**.

The title on the wrappers of Hft. 16–38 is "Clavier-Werke von W. A. Mozart."

MOZART (Wolfgang Amadeus) [*Collected Works.—
a. Complete Works and Large Collections.*]

—— Collection complette des œuvres de piano par W. A. Mozart. Gravée par Richomme. [Parts.] cah. D-M. [4–13.]

    cah. [4.] D.   Six sonates pour le piano-forte avec accompagnement d'un violon. [K. 376, 296, 377, 378, 379, 380.]

    cah. [5.] E.   XIV. différentes pièces pour le pianoforte. [K. 475, 457, 616, 485, 511, 574, 540, 408 I arr., K. Anh. 289, K. 180, K. Anh. 287, K. Anh. 138a, K. 547a, K. 399.]

    cah. [6.] F.   IV sonates pour le pianoforte à quatre mains. [K. 594, 497, 381, 358.]

    cah. [7.] G.   Six pièces pour le piano-forte à deux et à quatre mains. [K. 394, 608, 501, 521, 401, 426.]

    cah. [8.] H.   Cinq sonates pour le piano-forte avec accompagnement d'un violon. [K. 402, 526, 454, 481, 570.]

    cah. [9.] I.   4 sonates pour le piano-forte avec accompagnement de violon et violoncelle. [K. 502, 548, 542, 564.]

    cah. [10.] J.   Trois quatuors pour le piano forté avec accompagnement d'un violon, viola et violoncelle. [K. 493, 478, 452 arr.]

    cah. [11.] K.   Six sonates pour le forte piano avec accompagnement d'un violon. [K. 305, 303, 306, 304, 302, 301.]

    cah. [12.] L.   Quatre trios pour le piano-forte, *etc.* [K. Anh. 291, K. 496, 498, 254.]

    cah. [13.] M.   1 Sonate, 2 fantaisies, 2 airs variés, 1 menuet et 1 canon pour le forté-piano seul. [K. 396, 397, 576, 460, 581 IV, 355, K. Anh. 284e.] 2 sonates et 2 airs variés pour piano-forté avec accompagn^t de violon. [K. 60, 61, 359, 360.]

Chez Pleyel: Paris, [1815–29?] *obl. fol.*   Hirsch IV. **995**.
Imperfect; wanting cah. A–C. [1–3.]

MOZART (Wolfgang Amadeus) [*Collected Works.—
a. Complete Works and Large Collections.*]

—— [Another copy.] Collection complette des œuvres de piano, *etc.* cah. H-M. [8–12.]   *Paris,* 1815?–25?] *obl. fol.*   Hirsch IV. **995**. a.
Imperfect; wanting cah. A–G. [1–7, 13.]

MOZART (Wolfgang Amadeus) [*Collected Works.—
a. Complete and Large Collections.*]

—— A Complete Edition of original Music composed for the Piano Forte by W. A. Mozart. vol. 2, 3, 5.

    vol. 2.   bk. 6.   Three Sonatas for the . . . Piano Forte. [K. 311, 330, 332.]

              bk. 7.   Three Sonatas for the . . . Piano Forte with an accompaniment for a Violin. [K. 305, 376, 296.]

              bk. 8.   Three Sonatas for the . . . Piano Forte, with an accompaniment for a Violin. [K. 303, 377, 378.]

              bk. 9.   Three Sonatas for the . . . Piano Forte with an accompaniment for a Violin. [K. 306, 379, 380.]

              bk. 10.   Three Sonatas for the . . . Piano Forte. [K. 408 I arr., K. Anh. 289, K. 399, 394.]

              bk. 11.   Six Pieces, consisting of Four Rondos, an Andante & an Adagio. [K. 616, 485, 511, 423 III arr., 614 II arr., 540.]

    vol. 3.   bk. 12.   Three Sonatas for the . . . Piano Forte with an accompaniment for a Violin. [K. 454, 301, 304.]

              bk. 13.   Three Sonatas for the . . . Piano Forte, with accompaniment for the Violin and Violoncello. [K. 502, 542, 548.]

              bk. 14.   Three Sonatas, arranged from the Trio and Quartetts with accompaniments for the Violin and Violoncello. [K. 575, 589, 563.]

              bk. 15.   Three Sonatas for the . . . Piano Forte. [K. 309, 281, 279.]

              bk. 16.   Three Sonatas for the . . . Piano Forte. [K. 280, 282, 283.]

    vol. 5.   Mozart's Variations to favorite Airs for the Piano Forte. no. 1–20. [K. 264, 353, 455, 398, 352, 360, 359, 265, 382 arr., 613, 573, 179, 500, K. Anh. 138a, 288, 285, K. 180, 354, K. Anh. 285, K. 25.]

Preston: London, [1820?] *fol.*   Hirsch M. **1040**.
Imperfect; wanting vol. 1, 4, and the accompaniments to bk. 7, 8, 9, 12, 13, 14, and to K. 359, 360, K. Anh. 138 in vol. 5. In each volume is inserted 4 pp. of " Musical Publications selected from the Catalogue published by Broderip and Wilkinson, lately purchased and now printed and sold by Preston."

MOZART (Wolfgang Amadeus) [*Collected Works.—
a. Complete Works and Large Collections.*]

—— [Another copy.] Wolfgang Amadeus Mozart's Werke, *etc.* ser. 1–23, ser. 24, no. 1–7, 19–21, 21a–27a, 28 u. 48a, 29, 37, 38. *Leipzig,* [1877–87.] *fol.*   Hirsch IV. **996**.
Imperfect; wanting the separate violin and violoncello parts to ser. 17, no. 2 ; ser. 24, no. 7a–18, 19a, 30–36, 39–62, and the " Revisionsbericht." This set includes two copies of ser. 19–22.

MOZART (Wolfgang Amadeus) [*Collected Works.—
b. Vocal and Instrumental Selections, combined.*]

—— [Another copy.] Salzburger Mozart-Album. Eine Auswahl von W. A. Mozart's ersten Compositionen und andern, im Archive des Mozarteums zu Salzburg befindlichen, *etc. Salzburg,* [1871.] *obl. fol.*   Hirsch M. **299**.

MOZART (WOLFGANG AMADEUS) [*Collected Works.— c. Instrumental Selections and Arrangements.*]

—— Select Airs from the celebrated Operas . . . Arranged for the piano forte, with an accompaniment for the flute, ad lib., by J. F. Burrowes. [Score.] 7 no.

Così fan tutte. bk. 1, 2. pp. 29.
Le Nozze di Figaro. bk. 1, 2. pp. 27.
Il Flauto magico. bk. 1–3. pp. 33.

Clementi & Co.: London, [1815 ?–1830 ?] fol.
Hirsch M. **1283.** (**17.**)

A made-up set. Bk. 2 of Così fan tutte, bk. 2 of Le Nozze di Figaro, and bk. 2 and 3 of Il Flauto magico have special titlepages. That of bk. 3 to Il Flauto magico bears the imprint of Paine & Hopkins.

MOZART (WOLFGANG AMADEUS) [*Collected Works.— c. Instrumental Selections and Arrangements.*]

—— Quartetto, for two Violins, Tenor, & Violoncello, (Obligato.) composed by W. A. Mozart, arranged from his harpsichord works, by W. Watts. [Parts.] 8 pt.

no. [1.] [Sonata for P.F. and violin. K. 378 arr.]
no. [2.] [Trio for P.F. and strings. K. 496 arr.]

T. Beale: Manchester; T. Preston: London, [1805 ?] fol.
Hirsch M. **1043.**

MOZART (WOLFGANG AMADEUS) [*Collected Works.— c. Instrumental Selections and Arrangements.*]

—— Oeuvres choisies . . . Contenant dix quatuors pour 2 violons, alto et basse, huit quintetti pour 2 violons, 2 alto et basse, et un grand trio pour violon, alto et basse. [Parts.] 5 vol.

Quatuors. Opéra 10. 1ère, 2e partie. 1–6. [K. 387, 421, 458, 428, 464, 465.]
Quatuors. Opera 18. [K. 575, 589, 590.]
Quatuors. Opera 35. [K. 499.]
Quintetti. 1er., 2e livre. 1–8. [K. 593, 614, 406, 478 arr., 515, 287 arr., 581, 516.]
Grand trio. [K. 563.]

Chez Janet et Cotelle: Paris, [1820 ?] fol.
Hirsch III. **421.**

The "catalogue thématique" in vol. 1 bears the words "nouvelle édition."

MOZART (WOLFGANG AMADEUS) [*Collected Works.— c. Instrumental Selections and Arrangements.*]

—— 2 Duetten für Violine und Viola (25tes Werk [K. 423, 424]), Divertimento für Violine, Viola und Violoncello (19tes Werk [K. 563]), Quintet für Clarinett, 2 Violinen, Viola u. Violoncello (108tes Werk [K. 581]). Partitur-Ausgabe. 8ter Band. pp. 94. 62. *Bei K. Ferd. Heckel: Mannheim,* [1860 ?] 16º.
Hirsch III. **427.** b. (**1.**)

MOZART (WOLFGANG AMADEUS) [*Collected Works.— d. Pianoforte Works.—Large Collections.*]

—— Mozart's, Selection of Piano-Forte Music. Consisting of single sonatas, duets, trios, quartetts, airs with variations &c. with and without accompaniments. no. 20, 25.
Theobald Monzani & Co.: [*London,* 1803, 05 ?] fol.
Hirsch M. **1044.**

Imperfect; wanting all the other numbers. No. 20 contains a "Catalogue thematique of Mozart's Works, for the Piano Forte." No. 25 bears the imprint Monzani and Cimador.

MOZART (WOLFGANG AMADEUS) [*Collected Works.— d. Pianoforte Works.—Large Collections.*]

—— Monzani & Hill's Selection of Piano Forte Music, composed by Mozart. no. 31, 32. *Monzani & Hill: London,* [1815 ?] fol.
Hirsch M. **1045.**

Imperfect; wanting all the other numbers.

MOZART (WOLFGANG AMADEUS) [*Collected Works.— e. Pianoforte and Organ Works.—Smaller Collections and Arrangements.*]

—— Ouvertures . . . arrangées à quatre mains pour pianoforte par A. André. No. 1. De l'opéra: Die Entführung aus dem Serail. *Chez Jean André: Offenbach s/M.,* [1817.] obl. fol.
Hirsch IV. **1638.**

Imperfect; wanting all after no. 1.

MOZART (WOLFGANG AMADEUS) [*Collected Works.— e. Pianoforte and Organ Works.—Smaller Collections and Arrangements.*]

—— Twelve Rondo's, Marches & Airs selected from the works of Mozart and arranged for the piano forte by S. F. Rimbault. pp. 15. *Preston: London,* [1817 ?] fol.
Hirsch M. **1287.** (**8.**)

Watermark date 1817.

MOZART (WOLFGANG AMADEUS) [*Collected Works.— e. Pianoforte and Organ Works.—Smaller Collections and Arrangements.*]

—— Opern von Mozart für das Pianoforte ohne Text. Lfg. 4–8, 11. *Bei Busse: Braunschweig,* [1840 ?] 4º.
Hirsch M. **300.**

Imperfect; wanting Lfg. 1–3, 9, 10 and all after Lfg. 11.

—— [Another copy of Lfg. 7, 8.] Hirsch M. **301.**

MOZART (WOLFGANG AMADEUS) [*Collected Works.— e. Pianoforte and Organ Works.—Smaller Collections and Arrangements.*]

—— [Another copy.] Mozart als achtjähriger Komponist, etc. *Leipzig,* [1909.] obl. 4º. Hirsch M. **302.**

—— [Another copy.] **F.P.** Hirsch M. **303.**

MOZART (WOLFGANG AMADEUS) [*Collected Works.— f. Vocal Works, Songs, etc.*]

—— Operngesaenge . . . welche zu seinen bekannten Opern nicht gehören, sondern von ihm einzeln geschrieben worden sind. Im Klavierauszug von C. Schulz. 2 Hft. 12 no. *Bei Breitkopf und Härtel: Leipzig,* [1804, 05.] obl. fol.
Hirsch IV. **991.**

MOZART (WOLFGANG AMADEUS) [*Collected Works.— f. Vocal Works, Songs, etc.*]

—— Songs, Duetts & Trios, with a Harp accompaniment; the poetry by Peter Pindar . . . Mr Rannie &c. The music by Mozart & others. no. 1, 4, 13.

no. 1. The Violet.
no. 4. The Fairies Call.
no. 13. The Landscape. The Miser.

Broderip & Wilkinson: London, [1805 ?] fol.
Hirsch M. **1045.** a.

Imperfect; wanting no. 2, 3, 5–12 and all after no. 13.

MOZART (WOLFGANG AMADEUS) [*Collected Works.—f. Vocal Works, Songs, etc.*]

—— [Another copy.] Kantate . . . in Partitur. no. 1, 2, 3, 5, 6. [K. Anh. 124–126, 128, 129.] *Leipzig*, [1808 ?–1820 ?] fol. Hirsch IV. **880**.

Imperfect; wanting no. 4, 7.

MOZART (WOLFGANG AMADEUS) [*Collected Works.—f. Vocal Works, Songs, etc.*]

—— Collection des opéras de Mozart. [Scores.] 7 no.

    no. 1. Le Nozze di Figaro.
    no. 2. Don Giovanni.
    no. 3. Il Flauto magico.
    no. 4. La Clemenza di Tito.
    no. 5. Idomeneo.
    no. 6. Così fan tutte.
    no. 7. Il Ratto del seraglio.

J. Frey: Paris, [1822.] fol. Hirsch II. **630**.

MOZART (WOLFGANG AMADEUS) [*Collected Works.—f. Vocal Works, Songs, etc.*]

—— Raccolta di quattro arie, un terzetto, un quartetto, e quattro recitativi e scene con accompagnamento di forte piano, *etc*. [With a portrait.] *Ital. & Ger.* pp. 108. *Chez Maurice Schlesinger: Paris*, [1822 ?] fol. [*Collection complète des opéras de W. A. Mozart.* livr. 9.] Hirsch IV. **1183**.

MOZART (WOLFGANG AMADEUS) [*Collected Works.—f. Vocal Works, Songs, etc.*]

—— Collection complète des opéras de W. A. Mozart. [Vocal scores.]

    livr. 1. Le Nozze di Figaro.
    livr. 2. La Clemenza di Tito.
    livr. 3. Il Flauto magico.
    livr. 4. Don Giovanni.
    livr. 5. Idomeneo.
    livr. 6. Così fan tutte.
    livr. 7. Il Seraglio.
    livr. 8. Le Requiem et l'Impressario.
    livr. 9. Collection d'airs duos, etc., tirés de ses prem. opéras.

Chez Maurice Schlesinger: Paris, [1822 ?] fol. Hirsch IV. **1183**.

Imperfect; wanting livr. 1 and the Impressario in livr. 8. This set contains two copies of livr. 3 and 7.

MOZART (WOLFGANG AMADEUS) [*Collected Works.—f. Vocal Works, Songs, etc.*]

—— Collection complète des operas de W. A. Mozart, seconde édition. [Vocal scores.]

    livr. 1. Le Nozze di Figaro.

Chez Maurice Schlesinger: Paris, [1825 ?] fol. Hirsch IV. **1199**.

Imperfect; wanting livr. 2–9.

MOZART (WOLFGANG AMADEUS) [*Collected Works.—f. Vocal Works, Songs, etc.*]

—— Collection des opéras de W. A. Mozart en grande partition. Paroles italiennes et françaises.

    1. Nozze di Figaro.
    2. Don Giovani [*sic*].
    3. Il Flauto magico.
    4. Clemenza di Tito.
    5. Idomeneo.
    6. Così fan tutte.
    7. Il Ratto del seraglio.

Chez S. Richault: Paris, [1825 ?] fol. Hirsch II. **631**.

Imperfect; wanting no. 3 and 5.

MOZART (WOLFGANG AMADEUS) [*Collected Works.—f. Vocal Works, Songs, etc.*]

—— Wohlfeile Ausgabe von W. A. Mozart's sämmtlichen Opern. [Vocal scores.]

    Lfg. 1. Don Juan.
    Lfg. 2. Il Flauto magico.
    Lfg. 3. Der Schau-spieldirektor.
    Lfg. 4. Così fan tutte.
    Lfg. 5. Die Entführung aus dem Serail.
    Lfg. 6. Die Gaertnerin aus Liebe.
    Lfg. 7. Idomeneo.
    Lfg. 8. La Clemenza di Tito.
    Lfg. 9. Die Hochzeit des Figaro.

Bey K. F. Heckel: Mannheim, [1827–30 ?] fol. Hirsch IV. **1179**.

Imperfect; wanting Lfg. 8. This set contains three editions of Lfg. 1.

MOZART (WOLFGANG AMADEUS) [*Collected Works.—f. Vocal Works, Songs, etc.*]

—— Mozart's Opern. Partitur-Ausgabe. [Revised by Julius Rietz.] 8 no.

    [no. 1.] Idomeneo.
    [no. 2.] Entführung aus dem Serail.
    [no. 3.] Schauspieldirector.
    [no. 4.] Figaros Hochzeit.
    [no. 5.] Don Juan.
    [no. 6.] Così fan tutte.
    [no. 7.] Zauberflöte.
    [no. 8.] Titus.

Breitkopf & Härtel: Leipzig, [1868–72.] fol. Hirsch II. **629**.

MOZART (WOLFGANG AMADEUS) [*Collected Works.—f. Vocal Works, Songs, etc.*]

—— Mozart's Opern. Vollständige Klavierauszüge nach der in gleichem Verlag erschienenen Partitur-Ausgabe. [Vocal scores.] no. 1–5, 7, 8.

    no. 1. Idomeneo.
    no. 2. Die Entführung.
    no. 3. Der Schauspieldirector.
    no. 4. Figaros Hochzeit.
    no. 5. Don Juan.
    no. 6. Così fan tutte.
    no. 7. Die Zauberflöte.
    no. 8. Titus.

Breitkopf & Härtel: Leipzig, [1871 ?, 80 ?] 8º. Hirsch M. **304**.

A made-up set of various issues. Imperfect; wanting no. 6.

MOZART (WOLFGANG AMADEUS) [*Collected Works.—f. Vocal Works, Songs, etc.*]

—— Lieder für eine Singstimme mit Klavierbegleitung . . . Kritisch revidiert und mit Anmerkungen versehen von Max Friedlaender. pp. 78. *C. F. Peters: Leipzig*, [1915 ?] 8º. Hirsch M. **305**.

The titlepage bears a MS. *dedication in the editor's autograph.*

MOZART (WOLFGANG AMADEUS) [*Collected Works.—f. Vocal Works, Songs, etc.*]

—— Gesellige Gesänge für drei Singstimmen. Herausgegeben und eingeleitet von Dr. Bernhard Paumgartner. [With a portrait:] pp. xxiv. 86. *Drei Masken Verlag: München*, 1920. 8º. Hirsch M. **306**.

One of the "Musikalische Stundenbücher."

MOZART (WOLFGANG AMADEUS)
—— Adagio [K. 261] & Rondo [K. 269] pour le violon avec accompagnement d'orchestre . . . Oeuvre 99. Édition faite d'après la partition en manuscrit. [Parts.] 11 pt. *Chez Jean André: Offenbach s/m.*, [1802?] fol.
Hirsch M. **1046**.
The music is lithographed throughout.

MOZART (WOLFGANG AMADEUS)
—— Addio. Abschieds Arie. *See* infra: [*Io ti lascio, o cara, addio.* K. Anh. 245.]

MOZART (WOLFGANG AMADEUS)
—— W. A. Mozarts Alphabet. *See* infra: [*Doubtful and Supposititious Works.*]

MOZART (WOLFGANG AMADEUS)
—— [An Chloe. K. 524.] Quando miro quel bel ciglio, canzonetta, col accompagnamento per il piano forte. pp. 4. *R*ᵗ *Birchall: London*, [1815?] fol.
Hirsch M. **1273**. (28.)

MOZART (WOLFGANG AMADEUS)
—— Ave verum corpus. [K. 618.] . . . Partitur und Klavierauszug nebst einfachen Singstimmen. pp. 7. *Bei Joh. André: Offenbach am Main,* [1808?] obl. fol.
Hirsch IV. **866**

MOZART (WOLFGANG AMADEUS)
—— Ave verum corpus. [K. 618.] Chant sacré à quatre ou à deux voix ad libitum. Avec accompagnement d'orchestre ou d'orgue. [Score.] pp. 11. *Chez Carli: Paris,* [1820?] fol.
Hirsch IV. **867**. (2.)

MOZART (WOLFGANG AMADEUS)
—— [Another copy.] Bastien und Bastienne. Komische Oper . . . Clavierauszug mit Text . . . neu bearbeitet von Richard Kleinmichel. *Leipzig,* [1892.] 8º.
Hirsch M. **307**.

MOZART (WOLFGANG AMADEUS)
—— Bastien et Bastienne. Opéra comique en un acte . . . Version française par H. Gauthier-Villars et G. Hartmann. Partition pour chant et piano réduite par Gustave Sandré. pp. 72. *Édition Schott, E. Fromont: Paris,* [1899.] 8º.
Hirsch M. **308**.

MOZART (WOLFGANG AMADEUS)
—— Belmont e Constanza. *See* infra: [*Die Entführung aus dem Serail.*]

MOZART (WOLFGANG AMADEUS)
—— Cadances [*sic*] originales [K. 624] composées par W. A. Mozart et se rapportant à ses concerto [*sic*] pour le clavecin ou piano-forte, *etc.* pp. 21. *Chez Artaria: Vienne,* [1801.] obl. fol.
Hirsch IV. **224**.

MOZART (WOLFGANG AMADEUS)
—— Cadences [K. 624] ou points d'orgue pour piano-forté composées par W. A. Mozart, et se rapportant à ses concertos, *etc.* *Chez Jean André: Offenbach s/m.,* [1804.] obl. fol.
Hirsch IV. **223**.
Lithographed throughout.

MOZART (WOLFGANG AMADEUS)
—— Trente-cinq cadences [K. 624] pour le piano-forté composées par W. A. Mozart et se rapportant à ses concertos. *A l'imprimerie lithographique: Charenton,* [1804?] obl. fol.
Hirsch III. **442**.
Lithographed throughout. Partly printed on one side of the leaf only.

MOZART (WOLFGANG AMADEUS)
—— [Cadenzas. A portfolio, containing autograph facsimiles of cadenzas written by W. A. Mozart for his Piano Concertos K. 175, 246, 365 and 413, with an introduction by Eusebius Mandyczewski, and a contribution by Robert Lach entitled: " Die Mozartautographe der Wiener Nationalbibliothek."] 1921. obl. fol. *See* SALZBURG.—*Festspielhaus-Gemeinde.*
Hirsch M. **511**.

MOZART (WOLFGANG AMADEUS)
—— [Canons. K. 233, 234, 553–560, 562.] Canon No. 1 ⟨—No. 11⟩. 11 no. *Chez N. Simrock: Bonn,* [1804?] obl. fol.
Hirsch M. **309**.

MOZART (WOLFGANG AMADEUS)
—— [Another issue.] La Clemenza di Tito . . . Partitur. *Leipzig,* [1809?] fol.
Hirsch II. **628**.

MOZART (WOLFGANG AMADEUS)
—— Clemenza di Tito. Opera seria in due atti, *etc.* [Score.] pp. v. 378. *J. Frey: Paris,* [1822.] fol. [*Collection des opéras de Mozart.* no. 4.]
Hirsch II. **630**.
Without the facsimile of the fragment of the autograph of Mozart's duet sonata K. 381.

MOZART (WOLFGANG AMADEUS)
—— Clemenza di Tito. Drame en deux actes. [Score.] Ital. & Fr. pp. v. 378. *Chez S. Richault: Paris,* [1825?] fol. [*Collection des opéras de W. A. Mozart en grande partition.* no. 4.]
Hirsch II. **631**.

MOZART (WOLFGANG AMADEUS)
—— La Clemenza di Tito. Dramma serioso per musica in due atti. Titus. Oper in zwei Acten . . . Partitur. [Revised by Julius Rietz.] pp. ix. 183. *Breitkopf & Härtel: Leipzig,* [1872.] fol. [*Mozart's Opern. Partitur-Ausgabe.* no. 8.]
Hirsch II. **629**.

MOZART (WOLFGANG AMADEUS)
—— La Clemenza di Tito. Opera seria . . . Titus. Ernsthafte Oper in zwey Akten . . . aufs neue für das Klavier ausgezogen von A. E. Müller. [Vocal score.] Ital. & Ger. pp. vi. 88. *Bei Breitkopf und Härtel: Leipzig,* [1803.] obl. fol.
Hirsch IV. **213**.
The preliminaries comprise the libretto in German.

MOZART (Wolfgang Amadeus)

—— La Clemenza di Tito. Opera seria in II atti. Ridotta per il piano-forte da A. E. Müller. [Vocal score.] *Ital. & Ger.* pp. 163. *Presso S. A. Steiner & comp.: Vienna,* [1805?] *obl.* fol. Hirsch M. **310.**
Part of the " Répertoire der besten Opern in vollstændigsten Clavier-Auszügen."

MOZART (Wolfgang Amadeus)

—— La Clemenza di Tito. Opera seria ridota per il forte piano. [Vocal score.] *Ital. & Ger.* pp. 138. *Presso T. Mollo: Vienna,* [1808.] *obl.* fol. Hirsch IV. **214.**

MOZART (Wolfgang Amadeus)

—— [La Clemenza di Tito.] Titus. Eine ernsthafte Oper in zwei Aufzügen ... Clavierauszug. La Clemenza di Tito. Opera seria in due atti. [Vocal score.] *Ger. & Ital.* pp. 72. *Bei P. J. Simrock: Cöln,* [1815?] fol. Hirsch IV. **1225.**

MOZART (Wolfgang Amadeus)

—— La Clemenza di Tito. Opera seria ... Titus. Ernsthafte Oper in zwey Akten ... Klavierauszug von A. E. Müller. [Vocal score.] *Ital. & Ger.* pp. vi. 88. *Bey Breitkopf & Härtel: Leipzig,* [1818.] *obl.* fol. Hirsch IV. **1226.**

MOZART (Wolfgang Amadeus)

—— La Clemenza di Tito. Opéra seria in due atti. Composto et ridotto per il cembalo. [Vocal score.] *Ital. & Ger.* pp. 112. *Chez Maurice Schlesinger: Paris,* [1822?] fol. [*Collection complète des opéras de W. A. Mozart.* livr. 2.] Hirsch IV. **1183.**

MOZART (Wolfgang Amadeus)

—— La Clemenza di Tito. Opera seria, *etc.* [Vocal score.] *Ital. & Ger.* pp. 109. *Presso B. Schott figli: Magonza,* [1822?] *obl.* fol. Hirsch IV. **1228.**

MOZART (Wolfgang Amadeus)

—— La Clemenza di Tito. Opera seria ... Titus. Ernsthafte Oper in zwey Akten ... Klavierauszug von A. E. Müller. [Vocal score.] *Ital. & Ger.* pp. vi. 88. *Bey Breitkopf & Härtel: Leipzig,* [1823?] *obl.* fol. Hirsch IV. **1227.**

MOZART (Wolfgang Amadeus)

—— La Clemenza di Tito. Opéra seria in due atti ... ridotta per il cembalo. [Vocal score.] *Ital. & Ger.* pp. 112. *Chez Maurice Schlesinger: Paris,* [1825?] fol. Hirsch M. **1047.**

MOZART (Wolfgang Amadeus)

—— La Clemenza di Tito. Titus. Oper in zwei Akten. Vollständiger Clavierauszug, nebst eingelegter, von J: Weigl componirter Scene und Arie. [Vocal score.] *Ital. & Ger.* pp. 103. *C: Bachmann: Hannover,* [1825?] *obl.* fol. Hirsch IV. **1224.**

MOZART (Wolfgang Amadeus)

—— [La Clemenza di Tito.] Titus. Oper in zwei Aufzügen. Clavier-Auszug mit ital. u. deutsch. Texte. pp. 88. *Bei G. M. Meyer jr.: Braunschweig,* [1830?] *obl.* 8º. Hirsch IV. **1223.**

MOZART (Wolfgang Amadeus)

—— [La Clemenza di Tito.] Titus. Oper in zwei Aufzügen ... Clavier-Auszug mit ital. u. deutsch. Texte. ⟨Zweite verbesserte Auflage.⟩ pp. 96. *Bei G. M. Meyer jr.: Braunschweig,* [1835?] *obl.* 8º. Hirsch M. **311.**

MOZART (Wolfgang Amadeus)

—— [La Clemenza di Tito.] Titus. Oper in 2 Aufzügen ... Vollständiger Clavier-Auszug. Stereotyp-Ausgabe. [Vocal score.] *Ger. & Ital.* pp. 88. *Leo's Verlagshandlung: Berlin,* [1835?] *obl.* 8º. Hirsch M. **312.**

MOZART (Wolfgang Amadeus)

—— La Clemenza di Tito. Titus der Gütige. Oper in zwei Acten ... Neuer nach der Original-Partitur eingerichteter Klavierauszug mit italienischem und deutschem Texte. pp. 87. *Bei Johann André: Offenbach a/M.,* [1840?] *obl.* fol. Hirsch M. **313.**

MOZART (Wolfgang Amadeus)

—— La Clemenza di Tito. [Vocal score.] pp. 127. *C. Lonsdale: London,* [1840?] fol. Hirsch M. **1048.**

MOZART (Wolfgang Amadeus)

—— [La Clemenza di Tito.] W. A. Mozart's Titus. Oper in zwei Aufzügen. Vollständiger Clavier-Auszug. [Vocal score.] *Ital. & Ger.* pp. 80. *Schuberth & Comp.: Hamburg & Leipzig,* [1843.] 8º. Hirsch M. **314.**

MOZART (Wolfgang Amadeus)

—— [La Clemenza di Tito.] Titus. Oper in 2 Aufzügen ... Vollständiger Clavier-Auszug. Stereotyp-Ausgabe. [Vocal score.] *Ger. & Ital.* pp. 88. *Bei Fr. Weidle: Berlin,* [1845?] *obl.* 8º. Hirsch M. **315.**

MOZART (Wolfgang Amadeus)

—— Clemenza di Tito. [Vocal score.] *Ital. & Ger.* pp. 112. *Brandus et c^{ie}: Paris,* [1850?] fol. Hirsch M. **1049.**
Répertoire de l'opéra italien. no. 11.

MOZART (Wolfgang Amadeus)

—— [La Clemenza di Tito.] Titus. Oper in 2 Aufzügen ... Clavier-Auszug mit deutschem und italienischem Text bearbeitet von Brissler und Grünbaum. ⟨Arrang. von F. Brissler. Rev. des Textes von J. C. Grünbaum.⟩ pp. 98. *Chez Ed. Bote & G. Bock: Berlin,* [1855?] fol. Hirsch M. **1050.**
Part of " Collection des oeuvres classiques."

MOZART (Wolfgang Amadeus)

—— La Clemenza di Tito. Titus. Oper in zwei Aufzügen. Nach Metastasio's Clemenza di Tito ... Vollständiger Klavierauszug. Neue Ausgabe mit der Partitur verglichen. [Vocal score.] pp. 115. *Bei B. Schott's Söhnen: Mainz,* [1864.] fol. Hirsch M. **1051.**

MOZART (WOLFGANG AMADEUS)
—— [La Clemenza di Tito.] Titus. (La Clemenza di Tito.) Opera seria in zwei Akten . . . Klavierauszug. [Vocal score.] *Ger. & Ital.* pp. 101. *C. F. Peters: Leipzig,* [1870?] 8°. Hirsch M. **316**.

MOZART (WOLFGANG AMADEUS)
—— [La Clemenza di Tito.] Titus. Oper in 2 Akten . . . Vollständiger Klavierauszug mit deutschem Text. pp. 74. *Philipp Reclam jun.: Leipzig,* [1870?] obl. 8°. Hirsch M. **317**.
Elegante und wohlfeilste Opern-Bibliothek. Bd. 18.

MOZART (WOLFGANG AMADEUS)
—— [La Clemenza di Tito.] Titus. (La Clemenza di Tito). Oper in zwei Aufzügen . . . Partition complète pour piano et chant. *Ger. & Ital.* pp. 128. *Henry Litolff's Verlag: Braunschweig & New York,* [1870?] 8°. Hirsch M. **319**.
Collection Litolff. no. 14.

MOZART (WOLFGANG AMADEUS)
—— [La Clemenza di Tito.] Titus. Oper in 2 Akten. [Vocal score.] *Ital. & Ger.* pp. 198. *Breitkopf & Härtel: Leipzig,* [1880?] 8°. [*Mozart's Opern.* no. 8.] Hirsch M. **304**.

MOZART (WOLFGANG AMADEUS)
—— La Clemenza di Tito. Titus. Oper in zwei Aufzügen . . . für das Pianoforte, ohne Worte eingerichtet von Heinr. Cramer. Ausgabe nach der Original-Partitur. *Bei Johann André: Offenbach a/M.,* [1860?] fol. Hirsch M. **1052**.

MOZART (WOLFGANG AMADEUS)
—— [La Clemenza di Tito.] Titus der Gütige. (La Clemenza di Tito.) Oper in 2 Akten . . . für Piano-Forte Solo. Neue Ausgabe. pp. 65. *Bei B. Schott's Söhnen: Mainz,* [1864.] fol. Hirsch M. **1053**.

MOZART (WOLFGANG AMADEUS)
—— [La Clemenza di Tito.] Titus. (La Clemenza di Tito.) Opera seria in zwei Akten . . . Klavierauszug zu 2 Händen. pp. 63. *C. F. Peters: Leipzig,* [1870?] fol. Hirsch M. **1054**.
Edition Peters. no. 107.

MOZART (WOLFGANG AMADEUS)
—— La Clemenza di Tito. Titus. Oper in zwei Aufzügen . . . für das Pianoforte zu 2 Händen eingerichtet von E. F. Richter. pp. 54. *Bei Breitkopf & Härtel: Leipzig,* [1895?] fol. Hirsch M. **1055**.
Part of "Breitkopf & Härtel's Klavier-Bibliothek."

MOZART (WOLFGANG AMADEUS)
—— [La Clemenza di Tito.] Titus der Gütige. (La Clemenza di Tito.) Oper in 2 Akten . . . nach der Original-Partitur für das Pianoforte zu 4 Händen eingerichtet von P. Horr. pp. 99. *Bei Joh. André: Offenbach a/M.,* [1860?] obl. fol. Hirsch M. **320**.
Opern für Pianoforte zu vier Händen bearbeitet von P. Horr." no. 5.

SIG. 38.—PART 53.

MOZART (WOLFGANG AMADEUS)
—— La Clemenza di Tito. Grand opera . . . arrangée pour piano-forté & violon par Charles Zulehner. [Parts.] 2 pt. *Chez B. Schott: Mayence,* [1815.] obl. fol. & fol. Hirsch IV. **1644**.

—— [Another copy of the pianoforte part only.] Hirsch M. **321**.

MOZART (WOLFGANG AMADEUS)
—— [La Clemenza di Tito.] The Favorite Overture, Songs, Duetts &c. . . . for the piano forte, also flute and violoncello. Arranged . . . by J. Mazzinghi. [Parts.] 3 bk. *Goulding, D'Almaine, Potter & Co.: London,* [1817?] fol. Hirsch M. **1281**. (**1**.)
Watermark date 1817. *Imperfect; wanting the parts for flute and violoncello.*

MOZART (WOLFGANG AMADEUS)
—— [La Clemenza di Tito.] Douze duos concertants pour deux violons tirés de l'opera La Clemenza di Tito [by W. A. Mozart], arrangés par Stumpf. [Parts.] 2 pt. [1813?] fol. *See* STUMPF (J. C.) Hirsch M. **1242**.

MOZART (WOLFGANG AMADEUS)
—— [La Clemenza di Tito.] Overture . . . Arranged as a duett for two performers on the piano forte, by J. F. Burrowes. pp. 9. *R^t Birchall: London,* [1804?] fol. Hirsch M. **1284**. (**6**.)
Watermark date 1804.

MOZART (WOLFGANG AMADEUS)
—— [La Clemenza di Tito.] Ouverture . . . arrangée à quatre mains pour piano-forte. pp. 9. *Bey Falter und Sohn: München,* [1810?] obl. fol. Hirsch IV. **217**.
Lithographed throughout.

MOZART (WOLFGANG AMADEUS)
—— [La Clemenza di Tito.] Ouverture für das Piano Forte aus der Oper: Titus der Gütige. pp. 7. *In Verlage des lithographischen Institut: Wien,* [1822?] obl. fol. Hirsch IV. **1644**. a.
Lithographed throughout.

MOZART (WOLFGANG AMADEUS)
—— [La Clemenza di Tito.] Ah perdona al primo affetto, a favorite duet, *etc.* pp. 4. *Clementi & C°: London,* [1817?] fol. Hirsch M. **1275**. (**27**.)
Watermark date 1817.

MOZART (WOLFGANG AMADEUS)
—— [La Clemenza di Tito.] Deh prendi un dolce amplesso, duettino, *etc.* pp. 3. *Clementi & C°: London,* [1815?] fol. Hirsch M. **1274**. (**27**.)
Watermark date 1815.

MOZART (WOLFGANG AMADEUS)
—— [La Clemenza di Tito.] Deh, se piacer mi vuoi. Aria, *etc.* pp. 5. *Monzani and Cimador:* [*London,* 1803?] fol. Hirsch M. **1123**. (**1**.)
A Collection of Periodical Italian Songs, Duets, Trios &c. no. 111.

MOZART (WOLFGANG AMADEUS)
—— [La Clemenza di Tito.—Marcia.] The Favourite March . . . arranged for the piano forte. *Printed from stone by G. J. Vollweiler:* [London, 1805?] *s. sh. obl. fol.*
Hirsch M. **322**.
Lithographed throughout.

MOZART (WOLFGANG AMADEUS)
—— Coloraturen und Cadenzen zu vermutlich Bach'schen Arien. ⟨Facsimile.⟩ [In fact, three vocal cadenzas by W. A. Mozart, K. 293e, to arias by J. C. Bach.] *Johann André: Offenbach a.m.*, [1910.] *s. sh. obl.* 4°.
Hirsch M. **323**.

MOZART (WOLFGANG AMADEUS)
—— [Concertos. Clarinet. K. 622.] Concerto pour clarinette avec accompagnement d'orchestre . . . Oeuvre 107, *etc.* [Parts.] 10 pt. *Chez Jean André: Offenbach s/m.*, [1802.] fol.
Hirsch IV. **219**.

MOZART (WOLFGANG AMADEUS)
—— [Concertos. Pianoforte. K. 414, 450, 453, 466, 467, 482, 491, 503.] W. A. Mozart's Klavier-Conzerte in Partitur. Herausgegeben von einem Verein von Tonkünstlern und Musik-Gelehrten in Frankfurt a/M. mit Bearbeitung der Orchesterbegleitung für das Klavier ⟨no. 1–6⟩ von F. X. Gleichauf. ⟨no. 7, 8, von J. B. André.⟩ no. 1–8. *Bei Joh. André: Offenbach a/M*, [1852.] fol.
Hirsch III. **431**.
Without the "Vorwort." Imperfect; wanting no. 9–12.

MOZART (WOLFGANG AMADEUS)
—— [Concertos. Pianoforte. K. 238, 246, 271, 365, 413–415, 449, 450, 451, 453, 456, 459, 466, 467, 482, 488, 491, 503, 537, 595.] Collection complète des 21 concertos de W. A. Mozart pour piano et orchestre, mis en partition par Henri Roubier. 21 vol. *Chez Richault: Paris*, [1855?] 8°.
Hirsch III. **433**.

MOZART (WOLFGANG AMADEUS)
—— Concertos. Pianoforte. K. 39.] Andante. *See* INTERNATIONAL MUSICAL SOCIETY. J. Schobert, Andante aus der Klaviersonate Op. 17 Nr. 2 und W. A. Mozart, Andante aus dem Klavierkonzert Nr. 2 . . . in Gegenüberstellung, *etc.* [1909.] 4°.
Hirsch M. **923**.

MOZART (WOLFGANG AMADEUS)
—— [Concertos. Pianoforte. K. 415.] Grand concerto pour le piano-forte avec accompagnement de plusieurs instrumens . . . Oeuvre 4me l. [2.] Édition faite d'après le manuscrit original de l'auteur. [Parts.] 13 pt. *Chez J. André: Offenbach s/m.*, [1802.] *obl. fol. & fol.*
Hirsch IV. **67**.

MOZART (WOLFGANG AMADEUS)
—— [Concertos. Pianoforte. K. 595.] Concerto per il clavicembalo o forte-piano con l'accompagnamento di due violini, viola e basso, 2 oboe, 2 corni, 2 fagotti e flauto . . . Opera 17. [Parts.] 12 pt. *Presso Gio Cappi: Vienna*, [1802?] *obl. fol.*
Hirsch IV. **172**.

MOZART (WOLFGANG AMADEUS)
—— [Concertos. Horn. K. 417.] Deuxième concerto pour le cor . . . Oeuvre 105. [Parts.] 9 pt. *Chez Jean André: Offenbach s/m*, [1802.] fol.
Hirsch IV. **68**.
Lithographed throughout.

MOZART (WOLFGANG AMADEUS)
—— [Concertos. Violin and Viola. K. 364.] Sinfonie concertante pour violon & alto . . . Oeuvre 104. [Parts.] 10 pt. *Chez Jean André: Offenbach sur le Mein*, [1801.] fol.
Hirsch IV. **38**.

MOZART (WOLFGANG AMADEUS)
—— [Another copy.] Così fan tutte. Dramma giacosa . . . Partitura, *etc. Leipzig*, [1809.] fol.   Hirsch II. **633**.
Without the libretto in German.

MOZART (WOLFGANG AMADEUS)
—— Così fan tutte. Dramma giocoso in due atti, *etc.* [Score.] pp. vii. 516. *J. Frey: Paris*, [1822.] fol. [*Collection des opéras de Mozart.* no. 6.]   Hirsch II. **630**.

MOZART (WOLFGANG AMADEUS)
—— Così fan tutte. Drame en deux actes. [Score.] Ital. & Fr. pp. vii. 516. *Chez S. Richault: Paris*, [1825?] fol. [*Collection des opéras de W. A. Mozart en grande partition.* no. 6.]   Hirsch II. **631**.

MOZART (WOLFGANG AMADEUS)
—— Così fan tutte ossia la Scuola degli amanti. Dramma giocoso in due atti. Alle wie eine. Komische Oper in zwei Acten . . . Partitur. [Revised by Julius Rietz.] pp. xiv. 374. *Breitkopf & Härtel: Leipzig*, [1871.] fol. [*Mozart's Opern. Partitur-Ausgabe.* no. 6.]
Hirsch II. **629**.

MOZART (WOLFGANG AMADEUS)
—— Così fan tutte, Weibertreue, eine comische Oper in zwey Aufzügen. . . . Clavier-Auszug. [Vocal score.] *Ital. & Ger.* pp. 216. *Bey Johann August Böhme: Hamburg*, [1805?] *obl. fol.*   Hirsch IV. **165**.

MOZART (WOLFGANG AMADEUS)
—— Partition di Così fan tutte ossia La Scuola degli amanti . . . Arrangée pour le piano. [Vocal score.] pp. 228. *Chez Carli: Paris*, [1815.] fol.   Hirsch IV. **1215**.

MOZART (WOLFGANG AMADEUS)
—— Così fan tutte. Act 1 ⟨2⟩. [Vocal score.] 2 vol. *R^t Birchall: London*, [1815?] fol.   Hirsch M. **1056**.
Watermark date 1815.

MOZART (WOLFGANG AMADEUS)
—— Così fan tutte. Weibertreue, oder die Mädchen sind von Flandern, komische Oper in zwey Aufzügen . . . Klavierauszug. [Vocal score.] *Ital. & Ger.* pp. 192. *Bey Breitkopf und Härtel: Leipzig*, [1819.] *obl. fol.*
Hirsch IV. **1213**.
The music is lithographed throughout.

MOZART (WOLFGANG AMADEUS)
—— Così fan tutte. Opera buffa in due atti. Composta e ridotta per il cembalo. [Vocal score.] *Ital. & Ger.* pp. 241. *Chez Maurice Schlesinger: Paris*, [1822?] fol. [*Collection complète des opéras de W. A. Mozart.* livr. 6.]
Hirsch IV. **1183**.

MOZART (WOLFGANG AMADEUS)
—— Così fan tutte. Weibertreue. Komische Oper in zwei Aufzügen . . . In vollständigem Klavierauszug mit deutschem und italienischem Texte und zugleich für das Pianoforte allein, etc. pp. 210. *Bei Carl Ferdinand Heckel: Mannheim*, [1828?] fol. [*Wohlfeile Ausgabe von W. A. Mozart's sämmtlichen Opern.* Lfg. 4.] Hirsch IV. **1179**.

MOZART (WOLFGANG AMADEUS)
—— Così fan tutte. Weibertreue oder die Mädchen sind von Flandern. Komische Oper in zwey Aufzügen . . . Klavierauszug. [Vocal score.] *Ital. & Ger.* pp. 192. *Bey Breitkopf und Härtel: Leipzig*, [1830?] obl. fol.
Hirsch M. **324**.

MOZART (WOLFGANG AMADEUS)
—— Così fan tutte. Weibertreue. Komische Oper in zwei Aufzügen. Clavier-Auszug mit ital. u. deutsch. Texte. [With a portrait.] pp. 191. *Bei G. M. Meyer jr.: Braunschweig*, [1830?] obl. 8º. Hirsch M. **325**.

—— [Another copy.] Hirsch IV. **1212**.

MOZART (WOLFGANG AMADEUS)
—— Così fan tutte. Weibertreue. Komische Oper in zwei Aufzügen . . . Clavier-Auszug mit ital. u. deutsch. Texte. ⟨Zweite Auflage.⟩ pp. 199. *Bei G. M. Meyer jr.: Braunschweig*, [1835?] obl. 8º. Hirsch M. **326**.

MOZART (WOLFGANG AMADEUS)
—— Così fan tutte. Weibertreue. Komische Oper in zwei Aufzügen . . . Clavier-Auszug mit italien. u. deutschem Texte. Stereotyp-Ausgabe. pp. 191. *Bei F. Weidle: Berlin*, [1845?] obl. 8º. Hirsch M. **327**.

MOZART (WOLFGANG AMADEUS)
—— [Another copy.] Così fan tutte . . . Opera buffa, *etc.* Nuova edizione . . . revista e corretta. [Vocal score.] *London*, [1861.] fol. Hirsch M. **1057**.

MOZART (WOLFGANG AMADEUS)
—— Così fan tutte. (Weibertreue.) Komische Oper in zwei Aufzügen . . . Vollständiger Clavierauszug mit deutschem und italienischem Texte. pp. 234. *Henry Litolff's Verlag: Braunschweig & New York*, [1870?] 8º.
Hirsch M. **328**.

MOZART (WOLFGANG AMADEUS)
—— Così fan tutte. Oper in 2 Akten. Vollständiger Klavierauszug mit deutschem Text. pp. 142. *Philipp Reclam jun.: Leipzig*, [1870?] obl. 8º.
Hirsch M. **329**.
Elegante und wohlfeilste Opern-Bibliothek. Bd. 17.

MOZART (WOLFGANG AMADEUS)
—— Così fan tutte. Klavier-Auszug. [Vocal score.] *Ger. & Ital.* pp. 204. *C. F. Peters: Leipzig & Berlin*, [1880?] 8º. Hirsch M. **330**.
Edition Peters. no. 1369. Part of "*Opern und Oratorien im Klavier-Auszug mit Text bearbeitet von Brissler, Horn, Stern, Ulrich.*"

MOZART (WOLFGANG AMADEUS)
—— [Another copy.] Così fan tutte . . . Vollständiger Klavierauszug mit Text. *Leipzig*, [1898.] 8º.
Hirsch M. **331**.

MOZART (WOLFGANG AMADEUS)
—— Così fan tutte. Weibertreue. Komische Oper in zwei Aufzügen . . . für das Pianoforte zu 2 Händen eingerichtet von F. L. Schubert. pp. 85. *Bei Breitkopf & Härtel: Leipzig*, [1840?] fol. Hirsch M. **1058**.

MOZART (WOLFGANG AMADEUS)
—— Così fan tutte. Oper in zwei Aufzügen . . . Für das Pianoforte allein. Vollständiger Klavierauszug ohne Text, *etc.* pp. 82. *Bei A. H. Hirsch: Leipzig*, [1845?] 4º.
Hirsch M. **332**.
Sammlung beliebter Opern älterer und neuerer Zeit. Für das Pianoforte allein. no. 3.

MOZART (WOLFGANG AMADEUS)
—— Così fan tutte. (Weibertreue.) Komische Oper in 2 Akten . . . für Piano-Forte Solo. Neue Ausgabe. pp. 106. *Bei B. Schott's Söhnen: Mainz*, [1864.] fol.
Hirsch M. **1059**.

MOZART (WOLFGANG AMADEUS)
—— [Another copy.] Così fan tutte . . . für das Pianoforte allein übertragen von Heinrich Cramer. *Offenbach a/M.*, [1867.] fol. Hirsch M. **1060**.

MOZART (WOLFGANG AMADEUS)
—— Così fan tutte. Oper in 2 Akten. Klavierauszug zu 2 Händen. pp. 90. *C. F. Peters: Leipzig*, [1885?] fol.
Hirsch M. **1061**.
Edition Peters. no. 143.

MOZART (WOLFGANG AMADEUS)
—— [Così fan tutte.] Ouverture à grand orchestre . . . Nº 5. [Parts.] 14 pt. *Chez N. Simrock: Bonn*, [1806?] fol. Hirsch M. **1062**.

MOZART (WOLFGANG AMADEUS)
—— Così fan tutte. Weibertreue. Grand opera . . . arrangée pour le pianoforte et violon obligé par Charles Zulehner. [Parts.] 2 pt. *Chez B. Schott fils: Mayence*, [1821.] obl. fol. & fol. Hirsch IV. **1642**.

MOZART (WOLFGANG AMADEUS)
—— [Così fan tutte.] The Celebrated Overture to Così fan tutte, for the piano forte. pp. 6. *R. W. Keith, Prowse & Co.: London*, [1835?] fol. Hirsch M. **1283**. (**16**.)

MOZART (Wolfgang Amadeus)

—— [Così fan tutte.] Ah guarda sorella, a favorite duett, *etc.* pp. 8.   *R^t Birchall: London*, [1815?] fol.
Hirsch M. **1272. (24.)**

MOZART (Wolfgang Amadeus)

—— [Così fan tutte.] Prendero quel brunettino. A favorite duet, *etc.*   pp. 6.   *R^t Birchall: London*, [1805?] fol.
Hirsch M. **1123. (3.)**
Watermark date 1805.

MOZART (Wolfgang Amadeus)

—— [Così fan tutte.] Prendero quel brunettino, a duet, *etc.* pp. 6.   *Clementi & Co: London*, [1815?] fol.
Hirsch M. **1274. (32.)**

MOZART (Wolfgang Amadeus)

—— [Così fan tutte.] Prendero quel brunettino, duetto, *etc.* pp. 6.   *R^t Birchall: London*, [1815?] fol.
Hirsch M. **1272. (30.)**

MOZART (Wolfgang Amadeus)

—— [Another copy.] Cantata Davidde penitente, con l'orchestra ... Parte 1 [or rather, 2]. Partitura. Osterkantate mit einer Parodie von J. A. Hiller.   *Leipzig*, [1805.] fol.   Hirsch IV. **865.**

MOZART (Wolfgang Amadeus)

—— Canatata Davidde penitente a soprani e tenori concertanti von cori ed orchestro [*sic*] ... Ridotto per il cembalo e con parole italiane e tedesche. pp. 57.   *N. Simrock: Bonna e Colonia*, [1822.] *obl.* fol.   Hirsch IV. **1193.**

MOZART (Wolfgang Amadeus)

—— Cantata, Davidde penitente, a soprani e tenori concertanti con cori ed orchestro [*sic*] ... Ridotto per il cembalo e con parole italiane e tedesche. no. 7.   *Presso N. Simrock: Bonna e Colonia*, [1825?] *obl.* fol.   Hirsch M. **333.**
Imperfect; wanting all the other numbers.

MOZART (Wolfgang Amadeus)

—— Davidde Penitente. Cantate für Solo und Orchester ... Vollständiger Clavierauszug mit deutschem und italienischem Texte.   pp. 81.   *Bei Breitkopf & Härtel: Leipzig*, [1850.] fol.   Hirsch M. **1063.**

MOZART (Wolfgang Amadeus)

—— David pénitent. Cantate avec accomp^t de piano ... Revue et soigneusement corrigée.   pp. 74.   *Chez Mme v^{ve} Launer: Paris*, [1850?] fol.   Hirsch M. **1064.**

—— [Another copy.]   Hirsch IV. **867. (1.)**

MOZART (Wolfgang Amadeus)

—— Deh, se piacer mi vuoi.   *See supra:* [La Clemenza di Tito.]

MOZART (Wolfgang Amadeus)

—— [Divertimenti. K. 213, 240, 252, 253, 270.] Cinq divertissements pour deux hautbois, deux cors et deux bassons ... Oeuvre 90. Édition d'après l'original de l'auteur. [Parts.]   6 pt.   *Chés J. André: Offenbach s/M*, [1801?] fol.   Hirsch IV. **13.**
Lithographed throughout.

MOZART (Wolfgang Amadeus)

—— [Divertimento. K. 563.] Mozart's original Trio, for Violin, Tenor and Bass, *etc.* [Parts.] 3 pt.   *Clementi, Benger, Hyde, Collard & Davis: London*, [1805?] fol.
Hirsch M. **1066.**

MOZART (Wolfgang Amadeus)

—— [Divertimento. K. 563.] Grand trio per violino, viola, e basso ... Op. 19. [Parts.] 3 pt.   *Broderip & Wilkinson: London*, [1806?] fol.   Hirsch IV. **151. a.**
Watermark date 1806.

MOZART (Wolfgang Amadeus)

—— [5 Divertimenti for 2 Clarinets and Bassoon. K. Anh. 229, 229a.]   Petites pieçes pour deux cors de bassette et basson. [Parts.] livr. 1.   3 pt.   *Chez Breitkopf & Härtel: Leipsic*, [1803.] fol.   Hirsch IV. **71. a.**
The first minuet and trio, the larghetto, the second minuet and trio, from divertimento no. 2, with a finale of doubtful authenticity.

MOZART (Wolfgang Amadeus)

—— [5 Divertimenti for 2 Clarinets and Bassoon. K. Anh. 229, 229a.]   6 Sonatine ... per pianoforte. Edizione riveduta ... da Bruno Mugellini. pp. 36.   *Edition Schmidl: Trieste*, [1907.] 4°.   Hirsch M. **1065.**
In this edition the order of the pieces has been altered, and the keys transposed.

MOZART (Wolfgang Amadeus)

—— [Another copy.] [Don Giovanni.] Don Juan ... Komische Oper ... In Partitur. *Leipzig*, [1801.] *obl.* fol.
Hirsch II. **645.**
With an additional titlepage, engraved, reading " Il Dissoluto punito, osia il Don Giovanni."

MOZART (Wolfgang Amadeus)

—— Don Giovanni. Dramma giocoso in due atti, *etc.* [Score.]   *Ital. & Fr.*   2 vol.   pp. vii. 565.   *J. Frey: Paris*, [1822.] fol.   [Collection des opéra [sic] de Mozart. no. 2.]   Hirsch II. **630.**
A made-up set. The imprint of vol. 2 reads: " Édition publié par J. Frey. Année 1820 ... Au magasin de musique de l'éditeur."

MOZART (Wolfgang Amadeus)

—— Don Giovani [*sic*]. Drame en deux actes. [Score.] *Ital. & Fr.*   pp. vi. 565.   *Chez S. Richault: Paris*, [1825?] fol.   [Collection des opéras de W. A. Mozart en grande partition. no. 2.]   Hirsch II. **631.**

MOZART (Wolfgang Amadeus)

—— [Don Giovanni.] Don Juan, ou le Festin de pierre. Opéra en quatre actes, d'après Molière et le drame italien, paroles ajustées sur la musique de Mozart par M. Castil-Blaze... No. 2. du Répertoire de M. Castil-Blaze. [Score.] *Fr. & Ital.* pp. 398. *À la lyre moderne: Paris,* [1827.] fol.
Hirsch II. **651**.
In this copy has been inserted a facsimile of the autograph of Mozart's violin sonata K. 402.

MOZART (Wolfgang Amadeus)

—— Don Giovanni, osia il Dissoluto punito. Dramma in due atti... Don Juan oder der steinerne Gast... Mit einem Anhang, enthaltend sämmtliche von dem Komponisten später eingelegte Stücke. Partitur. Mit italienischem und deutschem Texte. ⟨Mit dem Portrait des Componisten. Neue Ausgabe.⟩ pp. 337. *Bei Breitkopf & Härtel: Leipzig,* 1840. fol. Hirsch II. **646**.

MOZART (Wolfgang Amadeus)

—— Mozart's Don Giovanni. Partitur erstmals nach dem Autograph herausgegeben unter Beifügung einer neuen Textverdeutschung von Bernard Gugler. *Ital. & Ger.* pp. xix. 476. *F. E. C. Leuckart: Breslau,* [1868.] fol.
Hirsch II. **644**.
The fly-leaf bears the autograph signature of Ferdinand Hiller.

MOZART (Wolfgang Amadeus)

—— [Don Giovanni.] Il Dissoluto punito, o il Don Giovanni. Dramma giocoso in due atti. Don Juan. Oper in zwei Acten... Partitur. [Revised by Julius Rietz.] pp. xxxii. 367. MS. ANNOTATIONS [by Max Reger]. *Breitkopf & Härtel: Leipzig,* [1871.] fol. [*Mozart's Opern. Partitur-Ausgabe.* no. 5.] Hirsch II. **629**.

MOZART (Wolfgang Amadeus)

—— [Don Giovanni.] Don Juan. Oper in 2 Akten... Partitur. *Ital. & Ger.* pp. 385. *C. F. Peters: Leipzig & Berlin,* [1879.] fol. Hirsch II. **648**.
Edition Peters. no. 1003.

MOZART (Wolfgang Amadeus)

—— [Don Giovanni.] Don Juan. Oper in 2 Akten... Partitur herausgegeben von Alfred Dörffel. *Ital. & Ger.* pp. 385. *C. F. Peters: Leipzig,* [1882?] fol.
Hirsch II. **649**.

MOZART (Wolfgang Amadeus)

—— [Don Giovanni.] Il Dissoluto punito, ossia il Don Giovanni. Dramma giocoso in 2 Akten. Text von Lorenzo da Ponte. Deutsch von Franz Grandaur. Köchel-Verzeichnis No. 527. Nach dem in der Bibliothek des Konservatoriums in Paris befindlichen Autograph revidiert und mit Vorwort versehen von Alfred Einstein. [Score.] *Ital. & Ger.* pp. xxiv. 658. *Ernst Eulenburg: Leipzig,* [1931.] 8°. Hirsch IV. **1573**.
Eulenburgs kleine Partitur-Ausgabe. No. 918.

MOZART (Wolfgang Amadeus)

—— Don Juan. Oper in 2 Akten... nebst einem Anhang von später eingelegten Stücken. Im Klavierauszug von A. E. Müller. [Vocal score.] *Ital. & Ger.* pp. 182. *Bei Breitkopf und Härtel: Leipzig,* [1810?] obl. fol.
Hirsch IV. **132**.
With an additional titlepage, engraved, reading: "Il Dissoluto punito, osia il Don Giovanni. Dramma giocoso... Ridotto per il pianoforte da A. E. Müller."

MOZART (Wolfgang Amadeus)

—— [Don Giovanni.] Il Dissoluto punito osia il Don Giovanni. Dramma giocoso in due atti... Ridotto per il piano-forte da A. E. Müller. [Vocal score.] *Ger. & Ital.* 2 pt. *Presso S. A. Steiner: Vienna,* [1810?] obl. fol.
Hirsch IV. **1210**.
Part of "Répertoire der besten Opern in vollstændigsten Clavier-Auszügen."

MOZART (Wolfgang Amadeus)

—— Mozart. Don Giovanni ossia il Dissoluto punito. Dramma giocoso in due atti... Don Juan oder der steinerne Gast. Neu bearbeiteter, vollständiger Klavierauszug von A. E. Müller. [Vocal score.] 2 vol. *Bei C. F. Peters: Leipzig,* [1810.] obl. fol. Hirsch IV. **133**.

MOZART (Wolfgang Amadeus)

—— [Don Giovanni.] Il Dissoluto punito, ossia il Don Giovanni. Dramma giocoso in due atti... Ridotto per il pianoforto [*sic*]. [Vocal score.] *Ital. & Ger.* pp. 209. *Presso Giovanni Augusto Böhme: Hamburgo,* [1810?] obl. fol.
Hirsch IV. **131**.

MOZART (Wolfgang Amadeus)

—— Partition di Don Giovanni... Arrangée pour le piano forte. [Vocal score.] *Ital. & Fr.* pp. 210. *Chez Carli: Paris,* [1810?] fol. Hirsch IV. **1207**.

MOZART (Wolfgang Amadeus)

—— Don Giovanni, ossia il Dissoluto punito. Dramma giocoso in due atti... Don Juan, oder der Steinerne Gast. Neu bearbeiteter vollständiger Klavierauszug von A. E. Müller. 1 Act. [Vocal score.] *Bei C. F. Peters: Leipzig,* [1815?] obl. fol. Hirsch M. **334**.
Imperfect; wanting Act 2.

MOZART (Wolfgang Amadeus)

—— [Don Giovanni.] Il Dissoluto punito, osia Il Don Giovanni. Dramma giocoso in due atti... Ridotto per il pianoforte da A. E. Müller. [Vocal score.] *Ital. & Ger.* pp. 184. *Presso Breitkopf e Härtel: Lipsia,* [1818.] obl. fol.
Hirsch IV. **1204**.
With a second titlepage in German.

MOZART (Wolfgang Amadeus)

—— [Another issue.] [Don Giovanni.] Il Dissoluto punito... Dramma giocoso... Ridotto per il pianoforte da A. E. Müller. [Vocal score.] *Lipsia,* [1818?] obl. fol.
Hirsch M. **335**.
With a second titlepage in German differently engraved from the preceding.

MOZART (WOLFGANG AMADEUS)
—— [Another copy.] [Don Giovanni.] Don Juan, or the Libertine. A grand operatic drama . . . adapted for the English stage, and arranged . . . by Henry R. Bishop, *etc.* *London*, [1818.] fol.   Hirsch M. **1067**.

MOZART (WOLFGANG AMADEUS)
—— Don Giovanni, ossia il Dissoluto punito. Dramma giocoso in due atti . . . ridotto per il cembalo. [Vocal score.] *Ital. & Ger.* pp. 247.   *Chez Maurice Schlesinger: Paris*, [1822.] fol. [*Collection complète des opéras de W. A. Mozart. liv. 4.*]   Hirsch IV. **1183**.

MOZART (WOLFGANG AMADEUS)
—— [Don Giovanni.] Don Juan, oder der Steinerne Gast. Oper in zwei Aufzügen . . . Clavierauszug. [Vocal score.] *Ital. & Ger.* pp. 209.   *C. Bachmann: Hannover*, [1825?] *obl.* fol.   Hirsch IV. **1203**.

MOZART (WOLFGANG AMADEUS)
—— Don Giovanni, osia il Dissoluto punito. Dramma in due atti . . . Ridotto per il piano-forte a quattro mani senza parole da C. Zulehner. 2 vol. pp. 213.   *Presso E. A. Probst: Lipsia*, [1825?] *obl.* fol.   Hirsch IV. **1205**.

MOZART (WOLFGANG AMADEUS)
—— Il Don Giovanni. Act I ⟨II⟩. [Vocal score.] 2 vol. *R^t Birchall: London*, [1827?] fol.   Hirsch M. **1069**.
Watermark date 1827.

MOZART (WOLFGANG AMADEUS)
—— [Don Giovanni.] Don Juan. Grosse Oper in zwey Aufzügen . . . In vollständigem Clavierauszug mit deutsch- und italienischem Texte und zugleich für das Piano-Forte allein, *etc.* [With a portrait.] pp. 217.   *Bei K. Ferd. Heckel: Mannheim*, [1827.] fol. [*Wohlfeile Ausgabe von W. A. Mozart's sämmtlichen Opern. Lfg. 1.*]   Hirsch IV. **1179**.

MOZART (WOLFGANG AMADEUS)
—— [Don Giovanni.] Don Juan. Grosse Oper in zwey Aufzügen . . . In vollständigem Clavierauszug mit deutsch- und italienischem Texte und zugleich für das Piano-Forte allein, *etc.* pp. 217.   *K. Ferd. Heckel: Mannheim*, [1830?] fol. [*Wohlfeile Ausgabe von W. A. Mozart's sämmtlichen Opern. Lfg. 1a.*]   Hirsch IV. **1179**.
Without the portrait.

MOZART (WOLFGANG AMADEUS)
—— [Don Giovanni.] Don Juan. Grosse Oper in zwey Aufzügen . . . In vollständigem Clavierauszug mit deutsch [sic] und italienischem Texte und zugleich für das Piano-Forte allein, *etc.* [With a portrait.] pp. 215.   *Bey K. Ferd. Heckel: Mannheim*, [1830?] fol. [*Wohlfeile Ausgabe von W. A. Mozart's sämmtlichen Opern. Lfg. 1b.*]   Hirsch IV. **1179**.

MOZART (WOLFGANG AMADEUS)
—— [Don Giovanni.] Don Juan. Oper in zwei Aufzügen . . . Vollständiger Clavier-Auszug mit ital. und deutsch. Texte. pp. 182.   *Bei G. M. Meyer jr.: Braunschweig*, [1830?] *obl.* 8°.   Hirsch IV. **1202**.

MOZART (WOLFGANG AMADEUS)
—— Don Giovanni. Dramma giocoso in due atti . . . Ridotto per il piano forte, *etc.* [Vocal score.] pp. 214.   *Chez Janet et Cotelle: Paris*, [1830?] fol.   Hirsch IV. **1208**.

MOZART (WOLFGANG AMADEUS)
—— Don Giovanni. Opera buffa in due atti . . . Ridotto per il pianoforte. Don Juan . . . Neuer vollständiger, nach der Original-Partitur eingerichteter Klavier-Auszug von Julius André. Italienisch und deutscher Text. pp. 167. 6. *Johann André: Offenbach a/M.*, [1835.] *obl.* fol.   Hirsch M. **336**.

MOZART (WOLFGANG AMADEUS)
—— Don Giovanni. Dramma giocoso. Posto in musica e ridotto per il piano forte. ⟨En partition de piano et chant, paroles italiennes.⟩ pp. 280.   *Chez Marquerie frères: Paris*, 1838. 8°.   Hirsch M. **337**.
Compositeurs illustres. ser. 1. livr. 3.

MOZART (WOLFGANG AMADEUS)
—— [Don Giovanni.] Don Juan. Oper. Vollst. Clavier-Auszug. Stereotyp-Ausgabe. [Vocal score.] *Ital. & Ger.* pp. 185.   *Bei Hirsch & Comp.: Berlin*, [1840?] *obl.* 8°.   Hirsch M. **338**.

MOZART (WOLFGANG AMADEUS)
—— Don Giovanni . . . Opéra complet. Partition de piano et chant. Paroles italiennes. Édition de luxe. pp. 280. *Mme v^{ve} Launer: [Paris*, 1850?] 8°.   Hirsch M. **339**.

MOZART (WOLFGANG AMADEUS)
—— Don Giovanni, ossia il Dissoluto punito. Dramma giocoso in due atti . . . ridotto per il cembalo. [Vocal score.] *Ital. & Ger.* pp. 247.   *Brandus & c^{ie}: Paris*, [1850?] fol.   Hirsch M. **1068**.
A reissue of the sheets of the Schlesinger edition of c. 1822.

MOZART (WOLFGANG AMADEUS)
—— Don Giovanni. Don Juan. Opera von Lorenzo da Ponte . . . Vollständiger Klavierauszug, mit der Partitur verglichen von A. E. Marschner. Originaltext mit deutscher Uebersetzung. *Ital. & Ger.* pp. 245.   *Chez les fils de B. Schott: Mayence*, [1850?] fol.   Hirsch M. **1071**.

MOZART (WOLFGANG AMADEUS)
—— [Don Giovanni.] Don Juan. Oper in zwei Aufzügen . . . Vollständiger Clavier-Auszug mit deutschem und italienischem Texte. pp. 130.   *Hermann Hartung: Leipzig*, [1850?] fol.   Hirsch M. **1072**.

MOZART (WOLFGANG AMADEUS)
—— [Don Giovanni.] Don Juan. Oper in zwei Acten von Da Ponte . . . Klavierauszug mit dem italienischen Originaltext und neuer Uebertragung in's Deutsche von Prof. L. Bischoff. pp. 214.   *Bei N. Simrock: Bonn*, [1860.] 8°.   Hirsch M. **340**.

MOZART (WOLFGANG AMADEUS)

—— [Don Giovanni.] Chappell's new edition of Il Don Giovanni. A grand romantic opera in two acts . . . Arranged & edited from his German copy for the piano forte by John Barnett. [Vocal score.] *Ital. & Ger.* pp. 250. *Chappell: London*, [1860?] fol. Hirsch M. **1073**.

MOZART (WOLFGANG AMADEUS)

—— [Don Giovanni. Vocal Score.] Klavier-Auszug v. Aug. Horn. *Ger. & Ital.* pp. 216. *C. F. Peters: Leipzig & Berlin*, [1865?] 8°. Hirsch M. **341**.
One of "Opern und Oratorien im Klavier Auszuge mit Text."

MOZART (WOLFGANG AMADEUS)

—— [Don Giovanni.] Don Juan. Oper in 2 Akten . . . Vollständiger Klavierauszug mit deutschem Text. pp. 147. *Philipp Reclam jun.: Leipzig*, [1870?] obl. 8°. Hirsch M. **342**.
Elegante und wohlfeilste Opern-Bibliothek. Bd. 9.

MOZART (WOLFGANG AMADEUS)

—— Don Giovanni. Dramma giocoso in due atti . . . Opera completa per canto e pianoforte. pp. 25. 348. *R. stabilimento Ricordi: Milano*, [1875?] 8°. Hirsch M. **343**.

MOZART (WOLFGANG AMADEUS)

—— [Don Giovanni.] Don Juan. Oper in 2 Akten. [Vocal score.] *Ital. & Ger.* pp. 332. *Breitkopf & Härtel: Leipzig*, [1880?] 8°. [*Mozart's Opern.* no. 5.] Hirsch M. **304**.

MOZART (WOLFGANG AMADEUS)

—— [Don Giovanni.] Don Juan. Opéra en deux actes . . . Traduction française rhythmée d'après le poëme italien de Aponte [*sic*] par A. van Hasselt et J.-B. Rongé. Partition complète pour chant et piano, *etc. Ger. & Fr.* pp. 224. *Henry Litolff's Verlag: Braunschweig, etc.*, [1880?] 8°. Hirsch M. **344**.

MOZART (WOLFGANG AMADEUS)

—— [Don Giovanni.] Don Juan. Opera buffa in 2 Akten. Dichtung von Lorenzo da Ponte . . . Klavierauszug mit Text. [With a portrait.] *Ger. & Ital.* pp. 352. *Bibliographische Anstalt, Adolph Schumann: Leipzig*, [1895?] 8°. Hirsch M. **345**.

MOZART (WOLFGANG AMADEUS)

—— [Don Giovanni.] Don Juan. Opera buffa in 2 Acten . . . Klavierauszug mit Secco-Recitativen von Gustav F. Kogel. [Vocal score.] pp. 299. *C. F. Peters: Leipzig*, [1900?] 8°. Hirsch M. **346**.
Edition Peters. no. 2941.

MOZART (WOLFGANG AMADEUS)

—— [Don Giovanni.] Don Juan. Oper in 2 Aufzügen von Lorenzo da Ponte. ⟨Übersetzt von Joh. Friedrich Rochlitz und Anderen; die Secco-Recitative von Joh. Phil. Sam. Schmidt.⟩ Klavierauszug (mit den Secco-Recitativen) bearbeitet nach der Original-Partitur von Dr. Wilhelm Kienzl. [Vocal score.] pp. 307. *Universal-Edition Actiengesellschaft: Wien*, [1901.] 8°. Hirsch M. **347**.
Universal-Edition. no. 279.

MOZART (WOLFGANG AMADEUS)

—— [Don Giovanni.] Don Juan. Oper in zwei Aufzügen. Dichtung von Lorenzo da Ponte. (Rochlitz-Schmidt.) Klavierauszug ⟨mit Text⟩. Durchgearbeitet und herausgegeben von Carl Friedrich Wittmann. pp. 240. *Henry Litolff's Verlag: Braunschweig*, [1903.] 8°. Hirsch M. **348**.
Collection Litolff. no. 10.

MOZART (WOLFGANG AMADEUS)

—— Don Giovanni. ⟨Oper in zwei Akten von Lorenzo da Ponte.⟩ Lithographien von Hermann Ebers. ⟨Die deutsche Übertragung des Textes stammt von Max Kalbeck, die neue Fassung des Klavier-Auszugs von Dr. Bernhard Paumgartner.⟩ pp. lxxxiii. 378. *Drei Masken Verlag: München*, [1924.] obl. fol. Hirsch M. **349**.

MOZART (WOLFGANG AMADEUS)

—— [Another copy.] [Don Giovanni.] Don Juan. Dramma giocoso, en deux actes . . . Partition chant & piano. *Paris*, [1933.] 4°. Hirsch M. **1074**.

MOZART (WOLFGANG AMADEUS)

—— [Don Giovanni.] Don Juan. Grosse Oper . . . Für das Piano-Forte eingerichtet von M. J. Leidesdorf. pp. 121. *Bei S. A. Steiner und Comp.: Wien*, [1821?] obl. fol. Hirsch IV. **1211**.

MOZART (WOLFGANG AMADEUS)

—— Don Juan. Oper in zwei Aufzügen . . . für das Pianoforte allein, ohne Worte, eingerichtet. pp. 165. *Bei A. Fischer: Frankfurt a/M.*, [1840?] obl. 8°. Hirsch IV. **1447**.

MOZART (WOLFGANG AMADEUS)

—— [Don Giovanni.] Don Juan. [P.F. score.] pp. 75. *Bei Busse: Braunschweig*, [1840?] 4°. [*Opern von Mozart für das Pianoforte ohne Text.* Lfg. 4.] Hirsch M. **300**.

MOZART (WOLFGANG AMADEUS)

—— Don Giovanni. Don Juan. Oper in zwei Aufzügen . . . für das Pianoforte, ohne Worte eingerichtet von Heinr. Cramer. Ausgabe nach der Original-Partitur. pp. 129. *Bei Johann André: Offenbach a/M.*, [1850?] fol. Hirsch M. **1075**.

MOZART (WOLFGANG AMADEUS)

—— [Don Giovanni.] Don Juan. (Don Giovanni.) Oper in 2 Akten . . . für Piano-Forte solo. Neue Ausgabe. pp. 115. *B. Schott's Söhne: Mainz*, [1864.] fol. Hirsch M. **1076**.

MOZART (WOLFGANG AMADEUS)

—— [Don Giovanni.] Don Juan. Oper in 2 Akten ... Arrangement von F. Brissler. [P.F.] pp. 100. *C. F. Peters: Leipzig & Berlin*, [1866?] 8°.   Hirsch M. **350**.
Collection des opéras arrangés pour piano à deux mains. no. 10.

MOZART (WOLFGANG AMADEUS)

—— [Don Giovanni.] Don Juan. Partition piano seul. (Réduit pour piano seul par G. Michewz.) pp. 127. *Chez Alphonse Leduc: Paris*, [1870?] 8°.   Hirsch M. **351**.
Édition-bijou. no. 5.

MOZART (WOLFGANG AMADEUS)

—— Don Giovanni. Opera in due atti ... Riduzione per pianoforte solo. [With a portrait.] pp. 205. *Edoardo Sonzogno: Milano*, 1874. 8°.   Hirsch M. **352**.

MOZART (WOLFGANG AMADEUS)

—— [Don Giovanni.] Don Juan. Opera buffa in 2 Acten von Lorenzo da Ponte ... Klavierauszug. Neu revidirt von Gustav F. Kogel. [P.F. score.] pp. 87. *C. F. Peters: Leipzig*, [1880?] fol.   Hirsch M. **1077**.

MOZART (WOLFGANG AMADEUS)

—— [Don Giovanni.] Don Juan. Oper in zwei Aufzügen ... Werk 527. Arrangement von E. F. Richter. [P.F. score.] pp. 95. *Breitkopf & Härtel: Leipzig*, [1890?] fol.
Hirsch M. **1078**.
Part of "Breitkopf & Härtel's Klavier-Bibliothek."

MOZART (WOLFGANG AMADEUS)

—— Don Giovanni osia il Dissoluto punito. Dramma in due atti ... ridotto per il piano-forte a quattro mani senza parole da C. Zulehner, *etc.* pp. 212. *Presso E. A. Probst: Lipsia*, [1823.] *obl.* fol.   Hirsch M. **353**.

MOZART (WOLFGANG AMADEUS)

—— [Don Giovanni.] Don Juan. Opéra en deux actes ... arrangé pour le pianoforte à quatre mains ... par Fr. Baron de Boyneburgk. Édition nouvelle. pp. 115. *Chez Breitkopf & Härtel: Leipsic*, [1834.] *obl.* fol.
Hirsch M. **354**.

MOZART (WOLFGANG AMADEUS)

—— [Don Giovanni.] Don Juan. Oper in zwei Akten ... nach der Originalpartitur für das Piano-Forte zu vier Händen eingerichtet von P. Horr. ⟨2te Ausgabe.⟩ pp. 177.   *Bei Johann André: Offenbach a/M.*, [1860?] *obl.* fol.   Hirsch M. **355**.
Opern für Pianoforte zu vier Händen bearbeitet von P. Horr. no. 1.

MOZART (WOLFGANG AMADEUS)

—— [Don Giovanni.] Don Juan. Opera buffa in zwei Acten ... Klavierauszug zu vier Händen. pp. 164.
C. F. Peters: Leipzig, [1891.] *obl.* fol.   Hirsch M. **356**.
Edition Peters. no. 119.

MOZART (WOLFGANG AMADEUS)

—— Il Don Giovanni. Grand'opera ridotta in quartetti per flauto, violino, viola & basso. [Parts.] 4 pt. *Prsso* [sic] *N. Simrock: Bonna*, [1804.] fol.   Hirsch IV. **137**.

MOZART (WOLFGANG AMADEUS)

—— Dom Juan. Opéra ... arrangée [sic] en quatuors à deux violons, alto & violoncelle. Livre I ⟨II⟩. [Parts.] 8 pt. *Chez N. Simrock: Bonn*, [1805?] fol.   Hirsch IV. **136**.

MOZART (WOLFGANG AMADEUS)

—— Don Juan. Grand opéra ... arrangé en quatuor pour deux violons, alto et violoncelle par Joseph Küffner ... On a ajouté aussi les trois airs que Mozart a composés comme supplement. [With a portrait. Parts.] 4 pt.   *Chez B. Schott fils: Mayence*, [1822.] fol.   Hirsch IV. **1639**.

MOZART (WOLFGANG AMADEUS)

—— [Another copy.] [Don Giovanni.] Sextuor du 2me acte ... arrangé pour 2 violons, 2 alto [sic] et basse. [Parts.] *Maience*, [1812.] fol.   Hirsch IV. **139**.

MOZART (WOLFGANG AMADEUS)

—— [Don Giovanni.] The Favorite Overture, Songs, Duetts &c. ... for the piano forte, flute and violoncello. Arranged ... by J. Mazzinghi. 7 bk.   *Goulding, D'Almaine, Potter & Cº: London*, [1818?] fol.   Hirsch M. **1281**. (**3**.)
Watermark date 1818. Imperfect; wanting the parts for flute and violoncello.

MOZART (WOLFGANG AMADEUS)

—— [Don Giovanni.] Mozart's Il Don Giovanni. The most admired airs ... arranged as duets for two performers, on the piano forte, by M. P. King. set 3.   *Preston: London*, [1825?] fol.   Hirsch M. **1080**.
Imperfect; wanting set 1, 2, and all after set 3.

MOZART (WOLFGANG AMADEUS)

—— [Don Giovanni.] Ouverture für das Pianoforte, *etc.* pp. 9.   *Au magasin de musique de l'imprimerie chimique: Vienne*, [1806?] *obl.* fol.   Hirsch IV. **142**.
Lithographed throughout.

MOZART (WOLFGANG AMADEUS)

—— [Don Giovanni.] Ouverture ... arrangée pour le piano forte à quatre mains. pp. 11.   *Chez B. Schott fils: Mayence*, [1805?] *obl.* fol.   Hirsch IV. **141**.
Lithographed throughout.

MOZART (WOLFGANG AMADEUS)

—— [Don Giovanni.] Mozart's celebrated Overture to Don Juan, arranged as a duet for two performers on one pianoforte by J. Blewitt. [With a portrait.] pp. 17.   *Button & Whitaker: London*, [1809?] fol.   Hirsch M. **1079**.
Watermark date 1809.

MOZART (WOLFGANG AMADEUS)

—— [Don Giovanni.] Overture ... newly adapted for the piano forte, with the coda ... by M. Clementi. pp. 9. *Clementi & Cº: London*, [1815?] fol.
Hirsch M. **1284**. (**1**.)
Watermark date 1815.

MOZART (WOLFGANG AMADEUS)
—— [Don Giovanni.] Batti batti o bel Masetto, aria, *etc.* pp. 4. *Clementi & C⁰: London,* [1819?] fol.
Hirsch M. **1274**. (**13**.)
Watermark date 1819.

MOZART (WOLFGANG AMADEUS)
—— [Don Giovanni.] Deh vieni alla fenestra, a canzonet, *etc.* pp. 3. *Goulding, D'Almaine, Potter & C⁰: London,* [1817?] fol.
Hirsch M. **1275**. (**25**.)
Watermark date 1817.

MOZART (WOLFGANG AMADEUS)
—— [Don Giovanni.] Fin ch' han dal vino, aria, *etc.* pp. 4. *Clementi & C⁰: London,* [1819?] fol.
Hirsch M. **1274**. (**23**.)
Watermark date 1819.

MOZART (WOLFGANG AMADEUS)
—— [Don Giovanni.] Giovinette che fate all'amore. Duet, *etc.* pp. 5. *Preston: London,* [1815?] fol.
Hirsch M. **1275**. (**30**.)
Watermark date 1815.

MOZART (WOLFGANG AMADEUS)
—— [Don Giovanni.] La ci darem la mano. A favorite duett, *etc.* pp. 4. *Rᵗ Birchall: London,* [1804?] fol.
Hirsch M. **1123**. (**4**.)
Watermark date 1804.

MOZART (WOLFGANG AMADEUS)
—— [Don Giovanni.] La ci darem la mano, duet, *etc.* pp. 4. *Clementi & Compʸ: London,* [1820?] fol.
Hirsch M. **1274**. (**29**.)

MOZART (WOLFGANG AMADEUS)
—— [Don Giovanni.] La ci darem la mano ! Duetto, *etc.* pp. 4. *R. Mills: London,* [1830?] fol.
Hirsch M. **1272**. (**26**.)

MOZART (WOLFGANG AMADEUS)
—— [Don Giovanni.—Là ci darem la mano.] Duettino. *Ger. & Ital.* pp. 3. *Bei A. Fischer: Frankfurt a/m,* [1835?] obl. fol. [*Eudora*. no. 5.]
Hirsch M. **1278**. (**2**.)

MOZART (WOLFGANG AMADEUS)
—— [Don Giovanni.—Là ci darem la mano.] *See* BEETHOVEN (L. van) Variationen für 2 Oboen und Englisch Horn über das Thema Là ci darem la mano ... Für 2 Violinen und Viola bearbeitet von H. Gärtner. [1914.] 4⁰.
Hirsch M. **759**. a.

MOZART (WOLFGANG AMADEUS)
—— [Don Giovanni.] Il mio tesoro intanto, aria, *etc.* pp. 6. *Clementi & C⁰: London,* [1815?] fol.
Hirsch M. **1274**. (**22**.)
Watermark date 1815.

MOZART (WOLFGANG AMADEUS)
—— [Don Giovanni.] Vedrai carino, aria, *etc.* pp. 3. *Clementi & C⁰: London,* [1820?] fol. Hirsch M. **1274**. (**24**.)
SIG. 39.—PART 53.

MOZART (WOLFGANG AMADEUS)
—— [Don Giovanni.] Vedrai carino, aria, *etc.* pp. 3. *R. Mills: London,* [1830?] fol. Hirsch M. **1272**. (**28**.)

MOZART (WOLFGANG AMADEUS)
—— [Don Giovanni.] *See* MOZART (W. A.) *the Younger.* VII variations pour le piano-forte sur le menuet de Don Juan. [1805?] obl. fol. Hirsch IV. **1647**.

MOZART (WOLFGANG AMADEUS)
—— [Duos. K. 423, 424.] Deux duos pour violon et viola ... Oeuvre XII. [Parts.] 2 pt. *Chés J. J. Hummel: Berlin, Amsterdam,* [1802.] fol. Hirsch IV. **69**.

MOZART (WOLFGANG AMADEUS)
—— [Duos. K. 423, 424.] Due duetti per violino e viola ... Opera 25. [Parts.] 2 pt. *Presso Giovanni Augusto Böhme: Hamburgo,* [1805?] fol. Hirsch M. **1081**.

MOZART (WOLFGANG AMADEUS)
—— Die Entführung aus dem Serail. Oper in drey Ackten ... L'Enlèvement du Serail. Opéra en trois actes, *etc.* [Score.] *Ger. & Fr.* pp. 350. *Chez N. Simrock: Bonn,* [1812?] fol. Hirsch II. **639**.

MOZART (WOLFGANG AMADEUS)
—— [Die Entführung aus dem Serail.] Il Ratto del seraglio. Dramma giocoso in tre atti, *etc.* [Score.] pp. v. 334. *J. Frey: Paris,* [1822.] fol. [*Collection des opéras de Mozart.* no. 7.] Hirsch II. **630**.

MOZART (WOLFGANG AMADEUS)
—— [Die Entführung aus dem Serail.] Il Ratto del seraglio. Drame en trois actes. [Score.] *Ital. & Fr.* pp. iv. 334. *Chez S. Richault: Paris,* [1825?] fol. [*Collection des opéras de W. A. Mozart en grande partition.* no. 7.]
Hirsch II. **631**.

MOZART (WOLFGANG AMADEUS)
—— Die Entführung aus dem Serail. Oper in drei Acten ... Partitur. [Revised by Julius Rietz.] pp. xix. 304. *Breitkopf & Härtel: Leipzig,* [1868.] fol. [*Mozart's Opern. Partitur-Ausgabe.* no. 2.] Hirsch II. **629**.

MOZART (WOLFGANG AMADEUS)
—— Die Entführung aus dem Serail, ein komisches Singspiel in drei Aufzügen ... Im Klavierauszug von A. E. Müller. [Vocal score.] pp. 108. *Bei Breitkopf und Härtel: Leipzig,* [1806?] obl. fol. Hirsch IV. **49**.

MOZART (WOLFGANG AMADEUS)
—— Die Entführung aus dem Serail. Opera im Klavierauszuge. [Vocal score.] *Fr. & Ger.* pp. 207. *Bey Tranquillo Mollo: Wien,* [1811.] obl. fol. Hirsch IV. **51**.

MOZART (WOLFGANG AMADEUS)
—— [Another copy.] [Die Entführung aus dem Serail.] Il Seraglio. [Vocal score.] *London,* [1814?] fol.
Hirsch M. **1082**.
Watermark date 1814.

MOZART (WOLFGANG AMADEUS)
—— Die Entführung aus dem Serail. Ein Singspiel ... Klavierauszug von A. E. Müller. [Vocal score.] pp. 109. *Bey Breitkopf und Härtel: Leipzig,* [1818.] *obl. fol.*
Hirsch IV. **1187**.

MOZART (WOLFGANG AMADEUS)
—— [Die Entführung aus dem Serail.] Il Seraglio, ossia Belmonte e Constanza. Opera buffa in tre atti ... ridotta per il cembalo. [Vocal score.] *Ital. & Ger.* pp. 162. *Chez Maurice Schlesinger: Paris,* [1822?] fol. [*Collection complète des opéras de W. A. Mozart. livr. 7.*]
Hirsch IV. **1183**.

MOZART (WOLFGANG AMADEUS)
—— Die Entführung aus dem Serail. Ein Singspiel ... Clavierauszug. [Vocal score.] *Ger. & Fr.* pp. 153. *Bei Joh. Aug. Böhme: Hamburg,* 1823. *obl. fol.*
Hirsch IV. **1186**.

MOZART (WOLFGANG AMADEUS)
—— Die Entführung aus dem Serail. Oper in drey Aufzügen ... Vollständiger Clavierauszug mit deutsch und italienischem Texte und zugleich für das Piano-Forte allein. pp. 144. *Bei Karl Ferdinand Heckel: Mannheim,* [1828.] fol. [*Wohlfeile Ausgabe von W. A. Mozart's sämmtlichen Opern. Lfg. 5.*]
Hirsch IV. **1179**.

MOZART (WOLFGANG AMADEUS)
—— Die Entführung aus dem Serail. Oper in drei Aufzügen ... Clavier-Auszug mit ital. u. deutsch. Texte. pp. 111. *Bei G. M. Meyer jr.: Braunschweig,* [1830.] *obl. 8°.*
Hirsch IV. **1185**.

W. A. Mozart's Opern. Lfg. 5.

MOZART (WOLFGANG AMADEUS)
—— Die Entführung aus dem Serail. Oper in drei Aufzügen ... Clavier-Auszug mit ital. u. deutsch. Texte. ⟨Zweite Auflage.⟩ pp. 111. *Bei G. M. Meyer jr.: Braunschweig,* [1835?] *obl. 8°.*
Hirsch M. **357**.

MOZART (WOLFGANG AMADEUS)
—— Die Entführung aus dem Serail. Oper in 3 Aufzügen. Vollst. Clavier-Auszug ... Stereotyp-Ausgabe. [Vocal score.] *Ger. & Ital.* pp. 115. *Bei F. Weidle: Berlin,* [1845?] *obl. 8°.*
Hirsch M. **358**.

MOZART (WOLFGANG AMADEUS)
—— Die Entführung aus dem Serail. Oper in drei Aufzügen ... Klavierauszug mit italienischem und deutschem Texte, *etc.* pp. 116. *Bei Johann André: Offenbach a/M.,* [1850?] *obl. fol.*
Hirsch M. **359**.

MOZART (WOLFGANG AMADEUS)
—— [Die Entführung aus dem Serail.] Belmont e Constanza. Die Entführung aus dem Serail. Komische Oper in drei Aufzügen ... Vollständiger Clavier-Auszug. Neue Ausgabe mit italienischem und deutschem Texte. pp. 164. *Bei B. Schott's Söhnen: Mainz,* [1861.] fol.
Hirsch M. **1083**.

MOZART (WOLFGANG AMADEUS)
—— Die Entführung aus dem Serail. Oper in 3 Akten ... Vollständiger Klavierauszug mit deutschem Text. pp. 97. *Philipp Reclam jun.: Leipzig,* [1870?] *obl. 8°.*
Hirsch M. **360**.

Elegante und wohlfeilste Opern-Bibliothek. Bd. 16.

MOZART (WOLFGANG AMADEUS)
—— Die Entführung aus dem Serail. (L'Enlèvement au sérail.) Oper. Nouvelle traduction française par T. Coutet. Partition complète pour chant et piano, *etc. Fr. & Ger.* pp. 160. *Henry Litolff's Verlag: Braunschweig,* [1870?] 8°.
Hirsch M. **361**.

Part of " Litolff's Bibliothek Classischer Compositionen."

MOZART (WOLFGANG AMADEUS)
—— [Die Entführung aus dem Serail.] Il Ratto dal seraglio. Opera semiseria in tre atti ... Die Entführung aus dem Serail ... Klavierauszug von A. E. Müller. Neue Ausgabe mit italienischem und deutschem Text. pp. 108. *Bey Breitkopf und Härtel: Leipzig,* [1870?] *obl. fol.*
Hirsch IV. **1188**.

A reissue of the sheets of the edition of 1824, forming part of " Breitkopf & Härtel's Bibliotheken für den Koncertgebrauch: Klavierauszüge."

MOZART (WOLFGANG AMADEUS)
—— [Another copy.] [Die Entführung aus dem Serail.] Il Seraglio. An opera ... Edited by Berthold Tours, *etc.* [Vocal score.] *London,* [1874.] 8°.
Hirsch M. **362**.

Part of " Novello's Original Octavo Edition."

—— [Another copy.]
Hirsch M. **363**.

MOZART (WOLFGANG AMADEUS)
—— Die Entführung aus dem Serail. Oper in 3 Akten ⟨Klavierauszug mit Text.⟩ pp. 159. *Breitkopf & Härtel: Leipzig,* [1880?] 8°. [*Mozart's Opern. no. 2.*]
Hirsch M. **304**.

MOZART (WOLFGANG AMADEUS)
—— Die Entführung aus dem Serail. Komische Oper in 3 Akten ... Klavierauszug. [Vocal score.] *Ger. & Ital.* pp. 150. *C. F. Peters: Leipzig,* [1881.] 8°.
Hirsch M. **364**.

MOZART (WOLFGANG AMADEUS)
—— Die Entführung aus dem Serail. Komische Oper in 3 Aufzügen ... Für das Piano-Forte allein mit Hinweglassung der Worte eingerichtet von M. J. Leidesdorf. pp. 91. *Bei Tobias Haslinger: Wien,* [1819.] *obl. fol.*
Hirsch IV. **1191**.

MOZART (WOLFGANG AMADEUS)
—— Die Entführung. Grosse Oper ... Für das Piano-Forte eingerichtet von M. J. Leidesdorf. pp. 93. *Bei S. A. Steiner und Comp.: Wien,* [1819.] *obl. fol.*
Hirsch IV. **1192. a.**

Lithographed throughout.

MOZART (WOLFGANG AMADEUS)
—— Die Entführung. Grosse Oper ... Für das Piano-Forte eingerichtet von M. J. Leidesdorf. pp. 93. *Im Verlage des lithographischen Institutes: Wien,* [1820?] obl. fol.
Hirsch IV. **1192**.
Lithographed throughout. Part of " Sammlung der besten Opern in vollständigen Clavier-Auszügen mit Hinweglassung der Singstimmen."

MOZART (WOLFGANG AMADEUS)
—— [Die Entführung aus dem Serail.] Belmonte et Constance. Opéra en trois actes ... Arrangé à quatre mains pour le pianoforte par C. F. Ebers, *etc.* pp. 151. *Chez Fr. Laue: Berlin,* [1826.] obl. fol. Hirsch IV. **1184**.

MOZART (WOLFGANG AMADEUS)
—— Die Entführung. [P.F. score.] pp. 50. *Bei Busse: Braunschweig,* [1840?] 4°. [*Opern von Mozart für das Pianoforte ohne Text.* Lfg. 6.] Hirsch M. **300**.

MOZART (WOLFGANG AMADEUS)
—— Die Entführung aus dem Serail. (Il Ratto dal seraglio.) Oper in drei Aufzügen ... für das Pianoforte, ohne Worte eingerichtet von Henri Cramer. pp. 95. *Bei Johann André: Offenbach a/M.,* [1855?] fol.
Hirsch M. **1084**.

MOZART (WOLFGANG AMADEUS)
—— Die Entführung aus dem Serail. (Belmont e Constanza.) Oper in 3 Akten ... für Piano-Forte Solo. Neue Ausgabe. pp. 91. *Bei B. Schott's Söhnen: Mainz,* [1864.] fol.
Hirsch M. **1085**.

MOZART (WOLFGANG AMADEUS)
—— Die Entführung aus dem Serail. Komische Oper in 3 Akten ... Klavierauszug zu 2 Händen. pp. 77. *C. F. Peters: Leipzig,* [1887?] fol. Hirsch M. **1086**.
Edition Peters. no. 106.

MOZART (WOLFGANG AMADEUS)
—— [Die Entführung aus dem Serail.] *See* KIRMAIR (F. J.) Variations pour le piano-forte ... sur 3 airs de l'enlévement du sérail, *etc.* [1805?] fol. Hirsch III. **335**.

MOZART (WOLFGANG AMADEUS)
—— [Fantasias. K. 397.] Fantaisie d'introduction pour le Pianoforte ... Morceau détaché. Oeuvre posthume. pp. 5. *Au bureau d'arts et d'industrie: Vienne,* [1804.] obl. fol. Hirsch IV. **59. a**.

MOZART (WOLFGANG AMADEUS)
—— [Fantasias. K. 608.] [Another issue.] Mozart's, celebrated Fantasia, for two Violins, Tenor & Bass. [Parts.] 4 pt. *Monzani & Cimador: London,* [1803?] fol.
Hirsch M. **1101**.
Watermark date 1803.

MOZART (WOLFGANG AMADEUS)
—— [Fantasias. K. 608.] Phantasie in F moll pour deux violons, alto et violoncelle. [Parts.] 4 pt. [*A. Diabelli & Co.:*] *Vienne,* [1820?] fol. Hirsch M. **1102**.
The publisher's name has been erased. The title is taken from the part for second violin.

MOZART (WOLFGANG AMADEUS)
—— [La Finta giardiniera.] Die Gaertnerin aus Liebe. Oper in drei Aufzügen ... In vollständigem Clavierauszug mit deutschem Texte, und zugleich für das Piano-Forte allein, *etc.* pp. 204. *Bei Karl Ferdinand Heckel: Mannheim,* [1829?] fol. [*Wohlfeile Ausgabe von W. A. Mozart's sämmtlichen Opern.* Lfg. 6.] Hirsch IV. **1179**.

MOZART (WOLFGANG AMADEUS)
—— [Another copy.] [La Finta Giardiniera.] Die Gärtnerin aus Liebe ... Komische Oper. Vollständiger Clavierauszug mit Text ... neu bearbeitet von Richard Kleinmichel. *Leipzig,* [1893.] 8°. Hirsch M. **365**.

MOZART (WOLFGANG AMADEUS)
—— [La Finta giardiniera.] Die Gärtnerin aus Liebe. (La Finta giardiniera.) Komische Oper in drei Akten. Neueinrichtung von R. und L. Berger. Klavierauszug mit Text von F. H. Schneider. pp. iv. 203. *Breitkopf & Härtel: Leipzig,* [1917.] 8°. Hirsch M. **366**.
Edition Breitkopf. no. 4927.

MOZART (WOLFGANG AMADEUS)
—— [La Finta Giardiniera.] Die Gärtnerin aus Liebe ... Komische Oper in drei Akten, mit neuem Text u. Dialog von Adolph Rudolph ... Vollständiger Klavier-Auszug neu bearbeitet von Fritz Haas. pp. 175.
Ferdinand Zierfuss: München, 1917. 8°. Hirsch M. **367**.
Praktische Neuausgaben älterer Musikwerke. Folge 1. Bd. 1.

MOZART (WOLFGANG AMADEUS)
—— [La Finta Giardiniera.] Die Gärtnerin. [P.F. score.] pp. 83. *Bei Busse: Braunschweig,* [1840?] 4°. [*Opern von Mozart für das Pianoforte ohne Text.* Lfg. 8.]
Hirsch M. **300**.

MOZART (WOLFGANG AMADEUS)
—— Fugha [K. 546] per 2 violini, alto e violoncello. [Parts.] 4 pt. *Presso Hoffmeister & comp.: Vienna,* [1801.] fol.
Hirsch IV. **148**.

MOZART (WOLFGANG AMADEUS)
—— [Another copy.] Idomeneo Rè di Creta ... Drama eroico. [Score.] *Bonn,* [1805.] fol. Hirsch II. **654**.

MOZART (WOLFGANG AMADEUS)
—— Idomeneo. Dramma eroico in tre atti, *etc.* [Score.] pp. vi. 491. *J. Frey: Paris,* [1822.] fol. [*Collection des opéras de Mozart.* no. 5.] Hirsch II. **630**.

MOZART (Wolfgang Amadeus)

—— Idomeneo. Dramma per musica in tre atti. Idomeneus . . . Partitur. [Revised by Julius Rietz.] *Ital. & Ger.* pp. xiii. 361. *Breitkopf & Härtel: Leipzig,* [1868.] fol. [*Mozart's Opern. Partitur-Ausgabe.* no. 1.]
Hirsch II. **629.**

MOZART (Wolfgang Amadeus)

—— Idomeneo. Act I⟨—III⟩. [Vocal score.] pp. 227. *R^t Birchall: London,* [1811?] fol. Hirsch M. **1087.** *Watermark date* 1811.

MOZART (Wolfgang Amadeus)

—— [Another copy.] Idomeneo, rè di Creta. Opera seria . . . im Klavierauszuge von A. E. Müller. [Vocal score.] *Leipzig,* [1818.] obl. fol. Hirsch IV. **1181.**

MOZART (Wolfgang Amadeus)

—— Idomeneo re di Creta. Opéra seria in tre atti. Composta e ridotta per il cembalo. [Vocal score.] *Ital. & Ger.* pp. 185. *Chez Maurice Schlesinger: Paris,* [1822?] fol. [*Collection complète des opéras de W. A. Mozart.* livr. 5.]
Hirsch IV. **1183.**

MOZART (Wolfgang Amadeus)

—— Idomeneo. Oper in drei Aufzügen . . . In vollständigem Clavierauszug mit deutsch- und italienischem Texte und zugleich für das Piano-Forte allein, *etc.* pp. 173. *Bei Carl Ferdinand Heckel: Mannheim,*]1829?] fol. [*Wohlfeile Ausgabe von W. A. Mozart's sämmtlichen Opern.* Lfg. 7.] Hirsch IV. **1179.**

MOZART (Wolfgang Amadeus)

—— Idomeneus König von Creta. Oper in drei Aufzügen . . . Vollständiger Clavier-Auszug mit ital. und deutsch. Texte. pp. 158. *Bei G. M. Meyer jr.: Braunschweig,* [1830?] obl. 8º. Hirsch IV. **1180.**

MOZART (Wolfgang Amadeus)

—— Idomeneus König von Creta. Oper in drei Aufzügen . . . Vollständiger Clavier-Auszug mit italien. u. deutschem Texte. ⟨Stereotyp-Ausgabe.⟩ pp. 159. *Bei F. Weidle: Berlin,* [1845?] obl. 8º. Hirsch M. **368.**

MOZART (Wolfgang Amadeus)

—— Idomeneus König von Creta. Oper in drei Aufzügen . . . Vollständiger Klavierauszug. Neue Ausgabe mit italienischem und deutschem Texte. pp. 201. *Bei B. Schott's Söhnen: Mainz,* [1862?] fol.
Hirsch M. **1088.**

MOZART (Wolfgang Amadeus)

—— Idomeneo. Oper in 3 Akten . . . Vollständiger Klavierauszug mit deutschen Text. pp. 130. *Philipp Reclam jun.: Leipzig,* [1870?] obl. 8º. Hirsch M. **369.** *Elegante und wohlfeilste Opern-Bibliothek.* no. 14.

MOZART (Wolfgang Amadeus)

—— Idomeneo. Oper in 3 Akten. Klavierauszug von Aug. Horn. ⟨Klavierauszug mit Text.⟩ *Ital. & Ger.* pp. 295. *Breitkopf & Härtel: Leipzig,* [1880?] 8º. [*Mozart's Opern.* no. 1.] Hirsch M. **304.**

MOZART (Wolfgang Amadeus)

—— Idomeneus. Oper . . . Clavierauszug mit deutschem und italienischem Text. pp. 210. *Henry Litolff's Verlag: Braunschweig,* [1900?] 8º. Hirsch M. **370.** *Collection Litolff.* no. 16.

MOZART (Wolfgang Amadeus)

—— Idomeneo. Opera seria in 3 Akten . . . nach dem Italienischen des Abbate Giambatt. Varesco. Vollständige Neubearbeitung von Lothar Wallerstein und Richard Strauss. Klavierauszug mit Text von Otto Singer. pp. 219. *Heinrichshofen's Verlag: Magdeburg,* [1931.] fol.
Hirsch M. **1089.**

MOZART (Wolfgang Amadeus)

—— Idomeneo. [P.F. score.] pp. 62. *Bei Busse: Braunschweig,* [1840?] 4º. [*Opern von Mozart für das Pianoforte ohne Text.* Lfg. 7.] Hirsch M. **300.**

MOZART (Wolfgang Amadeus)

—— Idomeneo. Oper in 3 Akten . . . nach der Original-Partitur für das Pianoforte zu 4 Händen eingerichtet von P. Horr, *etc.* pp. 169. *Bei Joh. André: Offenbach a/M.,* [1860?] obl. fol. Hirsch M. **371.** *Opern für Pianoforte zu vier Händen bearbeitet von P. Horr.* no. 7.

MOZART (Wolfgang Amadeus)

—— Jdomeneus, König von Creta. (Jdomeneo.) Oper in 3 Akten . . . für Piano-Forte Solo. Neue Ausgabe. pp. 87. *Bei B. Schott's Söhnen: Mainz,* [1864.] fol.
Hirsch M. **1090.**

MOZART (Wolfgang Amadeus)

—— Idomeneo, Rè di Creta. Heroische Oper in drei Akten . . . für das Pianoforte allein übertragen von Heinrich Cramer. Ausgabe nach der Original-Partitur. pp. 169. *Bei Joh. André: Offenbach a/M.,* [1870?] fol.
Hirsch M. **1091.**

MOZART (Wolfgang Amadeus)

—— Idomeneo. Oper in drei Aufzugen . . . für das Pianoforte zu 2 Händen eingerichtet von E. F. Richter. pp. 77. *Bei Breitkopf & Härtel: Leipzig,* [1890?] fol.
Hirsch M. **1092.** *Part of "Breitkopf & Härtel's Klavier-Bibliothek."*

MOZART (Wolfgang Amadeus)

—— [Idomeneo.] Ouverture . . . für das Piano-Forte zu 4 Hände. pp. 7. *Im Verlage des lithographischen Institut: Wien,* [1830?] obl. fol. Hirsch IV. **1637.** *Lithographed throughout.*

MOZART (Wolfgang Amadeus)

—— [Io ti lascio, o cara, addio. K. Anh. 245.] Addio. Abschieds Arie. [Song.] pp. 4. *Bey N. Simrock: Bonn,* [1803?] obl. fol. Hirsch M. **1441. (1.)** *Choix d'airs.* no. 6.

MOZART (WOLFGANG AMADEUS)
—— [Eine kleine Freimaurer-Kantate. K. 623.] Das Lob der Freundschaft . . . Clavierauszug von Karl Zulehner . . . No. 1. [Vocal score.] pp. 15. *Bei N. Simrock: Bonn,* [1815.] *obl. fol.* Hirsch IV. **221**.

MOZART (WOLFGANG AMADEUS)
—— Eine kleine Freimaurer-Cantate " Laut verkünde uns're Freude." (Text von Em. Schikaneder.) Für Männerstimmen (2 Tenore und Bass), 2 Violinen, Viola, Bass, Flöte, 2 Oboen und 2 Hörner . . . Köch. Verz. No. 623. [Score.] pp. 25. *Breitkopf & Härtel: Leipzig,* [1893?] fol.
Hirsch IV. **868**.
Partitur-Bibliothek. no. 564.

MOZART (WOLFGANG AMADEUS)
—— Kyrie. [K. 341.] . . . Partitur mit beygefügtem Klavierauszuge. Nach dem hinterlassenen Original Manuscript herausgegeben. pp. 15. *Bey J. André: Offenbach a/m.,* [1825?] *obl. fol.* Hirsch IV. **863**.

MOZART (WOLFGANG AMADEUS)
—— The Landscape. *See infra :* [*Verdankt sei es dem Glanz.*]

MOZART (WOLFGANG AMADEUS)
—— Arie. [K. 119.] Der Liebe himmlisches Gefühl etc. . . . Klavierauszug. pp. 8. *Bei Breitkopf und Härtel: Leipzig,* [1814.] *obl. fol.* Hirsch IV. **1695**.
No. 13 der Mozartschen Arien.

MOZART (WOLFGANG AMADEUS)
—— Drei Lieder für den Frühling. ⟨Sehnsucht nach dem Frühlinge. Text von Christian Adolph Overbeck. (Köchel-Verzeichnis Nr. 596.) Dankesempfindung gegen den Schöpfer des Frühlings. Text von Christoph Christian Sturm. (Köchel-Verzeichnis Nr. 597.) Das Kinderspiel. Text von Christian Adolph Overbeck. (Köchel-Verzeichnis Nr. 598.)⟩ [A facsimile of the edition of 1791, with a postscript by O. E. Deutsch.] *Herbert Reichner: Wien,* 1937. *obl. 4°.* Hirsch M. **372**.

MOZART (WOLFGANG AMADEUS)
—— [Litaniae de venerabili altaris sacramento. K. 125.] Cantate. Heiliger sieh gnädig hernieder mit vier Singstimmen im Clavierauszug von C. Zulehner. [Three movements, in vocal score. K. Anh. 124.] pp. 19. *Bey N. Simrock: Bonn und Cöln,* [1815?] *obl. fol.*
Hirsch M. **373**.
No. 5 of a collection of cantatas arranged from various works of Mozart.

MOZART (WOLFGANG AMADEUS)
—— Litania di venerabile [*sic*] altaris [K. 243], für Sopran, Alt, Tenor u. Bass mit Begleitung des Orchesters und der Orgel (im Monat März 1776) componirt . . . Nachgelassenes Werk, etc. [Score.] pp. 83. *Bei Joh. André: Offenbach a/M.,* [1856.] *obl. fol.* Hirsch IV. **857**.

MOZART (WOLFGANG AMADEUS)
—— Litaniae Lauretanae für Chor und Orchester . . . (Köch. Verz. No. 195.) Vollständiger Klavierauszug mit Text von Hans Sitt. *Breitkopf & Härtel: Leipzig, Brüssel,* [1895?] 8°. Hirsch M. **374**.
Volksausgabe Breitkopf & Härtel. no. 540.

MOZART (WOLFGANG AMADEUS)
—— Das Lob der Freundschaft. *See supra :* [*Eine kleine Freimaurer-Kantate. K.* 623.]

MOZART (WOLFGANG AMADEUS)
—— The Manly Heart. *See infra :* [*Die Zauberflöte.—Bei Männern welche Liebe fühlen.*]

MOZART (WOLFGANG AMADEUS)
—— [Masses. K. 192.] W. A. Mozart's Messe in F für vier Singstimmen, zwei Violinen, (2 Horn [*sic*] ad libitum,) Contra-bass und Orgel . . . Partitur. pp. 31. [1843.] fol. *See* PRAGUE.—*Verein der Kunstfreunde für Kirchenmusik in Böhmen.* Hirsch IV. **859**.

MOZART (WOLFGANG AMADEUS) [*C. Vocal Music.—I. Sacred.*]
—— [Masses. K. 257.] [Another copy.] Messe à 4 voix avec accompagnement de 2 violons et basse, 2 hautbois, 2 trompettes, timbales et orgue . . . No. 11. Partition. *Leipzig,* [1803.] *obl. fol.* Hirsch IV. **988. a**.
Part of " Oeuvres de Mozart." Without the wrappers.

MOZART (WOLFGANG AMADEUS)
—— [Masses. K. 317.] Messe à 4 voix avec accompagnement de 2 violons et basse, 2 hautbois, 2 trompettes, timbales et orgue . . . No. 1. Partition. pp. 80. *Breitkopf et Härtel: Leipsic,* [1804.] *obl. fol.* Hirsch IV. **862. a**.

MOZART (WOLFGANG AMADEUS)
—— [Masses. K. 427.] Missa aus C moll . . . Partitur. Nach der hinterlassenen Originalpartitur herausgegeben und mit einem Vorbericht begleitet von A. André. pp. 163. *Bei Johann André: Offenbach a/m.,* [1840.] *obl. fol.*
Hirsch IV. **864**.

MOZART (WOLFGANG AMADEUS)
—— [Masses. K. 427.] Missa in C moll . . . Klavier-Auszug. Nach der hinterlassenen Original-Partitur herausgegeben und mit einem Vorbericht begleitet (deutsch & englisch) von A. André. [Vocal score.] pp. 77. *Bei Joh. André: Offenbach a/M.,* [1860?] *obl. fol.* Hirsch M. **375**.

MOZART (WOLFGANG AMADEUS)
—— Maurerische Trauermusik [K. 477] für 2 Violinen, Viola, Violoncello, 1 Clarinett, 3 Bassethörner, 2 Oboi, 2 Hörner u. gr. Fagott . . . (Früher als Op. 114 erschienen.) Partitur nach dem Original-Manuscript. pp. 12. *Bei Joh. André: Offenbach a/M,* [1835?] 8°. Hirsch III. **434**.

MOZART (WOLFGANG AMADEUS)
—— The Miser. *See infra :* [*Die Zufriedenheit.*]

MOZART (WOLFGANG AMADEUS)
—— [Another copy.] Misericordias Domini ... Partitur. *Leipzig,* [1811.] fol. Hirsch IV. **860.**

MOZART (WOLFGANG AMADEUS)
—— Missa pro defunctis. *See infra*: [*Requiem.*]

MOZART (WOLFGANG AMADEUS)
—— [Musikalischer Spass. K. 522.] Bauern-Sinfonie. Sextetto pour 2 violons, viola, basso et 2 cors. (Die Dorfmusikanten.) ... Grande partition, *etc.* pp. 40. *Chez A^d Mt Schlesinger: Berlin,* [1856.] 8°. Hirsch III. **439.**

MOZART (WOLFGANG AMADEUS)
—— Musikalischer Spass für zwei Violinen, Bratsche, zwei Hörner u: Bass ... 93tes Werk. [K. 522.] Nach dem Originalmanuscripte des Autors herausgegeben. [Parts.] 6 pt. *Bei J. André: Offenbach a/m.,* [1801?] fol.
Hirsch IV. **128.**
Lithographed throughout.

MOZART (WOLFGANG AMADEUS)
—— [Musikalischer Spass. K. 522.] Raillerie musicale. Sextuor, pour deux violons, altos, violoncelle et deux cors ... Op. 93. [Parts.] 6 pt. *Chez S. Richault: Paris,* [1850?] fol. Hirsch M. **1093.**

MOZART (WOLFGANG AMADEUS)
—— [Another copy.] Le Nozze di Figaro. Dramma giocoso, *etc.* [Score.] *Paris,* [1810?] fol. Hirsch IV. **98.**

MOZART (WOLFGANG AMADEUS)
—— [Another copy.] Le Nozze di Figaro. Dramma giocoso, *etc.* [Score.] *Bonna e Colonia,* [1819.] fol.
Hirsch II. **659.**

MOZART (WOLFGANG AMADEUS)
—— Nozze di Figaro. Dramma giocoso in quattro atti, *etc.* [Score.] *Ital. & Fr.* pp. 129. 186. 116. 127. *J. Frey: Paris,* [1822.] fol. [*Collection des opéras de Mozart.* no. 1.]
Hirsch II. **630.**

MOZART (WOLFGANG AMADEUS)
—— Nozze de Figaro. Drame en quatre actes. [Score.] *Ital. & Fr.* pp. 129. 186. 116. 127. *Chez S. Richault: Paris,* [1825?] fol. [*Collection des opéras de W. A. Mozart en grande partition.* no. 1.] Hirsch II. **631.**

MOZART (WOLFGANG AMADEUS)
—— Le Nozze di Figaro. Dramma giocoso in quattro atti. Die Hochzeit des Figaro. Komische oper in vier Acten ... Partitur. [Revised by Julius Rietz.] pp. xiv. 422. *Breitkopf & Härtel: Leipzig,* [1869.] fol. [*Mozart's Opern. Partitur-Ausgabe.* no. 4.] Hirsch II. **629.**

MOZART (WOLFGANG AMADEUS)
—— [Le Nozze di Figaro.] Die Hochzeit des Figaro. (Le Nozze di Figaro.) Opera buffa in vier Acten ... Partitur. *Ital. & Ger.* pp. 341. *C. F. Peters: Leipzig,* [1880.] fol.
Hirsch II. **661.**

MOZART (WOLFGANG AMADEUS)
—— Le Nozze di Figaro. Die Hochzeit des Figaro. Eine comische Oper in vier Aufzügen ... Clavier-Auszug. [Vocal score.] *Ital. & Ger.* pp. 228. *Bey Iohann August Böhme: Hamburg,* [1805?] *obl.* fol. Hirsch IV. **101.**

MOZART (WOLFGANG AMADEUS)
—— Le Nozze di Figaro. Opera buffa ... Accomodata per il pianoforte. [Vocal score.] pp. 228. *Chez N. Simrock: Bonn,* [1810?] *obl.* fol. Hirsch IV. **100.**
Reissued from the plates of the edition of 1796.

MOZART (WOLFGANG AMADEUS)
—— Le Nozze di Figaro. Opera buffa ... Accomodata per piano forte. [Vocal score.] *Ital. & Fr.* pp. 228. *Carli e compagnia: Parigi,* [1810?] fol. Hirsch IV. **1198.**

MOZART (WOLFGANG AMADEUS)
—— [Le Nozze di Figaro.] Die Hochzeit des Figaro, eine comische Oper in 4 Acten ... im vollständigen Klavier Auszuge mit deutschem und italienischem Texte. pp. 219. *Im Verlage der k: k: priv. chemischen Druckerey: Wien,* [1810?] *obl.* fol. Hirsch IV. **102.**
Lithographed throughout.

MOZART (WOLFGANG AMADEUS)
—— [Le Nozze di Figaro.] Die Hochzeit des Figaro. Komische Oper in vier Aufzügen ... Clavierauszug. Le Nozze di Figaro, *etc.* [Vocal score.] *Ger. & Ital.* pp. 150. *Bei P. J. Simrock: Cöln,* [1815?] fol.
Hirsch IV. **1195.** a.

MOZART (WOLFGANG AMADEUS)
—— Le Nozze di Figaro. Figaro's Hochzeit. Komische Oper in vier Aufzügen ... Klavierauszug. [Vocal score.] *Ital. & Ger.* pp. 228. *Bey Breitkopf & Härtel: Leipzig,* [1819.] *obl.* fol. Hirsch IV. **1196.**

MOZART (WOLFGANG AMADEUS)
—— Le Nozze di Figaro. Dramma giocoso in quattro atti ... ridotto per il cembalo, *etc.* [Vocal score.] *Ital. & Ger.* pp. 234. *Chez Maurice Schlesinger: Paris,* [1825?] fol. [*Collection complète des opéras de W. A. Mozart.* livr. 1.]
Hirsch IV. **1199.**

MOZART (WOLFGANG AMADEUS)
—— [Le Nozze di Figaro.] Die Hochzeit des Figaro. Oper in vier Aufzuegen ... In vollständigem Clavierauszug mit deutsch [*sic*] und italienischem Texte und zugleich für das Pianoforte allein, *etc.* pp. 223. *Bei Karl Ferdinand Heckel: Mannheim,* [1829?] fol. [*Wohlfeile Ausgabe von W. A. Mozart's sämmtlichen Opern.* Lfg. 9.] Hirsch IV. **1179.**

MOZART (WOLFGANG AMADEUS)
—— [Le Nozze di Figaro.] Figaro's Hochzeit. Oper. Vollst: Clavier-Auszug. Stereotyp-Ausgabe. [Vocal score.] pp. 231. *Leo's Verlagshandlung: Berlin,* [1835?] *obl.* 8°.
Hirsch M. **376.**

MOZART (WOLFGANG AMADEUS)

—— [Le Nozze di Figaro.] Figaro's Hochzeit. Komische Oper in vier Aufzügen . . . Clavier-Auszug mit ital. u. deutsch Texte. ⟨Zweite Auflage.⟩ pp. 224. *Bei G. M. Meyer jr.: Braunschweig*, [1835?] *obl.* 8º.
Hirsch IV. **1195**.

MOZART (WOLFGANG AMADEUS)

—— [Le Nozze di Figaro.] Figaro's Hochzeit. Oper. Vollst: Clavier-Auszug. Stereotyp-Ausgabe. [Vocal score.] *Ital. & Ger.* pp. 231. *Bei F. Weidle: Berlin*, [1845?] *obl.* 8º.
Hirsch M. **377**.

MOZART (WOLFGANG AMADEUS)

—— Le Nozze di Figaro. Opera buffa . . . Ridotto per il pianoforte. Figaro's Hochzeit. Oper . . . Neuer vollständiger Klavier-Auszug von Julius André. Italienischer und deutscher Text. pp. 161. *Bei Johann André: Offenbach a/M.*, [1850?] *obl. fol.*
Hirsch M. **378**.

MOZART (WOLFGANG AMADEUS)

—— [Le Nozze di Figaro.] Die Hochzeit des Figaro. Komische Oper in vier Aufzügen . . . Vollständiger Clavierauszug mit deutschem und italienischem Text. pp. 264. *Henry Litolff's Verlag: Braunschweig*, [1870?] 8º.
Hirsch M. **379**.
One of " Litolff's Bibliothek Classischer Compositionen."

MOZART (WOLFGANG AMADEUS)

—— [Le Nozze di Figaro.] Figaro's Hochzeit. Oper in 4 Akten . . . Vollständiger Klavierauszug mit deutschem Text. pp. 160. *Philipp Reclam jun.: Leipzig*, [1870?] *obl.* 8º.
Hirsch M. **380**.
Elegante und wohlfeilste Opern-Bibliothek. Bd. 4.

MOZART (WOLFGANG AMADEUS)

—— Le Nozze di Figaro. Die Hochzeit des Figaro. Komische Oper in 4 Aufzügen . . . Vollständiger Klavierauszug, neue Ausgabe mit der Partitur verglichen. [Vocal score.] *Ital. & Ger.* pp. 235. *Bei B. Schott's Söhnen: Mainz*, [1875?] *fol.*
Hirsch M. **1094**.

MOZART (WOLFGANG AMADEUS)

—— [Le Nozze di Figaro.] Die Hochzeit des Figaro. Opera buffa in 2 Akten . . . Klavierauszug. [Vocal score.] *Ger. & Ital.* pp. 225. *C. F. Peters: Leipzig*, [1879.] 8º.
Hirsch M. **381**.

MOZART (WOLFGANG AMADEUS)

—— [Le Nozze di Figaro.] Die Hochzeit des Figaro. Komische Oper in 4 Akten. [Vocal score.] *Ital. & Ger.* pp. 376. *Breitkopf & Härtel: Leipzig*, [1880?] 8º.
[*Mozart's Opern.* no. 4.]
Hirsch M. **304**.

MOZART (WOLFGANG AMADEUS)

—— [Le Nozze di Figaro.] Les Noces de Figaro . . . Traduction française rhythmée par A. van Hasselt et J.-B. Rongé. Partition piano et chant. pp. 224. *Henry Litolff's Verlag: Braunschweig*, [1890?] 8º.
Hirsch M. **382**.
Collection Litolff. no. 88.

MOZART (WOLFGANG AMADEUS)

—— [Le Nozze di Figaro.] Die Hochzeit des Figaro. Komische Oper in 4 Akten von Lorenzo da Ponte. Die deutsche Übersetzung theils revidirt, theils neu bearbeitet von Hermann Levi. Klavierauszug mit Text u. vollständigem Dialog. pp. 316. *Breitkopf & Härtel: Leipzig*, [1899.] 8º.
Hirsch M. **383**.

MOZART (WOLFGANG AMADEUS)

—— [Le Nozze di Figaro.] Die Hochzeit des Figaro. Komische Oper in 4 Akten von Lorenzo da Ponte. Die deutsche Übersetzung theils revidirt, theils neu bearbeitet von Hermann Levi. Vollständiger Klavierauszug mit Text. pp. 362. *Breitkopf & Härtel: Leipzig*, [1899.] 8º.
Hirsch M. **384**.
Volksausgabe Breitkopf & Härtel. no. 1716.

MOZART (WOLFGANG AMADEUS)

—— [Le Nozze di Figaro.] Die Hochzeit des Figaro. Opera buffa in 4 Acten . . . Klavier-Auszug mit deutschem und italienischen Text revidiert von Ignaz Brüll. pp. 240. *Universal-Edition Actiengesellschaft: Wien*, [1905?] 8º.
Hirsch M. **385**.
Universal-Edition. no. 177.

MOZART (WOLFGANG AMADEUS)

—— [Le Nozze di Figaro.] Figaro's Hochzeit. (Le Nozze di Figaro.) Komische Oper . . . Für das Pianoforte allein mit Hinweglassung der Worte eingerichtet von M. J. Leidesdorf. pp. 90. *Bei S. A. Steiner und Comp.: Wien*, [1821?] *obl. fol.*
Hirsch IV. **1201**.

MOZART (WOLFGANG AMADEUS)

—— [Le Nozze di Figaro.] Die Hochzeit des Figaro. (Le Nozze di Figaro.) Komische Oper in 2 Aufzügen . . . Für das Pianoforte allein mit Hinweglassung der Worte eingerichtet von M. J. Leidesdorf. pp. 113. *Bei Tobias Haslinger: Wien*, [1830?] *obl. fol.*
Hirsch IV. **1200**.

MOZART (WOLFGANG AMADEUS)

—— [Le Nozze di Figaro.] Die Hochzeit des Figaro. [P.F. score.] pp. 71. *Bei Busse: Braunschweig*, [1840?] 4º.
[*Opern von Mozart für das Pianoforte ohne Text.* Lfg. 5.]
Hirsch M. **300**.

MOZART (WOLFGANG AMADEUS)

—— [Le Nozze di Figaro.] Die Hochzeit des Figaro. Oper in vier Aufzügen . . . Für das Pianoforte allein. Vollständiger Klavierauszug ohne Text. pp. 82. *Bei A. H. Hirsch: Leipzig*, [1845?] 4º.
Hirsch M. **386**.

MOZART (WOLFGANG AMADEUS)

—— Le Nozze di Figaro. Figaro's Hochzeit. Komische Oper in zwei Aufzügen . . . für das Pianoforte, ohne Worte eingerichtet von Henri Cramer. pp. 123. *Bei Johann André: Offenbach a/M.*, [1860?] *fol.*
Hirsch M. **1095**.

MOZART (WOLFGANG AMADEUS)

—— [Le Nozze di Figaro.] Die Hochzeit des Figaro. (Le Nozze di Figaro.) Oper in 2 Acten ... Arrangement von F. Brissler. ⟨Pour piano à deux mains.⟩ pp. 100. *C. F. Peters: Leipzig & Berlin*, [1866?] 8°.
Hirsch M. **387.**
Collection des opéras arrangés pour piano à deux mains. no. 11.

MOZART (WOLFGANG AMADEUS)

—— [Le Nozze di Figaro.] Die Hochzeit des Figaro. (Le Mariage de Figaro.) Komische Oper in 4 Acten ... für Piano-Forte solo. Neue Ausgabe. pp. 117. *Bei B. Schott's Söhnen: Mainz*, [1887?] fol. Hirsch M. **1096.**

MOZART (WOLFGANG AMADEUS)

—— [Le Nozze di Figaro.] Figaro's Hochzeit. The Marriage of Figaro. Les Noces de Figaro. [Arranged for P.F. by F. L. Schubert.] pp. 95. *Breitkopf & Härtel: Leipzig*, [1890?] fol. Hirsch M. **1097.**
Part of " Breitkopf & Härtel's Klavier-Bibliothek."

MOZART (WOLFGANG AMADEUS)

—— [Le Nozze di Figaro.] Die Hochzeit des Figaro. Oper in zwei Akten ... Für das Pianoforte zu vier Händen eingerichtet von P. Horr, *etc.* pp. 161. *Bei Johann André: Offenbach a/M.*, [1860?] obl. fol. Hirsch M. **388.**
Opern für Pianoforte zu vier Händen bearbeitet von P. Horr. no. 2.

MOZART (WOLFGANG AMADEUS)

—— [Le Nozze di Figaro.] Die Hochzeit des Figaro. Oper in 4 Acten ... Für Pianoforte zu vier Händen bearbeitet. pp. 176. *C. F. Peters: Leipzig*, [1897?] obl. fol.
Hirsch M. **389.**
Edition Peters. no. 120.

MOZART (WOLFGANG AMADEUS)

—— [Le Nozze di Figaro.] Les Noces de Figaro. Opéra comique ... arrangé pour pianoforté et violon par Alexandre Brand. [Parts.] 2 pt. *Chez les fils de B. Schott: Mayence*, [1830?] fol. Hirsch M. **1098.**

MOZART (WOLFGANG AMADEUS)

—— [Le Nozze di Figaro.] The Favorite Overture, Songs, Duetts, &c. ... for the piano forte, harp, flute & violoncello. Arranged ... by J. Mazzinghi. 5 bk. *Goulding, D'Almaine, Potter & Co.: London*, [1820?] fol.
Hirsch M. **1281. (2.)**
The parts for harp and pianoforte are printed in score. Imperfect; wanting the parts for flute and violoncello.

MOZART (WOLFGANG AMADEUS)

—— [Le Nozze di Figaro.] Ouverture à grand orchestre ... Oeuvre 48: édition d'après le manuscrit original. [Parts.] 14 pt. *Chez Jean André: Offenbach s/M.*, [1807?] fol.
Hirsch M. **1099.**
Imperfect; wanting the timpani part.

MOZART (WOLFGANG AMADEUS)

—— [Le Nozze di Figaro.] Ouverture für das Pianoforte, *etc.* pp. 7. *Im Verlag der K.K. priv. chemischen Druckerey: Wien*, [1803.] obl. fol. Hirsch IV. **106.**
Lithographed throughout.

MOZART (WOLFGANG AMADEUS)

—— [Le Nozze di Figaro.] The Celebrated Overture ... for the piano forte. pp. 8. *R. W. Keith: London*, [1840?] fol. Hirsch M. **1283. (18.)**

MOZART (WOLFGANG AMADEUS)

—— [Le Nozze di Figaro.] Crudel perchè finora, duetto, *etc.* pp. 4. *Clementi & C°: London*, [1820?] fol.
Hirsch M. **1274. (25.)**

MOZART (WOLFGANG AMADEUS)

—— [Le Nozze di Figaro.] Crudel perchè finora, duetto, *etc.* pp. 4. *R. Mills: London*, [1830.] fol.
Hirsch M. **1272. (27.)**

MOZART (WOLFGANG AMADEUS)

—— [Le Nozze di Figaro.] Non piu andrai, *etc.* [Song.] pp. 7. *Preston: London*, [1815?] fol.
Hirsch M. **1275. (20.)**
Watermark date 1815.

MOZART (WOLFGANG AMADEUS)

—— [Le Nozze di Figaro.—Non piu andrai.] Dort vergiss leises Flehn ... 11te Auflage. Ital. & Ger. pp. 7. *Bei F. S. Lischke: Berlin*, [1825?] obl. fol. Hirsch M. **390.**
Part of " Arie im Klavierauszuge aus der Oper Figaros Hochzeit."

MOZART (WOLFGANG AMADEUS)

—— [Le Nozze di Figaro.] Non so più cosa, aria, *etc.* pp. 4. *Preston's Wholesale Warehouses: London*, [1815?] fol.
Hirsch M. **1275. (21.)**
Watermark date 1815.

MOZART (WOLFGANG AMADEUS)

—— [Le Nozze di Figaro.] Porgi amor qual che ristoro, *etc.* [Song.] pp. 3. *Preston: London*, [1815?] fol.
Hirsch M. **1275. (26.)**
Watermark date 1815.

MOZART (WOLFGANG AMADEUS)

—— [Le Nozze di Figaro.] Su [*sic*] l'aria duet, *etc.* pp. 3. *Monzani & Cimador: London*, [1803?] fol.
Hirsch M. **1123. (5.)**
A Collection of Periodical Italian Songs, Duets, Trios, &c. no. 115.

MOZART (WOLFGANG AMADEUS)

—— [Le Nozze di Figaro.—Sull'aria.] Duo ... Accompt. de lyre ou guitarre par Lami. pp. 7. *Chez M^{de} Duhan et c^{ie}: Paris*, [1810?] 8°. Hirsch M. **660. (26.)**

MOZART (WOLFGANG AMADEUS)

—— [Le Nozze di Figaro.] Sull'aria, duetto, *etc.* pp. 3. *R. Mills: London*, [1830?] fol.   Hirsch M. **1272. (25.)**

MOZART (WOLFGANG AMADEUS)

—— [Le Nozze di Figaro.—Se vuol ballare.] *See* BEETHOVEN (L. van) [Variations. N.p. 144.] Air from Mozart's Opera of Le Nozze di Figaro, with variations for the piano forte and an accomp^t for the violin. [1813?] fol.
   Hirsch M. **754.**

MOZART (WOLFGANG AMADEUS)

—— [Le Nozze di Figaro.] Voi che sapete, a favorite air, *etc.* pp. 3. *Clementi & Co: London*, [1817?] fol.
   Hirsch M. **1274. (12.)**
Watermark date 1817.

MOZART (WOLFGANG AMADEUS)

—— [O du eselhafter Martin, K. 560b. A facsimile of the autograph.] [1910?] obl. fol.   Hirsch M. **391.**

MOZART (WOLFGANG AMADEUS)

—— L'Oca del Cairo. Die Gans von Cairo. Opera buffa in due atti di Varesco... Nach dem unvollendeten Partitur-Entwurf in einen Klavierauszug gebracht von Julius André. [Vocal score.] *Ital. & Ger.* pp. 91. *Bei Joh. André: Offenbach a/M.*, [1855.] obl. fol.
   Hirsch M. **392.**

MOZART (WOLFGANG AMADEUS)

—— Ouvertures pour le grand orchestre des opéras de W. A. Mozart... Gr. partition, *etc.* no. 1–7.   *Chez A^d Mt Schlesinger: Berlin*, [1840.] 8°.   Hirsch III. **422.**

MOZART (WOLFGANG AMADEUS)

—— [Les Petits riens.] Ballettmusik zur Pantomime "Les petits riens"... Köchel-Verz.... Anh. 1. No. 10. Für den Konzertgebrauch eingerichtet von Georg Göhler. [Score.] pp. 24. *Breitkopf & Härtel: Leipzig*, [1907.] fol.
   Hirsch M. **1100.**
Part of "*Breitkopf & Härtel's Partitur Bibliothek.*"

MOZART (WOLFGANG AMADEUS)

—— [Quartets.] Quatuors pour piano, violon, alto et violoncelle... Nouvelle édition en partition et parties séparées. [Score and parts.] 20 pt.
1. K. 478.
2. K. 493.
3. K. 452 arr.
4. K. 581 arr.
5. K. 593 arr.

Chez les fils de B. Schott: Mayence; chez Schott frères: Bruxelles, [1845?] fol.   Hirsch III. **432.**

SIG. 40.—PART 53.

MOZART (WOLFGANG AMADEUS)

—— [Quartets.] Collection de quatuors pour deux violons, viola et violoncelle. Édition nouv: toute correcte. [Parts.] 4 vol.

1. K. 155.	10. K. 172.	19. K. 525 arr.
2. K. 156.	11. K. 173.	20. K. 546.
3. K. 158.	12. K. 387.	21. K. 575.
4. K. 159.	13. K. 421.	22. K. 589.
5. K. 160.	14. K. 428.	23. K. 590.
6. K. 168.	15. K. 458.	24. K. Anh. 171.
7. K. 169.	16. K. 464.	25. K. 285.
8. K. 157.	17. K. 465.	26. K. 298.
9. K. 171.	18. K. 499.	27. K. 370.

C. F. Peters: Leipzig, [1852.] fol.   Hirsch III. **410.**
No. 24–26 *are for flute and strings, no.* 27 *for oboe and strings.*

MOZART (WOLFGANG AMADEUS)

—— [Quartets. K. 387, 421, 428, 458, 464, 465.] Partition de l'oeuvre 10 savoir: des six principaux quatuors de W. A. Mozart. Cahier [1] contenant trois quatuors. ⟨Cahier [II] contenant trois quatuors.⟩ 2 cah.   *Chez Iean Traeg & fils: Vienne*, [1803.] obl. fol.   Hirsch IV. **58.**

MOZART (WOLFGANG AMADEUS)

—— [Quartets. K. 387, 421, 428, 458, 464, 465, 499, 546, 575, 589, 590.] Partitions des dix principaux quatuors pour deux violons, alto et violoncelle. 11 no.   *Chez Jean André: Offenbach s/m*, [1825?] 8°. Hirsch III. **426.**
No. 11 *comprises the fugue K* 546.

MOZART (WOLFGANG AMADEUS)

—— [Quartets. K. 387, 421, 428, 458, 464, 465, 499, 546, 575, 589, 590.] W. A. Mozart's zehn berühmte Quartetten für 2 Violinen, Viola & Violoncell. Neue correcte Partitur-Ausgabe. 11 no.   *Bei Joh. André: Offenbach a/m.*, [1845?] 8°.   Hirsch III. **425.**
The title on the wrappers reads: "*W. A. Mozart's Violinquartetten nebst der Fuge in Partitur.*" *No.* 11 *comprises the fugue K.* 546.

MOZART (WOLFGANG AMADEUS)

—— [Quartets. K. 387, 421, 428, 458, 464, 465, 499, K. 546, 575, 589, 590.] W. A. Mozart's Quartetten für zwei Violinen, Viola und Violoncello. Partitur-Ausgabe in einem Band. 11 no. pp. 513. *Bei Karl. Ferd. Heckel: Mannheim*, [1850?] 16°.   Hirsch III. **427.**
No. 11 *comprises the fugue K.* 546.

MOZART (WOLFGANG AMADEUS)

—— [A reissue.] W. A. Mozart's zehn berühmte Quartetten für 2 Violinen, Viola & Violoncelle in Partitur. Neue auf das sorgfältigste durchgesehene Original Ausgabe. 11 no. *Bei Johann André: Offenbach a/M*, [1850?] 8°.
   Hirsch III. **425.** a.
A made-up set. No. 10 *and no.* 11, *which comprises the fugue K.* 546, *are of the issue of c.* 1845. *The pagination of no.* 1–9 *is continuous.*

MOZART (WOLFGANG AMADEUS)

—— [A reissue.] W. A. Mozart's Quartetten... Partitur-Ausgabe in einem Band. *Mannheim*, [1855?] 16°.
   Hirsch III. **427.** a.
Without the separate titlepage to each quartet.

MOZART (Wolfgang Amadeus)

—— [Quartets. K. 168, 169, 170.] Trois quatuors pour deux violons, alto et violoncelle . . . Oeuvre 94me liv. [1.] Édition faite d'après la partition en manuscrit. [Parts.] 4 pt. *Chés Jean André: Offenbach s/m,* [1801.] fol.
Hirsch IV. **6.**

Lithographed throughout.

MOZART (Wolfgang Amadeus)

—— [Quartets. K. 171, 172, 173.] Trois quatuors pour deux violons, alto et violoncelle . . . Oeuvre 94me, liv. [ ] . . . Édition faite d'après la partition en manuscrit. [Parts.] 4 pt. *Chés Jean André: Offenbach s/m,* [1801.] fol.
Hirsch IV. **7.**

Lithographed throughout.

MOZART (Wolfgang Amadeus)

—— [Quartets. K. 387, 421, 428, 458, 464, 465, 575, 589, 590.] Quatuors pour deux violons, alte et basse. Cah. I. No. 1, 2, 3. ⟨Cah. II. No. 4, 5, 6.—Cah. III. No. 7, 8, 9.⟩ [Parts.] 12 pt. *Breitkopf et Härtel:* [*Leipzig*, 1801–04.] fol.
Hirsch IV. **990.**

Part of "Oeuvres de Mozart."

MOZART (Wolfgang Amadeus)

—— [Quartets. K. 387, 421, 428, 458, 464, 465.] Three Quartets for two Violins, Tenor and Violoncello . . . Dedicated to Dr Haydn . . . Book [1st]. ⟨Three Quartets . . . Book [2nd].⟩ [Parts.] 8 pt. *Lavenu & Mitchell: London,* [1805?] fol.
Hirsch M. **1103.**

MOZART (Wolfgang Amadeus)

—— [Quartets. K. 575, 589, 590.] Three Quartettos for two Violins, Tenor & Violoncello . . . Op. 18. [Parts.] 4 pt. *Printed for Wm Forster: London,* [1811?] fol.
Hirsch IV. **157.**

Watermark date 1811.

MOZART (Wolfgang Amadeus)

—— [Quartets. K 387, 421, 428, 458, 464, 465, 499, 546, 575, 589, 590.] Mozart's original Quartets, for two Violins, Tenor & Bass, *etc.* [Parts.] 4 pt. *Clementi, Banger, Collard, Davis & Collard: London,* [1815?] fol.
Hirsch III. **423.**

MOZART (Wolfgang Amadeus)

—— [Quartets. K. 387, 421, 428, 458, 464, 465, 499, 546, 575, 589, 590.] Die zehn berühmten Quartetten nebst der Fuge für 2 Violinen, Viola und Violoncell . . . Neue, von mehreren Künstlern durchgesehene Ausgabe. [Parts.] 4 vol. *Bei Johann André: Offenbach a/M,* [1850?] fol.
Hirsch III. **424.**

MOZART (Wolfgang Amadeus)

—— [Quartets. K. 387, 421, 428, 458, 464, 465, 499, 575, 589, 590.] Quartette für zwei Violinen, Viola und Violoncell . . . Neue Ausgabe . . . genau bezeichnet von Ferdinand David, *etc.* [Parts.] 4 pt. *Bei Breitkopf & Härtel: Leipzig,* [1856.] fol.
Hirsch III. **429.**

MOZART (Wolfgang Amadeus)

—— [Quartets. K. 387, 421, 428, 458, 464, 465, 499, 575, 589, 590.] Ten Quartets for two Violins, Viola and Violoncello . . . Authentic text established from the composer's autographs in the British Museum by André Mangeot. [Parts.] 4 pt. *G. Schirmer: New York,* [1942.] 4°.
Hirsch M. **1104.**

MOZART (Wolfgang Amadeus)

—— [Quartets. K. 478, 493.] Quartette für Pianoforte, Violine, Viola und Violoncell . . . Neue Ausgabe. [Score and parts.] no. 1, 2. 4 pt. *Breitkopf und Härtel: Leipzig,* [1865?] fol.
Hirsch III. **435.**

MOZART (Wolfgang Amadeus)

—— [Quartets. K. 464.] [Another copy.] Mozart's Fifth Quartet, in A major, adapted for the Piano-forte solo . . . by J. B. Cramer. *London,* [1849.] fol.
Hirsch M. **1283. (2.)**

MOZART (Wolfgang Amadeus)

—— [Quartet. K. 499.] Quatuor à deux violons, alto et violoncelle . . . Oeuvre 13. [Parts.] 4 pt. *Chez Artaria: Vienne,* [1805.] fol.
Hirsch IV. **113.**

The opus number has been altered in MS. *to* 35.

MOZART (Wolfgang Amadeus)

—— Quel suono, ohimè. See *infra:* [*Die Zauberflöte.—Wie stark ist nicht dein Zauberton.*]

MOZART (Wolfgang Amadeus)

—— [Quintets.] Quintetto pour deux violons, deux altos et violoncelle. [Parts.] no. 1–11.

no. 1.	K. 478 arr.	no. 6.	K. 287 arr.
no. 2.	K. 515.	no. 7.	K. 375 arr.
no. 3.	K. 406.	no. 8.	K. 407.
no. 4.	K. 174.	no. 9.	K. 581.
no. 5.	K. 614.	no. 10.	593.
		no. 11.	516.

Chez Sieber et fils: Paris, [1810?] fol.   Hirsch III. **414.**

In no. 1 *are inserted a supplement to Sieber's catalogues, an autograph letter from him to the Comte de Valerne, with an account for a set of these quintets, and a reply from the Comte de Valerne.*

MOZART (Wolfgang Amadeus)

—— [Quintets.] Oeuvres de Mozart en partition. Quintetti. pp. 100.

  Quintetto 3°. K. 174.
  Quintetto 4to. K. 478 arr.

Chez I^ce Pleyel: Paris, [1810?] 8°.   Hirsch III. **413.**

MOZART (Wolfgang Amadeus)

—— [Quintets. K. 406, 515, 516, 593, 614.] Quintuors. [In score.] 5 tom. *Chez N. Simrock: Bonn et Cologne,* [1815?] 8°.
Hirsch M. **393.**

Part of "Œuvres de W. A. Mozart en partitions."

MOZART (WOLFGANG AMADEUS)
—— [Quintets. K. 406, 515, 516, 593, 614.] Partitions des cinq principaux quintetti pour deux violons, deux altos, et violoncelle. 5 vol. *Chez Jean André: Offenbach s/m.*, [1825?] 8°. Hirsch M. **394**.

MOZART (WOLFGANG AMADEUS)
—— [Quintets. K. 406, 515, 516, 593, 614.] W. A. Mozart's Quintetten für zwei Violinen, zwei Violas u. Violoncello. No. 1–5. Partitur-Ausgabe. pp. 408. *Ewer & Co.: London; Leipzig* [printed, 1845?] 16°. Hirsch III. **430**.

—— [Another copy.] Hirsch III. **430**. a.

MOZART (WOLFGANG AMADEUS)
—— [Quintets. K. 46, 174, 406, 407, 515, 516, 581, 593, 614, Anh. 179.] Collection des quintuors pour 2 violons, 2 violas et violoncelle . . . Édition nouvelle toute correcte. [Parts.] 5 vol. *C. F. Peters: Leipzig,* [1854.] fol. Hirsch III. **409**.

MOZART (WOLFGANG AMADEUS)
—— [Quintets. K. 406.] Grand quintetto per due violini, due viole e violoncello . . . Nº [3.] [Parts.] 5 pt. *Presso Artaria et comp.: Vienna,* [1810.] fol. Hirsch IV. **62**.

MOZART (WOLFGANG AMADEUS)
—— [Quintets. K. 407.] Quintetto pour le cor, violon, deux violes et violoncelle . . . Oeuvre 109. [Parts.] 5 pt. *Chez J. André: Offenbach s/m,* [1802?] fol. Hirsch IV. **63**.
Lithographed throughout.

MOZART (WOLFGANG AMADEUS)
—— [Quintets. K. 515.] Grand quintetto per due violini, due viole e violoncello . . . No. [3.] [Parts.] 5 pt. *Presso Artaria et comp.: Vienna,* [1807.] fol. Hirsch IV. **124**.

MOZART (WOLFGANG AMADEUS)
—— [Quintets. K. 581.] Quintetto pour la clarinette, deux violons, alto et violoncello . . . Op. 108. Édition en partition. pp. 23. *Chez Jean André: Offenbach s/M,* [1855?] 8°. Hirsch III. **441**.

MOZART (WOLFGANG AMADEUS)
—— [Quintets. K. 581 arr.] Quartetto pour le clavecin ou piano-forte avec violon, viole, & violoncelle . . . Oeuvre 100. [Parts.] 4 pt. *Chez T. Mollo et comp.: Vienne,* [1802.] obl. fol. Hirsch IV. **159**.

MOZART (WOLFGANG AMADEUS)
—— [Quintets. K. 581 arr.] Quintetto pour deux violons, deux altos, & violoncelle . . . Oeuvre 108. Ce quintetto est arrangé d'après celui pour clarinette. [Parts.] 5 pt. *Chés J. André: Offenbach s/m.,* [1803?] fol. Hirsch IV. **158**.

MOZART (WOLFGANG AMADEUS)
—— [Quintets. K. 581 arr.] Quatuor pour piano-forté, violon, alto & violoncelle . . . Oeuvre 108. Liv: 47 des etrennes pour les dames. [Parts.] 4 pt. *Chés Jean André: Offenbach sur le Mein,* [1803?] obl. fol. & fol. Hirsch IV. **161**.
Lithographed throughout.

MOZART (WOLFGANG AMADEUS)
—— [Quintets. K. 581 arr.] Quatuor pour le clavecin ou piano forte, violon, altoviola, violoncelle . . . No. [4.] [Parts.] 4 pt. *Chez Schott: Maience,* [1811.] obl. fol. Hirsch IV. **160**.

MOZART (WOLFGANG AMADEUS)
—— [Quintets. K. 581 arr.] Quintetto pour deux violons, deux altos et violoncelle . . . Oeuvre 108. Nouvelle édition. [Parts.] 5 pt. *Chez Jean André: Offenbach s/M.,* [1818?] fol. Hirsch M. **1105**.

MOZART (WOLFGANG AMADEUS)
—— [Quintets. K. 593.] Grand quintetto per due violini, due viole e violoncello . . . Nº [4.] [Parts.] 5 pt. *Presso Artaria et comp.: Vienna,* [1807.] fol. Hirsch IV. **169**.

MOZART (WOLFGANG AMADEUS)
—— [Quintets. K. 593 arr.] Quatuor pour le clavecin ou piano forte, violon, altoviola, & violoncelle . . . No. [5.] [Parts.] 4 pt. *Chez Schott: Maience,* [1811.] obl. fol. Hirsch IV. **171**.

MOZART (WOLFGANG AMADEUS)
—— [Quintets. K. 614.] Grand quintetto per due violini, due viole e violoncello . . . No. [5.] [Parts.] 5 pt. *Presso Artaria et comp.: Vienna,* [1807.] fol. Hirsch IV. **181**.

MOZART (WOLFGANG AMADEUS)
—— [Quintets. K. 614 arr.] Grande sonate pour le forte-piano, par l'abbé Gelinek, tirée d'une simphonie composées [*sic*] par W. A. Mozart. pp. 31. *Chez Artaria et comp.: Vienne,* [1803.] obl. fol. Hirsch IV. **183**.

MOZART (WOLFGANG AMADEUS)
—— Raillerie musicale. *See* supra: [*Musikalischer Spass.*]

MOZART (WOLFGANG AMADEUS)
—— Il Ratto del Seraglio. *See* supra: [*Die Entführung aus dem Serail.*]

MOZART (WOLFGANG AMADEUS)
—— Il Re Pastore. (Der königliche Schäfer.) Oper in zwei Aufzügen von Pietro Metastasio. Klavierauszug von Julius André. [With a foreword by Otto Jahn.] Ger. & Ital. pp. 101. *Bei Breitkopf & Härtel: Leipzig,* [1855?] fol. Hirsch M. **1106**.

MOZART (WOLFGANG AMADEUS)
—— [Another copy.] Mozart's Requiem. Nachbildung der Originalhandschrift Cod. 17561 der k. k. Hofbibliothek in Wien in Lichtdruck, *etc.* *Wien,* [1913.] obl. fol. Hirsch M. **400**.

MOZART (WOLFGANG AMADEUS)
—— [Requiem.] Messe de requiem, *etc.* [Score.] pp. v. 138. *À l'imprimerie du conservatoire: Paris,* [1805.] obl. fol. Hirsch IV. **877**.

MOZART (WOLFGANG AMADEUS)

—— [Requiem.] W. A. Mozarti Missa pro defunctis. Requiem. W. A. Mozarts Seelenmesse mit untergelegtem deutschen Texte. Neue Ausgabe. [Score. With a frontispiece.] pp. 128. *Im Verlage der Breitkopf- und Haertelschen Musikhandlung: Leipzig,* [1812.] *obl.* fol.
Hirsch IV. **872**.

MOZART (WOLFGANG AMADEUS)

—— [Requiem.] W. A. Mozarti Missa pro defunctis. Requiem. W. A. Mozarts Seelenmesse mit unterlegtem deutschen Texte. Partitur. pp. 128. *Bei Breitkopf & Härtel: Leipzig,* [1827.] *obl.* fol.   Hirsch IV. **873**.

MOZART (WOLFGANG AMADEUS)

—— [Requiem.] W. A. Mozarti Missa pro defunctis. Requiem. W. A. Mozart's Requiem, Partitur. Neue nach Mozart's und Süssmayr's Handschriften berichtigte Ausgabe. Nebst einem Vorbericht von Anton André. pp. xii. 139. *Bey Johann André: Offenbach a/M.,* [1827.] *obl.* fol.   Hirsch IV. **875**.

MOZART (WOLFGANG AMADEUS)

—— [Requiem.] Partitur des Dies irae, Tuba mirum, Rex tremendae, Recordare, Confutatis, Lacrymosa, Domine Jesu und Hostias, von W. A. Mozart's Requiem, so wie solche Mozart eigenhändig geschrieben, und Abbé Stadler in genauer Übereinstimmung mit dem Mozart'schen Original, copirt hat. Nebst Vorbericht und Anhang herausgegeben von A. André. ff. 45. *Bei Johann André: Offenbach a/M.,* [1829.] *obl.* fol.   Hirsch IV. **876**.

MOZART (WOLFGANG AMADEUS)

—— Requiem . . . mit unterlegtem deutschem Texte für zehn Stimmen und Orgelbegleitung. Zum Gebrauche für kleine Kirchen-Musik-Chöre bearbeitet von Heinrich Ritter von Spengel. [Score.] pp. 212. [*B. Schmid:*] *Augsburg,* 1852. *obl.* fol.   Hirsch IV. **871**.

MOZART (WOLFGANG AMADEUS)

—— Requiem . . . Partitur. pp. 87. *C. F. Peters: Leipzig,* [1885?] 4º.   Hirsch IV. **874**.

MOZART (WOLFGANG AMADEUS)

—— [Requiem.] W. A. Mozarti Missa pro defunctis. Requiem. W. A. Mozarts Seelenmesse. Klavierauszug von C. F. G. Schwenke [*sic*]. [Vocal score.] *Lat. & Ger.* pp. 60. *Bey Breitkopf und Härtel: Leipzig,* [1818.] *obl.* fol.
Hirsch IV. **1230**.

MOZART (WOLFGANG AMADEUS)

—— Mozart's Requiem, *etc.* [Vocal score.] pp. 61. *R*t *Birchall: London,* [1821?] fol.   Hirsch IV. **225**.
Watermark date 1821.

MOZART (WOLFGANG AMADEUS)

—— Requiem. Composto e ridotto per il cembalo. [Vocal score.] *Lat. & Ger.* pp. 88. *Chez Maurice Schlesinger: Paris,* [1822?] fol. [*Collection complète des operas de W. A. Mozart.* livr. 8.]   Hirsch IV. **1183**.
Without the section containing "L'Impressario."

MOZART (WOLFGANG AMADEUS)

—— [Requiem.] Missa pro defunctis. Requiem. Klavier-Auszug von Anton André. (Mit lateinisch- und deutschem Texte.) pp. 59. *Bei Johann André: Offenbach a/M.,* [1850?] *obl.* fol.   Hirsch M. **395**.

MOZART (WOLFGANG AMADEUS)

—— [Requiem.] Mozart's celebrated Requiem Mass . . . in vocal score, with a separate accompaniment for the organ or pianoforte, arranged by Vincent Novello. In addition to the original Latin words, an adaptation to English words has been added by R. G. Loraine. [Preceded by "A Critical Essay on the Requiem of Mozart by Edward Holmes."] pp. ii. xx. 69. *Novello, Ewer and Co.: London,* [1870?] 8º.   Hirsch M. **396**.
Part of "Novello's Original Octavo Edition."

MOZART (WOLFGANG AMADEUS)

—— Requiem . . . Partition complète pour chant et piano. pp. 80. *Henry Litolffs' Verlag: Braunschweig & New York,* [1880?] 8º.   Hirsch M. **397**.

MOZART (WOLFGANG AMADEUS)

—— Requiem . . . Klavierauszug ⟨von F. Brissler⟩. [Vocal score.] pp. 76. *C. F. Peters: Leipzig,* [1880?] 8º.
Hirsch M. **398**.
Edition Peters. no. 76.

MOZART (WOLFGANG AMADEUS)

—— Requiem (Missa pro defunctis) für Chor und Orchester. Klavierauszug mit Text. pp. 79. *Breitkopf & Härtel: Leipzig,* [1900?] 8º.   Hirsch M. **399**.
Volksausgabe Breitkopf & Härtel. no. 210.

MOZART (WOLFGANG AMADEUS)

—— The Requiem . . . arranged for the piano forte [by] Charles Czerny. pp. 33. *R. Cocks & Co.: London,* [1860?] fol.   Hirsch M. **1107**.
Classical Oratorios, &c. for the Pianoforte. no. 5.

MOZART (WOLFGANG AMADEUS)

—— Requiem . . . Klavierauszug zu 2 Händen. pp. 36. *C. F. Peters: Leipzig,* [1888?] fol.   Hirsch M. **1108**.
Edition Peters. no. 499.

MOZART (WOLFGANG AMADEUS)

—— Requiem . . . Für Pianoforte zu vier Händen arrangirt. pp. 44. *C. F. Peters: Leipzig,* [1880?] *obl.* fol.
Hirsch M. **401**.
Edition Peters. no. 1329.

MOZART (WOLFGANG AMADEUS)

—— [For editions of the Rondo for violin and orchestra, K 269, published with the Adagio for violin and orchestra, K 261 :] *See supra* : [*Adagio & Rondo pour le violon.*]

MOZART (WOLFGANG AMADEUS)

—— Sancta Maria. [K. 273.] . . . Partitur mit beigefügtem Klavierauszug. Nach dem hinterlassenen Original-Manuscript herausgegeben. pp. 15. *Bei Joh. André: Offenbach a/M.,* [1825?] *obl.* fol.   Hirsch IV. **862**.

MOZART (WOLFGANG AMADEUS)
—— Der Schauspieldirector. Komödie mit Musik ... Partitur. [Revised by Julius Rietz.] pp. xi. 59.
Breitkopf & Härtel: Leipzig, [1868.] fol. [*Mozart's Opern. Partitur-Ausgabe.* no. 3.] Hirsch II. **629**.

MOZART (WOLFGANG AMADEUS)
—— Der Schauspieldirektor. The Impresario. L'Impresario. Komödie mit Musik in einem Akt ... Köch. No. 486. [Libretto by Gottlieb Stephanie.] Partitur und Klavierauszug ... Klavierauszug ... von ... Bernhard Paumgartner. [With the libretto and a portrait of G. Stephanie.] pp. 29. 152. *Wiener Philharmonischer Verlag A.G.: Wien,* [1924.] 8°. Hirsch II. **668**.
Philharmonia Partituren. no. 46.

MOZART (WOLFGANG AMADEUS)
—— Der Schauspieldirektor, ein komisches Singspiel ... Klavierauszug von C. Zulehner. [Vocal score.] pp. 34. *Bei N. Simrock: Bonn,* [1801?] obl. fol. Hirsch IV. **92**.

MOZART (WOLFGANG AMADEUS)
—— Der Schauspieldirektor, eine komische Oper in einem Aufzuge ... Klavierauszug. [Vocal score.] pp. 31. *Bei Breitkopf und Härtel: Leipzig,* [1808?] obl. fol.
Hirsch IV. **94**.

MOZART (WOLFGANG AMADEUS)
—— [Der Schauspieldirektor.] Il Direttor della commedia. [Vocal score.] pp. 36. *R^t Birchall: London,* [1815?] fol.
Hirsch IV. **95**.
Watermark date 1815.

MOZART (WOLFGANG AMADEUS)
—— Der Schauspiel-Director. Ein komisches Singspiel ... In vollständigem Clavierauszug mit deutschem Texte u. zugleich für das Pianoforte allein, *etc.* pp. 33. *Bei Carl Ferdinand Heckel: Mannheim,* [1828?] fol. [*Wohlfeile Ausgabe von W. A. Mozart's sämmtlichen Opern.* Lfg. 3.] Hirsch IV. **1179**.

MOZART (WOLFGANG AMADEUS)
—— Der Schauspieldirector. Komödie mit Musik ... Klavierauszug von Aug. Horn. [Vocal score.] pp. 40. *Breitkopf & Härtel: Leipzig,* [1871?] 8°. [*Mozart's Opern.* no. 3.] Hirsch M. **304**.

MOZART (WOLFGANG AMADEUS)
—— Der Schauspieldirektor. Komische Oper in 1 Akt ... Klavierauszug. [Vocal score.] pp. 45. *C. F. Peters: Leipzig,* [1885?] 8°. Hirsch M. **402**.

MOZART (WOLFGANG AMADEUS)
—— Der Schauspieldirector. Comödie mit Musik in 1 Act ... nach der Original-Partitur für das Pianoforte zu vier Händen eingerichtet von P. Horr. pp. 35. *Bei Joh. André: Offenbach a/M.,* [1860?] obl. fol.
Hirsch M. **403**.
Opern für Pianoforte zu vier Händen bearbeitet von P. Horr. no. 11.

MOZART (WOLFGANG AMADEUS)
—— [Serenades. K. 361 arr.] Sinfonie concertante pour deux violons, flûte, deux hautbois, deux clarinettes, deux bassons, deux cors, alto & basse, arrangée d'après une grande sérénade pour des instruments à vent, oeuvre 91 ... par F. Gleissner. [Parts.] 13 pt. *Chés I. André: Offenbach s/M.,* [1801.] fol. Hirsch M. **1109**.

MOZART (WOLFGANG AMADEUS)
—— [Sextets. K. 247, 334, 522.] W. A. Mozart's Sextetten und Musikalischer Spass für 2 Violinen, Viola, Violoncello u. 2 Hörner. [Score.] pp. 340. *Bei K. Ferd. Heckel: Mannheim,* [1830?] 16°. Hirsch III. **427**. b. (**2**.)
Partitur-Ausgabe. Bd. 9.

MOZART (WOLFGANG AMADEUS)
—— [Sonatas. K. 279–284, 309, 311, 330–333, 475, 533, 576, K. Anh. 135, 136.] Recueil complet des sonates de W.-A. Mozart ... Piano seul. Édition-bijou. [With a portrait.] 3 vol. *Chez Alphonse Leduc: Paris,* [1880?] 8°.
Hirsch III. **420**.

MOZART (WOLFGANG AMADEUS)
—— [Sonatas.] III trios pour violon, alto & violoncelle ... 2me oeuvre de trios. [Parts.] 3 pt.
Trio 1. [K. 481 arr.]
Trio 2. [K. 533 & 494 arr.]
Trio 3. [K. 454 arr.]
Chez I. André: Offenbach s/M., [1801?] fol.
Hirsch M. **1042**.

MOZART (WOLFGANG AMADEUS)
—— [Sonatas.] Trois quatuors pour deux violons, alto et violoncelle. Par W. A. Mozart. Tirées des oeuvres de clavecin par F. A. Hoffmeister. No. [III.] [Parts.] 4 pt.
Quatuor I. [K. 309 arr.]
Quatuor II. [K. 533 & 494 arr.]
Quatuor III. [K. 311 arr.]
Au bureau de musique de C. F. Peters: Leipsic, [1815?] fol.
Hirsch M. **1041**.

MOZART (WOLFGANG AMADEUS)
—— [Sonatas. K. 330.] Sonate pour le forte-piano ... N° II. pp. 11. *Au bureau de musique de Hoffmeister & & Kühnel: Leipzig,* [1803.] obl. fol. Hirsch IV. **28**.

MOZART (WOLFGANG AMADEUS)
—— [Sonatas. K. 331.] Mozart's Favorite Sonata for the Piano Forte or Harpsichord. From Op. 19. pp. 11. *Printed for R^t Birchall: London,* [1802?] fol.
Hirsch IV. **29**.
Watermark date 1802.

MOZART (WOLFGANG AMADEUS)
—— [Sonatas. K. 331.] Sonate pour le forte-piano ou clavecin ... Œuvre VIe. Son: [2.] pp. 15–27. *Au magazin de musique du Mr Hoffmeister: Vienne,* [1817?] fol. Hirsch IV. **30**.
Watermark date 1817.

MOZART (WOLFGANG AMADEUS)
—— [Sonatas. K. 331.—Andante.] *See* REGER (M.) Variationen und Fuge für Orchester über ein Thema von Mozart. Opus 132, *etc.* [1914.] 8°. Hirsch M. **470**.

MOZART (WOLFGANG AMADEUS)
—— [Sonatas. K. 331.] Rondeau turc pour piano-forté . . . 2de édition. pp. 3. *Chez J. André: Offenbach s/M.*, [1815?] obl. fol. Hirsch IV. **1636**.
Lithographed throughout.

MOZART (WOLFGANG AMADEUS)
—— [Sonatas. K. 497 arr.] Quartet for two Violins, Tenor & Bass. [Parts.] 4 pt. *Hime & Son: Liverpool*, [1810?] fol. Hirsch M. **1110**.

MOZART (WOLFGANG AMADEUS)
—— [Sonatas. K. 533 with K. 494.] Sonate pour le pianoforte . . . No. 1. pp. 19. *Au bureau de musique de Hoffmeister & Kühnel: Leipsic*, [1803.] obl. fol. Hirsch IV. **108**.

MOZART (WOLFGANG AMADEUS)
—— [Sonatas. K. 296, 376–380.] Sonates favorites pour piano-forté et violon . . . No. 1. 2. ⟨No. 3. 4.—No. 5. 6.⟩ [Parts.] 6 pt. *Chez J. André: Offenbach s/M.*, [1808?] obl. fol. Hirsch M. **404**.

MOZART (WOLFGANG AMADEUS)
—— [Sonatas. K. 7.] Sonate inachevée pour le clavecin ou pianoforte avec accompagn^t de violon ad lib. Nouvelle édition revue et corrigée par Ch. Lecocq . . . Œuvre 1re. pp. 7. *Gustave Legouix: Paris*, [1880?] fol. Hirsch M. **1111**.
The violin part is printed on the verso of the front wrapper.

MOZART (WOLFGANG AMADEUS)
—— 6 Sonatine . . . per pianoforte. *See supra*: [5 *Divertimenti for 2 Clarinets and Bassoon. K. Anh. 229, 229a*.]

MOZART (WOLFGANG AMADEUS)
—— Lo Sposo deluso, ossia: la Rivalità di tre donne per un solo amante. Der betrogene Bräutigam oder: Drei auf einen Liebhaber eifersüchtige Geliebte. Opera buffa in due atti . . . Unvollendet nachgelassenes Werk. Nach dem Partitur-Entwurf (Original-Manuscript) in einen Klavierauszug gebracht von Julius André. ⟨Klavierauszug mit deutschem und italienischem Text.⟩ pp. 33. *Bei Joh. André: Offenbach a/M.*, [1855.] obl. fol. Hirsch M. **405**.

MOZART (WOLFGANG AMADEUS)
—— Lo Sposo deluso, ossia la Rivalità di tre donne per un solo amante. Der betrogene Bräutigam oder: Drei auf einen Liebhaber eifersüchtige Geliebte. Opera buffa in due atti . . . Unvollendet nachgelassenes Werk. Nach dem Partitur-Entwurf (Original-Manuscript) für Pianoforte zu 4 Händen bearbeitet von Julius André. ⟨Klavierauszug ohne Worte zu 4 Händen.⟩ pp. 35. *Bei Joh. André: Offenbach a/M.*, [1855?] obl. fol. Hirsch M. **406**.

MOZART (WOLFGANG AMADEUS)
—— Symphonien . . . in Partitur. no. 1–12.
   no. 1. [K. 504.] pp. 63.
   no. 2. [K. 550.] pp. 63.
   no. 3. [K. 543.] pp. 63.
   no. 4. [K. 551.] pp. 72.
   no. 5. [K. 385.] pp. 52.
   no. 6. [K. 425.] pp. 60.
   no. 7. [K. 320. Serenade.] pp. 51.
   no. 8. [K. 250. Serenade.] pp. 72.
   no. 9. [K. 297.] pp. 65.
   no. 10. [K. 338.] pp. 52.
   no. 11. [K. 319.] pp. 55.
   no. 12. [K. Anh. 293. In fact, by Leopold Mozart.] pp. 48.
Breitkopf & Härtel: Leipzig, [1828–40.] 8°. Hirsch III. **416**.
The title is taken from no. 7.

—— [Another copy of no. 2, 4.] Hirsch III. **416**. a.

—— [Another issue of no. 3.] *Leipzig*, [1845?] 8°. Hirsch III. **416**. b.

MOZART (WOLFGANG AMADEUS)
—— [Symphonies. K. 181, 183, 184.] Sinfonien für's Orchester. [Score.] ser. 2. no. 13–15.
   no. 13. [K. 183.] pp. 40.
   no. 14. [K. 181.] pp. 36.
   no. 15. [K. 184.] pp. 28.
Bei A. Cranz: Hamburg, [1845?] 8°. Hirsch III. **415**.
No more published.

MOZART (WOLFGANG AMADEUS)
—— Symphonien . . . Partitur. *Breitkopf & Härtel: Leipzig*, [1850?] 8°. Hirsch III. **416**. c.
A reissue of no. 1 only of the edition of 1828–40, with a thematic list of no. 1–12 on the titlepage.

MOZART (WOLFGANG AMADEUS)
—— [Symphonies. K. 504, 543, 550, 551.] Quattro sinfonie scelte in partitura . . . Op. 87, sinfonia 1^a in re . . . Op. 58, sinfonia 2^a in mi b . . . Op. 45, sinfonia 3^a in sol min. . . . Op. 34, sinfonia 4^a in do (Giove). *G. G. Guidi: Firenze*, 1875. 8°. Hirsch III. **440**.
K. 551 only.

MOZART (WOLFGANG AMADEUS)
—— [Symphonies. K. 338.] Grande sinfonie pour 2 violons, alto, basse, 2 hautbois, 2 cors, 2 bassons, 2 trompettes et timbales . . . Oeuvre 57. Seconde édition. [Parts.] 12 pt. *Chez Jean André: Offenbach sur le Mein*, [1809.] fol. Hirsch IV. **33**.
Lithographed throughout.

MOZART (WOLFGANG AMADEUS)
—— [Symphonies. K. 543.] Sinfonie . . . Partition. No. 3. pp. 52. *Chez Breitkopf et Härtel: Leipsic*, [1814.] 8°. Hirsch IV. **1640**.

MOZART (WOLFGANG AMADEUS)
—— [Symphonies. K. 550.] Sinfonia a due violini, viole, corni, oboe, un flauto, fagotti, violoncelli e bassi. [Score.] pp. 73. *Presso Auguste Le Duc: Parigi*, [1810?] fol. Hirsch IV. **1640**. a.

MOZART (WOLFGANG AMADEUS)
—— [Symphonies. K. 550.] Sinfonie . . . Partition. No. 2. pp. 26. *Chez Breitkopf et Härtel: Leipsic,* [1811.] fol.
Hirsch IV. **1641**.

MOZART (WOLFGANG AMADEUS)
—— [Symphonies. K. 551.] Symphonie, C (Jupiter) . . . Faksimile Reproduktion der Handschrift . . . Original: Preussische Staatsbibliothek, Berlin. *Wiener Philharmonischer Verlag: Wien,* 1923. obl. fol.
Hirsch M. **407**.
Philharmonia Facsimiledrucke. no. 2.

MOZART (WOLFGANG AMADEUS)
—— [Symphonies. K. 551.] Das Finale der Jupiter-Symphonie (C dur) . . . Analyse von Simon Sechter . . . Mit Einleitung und Erläuterungen neu herausgegeben von Friedrich Eckstein, *etc.* pp. 64. *Wiener Philharmonischer Verlag A.G.: Wien,* 1923. 8°.
Hirsch M. **408**.

MOZART (WOLFGANG AMADEUS)
—— Tamino mio. *See infra*: [*Die Zauberflöte.*]

MOZART (WOLFGANG AMADEUS)
—— Te Deum [K. 141] a 4 voci coll'accompagnamento di due violini, bassi e organo . . . Partitura. Te Deum . . . mit unterlegtem deutschen Texte von Prof. C. A. H. Clodius. pp. 20. *Bei Breitkopf und Härtel: Leipzig,* [1803.] fol.
Hirsch IV. **858**.

MOZART (WOLFGANG AMADEUS)
—— Thamos, König in Egypten. Historisches Drama von Tob. Phil. Freiherr v. Gebler. ⟨Klavier-Auszug mit Text.⟩ pp. 58. *C. F. Peters: Leipzig & Berlin,* [1866?] 8°.
Hirsch M. **409**.
Edition Peters. no. 72. *Part of "Opern und Oratorien im Klavier-Auszug mit Text bearbeitet von Brissler, Horn, Stern, Ulrich."*

MOZART (WOLFGANG AMADEUS)
—— Thamos König von Egypten. Schauspiel von Freiherrn von Gebler. Abth. I. Drei Chöre. No. 1. Schon weichet dir, Sonne. No. 2. Ihr Kinder des Staubes erzittert! No. 3. Gottheit! über Alle mächtig. Abth. II. Vier Zwischen-Akte. (Entr' actes) nebst einem Schluss-Satze für Orchester. Für Pianoforte zu 4 Händen eingerichtet von Julius André. 2 Abt. *Bei Joh. André: Offenbach a/M.,* [1860?] obl. fol. Hirsch M. **410**.

MOZART (WOLFGANG AMADEUS)
—— [Another copy.] Thamos, König in Ægypten.—Ihr Kinder des Staubes.] Motette. Ob fürchterlich tobend sich Stürme erheben . . . Partitur. No. II. *Leipzig,* [1804.] fol.
Hirsch IV. **879**.

MOZART (WOLFGANG AMADEUS)
—— [Thamos, König in Ægypten.—Ihr Kinder des Staubes.] Mottetto. Ob fürchterlich tobend sich Stürme erheben. Ne pulvis et cinis superbe, für 4 Singstimmen . . . Klavier-auszug von K. Zulener [sic]. No. 2. pp. 15. *Bei N. Simrock: Bonn & Cölln,* [1815?] obl. fol.
Hirsch M. **411**.

MOZART (WOLFGANG AMADEUS)
—— [Another copy.] [Thamos, König in Ægypten.—Schon weichet dir.] Hymne. Preiss dir! Gottheit! durch alle Himmel . . . Partitur. No. 1. *Leipzig,* [1804.] fol.
Hirsch IV. **878**.

MOZART (WOLFGANG AMADEUS)
—— [Trios. K. 254, 442, 496, 498, 502, 548, 564.] Trios für Pianoforte, Violine & Violoncelle. No. 1 auch mit Clarinette & Alto (Viola). ⟨Neue Original Ausgabe in Partitur u. Stimmen.⟩ 3 pt. *Bei Joh. André: Offenbach a/M.,* [1850?] fol.
Hirsch III. **418**.

MOZART (WOLFGANG AMADEUS)
—— [Another copy.] [Trios. K. 542. A facsimile of the autograph score.] *München,* 1921. obl. fol.
Hirsch M. **412**.

MOZART (WOLFGANG AMADEUS)
—— [Variations. K. 25, 179, 180, 264, 265, 352, 353, 354, 359, 360, 382, 398, 455, 500, 547a, 573, 613, K. Anh. 285, 287, 288.] Air with Variations for the Piano Forte. no. 1–20. *Broderip & Wilkinson: London,* [1805?–08?] fol.
Hirsch M. **1112**.

MOZART (WOLFGANG AMADEUS)
—— Mozart's Variations to favorite Airs for the Piano Forte. no. 1, 8, 12, 15. *Preston: London,* [1820?] fol.
Hirsch M. **1113**.
A reissue of the preceding without the general titlepage. Imperfect; wanting no. 2–7, 9–11, 13–15.

MOZART (WOLFGANG AMADEUS)
—— [Variations.] Six Favorite Airs, with Variations for the Pianoforte. ⟨New edition.⟩ 1. Life let us cherish. [K. Anh. 289a.] . . . 2. Since then [I'm doom'd [K. 354.] . . . 3. Original theme. [K. Anh. 289.] . . . 4. Original theme. [K. Anh. 288.] . . . 5. Original theme. [K. 352.] . . . 6. Original theme. [K. 547a.] 6 no. *Keith Prowse & Co.: London,* [1845?] fol. Hirsch M. **1283**. (3.)
A made-up set. No. 5 *bears the imprint " Hill & Co."*

MOZART (WOLFGANG AMADEUS)
—— [Variations. K. 264.] Lison dormait dans un bocage. [P.F.] pp. 9. *Theobald Monzani & Co.:* [*London,* 1805?] fol. [*Mozart's, Selection of Piano-Forte Music, etc.* no. 20.]
Hirsch M. **1044**.

MOZART (WOLFGANG AMADEUS)
—— [Variations. K. 264.] A Favorite Air, with Variations, for the Piano Forte . . . No. [1]. pp. 13. *The Regent's Harmonic Institution: London,* [1819?] fol.
Hirsch M. **1124**. (2.)
Watermark date 1819.

MOZART (WOLFGANG AMADEUS)
—— [Variations. K. 265.] Ah! vous dirai-je, maman! 9ᵉ thème varié. [P.F., edited by A. F. Marmontel.] pp. 9. *Heugel et cⁱᵉ: Paris,* [1850?] fol.
Hirsch M. **1294**. (4.)
Part of " Édition classique."

MOZART (WOLFGANG AMADEUS)
—— [Variations. K. 354.] Air with Variations for the Piano Forte. pp. 13. *Goulding, Phipps & D'Almaine: London,* [1810?] fol. Hirsch M. **1124**. (**1**.)
Watermark date 1810.

MOZART (WOLFGANG AMADEUS)
—— [Variations. K. 360.] Ariette variée avec violon obligée ... Nº 1 [8]. [Parts.] 2 pt. *Chez N. Simrock: Bonn,* [1803.] fol. Hirsch IV. **37**.

MOZART (WOLFGANG AMADEUS)
—— [Variations. K. 501.] Aria. With varia^ns arranged as a duetto. pp. 9. *Monzani and Cimador:* [*London,* 1803?] fol. [*Mozart's, Selection of Piano-Forte Music.* no. 25.] Hirsch M. **1044**.

MOZART (WOLFGANG AMADEUS)
—— [Variations. K. 613.] Air with Variations for the Piano Forte ... No. [10.] pp. 13. *Broderip & Wilkinson: London,* [1805?] fol. Hirsch IV. **179**.

MOZART (WOLFGANG AMADEUS)
—— Das Veilchen, ein Deutsches Lied [K. 476] mit Clavierbegleitung. *Bey N. Simrock: Bonn,* [1805?] obl. fol. Hirsch IV. **87**. b.
A reissue of pp. 9–11 of "VI. Deutsche Lieder."

MOZART (WOLFGANG AMADEUS)
—— [Das Veilchen. K. 476.] The Violet. [Song.] pp. 2. [1805?] *See supra:* [*Collected Works.—f. Vocal Works, Songs, etc.*] Songs, Duetts & Trios, with a Harp accompaniment. no. 1. [1805?] fol. Hirsch M. **1045**. a.

MOZART (WOLFGANG AMADEUS)
—— Das Veilchen. [Song. K. 476.] ... mit Begleitung des Piano-Forte oder Guitarre, nebst einer Skize [sic] seines Lebens und Ende, *etc.* [With a portrait.] pp. 5. 8. *Bei P. Bohmanns Erben: Prag,* [1825?] 4º. Hirsch IV. **88**.

MOZART (WOLFGANG AMADEUS)
—— [Das Veilchen. K. 776.] Mozart-Goethe. Das Veilchen. [A facsimile of the autograph.] Nachwort von Alfred Einstein. *Herbert Reichner: Wien,* 1936. 8º. & obl. 4º. Hirsch M. **413**.

MOZART (WOLFGANG AMADEUS)
—— Das Veilchen. [K. 476.] The History of a Song. By Paul Nettl. [Facsimiles of the autograph and first edition, with introduction. With portraits.] *Storm Publishers: New York,* 1949. obl. fol. Hirsch M. **413**. a.

MOZART (WOLFGANG AMADEUS)
—— [Verdankt sei es dem Glanz. K. 392.] The Landscape. [Song.] [1805?] *See supra:* [*Collected Works.—f. Vocal Works, Songs, etc.*] Songs, Duetts & Trios, with a Harp accompaniment. no. 13. [1805?] fol. Hirsch M. **1045**. a.

MOZART (WOLFGANG AMADEUS)
—— [Waltzes. K. 536, 567.] Mozardt [sic]. 12. Walzer. [P.F.] [1801?] *See* WALTZES. Walzer für das Clavier. Tl. 1. [1801?] obl. 8º. Hirsch M. **631**.

MOZART (WOLFGANG AMADEUS)
—— [Waltzes. K. 536, 567.] Twelve Waltzes ... Book [1]. [P.F.] pp. 9. *Clementi & Cº: London,* [1805?] fol. Hirsch M. **1124**. (**3**.)

MOZART (WOLFGANG AMADEUS)
—— [Waltzes. K. 586.] Twelve Waltzes. 3ᵈ set. [P.F.] pp. 9. *Monzani & Hill: London,* [1815?] fol. [*Monzani & Hill's Selection of Piano Forte Music, composed by Mozart.* no. 32.] Hirsch M. **1045**.

MOZART (WOLFGANG AMADEUS)
—— [Waltzes. K. 600, 602, 605, no. 1, 2.] Twelve Waltzes. 2ᵈ set. [P.F.] pp. 9. *Monzani & Hill: London,* [1815?] fol. [*Monzani & Hill's Selection of Piano Forte Music, composed by Mozart.* no. 31.] Hirsch M. **1045**.

MOZART (WOLFGANG AMADEUS)
—— Zaïde. Oper in zwei Acten ... Partitur. Deutscher Text. [Edited, and with an overture and finale composed by J. A. André.] pp. 8. xxxix. 171. xix. *Bei Johann André: Offenbach a/M.,* [1838.] obl. fol. Hirsch II. **676**.

—— [Another copy.] Hirsch M. **414**.

MOZART (WOLFGANG AMADEUS)
—— Zaïde. Oper in zwei Acten ... Klavierauszug. Deutcher Text. [Edited, and with an overture and finale composed by J. A. André.] pp. 8. xxv. 105. *Bei Johann André: Offenbach a/M.,* [1840?] obl. fol. Hirsch M. **415**.

—— [Another copy.] Hirsch M. **416**.

MOZART (WOLFGANG AMADEUS)
—— Zaide. Ein Morgenländisches Singspiel in zwei Akten. Klavierauszug mit neuem deutschen Text von A. Rudolph. pp. 117. *Breitkopf & Härtel: Leipzig,* [1917.] 8º. Hirsch M. **417**.
Edition Breitkopf. no. 4925.

MOZART (WOLFGANG AMADEUS)
—— Zaïde. Oper in zwei Acten ... für das Pianoforte zu 4 Händen arrangirt von P. Horr. pp. 117. *Bei Joh. André: Offenbach a/M.,* [1860?] obl. fol. Hirsch M. **418**.
Opern für Pianoforte zu vier Händen bearbeitet von P. Horr. no. 9.

MOZART (WOLFGANG AMADEUS)
—— [Another copy.] [Die Zauberflöte.] Les Mistères d'Isis. Opéra ... Arrangé et mis en scène par Lachnith, *etc.* [Score.] *Paris,* [1801.] fol. Hirsch II. **683**.

MOZART (WOLFGANG AMADEUS)
—— [Another copy.] [Die Zauberflöte.] Il Flauto magico. Dramma per musica ... Die Zauberfloete. Grosse Oper, etc. [Score.] *Ger. & Ital. Bonn*, [1814.] fol.
Hirsch IV. **1574**.

MOZART (WOLFGANG AMADEUS)
—— Die Zauberfloete. Grosse Oper in zwei Akten ... Il Flauto magico. Partitur. *Ger. & Ital.* pp. 363. *Bei N. Simrock: Bonn*, [1820?] fol. Hirsch II. **681**.

MOZART (WOLFGANG AMADEUS)
—— [Another copy.] [Die Zauberflöte.] Il Flauto magico. Dramma giocoso, etc. [Score.] *Paris*, [1821.] fol. [*Collection des opéras de Mozart.* no. 3.] Hirsch II. **630**.

MOZART (WOLFGANG AMADEUS)
—— Die Zauberflöte. Oper in zwei Acten ... Partitur. [Revised by Julius Rietz.] pp. xxvii. 224. *Breitkopf & Härtel: Leipzig*, [1870.] fol. [*Mozart's Opern. Partitur-Ausgabe.* no. 7.] Hirsch II. **629**.

MOZART (WOLFGANG AMADEUS)
—— Die Zauberflöte. (Il Flauto magico.) Oper in 2 Akten ... Partitur. pp. 225. *C. F. Peters: Leipzig*, [1880?] fol. Hirsch II. **679**.

MOZART (WOLFGANG AMADEUS)
—— Die Zauberflöte. Oper in zwei Aufzügen ... Partitur. Nach dem in der Preussischen Staatsbibliothek zu Berlin befindlichen Autograph revidiert von Kurt Soldan. pp. vi. 234. *C. F. Peters: Leipzig*, [1925?] fol.
Hirsch II. **680**.
Edition Peters. no. 470.

MOZART (WOLFGANG AMADEUS)
—— Mozart's Zauberflöte, eine grosse Oper in zwey Akten. Nach der Originalpartitur im vollstændigen Klavierauszug von A. E. Müller. [Vocal score.] 2 vol. *Bei A. Kühnel: Leipzig*, [1808, 09.] *obl.* fol. Hirsch IV. **189**.

MOZART (WOLFGANG AMADEUS)
—— Die Zauberflöte. Eine grosse heroisch comische Oper in 2 Acten ... Im vollständigen Klavier Auszuge mit deutschem und italienischem Texte. [Vocal score.] pp. 137. *Im Verlage der k.k. priv. chemischen Druckerey: Wien*, [1810?] *obl.* fol. Hirsch IV. **193**.
Lithographed throughout.

MOZART (WOLFGANG AMADEUS)
—— Die Zauberflöte. Eine grosse Oper in zwey Akten. Im vollständigen Klavierauszug von A. E. Müller. [Vocal score.] *Ger. & Ital.* pp. 137. *S. A. Steiner: Wien*, [1810?] *obl.* fol. Hirsch M. **419**.
Part of " Répertoire der besten Opern in vollstændigsten Clavier-Auszugen."

MOZART (WOLFGANG AMADEUS)
—— Die Zauberflöte. Eine grosse Oper in zwey Acten im Klavier-Auszuge. [Vocal score.] *Ger. & Ital.* pp. 185. *Bey Tranquillo Mollo: Wien*, [1810?] *obl.* fol.
Hirsch IV. **194**.

SIG. 41.—PART 53.

MOZART (WOLFGANG AMADEUS)
—— [Another copy.] [Die Zauberflöte. Ein grosse Oper .... Im vollständigen Klavierauszug von A. E. Müller.] [Vocal score.] *Vienna*, [1810?] *obl.* fol. Hirsch IV. **1222**.
Part of " Répertoire der besten Opern in vollstændigsten Clavier-Auszügen." Imperfect; wanting the titlepage.

MOZART (WOLFGANG AMADEUS)
—— Mozart's Zauberflöte, ein grosse Oper in zwey Akten. Nach der Originalpartitur im vollstændigen Klavierauszug von A. E. Müller. I. ⟨II.⟩ Akt. [Vocal score.] 2 vol. *Bei C. F. Peters: Leipzig*, [1815?] *obl.* fol.
Hirsch IV. **1219**.

MOZART (WOLFGANG AMADEUS)
—— [Die Zauberflöte.] Il Flauto magico. Dramma per musica ... Ridotto per il cembalo. Die Zauberflöte. Grosse Oper in zwey Akten ... im Klavierauszug von Musikdir. M. G. Fischer. [Vocal score.] *Ger. & Ital.* pp. 124. *Bey Breitkopf & Härtel: Leipzig*, [1818?] *obl.* fol.
Hirsch IV. **1218**. a.

MOZART (WOLFGANG AMADEUS)
—— [Die Zauberflöte.] Il Flauto magico. Dramma in due atti. Composto e ridotto per il cembalo. [Vocal score.] *Ital. & Ger.* pp. 167. *Chez Maurice Schlesinger: Paris*, [1822?] fol. [*Collection complète des opéras de W. A. Mozart.* livr. 3.] Hirsch IV. **1183**.

MOZART (WOLFGANG AMADEUS)
—— [Die Zauberflöte.] [Another copy.] Il Flauto magico, etc. *Paris*, [1822?] fol. [*Collection complète des opéras de W. A. Mozart.* livr. 3a.] Hirsch IV. **1183**.
With a facsimile inserted of the autograph of Mozart's cadenza to his pianoforte concerto in B flat, K. 450.

MOZART (WOLFGANG AMADEUS)
—— Die Zauberfloete. Grosse Oper in zwei Aufzügen ... In vollständigem Clavierauszug mit deutsch- und italienischem Texte und zugleich für das Pianoforte allein, etc. [With a frontispiece.] pp. 145. *Bei K. Ferd. Heckel: Mannheim*, [1828?] fol. [*Wohlfeile Ausgabe von W. A. Mozart's sämmtlichen Opern.* Lfg. 2.] Hirsch IV. **1179**.

MOZART (WOLFGANG AMADEUS)
—— Die Zauberflöte. Oper in zwei Aufzügen ... Vollständiger Clavierauszug. Neue Ausgabe mit italien: u: deuts: Texte. pp. 125. *Bei A. Cranz: Hamburg*, [1830?] *obl.* fol. Hirsch IV. **1218**.

MOZART (WOLFGANG AMADEUS)
—— Die Zauberflöte. Grosse Oper in zwei Aufzügen. Clavier-Auszug mit ital. u. deutsch. Texte. ⟨Zweite Auflage.⟩ pp. 127. *Bei G. M. Meyer jr.: Braunschweig*, [1835?] *obl.* 8º. Hirsch IV. **1217**.

MOZART (WOLFGANG AMADEUS)
—— Die Zauberflöte. Oper. Vollst: Clavier-Auszug Stereotyp Ausgabe. [Vocal score.] *Ger. & Ital.* pp. 132. *Bei Fr. Weidle: Berlin*, [1840?] *obl.* 8º. Hirsch M. **420**.

MOZART (WOLFGANG AMADEUS)
—— Die Zauberflöte. Oper in zwei Aufzügen. Vollständiger Klavierauszug. [Vocal score.] *Ger. & Ital.* pp. 102. *Bei C. A. Challier & Co.: Berlin*, [1850?] *obl. fol.*
Hirsch M. **421**.

MOZART (WOLFGANG AMADEUS)
—— [Die Zauberflöte.] Il Flauto magico. Opera in due atti, Die Zauberflöte. Oper in zwei Acten . . . Neuer vollständiger nach der Original-Partitur eingerichteter Klavierauszug von Anton André jr Italienisch und deutscher Text. pp. 129. *Bei Johann André: Offenbach a/M.*, [1850?] *obl. fol.*
Hirsch M. **422**.

MOZART (WOLFGANG AMADEUS)
—— Die Zauberflöte. (Il Flauto magico.) Oper in 2 Acten . . . für Piano-forte Solo [or rather, in vocal score]. Neue Ausgabe. pp. 150. *Bei B. Schott's Söhnen: Mainz*, [1865?] fol.
Hirsch M. **1114**.
W. A. Mozart's Opern im Klavierauszüge. Neue Ausgabe. Lfg. 1.

MOZART (WOLFGANG AMADEUS)
—— Die Zauberflöte. (Il Flauto magico.) Oper in 2 Aufzügen . . . Vollständiger Klavier-Auszug mit deutschem und italienischem Text, *etc.* pp. 123. *Chez Bote & G. Bock: Berlin*, [1870?] fol.
Hirsch M. **1115**.
Part of " Collection des oeuvres classiques."

MOZART (WOLFGANG AMADEUS)
—— Die Zauberflöte. Oper in zwei Aufzügen . . . Vollständiger Clavierauszug mit deutschem und italienischem Texte. pp. 152. *Henry Litolff's Verlag: Braunschweig*, [1870?] 8°.
Hirsch M. **423**.
Part of " Litolff's Bibliothek Classischer Compositionen."

MOZART (WOLFGANG AMADEUS)
—— Die Zauberflöte. Oper in 2 Akten . . . Vollständiger Klavierauszug mit deutschem Text. pp. 98. *Philipp Reclam jun.: Leipzig*, [1870?] *obl.* 8°.
Hirsch M. **424**.
Elegante und wohlfeilste Opern-Bibliothek. Bd. 6.

MOZART (WOLFGANG AMADEUS)
—— [Die Zauberflöte.] Il Flauto magico. Opera in due atti, parole di E. Schikaneder, *etc.* [Vocal score.] pp. 274. *Regio stabilimento Ricordi: Milano*, [1870?] 8°.
Hirsch M. **425**.

MOZART (WOLFGANG AMADEUS)
—— Die Zauberflöte. Oper in 2 Akten. ⟨Klavierauszug mit Text.⟩ pp. 168. *Breitkopf & Härtel: Leipzig*, [1880?] 8°. [*Mozart's Opern.* no. 7.] Hirsch M. **304**.

MOZART (WOLFGANG AMADEUS)
—— [Die Zauberflöte.] La Flûte enchantée . . . Traduction française rhythmée par A. van Hasselt et J.-B. Rongé. Partition piano et chant. pp. 162. *Henry Litolff's Verlag: Braunschweig*, [1890?] 8°. Hirsch M. **426**.
Collection Litolff. no. 87.

MOZART (WOLFGANG AMADEUS)
—— Die Zauberflöte. (Il Flauto magico.) Oper in zwei Akten . . . Klavierauszug revidirt von Gustav F. Kogel. [Vocal score.] *Ger. & Ital.* pp. iv. 163. *C. F. Peters: Leipzig*, [1893.] 8°.
Hirsch M. **427**.

MOZART (WOLFGANG AMADEUS)
—— [Die Zauberflöte. P.F. score.] pp. 56. *Chéz Jos. Ant. Löhr: Francfort s/M.*, [1835?] fol.
Hirsch M. **1116**.
Without a special titlepage. One of " Opéras de W. A. Mozart arrangés sans paroles pour piano forte. Vollständiger Clavierauszug ohne Text."

MOZART (WOLFGANG AMADEUS)
—— Die Zauberflöte. [P.F. score.] pp. 54. *Bei Busse: Braunschweig*, [1840?] 4°. [*Opern von Mozart für das Pianoforte ohne Text.* Lfg. 11.] Hirsch M. **300**.

MOZART (WOLFGANG AMADEUS)
—— [Die Zauberflöte.] Il Flauto magico. Die Zauberflöte. Oper in zwei Aufzügen . . . für das Pianoforte, ohne Worte eingerichtet von Henri Cramer. Ausgabe nach der Original-Partitur. pp. 95. *Bei Johann André: Offenbach a/M.*, [1850?] fol.
Hirsch M. **1117**.

MOZART (WOLFGANG AMADEUS)
—— Die Zauberflöte. (Il Flauto magico.) Oper in 2 Acten . . . für Piano-Forte solo. Neue Ausgabe. pp. 85. *B. Schott's Söhne: Mainz*, [1864.] fol. Hirsch M. **1118**.

MOZART (WOLFGANG AMADEUS)
—— [Die Zauberflöte.] Il Flauto magico. Opera in due atti . . . Riduzione per pianoforte solo. [With a portrait.] pp. 152. *Edoardo Sonzogno: Milano*, 1875. 8°.
Hirsch M. **428**.

MOZART (WOLFGANG AMADEUS)
—— Die Zauberflöte. (Il Flauto magico.) Oper in zwei Akten . . . Klavierauszug revidirt von Gustav F. Kogel. ⟨Piano solo.⟩ pp. 64. *C. F. Peters: Leipzig*, [1880?] 4°.
Hirsch M. **1119**.
Edition Peters. no. 92.

MOZART (WOLFGANG AMADEUS)
—— Die Zauberflöte. The Magic Flute. La Flûte enchantée . . . Werk 620. [P.F. solo. Arranged by E. F. E. Richter.] pp. 73. *Breitkopf & Härtel: Leipzig*, [1890?] fol.
Hirsch M. **1120**.
Part of " Breitkopf & Härtel's Klavier-Bibliothek."

MOZART (WOLFGANG AMADEUS)
—— Die Zauberflöte. Oper in 2 Akten . . . Für Pianoforte zu vier Händen bearbeitet. pp. 120. *C. F. Peters: Leipzig*, [1894.] *obl.* fol. Hirsch M. **429**.
Edition Peters. no. 121.

MOZART (Wolfgang Amadeus)

—— Die Zauberflöte. Grand opera . . . arrangé pour le piano forte avec violon obligé. Acte I [II]. [Parts.] 2 pt. pp. 50. 23. *Ches J. J. Hummel: Berlin, Amsterdam*, [1804?] fol. Hirsch IV. **195**.

In each act each part has a separate titlepage.

MOZART (Wolfgang Amadeus)

—— Die Zauberfloete. (La Flute enchantée) . . . für Piano Forte und Violin eingerichtet von Alexander Brand. [Parts.] 2 pt. *Bey B. Schott, Soehnen: Mainz*, [1830?] fol. Hirsch M. **1121**.

MOZART (Wolfgang Amadeus)

—— [Die Zauberflöte.] Se potesse' un suono egual e Oh cara armonia. Due duettini . . . L'accompagnamento del Sigr. Cimador. [Arrangements of "Könnte jeder brave Mann" and "Das klinget so herrlich," respectively.] pp. 4. *Monzani and Cimador: [London*, 1803?] fol. Hirsch M. **1123**. (**6**.)

MOZART (Wolfgang Amadeus)

—— [Another copy.] [Die Zauberflöte.] Partitur der W. A. Mozart'schen Ouverture zu seiner Oper: Die Zauberflöte, in genauer Übereinstimmung mit dem Manuscript des Komponisten . . . herausgegeben . . . von A. André. *Offenbach a/m.*, [1829.] obl. fol. Hirsch IV. **1643**.

MOZART (Wolfgang Amadeus)

—— [Die Zauberflöte.] The Celebrated Overture . . . for the Piano Forte. pp. 8. *G. Shade: London*, [1825?] fol. Hirsch M. **1122**.

Watermark date 1825.

MOZART (Wolfgang Amadeus)

—— [Die Zauberflöte.—Alles fühlt der Liebe.] Regna amore in ogni loco, a favorite air, *etc.* pp. 3. *Falkner's Opera Music Warehouse: London*, [1820?] fol. Hirsch M. **1274**. (**8**.)

MOZART (Wolfgang Amadeus)

—— [Die Zauberflöte.] The Celebrated Overture to Zauberflöte for the Piano Forte. pp. 6. *R. W. Keith, Prowse & Co.: London*, [1825?] fol. Hirsch M. **1283**. (**15**.)

MOZART (Wolfgang Amadeus)

—— [Die Zauberflöte.—Bei Männern welche Liebe fühlen.] *See* LATOUR (T.) A Grand Sonata, for the piano forte . . . in which is introduced, Mozarts, favorite air, The manly Heart . . . Op. 8. [1810?] fol. Hirsch M. **1282**. (**6**.)

MOZART (Wolfgang Amadeus)

—— [Die Zauberflöte.] Aria: In diesen heil'gen Hallen, *etc.* [Vocal score.] pp. 3. *Im Verlage der k: k: priv. chemischen Druckerey: Wien*, [1810?] obl. fol. Hirsch IV. **200**.

Lithographed throughout.

MOZART (Wolfgang Amadeus)

—— [Die Zauberflöte.—Das klinget so herrlich.] Away with Melancholy, a favorite duet . . . varied for the piano forte, by S. F. Rimbault. pp. 4. *Rᵗ Birchall: London*, [1810?] fol. Hirsch M. **1123**. (**7**.)

Watermark date 1810.

MOZART (Wolfgang Amadeus)

—— [Die Zauberflöte.—Das klinget so herrlich.] Oh cara armonia, *etc.* [Duet.] pp. 3. *Preston: London*, [1817?] fol. Hirsch M. **1275**. (**29**.)

Watermark date 1817.

MOZART (Wolfgang Amadeus)

—— [Die Zauberflöte.—Das klinget so herrlich.] O dolce concento, as sung with variations by Madame Catalani. pp. 6. *Clementi, Banger, Collard, Davis & Collard: London*, [1821?] fol. Hirsch M. **1274**. (**18**.)

Watermark date 1821.

MOZART (Wolfgang Amadeus)

—— [Die Zauberflöte.—Könnte jeder brave Mann.] Se potesse un suono egual, duet, *etc.* pp. 3. *Preston: London*, [1817?] fol. Hirsch M. **1275**. (**28**.)

Watermark date 1817.

MOZART (Wolfgang Amadeus)

—— [Die Zauberflöte.—Ein Mädchen oder Weibchen.] Colomba o tortorella, a favorite air, *etc.* pp. 3. *Falkner's Opera Music Warehouse: London*, [1819?] fol. Hirsch M. **1274**. (**11**.)

Watermark date 1819.

MOZART (Wolfgang Amadeus)

—— [Die Zauberflöte.] Tamino mio. Duetto, *etc.* pp. 4. *Monzani & Cimador: [London*, 1803?] fol. Hirsch M. **1123**. (**8**.)

A Collection of Periodical Italian Songs, Duets, Trios, &c. no. 46.

MOZART (Wolfgang Amadeus)

—— [Die Zauberflöte.—Der Vogelfänger bin ich ja.] Gente è qui l'ucellatore, arietta, *etc.* pp. 3. *Falkner's Opera Music Warehouse: London*, [1819?] fol. Hirsch M. **1274**. (**7**.)

Watermark date 1819.

MOZART (Wolfgang Amadeus)

—— [Die Zauberflöte.—Wie stark ist nicht dein Zauberton.] Quel suono, ohimè, aria, *etc.* pp. 3. *Falkner's Opera Music Warehouse: London; Mrs. Attwood's: Dublin*, [1820?] fol. Hirsch M. **1274**. (**9**.)

MOZART (Wolfgang Amadeus)

—— [Die Zauberflöte.] *See* KIRMAIR (F. J.) Deux sonates pour piano-forté, accompagné de violon obligé et basse ad libitum, composées sur différents thêmes & phrases de l'opéra: Les Mystères d'Isis [by W. A. Mozart], *etc.* [1805?] fol. Hirsch III. **334**.

MOZART (WOLFGANG AMADEUS)
—— [Die Zauberflöte.] *See* STASNY (L.) Papageno-Polka, für das Pianoforte, *etc.* [1858?] fol.
Hirsch M. **1302.** (7.)

MOZART (WOLFGANG AMADEUS)
—— [Die Zufriedenheit. K. 473.] The Miser. [Song.] [1805?] *See supra*: [*Collected Works.—f. Vocal Works, Songs, etc.*] Songs, Duetts & Trios, with a Harp accompaniment. no. 13. [1805?] fol.
Hirsch M. **1045.** a.

MOZART (WOLFGANG AMADEUS) [*Doubtful and Supposititious Works.*]
—— W. A. Mozarts Alphabet. [K. Anh. 294d.] Ein musikalischer Scherz. Für drei Kinder-Stimmen arrangirt von C. F. Pax. *Bei Lischke: Berlin,* [1820?] *s. sh. obl.* fol.
Hirsch IV. **1697.**

MOZART (WOLFGANG AMADEUS) [*Doubtful and Supposititious Works.*]
—— The Fairies Call. [Trio.] The words by Peter Pindar, *etc.* [Unidentified.] [1805?] *See supra*: [*Collected Works.—f. Vocal Works, Songs, etc.*] Songs, Duetts & Trios, with a Harp accompaniment. no. 4. [1805?] fol.
Hirsch M. **1045.** a.

MOZART (WOLFGANG AMADEUS) [*Doubtful and Supposititious Works.*]
—— Life let us cherish, a favorite ballad—composed by Mozart [or rather, by H. G. Nägeli]. [K. 289a.] pp. 4. *Longman & Co.: London,* [1802?] fol.
Hirsch M. **1123.** (9.)
Watermark date 1802.

MOZART (WOLFGANG AMADEUS) [*Doubtful and Supposititious Works.*]
—— [Mass No. 12. K. Anh. 232.] Messe à 4 voix avec accompagnement de 2 violons, 2 altos, violoncelle et basse, 2 hautbois, 2 cors, 2 trompettes, timballes et orgue ... Partition ... No. VII. pp. 302. *Chez N. Simrock: Berlin,* [1840?] 8º. Hirsch IV. **885.**

MOZART (WOLFGANG AMADEUS) [*Doubtful and Supposititious Works.*]
—— [Mass No. 12. K. Anh. 232.] Novello's Original Octavo Edition of Mozart's Twelfth Mass, edited by Vincent Novello. To this edition is added Mr. E. Holmes' critical essay, extracted from the "Musical Times." *Eng. & Lat.* pp. x. 108. *Novello and Co.: London,* [1865?] 8º.
Hirsch M. **430.**
A reissue of pp. 1–108 of "The three favorite Masses, composed by Mozart, Haydn and Beethoven, in vocal score, with an accompaniment for the Organ or Pianoforte, by Vincent Novello."

MOZART (WOLFGANG AMADEUS) [*Doubtful and Supposititious Works.*]
—— [Mass No. 12. K. Anh. 232.] Messe in G dur—Sol majeur—G major ... Clavierauszug. ⟨Partition. Piano et chant.⟩ pp. 96. *Henry Litolff's Verlag: Braunschweig & New York,* [1870?] 8º. Hirsch M. **431.**
One of "Litolff's Bibliothek Classischer Compositionen."

MOZART (WOLFGANG AMADEUS) [*Doubtful and Supposititious Works.*]
—— Air with Variations for the Piano Forte composed by W. A. Mozart. [In fact, by E. A. Förster. K. Anh. 289.] pp. 11. *Robᵗ Purdie: Edinburgh,* [1820?] fol.
Hirsch M. **1124.** (4.)
No. 49 of a collection of airs with variations by Mozart.

MOZART (WOLFGANG AMADEUS) [*Doubtful and Supposititious Works.*]
—— Air, with Variations for the Piano Forte. Composed by Mozart. [In fact, by E. A. Förster. K. Anh. 289.] No. 21. pp. 11. *Clementi & Cº: London,* [1823?] fol.
Hirsch M. **1285.** (1.)
Watermark date 1823.

MOZART (WOLFGANG AMADEUS) [*Doubtful and Supposititious Works.*]
—— [Vergiss mein nicht. K. Anh. 246.] Forget me not, ballad with an accompaniment for the piano forte. pp. 3. *Preston: London,* [1802?] fol. Hirsch M. **1123.** (10.)
Watermark date 1802.

MOZART (WOLFGANG AMADEUS)
—— *See* DIEMER (L.) Transcriptions symphoniques. [P.F.] Haydn ... Mozart, *etc.* [1860?] fol.
Hirsch M. **1294.** (6.)

MOZART (WOLFGANG AMADEUS)
—— *See* GYROWETZ (A.) Walzes et allemandes pour fortepiano par Girowetz et Mozart. [1810?] fol.
Hirsch M. **897.**

MOZART (WOLFGANG AMADEUS)
—— *See* HAENDEL (G. F.) The Messiah ... Appended to which ... are the accompaniments for wind instruments added by W. A. Mozart, *etc.* [1831.] fol.
Hirsch IV. **777.**

MOZART (WOLFGANG AMADEUS) *the Younger.*
—— Quatuor pour le piano forte, violon, alto, et violoncelle ... Oeuvre 1. [Parts.] 4 pt. *Au magasin de musique dans la rue: Die Höhe: Bronsvic,* [1825?] *obl.* fol.
Hirsch IV. **1645.**

MOZART (WOLFGANG AMADEUS) *the Younger.*
—— [Another copy.] Variations pour le pianoforte sur la marche de l'opéra Coriolan ... Oeuvre 16. *Leipsic,* [1814.] *obl.* fol. Hirsch IV. **1646.**
Lithographed throughout.

MOZART (WOLFGANG AMADEUS) *the Younger.*
—— VII variations pour le piano-forte sur le menuet de Don Juan [by W. A. Mozart the elder]. pp. 7. *Au magasin de l'imprimerie chymique: Vienne,* [1805?] *obl.* fol.
Hirsch IV. **1647.**
Lithographed throughout.

MR. GORILLA.
—— Mr. Gorilla. [Song.] *See* MUSGROVE (Frank)

MUECHLER (CARL FRIEDRICH)
—— Karl Müchler's Gedichte. [With some poems set to music as songs, by various composers.] 2 Bd. *Bey Oehmigke: Berlin*, 1801, 05. 8°. Hirsch III. **947**.
Bd. 2 is of the second edition.

MUELLER (AUGUST EBERHARD)
—— *See* MOZART (W. A.) La Clemenza di Tito . . . Titus . . . aufs neue für das Klavier ausgezogen von A. E. Müller. [1803.] *obl.* fol. Hirsch IV. **213**.

MUELLER (AUGUST EBERHARD)
—— *See* MOZART (W. A.) La Clemenza di Tito . . . Ridotta per il piano-forte da A. E. Müller. [1805?] *obl.* fol. Hirsch M. **310**.

MUELLER (AUGUST EBERHARD)
—— *See* MOZART (W. A.) La Clemenza di Tito . . . Klavierauszug von A. E. Müller. [1818.] *obl.* fol. Hirsch IV. **1226**.

MUELLER (AUGUST EBERHARD)
—— *See* MOZART (W. A.) La Clemenza di Tito . . . Klavierauszug von A. E. Müller. [1823?] *obl.* fol. Hirsch IV. **1227**.

MUELLER (AUGUST EBERHARD)
—— *See* MOZART (W. A.) [*Don Giovanni.*] Il Dissoluto punito . . . Ridotto per il piano-forte da A. E. Müller. [1810?] *obl.* fol. Hirsch IV. **1210**.

MUELLER (AUGUST EBERHARD)
—— *See* MOZART (W. A.) Don Giovanni, ossia il Dissoluto punito . . . Neu bearbeiteter vollständiger Klavierauszug von A. E. Müller. [1810.] *obl.* fol. Hirsch M. **334**.

MUELLER (AUGUST EBERHARD)
—— *See* MOZART (W. A.) [*Don Giovanni.*] Don Juan . . . Im Klavierauszug von A. E. Müller. [1810?] *obl.* fol. Hirsch IV. **132**.

MUELLER (AUGUST EBERHARD)
—— *See* MOZART (W. A.) Don Giovanni . . . Neu bearbeiteter, vollständiger Klavierauszug von A. E. Müller. [1810.] *obl.* fol. Hirsch IV. **133**.

MUELLER (AUGUST EBERHARD)
—— *See* MOZART (W. A.) [*Don Giovanni.*] Il Dissoluto punito . . . Ridotto per il pianoforte da A. E. Müller. [1818?] *obl.* fol. Hirsch M. **335**.

MUELLER (AUGUST EBERHARD)
—— *See* MOZART (W. A.) [*Don Giovanni.*] Il Dissoluto punito . . . Ridotto per il pianoforte da A. E. Müller. [1818.] *obl.* fol. Hirsch IV. **1204**.

MUELLER (AUGUST EBERHARD)
—— *See* MOZART (W. A.) Die Entführung aus dem Serail . . . Im Klavierauszug von A. E. Müller. [1806?] *obl.* fol. Hirsch IV. **49**.

MUELLER (AUGUST EBERHARD)
—— *See* MOZART (W. A.) Die Entführung aus dem Serail . . . Klavierauszug von A. E. Müller. [1818.] *obl.* fol. Hirsch IV. **1187**.

MUELLER (AUGUST EBERHARD)
—— *See* MOZART (W. A.) [*Die Entführung aus dem Serail.*] Il Ratto dal seraglio . . . Klavierauszug von A. E. Müller. Neue Ausgabe, *etc.* [1870?] *obl.* fol. Hirsch IV. **1188**.

MUELLER (AUGUST EBERHARD)
—— *See* MOZART (W. A.) Mozart's Zauberflöte . . . im vollstændigen Klavierauszug von A. E. Müller. [1815?] *obl.* fol. Hirsch IV. **1219**.

MUELLER (AUGUST EBERHARD)
—— *See* MOZART (W. A.) Mozart's Zauberflöte . . . im vollstændigen Klavierauszug von A. E. Müller. [1808, 09.] *obl.* fol. Hirsch IV. **189**.

MUELLER (AUGUST EBERHARD)
—— *See* MOZART (W. A.) Die Zauberflöte . . . Im vollständigen Klavierauszug von A. E. Müller. [1810?] *obl.* fol. Hirsch M. **419**.

MUELLER (HERMANN)
—— *See* MONTEVERDI (C.) [*Il Secondo Libro de Madrigali a cinque voci.—Ecco mormorar l'onde.*] Seht dort murmelnde Wellen . . . Herausgegeben von H. Müller. [1924.] 4°. Hirsch M. **1034**.

MUENCHNER HAYDN-RENAISSANCE. *See* MUNICH HAYDN-RENAISSANCE.

MUENTZ-BERGER (JOSEPH)
—— Vingt quatre pièces de differens caractères, faciles et progressives . . . pour violoncelle avec accompag^t de basse. [Parts.] suite 1, 2. 4 pt. *Ph. Petit: Paris*, [1820?] fol. Hirsch III. **444**.

MUGELLINI (BRUNO)
—— *See* MOZART (W. A.) [5 *Divertimenti für 2 Klarinetten und Fagott. K. Anh.* 229, 229a.] 6 Sonatine . . . per pianoforte. Edizione riveduta . . . da B. Mugellini. [1907.] 4°. Hirsch M. **1065**.

MULLINEX (H.)
—— *See* WEBER (C. M. F. E. von) [*Der Freischütz.*] The Whole of the Music, consisting of Overture Songs Duetts, Trios, and concerted pieces, in the celebrated melodrame called Der Feischütz, *etc.* [Overture arranged for P.F. by H. Mullinex.] [1825?] fol. Hirsch IV. **1292**.

MUMMELSEE.
—— Der Mummelsee. *See* LOEWE (J. C. G.) Drei Balladen. Op. 116. [No. 3.]

MUNICH HAYDN-RENAISSANCE.

—— Münchner Haydn-Renaissance. Unbekannte Werke von Joseph Haydn aufgefunden und für den Vortrag eingerichtet von Adolf Sandberger. *See* HAYDN (F. J.) [*Collected Works.—b. Instrumental Collections and Arrangements.*]

MUNICH.—*Gesellschaft der Münchner Bücherfreunde.*

—— Die geharnschte Venus oder Liebes-Lieder im Kriege gedichtet mit neuen Gesangweisen zu singen und spielen gesezzet . . . Herausgegeben von Filidor dem Dorfferer. Hamburg . . . 1660. [A reprint, with a criticism of the music by Kathi Meyer, and a postscript by Conrad Höfer.] pp. 213. *C. Wolf & Sohn: München*, 1925. 8°.
Hirsch M. **432**.

MUNICH.—*Pergolesi-Gesellschaft.*

—— Die Magd als Herrin. ⟨La Serva padrona.⟩ Nach der italienischen Originalfassung übertragen und bearbeitet von Hermann Abert. [Score.] *Ital. & Ger.* pp. xii. 84. *Wunderhorn-Verlag: München*, [1910.] *obl.* fol.
Hirsch II. **710**.

MUNICH.—*Pergolesi-Gesellschaft.*

—— Die Magd als Herrin. ⟨La Serva padrona.⟩ Nach der italienischen Originalfassung übertragen und bearbeitet von Hermann Abert. [Vocal score.] *Ital. & Ger.* pp. xii. 87. *Wunderhorn-Verlag: München*, [1910.] *obl.* fol.
Hirsch M. **433**.

MUNICH.—*Pergolesi-Gesellschaft.*

—— Giov. Batt. Pergolesi. Sinfonia per violoncello e continuo. Bearbeitet von Joseph Schmid. [Score.] pp. 7. *Wunderhorn Verlag: München*, 1910. 4°.
Hirsch M. **1125**.

MUNICH.—*Pergolesi-Gesellschaft.*

—— Giov. Batt. Pergolesi. Sinfonia, G-dur, per 2 Violini, Viola, Basso e 2 Corni. (Part. . . . Stimmen.) ⟨Bearbeitet von Herrm. Ernst Koch.⟩ 2 no. *Wunderhornverlag: München*, [1910.] 4°.
Hirsch M. **1126**.

MUSARD (PHILIPPE)

—— L'Étoile du nord de G. Meyerbeer. Quadrille pour piano par Musard. pp. 6. *Chez J. E. Libau: Bruxelles; chez J. Ruttens: Londres*, [1850?] fol. Hirsch M. **1295**. **(15.)**

MUSARD (PHILIPPE)

—— Musard's Fifty Fourth Set of Quadrilles, entitled Les Échos . . . Composed & arranged for the piano forte, with an (ad lib) accompaniment for the flute, *etc.* ⟨Third edition. New edition.⟩ 2 pt. *T. Boosey & Co.: London*, [1840?] fol. Hirsch M. **1308**. **(10.)**

MUSARD (PHILIPPE)

—— Deux quadrilles pour le piano sur des motifs de La Part du diable, opéra de D. F. E. Auber. pp. 5. *Chez les fils de B. Schott: Mayence*, [1843?] *obl.* fol.
Hirsch M. **1291**. **(10.)**

MUSARD (PHILIPPE)

—— 2 quadrilles sur les motifs de La Sirène, opéra de Auber. [P.F., with violin, flute, cornet à pistons and flageolet. Parts.] quadrille 1. 5 pt. *Troupenas: Paris*, [1845?] *obl.* fol. Hirsch M. **1291**. **(11.)**
Imperfect; wanting quadrille no. 2.

MUSGRAVE (FRANK)

—— Mr. Gorilla, or the Lion of the season. [Song.] Words by Henry J. Byron. Music arranged by F. Musgrave. pp. 7. *Hopwood & Crew: London*, [1870?] fol.
Hirsch M. **1317**. **(9.)**

MUSICA.

—— [Another copy.] Harmonice Musices Odhecaton. [A facsimile of the Venice edition of 1501.] *Milano*, 1932. *obl.* 8°. Hirsch M. **434**.
Part of "Collezione di trattati e musiche antiche edite in fac-simile."

MUSICA.

—— [Another copy.] Harmonice Musices Odhecaton A. Edited [from the Venice edition] by Helen Hewitt, *etc.* *Cambridge, Mass.*, 1946. 4°. Hirsch M. **1127**.
Mediaeval Academy of America. Publication no. 42.

MUSICAL BOUQUET.

—— The Musical Bouquet. *Musical Bouquet Office: London*, [1846–55.] fol. Hirsch M. **1305**.
An imperfect set, of various editions, wanting all except no. 35, 37, 62–63, 117 & 118, 119–120, 121, 123, 133—134, 135, 136, 152, 184, 232, 353, 368, 775 & 776, 821 *to* 824, 829 *to* 832.

MUSIKALISCHE ARABESKEN. *See* PERIODICAL PUBLICATIONS.—*Dresden.*

MUSING.

—— Musing on the roaring Ocean. [Song.] *See* BENNETT [*Sir* William S.) [*Six Songs. Op.* 23. *No.* 1.]

MUSORGSKY (MODEST PETROVICH)

—— Oeuvres posthumes . . . pour l'orchestre . . . Сочинения для оркестра, инструментованныя Н. А. Римским-Корсаковымъ. No. 1. Scherzo. (B dur.) 2. Intermezzo. (H-moll.) 3. Marche turque. (As-dur.) 4. Danses persanes de l'opéra "Chowantchina." 5. Une nuit sur le mont chauve. Fantaisie. 6. Introduction et polonaise de l'opéra "Boris Godounoff." 7. Introduction de l'opera "Chowantchina." 8. Tableaux musicals. Suite, *etc.* no. 7. *W. Bessel et c^{ie}: S. Pétersbourg, Moscou*, [1912?] 8°. Hirsch M. **435**.
Imperfect; wanting no. 1–6, 8.

MUSORGSKY (MODEST PETROVICH)

—— Chowantchina. Opera . . . Introduction. Instrumentée par N. Rimsky-Korsakow. pp. 11. *See supra:* Oeuvres postumes . . . no. 7. [1912?] 8°. Hirsch M. **435**.

MUSORGSKY (Modest Petrovich)
—— Une Nuit sur le mont chauve. Fantaisie pour l'orchestre . . . Oeuvre posthume. Achevée et instrumentée par N. Rimsky-Korsakoff. Partition d'orchestre, *etc.* pp. 65. *W. Bessel et c^{ie}: St. Petersburg, Moscou,* [1912?] 8º.
Hirsch M. **436**.

MUTTER.
—— Die Mutter an der Wiege. [Song.] *See* LOEWE (J. C. G.)

MUTTERSEELEN-ALLEIN.
—— Mutterseelen-Allein. Lied. *See* FRANZ (W.)

MUZIO (Emmanuele)
—— *See* VERDI (F. G. F.) La Traviata . . . Riduzione per pianoforte solo di L. Truzzi e E. Muzio. [1855?] *obl.* fol.
Hirsch M. **615**.

MY.
—— My ain Fire Side. [Song.] *See* PARRY (John) *Bardd Alaw.*

MYASKOVSKY (Nikolai Yakovlevich)
—— [Another issue.] Symphonie VI. Op. 23. [Score.] *Wien,* [1925.] 8º. Hirsch M. **437**.
Philharmonia Partituren. no. 236.

MYSTÈRE.
—— Mystère du coeur. Romance. *See* KUECKEN (F. W.)

NACH.
—— Nach Sevilla. *Spanisches Lied.* [Song. By J. F. Reichardt.] pp. 3. *Im Kunst- u: Industrie-Comptoir: Leipzig u: Berlin,* [1805?] *obl.* fol. Hirsch III. **1026**.
Lithographed throughout.

NACHT.
—— Nacht am Rheine. Lied. *See* LOEWE (J. C. G.)

NACHTGESANG.
—— Nachtgesang im Walde. [Part-song.] *See* SCHUBERT (F. P.)

NACHTIGALL.
—— Die Nachtigall. [Song.] *See* KNITTELMAIR (L.)

NACHTIGALL.
—— Die Nachtigall. [Part-song.] *See* SCHUBERT (F. P.)

NACHTMUSIK.
—— Nachtmusik. [Part-song.] *See* SCHUBERT (F. P.)

NACHTS.
—— Nachts, in der Herberge. [Song.] *See* MARSCHNER (H. A.) *Der fahrende Schüler* . . . 168. Werk. [No. 2.]

NADAUD (Gustave)
—— Les Dieux. Chanson . . . Paroles et musique de G. Nadaud. *Vieillot: Paris,* [1850?] fol.
Hirsch M. **1298**. (27.)

NAECHTLICHE.
—— Die naechtliche Heerschau. Ballade. *See* LOEWE (J. C. G.)

NAEGELI (Hans Georg)
—— Ab der Hochwacht.—Wanderlust.—Abendgang. [Three songs.] [1823.] *obl.* 4º. Hirsch III. **751**.
Contained between pp. 76 and 77 of A. L. Follen's " Harfen-Grüsse aus Deutschland und der Schweiz."

NARBAEZ (Luis de)
—— Il Delphin de música. Cuad. 1. [Libro 1 and 2 transcribed and edited by E. Martínez Torner. With facsimiles.] pp. vii. 76. *Orfeo Tracio: Madrid,* [1923.] 4º.
Hirsch M. **438**.
Part of " Colección de vihuelistas españoles del siglo XVI."

NARBAEZ (Luiz de)
—— [El Delphin de música.] Composiciones escogidas . . . Arregladas para piano y para canto y piano por Eduardo M. Torner. pp. 19. *Centro de estudios históricos: Madrid,* [1923.] 4º. Hirsch M. **439**.
Part of " Colección de vihuelistas españoles del siglo XVI."

NARCISS RAMEAU.
—— Narciss Rameau. Oper. *See* STERN (J.)

NARVAEZ (Luiz de) *See* NARBAEZ.

NASOLINI (Sebastiano)
—— [La Morte di Mitridate.] Pace riposo calma. *The Favorite Trio in the serious Opera of Mitridate . . . Arranged by M. Kelly.* pp. 9. *M. Kelly's new musical Saloon:* [*London,* 1802?] fol. Hirsch M. **1277**. (22.)

NASOLINI (Sebastiano)
—— [La Morte di Mitridate.] Il Tuo destino ingrata. *The Favorite Duett, sung by Madame Banti & Signor Viganoni, etc.* pp. 6. *M. Kelly:* [*London,* 1802?] fol.
Hirsch M. **1277**. (23.)

NATHAN (Isaac)
—— *See* BRAHAM (John) *Public Singer,* and NATHAN (I.) [*A Selection of Hebrew Melodies.*] Sammlung Hebräischer Original-Melodien, *etc.* [1822.] fol. Hirsch III. **1064**.

NAUE (Johann Friedrich)
—— [Another copy.] Kirchenmusik verschiedener Zeiten und Völker gesammelt von F. Naue. *Leipzig,* [1828.] fol. Hirsch IV. **669**.

NAUMANN (Johann Gottlieb)
—— Zehn Stücke [from " Medea " and " Protesilao."] . . . Für Klavier berarbeitet von Robert Sondheimer. pp. 23. *Edition Bernoulli: Basel & Berlin,* [1923.] 8º. [*Werke aus dem 18. Jahrhundert.* no. 7.] Hirsch IV. **1020**.

NAUMANN (Johann Gottlieb)

—— Zwei Lieder für eine Singstimme mit Klavierbegleitung a.) Der Sprung (The Jump). b.) Ich (Myself) . . . Neu herausgegeben von Robert Sondheimer. *Ger. & Eng.* pp. 7. *Edition Bernoulli: Berlin & Basel*, [1923.] fol. [*Werke aus dem 18. Jahrhundert.* no. 16.]
Hirsch IV. **1020**.

NAUMANN (Johann Gottlieb)

—— Sonate in B-dur . . . Neu herausgegeben von Robert Sondheimer. *See* SONDHEIMER (R.) *Originalkompositionen für Klavier, etc.* [1923.] fol. [*Werke aus dem 18. Jahrhundert.* no. 17.]
Hirsch IV. **1020**.

NAUMANN (Traugott W.)

—— Leicht Gepäck. [Song.] Mit Begleitung des Pianoforte . . . Op. 2. No. 3. pp. 3. *Bei G. W. Niemeyer: Hamburg*, [1845?] fol. Hirsch M. **1312**. (**11**.)

NAUMBOURG (Salomon)

—— אברת שירים Recueil de chants religieux et populaires des Israélites des temps les plus reculés jusqu'à nos jours. Partitions transcrites pour piano ou orgue harmonium précédées d'une étude historique sur la musique des Hébreux. pp. xlvi. 114. *Chez l'auteur: [Paris*, 1874.] 8°.
Hirsch M. **440**.

NAYLOR (Edward Woodall)

—— [Another copy.] Shakespeare Music . . . Edited by E. W. Naylor. *London*, [1913.] 4°. Hirsch M. **1128**.

NAZOLINI (   )

—— Care donzelle. Vme duo . . . Accompagnement de guitare ou lyre par Ch . . . . . de Méliant. *Chez Jouve: Paris*, [1820?] 8°. Hirsch M. **660**. (**23**.)
A slip bearing the imprint "Chez Mme Duhan & c^{ie}" has been pasted over the original imprint.

NEBO.

—— Nebo. [Song.] *See* LOEWE (J. C. G.)

NECKE (Hermann)

—— Dürener Schützenmarsch pro 1880. Für Pianoforte . . . Op. 120. pp. 3. *Gebr. Hassel: Düren*, [1880?] fol.
Hirsch M. **1312**. (**12**.)

NEEFE (Christian Gottlob)

—— Amors Guckkasten. Eine komische Operette. Klavier-Auszug. Herausgegeben und eingeleitet von Dr. Gerhart von Westerman. [With a portrait.] pp. xv. 42. 112. *Drei Masken Verlag: München*, 1922. 8°.
Hirsch M. **441**.
One of the " Musikalische Stundenbücher."

NEIDHART, von Reuental.

—— Tanzlieder Neidharts von Reuental. Mit den gleichzeitigen Melodien herausgegeben von Konrad Ameln und Wilhelm Rössle. [With a portrait.] pp. 87. *Eugen Diederichs: Jena*, 1927. 8°. Hirsch M. **442**.

NEL.

—— Nel cor mi sento. Cavatina. *See* MARTIN Y SOLER (V.) [*Una Cosa rara.*]

NELSON (Sidney)

—— The Bride. [Song.] Written by Charles Jefferys. pp. 5. *Leoni Lee: London*, [1835?] fol. Hirsch M. **1309**. (**10**.)

NELSON (Sidney)

—— The Pilot. [Song.] . . . Written by Thomas Haynes Bayley. pp. 5. *Leoni Lee: London*, [1830?] fol.
Hirsch M. **1272**. (**11**.)

NEUKOMM (Sigismund von)

—— [Another copy.] Christi Grablegung. Oratorium . . . Partitur. 49tes Werk. *Leipzig*, [1827.] fol.
Hirsch IV. **886**.

NEUKOMM (Sigismund von)

—— Fantaisie sonate pour le piano-forte. pp. 16. *Chez Artaria et comp.: Vienne*, [1804.] *obl.* fol.
Hirsch M. **443**.
A slip bearing the imprint " Presso Giuseppe Benzon, Venetia " has been pasted over the original imprint.

NEUKOMM (Sigismund von)

—— *See* HAYDN (F. J.) [*The Seasons.*] Die Jahreszeiten . . . Für das Klavier übersetzt von S. Neukomm. [1805?] *obl.* fol. Hirsch IV. **1156**.

NEULAND (Wilhelm)

—— Lyra Germanica, Sammlung beliebter deutscher Gesänge, mit Begleitung des Piano Forte, geordnet von W. Neuland, *etc.* [With portraits of Beethoven and Weber.] 2 Bd. *Bei T. Boosey: London*, [1835?] fol. Hirsch M. **1128**. a.

NEUMANN (Edmund)

—— Hanne-Lisel-Polka, für das Pianoforte. pp. 3. *Bei Joh. André: Offenbach a/M.*, [1865?] fol.
Hirsch M. **1312**. (**13**.)

NEUMANN (Edmund)

—— Henriette Sontag's Polka. Mit Benutzung der beliebten, von Mad. Sontag gesungenen Polka-Arie von Alary, für Pianoforte. pp. 3. *Bei Joh. André: Offenbach a/M.*, [1852?] fol. Hirsch M. **1304**. (**16**.)

NEUMANN (Edmund)

—— Rübezahl. Opéra de F. de Flotow. I. Galop. II. Polka-Mazurka. III. Quadrille. Pour piano. no. 3. *Chez Jean André: Offenbach s/M.*, [1854?] fol.
Hirsch M. **1304**. (**17**.)
Imperfect; wanting no. 1, 2.

NEUMANN (Edmund)

—— Sympathie-Töne. Polka-Mazurka für Pianoforte . . . Op. 59. pp. 5. *Bei Joh. André: Offenbach a/M.*, [1870?] fol. Hirsch M. **1312**. (**14**.)

NEUMANN (Franz)
—— Aug' und Hand fürs Vaterland. Offizieller Schützen Festmarsch für das 17. Deutsche Bundes- u. Goldenes Jubiläums-Schiessen zu Frankfurt a/M. . . . Worte v. Adolf Stoltze. pp. 3. *C. J. Wolff & Co.: Frankfurt a/M.*, [1912?] fol. Hirsch M. **1312**. (**15**.)

NEY (Joseph Napoléon) *Prince de la Moskowa.*
—— [Another copy.] Recueil des morceaux de musique ancienne, etc. 11 vol. *Paris*, [1843?-45?] 8°. Hirsch IV. **1011**.

NIBELUNGENRINGERL.
—— Das Nibelungenringerl. Travestie. *See* Moericke (O.)

NICCOLINI (Giuseppe)
—— [Balduino.—Ah! figli! venite.] Arietta, etc. Ital. & Ger. pp. 2. *Presso Falter e figlio: Monaco*, [1815?] s. sh. obl. fol. Hirsch III. **959**.
Giornale. no. 48. *Lithographed throughout.*

NICCOLINI (Giuseppe)
—— [Balduino.—Vederla dolente languir.] Recitativo ed agitato, etc. Ital. & Ger. pp. 6. *Presso Falter e figlio: Monaco*, [1815?] obl. fol. Hirsch III. **961**.
Giornale. no. 35. *Lithographed throughout.*

NICCOLINI (Giuseppe)
—— [Carlo Magno.—Ah quando cessera.] Preghiera, etc. Ital. & Ger. pp. 2. *Presso Falter e figlio: Monaco*, [1815?] s. sh. obl. fol. Hirsch III. **960**.
Giornale. no. 38. *Lithographed throughout.*

NICOLA (Carl)
—— Der Lauf der Welt. [Song.] Gedicht von Uhland . . . Mit Guitarre Begleitung von C. Büttinger. *Bey B. Schott Söhne: Mainz*, [1825?] 8°. Hirsch M. **1300**. (**16**.)

NICOLA (Carl)
—— Der Schmied. [Song.] Gedicht von Ludwig Uhland . . . Mit Guitarre Begleitung von C. Büttinger. *Bey B. Schott's Söhne: Mainz*, [1825?] 8°. Hirsch M. **1299**. (**10**.)

NICOLAI (Carl Otto Ehrenfried)
—— [Another copy.] Die lustigen Weiber von Windsor. Komische phantastische Oper . . . In Partitur herausgegeben von Gustav F. Kogel. *Leipzig*, [1882?] fol. Hirsch II. **688**.

NICOLAI (Valentino)
—— Six Sonatas for the Harpsichord or Piano Forte with a Violin accompanyment obligate . . . Op: v. *Muzio Clementi & Cº: London*, [1807?] fol. Hirsch M. **1286**. (**11**.)
Imperfect; wanting the violin part. Watermark date 1807.

NIEDERMAYER (L.) *See* Niedermeyer (L. A.)

SIG. 42.—PART 53.

NIEDERMEYER (Louis Abraham)
—— Le Lac. Méditation poëtique d'Alphonse Lamartine. [Song.] pp. 5. *Pacini: Paris*, [1850?] fol. Hirsch M. **1303**. (**14**.)

NIEDERMEYER (Louis Abraham)
—— Le Lac. (Der See.) Méditation poëtique d'Alph. de Lamartine. [Song.] Fr. & Ger. pp. 5. *Chez les fils de B. Schott: Mayence*, [1850?] fol. Hirsch M. **1304**. (**18**.)

NIEDERMEYER (Louis Abraham)
—— Le Lac. Méditation poëtique d'Alph. de Lamartine. [Song.] ⟨Troisième édition.⟩ pp. 8. *Pacini: Paris*, [1855?] fol. Hirsch M. **1298**. (**28**.)

NIEDERMEYER (Louis Abraham)
—— La Ronde du sabbat. Ballade . . . dédiée à Monsieur Victor Hugo, auteur des paroles . . . Avec piano. pp. 16. *Chez Aulagnier; chez A. Meissonier: Paris*, [1830?] fol. Hirsch M. **1298**. (**29**.)
With an additional titlepage, lithographed.

NIELSON (Carl August)
—— [Another copy.] Symfoni No. 5. Op. 50. Partitur. *København*, 1926. 8°. Hirsch M. **444**.

NIETZSCHE (Friedrich Wilhelm)
—— Hymnus an das Leben für gemischten Chor und Orchester . . . Partitur, etc. pp. 11. *E. W. Fritsch: Leipzig*, [1890?] fol. & 8°. Hirsch IV. **887**.
With a set of vocal and instrumental parts inserted.

NIETZSCHE (Friedrich Wilhelm)
—— [Another copy.] Musikalische Werke . . . Herausgegeben im Auftrage des Nietzsche Archivs von Georg Göhler. Bd. 1. *Leipzig*, 1924. 4°. Hirsch IV. **998**.
No more published.

NIXON (Henry George)
—— The Steam Boat Divertimento, etc. [P.F.] pp. 7. *Bedford Musical Repository: London*, [1835?] fol. Hirsch M. **1310**. (**17**.)

NIZZA.
—— Nizza la calabraise. [Song.] *See* Halévy (J. F. F. É.)

NO.
—— No che il morir non è. Cavatina. *See* Rossini (G. A.) [*Tancredi.*]

NOCE.
—— La Noce de Mlle Gibou. Narration. *See* Plantade (C. H.)

NOCH.
—— Noch ahnt man kaum der Sonne Licht. Duett. *See* Loewe (J. C. G.)

NOECK.
—— Der Nöck. [Song.] See LOEWE (J. C. G.) 3 Balladen . . . Op. 129. II.

NON.
—— Non vè piu barbaro. Arietta. See CIMAROSA (D.)

NOREN (HEINRICH G.)
—— "Kaleidoskop." Variationen und Doppelfuge über ein eigenes Thema für grosses Orchester . . . Opus 30, etc. [Score.] pp. 224. *Lauterbach & Kuhn: Leipzig,* [1908.] fol. Hirsch M. **1129**.
  With a list of errata inserted.

NORTON (CAROLINE ELIZABETH SARAH) *Hon. Mrs.*, afterwards **STIRLING-MAXWELL** (CAROLINE ELIZABETH SARAH) *Lady.*
—— [A Set of Seven Songs. Third Set. No. 3.] O take me back to Switzerland. Ballad, *etc.* *Chappell: London,* [1845?] fol. Hirsch M. **1272. (13.)**

NOVELLO (VINCENT)
—— The Fitzwilliam Music, being a collection of sacred pieces, selected from manuscripts of Italian composers in the Fitzwilliam Museum . . . by V. Novello. 5 vol. *Published for the Editor: London,* [1825.] fol.
Hirsch IV. **967**.

NOVELLO (VINCENT)
—— *See* MOZART (W. A.) [*Requiem.*] Mozart's celebrated Requiem Mass . . . with a separate accompaniment for the organ or pianoforte, arranged by V. Novello, *etc.* [1870?] 8°. Hirsch M. **396**.

NOVELLO (VINCENT)
—— *See* MOZART (W. A.) [*Doubtful and Supposititious Works.*] [*Mass No.* 12. *K. Anh.* 232.] Novello's Original Octavo Edition of Mozart's Twelfth Mass, edited by V. Novello, *etc.* [1865?] 8°. Hirsch M. **430**.

NUFFEL (JULIUS VAN)
—— *See* MONTE (F. di) Opera. [Edited by J. van Nuffel, C. van den Borren, and G. van Doorslaer.] [1927]–35. 8°.
Hirsch IV. **984**.

NUR.
—— Nur langsam voran. *Sieges Gesang des Krähwinkler Landsturms,* mit Clavier oder Guitarre Begleitung. *In der Grosh. Hess. Hofmusikh. v. B. Schott Söhne: Mainz,* [1822?] 8°. Hirsch M. **1299. (11.)**

NUR.
—— Nur langsam voran. *Sieges Gesang des Krähwinkler Landsturms,* mit Clavier oder Guitarre-Begleitung. *Bey B. Schott's Söhne: Mainz,* [1825?] 8°.
Hirsch M. **1300. (17.)**

O.
—— Oh come scorrono! Cavatina. *See* MAYER (J. S.)

O.
—— O goldne Zeiten. [Song.] *See* RICKL (M.) Empfindung eines Armen, *etc.*

O.
—— O Love thou soft Intruder say. Ballad. *See* KNYVETT (William)

O.
—— O nume benefico. Canon. *See* ROSSINI (G. A.) [*La Gazza ladra.*]

O.
—— O pescator dell'onda, the favorite Venetian canzonet [for two voices], sung . . . at the nobilities concerts. pp. 3. *Clementi & C°: London,* [1820?] fol.
Hirsch M. **1274. (26.)**

OBRECHT (JACOB)
—— Werken . . . uitgegeven door Prof. Dr. Johannes Wolf. ⟨Vereeniging voor Noord-Nederlands Muziekgeschiedenis.⟩ 30 Afl. *Johannes Müller: Amsterdam; Breitkopf & Härtel: Leipzig,* [1908–21.] 8°. Hirsch IV. **999**.
  In this issue Afl. 5–30 *bear the imprint* "*G. Alsbach & c^{ie}.*

OCCHIETTO.
—— Occhietto furbetto. [Duet.] *See* PAISIELLO (G.)

OCHS (SIEGFRIED)
—— *See* BACH (J. S.) Passionsmusik nach dem Evangelisten Matthäus. Herausgegeben von S. Ochs. [1929.] fol.
Hirsch IV. **682**.

OESTREICH (FRIEDRICH)
—— Lieder und Gesänge mit Begleitung des Pianoforte, *etc.* pp. 63. *In Commission der Dykschen Buchhandlung: Leipzig,* [1818?] obl. fol. Hirsch III. **965**.
  With a leaf of errata inserted.

OF.
—— Of all the Girls. *Sally in our Alley.* A favourite song, sung by Mr. Incledon, *etc.* ⟨A New Round for Christmas 1795. [By] Mr. Bartheleman.⟩ pp. 3. *Monzani & Co.: London,* [1805?] fol. Hirsch M. **1277. (42.)**
  A Periodical Collection of English Songs, Duetts, Trios &c. no. 6. *Watermark date* 1805.

OFFENBACH (JACQUES)
—— Les Contes d'Hoffmann. Opéra fantastique en 3 actes de Jules Barbier. ⟨Partition orchestre.⟩ pp. 354. *Choudens père & fils: Paris,* [1881?] fol. Hirsch II. **689**.

OFFENBACH (JACQUES)
—— [Geneviève de Brabant.] A Cup of Tea, *etc.* [Song.] pp. 6. *Boosey & Co.: London,* [1880?] fol.
Hirsch M. **1313. (15.)**

OFFENBACH (Jacques)
—— Orphée aux enfers. (Orpheus in der Unterwelt.) Danses favorites pour piano par Chr. Spintler. no. 57, 60. *Chez Jean André: Offenbach s/M.*, [1860?] fol.
Hirsch M. **1303.** (**15.**)
Imperfect; wanting all the other numbers.

OFFENBACH (Jacques)
—— [Orphée aux enfers.] *See* Metra (J. L. O.) Orphée aux enfers. Grande valse, *etc.* [1860?] obl. fol.
Hirsch M. **1291.** (**8.**)

OFFENBACH (Jacques)
—— [Orphée aux enfers.] *See* Strauss (J.) *the Younger.* Orpheus-Quadrille, nach Motiven der Opera bouffe Orpheus in der Hölle, *etc.* [1870?] fol.
Hirsch M. **1228.** (**17.**)

OFFENBACH (Jacques)
—— Orpheus in der Hölle [by J. Offenbach]. Tänze für Piano, von F. Hohnroth . . . No. 34, Pluto-Polka. pp. 3. [1860?] fol. *See* Hohnroth (F.)   Hirsch M. **1312.** (**8.**)

OFFENBACH (Jacques)
—— Pariser Leben. *See* infra: [*La Vie parisienne.*]

OFFENBACH (Jacques)
—— Prière et bolero pour le violoncelle avec acc^t de piano . . . Op: 22. [Parts.] 2 pt.   *A. Cotelle: Paris*, [1840?] fol.   Hirsch M. **1130.**

OFFENBACH (Jacques)
—— [La Vie parisienne.] Pariser Leben. Komische Operette in vier Akten nach dem Französischen des Meilhac u. Halévy von Carl Treumann. [Score.] pp. 489. 218. 56. 118.   *Ed. Bote u. G. Bock: Berlin*, [1870?] fol.   Hirsch II. **692.**
Als Manuscript gedruckt.

OFFICIER ENLEVÉ.
—— L'Officier enlevé. Opéra comique. *See* Catel (C. S.)

O JERUM.
—— O Jerum—Favorite-Walzer, *etc.* [1829?] 8°.   *See* Waltzes.   Hirsch M. **1300.** (**29.**)

O'LEARY (Arthur)
—— *See* Bennett (*Sir* William S.) Minuetto espressivo . . . Newly revised and fingered by A. O'Leary. [1880?] fol.
Hirsch M. **767.** (**2.**)

O'LEARY (Arthur)
—— *See* Bennett (*Sir* William S.) Pianoforte Compositions . . . New edition, carefully edited & fingered by A. O'Leary. [1880?] fol.   Hirsch M. **766.** (**4.**)

OLTER (Marcus)
—— Canzon . . . Herausgegeben von Max Seiffert. [Organ.] [1925.] *See* Seiffert (M.) Organum, *etc.* Reihe 4, Hft. 2. e. [1924–30?] fol.   Hirsch M. **1204.**

OMBRA.
—— Ombra che a me. Cavatina. *See* Carafa di Colobrano (M. E. P. F. V. A. P.) *Prince.* [*Gabriella di Vergi.*]

ON.
—— On tente peu quand l'amour est extrême. Romance. *See* Boieldieu (F. A.)

ONSLOW (George)
—— Collection complète des quintetti de G. Onslow. [Parts.] 7 vol.   *Brandus et c^{ie}: Paris*, [1855?] fol.
Hirsch III. **449.**

OPITIIS (Benedictus de)
—— [Another copy.] Lofzangen ter eere van Keizer Maximilian en zijn zoon Karel den vijfde. Met houtsneden en muziek van G. en B. de Opitiis. Antwerpen, Jan de Gheet, 1515. [The letter-press signed: R. K. D. N., i.e. Rutger Kynen de Novimagio.] *'s-Gravenhage*, 1925. fol.
Hirsch M. **1334.**

OPITIIS (Benedictus de)
—— [Another copy.] Sub tuum praesidium. Summae laudis, o Maria. [Motets for four voices.]   [*'s-Gravenhage*, 1927.] fol.   Hirsch M. **1335.**

OR.
—— Or che il cielo a me ti rende. [Song.] *See* Bianchi (F.)

OREL (Alfred)
—— [Another copy.] Ferdinand Raimund. Die Gesänge der Märchendramen in den ursprünglichen Vertonungen, *etc.* Wien, 1924. obl. 8°.   Hirsch M. **445.**
Ferdinand Raimund, Sämtliche Werke. Bd. 6. *Another edition, entitled:* "*Raimund-Liederbuch,*" *is entered under* Raimund (*Ferdinand*).

OREL (Alfred)
—— *See* Haydn (F. J.) [*Collected Works.—e. Miscellaneous Vocal Selections.*] Szene der Berenice . . . Arie der Errisena . . . Herausgegeben . . . von A. Orel, *etc.* [1937.] fol.
Hirsch M. **911.**

ORGANUM.
—— Organum. Ausgewählte ältere vokale und instrumentale Meisterwerke, kritisch durchgesehen und zum praktischen Gebrauch herausgegeben unter Leitung von Max Seiffert. *See* Seiffert (M.)

ORLANDI (Ferdinando)
—— [La Dama soldato.—Amor perchè.] Aria, *etc.* [With P.F. and guitar accompaniment.] Ital. & Ger. pp. 12. *Bey Falter und Sohn: München*, [1810?] obl. fol.
Hirsch III. **969.**
Part of "*Auswahl von Arien.*" *Lithographed throughout.*

ORTIZ (Diego)
—— Tratado de glosas sobre clausulas y otros generos de puntos en la musica de violones. Roma 1553. Herausgegeben von Max Schneider. pp. xxxvii. 136. *Leo Liepmannssohn: Berlin*, 1913. obl. 8°. Hirsch M. **446**.
One of the " Veröffentlichungen der Ortsgruppe Berlin der Internationalen Musikgesellschaft."

OSTHOFF (Helmuth)
—— *See* KUSSER (J. S.) [*Erindo.*] Arien, Duette und Chöre . . . Herausgegeben von H. Osthoff. 1938. fol. [*Das Erbe deutscher Musik.* Reihe 2. Landschaftsdenkmale. Schleswig-Holstein und Hansestädte. Bd. 3.]
Hirsch IV. **960**. a.

OÙ.
—— Où donc est le bonheur? [Song.] *See* KUECKEN (F. W.)

OÙ.
—— Où vas-tu petit oiseau? [Song.] *See* AMAT (L.)

OXFORD.—*University of Oxford.*—*Bodleian Library.*
—— [Another copy.] Early Bodleian Music. 4 vol. *London*, 1898–1913. fol. Hirsch M. **1336**.

PACINI (Antonio Francesco Gaetano)
—— Isabelle et Gertrude, opéra comique, en un acte & en prose, de Favart . . . Œuvre VI, *etc.* [Score.] pp. 99. *À la typographie de la Sirêne: Paris*, [1806?] fol.
Hirsch II. **693**.

PACINI (Antonio Francesco Gaetano)
—— [Another copy.] Point d'adversaire. Opéra comique . . . Œuvre V. [Score.] *Paris*, [1805?] fol.
Hirsch II. **694**.

PACINI (Antonio Francesco Gaetano)
—— Le Voyage impromptu. Opéra comique en un acte, et en prose. Paroles de MM. Dumersan, et Aubertin, *etc.* [Score.] pp. 75. *Chez Mme Masson: Paris*, [1806?] fol.
Hirsch II. **695**.

PACINI (Giovanni)
—— [Il Barone di Dolsheim.] Cara adorata immagine . . . Arranged by C. M. Sola. pp. 7. *Falkner's Opera Music Warehouse: London; Mrs Attwood's: Dublin*, [1821?] fol.
Hirsch M. **1274**. (**6**.)
Watermark date 1821.

PACINI (Giovanni)
—— Cara adorata immagine. *See supra*: [*Il Barone di Dolsheim.*]

PACINI (Giovanni)
—— Lungi dal coro bene. *See infra*: [*La Sposa fidele.*]

PACINI (Giovanni)
—— [Niobe.—I tuoi frequenti palpiti.] *See* LISZT (F.) [*Trois morceaux de salon. Op.* 5. *No.* 1.] Divertissement . . . sur la cavatine de Pacini, *etc.* [1837.] fol.
Hirsch M. **952**. (**3**.)

PACINI (Giovanni)
—— [Niobe.] *See* LISZT (F.) [*Trois morceaux de salon. Op.* 5. *No.* 1.] Grande fantaisie sur La Niobe de Pacini, *etc.* [1842.] fol. Hirsch M. **954**. (**6**.)

PACINI (Giovanni)
—— [Saffo.] Al crin le cingete, duettino. pp. 7. *R. Mills; T. Boosey & Co: London*, [1840?] fol.
Hirsch M. **1308**. (**23**.)

PACINI (Giovanni)
—— [La Sposa fidele.] Lungi dal caro bene, cavatina, *etc.* pp. 9. *Birchall & Co: London*, [1822?] fol.
Hirsch M. **1273**. (**19**.)
Watermark date 1822.

PAER (Ferdinando)
—— A lei che adoro. *See infra*: [*Griselda.*]

PAER (Ferdinando)
—— [Another copy.] Un Caprice de femme. Opéra . . . Partition, *etc. Paris*, [1834?] fol. Hirsch II. **696**.

PAER (Ferdinando)
—— Chanson à toi. [Song.] . . . Accompagnement de lyre ou guitarre par Lemoine. *Chez Imbault: Paris*, [1805?] 8°. Hirsch M. **660**. (**2**.)

PAER (Ferdinando)
—— [Griselda.] A lei che adoro, a favorite song, *etc.* pp. 4. *R^t Birchall: London*, [1817?] fol. Hirsch M. **1273**. (**20**.)
Watermark date 1817.

PAER (Ferdinando)
—— [Griselda.] Cavatine . . . Accomp^t de lyre ou guitare, par P. Rougéon j^e. pp. 4. *Chez Mme Duhan et compagnie: Paris*, [1805?] 8°. Hirsch M. **660**. (**13**.)

PAER (Ferdinando)
—— [L'Intrigo amoroso.] Andiamo carino, song. pp. 4. *R^t Birchall: London*, [1819?] fol. Hirsch M. **1273**. (**26**.)
Watermark date 1819.

PAER (Ferdinando)
—— [Another copy.] [Leonora.] Ouverture und Gesänge aus der Oper Leonora . . . Im Klavierauszug von A. E. Müller. *Leipzig*, [1805?] obl. fol. Hirsch IV. **1237**.

PAER (Ferdinando)
—— [Der lustige Schuster.] Pièces favorites de l'opéra: Der lustige Schuster, (Le Cordonhier de belle humeur) . . . arrangées pour le pianoforté, accompagné de violin. pp. 23. *A l'imprimerie lithographique: Paris*, [1805?] obl. fol. Hirsch III. **452**.
Lithographed throughout. Without the violin part.

PAER (Ferdinando)
—— [Another copy.] Le Maître de chapelle comédie . . . arrangé en opéra comique . . . par Mme Sophie Gay, *etc.* [Score.] *Paris*, [1824?] fol. Hirsch II. **697**.
Without the leaf containing the dramatis personæ.

PAISIELLO (Giovanni)

—— [La Molinara.—Nel cor più non mi sento.] *See* Lichnowsky (M.) *Count.* 7 variations pour le clavecin ou piano-forte sur l'air Nel cor più non mi sento [by G. Paisiello], *etc.* [1805?] obl. fol.   Hirsch III. **361.**

PAER (Ferdinando)

—— [Numa Pompilio.] Sento che palpita, aria, *etc.* pp. 8. *Goulding, D'Almaine, Potter & C⁰: London,* [1817?] fol.
   Hirsch M. **1275. (11.)**
Watermark date 1817.

PAER (Ferdinando)

—— [Numa Pompilio.] Vieni e consolami, recitat̃vo. & cavatina, *etc.* pp. 4.   *Goulding, D'Almaine, Potter & C⁰: London,* [1820?] fol.   Hirsch M. **1275. (10.)**

PAER (Ferdinando)

—— [Il Principe di Taranto.—Dove sei Don Sesto.] Cavatine ... Accompᵗ de lyre ou guitare par P. Rougéon jᵉ pp. 4. *Chez Mᵐᵉ Duhan et compagnie: Paris,* [1805?] 8⁰.
   Hirsch M. **660. (20.)**

PAER (Ferdinando)

—— Sento che palpita. *See supra:* [*Numa Pompilio.*]

PAER (Ferdinando)

—— Un Solo quarto d'ora. *Aria* ... avec accompᵗ de guitare ou lyre par Doisy. pp. 7.   *Chez Mˡˡᵉˢ Erard: Paris; chez Garnier: Lyon,* [1810?] 8⁰.   Hirsch M. **660. (14.)**

PAER (Ferdinando)

—— Tu le veux donc. *Romance.* Paroles de Mʳ Étienne ... Accompagnement de lyre ou guitare par Lemoine. *Chez Imbault: Paris,* [1805?] 8⁰.   Hirsch M. **660. (4.)**

PAER (Ferdinando)

—— Vieni e consolami. *See supra:* [*Numa Pompilio.*]

PAGANINI (Nicolò)

—— [24 Capricci. Op. 1. No. 12, 6, 10, 4, 2, 3.] *See* Schumann (R. A.) VI Etudes de concert pour le pianoforte composées d'après de Caprices de Paganini. Oeuvre X, *etc.* [1835.] fol.   Hirsch M. **1200. (1.)**

PAGANINI (Nicolò)

—— 24 capricci per violino solo ... Op. 1ᵃ. pp. 46. *Gio. Ricordi: Milano,* [1817.] fol.   Hirsch M. **1131.**

PAGANINI (Nicolò)

—— [Concerto No. 1. Op. 6.—Rondo.] *See* H., J. G. Favorit Walzer nach Paganini, *etc.* [1830?] 8⁰.
   Hirsch M. **1300. (8.)**

PAGANINI (Nicolò)

—— [Concerto No. 2. Op. 7.—Rondo. La Campanella.] Glöckchen Walzer über Thema von N. Paganini für das Piano Forte. [With a portrait.]   *Bei A. Fischer: Frankfurt a/M.,* [1835?] 8⁰.   Hirsch M. **1300. (18.)**

PAGANINI (Nicolò)

—— [Concerto pour violin. No. 2. Op. 7.—Rondo.] *See* Liszt (F.) Grande fantaisie de bravoure sur la clochette de Paganini, *etc.* [1840.] fol.   Hirsch M. **952. (5.)**

PAGANINI (Nicolò)

—— Glöckchen Walzer. *See supra:* [*Concerto No. 2. Op. 7. —Rondo. La Campanella.*]

PAGANINI (Nicolò)

—— Stammbuchblatt ... Mit Zusätzen von M. H., J. M. und W. T. [P.F.] [1842.] *See* Periodical Publications.— Leipsic.—*Neue Zeitschrift für Musik.* [Sammlung von Musik-Stücken, *etc.*] Hft. 16. [1838, *etc.*] fol.
   Hirsch M. **1134.**

PAISIELLO (Giovanni)

—— [Another copy.] Il Barbiere di Siviglia. Opera buffa ... Partitura, *etc. Firenze,* [1868.] 8⁰.
   Hirsch II. **699.**

PAISIELLO (Giovanni)

—— [La Frascatana.] Giovinette semplice, *etc.* [Song.] pp. 4. *Rᵗ Birchall: London,* [1815?] fol.
   Hirsch M. **1275. (18.)**

PAISIELLO (Giovanni)

—— [La Molinara.] Madᵉ Catalani's celebrated Song Nel cor più non mi sento, with her graces and embellishments. pp. 4.   *Clementi, Banger, Collard, Davis & Collard: London,* [1815?] fol.   Hirsch M. **1275. (1.)**
Watermark date 1815.

PAISIELLO (Giovanni)

—— [La Molinara.] La Rachelina, aria, *etc.* pp. 5. *Rᵗ Birchall: London,* [1815?] fol.   Hirsch M. **1275. (3.)**

PAISIELLO (Giovanni)

—— [Nina.] La Pazza per amore, ou la Folle par amour, *etc.* [Opera. Score.] pp. 273.   *Chez Iᶜᵉ Pleyel & fils aȋne: Paris,* [1805?] fol.   Hirsch II. **705.**

PAISIELLO (Giovanni)

—— [Nina.] Ah mia cara. *The favorite Pastorale, etc.* [Song.] pp. 3. [1810?] fol.   Hirsch M. **1275. (24.)**

PAISIELLO (Giovanni)

—— [Nina.—Il mio ben quando verrà.] Cavatina ... avec accompagneᵗ de lyre ou guitarre par Mr. Lemoine. pp. 4. *Chez Imbault: Paris,* [1805?] 8⁰.
   Hirsch M. **660. (15.)**

PAISIELLO (Giovanni)

—— Occhietto furbetto. IVᵐᵉ duo dans Les Noces de Dorina [by G. Sarti] ... Accompagnement de guitare ou de lyre par Ch..... de Méliant. *Chez Jouve: Paris,* [1810?] 8⁰.
   Hirsch M. **660. (25.)**
A slip bearing the imprint "Duhan & cⁱᵉ" has been pasted over the original imprint.

PAISIELLO (GIOVANNI)
—— La Pazza per amore. *See supra*: [*Nina.*]

PAISIELLO (GIOVANNI)
—— [Another copy.] Proserpine. Tragédie lyrique, *etc.* [Score.] *Paris,* [1803.] fol. Hirsch IV. **1575**.
A slip bearing the imprint " Chez J-H. Naderman" has been pasted over the original imprint. This copy contains a four-page catalogue of music published by Imbault.

PAISIELLO (GIOVANNI)
—— La Rachelina. *See supra*: [*La Molinara.*]

PAISIELLO (GIOVANNI)
—— Socrate immaginario. Commedia per musica di F. Galiani—G. B. Lorenzi ... Riduzione per canto e pianoforte con introduzione e note di Giorgio Barini. pp. viii. 356. 1931. 4º. *See* INTERNATIONAL MUSICAL SOCIETY.—*Italian Section.* Hirsch M. **924**.

PAISIELLO (GIOVANNI)
—— Ti riverisco. *See infra*: [*I Zingari in fiera.*]

PAISIELLO (GIOVANNI)
—— [I Zingari in fiera.] Ti riverisco, a favorite air, *etc.* pp. 4. *Longman and Broderip: London,* [1795?] fol.
Hirsch M. **1275**. (**4.**)

PALADIN.
—— Le Paladin et la bergère. Chansonette. *See* DE LAIRE (J. A.)

PALÉOGRAPHIE.
—— [Another copy.] Paléographie musicale. Les principaux manuscrits de chant grégorien, ambrosien, mozarabe, gallican, publiés en fac-similés phototypiques par les Bénédictins de Solesmes. tom. 1–14, livr. 1–163. tom. 15, livr. 164–172. *Solesmes,* 1889–1939. 4º.
Hirsch IV. **1000**.
Tom. 8–14 bear the imprint " Société de Saint-Jean l'Évangeliste: Tournai"; tom. 15 bears the imprint " Soc. Saint Jean l'Évangeliste: Tournai; Picard & fils: Paris."

—— ser. 2. (Monumentale.) Antiphonale de B. Hartker. *Solesmes,* 1900. 4º. Hirsch IV. **1000. a.**

PALESTRINA (GIOVANNI PIERLUIGI DA)
—— [Another copy.] Pierluigi da Palestrina's Werke. 33 Bd. *Leipzig,* [1862–1907.] fol. Hirsch IV. **1001**.

PALESTRINA (GIOVANNI PIERLUIGI DA)
—— [Missarum liber secundus.] Missa celeberrima vulgo dicta Papae Marcelli 6 vocibus concinenda ... Editio nova secundum editionem Romanam anni 1567 unacum praevia vita auctoris et historia hujusce missae. Die berühmte Messe Papae Marcelli, *etc.* [Score.] pp. 27. *Anton Böhm: Augsburg,* [1840?] fol. Hirsch IV. **888**.

PALESTRINA (GIOVANNI PIERLUIGI DA)
—— [Missarum Liber Secundus.] Missa Papae Marcelli. Eingeleitet und herausgegeben von Dr. Alfred Einstein. [With a portrait.] pp. xvii. 47. *Drei Masken Verlag: München,* 1921. 8º. Hirsch M. **447**.
One of the " Musikalische Stundenbücher."

PANIZZA ( )
—— *See* ROSSINI (G. A.) [*Bianca e Falliero.*] Sinfonia, *etc.* [In fact, the complete opera arranged for P.F. by — Abate, — Panizza, L. Truzzi, and D. Brogialdi.] [1835?] obl. fol. Hirsch IV. **1252**.

PANORMO (FERNINAND CHARLES)
—— *See* PANORMO (F.) and (F. C.) The Wandering Musicians, *etc.* [1811?] fol. Hirsch M. **1310**. (**18.**)

PANORMO (FRANCIS) and (FERDINAND CHARLES)
—— The Wandering Musicians, a divertimento for the Piano Forte, *etc.* pp. 5. *The Author: London,* [1811?] fol.
Hirsch M. **1310**. (**18.**)
Watermark date 1811.

PANSERON (AUGUSTE MATHIEU)
—— La Grille du parc. Opéra comique en un acte ... Paroles de MM ***, *etc.* [Score.] pp. 125. *Chez l'auteur: Paris,* [1820?] fol. Hirsch II. **707**.

PANSERON (AUGUSTE MATHIEU)
—— J'entends au loin sa chansonette. Romance, *etc.* ⟨Avec accompagnement de piano et hautbois. Paroles de Mr Galice.⟩ 2 pt. *Chez J. Meissonnier: Paris,* [1830?] fol.
Hirsch M. **1298**. (**31.**)

PANSERON (AUGUSTE MATHIEU)
—— On entend le berger. Romance, paroles de Mr *** *etc.* ... avec accompagnement de piano-forte ⟨et d'hautbois obligé⟩. 2 pt. *J. Frey: Paris,* [1830?] fol.
Hirsch M. **1298**. (**33.**)

PANSERON (AUGUSTE MATHIEU)
—— Le Songe de Tartini. Ballade avec accompagnement de violon solo ... Paroles de Mr Bétourné. [Parts.] 3 pt. *Chez Aulagnier: Paris,* [1825?] fol. Hirsch III. **974**.
The titlepage bears the autograph signature of Pauline Viardot. Including two copies of the violin part.

PANTALEONI (LUIGI)
—— Le Gondolier. [Song.] Paroles et musique de L. Pantaleoni, avec accompagnement de piano par Giacomo Meyerbeer. pp. 5. *Chez A. Wagner: Stouttgart,* [1845?] fol. Hirsch M. **1304**. (**19.**)

PANTALEONI (LUIGI)
—— Romance. Enfant si j'étais roi! Paroles de Victor Hugo. Musique de L. Pantaleoni. Avec accompagnement de piano par Giacomo Meyerbeer. pp. 5. *Chez A. Wagner: Stouttgart,* [1845?] fol.
Hirsch M. **1304**. (**20.**)

PANURGE DANS L'ISLE DES LANTERNES.
—— Panurge dans l'isle des lanternes. Comédie. *See* GRÉTRY (A. E. M.)

PAPAGEI.
—— Der Papagei. Humoristische Ballade. *See* LOEWE (J. C. G.)

PARDON.
—— Le Pardon. Romance. *See* BEAUPLAN (A. de) *pseud.*

PARIBENI (GIULIO CESARE)
—— *See* CLEMENTI (M.) Sonate per pianoforte a cura di G. C. Paribeni. [1919.] 4º. [*Classici della musica italiana.* quaderno 8.] Hirsch IV. **951**.

PARIS.—*Bibliothèque Nationale.*
—— [Another copy.] Le Roman de Fauvel. Réproduction photographique, *etc. Paris,* 1907. fol. Hirsch M. **1337**.

PARIS.—*Société Française de Musicologie.*
—— [Another copy.] Publications de la Société Française de Musicologie. ser. 1. tom. 1–10. ser. 2. tom. 1–7. *Paris,* 1925–36. fol. & 8º. Hirsch IV. **1006**.

PARISER LEBEN.
—— Pariser Leben. Komische Operette. *See* OFFENBACH (J.) [*La Vie parisienne.*]

PARISIENNE.
—— La Parisienne, marche nationale, *etc.* [Song.] *See* MEISSONNIER (J.)

PARISOTTI (ALESSANDRO)
—— [Another copy.] Arie antiche, *etc.* 3 bk. *Milano,* [1886–1900.] 4º. Hirsch IV. **1002**.

PARIZOT (VICTOR)
—— Fanchette la bavarde. Chanson comique . . . Paroles de Marc Constantin. *F. Gauvin: Paris,* [1850?] fol. Hirsch M. **1296**. (7.)

PARIZOT (VICTOR)
—— Que de peine et mourir! Chanson, paroles de J. B. Clement. *E. Gérard et c^{ie}: Paris,* [1860?] fol. Hirsch M. **1298**. (34.)

PARIZOT (VICTOR)
—— Le Voyage en Californie, ou les Chercheurs d'or. Actualité. [Song.] . . . Paroles de E. Bourget. *Chez Colombier: Paris,* [1850?] fol. Hirsch M. **1296**. (19.)

PARLOW (ALBERT)
—— Enclume. (Amboss.) Polka, executée par la musique du 34e régiment de S.M. la roi de Prusse au grand festival lyonnais du 22 mai 1864. [P.F.] pp. 5. *Jules Hainauer: Breslau,* [1864?] fol. Hirsch M. **1303**. (16.)

PARRY (JOHN) *Bardd Alaw.*
—— My ain Fire Side. A Scottish song . . . arranged with symphonies & accompaniments by J. Parry. pp. 4. *Goulding & D'Almaine: London,* [1835?] fol. Hirsch M. **1272**. (20.)

PARTANT.
—— Partant pour la Syrie. Romance nouvelle. [By Hortense, Queen Consort of Louis, King of Holland.] Avec accompag^t de guitare. [1810?] 8º. Hirsch M. **660**. (6.)

PARTHENIA.
—— [Another copy.] Twenty-one Old English Compositions of the 16th and 17th Centuries . . . being Parthenia, newly edited . . . by M. H. Glyn, *etc. London,* [1927.] fol. Hirsch M. **1132**.

PARTO.
—— Parto fra gl'innocenti madre. Duett. *See* MARTIN Y SOLAR (V.) [*Una Cosa rara.*]

PARTO.
—— Parto ti lascio addio. Duet. *See* VERGINE DEL SOLE.

PAS.
—— Pas même un regard de pitié. [Song.] *See* FELTRE (A. C. de) *Count.* [Femmes. No. 4.]

PASTOR.
—— Pastor. Canzonet. *See* STERKEL (J. F. X.)

PASTOU (ÉTIENNE JEAN BAPTISTE)
—— *See* DE LAIRE (J. A.) Le Paladin et la bergère. Chansonette . . . Accompagnement de guitare par B. Pastou. [1825?] 8º. Hirsch M. **1293**. (2.)

PAT.
—— Pat of Mullingar. [Song.] *See* THEY. They may talk of flying Cinders. [1860?] fol. Hirsch M. **1317**. (10.)

PAUER (ERNESTE) *See* PAUER (Ernst)

PAUER (ERNST)
—— Deux morceaux de salon pour le piano. 1. Étude de concert. 2. Marche hongroise . . . Oeuvre 18. pp. 9. *Chez Jean André: Offenbach s/m,* [1847?] fol. Hirsch M. **1289**. (8.)

PAUL (GEORGE HENRY HOWARD)
—— Banting. [Song.] pp. 5. *Metzler & Co.: London,* [1870?] fol. Hirsch M. **1313**. (8.)

PAUMGARTNER (BERNHARD)
—— *See* MOZART (W. A.) [*Collected Works.—f. Vocal Works, Songs, etc.*] Gesellige Gesänge für drei Singstimmen. Herausgegeben und eingeleitet von Dr. B. Paumgartner. 1920. 8º. Hirsch M. **306**.

PAUMGARTNER (BERNHARD)
—— See MOZART (W. A.) Don Giovanni, etc. ⟨Die neue Fassung des Klavier-Auszugs von Dr. B. Paumgartner.⟩ [1924.] obl. fol. Hirsch M. **349**.

PAUMGARTNER (BERNHARD)
—— See MOZART (W. A.) Der Schauspieldirektor . . . Klavierauszug . . . von . . . B. Paumgartner. [1924.] 8°.
Hirsch II. **668**.

PAVANA.
—— La Pavana. Canzonetta. See HENRION (P.)

PAVESI (STEFANO)
—— Allemande aus der italienische Oper Ser. Marco Antonio. [P.F. By S. Pavesi.] pp. 3. [1815?] obl. fol. See SER MARCO ANTONIO. Hirsch III. **456**.

PAX (C. F.)
—— See MOZART (W. A.) [*Doubtful and Supposititious Works.*] W. A. Mozarts Alphabet. Ein musikalischer Scherz. Für drei Kinder-Stimmen arrangirt von C. F. Pax. [1820?] s. sh. obl. fol. Hirsch IV. **1697**.

PAYER (HIERONYMUS)
—— Gesellschafts Walzer für das Piano-Forte componirt für den Carneval 820 . . . 36tes Werk. pp. 9. *Bey Tranquillo Mollo: Wien,* [1819?] obl. fol.
Hirsch M. **1290. (4.)**

PAZZA PER AMORE.
—— La Pazza per amore. [Opera.] See PAISIELLO (G.) [*Nina.*]

PECHACZEC (FRANZ)
—— XII neue Lændlertænze für das Klavier oder Forte Piano, etc. *Bei J. M. Daisenberger: Stadtamhof und Augsburg,* [1805?] obl. fol. Hirsch III. **457**.
Lithographed throughout.

PECHACZEC (FRANZ)
—— XII Walzer für zwey Violinen und Bass . . . Op. 56. [Parts.] 3 pt. *Im Verlag de[r chemischen Druckerey: Wien,* 1805?] fol. Hirsch III. **458**.
Lithographed throughout. The imprint has been partly erased.

PÊCHEUR.
—— Le Pêcheur. [Song.] See SONNET (H.)

PEDRELL (FELIPE)
—— [Another copy.] Cancionero musical popular español. 4 tom. *Valls,* [1918–22.] 8°. Hirsch IV. **1002. a.**

PEDRELL (FELIPE)
—— [A reissue.] Hispaniae schola musica sacra. Opera varia (sæcul. XV, XVI, XVII et XVIII) diligenter excerpta, accurate revisa, sedulo concinnata a P. Pedrell. vol. 2–8. *Breitkopf & Härtel: Lipsiæ,* [1894–98.] fol.
Hirsch IV. **1003**.
Imperfect; wanting vol. 1. Vol. 3–8 bear the imprint J. B. Pujol: Barcelona."

PEPUSCH (JOHANN CHRISTOPH)
—— The Beggar's Opera . . . The Ouverture and Basses compos'd by Dr. Pepusch. [*CALMUS (G.) Zwei Opern-Burlesken aus der Rokoko-Zeit.*] See BEGGAR'S OPERA.
Hirsch M. **105**.

PER.
—— Per queste amare lagrime. [Song.] See FERRARI (G. G.)

PER ( ) Sigr. See PAER (F.)

PERCHÈ.
—— Perchè mai ben mio. [Duet.] See ASIOLI (B.)

PÉRÉGRINATIONS.
—— Les Pérégrinations de Babylas. Chansonette comique. See HUOT (G.)

PERGOLESI (GIOVANNI BATTISTA)
—— [La Serva padrona.] Die Magd als Herrin. Nach der italienischen Originalfassung übertragen und bearbeitet von Hermann Abert. [Score.] *Ital. & Ger.* pp. xii. 84. [1910.] obl. fol. See MUNICH.—*Pergolesi-Gesellschaft.*
Hirsch II. **710**.

PERGOLESI (GIOVANNI BATTISTA)
—— [La Serva padrona.] Die Magd als Herrin. Nach der italienischen Originalfassung übertragen und bearbeitet von Hermann Abert. [Vocal score.] *Ital. & Ger.* pp. xii. 87. [1910.] obl. fol. See MUNICH.—*Pergolesi-Gesellschaft.* Hirsch M. **433**.

PERGOLESI (GIOVANNI BATTISTA)
—— Sinfonia per violoncello e continuo. Bearbeitet von Joseph Schmid. [Score.] pp. 7. 1910. 4°. See MUNICH.—*Pergolesi-Gesellschaft.* Hirsch M. **1125**.

PERGOLESI (GIOVANNI BATTISTA)
—— Sinfonia, G-dur, per 2 Violini, Viola, Basso e 2 Corni. (Part . . . Stimmen.) ⟨Bearbeitet von Herm. Ernst Koch.⟩ 2 no. [1910?] 4°. See MUNICH.—*Pergolesi-Gesellschaft.* Hirsch M. **1126**.

PERGOLESI (GIOVANNI BATTISTA)
—— [Another copy.] Stabat Mater. Partitur . . . instrumentirt von Alexis Lvoff, etc. *Berlin,* [1840?] fol.
Hirsch IV. **890**.

PERGOLESI (Giovanni Battista)

—— [Another copy.] [Tracollo.] Livietta e Tracollo . . . Réduction pour chant et piano, *etc. Paris,* [1914.] 8°.
Hirsch M. **448**.
Part of " Bibliothèque de l'Institut Français de Florence. ser. 3, collection de textes musicaux."

PERGOLESI GESELLSCHAFT. *See* Munich.

PERI (Jacopo)

—— Euridice. Poesia di Ottavio Rinuccini, *etc.* ⟨La prima opera in musica.⟩ [Score.] pp. 48. *G. G. Guidi: Firenze,* [1863.] 8°. Hirsch II. **712**.

PERI (Jacopo)

—— [A reissue.] Le Musiche . . . sopra L'Euridice del Sig. Ottavio Rinuccini, rappresentata nello Sposalizio della cristianissima Maria Medici, Regina di Francia, *etc.* ⟨1600.⟩ *Milano,* [1863.] 8°. Hirsch IV. **1579**.

PERI (Jacopo)

—— Le Musiche sopra l'Euridice. Prefazione a cura di Enrico Magni Dufflocq. [A facsimile of the edition of 1610.] *Reale Accademia d'Italia: Roma,* 1934. fol.
Hirsch M. **1133**.

PÉRIER (Émile)

—— *See* Album. Album. Émile Perier [and others], *etc.* [1855?] fol. Hirsch III. **982**.

PÉRIER (Émile)

—— *See* Gounod (C. F.) Faust, *etc.* ⟨2ᵉ edition . . . Réduit pour piano par E. Périer.⟩ [1860?] 8°.
Hirsch M. **170**.

PERIODICAL PUBLICATIONS.—*Dresden.*

—— Musikalische Arabesken. Lieblingsstücke aus den neuesten Opern für Clavier und Gesang. Jahrg. 2. Hft. 1. *In der Arnoldischen Buch- und Kunsthandlung: Dresden,* 1805. Hirsch III. **149**.
Imperfect; wanting all the other numbers.

PERIODICAL PUBLICATIONS.—Leipzig.—*Neue Zeitschrift für Musik.*

—— [Sammlung von Musik-Stücken alter und neuer Zeit, als Zulage zur neuen Zeitschrift für Musik.] 16 Hft. *Robert Friese: Leipzig,* [1838-42.] fol. Hirsch M. **1134**.
Imperfect; wanting the wrappers, on which the title occurs.

PERIODICAL PUBLICATIONS.—*London.*

—— [Another copy of the issue for 1830.] The Musical Bijou, *etc. London,* [1830.] 4°. Hirsch III. **674**.

PERIODICAL PUBLICATIONS.—*London.*

—— The Musical Library. Instrumental. [Edited by William Ayrton.] 4 vol. *Charles Knight & Co.: London,* 1834-36. fol. Hirsch M. **1135**.

SIG. 43.—PART 53.

PERIODICAL PUBLICATIONS.—*London.*

—— [Another copy.] The Musical Library. Vocal. [Edited by William Ayrton.] *London,* 1834-37. fol.

—— Supplement. no. 1-28. Mar. 1834—July, 1836. *London,* 1834-36. fol. Hirsch M. **1136**.

PERIODICAL PUBLICATIONS.—*Paris.*

—— Journal de lyre ou guitare, par les meilleurs auteurs. année 2. no. 69-72. *P. et J. J. Leduc: Paris,* [1805?] 8°. Hirsch M. **660**. (**1**.)
Imperfect; wanting all the other numbers.

PERIODICAL PUBLICATIONS.—*Vienna.*

—— Album musicale. Recueil de compositions originales pour piano et chant. [With illustrations by Moritz von Schwind.] année 2. *Sauer & Leidesdorf: Vienne,* [1824.] obl. 4°. Hirsch IV. **1434**.
Imperfect; wanting année 1.

PETER (H. F.)

—— Chant du rossignol. Fantaisie pour piano. [Op. 1.] pp. 5. *Chez G. Balmer: Hombourg* [sic], [1870?] fol.
Hirsch M. **1303**. (**17**.)

PETIT.

—— Petit enfant. [Song.] *See* Quidant (J. R. A.)

PETIT.

—— Le Petit garçon de la voisine en fâce. Chansonette. *See* Boutin (R. F.)

PETIT.

—— Le Petit mousse noir. *See* Charet (P.)

PETITE.

—— La Petite bergère. [Song.] *See* Puget, afterwards Lemoine (L.)

PETITE.

—— La Petite bergère. Romance. *See* Romagnesi (A.)

PETITE.

—— La Petite Madelon. [Song.] *See* Beauplan (A. de) *pseud.*

PETITS APPARTEMENTS.

—— Les Petits appartements. Opéra comique. *See* Berton (H. M.)

PETRARCA.

—— Petrarca e Valchinsa. [Song.] *See* Roger (V.)

PETRI (Laurentius) *Nericius, Archbishop of Upsala.*

—— Laurentii Petri Nericii Tractatus de punctis distinctionum et accentu ecclesiastico. ⟨Laurentius Petri D. Ä:s Avhandling om skiljetecknen och lektionstonerna.⟩ Ad fidem libri MS. unici Lincopiae in Bibliotheca Diocesana servati editus et in svecanum versus a Nath. Fransén. [With a facsimile.] *Lat. & Swed.* pp. 37. *Apud Societatem editricem "Samtiden": Holmiae,* 1930. 4°.
Hirsch M. **1137**.
Liturgia svecana. no. 3.

PETRUCCI (Ottaviano dei)

—— [Another copy.] Die mehrstimmige italienische Laude um 1500. Das 2. Laudenbuch des Ottaviano dei Petrucci (1507) in Verbindung mit einer Auswahl mehrstimmiger Lauden aus dem 1. Laudenbuch Petrucci's (1508) und aus verschiedenen gleichzeitigen Manuskripten. Eingeleitet und herausgegeben von Dr. K. Jeppesen, *etc.* *Leipzig; Kopenhagen,* 1935. fol. Hirsch M. **1138**.

PFARRER.

—— Des Pfarrers Tochter von Taubenhayn. [Song.] *See* Zumsteeg (J. R.)

PFEIFER (F.)

—— *See* Schubert (F. P.) Greisen-Gesang aus den östlichen Rosen von F. Rückert und Dythyrambe von F. von Schiller, *etc.* ⟨Guitarre-Begleitung von F: Pfeifer.⟩ [1830?] fol. Hirsch IV. **537**. a.

PFEIFFER (Johann Michael)

—— Il Maestro e scolare, o Sonata à quadre mani. pp. 5. *In der Falter'schen Musickhandlung: München,* [1805?] *obl.* fol. Hirsch III. **461**.
Lithographed throughout.

PFEIF-GALOPPADE.

—— Pfeif- und Klatsch-Galoppade, für das Piano-Forte. *Bei G. H. Hedler: Frankfurt a/M.,* [1830?] 8°.
Hirsch M. **1299. (12.)**

PFITZNER (Hans)

—— Der arme Heinrich. Ein Musikdrama in 2 Acten . . . Dichtung nach der Legende des Mittelalters von James Grun. Partitur. pp. 363. *Max Brockhaus: Leipzig,* [1895?] fol. Hirsch II. **717**.

PFITZNER (Hans)

—— [Another copy.] Columbus . . . für achtstimmigen Chor a capella . . . Op. 16. Partitur, *etc.* *Berlin,* [1905.] 4°.
Hirsch IV. **892**.

PFITZNER (Hans)

—— [Another copy.] Konzert in G dur in einem Satz für Violoncello und Orchester . . . Opus 42. Partitur.
Mainz und Leipzig, 1935. 8°. Hirsch M. **449**.

PFITZNER (Hans)

—— [Another copy.] Das dunkle Reich. Eine Chorphantasie . . . Op. 38. Partitur, *etc.* *Leipzig,* [1930.] fol.
Hirsch IV. **893**.

PFITZNER (Hans)

—— Musik zu " Das Fest auf Solhaug." (Schauspiel in 3 Aufzügen von Henrik Ibsen.) Orchesterpartitur, *etc.* pp. 149. *Luckhardt's Musik-Verlag (J. Feuchtinger): Stuttgart,* [1903.] fol. Hirsch II. **716**.

PFITZNER (Hans)

—— Palestrina. Musikalische Legende . . . Orchester-Partitur. pp. 625. *Adolph Fürstner: Berlin, Paris,* [1916.] fol. Hirsch II. **718**.
The fly-leaf bears a MS. *dedication in the composer's autograph.*

PFITZNER (Hans)

—— Von deutscher Seele. Eine romantische Kantate nach Sprüchen und Gedichten von Jos. von Eichendorff. Für 4 Solostimmen, gemischten Chor, grosses Orchester und Orgel . . . Op. 28. Orchesterpartitur, *etc.* pp. 271.
Adolph Fürstner: Berlin, [1921.] fol. Hirsch IV. **894**.

PFLUECKT.

—— Pflückt die Blumen ab sie trauern. *Willbrand's Trostlied,* mit Clavier oder Guitarre Begleitung. pp. 3.
In der Grosh. Hess. Hofmusikhandlung von B. Schott's Söhnen: Mainz, [1822?] 8°. Hirsch M. **1300. (19.)**

PHILIPP (Franz)

—— *See* Bruckner (A.) Vorspiel und Fuge C-moll für Orgel . . . Ergänzt und bearbeitet von F. Philipp.
[1929.] *obl.* fol. Hirsch M. **103**.

PHILOMEL.

—— Philomel. Duet. *See* Welsh (T.) Mrs.

PIANOFORTE JOURNAL.

—— The Piano Forte Journal, consisting of Overtures, Airs, Rondos and select Movements; extracted from the works of the most popular authors on the continent, never before printed in this country, *etc.* no. 2. *Chappell & Co.: London,* [1813?] fol. Hirsch M. **1282. (28.)**
Imperfect; wanting all the other numbers. Watermark date 1813.

PICCINI (Louis Alexandre)

—— [Another copy.] Avis au public, ou le Physionomiste en défaut. Opéra comique en deux actes . . . Paroles de Mr Desaugiers, *etc.* [Score.] pp. 132. *Chez Madame Masson: Paris,* [1806?] fol. Hirsch II. **729**.

PICCINI (Louis Alexandre)

—— [Another copy.] Ils sont chez eux . . . Opéra comique, *etc.* [Score.] *Paris,* [1808?] fol. Hirsch II. **730**.

PIERRE ET CATHERINE.

—— Pierre et Catherine. Opéra. *See* Adam (Adolphe C.)

PIERSON (Henry Hugh)

—— Characteristic Songs, of Shelley . . . No. [.]
J. Alfred Novello: London, [1849?] fol.
Hirsch M. **1276. (4.)**
" Arethusa " only. Imperfect; wanting all the other no.

PILGRIM.

—— Der Pilgrim vor St. Just. [Song.] *See* LOEWE (J. C. G.) Kaiser Karl v. Vier historische Balladen. III.

PILIER.

—— Le Pilier d'estaminet. [Song.] *See* MAIGNARD (H.)

PILOT.

—— The Pilot's Grave. [Song.] *See* BELLINI (V.) [*Norma.—Deh! con te.*]

PIMPINONE.

—— Pimpinone. Zwischenspiel. *See* TELEMANN (G. P.)

PINCHERLE (MARC)

—— *See* MONDONVILLE (J. J. C. de) Pièces de clavecin en sonates. Publiées... par M. Pincherle. 1935. fol. [*Publications de la société française de musicologie.* ser. 1. tom. 9.] Hirsch IV. **1006.**

PINNA (JOSEPH DE)

—— What fairy-like Music! A gondola song, or duet, author Mrs. Cornwall Baron Wilson. pp. 5. *Keith Prowse and Co.: London,* [1840?] fol. Hirsch M. **1309. (12.)**

PISA POLKA.

—— The Pisa Polka... By... E. H. B. [1860?] fol. *See* B., E. H. Hirsch M. **1307. (1.)**

PIU.

—— La Piu vezzosa. Canzonet. *See* MILLICO (G.) [*Six Songs. No.* 5.]

PIXIS (JOHANN PETER)

—— Grand concerto pour le piano-forte, avec accompagnement d'orchestre... Œuv. 100. *Chez A. Farrenc: Paris,* [1830?] fol. Hirsch III. **464.**
Imperfect; the pianoforte part only.

PIXIS (JOHANN PETER)

—— *See* SPOHR (Louis) Faust... Im Klavierauszuge von P. Pixis. [1824.] *obl.* fol. Hirsch IV. **1283.**

PIXIS (P.) *See* PIXIS (Johann P.)

PLAIRE.

—— Plaire. [Song.] *See* FELTRE (A. C. de) Count. [*Les Femmes.* 3.]

PLANTADE (CHARLES HENRI)

—— À bas les femmes. Chanson. Paroles de MM. Frédéric Courcy et Jaime. *Chez Bernard Latte: Paris,* [1855?] fol. Hirsch M. **1298. (35.)**

PLANTADE (CHARLES HENRI)

—— Chagrin et plaisir. [Song.] Paroles de Mr F. de Courcy, etc. *Chez E^r Legendre: Paris,* [1845?] fol. Hirsch M. **1297. (44.)**

PLANTADE (CHARLES HENRI)

—— Une Course d'omnibus. ⟨Paroles de Mr T^h Muret.⟩ [Song.] *Chez Pacini: Paris,* [1840?] fol. Hirsch M. **1298. (36.)**

PLANTADE (CHARLES HENRI)

—— Le Départ du trompette de cuirassiers. Chanson militaire. Paroles de Mr Jaime... Accompagnement de guitare par Meissonnier jeune. [1825?] 8º. Hirsch M. **1293. (13.)**

PLANTADE (CHARLES HENRI)

—— La Femme du capitaine. Exaltation chevaleresque. [Song.] Paroles de Mr Emile Barateau. *Chez Bernard-Latte: Paris,* [1850?] fol. Hirsch M. **1298. (37.)**

PLANTADE (CHARLES HENRI)

—— Lettre écrite d'Alger par Dumanet caporal de voltigeurs, à sa future Mlle Sophie Rombosse. [Song.] Paroles de Mr Paulin. pp. 4. *Chez Frère: Paris,* [1830?] 8º. Hirsch M. **1293. (20.)**

PLANTADE (CHARLES HENRI)

—— La Noce de Mlle Gibou. Narration. Paroles de Mr Jaime... Arrangée pour la guitare par Meissonnier jeune. *Chez Frère: Paris,* [1830?] 8º. Hirsch M. **1293. (16.)**

PLANTADE (CHARLES HENRI)

—— La Promenade du dimanche, ou les Inconvéniens du mauvais temps. Chanson militaire... Accompagnement de guitare par Meissonnier jeune. pp. 3. *J. Frey: Paris,* [1825?] 8º. Hirsch M. **1293. (12.)**

PLANTEUR.

—— Le Planteur. Opéra comique. *See* MONPOU (H.)

PLAYFORD (JOHN)

—— [Another copy.] The English Dancing Master. Now reprinted for the first time from the first edition of 1650, etc. *London,* 1933. *obl.* 8º. Hirsch M. **450.**

PLEYEL (CAMILLE)

—— Deuxième mélange, sur les airs tirés de Turco in Italia de Rossini, arrangès pour le piano forte, par C. Pleyel. pp. 11. *Hodsoll: London,* [1828?] fol. Hirsch M. **1285. (2.)**
Watermark date 1828.

PLEYEL (IGNAZ JOSEPH)

—— Pleyel's Celebrated Concertante [in E flat, No. 1], for the Piano Forte... With an accompaniment for the violin. *Halliday & Cº: London,* [1822?] fol. Hirsch M. **1284. (9.)**
Watermark date 1822. *Imperfect; wanting the violin part.*

PLEYEL (IGNAZ JOSEPH)

—— Pleyel's German Hymn. *See infra:* [*Quartet. Op.* 7.]

PLEYEL (Ignaz Joseph)

—— [Another copy.] Introduction and Air, "I thought our quarrels ended," as a Rondo ... Arranged as a duett for two performers on the piano forte, with an accompaniment for the flute & violoncello ... by D. Bruguier. *London,* [1818?] fol.   Hirsch M. **1281.** (**4.**)
Watermark date 1818. Imperfect; wanting the accompaniment.

PLEYEL (Ignaz Joseph)

—— [Quartet. Op. 7.] Pleyel's German Hymn. *See* Lo. Lo he comes with Clouds descending. [1830?] fol.
Hirsch M. **1272.** (**31.**)

PLEYEL (Ignaz Joseph)

—— Six Sonatas for the Piano Forte or Harpsichord with an accompaniment for a Flute or Violin ... dedicated ... to ... The Queen of Great Britain, *etc,* Sonata 1. [Score.] *G. Walker:* [*London,* 1811?] fol.   Hirsch M. **1287.** (**3.**)
Watermark date 1811. Imperfect; wanting sonatas 2–6.

PLEYEL (Ignaz Joseph)

—— *See* Thomson (George) The Select Melodies of Scotland ... with symphonies & accompaniments for the piano forte by Pleyel, Kozeluch, *etc.* 1822 [23]. 8º.
Hirsch iv. **455.** a.

PLEYEL (Ignaz Joseph)

—— *See* Thomson (George) Thomson's Collection of the Songs of Burns, Sir Walter Scott ... United to the Select Melodies of Scotland and of Ireland and Wales. With symphonies and accompaniments for the piano forte by Pleyel, Haydn, *etc.* [1825.] 8º.   Hirsch iv. **455.** b.

PLEYEL (Ignaz Joseph)

—— *See* Thomson (George) A Select Collection of Original Scottish Airs for the Voice, with ... symphonies and accompaniments for the piano forte, violin, or flute & violoncello by Pleyel, Haydn, *etc.* 1826. fol.
Hirsch iv. **1705.**

PLEYEL (Marie)

—— Chanson du matin. [Song.] Paroles de Mr Edouard de Linge, *etc.* pp. 3.   *Chez les fils de B. Schott: Mayence,* [1847?] fol.   Hirsch M. **1304.** (**21.**)
Lyre française. no. 327.

PLUS.

—— Plus d'espérance. Romance. *See* Garaudé (A. de)

POCCI (Franz von) *Count.*

—— Sechs Altdeutsche Miñelieder als Frühlingsgruss 1835. [With illustrations by the composer.] 6 no.   *In der literarisch-artistischen Anstalt: München,* [1835.] 4º.
Hirsch iii. **990.**

POCCI (Franz von) *Count.*

—— [Another copy.] Bilder-Töne fürs Klavier, *etc.* **L.P.** [*Munich,*] 1835. fol.   Hirsch iii. **469.**

POCCI (Franz von) *Count.*

—— Blumen-Lieder für Knaben und Mædchen. [With illustrations by the composer.] [1832.] obl. fol.
Hirsch iii. **988.**
Printed on one side of the leaf only.

POCCI (Franz von)

—— [Another copy.] Geschichten und Lieder mit Bildern. [The songs by Count F. Pocci and others.]   [*Munich,* 1843.] 8º.   Hirsch iii. **989.**

POËTE ET LE MUSICIEN.

—— Le Poëte et le musicien. Comédie. *See* Dalayrac (N.)

POIRIER-LATAILLE (   )

—— *See* Vacher (P. J.) Madame de Lavallière ... Accompagnement de guitare ou lyre, par Poirier-Lataille. [1810?] 8º.   Hirsch M. **660.** (**8.**)

POLACI (   )

—— Sinfonie in D. Herausgegeben und bearbeitet von Robert Sondheimer. [Score.] pp. 10.   *Edition Bernoulli: Berlin, Basel,* [1923.] fol. [*Werke aus dem 18. Jahrhundert.* no. 6.]   Hirsch iv. **1020.**

POLLINI (Francesco Giuseppe)

—— Variations & rondeaux pour le piano forte. pp. 33. *Chez Jean George Naigueli: Zuric,* [1804?] obl. fol. [*Répertoire des clavecinistes.* suite 13.]   Hirsch iv. **1012.**

POLZELLI (Anton)

—— Nænie den Manen des verewigten Joseph Haydn als Pfand heiliger und dankbarer Erinnerung geweiht von seinem Zögling A. Polzelli, *etc.* [Parts.] 4 pt. *Herausgegeben im Kunst und Industrie Comptoir: Wien,* [1810?] obl. 8º.   Hirsch iv. **1699.**

PONSIN (Nicolas)

—— Les Bloomeristes, ou les Femmes en révolte. [Song.] Paroles de E. Pierson et M. Fleury. pp. 4. *A. Aulagnier: Paris,* [1850?] fol.   Hirsch M. **1296.** (**16.**)

POOR.

—— Poor but a Gentleman still. [Song.] *See* Stamford (John J.)

PORPORA (Nicola Antonio)

—— Sonate per violino e pianoforte a cura di Alceo Toni. [Score and parts.] 5 pt.   *Società anonima notari: Milano,* [1919.] 4º.   [*Classici della musica italiana.* quaderno 25.]   Hirsch iv. **951.**

PORTOGALLO (Marco Antonio) *pseud.* [i.e. Marco Antonio da Fonseca.]

—— Dolce fiamma di gloria. *See infra:* [*Il Principe di Taranto.*]

PORTOGALLO (Marco Antonio) *pseud.* [i.e. Marco Antonio da Fonseca.]
—— [Il Principe di Taranto.] Dolce fiamma di gloria, a cavatina, *etc.* pp. 3. *Kelly's Opera Saloon:* [London, 1817?] fol. Hirsch M. **1273**. (**24**.)
Watermark date 1817. *A reissue from the plates of the original edition.*

POSTILLON.
—— Le Postillon de Made. Ablou. [Song.] *See* Clapisson (A. L.)

POTT (August)
—— Mozart-Album, oder auserlesene Compositionen für Gesang u. Pianoforte, unter Mitwirkung von berühmten Tondichtern des In- und Auslandes zum Besten des Mozartsdenkmals herausgegeben von A. Pott. Mit 2 Lithographirten Abbildungen d. Mozartsdenkmals. 3 Abt. pp. 137. *Bei Joh. Peter Spehr: Braunschweig,* [1840?] fol. Hirsch M. **1139**.
The composers are: F. Lachner, P. Lindpaintner, C. G. Reissiger, F. Schneider, W. J. Tomaschek, C. Arnold, A. F. Häser, I. Seyfried, F. Morlacchi, A. Methfessel, J. H. Stuntz, H. Proch, B. von Militz, Jos. Strauss, J. F. Frölich, G. Spontini, J. Benedict, J. W. Kalliwoda, L. Spohr, A. Pott, F. Curschmann, R. Schumann, J. Rastrelli, Oscar von Schweden, C. Banck, H. Truhn, J. Berwald, C. Kreutzer, I. Moscheles, J. F. Kittel, W. H. Veit, F. Mendelssohn-Bartholdy, S. Thalberg, C. Czerny. The half-title to each Abteilung contains the autograph signatures of these composers in facsimile.

POTTER (Philip Cipriani Hambly)
—— [Another copy.] Impromptu on the favorite Scotch Air, Auld Robin Gray [composed by William Leeves], for the Piano Forte, *etc.* London, [1826.] fol. Hirsch M. **1285**. (**10**.)

POTTER (Philip Cipriani Hambly)
—— *See* Bach (J. S.) [*Das wohltemperirte Clavier.*] The Student's Edition of Forty-eight Preludes and Fugues. ⟨Edited by J. F. Barnett and C. Potter.⟩ [1860?] *obl.* fol. Hirsch M. **28**.

POUCKE (F. van)
—— Les Charmes d'Ostende . . . Polka-mazurka. [P.F.] pp. 5. *Chez J. E. Libau: Bruxelles,* [1850?] fol. Hirsch M. **1295**. (**7**.)

POUCKE (F. van)
—— Redowa des baigneuses. [P.F.] *Chez J. E. Libau: Bruxelles,* [1850?] fol. Hirsch M. **1295**. (**10**.)

POUCKE (F. van)
—— Les Régates d'Ostende. ⟨Caprice pour piano.⟩ *Chez Gevaert: Gand,* [1850?] fol. Hirsch M. **1295**. (**8**.)

POUCKE (F. van)
—— Schottisch d'Ostende. [P.F.] *Daveluy: Bruges & Ostende,* [1850?] fol. Hirsch M. **1295**. (**9**.)

PRAETORIUS (Jakob)
—— 3 Praeambeln. ⟨Herausgegeben von Max Seiffert.⟩ [Organ.] [1925.] fol. *See* Seiffert (M.) Organum, *etc.* Reihe 4. Hft. 2. a. [1924–30?] fol. Hirsch M. **1204**.

PRAETORIUS (Michael)
—— [Another copy.] Gesamtausgabe der musikalischen Werke von Michael Praetorius . . . herausgegeben von Friedrich Blume. Bd. 1–17, 19, 20. *Wolfenbüttel, Berlin,* 1928–39. 4°. Hirsch iv. **1004**.
Imperfect; wanting the whole of Bd. 18, *all after p.* 54 *of Bd.* 2, *all after p.* 62 *of Bd.* 7 *and all after p.* 166 *of Bd.* 19.

PRAETORIUS (Michael)
—— [Another copy.] Syntagma Musicum. Band iii. Kritisch revidierter Neudruck, *etc.* Leipzig, 1916. 8°. Hirsch M. **451**.

PRAGUE.—*Universitas Carolina.*
—— [Another copy.] Die Musikstücke des Prager Codex xi E 9, *etc.* *Augsburg; Brünn,* [1931.] 8°. Hirsch M. **452**.
Veröffentlichungen des Musikwissenschaftlichen Institutes der Deutschen Universität in Prag. Bd. 1.

PRAGUE.—*Verein der Kunstfreunde für Kirchenmusik in Böhmen.*
—— W. A. Mozart's Messe in F [K. 192] für vier Singstimmen, zwei Violinen, (2 Horn ad libitum,) Contrabass und Orgel . . . Partitur. pp. 31. *Bei Johann Hoffmann: Prag,* [1843.] fol. Hirsch iv. **859**.

PRATT (Waldo Selden)
—— [Another copy.] The Music of the French Psalter of 1562, *etc.* New York, 1939. 8°. Hirsch M. **453**.
Columbia University Studies in Musicology. no. 3.

PREINDL (Joseph)
—— Cantate im Klavier-Auszuge welche den 5ten November 1804 bey Gelegenheit des Bürgermeister-Festes des Herrn k:k: Rathes und Bürgermeisters von Wohlleben . . . sungen wurde. Die Worte sind von Herrn Franz Gaheis, *etc.* [Vocal score.] pp. 15. *In der K.K. priv. chemischen Druckerey: Wien,* [1804.] fol. Hirsch iv. **1451**. (**2**.)
Lithographed throughout. Bound up with " Bürgerfeyer . . . bey der Einsetzung des Stephan Edlen von Wohlleben . . . in die Würde eines Bürgermeisters, etc."

PREMIER VENU.
—— Le Premier venu. Comédie. *See* Hérold (L. J. F.)

PRÉVOT (   )
—— *See* Lesueur (J. F.) Trois Te Deum à grand orchestre . . . avec accompagnement de piano ou orgue par MMrs Ermel et Prévôt. [1829.] fol. Hirsch iv. **826**.

PRIDHAM (John)
—— The Abyssinian Expedition, grand Divertimento, descriptive of the battle and entry into Magdala, for the piano-forte. pp. 13. *Brewer & Co.: London,* [1868?] fol. Hirsch M. **1315**. (**19**.)

PRIEGER (Erich)
—— See BEETHOVEN (L. van) Leonore, etc. [Edited with an introduction by E. Prieger.] 1907. fol.
Hirsch M. **714**.

PRISE DE TROIE.
—— La Prise de Troie. ⟨Die Einnahme von Troja.⟩ [By L. H. Berlioz.] Opéra en trois actes et quatre tableaux. [Score.] *Fr. & Ger.* pp. 265. [*Choudens: Paris, 1899?*] fol.
Hirsch M. **787**.
Without titlepage. The title is taken from the list of contents on p. 2.

PRISON D'EDIMBOURG.
—— La Prison d'Édimbourg. Opéra comique. *See* CARAFA DI COLOBRANO (M. E. F. V. A. P.) *Prince.*

PROCH (Heinrich)
—— [Das Erkennen.] L'Etranger. [Song.] pp. 9. *L'Odéon: St. Petersburg,* [1845?] fol.
Hirsch M. **1302. (3.)**

PRODIGE.
—— Prodige de la chimie. [Song.] *See* JOSSE (J. B.)

PROSKE (Carl)
—— [Another copy.] Musica divina . . . Annus primus. Harmonias IV. vocum continens. Tomus 1. Liber missarum. *Ratisbonae,* 1843. 8°.
Hirsch M. **454**.

PRUME (François Hubert)
—— La Mélancholie, pour le piano. pp. 13. *Chez Fr. Ph. Dunst: Francfort s/m.,* [1835?] fol.
Hirsch M. **1302. (4.)**

PRUNIÈRES (Henry)
—— [Another copy of vol. 3.] Les Maitres du chant, *etc. Paris,* 1927. 8°.
Hirsch M. **455**.

PSALMS. [*French.*]
—— Les Psaumes de David, suivis de cantiques et de prières. Nouvelle édition. pp. 832. *Chez Marc Aurel: Valence,* [1826.] 16°.
Hirsch III. **996**.

PSALMS. [*French.*]
—— Psaumes mesurés à l'antique. 1928. 8°. [*Florilège du concert vocal de la renaissance.* no. 7.] *See* MAUDUIT (J.)
Hirsch IV. **961**.

PSALMS. [*French.*]
—— [Another copy.] Calvin's First Psalter (1539). Edited . . . by Sir Richard R. Terry. *London,* 1932. 8°.
Hirsch M. **456**.

PSALMS. [*German.*]
—— Geystliche Lieder. Mit einer newen vorrhede, D. Mart. Luth. . . . Leipzig. ⟨Psalmen und Geistliche lieder, *etc.*⟩ [A facsimile of the edition published in 1545 by Valentine Pabst.] 1929. 8°. *See* LUTHER (M.) Hirsch M. **233**.

PSALMS. [*Latin.*]
—— IX Lateinische Vesper-Psalmen, *etc.* [1815?] fol. *See* DANZI (Franz) Hirsch IV. **1680**.

PSALMS. [*Swedish.*]
—— Melodierna till 1695 års psalmbok. Den S. K. gamla psalmboken. Återgivna i faksimile efter originalupplagan 1697 och utskrivna i fyrstämmig notsats av. Nat. Fransén. pp. 36. 64. *Samtidens Bokforlag: Stockholm,* 1930. 8°.
Hirsch M. **457**.
Liturgia svecana. b: 1.

PUCCINI (Giacomo)
—— [Another copy.] La Bohème . . . Partitura d'orchestra. *Milano,* [1920.] 8°.
Hirsch II. **742**.

PUCCINI (Giacomo)
—— [Another copy.] La Fanciulla del West. Opera . . . Partitura d'orchestra. *Milano,* [1925.] 8°.
Hirsch II. **744**.

PUCCINI (Giacomo)
—— [Another copy.] Gianni Schicchi. [Opera.] . . . Partitura d'orchestra. *Milano,* 1927. 8°. Hirsch II. **746**.

PUCCINI (Giacomo)
—— [Another copy.] Madama Butterfly . . . Tragedia giapponese . . . Partitura d'orchestra. *Milano, printed in Germany,* [1920.] 8°.
Hirsch II. **743**.

PUCCINI (Giacomo)
—— [Another copy.] Manon Lescaut. Dramma lirico . . . Partitura d'orchestra. *Milano,* [1915.] 8°.
Hirsch II. **745**.

PUCCINI (Giacomo)
—— [Another copy.] Tosca. Melodramma . . . Partitura d'orchestra. *Milano,* [1924.] 8°. Hirsch II. **747**.

PUCCINI (Giacomo)
—— [Another copy.] Turandot. Dramma lirico . . . Partitura d'orchestra. *Milano,* [1926.] 8°. Hirsch II. **748**.

PUCITTA (Vincenzo)
—— Asilo fortunato. *See infra:* [*La Vestale.*]

PUCITTA (Vincenzo)
—— [La Vestale.] Asilo fortunato, the favorite scena and cavatina, *etc.* pp. 5. *The Author: London,* [1810?] fol.
Hirsch M. **1273. (21.)**

PUCITTA (Vincenzo)
—— [La Vestale.] Vittima sventurata, the favorite cavatina, *etc.* pp. 5. *Chappell & Cº: London,* [1819?] fol.
Hirsch M. **1275. (12.)**
Watermark date 1819.

PUDELKO (WALTHER)
—— Alte Madrigale. Herausgegeben von W. Pudelko. Hft. 1. *Bärenreiter-Verlag: Augsburg*, 1925. 8º.
Hirsch M. **458**.

PUDELKO (WALTHER)
—— [Another copy.] Meisterwerke alter Lautenkunst. Herausgegeben von W. Pudelko. Hft. 1, 5. *Augsburg*, [1925.] obl. 8º. Hirsch M. **459**.
No more published.

PUGET, afterwards **LEMOINE** (LOÏSA)
—— L'Amour de la patrie, ou le Toit paternel. [Song.] Paroles de M. Gustave Lemoine. pp. 3. *Chez les fils de B. Schott: Mayence*, [1847?] fol. Hirsch M. **1304. (22.)**
Lyre française. no. 321.

PUGET, afterwards **LEMOINE** (LOÏSA)
—— Benedetta. [Song.] Paroles de Mr G. Lemoine. pp. 3. *Chez les fils de B. Schott: Mayence*, [1846?] fol.
Hirsch M. **1304. (23.)**
Lyre française. no. 228.

PUGET, afterwards **LEMOINE** (LOÏSA)
—— Les Bohémiens à Paris. [Song.] . . . Paroles de Mr Gustave Lemoine. *Heugel: Paris*, [1845?] fol.
Hirsch M. **1297. (50.)**

PUGET, afterwards **LEMOINE** (LOÏSA)
—— La Boîte aux agnus. Chansonette . . . Paroles de Mr Gustave Lemoine. *Chez J. Meissonnier: Paris*, [1845?] fol. Hirsch M. **1297. (54.)**

PUGET, afterwards **LEMOINE** (LOÏSA)
—— La Fête du printemps. [Song.] Paroles de Mr Gustave Lemoine. pp. 3. *Chez les fils de B. Schott: Mayence*, [1853.] fol. Hirsch M. **1304. (25.)**
Lyre française. no. 482.

PUGET, afterwards **LEMOINE** (LOÏSA)
—— Fleur des champs. Romance, paroles de Mr Gustave Lemoine. pp. 3. *Chez Mme Leduc: Paris*, [1840?] fol.
Hirsch M. **1298. (39.)**

PUGET, afterwards **LEMOINE** (LOÏSA)
—— Fleurs de bruyère. [Song.] Paroles de Mr Gustave Lemoine. pp. 3. *Ches les fils de B. Schott: Mayence*, [1846?] fol. Hirsch M. **1304. (24.)**
Lyre française. no. 226.

PUGET, afterwards **LEMOINE** (LOÏSA)
—— Interrogez-moi. [Song.] Paroles de Mr Gustave Lemoine. *Chez J. E. Libau: Bruxelles*, [1845?] fol.
Hirsch M. **1297. (53.)**

PUGET, afterwards **LEMOINE** (LOÏSA)
—— Le Major Schlagmann, ou l'Exercice à la prussienne. [Song.] Paroles de G. Lemoine. *Chez les fils de B. Schott: Mayence*, [1843?] 4º. Hirsch M. **1302. (5.)**
Lyre française. no. 35.

PUGET, afterwards **LEMOINE** (LOÏSA)
—— Nina la brune, ou il n'y a plus d'amoureux. [Song.] . . . Paroles de Mr Gustave Lemoine. *Au bureau de la France musicale: Paris*, [1840?] fol.
Hirsch M. **1297. (46.)**

PUGET, afterwards **LEMOINE** (LOÏSA)
—— La Petite bergère, ou le Charme de la voix. [Song.] Paroles de Mr Gustave Lemoine. *Heugel: Paris*, [1845?] fol. Hirsch M. **1297. (45.)**

PUGET, afterwards **LEMOINE** (LOÏSA)
—— Rends-moi ton amour! [Song.] Paroles de Mr Gustave Lemoine. pp. 3. *Chez les fils de B. Schott: Mayence*, [1847?] fol. Hirsch M. **1304. (26.)**
Lyre française. no. 418.

PUGET, afterwards **LEMOINE** (LOÏSA)
—— Douze romances . . . Paroles de Mr G. Lemoine. Dessins de Mrs. Deveria, Grenier, Jules David. ⟨Accompt de guitare par M. Carcassi.⟩ *Chez J. Meissonnier: Paris*, [1845?] 8º. Hirsch III. **999**.

PUGET, afterwards **LEMOINE** (LOÏSA)
—— Le Serment devant Dieu. [Song] . . . Paroles de Mr Gustave Lemoine. *Heugel: Paris*, [1845?] fol.
Hirsch M. **1297. (47.)**

PUGET, afterwards **LEMOINE** (LOÏSA)
—— Le Soleil de ma Bretagne. 3me édition. Mélodie. [Song] . . . Paroles de M. Gustave Lemoine. *J. Meissonnier: Paris*, [1845?] fol. Hirsch M. **1297. (49.)**

PUGET, afterwards **LEMOINE** (LOÏSA)
—— Son nom. [Song] . . . Paroles de Mr Gustave Lemoine. *Chez Friard Larpin: Genève*, [1845?] fol.
Hirsch M. **1297. (51.)**

PUGET, afterwards **LEMOINE** (LOÏSA)
—— Les Yeux d'une mère. Huit ans d'absence. [Song.] Paroles de M. Gustave Lemoine. *J. Meissonnier: Paris*, [1840?] fol. Hirsch M. **1297. (48.)**

PUGNI (CESARE)
—— [Stella.] *See* ETTLING (E.) Stella. Polka . . . musique de Pugni. Pour le piano par E. Ettling. [1850?] fol.
Hirsch M. **1312. (4.)**

PURCELL (HENRY)
—— [Another copy.] The Works of Henry Purcell. 26 vol. *London*, 1878–1928. fol. Hirsch IV. **1008**.

PURCELL (HENRY)
—— [Abdelazer.] Spielmusik für kleines Streichorchester zum Trauerspiel "Abdelazer" (1695). Eingerichtet von Hilmar Höckner. [Score and parts.] 6 pt. *Georg Kallmeyer: Wolfenbüttel*, 1926. obl. 8º.
Hirsch M. **460**.
Beihefte zum Musikanten. Reihe 2. no. 4.

PURCELL (Henry)

—— [The Fairy Queen.] Spielmusik zum Sommernachtstraum, für vier Streich- oder Blasinstrumente und Generalbass. [Selections.] ⟨Herausgegeben von Hilmar Höckner. Generalbass-Bearbeitung von Friedrich Wilhelm Lothar.⟩ [Parts.] 5 pt. *Bärenreiter-Verlag: Kassel,* [1937.] 8°. Hirsch M. **461**.
Part of " Gesellige Spielmusik."

PUSCHMANN (Adam)

—— [Another copy.] Das Singebuch des Adam Puschmann, *etc. Leipzig,* [1906.] fol. Hirsch M. **1140**.

QUADRILLES.

—— The Lancers' Quadrilles; or, Duval of Dublin's second set, *etc.* [P.F.] pp. 9. *Robert Cocks and Co.: London,* [1850?] fol. Hirsch M. **1314. (21.)**

QUE.

—— Que de peine et mourir! Chanson. *See* PARIZOT (V.)

QUEL.

—— Quel suono, ohimè. Aria. *See* MOZART (W. A.) [*Die Zauberflöte.—Wie stark ist nicht dein Zauberton.*]

QUESTO.

—— Questo sol ch'e si funesto. Air. *See* ZINGARELLI (N. A.)

QUIDANT (Joseph R. Alfred)

—— Petit enfant. Mélodie. [Song.] Paroles de A. Boudin. pp. 3. *Chez les fils de B. Schott: Mayence,* [1853.] fol. Hirsch M. **1301. (3.)**
Lyre française. no. 464.

RABSCH (Edgar) and BURKHARDT (Hans)

—— Musik. Ein Unterrichtswerk für die Schule. Herausgegeben von E. Rabsch . . . Prof. Dr. H. Burkhardt, *etc.* [With plates.] 5 vol.

Tl. 1. Sexta bis Quarta. pp. xvi. 254. 1928.
Tl. 2. Unter-Tertia bis Unter-Sekunda. pp. xx. 316. 1928.
Tl. 3. Ober-Sekunda und Prima. pp. viii. 248. 1929.
Chorbuch für gemischten Chor. pp. ix. 279. 1929.
Chöre für gleiche Stimmen. Hft. II: Musik und Kirche. pp. 112. 1931.

Moritz Diesterweg: Frankfurt a. M., 1928-31. 8°. Hirsch M. **462**.
Hft. 1 of " Chöre für gleiche Stimmen " was probably never published.

RACCOLTA.

—— Racolta di sonate per organo contenente, sinfonie, offertori, elevazioni, versetti, *etc. Giuseppe Lorenzi: Firenze,* [1810?] obl. fol. Hirsch M. **1290. (5.)**
Imperfect; wanting all except fasc. 10, *classe* 4.

RACHELINA.

—— La Rachelina. Aria. *See* PAISIELLO (G.)

RADICATI (Felice Alessandro)

—— *See* MARTIN Y SOLAR (V.) [*La Scuola dei maritati.*] Martini's celebrated Polacca . . . with additions . . . composed . . . by F. Radicati. [1811?] fol.
Hirsch M. **1275. (15.)**

RADINO (Giovanni Maria)

—— [Another copy.] Il Primo libro d'intavolatura . . . Facsimile with transcription by Rosamond E. M. Harding. *Cambridge,* 1949. 4°. Hirsch M. **462. a.**

RADZIWILL (Anton Heinrich) *Prince.*

—— Compositionen zu Göthe's Faust. Partitur, *etc.* pp. 589. *Bei T. Trautwein: Berlin,* [1845?] fol. Hirsch II. **760**.

RADZIWILL (Anton Heinrich) *Prince.*

—— [Another copy.] Compositionen zu Göthe's Faust . . . Vollständiger Klavierauszug von J. P. Schmidt. *Berlin,* [1835.] fol. Hirsch M. **1141**.
Without the second lithographed titlepage.

RADZIWILL (Anton Heinrich) *Prince.*

—— Compositionen zu Göthe's Faust . . . Vollständiger Klavierauszug von J. P. Schmidt. [With illustrations.] *T. Trautwein: Berlin,* [1835.] obl. fol.
Hirsch IV. **1452**.
Another edition, printed from the same plates as the preceding, but reimposed on oblong folio sheets, 4 pages to a sheet, each page being enclosed within a decorative border designed by Adolph von Menzel.

RAFF (Joseph Joachim)

—— Concert No. 2. für die Violine mit Begleitung des Orchesters . . . Op. 206. Partitur, *etc.* pp. 144. *C. F. W. Siegel's Musikalienhandlung: Leipzig,* [1878.] 8°.
Hirsch M. **463**.

RAIMONDI (Pietro)

—— [Argia.] Cavatina. Risplendi o suol beato. [P.F.] pp. 5. *R. Mills: London,* [1845?] fol.
Hirsch M. **1289. (9.)**
Euterpe, a periodical collection, etc. no. 174.

RAIMUND (Ferdinand)

—— Raimund-Liederbuch. Lieder und Gesänge aus Ferdinand Raimunds Werken. [By F. Raimund, Wenzel Müller, Josef Drechsler, and Konradin Kreutzer. Edited by Hedwig Kraus.] 9 no. *Wiener Drucke:* [*Vienna,*] 1924. obl. 8°. Hirsch M. **464**.
Another edition, edited by Alfred Orel, is entered under his name.

RAMEAU (Jean Philippe)

—— [Another copy.] Œuvres complètes, *etc.* 18 tom. F.P. *Paris,* 1895-1924. fol. Hirsch IV. **1010**.
One of an edition of twenty-five copies.

RAMEAU (Jean Philippe)
—— Pièces de clavecin en concert. Trios pour piano, violon et violoncelle. Extrait du tome II des œuvres complètes publiées sous la direction de C. Saint-Saëns. [Score and parts.] 3 pt. *A. Durand & fils: Paris*, [1896?] fol.
Hirsch M. **1142**.

RAMEAU (Jean Philippe)
—— [Zoroastre.] Tänze aus "Zoroastre." Herausgegeben und eingeleitet von Hermann W. v. Waltershausen. Klavierbearbeitung von Herman Roth. [With a portrait.] pp. xxii. 59. *Drei Masken Verlag: München*, 1922. 8°.
Hirsch M. **465**.
One of the "Musikalische Stundenbücher."

RANDHARTINGER (Benedict)
—— *See* Rossini (G. A.) Le Comte Ory . . . reduit pour le piano-forte seul par B. Randhartinger. [1829.] obl. fol.
Hirsch IV. **1264**.

RANDHARTINGER (Benedict)
—— Abendlied, von F. H. Slawik. [Song.] *See* Beethoven (L. van) Canon zu sechs Stimmen, *etc.* [1823.] s. sh. obl. 4°.
Hirsch IV. **452**.

RAPHAEL (Guenter)
—— *See* Breitkopf (B. T.) Goethes Leipziger Liederbuch . . . Neu bearbeitet von G. Raphael. [1932.] 4°.
Hirsch M. **812**.

RASTLOSE.
—— Rastlose Liebe. [Song.] *See* Reichardt (J. F.)

RASTLOSE.
—— Rastlose Liebe. [Part-song.] *See* Schumann (R. A.) [Sechs Lieder. Op. 33. No. 5.]

RATS.
—— Les Rats de l'opéra. [Song.] *See* Lhuillier (E.)

RATTO DAL SERAGLIO.
—— Il Ratto dal seraglio. Opera. *See* Mozart (W. A.) [Die Entführung aus dem Serail.]

RAUGEL (Felix)
—— *See* Lulli (G. B.) Œuvres complètes, *etc.* ⟨Les Motets. tom. 1. Réalisation de la basse-continue à l'orgue par F. Raugel.⟩ 1930–39. fol. Hirsch IV. **983**.

RAVEL (Maurice)
—— Bolero. Partition d'orchestre . . . (format de poche), *etc.* pp. 66. *Durand & cⁱᵉ: Paris*, [1935?] 8°.
Hirsch M. **466**.

RAVEL (Maurice)
—— Rapsodie espagnole. Partition d'orchestre, *etc.* pp. 89. *A. Durand & fils: Paris*, [1908.] fol. Hirsch M. **1143**.

SIG. 44.—PART 53.

REBEL (Jean Ferry)
—— Les Caractères de la danse. Histoire d'un divertissement pendant la première moitié du XVIIIᵉ siècle [by Pierre Aubry and Émile Dacier]. Avec un portrait . . . de Mˡˡᵉ Prévost et une réalisation de la partition originale de J.-F. Rebel. pp. 24. 16. *Honoré Champion: Paris*, 1905. 4°.
Hirsch M. **467**.

REBER (Napoléon Henri)
—— Hai luli. Chanson russe, tirée de la nouvelle des Prisonniers du Caucase de Xavier de Maistre. pp. 3. *Chez Richault: Paris*, [1840?] fol. Hirsch M. **1298**. (**41**.)

REBER (Napoléon Henri)
—— Le Père Gaillard, opéra comique en trois actes, paroles de Mʳ T. Sauvage, *etc.* [Score.] pp. 409. *Colombier: Paris*, [1852.] fol. Hirsch II. **796**.

RECHENSCHAFT.
—— Rechenschaft. Lied mit Chor. *See* Zelter (C. F.)

RECUEIL.
—— Recueils d'ariettes et romances tirées de différens opéras arrangées pour une flûte. liv. 1–8. *Chez B. Schott: Mayence*, [1805?] 8°. Hirsch III. **476**.
The title of liv. 5 reads "Receuil [sic] d'ariettes et romances choisies des operettes les plus belles."

REDLER (G.)
—— Les Petites caledoniennes. Quadrille. Les Enfans de Brunswick, 8ᵗʰ set, pour le piano forte. pp. 5. *Leoni Lee, & Coxhead: London*, [1850?] fol.
Hirsch M. **1310**. (**19**.)

REDMOND (Walter)
—— Did you ever catch a Weasel asleep? [Song.] Written by Geoffrey Thorn, *etc.* pp. 5. *Hopwood & Crew: London*, [1875?] fol. Hirsch M. **1313**. (**2**.)

REEVE (William)
—— [Five Miles off.] O, the Hawthorn was blowing . . . [Song] in the Comedy of Five Miles off or the Finger post, written by Mr. T. Dibdin. Arranged for the harp or piano forte, by W. Reeve. pp. 3. *Wʳ Turnbull: London*, [1807?] fol. Hirsch M. **1277**. (**24**.)

REEVE (William)
—— [Two little Gipsies.] Giles Scroggin's Ghost, a favorite Ballad sung . . . in the Entertainment of the Two little Gipsies, written by C. Dibdin, junʳ. pp. 3. *Preston: London*, [1807?] fol. Hirsch M. **1277**. (**25**.)
Watermark date 1807.

REGENLIED.
—— Regenlied. Für eine Singstimme. *See* Brahms (J.)

REGENSBURG.
—— Regensburgs Bürger an den 1 Januar 1803. Eine Ode. *See* Sterkel (J. F. X.)

REGER (Max)

—— Eine Ballettsuite für Orchester . . . Op. 130. Partitur. pp. 119. *C. F. Peters: Leipzig*, 1913. 8°.
Hirsch M. **468**.
Edition Peters. no. 3382.

REGER (Max)

—— Konzert (A dur) für Violine mit Begleitung des Orchesters oder Pianoforte . . . Opus 101. Partitur. pp. 175. *C. F. Peters: Leipzig*, [1921.] fol. Hirsch M. **1144**.
Edition Peters. no. 3113.

REGER (Max)

—— [Der 100. Psalm.] Psalm 100 . . . Op. 106. [Score. With a portrait.] pp. 160. *Wiener Philharmonischer Verlag: Wien*, 1925. 8°. Hirsch IV. **899**.
Philharmonia Partituren. no. 157.

REGER (Max)

—— Serenade für Orchester. Opus 95. Partitur. pp. 221. *Ed. Bote & G. Bock: Berlin*, [1910?] 4°.
Hirsch M. **1145**.

REGER (Max)

—— [Another copy.] Sinfonietta für Orchester . . . Opus 90. Partitur. *Leipzig*, [1905.] fol. Hirsch M. **1146**.
With 2 sheets of errata inserted.

REGER (Max)

—— Symphonischer Prolog zu einer Tragödie für grosses Orchester . . . Op. 108. Partitur. pp. 130. *C. F. Peters: Leipzig*, [1921.] 8°. Hirsch M. **469**.
Edition Peters. no. 3569.

REGER (Max)

—— Variationen und Fuge für Orchester über ein Thema von Mozart [from the Andante of the Pianoforte Sonata K. 331]. Opus 132. Kleine Partitur. pp. 98. *N. Simrock: Berlin & Leipzig*, [1914.] 8°.
Hirsch M. **470**.

REGER (Max)

—— [Another copy.] Variationen und Fuge über ein lustiges Thema von Joh. Ad. Hiller für Orchester . . . Opus 100. Partitur, *etc. Leipzig*, [1907.] fol. Hirsch M. **1147**.

REGER (Max)

—— Eine Vaterländische Ouvertüre für grosses Orchester. Opus 140. Kleine Partitur. pp. 60. *N. Simrock: Berlin & Leipzig*, [1915.] 8°. Hirsch M. **471**.
Reproduced photographically, in a reduced form, from the folio edition of 1914.

REGER (Max)

—— *See* MOZART (W. A.) [*Don Giovanni.*] Il Dissoluto punito . . . Don Juan . . . Partitur. MS. ANNOTATIONS [by M. Reger]. [1871.] fol. [*Mozart's Opern. Partitur-Ausgabe.* no. 5.] Hirsch II. **629**.

REICHA (Anton Joseph)

—— Sonate pour piano forte avec accompagnement de violon et violoncelle . . . Oeuv. 47. [Parts.] 3 pt. *Chez Breitkopf & Härtel: Leipsic*, [1804.] *obl.* fol. & fol.
Hirsch M. **1148**.

REICHARD (F.) *See* REICHARDT (J. F.)

REICHARDT (Johann Friedrich)

—— Dythirambe [*sic*]. [Song.] *Bei G. Vollmer: Hamburg*, [1805?] *obl.* fol. Hirsch III. **1016**.

REICHARDT (Johann Friedrich)

—— Erlkœnig, von Gœthe. [Song.] pp. 5. *Bey A. Cranz: Hamburg*, [1820?] *obl.* fol. Hirsch III. **1018**.

REICHARDT (Johann Friedrich)

—— [Another copy.] Göthe's Lieder, Oden, Balladen und Romanzen, mit Musik. *Leipzig*, [1809.] *obl.* fol.
Hirsch III. **1031**.

REICHARDT (Johann Friedrich)

—— Kam ein Wandrer einst gegangen, *Romanze*, von Mahlmann, mit Begleitung des Piano-Forte. pp. 3. *Bei Concha und Lischke: Berlin*, [1805?] *obl.* fol. Hirsch III. **1037**.

REICHARDT (Johann Friedrich)

—— Hundert leichte Uebungsstücke für zwei Waldhörner, herausgegeben von J. F. Reichardt. [Parts.] 2 pt. *Bei Gerhard Fleischer: Leipzig*, [1810?] *obl.* 8°.
Hirsch III. **479**.

REICHARDT (Johann Friedrich)

—— Nach Sevilla. *Spanisches Lied.* [Song. By J. F. Reichardt.] pp. 3. [1805?] *obl.* fol. *See* NACH.
Hirsch III. **1026**.

REICHARDT (Johann Friedrich)

—— Rastlose Liebe, von Göthe. [Song.] [1810.] *s. sh. obl.* 8°.
Hirsch IV. **461**.
Contained in "*Prometheus. Eine Sammlung deutscher Original-Aufsätze . . . Herausgegeben von J. L. Stoll.*"

REICHARDT (Johann Friedrich)

—— Romantische Gesänge. pp. 19. *Ambrosius Kühnel: Leipzig*, [1805.] *obl.* fol. Hirsch III. **1022**.

REICHARDT (Johann Friedrich)

—— [Another copy.] Schillers lyrische Gedichte in Musik gesetzt, *etc. Leipzig*, [1810?] *obl.* fol. Hirsch III. **1020**.
Without the leaf in Hft. 1 *containing the dedication.*

REICHARDT (Johann Friedrich)

—— Spanisches Lied. *See supra:* Nach Sevilla.

REICHARDT (Johann Friedrich)

—— Die Uhr der Liebe. [Song.] Poesie von A. L. v: Arnim. [1810.] *s. sh. obl.* 8°. Hirsch IV. **461**.
Contained in "*Prometheus. Eine Sammlung deutscher Original-Aufsätze . . . Herausgegeben von J. L. Stoll.*"

REICHARDT (JOHANN FRIEDRICH)
—— Weihnachts-Cantilene von Matthias Claudius . . . [Cantata.] Neuer Clavierauszug, *etc.* [Vocal score.] pp. 44. *Bei A. Cranz: Hamburg,* [1830?] *obl. fol.*
Hirsch IV. **1245.**

REICHARDT (JOHANN FRIEDRICH)
—— *See* BLUMEN. Die köstlichsten Blumen und Früchte . . . Mit Musik von J. F. Reichardt . . . u.a. [1811.] 8°.
Hirsch III. **658.**

REICHARDT (LUISE)
—— Ausgewählte Lieder. Herausgegeben und eingeleitet von Gerty Rheinhardt. [With a facsimile of the autograph.] pp. xvii. 39. *Drei Masken Verlag: München,* 1922. 8°.
Hirsch M. **472.**
One of the " Musikalische Stundenbücher."

REICHARDT (LUISE)
—— Sechs geistliche Lieder unserer besten Dichter. Vierstimmig bearbeitet für 2 Sopran- und 2 Alt-Stimmen. [Score and parts.] pp. 32. *Hamburg,* 1823. *obl. fol.*
Hirsch III. **1041.**
The colophon reads " Lithographirt bey Uckermann in Erfurt."

REICHARDT (LUISE)
—— Zwölf Gesänge mit Begleitung der Guitarre. 6 no. *Bei C. G. Förster: Breslau,* [1820?] *obl. fol.*
Hirsch III. **1040.**
Each number contains two songs. Lithographed throughout.

REICHENBACH (HERMAN)
—— *See* RHAU (G.) Bicinia Germanica . . . Übertragen von H. Reichenbach. 1926. 8°. Hirsch M. **473.**

REIGERBAIZE.
—— Die Reigerbaize. Ballade. *See* LOEWE (J. C. G.)

REIMANN (HEINRICH)
—— *See* BACH (J. S.) Passionsmusik nach dem Evangelisten Johannes, bearbeitet von H. Reimann, *etc.* [1906.] fol.
Hirsch IV. **674.**

REINCKEN (JOHAN ADAM)
—— Toccata. ⟨Herausgegeben von Max Seiffert.⟩ [Organ.] [1925.] *See* SEIFFERT (M.) Organum, *etc.* Reihe 4. Hft. 5. a. [1924–30?] fol. Hirsch M. **1204.**

REITERLIED.
—— Reiterlied. [Song.] *See* LOEWE (J. C. G.) Fünf Lieder. Op. 145. No. 5.

RELFE (JOHN)
—— The Chieftain. [Song.] With an accompaniment for the harp or piano forte. pp. 4. *Printed for the Proprietor, J. Relfe; sold by Goulding & Co.:* [London, 1820?] fol.
Hirsch IV. **1297. a. (7.)**
Watermark date 1820.

RELICS.
—— Antient Relics for the Piano Forte. no. 1–7. *Chappell & Co.: London,* [1813?–20?] fol.
Hirsch M. **1287. (1.)**

REMBT (JOHANN ERNST)
—— Achtzehn vierstimmige Fugetten für die Orgel, *etc.* pp. 15. *Bey Breitkopf und Härtel: Leipzig,* [1809?] fol.
Hirsch III. **480.**

RENDEZ-VOUS.
—— Le Rendez-vous. [Song.] *See* MEES (J.)

RENDIMI.
—— Rendimi ai dolci amplessi. *See* WINTER (P. von) [*Il Ratto di Proserpina.*]

RENDS.
—— Rends-moi ton amour! [Song.] *See* PUGET, afterwards LEMOINE (L.)

REPERTOIRE.
—— Répertoire des clavecinistes. ⟨suite [1–17.]⟩ 17 vol. *Chez Jean George Naigueli: Zuric,* [1803–05?] *obl. fol.*
Hirsch IV. **1012.**
Including two copies of suite 11 and suite 15.

RESIGNATION.
—— Resignation. [Song.] *See* BEETHOVEN (L. van)

RÉVEIL.
—— Le Réveil du peuple en 1830. [Song.] *See* GAVEAUX (P.)

REVENANT.
—— Le Revenant. Opéra fantastique. *See* GOMIS (J. M.)

RÊVERIE.
—— Rêverie. Mélodie. *See* DAVID (F. C.)

REVIUS (L. F.)
—— Plus d'esclavage. Uncle Toms Galop. Op. 7 . . . dedié à Mrs. Harriet Beecher Stowe. ⟨3ᵉ édition.⟩ *La Haye,* [1855?] fol. Hirsch M. **1298. (42.)**

REYLOFF (EDMUND)
—— Hop de dooden doo Quadrille. Arranged by E. Reyloff. pp. 6. *Davidson: London,* [1860?] fol.
Hirsch M. **1314. (22.)**
The Musical Treasury. no. 967–8.

RHAU (GEORG)
—— Bicinia Germanica. Deutsche Volkslieder zu zwei gleichen oder gemischten Stimmen . . . Übertragen von Herman Reichenbach. pp. 61. *Georg Kallmeyer: Wolfenbüttel,* 1926. 8°. Hirsch M. **473.**
One of " Beihefte zum Musikanten."

RHEINHARDT (Gerty)
—— See Reichardt (L.) Ausgewählte Lieder. Herausgegeben und eingeleitet von G. Rheinhardt. 1922. 8°.
Hirsch M. **472**.

RHEINMOEVE.
—— Die Rheinmöve. [Song.] See Hiller (F.)

RICHTER (Ernst Friedrich Eduard)
—— See Mozart (W. A.) La Clemenza di Tito. Titus . . . für das Pianoforte zu 2 Händen eingerichtet von E. F. Richter. [1895?] fol.
Hirsch M. **1055**.

RICHTER (Ernst Friedrich Eduard)
—— See Mozart (W. A.) [*Don Giovanni.*] Don Juan . . . Arrangement von E. F. Richter. [P.F. solo.] [1890?] fol.
Hirsch M. **1078**.

RICHTER (Ernst Friedrich Eduard)
—— See Mozart (W. A.) Idomeneo . . . für das Pianoforte zu 2 Händen eingerichtet von E. F. Richter. [1890?] fol.
Hirsch M. **1092**.

RICHTER (Ernst Friedrich Eduard)
—— See Mozart (W. A.) Die Zauberflöte, *etc.* [Arranged for P.F. solo by E. F. E. Richter.] [1890?] fol.
Hirsch M. **1120**.

RICHTER (Franz Xaver)
—— Sinfonie, C moll, für Streicher und Konzertflügel . . . Herausgegeben und bearbeitet von Robert Sondheimer. [Score.] pp. 26. *Edition Bernoulli: Berlin*, [1932.] 8°. [*Werke aus dem* 18. *Jahrhundert.* no. 25.]
Hirsch IV. **1020**.

RICKL (Michael)
—— Empfindung eines Armen/: Bey Lesung des letzten Bulletins im Tagblatte Nro. 205:/ für Gesang und Klavier bearbeitet, *etc.* [Song. *Begin.* O goldne Zeiten.] pp. 4. *Auf Stein gestochen von Theobaldus Senefelder: München*, 1802. obl. fol.
Hirsch III. **1044**.
Lithographed throughout.

RIEFFEL (H. W.)
—— Ermunterung. Gesang für vier Männerstimmen. [1838.] See Periodical Publications.—Leipsic.—*Neue Zeitschrift für Musik.* [Sammlung von Musik-Stücken, *etc.*] Hft. 2. [1838, *etc.*] fol.
Hirsch M. **1134**.

RIEMANN (Carl Wilhelm Julius Hugo)
—— Altmeister des Klavierspiels. 42 berühmte Klavierstücke von M. A. Rossi, Couperin [and others] . . . Phrasierungsausgabe mit Fingersatz von Dr. H. Riemann. pp. 168. *Steingräber Verlag: Leipzig*, [1889.] fol.
Hirsch M. **1149**.

RIEMANN (Carl Wilhelm Julius Hugo)
—— [Another copy.] Kantaten-Frühling. (1033–1682.) Vierzehn-Kantaten . . . herausgegeben von . . . H. Riemann. *Leipzig*, [1912.] 4°.
Hirsch M. **1150**.

RIEMANN (Carl Wilhelm Julius Hugo)
—— [A reissue.] Musikgeschichte in Beispielen, *etc.* pp. 16. 334. *E. A. Seeman: Leipzig*, 1912. 8°.
Hirsch M. **474**.

RIES (Ferdinand)
—— Air styrien composé par C. Fischer, varié pour le pianoforte. pp. 5. *Bei Dunst: Bonn*, [1840?] fol.
Hirsch M. **1303**. (**18**.)
A slip bearing the imprint " Bey G. H. Hedler Frankfurt a/M " has been pasted over the original imprint.

RIES (Ferdinand)
—— [Another copy.] Trois quatuors pour flûte, violon, alto et violoncelle . . . Op. 145. No. 1. ⟨II.⟩ [Parts.] *Bonn; Paris*, [1825?] fol.
Hirsch III. **483**.
Imperfect; wanting no. 3.

RIES (Ferdinand)
—— Grand sextuor pour le pianoforté, 2 violons, alto, violoncelle et contre basse, où se trouve introduit l'air favorit: " The Last Rose of Summer " . . . Op. 100. [Parts.] 6 pt. *Chez N. Simrock: Bonn et Cologne*, [1822.] fol.
Hirsch III. **484**.

RIES (Ferdinand)
—— The Third Sonata, for the Piano Forte & Violin . . . Opera 3. [Parts.] 2 pt. *L. Lavenu: [London*, 1878?] fol.
Hirsch M. **1290**. a. (**8**.)
Watermark date 1818.

RIES (Ferdinand)
—— The Twenty Sixth Sonata for the Piano forte & Violin . . . Op. 30. No. 3. [Parts.] 2 pt. *L. Lavenu: London*, [1816?] fol.
Hirsch M. **1290**. a. (**9**.)
Watermark date 1816. *A slip bearing the imprint " E. Lavenu " has been pasted over the original imprint.*

RIES (Ferdinand)
—— The Thirtieth Sonata for the Piano Forte & Violin . . . Op. 38. [Parts.] 2 pt. *E. Lavenu: London*, [1816?] fol.
Hirsch M. **1290**. a. (**10**.)
Watermark date 1816.

RIES (Ferdinand)
—— The Thirty Eighth Sonata for the Piano Forte & Flute (ad lib.) in which is introduced the favorite air of " He is all the World to me " by H. R. Bishop . . . Op. 76. [Parts.] 2 pt. *L. Lavenu: London*, [1820?] fol.
Hirsch M. **1290**. a. (**11**.)

RIES (Ferdinand)
—— The Forty First Sonata for the Piano Forte, with a Violin accompaniment (ad libitum) . . . Op. 81. no. 2. [Parts.] 2 pt. *Clementi & Cº: London*, [1819?] fol.
Hirsch M. **1290**. a. (**12**.)
Watermark date 1819.

RIETZ (Julius)

—— Hexenküche aus Faust von Göthe. [Song, with orchestra.] Partitur. [1841.] *See* Periodical Publications.—Leipsic.—*Neue Zeitschrift für Musik.* [Sammlung von Musik-Stücken, *etc.*] Hft. 15. [1838, *etc.*] fol.
Hirsch M. **1134**.

RIETZ (Julius)

—— *See* Mozart (W. A.) [*Collected Works.—f. Vocal Works, Songs, etc.*] Mozart's Opern. Partitur-Ausgabe. [Revised by J. Rietz.] [1868–72.] fol. Hirsch II. **629**.

RIGEL (Heinrich Joseph)

—— Adagio . . . Für Violine und Klavier bearbeitet von Robert Sondheimer. [Parts.] 2 pt. *Edition Bernoulli: Berlin, Basel*, [1923.] fol. [*Werke aus dem 18. Jahrhundert.* no. 12.] Hirsch IV. **1020**.

RIGEL (Heinrich Joseph)

—— Andante, G dur no. 1 . . . Für Violine und Klavier bearbeitet von Robert Sondheimer. [Parts.] 2 pt. *Edition Bernoulli: Berlin, Basel*, [1923.] fol. [*Werke aus dem 18. Jahrhundert.* no. 14.] Hirsch IV. **1020**.

RIGEL (Heinrich Joseph)

—— Andante, G dur, no. 2 . . . Für Violine und Klavier gesetzt von Robert Sondheimer. [Parts.] 2 pt. *Edition Bernoulli: Berlin, Basel*, [1924.] fol. [*Werke aus dem 18. Jahrhundert.* no. 18.] Hirsch IV. **1020**.

RIGEL (Heinrich Joseph)

—— Sinfonie à grande orchestre pour 2 violons, viola, basso, 2 hautbois, 2 cors, 2 trompettes et timbales, *etc.* ⟨Neu herausgegeben und mit allen Vortragszeichen versehen von Robert Sondheimer. [Score.] pp. 14. *Edition Bernoulli: Basel, Berlin*, [1922.] fol. [*Werke aus dem 18. Jahrhundert.* no. 5.] Hirsch IV. **1020**.

RIGHINI (Vincenzo)

—— *See* Blumen. Die köstlichsten Blumen und Früchte . . . Mit Musik von . . . V. Righini . . . u. a. [1811.] 8º.
Hirsch III. **658**.

RIMBAULT (Stephen Francis)

—— *See* Mozart (W. A.) [*Collected Works.—e. Pianoforte and Organ Works.—Smaller Collections and Arrangements.*] Twelve Rondo's, Marches & Airs selected from the works of Mozart and arranged for the piano forte by S. F. Rimbault. [1817?] fol. Hirsch M. **1287. (8.)**

RIMBAULT (Stephen Francis)

—— *See* Mozart (W. A.) [*Die Zauberflöte.—Das klinget so herrlich.*] Away with Melancholy . . . varied for the piano forte by S. F. Rimbault. pp. 4. [1810?] fol.
Hirsch M. **1123. (7.)**

RIMSKY-KORSAKOV (Nikolai Andreevich)

—— [Another copy.] "Антаръ." Симфоническая сюита (IIᵃ симфонія) для оркестра . . . Новое изданіе . . . "Antar." Suite symphonique . . . Op. 9. Nouvelle édition. [Score.] *St. Petersbourg*, [1903?] 8º.
Hirsch M. **475**.

RIMSKY-KORSAKOV (Nikolai Andreevich)

—— Capriccio espagnol pour grand orchestre . . . Op. 34 . . . Partition d'orchestre, *etc.* pp. 93. *M. Belaieff: Leipzig*, 1888. 8º. Hirsch M. **476**.
The titlepage is printed in colours.

RIMSKY-KORSAKOV (Nikolai Andreevich)

—— [Сказка.] Conte féerique pour grand orchestre . . . Op. 29. Partition d'orchestre, *etc.* pp. 79. *M. P. Belaieff: Leipzig*, 1886. 8º. Hirsch M. **477**.

RIMSKY-KORSAKOV (Nikolai Andreevich)

—— Scheherazade, d'après "Mille et une nuits." Suite symphonique pour orchestre . . . Op. 35. Partition, *etc.* pp. 227. *M. P. Belaieff: Leipzig*, [1889?] 8º.
Hirsch M. **477. a.**
The titlepage and front wrapper are printed in colours. The wrapper bears the title in Russian.

RIMSKY-KORSAKOV (Nikolai Andreevich)

—— *See* Glinka (M. I.) Русланъ и Людмила, *etc.* [Edited by N. A. Rimsky-Korsakov and others.] [1878.] fol.
Hirsch II. **258**.

RIMSKY-KORSAKOV (Nikolai Andreevich)

—— *See* Glinka (M. I.) Жизнь за Царя . . . Новое изданіе пересмотренное и исправленное Н. А. Римскимъ-Корсаковымъ и А. К. Глазуновымъ. 1907. fol.
Hirsch II. **260**.

RIMSKY-KORSAKOV (Nikolai Andreevich)

—— *See* Musorgsky (M. P.) Une Nuit sur le mont chauve . . . Achevée et instrumentée par N. Rimsky-Korsakoff, *etc.* [1912?] 8º. Hirsch M. **436**.

RIMSKY-KORSAKOV (Nikolai Andreevich)

—— *See* Musorgsky (M. P.) Oeuvres posthumes . . . Сочинения для оркестра инструментованныя Н. А. Римскимъ-Корсаковымъ. [1912?] 8º. Hirsch M. **435**.

RINGMANN (Heribert)

—— *See* Glogau Songbook. Das Glogauer Liederbuch . . . Herausgegeben von H. Ringmann. 1936, 37. fol. [*Das Erbe deutscher Musik.* Reihe 1. Reichsdenkmale. Bd. 4, 8.] Hirsch IV. **960**.

RIOTTE (Philipp Jacob)

—— *See* Boildieu (F. A.) [*Jean de Paris.*] Ouverture . . . arrangée à quatre mains pour le piano-forté par P. J. Riotte. [1813?] *obl.* fol. Hirsch M. **1290. (1.)**

RITTER TOGGENBURG.

—— Ritter Toggenburg. Ballade. *See* Klein (B. J.)

RITTER (Christian)

—— "Gott hat Jesum erwecket," für Sopran, Alt, Tenor und Bass, 2 Violinen, Fagott (oder Violoncell und Bass), Cembalo und Orgel. (Komp. 1706.) Partitur, *etc.* ⟨Bearbeitet von Max Seiffert.⟩ pp. 23. *Fr. Kistner & C. F. W. Siegel: Leipzig*, [1925.] fol. [*Organum.* Reihe 1. no. 9.] Hirsch M. **1204**.

RITTER (Christian)
—— Sonatina... Herausgegeben von Max Seiffert. [Organ.] [1925.] *See* Seiffert (M.) Organum, *etc.* Reihe 4. Hft. 5. b. [1924–30?] fol. Hirsch M. **1204.**

RITTER (K. A.)
—— Walse tirée de l'ouverture de l'opéra Oberon de C. M. de Weber, composée pour piano. pp. 3. *Chez les fils de B. Schott: Mayence,* [1828?] 8°. Hirsch M. **1300.** (**20.**)

RITTER (K. A.)
—— *See* Auber (D. F. E.) Fra Diavolo oder Das Gasthaus von Terracina... Für die deutsche Bühne bearbeitet von K. A. Ritter. [1835?] fol. Hirsch II. **16.**

RITTER (M.)
—— *See* Bach (J. S.) Joh. Seb. Bachs Kunst der Fuge. Mit in den Notentext eingefügten Analysen und Bemerkungen von M. Ritter. [1910.] 8°. Hirsch M. **23.**

RIVAL CONFIDENT.
—— Le Rival confident. Opéra comique. *See* Grétry (A. E. M.)

ROBIN ADAIR.
—— Robin Adair, the much admired Ballad, *etc. See* What. What's this dull town to me? [1810?] fol. Hirsch M. **1276.** (**17.**)

ROCHLITZ (Friedrich)
—— [Another issue.] Sammlung vorzüglicher Gesangstücke... herausgegeben von F. Rochlitz. ⟨Collection de Morceaux de chant, *etc.*⟩ 3 Bd. *Mainz,* [1835–40?] fol. Hirsch IV. **1013.**
Without the leaf of errata in Bd. 1.

RODATZ (A. E.)
—— Der Matrose. Lied. (Auf Matrosen! die Anker gelichtet.) Eingerichtet für die Guitarre oder Pianoforte. pp. 3. *Bei B. Schott's Söhnen: Mainz,* [1830?] Hirsch M. **1300.** (**21.**)

RODE (Jacques Pierre Joseph)
—— Vingt-quatre caprices en forme des études pour le violon seul dans les vingt-quatre tons de la gamme, *etc.* pp. 49. *C. F. Peters: Leipzig,* [1818?] fol. Hirsch M. **1151.**

RODE (Jacques Pierre Joseph)
—— 24 caprices en forme d'études pour le violon, dans les 24 tons de la gamme, *etc.* ⟨Gravé par Mlle Courtois.⟩ pp. 49. *Chez J. Frey: Paris,* [1820?] fol. Hirsch III. **488.**

RODE (Jacques Pierre Joseph)
—— [Another copy.] Trois duos pour deux violons... I^r livr. de duos. [Parts.] *Leipsic,* [1809?] fol. Hirsch III. **489.**

RODE (Jacques Pierre Joseph)
—— Quatuor pour deux violons, alto et basse... No. 1⟨–IV.⟩ [Parts.] 16 pt. *C. F. Peters: Leipzig,* [1815?] fol. Hirsch III. **490.**

RODE (Jacques Pierre Joseph)
—— *See* Baillot (P. M. F. de S.) Méthode de violon par MM. Baillot, Rode et Kreuzer... Redigée par Baillot, *etc.* [1825?] fol. Hirsch III. **79.**

RODE (Jacques Pierre Joseph)
—— *See* Baillot (P. M. F. de S.) [*Méthode de violon.*] Violinschule von Rode, Kreutzer und Baillot. Geordnet von Baillot, *etc.* [1830?] fol. Hirsch III. **80.**

RODWELL (George Herbert)
—— [The Lord of the Isles.] The Bridal Ring. Score. ⟨Merrily while the Deer is browsing. Score.⟩ [By G. H. Rodwell.] [1835?] *s. sh.* fol. *See* Bridal. Hirsch IV. **933.** (**4.**)

RODWELL (George Herbert)
—— [The Lord of the Isles.] The Flower of Ellerslie. Score. *D'Almaine & Co.:* [*London,* 1835?] *s. sh.* fol. Hirsch IV. **933.** (**5.**)

RODWELL (George Herbert)
—— [The Lord of the Isles.] The Soldier who died for his King. Score. *D'Almaine & Co.:* [*London,* 1835?] *s. sh.* fol. Hirsch IV. **933.** (**6.**)

RODWELL (George Herbert)
—— [The Skeleton Lover.] The Banks of the blue Moselle. Score. [*D'Almaine: London,* 1840?] *s. sh.* fol. Hirsch IV. **933.** (**3.**)

ROESCHEN.
—— Röschens Sehnsucht. [Song.] *See* Schaeffer (A.)

ROESSLE (Wilhelm)
—— *See* Neidhart, *von Reuental.* Tanzlieder... Mit den gleichzeitigen Melodien herausgegeben von Konrad Ameln und W. Rössle. 1927. 8°. Hirsch M. **442.**

ROGER (V^{or})
—— Petrarca e Valchinsa. Romanza. [Song, words by]... Paolo Veglia. [1845?] fol. Hirsch M. **1297.** (**55.**)

ROGER-DUCASSE (Jean Jules Amable)
—— Variations plaisantes sur un thème grave, pour harpe obligée et orchestre. Partition d'orchestre format de poche. pp. 72. *A. Durand & fils: Paris;* [*Turin* printed, 1910?] 8°. Hirsch M. **478.**

ROGERS (Sam.)
—— Madame La Sharty, or Biddy the belle of the ballet. [Song, words] by Harry Hunter. pp. 5. *Francis Bros. & Day: London,* [1880?] fol. Hirsch M. **1317.** (**7.**)

ROKSETH (Yvonne)
—— See Montpellier.—École de Médecine. Polyphonies du XIIIe siècle. Le manuscrit H196 de la Faculté de Médecine de Montpellier, publié par Y. Rokseth. 1935, 36. 4°. Hirsch M. **1038**.

ROLLA (Alessandro)
—— Etude pour deux violons ... Oeuvre x. [Parts.] 2 pt. Chez N. Simrock: Bonn, [1809?] fol. Hirsch III. **491**.

ROMAGNESI (A.)
—— Le Bon pasteur. Romance, paroles de Mr Camille ... Accompagnement de guitare par A. Meissonnier. Chez A. Romagnesi: Paris, [1825?] 8°. Hirsch M. **1293**. (**7**.)

ROMAGNESI (A.)
—— La Petite bergère. Romance de Mad^e ***. Chez A. Romagnesi: Paris, [1825?] fol. Hirsch M. **1298**. (**43**.)

ROMAGNESI (A.)
—— La Petite mendiante. Romance. Paroles de Mr Boucher-Deperthes ... Arrangée pour guitare par P. Rougeon. Chez l'auteur: Paris, [1825?] 8°.
Hirsch M. **1293**. (**5**.)

ROMAGNESI (A.)
—— Le Tombeau de Rolland. [Song.] Paroles et musique par A. Romagnesi. Accompagnement de lyre ou guitarre par Lemoine. Chez Imbault: Paris, [1810?] 8°.
Hirsch M. **660**. (**10**.)

ROMANCE.
—— Romance. [Song.] See Schubert (F. P.) [Rosamunde.] Gesänge zum Drama Rosamunde ... 26. Werk ... 1. Heft, etc.

ROMBERG (Andreas Jacob)
—— [Another issue.] Das Lied von der Glocke, von Schiller. [Cantata] ... Op: 25. 7tes Werk der Gesangstücke. [Score.] pp. 4. 3-85. Bonn, [1810?] fol.
Hirsch IV. **901**.
Pp. 2-4 of the preliminary pagination contain the publisher's catalogue.

ROMBERG (Andreas Jacob)
—— Sehnsucht. [Song.] Gedicht von Schiller ... Clavierauszug. Op. 44. 16tes Werk der Gesangstücke. pp. 11. Bey N. Simrock: Bonn und Cöln, [1816?] obl. fol.
Hirsch III. **1049**.

RONDA.
—— La Ronda. Duetto. See Gabussi (V.)

RONDE.
—— La Ronde du sabbat. Ballade. See Niedermeyer (L. A.)

ROSA.
—— Rosa Damaschina. [Song.] See Lanza (G.)

ROSE.
—— Die Rose. [Song.] See Himmel (F. H.)

ROSE.
—— The Rose & the Lilly. Song. See Storace (Stephen) [The Siege of Belgrade.]

ROSE.
—— Rose of Lucerne. [Song.] See Barnett (John)

ROSENHAIN (Jacob)
—— Esquisses de l'opéra italien. 3 impromtu pour le piano. No. 1. Anna Bolena. No. 2. Norma. No. 3. Torquato Tasso ... no. [2.] Chez les fils de B. Schott: Mayence, Anvers, [1840?] fol. Hirsch M. **1289**. (**10**.)
Imperfect; wanting no. 1, 3.

ROSENHAIN (Jacob)
—— Hymne, gedichtet von Br. Heinrich Schwarzschild. [1833.] 8°. Hirsch III. **747**.
Contained on pp. 149-160 of "Festgaben dargebracht von Brüdern der Loge zur aufgehenden Morgenröthe im Orient zu Frankfurt a/M."

ROSSI (Salomone)
—— השירים אשר לשלמה וכו׳ [hash-Shīrīm ăsher li-Shlōmōh.] [A facsimile of the ottavo part of the Venice edition of 1523, with a postscript by A. Freimann.] [Privately printed: Frankfurt on Main, 1925.] 8°. Hirsch M. **479**.
No. 5 of a limited edition.

ROSSINI (Gioacchino Antonio)
—— Polichinel rossiniste. Collection de nouvelles contredanses, plusieurs motifs extraits de Rossini. Composé pour le piano forte par L. Constantin. pp. 19. Chez B. Schott fils: Mayence, [1825?] 8°.
Hirsch M. **1299**. (**13**.)

ROSSINI (Gioacchino Antonio)
—— Adelaide di Borgogna. Opera seria in due atti ... ridotto per il cembalo solo da M. I. Leidesdorf. pp. 77. Sauer & Leidesdorf: Vienna, [1824.] obl. fol.
Hirsch IV. **1248**.

ROSSINI (Gioacchino Antonio)
—— Ah! che scordar. See infra: [Tancredi.]

ROSSINI (Gioacchino Antonio)
—— Ah! se de mali miei. See infra: [Tancredi.]

ROSSINI (Gioacchino Antonio)
—— Almaviva. See infra: [Il Barbiere di Siviglia.]

ROSSINI (Gioacchino Antonio)
—— Amore tiranno. See infra: [Tancredi.]

ROSSINI (Gioacchino Antonio)
—— Ariettina. See infra: [Elisabetta.]

ROSSINI (Gioacchino Antonio)

—— Armida. Opera seria in tre atti . . . ridotta per il cembalo solo da M. I. Leidesdorf. pp. 89.   *Sauer & Leidesdorf: Vienna*, [1823.] obl. fol.   Hirsch M. **480**.

The vignette illustration on the titlepage is lithographed.

ROSSINI (Gioacchino Antonio)

—— [Another issue.] Armida. Opera seria . . . ridotta per il cembalo solo da M. I. Leidesdorf.   *Vienna*, [1823.] obl. fol.   Hirsch IV. **1249**.

The vignette illustration on the titlepage is engraved.

ROSSINI (Gioacchino Antonio)

—— [Armida.] Ouverture . . . für das Piano-Forte auf 4 Hände. pp. 11.   *Im Verlage der k.k. priv: Chemie-Drukerey des S. A. Steiner und Comp.: Wien*, [1820?] obl. fol.   Hirsch M. **481**.

Lithographed throughout.

ROSSINI (Gioacchino Antonio)

—— Aureliano in Palmira. Opera seria in due atti . . . ridotto per il cembalo solo da M. I. Leidesdorf. pp. 83.   *Sauer & Leidesdorf: Vienna*, [1825?] obl. fol.   Hirsch IV. **1250**.

ROSSINI (Gioacchino Antonio)

—— [Il Barbiere di Siviglia.] Almaviva, o sia il Barbiere di Siviglia. Dramma giocoso . . . Parole del Sig. Cesare Sterbini. [Score, with a portrait of Rossini.] pp. 391. 200.   *Nella stamperia litografica di musica con privativa di Leopoldo Ratti, Gio: Batta Cencetti e comp°: Roma*, [1816?] obl. fol.   Hirsch II. **803**.

Lithographed throughout.

ROSSINI (Gioacchino Antonio)

—— [Il Barbiere di Siviglia.] Le Barbier de Séville ou la Précaution inutile, opéra comique en quatre actes, d'après Beaumarchais et le drame italien, paroles ajustées . . . par M. Castil-Blaze . . . No. 3 du Répertoire de M. Castil-Blaze. [Score.] Fr. & Ital. 16 no. pp. 393. 9.   *À la lyre moderne: Paris*, [1822?] fol.   Hirsch II. **804**.

No. 16, of which the words are in Italian only, is headed "Suite du Barbier. Appendice composé d'un air qui n'a pas été inséré dans l'opera comique français."

ROSSINI (Gioacchino Antonio)

—— Il Barbiere di Siviglia. Opera buffa in due atti. Partitura completa a piena orchestra. pp. 576.   *G. G. Guidi: Firenze*, [1864.] 8°.   Hirsch II. **802**.

ROSSINI (Gioacchino Antonio)

—— Il Barbiere di Siviglia. Dramma buffo in due atti di Cesare Sterbini . . . Partitura d'orchestra. pp. 432.   *G. Ricordi & c.: Milano*, 1932. 8°.   Hirsch IV. **1581**.

ROSSINI (Gioacchino Antonio)

—— Der Barbier von Sevilla. Komische Oper in 2 Aufzügen . . . Für das Pianoforte mit Hinweglassung der Worte eingerichtet von M. J. Leidesdorf, etc. pp. 69.   *Bei S. A. Steiner und Comp.: Wien*, [1820?] obl. fol.
    Hirsch IV. **1251**.

Opern für's Pianoforte. Lfg. 8.

ROSSINI (Gioacchino Antonio)

—— [Il Barbiere di Siviglia.] The Celebrated Overture . . . for the piano forte. pp. 11.   *R. W. Keith, Prowse & C°: London*, [1835?] fol.   Hirsch M. **1283**. (14.)

ROSSINI (Gioacchino Antonio)

—— [Il Barbiere di Siviglia.] Una Voce poco fa, cavatina, etc. pp. 9.   *Clementi & C°: London*, [1821?] fol.
    Hirsch M. **1274**. (14.)

Watermark date 1821.

ROSSINI (Gioacchino Antonio)

—— [Bianca e Falliero.] Sinfonia . . . Ridotta per cembalo solo da Bartolomeo Grassi. [In fact, the complete opera arranged for P.F., by — Abate, — Panizza, L. Truzzi, and D. Brogialdi.] 14 no. pp. 115.   *Presso Gio. Ricordi: Milano*, [1835?] obl. fol. Hirsch IV. **1252**.

ROSSINI (Gioacchino Antonio)

—— Cenerentola. Opera in due atti . . . ridotto per il cembalo solo. pp. 112.   *M. J. Leidesdorf: Vienna*, [1828?] obl. fol.
    Hirsch IV. **1253**.

ROSSINI (Gioacchino Antonio)

—— [Another copy.] Le Comte Ory. Opéra . . . Partition, etc.   *Paris*, [1828?] fol.   Hirsch II. **811**.

ROSSINI (Gioacchino Antonio)

—— Le Comte Ory. Opéra en deux actes . . . reduit pour le piano-forte seul par B. Randhartinger. pp. 71.   *Chez Artaria et Comp.: Vienne*, [1829.] obl. fol.
    Hirsch IV. **1264**.

ROSSINI (Gioacchino Antonio)

—— [Le Comte Ory.] See TOLBECQUE (J. B. J.) Deux quadrilles de contredanses . . . sur des motifs du Comte Ory [by G. A. Rossini], etc. [1830?] obl. fol.
    Hirsch M. **591**. (8.)

ROSSINI (Gioacchino Antonio)

—— Demetrio e Polibio. Opera seria in due atti . . . ridotta per il cembalo solo da M. I. Leidesdorf. pp. 68.   *Sauer & Leidesdorf: Vienna*, [1825?] obl. fol.   Hirsch IV. **1254**.

ROSSINI (Gioacchino Antonio)

—— Di mia vita infelice. See infra: [*Tancredi.—No che il morir non è.*]

ROSSINI (Gioacchino Antonio)

—— [Another issue.] [La Donna del lago.] La Dame du lac, opéra héroïque . . . La partition. etc.   *Chez C. Laffillé: Paris*, [1825?] fol.   Hirsch II. **806**.

ROSSINI (Gioacchino Antonio)

—— La Donna del Lago. Opera seria in due atti . . . ridotto per il cembalo solo da M. I. Leidesdorf. pp. 84.   *M. J. Leidesdorf: Vienna*, [1828?] obl. fol.
    Hirsch IV. **1255**.

ROSSINI (Gioacchino Antonio)

—— [La Donna del lago.] Ah si pera, ormai la morte. Aria, etc. pp. 4. *Birchall & Cº: London*, [1820?] fol.
  Hirsch M. **1273. (4.)**

ROSSINI (Gioacchino Antonio)

—— [La Donna del lago.] Viver io non potro. Duettino . . . Arranged with an accompaniment for the piano forte by C. M. Sola. pp. 4. *Goulding, D'Almaine, Potter & Cº: London*, [1821?] fol. Hirsch M. **1273. (44.)**
 Watermark date 1821.

ROSSINI (Gioacchino Antonio)

—— Edoardo e Cristina. Opera seria in due atti . . . ridotto per il cembalo solo da M. I. Leidesdorf. pp. 84. *Sauer & Leidesdorf: Vienna*, [1828?] obl. fol. Hirsch iv. **1256.**

ROSSINI (Gioacchino Antonio)

—— Elisabetta. Opera seria in due atti . . . ridotto per il cembalo solo. pp. 81. *Sauer & Leidesdorf: Vienna*, [1825.] obl. fol. Hirsch iv. **1257.**

ROSSINI (Gioacchino Antonio)

—— [Elisabetta—Bell' alme generose.] Ariettina [from the finale to act 2] . . . arranged with an accompaniment for the piano forte, by C. M. Sola. pp. 3. *Goulding, D'Almaine, Potter & Cº: London*, [1820?] fol.
  Hirsch M. **1273. (12.)**
 Watermark date 1820.

ROSSINI (Gioacchino Antonio)

—— [Another copy.] [La Gazza ladra.] La Pie voleuse. Opéra, etc. [Score.] *Paris*, [1822?] fol. Hirsch ii. **807.**

ROSSINI (Gioacchino Antonio)

—— La Gazza ladra. Opera seria in due atti . . . ridotta per il cembalo solo. Neu verbesserte und vermehrte Original Ausgabe. 16ᵗ Oper. pp. 112. *M. J. Leidesdorf: Vienna*, [1828?] obl. fol. Hirsch iv. **1258.**

ROSSINI (Gioacchino Antonio)

—— [La Gazza ladra.] Overture . . . as performed at the King's Theatre. [P.F.] pp. 11. *Clementi & Cº: London*, [1823?] fol. Hirsch M. **1284. (2.)**
 Watermark date 1823.

ROSSINI (Gioacchino Antonio)

—— [La Gazza ladra.] Deh! pensa che domani, recᵛᵒ e Ebben per mia memoria [duet] . . . Arranged by M. C. Mortellari. pp. 12. *Falkner's Opera Music Warehouse: London; Mrs. Attwood's: Dublin*, [1819?] fol.
  Hirsch M. **1274. (30.)**
 Watermark date 1819.

ROSSINI (Gioacchino Antonio)

—— [La Gazza ladra.] Cavatina, Di piacer balza il cor, etc. pp. 7. *Goulding, D'Almaine, Potter & Co.: London*, [1816?] fol. Hirsch M. **1275. (6.)**
 Watermark date 1816.

sig. 45.—part 53.

ROSSINI (Gioacchino Antonio)

—— La Gazza ladra. Die diebische Elster . . . Vollständiger Clavierauszug. no. 2. [Vocal score.] *Ital. & Ger.* *Bei N. Simrock: Bonn u. Cöln*, [1820?] obl. fol.
  Hirsch M. **1278. (7.)**
 Imperfect; wanting no. 1, 3–15.

ROSSINI (Gioacchino Antonio)

—— [La Gazza ladra.] Il mio piano è preparato. Cavatina nell'opera: La Gazza ladra. *Ital. & Ger.* pp. 8. *Presso Falter e figlio: Monaco*, [1820?] obl. fol.
  Hirsch M. **1278. (8.)**
 Giornale. no. 34. *Lithographed throughout.*

ROSSINI (Gioacchino Antonio)

—— [La Gazza ladra.] O nume benefico! The favorite canon . . . arranged by M. C. Mortellari. pp. 3. *Falkner's Opera Music Warehouse: London; Mrs. Attwood's: Dublin*, [1817?] fol. Hirsch M. **1273. (48.)**
 Watermark date 1817.

ROSSINI (Gioacchino Antonio)

—— [La Gazza Ladra.] *See* Wilde (Joseph) 12 Redout Walzer aus dem k.k. grossen Redouten-Saale; nebst Coda nach einer beliebten Melodie aus der Oper: Die diebische Elster [by G. A. Rossini], etc. [1820?] obl. fol.
  Hirsch M. **651. (4.)**

ROSSINI (Gioacchino Antonio)

—— Il Guglielmo Tell. Dramma, etc. [Score.] pp. 376. 222. 324. 8. 191. *Litografia Ratti e cº: Roma*, [1830?] obl. fol. Hirsch ii. **817.**
 Lithographed throughout.

ROSSINI (Gioacchino Antonio)

—— [A reissue.] Guillaume Tell. Opéra . . . Partition, etc. *Paris*, [1855?] fol. Hirsch ii. **818.**

ROSSINI (Gioacchino Antonio)

—— Guglielmo Tell. Grand' opera in quattro atti. Con ritratto [signed: A. B.] e illustrazione. [Score.] pp. viii. 837. *Presso G. G. Guidi: Firenze*, [1860.] 8º.
  Hirsch ii. **816.**

ROSSINI (Gioacchino Antonio)

—— [Guillaume Tell.—Overture.] Guglielmo Tell. Sinfonia. [Score.] pp. 50. *G. G. Guidi: Firenze*, [1861?] 8º.
  Hirsch M. **482.**
 Part of "Biblioteca del sinfonista."

ROSSINI (Gioacchino Antonio)

—— [Guillaume Tell.] Ouverture . . . Partition d'orchestre. pp. 62. *Chez les fils de B. Schott: Mayence*, [1872?] 8º.
  Hirsch M. **483.**

ROSSINI (Gioacchino Antonio)

—— [Guillaume Tell.] Ouverture . . . Partition d'orchestre. pp. 62. *B. Schott's Söhne: Mayence*, [1900?] 8º.
  Hirsch M. **484.**

ROSSINI (GIOACCHINO ANTONIO)
—— [Guillaume Tell.] *See* TOLBECQUE (J. B. J.) Trois quadrilles de contredanses ... sur des motifs de Guillaume Tell [by G. A. Rossini], *etc.* [1830?] *obl. fol.*
Hirsch M. **591.** (9.)

ROSSINI (GIOACCHINO ANTONIO)
—— L'Inganno felice. Farsa ... Poesia del Sig. Giuseppe Foppa. [Score. With a portrait of Rossini.] pp. 287. *Nella stamperia litografica di musica con privativa de Leopoldo Ratti, Gio. Bātta Cencetti, e comp⁰: Roma,* [1820?] *obl. fol.* Hirsch II. **808.**
Lithographed throughout.

ROSSINI (GIOACCHINO ANTONIO)
—— [L'Inganno felice.] Cielo, che mi chie dete. Se pietade in seno avete. *Recitativ ed Aria nell'opera L'Ingano felice.* [With guitar and P.F. accompaniment.] *Ital. & Ger.* pp. 14. *Bey Falter und Sohn: München,* [1815?] *obl. fol.*
Hirsch M. **1278.** (9.)
Part of " Auswahl von Arien." Lithographed throughout.

ROSSINI (GIOACCHINO ANTONIO)
—— [Another copy.] L'Italiana in Algeri. Opera comica, *etc.* [Vocal score.] *Magonza,* [1820?] *obl. fol.*
Hirsch IV. **1259.**

ROSSINI (GIOACCHINO ANTONIO)
—— L. Italiana in Algieri. Opera buffa in due atti ... ridotto per il cembalo solo. pp. 83. *Sauer & Leidesdorf: Vienna,* [1825?] *obl. fol.* Hirsch IV. **1260.**

ROSSINI (GIOACCHINO ANTONIO)
—— [L'Italiana in Algeri.] Cruda sorte! amor tiranno, cavatina ... Arranged by M. C. Mortellari. pp. 6. *Falkner's Opera Music Warehouse: London; Mrs. Attwood's: Dublin,* [1820?] *fol.* Hirsch M. **1274.** (2.)
Watermark date 1820.

ROSSINI (GIOACCHINO ANTONIO)
—— [L'Italiana in Algeri.] Recitativo, e rondo Pensa alla patria, *etc.* [Vocal score.] pp. 12. *Nella calcografia di musica di Giuseppe Lorenzi: Firenze,* [1810?] *obl. fol.*
Hirsch M. **1292.** (3.)
Part of " Opere vocali serie e buffe di G. Rossini."

ROSSINI (GIOACCHINO ANTONIO)
—— [L'Italiana in Algeri.] Per lui che adoro ... cavatina ... arranged for the harp or piano forte by C. M. Sola. pp. 6. *Falkner's Opera Music Warehouse: London; Mrs. Atwood's: Dublin,* [1816?] *fol.*
Hirsch M. **1274.** (3.)
Watermark date 1816.

ROSSINI (GIOACCHINO ANTONIO)
—— [L'Italiana in Algeri.] Se inclinassi a prender moglie, a favorite duett ... arranged with an accomp^t for the piano forte, by C. M. Sola. pp. 10. *Falkner's Opera Music Warehouse: London,* [1819?] *fol.*
Hirsch M. **1274.** (31.)
Watermark date 1819.

ROSSINI (GIOACCHINO ANTONIO)
—— Lasciami, non t'ascolto. *See infra:* [*Tancredi.*]

ROSSINI (GIOACCHINO ANTONIO)
—— [Maometto secondo.] Le Siège de Corinthe. (Die Belagerung von Corinth.) Opéra in trois actes ... reduit pour le piano-forte seul par François Schoberlechner. 15 no. *Chez Artaria & comp^{ie} et Tob. Haslinger: Vienne,* [1823?] *obl. fol.* Hirsch IV. **1269.**

ROSSINI (GIOACCHINO ANTONIO)
—— [Another copy.] [Maometto Secondo.] Le Siège de Corinthe. Tragédie lyrique, *etc.* [Score.] *Paris,* [1827.] *fol.* Hirsch II. **801.**

ROSSINI (GIOACCHINO ANTONIO)
—— [Maometto Secondo.] L'Assedio di Corinto, ossia Maometto II. Tragedia lirica in 3 atti poesia di Calisto Bassi, *etc.* [Score.] 3 vol. *Litografia di Leopoldo Ratti, Gio-Batta Cencetti e comp⁰: Roma,* [1830?] *obl. fol.*
Hirsch II. **800.**
Lithographed throughout.

ROSSINI (GIOACCHINO ANTONIO)
—— Maometto secondo. Dramma in due atti ... Per il piano-forte solo ridotta da Franco. Schoberlechner. pp. 109. *Presso Artaria et comp.: Vienna,* [1823.] *obl. fol.*
Hirsch IV. **1261.**

ROSSINI (GIOACCHINO ANTONIO)
—— [Maometto Secondo.] *See* TOLBECQUE (J. B. J.) Deux quadrilles de contredanses ... sur des motifs du Siège de Corinthe, *etc.* [1830?] *obl. fol.* Hirsch M. **591.** (7.)

ROSSINI (GIOACCHINO ANTONIO)
—— Matilde Shabran. Melodramma giocoso. Parole di Giacomo Ferretti, *etc.* [Score.] pp. 516. 282. *Litog. Ratti, Cencetti e c⁰: Roma,* [1825.] *fol.* Hirsch II. **815.**
Lithographed throughout.

ROSSINI (GIOACCHINO ANTONIO)
—— [Another copy.] [Matilda di Chabran.] Corradino. Dramma in due atti ... per il canto e piano-forte ridotto da I. M. Leidesdorf. *Vienna,* [1822.] *obl. fol.*
Hirsch M. **485.**

ROSSINI (GIOACCHINO ANTONIO)
—— Matilde di Chabran. Opera buffa in due atti ... ridotto per il cembalo solo da M. I. Leidesdorf. pp. 93. *Sauer & Leidesdorf: Vienna,* [1824?] *obl. fol.* Hirsch IV. **1262.**

ROSSINI (GIOACCHINO ANTONIO)
—— Messe solennelle à quatre parties, soli et chœurs ... Grande partition d'orchestre. pp. 345. *Brandus & c^{ie}: Paris,* [1878.] 8⁰. Hirsch IV. **903.**
In this copy two leaves have been inserted, containing facsimiles of an autograph letter by Rossini, dated 8 Feb. 1866, and of the first page of the autograph score. Without the leaf containing the " table des morceaux."

ROSSINI (GIOACCHINO ANTONIO)
—— Möise. Opéra en quatre actes, *etc.* [Score.] pp. 543. *Chez E. Troupenas: Paris,* [1827?] fol.   Hirsch II. **810.**

ROSSINI (GIOACCHINO ANTONIO)
—— Mosè in Egitto. Azione tragico-sacra. Poesia del Sigr. Andrea Leone Tottola. [Score. With a portrait of Rossini.] pp. 276. 292.   *Nella stamperia litografica di musica con privativa di Leopoldo Ratti Gio. Batta Concetti, e comp°: Roma,* [1820?] obl. fol.   Hirsch II. **809.**
Lithographed throughout.

ROSSINI (GIOACCHINO ANTONIO)
—— Il Mosé in Egitto. Opera seria in tre atti. [Vocal score.] *Ital. & Ger.* pp. 213.   *Presso B. Schott figlj: Magonza,* [1823?] obl. fol.   Hirsch IV. **1263.**

ROSSINI (GIOACCHINO ANTONIO)
—— Mosé in Egitto. Opera seria ... arranged for the pianoforte solo. pp. 68.   *J. J. Ewer & Co.: London,* [1840?] 4°.
Hirsch M. **486.**

ROSSINI (GIOACCHINO ANTONIO)
—— No che il morir non è. *See infra:* [*Tancredi.*]

ROSSINI (GIOACCHINO ANTONIO)
—— O nume benefico. *See supra:* [*La Gazza ladra.*]

ROSSINI (GIOACCHINO ANTONIO)
—— Otello ossia l'Africano di Venezia. Dramma tragico in tre atti. [Vocal score.] *Ger. & Ital.* pp. 200.   *Presso B. Schott figlj: Magonza,* [1820?] obl. fol.
Hirsch IV. **1265.**

ROSSINI (GIOACCHINO ANTONIO)
—— Otello. Opera seria in tre atti ... ridotto per il cembalo solo ... Neue verbesserte und vermehrte Auflage. pp. 89. *Sauer & Leidesdorf: Vienna,* [1824.] obl. fol.
Hirsch IV. **1266.**

ROSSINI (GIOACCHINO ANTONIO)
—— [Otello.] Assisa a piè d'un salice. Canzonetta: nel opera: Otello. *Ital. & Ger.* pp. 4.   *Presso Falter e figlio: Monaco,* [1820?] obl. fol.   Hirsch M. **1278. (10.)**
Giornale. no. 29. *Lithographed throughout.*

ROSSINI (GIOACCHINO ANTONIO)
—— [Otello.] Vorrei che il tuo pensiere [*sic*]. Duettino nell' opera: Otello. *Ital. & Ger.* pp. 8.   *Presso Falter e figlio: Monaco,* [1820?] obl. fol.   Hirsch M. **1278. (11.)**
Giornale. no. 4. *Lithographed throughout.*

ROSSINI (GIOACCHINO ANTONIO)
—— La Pietra del Paragone. Opera semiseria in due atti ... ridotto per il cembalo solo da M. I. Leidesdorf. pp. 98. *Sauer & Leidesdorf: Vienna,* [1825.] obl. fol.
Hirsch IV. **1267.**

ROSSINI (GIOACCHINO ANTONIO)
—— Ricciardo e Zoraide. Dramma serio, *etc.* [Score. With a portrait.] pp. 331. 203. 7. *Nella stamperia litografica di Leopoldo Ratti Gio. Bãtta Cencetti e comp°: Roma,* [1825?] obl. fol.   Hirsch II. **813.**
Lithographed throughout.

ROSSINI (GIOACCHINO ANTONIO)
—— [Another copy.] Ricciardo e Zoraide. Dramma, *etc.* [Vocal score.] *Magonza,* [1823?] obl. fol.
Hirsch IV. **1268.**

—— [Another copy.]   Hirsch IV. **1268. a.**

ROSSINI (GIOACCHINO ANTONIO)
—— Ricciardo e Zoraide. Opera seria in due atti ... ridotto per il cembalo solo da M. I. Leidesdorf. pp. 75.   *Sauer & Leidesdorf: Vienna,* [1824.] obl. fol.   Hirsch M. **487.**
Collection des opéras complets de Rossini. Reduits pour le pianoforte seul. livr. 10.

ROSSINI (GIOACCHINO ANTONIO)
—— Robert Bruce. Opéra en trois actes. Paroles de MM. Alph. Royer et Gustave Vaez, *etc.* [Score.] pp. 609. *Chez E. Troupenas & c^{ie}: Paris,* [1847?] fol.
Hirsch II. **805.**
Vendu comme manuscrit.

ROSSINI (GIOACCHINO ANTONIO)
—— Se inclinassi a prender moglie. *See supra:* [*L'Italiana in Algeri.*]

ROSSINI (GIOACCHINO ANTONIO)
—— Se pietade in seno avete. *See supra:* [*L'Inganno felice.*]

ROSSINI (GIOACCHINO ANTONIO)
—— Semiramide. Melodramma tragico. Parole del Sig. Gaetano Rossi. [Score, with a portrait.] pp. 587. 373. *Nella stamperia litografica di musica con privativa di Leopoldo Ratti, Gio: Batta Cencetti e comp°: Roma,* [1825?] obl. fol.   Hirsch II. **814.**
Lithographed throughout.

ROSSINI (GIOACCHINO ANTONIO)
—— [Another copy.] Semiramide. Melodramma tragico ... ridotta coll'accompagnamento di piano-forte, *etc. Vienna,* [1823.] obl. fol.   Hirsch M. **488.**

ROSSINI (GIOACCHINO ANTONIO)
—— Soirée musicale, ossia Raccolta di otto ariette e quattro duetti espressamente ora composti ... per lo studio del canto italiano, *etc.* pp. 66.   *Presso Gio. Ricordi: Milano,* [1840?] fol.   Hirsch III. **1052.**

ROSSINI (GIOACCHINO ANTONIO)
—— [Soirées musicales.] *See* LISZT (F.) Soirées musicales de Rossini transcrites pour le piano. [1838.] fol.
Hirsch M. **953. (12.)**

ROSSINI (Gioacchino Antonio)
— Stabat Mater... Partition d'orchestre. pp. 109. *Chez les fils de B. Schott: Mayence*, [1842.] fol.
Hirsch IV. **902**.

ROSSINI (Gioacchino Antonio)
— Tancred. Eine gross heroische Oper in zwey Aufzügen... Vollständiger Klavier-Auszug mit italienischem und deutschem Text. pp. 172. *B. Schott: Mainz*, [1816?] obl. fol.
Hirsch IV. **1270**.

ROSSINI (Gioacchino Antonio)
— Il Tancredi. Opera seria in due atti... ridotto per il cembalo solo. pp. 86. *Sauer & Leidesdorf: Vienna*, [1825?] obl. fol.
Hirsch IV. **1271**.

ROSSINI (Gioacchino Antonio)
— [Tancredi.] Ah! che scordar. Cavatina, *etc.* pp. 3. *Goulding, D'Almaine, Potter & Cº: London*, [1816?] fol.
Hirsch M. **1273**. (**10**.)
Watermark date 1816.

ROSSINI (Gioacchino Antonio)
— [Tancredi.] Ah! se de mali miei. Duett. pp. 11. *Goulding, D'Almaine, Potter & Cº: London*, [1820?] fol.
Hirsch M. **1273**. (**47**.)
Watermark date 1820.

ROSSINI (Gioacchino Antonio)
— [Tancredi.] Amore tiranno, cavatina... Arranged... by C. M. Sola. [Song.] pp. 4. *Falkner's Opera Music Warehouse: London; Mrs. Attwood's: Dublin*, [1819?] fol.
Hirsch M. **1274**. (**10**.)
Watermark date 1819.

ROSSINI (Gioacchino Antonio)
— [Tancredi.] Come dolce all'alma mia. *Cavatina aus der Oper Tancredi. Ital. & Ger.* pp. 8. *Bey Falter und Sohn: München*, [1815?] obl. fol.
Hirsch M. **1278**. (**12**.)
Part of "*Auswahl von Arien.*" *Lithographed throughout.*

ROSSINI (Gioacchino Antonio)
— [Tancredi.] Dia [sic] mia vita infelice, recitro. e No che il morir non è, cavatina, *etc.* pp. 7. *Goulding, D'Almaine, Potter & Cº: London*, [1819?] fol.
Hirsch M. **1275**. (**9**.)
Watermark date 1819.

ROSSINI (Gioacchino Antonio)
— [Tancredi.] Lasciami, non t'ascolto, duett, *etc.* pp. 11. *Goulding, D'Almaine, Potter & Cº: London*, [1819?] fol.
Hirsch M. **1275**. (**31**.)
Watermark date 1819.

ROSSINI (Gioacchino Antonio)
— [Tancredi.] No che il morir non è. *Cavatina nell'opera Tancredi. Ital. & Ger.* pp. 4. *Bey Falter und Sohn: München*, [1815?] obl. fol.
Hirsch M. **1278**. (**13**.)
Part of "*Auswahl von Arien.*" *Lithographed throughout.*

ROSSINI (Gioacchino Antonio)
— [Tancredi.] Oh patria! dolce e ingrata patria, recit. e Tu che accendi questo core, cavatina... Arranged with an accompaniment for the piano forte. pp. 7. *Clementi & Cº: London*, [1821?] fol.
Hirsch M. **1274**. (**16**.)
Watermark date 1821.

ROSSINI (Gioacchino Antonio)
— [Tancredi.] Torni alfin ridente, aria... Edited by J. B. Sale. pp. 4. *Royal Harmonic Institution: London*, [1830?] fol.
Hirsch M. **1275**. (**14**.)

ROSSINI (Gioacchino Antonio)
— [Tancredi.] Tradimi il caro ben! The favorite cavatina... arranged by M. C. Mortellari. [Song.] pp. 3. *Falkner's Opera Music Warehouse: London; Mrs. Attwood's: Dublin*, [1820?] fol.
Hirsch M. **1274**. (**5**.)

ROSSINI (Gioacchino Antonio)
— Torni alfin ridente. *See supra:* [*Tancredi.*]

ROSSINI (Gioacchino Antonio)
— Tradimi il caro ben. *See supra:* [*Tancredi.*]

ROSSINI (Gioacchino Antonio)
— Il Turco in Italia. Opera buffa in due atti... ridotto per il cembalo solo da M. I. Leidesdorf. pp. 81. *Sauer & Leidesdorf: Vienna*, [1823.] obl. fol.
Hirsch IV. **1272**.
The vignette illustration on the titlepage is lithographed.

ROSSINI (Gioacchino Antonio)
— [Another issue.] Il Turco in Italia. Opera buffa... ridotto per il cembalo solo da M. I. Leidesdorf. *Vienna*, [1823.] obl. fol.
Hirsch IV. **1273**.
The vignette illustration on the titlepage is engraved.

ROSSINI (Gioacchino Antonio)
— [Il Turco in Italia.] Un Vago sembiante, cavatina... arranged by M. C. Mortellari. [Song.] pp. 5. *Falkner's Opera Music Warehouse: London; Mrs. Attwood's: Dublin*, [1817?] fol.
Hirsch M. **1274**. (**4**.)
Watermark date 1817.

ROSSINI (Gioacchino Antonio)
— [Il Turco in Italia.] *See* Pleyel (Camille) Deuxième Melange, sur les airs tirès de Turco in Italia... arrangès pour le piano forte, *etc.* [1828?] fol.
Hirsch M. **1285**. (**2**.)

ROSSINI (Gioacchino Antonio)
— Un Vago sembiante. *See supra:* [*Il Turco in Italia.*]

ROSSINI (Gioacchino Antonio)
— Zelmira. Opéra seria... ridotta per il piano forte da M. J. Leidesdorf. 2ª edizione originale e corretta pp. 91. *Artaria et cº; M. J. Leidesdorf: Vienna* [1821.] obl. fol.
Hirsch IV. **1274**

ROSSINI (GIOACCHINO ANTONIO)
—— Zelmira. Opera seria . . . ridotta per il piano-forte dal Sig. Maestro Girowetz, *etc.* 13 no. pp. 223. *Presso Artaria e comp.: Vienna*, [1822.] obl. fol. Hirsch M. **489**.

ROSSINI (GIOACCHINO ANTONIO)
——[Zelmira.—Ah circondatemi.] *See* SCHOBERLECHNER (F.) Variations pour le piano-forte sur l'air favorit, ah circondatemi, *etc.* [1825?] obl. fol. Hirsch III. **505**.

ROSSINI (GIOACCHINO ANTONIO)
—— *See* LISZT (F.) Impromptu pour le piano sur des thêmes de Rossini et Spontini. [1841.] fol. Hirsch M. **953**. (**5**.)

RÖSSLE (   )
—— [For the German surname of this form:] *See* ROESSLE.

ROSTOCK LOW-GERMAN SONGBOOK.
—— Rostocker Niederdeutsches Liederbuch vom Jahre 1478. Herausgegeben von Bruno Claussen mit einer Auswahl der Melodien von Albert Thierfelder, *etc.* pp. xxvi. 80. *Verlag von Carl Hinstorffs Hofbuchdruckerei: Rostock*, 1919. 16º. Hirsch M. **490**.

ROTH (HERMAN)
—— *See* BACH (J. S.) Capriccio in B-dur sopra la lontananza del suo fratello diletissimo . . . Eingeleitet und herausgegeben von H. Roth. 1920. 8º. Hirsch M. **16**.

ROTH (HERMAN)
—— *See* BACH (J. S.) [*Choräle aus der Sammlung von C. P. E. Bach.*] Sechzig Choralgesänge . . . Ausgewählt und eingeleitet von H. Roth. 1920. 8º. Hirsch M. **17**.

ROTH (HERMAN)
—— *See* RAMEAU (J. P.) [*Zoroastre.*] Tänze aus " Zoroastre " . . . Klavierbearbeitung von H. Roth. 1922. 8º. Hirsch M. **465**.

ROTTMANNER (EDUARD)
—— Frohe Empfindungen. [Song.] Am Vorabend der Regierungs Jubelfeyer unserer allgeliebten Königs Max Joseph, *etc.* [1824?] obl. fol. Hirsch M. **1278**. (**14**.)

ROUBIER (HENRI)
—— *See* MOZART (W. A.) [*Concertos. Pianoforte.*] Collection complète des 21 concertos de W. A. Mozart pour piano et orchestre, mis en partition par H. Roubier. [1855?] 8º. Hirsch III. **433**.

ROUGÉON (P.)
—— *See* PAER (F.) [*Griselda.*] Cavatine . . . Accomp^t de lyre ou guitare, par P. Rougéon j^e. [1805?] 8º.
Hirsch M. **660**. (**13**.)

ROUGÉON (P.)
—— *See* PAER (F.) [*Il Principe di Taranto.—Dove sei Don Sesto.*] Cavatine . . . Accomp^t de lyre ou guitare par P. Rougéon j^e. [1805?] 8º. Hirsch M. **660**. (**20**.)

ROUGÉON (P.)
—— *See* ROMAGNESI (A.) La Petite mendiante . . . Arrangée pour guitare par P. Rougeon. [1825?] 8º.
Hirsch M. **1293**. (**5**.)

ROUGET DE LISLE (CLAUDE JOSEPH)
—— La Marseileise. Chant national de 1792 [by C. J. Rouget de Lisle]. Arrangé pour la guitare par Meissonnier j^{ne}. [1825?] 8º. *See* MEISSONNIER (J.)
Hirsch M. **1293**. (**10**.)

ROUGET DE LISLE (CLAUDE JOSEPH)
—— Marche des Marseillois [by C. J. Rouget de Lisle], arrangée pour piano-forté. pp. 3. [1830?] 8º. *See* MARSEILLESE. Hirsch M. **1300**. (**15**.)

ROUGET DE LISLE (CLAUDE JOSEPH)
—— La Marseillaise. Französische National-Hymne. [By C. J. Rouget de Lisle.] [Arranged by] H. Cramer. [P.F.] pp. 3. [1860?] fol. [*Chants nationaux.* no. 2.] *See* MARSEILLAISE. Hirsch M. **1312**. (**1**.)

ROUSSEAU (JEAN JACQUES)
—— Le Devin du village. Intermède. ⟨Gravé par J. A. Megévand.⟩ [Score.] pp. 112. *Chez Victor Dufant et Dubois: Paris*, [1815?] 8º. Hirsch II. **820**.

ROUSSEAU (SAMUEL ALEXANDRE)
—— [Another copy.] Les Chants nationaux de tous les pays, *etc. Paris*, [1900.] fol. Hirsch M. **1338**.

ROUSSEL (ALBERT)
—— Pour une fête de printemps pour orchestre. ⟨Op. 22.⟩ . . . Partition in-16. pp. 56. *A. Durand & fils: Paris*, [1930?] 8º. Hirsch M. **491**.
Photographically reproduced, in a reduced form, from the folio edition of 1924.

RUBINSTEIN (ANTON GRIGOR'EVICH)
—— 4ième concerto (D moll) pour piano avec accompagnement d'orchestre . . . Op. 70 . . . Partition, *etc.* pp. 145. *Chez Bartholf Senff: Leipzig*, [1880?] 8º. Hirsch M. **492**.

RUBINSTEIN (ANTON GRIGOR'EVICH)
—— Die Kinder der Haide. Oper in vier Aufzügen. Text frei nach Carl Beck's poetischer Erzählung " Janko " . . . Orchester-Partitur, *etc.* pp. 451. *Bartholf Senff: Leipzig*, [1879.] fol. Hirsch II. **822**.

RUBINSTEIN (ANTON GRIGOR'EVICH)
—— Nero. Grosse Oper in vier Acten. Dichtung von J. Barbier . . . Orchester-Partitur, *etc.* pp. 622. *Bartholf Senff: Leipzig*, [1877?] fol. Hirsch II. **823**.

RUBINSTEIN (ANTON GRIGOR'EVICH)
—— Symphonie No. 1. F dur. für Orchester . . . Op. 40. Partitur, *etc.* pp. 205. *Bei C. F. Kahnt: Leipzig*, [1865?] 8º. Hirsch M. **493**.

RUBINSTEIN (Anton Grigor'evich)
—— [Another copy.] Océan. 2ième symphonie (C dur) . . . Op. 42. Partition, *etc. Leipzig*, [1857.] 8°.
Hirsch M. **494**.

RUBINSTEIN (Anton Grigor'evich)
—— [Another copy.] 3ième symphonie. Oeuvre 56. Partition, *etc. Leipzig & New York*, [1862.] 8°.
Hirsch M. **495**.

RUBINSTEIN (Anton Grigor'evich)
—— [Another copy.] Symphonie dramatique (No. 4. D moll) . . . Op. 95. Partition, *etc. Leipzig*, [1875.] 8°.
Hirsch M. **496**.

RUBINSTEIN (Anton Grigor'evich)
—— 5ième symphonie (G moll) pour orchestre . . . Op. 107. Partition, *etc.* pp. 262. *Chez Bartholf Senff: Leipzig*, [1885?] 8°.
Hirsch M. **497**.

RUBINSTEIN (Anton Grigor'evich)
—— [Another copy.] 6me symphonie . . . Op. 111. Partition. *Leipzig*, [1886.] 8°.
Hirsch M. **498**.

RUBINSTEIN (Joseph)
—— *See* Wagner (W. R.) Parsifal . . . Vom Orchester für das Klavier übertragen von J. Rubinstein. [1890?] fol.
Hirsch M. **1251**.

RUDOLF JOHN JOSEPH RAINER, *Archduke of Austria, Cardinal, Archbishop of Olmutz.*
—— Aufgabe von Ludwig van Beethoven gedichtet, vierzig Mahl verändert und ihrem Verfasser gewidmet von seinem Schüler R: E: H: [i.e. Rudolf, Erzherzog.] [P.F.] pp. 22. [1821?] *obl.* fol. *See* H., R. E.
Hirsch III. **494**.

RUDOLPH (A.)
—— *See* Mozart (W. A.) Zaide, *etc.* ⟨Bearbeitung von A. Rudolph.⟩ [1917.] 8°.
Hirsch M. **417**.

RUDORFF (Ernst)
—— *See* Chopin (F. F.) [*Collected Works.—a. Complete Works.*] Friedr. Chopin's Werke, *etc.* ⟨Revisionsbericht zu Band II. Etuden—Band XIV. Gesänge mit Pianoforte. Revisor: E. Rudorff.⟩ 1880. 8°.
Hirsch IV. **950**. a.

RUFET NICHT DIE WEISHEIT.
—— Rufet nicht die Weisheit. [Cantata.] *See* Krieger (J. P.)

RUHBERG (F. A. von)
—— XII Variationen für das Pianoforte, 6 mit Coda auf das Thema aus Mozarts Zauberflöte: Wie schön ist nicht dein Zauberton! und 6 auf das Thema: Es kann ja nicht immer so bleiben!, *etc.* pp. 22. *In Stein gedruckt bei Christian Ehregott Klinkicht: Meissen*, [1805?] *obl.* fol.
Hirsch III. **495**.
Lithographed throughout.

RUHE.
—— Ruhe schwebt um Thal und Hügel. *Ständchen* mit Begleitung der Guitarre oder des Piano-forte. *Bey B. Schott's Söhnen: Mainz*, [1827.] 8°.
Hirsch M. **1299**. (**14**.)

RULE.
—— Rule Britannia. Englisches Volkslied. [By T. A. Arne. Arranged by] H. Cramer. [P.F.] pp. 3. *Chez Jean André: Offenbach*, [1860?] fol. [*Chants nationaux.* no. 7.]
Hirsch M. **1312**. (**1**.)

RUNGE (Paul)
—— [Another copy.] Die Lieder und Melodien der Geissler des Jahres 1349 nach der Aufzeichnung Hugo's von Reutlingen, *etc. Leipzig*, 1900. 8°. Hirsch M. **499**.

RUNGE (Paul)
—— [Another copy.] Die Sangesweisen der Colmarer Handschrift und die Liederhandschrift Donaueschingen. Herausgegeben von P. Runge. *Leipzig*, 1896. fol.
Hirsch M. **1152**.

RUNGE (Paul)
—— *See* Mangolt (B.) Die Lieder des Hugo von Montfort mit den Melodien des B. Mangolt. Herausgegeben von P. Runge, *etc.* 1906. 8°. Hirsch M. **245**.

RUNZE (Max)
—— *See* Loewe (J. C. G.) Hohenzollern-Album . . . Herausgegeben von Dr. M. Runze. [1898.] 8°. Hirsch M. **979**.

RUSSELL (Henry)
—— The Ivy green, a popular Song. Written by Chas. Dickens, *etc.* pp. 3. *Duncombe: London*, [1850?] fol.
Hirsch M. **1276**. (**19**.)

RUSSELL (Henry)
—— The Old Oak Tree. *See infra*: [*Woodman, spare that Tree.*]

RUSSELL (Henry)
—— [Woodman, spare that Tree.] The Old Oak Tree . . . Ballad, *etc.* pp. 5. *Cramer, Addison & Beale: London*, [1845?] fol.
Hirsch M. **1272**. (**7**.)

RUST (Friedrich Wilhelm)
—— [Another copy.] Werke für Klavier und Streichinstrumente. Herausgegeben von Rudolf Czach. *Wolfenbüttel, Berlin*, 1939. fol. [*Das Erbe deutscher Musik.* Reihe 2. Landschaftsdenkmale. Mitteldeutschland. Bd. 1.]
Hirsch IV. **960**. a.

S.
—— Beitraege zur Unterhaltung in Erholungsstunden. VI Lieder in Musik gesetzt von S. pp. 19. *In der Falterschen Musik-Handlung: München*, [1810?] *obl.* fol.
Hirsch III. **639**.
Lithographed throughout.

S., E. H. Z.

—— Diana von Solange.] *See* LISZT (F.) Festmarsch nach Motiven von E. H. Z. S. [i.e. from " Diana von Solange " an opera by Ernst Herzogzu Sachsen-Coburg-Gotha], *etc.* [1860.] fol.   Hirsch M. **952. (8.)**

SABBATTINI (LUIGI ANTONIO)

—— Vesperpsalmen. No. 1. Dixit. No. 2. Confitebor. No. 3. Beatus. No. 4. Laudate pueri. No. 5. Laudate Dominum. No. 6. Laetatus. No. 7. Nisi Dominus. No. 8. Lauda Jerusalem. No. 9. Credidi. No. 10. Magnificat. Für vier Singstimmen mit Begleitung der Orgel. [Parts.] 5 pt. *Bey Falter & Sohn: München,* [1815?] fol.
     Hirsch IV. **1702.**

Lithographed throughout.

SACCHINI (ANTONIO MARIA GASPARO)

—— [Armida.] Resta ingrata ... composed & arranged with an accompaniment for the piano forte. [Song.] *Goulding, D'Almaine, Potter & Cº: London,* [1820?] fol.
     Hirsch M. **1275. (17.)**

Watermark date 1820.

SAENGER.

—— Sängers Wanderlied. [Part-song.] *See* LOEWE (J. C. G.)

SAFFERY, afterwards **SHELTON** (ELIZA)

—— The Sailor's Grave, *etc.* [Song.] pp. 5. *D'Almaine & Cº: London,* [1845?] fol.
     Hirsch M. **1272. (15.)**

SAINT ANDREWS.—*University of Saint Andrews.*

—— [Another copy.] An Old St. Andrews Music Book (Cod. Helmst. 628). Published in facsimile, *etc.* *London,* 1931. 8º.   Hirsch M. **500.**
St. Andrews University Publications. no. 30.

SAINT LEU, HORTENSE, *Duchess de.* *See* HORTENSE, *Queen Consort of Louis, King of Holland.*

SAINT-SAËNS (CHARLES CAMILLE)

—— [A reissue.] Le Carnaval des animaux. Grande fantaisie zoologique. Partition d'orchestre, *etc.* *Paris,* [1925?] fol.   Hirsch M. **1339.**

SAINT-SAËNS (CHARLES CAMILLE)

—— 4ᵉ concerto pour piano avec accompagnement d'orchestre ... Op. 44. Partition d'orchestre, *etc.* pp. 155. *Durand, Schœnewerk & cⁱᵉ: Paris,* [1877?] 8º.
     Hirsch M. **501.**

SAINT-SAËNS (CHARLES CAMILLE)

—— [A reissue.] Danse macabre. Poëme symphonique ... Op. 40. Partition d'orchestre, *etc.* *Paris,* [1885?] 8º.
     Hirsch M. **502.**

SAINT-SAËNS (CHARLES CAMILLE)

—— Introduction et rondo capriccioso pour violon et orchestre ... Op. 28. Partition d'orchestre, *etc.* pp. 46. *Durand, Schœnewerk et cⁱᵉ: Paris,* [1880?] 8º.   Hirsch M. **503.**

SAINT-SAËNS (CHARLES CAMILLE)

—— Marche héroïque ... Op. 34. Partition d'orchestre, *etc.* pp. 41. *Durand, Schœnewerk & cⁱᵉ: Paris,* [1871?] 8º.
     Hirsch M. **504.**

SAINT-SAËNS (CHARLES CAMILLE)

—— Phaéton. Poëme symphonique. Op. 39. Partition d'orchestre, *etc.* pp. 48. *Durand, Schœnewerk & cⁱᵉ: Paris,* [1873?] 8º.   Hirsch M. **505.**
The titlepage bears a MS. dedication in the composer's autograph to Louis Lüstner. The fly-leaf contains MS. notes of performances conducted by L. Lüstner.

SAINT-SAËNS (CHARLES CAMILLE)

—— [A reissue.] Le Rouet d'Omphale. Poëme symphonique. Op. 31. Partition d'orchestre, *etc.* *Paris,* [1880?] 8º.
     Hirsch M. **506.**

SAINT-SAËNS (CHARLES CAMILLE)

—— [Samson et Dalila. Opéra en 3 actes et 4 tableaux de Ferdinand Lemaire.] [Score.] Fr. & Ger. pp. 497. *A. Durand & fils: Paris,* [1877?] fol.   Hirsch II. **833.**
Imperfect; wanting the titlepage.

SAINT-SAËNS (CHARLES CAMILLE)

—— [Another copy.] Sarabande et rigaudon. Op. 93 ... Partition d'orchestre, *etc.* *Paris,* [1893.] 8º.
     Hirsch M. **507.**

SAINT-SAËNS (CHARLES CAMILLE)

—— [Another copy.] 1ʳᵉ symphonie en mi bémol ... Op. 2. Partition d'orchestre, *etc.* *Paris,* [1875?] 8º.
     Hirsch M. **508.**

SAINT-SAËNS (CHARLES CAMILLE)

—— [A reissue.] 2ᵉ symphonie en la mineur. Op. 55. Partition d'orchestre, *etc.* *Paris,* [1885?] 8º.
     Hirsch M. **509.**

SAINT-SAËNS (CHARLES CAMILLE)

—— [A reissue.] 2ᵉ symphonie en la mineur. Op. 55. Partition d'orchestre, *etc.* *Paris,* [1895?] 8º.
     Hirsch M. **510.**

SAINT-SAËNS (CHARLES CAMILLE)

—— [A reissue.] 3ᵉ symphonie en ut mineur. Op. 78. Partition d'orchestre, *etc.* *Paris,* [1890?] fol.
     Hirsch M. **1153.**

SALE (JOHN BERNARD)

—— *See* ROSSINI (G. A.) [Tancredi.] Torni alfin ridente, aria ... Edited by J. B. Sale. [1830?] fol.
     Hirsch M. **1275. (14.)**

SALIERI (ANTONIO)

—— Continuazione de' scherzi armonici vocali, contenente 15 canoni a 3 voci, un terzettino ... e 12 altri pezzi a 2, a 3 e a 4 voci, *etc.* pp. 26. *Pietro Mechetti: Vienna,* [1815?] *obl.* fol.   Hirsch III. **1060.**

SALIERI (Antonio)
—— [Falstaff.—La Stessa, la stessissima.] *See* Beethoven (L. van) [Variations. N. p. 157.] Air with Variations for the Piano Forte. [1805?] fol. Hirsch M. **757.**

SALIERI (Antonio)
—— Scherzi armonici vocali contenenti venticinque canoni a tre voci con un terzettino, *etc.* pp. 15. [*Mechetti: Vienna?* 1810?] obl. fol. Hirsch III. **1059.**

SALVE.
—— Salve Regina. Quartett. *See* Schubert (F. P.)

SALVUM.
—— Salvum fac regem. [Four-part song.] *See* Loewe (J. C. G.)

SALZBURG.
—— Salzburg. [Song.] *See* Santner (C.)

SALZBURG.—*Festspielhaus-Gemeinde.*
—— [A portfolio, containing autograph facsimiles of cadenzas written by W. A. Mozart for his Piano forte Concertos K. 175, 246, 365 and 413, with an introduction by Eusebius Mandyczewski, and a contribution by Robert Lach entitled: "Die Mozartautographe der Wiener Nationalbibliothek."] *Carl Goldberg & Söhne: Wien,* 1921. obl. fol. Hirsch M. **511.**

SAMMLUNG.
—— Sammlung neuer beliebter Lieder zur geselligen Unterhaltung eingerichtet für Singstimme mit leichter Begleitung des Claviers oder der Guitarre, *etc.* Hft. 2–5, 7–9. *In der Fleischmannischen Buchhandlung: München,* [1820?] obl. 4º. Hirsch IV. **1703.**
Lithographed throughout. Imperfect; wanting Hft. 1 and 6. Hft. 7–9 bear the imprint "In der Fleischmannschen Buch- u. Falterschen Musik-Handlung."

SANCT.
—— Sanct Helena. [Song.] *See* Loewe (J. C. G.)

SANDBERGER (Adolf)
—— *See* Monteverdi (C.) Monteverdis Orfeo. Facsimile des Erstdrucks der Musik. Eingeleitet und herausgegeben von A. Sandberger. 1927. fol. Hirsch M. **1037.**

SANDRÉ (Gustave)
—— *See* Mozart (W. A.) Bastien et Bastienne . . . Partition pour chant et piano réduite par G. Sandré. [1899?] 8º. Hirsch M. **308.**

SAN MARTINI (Giovanni Battista)
—— Introduzione (moderato-vivacissimo) . . . Für Violine und Klavier bearbeitet von Robert Sondheimer. [Parts.] 2 pt. *Edition Bernoulli: Berlin, Basel,* [1923.] fol. [*Werke aus dem 18. Jahrhundert.* no. 13.]
Hirsch IV. **1020.**

SAN MARTINI (Giovanni Battista)
—— Sinfonie, D-dur, (1730) . . . Herausgegeben und bearbeitet von Robert Sondheimer. [Score.] pp. 11. *Edition Bernoulli:* [*Vienna*, 1937.] fol. [*Werke aus dem 18. Jahrhundert.* no. 49.] Hirsch IV. **1020.**

SAN MARTINI (Giovanni Battista)
—— Trio, C dur, 1740, für 2 Violinen und Violoncello mit Begleitung eines Konzertflügels . . . Herausgegeben und bearbeitet von Robert Sondheimer. [Score.] pp. 5. *Edition Bernoulli:* [*Vienna?* 1935.] fol. [*Werke aus dem 18. Jahrhundert.* no. 37.] Hirsch IV. **1020.**

SAN MARTINI (Giovanni Battista)
—— Trio, Es dur, 1755, für 2 Violinen und Violoncello mit Begleitung eines Konzertflügels . . . Herausgegeben und bearbeitet von Robert Sondheimer. [Score.] pp. 7. *Edition Bernoulli:* [*Vienna?* 1935.] fol. [*Werke aus dem 18. Jahrhundert.* no. 38.] Hirsch IV. **1020.**

SANT' ANGELO (Giuseppe)
—— Jour de bonheur. Valse de salon, pour piano. pp. 5. *G. de Sant' Angelo: Paris,* [1880?] fol.
Hirsch M. **1298. (44.)**

SANTNER (Carl)
—— Salzburg. Dichtung von Erzherzogin M. Antoinette. Prinzessin von Toskana . . . für eine Singstimme mit Pianoforte-Begleitung. pp. 16. *Anton Pustet'sche Buchdruckerei: Salzburg,* 1880. obl. fol.
Hirsch M. **1291. (12.)**

SARA LA BAIGNEUSE.
—— Sara la baigneuse. Ballade à trois chœurs et à grand orchestre. *See* Berlioz (L. H.)

SARACINI (Claudio)
—— Le Seconde musiche . . . per cantar, & sonar nel chitarrone, arpicordo & altri stromenti, *etc.* ⟨Riproduzione anastatica [of the edition of 1620] . . . a cura del Conte Guido Chigi Saracini.⟩ [With a preface by S. A. Luciani.] pp. 34. *Siena,* 1933. fol. Hirsch M. **1154.**

SARTI (Giuseppe)
—— Ah non sai, rondo with a recitative, *etc.* [Song.] pp. 8. *Goulding & Comp^y: London,* [1818?] fol.
Hirsch M. **1275. (16.)**
Watermark date 1818.

SAURĪNDRAMOHANA THĀKURA, *Sir.*
—— [Another copy.] A Few Lyrics of Owen Meredith set to Hindu Music by Sourindro Mohun Tagore. *Calcutta,* 1877. 8º. Hirsch M. **512.**

SAZERAC DE FORGE (G.)
—— *See* Lulli (G. B.) Œuvres complètes, *etc.* ⟨Les opéras. tom. 3. Les Comédies-ballets. tom. 1–3. Réduction pour clavier des parties instrumentales et réalisation de la basse continue par Mlle. G. Sazerac de Forge.—Les Motets. tom. 2. Réalisation de la basse-continue à l'orgue par H. Letocart et G. Sazerac de Forge.⟩ 1930–39. fol.
Hirsch IV. **983.**

SCAPPA (GIUSEPPE)

—— See CARAFA DI COLOBRANO (M. E. F. V. A. P.) *Prince. Frà tante agnoscie e palpiti . . . arranged . . . with an accomp^t for the piano forte. By Signor Scappa.* [1820?] fol. Hirsch M. **1275. (13.)**

SCARLATTI (ALESSANDRO)

—— [Another copy.] *Christmas Cantata . . . Edited by Edward J. Dent . . . Vocal score.* London, 1945. 8°. Hirsch M. **513.**

SCARLATTI (DOMENICO)

—— *5 Klaviersonaten, herausgegeben von Walter Gerstenberg.* pp. 22. *Gustav Bosse Verlag: Regensburg,* [1930.] 4°. Hirsch M. **1155.**
Bd. 2 of "*Forschungsarbeiten des Musikwissenschaftlichen Instituts der Universität Leipzig,*" forming the "*Notenbeilage*" to W. Gerstenberg's "*Die Claviercompositionen Domenico Scarlattis,*" which is entered in the General Catalogue under the author.

SCARLATTI (DOMENICO)

—— *Sonata.* [P.F.] pp. 7. *Chappell & Co.: London,* [1819?] fol. [*Antient Relics for the Piano Forte.* no. 6.] Hirsch M. **1287. (1.)**
Watermark date 1819.

SCHAEFER.

—— *Schäfers Scheidelied.* [Song.] *See* STORCH (A. M.)

SCHAEFFER (AUGUST)

—— [For editions of "Röschens Sehnsucht," published with other songs as Op. 20:] *See infra:* Die Waldmüllerin. Röschens Sehnsucht. Die Putzmacherin.

SCHAEFFER (AUGUST)

—— *Die Waldmüllerin. Röschens Sehnsucht. Die Putzmacherin. Drei Lieder für eine Singstimme mit Piano . . . Op.* 20. *T. Trautwein: Berlin,* [1845?] fol. Hirsch M. **1301. (24.)**
Imperfect; "*Röschens Sehnsucht*" *only.*

SCHAEFFER (HERMANN)

—— [Die Post im Walde.] *Die Post . . . Rêverie für Piano, von Ferdinand Friedrich. Op.* 144. pp. 7. *Bei Wilhelm Jowien: Hamburg,* [1850?] fol. Hirsch M. **1303. (19.)**

SCHAUT.

—— *Schaut's ausi wies regn't.* [Song.] *Schnoderhüpfeln.* [With lithographed illustrations by Eugen Neureuther.] [1829, 31.] fol. Hirsch III. **1076.**

SCHAUM (J. O. H.)

—— *See* HAENDEL (G. F.) [*Chandos Anthems. H.G. XXXIV. No. 6a.—As pants the Hart.*] *Psalm . . . herausgegeben . . . von J. O. H. Schaum.* [1822.] obl. fol. Hirsch IV. **781. (3.)**

SCHAUM (J. O. H.)

—— *See* HAENDEL (G. F.) [*Chandos Anthems. H.G. XXXV. No. 8.—O come let us sing unto the Lord.*] *Psalm . . . herausgegeben . . . von J. O. H. Schaum.* [1822.] obl. fol. Hirsch IV. **781. (2.)**

SCHAUM (J. O. H.)

—— *See* HAENDEL (G. F.) [*Chandos Anthems. H.G. XXXVI. No. 12.—O praise the Lord.*] *Psalm . . . herausgegeben von J. O. H. Schaum.* [1822.] obl. fol. Hirsch IV. **781. (1.)**

SCHEFER (LEOPOLD)

—— *Generalbeichte, von Goethe. Dreistimmig.* [1838.] *See* PERIODICAL PUBLICATIONS.—Leipsic.—*Neue Zeitschrift für Musik.* [Sammlung von Musik Stücken, *etc.*] Hft. 4. [1838, *etc.*] fol. Hirsch M. **1134.**

SCHEIDEMANN (HEINRICH)

—— *15 Praeludien und Fugen.* ⟨Herausgegeben von Max Seiffert.⟩ [Organ.] pp. 34. *Fr. Kistner & C. F. W. Siegel: Leipzig,* [1925.] fol. [*Organum.* Reihe 4. Hft. 1.] Hirsch M. **1204.**

SCHEIDT (SAMUEL)

—— [Another copy.] *Samuel Scheidts Werke, etc.* 5 Bd. *Klecken,* 1923–37. fol. Hirsch IV. **1014.**
Bd. 2/3–5 were published at Hamburg.

SCHEIN (JOHANN HERMANN)

—— [Another copy.] *Sämtliche Werke.* 7 Bd. *Leipzig,* 1901–23. fol. Hirsch IV. **1015.**

SCHEIN (JOHANN HERMANN)

—— [Another copy.] *Zwanzig ausgewählte weltliche Lieder für 2 und mehr Singstimmen, etc. Leipzig,* [1901.] 8°. Hirsch M. **514.**
Volksausgabe Breitkopf & Härtel. no. 1836.

SCHEIN (JOHANN HERMANN)

—— [Banchetto musicale.] *Fünf Suiten für allerlei Instrumente, etc.* [Score and parts. Edited by Fritz Jöde.] *Georg Kallmeyer: Wolfenbüttel,* 1925. obl. 8°. Hirsch M. **515.**
Beihefte zum Musikanten. Reihe 2. Hft. 2.

SCHELBLE (JOHANNES)

—— *Selma und Selmar von Klopstock.* [Duet.] *Gedruckt bei J. F. Wenner:* [*Frankfurt on Main,* 1823.] obl. fol. Hirsch III. **1067.**

SCHEMELLI (GEORG CHRISTIAN)

—— *Seb. Bachs Gesänge zu G. Chr. Schemellis "Musicalischem Gesangbuch" Leipzig 1736. Mit ausgearbeitetem Generalbass herausgegeben von Max Seiffert.* pp. vii. 72. 1925. 8°. *See* BACH (J. S.) [*Geistliche Lieder aus Schemellis Gesangbuch.*] Hirsch M. **20.**

SCHEMELLI (Georg Christian)
—— Seb. Bachs Gesänge zu G. Chr. Schemellis "Musicalischem Gesangbuch" ... Herausgegeben von Max Seiffert. Dritte, durchgesehene Ausgabe. pp. vii. 72. [1930?] 8°. *See* BACH (J. S.) [*Geistliche Lieder aus Schemellis Gesangbuch.*] Hirsch M. **21**.

SCHENKER (Heinrich)
—— *See* BEETHOVEN (L. van) [*Sonatas. Op.* 101, 106, 109, 110, 111.] Die letzten fünf Sonaten ... Kritische Ausgabe ... von H. Schenker, *etc.* [1913-21.] 4°. Hirsch M. **733**.

SCHERER (Georg)
—— Die schönsten Deutschen Volkslieder mit ihren eigenthümlichen Singweisen. Gesammelt und herausgegeben von G. Scherer. Mit einer Radirung nach Moriz von Schwind und 54 Holzschnitten ... Die vierstimmige Bearbeitung der Melodien ... von K. M. Kunz. pp. ix. 126. **F.P.** *Georg Scherer: Stuttgart,* 1863. 4°. Hirsch IV. **1454**.

—— [A set of the proofs of the illustrations.] Hirsch IV. **1454**. a.

SCHERING (Arnold)
—— *See* GEMINIANI (F.) Concerto grosso (Op. 3. No. 5, um 1735) ... bearbeitet von A. Schering. [1918.] fol. Hirsch M. **886**.

SCHIFFLEIN.
—— Das Schifflein. Ballade. *See* LOEWE (J. C. G.)

SCHIKANEDER (Emmanuel)
—— Terzett (Last uns zur dunkeln Laube gehn &c:) für 3 Singstimmen mit Begleitung einer Guitarre. pp. 3. *In der ... Hofmusikhandlung v. B. Schott Söhnen: Mainz,* [1822?] 8°. Hirsch M. **1299**. (15.)

SCHILDT (Melchior)
—— 2 Praeambeln. ⟨Herausgegeben von Max Seiffert.⟩ [Organ.] [1925.] *See* SEIFFERT (M.) Organum, *etc.* Reihe 4. Hft. 2. b. [1924-30?] fol. Hirsch M. **1204**.

SCHILLINGS (Max von)
—— Das Hexenlied, von Ernst von Wildenbruch mit begleitender Musik für Orchester oder Pianoforte. The Witch-Song. Musical recitation with orchestra or piano ... Op. 15. Neue Ausgabe mit deutschem u. englischem Texte. Orchester-Partitur, *etc.* pp. 45. *Rob. Forberg: Leipzig,* [1906.] fol. Hirsch M. **1156**.

SCHILLINGS (Max von)
—— Ingwelde. Dichtung in 3 Aufzügen von Ferdinand Graf Sporck ... Orchester-Partitur. pp. 158. 155-165. *J. Schuberth & Co.: Leipzig,* [1895?] fol. Hirsch II. **843**.

SCHLACHTLIED.
—— Schlachtlied. [Part-song.] *See* SCHUBERT (F. P.)

SCHLAUE.
—— Der schlaue Pudel. [Song.] *See* HAYDN (F. J.)

SCHLESISCHE GEDICHTE. *See* SILESIAN POEMS.

SCHLICK (Arnolt)
—— [Another copy.] Tabulaturen etlicher Lobgesang und Lidlein uff die Orgeln und Lauten, *etc.* *Klecken,* 1924. obl. 8°. Hirsch M. **516**.

SCHMID (Joseph)
—— *See* MUNICH.—*Pergolesi-Gesellschaft.* Giov. Batt. Pergolesi. Sinfonia per violoncello e continuo. Bearbeitet von J. Schmid. 1910. 4°. Hirsch M. **1125**.

SCHMIDT (Fritz)
—— *See* SCHUETZ (H.) Historia des Leidens und Sterbens ... Jesu Christi ... herausgegeben von F. Schmidt, *etc.* 1929. 8°. Hirsch M. **534**.

SCHMIDT (Gustav)
—— Weibertreue, oder Kaiser Konrad von Weinsberg. Komisch-romantische Oper in 3 Akten. Die Partitur als Manuscript gedruckt, *etc.* pp. 106. 101. 95. *Gedruckt in der Lithogr. Anstalt von Heinrich Strauss: Frankfurt a/M.,* [1860?] fol. Hirsch II. **844**.
The titlepage bears MS. *dedication in the composer's autograph.*

SCHMIDT (J. P.)
—— *See* RADZIWILL (A. H.) *Prince.* Compositionen zu Göthe's Faust ... Vollständiger Klavierauszug von J. P. Schmidt. [1835.] obl. fol. Hirsch IV. **1452**.

SCHMIED.
—— Der Schmied. [Song.] *See* NICOLA (C.)

SCHNEIDER (F. H.)
—— *See* MOZART (W. A.) [*La Finta giardiniera.*] Die Gärtnerin aus Liebe ... Klavierauszug mit Text von F. H. Schneider. [1917.] 8°. Hirsch M. **366**.

SCHNEIDER (Georg Abraham)
—— Trois duos pour alto et violon ... Oeuv. 30. [Score.] pp. 15. *Chés Breitkopf et Härtel: Leipsic,* [1805.] fol. Hirsch M. **1157**.
Lithographed throughout.

SCHNEIDER (Louis)
—— [Another issue.] Jocosus. Sammlung komischer & launiger Lieder, Arien & Gesänge ... Herausgegeben von L. Schneider. Hft. 4. *Im Verlage des Herausgebers: Berlin,* [1835?] obl. fol. Hirsch III. **1075**.
Imperfect; wanting Hft. 1-3.

SCHNEIDER (Max)
—— [Another copy.] Altbachisches Archiv ... Herausgegeben von M. Schneider. *Leipzig,* 1935. fol. [*Das Erbe deutscher Musik.* Reihe 1. Reichsdenkmale. Bd. 1, 2.] Hirsch IV. **960**.

SCHNEIDER (Max)
—— *See* ORTIZ (D.) Tratado de glosas sobre clausulas . . . Herausgegeben von M. Schneider. 1913. 8°.
Hirsch M. **446**.

SCHNODERHUEPFELN.
—— Schnoderhüpfeln. [Song.] *See* SCHAUT. Schaut's ausi wies regn't. [1829, 31.] fol. Hirsch III. **1076**.

SCHNYDER VON WARTENSEE (Xaver)
—— Die letzten Zehn vom 4ten Regiment, bei ihrem Uebergange über die Preussische Gränze im Herbst des Jahres 1831 . . . von Julius Mosen . . . Für 4 Männerstimmen u: Chor und eingerichtet für eine Singstimme mit Guitarrebegleitung. *Bei Fr. Ph. Dunst: Frankfurt a/m.*, [1831?] fol. Hirsch M. **1304. (27.)**

SCHOBERLECHNER (François) *See* SCHOBERLECHNER (Franz)

SCHOBERLECHNER (Franz)
—— Variations pour le piano-forte sur l'air favorit, ah circondatemi, de l'opéra Zelmira de Rossini . . . Oeuvre 42. pp. 7. *Chez G. Cipriani: Florence*, [1825?] obl. fol.
Hirsch III. **505**.

SCHOBERLECHNER (Franz)
—— *See* ROSSINI (G. A.) [*Maometto Secondo.*] Le Siège de Corinthe. (Die Belagerung von Corinth) . . . reduit pour le piano-forte seul par F. Schoberlechner. [1823?] obl. fol.
Hirsch IV. **1269**.

SCHOBERLECHNER (Franz)
—— *See* ROSSINI (G. A.) Maometto Secondo . . . Per il piano-forte solo da F. Schoberlechner. [1823.] obl. fol.
Hirsch IV. **1261**.

SCHOBERT (Johann)
—— [IV Sonates pour le clavecin. Op. 17.] Andante aus der Klaviersonate Op. 17 Nr. 2 und W. A. Mozart, Andante aus dem Klavierkonzert Nr. 2 (Köchel-Verz. Nr. 39) in Gegenüberstellung, *etc.* 2 no. [1909.] 4°. *See* INTERNATIONAL MUSICAL SOCIETY. Hirsch M. **923**.

SCHOENBERG (Arnold)
—— [Another copy.] Begleitungsmusik zu einer Lichtspielscene. (Drohende Gefahr, Angst, Katastrophe.) . . . Op. 34. Partitur. *Magdeburg*, 1930. 4°.
Hirsch M. **1158**.

SCHOENBERG (Arnold)
—— [Another copy.] Erwartung. (Monodram) . . . Op. 17. [Score.] *Wien, Leipzig*, [1916.] fol. Hirsch II. **845**.

SCHOENBERG (Arnold)
—— [Another copy.] Die glückliche Hand. Drama mit Musik . . . Op. 18. [Score.] *Wien, Leipzig*, 1916. fol. Hirsch II. **846**.

SCHOENBERG (Arnold)
—— [Another copy.] Gurre-Lieder für Soli, Chor und Orchester . . . Partitur. *Wien, Leipzig*, [1912.] fol.
Hirsch IV. **907**.

SCHOENBERG (Arnold)
—— Gurre-Lieder, von Jens Peter Jacobsen, deutsch von Robert Franz Arnold, für Soli, Chor und Orchester. [Score.] pp. 189. *Universal-Edition: Wien, Leipzig*, [1920.] fol. Hirsch IV. **906**.
The titlepage bears the autograph signature of the composer.

SCHOENBERG (Arnold)
—— [Another copy.] Vier Lieder Op. 22 für Gesang und Orchester. Vereinfachte Studier- und Dirigierpartitur. *Wien, Leipzig*, [1917.] obl. fol. Hirsch M. **518**.

SCHOENBERG (Arnold)
—— Dreimal sieben Gedichte aus Albert Girauds Pierrot lunaire. (Deutsch von Otto Erich Hartleben) . . . Op. 21. Partitur. Taschenausgabe. pp. 78. *Universal-Edition A.G.: Wien, Leipzig*, [1914.] 8°.
Hirsch M. **517**.
Photographically reproduced, in a reduced form, from the folio edition.

SCHOENBERG (Arnold)
—— [Another copy.] Dreimal sieben Gedichte aus Albert Guirauds Pierrot lunaire. Op. 21. Partitur. *Wien, Leipzig*, [1914.] fol. Hirsch M. **1159**.

SCHOENBERG (Arnold)
—— Kammersymphonie für 15 Soloinstrumente . . . Op. 9. Verbesserte Ausgabe. Partitur. *Universal-Edition A.G.: Wien, Leipzig*, [1912?] fol. Hirsch M. **1160**.

SCHOENBERG (Arnold)
—— [Another copy.] Fünf Orchesterstücke . . . Opus 16. ⟨Partitur.⟩ pp. 60. *Leipzig*, [1912.] 4°.
Hirsch M. **1161**.
Edition Peters. no. 3377. With newspaper cuttings inserted.

SCHOENBERG (Arnold)
—— Pelleas und Melisande. (Nach dem Drama von Maurice Maeterlinck.) Symphonische Dichtung für Orchester. Op. 5. [Score.] pp. 125. *Universal-Edition A.G.: Wien, Leipzig*, [1920.] fol. Hirsch M. **1162**.

SCHOENBERG (Arnold)
—— Verklärte Nacht . . . Op. 4. Bearbeitung für Streichorchester. Partitur. pp. 36. *Universal-Edition A.-G.: Wien, Leipzig*, [1917.] fol. Hirsch M. **1163**.

SCHOENBERG (Arnold)
—— Von heute auf morgen. Oper in einem Akt von Max Blonda . . . Partitur. pp. 164. *Im Selbstverlag des Komponisten: Berlin*, [1930.] fol. Hirsch II. **847**.

SCHOENE.

—— Schöne Minka, ich muss scheiden. *Der Kosak und sein Mädchen* von Tiedge. [Song.] Nach einer russischen National-Melodie. *Bey L. Rudolphus: Hamburg und Altona*, [1810?] *obl. fol.* Hirsch III. **868.**

SCHOENE.

—— Die schöne Müllerin. Cyclus von Liedern. *See* SCHUBERT (F. P.)

SCHOLZ (BERNHARD)

—— Lebenslied. Eine Frühlings-Cantate gedichtet von Ferdinand Vetter... Op. 75. [Score.] pp. 55. *B. Firnberg: Frankfurt a/Main*, [1895.] fol. Hirsch IV. **908.**
Part of "Kompositionen von Bernhard Scholz."

SCHOLZ (BERNHARD)

—— Mirandolina. Komische Oper in drei Aufzügen. Dichtung frei nach Goldoni's "La Locandiera" von Theobald Rehbaum... Orchester Partitur. pp. 141. 89. 106. *R. Firnberg: Frankfurt a/M.*, [1910?] fol.
Hirsch II. **848.**

SCHOLZ (BERNHARD)

—— Symphonie, A-moll, für Orchester... Op. 80. Partitur, *etc.* pp. 82. *B. Firnberg: Frankfurt a/M.*, [1896,] fol.
Hirsch M. **1164.**

SCHOTTISCHES.

—— À bas la crinoline! Schottisch pour piano. [1857?] fol. *See* CRINOLINE. Hirsch M. **1302. (6.)**

SCHRADE (LEO)

—— *See* VIRDUNG (S.) Musica getutscht... Originalgetreuer Nachdruck... herausgegeben von L. Schrade. 1931. *obl.* 8°. Hirsch M. **616.**

SCHRAMM (WILLI)

—— *See* ERNDTEKRANZ. Erndtekranz, 1793... neu herausgegeben von W. Schramm. 1935. 8°. Hirsch M. **142.**

SCHREKER (FRANZ)

—— [Another copy.] "Ekkehard." Symphonische Ouvertüre... Op. 12. Partitur, *etc. Wien*, [1903.] fol.
Hirsch M. **1165.**

SCHREKER (FRANZ)

—— Der ferne Klang. Oper in 3 Aufzügen [words and music] von Franz Schreker. Partitur. pp. 122. 200. 145. *Universal-Edition Aktiengesellschaft: Wien, Leipzig*, [1912.] fol. Hirsch II. **852.**
The titlepage bears a MS. dedication in the composer's autograph.

SCHREKER (FRANZ)

—— [Another copy.] Die Gezeichneten. Oper in 3 Aufzügen... Partitur, *etc. Wien, Leipzig*, [1916.] fol.
Hirsch II. **850.**
The titlepage bears a MS. dedication in the composer's autograph. With a signed photograph of the composer inserted.

SCHREKER (FRANZ)

—— Irrelohe. Oper in drei Aufzügen. Partitur. pp. 330. *Universal-Edition A.-G.: Wien, New York*, [1923.] fol.
Hirsch II. **851.**

SCHREKER (FRANZ)

—— Kammersymphonie in einem Satz, für sieben Bläser, elf Streicher, Harfe, Celesta, Harmonium, Klavier, Pauke und Schlagwerk... Partitur. pp. 101. *Universal-Edition A.G.: Wien, Leipzig*, [1917.] 4°.
Hirsch M. **1167.**

SCHREKER (FRANZ)

—— [Another copy.] Vier kleine Stücke für grosses Orchester. Partitur. pp. 36. *Magdeburg*, [1930.] fol.
Hirsch M. **1340.**

SCHREKER (FRANZ)

—— Der Schatzgräber. Oper in einem Vorspiel, vier Aufzügen und einem Nachspiel. Partitur, *etc.* pp. 487. *Universal-Edition A.G.: Wien*, [1919.] fol.
Hirsch II. **853.**

SCHREKER (FRANZ)

—— Schwanengesang. Dichtung von Dora Leen. Für gemischten Chor und Orchester... Op. 11... Partitur, *etc.* pp. 39. *Josef Eberle: Wien*, [1912?] fol.
Hirsch M. **1168.**
The wrapper bears the words "Universal-Edition. No. 3874."

SCHREKER (FRANZ)

—— Das Spielwerk. Mysterium in einem Aufzug... Partitur. pp. 337. *Universal-Edition Aktiengesellschaft: Wien, Leipzig*, [1921.] fol. Hirsch II. **854.**

SCHREKER (FRANZ)

—— [Another copy.] Suite. Nach Oskar Wildes Novelle "Der Geburtstag der Infantin." (Für grosses Orchester.) Partitur, *etc. Wien, New York*, [1923.] fol.
Hirsch M. **1166.**

SCHREKER (FRANZ)

—— [Another copy.] Vorspiel zu einem Drama für grosses Orchester... Studien-Partitur, *etc.* pp. 81. *Wien, Leipzig*, [1914.] 8°. Hirsch M. **519.**

SCHROETER (CORONA)

—— Fünf und zwanzig Lieder... Weimar 1786, *etc.* [A facsimile, with a postscript by Leopold Schmidt.] pp. 32. *Insel-Verlag: Leipzig*, 1907. *obl.* fol. Hirsch M. **520.**

SCHROETER (CORONA)

—— [Fünf und zwanzig Lieder.] Fünf Volkslieder... Für Clavierbegleitung instrumentirt von M. Friedländer. Das Grabmal der Corona Schroeter in Ilmenau von H. Burkhardt. *Weimar*, [1902?] 8°. Hirsch M. **521.**

SCHUBERT (CAMILLE)
—— Le Carnaval des jeunes filles. Quadrille facile et polka . . . pour le piano . . . Op. 224. pp. 7. *Chez les fils de B. Schott: Mayence,* [1858?] fol.
Hirsch M. **1304. (28.)**

SCHUBERT (CAMILLE)
—— Les Dames de Séville. Cinq valses brillantes pour le piano . . . à quatre mains. Op. 43. pp. 21. *Chez Prilipp et c*^{ie}*: Paris,* [1840?] obl. fol.
Hirsch M. **1291. (13.)**

SCHUBERT (CAMILLE)
—— L'Escadron de la reine. Quadrille élégant, pour piano . . . Op. 88. pp. 5. *Chez les fils de B. Schott: Mayence,* [1853.] fol. Hirsch M. **1304. (29.)**

SCHUBERT (CAMILLE)
—— Les Filles du Ciel. Suite de valses brillantes composée pour le piano . . . Op: 69. pp. 13. *Chez les fils de B. Schott: Mayence,* [1850?] fol. Hirsch M. **1303. (20.)**

SCHUBERT (CAMILLE)
—— 2e quadrille sur Galathée, opéra de Victor Massé. pp. 5. *M*^{me} *Cendrier: Paris,* [1855?] obl. fol.
Hirsch M. **1291. (14.)**

SCHUBERT (CAMILLE)
—— Royale-fanfare. Polka Louis xv pour piano . . . Op. 259. pp. 5. *Chez les fils de B. Schott: Mayence,* [1860?] fol.
Hirsch M. **1304. (30.)**
Imperfect; wanting pp. 3, 4.

SCHUBERT (FERDINAND)
—— Deutsches Requiem für vier Singstimmen mit Begl^g der Orgel . . . von Ferdinand Schubert. [In fact, by Franz P. Schubert.] 2tes Werk. [Score and parts.] 5 pt. *Bei Ant. Diabelli und Comp.: Wien,* [1826.] fol.
Hirsch IV. **909. a.**

SCHUBERT (FRANZ LUDWIG)
—— *See* MOZART (W. A.) Così fan tutte. Weibertreue . . . für das Pianoforte zu 2 Händen eingerichtet von F. L. Schubert. [1840?] fol. Hirsch M. **1058.**

SCHUBERT (FRANZ LUDWIG)
—— *See* MOZART (W. A.) [*Le Nozze di Figaro.*] Figaro's Hochzeit, *etc.* [Arranged for P.F. solo by F. L. Schubert.] [1890?] fol. Hirsch M. **1097.**

SCHUBERT (FRANZ PETER) [1. *Thematic Catalogues.*]
—— Thematisches Verzeichniss im Druck erschienener Compositionen von Franz Schubert. pp. 49. *Bei A. Diabelli et comp.: Wien,* [1850?] 4°. Hirsch IV. **1065.**

SCHUBERT (FRANZ PETER) [1. *Thematic Catalogues.*]
—— [Another copy.] Thematisches Verzeichniss, *etc. Wien,* [1850?] 4°. Hirsch IV. **1065. a.**
Imperfect; wanting pp. 1–18, 47–49.

SCHUBERT (FRANZ PETER) [*Collected Works.—a. Complete Works and Large Collections.*]
—— [Another copy.] Franz Schubert's Werke. Kritisch durchgesehene Gesammtausgabe. 21 ser. *Leipzig,* [1883–1895.] fol.
—— Revisionsbericht. *Leipzig,* 1897. 8°.
Hirsch IV. **1016.**
The pagination is irregular.

SCHUBERT (FRANZ PETER) [*Collected Works.—c. Vocal Works, Songs, etc. Large Collections.*]
—— Franz Schubert's nachgelassene musikalische Dichtungen für Gesang und Pianoforte. 50 Lfg. *Bey Ant. Diabelli & Comp.: Wien,* [1830–50.] obl. fol. Hirsch IV. **650.**

SCHUBERT (FRANZ PETER) [*Collected Works.—c. Vocal Works, Songs, etc. Large Collections.*]
—— [Another copy.] Franz Schubert's nachgelassene musikalische Dichtungen für Gesang und Pianoforte. Lfg. 1–16, 18–22, 26, 27, 29, 34, 35, 42–44, 48. *Wien,* [1830–48.] obl. fol. Hirsch IV. **650. a.**
Imperfect; wanting Lfg. 17, 23–25, 28, 30–33, 36–41, 45–47, 49, 50. This set contains 3 copies of Lfg. 2 and 2 copies of Lfg. 4.

SCHUBERT (FRANZ PETER) [*Collected Works.—c. Vocal Works, Songs, etc. Large Collections.*]
—— Lieder und Gesänge. Volkstümliche Gesamtausgabe nach Stimmgattungen und Zeitfolge geordnet. Auf Grund der kritischen Ausgabe herausgegeben von Eusebius Mandyczewski, *etc.* 12 Bd. *Breitkopf & Härtel: Leipzig,* [1899–1901.] 8°. Hirsch M. **522.**

SCHUBERT (FRANZ PETER) [*Collected Works.—d. Vocal Works, Songs, etc.—Smaller Collections.*]
—— [Another copy.] Vier Lieder. Im Frühling . . . Trost im Liede . . . Der blinde Knabe [Op. 101] . . . Wanderers Nachtlied, Ueber allen Gipfeln ist Ruh [Op. 96] . . . mit Begleitung des Pianoforte in Musik gesetzt. Op. *Leipzig,* [1828.] obl. fol. Hirsch IV. **580.**

SCHUBERT (FRANZ PETER) [*Collected Works.—d. Vocal Works, Songs, etc.—Smaller Collections.*]
—— Drei Schubert Lieder. [Der Rattenfänger, Der Schatzgräber, Heidenröslein. A facsimile of the composer's autograph.] *C. G. Röder: Leipzig,* [1929.] obl. fol.
Hirsch M. **523.**

SCHUBERT (FRANZ PETER) [*Collected Works.—e. Instrumental Arrangements of Vocal Works, Songs, etc.*]
—— Lieder . . . für das Piano-forte übertragen von Fr. Liszt. no. 1–3, 5–8, 10–12. *Bei Ant. Diabelli & Comp.: Wien,* [1838.] 4°. Hirsch M. **1182. (1.)**
Imperfect; wanting no. 4, 9.

SCHUBERT (Franz Peter) [*Collected Works.—e. Instrumental Arrangements of Vocal Works, Songs, etc.*]
—— Müller-Lieder... Für das Pianoforte in leichteren Styl übertragen von Franz Liszt. 1tes Heft. Das Wandern. Der Müller und der Bach. 2tes Heft. Der Jäger. Die böse Farbe. 3tes Heft. Wohin. Ungeduld. 3 Hft. *Bei A. Diabelli u. Comp.: Wien,* [1847.] fol.
Hirsch M. **1182. (2.)**

SCHUBERT (Franz Peter) [*Collected Works.—e. Instrumental Arrangements of Vocal Works, Songs, etc.*]
—— Lieder... für das Pianoforte übertragen von F. Liszt. no. 1–3, 5, 6, 8–20, 22–26. *Bei Carl Haslinger: Wien,* [1865?]
Hirsch M. **524.**
The title is taken from the wrappers. Imperfect; wanting no. 4, 7, 21, and the wrappers of no. 3, 10.

SCHUBERT (Franz Peter)
—— Abendlied für die Entfernte. Thekla; (: eine Geisterstime:) Um Mitternacht. An die Musik. Gedichte v. A. W. Schlegel, Fr. v. Schiller, Ernst Schulze u. Schober. In Musik gesetzt für eine Singstimme mit Pianoforte-Begleitung... 88tes Werk. pp. 13. *Im Verlage des k: k: Hoftheater-Kapellmeisters Thad: Weigl: Wien,* [1827.] *obl.* fol.
Hirsch IV. **566.**
Cropped.

SCHUBERT (Franz Peter)
—— Abendlied für die Entfernte. Thekla. Um Mitternacht. An die Musik. Gedichte von A. W. Schlegel, Fr. v. Schiller, Ernst Schulze u. Schober. In Musik gesetzt für eine Singstimme mit Begleit. des Pianoforte... 88tes Werk. pp. 15. *Bei Ant. Diabelli und Comp.: Wien,* [1832.] *obl.* fol.
Hirsch M. **1185. (10.)**

SCHUBERT (Franz Peter)
—— [Another copy.] Die abgeblühte Linde, Der Flug der Zeit... Der Tod und das Mädchen... für eine Singstime mit Begleitung des Piano-Forte... 7tes Werk. *Wien,* [1821.] *obl.* fol.
Hirsch IV. **481.**
Signed by the composer "Sch. 155."

SCHUBERT (Franz Peter)
—— Der abgeblühte Linde, Der Flug der Zeit, vom Grafen Ludwig von Széchényi. Der Tod und das Mädchen, von Claudius, für eine Singstimme mit Begleitung des Piano-Forte... 7tes Werk. pp. 11. *Bey A. Diabelli et Comp.: Wien,* [1830?] *obl.* fol.
Hirsch M. **1184. (3.)**

SCHUBERT (Franz Peter)
—— Adagio und Rondo (E dur) für das Pianoforte... Op. 145. Nachgelassenes Werk. pp. 11. *A. Diabelli et comp.: Wien,* [1843.] fol.
Hirsch IV. **624.**

SCHUBERT (Franz Peter)
—— Adagio et rondo concertant pour le piano-forte avec accompagnement de violon, viola et violoncello... Oeuvre posthume. [Parts.] 4 pt. *Chez A. O. Witzendorf: Vienne,* [1866.] fol.
Hirsch IV. **656.**

SCHUBERT (Franz Peter)
—— [Alfonso und Estrella.] Ouverture zur Oper Alphonso und Estrella für das Pianoforte zu vier Händen... Op: 52 [or rather, 69]. pp. 15. *Bei Sauer und Leidesdorf: Wien,* [1826.] *obl.* fol.
Hirsch IV. **546.**

SCHUBERT (Franz Peter)
—— [Alfonso und Estrella. Op. 69.] Ouverture zur Oper: Alphonso und Estrella, *etc.* ⟨Partiturausgabe.⟩ pp. 55. *C. A. Spina: Wien,* 1867. 8°.
Hirsch M. **525.**
Ouverturen und Entr'actes für das Orchester componirt von Franz Schubert. no. 3.

SCHUBERT (Franz Peter)
—— [Another copy.] Alinde. An die Laute. Zur guten Nacht... In Musik gesetzt für eine Singstimme mit Begleitung des Pianoforte... 81tes Werk. *Wien,* [1827.] *obl.* fol.
Hirsch IV. **559.**

SCHUBERT (Franz Peter)
—— [Another copy.] Am Bach im Frühlinge. Genügsamkeit. An eine Quelle... Für eine Singstimme mit Begleit. des Pianoforte... 109tes Werk. *Wien,* [1829.] *obl.* fol.
Hirsch IV. **589.**

SCHUBERT (Franz Peter)
—— Am Erlaf-See. [Song.] Gedichtet von Johann Mayrhofer. [1818.] *s. sh.* fol.
Hirsch IV. **483.**
Contained between pp. 186 *and* 187 *of Jahrg.* 6 *of the "Mahlerisches Taschenbuch für Freunde interessanter Gegenden," etc., published at Vienna by Anton Doll.*

SCHUBERT (Franz Peter)
—— [For editions of "Am Fenster," published with other songs as Op. 105:] *See infra:* Widerspruch. Wiegenlied. Am Fenster. Sehnsucht.

SCHUBERT (Franz Peter)
—— [For editions of "Am Grabe Anselmo's," published with other songs as Op. 6:] *See infra:* Memnon, Antigone und Oedip, von J: Mayrhofer, und Am Grabe Anselmo's, von Claudius.

SCHUBERT (Franz Peter)
—— Lied, An den Tod, mit Begleitung des Piano-Forte. pp. 3. *Eigenthum des lithographischen Institutes: Wien,* [1824.] *obl.* fol.
Hirsch IV. **652.**
"Beilage zur musikalischen Zeitung."

SCHUBERT (Franz Peter)
—— [For editions of "An die Laute," published with other songs as Op. 81:] *See supra:* Alinde. An die Laute. Zur guten Nacht.

SCHUBERT (Franz Peter)
—— An die Nachtigall, Wiegenlied, von Claudius. Iphigenia, von Mayrhofer. Für eine Singstimme mit Begl. des Piano-Forte. In Musik gesetzt... 98tes Werk. pp. 7. *Bei Ant. Diabelli und Comp.: Wien,* [1829.] *obl.* fol.
Hirsch IV. **577.**

SCHUBERT (Franz Peter)
—— [Another copy.] An die untergehende Sonne. In Musik gesetzt für eine Singstimme mit Begl. des Pianoforte . . . 44tes Werk. *Wien*, [1827.] *obl.* fol.   Hirsch IV. **522**.

SCHUBERT (Franz Peter)
—— [For editions of "An eine Quelle," published with other songs as Op. 109:] *See* supra: Am Bach im Frühlinge. Genügsamkeit. An eine Quelle, von Claudius.

SCHUBERT (Franz Peter)
—— [For editions of "An Mignon," published with other songs as Op. 19:] *See* infra: An Schwager Kronos. An Mignon. Ganymed.

SCHUBERT (Franz Peter)
—— [Another copy.] An Schwager Kronos. An Mignon. Ganymed . . . In Musik gesetzt für eine Singstimme mit Begleitung des Pianoforte . . . 19tes Werk.   *Wien*, [1825.] *obl.* fol.   Hirsch IV. **495**.

—— [Another copy.]   Hirsch IV. **495**. a.

SCHUBERT (Franz Peter)
—— Andantino varié et rondeau brillant pour le piano-forte à quâtre mains composés sur des motifs origineaux français . . . Oeuv: 84, *etc.* [Parts.] 2 pt.   *Chez Thad: Weigl: Vienne*, [1827.] *obl.* fol.   Hirsch IV. **562**.

SCHUBERT (Franz Peter)
—— [For editions of "Antigone und Oedip," published with other songs as Op. 6:] *See* infra: Memnon, Antigone und Oedip von J: Mayrhofer, und Am Grabe Anselmo's, von Claudius.

SCHUBERT (Franz Peter)
—— Antiphonen zur Palmweihe am Palmsonntage für Sopran, Alt, Tenor & Bass . . . Op. 113. [Parts.] 4 pt. *Bei Ant. Diabelli & Comp.: Wien*, [1829.] fol.
   Hirsch IV. **593**.

SCHUBERT (Franz Peter)
—— Auf dem Strom, Gedicht von Rellstab. In Musik gesetzt für Gesang mit Begleitung des Pianoforte und Waldhorn oder Violoncelle (obligat) . . . Op. 119. [Parts.] 2 pt. *Bey M. J. Leidesdorf: Wien*, [1829.] *obl.* fol. & fol.
   Hirsch IV. **599**.

—— [Another copy, without the accompaniment.]
   Hirsch IV. **599**. a.

SCHUBERT (Franz Peter)
—— [Another copy.] Auf dem Strom. Gedicht von Rellstab. In Musik gesetzt für Gesang mit Begleitung des Pianoforte und Waldhorn oder Violoncelle (obligat) . . . Op. 119.   *Bei Ant. Diabelli und Comp.: Wien*, [1830.] *obl.* fol.   Hirsch M. **1186**. (**10**.)
   Imperfect; wanting the obligato accompaniments.

SCHUBERT (Franz Peter)
—— [Another copy.] Auf dem Wasser zu singen . . . In Musik gesetzt für eine Singstime mit Begleitung des Pianoforte . . . 72tes Werk. *Wien*, [1827.] *obl.* fol.
   Hirsch IV. **550**.

SCHUBERT (Franz Peter)
—— [A reissue.] Auf dem Wasser zu singen . . . In Musik gesetzt für eine Singstime mit Begleitung des Pianoforte . . . 72tes Werk. *Wien*, [1827?] *obl.* fol.
   Hirsch IV. **550**. a.

SCHUBERT (Franz Peter)
—— [Another copy.] Auf der Donau. Der Schiffer. Wie Ulfru fischt . . . Für eine Bassstime mit Belgeitung des Pianoforte . . . 21. Werk. *Wien*, [1823.] *obl.* fol.
   Hirsch IV. **497**.

SCHUBERT (Franz Peter)
—— Auf der Donau. Der Schiffer. Wie Ulfru fischt von Johann Mayerhofer. Für eine Bassstime mit Begleitung des Pianoforte . . . 21tes Werk. pp. 15.   *Bei Ant. Diabelli und Comp.: Wien*, [1830?] *obl.* fol.
   Hirsch M. **1184**. (**9**.)

SCHUBERT (Franz Peter)
—— [Another copy.] Der blinde Knabe . . . In Musik gesetzt für eine Singstimme mit Begl. des Piano-Forte . . . 101tes Werk. *Wien*, [1829.] *obl.* fol.   Hirsch IV. **581**.

SCHUBERT (Franz Peter)
—— [Another issue.] Der blinde Knabe . . . In Musik gesetzt für eine Singstimme mit Begl. des Piano-Forte. 101tes Werk. *Wien*, [1829.] *obl.* fol.   Hirsch M. **526**.

SCHUBERT (Franz Peter)
—— Der blinde Knabe. (The Blind Boy.) Gedicht von Craigher. In Musik gesetzt für eine Singstime mit Begleit. des Pianoforte. Op. 101. Neue Ausgabe. pp. 7. *Ger. & Eng.*   *Bei Ant. Diabelli & Comp.: Wien*, [1835?] *obl.* fol.   Hirsch M. **1186**. (**5**.)

SCHUBERT (Franz Peter)
—— Der Blumen Schmerz. [Song.] Von Johann Graf Mailáth. [Op. 173. No. 4.] (Aus der Wiener Zeitschrift für Kunst, Literatur, Theater und Mode.) *Gedruckt bey Anton Strauss:* [*Vienna*, 1821.] *obl.* 8º. Hirsch IV. **649**.

SCHUBERT (Franz Peter)
—— Chor der Engel, aus Göthe's Faust, für Sopran, Alt, Tenor u. Bass. [1839.] *See* PERIODICAL PUBLICATIONS.— Leipsic.—*Neue Zeitschrift für Musik.* [Sammlung von Musik-Stücken, *etc.*] Hft. 6. [1838, *etc.*] fol.
   Hirsch M. **1134**.

SCHUBERT (Franz Peter)
—— Constitutionslied. Gedichtet von Deinhardstein . . . 157tes Werk . . . Für 4 Singst. u. Orchester, *etc.* [Score.] pp. 7. *Bei A. Diabelli et Comp.: Wien*, [1848.] fol.
   Hirsch IV. **635**.

SCHUBERT (Franz Peter)
—— Deutsches Requiem für vier Singstimmen mit Begl^g der Orgel . . . von Ferdinand Schubert. [In fact, by F. P. Schubert.] 2tes Werk. [Score and parts.] 5 pt. [1826.] fol. *See* SCHUBERT (F.) Hirsch IV. **909**. a.

SCHUBERT (Franz Peter)
—— Deutsche Tänze und Ecossaisen für das Pianoforte auf 4 Hände . . . 33tes Werk. pp. 15. *Bey Cappi und Comp.: Wien,* [1825.] *obl.* fol. Hirsch IV. **511**.

SCHUBERT (Franz Peter)
—— Divertissement à la hongroise pour le pianoforte à quatre mains . . . Oeuvre 54. pp. 47. *Chez Math^s Artaria: Vienne,* [1826.] *obl.* fol. Hirsch IV. **532**.

SCHUBERT (Franz Peter)
—— [Divertissement à la hongroise. Op. 54.] *See* LISZT (F.) Mélodies hongroises d'après Fr. Schubert, *etc.* [1840.] fol. Hirsch M. **955**. (**1**.)

SCHUBERT (Franz Peter)
—— [Divertissement à la hongroise. Op. 54.] *See* LISZT (F.) [*Mélodies hongroises.*] Schubert's ungarische Melodien . . . Zweihändig auf eine neue leichtere Art gesetzt. [1846.] fol. Hirsch M. **955**. (**3**.)

SCHUBERT (Franz Peter)
—— Divertissement en forme d'une marche brillante et raisonnée pour le piano-forte à quâtre mains composé sur des motifs originaux français . . . Oeuv: 63. No. 1. pp. 21. *Chez Thad: Weigl: Vienne,* [1826.] *obl.* fol. Hirsch IV. **540**.

SCHUBERT (Franz Peter)
—— Das Dörfchen. Von Bûrger. Die Nachtigall. Von Unger und Geist der Liebe. Von Matthisson. Für 4 Männerstimmen mit Begleitung des Pianoforte oder der Guitarre . . . 11tes Werk. no. [3.] [Parts.] *Bey Cappi und Diabelli: Wien,* [1822.] fol. Hirsch IV. **486**.
Imperfect; wanting no. 1 and 2.

SCHUBERT (Franz Peter)
—— Das Dörfchen. Von Bûrger. Die Nachtigall. Von Unger und Geist der Liebe. Von Matthisson. Für 4 Männerstimmen mit Begleitung des Pianoforte oder der Guitarre . . . 11tes Werk, *etc.* no. [1–3.] [Parts.] 18 pt. *Bei A. Diabelli et Comp.: Wien,* [1825?] fol. Hirsch IV. **487**.

SCHUBERT (Franz Peter)
—— Drang in die Ferne, von Carl Gottfr. v. Leitner. [Song. Op. 71.] *Gedruckt bey Anton Strauss:* [*Vienna,* 1823.] *s. sh. obl.* 4°. Hirsch IV. **548**.
Issued as a supplement to the "Wiener Zeitschrift für Kunst" for 25 March, 1823.

SCHUBERT (Franz Peter)
—— [Another copy.] Drang in die Ferne. Gedicht von Carl Gottfr. v. Leitner. In Musik gesetzt für eine Singstimme mit Begleitung des Piano-Forte . . . 71tes Werk. pp. 7. *Bei Ant. Diabelli und Comp.: Wien,* [1827.] *obl.* fol. Hirsch IV. **549**.

SCHUBERT (Franz Peter)
—— [A reissue.] Drang in die Ferne. Gedicht von Carl Gottfr. v. Leitner. In Musik gesetzt für eine Singstimme mit Begleitung des Piano-Forte . . . 71tes Werk. pp. 7. *Bei Ant. Diabelli und Comp.: Wien,* [1827?] *obl.* fol. Hirsch IV. **549**. a.

SCHUBERT (Franz Peter)
—— Drang in die Ferne. Lied . . . [Op. 71.] Für das Piano-Forte übertragen von Carl Czerny. pp. 7. *Bei A. Diabelli u. Comp.: Wien,* [1839?] fol. Hirsch M. **1182**. (**3**.)

SCHUBERT (Franz Peter)
—— Grand duo pour le pianoforte à quatre mains . . . Op. 140, *etc.* pp. 63. *Chez A. Diabelli et comp.: Vienne,* [1838.] fol. Hirsch IV. **619**.

SCHUBERT (Franz Peter)
—— [Grand duo pour le pianoforte à quatre mains. Op. 140.] Sinfonie . . . Nach Op. 140 instrumentirt von Joseph Joachim. Partitur. pp. 215. *Friedrich Schreiber: Wien,* [1873.] 8°. Hirsch M. **527**.

SCHUBERT (Franz Peter)
—— Duo (en la) pour piano et violon . . . Oeuvre 162. [Parts.] 2 pt. *Chez A. Diabelli et comp.: Vienne,* [1852.] fol. Hirsch IV. **640**.

SCHUBERT (Franz Peter)
—— Das Echo. Gedicht von I. F. Castelli. In Musik gesetzt für eine Singstimme mit Begleitung des Piano-Forte. [Op. 130.] pp. 9. *Im Verlage des k: k: Hoftheater-Kapellmeisters Thad: Weigl: Wien,* [1830.] *obl.* fol. Hirsch IV. **608**.

SCHUBERT (Franz Peter)
—— Das Echo. Gedicht von I. F. Castelli. In Musik gesetzt für eine Singstimme mit Begl. des Pianoforte . . . 130tes Werk, *etc.* pp. 7. *Bei Ant. Diabelli und Comp.: Wien,* [1832.] *obl.* fol. Hirsch M. **1186**. (**12**.)

SCHUBERT (Franz Peter)
—— [Another copy.] Der Einsame. In Musik gesetzt für eine Singstimme mit Begleit: des Pianoforte . . . 41tes Werk. *Wien,* [1827.] *obl.* fol. Hirsch IV. **519**.

—— [Another copy on different paper.] Hirsch IV. **519**. a.

SCHUBERT (Franz Peter)
—— [Another copy.] Cantate. Empfindungsäusserungen. In Musik gesetzt für 4 Singstimmen mit Begleitung des ganzen Orchesters . . . 128tes Werk. Clavier-Auszug von Ferd. Schubert. *Wien,* [1830.] *obl.* fol. Hirsch IV. **606**.

SCHUBERT (Franz Peter)
—— Der Erlkönig. [Song.] Gedicht von W. von Goethe ... Das Autograph befindet sich in der Königl. Bibliothek zu Berlin. Photo-Lithographie. [A facsimile, with preface by Franz Espagne.] *Wilh. Müller: Berlin*, 1868. obl. fol. Hirsch M. **529**.

SCHUBERT (Franz Peter)
—— [Another copy.] Erlkönig. Ballade von Göthe ... 1tes Werk. *Wien*, [1821.] obl. fol. Hirsch IV. **472**.
Signed by the composer " Sch. 372."

SCHUBERT (Franz Peter)
—— Erlkönig. Ballade von Goethe mit Begleitung des Pianoforte. 1tes. Werk. pp. 7. *Bei A. Cranz: Hamburg*, [1825?] obl. fol. Hirsch M. **528**.

SCHUBERT (Franz Peter)
—— Erlkönig. Ballade von Goethe. In Musik gesetzt für eine Singstimme mit Piano-Forte Begleitung ... 1tes Werk. pp. 11. *Bei Ant. Diabelli und Comp.: Wien*, [1826?] obl. fol. Hirsch IV. **473**.

SCHUBERT (Franz Peter)
—— Erlkönig. Ballade von Goethe ... Für eine Singstimme mit Begleitung des Piano-Forte ... 1tes Werk. Neue Ausgabe. pp. 11. *Bei Ant. Diabelli und Comp.: Wien*, [1840?] fol. Hirsch M. **1183**. (**1**.)

SCHUBERT (Franz Peter)
—— [Der Erlkönig.] O, who rides by Night thro' the Woodlands so wild. [Song.] pp. 13. *Wessel & Co.: London*, [1835?] fol. Hirsch M. **1306**. (**8**.)
Wessel & Co.'s Series of German Songs. no. 7.

SCHUBERT (Franz Peter)
—— [Erlkönig. Op. 1.] Le Roi des aulnes. Der erl König. Ballade de Gœthe. Mise en musique, avec accompagnement de piano ... Orchestrée par Hector Berlioz. Paroles françaises de M. Édouard Bouscatel. Grande partition, *etc.* pp. 21. *G. Legouix: Paris*, [1860?] fol. Hirsch M. **1169**.

SCHUBERT (Franz Peter)
—— [Erlkönig.] Le Roi des aulnes ... Ballade de Goëthe mise en musique avec accompagnement de piano ... Orchestrée par H. Berlioz. [Score.] MS. CORRECTIONS [by Berlioz]. pp. 21. [*G. Legouix: Paris*, 1860?] fol. Hirsch IV. **1436**. a. (**2**.)

SCHUBERT (Franz Peter)
—— [Another copy.] Die Erwartung. Gedicht von Fr. von Schiller. In Musik gesetzt mit Begleitung des Pianoforte ... Op. 116. pp. 15. *Bey M. J. Leidesdorf: Wien*, [1829.] obl. fol. Hirsch IV. **596**.

SCHUBERT (Franz Peter)
—— Die Erwartung. Gedicht von Fr. von Schiller. In Musik gesetzt mit Begleitung des Pianoforte ... Op. 116. pp. 15. *Bei Ant. Diabelli & Comp.: Wien*, [1830.] obl. fol. Hirsch M. **1186**. (**9**.)

SIG. 47.—PART 53.

SCHUBERT (Franz Peter)
—— [For editions of " Ewige Liebe," published with other part-songs as Op. 64:] *See infra*: Wehmuth. Gedicht v. Heinr. Hüttenbrener. Ewige Liebe. Gedicht v. Ernst Schulze. Flucht. Gedicht v. K. Lappe.

SCHUBERT (Franz Peter)
—— Fantaisie pour le piano-forte ... Oeuvre 15. pp. 31. *Chez Cappi et Diabelli: Vienne*, [1823.] obl. fol. Hirsch IV. **491**.

SCHUBERT (Franz Peter)
—— Grosse Fantasie. Op. 15. Symphonisch bearbeitet für Piano und Orchester von Franz Liszt. Partitur, *etc.* pp. 86. *Friedrich Schreiber: Wien*, [1874?] fol. Hirsch M. **1170**.

SCHUBERT (Franz Peter)
—— [Another copy.] Fantaisie, Andante, Menuetto und Allegretto für das Piano-Forte allein ... 78tes Werk. *Wien*, [1827.] obl. fol. Hirsch IV. **556**.
Musée musical des clavicinistes. Hft. 9.

SCHUBERT (Franz Peter)
—— Fantaisie, Andante, Menuetto und Allegretto für das Piano-Forte allein ... 78tes Werk. pp. 29. *Bei Tobias Haslinger: Wien*, [1835?] obl. fol. Hirsch IV. **556**. a.

SCHUBERT (Franz Peter)
—— [Another copy.] Fantaisie pour le piano-forte à quatre mains ... Oeuvre 103. *Vienne*, [1829.] obl. fol. Hirsch IV. **583**.

SCHUBERT (Franz Peter)
—— Fantaisie pour piano et violon. Oeuvre 159. [Parts.] 2 pt. *Chez A. Diabelli et Comp.: Vienne*, [1850.] fol. Hirsch IV. **637**.

SCHUBERT (Franz Peter)
—— [Fierrabras.] Ouverture de l'opera: Fierrabras. Oeuvre 76. Arrangé pour le piano-forte à 4 mains par Charles Czerny. No. LXVIII. des ouvertures à 4 mains. pp. 19. *Chez Ant. Diabelli et comp.: Vienne*, [1827.] obl. fol. Hirsch IV. **555**.
Without the wrapper.

SCHUBERT (Franz Peter)
—— [Fierrabras.—Des Jammers herbe Qualen.] Arie mit Chor, *etc.* [With P.F. accompaniment.] [1842.] *See* PERIODICAL PUBLICATIONS.—Leipsic.—*Neue Zeitschrift für Musik.* [Sammlung von Musik-Stücken, *etc.*] Hft. 16. [1838, *etc.*] fol. Hirsch M. **1134**.

SCHUBERT (Franz Peter)
—— Fischerweise, vom Baron von Schlechta. (Den Fischer fechten.) [Song. Op. 96. No. 4.] pp. 7. *Bei A. Diabelli & Comp.: Wien*, [1832.] obl. fol. [*Philomele.* no. 297.] Hirsch M. **132**.

SCHUBERT (Franz Peter)

—— [For editions of " Flucht," published with other part-songs as Op. 64:] *See infra*: Wehmuth. Gedicht v. Heinr. Hüttenbreñer. Ewige Liebe. Gedicht v. Ernst Schulze. Flucht. Gedicht v. K. Lappe.

SCHUBERT (Franz Peter)

—— Die Forelle. [Song.] Von Schubart. [Op. 32.] *Gedruckt bey Anton Strauss*: [*Vienna*, 1820.] s. sh. obl. 8º.
Hirsch IV. **510**.
Musik-Beylage zur Wiener-Zeitschrift, 148, 1820.

SCHUBERT (Franz Peter)

—— [Another copy.] Die Forelle . . . In Music gesetzt, für eine Singstimme mit Begleitung des Pianoforte. [Op: 32.] *Wien*, [1825.] obl. fol. Hirsch IV. **510**. a.
The words "Op: 32" have been added in MS.

SCHUBERT (Franz Peter)

—— Die Forelle. Gedicht von Schubart. In Musik gesetzt für eine Singstimme mit Begleit. des Piano-Forte . . . Op. 32. Neue Ausgabe . . . Für Soprano od. Tenor, etc. pp. 7. *Bei Ant. Diabelli und Comp.: Wien*, [1830?] obl. fol. Hirsch M. **1184**. (**15**.)

SCHUBERT (Franz Peter)

—— Die Forelle. Lied . . . Für das Piano. Zweite Version von Fr. Liszt. pp. 15. *Bei A. Diabelli u. Comp.: Wien*, [1846.] 4º. Hirsch M. **1182**. (**4**.)

SCHUBERT (Franz Peter)

—— " Ein Fräulein schaut vom hohen Thurm." Ballade von Kenner. In Musik gesetzt für eine Singstime mit Begleitung des Pianoforte . . . 126tes Werk. pp. 11. *Bey Joseph Czerný: Wien*, [1830.] obl. fol.
Hirsch IV. **604**.

SCHUBERT (Franz Peter)

—— Frühlingslied von Fr: von Schober. Naturgenuss von Mathison. Für vier Männerstimen mit willkührlicher Begleitung des Pianoforte oder der Guitarre . . . 16tes Werk. [Parts.] 6 pt. *Bey Cappi und Diabelli: Wien*, [1823.] fol. Hirsch IV. **492**.

SCHUBERT (Franz Peter)

—— Der Frühlingsmorgen. Cantate für Sopran, Tenor und Bass mit Begleitung des Pianoforte . . . 158tes Werk. [Score and parts.] 4 pt. *Bei A. Diabelli et Comp.: Wien*, [1849.] fol. Hirsch IV. **636**.

SCHUBERT (Franz Peter)

—— Fuge (E moll) für die Orgel oder Piano zu 4 Händen . . . Op. 152. pp. 7. *Bei A. Diabelli u. Comp.: Wien*, [1844?] fol. Hirsch IV. **630**.

SCHUBERT (Franz Peter)

—— Galoppe et ecossaises pour le pianoforte . . . Oeuvre 49. pp. 7. *Chez Ant. Diabelli et comp.: Vienne*, [1825.] obl. fol. Hirsch IV. **527**.

SCHUBERT (Franz Peter)

—— [For editions of " Ganymed," published with other songs as Op. 19:] *See infra*: An Schwager Kronos. An Mignon. Ganymed.

SCHUBERT (Franz Peter)

—— [Another copy.] Gebeth . . . (Du Urquell aller Güte.) In Musik gesetzt für Sopran, Alt, Tenor und Bass mit Begleitung des Pianoforte. 139tes Werk. [Score and parts.] *Wien*, [1838.] fol. Hirsch IV. **617**.
In this copy the voice parts are in triplicate.

SCHUBERT (Franz Peter)

—— Vier Gedichte von Rückert und Graf Platen in Musik gesetzt für eine Singstimme mit Begleitung des Piano Forte . . . Op. 59. pp. 14. *Sauer & Leidesdorf: Wien*, [1826.] obl. fol. Hirsch IV. **536**.

SCHUBERT (Franz Peter)

—— Vier Gedichte von Rückert und Graf Platen in Musik gesetzt für eine Singstimme mit Begleitung des Piano Forte . . . Op. 59. pp. 14. *Bei Ant. Diabelli und Comp.: Wien*, [1830?] obl. fol. Hirsch M. **1185**. (**6**.)

SCHUBERT (Franz Peter)

—— Drey Gedichte. No. 1. An die Freude von Schiller. No. 2. Lebens-Melodien von Schlegel. No. 3. Die vier Weltalter von Schiller. In Musik gesetzt für eine Singstime mit Begleitung des Pianoforte . . . 111tes Werk. pp. 11. *Bey Joseph Czerný: Wien*, [1829.] obl. fol. Hirsch IV. **591**.
P. 3 contains a " Verzeichniss der Original-Werke von Franz Schubert, welche in der Kunst- und Musikalienhandlung des Joseph Czerny . . . erschienen und zu haben sind.

SCHUBERT (Franz Peter)

—— [Another issue.] Drey Gedichte . . . 111tes Werk. *Wien*, [1829?] obl. fol. Hirsch IV. **591**. a.
In this issue p. 3 is blank.

SCHUBERT (Franz Peter)

—— Sechs Gedichte. No. 1. Geist der Liebe, von Kosegarten. 2. Der Abend, von Hölty. 3. Tischlied, von Göthe. No. 4. Lob der Tokayers, von Baumberg. 5. An die Sonne, von T. Körner. 6. Die Spinnerinn, von Göthe. In Musik gesetzt für eine Singstime mit Begleitung des Pianoforte . . . 118tes Werk. pp. 15. *Bey Joseph Czerný: Wien*, [1829.] obl. fol. Hirsch IV. **598**.
P. 3 contains a " Verzeichniss der Original-Werke von Franz Schubert, welche in der Kunst- und Musikalienhandlung des Joseph Czerny . . . erschienen und zu haben sind."

SCHUBERT (Franz Peter)

—— [Another issue.] Sechs Gedichte . . . 118tes Werk. *Wien*, [1829?] obl. fol. Hirsch IV. **598**. b.
In this issue p. 3 is blank.

SCHUBERT (Franz Peter)

—— [Another edition.] Sechs Gedichte . . . mit Begleitung der Guitare . . . 118tes Werk. pp. 10. *Bei Joseph Czerný: Wien*, [1830?] fol. Hirsch IV. **598**. a.

SCHUBERT (Franz Peter)
—— [For editions of " Geheimes," published with " Suleika " as Op. 14 :] *See* infra : Suleika und Geheimes.

SCHUBERT (Franz Peter)
—— [For editions of " Geist der Liebe," published with other songs as Op. 11 :] *See* supra : Das Dörfchen. Von Bûrger. Die Nachtigall. Von Unger und Geist der Liebe. Von Matthison.

SCHUBERT (Franz Peter)
—— [For editions of " Genügsamkeit," published with other songs as Op. 109 :] *See* supra : Am Bach im Frühlinge. Genügsamkeit. An eine Quelle, von Claudius.

SCHUBERT (Franz Peter)
—— [Another copy.] Gesänge des Harfners aus Wilhelm Meister . . . für eine Singstime mit Begleitung des Pianoforte . . . 12tes Werk. *Wien*, [1822.] *obl.* fol.
Hirsch IV. **488**.
Signed by the composer " 60 Schb."

SCHUBERT (Franz Peter)
—— [A reissue.] Gesänge des Harfners aus Wilhelm Meister . . . 12tes Werk. *Bey A. Diabelli et Comp.: Wien*, [1830?] *obl.* fol.   Hirsch M. **1184**. (5.)

SCHUBERT (Franz Peter)
—— Vier Gesänge für 4 Männerstimen ohne Begleitung . . . 17tes Werk. [Parts.] 4 pt. *Bei A. Diabelli et Comp.: Wien*, [1825?] fol.   Hirsch IV. **493**.

SCHUBERT (Franz Peter)
—— Sieben Gesänge aus Walter Scott's Fräulein vom See in Musik gesetzt mit Begleitung des Pianoforte . . . Op. 52, etc. 2 Hft. *Bey Math. Artaria: Wien*, [1826.] *obl.* fol.
Hirsch IV. **530**.

SCHUBERT (Franz Peter)
—— Sieben Gesänge aus Walter Scott's Fräulein vom See in Musik gesetzt mit Begleitung des Pianoforte . . . Op. 52, etc. 2 Hft. *Bei Ant. Diabelli und Comp.: Wien*, [1834?] *obl.* fol.   Hirsch M. **1185**. (2.)

SCHUBERT (Franz Peter)
—— [Sieben Gesänge. Op. 52. No. 2.] Ellens zweiter Gesang aus Walter Scott's " Fräulein vom See " . . . für Sopran-Solo, Frauenchor und Blasinstrumente gesetzt von Johannes Brahms. Partitur. pp. 10. *Deutsche Brahms Gesellschaft: Berlin*, [1906.] fol. Hirsch IV. **910**.

SCHUBERT (Franz Peter)
—— [Another copy.] Gesänge aus Wilhelm Meister von Göthe mit Begleitung des Pianoforte . . . 62tes Werk. *Wien*, [1827.] *obl.* fol.   Hirsch IV. **539**.

SCHUBERT (Franz Peter)
—— Gesang der Geister über den Wassern (von Göthe). Für vier Tenor- und vier Bass-Stimmen mit Begleitung von zwei Violen, zwei Violoncelle und Contrabass . . . Op. 167. Nachgelassenes Werk . . . Partitur. pp. 19. *C. A. Spina: Wien*, [1858.] fol.   Hirsch IV. **644**.

SCHUBERT (Franz Peter)
—— [For editions of " Gesang der Norna," published with " Lied der Anna Lyle " as Op. 85 :] *See* infra : Lied der Anna Lyle aus Walter Scott's: Montrose. Gesang der Norna aus Walter Scott's: Pirat.

SCHUBERT (Franz Peter)
—— Glaube, Hoffnung und Liebe. Gedicht von Christ: Kuffner, für eine Singstimme, mit Begleitung des Piano-Forte, in Musik gesetzt . . . 97tes Werk. pp. 7. *Bei Ant. Diabelli u. Comp.: Wien*, [1828.] *obl.* fol.
Hirsch IV. **576**.

SCHUBERT (Franz Peter)
—— Der Gondelfahrer. Gedicht von Mayerhofer. In Musik gesetzt für vier Männerstimmen mit Begleitung des Piano-Forte. Op. 28. [Score and parts.] 5 pt. *Bei Sauer & Leidesdorf: Wien*, [1824.] *obl.* fol. & fol.   Hirsch IV. **506**.

SCHUBERT (Franz Peter)
—— Gott in der Natur. Gedicht von Gleim. In Musik gesetzt für 2 Sopran und 2 Alt mit Begleitung des Piano-Forte . . . 133tes Werk. [Score and parts.] 5 pt. *Bei Ant. Diabelli und Comp.: Wien*, [1838?] fol.
Hirsch IV. **611**.

SCHUBERT (Franz Peter)
—— Greisen-Gesang aus den östlichen Rosen von F. Rückert und Dythyrambe von F. v. Schiller. In Musik gesetzt für eine Bassstimme mit Begleitung des Pianoforte . . . 60tes Werk. pp. 14. *Bey Cappi und Czerný: Wien*, [1826.] *obl.* fol.   Hirsch IV. **537**.
The titlepage bears the autograph signature of Aloys Fuchs.

SCHUBERT (Franz Peter)
—— Greisen-Gesang aus den östlichen Rosen von F. Rückert und Dythyrambe von F. von Schiller. In Musik gesetzt für eine Singstimme mit Begleitung der Guitarre . . . 60tes Werk. ⟨Guitarre-Begleitung von F: Pfeifer.⟩ pp. 11. *Bey Joseph Czerný: Wien*, [1830?] fol.
Hirsch IV. **537**. a.

SCHUBERT (Franz Peter)
—— Greisen-Gesang aus den östlichen Rosen von F. Rückert und Dythyrambe von F. v. Schiller. In Musik gesetzt für eine Bassstimme mit Begleitung des Pianoforte . . . 60tes Werk. pp. 14. *Bey Joseph Czerný: Wien*, [1830?] *obl.* fol.   Hirsch M. **1185**. (7.)

SCHUBERT (Franz Peter)
—— [Another copy.] Gretchen am Spinnrade aus Göthe's " Faust " . . . 2tes Werk. *Wien*, [1821.] *obl.* fol.
Hirsch IV. **474**.
Signed by the composer " Sch. 198."

SCHUBERT (Franz Peter)
—— Gretchen am Spinnrade aus Goethe's Faust für Singstimme mit Begleitung des Piano-Forte . . . 2tes Werk. Neue Ausgabe. pp. 11. *Bei A. Diabelli u. Comp.: Wien*, [1840?] fol.   Hirsch M. **1183**. (2.)

SCHUBERT (Franz Peter)

—— Gruppe aus dem Tartarus von Fr. Schiller. Schlummerlied von Mayerhofer. Zwey Gedichte in Musik gesetzt für eine Singstime [sic] mit Pianofortebegleitung. 24ᵗ Werk. pp. 9. *Sauer & Leidesdorf: Wien*, [1823.] *obl*. fol.
Hirsch IV. **500.**

SCHUBERT (Franz Peter)

—— Gruppe aus dem Tartarus von Fr. Schiller. Schlummerlied von Mayerhofer. Zwey Gedichte in Musik gesetzt für eine Singstime [sic] mit Pianofortebegleitung . . . 24ᵗ Werk. pp. 9. *Bei Ant. Diabelli & Comp.: Wien*, [1830?] *obl*. fol.
Hirsch M. **1184. (12.)**

SCHUBERT (Franz Peter)

—— Heimliches Lieben. Das Weinen von Leitner. Vor meiner Wiege von Leitner. An Sylvia von Schakespeare. [Op. 106.] In Musik gesetzt für eine Singstimme mit Begleitung des Piano-Forte, *etc.* pp. 19. *Bey Ant. Diabelli und Comp.: Wien*, [1828.] *obl*. fol.
Hirsch IV. **586.**
The opus number, plate number and price have been added in MS. *on the titlepage by the composer.*

SCHUBERT (Franz Peter)

—— [Another copy.] Heimliches Lieben. Das Weinen. Vor meiner Wiege . . . An Sylvia von Shakespeare . . . für eine Singstimme mit Beglegt. des Pianoforte . . . Op. 106. Neue Ausgabe. *Wien*, [1829.] *obl*. fol. Hirsch III. **1087.**

SCHUBERT (Franz Peter)

—— Das Heimweh. Die Allmacht. Gedichte von Joh. Ladislaus Pyrker. In Musik gesetzt für eine Singstimme mit Begleitung des Piano-Forte . . . 79ᵗᵉˢ Werk. pp. 17. *Bei Tobias Haslinger: Wien*, [1827.] *obl*. fol.
Hirsch IV. **557.**

SCHUBERT (Franz Peter)

—— [A reissue.] Das Heimweh. Die Allmacht . . . für eine Singstimme mit Begleitung des Piano-Forte . . . 79ᵗᵉˢ Werk. *Wien*, [1835?] *obl*. fol. Hirsch IV. **557. a.**

SCHUBERT (Franz Peter)

—— Hektors Abschied. Emma. Des Mädchens Klage. Gedichte von Fried. von Schiller. In Musik gesetzt für eine Singstimme mit Pianoforte-Begleitung . . . 56ᵗᵉˢ Werk. [Op. 58.] [Or rather, Op. 58.] pp. 13. *Im Verlage des k: k: Hoftheater-Kapellmeisters Thad: Weigl: Wien*, [1826.] *obl*. fol. Hirsch IV. **535.**

SCHUBERT (Franz Peter)

—— Hektors Abschied. Emma. Des Mädchens Klage. Gedichte von Fried. v. Schiller. In Musik gesetzt für eine Singstimme mit Begleitung des Piano-Forte. 58ᵗᵉˢ Werk. pp. 15. *Bei Ant. Diabelli und Comp.: Wien*, [1832.] *obl*. fol.
Hirsch M. **1185. (5.)**

SCHUBERT (Franz Peter)

—— Herr, unser Gott! erhöre unser Flehen. *See infra:* Hymne . . . 154ᵗᵉˢ Werk.

SCHUBERT (Franz Peter)

—— Der Hirt auf dem Felsen. In Musik gesetzt für eine Singstimme mit Begleitung des Pianoforte und der Clarinette (oder des Violoncells) . . . 129ᵗᵉˢ Werk. (Aus dessen Nachlass.) [Score and parts.] 4 pt. *Bei Tobias Haslinger: Wien*, [1830.] fol. Hirsch IV. **607.**

—— [Another copy of the score only.] Hirsch IV. **607. a.**

SCHUBERT (Franz Peter)

—— [A reissue.] Der Hirt auf dem Felsen . . . 129ᵗᵉˢ Werk, *etc. Wien*, [1835?] fol. Hirsch IV. **607. b.**
Imperfect; wanting the clarineto part.

SCHUBERT (Franz Peter)

—— [Another copy.] Der Hochzeitsbraten von Schober. Terzett für Sopran, Tenor & Bass, mit Begleit. des Pianoforte . . . 104ᵗᵉˢ Werk. *Wien*, [1829.] *obl*. fol.
Hirsch IV. **584.**

SCHUBERT (Franz Peter)

—— Hommage aux belles vienoises [sic]. Wiener Damen-Ländler pour le piano-forte . . . Oeuv. 67. pp. 11. *Chez Ant. Diabelli et comp.: Vienne*, [1827.] *obl*. fol.
Hirsch IV. **544.**

SCHUBERT (Franz Peter)

——[Horch, horch, die Lerch'.] Ständchen, von Shakespeare. (Horch, horch, die Lerch' im Aetherblau.) [Song.] pp. 3. *Bei A. Diabelli et Comp.: Wien*, [1832.] *obl*. fol. [*Philomele.* no. 294.] Hirsch M. **132.**

SCHUBERT (Franz Peter)

—— Hymne. (Herr, unser Gott! erhöre unser Flehen.) Chor für 8 Männerstimmen mit Begleitung von 2 Oboen, 2 Clarinetten, 2 Fagotte, 2 Hörner, 2 Trompeten und 3 Posaunen oder: des Pianoforte . . . 154ᵗᵉˢ Werk, *etc.* [Parts.] 22 pt. *Bei A. Diabelli et Comp.: Wien*, [1847?] fol. Hirsch IV. **632.**

SCHUBERT (Franz Peter)

—— Im Walde und Auf der Brücke. Zwey Gedichte von Ernst Schulze. In Musik gesetzt für eine Singstimme und Pianoforte-begleitung . . . Op. 9[3]. Lith: u: gedr. bey Jos. Franz Kaiser in Gratz. pp. 20. *Bey Ant. Diabelli und Comp.: Wien*, [1829.] *obl*. fol. Hirsch IV. **571.**

SCHUBERT (Franz Peter)

—— Im Walde und Auf der Brücke. Zwei Gedichte von Ernst Schulze. In Musik gesetzt für eine Singstime mit Begleitung des Piano-Forte . . . 93ˢᵗᵉˢ Werk. Neue Ausgabe. pp. 19. *Bei Ant. Diabelli & Comp.: Wien*, [1830.] *obl*. fol. Hirsch M. **1186. (2.)**

SCHUBERT (Franz Peter)

—— Impromptu pour le piano-forte . . . Oeuvre 90. ⟨No. 1–[4.]⟩ 4 no. *Chez Tobie Haslinger: Vienne*, [1827, 57.] fol.
Hirsch IV. **568.**
No. 3 and 4 bear the imprint "Chez Charles Haslinger, Vienne."

SCHUBERT (Franz Peter)

—— Impromptu pour le piano-forte. Oeuvre 90. ⟨No. 1.⟩ ⟨No. 2.⟩ 2 no. *Chez Charles Haslinger: Vienne,* [1855?] fol. Hirsch M. **1171**.

SCHUBERT (Franz Peter)

—— 4 impromptus pour le piano ... Op. 142, *etc.* 2 cah. *Chez Ant. Diabelli et co.: Vienne,* [1838.] fol. Hirsch IV. **621**.

SCHUBERT (Franz Peter)

—— No. I. L'Incanto degli occhi. (Die Macht der Augen.) No. II. Il traditor deluso. (Der getäuschte Verräther.) No. III. Il modo di prender moglie. (Die Art ein Weib zu nehmen.) Gedichte von Metastasio. In Musik gesetzt für eine Basse-Stimme mit Begleitung des Pianoforte ... 83tes Werk, *etc.* Ital. & Ger. 3 no. *Bei Tobias Haslinger: Wien,* [1827.] obl. fol. Hirsch IV. **561**.

—— [Another copy.] Hirsch IV. **561**. a.

SCHUBERT (Franz Peter)

—— Introduction et variations sur un théme [*sic*] original [" Trockne Blumen, no. 18 of Die schöne Müllerin "], pour piano et flûte ... Oeuvre 160. [Parts.] 2 pt. *Chez A. Diabelli et comp.: Vienne,* [1850.] fol. Hirsch IV. **638**.

SCHUBERT (Franz Peter)

—— [For editions of " Iphigenia," published with other songs as Op. 98:] *See supra:* An die Nachtigall, Wiegenlied, von Claudius. Iphigenia, von Mayrhofer.

SCHUBERT (Franz Peter)

—— [Another copy.] Die junge Nonne ... Nacht und Träume ... In Musik gesetzt für eine Singstimme mit Begleitung des Pianoforte ... 43tes Werk. *Wien,* [1825.] obl. fol. Hirsch IV. **521**.

SCHUBERT (Franz Peter)

—— Die Junge Nonne. Gedicht von Craigher. Nacht und Träume. Gedicht von Fr: Schiller. In Musik gesetzt für eine Singstimme mit Begleitung des Pianoforte " ... 43tes Werk. pp. 11. *Bei A. Diabelli u. Comp.: Wien,* [1835.] obl. fol. Hirsch M. **1185**. (1.)

SCHUBERT (Franz Peter)

—— [Another copy.] Der Jüngling auf dem Hügel ... Sehnsucht, Erlafsee und Am Strome ... Für eine Singstimme mit Begleitung des Piano-Forte ... 8tes Werk. *Wien,* [1822.] obl. fol. Hirsch IV. **482**.

SCHUBERT (Franz Peter)

—— Der Jüngling auf dem Hügel, von Heinrich Hüttenbrenner. Sehnsucht, Erlafsee und Am Strome, von Mayrhofer. Für eine Singstimme mit Begleitung des Piano-Forte ... 8tes Werk. pp. 15. *Bey A. Diabelli et Comp.: Wien,* [1830?] obl. fol. Hirsch M. **1184**. (4.)

SCHUBERT (Franz Peter)

—— Der Kampf von Schiller, in Musik gesetzt für eine Bassstimme mit Begleitung des Pianoforte ... 110tes Werk. pp. 11. *Bey Joseph Czerný: Wien,* [1829.] obl. fol. Hirsch IV. **590**.

SCHUBERT (Franz Peter)

—— [A reissue.] Der Kampf von Schiller ... 110tes Werk. *Wien,* [1835?] obl. fol. Hirsch IV. **590**. a.

SCHUBERT (Franz Peter)

—— [For editions of " Klaglied," published with other songs as Op. 131:] *See infra:* Der Mondabend. Trinklied. Klaglied.

SCHUBERT (Franz Peter)

—— [Another copy.] 12 Ländler (componirt im Jahr 1823) für das Pianoforte ... Op. 171, *etc. Wien,* 1864. fol. Hirsch IV. **648**.

SCHUBERT (Franz Peter)

—— [Another copy.] Lazarus. Oster-Cantate ... Nachgelassenes Werk. Clavier-Auszug von Johann Herbeck. [Vocal score.] *Wien,* 1866. fol. Hirsch IV. **657**.

SCHUBERT (Franz Peter)

—— [A reissue.] Lebensstürme. Characteristisches Allegro für das Piano-Forte zu 4 Händen ... Op. 144. *Wien,* [1850?] fol. Hirsch IV. **623**.

SCHUBERT (Franz Peter)

—— [Another copy.] Die Liebe hat gelogen. Die selige Welt. Schwanengesang. Schatzgräbers Begehr. Vier Gedichte ... 23^{t} Werk. *Wien,* [1823.] obl. fol. Hirsch IV. **499**.

SCHUBERT (Franz Peter)

—— Die Liebe hat gelogen. Die selige Welt. Schwanengesang. Schatzgräbers Begehr. Vier Gedichte in Musik gesetzt für eine Singstimme mit Begleitung des Piano-Forte ... 23tes Werk. pp. 11. *Bei Ant. Diabelli und Comp.: Wien,* [1830?] obl. fol. Hirsch M. **1184**. (11.)

SCHUBERT (Franz Peter)

—— [Another copy.] Lied der Anna Lyle ... Gesang der Norna ... 85tes Werk. *Wien,* [1828.] obl. fol. Hirsch IV. **563**.

SCHUBERT (Franz Peter)

—— Lied eines Schiffers an die Dioskuren von J. Mayrhofer. Der Wanderer von A. W. Schlegel. Aus Heliopolis von J. Mayrhofer in Musick gesetzt für eine Singstimme mit Begleitung des Pianoforte ... 65tes. Werk. pp. 9. *Bey Cappi und Czerný: Wien,* [1826.] obl. fol. Hirsch IV. **542**.

SCHUBERT (Franz Peter)
—— Lied eines Schiffers an die Dioskuren von J. Mayrhofer. Der Wanderer von A. W. Schlegel. Aus Heliopolis von J. Mayrhofer. In Musik gesetzt für eine Singstimme mit Begleitung des Pianoforte ... 65tes Werk. pp. 11. *Bey Joseph Czerny: Wien*, [1830?] obl. fol.
Hirsch M. **1185**. (8.)

SCHUBERT (Franz Peter)
—— [Another copy.] Das Lied im Grünen ... Wonne der Wehmuth ... Sprache der Liebe ... 3 Gedichte ... Op. 115. *Bey M. J. Leidesdorf: Wien*, [1829.] obl. fol.
Hirsch IV. **595**.

SCHUBERT (Franz Peter)
—— Das Lied im Grünen von Reil. Wonne der Wehmuth von Göthe. Sprache der Liebe von Fr. v. Schlegel. 3 Gedichte in Musik gesetzt mit Begleitung des Pianoforte ... Op. 115. pp. 15. *Bei Ant. Diabelli & Comp.: Wien*, [1830.] obl. fol. Hirsch M. **1186**. (8.)

SCHUBERT (Franz Peter)
—— [Another copy.] Drey Lieder in Musik gesetzt für eine Singstime mit Begleitung des Piano-Forte ... 20tes Werk, *etc. Wien*, [1823.] obl. fol. Hirsch IV. **496**.

SCHUBERT (Franz Peter)
—— Drey Lieder in Musik gesetzt für eine Singstime mit Begleitung des Piano-Forte ... 20tes Werk ... 1. Sey mir gegrüsst aus den oestlichen Rosen von Rückert. 2. Frühlingsglaube von Uhland. 3. Hänflings Liebeswerbung von Fr. Kind. pp. 11. *Bei Ant. Diabelli und Comp.: Wien*, [1830?] obl. fol. Hirsch III. **1085**.

—— [Another copy.] Hirsch M. **1184**. (8.)

SCHUBERT (Franz Peter)
—— [Another copy.] Der Liedler ... 38tes Werk. *Wien*, [1825.] obl. fol. Hirsch IV. **516**.

SCHUBERT (Franz Peter)
—— Der Liedler. Ballade von J. Kenner in Musik gesetzt für eine Singstimme mit Begleitung des Pianoforte ... 38tes Werk. pp. 19. *Bey Joseph Czerny: Wien*, [1830?] obl. fol. Hirsch M. **1184**. (18.)

SCHUBERT (Franz Peter)
—— [Marches. Op. 40 and Op. 121.] *See* Liszt (F.) Schubert's Märsche für das Pianoforte Solo. [1846.] fol.
Hirsch M. **955**. (2.)

SCHUBERT (Franz Peter)
—— Six grandes marches et trios pour le pianoforte à quatre mains ... Op. 40, *etc.* 2 cah. *Sauer & Leidesdorf: Vienne*, [1825.] obl. fol. Hirsch IV. **518**.

SCHUBERT (Franz Peter)
—— 3 marches militaires pour le pianoforte à 4 mains ... Oeuv. 51. pp. 19. *Chez Ant. Diabelli et comp.: Vienne*, [1826.] obl. fol. Hirsch IV. **529**.

SCHUBERT (Franz Peter)
—— Grande marche funebre à l'occasion de la mort de S. M. Alexandre 1r ... à quatre mains pour le pianoforte ... Op. 55. pp. 11. *Chez A. Pennauer: Vienne*, [1826.] obl. fol. Hirsch IV. **533**.

SCHUBERT (Franz Peter)
—— Grande marche heroique à quatre mains pour le pianoforte ... Oeuvre 66. pp. 21. *A. Pennauer: Vienne*, [1826.] obl. fol. Hirsch IV. **543**.

SCHUBERT (Franz Peter)
—— [Another copy.] Deux marches caracteristiques à quatre mains pour le pianoforte ... Op. 121. *Vienne*, [1830.] obl. fol. Hirsch IV. **600**.

SCHUBERT (Franz Peter)
—— Messe (in B.) für vier Singstimmen, mit Begleitung des Orchesters ... 141tes Werk. [Parts.] 16 pt. *Bei Tobias Haslinger: Wien*, [1838.] fol. Hirsch IV. **620**.

SCHUBERT (Franz Peter)
—— Messe in C. Für 4 Singstimmen, 2 Violinen 2 Oboen oder Clarinetten, 2 Trompetten, Pauken, Violoncell, Contrabass und Orgel ... 48tes Werk. [Parts.] 13 pt. *Bei Ant. Diabelli & Comp.: Wien*, [1825.] fol.
Hirsch IV. **526**.

SCHUBERT (Franz Peter)
—— Grosse Messe (in Es) für Chor und Orchester. ⟨Die Partitur ist von Herrn Fr. Espagne mit dem in der Königl. Bibliothek zu Berlin vorhandenen Autographen sorgfältig verglichen.⟩ pp. 179. *J. Rieter-Biedermann: Leipzig u. Winterthur*, 1865. fol. Hirsch M. **1172**.

SCHUBERT (Franz Peter)
—— Grosse Messe (in Es) für Chor und Orchester, *etc.* [Vocal score. Arranged by Johannes Brahms.] pp. 123. *J. Rieter-Biedermann: Leipzig u. Winterthur*, 1865. fol.
Hirsch IV. **656**. a.

SCHUBERT (Franz Peter)
—— Memnon, Antigone und Oedip von J: Mayrhofer, und Am Grabe Anselmo's, von Claudius. Für eine Singstimme, mit Begleitung des Piano-Forte ... 6tes Werk. pp. 11. *Bey Cappi und Diabelli: Wien*, [1821.] obl. fol.
Hirsch IV. **479**.
Signed by the composer " Sch. 70."

SCHUBERT (Franz Peter)
—— Memnon, Antigone und Oedip, von J. Mayrhofer, und Am Grabe Anselmo's, von Claudius, für eine Singstimme mit Begleitung des Pianoforte ... 6tes Werk. pp. 11. *Bei Ant. Diabelli & Comp.: Wien*, [1825?] obl. fol.
Hirsch IV. **480**.

SCHUBERT (Franz Peter)
—— [Another copy.] Mirjams Siegesgesang. Gedicht von Grillparzer. Sopran Solo mit Chor, mit Begleitung des Pianoforte ... 136tes Werk, *etc. Wien*, [1838.] fol.
Hirsch IV. **614**.
The score only. Imperfect; wanting the parts.

SCHUBERT (Franz Peter)

—— [For editions of " Il modo di prender moglie," published with other songs as Op. 83:] *See* supra : No. I. L'Incanto degli occhi. (Die Macht der Augen.) No. II. Il traditor deluso. (Der getäuschte Verräther.) No. III. Il modo di prender moglie. (Die Art ein Weib zu nehmen.)

SCHUBERT (Franz Peter)

—— Momens musicals pour le piano forte . . . Oeuvre 94. 2 cah. *M. J. Leidesdorf: Vienne,* [1828.] fol.
Hirsch IV. **572**.

SCHUBERT (Franz Peter)

—— Der Mondabend. Trinklied. Klaglied. Für eine Singstime mit Begleitung des Pianoforte in Musik gesetzt . . . Nachgelassenes Werk. [Op. 131.] pp. 7. *Bey Joseph Czerný: Wien,* [1830.] *obl.* fol. Hirsch IV. **609**.

SCHUBERT (Franz Peter)

—— Mondenschein. Gedicht von Schober. In Musik gesetzt für 2 Tenore und 3 Bässe mit Begleitung des Pianoforte . . . 102tes Werk. [Score and parts.] 6 pt. *Bei Ant. Diabelli & Comp.: Wien,* [1829.] fol.
Hirsch IV. **582**.

SCHUBERT (Franz Peter)

—— Der Musensohn, Auf dem See, Geistes Gruss. Drei Gedichte von Göthe. In Musik gesetzt für Gesang mit Begleitung des Pianoforte . . . Op. 92. pp. 13. *Bey M. J. Leidesdorf: Wien,* [1828.] *obl.* fol. Hirsch IV. **570**.

SCHUBERT (Franz Peter)

—— Der Musensohn, Auf dem See, Geistes Gruss. Drei Gedichte von Göthe. In Musik gesetzt für Gesang mit Begleitung des Pianoforte . . . Op. 92. pp. 13. *Bei Ant. Diabelli & Comp.: Wien,* [1830?] *obl.* fol.
Hirsch M. **1186**. (1.)

SCHUBERT (Franz Peter)

—— Nachtgesang im Walde. Von G. Seidl. In Musik gesetzt für vier Männerstimmen mit Begleitung von 4 Hörnern oder des Pianoforte . . . 139tes Werk. Partitur. Stimmen. 10 pt. *Bei Tobias Haslinger's Witwe & Sohn: Wien,* [1846.] fol. Hirsch IV. **618**.

SCHUBERT (Franz Peter)

—— Nachthelle. Gedicht von J. G. Seidl. Solo für eine Tenorstimme, nebst 2 Tenore und 2 Bässe mit Begleitung des Piano-Forte . . . 134tes Werk. [Score and parts.] 6 pt. *Bei Ant. Diabelli u. Comp.: Wien,* [1838.] fol.
Hirsch IV. **612**.

SCHUBERT (Franz Peter)

—— [For editions of " Die Nachtigall," published with other songs as Op. 11:] *See* supra : Das Dörfchen. Von Bürger. Die Nachtigall. Von Unger und Geist der Liebe. Von Matthisson.

SCHUBERT (Franz Peter)

—— Nachtmusik. Gedicht von Seckendorf. In Musik gesetzt für 4 Männerstimmen mit willkührl. Begleitung des Pianoforte . . . 156tes Werk. [Score and parts.] 5 pt. *Bei A. Diabelli et Comp.: Wien,* [1848.] fol.
Hirsch IV. **634**.

SCHUBERT (Franz Peter)

—— [For editions of " Naturgenuss," published with " Frühlingslied " as Op. 16:] *See* supra : Frühlingslied von Fr: von Schober. Naturgenuss von Mathison.

SCHUBERT (Franz Peter)

—— [Another copy.] Nocturne pour piano, violon et violoncelle . . . Oeuvre 148. [Score and parts.] *Vienne,* [1844.] fol. Hirsch IV. **627**.

SCHUBERT (Franz Peter)

—— [Another copy.] Nocturne pour piano, violon et violoncelle . . . Oeuvre 148. [Score and parts.] *Vienne,* [1845.] fol. Hirsch M. **1173**.

SCHUBERT (Franz Peter)

—— Notre amitié est invariable. Rondeau pour le pianoforte à quatre mains . . . Oeuvre 138. pp. 19. *Chez Ant. Diabelli et comp.: Vienne,* [1835.] fol.
Hirsch IV. **616**.

SCHUBERT (Franz Peter)

—— Octett für 2 Violinen, Viola, Violoncell, Contrabass, Horn, Fagott u. Clarinett. Op. 166. [Parts.] 8 pt. *Bei C. A. Spina: Wien,* [1853.] fol. Hirsch IV. **643**.
The first three movements only.

SCHUBERT (Franz Peter)

—— Erstes Offertorium. Totus in corde lanqueo [*sic*]. Solo für Sopran oder Tenor und Clarinett concertant, mit Begleitung von 2 Violinen, 2 Flöten, 2 Hörner, Contrabass und Orgel . . . 46^t Werk. [Parts.] 11 pt. *Bey Ant. Diabelli & Comp.: Wien,* [1825.] fol. Hirsch IV. **524**.

SCHUBERT (Franz Peter)

—— Zweytes Offertorium. Salve Regina. Solo für Sopran mit Begleitung von 2 Violinen, 2 Clarinetten, 2 Fagotten, 2 Hörner, Contrabass und Orgel. 47tes Werk. [Parts.] 8 pt. *Bei Ant. Diabelli und Comp.: Wien,* [1825.] fol.
Hirsch IV. **525**.

SCHUBERT (Franz Peter)

—— Drittes Offertorium. (Salve regina, mater misericordiae.) Solo für Sopran, oder Tenor mit Begleitung von 2 Violinen, Viola, Violoncell u. Contrabass. Mit willkührlicher Begleitung des Pianoforte anstatt des Quartetts . . . 153tes Werk. 7 pt. *Bei A. Diabelli u. Comp.: Wien,* [1843?] fol. Hirsch IV. **631**.

SCHUBERT (Franz Peter)

—— Original Tänze für das Piano-Forte . . . 9tes Werk. 2 no. *Bey Cappi und Diabelli: Wien,* [1821.] *obl.* fol.
Hirsch IV. **484**.

SCHUBERT (Franz Peter)

—— [Original-Tänze. Op. 9.—No. 2. Trauer-Walzer.] See Huenten (F.) Trois airs gracieux sur des thêmes favoris d'Auber, de Bellini et de Beethoven [or rather F. P. Schubert] . . . No. 1. [1830?] fol.
Hirsch M. 1289. (5.)

SCHUBERT (Franz Peter)

—— Ouverture (in F dur) für das Pianoforte auf 4 Hände. 34tes Werk. pp. 17. *Bey Cappi und Comp.: Wien,* [1825.] *obl.* fol. Hirsch IV. **512**.

SCHUBERT (Franz Peter)

—— Ouverture im italienischen Style für das Orchester . . . Op. 170. Nachgelassenes Werk. Partitur. pp. 51. *C. A. Spina: Wien,* 1866. 8°. Hirsch IV. **646**.

SCHUBERT (Franz Peter)

—— Ouverture (C dur) im im [*sic*] italienischen Style für 2 Violinen, Viola, Violoncell, Bass, 2 Flöten, 2 Clarinetten, 2 Oboen, 2 Fagotte, 2 Hörner, 2 Trompeten u. Pauken . . . Op. 170. (Nachgelassenes Werk.) Stimmen, *etc.* 17 pt. *C. A. Spina: Wien,* 1865. fol. Hirsch IV. **647**.

SCHUBERT (Franz Peter)

—— Der Pilgrim und der Alpenjäger gedichtet von Friederich von Schiller, in Musik gesetzt für eine Singstimme mit Begleitung des Pianoforte . . . 37tes Werk. pp. 15. *Bey Cappi und Comp.: Wien,* [1825.] *obl.* fol.
Hirsch IV. **515**.

SCHUBERT (Franz Peter)

—— [Another copy.] Der Pilgrim und der Alpenjäger . . . in Musik gesetzt für eine Singstimme mit Begleitung des Pianoforte . . . 37tes Werk. *Wien,* [1828?] *obl.* fol.
Hirsch M. 1184. (17.)

SCHUBERT (Franz Peter)

—— Der Pilgrim und der Alpenjäger, gedichtet von Friederich von Schiller . . . für einer Singstimme mit Begleitung des Pianoforte . . . 37tes Werk. pp. 19. *Bey Joseph Czerný: Wien,* [1830?] *obl.* fol. Hirsch M. **530**.

SCHUBERT (Franz Peter)

—— [Another copy.] IV Polonaisen für das Piano-Forte zu vier Händen . . . 75tes Werk. *Wien,* [1827.] *obl.* fol.
Hirsch IV. **554**.

SCHUBERT (Franz Peter)

—— [Another copy.] 6 Polonaisen für das Piano-Forte zu 4 Händen . . . 61tes Werk. *Wien,* [1826.] *obl.* fol.
Hirsch IV. **538**.

SCHUBERT (Franz Peter)

—— [Another copy.] Psalm XXIII. für 2 Sopran und 2 Alt mit Begleitung des Piano-Forte . . . 132tes Werk. *Wien,* [1831.] fol. Hirsch IV. **610**.
The score only. Imperfect; wanting the voice parts.

SCHUBERT (Franz Peter)

—— Premier quatuor pour deux violons, alto et violoncelle . . . Opus 29. Partition. pp. 63. *C. A. Spina: Vienne,* [1854?] 4°. Hirsch IV. **507**.

SCHUBERT (Franz Peter)

—— Premier quatuor pour deux violons, alto et violoncelle . . . Oeuv. 29. [Parts.] 4 pt. *Chez Ant. Diabelli & comp.: Vienne,* [1837?] fol. Hirsch III. **508**.

SCHUBERT (Franz Peter)

—— [Another copy.] 3. Quartetten. No. 1. Gott im Ungewitter . . . No. 2. Gott der Weltschöpfer . . . No. 3. Hymne an den Unendlichen . . . In Musik gesetzt für Sopran, Alt, Tenor & Bass mit Begleitung des Piano-Forte . . . 112tes Werk. [Score and parts.] *Wien,* [1829.] fol. Hirsch IV. **592**.

SCHUBERT (Franz Peter)

—— Deux quatuors pour deux violons, alto et violoncelle . . . Oeuv. 125. No. 1⟨[II]⟩. [Parts.] 8 pt. *Chez Joseph Czerný: Vienne,* [1830.] fol. Hirsch IV. **603**.

SCHUBERT (Franz Peter)

—— [Another copy.] Deux quatuors pour deux violons, alto et violoncello. Oeuv. 125, *etc.* [Parts.] *Vienne,* [1830.] fol. Hirsch M. **1175**.

SCHUBERT (Franz Peter)

—— [Another copy.] Grand quatuor en sol pour deux violons, alto et violoncelle . . . Oeuvre 161. [Parts.] *Vienne,* [1851.] fol. Hirsch IV. **639**.

SCHUBERT (Franz Peter)

—— Quartett, B dur (aus dem Nachlasse) für zwei Violinen, Viola u. Violoncell . . . (Im Jahre 1814 componirt.) Op. 168. [Parts.] 4 pt. *C. A. Spina: Wien,* 1863. fol.
Hirsch IV. **645**.

SCHUBERT (Franz Peter)

—— Grand quatuor [in D minor] pour deux violons, alto et violoncelle . . . Oeuvre posthume. [Parts.] 4 pt. *Chez Joseph Czerný: Vienne,* [1831.] fol. Hirsch IV. **655**.

SCHUBERT (Franz Peter)

—— Grand Quatuor [in D minor] pour deux violons, alto et violoncelle . . . Nouvelle édition. Oeuv. posth. [Parts.] 4 pt. *Chez A. O. Witzendorf: Vienne,* [1831.] fol.
Hirsch M. **1176**.

SCHUBERT (Franz Peter)

—— Quartett für Flöte, Gitarre, Bratsche und Violoncell. Nach der Urschrift herausgegeben von Georg Kinsky. [Score and parts.] 5 pt. *Drei Masken Verlag: München,* 1926. *obl.* 8°. Hirsch M. **531**.

SCHUBERT (Franz Peter)

—— Grand quintuor pour le piano-forte violon, alto, violoncelle, & contrebass . . . Oeuv. 114. [Parts.] 5 pt. *Chez Joseph Czerný: Vienne,* [1829.] fol. Hirsch IV. **594**.

SCHUBERT (Franz Peter)
—— Grand quintuor (en Ut) pour deux violons, alto et 2 violoncelles... Oeuvre 163. [Parts.] 5 pt. *Chez C. A. Spina: Vienne*, [1853.] fol. Hirsch IV. **641**.

SCHUBERT (Franz Peter)
—— [Another copy.] Rastlose Liebe, Nähe des Geliebten, Der Fischer, Erster Verlust, und Der König in Thule. Gedichte von Goethe. Für eine Singstime mit Begleitung des Piano-Forte... 5tes Werk. *Wien*, [1821.] *obl*. fol. Hirsch IV. **478**.
Signed by the composer " Sch. 69."

SCHUBERT (Franz Peter)
—— [Another copy.] Rastlose Liebe. Nähe des Geliebten. Der Fischer. Erster Verlust. Der König in Thule... 5tes Werk. *Wien*, [1830 ?] *obl*. fol. Hirsch M. **1184**. (2.)

SCHUBERT (Franz Peter)
—— Rastlose Liebe, von Goethe. [Song.]... 5tes Werk. [No. 1.] pp. 5. *Bei A. Diabelli et Comp.: Wien,* [1829.] *obl*. fol. [*Philomele*. no. 228.] Hirsch M. **132**.

SCHUBERT (Franz Peter)
—— Romance. *See infra*: [*Rosamunde*.] Gesänge zum Drama Rosamunde... 26. Werk... 1. Heft, *etc*.

SCHUBERT (Franz Peter)
—— [Another copy.] Romanze des Richard Löwenherz aus Walter Scott's Jvanhoe. Für eine Singstimme mit Begleitung des Piano-Forte... 86tes Werk. *Wien*, [1828.] *obl*. fol. Hirsch IV. **465**.

—— [Another copy.] Hirsch IV. **564**. a.

SCHUBERT (Franz Peter)
—— Rondeau brillant pour pianoforte et violon... Op: 70. [Parts.] 2 pt. *Chez Artaria & comp.: Vienne,* [1827.] fol. Hirsch IV. **547**.

SCHUBERT (Franz Peter)
—— Grand rondeau pour le piano-forte à quatre mains... Oeuv. 107. pp. 25. *Chez Artaria & comp.: Vienne,* [1829.] *obl*. fol. Hirsch IV. **587**.

SCHUBERT (Franz Peter)
—— [Rosamunde.] Gesänge zum Drama Rosamunde. Gedichtet von Freyinn Wilhelmine v. Chezy; in Musik gesetzt mit Klavierbegleitung. 26. Werk... 1. Heft enthält: Romance. 2. —: Jäger-Chor. 3. —: Geister-Chor. 4. —: Hirten-Chor. Hft. 1. *Sauer & Leidesdorf: Wien*, [1824.] *obl*. fol. Hirsch IV. **503**.
Imperfect; wanting Hft. 2–4.

SCHUBERT (Franz Peter)
—— [Rosamunde.] Gesänge zum Drama: Rosamunde, Gedichtet von Freyinn Wilhelmine von Chezy... 26tes Werk... 1tes Heft enthält: Romanze. 2tes... Jäger-Chor. 3tes... Geister-Chor. 4tes... Hirten-Chor... Neue Ausgabe. Hft. 1. *Bei Ant: Diabelli & Comp.: Wien*, [1830?] fol. Hirsch M. **1183**. (4.)
Imperfect; wanting Hft. 2–4.

SIG. 48.—PART 53.

SCHUBERT (Franz Peter)
—— Rosamunde. Balletmusik, *etc.* [Score.] pp. 23. *Breitkopf & Härtel: Leipzig,* [1896 ?] fol. Hirsch M. **1174**.
Part of " Breitkopf & Härtel's Partitur-Bibliothek. Gruppe III."

SCHUBERT (Franz Peter)
—— [Rosamunde.] Zwei Entr'actes zu dem Drama: Rosamunde für das Orchester. Nachgelassenes Werk. Partitur. pp. 71. *C. A. Spina: Wien,* 1866. 8°. Hirsch IV. **504**.

SCHUBERT (Franz Peter)
—— [Rosamunde.] Ouverture zur Oper: Rosamunde... Op. 26. ⟨Partiturausgabe.⟩ pp. 91. *C. A. Spina: Wien,* 1867. 8°. Hirsch IV. **505**.
Ouverturen und Entr'actes für das Orchester componirt von Franz Schubert. no. 1.

SCHUBERT (Franz Peter)
—— Die Rose. [Song.] Von Friedrich Schlegel... (Aus der Wiener Zeitschrift für Kunst, Literatur, Theater und Mode.) [Op. 73.] *Gedruckt bey Anton Strauss:* [*Vienna,* 1822.] *obl*. 4°. Hirsch IV. **551**.

SCHUBERT (Franz Peter)
—— Die Rose. Gedicht von Fried. Schlegel. In Musik gesetzt für eine Singstimme mit Begleitung des Pianoforte... 73tes Werk. pp. 7. *Bei Ant. Diabelli u. Comp.: Wien,* [1827.] *obl*. fol. Hirsch IV. **552**. a.
Pp. 2 and 3 are blank.

SCHUBERT (Franz Peter)
—— [Another issue.] Die Rose... 73tes Werk. *Wien,* [1827 ?] *obl*. fol. Hirsch IV. **552**.
Pp. 2 and 3 contain a priced catalogue of " Franz Schubert's Sämtliche Werke," Opus 1–74.

SCHUBERT (Franz Peter)
—— Salve Regina. Quartett für 4 Männerstimmen mit willkührlicher Begleitung der Orgel... Op. 149. [Score and parts.] 5 pt. *Bei A. Diabelli u. Comp.: Wien,* [1843 ?] fol. Hirsch IV. **628**.

SCHUBERT (Franz Peter)
—— Der Sänger. Ballade von Göthe, in Musik gesetzt für eine Singstime mit Begleitung des Pianoforte... 117tes Werk. pp. 11. *Bey Joseph Czerny: Wien,* [1829.] *obl*. fol. Hirsch IV. **597**.
P. 2 contains a " Verzeichniss der Original-Werke von Franz Schubert, etc."

SCHUBERT (Franz Peter)
—— [Another issue.] Der Sänger. Ballade... 117tes Werk. *Wien,* [1829 ?] *obl*. fol. Hirsch IV. **597**. a.
P. 2 is blank.

SCHUBERT (Franz Peter)

—— [Another copy.] Zwey Scenen aus dem Schauspiele: Lacrimas von A. W. Schlegel. In Musik gesetzt für eine Singstime mit Begleitung des Pianoforte . . . 124tes. Werk. *Wien*, [1829.] *obl.* fol. Hirsch IV. **602.**

SCHUBERT (Franz Peter)

—— [Another copy.] Der Schäfer u: der Reiter . . . Lob der Thränen . . . und Der Alpenjäger . . . Für eine Singstime mit Begleitung des Piano-Forte . . . 13tes Werk. *Wien*, [1822.] *obl.* fol. Hirsch IV. **489.**

Signed by the composer " No. 200 Schubert."

SCHUBERT (Franz Peter)

—— Der Schäfer u: der Reiter, von Friedr: B: de la Motte Fouquè. Lob der Thränen, von A: W: von Schlegel. Der Alpenjäger, von Joh: Mayerhofer. Für eine Singstime mit Begleitung des Piano-Forte . . . 13tes Werk. pp. 11. *Bei A. Diabelli et Comp.: Wien*, [1830?] *obl.* fol. Hirsch M. **1184. (6.)**

SCHUBERT (Franz Peter)

—— Schäfers Klagelied. Heidenröslein. Jägers Abendlied. Meeres Stille von Goethe. Für eine Singstime mit Begleitung des Piano-Forte . . . 3tes Werk. pp. 11. *In Commission bey Cappi und Diabelli: Wien*, [1821.] *obl.* fol. Hirsch IV. **475.**

Signed by the composer " Sch. 132."

SCHUBERT (Franz Peter)

—— Schäfers Klagelied. Heidenröslein. Jägers-Abendlied u. Meeres-Stille von Göethe. Für eine Singstimme mit Begleitung des Pianoforte . . . 3tes Werk, *etc.* pp. 11. *Bei Ant. Diabelli und Comp.: Wien*, [1830?] *obl.* fol. Hirsch M. **1184. (1.)**

SCHUBERT (Franz Peter)

—— Schlachtlied. (Mit unserm Arm ist nichts gethan.) Gedicht von Klopstock. In Musik gesetzt für 8 Männerstimmen mit willkührlicher Begleitung des Pianoforte oder der Physharmonica . . . 151tes Werk. [Score.] pp. 9. *Bei Ant. Diabelli u. Comp.: Wien*, [1843?] fol. Hirsch IV. **629.**

SCHUBERT (Franz Peter)

—— Der Schmetterling. Die Berge, von Fried. Schlegel. An den Mond, von Fr. v. Hölty. In Musik gesetzt für eine Singstimme mit Begleitung des Pianoforte . . . 57tes Werk. pp. 11. *Bei Ant. Diabelli und Comp.: Wien*, [1832.] *obl.* fol. Hirsch M. **1185. (4.)**

SCHUBERT (Franz Peter)

—— Die schöne Müllerin ein Cyclus von Liedern gedichtet von Wilhelm Müller. In Musik gesetzt für eine Singstimme mit Pianoforte Begleitung . . . 25 Werk. 5 Hft. *Sauer & Leidesdorf: Wien*, [1824?] *obl.* fol. Hirsch IV. **501.**

Hft. 3–5, bearing the imprint " M. J. Leidesdorf," are of a later issue.

—— [Another copy of Hft. 1.] Hirsch IV. **501. a.**

SCHUBERT (Franz Peter)

—— Die schöne Müllerin ein Cyclus von Liedern gedichtet von Wilh. Müller. In Musik gesetzt für eine Singstimme mit Piano-Forte Begleitung . . . 25tes Werk. 5 Hft. *Bei Ant. Diabelli & Comp.: Wien*, [1830?] *obl.* fol. Hirsch IV. **502.**

—— [Another copy.] Hirsch M. **1184. (13.)**

SCHUBERT (Franz Peter)

—— Die schöne Müllerin. Ein Zyklus von Liedern gedichtet von Wilhelm Müller . . . Kritische Ausgabe. Einleitung, Anmerkungen und Textrevision von Max Friedlaender. [With a portrait and a facsimile.] pp. 121. *C. F. Peters: Leipzig*, [1922.] 4°. Hirsch M. **1177.**

SCHUBERT (Franz Peter)

—— [Die schöne Müllerin. Op. 25. No. 18.] Trockne Blumen (für Alt oder Bariton). Gedicht von Wilh. Müller. pp. 5. *Bei Diabelli et Comp.: Wien*, [1846.] *obl.* fol. [*Philomele.* no. 476.] Hirsch M. **132.**

SCHUBERT (Franz Peter)

—— [Die schöne Müllerin. Op. 25.—No. 18. Trockne Blumen.] *See supra*: Introduction et variations sur un théme original, pour piano et flûte. Oeuvre 160. [1850.] fol. Hirsch IV. **638.**

SCHUBERT (Franz Peter)

—— Schwanengesang. In Musik gesetzt für eine Singstimme mit Begleitung des Pianoforte . . . Letztes Werk. 2 Abt. pp. 89. *Bey Tobias Haslinger: Wien*, [1829.] *obl.* fol. Hirsch IV. **659.**

Abt. 1 contains a tipped-in leaf bearing the words " Prænumerations exemplar."

SCHUBERT (Franz Peter)

—— [Another copy.] Schwanengesang, *etc.* Abt. 1. *Wien*, [1829?] *obl.* fol. Hirsch IV. **659. a.**

Without the list of subscribers. Imperfect; wanting Abt. 2.

SCHUBERT (Franz Peter)

—— Schwanengesang. (Chant du cygne.) Deutsch und französisch . . . Für eine Singstimme mit Begleitung des Pianoforte. Letztes Werk . . . Neue Ausgabe. ⟨Paroles françaises de Mʳ Bélanger.⟩ 2 Abt. pp. 64. *Bei Tobias Haslinger: Wien*, [1842.] fol. Hirsch M. **1183. (7.)**

SCHUBERT (Franz Peter)

—— Die Sehnsucht. Gedicht von Schiller. In Musik gesetzt für eine Singstime mit Begleitung des Pianoforte . . . 39tes Werk. pp. 11. *Bey A. Pennauer: Wien*, [1826.] *obl.* fol. Hirsch IV. **517.**

SCHUBERT (Franz Peter)

—— Die Sehnsucht. Gedicht von Schiller. In Musik gesetzt für eine Singstime mit Begleitung des Pianoforte . . . 39tes Werk. pp. 11. *Bei A. Diabelli u. Comp.: Wien*, [1835.] *obl.* fol. Hirsch M. **1184. (19.)**

SCHUBERT (Franz Peter)

—— [For editions of "Sehnsucht," published with other songs as Op. 105:] *See infra*: Widerspruch. Wiegenlied. Am Fenster. Sehnsucht.

SCHUBERT (Franz Peter)

—— [Another copy.] Grande sonate pour le pianoforté à quatre mains ... Oeuvre 30. pp. 37. *Sauer et Leidesdorf: Vienne*, [1823.] *obl.* fol. Hirsch IV. **508.**

SCHUBERT (Franz Peter)

—— Premiere grande sonate pour le piano-forte ... Oeuvre 42. pp. 34. *Chez A. Pennauer: Vienne*, [1826.] fol. Hirsch IV. **520.**

SCHUBERT (Franz Peter)

—— Seconde grande sonate pour le pianoforté ... Oeuvre 53. pp. 39. *Chez Math^s Artaria: Vienne*, [1826.] *obl.* fol. Hirsch IV. **531.**

SCHUBERT (Franz Peter)

—— Grande sonate pour le piano ... Oeuv. 143, *etc.* pp. 19. *Chez A. Diabelli et comp.: Vienne*, [1839.] fol. Hirsch IV. **622.**

SCHUBERT (Franz Peter)

—— Grande sonate (en si) pour le piano ... Oeuvre 147, *etc.* pp. 19. *Chez A. Diabelli et comp.: Vienne*, [1844?] fol. Hirsch IV. **626.**

SCHUBERT (Franz Peter)

—— Siebente Sonate für Piano ... Op. 164. pp. 23. *C. A. Spina: Wien*, [1852?] fol. Hirsch IV. **642.**

SCHUBERT (Franz Peter)

—— Sonata in A for Piano and Violin. *See supra*: Duo (en la) pour piano et violon. Oeuvre 162.

SCHUBERT (Franz Peter)

—— [Unvollendete Sonata, C dur, für Pianoforte.] Andante. [1839.] *See* PERIODICAL PUBLICATIONS.—Leipsic.—*Neue Zeitschrift für Musik.* [Sammlung von Musik-Stücke, *etc.*] Hft. 8. [1838, *etc.*] fol. Hirsch M. **1134.**

SCHUBERT (Franz Peter)

—— Drei Sonatinen für Piano-Forte und Violine ... Op. 137. No. [1]⟨[2, 3]⟩. [Parts.] 6 pt. *Bei Ant. Diabelli und Comp.: Wien*, [1836.] fol. Hirsch IV. **615.**

SCHUBERT (Franz Peter)

—— Ständchen. Gedicht von Grillparzer. Solo für eine Altstimme, nebst 2 Sopran und 2 Alt mit Begleitung des Piano-Forte ... 135tes Werk. [Score and parts.] 8 pt. *Bei Ant. Diabelli und Comp.: Wien*, [1838.] fol. Hirsch IV. **613.**

This copy includes parts for basso 1 and 2 not included in the score and not mentioned on the titlepage.

SCHUBERT (Franz Peter)

—— Die Sterne von Leitner. Jaegers Liebeslied von Schober. Wanderers Nachtlied von Göthe und Fischerweise von Schlechta. In Musik gesetzt für eine Singstimme mit Begleitung des Piano-Forte, *etc.* [Op. 96.] pp. 17. [1828.] *obl.* fol. Hirsch IV. **575.**

The titlepage bears the opus number in the composer's autograph.

SCHUBERT (Franz Peter)

—— Die Sterne von Leitner. Jägers Liebeslied von Schober. Wanderers Nachtlied von Göthe. Fischerweise von Schlechta. In Musik gesetzt für eine Singstimme mit Begleit. des Pianoforte ... Op. 96. Neue Ausgabe. pp. 19. *Bei Ant. Diabelli und Comp.: Wien*, [1829.] *obl.* fol. Hirsch M. **1186.** (4.)

SCHUBERT (Franz Peter)

—— Suleika und Geheimes [two Songs] aus dem westöstlichen Divan von Goethe, für eine Singstime mit Begleitung des Pianoforte ... 14tes Werk. pp. 15. *Bey Cappi und Diabelli: Wien*, [1822.] *obl.* fol. Hirsch IV. **490.**

Signed by the composer " No. 89 Schbt."

SCHUBERT (Franz Peter)

—— Suleika und Geheimes [two Songs] aus dem westöstlichen Divan von Goethe für eine Singstime mit Begleitung des Pianoforte ... 14tes Werk. pp. 15. *Bey A. Diabelli et Comp.: Wien*, [1830?] *obl.* fol. Hirsch M. **1184.** (7.)

SCHUBERT (Franz Peter)

—— [Another copy.] Suleika's 11ter Gesang aus dem west-östlichen Divan von Göthe ... für eine Singstime mit Begleitung des Pianoforte ... 31. Werk. *Wien*, [1825.] *obl.* fol. Hirsch IV. **509.**

SCHUBERT (Franz Peter)

—— Suleika's 11ter Gesang aus dem west-östlichen Divan von Göthe. In Musik gesetzt, für eine Singstime mit Begleitung des Pianoforte ... 31. Werk. pp. 11. *Bei A. Diabelli u. Comp.: Wien*, [1835.] *obl.* fol. Hirsch M. **1184.** (14.)

SCHUBERT (Franz Peter)

—— [Another copy.] Symphonie C dur [No. 7] für grosses Orchester. Partitur. *Leipzig*, [1849.] 8°. Hirsch IV. **653.**

SCHUBERT (Franz Peter)

—— [Symphony in B minor. No. 8.] Zwei Sätze der unvollendeten Sinfonie (in H. moll) ... Nachgelassenes Werk. Partitur. pp. 103. *C. A. Spina: Wien*, 1867. 8°. Hirsch IV. **654.**

SCHUBERT (Franz Peter)

—— [Another copy.] Sinfonia in H moll, *etc.* [No. 8. A facsimile of the autograph score.] *München*, 1923. *obl.* fol. Hirsch M. **532.**

SCHUBERT (Franz Peter)
—— [Another copy.] [Symphony in B minor. No. 8.] Bruno Frost. Six Impressions [in colour] of Franz Schubert's Symphony in B minor, etc. *London*, [1942.] fol. Hirsch M. **1341**.

SCHUBERT (Franz Peter)
—— Des Tages Weihe. Hymne zur Namens- oder Geburtsfeier. In Musik gesetzt für Sopran, Alt, Tenor, Bass (Violin und Violoncell ad libitum) mit Begleit. des Pianoforte. Op. 146. [Score and parts.] 7 pt. *Bei Ant. Diabelli u. Comp.: Wien*, [1841?] fol.
Hirsch IV. **625**.
Kindliches Dankopfer. no. 6.

SCHUBERT (Franz Peter)
—— Tantum ergo in C. für Sopran, Alt, Tenor und Bass, 2 Violinen, 2 Oboen, oder Clarinetten, 2 Trompeten, und Pauken, Contrabass und Orgel . . . 45tes Werk. [Parts.] 13 pt. *Bey Ant. Diabelli & Comp.: Wien*, [1825.] fol.
Hirsch IV. **523**.

SCHUBERT (Franz Peter)
—— Tantum ergo für Soli, Chor und Orchester. Op. posth. Nach dem Autograph erstmalig veröffentlicht von Karl Geiringer. Partitur mit unterlegtem Orgelauszug. pp. 11. *Universal-Edition A.G.: Wien*, 1935. 4°.
Hirsch M. **1178**.

SCHUBERT (Franz Peter)
—— [For editions of "Todeskuss," published with other songs as Op. 108:] *See infra*: Uiber Wildemann von Ernst Schulze. Erinerung [sic] von Kosegarten. Todeskuss von Schober.

SCHUBERT (Franz Peter)
—— [For editions of "Il Traditor deluso," published with other songs as Op. 83:] *See supra*: No. I. L'Incanto degli occhi. (Die Macht der Augen.) No. II. Il traditor deluso. (Der getäuschte Verräther.) No. III. Il modo di prender moglie. (Die Art ein Weib zu nehmen.)

SCHUBERT (Franz Peter)
—— Trinklied aus dem 14ten Jahrhundert aus dem Werke: (Historische Antiquitäten) von Rittgräff. In Musik gesetzt für 4 Männerstimmen mit willkührl. Begleitung des Pianoforte. 155tes Werk. [Score and parts.] 5 pt. *Bei A. Diabelli et Comp.: Wien*, [1848.] fol.
Hirsch IV. **633**.

SCHUBERT (Franz Peter)
—— [For editions of "Trinklied," published with other songs as Op. 131:] *See supra*: Der Mondabend. Trinklied. Klaglied.

SCHUBERT (Franz Peter)
—— [Another copy.] Premier grand trio pour piano-forte, violon et violoncelle . . . Oeuvre 99. [Score and parts.] *Vienne*, [1836.] fol. Hirsch IV. **578**.
—— [Another copy.] Hirsch M. **1179**.

SCHUBERT (Franz Peter)
—— Grand trio pour pianoforté, violon et violoncelle . . . Op. 100. [Parts.] 3 pt. *Chez H. A. Probst: Leipzig*, [1828.] fol. Hirsch IV. **579**.

SCHUBERT (Franz Peter)
—— Grand trio pour pianoforte, violon et violoncelle . . . Op. 100. Nouvelle édition. [Score and parts.] 3 pt. *Chez F. Kistner: Leipzig*, [1860?] fol. Hirsch M. **1180**.
—— [Another copy.] Hirsch M. **1181**.

SCHUBERT (Franz Peter)
—— [Another copy.] Uiber Wildemann . . . Erinerung [sic] . . . Todeskuss . . . für Gesang mit Begleitung des Pianoforte . . . Op. 108. *Wien*, [1829.] obl. fol.
Hirsch IV. **588**.

SCHUBERT (Franz Peter)
—— Uiber Wildemann von Ernst Schulze. Erinerung [sic] von Kosegarten. Todesmusik von Schober. In Musik gesetzt für Gesang mit Begleitung des Pianoforte . . . Op. 108. pp. 13. *Bei Ant. Diabelli & Comp.: Wien*, [1830?] obl. fol. Hirsch M. **1186**. (7.)

SCHUBERT (Franz Peter)
—— Der Unglückliche. Gedicht von Caroline Pichler, geb. v. Greiner. Die Hoffnung. Der Jüngling am Bache. Gedichte von Fr. v. Schiller. In Musik gesetzt für eine Singstime mit Begleitung des Piano-Forte. Op. 84 [or rather 87]. pp. 14. *Bey A. Pennauer: Wien*, [1827.] obl. fol.
Hirsch IV. **565**.

SCHUBERT (Franz Peter)
—— Der Unglückliche. Gedicht von Caroline Pichler, geb. v. Greiner. Die Hoffnung. Der Jüngling am Bache. Gedichte von Fr. v. Schiller. In Musik gesetzt für eine Singstime mit Begleitung des Piano-Forte . . . Op. 87. pp. 14. *Bei A. Diabelli u. Comp.: Wien*, [1835.] obl. fol. Hirsch M. **1185**. (9.)

SCHUBERT (Franz Peter)
—— [Another copy.] Die Unterscheidung.—Bey dir allein! Die Männer sind mechant! Irdisches Glück! Refrain-Lieder von Joh. Gab. Seidl . . . für eine Singstimme mit Pianoforte-Begleitung . . . 95tes Werk. *Wien*, [1828.] obl. fol. Hirsch IV. **574**.
Pp. 2 and 3 contain a priced catalogue of "Sämmtliche Werke von Franz Schubert," Opus 1–95.

SCHUBERT (Franz Peter)
—— Die Unterscheidung. Bey dir allein! Die Männer sind mechant! Irdisches Glück! Gedichte von Joh. Gabr. Seidl. In Musik gesetzt für eine Singstimme mit Begleit. des Pianoforte . . . 95tes Werk. pp. 11. *Bei Ant. Diabelli und Comp.: Wien*, [1832.] obl. fol.
Hirsch M. **1186**. (3.)

SCHUBERT (Franz Peter)
—— [Another copy.] Variationen über ein französisches Lied für das Piano-Forte auf vier Hände . . . 10tes Werk. *Wien*, [1822.] obl. fol. Hirsch IV. **485**.

SCHUBERT (Franz Peter)

—— [Another copy.] Variations sur un theme original pour le piano-forte a quatre mains ... Op. 35. *Vienne*, [1825.] *obl. fol.* Hirsch IV. **513**.

SCHUBERT (Franz Peter)

—— Variationen für das Piano-Forte zu 4 Händen über ein Thema ["Sur la rivière"] aus der Oper: Marie, von Herold ... 82tes Werk. pp. 29. *Bei Tobias Haslinger: Wien*, [1827.] *obl. fol.* Hirsch IV. **560**.

SCHUBERT (Franz Peter)

—— Viola. Gedicht von Schober. In Musik gesetzt für eine Singstimme mit Pianoforte Begleitung ... 123tes Werk. pp. 21. *Bey A. Pennauer: Wien*, [1830.] *obl. fol.* Hirsch IV. **601**.

SCHUBERT (Franz Peter)

—— Viola. Gedicht von Schober. In Musik gesetzt für eine Singstimme mit Pianoforte Begleitung ... 123tes Werk. pp. 21. *Bei A. Diabelli u. Comp.: Wien*, [1835.] *obl. fol.* Hirsch M. **1186**. (**11.**)

SCHUBERT (Franz Peter)

—— [Another copy.] Der Wachtelschlag ... für eine Singstimme mit Begleitung des Pianoforte ... 68tes Werk. *Wien*, [1827.] *obl. fol.* Hirsch IV. **545**.

SCHUBERT (Franz Peter)

—— Walzer, Ländler und Ecossoisen für das Piano-Forte ... 18tes Werk. 2 Abt. *Bey Cappi und Diabelli: Wien*, [1823.] *obl. fol.* Hirsch IV. **494**.

SCHUBERT (Franz Peter)

—— Valses sentimentales pour le piano forte ... Oeuv: 50. 2 cah. *Chez Ant. Diabelli & comp.: Vienne*, [1825.] *obl. fol.* Hirsch IV. **528**.

SCHUBERT (Franz Peter)

—— [Another copy.] Graetzer-Walzer für das Piano-Forte ... 91tes Werk. *Wien*, [1828.] *obl. fol.* Hirsch IV. **569**.

SCHUBERT (Franz Peter)

—— Franz Schubert's Letzte Walzer, für das Piano-Forte. [Op. 127.] pp. 19. *Bei Ant. Diabelli und Comp.: Wien*, [1830.] *obl. fol.* Hirsch IV. **605**.

SCHUBERT (Franz Peter)

—— Der Wanderer von Schmidt v: Lübeck. Morgenlied von Werner.—Wandrers Nachtlied von Goethe; für eine Singstimme mit Begleitung des Piano-Forte ... 4tes Werk. pp. 11. *In Commission bey Cappi und Diabelli: Wien*, [1821.] *obl. fol.* Hirsch IV. **476**.
Signed by the composer "Sch. 17."

SCHUBERT (Franz Peter)

—— [Another copy.] Der Wanderer ... Morgenlied ... Wandrers Nachtlied ... Für eine Singstimme mit Begleitung des Pianoforte ... 4tes Werk. *Wien*, [1828?] *obl. fol.* Hirsch IV. **477**.

SCHUBERT (Franz Peter)

—— Der Wanderer, von Schmidt von Lübeck. Morgenlied von Werner. Wandrers Nachtlied von Göthe. Für eine Singstimme mit Begleitung des Piano-Forte ... 4tes Werk. Neue Ausgabe. pp. 11. *Bei Ant. Diabelli u. Comp.: Wien*, [1840?] *fol.* Hirsch M. **1183**. (**3.**)

SCHUBERT (Franz Peter)

—— [Another copy.] Der Wanderer an den Mond. Das Zügenglöcklein. Im Freyen ... für eine Singstimme mit Begleitung des Pianoforte ... 80tes Werk. *Wien*, [1827.] *obl. fol.* Hirsch IV. **558**.

SCHUBERT (Franz Peter)

—— Der Wanderer an den Mond. Das Zügenglöcklein. Im Freyen. Gedichte von J. G. Seidl ... Für eine Singstimme mit Begleitung des Piano-Forte ... 80tes Werk. Neue Ausgabe. pp. 19. *Bei Tobias Haslinger: Wien*, [1827?] *fol.* Hirsch M. **1183**. (**5.**)

SCHUBERT (Franz Peter)

—— Wehmuth. Gedicht v. Heinr. Hüttenbreñer. Ewige Liebe. Gedicht v. Ernst Schulze. Flucht. Gedicht v. K. Lappe. In Musik gesetzt für vier Männerstimmen ... 64tes Werk. [Parts.] 4 pt. *Bey A. Pennauer: Wien*, [1828.] *fol.* Hirsch IV. **541**.

SCHUBERT (Franz Peter)

—— Wein und Liebe. [Four-part song.] Worte von Haug. [Parts.] 4 pt. *Bey Tobias Haslinger: Wien*, [1828.] 8°. Hirsch IV. **658**.
Die deutschen Minnesänger. Neueste Sammlung von Gesängen für vier Männerstimmen. no. 4.

SCHUBERT (Franz Peter)

—— Widerschein. [Song.] [1820.] 8°. Hirsch IV. **651**.
Issued as a supplement to W. G. Becker's "Taschenbuch zum geselligen Vergnügen" for the year 1821.

SCHUBERT (Franz Peter)

—— [Another copy.] Widerspruch. Wiegenlied. Am Fenster. Sehnsucht. Vier Gedichte ... für eine Singstime mit Begleitung des Piano-Forte ... 105tes Werk. *Wien*, [1828.] *obl. fol.* Hirsch IV. **585**.

SCHUBERT (Franz Peter)

—— Wie Ulfru fischt. Le Pêcheur. [Song.] Paroles françaises de Bélanger. [Op. 21. No. 3.] *C. A. Spina: Wien*, [1855?] *fol.* Hirsch M. **1304**. (**31.**)

SCHUBERT (Franz Peter)

—— [For editions of "Wiegenlied," published with other songs as Op. 98:] *See* supra: An die Nachtigall, Wiegenlied, von Claudius. Iphigenia, von Mayrhofer.

SCHUBERT (Franz Peter)

—— [For editions of "Wiegenlied," published with other songs as Op. 105:] *See* supra: Widerspruch. Wiegenlied. Am Fenster. Sehnsucht.

SCHUBERT (Franz Peter)
—— Willkom̄en und Abschied. Gedicht von Goethe. An die Leyer (nach Anacreon). Im Haine. Gedichte von Bruchmann. In Musik gesetzt für eine Singstimme mit Begleitung des Pianoforte . . . 56tes Werk . . . Mit unterlegten italienischen Texte. 2 Hft. *Bey A. Pennauer: Wien*, [1826.] *obl.* fol. Hirsch IV. **534**.

SCHUBERT (Franz Peter)
—— Willkom̄en und Abschied. Gedicht von Goethe. An die Leyer (nach Anacreon). Im Haine. Gedichte von Bruchmann. In Musik gesetzt für eine Singstimme mit Begleitung des Pianoforte . . . 56tes Werk . . . Mit unterlegtem italienischem Texte. 2 Hft. *Bei A. Diabelli u. Comp.: Wien*, [1835.] *obl.* fol. Hirsch M. **1185**. (**3**.)

SCHUBERT (Franz Peter)
—— Winterreise. Von Wilhelm Müller. In Musik gesetzt für eine Singstimme mit Begleitung des Pianoforte . . . 89stes Werk, *etc.* 2 Abt. *Bey Tobias Haslinger: Wien*, [1828.] *obl.* fol. Hirsch IV. **567**.

—— [Another copy of Abt. 2.] Hirsch IV. **567**. a.

—— [Another issue of Abt. 1.] Hirsch IV. **567**. b.

SCHUBERT (Franz Peter)
—— Winterreise. (Le Voyage d'hiver.) Von Wilhelm Müller. Deutsch und französisch . . . Für eine Singstimme mit Begleitung des Pianoforte. 89tes Werk . . . Neue Ausgabe. ⟨Paroles françaises de Mr Bélanger.⟩ 2 Abt. pp. 94. *Bei Tobias Haslinger: Wien*, [1842.] fol.
Hirsch M. **1183**. (**6**.)

SCHUBERT (Franz Peter)
—— [For editions of "Zur guten Nacht," published with other songs as Op. 81:] *See supra*: Alinde. An die Laute. Zur guten Nacht.

SCHUBERT (Franz Peter)
—— [Another copy.] Die zürnende Diana und Nachtstück . . . für eine Singstimme mit Begleitung des Pianoforte . . . 36^s Werk. *Wien*, [1825.] *obl.* fol. Hirsch IV. **514**.

SCHUBERT (Franz Peter)
—— Die zürnende Diana und Nachtstück. Gedichtet von Joh: Mayerhofer; in Musik gesetzt für eine Singstimme mit Begleitung des Pianoforte . . . 36^s Werk. pp. 19. *Bey Joseph Czerny: Wien*, [1830?] *obl.* fol.
Hirsch M. **1184**. (**16**.)

SCHUBERT (Franz Peter)
—— [Another copy.] Der Zwerg und Wehmuth. Zwey Gedichte für eine Singstime mit Begleitung des Pianoforte . . . Op. 22. *Wien*, [1823.] *obl.* fol. Hirsch IV. **498**.

SCHUBERT (Franz Peter)
—— Der Zwerg und Wehmuth. Zwey Gedichte in Musik gesetzt für eine Singstim̄e mit Begleitung des Pianoforte . . . . 22tes Werk. pp. 11. *Bei Ant. Diabelli & Comp.: Wien*, [1830?] *obl.* fol. Hirsch III. **1086**.

—— [Another copy.] Hirsch M. **1184**. (**10**.)

SCHUBERT (Franz Peter) [*Doubtful and Supposititious Works.*]
—— Die Advocaten. Komisches Terzett für 2 Tenor und Bass, mit Begleitung des Pianoforte von Franz Schubert [or rather, by Anton Fischer]. 74tes Werk. [Score.] pp. 15. *Bey A. Diabelli & Comp.: Wien*, [1827.] *obl.* fol.
Hirsch IV. **553**.

The vocal parts have been supplied in MS.

SCHUENEMANN (Georg)
—— Trompeterfanfaren, Sonaten und Feldstücke. Nach Aufzeichnungen deutscher Hoftrompeter des 16./17. Jahrhunderts. Herausgegeben von G. Schünemann. [With illustrations and facsimiles.] pp. xxiii. 80. *Bärenreiter-Verlag: Kassel*, 1936. fol. [*Das Erbe deutscher Musik.* Reihe 1. Reichsdenkmale. Bd. 7.]
Hirsch IV. **960**.

SCHUETZ (Heinrich)
—— [A reissue.] Sämmtliche Werke. Herausgegeben von Philipp Spitta. 18 Bd. *Leipzig*, [1900?] 1887–1927. fol.
Hirsch IV. **1017**.

SCHUETZ (Heinrich)
—— Historia der Auferstehung Jesu Christi. Im Auftrage der Heinrich Schütz-Gesellschaft e. V. herausgegeben von Walter Simon Huber. ⟨Vier Psalmen Davids (nach Beckers Dichtungen) für vierstimmigen gemischten Chor. Als Anhang zur " Historia der Auferstehung Jesu Christi " herausgegeben von Walter Simon Huber.⟩ 2 no. *Bärenreiter-Verlag: Kassel*, [1928, 29.] 8°.
Hirsch M. **533**.

With a programme inserted of the Schütz Festival held at Celle in 1929.

SCHUETZ (Heinrich)
—— Historia des Leidens und Sterbens unsers Herrn und Heilandes Jesu Christi nach dem Evangelisten St. Matthäus. In der Originalfassung für Einzelstimmen und a-cappella-Chor zum ersten Mal herausgegeben . . . von Fritz Schmidt. Partitur, *etc.* [With a facsimile.] pp. 40. *Barenreiter-Verlag: Kassel*, 1929. 8°. Hirsch M. **534**.

SCHUETZ (Heinrich)
—— [Another copy.] [Historia des Leidens und Sterbens . . . Jesu Christi nach dem Evangelisten St. Matthaeus.] The St. Matthew Passion . . . Edited . . . by H. M. Adams. *London*, 1938. 8°. Hirsch M. **535**.

SCHUETZ (Heinrich)
—— [Another copy.] Kläglicher Abschied von der Churfürstlichen Grufft zu Freybergk, *etc.* [A facsimile of the edition of 1623. Edited by Johannes Wolf.] *Bückeburg*, [1922.] *s. sh.* fol. Hirsch M. **1187**.

SCHUETZ (Heinrich)
—— Drei Psalmen für Doppelchor . . . Nach der 1619 erschienenen Originalausgabe der " Psalmen Davids " zum Gebrauche in Kirche und Konzert herausgegeben von Franz Wüllner. Partitur, *etc.* pp. 37. *J. Rieter-Biedermann: Leipzig*, 1878 [1910?] 8°. Hirsch M. **536**.

The titlepage bears the words " C. F. Peters, Leipzig," *impressed with a rubber stamp, and the wrapper* " Edition Peters. no. 3786."

SCHUETZ (Heinrich)
— Dialog: "Vom reichen Manne und armen Lazarus," für Sopran I, II, Alt, Tenor und Bass mit Streichorchester und Orgel. Partitur, *etc.* ⟨Bearbeitet von Max Seiffert.⟩ pp. 22. *Fr. Kistner & C. F. W. Siegel: Leipzig,* [1924.] fol. [*Organum.* Reihe 1. no. 8.]
Hirsch M. **1204**.

SCHUETZLING.
— Der Schuetzling. [Song.] *See* LOEWE (J. C. G.)

SCHULHOFF (Julius)
— [Chant du berger.] *See* STORCH (A. M.) Schäfers Scheidelied, nach Schulhoff's Chant du berger, *etc.* [1845?] fol. Hirsch M. **1304**. (**36**.)

SCHULHOFF (Julius)
— Souvenir de Varsovie, mazurka pour piano. pp. 5. *Chez J. E. Libau: Bruxelles; chez J. Ruttens: Londres,* [1850?] fol. Hirsch M. **1295**. (**13**.)

SCHULTZ (Johannes)
— Musikalischer Lüstgarte, 1622. Herausgegeben von Hermann Zenck. [Score. With facsimiles.] pp. xvi. 104. *Georg Kallmeyer-Verlag: Wolfenbüttel, Berlin,* 1937. fol. [*Das Erbe deutscher Musik.* Reihe 2. Landschaftsdenkmale. Niedersachsen. Bd. 1.] Hirsch IV. **960**. a.

SCHULZ (C.)
— *See* MOZART (W. A.) [*Collected Works.—f. Vocal Works, Songs, etc.*] Operngesaenge . . . Im Klavierauszug von C. Schulz. [1804, 05.] *obl.* fol. Hirsch IV. **991**.

SCHUMACHER (Richard)
— Germania. Klänge aus der Deutschen Lehrerwelt. Eine Sammlung von Männerchören herausgegeben von R. Schumacher. pp. viii. 396. [*Privately printed: Berlin,* 1895.] 8°. Hirsch M. **537**.

SCHUMANN (Georg)
— *See* BACH (J. S.) Vergnügte Pleissen-Stadt. Hochzeits-Kantate . . . Vollendet . . . von G. Schumann, *etc.* [1924.] 4°. Hirsch M. **681**.

SCHUMANN (Robert Alexander) [*Collected Works.—a. Complete and Large Collections.*]
— [Another copy.] Robert Schumann's Werke. Herausgegeben von Clara Schumann. ser. 1–3. *Leipzig,* [1890?] 1887. fol. Hirsch IV. **1018**.
Imperfect; wanting ser. 4–14. *Ser.* 3 *includes an extra volume containing the Concerto, op.* 54, *the Concertstück, op.* 92 *and the Concert-Allegro, op.* 134 *in an arangement for pianoforte solo.*

SCHUMANN (Robert Alexander)
— Arabeske. Für das Piano-Forte . . . 18tes Werk. pp. 9. *Bei Pietro Mechetti: Wien,* [1839.] fol.
Hirsch M. **1199**. (**1**.)

SCHUMANN (Robert Alexander)
— Ballade vom Haideknaben von F. Hebbel für Declamation mit Begleitung des Pianoforte . . . Op. 122. No. 1. *Bartholf Senff: Leipzig,* [1853.] fol. Hirsch M. **1199**. (**2**.)

SCHUMANN (Robert Alexander)
— Blumenstück. Für das Piano-Forte . . . 19tes Werk. pp. 11. *Bei Pietro Mechetti: Wien,* [1839.] fol.
Hirsch M. **1199**. (**3**.)

SCHUMANN (Robert Alexander)
— [A reissue.] [Die Braut von Messina.] Ouverture zur Braut von Messina von Fr. v. Schiller für grosses Orchester . . . Op. 100. Partitur. *Leipzig,* [1879?] 8°.
Hirsch M. **538**.
Edition Peters. no. 1032.

SCHUMANN (Robert Alexander)
— [43 Clavierstücke für die Jugend. Op. 68.] Skizzenbuch zu dem Album für die Jugend. [A facsimile.] . . . Biographische und musikalische Erläuterungen nebst Inhaltsverzeichnis und Alphabetischer Übersicht, unter Mitwirkung von Martin Kreissig . . . von Lothar Windsperger. ⟨Vier bisher unveröffentliche kleine Stücke für das Album für die Jugend . . . Nach dem Skizzenbuch übertragen von Lothar Windsperger.⟩ 2 no. *B. Schott's Söhne: Mainz,* [1924.] *obl.* fol. Hirsch M. **539**.

SCHUMANN (Robert Alexander)
— [Another copy.] Concert für das Pianoforte mit Begleitung des Orchesters . . . Op. 54. Partitur. *Leipzig,* [1862.] 8°. Hirsch M. **540**.

SCHUMANN (Robert Alexander)
— Concert für das Pianoforte mit Begleitung des Orchesters. Op. 54. Revidirt von Alfred Dörffel. Partitur. pp. 151. *C. F. Peters: Leipzig,* [1887?] 8°. Hirsch M. **541**.
Part of "Rob. Schumann's Sämmtliche Werke."

SCHUMANN (Robert Alexander)
— [Another copy.] Konzert für Violine mit Begleitung des Orchesters, d moll. Concerto for Violin and Orchester d minor . . . Zum ersten Male herausgegeben von Georg Schünemann. Partitur, *etc. Mainz,* [1937.] fol.
Hirsch M. **1188**.
With a "Revisionsbericht" in German, English and French.

SCHUMANN (Robert Alexander)
— [Another copy.] Dichterliebe. Liedercyklus aus dem Buche der Lieder von H. Heine . . . Op. 48. *Leipzig,* [1844.] fol. Hirsch M. **1198**. (**1**.)

SCHUMANN (Robert Alexander)
— [A reissue.] Dichterliebe . . . Op. 48. Hft. 1. *Leipzig,* [1850?] fol. Hirsch M. **1198**. (**2**.)
Imperfect; wanting Hft. 2.

SCHUMANN (Robert Alexander)
— Distichen. *See infra:* [*Lieder und Gesänge. Op.* 27. *No.* 5.]

SCHUMANN (ROBERT ALEXANDER)

—— VI études de concert pour le pianoforte composées d'aprés des Caprices de Paganini. Oeuvre X... Suite des études d'après des Caprices de Paganini. pp. 21. *Chez Frédéric Hofmeister: Leipzig*, [1835.] fol.
Hirsch M. **1200**. (**1**.)

SCHUMANN (ROBERT ALEXANDER)

—— [Another copy.] XII études symphoniques pour le piano-forte... Oeuvre 13. *Vienne*, [1837.] fol.
Hirsch M. **1199**. (**4**.)

SCHUMANN (ROBERT ALEXANDER)

—— Fantaisie für das Pianoforte... Op. 17. pp. 31. *Bei Breitkopf & Härtel: Leipzig*, [1839.] fol.
Hirsch M. **1200**. (**2**.)

SCHUMANN (ROBERT ALEXANDER)

—— [Another copy.] Faschingsschwank aus Wien. Fantasiebilder für das Piano-Forte... 26$^\text{stes}$ Werk. *Wien*, [1841.] fol.
Hirsch M. **1199**. (**5**.)

SCHUMANN (ROBERT ALEXANDER)

—— [Faschingsschwank aus Wien. Op. 26.—Intermezzo.] Robert Schumann, Fragment aus dessen Nachtstücken, für Pianoforte. [1839.] *See* PERIODICAL PUBLICATIONS.—Leipsic.—*Neue Zeitschrift für Musik.* [Sammlung von Musik-Stücken, *etc.*] Hft. 8. [1838, *etc.*] fol.
Hirsch M. **1134**.

SCHUMANN (ROBERT ALEXANDER)

—— Robert Schumann, Fragment aus dessen Nachtstücken, für Pianoforte. *See supra*: [*Faschingsschwank aus Wien. Op. 26.—Intermezzo.*]

SCHUMANN (ROBERT ALEXANDER)

—— Frauen-Liebe und -Leben. ⟨Op. 42.⟩ Mit einem Vorwort von Walter Courvoisier. [With a portrait.] pp. xv. 34. *Drei Masken Verlag: München*, 1921. 8°.
Hirsch M. **542**.
One of the " Musikalische Stundenbücher."

SCHUMANN (ROBERT ALEXANDER)

—— [For editions of " Frühlingslied," published with other songs as Op. 125 :] *See infra*: 1. Die Meerfee von Buddeus. 2. Husarenabzug von C. Candidus. 3. Jung Volker von E. Mörike. 4. Frühlingslied von F. Braun. 5. Frühlingslust aus d. " Jungbrunnen."

SCHUMANN (ROBERT ALEXANDER)

—— [For editions of " Frühlingslust," published with other songs as Op. 125 :] *See infra*: 1. Die Meerfee von Buddeus. 2. Husarenabzug von C. Candidus. 3. Jung Volker von E. Mörike. 4. Frühlingslied von F. Braun. 5. Frühlingslust aus d. " Jungbrunnen."

SCHUMANN (ROBERT ALEXANDER)

—— Fughette für Pianoforte. *See infra*: [*Scherzo, Gigue, Romanze und Fughette. Op. 32.*]

SCHUMANN (ROBERT ALEXANDER)

—— Zwölf Gedichte von Justinus Kerner. Eine Liederreihe für eine Singstimme mit Begleitung des Pianoforte... Op. 35. ⟨Zweite Auflage.⟩ Hft. 1. pp. 15. *Bei C. A. Klemm: Leipzig*, [1841.] fol. Hirsch M. **1198**. (**3**.)
Imperfect; wanting Hft. 2.

SCHUMANN (ROBERT ALEXANDER)

—— [Zwölf Gedichte. Op. 35. No. 10.] " Stille Thränen." Gedicht von Justinus Kerner, für eine Singstimme mit Begleitung des Pianoforte. [1841.] *See* PERIODICAL PUBLICATIONS.—Leipsic.—*Neue Zeitschrift für Musik.* [Sammlung von Musik-Stücken, *etc.*] Hft. 13. [1838, *etc.*] fol.
Hirsch M. **1134**.

SCHUMANN (ROBERT ALEXANDER)

—— [Another copy.] Sechs Gedichte aus dem Liederbuch eines Malers von Reinick, für eine Sopran- oder Tenorstimme mit Begleitung des Pianoforte... Op. 36. no. 2. *Hamburg u. Leipzig*, [1842.] fol. Hirsch M. **1198**. (**4**.)
Imperfect; wanting no. 1.

SCHUMANN (ROBERT ALEXANDER)

—— [For editions of " Zwölf Gedichte aus F. Rückert's Liebesfrühling," of which no. 2, 4 and 11 are by Clara Schumann, comprising her Op. 12, and no. 1–3, 5–10, 12 by R. A. Schumann, comprising his Op. 37 :] *See* SCHUMANN (R. A.) and (C.)

SCHUMANN (ROBERT ALEXANDER)

—— Zwei Gedichte von R. Burns. *See infra*: [*Myrten. Op. 25. No. 1, 2.*]

SCHUMANN (ROBERT ALEXANDER)

—— Genoveva. Grosse Oper in vier Akten... Op. 81... Orchester-Partitur revidirt von Alf. Dörffel. pp. 307. *C. F. Peters: Leipzig*, [1880?] fol. Hirsch II. **870**.

SCHUMANN (ROBERT ALEXANDER)

—— [Another copy.] [Genoveva.] Ouverture zu der Oper: Genoveva. Op. 81. Partitur. *Leipzig & Berlin*, [1865?] 8°. Hirsch M. **543**.
Cropped.

SCHUMANN (ROBERT ALEXANDER)

—— [Genoveva.] Ouverture zu Genoveva. Op. 81... Partitur. pp. 27. *C. F. Peters: Leipzig*, [1887?] 4°.
Hirsch M. **1190**.
Edition Peters. no. 2299a.

SCHUMANN (ROBERT ALEXANDER)

—— [Another copy.] Genoveva. Oper... 81$^\text{s}$ Werk. Clavierauszug von Clara Schumann, geb. Wieck. [Vocal score.] *Leipzig*, [1851.] fol. Hirsch M. **1189**.
The flyleaf bears a MS. *dedication in the composer's autograph: " Zu freundlicher Aufbewahrung im verehrten Preusser'schen Hause."*

SCHUMANN (ROBERT ALEXANDER)

—— Gigue. *See infra*: [*Scherzo, Gigue, Romanze und Fughette. Op. 32.*]

SCHUMANN (ROBERT ALEXANDER)
—— Das Glück von Edenhall. Ballade nach L. Uhland bearbeitet von R. Hasenclever, für Männerstimmen, Soli u. Chor, mit Begleitung des Orchesters . . . Op. 143. No. 8. der nachgelassenen Werke. [Score.] pp. 71. *J. Rieter-Biedermann: Winterthur*, [1860.] fol.   Hirsch IV. **915**.
The titlepage bears the autograph signature of Julius Stockhausen.

SCHUMANN (ROBERT ALEXANDER)
—— Fünf heitere Gesänge. Op. 125. *See infra*: 1. Die Meerfee von Buddeus. 2. Husarenabzug von C. Candidus. 3. Jung Volker von E. Mörike. 4. Frühlingslied von F. Braun. 5. Frühlingslust aus d. "Jungbrunnen."

SCHUMANN (ROBERT ALEXANDER)
—— [A reissue.] [Hermann und Dorothea.] Ouverture zu Goethe's Hermann u. Dorothea für Orchester. Op. 136. No. 1. der nachgelassenen Werke. Partitur. pp. 63. *J. Rieter-Biedermann: Leipzig*, [1885?] 8°.
Hirsch M. **544**.

SCHUMANN (ROBERT ALEXANDER)
—— Humoreske. Für das Piano-Forte . . . 20stes Werk. pp. 31.   *Bei Pietro Mechetti: Wien*, [1839.] fol.
Hirsch M. **1199**. (**6**.)

SCHUMANN (ROBERT ALEXANDER)
—— [For editions of "Husarenabzug," published with other songs as Op. 125 :] *See infra*: 1. Die Meerfee von Buddeus. 2. Husarenabzug von C. Candidus. 3. Jung Volker von E. Mörike. 4. Frühlingslied von F. Braun. 5. Frühlingslust aus d. "Jungbrunnen."

SCHUMANN (ROBERT ALEXANDER)
—— Intermezzo. *See infra*: [*Novelletten. Op. 21. No. 3.*]

SCHUMANN (ROBERT ALEXANDER)
—— [For editions of "Jung Volker," published with other songs as Op. 125 :] *See infra*: 1. Die Meerfee von Buddeus. 2. Husarenabzug von C. Candidus. 3. Jung Volker von E. Mörike. 4. Frühlingslied von F. Braun. 5. Frühlingslust aus d. "Jungbrunnen."

SCHUMANN (ROBERT ALEXANDER)
—— Kinderscenen. Leichte Stücke für das Pianoforte . . . Op. 15. pp. 20.   *Bei Breitkopf & Härtel: Leipzig*, [1839.] fol.   Hirsch M. **1199**. (**7**.)

SCHUMANN (ROBERT ALEXANDER)
—— [Lieder und Gesänge. Op. 27. No. 5.] Distichen, von G. Zimmermann. [Song.] [1840.] *See* PERIODICAL PUBLICATIONS.—*Leipsic.*—*Neue Zeitschrift für Musik.* [Sammlung von Musik-Stücken, *etc.*] Hft. 12. [1838, *etc.*] fol.   Hirsch M. **1134**.

SCHUMANN (ROBERT ALEXANDER)
—— Sechs Lieder für vierstimmigen Männergesang . . . Op. 33. ⟨Partitur.⟩ pp. 28.   *Schuberth & Co.: Hamburg und Leipzig*, [1841.] 8°.   Hirsch M. **545**.

SIG. 49.—PART 53.

SCHUMANN (ROBERT ALEXANDER)
—— [Sechs Lieder. Op. 33. No. 5.] Rastlose Liebe, von Goethe, für Männerchor. [1840.] *See* PERIODICAL PUBLICATIONS.—*Leipsic.*—*Neue Zeitschrift für Musik.* [Sammlung von Musik-Stücken, *etc.*] Hft. 11. [1838, *etc.*] fol.   Hirsch M. **1134**.

SCHUMANN (ROBERT ALEXANDER)
—— Sieben Lieder von Elisabeth Kulmann zur Erinnerung an die Dichterin für eine Singstimme mit Begleitung des Pianoforte . . . Op. 104. pp. 18.   *Bei Fr. Kistner: Leipzig*, [1851.] fol.   Hirsch M. **1198**. (**5**.)

SCHUMANN (ROBERT ALEXANDER)
—— Liederkreis von H. Heine für eine Singstimme und Pianoforte . . . Op. 24. pp. 23.   *Bei Breitkopf & Härtel: Leipzig*, [1840.] fol.   Hirsch M. **1198**. (**6**.)

SCHUMANN (ROBERT ALEXANDER)
—— [Liederkreis. Op. 39. No. 5.] "Mondnacht," von Eichendorff, für Singstimme u. Pianoforte. [1841.] *See* PERIODICAL PUBLICATIONS.—*Leipsic.*—*Neue Zeitschrift für Musik.* [Sammlung von Musik-Stücken, *etc.*] Hft. 14. [1838, *etc.*] fol.   Hirsch M. **1134**.

SCHUMANN (ROBERT ALEXANDER)
—— Manfred. Dramatisches Gedicht in drei Abtheilungen von Lord Byron . . . Op. 115. Partitur. pp. 12. 3–119. *Bei Breitkopf & Härtel: Leipzig*, [1862.] fol.
Hirsch IV. **916**.

SCHUMANN (ROBERT ALEXANDER)
—— [Another copy.] [Manfred.] Ouverture . . . Op. 115. Partitur. *Leipzig*, [1852.] 8°.   Hirsch M. **546**.

—— [Another copy.]   Hirsch M. **547**.

SCHUMANN (ROBERT ALEXANDER)
—— [Manfred.] Ouverture zu Manfred. Op. 115 . . . Partitur. pp. 33.   *C. F. Peters: Leipzig*, [1887.] 8°.
Hirsch M. **1191**.

SCHUMANN (ROBERT ALEXANDER)
—— IV Märsche für das Pianoforte . . . Op. 76. pp. 25. *F. Whistling: Leipzig*, 1849. fol.   Hirsch M. **1199**. (**8**.)

SCHUMANN (ROBERT ALEXANDER)
—— 1. Die Meerfee von Buddeus. 2. Husarenabzug von C. Candidus. 3. Jung Volker von E. Mörike. 4. Frühlingslied von F. Braun. 5. Frühlingslust aus d. "Jungbrunnen." Fünf heitere Gesänge für eine Singstimme mit Begleitung des Pianoforte . . . Opus 125, *etc.* pp. 15. *Verlag der Heinrichshofen'schen Musikalien-Handlung: Magdeburg*, [1853.] fol.   Hirsch M. **1198**. (**7**.)
The wrapper bears a MS. *dedication in the composer's autograph to Mathilde Hartmann.*

SCHUMANN (ROBERT ALEXANDER)
—— Mondnacht. *See supra*: [*Liederkreis. Op. 39. No. 5.*]

SCHUMANN (ROBERT ALEXANDER)
—— Myrthen. Liederkreis von Göthe, Rückert, Byron, Th. Moore, Heine, Burns & J. Mosen für Gesang und Pianoforte . . . Opus 25. Hft. 2–4. *Bei Fr. Kistner: Leipzig*, [1840.] fol. Hirsch M. **1198. (8.)**
Imperfect; wanting Hft. 1.

SCHUMANN (ROBERT ALEXANDER)
—— [A reissue.] Myrthen . . . Op. 25. Hft. 1. *Leipzig*, [1855?] fol. Hirsch M. **1198. (10.)**
Imperfect; wanting Hft. 2–4.

SCHUMANN (ROBERT ALEXANDER)
—— [A reissue.] Myrthen . . . Opus 25. Hft. 3. *Leipzig*, [1850?] fol. Hirsch M. **1198. (9.)**
Imperfect; wanting Hft. 1, 2, 4.

SCHUMANN (ROBERT ALEXANDER)
—— [Myrthen. Op. 25. Hft. 4. No. 1, 2.] Zwei Gedichte von R. Burns. (Uebersetzung von Wilhelm Gerhard.) 1. Hauptmann's Weib. ⟨2. Weit, weit!⟩ [1840.] *See* PERIODICAL PUBLICATIONS.—Leipsic.—*Neue Zeitschrift für Musik.* [Sammlung von Musik-Stücken, etc.] Hft. 9. [1838, etc.] fol. Hirsch M. **1134.**

SCHUMANN (ROBERT ALEXANDER)
—— Nachtstücke für das Piano-Forte . . . 23stes Werk. pp. 19. *Bei Pietro Mechetti: Wien*, [1840.] fol. Hirsch M. **1199. (9.)**

SCHUMANN (ROBERT ALEXANDER)
—— Novelletten für das Pianoforte . . . Op. 21, *etc.* 4 no. *Bei Breitkopf & Härtel: Leipzig*, [1839.] fol. Hirsch M. **1199. (10.)**

SCHUMANN (ROBERT ALEXANDER)
—— [Novelletten. Op. 21. No. 3.] Intermezzo für Pianoforte. [1838.] *See* PERIODICAL PUBLICATIONS.—Leipsic. —*Neue Zeitschrift für Musik.* [Sammlung von Musik-Stücken, *etc.*] Hft. 2. [1838, *etc.*] fol. Hirsch M. **1134.**

SCHUMANN (ROBERT ALEXANDER)
—— [A reissue.] Ouverture, Scherzo und Finale für Orchester . . . Op. 52. Partitur. *Leipzig*, [1860?] 8°.
Hirsch M. **548.**

SCHUMANN (ROBERT ALEXANDER)
—— Ouverture, Scherzo und Finale für Orchester . . . Op. 52, *etc.* [Score.] pp. 46. *Breitkopf & Härtel: Leipzig*, [1893.] fol. Hirsch M. **1192.**
Part of "Breitkopf & Härtel's Partitur-Bibliothek."

SCHUMANN (ROBERT ALEXANDER)
—— [Another copy.] Das Paradies und die Peri. Dichtung aus Lalla Rookh . . . für Solostimmen, Chor und Orchester . . . . Partitur. Op. 50. *Leipzig*, [1843.] fol.
Hirsch IV. **917.**

SCHUMANN (ROBERT ALEXANDER)
—— [Another copy.] Phantasiestücke für Pianoforte, Violine & Violoncell . . . Op. 88. [Score and parts.] *Leipzig*, [1850.] fol. Hirsch M. **1193.**

SCHUMANN (ROBERT ALEXANDER)
—— Drei Quartette für 2 Violinen, Viola und Violoncell . . . Op. 41, *etc.* [Parts.] 12 pt. *Bei Breitkopf & Härtel: Leipzig*, [1843.] fol. Hirsch M. **1194.**

SCHUMANN (ROBERT ALEXANDER)
—— Quintett für Pianoforte 2 Violinen, Viola und Violoncello . . . Op. 44. [Parts.] 5 pt. *Bei Breitkopf & Härtel: Leipzig*, [1845?] fol. Hirsch M. **1195.**

SCHUMANN (ROBERT ALEXANDER)
—— Rastlose Liebe. *See supra*: [*Sechs Lieder.* Op. 33. *No.* 5.]

SCHUMANN (ROBERT ALEXANDER)
—— [Another copy.] Drei Romanzen für das Pianoforte . . . Op. 28. *Leipzig*, [1840.] fol.
Hirsch M. **1199. (11.)**

SCHUMANN (ROBERT ALEXANDER)
—— Romanzen u. Balladen für Chorgesang.
Hft. 3. Op. 145. no. 11–15.
Hft. 4. Op. 146. no. 16–20.
Bei F. W. Arnold: Elberfeld, [1860.] 8°. Hirsch M. **549.**
Imperfect; wanting Hft. 1, Op. 67, no. 1–5; Hft. 2, Op. 75, no. 6–10.

SCHUMANN (ROBERT ALEXANDER)
—— [Another copy.] Der Rose Pilgerfahrt . . . Op. 112. [Score.] *Leipzig*, [1852.] fol. Hirsch IV. **918.**

SCHUMANN (ROBERT ALEXANDER)
—— Der Rose Pilgerfahrt. Mährchen von Moritz Horn. Op. 112. [Vocal score.] pp. 98. *Bei Fr. Kistner: Leipzig*, [1852.] fol. Hirsch M. **1196.**

SCHUMANN (ROBERT ALEXANDER)
—— Scenen aus Göthes Faust für Solostimmen, Chor und Orchester . . . Partitur. pp. 502. *Bei Julius Friedlaender: Berlin*, [1858.] fol. Hirsch IV. **913.**

SCHUMANN (ROBERT ALEXANDER)
—— Scenen aus Goethe's Faust. Für Solostimmen, Chor u. Orchester. [Score.] pp. 282. *C. F. Peters: Leipzig & Berlin*, [1865.] fol. Hirsch IV. **914.**

SCHUMANN (ROBERT ALEXANDER)
—— [Scherzo, Gigue, Romanze und Fughette. Op. 32.] Fughette für Pianoforte. [1840.] *See* PERIODICAL PUBLICATIONS.—Leipsic.—*Neue Zeitschrift für Musik.* [Sammlung von Musik-Stücken, *etc.*] Hft. 10. [1838, *etc.*] fol.
Hirsch M. **1134.**

SCHUMANN (ROBERT ALEXANDER)
—— [Scherzo, Gigue, Romanze und Fughette. Op. 32.] Gigue für Pianoforte. [1839.] *See* PERIODICAL PUBLICATIONS.—Leipsic.—*Neue Zeitschrift für Musik.* [Sammlung von Musik-Stücken, *etc.*] Hft. 5. [1838, *etc.*] fol.
Hirsch M. **1134**.

SCHUMANN (ROBERT ALEXANDER)
—— Skizzen für den Pedal-Flügel. Op. 58, *etc.* pp. 15. *Bei Fr. Kistner: Leipzig,* [1846.] fol. Hirsch M. **1199. (12.)**

SCHUMANN (ROBERT ALEXANDER)
—— Sonate No. II. für das Pianoforte ... Op. 22. pp. 27. *Bei Breitkopf & Härtel: Leipzig,* [1839.] fol.
Hirsch M. **1199. (13.)**

SCHUMANN (ROBERT ALEXANDER)
—— [Another copy.] Zweite Sinfonie für grosses Orchester ... Op. 61. Partitur, *etc. Leipzig,* 1861. 8°.
Hirsch M. **551**.
The titlepage bears the autograph signature of J. Stockhausen. The fore-edge has been cropped.

SCHUMANN (ROBERT ALEXANDER)
—— [Another copy.] Symphonie (No. 1, B dur) für grosses Orchester ... Op. 38. Partitur. pp. 211. *Bei Breitkopf & Härtel: Leipzig,* [1852?] 8°.
Hirsch M. **550**.
The titlepage bears the autograph signature of J. Stockhausen.

SCHUMANN (ROBERT ALEXANDER)
—— Dritte Symphonie (Es dur) für grosses Orchester. Op. 97. Partitur, *etc.* pp. 211. *Bei N. Simrock: Bonn,* [1851.] 8°. Hirsch M. **552**.

SCHUMANN (ROBERT ALEXANDER)
—— [Another copy.] Symphonie No. IV. D moll ... für grosses Orchester ... Op. 120. Partitur. *Leipzig,* [1854.] 8°. Hirsch M. **553**.
The titlepage bears the autograph signature of J. Stockhausen.

SCHUMANN (ROBERT ALEXANDER)
—— Thème sur le nom Abegg varié pour le pianoforte ... Op. 1. pp. 11. *Chez Fr. Kistner: Leipzig,* [1831.] fol.
Hirsch IV. **1657**.

SCHUMANN (ROBERT ALEXANDER)
—— Toccata pour le pianoforte ... Oeuv. 7. pp. 11. *Frédéric Hofmeister: Leipzig,* [1827.] fol.
Hirsch M. **1199. (14.)**

SCHUMANN (ROBERT ALEXANDER)
—— [Another copy.] Variations on an original Theme. (Schumann's last composition.) *London,* 1939. 4°.
Hirsch M. **1197**.

SCHUMANN (ROBERT ALEXANDER)
—— Vom Pagen und der Königstochter. Vier Balladen von E. Geibel für Solostimmen, Chor u. Orchester ... Op. 140. (No. 5. der nachgelassenen Werke.) [Score.] pp. 114. *J. Rieter-Biedermann: Winterthur,* [1857.] fol.
Hirsch IV. **919**.

SCHUMANN (ROBERT ALEXANDER) and **WIECK**, afterwards **SCHUMANN** (CLARA)
—— Zwölf Gedichte aus F. Rückert's Liebesfrühling für Gesang und Pianoforte ... Op. $\frac{37}{12}$, *etc.* 2 Hft. *Bei Breitkopf & Härtel: Leipzig,* [1880, 90?] fol.
Hirsch M. **1201**.
No. 1, 3, 5–10, 12, are by R. A. Schumann, comprising his Op. 37. No. 2, 4 and 11 are by Clara Schumann, comprising her Op. 12. Later editions of no. 11, " Warum willst du And're fragen," attributed to R. Schumann, are catalogued separately.

SCHUNKE (LUDWIG)
—— Gretchen am Spinnrad, von Göthe. [Song.] [1840.] *See* PERIODICAL PUBLICATIONS.—Leipsic.—*Neue Zeitschrift für Musik.* [Sammlung von Musik-Stücken, *etc.*] Hft. 12. [1838, *etc.*] fol. Hirsch M. **1134**.

SCHUNKE (LUDWIG)
—— *See* LINDPAINTNER (P. J.) Danina, oder Joko, der Brasilianische Affe ... Vollständiger von ... L. Schunke verfertigter Clavier-Auszug. [1830?] obl. fol.
Hirsch IV. **1172**.

SCHUYER (ARY)
—— Concerto (A moll—La mineur) pour violoncelle avec accompagnement d'orchestre ou de piano ... Violoncelle avec orchestre. Partition, *etc.* pp. 126. *Johann André: Offenbach s/M.,* [1915?] fol. Hirsch M. **1202**.
The titlepage bears a MS. dedication in the composer's autograph to Paul Hirsch.

SCHWANENJUNGFRAU.
—— Die Schwanenjungfrau. [Duet.] *See* LOEWE (J. C. G.) 3 Balladen ... Op. 129. III.

SCHWEIGER (HERTHA)
—— [Another copy.] A Brief Compendium of early Organ Music (ca. 1600—ca. 1850), *etc. New York,* 1943. 4°.
Hirsch M. **1203**.

SCHWENCKE (CHRISTIAN FRIEDRICH GOTTLIEB)
—— *See* MOZART (W. A.) [*Requiem.*] W. A. Mozarti Missa pro defunctis Requiem ... Klavierauszug von C. F. G. Schwenke [*sic*]. [1818.] obl. fol. Hirsch IV. **1230**.

SCHWENCKE (CHRISTIAN FRIEDRICH GOTTLIEB)
—— *See* HAENDEL (G. F.) [*Messiah.*] Händel's Oratorium Der Messias im Clavierauszuge von C, F, G, Schwencke, *etc.* [1809.] obl. fol. Hirsch IV. **1154**.

SE.
—— Se inclinassi a prender moglie. Duet. *See* ROSSINI (G. A.) [*L'Italiana in Algeri.*]

SE.
—— Se mi credi amato bene. Duett. *See* FLORIO (C. H.)

SE.
—— Se pietade in seno avete. Aria. *See* ROSSINI (G. A.) [*L'Inganno felice.*]

SECHTER (SIMON)
—— Studien für Orgel oder Clavier. [1839.] *See* PERIODICAL PUBLICATIONS.—Leipsic.—*Neue Zeitschrift für Musik.* [Sammlung von Musik-Stücken, *etc.*] Hft. 6.
Hirsch M. **1134**.

SECHTER (SIMON)
—— *See* MOZART (W. A.) [*Symphonies. K.* 551.] Das Finale der Jupiter-Symphonie . . . Analyse von S. Sechter, *etc.* 1923. 8°.
Hirsch M. **408**.

SECKENDORF (CARL VON)
—— Zwölf Lieder mit Begleitung des Pianoforte, *etc.* pp. 15. *Bey Breitkopf und Härtel: Leipzig,* [1819.] *obl.* fol.
Hirsch III. **1094**.

SEEMANN.
—— Seemann's Scheidelied. [Song.] *See* MENDELSSOHN-BARTHOLDY (J. L. F.)

SEHNSUCHT.
—— Die Sehnsucht. [Song.] *See* SCHUBERT (F. P.)

SEHT.
—— Seht dort murmelnde Wellen. *See* MONTEVERDI (C.) [*Il Secondo Libro de Madrigali a cinque voci.*—*Ecco mormorar l'onde.*]

SEIBOLD (   ) Citoyen.
—— *See* WALTZES. Waltzer für das Clavier. ⟨Tl. 3. [12 Waltzes.] Arrangées par le c° Seibold.⟩ [1801?] *obl.* 8°.
Hirsch M. **631**.

SEIFF (J.)
—— VI Münchner Redout Deutsche von Jahre 1817, fürs Piano-Forte. pp. 9. *Bei Falter und Sohn: München,* [1817.] *obl.* fol.
Hirsch III. **510**.
Lithographed throughout.

SEIFFERT (MAX)
—— Anonymi der norddeutschen Schule. 6 Praeludien und Fugen. ⟨Herausgegeben von M. Seiffert.⟩ [Organ.] pp. 22. *Fr. Kistner & C. F. W. Siegel: Leipzig,* [1925.] fol. [*Organum.* Reihe 4. Hft. 10.]
Hirsch M. **1204**.

SEIFFERT (MAX)
—— Niederländische Bild-Motetten, vom Ende des 16. Jahrhunderts. ⟨Bearbeitet von M. Seiffert.⟩ [With illustrations.] 2 Hft. *Fr. Kistner & C. F. W. Siegel: Leipzig,* [1930.] fol. [*Organum.* Reihe 1. no. 19, 20.]
Hirsch M. **1204**.

SEIFFERT (MAX)
—— Organum. Ausgewählte ältere vokale und instrumentale Meisterwerke, kritisch durchgesehen und zum praktischen Gebrauch herausgegeben unter Leitung von M. Seiffert.

Reihe 1. Geistliche Gesangmusik. no. 1–11.
Reihe 2. Weltliche Gesangmusik. no. 1–5.
Reihe 3. Kammermusik. no. 1–10.
Reihe 4. Orgelmusik. Hft. 1–10.

Fr. Kistner & C. F. W. Siegel: Leipzig, [1924–27?] fol.
Hirsch M. **1204**.

SEIFFERT (MAX)
—— *See* BACH (J. S.) [*Geistliche Lieder aus Schemellis Gesangbuch.*] Seb. Bachs Gesänge zu G. Chr. Schemellis "Musicalischem Gesangbuch" . . . Mit ausgearbeitetem Generalbass herausgegeben von M. Seiffert. 1925. 8°.
Hirsch M. **20**.

SEIFFERT (MAX)
—— *See* BACH (J. S.) [*Geistliche Lieder aus Schemellis Gesangbuch.*] Seb. Bachs Gesänge zu G. Chr. Schemellis "Musicalischem Gesangbuch" . . . Herausgegeben von M. Seiffert, *etc.* [1930?] 8°.
Hirsch M. **21**.

SEIFFERT (MAX)
—— *See* TELEMANN (G. P.) [*Fantaisies pour le clavessin, 3 douzaines.*] Drei Dutzend Klavierfantasien . . . Herausgegeben von M. Seiffert, *etc.* 1935. 8°. [*Veröffentlichungen der Musikbibliothek Paul Hirsch.* Reihe 1. Bd. 4.]
Hirsch M. **194**.

SEIFFERT (MAX)
—— *See* TELEMANN (G. P.) Singe-, Spiel- und Generalbass-Übungen . . . Neu herausgegeben von M. Seiffert. 1914. 8°.
Hirsch M. **589**.

SEIFFERT (MAX)
—— *See* TELEMANN (G. P.) Singe-, Spiel- und Generalbass-Übungen . . . Herausgegeben von M. Seiffert, *etc.* 1935. 8°.
Hirsch M. **590**.

SÉJOUR MILITAIRE.
—— Le Séjour militaire. Opéra comique. *See* AUBER (D. F. E.)

SEKLES (BERNHARD)
—— Der Dybuk. Vorspiel für Orchester. Opus 35. Partitur. pp. 20. *B. Schott's Söhne: Mainz,* [1928.] fol.
Hirsch M. **1205**.

SEKLES (BERNHARD)
—— Gesichte. Phantastische Miniaturen für kleines Orchester . . . Op. 29. [Score.] pp. 46. *F. E. C. Leuckart: Leipzig,* [1920?] fol. Hirsch M. **1206**.

SEKLES (BERNHARD)
—— Passacaglia und Fuge. Für grosses Orchester und Orgel . . . Op. 27. [Score.] pp. 56. *F. E. C. Leuckart: Leipzig,* [1919.] fol.
Hirsch M. **1207**.

SEKLES (Bernhard)
—— Die Temperamente. Vier sinfonische Sätze für grosses Orchester ... Op. 25. [Score.] pp. 144. *F. E. C. Leuckart: Leipzig*, [1916.] fol. Hirsch M. **1208**.

SEKLES (Bernhard)
—— Die zehn Küsse. Heitere Oper in vier Aufzugen. Dichtung nach einem Motiv von C. L. Andersen von Karl Erich Jaroschek ... Partitur. pp. 236. *B. Schott's Söhne: Mainz*, [1925.] fol. Hirsch II. **874**.

SELMA.
—— Selma und Selmar. [Duet.] *See* SCHELBLE (J.)

SELTENHEITEN.
—— Musikalische Seltenheiten. Wiener Liebhaberdrucke. *See* DEUTSCH (O. E.)

SELT'NER.
—— Der selt'ne Beter. Ballade. *See* LOEWE (J. C. G.)

SENDUNG.
—— Die Sendung. [Song.] *See* HIMMEL (F. H.) [*Alexis und Ida. Op.* 43. *No.* 40.]

SENFL (Ludwig)
—— [Another copy.] Sämtliche Werke, *etc.* Bd. 1–3. *Basel*, 1937–39. fol. Hirsch IV. **1019**.

SENFL (Ludwig)
—— Deutsche Lieder ... Herausgegeben von Arnold Geering. Textrevision von Wilhelm Altwegg. [With a portrait and facsimiles.] Tl. 1. *Georg Kallmeyer Verlag: Wolfenbüttel, Berlin*, 1938. fol. [*Das Erbe deutscher Musik.* Reihe 1. Reichsdenkmale. Bd. 10.] Hirsch IV. **960**.

SENFL (Ludwig)
—— Sieben Messen, zu vier bis sechs Stimmen. Herausgegeben von Edwin Löhrer und Otto Ursprung. [Score. With facsimiles.] pp. xix. 119. *Fr. Kistner & C. F. W. Siegel: Leipzig*, 1936. fol. [*Das Erbe deutscher Musik.* Reihe 1. Reichsdenkmale. Bd. 5.] Hirsch IV. **960**.

SENTO.
—— Sento che palpita. Aria. *See* PAER (F.) [*Numa Pompilio.*]

SER MARC ANTONIO.
—— Allemande aus der italienische Oper Ser. Marco Antonio. [P.F. By S. Pavesi.] pp. 3. *Bei Falter & Sohn: München*, [1815?] *obl.* fol. Hirsch III. **456**.
Lithographed throughout.

SÉRÉNADE.
—— Sérénade. [Song.] *See* DESSAUER (J.)

SÉRÉNADE.
—— La Sérénade moresque. [Song.] *See* KUECKEN (F. W.) [*Zwei Gesänge. Op.* 31.—*No.* 1. *Maurisches Ständchen.*]

SERMENT.
—— Le Serment devant Dieu. [Song.] *See* PUGET, afterwards LEMOINE (L.)

SEYDEL (Martin)
—— Der alte deutsche Kriegsgesang in Worten und Weisen. ⟨Die Lieder wählte G. Witkowski, die Weisen bearbeitete Martin Seydel.⟩ pp. 84. *Insel-Verlag: Leipzig*, [1915.] 8°. Hirsch M. **554**.

SEYFRIED (Ignaz Xaver von)
—— *See* BEETHOVEN (L. van) [*Sonata. Op.* 26. *Marcia funebre sulla morte d'un eroe.*] Beethoven's Begräbniss ... für 4 Singstimmen ... eingerichtet von I. R. von Seyfried. [1827.] fol. Hirsch IV. **1675**.

SHÉRIF.
—— Le Shérif. Opéra comique. *See* HALÉVY (J. F. F. É.)

SHESTAKOVA (Lyudmilla Ivanovna)
—— *See* GLINKA (M. I.) Русланъ и Людмила ... Издана М. И. Шестаковой, *etc.* [1878.] fol. Hirsch II. **258**.

SHIELD (William)
—— I canno' laike ye gentle Sir, Scottish Ballad, written by the late Mrs Brooke. pp. 3. *Preston: London*, [1805?] fol. Hirsch M. **1277. (26.)**

SHIELD (William)
—— [Variety.] The Post Captain, [Song] sung by Mr Incledon ... in his new Entertainment call'd Variety ... the words by Mr Rannie. pp. 4. *Goulding, Phipps & D'Almaine: London*, [1806?] fol. Hirsch M. **1277. (27.)**
Watermark date 1806.

SHRIVALLI (Ricardo) *pseud.* [i.e. R. SHRIVALL.]
—— The Seville Quadrille. [P.F.] pp. 5. *John Blockley: London*, [1860?] fol. Hirsch M. **1315. (21.)**

SI.
—— S'il faut vieillir. Romance. *See* LAMOTTE (P.)

SI.
—— Si j'étais. [Song.] *See* BORDÈSE (L.)

SIEG.
—— Sieges Gesang des Krähwinkler Landsturms. [Song.] *See* NUR. Nur langsam voran. [1822?] 8°. Hirsch M. **1299. (11.)**

SIEG.
—— Sieges Gesang des Krähwinkler Landsturms. [Song.] *See* NUR. Nur langsam voran. [1825?] 8°. Hirsch M. **1300. (17.)**

SILESIAN POEMS.

—— Schlesische Gedichte. Von Karl von Holtei. [With melodies edited by A. Freund and others.] pp. vi. 162. *In der Haude und Spenerschen Buchhandlung: Berlin,* 1830. 8º. Hirsch III. **845.**

SILVA (ED.)

—— Bonnie & Braw. Singing quadrilles. ⟨Arranged by E. Silva from Scott Skinner's original melodies.⟩ pp. 11. *Wickins & Co.: London,* [1885?] fol.
Hirsch M. **1317. (8.)**

SIMONIS (FERDINANDO)

—— In occasione delle faustissime nozze della signora M. Marianna Boscoli col signore M. Giacomo Zambeccari, cantate due, *etc.* pp. 48. *Parma,* 1813. 4º.
Hirsch III. **1100.**

SIMPLETTE.

—— Simplette. [Song.] *See* VIMEUX (J.)

SINDING (CHRISTIAN)

—— Concert No. 2 (D dur) für Violine mit Begleitung des Orchesters oder Pianoforte ... Opus 60. Partitur. pp. 115. *C. F. Peters: Leipzig,* [1901.] 8º.
Hirsch M. **556.**
Edition Peters. no. 2975.

SITT (HANS)

—— *See* MOZART (W. A.) Litaniae Lauretanae für Chor und Orchester ... (Köch. Verz. No. 195.) Vollständiger Klavierauszug mit Text von H. Sitt. [1895?] 8º.
Hirsch M. **374.**

SKIZZENBUCH.

—— Skizzenbuch von Franz Kugler. [Including settings of many poems as songs with pianoforte or guitar accompaniment.] *Bei G. Reimer: Berlin,* 1830. 8º.
Hirsch III. **877.**

SMART (Sir GEORGE THOMAS)

—— *See* BEETHOVEN (L. van) [*Christus am Oelberge.*] The Mount of Olives ... arranged for the piano forte by Sir G. Smart. [1820?] fol. Hirsch M. **705.**

SMETANA (BEDŘICH)

—— [Libuša.] Ouverture zur Opera "Libussa" ... Orchester-Partitur, *etc.* pp. 28. *Josef Weinberger: Leipzig,* [1900?] 4º. Hirsch M. **1209.**

SMETANA (BEDŘICH)

—— Má Vlast. Mein Vaterland. I. Vyšehrad. ⟨II. Vltava.⟩ Symfonická báseň pro velký orkestr. Symfonische Dichtung für grosses Orchester. Partitura. *Fr. A. Urbánek: v Praze,* [1890?] fol. Hirsch M. **1210.**
Imperfect; wanting no. 3–6, and the wrappers.

SMETANA (BEDŘICH)

—— Má Vlast. Mein Vaterland. Cyklus symfonických básní pro velký orkestr ... I. Vyšehrad. II. Vltava. III. Šárka. IV. Z českých luhův a hájův.—Aus Böhmens Hain und Flur. V. Tábor. VI. Blanik. [Score.] *Fr. A. Urbánek: v Praze,* [1907.] 8º. Hirsch M. **557.**
Imperfect; wanting no. 2–6.

SMETANA (BEDŘICH)

—— [Prodaná nevěsta.] Die verkaufte Braut ... Komische Oper in 3 Akten von K. Sabina. Deutsche Uebersetzung von Max Kalbeck, *etc.* [Score.] pp. 248. 196. 212. *Ed. Bote & G. Bock: Berlin,* [1892?] fol. Hirsch II. **875.**

SMETHERGELL (WILLIAM)

—— *See* JOMELLI (N.) The Favorite Overture and Chaconne ... adapted for the piano forte, by W. Smethergell. [1811?] fol. Hirsch M. **1284. (4.)**

SO.

—— So che un sogno la speranza. Canzoncina. *See* BLANGINI (G. M. M. F.)

SO.

—— So oder So. Lied. *See* BEETHOVEN (L. van)

SOLA (CARLO MICHELE ALESSIO)

—— Vien qua Dorina bella [by F. Bianchi]. Favorite Italian song, with symphonies & accompaniments ... for the piano forte, *etc.* pp. 3. *Goulding, D'Almaine, Potter & Co.: London,* [1821?] fol. Hirsch M. **1273. (9.)**
Watermark date 1821.

SOLA (CARLO MICHELE ALESSIO)

—— *See* CARAFA DI COLOBRANO (M. E. F. V. A. P.) *Prince.* [*Gabriella di Vergi.*] Ombra che a me, cavatina ... arranged ... by C. M. Sola. [1820?] fol.
Hirsch M. **1273. (14.)**

SOLA (CARLO MICHELE ALESSIO)

—— *See* MARTIN Y SOLER (V.) [*Una Cosa rara.*] Nel cor mi sento, a cavatina ... arranged for the piano forte by C. M. Sola. [1821?] fol. Hirsch M. **1273. (30.)**

SOLA (CARLO MICHELE ALESSIO)

—— *See* PACINI (G.) [*Il Barone di Dolsheim.*] Cara adorata immagine ... Arranged by C. M. Sola. [1821?] fol.
Hirsch M. **1274. (6.)**

SOLA (CARLO MICHELE ALESSIO)

—— *See* ROSSINI (G. A.) [*La Donna del lago.*] Viver io non potro ... Arranged with an accompaniment for the piano forte by C. M. Sola. [1821?] fol. Hirsch M. **1273. (44.)**

SOLA (CARLO MICHELE ALESSIO)

—— *See* ROSSINI (G. A.) [*Elisabetta.—Bell'alme generose.*] Ariettina ... arranged with an accompaniment for the piano forte by C. M. Sola. [1820?] fol.
Hirsch M. **1273. (12.)**

SOLA (Carlo Michele Alessio)
—— See Rossini (G. A.) [*L'Italiana in Algeri.*] Per lui che adoro . . . arranged for the harp or pianoforte by C. M. Sola. [1816?] fol.   Hirsch M. **1274**. (3.)

SOLA (Carlo Michele Alessio)
—— See Rossini (G. A.) [*L'Italiana in Algeri.*] Se inclinassi a prender moglie . . . arranged with an accomp^t for the pianoforte by C. M. Sola. [1819?] fol.
    Hirsch M. **1274**. (31.)

SOLA (Carlo Michele Alessio)
—— See Rossini (G. A.) [*Tancredi.*] Amore tiranno, cavatina . . . arranged by C. M. Sola. [1819?] fol.
    Hirsch M. **1274**. (10.)

SOLDAN (Kurt)
—— See Haydn (F. J.) Konzert, D dur, opus 101, für Violoncello und Orchester . . . herausgegeben von K. Soldan. [1934.] fol.   Hirsch M. **913**.

SOLDAN (Kurt)
—— See Lortzing (G. A.) Undine . . . Partitur . . . herausgegeben von K. Soldan. [1925.] fol.   Hirsch II. **522**.

SOLDAN (Kurt)
—— See Lortzing (G. A.) Der Wildschütz . . . Partitur herausgegeben von K. Soldan. [1928.] fol.
    Hirsch II. **524**.

SOLDAN (Kurt)
—— See Mozart (W. A.) Die Zauberflöte . . . Partitur. Nach dem . . . Autograph revidiert von K. Soldan. [1925?] fol.   Hirsch II. **680**.

SOLEIL.
—— Le Soleil de ma Bretagne. [Song.] See Puget, afterwards Lemoine (L.)

SOLER (Antonio)
—— L'Eventail, Sonata. [P.F.] pp. 5.   Chappell & Co: London, [1817?] fol. [*Antient Relics for the Piano Forte.* no. 2.]   Hirsch M. **1287**. (1.)
    Watermark date 1817.

SOLIÉ (Jean Pierre)
—— [A reissue.] Le Diable à quatre . . . Opéra, etc. [Score.] Paris, [1815?] fol.   Hirsch II. **876**.

SOLIÉ (Jean Pierre)
—— Mademoiselle de Guise. Opéra comique en trois actes. Paroles de Mr. Emmanuel Dupaty . . . Gravé par Huguet. [Score.] pp. 278. *Chez l'auteur: Paris,* [1808?] fol.
    Hirsch II. **877**.

SOLITAIRES DE NORMANDIE.
—— Les Solitaires de Normandie. Opéra comique. See Lescot (C. F.)

SOLL.
—— Soll ich dich Theurer nicht mehr sehen. Terzetto. See Mozart (W. A.) [*Die Zauberflöte.*]

SOLO.
—— Un Solo quarto d'ora. Aria. See Paer (F.)

SOLOMON (Edward)
—— He wont be happy till he gets it! [Song.] Words by Frank C. Burnand, etc. pp. 8.   E. Ascherberg & Co.: London, [1885?] fol.   Hirsch M. **1318**. (4.)

SONDHEIMER (Robert)
—— Werke aus dem 18. Jahrhundert. Herausgegeben von Dr. R. Sondheimer. ⟨Sammlung Sondheimer.⟩ no. 1–52. 350. *Edition Bernoulli: Basel, Berlin,* [1922–39.]
    Hirsch IV. **1020**.
    Various formats. No. 51, 52 bear the series title "Works of the XVIIIth Century," and, with no. 50, the imprint " Edition Bernoulli: London."

SONDHEIMER (Robert)
—— Originalkompositionen für Klavier: J. G. Naumann, Sonate in B-dur. J. Chr. Bach, Sonate in Es-dur. Op. 5. No. 4. Neu herausgegeben von R. Sondheimer. pp. 11. *Edition Bernoulli: Berlin & Basel,* [1923.] fol. [*Werke aus dem 18. Jahrhundert.* no. 17.]   Hirsch IV. **1020**.

SONG.
—— Song of the old Bell. [Song.] See Guylott (Robert)

SONGS.
—— [A Collection of six Songs with P.F. accompaniment.] [1803?] fol.   Hirsch M. **1277**. (28.)
    Watermark date 1803. *The songs are entitled: Love; Beauty and Music; Laura; Invitation to May; Rural Life; The Sleeping Beauty. Imperfect; wanting the title-page and all after p. 14.*

SONNET (Hypolite)
—— Le Pêcheur. Barcarolle. Paroles de Mr. Emile Saladin. pp. 3. *Chez Pacini: Paris,* [1845?] fol.
    Hirsch M. **1298**. (45.)

SOUVENIR.
—— Souvenir. [Song.] See Doehler (T.)

SOUVENIRS.
—— Les Souvenirs d'un homme qui a bu. [Song.] See Huot (G.)

SPAIN.—*Consejo Superior de Investigaciones Científicas.—Instituto Diego Velázquez.*
—— [Another copy.] La Música en la Corte de los Reyes Católicos, etc. *Madrid,* 1941. fol.   Hirsch M. **1211**.
    Monumentos de la música española. 1.

SPAIN.—*Consejo Superior de Investigaciones Científicas.— Instituto Español de Musicología.*

—— [Another copy.] La Música en la Corte de Carlos v, etc. *Barcelona*, 1944. fol. Hirsch M. **1212.**
Monumentos de la música española. 2.

SPANISCHES.

—— Spanisches Lied. [Song.] *See* NACH. Nach Sevilla, etc. [By J. F. Reichardt.] [1805?] *obl.* fol.
Hirsch III. **1026.**

SPECHTSHART (HUGO) *Reutlingensis.*

—— [Another copy.] Flores musice omnis cantus gregoriani . . . Neu herausgegeben . . . von Carl Beck. *Stuttgart,* 1868. 8°. Hirsch M. **558.**
Bibliothek des Litterarischen Vereins in Stuttgart. no. 89.

SPENGEL (HEINRICH VON)

—— *See* MOZART (W. A.) Requiem . . . Zum Gebrauche für kleine Kirchen-Musik-Chöre bearbeitet von H. Ritter von Spengel. 1852. *obl.* fol. Hirsch IV. **871.**

SPERANZA.

—— La Speranza del mio core. Canzonetta. *See* BLANGINI (G. M. M. F.)

SPERONTES, *pseud.* [i.e. JOHANN SIGISMUND SCHOLTZE?]

—— Sperontes. Singende Muse an der Pleisse. 1736, etc. [Edited by Georg Witkowski.] 1905. 8°. *See* LEIPSIC. —*Leipziger Bibliophilen-Abend.* Hirsch M. **217.**

SPEYER (WILHELM)

—— Die drei Liebchen. (The Three Students.) Ballade von H. Hoffmann, für eine Singstimme mit Begleitung des Piano-Forte . . . 33tes Werk. No. 1. Sopran oder Tenor. No. 2. Alt oder Bass. 2 no. *Bei B. Schott's Söhnen: Mainz,* [1840?] fol. Hirsch M. **1304. (32.)**

SPEYER (WILHELM)

—— Die drei Liebchen. (The Three Students.) Ballade von H. Hoffmann, für eine Singstimme mit Begleitung des Piano-Forte . . . 33tes Werk . . . Alt oder Bass. pp. 9. *Bei B. Schott's Söhnen: Mainz,* [1850?] fol.
Hirsch M. **1304. (33.)**

SPINNING WHEEL.

—— The Spinning Wheel. [Song.] *See* BOIELDIEU (F. A.) [*La Dame blanche.—Pauvre dame Marguerite.*]

SPINTLER (CHR.)

—— Rhein- und Main-Klänge. Eine Sammlung neuer beliebter Tänze. no. 11. *Bei Joh. André: Offenbach a/M.,* [1860?] fol. Hirsch M. **1312. (16.)**
Imperfect; wanting all the other numbers.

SPINTLER (CHR.)

—— Schützenfest-Marsch, über beliebte Volkslieder, für Pianoforte . . . 2 händig, etc. pp. 5. *Bei Joh. André: Offenbach a/M.,* [1865?] fol. Hirsch M. **1304. (34.)**

SPINTLER (CHR.)

—— Der Stern des Nordens. Polka-Mazurka für Pianoforte. pp. 5. *Bei Joh. André: Offenbach a/M.,* [1860?] fol.
Hirsch M. **1312. (17.)**

SPINTLER (CHR.)

—— Varsovienne, für Pianoforte. pp. 3. *Bei Joh. André: Offenbach a/M.,* [1855.] fol. Hirsch M. **1303. (21.)**

SPINTLER (CHR.)

—— *See* OFFENBACH (J.) Orphée aux enfers . . . Danses favorites pour piano par C. Spintler. [1860?] fol.
Hirsch M. **1303. (15.)**

SPIRITO.

—— Spirito santo. [Song.] *See* LOEWE (J. C. G.)

SPOHR (LOUIS)

—— 4me concerto pour le violon . . . Oeuvre x. [Parts.] 11 pt. *Chez N. Simrock: Bonn,* [1808.] fol.
Hirsch M. **1213.**

SPOHR (LOUIS)

—— [Another copy.] Der Fall Babylons. Oratorium . . . Partitur, etc. *Leipzig,* [1842.] fol. Hirsch IV. **920.**

SPOHR (LOUIS)

—— Faust. Romantische Oper in 2 Aufzügen . . . Im Klavierauszuge von P. Pixis. [Vocal score.] *Ger. & Ital.* pp. 99. 110. *C. F. Peters: Leipzig,* [1824.] *obl.* fol.
Hirsch IV. **1283.**

SPOHR (LOUIS)

—— [Faust.] Choix de dix pièces favorites . . . arrangées pour piano-forté à quatre mains, par P. Horr. no. 2. *Chez Jean André: Offenbach s/M.,* [1828?] *obl.* fol.
Hirsch M. **559.**
Imperfect; wanting all the other numbers.

SPOHR (LOUIS)

—— [Another copy.] Jessonda. Oper . . . Herausgegeben von Gustav F. Kogel. [Score.] *Leipzig,* [1881.] fol.
Hirsch II. **880.**

SPOHR (LOUIS)

—— [Fünf Lieder. Op. 139. No. 5.] "Was mir wohl übrig bliebe." Lied, von Fallersleben. [1838.] *See* PERIODICAL PUBLICATIONS.—Leipsic.—*Neue Zeitschrift für Musik.* [Sammlung von Musik-Stücken, etc.] Hft. 1. [1838, etc.] fol. Hirsch M. **1134.**

SPOHR (LOUIS)

—— Grand nonetto pour violon, alto, violoncelle, contrabasse, flûte, hautbois, clarinette, basson et cor. Oeuvre 31. [Parts.] 9 pt. *Chez S. A. Steiner et comp.: Vienne,* [1818.] fol. Hirsch M. **1214.**

SPOHR (LOUIS)

—— [Another copy.] [Symphony No. 4.] Die Weihe der Töne . . . 86tes Werk . . . Vierte Sinfonie. Partitur. *Wien,* [1833.] fol. Hirsch M. **1215.**

SPOHR (LOUIS)

—— [Another copy.] Fünfe Sinfonie (in C moll) für das Orchester . . . [102]^{tes} Werk . . . Partitur, *etc.*   *Wien*, [1839.] fol.   Hirsch M. **1216**.

SPOHR (LOUIS)

—— [Der Zweikampf mit der Geliebten.] *See* STRAUSS (J.) *the Elder*. Cotillons nach beliebten Motiven aus der Oper: Der Zweykampf, *etc.* [1834.] obl. fol.
Hirsch M. **561**. (**17**.)

SPONTINI (CASPAR) *See* SPONTINI (Gasparo L. P.) *Count of St. Andrea*.

SPONTINI (GASPARO LUIGI PACIFICUS) *Count of St. Andrea*.

—— Fernand Cortez, ou la Conquête du Méxique, tragédie lyrique en 3 actes de MM. de Jouy et Esmenard, *etc.* [Score.] pp. 656.   *Chez Imbault: Paris*, [1809?] fol.
Hirsch II. **882**.

SPONTINI (GASPARO LUIGI PACIFICUS) *Count of St. Andrea*.

—— [Another copy.] Fernand Cortez . . . Tragédie lyrique . . . Nouvelle édition. [Score.]   *Paris*, [1817.] fol.
Hirsch II. **881**.

SPONTINI (GASPARO LUIGI PACIFICUS) *Count of St. Andrea*.

—— [Another copy.] Julie . . . Opéra, *etc.* [Score.]   *Paris*, [1805?] fol.   Hirsch II. **883**.

SPONTINI (GASPARO LUIGI PACIFICUS) *Count of St. Andrea*.

—— Miltòn, opera in un atto e in prosa dei Signori Jouy e Dieulafoy, tradotta in versi italiani da Luigi Balochi, *etc.* ⟨Milton, opéra en un acte, *etc.*⟩ [Score.]   *Fr. & Ital.* pp. 209.   *Chez Mlles Erard: Paris*, [1804?] fol.
Hirsch II. **884**.

The fly-leaf bears a MS. *dedication in the composer's autograph.*

SPONTINI (GASPARO LUIGI PACIFICUS) *Count of St. Andrea*.

—— [Another copy.] Olimpie. Tragédie lyrique, *etc.* [Score.]   *Paris*, [1820?] fol.   Hirsch II. **885**.

SPONTINI (GASPARO LUIGI PACIFICUS) *Count of St. Andrea*.

—— [Another copy.] La Vestale. Tragédie lyrique, *etc.* [Score.]   *Paris*, [1807?] fol.   Hirsch II. **886**.

SPONTINI (GASPARO LUIGI PACIFICUS) *Count of St. Andrea*.

—— [A reissue.] La Vestale. Tragédie lyrique, *etc.* [Score.]   *Paris*, [1810?] fol.   Hirsch II. **887**.

SPONTINI (GASPARO LUIGI PACIFICUS) *Count of St. Andrea*.

—— [La Vestale.] Die Vestalin . . . Clavierauszug. [Vocal score.]   *Ital. & Ger.* pp. 46.   *Hilscher: Dresden*, [1810?] obl. fol.   Hirsch IV. **1284**.

SPONTINI (GASPARO LUIGI PACIFICUS) *Count of St. Andrea*.

—— *See* LISZT (F.) Impromptu pour le piano sur des thèmes de Rossini et Spontini. [1841.] fol.
Hirsch M. **953**. (**5**.)

SIG. 50.—PART 53.

SPOSO DELUSO.

—— Lo Sposo deluso. Opera buffa. *See* MOZART (W. A.)

SPREE-NORNE.

—— Die Spree-Norne. [Song.] *See* LOEWE (J. C. G.) Balladen. Op. 7. No. 10.

SPROEDE.

—— Die spröde Schöne. [Part-song.] *See* SWEELINCK (J. P.) [*Tes beaux yeux.*]

SPRUENGLI (JOHANN JACOB)

—— Männergesänge von Freunden der Tonkunst gesammelt, dem Liederkranze zu Frankfurt a/M. . . . geweiht und zu Gunsten der dortigen Mozart-Stiftung herausgegeben von J. J. Sprüngli . . . Partitur. pp. viii. 53.   *Im Verlage des Herausgebers: Zürich*, 1840. fol.   Hirsch III. **1106**.

STABAT MATER.

—— Stabat Mater. [For chorus and orchestra.]   *See* BOCCHERINI (L.)

STADLER (MAXIMILIAN)

—— Tre fughe per l'organo o piano-forte. pp. 9.   *Sauer & Leidesdorf: Vienne*, [1825?] obl. fol.   Hirsch IV. **1658**.

STADLER (MAXIMILIAN)

—— Deux sonates suivies d'une fugue, pour le piano forte. pp. 34.   *Chez Jean George Naigueli: Zuric*, [1804.] obl. fol. [*Repertoire des clavecinistes.* suite 8.]   Hirsch IV. **1012**.

STAMFORD (JOHN J.)

—— "Poor but a Gentleman still." [Song] . . . written & composed by J. Stamford. pp. 5.   *Sprake & Palmer: London*, [1875?] fol.   Hirsch M. **1313**. (**4**.)

STAMITZ (JOHANN WENZEL ANTON)

—— Andantino & Grave für Violine und Klavier bearbeitet von Robert Sondheimer, *etc.* [Parts.] 2 pt.   *Edition Bernoulli: Basel, Berlin*, [1923.] fol. [*Werke aus dem 18. Jahrhundert.* no. 10.]   Hirsch IV. **1020**.

STAMITZ (JOHANN WENZEL ANTON)

—— Quartet, B-dur, für 2 Violinen, Viola Violoncello . . . Herausgegeben und mit allen Vortragszeichen versehen von Robert Sondheimer. Partitur. pp. 15.   *Edition Bernoulli: Basel, Berlin*, [1922.] 16°.

—— [Parts.] 4 pt.   *Edition Bernoulli: Basel, Berlin*, [1922.] fol. [*Werke aus dem 18. Jahrhundert.* no. 2.]
Hirsch IV. **1020**.

STAMITZ (JOHANN WENZEL ANTON)

—— Sinfonie, A dur, Frühlingssinfonie, für Flöten, Hörner, Streicher . . . Herausgegeben und bearbeitet von Robert Sondheimer. [Score.] pp. 23.   *Edition Bernoulli: Berlin*, [1933.] 8°. [*Werke aus dem 18. Jahrhundert.* no. 27.]   Hirsch IV. **1020**.

STAMITZ (Johann Wenzel Anton)
—— Sinfonie, B-dur, (1740) . . . Herausgegeben und bearbeitet von Robert Sondheimer. [Score.] pp. 13. *Edition Bernoulli: [Vienna*, 1937.] fol. [*Werke aus dem 18. Jahrhundert.* no. 48.] Hirsch iv. **1020.**

STAMITZ (Johann Wenzel Anton)
—— Sinfonie, D dur, Reitersinfonie, für Flöten, Hörner, Streicher . . . Herausgegeben und bearbeitet von Robert Sondheimer. [Score.] pp. 26. *Edition Bernoulli: Berlin,* [1933.] 8°. [*Werke aus dem 18. Jahrhundert.* no. 28.] Hirsch iv. **1020.**

STANFORD (Sir Charles Villiers)
—— [Another copy.] Symphony in F minor, The Irish . . . (Op. 28.) [Score.] *London & New York,* [1887.] fol. Hirsch M. **1217.**
The fly-leaf bears the autograph signature of Charles W. Wood.

STASNY (Ludwig)
—— Kutschke-Polka, für das Pianoforte . . . Op. 155. pp. 3. *Bei B. Schott's Söhnen: Mainz,* [1871.] fol. Hirsch M. **1304. (35.)**

STASNY (Ludwig)
—— Papageno-Polka, für das Pianoforte. [On melodies from Mozart's opera " Die Zauberflöte."] . . . Op. 55. pp. 5. *Bei B. Schott's Söhnen: Mainz,* [1858 ?] fol. Hirsch M. **1302. (7.)**

STASNY (Ludwig)
—— *See* Wagner (W. R.) [*Der Ring des Nibelungen.—Götterdämmerung.*] Siegfried's Tod und Trauermarsch . . . für Orchester bearbeitet von L. Stasny, *etc.* [1880 ?] Hirsch M. **1260. (8.)**

STEIBELT (Daniel)
—— The Beauties of Steibelt, consisting of his most esteemed Sonatas, Rondos & Airs, for the Piano Forte, some of them with accompaniments. no. 2. *Preston: London,* [1815 ?] fol. Hirsch M. **1290. a. (13.)**
Imperfect; wanting no. 1, and all after no. 2.

STEIBELT (Daniel)
—— [Another copy.] [La Belle laitière.] The Favorite Pastoral Dance . . . composed & arranged for the piano forte. by D. Steibelt. *London,* [1815 ?] fol. Hirsch M. **1284. (14.)**
Watermark date 1815.

STEIBELT (Daniel)
—— [La Belle laitière.] The Celebrated Shawl Dance . . . composed & arranged for the piano forte, by D. Steibelt. pp. 4. *R^t Birchall: London,* [1815 ?] fol. Hirsch M. **1284. (12.)**
Watermark date 1815.

STEIBELT (Daniel)
—— [La Belle laitière.] The Villagers Dance . . . composed & arranged for the piano forte, by D. Steibelt. pp. 6. *R^t Birchall: London,* [1815 ?] fol. Hirsch M. **1284. (13.)**

STEIBELT (Daniel)
—— [Concerto. Op. 33.] The Storm, a celebrated Rondo, for the Piano Forte, with or without the additional keys, *etc.* pp. 21–31. *G. Walker: London,* [1811 ?] fol. Hirsch M. **1284. (11.)**
Watermark date 1811.

STEIBELT (Daniel)
—— Haydn's celebrated Military Movement with Variations & an introduction, composed by D. Steibelt. [P.F.] pp. 9. *Chappell & Co.: London,* [1813 ?] fol. [*Piano Forte Journal.* no. 2.] Hirsch M. **1282. (28.)**

STEIBELT (Daniel)
—— Steibelt's Eighteenth Pot Pouri for the Piano Forte in which is introduced Martini's favorite air of Guardami un poco. pp. 11. *Goulding Phipps D'Almaine, & Co. London,* [1811 ?] fol. Hirsch M. **1282. (26.)**
Watermark date 1811.

STEIBELT (Daniel)
—— The Public Christning [*sic*] on the Neva, at St. Petersburg, a characteristic Fantasia, for the Piano Forte, *etc.* pp. 17. *W. Hodsoll: London,* [1810 ?] fol. Hirsch M. **1282. (25.)**
Watermark date 1810.

STEIBELT (Daniel)
—— Two Sonatas, for the Piano Forte . . . Op. 66. ⟨Sonata ii.⟩ pp. 15–30. *Falkner's Opera Saloon: [London,* 1814 ?] fol. Hirsch M. **1282. (27.)**
Watermark date 1814. *Imperfect; wanting pp.* 1–14 *containing sonata 1.*

STEIBELT (Daniel)
—— Grande sonate pour le piano forte . . . dediée à Madame Bonaparte. ⟨La musique gravée par Richomme.⟩ pp. 35. *Chez M^{elles} Erard: Paris; chez Garnier: Lyon,* [1810 ?] fol. Hirsch iii. **523.**

STEIBELT (Daniel)
—— Deux sonates pour le piano forte. pp. 43. *Chez Jean George Naigueli: Zuric,* [1803.] obl. fol. [*Répertoire des clavecinistes.* suite 4.] Hirsch iv. **1012.**

STEIBELT (Daniel)
—— The Storm. *See supra:* [*Concerto. Op.* 33.]

STEIBELT (Daniel)
—— The Villagers Dance. *See supra:* [*La Belle laitière.*]

STEIBELT (Daniel)
—— *See* Haydn (F. J.) La Creation du monde . . . Arrangé par D. Steibelt, *etc.* [Score.] [1801.] fol. Hirsch. iv. **803.**

STEIGLEDER (Johann Ulrich)
—— Vier Ricercare für Orgel. Herausgegeben von Ernst Emsheimer. Für den praktischen Gebrauch eingerichtet von Hermann Keller. pp. 23. *Bärenreiter-Verlag: Kassel*, [1929.] obl. fol. Hirsch M. **560**.

STEIN (Fritz)
—— *See* Beethoven (L. van) [*Doubtful and Spurious Works.*] Symphonie in C dur mit Ludwig van Beethovens Namen überliefert . . . eingerichtet und herausgegeben von F. Stein. [1912?] 8°. Hirsch M. **71**.

STEIN (Fritz)
—— *See* Bruhns (N.) Gesamtausgabe der Werke . . . Kantate 1⟨–3⟩ . . . herausgegeben von F. Stein. 1935. fol.
Hirsch IV. **948**.

STEIRERLIED.
—— Steirerleid. *See* Hoch. Hoch vom Dachstein an, *etc.* [1840?] obl. fol. Hirsch M. **1278**. (**18**.)

STERKEL (Johann Franz Xaver)
—— An Henriette von Schacht, als während ihrem Harfenspiel den Dichter eine Spinne störte. Am 24ten Junius 1802, *etc.* [Song.] pp. 5. *Auf Stein gedruckt bey Theob. Senefelder: München*, 1804. obl. fol.
Hirsch III. **1109**.
Lithographed throughout.

STERKEL (Johann Franz Xaver)
—— Concerto pour le clavecin ou le forte piano, avec accompagnement de deux violons, alto, basse, deux cors, et deux hautbois, ad libitum . . . Op. 18. *Goulding, Phipps, D'Almaine & Co: London*, [1806?] fol.
Hirsch M. **1282**. (**29**.)
Watermark date 1806. *Imperfect; wanting the accompaniments.*

STERKEL (Johann Franz Xaver)
—— Il Dolore. Canzonetta . . . Accomp.t de guitare ou lyre. Par Lami. pp. 4. *Chez M.me Duhan & c.ie: Paris*, [1810?] 8°. Hirsch M. **660**. (**18**.)

STERKEL (Johann Franz Xaver)
—— La Felicità. Canzonetta . . . Accompagnement de lyre ou guitare par Lami. *Chez M.e Duhan & comp.ie: Paris*, [1810?] 8°. Hirsch M. **660**. (**17**.)

STERKEL (Johann Franz Xaver)
—— VI: Lieder. Mit Begleitung des Piano Forte . . . Achte Sammlung. pp. 16. *Von Stein gedruckt bey Theob: Senefelder et Comp.y: München*, [1805?] obl. fol.
Hirsch III. **1111**.
Lithographed throughout.

STERKEL (Johann Franz Xaver)
—— Il Pastor, Italian canzonet, *etc.* pp. 3. *Clementi & Co: London*, [1820?] fol. Hirsch M. **1274**. (**17**.)

STERKEL (Johann Franz Xaver)
—— Recueil de petites pièces pour le piano-forte à quatre mains. pp. 35. *Magazin des arts, de musique et des livres: Ratisbonne*, [1805?] obl. fol. Hirsch III. **526**.
Lithographed throughout.

STERKEL (Johann Franz Xaver)
—— Regensburgs Bürger an den 1 Januar 1803. Eine Ode von Aurnhammer. pp. 13. *In der Kunst, u. Buchhandlung: auf Stein gestochen von F. A. Niedermayr: Regensburg*, [1803.] obl. fol. Hirsch III. **1112**.
Lithographed throughout.

STERKEL (Johann Franz Xaver)
—— Voi che dal dardo, Italian canzonet, *etc.* pp. 3. *Clementi & Co: London*, [1820?] fol. Hirsch M. **1274**. (**21**.)

STERKEL (Johann Franz Xaver)
—— Vorrei di te fidarmi, Italian canzonet, *etc.* pp. 3. *Clementi & Co: London*, [1820?] fol.
Hirsch M. **1274**. (**20**.)

STERN (Julius) *of the Berlin Conservatorium*.
—— Zwei Gesänge v. Reinick u. Burns für eine Singstimme mit Begleitung des Pianoforte. ⟨No. 1. Unter den dunklen Linden. No. 2. Mein Herz ist im Hochland.⟩ [1841.] *See* Periodical Publications.—Leipsic.—*Neue Zeitschrift für Musik.* [Sammlung von Musik-Stücken, *etc.*] Hft. 13. [1838, *etc.*] fol. Hirsch M. **1134**.

STERN (Julius) *Operatic Composer.*
—— Narciss Rameau. Oper in 4 Bildern (mit Benützung einer Idee von E. Brachvogel) von V. Leon Schurz und Emil Franke. Orchester-Partitur. pp. 124. 198. 233. 191. *Josef Weinberger: Leipzig*, [1907?] fol. Hirsch II. **891**.
"*Als Manuskript gedruckt.*" *The titlepage bears a* MS. *dedication in the composer's autograph to Paul Hirsch.*

STEVENSON (Sir John Andrew)
—— Faithless Emma, [Song] . . . The words by G. A. Esq.r of Dublin [i.e. Sir George Alley] . . . Third edition. pp. 3. *Hime & Son: Liverpool*, [1803?] fol.
Hirsch M. **1277**. (**29**.)
Watermark date 1803.

STEVENSON (Sir John Andrew)
—— [Another copy.] A Selection of popular National Airs, with Symphonies and Accompaniments by Sir J. Stevenson, *etc. London*, 1818[–28.] fol. Hirsch III. **1113**.

STEVENSON (Sir John Andrew)
—— Tell me where is Fancy bred? Duetto . . . Arranged for two treble voices, by Henry R. Bishop, *etc.* pp. 7. *J. Power: London*, [1828?] fol. Hirsch IV. **1297**. a. (**2**.)
Watermark date 1828.

STEVENSON (Sir John Andrew)
—— There's the Bow'r, a favorite Canzonet. pp. 3. *Broderip & Wilkinson: London*, [1807?] fol.
Hirsch M. **1277**. (**31**.)
Watermark date 1807.

STEVENSON (Sir John Andrew)

—— See Moore (Thomas) the Poet. [*A Selection of Irish Melodies. 5th Number.*] The Minstrel Boy . . . Arranged with symphonies and accompaniment by Sir J. Stevenson. [1823?] fol.   Hirsch IV. **1297**. a. (**4**.)

STIASTNY (Johann)

—— Douze petites pièces à l'usage des commençans pour violoncelle et basse . . . Œuvre 4. [Parts.] 2 pt.   *Chez Janet et Cotelle: Paris,* [1810?] fol.   Hirsch III. **529**.

STIASTNY (Johann)

—— Six pièces faciles pour le violoncelle avec accompagnement de basse . . . Oeuvre 5. [Parts.] 2 pt.   *Chez Janet et Cotelle: Paris,* [1815?] fol.   Hirsch III. **530**.

STIELER (Caspar) See Filidor, *der Dorfferer, pseud.*

STOELZEL (Gottfried Heinrich)

—— [Another copy.] Missa canonica . . . Partitur. *Wien,* [1820?] fol.   Hirsch IV. **921**.
   With an additional titlepage reading " Musikalisch classische Kunstwerke der Deutschen alter und neuer Zeit. 2te Lieferung."

STOESSEL (Nicolaus)

—— Sechs deutsche Tänze fürs Klavier zu vier Hände . . . 11te Sammlung. pp. 17. *Bei Georg Jakob Giegler: Schweinfurt,* [1805?] obl. 4°.   Hirsch III. **531**.
   Lithographed throughout.

STORACE (Stephen)

—— The Rose & the Lilly. *See infra*: [The Siege of Belgrade.]

STORACE (Stephen)

—— [The Siege of Belgrade.] The Rose & the Lilly. A favorite song, *etc.* pp. 3. *J. Dale: London,* [1805?] fol.
   Hirsch M. **1277**. (**33**.)
   Watermark date 1805.

STORCH (Anton M.)

—— Schäfers Scheidelied, nach Schulhoff's Chant du berger, für eine Singstimme mit Begleitung des Pianoforte . . . Opus 82. pp. 7. *Bei F. Gloggl: Wien,* [1845?] fol.
   Hirsch M. **1304**. (**36**.)
   Der Meistersänger. no. 2.

STRACAVATA.

—— La Stracavata. Canzonetta veneziana. *See* Cantina. Cantina belina, *etc.* [1805?] fol.   Hirsch M. **1277**. (**39**.)

STRADAL (August)

—— See Bruckner (A.) Quintett, F-dur, für 2 Violinen, 2 Violen und Violoncell. Für Pianoforte zu 2 Händen bearbeitet von A. Stradal. [1929.] fol.
   Hirsch IV. **947**. c.

STRADAL (August)

—— See Liszt (F.) Missa solennis zur Einweihung der Basilica in Gran . . . Für Pianoforte zu 2 Händen von A. Stradal. [1901.] fol.   Hirsch M. **946**.

STRATOWICE.

—— Stratowice. Opera. *See* Méhul (E. N.)

STRAUBE (Carl)

—— See Bach (J. S.) [*Ach Herr, mich armen Sünder.*] Domin. 3 post Trinit. Ach Herr mich armen Sünder, *etc.* [A facsimile of the autograph score edited by K. Straube.] [1926.] fol.   Hirsch M. **1319**.

STRAUSS (Isaac)

—— Souvenir de Gênes. Nouvelle suite de valses. [P.F.] pp. 9. *Bernard-Latte: Paris,* [1850?] *obl.* fol.
   Hirsch M. **1291**. (**15**.)

STRAUSS (Johann) *the Elder.*

—— [Another issue.] Werke. Gesammtausgabe. Herausgegeben von seinem Sohne Johann Strauss. 7 Bd. *Leipzig,* [1887–89.]   Hirsch IV. **1021**.

STRAUSS (Johann) *the Elder.*

—— Fortuna- und Venetianer Galopp, für das Piano-Forte . . . 69. u. 74tes Werk. pp. 5. *Bei Tobias Haslinger: Wien,* [1834.] obl. fol.   Hirsch M. **561**. (**1**.)

STRAUSS (Johann) *the Elder.*

—— Alexandra-Walzer, für das Piano-Forte . . . 56tes Werk. pp. 12. *Bei Tobias Haslinger: Wien,* [1832.] obl. fol.
   Hirsch M. **561**. (**2**.)

—— [Another copy.]   Hirsch M. **565**. (**1**.)

STRAUSS (Johann) *the Elder.*

—— Alexandra-Walzer, für das Piano-Forte zu 6 Händen . . . 56tes Werk. ⟨Arrangirt v. Fr: Xav: Chotek.⟩ pp. 19. *Bei Tobias Haslinger: Wien,* [1832.] obl. fol.
   Hirsch **561**. (**3**.)

STRAUSS (Johann) *the Elder.*

—— Alexandra-Walzer. [Op. 56.] . . . nach der Partitur für das Piano Forte arrangirt von F. Weller. pp. 9. *Verlag von G. Eduard Müller: Berlin,* [1835?] obl. fol.
   Hirsch M. **561**. (**4**.)

STRAUSS (Johann) *the Elder.*

—— Amoretten Quadrille, für das Piano-Forte . . . 183tes Werk. pp. 7. *Bei Tobias Haslinger's Witwe u. Sohn: Wien,* [1845.] fol.   Hirsch M. **1218**. (**1**.)

STRAUSS (Johann) *the Elder.*

—— Apollo-Walzer, für das Piano-Forte . . . 128tes Werk. pp. 10. *Bei Tobias Haslinger: Wien,* [1841.] obl. fol.
   Hirsch M. **561**. (**5**.)

STRAUSS (Johann) *the Elder.*

—— Astraea Tänze, für das Piano-Forte . . . 156tes Werk. pp. 11. *Bei Tobias Haslinger's Witwe u. Sohn: Wien,* [1844.] obl. fol.   Hirsch M. **561**. (**6**.)

STRAUSS (JOHANN) the Elder.
—— Aurora-Festklänge. Walzer für das Piano-Forte . . . 164tes Werk. pp. 11. *Bei Tobias Haslinger's Witwe u. Sohn: Wien*, [1844.] obl. fol. Hirsch M. 561. (7.)

STRAUSS (JOHANN) the Elder.
—— Bajaderen-Walzer, für das Pianoforte . . . 53tes Werk. pp. 8. *Bei Tobias Haslinger: Wien*, [1832.] obl. fol. Hirsch M. 561. (8.)

STRAUSS (JOHANN) the Elder.
—— Bajaderen-Walzer für das Piano-Forte . . . 53tes Werk. pp. 8. *Bei Tobias Haslinger: Wien*, [1837.] obl. fol. Hirsch M. 565. (2.)
Original Gesammtausgabe. Hft. 37.

STRAUSS (JOHANN) the Elder.
—— Ball-Racketen. Walzer für das Piano-Forte . . . 96tes Werk. pp. 10. *Bei Tobias Haslinger: Wien*, [1837.] obl. fol. Hirsch M. 561. (9.)

STRAUSS (JOHANN) the Elder.
—— [Ball-Racketen. Op. 96.] Les Fusées volantes . . . Valses pour le piano, *etc.* pp. 9. *Chez Maurice Schlesinger: Paris*, [1850?] obl. fol. Hirsch M. 561. (10.)
The titlepage bears the name " Brandus et c^{ie}" impressed with a stamp.

STRAUSS (JOHANN) the Elder.
—— Beliebte Quadrille, nach Motiven aus Auber's Oper: Des Teufels Antheil. Für das Piano-Forte . . . 211tes Werk. pp. 7. *Bei Tobias Haslinger's Witwe u. Sohn: Wien*, [1847.] fol. Hirsch M. 1218. (2.)

STRAUSS (JOHANN) the Elder.
—— [Brüder lustig. Op. 155.] Les Jeunes folles. Valses pour le piano, *etc.* pp. 9. *Chez Maurice Schlesinger: Paris*, [1845?] obl. fol. Hirsch M. 561. (11.)

STRAUSS (JOHANN) the Elder.
—— Brüssler Spitzen. Walzer für das Piano-Forte . . . 95tes Werk. pp. 10. *Bei Tobias Haslinger: Wien* [1837.] obl. fol. Hirsch M. 561. (12.)
—— [Another copy.] Hirsch M. 565. (3.)

STRAUSS (JOHANN) the Elder.
—— Cachucha-Galopp, für das Piano-Forte. [Op. 97.] . . . No. 21 . . . Zweyte rechtmässige Ausgabe. pp. 5. *Bei Tobias Haslinger: Wien*, [1837.] obl. fol. Hirsch M. 565. (4.)
Part of the " Original Gesammtausgabe."

STRAUSS (JOHANN) the Elder.
—— Les Caprices. *See infra*: [*Tanz Capricen. Op.* 152.]

STRAUSS (JOHANN) the Elder.
—— Der Carneval in Paris. Galopp für das Piano-Forte. [Op. 100.] . . . No. 22 . . . Zweyte rechtmässige Ausgabe. pp. 3. *Bei Tobias Haslinger: Wien*, [1837.] obl. fol. Hirsch M. 561. (13.)
Part of the " Original Gesammtausgabe."

STRAUSS (JOHANN) the Elder.
—— Carnevals-Spende . . . Walzer für das Piano-Forte. 60tes Werk. pp. 8. *Bei Tobias Haslinger: Wien*, [1833.] obl. fol. Hirsch M. 561. (14.)
—— [Another copy.] Hirsch M. 561. (15.)
Imperfect; wanting the titlepage.

STRAUSS (JOHANN) the Elder.
—— Les Chants de mon village. *See infra*: [*Ländlich, sittlich! Op.* 198.]

STRAUSS (JOHANN) the Elder.
—— Charivari-Quadrille, für das Piano-Forte . . . 196tes Werk. pp. 7. *Bei Tobias Haslinger's Witwe u. Sohn: Wien*, [1846.] fol. Hirsch M. 1218. (3.)

STRAUSS (JOHANN) the Elder.
—— Cotillons nach beliebten Motiven aus der Oper: Die Unbekannte (La Straniera [by V. Bellini]), für das Piano-Forte . . . 50tes Werk. pp. 9. *Bei Tob. Haslinger: Wien*, [1831?] obl. fol. Hirsch M. 561. (16.)

STRAUSS (JOHANN) the Elder.
—— Cotillons nach beliebten Motiven aus der Oper: Der Zweykampf [i.e. " Der Zweikampf mit der Geliebten " by L. Spohr] für das Piano-Forte . . . 72tes Werk. pp. 9. *Bei Tobias Haslinger: Wien*, [1834.] obl. fol. Hirsch M. 561. (17.)

STRAUSS (JOHANN) the Elder.
—— Cotillons pour le piano, sur un thème des Huguenots de Meyerbeer . . . Op. 92. pp. 9. *Chez Maurice Schlesinger: Paris*, [1845?] obl. fol. Hirsch M. 561. (18.)
The verso of p. 9 bears an advertisement of Brandus et c^{ie}, printed c. 1850.

STRAUSS (JOHANN) the Elder.
—— Damen-Souvenir-Polka, für das Piano-Forte . . . 236tes Werk. pp. 3. *Bei Carl Haslinger: Wien*, [1849.] fol. Hirsch M. 1218. (4.)

STRAUSS (JOHANN) the Elder.
—— Deutsche Lust, oder Donau-Lieder ohne Text. Walzer für das Pianoforte . . . 127tes Werk. pp. 10. *Bei Tobias Haslinger: Wien*, [1841.] obl. fol. Hirsch M. 561. (19.)

STRAUSS (JOHANN) the Elder.
—— Die so sehr beliebten Erinnerungs-Ländler (in A-dur) für das Piano-Forte zu 4 Haenden . . . 15tes Werk. pp. 7. *Bei Tobias Haslinger: Wien*, [1829?] obl. fol. Hirsch M. 561. (20.)
—— [Another copy.] Hirsch M. 561. (21.)

STRAUSS (Johann) *the Elder.*
—— Eisenbahn-Lust-Walzer, für das Piano-Forte . . . 89tes Werk. pp. 14. *Bei Tobias Haslinger: Wien,* [1836.] *obl.* fol. Hirsch M. **565.** (**5.**)

STRAUSS (Johann) *the Elder.*
—— Eldorado-Quadrille, für das Piano-Forte . . . 194tes Werk. pp. 7. *Bei Tobias Haslinger's Witwe u. Sohn: Wien,* [1846.] fol. Hirsch M. **1218.** (**5.**)

STRAUSS (Johann) *the Elder.*
—— Elisabethen-Walzer, für das Piano-Forte . . . 71tes Werk. pp. 13. *Bei Tobias Haslinger: Wien,* [1837.] *obl.* fol. Hirsch M. **562.** (**1.**)

STRAUSS (Johann) *the Elder.*
—— Erinnerung an Berlin. Walzer für das Piano-Forte allein . . . 78tes Werk. pp. 10. *Bei Tobias Haslinger: Berlin,* [1835.] *obl.* fol. Hirsch M. **562.** (**2.**)

STRAUSS (Johann) *the Elder.*
—— Erinnerung an Deutschland. Walzer für das Piano-Forte . . . 87tes Werk. pp. 9. *Bei Tobias Haslinger: Wien,* [1836.] *obl.* fol. Hirsch M. **565.** (**6.**)

STRAUSS (Johann) *the Elder.*
—— Erinnerung an Pesth. Walzer für das Pianoforte allein . . . 66tes. Werk. pp. 8. *Bei Tobias Haslinger: Wien,* [1833.] *obl.* fol. Hirsch M. **565.** (**7.**)

STRAUSS (Johann) *the Elder.*
—— Exotische Pflanzen. Walzer für das Piano-Forte . . . 109tes Werk. pp. 10. *Bei Tobias Haslinger: Wien,* [1838.] *obl.* fol. Hirsch M. **562.** (**3.**)

STRAUSS (Johann) *the Elder.*
—— Fest-Quadrille, für das Piano-Forte . . . 165tes Werk. pp. 7. *Bei Tobias Haslinger's Witwe u. Sohn: Wien,* [1844.] fol. Hirsch M. **1218.** (**6.**)

STRAUSS (Johann) *the Elder.*
—— Festlieder. Walzer für das Piano-Forte . . . 193tes Werk. pp. 11. *Bei Tobias Haslinger's Witwe u. Sohn: Wien,* [1846.] *obl.* fol. Hirsch M. **562.** (**4.**)

STRAUSS (Johann) *the Elder.*
—— Fortuna-Galopp . . . 69tes Werk. [P.F.] pp. 3. *Bei Tobias Haslinger: Wien,* [1835?] *obl.* fol. Hirsch M. **565.** (**8.**)
Lieblings-Galoppen. no. 50.

STRAUSS (Johann) *the Elder.*
—— Freuden-Grüsse . . . Walzer für das Piano-Forte . . . 105tes Werk. pp. 10. *Bei Tobias Haslinger: Wien,* [1838.] *obl.* fol. Hirsch M. **562.** (**5.**)

STRAUSS (Johann) *the Elder.*
—— Der Frohsinn, mein Ziel. Walzer für das Piano-Forte . . . 63tes Werk. pp. 9. *Bei Tobias Haslinger: Wien,* [1833.] *obl.* fol. Hirsch M. **562.** (**6.**)

—— [Another copy.] Hirsch M. **562.** (**7.**)

STRAUSS (Johann) *the Elder.*
—— Frohsinns-Salven. Walzer für das Piano-Forte . . . 163tes Werk. pp. 10. *Bei Tobias Haslinger's Witwe u. Sohn: Wien,* [1844.] *obl.* fol. Hirsch M. **565.** (**9.**)

STRAUSS (Johann) *the Elder.*
—— Les Fusées volantes. *See supra:* [*Ball-Racketen. Op.* 96.]

STRAUSS (Johann) *the Elder.*
—— Gabriellen-Walzer, für das Piano-Forte . . . 68tes Werk. pp. 9. *Bei Tobias Haslinger: Wien,* [1833.] *obl.* fol. Hirsch M. **562.** (**8.**)

STRAUSS (Johann) *the Elder.*
—— Favorit Galoppen, für das Pianoforte. no. 4. *Bei Tobias Haslinger: Wien,* [1837.] *obl.* fol. Hirsch M. **562.** (**9.**)
Imperfect; wanting no. 1–3, 5–14.

STRAUSS (Johann) *the Elder.*
—— Gedanken-Striche. Walzer für das Piano-Forte zu 4 Händen . . . 79tes Werk. pp. 15. *Bei Tobias Haslinger: Wien,* [1835.] *obl.* fol. Hirsch M. **562.** (**10.**)

STRAUSS (Johann) *the Elder.*
—— Gedanken-Striche. Walzer für das Piano-Forte . . . 79tes Werk. pp. 9. *Bei Tobias Haslinger: Wien,* [1837.] *obl.* fol. Hirsch M. **565.** (**10.**)
Original Gesammtausgabe. Hft. 58.

STRAUSS (Johann) *the Elder.*
—— Grazien-Tänze, für das Piano-Forte . . . 81tes Werk. pp. 10. *Bei Tobias Haslinger: Wien,* [1835.] *obl.* fol. Hirsch M. **562.** (**11.**)

—— [Another copy.] Hirsch M. **562.** (**12.**)

STRAUSS (Johann) *the Elder.*
—— Gute Meinung für die Tanzlust. Walzer für das Pianoforte allein . . . 34tes Werk. pp. 5. *Bei Tobias Haslinger: Wien,* [1830?] *obl.* fol. Hirsch M. **565.** (**11.**)

STRAUSS (Johann) *the Elder.*
—— Heimath-Klänge. Walzer für das Piano-Forte . . . 84tes Werk. pp. 10. *Bei Tobias Haslinger: Wien,* [1836.] *obl.* fol. Hirsch M. **562.** (**13.**)

STRAUSS (Johann) *the Elder.*
—— Heimath-Klänge. Walzer . . . Op. 84. pp. 5. *Breitkopf & Härtel: Leipzig,* [1895?] fol. Hirsch M. **1218.** (**7.**)
Part of "Breitkopf & Härtels Klavierbibliothek."

STRAUSS (JOHANN) *the Elder.*
—— Heiter auch in ernster Zeit. Walzer für Pianoforte allein . . . 48tes Werk. pp. 7. *Bei Tobias Haslinger: Wien*, [1831.] *obl.* fol. Hirsch M. 565. (12.)

STRAUSS (JOHANN) *the Elder.*
—— Herz-Töne. Walzer für das Piano-Forte . . . 203tes Werk. pp. 11. *Bei Tobias Haslinger's Witwe u. Sohn: Wien*, [1847.] *obl.* fol. Hirsch M. 562. (14.)

STRAUSS (JOHANN) *the Elder.*
—— Hof-Ball-Tänze, für das Piano-Forte . . . 51tes Werk. pp. 8. *Bei Tobias Haslinger: Wien*, [1832.] *obl.* fol. Hirsch M. 565. (13.)

STRAUSS (JOHANN) *the Elder.*
—— Huldigung der Königinn Victoria von Grossbritannien. Walzer . . . 103tes Werk. pp. 3-14. *Tobias Haslinger: Wien*, [1838.] *obl.* fol. Hirsch M. 565. (14.)

STRAUSS (JOHANN) *the Elder.*
—— Huldigungs-Quadrille, für das Piano-Forte . . . 233. Werk. pp. 7. *Bei Tobias Haslinger's Witwe u. Sohn: Wien*, [1848.] fol. Hirsch M. 1218. (8.)

STRAUSS (JOHANN) *the Elder.*
—— Huldigungs-Walzer, für das Piano-Forte . . . 80tes Werk. pp. 10. *Bei Tobias Haslinger: Wien*, [1835.] *obl.* fol. Hirsch M. 562. (15.)

STRAUSS (JOHANN) *the Elder.*
—— Huldigungs-Walzer für das Piano-Forte . . . 80tes Werk. pp. 10. *Bei Tobias Haslinger: Wien*, [1837.] *obl.* fol. Hirsch M. 562. (16.)
Original Gesammtausgabe. Hft. 59.

STRAUSS (JOHANN) *the Elder.*
—— Iris-Walzer, für das Pianoforte . . . 75tes Werk. pp. 10. *Bei Tobias Haslinger: Wien*, [1834.] *obl.* fol. Hirsch M. 562. (17.)

STRAUSS (JOHANN) *the Elder.*
—— Iris-Walzer, für das Piano-Forte . . . 75tes Werk. pp. 10. *Bei Tobias Haslinger: Wien*, [1837.] *obl.* fol. Hirsch M. 562. (18.)
Original Gesammtausgabe. Hft. 54.

STRAUSS (JOHANN) *the Elder.*
—— Les Jeunes folles. Valses. *See supra*: [*Brüder lustig.* Op. 155.]

STRAUSS (JOHANN) *the Elder.*
—— Karolinen und Kettenbrücke-Galopp . . . 21tes Werk. [P.F.] *See supra*: Favorit Galoppen, für das Pianoforte. no. 4.

STRAUSS (JOHANN) *the Elder.*
—— Krönungs-Walzer, für das Piano-Forte . . . 91tes Werk. pp. 10. *Bei Tobias Haslinger: Wien*, [1837.] *obl.* fol. Hirsch M. 563. (1.)

STRAUSS (JOHANN) *the Elder.*
—— Ländlich, sittlich! Walzer (im Ländlerstyle) für das Piano-Forte, zu vier Händen . . . 19stes Werk. pp. 19. *Bei Tobias Haslinger's Witwe u. Sohn: Wien*, [1847?] *obl.* fol. Hirsch M. 563. (2.)

STRAUSS (JOHANN) *the Elder.*
—— [Ländlich, sittlich! Op. 198.] Les Chants de mon village. Valses, *etc.* pp. 9. *Brandus et cie: Paris*, [1850?] *obl.* fol. Hirsch M. 563. (3.)
Part of "Collection complète des valses de Strauss pour piano."

STRAUSS (JOHANN) *the Elder.*
—— Loreley-Rhein-Klänge. Walzer für das Pianoforte . . . 154tes Werk. pp. 11. *Bei Tobias Haslinger's Witwe u. Sohn: Wien*, [1844.] *obl.* fol. Hirsch M. 563. (4.)

STRAUSS (JOHANN) *the Elder.*
—— Louisen Quadrille, für das Piano-Forte . . . 234tes Werk. pp. 7. *Bei Tobias Haslinger's Witwe u. Sohn: Wien*, [1848.] fol. Hirsch M. 1218. (9.)

STRAUSS (JOHANN) *the Elder.*
—— Marianka-Polka, für das Piano-Forte . . . 173tes Werk. pp. 3. *Bei Tobias Haslinger's Witwe und Sohn: Wien*, [1845.] *obl.* fol. Hirsch M. 1218. (10.)

STRAUSS (JOHANN) *the Elder.*
—— Marien Walzer, für das Pianoforte . . . 212tes Werk. pp. 10. *Bei Tobias Haslinger's Witwe & Sohn: Wien*, [1847.] *obl.* fol. Hirsch M. 563. (5.)

STRAUSS (JOHANN) *the Elder.*
—— Mein schönster Tag in Baden. Walzer für das Piano-Forte . . . 58tes Werk. pp. 11. *Bei Tobias Haslinger: Wien*, [1832.] *obl.* fol. Hirsch M. 563. (6.)
—— [Another copy.] Hirsch M. 563. (7.)
Imperfect; wanting pp. 5-8.

STRAUSS (JOHANN) *the Elder.*
—— Mein schönster Tag in Baden. Walzer. [Op. 58.] . . . Nach der Partitur für das Pianoforte eingerichtet von L. Günther. pp. 7. *Bei G. Eduard Müller: Berlin*, [1835?] *obl.* fol. Hirsch M. 563. (8.)

STRAUSS (JOHANN) *the Elder.*
—— Merkurs-Flügel. Walzer für das Piano-Forte . . . 85tes Werk. pp. 10. *Bei Tobias Haslinger: Wien*, [1835.] *obl.* fol. Hirsch M. 563. (9.)
—— [Another copy.] Hirsch M. 565. (15.)

STRAUSS (JOHANN) *the Elder.*
—— Mittel gegen den Schlaf. Walzer für das Pianoforte allein . . . 65tes Werk. pp. 11. *Bei Tobias Haslinger: Wien*, [1833.] *obl.* fol. Hirsch M. 565. (16.)

STRAUSS (Johann) *the Elder*.
—— [A reissue.] Mittel gegen den Schlaf. Walzer für das Pianoforte allein. *Wien,* [1834?] *obl.* fol.
Hirsch M. 565. (**17**.)

STRAUSS (Johann) *the Elder*.
—— Moldau Klänge. Walzer für das Piano-Forte . . . 186tes Werk. pp. 11. *Bei Tobias Haslinger's Witwe u. Sohn: Wien,* [1846.] *obl.* fol. Hirsch M. 563. (**10**.)

STRAUSS (Johann) *the Elder*.
—— Musen-Quadrille, für das Piano-Forte . . . 174tes Werk. pp. 7. *Bei Tobias Haslinger's Witwe u. Sohn: Wien,* [1845.] fol. Hirsch M. 1218. (**11**.)

STRAUSS (Johann) *the Elder*.
—— Myrthen. Walzer für das Piano-Forte, zur Vermählungs-Feyer ihr Majestät der Königin Victoria von England mit . . . dem Prinzen Albert von Sachsen-Coburg . . . 118tes Werk. pp. 10. *Bei Tobias Haslinger: Wien,* [1840.] *obl.* fol. Hirsch M. 565. (**18**.)

STRAUSS (Johann) *the Elder*.
—— Die Nachtwandler. Walzer für das Piano-Forte . . . 88tes Werk. pp. 11. *Bei Tobias Haslinger: Wien,* [1836.] *obl.* fol. Hirsch M. 563. (**11**.)

STRAUSS (Johann) *the Elder*.
—— [A reissue.] Die Nachtwandler. Walzer für das Piano-Forte . . . 88tes Werk. *Wien,* [1850?] *obl.* fol.
Hirsch M. 563. (**12**.)

STRAUSS (Johann) *the Elder*.
—— Neujahrs-Polka, für das Piano-Forte . . . 199tes Werk. pp. 3. *Bei Tobias Haslinger's Witwe und Sohn: Wien,* [1846.] fol. Hirsch M. 1218. (**12**.)

STRAUSS (Johann) *the Elder*.
—— Odeon-Tänze, für das Piano-Forte . . . 172tes Werk. pp. 10. *Bei Tobias Haslinger's Witwe u. Sohn: Wien,* [1845.] *obl.* fol. Hirsch M. 563. (**14**.)

STRAUSS (Johann) *the Elder*.
—— Orpheus-Quadrille, für das Piano-Forte . . . 162tes Werk. pp. 7. *Bei Tobias Haslinger's Witwe u. Sohn: Wien,* [1844.] fol. Hirsch M. 1218. (**13**.)

STRAUSS (Johann) *the Elder*.
—— Palm-Zweige. Walzer für das Piano-Forte . . . 122tes Werk. pp. 11. *Bei Tobias Haslinger: Wien,* [1840.] *obl.* fol. Hirsch M. 563. (**15**.)

STRAUSS (Johann) *the Elder*.
—— Pfennig-Walzer, für das Piano-Forte . . . 70tes Werk. pp. 8. *Bei Tobias Haslinger: Wien,* [1834.] *obl.* fol.
Hirsch M. 563. (**16**.)

STRAUSS (Johann) *the Elder*.
—— Pfennig-Walzer, für das Piano-Forte . . . 70tes Werk. pp. 10. *Bei Tobias Haslinger: Wien,* [1837.] *obl.* fol.
Hirsch M. 565. (**19**.)
Original Gesammtausgabe. Hft. 51.

STRAUSS (Johann) *the Elder*.
—— Philomelen-Walzer, für das Piano-Forte . . . 82tes Werk. pp. 10. *Bei Tobias Haslinger: Wien,* [1835.] *obl.* fol.
Hirsch M. 563. (**17**.)

—— [Another copy.] Hirsch M. 565. (**20**.)
Imperfect; wanting the wrappers.

STRAUSS (Johann) *the Elder*.
—— Philomelen-Walzer. [Op. 82. P.F.] *Bei Jos. Ant. Löhr: Frankfurt a/M.,* [1840?] 8°.
Hirsch M. 1300. (**22**.)
Walzer-Guirlande für das Pianoforte. no. 1.

STRAUSS (Johann) *the Elder*.
—— Quadrille im militärischen Style. Für das Piano-Forte . . . 229tes Werk, *etc.* pp. 7. *Bei Tobias Haslinger's Witwe & Sohn: Wien,* [1848.] fol. Hirsch M. 1218. (**14**.)

STRAUSS (Johann) *the Elder*.
—— Radetzky-Marsch, zu Ehren des grossen Feldherrn. Für das Piano-Forte . . . 228. Werk. [With a portrait of Radetzky.] pp. 7. *Bei Tobias Haslinger's Witwe & Sohn: Wien,* [1848.] fol. Hirsch M. 1218. (**15**.)

STRAUSS (Johann) *the Elder*.
—— Der Raub der Sabinerinnen. Characteristisches Tongemälde für das Pianoforte. Enthaltend: Einzugs-Marsch, Entführungs-Galopp und Versöhnungs Walzer . . . 43tes Werk. pp. 12. *Bei Tobias Haslinger: Wien,* [1831.] *obl.* fol. Hirsch M. 565. (**21**.)

STRAUSS (Johann) *the Elder*.
—— Redoute-Quadrille, für das Piano-Forte . . . 158tes Werk. pp. 7. *Bei Tobias Haslinger's Witwe u. Sohn: Wien,* [1844.] fol. Hirsch M. 1218. (**16**.)

STRAUSS (Johann) *the Elder*.
—— Reise-Galopp, für das Piano-Forte. [Op. 85.] . . . No. 17 . . . Zweyte rechtmässige Ausgabe. pp. 3. *Bei Tobias Haslinger: Wien,* [1837.] *obl.* fol. Hirsch M. 563. (**18**.)
Part of the "Original Gesammtausgabe."

STRAUSS (Johann) *the Elder*.
—— Robert-Tänze, nach beliebten Motiven aus Meyerbeer's Oper: Robert der Teufel. Für das Piano-Forte allein . . . 64tes Werk. pp. 9. *Bei Tobias Haslinger: Wien,* [1833.] *obl.* fol. Hirsch M. 565. (**22**.)

STRAUSS (Johann) *the Elder*.
—— Rosa-Walzer, für das Piano-Forte . . . 76tes Werk. pp. 10. *Bei Tobias Haslinger: Wien,* [1834.] *obl.* fol.
Hirsch M. 563. (**19**.)
With an additional titlepage, bearing the words: " Original Gesammtausgabe, 55tes *Heft."*

STRAUSS (JOHANN) *the Elder.*
—— Rosa-Walzer . . . Op. 76. [P.F.] pp. 7. *Breitkopf & Härtel: Leipzig*, [1895?] fol. Hirsch M. **1218**. **(17.)**
Part of "Breitkopf & Härtel's Klavierbibliothek."

STRAUSS (JOHANN) *the Elder.*
—— Rosen ohne Dornen. Walzer für das Pianoforte . . . 166tes Werk. pp. 11. *Bei Tobias Haslinger's Witwe u. Sohn: Wien*, [1844.] obl. fol. Hirsch M. **565**. **(23.)**

STRAUSS (JOHANN) *the Elder.*
—— Les Sans façon. Valses. *See infra*: [*Die Unbedeutenden.* Op. 195.] Hirsch M. **564**. **(6.)**

STRAUSS (JOHANN) *the Elder.*
—— Les Soirées de Vienne. Huit mélodies . . . Paroles de Mr Crevel de Charlemagne, traduction allemande par M. G. Friedrich. pp. 19. *Chez les fils de B. Schott: Mayence & Anvers*, [1838.] fol. Hirsch M. **1218**. **(18.)**
Imperfect; wanting pp. 5–14.

STRAUSS (JOHANN) *the Elder.*
—— Soldaten-Lieder. Walzer für das Piano-Forte . . . 242. Werk. pp. 11. *Bei Carl Haslinger: Wien*, [1850?] obl. fol. Hirsch M. **564**. **(1.)**

STRAUSS (JOHANN) *the Elder.*
—— Souvenir de Carneval, 1847. Quadrille für das Piano-Forte . . . 200tes Werk. pp. 7. *Bei Tobias Haslinger's Witwe u. Sohn: Wien*, [1847.] fol. Hirsch M. **1218**. **(19.)**

STRAUSS (JOHANN) *the Elder.*
—— Stadt- und Landleben. Walzer für das Piano Forte . . . 136tes Werk. pp. 10. *Bei Tobias Haslinger: Wien*, [1842.] obl. fol. Hirsch M. **564**. **(2.)**

STRAUSS (JOHANN) *the Elder.*
—— [Tanz Capricen.] Les Caprices. Nouvelle suite de valses . . . Op. 152. pp. 9. *Maurice Schlesinger: Paris*, [1850?] obl. fol. Hirsch M. **564**. **(3.)**
The wrapper bears the name "Brandus et c^{ie}" impressed with a stamp.

STRAUSS (JOHANN) *the Elder.*
—— Tausendsapperment Walzer, für das Piano-Forte . . . 61tes Werk. pp. 11. *Bei Tobias Haslinger: Wien*, [1833.] obl. fol. Hirsch M. **564**. **(4.)**
—— [Another copy.] Hirsch M. **564**. **(5.)**

STRAUSS (JOHANN) *the Elder.*
—— [Themisklänge.] Thémis. Valses . . . Op. 201. *See supra*: Six nouvelles valses . . . No. 1.
Hirsch M. **563**. **(13.)**

STRAUSS (JOHANN) *the Elder.*
—— Tivoli-Freudenfest-Tänze für das Piano-Forte . . . 45tes Werk. *Bei Tobias Haslinger: Wien*, [1831.] obl. fol.
Hirsch M. **565**. **(24.)**
—— [Another copy.] Hirsch M. **565**. **(25.)**

SIG. 51.—PART 53.

STRAUSS (JOHANN) *the Elder.*
—— Triumph-Quadrille, für das Piano-Forte . . . 205tes Werk. pp. 7. *Bei Tobias Haslinger's Witwe u. Sohn: Wien*, [1847.] fol. Hirsch M. **1218**. **(20.)**

STRAUSS (JOHANN) *the Elder.*
—— Die beliebten Trompeten-Walzer für das Piano-Forte zu 4 Händen . . . 13tes Werk. pp. 8. *Bei Tobias Haslinger: Wien*, [1829?] obl. fol. Hirsch M. **565**. **(26.)**

STRAUSS (JOHANN) *the Elder.*
—— [Die Unbedeutenden. Op. 195.] Les Sans façon. Valses, etc. [P.F.] pp. 10. *Brandus et c^{ie}: [Paris*, 1850?] obl. fol. Hirsch M. **564**. **(6.)**
Imperfect; wanting the wrappers.

STRAUSS (JOHANN) *the Elder.*
—— Six Nouvelles valses. No. I. Thémis, Op. 201. No. II. Op. 198. Les chants de mon village, Op. 198. No. III. Un bouquet de Dahlias, Op. 197. No. IV. Un premier amour, Op. 263. No. V. Helena, Op. 204. No. VI. Les sans-façon, Op. 195. *Brandus & c^{ie}: Paris*, [1850?] obl. fol.
Hirsch M. **563**. **(13.)**
Imperfect; wanting all except no. 1.

STRAUSS (JOHANN) *the Elder.*
—— Des Verfassers beste Laune. Charmant-Walzer, für das Piano-Forte allein . . . 31tes Werk. [With a portrait.] pp. 7. *Bey Tobias Haslinger: Wien*, [1830.] obl. fol.
Hirsch M. **564**. **(7.)**

STRAUSS (JOHANN) *the Elder.*
—— Des Verfassers beste Laune. [Op. 31.] Charmant-Walzer . . . Für das Pianoforte eingerichtet von Ferd: Bosch. pp. 7. *Bei G. Eduard Müller: Berlin*, [1850?] obl. fol. Hirsch M. **1291**. **(16.)**

STRAUSS (JOHANN) *the Elder.*
—— Die vier Temperamente. Walzer für das Piano-Forte . . . 59tes Werk. pp. 15. *Bei Tobias Haslinger: Wien*, [1832.] obl. fol. Hirsch M. **564**. **(8.)**

STRAUSS (JOHANN) *the Elder.*
—— Vive la danse! Walzer für das Pianoforte allein . . . 47tes Werk. pp. 7. *Bei Tobias Haslinger: Wien*, [1831.] obl. fol. Hirsch M. **564**. **(9.)**

STRAUSS (JOHANN) *the Elder.*
—— Walzer-Guirlande, für das Piano-Forte . . . 67tes Werk. pp. 15. *Bei Tobias Haslinger: Wien*, [1833.] obl. fol.
Hirsch M. **564**. **(10.)**

STRAUSS (JOHANN) *the Elder.*
—— Zweyte Walzer Guirlande, für das Piano Forte . . . 77tes Werk. pp. 17. *Bei Tobias Haslinger: Wien*, [1834.] obl. fol. Hirsch M. **564**. **(11.)**

STRAUSS (JOHANN) *the Elder.*
—— Die Wettrenner. Walzer für das Pianoforte . . . 131tes Werk. pp. 11. *Bei Tobias Haslinger: Wien*, [1841.] obl. fol. Hirsch M. **564**. **(12.)**

STRAUSS (JOHANN) *the Elder.*
—— Wiener-Bürger-Märsche. Des ersten Regiments . . . Für das Piano-Forte. no. 1–4. *Bei Tobias Haslinger: Wien*, [1832.] obl. fol. Hirsch M. **564. (13.)**

STRAUSS (JOHANN) *the Elder.*
—— Wiener-Früchteln. Walzer für das Piano-Forte . . . 167tes Werk. pp. 10. *Bei Tobias Haslinger's Witwe u. Sohn: Wien*, [1844.] obl. fol. Hirsch M. **564. (14.)**

STRAUSS (JOHANN) *the Elder.*
—— Zampa-Walzer, für das Piano Forte . . . 57tes Werk. pp. 11. *Bei Tobias Haslinger: Wien*, [1832.] obl. fol. Hirsch M. **564. (15.)**

STRAUSS (JOHANN) *the Younger.*
—— Drei Walzer . . . Op. 314. An der schönen blauen Donau. Op. 333. Wein, Weib und Gesang. Op. 367. Du und Du. Orchester Partitur. pp. 96. *Aug. Cranz: Leipzig*, [1900?] 4°. Hirsch M. **1219.** *Edition Peters.* no. 2913.

STRAUSS (JOHANN) *the Younger.*
—— An der schönen blauen Donau. Walzer . . . Op. 314. [Score.] pp. 35. *Breitkopf & Härtel: Leipzig*, [1930.] fol. Hirsch M. **1220.** *Breitkopf & Härtel's Partitur Bibliothek.* no. 3281.

STRAUSS (JOHANN) *the Younger.*
—— Annen-Polka, für das Pianoforte . . . 117tes Werk. pp. 3. *Bei Carl Haslinger: Wien*, [1852.] fol. Hirsch M. **1228. (1.)**

STRAUSS (JOHANN) *the Younger.*
—— [A reissue.] Annen-Polka, für das Pianoforte . . . 117tes Werk. *Wien*, [1853.] fol. Hirsch M. **1228. (2.)**

STRAUSS (JOHANN) *the Younger.*
—— Bauern-Polka (française), für das Piano-Forte . . . 276^s Werk. pp. 7. *Carl Haslinger: Wien*, [1863.] fol. Hirsch M. **1228. (3.)**

STRAUSS (JOHANN) *the Younger.*
—— Bürgerweisen. Walzer für das Pianoforte . . . Op. 306. pp. 11. *C. A. Spina: Wien*, [1866.] obl. fol. Hirsch M. **566. (1.)**

STRAUSS (JOHANN) *the Younger.*
—— Carnevals-Specktakel-Quadrille, für das Piano-forte . . . 152tes Werk. pp. 7. *Bei Carl Haslinger: Wien*, [1854.] fol. Hirsch M. **1228. (4.)**

STRAUSS (JOHANN) *the Younger.*
—— Concurrenz Walzer, für das Pianoforte . . . 267tes Werk. pp. 11. *Carl Haslinger: Wien*, [1862.] obl. fol. Hirsch M. **566. (2.)**

STRAUSS (JOHANN) *the Younger.*
—— Dinorah Quadrille, nach Themen der G. Meyerbeer'schen Oper: Die Wallfahrt nach Ploërmel, für das Piano Forte, etc. [Op. 224.] pp. 7. *Bei Ed. Bote & G. Bock: Berlin u. Posen*, [1860?] obl. fol. Hirsch M. **566. (3.)**

STRAUSS (JOHANN) *the Younger.*
—— Erhöhte Pulse. Walzer für das Pianoforte . . . 175tes Werk. pp. 11. *Bei Carl Haslinger: Wien*, [1856.] obl. fol. Hirsch M. **566. (4.)**

STRAUSS (JOHANN) *the Younger.*
—— Erinnerung an Covent-Garden. Walzer nach englischen Volksmelodien, für das Pianoforte . . . Op. 329. pp. 9. *C. A. Spina: Wien*, [1870?] obl. fol. Hirsch M. **566. (5.)**

STRAUSS (JOHANN) *the Younger.*
—— Die Fledermaus. Operette in drei Akten von C. Haffner und Rich. Genée . . . Vollständige Orchester-Partitur, etc. pp. 478. *Aug. Cranz: Leipzig*, [1875?] fol. Hirsch II. **892.**
"*Im Handel nicht erschienen.*"

STRAUSS (JOHANN) *the Younger.*
—— [Die Fledermaus.] Du und Du. Walzer aus der Operette "Die Fledermaus" . . . Op. 367. [Score.] pp. 30. *Breitkopf & Härtel: Leipzig*, [1930.] fol. Hirsch M. **1221.** *Breitkopf & Härtels Partitur-Bibliothek.* no. 3285.

STRAUSS (JOHANN) *the Younger.*
—— Frauenkäferln. Walzer für das Piano-Forte . . . 99tes Werk. pp. 10. *Bei Carl Haslinger: Wien*, [1851.] obl. fol. Hirsch M. **566. (6.)**

STRAUSS (JOHANN) *the Younger.*
—— Frühlingsstimmen. Walzer . . . Op. 410. [Score.] pp. 33. *Breitkopf & Härtel: Leipzig*, [1930.] fol. Hirsch M. **1222.** *Breitkopf & Härtel's Partitur Bibliothek.* no. 3287.

STRAUSS (JOHANN) *the Younger.*
—— Fürst Bariatinsky-Marsch, für das Piano-Forte . . . 212^s Werk. pp. 6. *Bei Carl Haslinger: Wien*, [1858.] fol. Hirsch M. **1228. (5.)**

STRAUSS (JOHANN) *the Younger.*
—— Furioso-Polka, quasi Galopp, für Pianoforte . . . 260^s Werk. pp. 7. *Carl Haslinger: Wien*, [1861.] fol. Hirsch M. **1228. (6.)**

STRAUSS (JOHANN) *the Younger.*
—— Gedanken aus den Alpen . . . 172stes Werk. [P.F. and violin.] 2 pt. *Bei Carl Haslinger: Wien*, [1855.] fol. Hirsch M. **1228 (7.)**
Part of "*Walzer für Violine und Pianoforte.*"

STRAUSS (JOHANN) *the Younger.*
—— Geschichten aus dem Wiener Wald. Walzer. Op. 325. [Score.] pp. 46. *Breitkopf & Härtel: Leipzig,* [1930.] fol. Hirsch M. **1223**.
Breitkopf & Härtel's Partitur-Bibliothek. no. 3282.

STRAUSS (JOHANN) *the Younger.*
—— Juristen-Ball-Tänze, für das Piano-Forte ... 177tes Werk. pp. 11. *Bei Carl Haslinger: Wien,* [1856.] obl. fol. Hirsch M. **566. (7.)**

STRAUSS (JOHANN) *the Younger.*
—— Kaiser Franz Josef I. Rettungs-Jubel-Marsch, für das Pianoforte ... 126tes Werk. pp. 3. *Bei Carl Haslinger: Wien,* [1853.] fol. Hirsch M. **1228. (8.)**

STRAUSS (JOHANN) *the Younger.*
—— Kaiser-Walzer ... Op. 437. [Score.] pp. 44. *Breitkopf & Härtel: Leipzig,* [1930.] fol. Hirsch M. **1224**.
Breitkopf & Härtel's Partitur Bibliothek. no. 3288.

STRAUSS (JOHANN) *the Younger.*
—— Krönungs-Marsch, für das Pianoforte ... 183tes Werk. pp. 6. *Bei Carl Haslinger: Wien,* [1856.] fol. Hirsch M. **1228. (9.)**

STRAUSS (JOHANN) *the Younger.*
—— Künstler-Leben. ⟨Artist's Life.⟩ Walzer für das Pianoforte ... Op. 316. pp. 11. *C. A. Spina: Wien,* [1870?] obl. fol. Hirsch M. **566. (8.)**

STRAUSS (JOHANN) *the Younger.*
—— Der lustige Krieg. Marsch nach Motiven der gleichnamigen Operette ... Für Piano allein. [Op. 397.] pp. 7. *Aug. Cranz: Hamburg,* [1890?] fol. Hirsch M. **1228. (10.)**

STRAUSS (JOHANN) *the Younger.*
—— Lust'ger Rath. Polka-française, nach Motiven der Operette Indigo [by J. Strauss the younger] für Pianoforte ... Op. 350. pp. 6. *C. A. Spina: Wien,* [1871.] fol. Hirsch M. **1228. (11.)**

STRAUSS (JOHANN) *the Younger.*
—— Marie-Taglioni-Polka ... 173stes Werk. [P.F. and violin.] 2 pt. *Bei Carl Haslinger: Wien,* [1855.] fol. Hirsch M. **1228. (12.)**
Part of "Polka für Violine und Pianoforte."

STRAUSS (JOHANN) *the Younger.*
—— Morgenblätter. Walzer für das Pianoforte ... Op: 279. pp. 9. *C. A. Spina: Wien,* [1864.] obl. fol. Hirsch M. **566. (9.)**

STRAUSS (JOHANN) *the Younger.*
—— Myrthen-Kränze. Walzer ... 154tes Werk. [P.F. and violin.] 2 pt. *Bei Carl Haslinger: Wien,* [1854.] fol. Hirsch M. **1228. (13.)**
Part of "Walzer für Violine und Pianoforte."

STRAUSS (JOHANN) *the Younger.*
—— Nachtfalter. Walzer für das Piano-Forte ... 157tes Werk. pp. 11. *Bei Carl Haslinger: Wien,* [1854.] obl. fol. Hirsch M. **566. (10.)**

STRAUSS (JOHANN) *the Younger.*
—— Neu-Wien. Walzer für Männerchor, mit Begleitung des Orchesters (oder Pianoforte). Text von J. Weyl ... Op. 342. Für Piano 2/m, *etc.* pp. 11. *Friedrich Schreiber: Wien,* [1870.] fol. Hirsch M. **1228. (14.)**

STRAUSS (JOHANN) *the Younger.*
—— Newa-Polka, pour piano ... Op. 288. pp. 7. *C. A. Spina: Vienne,* [1864.] fol. Hirsch M. **1228. (15.)**

STRAUSS (JOHANN) *the Younger.*
—— Nordstern Quadrille (nach Motiven von G. Meyerbeer), für das Piano-Forte ... 153tes Werk. pp. 7. *Bei Carl Haslinger: Wien,* [1854.] fol. Hirsch M. **1228. (16.)**

STRAUSS (JOHANN) *the Younger.*
—— Orpheus-Quadrille, nach Motiven der Opera bouffe Orpheus in der Hölle von J. Offenbach ... Für Pianoforte. [Op. 236.] pp. 7. *Ed. Bote & G. Bock: Berlin & Posen,* [1870?] fol. Hirsch M. **1228. (17.)**

STRAUSS (JOHANN) *the Younger.*
—— Patrioten-Polka, für Pianoforte ... 274^{s} Werk. pp. 6. *Carl Haslinger: Wien,* [1863.] fol. Hirsch M. **1228. (18.)**

STRAUSS (JOHANN) *the Younger.*
—— Patronessen Walzer, für das Pianoforte ... 264^{s} Werk. pp. 11. *Carl Haslinger: Wien,* [1862.] obl. fol. Hirsch M. **566. (11.)**

STRAUSS (JOHANN) *the Younger.*
—— Polka Mazurka champêtre, für das Pianoforte ... 239^{s} Werk. pp. 5. *Carl Haslinger: Wien,* [1860.] fol. Hirsch M. **1228. (19.)**

STRAUSS (JOHANN) *the Younger.*
—— Process-Polka, schnell, für das Pianoforte ... Op. 294. pp. 5. *C. A. Spina: Wien,* [1865.] fol. Hirsch M. **1228. (20.)**

STRAUSS (JOHANN) *the Younger.*
—— Die Publicisten. Walzer für das Pianoforte ... Op. 321. pp. 11. *C. A. Spina: Wien,* [1870?] obl. fol. Hirsch M. **566. (12.)**

STRAUSS (JOHANN) *the Younger.*
—— Rosen aus dem Süden. Walzer ... Op. 388. [Score.] pp. 39. *Breitkopf & Härtel: Leipzig,* [1930.] fol. Hirsch M. **1225**.
Breitkopf & Härtel's Partitur Bibliothek. no. 3286.

STRAUSS (JOHANN) *the Younger*.
—— Rotunde-Quadrille. Nach Motiven der Operette: Der Carneval in Rom [by J. Strauss, the Younger]. Für Pianoforte ... Op. 360. pp. 5. *Friedrich Schreiber: Wien*, [1873.] fol. Hirsch M. **1228**. (**21**.)

STRAUSS (JOHANN) *the Younger*.
—— [Das Spitzentuch der Königin. Opera. Libretto by H. Bohrmann-Riegen and R. Genée. Score.] pp. 548. [1880?] fol. Hirsch II. **893**.
Without titlepage. The colophon reads "Wien, den 3. November 1880. A. Novrock."

STRAUSS (JOHANN) *the Younger*.
—— Thermen-Walzer, für das Pianoforte ... 245^s Werk. pp. 11. *Carl Haslinger: Wien*, [1861.] obl. fol. Hirsch M. **566**. (**13**.)

STRAUSS (JOHANN) *the Younger*.
—— Verbrüderungs-Marsch, für das Pianoforte ... Op. 287. pp. 5. *C. A. Spina: Wien*, [1864.] fol. Hirsch M. **1228**. (**22**.)

STRAUSS (JOHANN) *the Younger*.
—— Vergnügungszug Polka (schnell), für das Pianoforte ... Op. 281. pp. 5. *C. A. Spina: Wien*, [1864.] fol. Hirsch M. **1228**. (**23**.)

STRAUSS (JOHANN) *the Younger*.
—— Volkssänger. Walzer (im Ländler-Style) für das Pianoforte ... 119tes Werk. pp. 11. *Bei Carl Haslinger: Wien*, [1852.] obl. fol. Hirsch M. **566**. (**14**.)

STRAUSS (JOHANN) *the Younger*.
—— Wein, Weib und Gesang. Walzer ... Op. 333. [Score.] pp. 33. *Breitkopf & Härtel: Leipzig*, [1930.] fol. Hirsch M. **1226**.
Breitkopf & Härtel's Partitur-Bibliothek. no. 3283.

STRAUSS (JOHANN) *the Younger*.
—— Wiener Blut. Walzer ... Op. 354. [Score.] pp. 31. *Breitkopf & Härtel: Leipzig*, [1930.] fol. Hirsch M. **1227**.
Breitkopf & Härtel's Partitur-Bibliothek. no. 3284.

STRAUSS (JOHANN) *the Younger*.
—— [Der Zigeunerbaron. Opera. Libretto by J. Schnitzer. Score, with "Anhang."] pp. xxix. 519. 8. [1885?] fol. Hirsch IV. **1583**.
Without titlepage. The colophon on p. 519 reads: "L. Weiskirchner autograf. Wien."

STRAUSS (JOHANN) *the Younger*, and (JOSEF)
—— Hinter den Coulissen. Quadrille nach beliebten Motiven für das Piano-Forte. pp. 7. *Bei Carl Haslinger: Wien*, [1856?] fol. Hirsch M. **1228**. (**24**.)

STRAUSS (JOSEF)
—— Combinationen. Walzer für das Pianoforte ... Op. 176. pp. 11. *C. A. Spina: Wien*, [1865?] obl. fol. Hirsch M. **567**.

STRAUSS (JOSEF)
—— *See* STRAUSS (J.) *the Younger*, and (J.) Hinter den Coulissen. Quadrille, *etc.* [1856.] fol. Hirsch M. **1228**. (**24**.)

STRAUSS (RICHARD GEORG)
—— Eine Alpensinfonie. Op. 64. Partitur. pp. 159. *F. E. C. Leuckart: Leipzig*, [1915.] fol. Hirsch M. **1342**.

STRAUSS (RICHARD GEORG)
—— [Another copy.] Eine Alpensinfonie. Op. 64. Handpartitur, *etc. Leipzig*, [1915.] 8°. Hirsch M. **568**.

STRAUSS (RICHARD GEORG)
—— [Another copy.] "Also sprach Zarathustra." Tondichtung ... Op. 30. Partitur, *etc. München*, [1896.] fol. Hirsch M. **1229**.

STRAUSS (RICHARD GEORG)
—— Ariadne auf Naxos. Oper in einem Aufzuge von Hugo von Hofmannsthal zu spielen nach dem "Bürger als Edelmann" des Molière ... Op. 60. Orchester-Partitur. pp. 350. *Adolph Fürstner: Berlin, Paris*, [1912.] fol. Hirsch II. **894**.

STRAUSS (RICHARD GEORG)
—— Ariadne auf Naxos. Oper ... Neue Bearbeitung ... Op. 60. Orchester-Partitur. pp. 299. *Adolph Fürstner: Berlin, Paris*, [1916.] fol. Hirsch II. **895**.

STRAUSS (RICHARD GEORG)
—— Aus Italien. Sinfonische Fantasie (G dur) für grosses Orchester ... Op. 16 ... Partitur, *etc.* pp. 265. *Jos. Aibl Verlag: München*, [1889.] 8°. Hirsch M. **569**.

STRAUSS (RICHARD GEORG)
—— Der Bürger als Edelmann. Komödie mit Tänzen von Molière. Freie Bühnenbearbeitung in drei Aufzügen ... Orchester-Partitur. pp. 195. *Adolph Fürstner: Berlin, Paris*, [1918.] fol. Hirsch II. **896**.

STRAUSS (RICHARD GEORG)
—— Burleske, D moll, für Pianoforte und Orchester ... Partitur, *etc.* pp. 75. *Steingräber Verlag: Leipzig*, [1894.] 8°. Hirsch M. **570**.
Reproduced photographically, in a reduced form, from the folio edition.

STRAUSS (RICHARD GEORG)
—— [Another copy.] Concert (Es dur) für das Waldhorn ... Op. 11. Partitur, *etc. München*, [1886.] fol. Hirsch M. **1230**.

STRAUSS (RICHARD GEORG)
—— Deutsche Motette, German Motet, nach Worten von Friedrich Rückert (English words by Alfred Kalisch). Für 4 Solostimmen und 16stimmigen gemischten Chor a cappella ... Op. 62. Partitur. (Zum Studiengebrauch.) pp. 62. *Adolph Fürstner: Berlin, Paris*, [1913.] 8°. Hirsch IV. **922**.

STRAUSS (Richard Georg)
—— Don Juan. Tondichtung (nach Nicolaus Lenau) für grosses Orchester. Op. 20 . . . Partitur, *etc.* pp. 96. *Jos. Aibl: München*, [1890.] fol.   Hirsch M. **1231**.
The wrapper bears a MS. *dedication in the composer's autograph to Eduard Lassen.*

STRAUSS (Richard Georg)
—— [A reissue.] Don Juan. Tondichtung . . . Op. 20. Partitur, *etc. München*, [1896?] fol.   Hirsch M. **1232**.

STRAUSS (Richard Georg)
—— [Another copy.] Don Quixote . . . Fantastische Variationen . . . für grosses Orchester . . . Op. 30. Partitur, *etc. München*, [1898.] fol.   Hirsch M. **1233**.

STRAUSS (Richard Georg)
—— Elektra. Tragödie in einem Aufzuge von Hugo von Hofmannsthal . . . Op. 58. Orchester-Partitur. pp. 370. *Adolph Fürstner: Berlin*, [1908.] fol.   Hirsch II. **897**.
The fly-leaf bears the composer's autograph signature.

STRAUSS (Richard Georg)
—— Feierlicher Einzug der Ritter des Johanniterordens. Für 12 Trompeten, 3 Solotrompeten, 4 Hörner, 4 Posaunen, 2 Tuben und Pauken . . . Partitur, *etc.* pp. 12. *Schlesinger'sche Buch- & Musikhandlung: Berlin; Carl Haslinger: Wien*, [1909.] 8°.   Hirsch M. **1234**.

STRAUSS (Richard Georg)
—— Feierlicher Einzug der Ritter des Johanniterordens. (Investitur-Marsch.) [Parts.] 34 pt.   *Schlesinger'sche Buch- & Musikhandlung: Berlin*, [1909.] obl. 8°.
Hirsch M. **571**.

STRAUSS (Richard Georg)
—— [Another copy.] Festliches Praeludium, für grosses Orchester und Orgel . . . Op. 61. Orchester-Partitur, *etc. Berlin, Paris*, [1913.] 12°.   Hirsch M. **572**.

—— [Another copy.]   Hirsch M. **573**.

STRAUSS (Richard Georg)
—— Feuersnot. Ein Singgedicht in einem Akt von Ernst von Wolzogen . . . Opus 50. Orchester-Partitur. pp. 331. *Adolph Fürstner: Berlin*, [1901.] fol.   Hirsch II. **898**.

STRAUSS (Richard Georg)
—— Die Frau ohne Schatten. Oper in drei Akten von Hugo Hofmannsthal . . . Op. 65. Orchester-Partitur. Erster ⟨—dritter⟩ Aufzug. pp. 666. *Adolph Fürstner: Berlin*, [1919?] fol.   Hirsch II. **899**.

STRAUSS (Richard Georg)
—— Guntram. In drei Aufzugen. Dichtung und Musik von Richard Strauss. Op. 25 . . . Partitur, *etc.* pp. 554. *Jos. Aibl: München*, [1895.] fol.   Hirsch II. **900**.

STRAUSS (Richard Georg)
—— Ein Heldenleben. Tondichtung für grosses Orchester . . . Op. 40. Partitur. pp. 139.   *F. E. C. Leuckart: Leipzig*, [1899.] fol.   Hirsch M. **1343**.

STRAUSS (Richard Georg)
—— Ein Heldenleben. Tondichtung für grosses Orchester. Op. 40. [Score.] pp. 139.   *F. E. C. Leuckart: Leipzig*, [1899.] 8°.   Hirsch M. **574**.
Photographically reproduced in a reduced form, from the folio edition.

STRAUSS (Richard Georg)
—— Josephs Legende. Handlung in einem Aufzuge von Harry Graf Kessler und Hugo von Hofmannsthal . . . Op. 63. Orchester-Partitur. pp. 300.   *Adolph Fürstner: Berlin, Paris*, [1914.] fol.   Hirsch II. **901**.

STRAUSS (Richard Georg)
—— [Another copy.] Kampf und Sieg. Für grosses Orchester. Partitur. *Magdeburg*, [1930.] 4°.
Hirsch M. **1235**.

STRAUSS (Richard Georg)
—— Macbeth. Tondichtung für grosses Orchester (nach Shakespeare's Drama) . . . Op. 23. Partitur. pp. 83. *Jos. Aibl Verlag: München*, [1896.] fol.   Hirsch M. **1236**.

STRAUSS (Richard Georg)
—— Der Rosenkavalier. Komödie für Musik in drei Aufzügen von Hugo von Hofmannsthal . . . Opus 59. Orchester-Partitur. pp. 168. 165. 190.   *Adolph Fürstner: Berlin, Paris*, [1910.] fol.   Hirsch II. **902**.
The fly-leaf bears the composer's autograph signature.

STRAUSS (Richard Georg)
—— Salome. Drama in einem Aufzuge nach Oscar Wilde's gleichnamiger Dichtung in deutscher Übersetzung von Hedwig Lachmann . . . Op. 54. Orchester-Partitur. pp. 352. *Adolph Fürstner: Berlin*, [1905.] fol.
Hirsch II. **903**.

STRAUSS (Richard Georg)
—— [Another copy.] Serenade (Es-dur. Andante) . . . Op. 7. Partitur, *etc. München*, [1883.] 8°.   Hirsch M. **575**.

STRAUSS (Richard Georg)
—— Symphonia domestica, für grosses Orchester . . . Op. 53. Partitur, *etc.* pp. 123.   *Ed. Bote & G. Bock: Berlin*, [1904.] fol.   Hirsch M. **1237**.

STRAUSS (Richard Georg)
—— [Another copy.] Symphonia domestica, für grosses Orchester . . . Op. 53. Partitur. pp. 123.   *Ed. Bote & G. Bock: Berlin*, [1904.] 4°.   Hirsch M. **576**.
Reproduced photographically, in a reduced form, from the folio edition. In this copy is inserted a programme of a performance of Nov. 1931.

STRAUSS (Richard Georg)
—— Symphonie (F moll) für grosses Orchester . . . Op. 12. Partitur, *etc.* pp. 248.   *Jos. Aibl Verlag: München*, [1886?] 8°.   Hirsch M. **577**.

STRAUSS (Richard Georg)
—— Till Eulenspiegels lustige Streiche. Nach alter Schelmenweise—in Rondeauform—für grosses Orchester gesetzt . . . Op. 28. Partitur, *etc.* pp. 60. *Jos. Aibl Verlag: München,* [1896.] fol. Hirsch M. **1238**.

STRAUSS (Richard Georg)
—— Tod und Verklärung. Tondichtung für grosses Orchester . . . Op. 24. Partitur, *etc.* pp. 90. *Jos. Aibl Verlag: München,* [1891?] fol. Hirsch M. **1239**.

STRAUSS (Richard Georg)
—— Wandrers Sturmlied. (W. von Goethe) für sechsstimmigen Chor . . . und grosses Orchester . . . Op. 14. Partitur, *etc.* pp. 55. *Jos. Aibl Verlag: München,* [1909?] fol. Hirsch M. **1240**.
The wrapper bears the words " Universal-Edition. No. 1484."

STRAUSS (Richard Georg)
—— *See* Mozart (W. A.) Idomeneo . . . Vollständige Neubearbeitung von . . . R. Strauss, *etc.* [1931.] fol. Hirsch M. **1089**.

STRAVINSKY (Igor Thedorovich)
—— Berceuses du chat. Suite de chants pour une voix de femme et trois clarinettes. ⟨I. Sur le poêle, II. Intérieur, III. Dodo, IV. Ce qu'il a, le chat. Textes populaires russes.⟩ Mis en français par C.-F. Ramuz. Partition d'ensemble. pp. 8. *Ad. Henn: Genève,* 1917. obl. 8°. Hirsch M. **578**.

STRAVINSKY (Igor Thedorovich)
—— Chant des bateliers du Volga. (Chant populaire Russe.) Arrangé pour orchestre d'instruments à vent & percussion par Igor Strawinsky. Partition d'orchestre & parties d'orchestre. 15 pt. *J. & W. Chester: Londres,* 1920. 4°. Hirsch M. **1241**.

STRAVINSKY (Igor Thedorovich)
—— Concerto en ré, pour violon et orchestre . . . Partition d'orchestre. pp. 66. *B. Schott's Söhne: Mainz und Leipzig,* [1931.] 8°. Hirsch M. **579**.
The leaf bearing the composer's printed dedication to Samuel Dushkin also bears the composer's autograph signature and a second MS. dedication from Samuel Dushkin to Paul Hirsch.

STRAVINSKY (Igor Thedorovich)
—— Histoire du soldat. Lue, jouée et dansée en deux parties. Texte de C. F. Ramuz. ⟨Partition d'orchestre.⟩ pp. 60. *J. & W. Chester: London,* [1924.] fol. Hirsch II. **904**.
The half-title bears a MS. dedication in the composer's autograph to Paul Hirsch.

STRAVINSKY (Igor Thedorovich)
—— Les Noces. Die Hochzeit. Scènes chorégraphiques russes avec chant et musique . . . Version française de C. F. Ramuz. [With a portrait. Score.] *Russ. & Fr.* pp. 132. *Wiener Philharmonischer Verlag A.G.: Wien,* [1925?] 8°. Hirsch IV. **1584**.
Philharmonia Partituren. no. 296.

STRAVINSKY (Igor Thedorovich)
—— [L'Oiseau de feu.] Suite de L'Oiseau de feu (réorchestrée par l'auteur en 1919) pour orchestre . . . Partition format de poche, *etc.* pp. 78. *J. & W. Chester: London,* [1924.] 8°. Hirsch M. **580**.

STRAVINSKY (Igor Thedorovich)
—— [A reissue.] [L'Oiseau de feu.] Suite de L'Oiseau de feu (réorchestrée par l'auteur en 1919) pour orchestre . . . Partition format de poche, *etc. London,* [1925?] 8°. Hirsch M. **581**.

STRAVINSKY (Igor Thedorovich)
—— [Another edition.] Petrouchka. Scènes burlesques en 4 tableaux d'Igor Strawinsky et Alexandre Benois. Partition d'orchestre. pp. 156. *Édition russe de musique (Russischer Musikverlag): Berlin,* [1912?] fol. Hirsch II. **905**.

STRAVINSKY (Igor Thedorovich)
—— [Another copy.] Pétrouchka . . . Partition édition de poche. pp. 156. *Berlin,* [1921.] 8°. Hirsch IV. **1585**.

STRAVINSKY (Igor Thedorovich)
—— Trois poèsies de la lyrique japonaise pour chant (soprano), deux flûtes . . . deux clarinettes . . . piano, deux violons, alto et violoncelle. Text français de Maurice Delace. Partition, *etc. Russ. & Fr.* pp. 19. Собственность Российскаго Музыкальнаго Издательства: Берлинъ, [1920?] obl. 8°. Hirsch M. **582**.

STRAVINSKY (Igor Thedorovich)
—— Pribaoutki. (Chansons plaisantes.) [No. 1.] L'Oncle Armand. [No. 2.] Le four. [No. 3.] Le colonel. [No. 4.] Le vieux et le lièvre. Pour une voix accompagnée de flute, hautbois (cor anglais), clarinette . . . basson, violon, alto, violoncelle et contrebasse. Textes populaires russes mis en français par C. F. Ramuz. Partition d'ensemble. *Russ. & Fr.* pp. 22. *Ad. Henn: Genève,* [1917.] obl. 8°. Hirsch M. **583**.

STRAVINSKY (Igor Thedorovich)
—— Le Sacre du printemps. Tableaux de la Russie paienne en deux parties d'I. Strawinsky et Nicolas Roerich. Partition d'orchestre. pp. 139. *Édition Russe de Musique: Berlin,* [1921.] 8°. Hirsch M. **584**.
Reproduced photographically, in a reduced form, from the folio edition of 1921.

STRUNTZ (J.)
—— Le Boristhène. Romance, paroles de Mme d'Hervilly . . . Avec accompagnement de guitare. *Chez B. Schott fils: Mayence,* [1824?] 8°. Hirsch M. **1300**. (23.)

STUMPF (Johann Christian)
—— Douze duos concertants pour deux violons tirés de l'opéra La Clemenza di Tito [by W. A. Mozart], arrangés par Stumpf. [Parts.] 2 pt. *Chez B. Schott: Mayence,* [1813?] fol. Hirsch M. **1242**.

STUMPF (Johann Christian)

—— Douze pièces amusantes pour deux flûtes traversières . . . No. [3.] [Parts.] 2 pt. *Chez Schott: Maience,* [1805?] fol. Hirsch III. **532.**

STUNTZ (Joseph Hartmann)

—— Chor zu Wallensteins Lager mit Guitarre und Clavierbegleitung. *Bei B. Schott's Söhnen: Mainz,* [1827.] 8°. Hirsch M. **1299. (16.)**

STURM.

—— Der Sturm von Alhama. Romanze. *See* Loewe (J. C. G.)

SUEHNOPFER DES NEUEN BUNDES.

—— Das Sühnopfer des neuen Bundes. Passions-Oratorium. *See* Loewe (J. C. G.)

SUESSMAYER (Franz Xaver)

—— Missa solemnis in D. a canto, alto, tenore, basso. Violinis, obois, fagottis, trombonis, cornis, clarinis, in duobus, viola di alto, violoncello et basso, tympano et organo. [Parts.] 20 pt. *Au magasin de l'imprimerie chimique: Vienne,* [1810?] fol. Hirsch IV. **1704.**
Lithographed throughout.

SUESSMAYER (Franz Xaver)

—— [Solimann der Zweite.—Tändeln und Scherzen.] *See* Beethoven (L. van) VIII. Variations pour le clavecin ou piano-forte sur le trio: Tändeln und Scherzen de l'opera Soliman oder die drey Sultaninnen [by F. X. Suessmayer] . . . Nro. 10. [1804?] *obl.* fol. Hirsch M. **68.**

SUL.

—— Sul margine del rio. Canzonetta. pp. 2. *N. Corri: Edin^r,* [1808?] fol. Hirsch M. **1275. (23.)**
Watermark date 1808.

SUMMER.

—— [Another copy.] Sumer is icumen in. By Jamieson B. Hurry . . . Second edition. *London,* 1914. 8°. Hirsch M. **585.**

SUPPÉ (Franz von)

—— Boccaccio. Komische Oper in 3 Acten von F. Zell u. Rich. Genée. [Score.] pp. 575. *Aug. Cranz: Hamburg; Huss et Beer: Stockholm,* [1880?] fol. Hirsch II. **906.**
The colophon reads "Autografirt von L. Weiskirchner. Wien."

SUPPÉ (Franz von)

—— Fatinitza. Komische Oper in 3 Acten mit Benützung eines dem Faublas entlehnten älteren französ: Stoffes von F. Zell & R. Genée. [Score.] pp. 504. [1877?] fol. Hirsch II. **907.**
The colophon reads "Autografirt von L. Weiskirchner. Wien 877."

SVENDSEN (Johan Severin)

—— "Romeo und Julia" . . . Op. 18. [Score.] pp. 56. *Breitkopf & Härtel: Leipzig,* [1893.] 8°. Hirsch M. **586.**
Part of "Partitur-Bibliothek. Gruppe III."

SWEELINCK (Jan Pieterszoon)

—— [Another copy.] Werken . . . uitgegeven door de Vereeniging voor Noord-Nederlands Muziekgeschiedenis. 10 dl. *s' Gravenhage; Leipzig,* 1894–1901. fol. Hirsch IV. **1022.**

SWEELINCK (Jan Pieterszoon)

—— [Cantiones sacrae.] "Hodie Christus natus est" (1619), cantio sacra für Sopran I, II, Alt, Tenor und Bass mit Orgelbegleitung, *etc.* ⟨Bearbeitet von Max Seiffert.⟩ pp. 10. *Fr. Kistner & C. F. W. Siegel: Leipzig,* [1924.] fol. [*Organum.* Reihe 1. no. 11.] Hirsch M. **1204.**

SWEELINCK (Jan Pieterszoon)

—— [Que requerir.] Chanson. "Von der Liebe Sehnsucht" (1608) (Clement Marot), für Sopran, Alt, Tenor und Bass. Partitur, *etc.* ⟨Nach den beiden Unterstimmen ergänzt, übersetzt und bearbeitet von Max Seiffert.⟩ pp. 9. *Fr. Kistner & C. F. W. Siegel: Leipzig,* [1924.] fol. [*Organum.* Reihe 2. no. 2.] Hirsch M. **1204.**

SWEELINCK (Jan Pieterszoon)

—— Die spröde Schöne. *See infra:* [*Tes beaux yeux.*]

SWEELINCK (Jan Pieterszoon)

—— [Tes beaux yeux.] Chanson. "Die spröde Schöne" [from "Le Rossignol musical"] (1597), für Sopran, Alt, Tenor und Bass. Partitur, *etc.* ⟨Übersetzt und bearbeitet von Max Seiffert.⟩ pp. 6. *Fr. Kistner & C. F. W. Siegel: Leipzig,* [1924.] fol. [*Organum.* Reihe 2. no. 3.] Hirsch M. **1204.**

SWEELINCK (Jan Pieterszoon)

—— [Tu as tout seul.] "Vom Jan, der alles hat" . . . für fünfstimmigen gemischten Chor (Sopran I, II, Alt, Tenor, Bass). Partitur. ⟨Übersetzt und bearbeitet von Max Seiffert.⟩ pp. 7. *Fr. Kistner & C. F. W. Siegel: Leipzig,* [1924.] fol. [*Organum.* Reihe 2. no. 1.] Hirsch M. **1204.**

SWEELINCK (Jan Pieterszoon)

—— Vom Jan, der alles hat. *See supra:* [*Tu as tout seul.*]

SWEELINCK (Jan Pieterszoon)

—— Von der Liebe Sehnsucht. *See supra:* [*Que requerir.*]

T., W.

—— *See* Paganini (N.) Stammbuchblatt . . . Mit Zusätzen von M. H., J. M. und W. T. [1842.] fol. [*Sammlung von Musik-Stücken . . . als Zulage zur neuen Zeitschrift für Musik.* Hft. 16.] Hirsch M. **1134.**

TADOLINI (Giovanni)

—— Mon étoile. Romance. pp. 3. *Chez Bernard-Latte: Paris,* [1845?] fol. Hirsch M. **1297. (56.)**

TAENNLEIN.

—— Ein Tännlein grünet. *Mörike Denk' es, o Seele!* [Song.] *Gedruckt auf der lithographischen Handpresse von H. Birkholz: Berlin,* [1922?] 8°. Hirsch M. **662.**

TAGES.
—— Des Tages Weihe. Hymne. *See* SCHUBERT (F. P.)

TAGLIAPIETRA (GINO)
—— Antologia di musica antica e moderna per pianoforte. 18 vol. *G. Ricordi & C.: Milano*, 1931, 32. 4°.
Hirsch IV. **1023**.

TALEXY (ADRIEN)
—— Diane. Polka mazurka pour le piano . . . No. 1, à 2 mains, *etc.* pp. 7. *Brandus & c^ie: Paris*, [1850?] fol.
Hirsch M. **1295. (12.)**

TALEXY (ADRIEN)
—— Diane. Polka mazurka, pour le piano . . . à deux mains. pp. 9. *Chez les fils de B. Schott: Mayence*, [1855?] fol.
Hirsch M. **1304. (37.)**

TALEXY (ADRIEN)
—— Musidora. Célèbre polka mazurka . . . pour piano. 2e édition, *etc.* pp. 5. *Alex. Brullé: Paris*, [1850?] fol.
Hirsch M. **1295. (5.)**

TALEXY (ADRIEN)
—— Musidora. Célèbre polka-mazurka pour piano. pp. 5. *Chez G. André: Philadelphia*, [1854?] fol.
Hirsch M. **1312. (18.)**

TALEXY (ADRIEN)
—— Thalie. Polka mazurka, pour piano. pp. 5. *Chez les fils de B. Schott: Mayence*, [1852?] fol.
Hirsch M. **1304. (38.)**

TALEXY (ADRIEN)
—— Thérésine. Polka-mazurka, pour le piano. pp. 5. *Chez les fils de B. Schott: Mayence*, [1853?] fol.
Hirsch M. **1304. (39.)**

TAMINO.
—— Tamino mio. Duetto. *See* MOZART (W. A.) [*Die Zauberflöte.*]

TANNAKER (   )
—— Japanese Village. Waltz. [P.F.] pp. 3. *The Proprietors of the Japanese Native Village: Lewisham*, [1885?] fol.
Hirsch M. **1315. (22.)**

TÄNNLEIN. *See* TAENNLEIN.

TANZLIED.
—— Tanzlied. [Song.] *See* MARSCHNER (H. A.) Der fahrende Schüler . . . 168. Werk. [No. 4.]

TANZLUSTIGE.
—— Das tanzlustige Mädchen. [Song.] *See* TSCHIERSKY (W.)

TAPPERT (WILHELM)
—— [Another copy.] Sang und Klang aus alter Zeit, *etc.* **F.P.** *Berlin*, [1906.] *obl.* 4°.
Hirsch M. **587**.

TASCHEN LIEDERBUCH.
—— Das Taschen Liederbuch. Eine Auswahl von Liedern . . . Mit den Melodien der Lieder und Guitarrebegleitung. pp. 192. *P. Ambrosi: Passau*, 1828. 8°.
Hirsch III. **1120**.

TASCHENBUCH.
—— Taschenbuch für Musik-Freunde. pp. 38. *Bei Georg Friedrich Kraus: Wien*, [1820?] *obl.* 8°.
Hirsch III. **1119**.

TASCHENSPIELER GALOPADE.
—— Neue Taschenspieler Galopade für's Piano-forte. *Bey G. H. Hedler: Frankfurt a/m.*, [1840?] 8°.
Hirsch M. **1312. (20.)**

TAUBERT (CARL GOTTFRIED WILHELM)
—— La Campanella. Elégie et idylle. Étude concertante suivie de deux études de concert, pour le pianoforte . . . Op. 41. No. 1. pp. 11. *Chez A^d Mt Schlesinger: Berlin*, [1839.] fol.
Hirsch M. **1303. (22.)**

TAUBERT (CARL GOTTFRIED WILHELM)
—— Präludium für Pianoforte. [1840.] *See* PERIODICAL PUBLICATIONS.—Leipsic.—*Neue Zeitschrift für Musik.* [Sammlung von Musik-Stücken, *etc.*] Hft. 10. [1838, *etc.*] fol.
Hirsch M. **1134**.

TAUSIG (CARL)
—— *See* BACH (J. S.) Das wohltemperirte Clavier. Ausgewählte Präludien und Fugen bearbeitet und herausgegeben von C. Tausig, *etc.* [1869.] fol. Hirsch M. **690**.

TELEMANN (GEORG PHILIPP)
—— Drei Dutzend Klavierfantasien. *See infra:* [*Fantaisies pour le clavessin, 3 douzaines.*]

TELEMANN (GEORG PHILIPP)
—— [Fantaisies pour le clavessin, 3 douzaines.] Drei Dutzend Klavierfantasien . . . Herausgegeben von Max Seiffert. Dritte Auflage. pp. 75. *Im Bärenreiter-Verlag: Kassel*, 1935. 8°. [*Veröffentlichungen der Musikbibliothek Paul Hirsch.* Reihe 1. Bd. 4.]
Hirsch M. **194**.

TELEMANN (GEORG PHILIPP)
—— Zwölf Fantasien, für die Geige allein, aus dem Jahre 1735. Herausgegeben von Albert Küster. (Spielanweisung von Dr. Rud. Budde.) pp. 60. *Georg Kallmeyer Verlag: Wolfenbüttel, Berlin*, 1927. *obl.* 8°.
Hirsch M. **588**.

TELEMANN (GEORG PHILIPP)
—— Pimpinone, oder die ungleiche Heirat. Ein lustiges Zwischenspiel. Herausgegeben von Th. W. Werner. [With a portrait and facsimiles.] pp. xv. 105. *B. Schott's Söhne: Mainz*, 1936. fol. [*Das Erbe deutscher Musik.* Reihe 1. Reichsdenkmale. Bd. 6.]
Hirsch IV. **960**.

TELEMANN (Georg Philipp)
—— Singe-, Spiel- und Generalbass-Übungen . . . Neu herausgegeben von Max Seiffert. pp. x. 49. **F.P.**
Leo Liepmannssohn: Berlin, 1914. 8°. Hirsch M. **589**.
Veröffentlichungen der Ortsgruppe Berlin der Internationalen Musikgesellschaft. no. 2.

TELEMANN (Georg Philipp)
—— Singe-, Spiel- und Generabass-Übungen . . . Herausgegeben von Max Seiffert. Vierte Auflage. pp. ix. 49.
Bärenreiter-Verlag: Kassel, 1935. 8°. Hirsch M. **590**.

TELEMANN (Georg Philipp)
—— Sonate. (C moll) für Flöte oder Violine mit Cembalobegleitung (Fortsetzung der " Methodischen Sonaten," 1732, Nr. 2). ⟨Bearbeitet von Max Seiffert.⟩ [Parts.] 2 pt. *Fr. Kistner & C. F. W. Siegel: Leipzig,* [1924.] fol.
[*Organum.* Reihe 3. no. 7.] Hirsch M. **1204**.

TELEMANN (Georg Philipp)
—— Sonate (B dur) für Flöte oder Violine mit Cembalobegleitung (Fortsetzung der " Methodischen Sonaten," 1732, Nr. 4). ⟨Bearbeitet von Max Seiffert.⟩ [Parts.] 2 pt. *Fr. Kistner & C. F. W. Siegel: Leipzig,* [1924.] fol.
[*Organum.* Reihe 3. no. 8.] Hirsch M. **1204**.

TESTAMENT ET LES BILLETS DOUX.
—— Le Testament et les billets doux. Opéra comique. *See* AUBER (D. F. E.)

TEUFEL.
—— Der Teufel. [Song.] *See* LOEWE (J. C. G.) 3 Balladen . . . Op. 129. 1.

THALBERG (Sigismund)
—— Deux nocturnes . . . pour le pianoforte . . . Oeuvre 16. pp. 15. *Chez Tob. Haslinger: Vienne,* [1836.] fol.
Hirsch M. **1304**. (**40**.)
Compositions modernes et brillantes. cah. 4.

THAMOS, KOENIG IN EGYPTEN.
—— Thamos, König in Egypten. Historisches Drama. *See* MOZART (W. A.)

THERESENS KLAGEN.
—— Theresens Klagen über den Tod ihrer unglücklichen Mutter Maria Antonia. Cantate. *See* BAUMBACH (F. A.)

THEY.
—— They bid me forget thee. Ballad. *See* BLACKWOOD (Helen S.) *Baroness Dufferin, etc.* [*A Set of ten Songs, etc.* No. 1.]

THEY.
—— They may talk of Flying Cinders. *Pat of Mullingar.* [Song, melody by J. Calcott the younger.] Written and sung by Harry Sydney. pp. 4. *W. Williams: London,* [1860?] fol. Hirsch M. **1317**. (**10**.)

SIG. 52.—PART 53.

THIERFELDER (Albert)
—— *See* ROSTOCK LOW-GERMAN SONGBOOK. Rostocker Niederdeutsches Liederbuch vom Jahre 1478 . . . mit einer Auswahl von Melodien von A. Thierfelder, etc. 1919. 16°.
Hirsch M. **490**.

THIERRY (Amalia)
—— Die Ideale, von F. Schiller, in Musik gesetzt für's Forte-Piano. [Song.] pp. 11. *Bey Iohann August Böhme: Hamburg,* [1805?] obl. fol. Hirsch III. **1125**.

THOMAS (Charles Louis Ambroise)
—— Hermann et Ketty. Scène lyrique . . . Partition, etc. pp. 55. *Chez Richault: Paris,* [1832?] fol.
Hirsch III. **1126**.

THOMAS (Wilhelm)
—— *See* AMELN (K.) Handbuch der deutschen evangelischen Kirchenmusik . . . herausgegeben von K. Ameln . . . W. Thomas, etc. 1935 [1933–39]. 8°. Hirsch M. **1**.

THOMPSON (J.) *of the Theatre Royal, Drury Lane.*
—— Adrienne Polka, for the pianoforte, *etc.* [With cornet]. [Parts.] 2 pt. *Charles Ollivier: London,* [1850?] fol.
Hirsch M. **1307**. (**10**.)

THOMSON (Andrew) *Violinist.*
—— The Balmoral Quadrilles, as performed at the Palace. Arranged from Scottish melodies by A. Thomson. [P.F.] pp. 5. *I. Muir Wood & Co.: Glasgow; Cramer, Chappell, Addison, Campbell & Ransford: London,* [1845?] fol.
Hirsch M. **1310**. (**22**.)

THOMSON (George)
—— Thomson's Collection of the Songs of Burns, Sir Walter Scott . . . and other . . . poets . . . united to the Select Melodies of Scotland, and of Ireland & Wales. With symphonies and accompaniments for the piano forte by Pleyel, Haydn, Beethoven &c. the whole composed for & collected by G. Thomson . . . in six volumes. 6 vol.
Preston: London; G. Thomson: Edinburgh, [1825.] 8°.
Hirsch IV. **455**. b.

THOMSON (George)
—— [Another copy.] A Select Collection of original Irish Airs for the Voice, *etc.* [With plates, and with the violin accompaniment to vol. 2.] *London; Edinburgh,* [1814, 16.] fol. Hirsch IV. **454**.
Imperfect; wanting the violin accompaniment to vol. 1, *and the violoncello accompaniment to vol.* 1 *and* 2.

THOMSON (George)
—— [Another copy.] A Select Collection of original Scottish Airs, *etc.* vol. 5. 2 pt. *London; Edinburgh,* 1818. fol.
Hirsch IV. **368**.

THOMSON (George)

—— A Select Collection of Original Scottish Airs for the Voice, with introductory & concluding Symphonies and Accompaniments for the Piano Forte, Viol[n] or Flute & Violoncello by Pleyel, Haydn, Weber, Beethoven &c. With ... verses ... adapted to the airs including upwards of one hundred songs by Burns. The whole collected by G. Thomson, etc. ⟨New edition, 1826. With many additions & improvements.⟩ 5 vol.   *Preston: London; G. Thomson: Edinburgh,* 1826. fol.   Hirsch IV. **1705.**

In vol. 3 and 4 all the accompaniments are by Haydn. The accompaniments are catalogued separately.

THOMSON (George)

—— Violino o Flauto Accompaniment to the Select Collection of Original Scottish Airs for the Voice, *etc.* ⟨New edition, 1826.⟩ 5 vol. pp. 81.   *Preston: London; G. Thomson: Edinburgh,* 1826. fol.   Hirsch IV. **1705.** a.

The titlepage of vol. 1 is mutilated.

THOMSON (George)

—— [Another copy.] [Violoncello Accompaniment to the Select Collection of original Scotish Airs for the voice ... In five volumes.] vol. 5. [*London; Edinburgh,* 1818?] fol.   Hirsch IV. **368.** a.

Without titlepage.

THOMSON (George)

—— Violoncello Accompaniment to the Select Collection of Original Scottish Airs for the Voice, *etc.* ⟨New edition, 1826.⟩ 5 vol. pp. 52.   *Preston: London; G. Thomson: Edinburgh,* 1826. fol.   Hirsch IV. **1705.** b.

The titlepage of vol. 1 is mutilated.

THOMSON (George)

—— [Another copy.] A Select Collection of original Welsh Airs, *etc. London; Edinburgh,* [1809–17.] fol.   Hirsch IV. **455.**

Imperfect; wanting the violoncello accompaniment to vol. 1, the violin accompaniment to vol. 3.

THOMSON (George)

—— The Select Melodies of Scotland, interspersed with those of Ireland and Wales. United to the songs of Rob[t] Burns, Sir Walter Scott ... and other distinguished poets; with symphonies & accompaniments for the piano forte by Pleyel, Kozeluch, Haydn & Beethoven. The whole composed for and collected by George Thomson ... in five volumes. 5 vol.   *Preston: London; G. Thomson: Edinburgh,* 1822, [23.] 8°.   Hirsch IV. **455.** a.

THYS (Alphonse)

—— Fiez vous donc aux fleurs. [Song.] Paroles d'Émile Barateau.   *Chez Janet frères: Paris,* [1845?] fol.   Hirsch M. **1297.** (60.)

THYS (Alphonse)

—— La Gentille andalouse. [Song.] Paroles de Mr de Richemont.   *Chez Janet frères: Paris,* [1845?] fol.   Hirsch M. **1297.** (59.)

TI.

—— Ti riverisco. Air. *See* PAISIELLO (G.) [*I Zingari in fiera.*]

TIERSOT (Julien)

—— *See* GLUCK (C. W. von) [*Demofoonte.*] 1er acte de l'opéra Demofoonte (1742) ... Airs et marche transcrits et publiés par J. Tiersot. 1914. 8°. [*Veröffentlichungen der Gluckgesellschaft.* no. 1.]   Hirsch M. **940.**

TINEL (Edgar)

—— [Another copy.] Franciscus ... Oratorium ... Op. 36. Orkest-partituur, *etc. Leipzig und Brüssel,* 1890. fol.   Hirsch IV. **924.**

Without the list of errata.

TIRE.

—— Tire la ficelle ma femme. [Song.] *See* JOSSE (J. B.)

TIRINANZI (Nannette)

—— Huit variations sur l'air Quand l'amour naquit à Cythère, *etc.* [P.F.] pp. 23.   *Chez G. H. Keyser et comp.: Ratisbonne,* [1801.] obl. fol.   Hirsch III. **541.**

Lithographed throughout.

TO.

—— To Rosa. Duett. *See* KNYVETT (William)

TOCH (Ernst)

—— Die Prinzessin auf der Erbse. Musikmärchen in einem Aufzug nach Andersen von Benno Elkan ... Opus 43. Partitur. pp. 75.   *B. Schott's Söhne: Mainz,* [1927.] fol.   Hirsch II. **908.**

TOD.

—— Tod und Tödin. Ballade. *See* LOEWE (J. P. G.)

TODTEN-GRAEBER.

—— Der Todten-Graeber. [Song.] *See* FRITZE (J. C.)

TOLBECQUE (Jean Baptiste Joseph)

—— Une Soirée de vaudeville. Quadrilles de contredanses sur des motifs connus, pour le piano, avec acc[t] de violon, flûte ou flageolet (ad libitum).   *Chez J. Meissonnier: Paris,* [1835?] obl. fol.   Hirsch M. **591.** (1.)

Imperfect; wanting the accompaniments.

TOLBECQUE (Jean Baptiste Joseph)

—— Quadrille de contredanses pour le piano forte avec accompt. de flûte ou violon, ou flageolet (ad lib.), composé sur des motifs du Dilettante d'Avignon [by J. F. F. E. Halévy]. ⟨Piano.⟩ pp. 5.   *Chez Maurice Schlesinger: Paris,* [1830?] obl. fol.   Hirsch M. **591.** (10.)

TOLBECQUE (Jean Baptiste Joseph)

—— Quadrille de contredanses sur les plus jolis motifs de Marie, musique d'Hérold, arrangé pour le piano, avec accomp[t] de flûte ou violon, ou flageolet ad libitum. ⟨Piano.⟩   *Chez J. Meissonnier: Paris,* [1830?] obl. fol.   Hirsch M. **591.** (2.)

Imperfect; wanting the accompaniments.

TOLBECQUE (JEAN BAPTISTE JOSEPH)
—— Quadrille de contredanses sur les plus jolies motifs de Masaniello, musique de M. Carafa, arrangé pour le piano, avec accomp^t de flûte ou violon, ou flageolet, ad libitum. [P.F.] *Chez Frère: Paris*, [1830?] obl. fol.
Hirsch M. **591**. (6.)
Imperfect; wanting the accompaniment.

TOLBECQUE (JEAN BAPTISTE JOSEPH)
—— Trois quadrilles de contredanses pour le piano avec accompagnement de violon, flûte ou flageolet ad libitum, composés sur des motifs de Fra Diavolo [by D. F. E. Auber.] ... 1er quadrille. [P.F.] *Chez E. Troupenas: Paris*, [1830?] obl. fol. Hirsch M. **591**. (3.)
Imperfect; wanting quadrille no. 2, 3, and the accompaniments to no. 1.

TOLBECQUE (JEAN BAPTISTE JOSEPH)
—— Trois quadrilles de contredanses pour le piano, avec accomp^t de violon, flûte ou flageolet (ad libitum), composés sur des motifs de Guillaume Tell [by G. A. Rossini] ... 1er quadrille. ⟨Piano.⟩ *Chez E. Troupenas: Paris*, [1830?] obl. fol. Hirsch M. **591**. (9.)
Imperfect; wanting quadrilles no. 2, 3, and the accompaniments to quadrille no. 1.

TOLBECQUE (JEAN BAPTISTE JOSEPH)
—— Trois quadrilles de contredanses pour le piano, avec accomp^t de violon, flûte ou flageolet (ad libitum), sur des motifs de La Muette de Portici ... quadrille [no. 1 and 2]. [P.F.] *Chez E. Troupenas: Paris*, [1830?] obl. fol.
Hirsch M. **591**. (5.)
Imperfect; wanting quadrille no. 3 and the accompaniments to quadrille no. 1 and 2.

TOLBECQUE (JEAN BAPTISTE JOSEPH)
—— Deux quadrilles de contredanses pour piano avec acc^t de violon, flûte ou flageolet ad libitum, sur des motifs du Siège de Corinthe de Rossini ... Quadrille [no. 2]. ⟨Piano.⟩ *Chez E. Troupenas: Paris*, [1830?] obl. fol.
Hirsch M. **591**. (7.)
Imperfect; wanting quadrille no. 1 and the accompaniments to no. 2.

TOLBECQUE (JEAN BAPTISTE JOSEPH)
—— Trois quadrilles de contredanses sur des motifs de La Fiancée [by D. F. E. Auber], composés pour piano avec acct. de violon, flûte ou flageolet (ad libitum). 1er ⟨2e.⟩ quadrille. ⟨Piano.⟩ *Chez E. Troupenas: Paris*, [1830?] obl. fol. Hirsch M. **591**. (4.)
Imperfect; wanting quadrille no. 3, and the accompaniments to no. 1 and 2.

TOLBECQUE (JEAN BAPTISTE JOSEPH)
—— Deux quadrilles de contredanses et une walse brillante sur des motifs du Comte Ory [by G. A. Rossini], pour le piano avec accompagnement de violon, flûte ou flageolet (ad libitum) ... No. [2]. ⟨Piano.⟩ *Chez E. Troupenas: Paris*, [1830?] obl. fol. Hirsch M. **591**. (8.)
Imperfect; wanting quadrille no. 1, the " walse brillante," and the accompaniments to quadrille no. 2.

TOM.
—— Tom der Reimer. [Song.] *See* LOEWE (J. C. G.)

TOMAŠEK (VACLAV JAN)
—— An den Mond. [Song.] Gedicht von Göthe ... für die Guitarre eingerichtet. *Beÿ B. Schott's Söhnen: Mainz*, [1824?] 8°. Hirsch M. **1300**. (24.)

TOMAŠEK (VACLAV JAN)
—— Sonate & rondeau pour le piano forte. pp. 37. *Chez Jean George Naigueli: Zuric*, [1805.] obl. fol. [*Répertoire des clavecinistes.* suite 14.] Hirsch IV. **1012**.

TONI (ALCEO)
—— *See* BOCCHERINI (L.) Sonate per violoncello e pianoforte a cura di A. Toni. [1919.] 4°. [*Classici della musica italiana.* quaderno 3.] Hirsch IV. **951**.

TONI (ALCEO)
—— *See* PORPORA (N. A.) Sonate per violino e pianoforte a cura di A. Toni. [1919.] 4°. [*Classici della musica italiana.* quaderno 25.] Hirsch IV. **951**.

TOMBEAU.
—— Le Tombeau de Rolland. [Song.] *See* ROMAGNESI (A.)

TORCHI (LUIGI)
—— [Another issue.] L'Arte musicale in Italia, *etc.* 7 vol. *Milano*, [1898–1907.] 4°. Hirsch IV. **1024**.

TORNI.
—— Torni alfin ridente. Aria. *See* ROSSINI (G. A.) [*Tancredi.*]

TOVEY (Sir DONALD FRANCIS)
—— [Another copy.] Concerto in C major for Violoncello and full Orchestra ... Op. 40, *etc.* [Score.] *London*, [1937.] 4°. Hirsch M. **1243**.

TRADIMI.
—— Tradimi il caro ben. Cavatina. *See* ROSSINI (G. A.) [*Tancredi.*]

TRADITOR.
—— Il Traditor deluso. [Song.] *See* SCHUBERT (F. P.)

TRAUM.
—— Der Traum der Wittwe. [Song.] *See* LOEWE (J. C. G.)

TRAUMBILD.
—— Das Traumbild. [Song.] *See* LANG (J.)

TRAURIGER.
—— Der traurige Mönch. Declamation. *See* LISZT (F.)

TRIBULATIONS.
—— Les Tribulations d'un anglais. [Song.] *See* MEURIOT (J. P.)

TRINKLIED.

—— Trinklied aus dem 14ten Jahrhundert. [Part-song.] *See* SCHUBERT (F. P.)

TRITTO (GIACOMO)

—— Da te mio ben dipende. *Duett. Ital. & Ger.* pp. 11. *In der Falter'schen Musikhandlung: München*, [1810?] *obl.* fol.
Hirsch M. **1278.** (15.)
Lithographed throughout. Part of " Auswahl von Arien."

TROCKNE.

—— Trockne Blumen. [Song.] *See* SCHUBERT (F. P.) [*Die schöne Müllerin. Op.* 25. *No.* 18.]

TROMPEZ.

—— Trompez-moi, trompons-nous! [Song.] *See* BEAUPLAN (A. de) *pseud.*

TROP.

—— Trop tard! Romance. *See* LENORMAND (L.)

TRUHN (FRIEDRICH HIERONYMUS)

—— An die Kunstgenossen, von Deinhardstein, für Männerstimmen. [1840.] *See* PERIODICAL PUBLICATIONS.—Leipsic.—*Neue Zeitschrift für Musik.* [*Sammlung von Musik-Stücken, etc.*] [1838, *etc.*] fol. Hirsch M. **1134.**

TRUHN (FRIEDRICH HIERONYMUS)

—— Das arme Kind (Gedicht von Otto Weber) für eine Singstimme mit Begleitung des Pianoforte ... Op. 4. pp. 5. *Bechtold & Hartje: Berlin*, [1833.] *obl.* fol.
Hirsch III. **1131.**

TRUZZI (LUIGI)

—— *See* ROSSINI (G. A.) [*Bianca e Falliero.*] Sinfonia, *etc.* [In fact, the complete opera arranged for P.F. by — Abate, — Panizza, L. Truzzi, and D. Brogialdi.] [1835?] *obl.* fol.
Hirsch IV. **1252.**

TRUZZI (LUIGI)

—— *See* VERDI (F. G. F.) Ernani ... Riduzione per pianoforte solo di L. Truzzi. [1845?] *obl.* fol. Hirsch M. **613.**

TRUZZI (LUIGI)

—— *See* VERDI (F. G. F.) Nabucodonosor ... Riduzione per pianoforte solo di L. Truzzi. [1842?] *obl.* fol.
Hirsch M. **614.**

TRUZZI (LUIGI)

—— *See* VERDI (F. G. F.) La Traviata ... Riduzione per pianoforte solo di L. Truzzi e E. Muzio. [1855?] *obl.* fol.
Hirsch M. **615.**

TSCHAIKOWSKY (PETR ILITSCH)

—— [Casse-Noisette.] Suite pour grande orchestre tirée de la partition du ballet " Casse-Noisette." (Der Nussknacker) ... Op. 71a. Partition d'orchestre, *etc.* pp. 119. *D. Rahter: Hamburg & Leipzig*, [1892.] fol.
Hirsch M. **1244.**

TSCHAIKOWSKY (PETR ILITSCH)

—— Concert (No. 1, B moll) für Pianoforte mit Begleitung des Orchesters oder eines zweiten Pianoforte ... Op. 23. Neue, vom Componisten revidirte Ausgabe. Partitur, *etc.* pp. 153. *D. Rahter: Hamburg*, [1890.] 8°.
Hirsch M. **592.**

TSCHAIKOWSKY (PETR ILITSCH)

—— Concerto für Violine mit Begleitung des Orchesters oder des Pianoforte ... Op. 35. Neue, vom Componisten revidirte Ausgabe. Partitur, *etc.* pp. 121. *D. Rahter: Hamburg*, [1890.] 8°. Hirsch M. **593.**

TSCHAIKOWSKY (PETR ILITSCH)

—— Francesco da Rimini. Fantaisie pour orchestre. Partition, *etc.* pp. 117. *Chez E. Bote & G. Bock: Berlin*, [1880?] 8°. Hirsch M. **594.**

TSCHAIKOWSKY (PETR ILITSCH)

—— Manfred. Symphonie en quatre tableaux d'après le poème dramatique de Byron ... Op. 58. Partition d'orchestre, *etc.* pp. 287. *P. Jurgenson: Moscou, Leipzig*, [1905?] 8°. Hirsch M. **595.**

TSCHAIKOWSKY (PETR ILITSCH)

—— 1812. Торжественная увертюра для большаго оркестра ... Op. 49. Партитюра, *etc.* pp. 75. *у П. Юргенсона: Москва*, [1880.] 8°. Hirsch M. **596.**
The titlepage is printed in colours. The cover bears the title in German.

TSCHAIKOWSKY (PETR ILITSCH)

—— [Another copy.] Ouverture pour le drame " L'Orage " de A. N. Ostrovsky, pour orchestre ... Op. 76. (Oeuvre posthume.) Partition d'orchestre. pp. 78. *M. P. Belaieff: Leipzig*, 1896. 8°. Hirsch M. **597.**
The titlepage is printed in colours. The cover bears the title in Russian.

TSCHAIKOWSKY (PETR ILITSCH)

—— [Another copy.] Roméo et Juliette. Ouverture-Fantaisie ... Partition d'orchestre, *etc.* *Berlin*, [1869.] 8°. Hirsch M. **598.**

TSCHAIKOWSKY (PETR ILITSCH)

—— Sérénade pour orchestre à cordes ... Op. 48. ⟨Partition.⟩ pp. 67. *Chez P. Jurgenson: Moscou*, [1880.] 8°.
Hirsch M. **600.**
The cover bears the title in Russian.

TSCHAIKOWSKY (PETR ILITSCH)

—— Suite. 1. Introduction u. Fuga. 2. Divertissement. 3. Andante. 4. Marche miniature. 5. Scherzo. 6. Gavotte. Für grosses Orchester ... Op. 43. pp. 138. *D. Rahter: Hamburg*, [1880.] 8°. Hirsch M. **601.**

TSCHAIKOWSKY (PETR ILITSCH)

—— Suite No. 2. (Caracteristique.) 1. Jeu de sons. 2. Valse. 3. Scherzo humoristique. 4. Rêves d'enfant. 5. Danse baroque (style Dargomijsky). Pour orchestre ... Op. 53. Partition d'orchestre, *etc.* pp. 185. *Ries & Erler: Berlin*, [1884.] 8°. Hirsch M. **602.**

TSCHAIKOWSKY (Petr Ilitsch)
—— Suite No. 3 pour orchestre. I. Elégie, II. Valse mélancolique, III. Scherzo, IV. Tema con variazioni ... Op. 55. Partition, *etc.* pp. 235. *Ed. Bote & G. Bock: Berlin & Posen,* [1885.] 8°. Hirsch M. **603**.

TSCHAIKOWSKY (Petr Ilitsch)
—— [Another copy.] Зимнія грезы. 1.ая Симфонія G-moll ... Соч. 13. ... Партитура, *etc. Москва,* [1880?] 8°. Hirsch M. **604**.
The cover bears the title in French.

TSCHAIKOWSKY (Petr Ilitsch)
—— 2me Symphonie (en do min.) ... Op. 17. Partition d'orchestre, *etc.* pp. 179. *Chez B. Bessel et c^{ie}: St. Pétersbourg,* [1873?] 8°. Hirsch M. **605**.
With two pages of " Erreurs " inserted.

TSCHAIKOWSKY (Petr Ilitsch)
—— Третья симфонія для большаго оркестра ... Соч. 29. Партитура, *etc. у П. Юргенсона: Москва,* [1880?] 8°. Hirsch M. **606**.
The cover bears the title in French.

TSCHAIKOWSKY (Petr Ilitsch)
—— Vierte Symphonie (F moll) für grosses Orchester ... Op. 36. Partitur, *etc.* pp. 225. *D. Rahter: Hamburg,* [1880.] 8°. Hirsch M. **607**.

TSCHAIKOWSKY (Petr Ilitsch)
—— Fünfte Symphonie für grosses Orchester. Op. 64. Partitur, *etc.* pp. 211. *D. Rahter: Hamburg,* [1889.] 8°. Hirsch M. **608**.

TSCHAIKOWSKY (Petr Ilitsch)
—— [Another copy.] Symphonie pathétique. No. 6 ... Op. 74. Orchester-Partitur, *etc. Leipzig,* [1894.] 8°. Hirsch M. **609**.

TSCHAIKOWSKY (Petr Ilitsch)
—— Symphonie pathétique. No. 6. Op. 74 ... Taschen-Partitur-Ausgabe, *etc.* pp. 233. *Rob. Forberg: Leipzig,* [1906.] 8°. Hirsch M. **610**.

TSCHAIKOWSKY (Petr Ilitsch)
—— [Another copy.] La Tempête. Fantaisie pour orchestre. Op. 18. Partition d'orchestre, *etc. Hamburg et Leipzig,* [1885?] 8°. Hirsch M. **611**.

TSCHIERSKY (Wilhelmine)
—— Das kranke Landmädchen. [Song.] ... mit Guitarre Begleitung von C. Büttinger. *Bei B. Schott Söhnen: Mainz,* [1824?] 8°. Hirsch M. **1300. (25.)**

TSCHIERSKY (Wilhelmine)
—— Das tanzlustige Mädchen. [Song.] ... Mit Guitarre Begleitung von C. Büttinger. *Bei B. Schott Söhnen: Mainz,* [1824?] 8°. Hirsch M. **1300. (26.)**

TU.
—— Tu le veux donc. Romance. *See* Paer (F.)

TUCHER (Gottlieb von) *Baron.*
—— Kirchengesänge der berühmtesten älteren italiänischen Meister gesammelt ... von G. Freyherr von Tucher. Partitur. 2 Lfg. *Bey Mathias Artaria: Wien,* [1827.] fol. Hirsch IV. **925**.

TUNDER (Franz)
—— Arie: " Ach Herr, lass deine lieben Engelein," für Sopran, mit Streichorchester und Orgel. Partitur, *etc.* ⟨Bearbeitet von Max Seiffert.⟩ pp. 9. *Fr. Kistner & C. F. W. Siegel: Leipzig,* [1924.] fol. [*Organum.* Reihe 1. no. 7.] Hirsch M. **1204**.

TUNDER (Franz)
—— Aria: " Ein kleines Kindelein," für Sopran mit Streichorchester und Orgel. Partitur, *etc.* ⟨Bearbeitet von Max Seiffert.⟩ pp. 6. *Fr. Kistner & C. F. W. Siegel: Leipzig,* [1924.] fol. [*Organum.* Reihe 1. no. 4.] Hirsch M. **1204**.

TUNDER (Franz)
—— Kantate Hosianna dem Sohne David. Klavierauszug (W. Hinnenthal). Tempo- u. Vortrags-Bezeichn. v. Heinr. Kaminski. pp. 22. *Bielefeld,* 1931. 8°. Hirsch M. **612**.

TUNDER (Franz)
—— 4 Praeludien. ⟨Herausgegeben von Max Seiffert.⟩ [Organ.] pp. 18. *Fr. Kistner & C. F. W. Siegel: Leipzig,* [1925.] fol. [*Organum.* Reihe 4. Hft. 6.] Hirsch M. **1204**.

TYROLESE SONGS.
—— Vier ächte Tyroler-Lieder für Sopran-Solo oder für vier Stimmen mit willkührlicher Begleitung des Piano-Forte. Gesungen von den Geschwistern Strasser aus dem Zillerthale. pp. 5. *Bei A. R. Friese: Dresden,* [1840?] obl. fol. Hirsch M. **1291. (18.)**

UHLIG (Theodor)
—— *See* Wagner (W. R.) Lohengrin ... Vollständiger Klavierauszug von T. Uhlig. [1880?] fol. Hirsch M. **1248**.

UHR.
—— Die Uhr der Liebe. [Song.] *See* Reichardt (J. F.)

UNSCHULD.
—— Die Unschuld. [Song.] *See* Himmel (F. H.)

UNTER.
—— Unter der Lorely. [Song.] *See* Marschner (H. A.) Juniuslieder von Emanuel Geibel ... 146tes Werk. No. 4.

UNTERBROCHENE OPFERFEST.
—— Ich war wañ ich erwachte. Aria aus der Oper: Das unterbrochene Opferfest. [By Peter von Winter.] Mit Begleitung des Pianoforte oder der Guitarre. pp. 3. *Bey Falter und Sohn: München,* [1820?] obl. fol. Hirsch M. **1278. (16.)**
Lithographed throughout.

UPSALA.

—— Cancionero de Upsala. *See* VILLANCICOS. Villancicos de diuersos autores, *etc*. [An edition of the part-book known as "Cancionero de Upsala."]

URSPRUNG (OTTO)

—— *See* SENFL (L.) Sieben Messen . . . Herausgegeben von E. Löhrer und O. Ursprung. 1936. fol. [*Das Erbe deutscher Musik.* Reihe 1. Reichsdenkmale. Bd. 5.]
Hirsch IV. **960**.

VA.

—— Va, doux ramier. [Song.] *See* KUECKEN (F. W.)

VACCAJ (NICOLÒ)

—— Méthode pratique du chant italien. Praktischer Unterricht im italienischen Gesang. pp. 25. *Chez les fils de B. Schott: Mayence,* [1845?] fol. Hirsch M. **1301.** (26.)

VACHER (PIERRE JEAN)

—— Madame de Lavallière. Lors de sa première retraite à Chaillot. Romance. Paroles de Mr Desprades . . . Accompagnement de guitare ou lyre, par Poirier-Lataille. pp. 3. *Chez Imbault: Paris,* [1810?] 8°.
Hirsch M. **660.** (8.)

VACHER (PIERRE JEAN)

—— Mon dernier mot. Romance . . . Paroles du cⁿ Jubé. Avec accomp^t de guitarre par Lemoine. *Chez Imbault: Paris,* [1810?] 8°. Hirsch M. **660.** (9.)

VAGO.

—— Un Vago sembiante. Cavatina. *See* ROSSINI (G. A.) [*Il Turco in Italia.*]

VALENTIN.

—— Valentin. Opéra comique. *See* BERTON (H. M.)

VALENTINE (THOMAS)

—— *See* BELLINI (V.) [Il Pirata.] Tu vedrai, the celebrated air . . . arranged as a rondo for the piano forte . . . by T. Valentine. [1845?] fol. Hirsch M. **1283.** (1.)

VALET DE CHAMBRE.

—— Le Valet de chambre. Opéra comique. *See* CARAFA DI COLOBRANO (M. E. F. V. A. P.) *Prince*.

VAN POUCKE (F.) *See* POUCKE (F. van)

VATERLAND.

—— Das Vaterland. [Song.] *See* LOEWE (J. C. G.) Drei Balladen. Op. 125. No. 2.

VATERLAENDISCHER KUENSTLERVEREIN.

—— Vaterländischer Künstlerverein. *See* VIENNA.

VATICAN.—*Library*.

—— Monumenti vaticani di paleografia musicale latina. Raccolti ed illustrati da Enrico Marriott Bannister. Editi a cura della biblioteca vaticana. ⟨Testo.—Tavole.⟩ 2 vol. *Ottone Harrassowitz: Lipsia,* 1913. fol.
Hirsch IV. **986.** a.
Codices e vaticanis selecti phototypice expressi. vol. 12.

VERAENDERUNGEN.

—— 50 Veränderungen über einen Walzer für das Piano-Forte componirt von Assmayer J., Bocklet C. M. v., Czapek L., Czerny C., Czerny J. . . . Hummel J. N. . . . Kalkbrenner F. . . . Kreutzer C. . . . Liszt F. . . . Moscheles I. . . . Mozart W: A: fils . . . Schubert F. . . . Tomaschek W. [and others], *etc.* pp. 85. *Bey A. Diabelli et comp.: Wien,* [1824.] obl. fol. [*Vaterländischer Künstlerverein. Veränderungen für das Piano-Forte, etc.* Abt. 2.] Hirsch IV. **387.** a.

VERDI (FORTUNINO GIUSEPPE FRANCESCO)

—— Aida. Opera in quattro atti di Antonio Ghislanzoni . . . Partitura d'orchestra. pp. 444. *G. Ricordi & c.: Milano,* [1913.] 8°. Hirsch II. **915**.

VERDI (FORTUNINO GIUSEPPE FRANCESCO)

—— [Another copy.] Un Ballo in Maschera. Melodramma . . . Partitura d'orchestra. *Milano,* [1914.] 8°.
Hirsch II. **916**.

VERDI (FORTUNINO GIUSEPPE FRANCESCO)

—— Ernani. Dramma lirico in quattro parti . . . Riduzione per pianoforte solo di L. Truzzi. pp. 125. *Gio. Ricordi: Milano,* [1845?] obl. fol. Hirsch M. **613**.

VERDI (FORTUNINO GIUSEPPE FRANCESCO)

—— [Another copy.] Falstaff. Commedia lirica . . . Partitura d'orchestra. *Milano,* [1912.] 8°.
Hirsch II. **917**.

VERDI (FORTUNINO GIUSEPPE FRANCESCO)

—— [Another copy.] Messa da requiem . . . Partitura d'orchestra. *Milano,* [1913.] 8°. Hirsch IV. **926**.

VERDI (FORTUNINO GIUSEPPE FRANCESCO)

—— Nabucodonosor. Dramma lirico in quattro parti di Temistocle Solera . . . Riduzione per pianoforte solo di L. Truzzi. pp. 129. *Giovanni Ricordi: Milano,* [1842?] obl. fol. Hirsch M. **614**.

VERDI (FORTUNINO GIUSEPPE FRANCESCO)

—— [Another copy.] Otello. Dramma lirico . . . Partitura d'orchestra. *Milano,* [1913.] 8°. Hirsch II. **918**.

VERDI (FORTUNINO GIUSEPPE FRANCESCO)

—— [Another copy.] Rigoletto. Melodramma . . . Partitura d'orchestra. *Milano,* [1914.] 8°. Hirsch II. **919**.

VERDI (FORTUNINO GIUSEPPE FRANCESCO)

—— [Rigoletto.] *See* ALBERT (C. L. N. d') Rigoletto Quadrille. [1855?] fol. Hirsch M. **1314.** (7.)

VERDI (FORTUNINO GIUSEPPE FRANCESO)
—— La Traviata. [Opera. Libretto by F. M. Piave. Score.] [*Ricordi: Milan*, 1855?] fol. Hirsch II. **922**.
An edition, without titlepage, in 18 separate numbers, with copious MS. directions and corrections. German words have been added in MS. throughout.

VERDI (FORTUNINO GIUSEPPE FRANCESCO)
—— [Another copy.] La Traviata. Opera . . . Partitura d'orchestra. *Milano*, [1914.] 8°. Hirsch II. **921**.

VERDI (FORTUNINO GIUSEPPE FRANCESCO)
—— La Traviata . . . Riduzione per pianoforte solo di Luigi Truzzi e Emmanuele Muzio. pp. 147. *Gio. Ricordi: Milano*, [1855?] *obl.* fol. Hirsch M. **615**.

VERDI (FORTUNINO GIUSEPPE FRANCESCO)
—— [Another copy.] Il Trovatore. Dramma . . . Partitura d'orchestra. *Milano*, [1913.] 8°. Hirsch II. **923**.

VEREIN.
—— Verein der Kunstfreunde für Kirchenmusik in Böhmen. *See* PRAGUE.

VERFALLENE.
—— Die verfallene Mühle. [Song.] *See* LOEWE (J. C. G.)

VERGESSENES.
—— Das vergessene Lied. [Song.] *See* LOEWE (J. C. G.) [*Drei Balladen. Op.* 65. *No.* 4.]

VERGINE DEL SOLE.
—— Parto ti lascio addio, the favorite duett . . . in the opera of La Vergine del sole [by D. Cimarosa]. pp. 7. *Falkner's Operatic Music Warehouse: London*, [1817?] fol. Hirsch M. **1273**. (40.)
Watermark date 1817.

VERGNUEGTE PLEISSEN-STADT.
—— Vergnügte Pleissen-Stadt. Hochzeits-Kantate. *See* BACH (J. S.)

VERHULST (JOHANNES JOSEPHUS HERMAN)
—— Zwei geistliche Gesänge. [1841.] *See* PERIODICAL PUBLICATIONS.—Leipsic.—*Neue Zeitschrift für Musik*. [Sammlung von Musik-Stücken, *etc.*] Hft. 14. [1838, *etc.*] fol. Hirsch M. **1134**.

VERHULST (JOHANNES JOSEPHUS HERMAN)
—— Notturno für Pianoforte. [1840.] *See* PERIODICAL PUBLICATIONS.—Leipsic.—*Neue Zeitschrift für Musik*. [Sammlung von Musik-Stücken, *etc.*] Hft. 10. [1838, *etc.*] fol. Hirsch M. **1134**.

VERHULST (JOHANNES JOSEPHUS HERMAN)
—— [Psalm 147.] Religioso . . . für 4 Stimmen. [1839.] *See* PERIODICAL PUBLICATIONS.—Leipsic.—*Neue Zeitschrift für Musik*. [Sammlung von Musik-Stücken, *etc.*] Hft. 5. [1838, *etc.*] fol. Hirsch M. **1134**.

VERHULST (JOHANNES JOSEPHUS HERMAN)
—— Religioso. *See supra*: [*Psalm* 147.]

VERMEULEN (MATTHYS)
—— *See* LULLI (G. B.) Œuvres complètes, *etc.* ⟨Les Opéras. tom. 1. Réduction pour clavier des parties instrumentales et réalisation de la basse continue par M. Vermeulen.⟩ 1930–39. fol. Hirsch IV. **983**.

VERSIEGELT.
—— Versiegelt. Komische Oper. *See* BLECH (L.)

VERZEICHNIS.
—— [Another copy.] Thematisches Verzeichniss der Compositionen für Instrumentalmusik welche von den berühmtesten Tonsetzern unsersers [*sic*] Zeitalters erschienen sind . . . 1s Heft. Louis van Beethoven, *etc. Leipzig*, 1819. 8°. Hirsch IV. **1057**.
No more published. The titlepage bears the autograph signature of W. Rust.

VESQUE VON PUETTLINGEN (JOHANN EVANGELIST)
—— Die Geisterinsel, von H. Heine. [Song.] 1838. *See* PERIODICAL PUBLICATIONS.—Leipsic.—*Neue Zeitschrift für Musik*. [Sammlung von Musik-Stücken, *etc.*] Hft. 4. [1838, *etc.*] fol. Hirsch M. **1134**.

VESTALIN.
—— Die Vestalin. [Opera.] *See* SPONTINI (G. L. P.) Count of St. Andrea. [*La Vestale*.]

VETTER AUF BESUCH.
—— Der Vetter auf Besuch. Operette. *See* KREMPLSETZER (G.)

VEUX.
—— Veux tu mon nom? Romance. *See* MASINI (F.)

VIARDOT-GARCIA (MICHELLE PAULINE)
—— Die Capelle von Uhland, für Singstimme und Pianoforte. [1838.] *See* PERIODICAL PUBLICATIONS.—Leipsic.—*Neue Zeitschrift für Musik*. [Sammlung von Musik-Stücken, *etc.*] Hft. 3. [1838, *etc.*] fol. Hirsch M. **1134**.

VIARDOT-GARCIA (MICHELLE PAULINE)
—— Une Fleur. [Song] . . . Paroles de M. Édouard Turquety *Paris*, [1845?] *s. sh.* fol. Hirsch M. **1297**. (57.)
A leaf extracted from "L'Illustration, journal universel."

VICTOIRE.
—— La Victoire enchantant [*sic*]. Le Chant du départ. Hymne de guerre en 1793. Arrangé pour la guitare par Meissonnier j^{ne}. *Chez Ph. Petit: Paris*, [1825?] 8°. Hirsch M. **1293**. (8.)

VICTORIA (TOMAS LUIS DA)
—— [Another copy.] Thomae Ludovici Victoria Abulensis opera omnia, *etc.* 8 tom. *Lipsiae*, 1902–13. fol. Hirsch IV. **1026**.

VIEN.
—— Vien qua Dorina bella. Song. *See* SOLA (C. M. A.)

VIENI.
—— Vieni e consolami. *See* PAER (F.) [*Numa Pompilio.*]

VIENNA.—*Gesellschaft zur Herausgabe der Denkmäler der Tonkunst in Österreich.*
—— [Another copy.] Publicationen der Gesellschaft zur Herausgabe der Denkmäler der Tonkunst in Österreich, *etc.* 83 Bd. *Wien,* 1894–1936. fol. Hirsch IV. **959.**

—— Denkmäler der Tonkunst in Österreich Register zu den ersten zwanzig Jahrgängern, *etc.* *Wien,* 1914. 8°. Hirsch IV. **959. a.**

VIENNA.—*Internationale Bruckner-Gesellschaft.*
—— Anton Bruckner. Missa solemnis in B-moll. Klavierauszug von Ferdinand Habel. [Vocal score.] pp. 48. 1934. fol. *See* BRUCKNER (A.) Hirsch IV. **947. b.**

VIENNA.—*Internationale Bruckner-Gesellschaft.*
—— Anton Bruckner. Quintett, F-dur, für 2 Violinen, 2 Violen und Violoncell. Für Pianoforte zu 2 Händen bearbeitet von August Stradal. pp. 49. [1929.] fol. *See* BRUCKNER (A.) Hirsch IV. **947. c.**

VIENNA.—*Vaterlaendischer Kuenstlerverein.*
—— Vaterländischer Künstlerverein. Veränderungen für das Piano Forte über ein vorgelegtes Thema, componirt von den vorzüglichsten Tonsetzern und Virtuosen Wiens, und der k.k. oesterreichischen Staaten. 2 Abt. *Bey A. Diabelli et Comp.: Wien,* [1824.] obl. fol.
Hirsch IV. **387. a.**

VIERDANCK (JOHANN)
—— Triosuite für 2 Violinen, Violoncello und Clavizymbel. ⟨Bearbeitet von Max Seiffert.⟩ [Score and parts.] 4 pt. *Fr. Kistner & C. F. W. Siegel: Leipzig,* [1924.] fol. [*Organum.* Reihe 3. no. 4.] Hirsch M. **1204.**

VILLANCICOS.
—— Cancionero de Upsala. ⟨Villancicos de diuersos autores a dos, y a tres, y a quatro y a cinco bozes.⟩ Introducción, notas y comentarios de Rafael Mitjana. Transcripción musical en notación moderna de Jesús Bal y Gay. Con un estudio sobre " El Villancico polifónico " de Isabel Pope. pp. 71. 155. 1944. 4°. *See* MEXICO, *City of.*—*Colegio de México.* Hirsch M. **1030.**

VIMEUX (JOSEPH)
—— La Bargère aux champs . . . Chanson du Perche. Paroles et musique recueillies par Mr Tellier, transcrite et arrangée avec acct. de piano par J. Vimeux. *Heugel: Paris,* [1845 ?] fol. Hirsch M. **1297. (58.)**

VIMEUX (JOSEPH)
—— Simplette. Chansonette. Paroles de Mr Auguste Richomme. *Heugel: Paris,* [1845 ?] fol.
Hirsch M. **1297. (61.)**

VIOLA.
—— Viola. [Song.] *See* SCHUBERT (F. P.)

VIOTTI (GIOVANNI BATTISTA)
—— Six duos concertants pour deux violons . . . Oeuvre v. Liv. I. [Parts.] 2 pt. *Chez B. Schott: Maience,* [1805 ?] fol. Hirsch III. **549.**

VIOTTI (GIOVANNI BATTISTA)
—— Six duos concertans pour deux violons . . . Oeuvre 5 . . . Nouvelle édition revue et corrigée par l'auteur. [Parts.] 2 parties. 4 pt. *Chez Janet et Cotelle: Paris,* [1810 ?] fol. Hirsch III. **551.**

VIOTTI (GIOVANNI BATTISTA)
—— Trois duos pour deux violons . . . Oeuv. 10. [Parts.] 2 pt. *Chez L. Plattner: Rotterdam,* [1815 ?] fol.
Hirsch III. **553.**

VIOTTI (GIOVANNI BATTISTA)
—— Six duos concertants pour deux violons . . . Oeuvre 19. Seconde oeuvre des duos. [Parts.] 2 pt. *Chés J. André: Offenbach s/M,* [1804.] fol. Hirsch III. **550.**

VIOTTI (GIOVANNI BATTISTA)
—— Trois duos pour deux violons . . . Oeuv. 35. [Parts.] 2 pt. *Chez L. Plattner: Rotterdam,* [1815 ?] fol.
Hirsch III. **554.**

VIOTTI (GIOVANNI BATTISTA)
—— Hommage à l'amitié. Trois duos concertans, *etc.* [Parts.] 2 pt. *Chez L. Plattner: Rotterdam,* [1815 ?] fol.
Hirsch III. **555.**

VIRDUNG (SEBASTIAN)
—— Musica getutscht, Basel 1511. Originalgetreuer Nachdruck . . . mit einem Nachwort herausgegeben von Leo Schrade. *Bärenreiter-Verlag: Kassel,* 1931. obl. 8°.
Hirsch M. **616.**

VIVALDI (ANTONIO)
—— Concerto, G dur, für Solo-Violine, Streicher und Konzertflugel . . . Herausgegeben u. bearbeitet von Robert Sondheimer. [Score.] pp. 19. *Edition Bernoulli: Berlin,* [1933.] 8°. [*Werke aus dem* 18. *Jahrhundert.* no. 26.]
Hirsch IV. **1020.**

VIVEUR.
—— Le Viveur. [Song.] *See* HUOT (G.)

VOEGLEIN.
—— Das Vöglein. [Song.] *See* LOEWE (J. C. G.)

VOEU.
—— Le Voeu pendant l'orage. [Song.] *See* MEYERBEER (G.)

VOGEL (Jean Frédéric)
—— ix variations pour piano forte. pp. 7. *Au magasin de l'imprimerie chymique: Vienne,* [1805?] *obl.* fol.
Hirsch iv. **1667.**
Lithographed throughout.

VOGEL (Vladimir)
—— Zwei Etüden für Orchester . . . i. Ritmica funebra . . . ii. Ritmica scherzosa, *etc.* ⟨Partitur. 2. Auflage.⟩ pp. 60. *Ed. Bote & G. Bock: Berlin,* [1935?] fol.
Hirsch M. **1245.**

VOGL (Johann Nepomuk)
—— [Another copy.] Soldaten-Lieder von Dr. Joh. Nep. Vogl [i.e. edited by him], *etc. Wien,* 1849. 8°.
Hirsch M. **617.**

VOGLER (Georg Joseph)
—— [Another copy.] Abbatis Vogler missa pro defunctis requiem. [Score.] *Moguntiae,* [1822.] *obl.* fol.
Hirsch iv. **927.**

VOGLER (Georg Joseph)
—— Der 14te Jäner 1806 oder Vermählungslied fürs Pianoforte mit 6 Variationen nebst willkürlicher Begleitung von einer Violin und Violoncell . . . Eilftes Stück vom Polymelos. [Parts.] 3 pt. *In der Falterischen Musickhandlung: München,* [1806?] *obl.* fol. Hirsch iii. **559.**
Lithographed throughout.

VOGLER (Georg Joseph)
—— Königs Lied mit 6 Variationen fürs Klavier nebst willkürlicher Begleitung von einer Violin und Violoncello. [Parts.] 3 pt. [1810?] *obl.* fol. & fol. Hirsch iii. **560.**
Lithographed throughout.

VOGLER (Georg Joseph)
—— xxxii préludes pour l'orgue ou forte piano. pp. 33. *Chez Mac. Falter: Munic,* [1806.] *obl.* fol. Hirsch iii. **562.**
Lithographed throughout.

—— Zwei und dreissig [*sic*] Präludien für die Orgel . . . Nebst einer Zergliederung in ästhetischer, rhetorischer und harmonischer Rücksischt, mit praktischem Bezug auf das Handbuch der Tonlehre vom Abt. Vogler. pp. 56. *In der Falter'schen Musikhandlung,* 1806. 4°.
Hirsch iii. **562. a.**
Lithographed throughout.

VOGLER (Georg Joseph)
—— Salve regina für Sopran, Alt, Tenor und Bass . . . mit willkührlicher Begleitung der Orgel oder des Piano-Forté. [Score.] pp. 7. *Bey J. André: Offenbach a/M.,* [1817.] *obl.* fol. Hirsch iv. **928.**

VOGLER (Georg Joseph)
—— [Samori.—Overture.] *See infra:* vii variations pour le piano forte avec accompagnement d'un violon et violoncelle . . . sur un thema tiré de l'overture de l'opéra Samori, *etc.* [1805?] *obl.* fol. & fol. Hirsch iii. **567.**

SIG. 53.—PART 53.

VOGLER (Georg Joseph)
—— [Samori.—Lass mich noch einmal hören.] *See infra:* vi variations pour le piano forte, avec accompagnement d'un violon et violoncelle . . . sur le duo de Naga et Tamburan de l'opéra Samori, *etc.* [1805?] *obl.* fol. & fol.
Hirsch iii. **569.**

VOGLER (Georg Joseph)
—— [Samori.—Marche et choeur.] *See infra:* v variations pour le piano-forté avec accompagnement d'un violon et violoncelle . . . sur la marche et choeur . . . de l'opéra Samori. [1805?] *obl.* fol. & fol. Hirsch iii. **568.**

VOGLER (Georg Joseph)
—— [Samori.—Sanfte Hoffnung.] *See infra:* vi variations pour le piano-forté avec accompagnement d'un violon, et violoncelle . . . sur le trio de Pando, Mahadowa, et Rama . . . de l'opera Samori, *etc.* [1805?] *obl.* fol. & fol.
Hirsch iii. **570.**

VOGLER (Georg Joseph)
—— [Samori.—Was brauchen wir Zepter und Kronen?] *See infra:* vi Variations pour le piano-forté avec accompagnement d'un violon et violoncelle sur le duo de Maha et Pando, *etc.* [1805?] *obl.* fol. & fol. Hirsch iii. **566.**

VOGLER (Georg Joseph)
—— [Samori.—Woher mag diess wohl kommen?] *See* WEBER (C. M. F. E. von) Six variations pour le pianoforté avec accompagnement d'un violon et violoncelle . . . sur l'air . . . Woher mag diess wohl kommen? de l'opéra: Samori, *etc.* [1805?] *obl.* fol. & fol.
Hirsch iii. **585.**

VOGLER (Georg Joseph)
—— [Another copy.] Trichordium und Trias harmonica . . . Partitur und Stimmen. *Offenbach a/M.,* [1815.] fol.
Hirsch iv. **929.**
With the text in a separate booklet.

VOGLER (Georg Joseph)
—— Trichordium und trias harmonica, oder Lob der Harmonie vom Professor Meissner, nach J. J. Rousseau's Melodie zu drei Tönen . . . Klavier Auszug nebst 4 ausgeschriebenen Singstimmen. [Parts.] 5 pt. *Bey Johann André: Offenbach a/M.,* [1815.] fol. & *obl.* fol.
Hirsch M. **618.**

VOGLER (Georg Joseph)
—— vi Variations pour le piano-forté avec accompagnement d'un violon et violoncelle, (ad libitum) sur le duo de Maha et Pando (Was brauchen wir Zepter und Kronen?) de l'opéra: Samori, *etc.* [Parts.] 3 pt. *Au magasin de l'imprimerie chymique: Vienne,* [1805?] *obl.* fol. & fol.
Hirsch iii. **566.**
Lithographed throughout.

VOGLER (Georg Joseph)
—— VII variations pour le pianoforte avec accompagnement d'un violon et violoncelle—ad libitum—sur un thema tiré de l'overture de . . . l'opéra Samori, *etc*. [Parts.] 3 pt. *Au magasin de l'imprimerie chymique: Vienne*, [1805?] *obl. fol. & fol.* Hirsch III. **567**.
Lithographed throughout.

VOGLER (Georg Joseph)
—— v variations pour le piano-forté avec accompagnement d'un violon, et violoncelle, ad libitum sur la marche et chœur quand on apporte les dons nuptials; de l'opéra Samori, *etc*. [Parts.] 3 pt. *Au magasin de l'imprimerie chymique: Vienne*, [1805?] *obl. fol. & fol.*
Hirsch III. **568**.
Lithographed throughout.

VOGLER (Georg Joseph)
—— VI variations pour le piano forte, avec accompagnement d'un violon et violoncelle—ad libitum—sur le duo de Naga et Tamburan de l'opéra Samori, *etc*. [Parts.] 3 pt. *Au magasin de l'imprimerie chymique: Vienne*, [1805?] *obl. fol. & fol.* Hirsch III. **569**.
Lithographed throughout.

VOGLER (Georg Joseph)
—— VI variations pour le piano-forté avec accompagnement d'un violon, et violoncelle, ad libitum, sur le trio, de Pando, Mahadowa, et Rama, (Sanfte Hoffnung) de l'opéra Samori, *etc*. [Parts.] 3 pt. *Au magasin de l'imprimerie chymique: Vienne*, [1805?] *obl. fol. & fol.* Hirsch III. **570**.
Lithographed throughout.

VOGLER (Georg Joseph)
—— VI Variationen über die grönländische Romance aus dem Polymelos für das Piano-Forte. pp. 5. *Bei J. P. Spehr: Braunschweig*, [1820?] *obl. fol.* Hirsch III. **565**.

VOGLER (Georg Joseph)
—— Das Wiederkehren des verwundeten baierischen Kriegers. Eine Ode, *etc*. [S.A.T.B. Score.] *In der Falterischen Musikhandlung: München*, [1810?] *obl. fol.*
Hirsch III. **1136**.
The music is lithographed throughout.

VOICE.
—— A Voice from the Waves. Duett. *See* GLOVER (Stephen)

VOLKMANN (Friedrich Robert)
—— Serenaden für Streich-Orchester. 2 Violinen, Viola, Violoncell & Contrabass. Op. 62 in C-dur . . . Op. 63 in F dur . . . Op. 69 in D-moll. (Mit Violoncell Solo.) Partitur, *etc*. *Schott & Co.: London*, [1900?] 8°.
Hirsch M. **619**.
Imperfect; Op. 69 only.

VOLKMANN (Robert) *See* VOLKMANN (Friedrich R.)

VOLLMÁR (Josef)
—— Veteranen-Polka, française, für das Pianoforte, *etc*. pp. 5. *Carl Haslinger: Wien*, [1862.] fol.
Hirsch M. **1304**. (41.)

VOM.
—— Vom Jan, der alles hat. [Motet.] *See* SWEELINCK (J. P.) [*Tu as tout seul*.]

VOM REICHEN MANNE.
—— Vom reichen Manne und armen Lazarus. [Cantata.] *See* SCHUETZ (H.)

VON.
—— Von der Liebe Sehnsucht. [Part-song.] *See* SWEELINCK (J. P.) [*Que requerir*.]

VON.
—— Von dir so ferne. [Part-song.] *See* KOSSMALY (C.)

VON HEUTE AUF MORGEN.
—— Von heute auf morgen. Oper. *See* SCHOENBERG (A.)

VOX POPULI.
—— Vox populi. Deux grands chœurs. *See* BERLIOZ (L. H.)

VOYAGE.
—— Le Voyage en Californie. [Song.] *See* PARIZOT (V.)

VOYAGE IMPROMPTU.
—— Le Voyage impromptu. Opéra comique. *See* PACINI (A. F. G.)

VRIESLANDER (Otto)
—— *See* BACH (C. P. E.) Lieder und Gesänge. Eingeleitet und herausgegeben von O. Vrieslander. 1922. 8°.
Hirsch M. **9**.

VULPIUS (Melchior)
—— Matthäus-Passion von 1613, für Soliloquenten und Chor zu vier und sechs Stimmen. Herausgegeben von Karl Ziebler, *etc*. pp. 26. *Bärenreiter-Verlag: Kassel*, 1934. 8°. Hirsch M. **620**.
Denkmäler Thüringischer Musik. Hft. 1.

WACH (Carl Gottfried Wilhelm)
—— *See* WEIGL (J.) Die Schweizerfamile . . . in Quintetten . . . arrangirt von C. G. W. Wach. [1811.] fol.
Hirsch M. **1267**.

WACHTELSCHLAG.
—— Der Wachtelschlag. [Song.] *See* BEETHOVEN (L. van)

WAGENSEIL (Georg Christoph)
—— [Six simphonies à quatre parties obligées. Oeuvre 3. No. 1.] Sinfonie in D dur für Streicher, Flöten und Hörner . . . Herausgegeben und mit allen Vortragszeichen versehen und bearbeitet von Robert Sondheimer. [Score.] pp. 11. *Edition Bernoulli: Berlin*, [1927.] fol. [*Werke aus dem* 18. *Jahrhundert*. no. 22.] Hirsch IV. **1020**.

WAGENSEIL (GEORG CHRISTOPH)
—— Triosonate F dur. Sonata a tre in fa. ⟨Bearbeitung von Karl Geiringer.⟩ Partitur, *etc.* 3 pt. *Universal-Edition: Wien*, [1934.] 4°. Hirsch M. **1246**.
Part of " Continuo. Sammlung alter Spielmusik."

WAGNER (CARL) *Grossherzoglicher Hessischer Hofkapellmeister.*
—— Gesang aus Piccolomini von F. Schiller, mit Begleitung der Guitarre. [*Begin:* Der Eichwald braust.] *B. Schott: Mainz*, [1816?] 8°. Hirsch M. **1300**. (27.)

WAGNER (HANS)
—— *See* BRUCKNER (A.) Das hohe Lied ... eingerichtet und mit Clavierbegleitung versehen von H. Wagner, *etc.* [1902?] fol. Hirsch IV. **721**.

WAGNER (WILHELM RICHARD) [*Collected Works.—a. Complete Works.*]
—— [Another copy.] Richard Wagners Werke, *etc.* Bd. 3–5, 12–16, 18, 20. *Leipzig, Berlin*, [1923, 1912–23.] fol. Hirsch IV. **1027**.
No more published.

WAGNER (WILHELM RICHARD) [*Collected Works.—b. Vocal and Instrumental Selections, combined.*]
—— [Another copy.] Wagner Orchestral Excerpts in Score. Edited and devised by Albert E. Wier. *Cambridge; printed in U.S.A.,* [1946?] fol. [*Miniature Score Series.* vol. 4.] Hirsch M. **1270**.

WAGNER (WILHELM RICHARD)
—— An Weber's Grabe. (Am 16. Dezember 1844.) Für Männerchor ... Partitur, *etc.* pp. 7. *E. W. Fritzsch: Leipzig*, 1872. 8°. Hirsch M. **621**.

WAGNER (WILHELM RICHARD)
—— [Another copy.] Les Deux Grénadiers, *etc.* [Song.] *Mayence*, [1840?] fol. Hirsch III. **1138**.
L'Aurore. no. 22.

WAGNER (WILHELM RICHARD)
—— Eine Faust-Ouverture, für grosses Orchester ... Partitur. pp. 69. *Bei Breitkopf & Härtel: Leipzig*, [1855.] 8°. Hirsch M. **622**.

WAGNER (WILHELM RICHARD)
—— Eine Faust-Ouverture. [Score.] pp. 69. *Breitkopf & Härtel: Leipzig*, [1893.] 8°. Hirsch M. **623**.
Part of " Partitur-Bibliothek. Gruppe II."

WAGNER (WILHELM RICHARD)
—— [Another copy.] Die Feen. Romantische Oper in drei Akten ... Vollständiger Klavierauszug. *Mannheim*, [1888.] 8°. Hirsch M. **624**.

WAGNER (WILHELM RICHARD)
—— Der fliegende Holländer. The Flying Dutchman. Il Vascello fantasma. Romantische Oper in 3 Aufzügen ... Englische Uebersetzung von Dr. Paul England. Italienische Uebersetzung von Alberto Giovannini ... Vollständige Partitur. [Edited and with foreword by Felix Weingartner.] pp. 415. *Adolph Fürstner: Berlin*, [1897.] fol. Hirsch II. **929**.

WAGNER (WILHELM RICHARD)
—— [Der fliegende Holländer.] Le Vaisseau fantôme. Opéra en 3 actes. Poème et musique de R. Wagner. Traduction française de Ch. Nuitter. Partition d'orchestre. Texte français et allemand. pp. 437. *A. Durand et fils: Paris*, [1897?] fol. Hirsch II. **931**.

WAGNER (WILHELM RICHARD)
—— Der fliegende Holländer. The Flying Dutchman. Il Vascello fantasma. Romantische Oper in drei Aufzügen ... Englische Übersetzung von Dr. Paul England. Italienische Übersetzung von Alberto Giovannini. Orchester-Partitur. pp. 686. *Adolph Fürstner: Berlin*, [1904.] 8°. Hirsch II. **930**.

WAGNER (WILHELM RICHARD)
—— Der fliegende Holländer. Romantische Oper in 3 Aufzügen. Vollständiger Clavierauszug. [Vocal score.] pp. 274. *C. F. Meser: Dresden*, [1870?] fol. Hirsch M. **1247**.

WAGNER (WILHELM RICHARD)
—— [Der fliegende Holländer.] Ouverture ... Partitur. pp. 51. *C. F. Meser (Adolph Fürstner): Berlin*, [1884?] fol. Hirsch M. **1259**. (1.)

WAGNER (WILHELM RICHARD)
—— Fünf Gedichte für eine Frauenstimme. pp. 42. *Insel-Verlag: Leipzig*, [1925?] 8°. Hirsch M. **625**.

WAGNER (WILHELM RICHARD)
—— [Another copy.] Grosser Festmarsch zur Eröffnung der hundertjährigen Gedenkfeier der Unabhängigkeits-Erklärung der Vereinigten Staaten von Nordamerika ... Partitur, *etc. Mainz*, [1876.] fol. Hirsch M. **1261**. (1.)

WAGNER (WILHELM RICHARD)
—— Gruss seiner Treuen an Friedrich August den Geliebten bei Seiner Zurückkunft aus England den 9ten August 1844. Für 4 stimmigen Männergesang. Partitur, *etc.* pp. 3. *Adolph Fürstner: Berlin*, [1885?] fol. Hirsch M. **1261**. (2.)

WAGNER (WILHELM RICHARD)
—— [Another copy.] Huldigungsmarsch ... Für grosses Orchester. Partitur, *etc. Mainz*, [1871.] fol. Hirsch M. **1261**. (3.)

WAGNER (WILHELM RICHARD)
—— Huldigungs-Marsch ... Für grosses Orchester. Partitur, *etc.* pp. 23. *B. Schott's Söhne: Mainz*, [1900?] fol. Hirsch M. **1259**. (14.)

WAGNER (WILHELM RICHARD)
—— Kaiser-Marsch, für Grosses Fest-Orchester . . . Partitur, etc. pp. 35. *C. F. Peters: Leipzig*, [1894?] fol.
Hirsch M. **1261**. (4.)

WAGNER (WILHELM RICHARD)
—— Das Liebesmahl der Apostel. Eine biblische Scene für Männerstimmen u. grosses Orchester . . . Partitur. pp. 49. *Bei Breitkopf & Härtel: Leipzig*, [1844.] fol.
Hirsch IV. **930**.

WAGNER (WILHELM RICHARD)
—— [Another copy.] Das Liebesverbot . . . Vollständiger Klavierauszug mit Text von Otto Singer. *Leipzig*, [1922.] 8°. Hirsch M. **626**.
Richard Wagner. Sämtliche Musikdramen. no. 12.

WAGNER (WILHELM RICHARD)
—— Zehn Lieder aus den Jahren 1838–1858. Herausgegeben und eingeleitet von Prof. Dr. Wolfgang Golther. [With a portrait.] pp. xix. 73. *Drei Masken Verlag: München*, 1921. 8°. Hirsch M. **627**.
One of the "Musikalische Stundenbücher."

WAGNER (WILHELM RICHARD)
—— Lohengrin. Romantische Oper in drei Akten. Partitur, etc. pp. 395. *Bei Breitkopf & Härtel: Leipzig*, [1852.] fol. Hirsch II. **933**.

WAGNER (WILHELM RICHARD)
—— [A reissue.] Lohengrin. Romantische Oper . . . Partitur. Neue Ausgabe: 1887, etc. *Leipzig*, [1895?] fol.
Hirsch II. **934**.
The binding bears the words "Richard Wagner's Werke."

WAGNER (WILHELM RICHARD)
—— Lohengrin. Romantische Oper in drei Aufzügen . . . Version française par Charles Nuitter. English translation by H. and F. Corder. Partitur, etc. Ger., Eng. & Fr. pp. 851. *Breitkopf & Härtel: Leipzig*, [1906.] 8°.
Hirsch II. **935**.

WAGNER (WILHELM RICHARD)
—— Lohengrin. Romantische Oper in drei Akten . . . Vollständiger Klavierauszug von Theodor Uhlig. [Vocal score.] pp. 237. *Bei Breitkopf & Härtel: Leipzig*, [1870?] fol. Hirsch M. **1248**.
With the libretto inserted.

WAGNER (WILHELM RICHARD)
—— [Lohengrin.] Vorspiel (Ouverture [Act 1]) . . . Partitur. pp. 13. *Breitkopf & Härtel: Leipzig*, [1866.] fol.
Hirsch M. **1261**. (5.)

WAGNER (WILHELM RICHARD)
—— [Lohengrin.] Vorspiel (Ouverture) . . . für Orchester . . . Partitur. pp. 13. *Breitkopf & Härtel: Leipzig*, [1890?] fol. Hirsch M. **1259**. (6.)

WAGNER (WILHELM RICHARD)
—— [Lohengrin.] Einleitung zum dritten Akt . . . Partitur. pp. 13. *Bei Breitkopf & Härtel: Leipzig*, [1889.] fol.
Hirsch M. **1259**. (8.)

WAGNER (WILHELM RICHARD)
—— Lohengrin, Dramatische Scenen. Feierlicher Zug zum Münster . . . Brautlied . . . Partitur, etc. *Breitkopf & Härtel: Leipzig*, [1889?] fol. Hirsch M. **1259**. (7.)
Imperfect; wanting the "Brautlied."

WAGNER (WILHELM RICHARD)
—— [Another copy.] Die Meistersinger von Nürnberg . . . [Opera.] Vollständige Partitur. *Mainz*, [1866.] fol.
Hirsch II. **937**.

WAGNER (WILHELM RICHARD)
—— Die Meistersinger von Nürnberg . . . Vollständige Partitur. pp. 3. 570. *Schott & Co.: London*, [1900?] fol.
Hirsch II. **938**.

WAGNER (WILHELM RICHARD)
—— Die Meistersinger von Nürnberg . . . Vollständige Orchester-Partitur. Ger., Eng. & Fr. pp. 432. 359. 620. *B. Schott's Söhne: Mainz*, [1905?] 8°. Hirsch II. **939**.

WAGNER (WILHELM RICHARD)
—— Die Meistersinger von Nürnberg . . . Partitur. pp. 823. *C. F. Peters: Leipzig*, [1914.] 8°. Hirsch II. **936**.
Edition Peters. no. 3421.

WAGNER (WILHELM RICHARD)
—— [Another copy.] Die Meistersinger von Nürnberg. [Facsimile of the autograph score.] *München*, 1922. fol.
Hirsch II. **940**.

WAGNER (WILHELM RICHARD)
—— [Another copy.] Die Meistersinger von Nürnberg . . . Vollständiger Klavierauszug von Karl Tausig. [Vocal score.] *Mainz*, [1867.] fol. Hirsch M. **1249**.

WAGNER (WILHELM RICHARD)
—— [Die Meistersinger von Nürnberg.] Apotheose des Hans Sachs . . . Für gemischten Chor und Orchester zum Concertvortrage eingerichtet von Cyrill Kistler. Partitur, etc. pp. 19. *B. Schott's Söhne: Mainz*, [1886?] fol.
Hirsch M. **1259**. (13.)

WAGNER (WILHELM RICHARD)
—— Die Meistersinger von Nürnberg. A. Vorspiel des ersten Actes . . . B. Einleitung des dritten Actes, Tanz der Lehrbuben, Aufzug der Meistersinger und Gruss an Hans Sachs . . . C. Quintett aus dem dritten Akt . . . Partitur, etc. 2 no. *B. Schott's Söhne: Mainz*, [1886?] fol.
Hirsch M. **1259**. (11.)
This copy comprises B and C only.

WAGNER (WILHELM RICHARD)
—— Die Meistersinger von Nürnberg. Vorspiel für grosses Orchester. Partitur, etc. pp. 39. *B. Schott's Söhne: Mainz*, [1890?] fol. Hirsch M. **1259**. (9.)

WAGNER (WILHELM RICHARD)
—— Die Meistersinger von Nürnberg. Vorspiel für grosses Orchester. pp. 39. *Schott & Co.: London; B. Schott's Söhne: Mainz: printed in Germany,* [1900?] fol.
Hirsch M. **1262. (1.)**

WAGNER (WILHELM RICHARD)
—— Die Meistersinger von Nürnberg. Vorspiel des III Aktes. ⟨Partitur.⟩ pp. 4. *B. Schott's Söhne: Mainz,* [1893.] fol.
Hirsch M. **1262. (2.)**

WAGNER (WILHELM RICHARD)
—— Die Meistersinger von Nürnberg. Walthers Preislied für Tenor mit Orchesterbegleitung. Partitur, *etc.* pp. 11. *B. Schott's Söhne: Mainz,* [1885?] fol.
Hirsch M. **1259. (12.)**

WAGNER (WILHELM RICHARD)
—— Die Meistersinger von Nürnberg . . . Walther's Werbegesang. [Score.] pp. 11. *Schott & Co.: London; B. Schott's Söhne: Mainz,* [1890?] fol.
Hirsch M. **1259. (10.)**

WAGNER (WILHELM RICHARD)
—— [Another copy.] Vier Ouvertüren . . . König Enzio . . . Polonia . . . Christoph Columbus . . . Rule Britannia. Partitur. *Leipzig; London,* [1908.] fol.
Hirsch M. **1250.**

WAGNER (WILHELM RICHARD)
—— Parsifal. Ein Bühnenweihfestspiel. Orchester-Partitur. pp. 377. *B. Schott's Söhne: Mainz,* [1883.] fol.
Hirsch II. **941.**
No. 4 of an edition of five copies printed on Japanese paper.

WAGNER (WILHELM RICHARD)
—— [Another copy.] Parsifal. Ein Bühnenweihfestspiel. Orchester-Partitur. *Mainz,* [1885.] fol. Hirsch II. **942.**

WAGNER (WILHELM RICHARD)
—— Parsifal. Ein Bühnenweihfestspiel. English translation by Margaret H. Glyn. Version française par Alfred Ernst. Orchester-Partitur. *Ger., Eng., & Fr.* pp. 233. *B. Schott's Söhne: Mainz,* [1903?] 8°. Hirsch II. **943.**

WAGNER (WILHELM RICHARD)
—— Parsifal. Ein Bühnenweihfestspiel . . . Vom Orchester für das Klavier übertragen von Joseph Rubinstein. [Vocal score.] pp. 261. *B. Schott's Söhne: Mainz,* [1890?] fol. Hirsch M. **1251.**

WAGNER (WILHELM RICHARD)
—— Parsifal. Ein Bühnenweihfestspiel . . . Vorspiel . . . Partitur, *etc.* pp. 17. *B. Schott's Söhne: Mainz,* [1900?] fol. Hirsch M. **1262. (3.)**
Part of "Richard Wagner. Einzelstücke zum Concert-Vortrag."

WAGNER (WILHELM RICHARD)
—— Rienzi der Letzte der Tribunen. (Rienzi l'ultimo dei tribuni.) Grosse tragische Oper in 5 Akten. Vollständige Partitur. pp. 626. *Adolph Fürstner: Berlin,* [1899?] fol.
Hirsch II. **945.**

WAGNER (WILHELM RICHARD)
—— Rienzi der Letzte der Tribunen. Grosse tragische Oper in 5 Akten . . . Partitur. Neue Ausgabe nach der Original Partitur. pp. 566. *Adolph Fürstner: Berlin,* [1900?] fol.
Hirsch II. **946.**

WAGNER (WILHELM RICHARD)
—— Rienzi der Lezte der Tribunen. The Last of the tribunes. L'Ultimo dei tribuni. Grosse tragische Oper in fünf Akten . . . English version by J. Pitman. Orchester-Partitur. *Ger., Eng. & Ital.* pp. 1184. *Adolph Fürstner: Berlin,* [1911.] 8°. Hirsch II. **947.**

WAGNER (WILHELM RICHARD)
—— Rienzi, der Letzte der Tribunen. Grosse tragische oper in 5 Acten . . . Vollständiger Clavier-Auszug. [Vocal score.] 2 vol. *C. F. Meser: Dresden,* [1870?] fol.
Hirsch M. **1252.**

WAGNER (WILHELM RICHARD)
—— Der Ring des Nibelungen. Ein Bühnenfestspiel für drei Tage und einen Vorabend. 4 no.
Vorabend. Das Rheingold. pp. 320. [1895?]
Erster Tag. Die Walküre. pp. 457. [1895?]
Zweiter Tag. Siegfried. pp. 439. [1895?]
Dritter Tag. Götterdämmerung. pp. 615. [1900?]
B. Schott's Söhne: Mainz, [1895? 1900?] fol.
Hirsch II. **948.**

WAGNER (WILHELM RICHARD)
—— [Der Ring des Nibelungen.] Das Rheingold . . . English translation by Frederick Jameson. Version française par Alfred Ernst. Orchester-Partitur. *Ger., Eng. & Fr.* pp. viii. 372. viii. 397. *B. Schott's Söhne: Mainz,* [1901.] 8°. Hirsch II. **944.**

—— [Another copy.] **L.P.** Hirsch II. **944. a.**

WAGNER (WILHELM RICHARD)
—— [Der Ring des Nibelungen.] Das Rheingold . . . Vollständiger Klavierauszug von Karl Klindworth. [Vocal score.] pp. 216. *Bei B. Schott's Söhnen: Mainz,* [1880?] fol. Hirsch M. **1253.**

WAGNER (WILHELM RICHARD)
—— [Der Ring des Nibelungen.—Das Rheingold.] Einzug der Götter in Walhall . . . Für Orchester zum Concert-vortrag bearbeitet von H. Zumpe. Partitur, *etc.* pp. 57. *B. Schott's Söhne: Mainz,* [1890?] fol.
Hirsch M. **1260. (1.)**

WAGNER (WILHELM RICHARD)
—— [Der Ring des Nibelungen.] Die Walküre . . . English translation by Frederick Jameson. Version française par Alfred Ernst. *Ger., Eng. & Fr.* 3 vol. pp. x. 244. viii. 373. viii. 451. *B. Schott's Söhne: Mainz,* [1901.] 8°. Hirsch II. **963.**

—— [Another copy.] **L.P.** Hirsch II. **963. a**

WAGNER (WILHELM RICHARD)
—— [Another copy.] [Der Ring des Nibelungen.] Die Walküre . . . Vollständiger Klavierauszug von Karl Klindworth. [Vocal score.] *Mainz,* [1865.] fol. Hirsch M. **1254.**

WAGNER (WILHELM RICHARD)
—— [Der Ring des Nibelungen.—Die Walküre.] Der Ritt der Walküren . . . Für Orchester zum Concertvortrag eingerichtet. pp. 47. *Bei B. Schott's Söhnen: Mainz,* [1880?] fol. Hirsch M. **1260. (3.)**

WAGNER (WILHELM RICHARD)
—— [Der Ring des Nibelungen.] Die Walküre . . . Siegmund's Liebeslied für Tenor mit Orchesterbegleitung. Partitur, *etc.* pp. 9. *B. Schott's Söhne: Mainz,* [1890?] fol. Hirsch M. **1260. (2.)**

WAGNER (WILHELM RICHARD)
—— [Der Ring des Nibelungen.—Die Walküre.] Wotan's Abschied von Brünnhilde und Feuerzauber . . . Partitur, *etc.* pp. 67. *B. Schott's Söhne: Mainz,* [1886.] fol. Hirsch M. **1260. (4.)**

WAGNER (WILHELM RICHARD)
—— [Der Ring des Nibelungen.] Siegfried . . . English translation by Frederick Jameson. Version française par Alfred Ernst. Orchester-Partitur. *Ger., Eng. & Fr.* pp. viii. 447. viii. 307. viii. 407. *B. Schott's Söhne: Mainz,* [1901.] 8°. Hirsch II. **952.**

—— [Another copy.] **L.P.** Hirsch II. **952. a**

WAGNER (WILHELM RICHARD)
—— [Der Ring des Nibelungen.] Siegfried . . . Vollständiger Klavierauszug von Karl Klindworth. [Vocal score.] pp. 299. *Bei B. Schott's Söhnen: Mainz,* [1871.] fol. Hirsch M. **1255.**

WAGNER (WILHELM RICHARD)
—— [Der Ring des Nibelungen—Siegfried.] Waldweben . . . Für Orchester zum Conzertvortrag eingerichtet. pp. 34. *B. Schott's Söhne: Mainz,* [1880?] fol. Hirsch M. **1260. (5.)**

WAGNER (WILHELM RICHARD)
—— [A reissue.] [Der Ring des Nibelungen.—Siegfried.] Waldweben . . . Für Orchester zum Conzertvortrag eingerichtet. Partitur. *Mainz,* [1890?] fol. Hirsch M. **1262. (5.)**

WAGNER (WILHELM RICHARD)
—— [Der Ring des Nibelungen.] Götterdämmerung . . . English translation by Frederick Jameson. Version française par Alfred Ernst. Orchester-Partitur. *Ger., Eng. & Fr.* pp. 543. 387. 429. *B. Schott's Söhne: Mainz,* [1901.] 8°. Hirsch II. **928.**

—— [Another copy.] **L.P.** Hirsch II. **928. a.**

WAGNER (WILHELM RICHARD)
—— [Another copy.] [Der Ring des Nibelungen.] Götterdämmerung . . . Vollständiger Klavierauszug von Karl Klindworth. [Vocal score.] *Mainz,* [1875.] fol. Hirsch M. **1256.**

WAGNER (WILHELM RICHARD)
—— [Der Ring des Nibelungen.—Götterdämmerung.] Gesang der Rheintöchter . . . Für Orchester zum Concertvortrag bearbeitet von H. Zumpe. Partitur, *etc.* pp. 53. *B. Schott's Söhne: Mainz,* [1885?] fol. Hirsch M. **1260. (7.)**

WAGNER (WILHELM RICHARD)
—— [Der Ring des Nibelungen.—Götterdämmerung.] Siegfried's Rheinfahrt . . . eingerichtet von E. Humperdinck. [Score.] pp. 22. *Schott & Co.: London; B. Schott's Söhne: Mainz,* [1890?] fol. Hirsch M. **1260. (6.)**
Part of "Richard Wagner. Einzelstücke zum Concert-Vortrag."

WAGNER (WILHELM RICHARD)
—— [Der Ring des Nibelungen.—Götterdämmerung.] Siegfried's Tod und Trauermarsch . . . für Orchester bearbeitet von L. Stasny. Partitur, *etc.* pp. 28. *B. Schott's Söhne: Mainz,* [1880?] fol. Hirsch M. **1260. (8.)**

WAGNER (WILHELM RICHARD)
—— [Another copy.] [Siegfried-Idyll. Facsimile of the autograph score.] *München,* 1923. *obl.* 8°. Hirsch M. **628.**

WAGNER (WILHELM RICHARD)
—— Siegfried-Idyll . . . Partitur, *etc.* pp. 46. *B. Schott's Söhne: Mainz,* [1878.] fol. Hirsch M. **1260. (9.)**

WAGNER (WILHELM RICHARD)
—— [A reissue.] Siegfried-Idyll . . . Für Orchester. Partitur, *etc. London; Mainz,* [1900?] fol. Hirsch M. **1262. (6.)**

WAGNER (WILHELM RICHARD)
—— Sonate für das Pianoforte, *etc.* pp. 21. *Bei Breitkopf & Härtel: Leipzig,* [1832.] *obl.* fol. Hirsch IV. **1668.**

WAGNER (WILHELM RICHARD)
—— [A reissue.] Eine Sonate für das Album von Frau M. W. componirt im Jahre 1853. [P.F.] *Mainz,* [1890?] fol. Hirsch M. **1262. (4.)**

WAGNER (WILHELM RICHARD)
—— Der Tannenbaum. [Song.] Gedicht von Scheuerlin. [1839.] s. sh. 4°. Hirsch M. **659**.
Contained in " Europa. Chronik der gebildeten Welt," Bd. 4.

WAGNER (WILHELM RICHARD)
—— Tannhäuser und der Sängerkrieg auf Wartburg; grosse romantische Oper in 3 Acten. Partitur, *etc.* pp. 450. *Dresden*, 1845. fol. Hirsch II. **955**.
Als Manuscript von der Handschrift des Componisten auf Stein gedruckt.

WAGNER (WILHELM RICHARD)
—— Tannhäuser und der Sängerkrieg auf Wartburg. Vollständige Partitur, *etc.* pp. 327. *C. F. Meser (Adolph Fürstner): Berlin u. Dresden*, [1880?] fol. Hirsch II. **954**.

WAGNER (WILHELM RICHARD)
—— Tannhäuser und der Sängerkrieg auf Wartburg . . . English translation by Mrs. John P. Morgan. Orchester-Partitur. 3 vol. pp. 754. *Adolph Fürstner: Berlin*, [1903.] 8°. Hirsch II. **953**.

WAGNER (WILHELM RICHARD)
—— Tannhäuser und der Sängerkrieg auf Wartburg. Partitur. Alte und neue Fassung. ⟨Anhang: Pariser Bearbeitung.⟩ [Edited by Felix Mottl.] 2 vol. pp. 574. *C. F. Peters: Leipzig*, [1925?] 8°. Hirsch II. **956**.
Edition Peters. no. 3810.

WAGNER (WILHELM RICHARD)
—— Tannhäuser und der Sängerkrieg auf Wartburg. Romantische Oper in 3 Akten . . . Vollständiger Klavierauszug. [Vocal score.] pp. 273. *C. F. Meser: Berlin und Dresden*, [1880?] fol. Hirsch M. **1257**.
The name " Adolph Fürstner " has been added to the imprint with a stamp.

WAGNER (WILHELM RICHARD)
—— Tannhäuser und der Sängerkrieg auf Wartburg . . . Vollständiger Klavier-Auszug mit Text. [Vocal score.] pp. 273. *C. F. Meser (Adolph Fürstner): Berlin*, [1880?] 16°. Hirsch IV. **1458**.

WAGNER (WILHELM RICHARD)
—— [Tannhäuser.] Ouverture . . . Partitur, *etc.* ⟨Volks-Ausgabe.⟩ pp. 82. *Adolph Fürstner: Berlin*, [1895?] 8°. Hirsch M. **629**.

WAGNER (WILHELM RICHARD)
—— [Tannhäuser.] Einleitung zum III. Aufzug. (Tannhäuser's Pilgerfahrt.) *Adolph Fürstner: Berlin*, [1890?] fol. Hirsch M. **1259**. (5.)
Part of " Symphonien, Fantasien . . . für Orchester." A reissue of pp. 253–260 of the full score.

WAGNER (WILHELM RICHARD)
—— [Tannhäuser.] Einzug der Gäste. Marsch und Chor. [Score.] *Adolph Fürstner: Berlin & Leipzig*, [1890?] Hirsch M. **1259**. (4.)
No. 10 of " Gesangesstücke aus den Opern Richard Wagner's." A reissue of pp. 144–162 of the full score.

WAGNER (WILHELM WAGNER)
—— [Tannhäuser.] Ouverture zu Tannhäuser und Der Sängerkrieg auf Wartburg . . . Orchester-Partitur, *etc.* pp. 39. *Adolph Fürstner: Berlin*, [1890?] fol. Hirsch M. **1259**. (2.)

WAGNER (WILHELM RICHARD)
—— [Tannhäuser.] Ouverture und Der Venusberg (Bacchanale), neue componirte Scene zur Oper Tannhäuser . . . Partitur, *etc.* *Adolph Fürstner: Berlin*, [1890?] fol. Hirsch M. **1259**. (3.)
The sheets of pp. 1–26 of the overture, followed by the complete sheets of " Der Venusberg," with a special title-page. The last leaf of the overture and the first of " Der Venusberg " have been pasted together, and the outer face of each partly covered up, so that bar 14 after letter F of the overture leads into bar 27 of " Der Venusberg."

WAGNER (WILHELM RICHARD)
—— [Tannhäuser.] Der Venusberg. (Bacchanale.) Neue componirte Scene zur Oper Tannhäuser . . . Partitur, *etc.* pp. 42. *C. F. Meser (Adolph Fürstner): Berlin*, [1890?] fol. Hirsch M. **1261**. (6.)

WAGNER (WILHELM RICHARD)
—— [Another copy.] Tristan und Isolde. [Facsimile of the autograph score.] *München*, 1923. fol. Hirsch II. **961**.

WAGNER (WILHELM RICHARD)
—— Tristan und Isolde. Vollständige Partitur, *etc.* pp. 441. *Breitkopf & Härtel: Leipzig*, [1880?] fol. Hirsch II. **958**.

WAGNER (WILHELM RICHARD)
—— Tristan und Isolde . . . English translation by H. and F. Corder. Version française commencée par Alfred Ernst, terminée par L. de Fourcaud et P. Brück. Partitur, *etc.* Ger., Eng. & Fr. 3 vol. pp. viii. 1025. **F.P.** *Breitkopf & Härtel: Leipzig*, [1904, 05.] 8°. Hirsch II. **959**.

WAGNER (WILHELM RICHARD)
—— Tristan und Isolde . . . Partitur. [Edited by Felix Mottl.] pp. 655. *C. F. Peters: Leipzig*, [1914.] 8°. Hirsch II. **960**.
Edition Peters. no. 3448.

WAGNER (WILHELM RICHARD)
—— Tristan und Isolde . . . Vollständiger Klavierauszug von Hans von Bülow. [Vocal score.] pp. 250. *Breitkopf & Härtel: Leipzig*, [1890?] fol. Hirsch M. **1258**.

WAGNER (WILHELM RICHARD)
—— Tristan und Isolde. Vorspiel und Isolden's Liebestod. [Score.] pp. 30. *Breitkopf & Härtel: Leipzig*, [1893.] fol.
Hirsch M. **1261**. (**7**.)
Part of " Breitkopf & Härtel's Partitur-Bibliothek."

WAGNER (WILHELM RICHARD)
—— *See* DONIZETTI (D. G. M.) La Favorite . . . Partition piano et chant arrangée par R. Wagner. [1850?] 8º.
Hirsch IV. **1456**.

WAGNER (WILHELM RICHARD)
—— *See* DONIZETTI (D. G. M.) La Favorite. Opéra . . . arrangé en quatuor pour deux violons, alto et basse par R. Wagner. [1841.] fol.
Hirsch IV. **1457**.

WAGNER (WILHELM RICHARD)
—— *See* DONIZETTI (D. G. M.) La Favorite. Opera . . . arrange pour deux violons concertans, par R. Wagner, etc. [1845?] fol.
Hirsch M. **859**.

WAGNER (WILHELM RICHARD)
—— *See* GLUCK (C. W. von) [*Iphigénie en Aulide.*] Ouvertüre zu Iphigenia von Aulis. Nach R. Wagners Bearbeitung, etc. [1905?] 8º.
Hirsch M. **164**.

WAGNER (WILHELM RICHARD)
—— *See* HALÉVY (J. F. F. E.) [*La Reine de Chypre.*] Airs de l'opera La Reine de Chypre . . . pour deux violons par R. Wagner. [1845?] fol.
Hirsch M. **905**.

WALCHA (HELMUT)
—— Motette für vierstimmigen gemischten Chor. *Zum Volkstrauertag gedruckt im Haus zum Fürsteneck: Frankfurt am Main*, 1934. 4º.
Hirsch IV. **931**.

WALDTEUFEL (ÉMILE)
—— Dolores. Valse. [P.F. solo.] pp. 8. [*Hopwood & Crew: London*, 1880?] fol.
Hirsch M. **1314**. (**23**.)
The imprint has been cropped.

WALDTEUFEL (ÉMILE)
—— Toujours fidèle. Suite de valses. [P.F. solo.] pp. 11. [*Hopwood & Crew: London*, 1880?] fol.
Hirsch M. **1314**. (**24**.)

WALDTEUFEL (ÉMILE)
—— Toujours ou jamais. Suite-de-valses. [P.F. solo.] pp. 11. [*Hopwood & Crew: London*, 1878?] fol.
Hirsch M. **1314**. (**25**.)
The imprint has been cropped.

WALLERSTEIN (ANTON)
—— Les Délices d'hiver. (Winterfreuden.) Redowa pour piano . . . Op. 182. pp. 3. *Chez les fils de B. Schott: Mayence*, [1863?] fol.
Hirsch M. **1303**. (**23**.)

WALLERSTEIN (ANTON)
—— Un Dernier amour. Redowa. Pour le piano. pp. 3. *Brandus & cie: Paris*, [1850?] fol.
Hirsch M. **1295**. (**20**.)

WALLERSTEIN (LOTHAR)
—— *See* MOZART (W. A.) Idomeneo . . . Volkständige Neubearbeitung von L. Wallerstein, etc. [1931.] fol.
Hirsch M. **1089**.

WALLHAIDE.
—— Wallhaide. Ballade. *See* LOEWE (J. C. G.)

WALTERSHAUSEN (HERMANN WOLFGANG VON)
—— *See* MENDELSSOHN BARTHOLDY (J. L. F.) Lieder ohne Worte. Ausgewählt und mit einem Vorwort von H. W. v. Walthershausen. 1920. 8º.
Hirsch M. **279**.

WALTERSHAUSEN (HERMANN WOLFGANG VON)
—— *See* RAMEAU (J. P.) [*Zoroastre.*] Tänze aus " Zoroastre." Herausgegeben und eingeleitet von H. W. v. Waltershausen, etc. 1922. 8º.
Hirsch M. **465**.

WALTHER (JOHANN)
—— Ein neẅes Christlichs Lied, dadurch Deudschland zur Busse vermanet, vierstimmig gemacht . . . Gedruckt zu Wittemberg . . . 1561. [A facsimile.] *Bärenreiter-Verlag: Kassel*, 1933. 8º.
Hirsch M. **630**.

WALTZES.
—— Favorit Walzer. Das Donnerwetter, für das Piano-Forte. pp. 3. *Bei B. Schott: Mainz*, [1814?] 8º.
Hirsch M. **1300**. (**28**.)

WALTZES.
—— Favorit Walzer über das böhmische Lied: So lang, hab' i mein Schatz nit geseh'n: für das Piano Forte. pp. 3. *Bei Hoffmann & Dunst: Frankfurt a/m.*, [1830?] 8º.
Hirsch M. **1300**. (**30**.)

WALTZES.
—— Freyschütz Walzer für das Piano-Forte. pp. 3. *Bei B. Schotts Söhnen: Mainz*, [1823?] 8º.
Hirsch M. **1299**. (**17**.)

WALTZES.
—— Kur-Walzer für das Piano-Forte. [On the melody " Wie geht's denn meiner Patientin."] *Bei Adolph Fischer: Frankfurt a/M.*, [1830?] 8º.
Hirsch M. **1299**. (**18**.)

WALTZES.
—— O Jerum. Favorit-Walzer, für 2 und 4 Händen. pp. 3. *Bei B. Schott's Söhnen: Mainz*, [1829?] 8º.
Hirsch M. **1300**. (**29**.)

WALTZES.
—— Waltzer für das Clavier. 3 no.
Tl. 1. Mozardt. 12. Walzer. pp. 15.
Tl. 2. 12. Walzer, arrangées par le cn. J. Kappes. pp. 13.
Tl. 3. [12 Waltzes.] Arrangées par le cn. J. Seibold. pp. 14.
Bei J. M. Götz: Worms, [1801?] *obl.* 8º. Hirsch M. **631**.

WANDERLIED.
—— Wanderlied. [Song.] *See* KREUTZER (C.)

WANDERLIED.
—— Wanderlied. [Song.] *See* LOEWE (J. C. G.)

WANHAL (JAN BAPTIST)
—— Concerto pour le pianoforte avec accompagnement de deux violons et violoncelle. [Parts.] 4 pt. *Chez Falter et fils: Munic,* [1805?] *obl. fol.* Hirsch III. **573.**
Lithographed throughout.

WANHAL (JAN BAPTIST)
—— XII petits divertissements pour les jeunes dames divisés en trois livraisons pour le clavecin ou piano forte. livr. 2. divertissement 5–8. *Sauer & Leidesdorf: Vienne,* [1825?] *obl. fol.* Hirsch IV. **1670.**
Imperfect; wanting livr. 1, 3.

WANHAL (JAN BAPTIST)
—— 12 préludes faciles pour le forte-piano. pp. 7. *Chez Pierre Cappi: Vienne,* [1820?] *obl. fol.* Hirsch III. **575.**

WANHAL (JAN BAPTIST)
—— Sonate (facile) pour piano-forté, violon ou flûte obligé et basse ad lib: Lit. T. Nr. 1. *Chez N. Simrock: Bonn,* [1812?] *obl. fol.* Hirsch M. **1290. (6.)**
Imperfect; wanting the accompaniments.

WANHAL (JAN BAPTIST)
—— Sonatine à quatre mains pour le piano-forte . . . Lit. L. No. III. pp. 16–21. *Chez N. Simrock: Bonn,* [1806.] *obl. fol.* Hirsch III. **576.**

WANHAL (JAN BAPTIST)
—— 12 sonatines faciléeś et progresssifes [*sic*] pour le piano-forte . . . Op. 41. Liv: [4.] pp. 13. *Chez B. Schott: Mayence,* [1808.] *obl. fol.* Hirsch III. **577.**

WANHAL (JAN BAPTIST)
—— Sinfonie, C dur, für Flöten, Hörner, Streicher . . . Herausgegeben und bearbeitet von Robert Sondheimer. [Score.] pp. 23. *Edition Bernoulli: [Berlin?* 1933.] 8°. [*Werke aus dem 18. Jahrhundert.* no. 29.] Hirsch IV. **1020.**

WANHAL (JAN BAPTIST)
—— VI Variationen über das Tiroler-Lied aus dem Lustspiele der Lügner fürs Pianoforte. pp. 7. *Bei Falter & Sohn: München,* [1805?] *obl. fol.* Hirsch III. **578.**
Lithographed throughout.

WANHAL (JAN BAPTIST)
—— VIII variations sur la cavatine de l'opéra: Die Schweizer Familie,: Wer hörte wohl jemals mich klagen?:, [by J. Weigl] pour le piano-forte . . . No. 4. pp. 7. *Chez Falter et fils: Munic,* [1810?] *obl. fol.* Hirsch III. **579.**
Lithographed throughout.

WANNER (CH.)
—— Souvenir des soeurs Milanollo. Fantaisie d'après plusieurs motifs, passages &c. favoris executée par ces deux jeunes artistes dans leurs concerts. [With their portrait.] pp. 14. *Chez Jos. Aibl: Munic,* [1830?] *fol.* Hirsch M. **1303. (24.)**

SIG. 54.—PART 53.

WARLOCK (PETER) *pseud.* [i.e. PHILIP HESELTINE.]
—— *See* ARBEAU (T.) *pseud.* Orchesography . . . With a preface by P. Warlock. 1925. 8°. Hirsch M. **5.**

WARNUNG.
—— Warnung vor dem Rhein. [Song.] *See* BOCHKOLTZ, afterwards FALCONI (A.) Deux mélodies. [No. 1.]

WAS.
—— Was ich so tief im Herzen trage. *See* GUMBERT (F.) [*Sechs Lieder. Op.* 11. *No.* 4.]

WAS.
—— Was zagst du holdes Mädchen? Lied. *See* LINDPAINTNER (P. J.)

WASIELEWSKI (JOSEPH WILHELM VON)
—— Instrumentalsätze vom Ende des XVI. bis Ende des XVII. Jahrhunderts (als Musikbeilage zu " Die Violine im XVII. Jahrhundert ") gesammelt und herausgegeben von J. W. von Wasielewski. Neuer mit einem Inhaltsverzeichnis versehener Abdruck. pp. 80. *Leo Liepmannssohn: Berlin,* [1920.] *obl. fol.* Hirsch M. **632.**

WATTS (WILLIAM)
—— *See* MOZART (W. A.) [*Collected Works.—c. Instrumental Selections and Arrangements.*] Quartetto ⟨No. [1, 2]⟩ . . . Arranged from his harpsichord works, by W. Watts. [1805?] *fol.* Hirsch M. **1043.**

WAUD (WILLIAM WASHINGTON)
—— *See* COUNTRY DANCES. Pop goes the Weasel! *etc.* ⟨New Country Dances . . . arranged by W. Waud.⟩ [1850?] *fol.* Hirsch M. **1314. (26.)**

WE.
—— We met! Ballad. *See* BAYLEY (Thomas H.)

WEBBE (SAMUEL) *the Younger.*
—— *See* HAENDEL (G. F.) [*Theodora.*] Angels ever bright and fair . . . Arranged by S. Webbe. [1827?] *fol.* Hirsch IV. **1297. a. (8.)**

WEBENAU (JULIE VON)
—— Eigne Bahn, von J. N. Vogl. [Song.] [1840.] *See* PERIODICAL PUBLICATIONS.—*Leipsic.—Neue Zeitschrift für Musik.* [Sammlung von Musik-Stücken, *etc.*] Hft. 9. [1838, *etc.*] *fol.* Hirsch M. **1134.**

WEBER (BERNARD ANSELM)
—— [Another copy.] Der Gang nach dem Eisenhammer. Ballade . . . Klavierauszug vom Musikdir. Chr. Schulz. *Leipzig,* [1820?] *obl. fol.* Hirsch III. **1141.**

WEBER (BERNHARD ANSELM)
—— [Die Jungfrau von Orleans.] Krönungsmarsch aus der Jungfrau von Orleans . . . Zweite Probe neuer Noten. *Bei Johann Friedrich Unger: Berlin,* 1803. *obl. fol.* Hirsch III. **581.**

WEBER (BERNHARD ANSELM)

—— [Die Jungfrau von Orleans.] Musik-Begleitung zu dem Monolog aus dem Trauerspiel die Jungfrau von Orleans von Herrn von Schiller . . . Klavier-Auszug. Letzte Probe vollendeter neuer Noten. pp. 9. *Bei Johann Friedrich Unger: Berlin*, 1805. obl. fol.
Hirsch M. **633**.

WEBER (BERNHARD ANSELM)

—— [Another copy.] Die Wette. Singspiel . . . Klavierauszug. [Vocal score.] *Berlin*, [1807.] obl. fol.
Hirsch IV. **1288**.

WEBER (CARL MARIA FRIEDRICH ERNST VON) [*Collected Works.—a. Complete Works.*]

—— [Another copy.] Musikalische Werke. Erste kritische Gesamtausgabe, *etc.* Reihe 2. Bd. 1, 2. *Augsburg & Cöln*, 1926, 28. fol. Hirsch IV. **1028**.
No more published.

WEBER (CARL MARIA FRIEDRICH ERNST VON) [*Collected Works.—b. Instrumental Selections and Arrangements.—Pianoforte.*]

—— C. M. von Weber's Piano Forte Works, edited by J. Moscheles. no. 21. *Chappell: London*, [1845?] fol.
Hirsch M. **1283**. (6.)
Imperfect; wanting no. 1–20 *and all after no.* 21.

WEBER (CARL MARIA FRIEDRICH ERNST VON) [*Collected Works.—d. Vocal Works.*]

—— Lieder zur Gitarre. Ausgewählt, eingeleitet und herausgegeben von Ludwig Karl Mayer. [With a portrait.] pp. xvi. 44. *Drei Masken Verlag: München*, 1921. 8°.
Hirsch M. **634**.
One of the "Musikalische Stundenbücher."

WEBER (CARL MARIA FRIEDRICH ERNST VON)

—— Abu Hassan. Komische Oper in einem Akt von F. C. Hiemer . . . Vollständige Partitur mit vollständigem Dialog auf Grund mehrerer Bühnenabschriften der Originalpartitur herausgegeben von Willy Werner Göttig. pp. 121. *Verlag der Seiboldschen Buchdruckerei Werner Dohany: Offenbach a.M.*, [1925.] 4°. Hirsch II. **964**.

WEBER (CARL MARIA FRIEDRICH ERNST VON)

—— [Another copy.] Abu Hassan . . . Vollständiger Clavierauszug vom Componisten. [Vocal score.] *Bonn und Cöln*, [1819.] obl. fol. Hirsch IV. **1289**.

WEBER (CARL MARIA FRIEDRICH ERNST VON)

—— Andante e rondo ongarese per il fagotto principale con grand orchestra. Op. 35. [Parts.] 10 pt. *Presso A^d Mt Schlesinger: Berlino*, [1815.] fol. Hirsch M. **1263**.

WEBER (CARL MARIA FRIEDRICH ERNST VON)

—— Aufforderung zum Tanz . . . Op. 65. Für Orchester gesetzt von Felix Weingartner. Partitur, *etc.* pp. 46. *Adolph Fürstner: Berlin*, [1896.] fol. Hirsch M. **1264**.

WEBER (CARL MARIA FRIEDRICH ERNST VON)

—— Aufforderung zum Tanze. Rondo brillant für das Piano-Forte . . . Op. 65. pp. 14. *In der Schlesingerschen Buch- und Musikhandlung: Berlin*, [1821.] obl. fol. Hirsch M. **635**.

WEBER (CARL MARIA FRIEDRICH ERNST VON)

—— [Another copy.] Aufforderung zum Tanze. Rondo brillant für das Piano-Forte . . . Op. 65. *Berlin*, [1825?] obl. fol. Hirsch M. **636**.

WEBER (CARL MARIA FRIEDRICH ERNST VON)

—— [Aufforderung zum Tanz.] L'Invitation pour la valse, rondo brillant, pour le piano forte . . . Op. 65. pp. 9. *Chez T. Boosey & Co.: Londres*, [1829?] fol.
Hirsch M. **1285**. (3.)
Watermark date 1829.

WEBER (CARL MARIA FRIEDRICH ERNST VON)

—— [Another copy.] Balladen und Lieder . . . mit Begleitung des Piano-Forte. [Op.] 47. *Berlin*, [1816.] obl. fol.
Hirsch M. **637**.

WEBER (CARL MARIA FRIEDRICH ERNST VON)

—— Le Chasseur noir. *See infra*: [*Der Freischütz.*]

WEBER (CARL MARIA FRIEDRICH ERNST VON)

—— Concert-Stück Larghetto affettuoso, Allegro passionato, Marcia e Rondo giojoso für das Pianoforte mit Begleitung des Orchesters . . . ⟨Op. 79.⟩ Partitur. pp. 132. *C. F. Peters: Leipzig*, [1857?] 8°. Hirsch M. **638**.

WEBER (CARL MARIA FRIEDRICH ERNST VON)

—— Concertstück für das Pianoforte mit Begleitung des Orchesters . . . Op. 79. Partitur. pp. 60. *C. F. Peters: Leipzig*, [1875?] 8°. Hirsch M. **639**.
Edition Peters. no. 282.

WEBER (CARL MARIA FRIEDRICH ERNST VON)

—— Grand concerto pour le piano-forte avec 2 violons, alto et basse, 2 flûtes, 2 clarinettes, 2 cors, 2 bassons, trompettes et timbales . . . Op. 32. [Parts.] 16 pt. *Chez Ad. Mt. Schlesinger: Berlin*, [1814.] fol. Hirsch M. **1265**.
Imperfect; wanting the horn parts, which have been supplied in MS.

WEBER (CARL MARIA FRIEDRICH ERNST VON)

—— [Another copy.] Euryanthe. Grosse romantische Oper . . . Partitur. *Berlin*, [1866.] fol. Hirsch II. **965**.

WEBER (CARL MARIA FRIEDRICH ERNST VON)

—— [Another copy.] Euryanthe. Grosse romantische Oper . . . Vollständiger vom Componisten verfertigter Clavier-Auszug. [Vocal score.] *Wien*, [1824.] obl. fol.
Hirsch IV. **1290**.

WEBER (CARL MARIA FRIEDRICH ERNST VON)

—— Euryanthe. Romantic opera . . . arranged for the Pianoforte by H. Behrens. pp. 88. *J. J. Ewer & Co.: London*, [1840?] 4°. Hirsch M. **640**.

WEBER (Carl Maria Friedrich Ernst von)
—— Euryanthe. Ouvertura. [Score.] pp. 48. *G. G. Guidi: Firenze*, 1874. 8°. Hirsch M. **641**.
Part of the "Biblioteca del sinfonista."

WEBER (Carl Maria Friedrich Ernst von)
—— [Der Freischütz.] Robin des bois, ou les Trois balles, opéra en trois actes imité de Der Freyschütz. Paroles de Castil-Blaze . . . Partition, *etc.* pp. 302. *Chez Castil-Blaze: Paris*, [1825?] fol. Hirsch II. **968**.

WEBER (Carl Maria Friedrich Ernst von)
—— Der Freischütz. Romantische Oper in drei Aufzügen. Gedichtet von Fr. Kind. Partitur. Einzig rechtmässige nach der Handschrift des Componisten neu-revidirte Original-Ausgabe. pp. 262. *In der Schlesinger'schen Buch u. Musikhandlung: Berlin*, [1848.] fol.
Hirsch II. **966**.

WEBER (Carl Maria Friedrich Ernst von)
—— [A reissue.] Der Freischütz. Oper in 3 Akten. Partitur. *Leipzig*, [1879?] 4°. Hirsch II. **967**.

WEBER (Carl Maria Friedrich Ernst von)
—— Der Freischütz. Romantische Oper in 3 Aufzügen. Dichtung von Friedrich Kind . . . Klavier Auszug vom Componisten. [Vocal score.] pp. 177. *In der Schlesinger'schen Buch- und Musikhandlung: Berlin*, [1821.] obl. fol. Hirsch IV. **1291**.

WEBER (Carl Maria Friedrich Ernst von)
—— Der Freyschütz. Romantische Oper in drey Aufzügen. Dichtung von Fried. Kind . . . Vollstaendiger Klavierauszug vom Componisten. [Vocal score.] pp. 134. *Thadé Weigl: Wien*, [1822.] obl. fol. Hirsch IV. **1296**.

WEBER (Carl Maria Friedrich Ernst von)
—— Der Freischütz. Romantische Oper in 3 Aufzügen . . . Mit leichter Clavier Begleitung eingerichtet von Carl Zulehner. [Vocal score.] pp. 122. *B. Schott Söhne: Mainz*, [1822?] obl. fol. Hirsch IV. **1294**.

WEBER (Carl Maria Friedrich Ernst von)
—— [Der Freischütz.] Le Chasseur noir. Freischütz. Opera romantique en trois actes. Composé et arrangé pour le forte piano, par Ch. M. de Weber. [Vocal score.] Fr. & Ger. pp. 145. *Chez Maurice Schlesinger: Paris*, [1824.] fol. Hirsch IV. **1295**.

WEBER (Carl Maria Friedrich Ernst von)
—— Der Freischütz. Romantische Oper in 3 Aufzügen. Dichtung von Friedrich Kind . . . Klavier Auszug vom Componisten. [Vocal score.] pp. 177. *In der Schlesingerschen Buch- und Musikhandlung: Berlin*, [1825?] obl. fol. Hirsch IV. **1291**. a.

WEBER (Carl Maria Friedrich Ernst von)
—— [Der Freischütz.] The Whole of the Music, consisting of Overture Songs Duetts, Trios, and concerted Pieces, in the celebrated Melodrame called Der Freischütz; or the Seventh bullet . . . Arranged for the English stage by Wm Hawes; the poetry translated from the German by W. McGregor Logan, *etc.* [Vocal score. Overture arranged for P.F. by H. Mullinex.] pp. 182. *Royal Harmonic Institution: London*, [1825?] fol. Hirsch IV. **1292**.
The cover bears the imprint of Welsh & Hawes.

WEBER (Carl Maria Friedrich Ernst von)
—— [Another copy.] [Der Freischütz.] Weber's celebrated Opera Der Freischutz, *etc.* [Vocal score.] *London*, [1835?] fol. Hirsch IV. **1293**.

WEBER (Carl Maria Friedrich Ernst von)
—— Freyschütz. Romantische Oper . . . arrangirt für Pianoforte und Violon von Alexander Brand. pp. 74. *B. Schott Söhnen: Mainz*, [1823?] obl. fol.
Hirsch M. **641**. a.
The violin part, occuring in only a few numbers, is printed in score.

WEBER (Carl Maria Friedrich Ernst von)
—— [Der Freischütz.] Overture . . . for the Piano Forte. pp. 7. *Clementi & C°: London*, [1824?] fol.
Hirsch M. **1284**. (3.)
Watermark date 1824.

WEBER (Carl Maria Friedrich Ernst von)
—— [Der Freischütz.] *See* CALKIN (James) Fantasia brillante, introducing the Waltz and Jaeger Chorus, Der Freischütz, *etc.* [1823?] fol. Hirsch M. **1310**. (24.)

WEBER (Carl Maria Friedrich Ernst von)
—— [Der Freischütz.] *See* LLOYD (T. W.) Der Freischutz, the popular Quadrilles arranged from the Opera of K. M. von Weber, *etc.* [1822?] fol. Hirsch IV. **1671**.

WEBER (Carl Maria Friedrich Ernst von)
—— [Der Freischütz.] *See* WALTZES. Freyschütz Waltzer für das Piano-Forte. [1823?] 8°.
Hirsch M. **1299**. (17.)

WEBER (Carl Maria Friedrich Ernst von)
—— Sechs Fugetten. [Op. 1.] Im eilfte Jahr componirt-[P.F.] [1839.] *See* PERIODICAL PUBLICATIONS.—Leipsic. —Neue Zeitschrift für Musik. [Sammlung von Musik. Stücken, *etc.*] Hft. 6. [1838, *etc.*] fol. Hirsch M. **1134**.

WEBER (Carl Maria Friedrich Ernst von)
—— 6 Gesænge für Männerstimmen ohne Begleitung, *etc.* [Score.] pp. 15. *In der A^d Mt Schlesingerschen Buch und Musikhandlung: Berlin*, [1822?] obl. fol.
Hirsch III. **1144**.

WEBER (CARL FRIEDRICH MARIA ERNST VON)
—— Hold ist der Cyanenkranz. *Lied zu Dem Weinberg an der Elbe.* [Song, with orchestra. Score.] [1817.] 4º.
Hirsch IV. **1433.**
Published with J. F. Kind's " Der Weinberg an der Elbe," Leipzig, 1817.

—— [Another copy.] Hirsch IV. **1433. a.**

WEBER (CARL MARIA FRIEDRICH ERNST VON)
—— [Another copy.] Jubel Cantate . . . Partitur. Op. 58. *Berlin,* [1831.] fol. Hirsch IV. **932.**

WEBER (CARL MARIA FRIEDRICH ERNST VON)
—— [A reissue.] Jubel-Ouverture. (Ouverture cérémoniale.) Grande partition, *etc. Berlin,* [1845 ?] fol.
Hirsch M. **1266.**

WEBER (CARL MARIA FRIEDRICH ERNST VON)
—— [Another copy.] Kampf und Sieg. Cantate . . . Klavierauszug vom Componisten . . . Op. 44. [Vocal score.] *Berlin,* [1815.] obl. fol. Hirsch IV. **1297.**

WEBER (CARL MARIA FRIEDRICH ERNST VON)
—— [Another copy.] Leyer und Schwerdt, *etc.* Op. 41–43. 3 Hft. *Berlin,* [1815.] obl. fol. Hirsch M. **642.**

—— [Another copy of Hft. 3.] Hirsch M. **643.**

WEBER (CARL MARIA FRIEDRICH ERNST VON)
—— [Leyer und Schwert.] *See* LISZT (F.) Leyer und Schwerdt nach Carl Maria von Weber . . . für das Pianoforte, *etc.* [1848.] fol. Hirsch M. **953. (6.)**

WEBER (CARL MARIA FRIEDRICH ERNST VON)
—— Lied zu Dem Weinberg an der Elbe. *See supra*: Hold ist der Cyanenkranz.

WEBER (CARL MARIA FRIEDRICH ERNST VON)
—— VI Lieder mit Begleitung des Clavier's, *etc.* [Op. 15.] pp. 15. *Bei N. Simrock: Bonn,* [1811 ?] obl. fol.
Hirsch III. **1145.**

WEBER (CARL MARIA FRIEDRICH ERNST VON)
—— Sechs Lieder mit Begleitung des Piano-Forte. Op. 80. 18^s Liederheft. pp. 16. *In A^d Mt Schlesingers Buch: und Musikhandlung: Berlin,* [1822 ?] obl. fol.
Hirsch M. **644.**

WEBER (CARL MARIA FRIEDRICH ERNST VON)
—— [Another copy.] Marche posthume à quatre mains . . . Transcrite pour le piano à deux mains par Albert Lavignac. *Paris,* [1866.] fol. Hirsch M. **1294. (1.)**

WEBER (CARL MARIA FRIEDRICH ERNST VON)
—— [Another copy.] Erste Messe (in G) . . . Partitur. *Wien,* [1834.] fol. Hirsch IV. **933. (1.)**

WEBER (CARL MARIA FRIEDRICH ERNST VON)
—— [Another copy.] Oberon. Romantische Oper . . . Partitur. *Berlin,* [1874.] fol. Hirsch II. **969.**

WEBER (CARL MARIA FRIEDRICH ERNST VON)
—— Oberon. Romantische Oper in drey Acten. Nach dem Englischen des J. Planché von Theodor Hell . . . Klavier-Auszug vom Componisten, *etc.* ⟨Corrector: Carl Merz.⟩ [Vocal score.] pp. 157. *In A^d Mt Schlesinger's Buch- und Musikhandlung: Berlin,* [1825.] fol.
Hirsch IV. **1298.**

WEBER (CARL MARIA FRIEDRICH ERNST VON)
—— [Another issue.] Oberon . . . The popular romantic and fairy opera, *etc.* [Vocal score.] *London,* [1826 ?] fol.
Hirsch IV. **1297. a. (1.)**

WEBER (CARL MARIA FRIEDRICH ERNST VON)
—— [Oberon.—Overture.] *See* RITTER (K. A.) Walse tirée de l'ouverture de l'opéra Oberon, *etc.* [1828 ?] 8º.
Hirsch M. **1300. (20.)**

WEBER (CARL MARIA FRIEDRICH ERNST VON)
—— Ouvertures . . . Grande partition. (Partitur.) I. Jubel Ouverture. II. Freischütz. III. Preciosa. IV. Silvana. V. Oberon. VI. Euryanthe. no. 2, 3, 5, 6. *A^d Mt Schlesinger: Berlin,* [1843–59.] 8º. Hirsch M. **645.**
Imperfect; wanting no. 1 *and* 4.

WEBER (CARL MARIA FRIEDRICH ERNST VON)
—— Six petites pièces faciles pour le piano forte à quatre mains . . . Oeuv: 3. pp. 27. *Chez Gombart et comp.: Augsbourg,* [1805 ?] obl. 8º. Hirsch III. **583.**

WEBER (CARL MARIA FRIEDRICH ERNST VON)
—— Six pièces à quatre mains, *etc.* pp. 21. *Chez Gombart et comp.: Augsbourg,* [1809.] obl. fol. Hirsch III. **582.**

WEBER (CARL MARIA FRIEDRICH ERNST VON)
—— [Another copy.] Preciosa. Romantisches Schauspiel . . . Partitur. *Berlin,* [1840 ?] 4º. Hirsch II. **970.**
In this copy there has been inserted a libretto of which the titlepage reads " *Verbindender Text zu C. M. von Weber's vollständiger Musik: Preziosa, bearbeitet von C. O. Sternau. Berlin,* 1850."

WEBER (CARL MARIA FRIEDRICH ERNST VON)
—— Preciosa. Romantisches Schauspiel in 4 Acten. Dichtung von Pius Alex: Wolff . . . Klavier-Auszug vom Componisten. [Vocal score.] pp. 37. *In der A^d Mt Schlesingerschen Buch- und Musikhandlung: Berlin,* [1821.] obl. fol. Hirsch IV. **1299.**

WEBER (CARL MARIA FRIEDRICH ERNST VON)
—— [Preciosa.] Walse favorite . . . arrangée pour piano forte. pp. 3. *Chez B. Schott fils: Mayence,* [1825 ?]
Hirsch M. **1299. (19.)**

WEBER (CARL MARIA FRIEDRICH ERNST VON)
—— Rondo brillante per il piano-forte . . . Op: 62. pp. 11. *Presso Cappi et Diabelli: Vienna,* [1822.] obl. fol.
Hirsch III. **584.**

WEBER (Carl Maria Friedrich Ernst von)
—— Schottische National-Gesänge mit neuen Dichtungen von Arthur vom Nordstern, Breuer, Carl Förster, Eduard Gehe, Theodor Hell und Friedrich Kuhn mit Begleitung des Pianoforte, *etc.* pp. 21. *Bei H. A. Probst: Leipzig,* [1826.] *obl.* fol. Hirsch III. **1146**.

WEBER (Carl Maria Friedrich Ernst von)
—— Schottische National-Gesänge mit neuen Dichtungen von Arthur vom Nordstern, Breuer, Carl Förster, Eduard Gehe, Theodor Hell und Friedrich Kuhn, mit Begleitung der Flöte, Violine, des Violoncello und Pianoforte. *Bei H. A. Probst: Leipzig,* [1826?] *obl.* fol. Hirsch M. **646**.
Imperfect; wanting the flute, violin and violoncello parts.

WEBER (Carl Maria Friedrich Ernst von)
—— Silvana. Heroisch-komische Oper in drei Akten von F. K. Hiemer . . . Klavierauszug vom Komponisten. [Vocal score.] pp. 72. *In der Schlesingerschen Musikhandlung: Berlin,* [1812.] *obl.* fol.
Hirsch IV. **1300**.

WEBER (Carl Maria Friedrich Ernst von)
—— Dritte grosse Sonate D-moll ⟨für Klavier. Op. 49⟩. Herausgegeben und eingeleitet von Dr. W. Georgii. [With a portrait.] pp. xv. 55. *Drei Masken Verlag: München,* 1920. 8°. Hirsch M. **647**.
One of the " Musikalische Stundenbücher."

WEBER (Carl Maria Friedrich Ernst von)
—— Sonate für das Piano-Forte . . . op. 70. 4te Sonate. pp. 30. *In der Schlesingerschen Buch- und Musikhandlung: Berlin,* [1822.] *obl.* fol. Hirsch M. **648**.

WEBER (Carl Maria Friedrich Ernst von)
—— Thême original varié pour le piano-forte . . . Oeuvre 5 des variations. pp. 11. *Chez J. André: Offenbach s/M.,* [1817.] *obl.* fol. Hirsch M. **649**.

WEBER (Carl Maria Friedrich Ernst von)
—— Variations on an original Air (in F.) for the Piano Forte . . . Op. 22. [1845?] *See* supra : C. M. von Weber's Piano Forte Works, edited by J. Moscheles. no. 21. [1845?] fol. Hirsch M. **1283**. (6.)

WEBER (Carl Maria Friedrich Ernst von)
—— Six variations pour le piano-forté avec accompagnement d'un violon et violoncelle ad libitum, sur l'air de Naga: Woher mag diess wohl kommen? de l'opéra: Samori [by G. J. Vogler], *etc.* [Parts.] 3 pt. *Au magasin de l'imprimerie chymique: Vienne,* [1805?] *obl.* fol. & fol.
Hirsch III. **585**.
Lithographed throughout.

WEBER (Carl Maria Friedrich Ernst von)
—— Vien qua Dorina bella [by F. Bianchi], with Variations for the Piano Forte . . . Op. 7. pp. 11. *Keith, Prowse & Co.: London,* [1845?] fol. Hirsch M. **1283**. (7.)

WEBER (Carl Maria Friedrich Ernst von) [*Doubtful and Spurious Works.*]
—— Dernière pensée musicale pour le pianoforte par C. M. de Weber. [In fact, No. 5 of " Danses brillantes ", Op. 26 by C. G. Reissiger]. pp. 3. *Chez Fr. Ph. Dunst: Francfort s/m.,* [1835?] 8°. Hirsch M. **1300**. (31.)

WEBER (Carl Maria Friedrich Ernst von) [*Doubtful and Spurious Works.*]
—— Dernière pensée musicale de C. M. Weber. [In fact, no. 5 of " Danses brillantes," Op. 26, by C. G. Reissiger.] pp. 3. *Chez Paté: Paris,* [1850?] fol.
Hirsch M. **1294**. (2.)

WEBER (Carl Maria Friedrich Ernst von) [*Doubtful and Spurious Works.*]
—— Dernière pensée musicale de C. M. de Weber. [In fact, no. 5 of " Danses brillantes," Op. 26, by C. G. Reissiger.] pp. 3. *Chez les fils de B. Schott: Mayence,* [1860?] fol.
Hirsch M. **1303**. (25.)

WEBER (Carl Maria Friedrich Ernst von) [*Appendix.*]
—— *See* Thomson (George) A Select Collection of Original Scottish Airs for the Voice, with . . . symphonies and accompaniments for the piano forte, viol^n or flute & violoncello by Pleyel . . . Weber, *etc.* 1826. fol.
Hirsch IV. **1705**.

WEBER (Gottfried)
—— Gesang und Liebe. Lied von F. Schiller . . . für eine Singstimme mit Begleitung von Guitarre oder Pianoforte. *Bei B. Schotts Söhnen: Mainz,* [1820?] *obl.* fol.
Hirsch III. **1142**.
Auswahl von Gesängen. no. 133.

WEBER (Gottfried)
—— Zwœlf Gesänge mit Begleitung des Claviers oder der Guitarre, *etc.* pp. 29. *Beÿ N. Simrock: Bonn,* [1812.] *obl.* fol. Hirsch III. **1143**.

WECHSEL.
—— Wechsel. [Song.] *See* Loewe (J. C. G.)

WECKERLIN (Jean Baptiste Théodore)
—— Les Mains pleines de roses. Mélodie. Paroles de A. Desplaces, *etc.* pp. 3. *Heugel et c^ie: Paris,* [1850?] fol.
Hirsch M. **1298**. (47.)

WECKERLIN (Jean Baptiste Théodore)
—— *See* Gluck (C. W. von) La Rencontre imprévue . . . Partition piano et chant, reduite par J. B. Wekerlin. [1890?] 8°. Hirsch M. **166**.

WECKMANN (Matthias)
—— 14 Praeludien, Fugen und Toccaten. ⟨Herausgegeben von Max Seiffert.⟩ [Organ.] pp. 51. *Fr. Kistner & C. F. W. Siegel: Leipzig,* [1925.] fol. [*Organum.* Reihe 4. Hft. 3.] Hirsch M. **1204**.

WECKMANN (Matthias)

—— "Wenn der Herr die Gefangenen zu Zion," für Sopran, Alt, Tenor und Bass mit Streichorchester und Orgel. Partitur, *etc.* ⟨Bearbeitet von Max Seiffert.⟩ pp. 47. *Fr. Kistner & C. F. W. Siegel: Leipzig*, [1924.] fol. [*Organum*. Reihe 1. no. 2.] Hirsch M. **1204**.

WECKMANN (Matthias)

—— "Wie liegt die Stadt so wüste," für Sopran- und Basssolo, mit Streichorchester und Orgel. Partitur, *etc.* ⟨Bearbeitet von Max Seiffert.⟩ pp. 18. *Fr. Kistner & C. F. W. Siegel: Leipzig*, [1924.] fol. [*Organum*. Reihe 1. no. 1.] Hirsch M. **1204**.

WEHRAN (Karl)

—— *See* Dillmann (J.) and Wehran (K.) Vierzehn Engel fahren, *etc.* 1923. 8°. Hirsch M. **133**.

WEIGL (Joseph)

—— Emmeline. *See infra:* [*Die Schweizerfamilie.*]

WEIGL (Joseph)

—— [Another copy.] Die Jugendjahre Peter des Grossen. Eine Oper . . . Clavier Auszug. [Vocal score.] *Mainz*, [1815?] *obl.* fol. Hirsch iv. **1301**.

WEIGL (Joseph)

—— [Another copy.] Il Ritorno d'Astrea. Azione drammatica, *etc.* [Score.] *Milano*, 1816. fol. Hirsch ii. **971**.

WEIGL (Joseph)

—— [*Die Schweizerfamilie.*] Emmeline, ou la Famille suisse, opéra-comique en trois actes, paroles de Mr Séurrin . . . Arrangé pour la scène française par Mr Crémont . . . Partition. pp. 147. *Chez Maurice Schlesinger: Paris*, [1827.] fol. Hirsch ii. **972**.

WEIGL (Joseph)

—— Die Schweizerfamile, eine lyrische Oper, in Quintetten für 2 Violinen, 2 Altviolen und Violoncell arrangirt von C. G. W. Wach. [Parts.] 5 pt. *Bei A. Kühnel: Leipzig*, [1811.] fol. Hirsch M. **1267**.

WEIGL (Joseph)

—— [Die Schweizer-Familie.—Wer hörte wohl jemals mich klagen?] *See* Wanhal (J. B.) viii variations sur la cavatine de l'opéra: Die Schweizer-Familie, Wer hörte wohl jemals mich klagen? [by J. Weigl], *etc.* [1810?] *obl.* fol. Hirsch iii. **579**.

WEIGL (Joseph)

—— *See* Mozart (W. A.) La Clemenza di Tito . . . Vollständiger Clavierauszug, nebst eingelegter, von J. Weigl componirter Scene und Arie. [1825?] *obl.* fol. Hirsch iv. **1224**.

WEIHNACHTS CANTATE.

—— Weynachts Cantate. *See* Kayser (P. C.)

WEIHNACHTS-CANTILENE.

—— Weihnachts-Cantilene. [Cantata.] *See* Reichardt (J. F.)

WEIMAR.—*Franz Liszt-Stiftung.*

—— Franz Liszt's musikalische Werke. Herausgegeben von der Franz Liszt-Stiftung. [With portraits and a facsimile.]
    i. Für Orchester. Bd. 1–13. [1907–17?]
    ii. Pianoforte Werke. Bd. 1–12. [1910–26.]
    v. Kirchliche und geistliche Gesangswerke. Bd. 3, 5, 6, 7. [1918]–36.
    vii. Einstimmige Lieder und Gesänge. Bd. 1–3. [1917–22.] Freie Bearbeitungen. Bd. 1–3. [1910–22.]
[1907]–36. fol. *See* Liszt (F.) Hirsch iv. **979**.

WEIMAR.

—— Weimar's Volkslied. [Song.] *See* Liszt (F.)

WEIN.

—— Wein und Liebe. [Part-song.] *See* Schubert (F. P.)

WEINENDE.

—— Die Weinende. [Song.] *See* Kossmaly (C.)

WEINGARTNER (Paul Felix)

—— Das Gefilde der Seligen. La Séjour des bienheureux. The Fields of Heaven. Symphonische Dichtung für grosses Orchester. (Angeregt durch das Gemälde von Arnold Böcklin.) . . . Op. 21. Partitur. pp. 75. *Breitkopf & Härtel: Leipzig*, [1897.] 4°. Hirsch M. **1268**.

WEINGARTNER (Paul Felix)

—— *See* Gluck (C. W. von) [*Alceste.*] Ouvertüre zu Alceste. Mit Vortragszeichnungen und einem Schluss versehen von F. Weingartner, *etc.* [1905?] 8°. Hirsch M. **163**.

WEINGARTNER (Paul Felix)

—— *See* Wagner (W. R.) Der fliegende Holländer . . . Vollständige Partitur. [Edited and with foreword by F. Weingartner.] [1897.] fol. Hirsch ii. **929**.

WEINGARTNER (Paul Felix)

—— *See* Weber (C. M. F. E. von) Aufforderung zum Tanz . . . Op. 65. Für Orchester gesetzt von F. Weingartner, *etc.* [1896.] fol. Hirsch M. **1264**.

WEINTRAUB (H.)

—— שירי בית ייי׳ Schire Beth Adonai oder Tempelgesänge für den Gottesdienst der Israeliten componirt und herausgegeben von H. Weintraub. 3 Tl. pp. 254. *Breitkopf & Härtel: Leipzig*, [1859.] fol. Hirsch M. **1269**.
With a list of errata, dated 1861, *and* 2 *pp. of reviews inserted.*

WEIPPERT (George)

—— La Rage, or the Duc de Reichstadt's quadrilles, arranged as duets for two performers on the piano forte. pp. 13. *Zenas T. Purday: London*, [1840?] fol.
Hirsch M. **1308**. (9.)

WEIXELBAUM (Georg)

—— Erinnerung. Lied . . . Mit Guitarre Begleitung von J. Arnold. *Bey B. Schott Söhne: Mainz*, [1824?] 8°.
Hirsch M. **1299**. (20.)

WELLER (Friedrich)

—— Schweitzer-Marsch . . . in den Concerten in Schulgarten gespielt vom Musik-Chor des 2ten Garde-Regiments, für das Piano-Forte arrangirt von F. Weller . . . Op. 25. pp. 3. *Verlag u. Lith. von G. Eduard Müller: Berlin*, [1830?] obl. fol. Hirsch M. **1291**. (17.)

WELLER (Friedrich)

—— *See* STRAUSS (J.) *the Elder*. Alexandra-Walzer. [Op. 56.] . . . nach der Partitur für das Piano Forte arrangirt von F. Weller. [1835?] obl. fol. Hirsch M. **561**. (4.)

WELLESZ (Egon)

—— [Another copy.] Alkestis. Drama . . . Op. 35. Partitur. *Wien, New York*, [1924.] fol. Hirsch II. **973**.

WELLESZ (Egon)

—— Die Hymnen des Sticherarium für September. Übertragen von E. Wellesz. pp. xlviii. 156. *Levin & Munksgaard: Kopenhagen*, 1936. 8°. Hirsch M. **650**. *Monumenta musicae byzantinae.* vol. 1.

WELSH (T.) *Mrs.*

—— Philomel, a Duet written and composed by Mrs T. Welsh, *etc.* pp. 7. *Cramer, Addison & Beale: London*, [1845?] fol. Hirsch M. **1276**. (18.)

WELSH (Thomas)

—— The Heart that can feel for Distress. Ballad sung by Mrs Mountain in Life's Masquerade or Fortune's Wheel in motion . . . the poetry by Mr Cherry. pp. 3. *Preston: London*, [1804?] fol. Hirsch M. **1277**. (34.) *Watermark date* 1804.

WENN.

—— Wenn du wärst mein eigen. [Song.] *See* KUECKEN (F. W.)

WENN DER HERR DIE GEFANGENEN ZU ZION.

—— Wenn der Herr die Gefangenen zu Zion. [Cantata.] *See* WECKMANN (M.)

WERNER (Gregor Joseph)

—— VI Fugen in Quartetten auf zwey Violin, Viola, und Violonzell . . . herausgegeben von J. Haydn, *etc.* [Parts.] *Bey Artaria & Comp.: Wien*, [1804?] fol.
Hirsch III. **586**.

WERNER (Theodor W.)

—— *See* TELEMANN (G. P.) Pimpinone . . . Herausgegeben von Th. W. Werner. 1936. fol. [*Das Erbe deutscher Musik.* Reihe 1. Reichsdenkmale. Bd. 6.]
Hirsch IV. **960**.

WEST (William)

—— The Captive Knight, a favorite Song, the poetry by Mrs Hemans. pp. 3. *Duncombe: London*, [1850?] fol.
Hirsch M. **1276**. (16.)

WEST (William)

—— I dream of all Things free, a favorite Song, written by Mrs Hemans. pp. 3. *Duncombe: London*, [1845?] fol.
Hirsch M. **1276**. (9.)

WESTERMAN (Gerhart von)

—— *See* CORNELIUS (P. C. A.) Weihnachtslieder ⟨Op. 8⟩ und Trauer und Trost ⟨Op. 3⟩ . . . Herausgegeben und eingeleitet von G. v. Westerman. 1921. 8°.
Hirsch M. **116**.

WESTERMAN (Gerhart von)

—— *See* HOFFMANN (E. T. W.) Klaviersonate cis-moll. Andante aus der F. dur-Sonate. Herausgegeben und eingeleitet von Dr. G. v. Westerman. 1921. 8°.
Hirsch M. **197**.

WESTERMAN (Gerhart von)

—— *See* NEEFE (C. G.) Amors Guckkasten . . . Herausgegeben und eingeleitet von Dr. G. von Westerman. 1922. 8°. Hirsch M. **441**.

WESTMEYER (Wilhelm)

—— Schluss-Apotheose der Kaiser—Ouverture für grosses Orchester (u. Männerchor ad libitum) . . . Partitur. pp. 15. *Friedrich Schreiber: Wien*, [1873?] fol.
Hirsch M. **1344**.

WEYNACHTS. *See* WEIHNACHTS.

WEYSE (Christoph Ernst Friedrich)

—— Allegri di bravura pour le piano forte. pp. 29. *Chez Jean George Naigueli: Zuric*, [1803?] obl. fol. [*Répertoire des clavecinistes.* suite 7.] Hirsch IV. **1012**.

WEYSE (Christoph Ernst Friedrich)
—— Allegri di bravura pour le piano forte. pp. 37. *Chez Jean George Naigueli: Zuric*, [1805?] *obl. fol.* [*Répertoire des clavecinistes.* suite 16.] Hirsch IV. **1012.**
A different collection from the preceding.

WHAT.
—— What's this dull Town to me? *Robin Adair, the much admired Ballad, etc.* pp. 3. *Phipps & Cº: London*, [1810?] fol. Hirsch M. **1276. (17.)**

WHITTAKER (William Gillies)
—— [Another copy.] Psalm CXXXIX. Für "a cappella" gemischten Chor und Halbchor ... Nach der Englischen Übersetzung von Robert Bridges, *etc.* *London*, [1925.] 8º. Hirsch IV. **934.**

—— [Another copy.] Hirsch IV. **934. a.**

WHY.
—— Why do you watch the lone, lone Deep? Duett. *See* Glover (Stephen)

WIE LIEGT DIE STADT SO WÜSTE.
—— Wie liegt die Stadt so wüste. Cantata. *See* Weckmann (M.)

WIECK, afterwards **SCHUMANN** (Clara)
—— " Am Strand," von R. Burns, für Singstimme u. Pianoforte. [1841.] *See* Periodical Publications.—Leipsic. —*Neue Zeitschrift für Musik.* [Sammlung von Musik-Stücken, *etc.*] Hft. 14. [1838, *etc.*] fol.
Hirsch M. **1134.**

WIECK, afterwards **SCHUMANN** (Clara)
—— Andante und allegro. [P.F.] [1839.] *See* Periodical Publications.—Leipsic.—*Neue Zeitschrift für Musik.* [Sammlung von Musik-Stücken, *etc.*] Hft. 7. [1938, *etc.*] fol.
Hirsch M. **1134.**

WIECK, afterwards **SCHUMANN** (Clara)
—— [For editions of "Zwölf Gedichte aus F. Rückert's Liebesfrühling," of which no. 2, 4 and 11, are by C. Schumann, comprising her Op. 12, and no. 1–3, 5–10, 12 by R. A. Schumann, comprising his Op. 37:] *See* Schumann (R. A.) and (C.) Hirsch M. **1201.**

WIEDERKEHREN.
—— Das Wiederkehren des verwundeten baierischen Kriegers. Ode. *See* Vogler (G. J.)

WIEPRECHT (Wilhelm Friedrich)
—— *See* Meyerbeer (G.) Fackeltanz ... Partitur für Militair Musik, arrangirt von W. Wieprecht. [1853?] *obl.* 4º.
Hirsch M. **292.**

WIER (Albert Ernest)
—— [Another copy.] The Miniature Score Series ... Edited ... by A. E. Wier. *Cambridge; printed in U.S.A.*, [1945, 46?] fol. Hirsch **1270.**

WILDE (Joseph)
—— Gesellschafts Walzer für den Carneval 1821. Componirt und für das Piano-Forte eingerichtet von J. Wilde ... (19te Lieferung der Tänze.) pp. 11. *Im Verlage der k.k. pr. Chemie-Druckerey des S. A. Steiner und Comp.: Wien*, [1821?] *obl. fol.* Hirsch M. **651. (1.)**
Lithographed throughout.

WILDE (Joseph)
—— Neue Posthorn Walzer für das Piano-Forte ... 6te Lieferung der Tänze. pp. 7. *Im Verlage der k:k: priv: chemy Druckerey des S: A: Steiner u: Comp.: Wien*, [1817?] *obl. fol.* Hirsch M. **651. (2.)**
Lithographed throughout.

WILDE (Joseph)
—— XIII Ober-oesterreicher Ländler nebst einem Anhang von acht oesterreichschen [*sic*] Volksliedern (mit unterlegtem Texte). Komponirt und für das Pianoforte eingerichtet von J. Wilde ... 15te Lieferung der Tänze. pp. 11. *Im Verlage der k.k. pr. Chemie Druckerey des S. A. Steiner u. Comp.: Wien*, [1820?] *obl. fol.* Hirsch M. **651. (3.)**
Lithographed throughout.

WILDE (Joseph)
—— 12 Redout Walzer aus dem k.k. grossen Redouten-Saale; nebst Coda nach einer beliebten Melodie aus der Oper: Die diebische Elster [by G. A. Rossini]. Componirt und für das Piano-Forte eingerichtet von J. Wilde ... (16te Lieferung der Tänze.) pp. 7. *Im Verlage der k.k. pr: Chemie-Drukerey des S. A. Steiner und Comp.: Wien*, [1820?] *obl. fol.* Hirsch M. **651. (4.)**
Lithographed throughout.

WILDE (Joseph)
—— [Another copy.] Walzer samt Coda für das Piano-Forte ... Fortsetzung der 32 beliebten Walzer, *etc.* *Wien*, [1814.] *obl. fol.* Hirsch M. **651. (5.)**
Lithographed throughout.

WILHELM (B.)
—— Deux romances ... Paroles de P: T: de Béranger ... Accompagnement de piano ou harpe. pp. 7. *Chez Auge. Le Duc: Paris*, [1810?] fol. Hirsch M. **1302. (8.)**

WILIA.
—— Wilia und das Mädchen. [Song.] *See* Loewe (J. C. G.) 2 Polnische Balladen. Op. 50. [No. 1.]

WILKINSON (J.)
—— *See* Bellini (V.) [*Norma.—Deh! con te.*] The Pilot's Grave, *etc.* ⟨Arranged by J. Wilkinson.⟩ [1845?] fol.
Hirsch M. **1272. (4.)**

WILLBRAND.
—— Willbrand's Trostlied. [Song.] *See* PFLUECKT. Pflückt die Blumen ab sie Trauern, *etc.* [1822?] 8°.
Hirsch M. **1300. (19.)**

WILTON (CHARLES HENRY)
—— Six Sonatas, for the Piano Forte ... Op. 9. pp. 27. *Lavenu & Mitchell: London*, [1805?] fol.
Hirsch M. **1279. (11.)**

WINCHESTER TROPER.
—— [Another copy.] The Winchester Troper ... Edited by W. H. Frere. *London*, 1894. 8°. Hirsch M. **652.**
Henry Bradshaw Society. vol. 3.

WINDSPERGER (LOTHAR)
—— *See* SCHUMANN (R. A.) [43 *Clavierstücke für die Jugend. Op.* 68.] Skizzenbuch zu dem Album für die Jugend ... Biographische und musikalische Erläuterungen ... von L. Windsperger. ⟨Vier bisher unveröffentlichte kleine Stücke ... Nach dem Skizzenbuch übertragen von L. Windsperger.⟩ [1924.] *obl.* fol. Hirsch M. **539.**

WINTER.
—— Winter's gone. [Song.] *See* BENNETT (*Sir* William S.) [*Six Songs. Op.* 35. *No.* 2.]

WINTER (PETER VON)
—— A pascer le greggi. *See* infra: [*Il Ratto di Proserpina.*]

WINTER (PETER VON)
—— v Ave Regina coelorum für Sopran, Alt, Tenor, Bass und Orgel von P. v. Winter, Franz Danzi, Joh. Kasp. Aiblinger ... I Alma redemptoris für IIII Singstimmen, II Violinen, Viola, Orgel, II Hörner oblig., I Floete, II Clarinetten, Trompetten u. Paucken ad lib. von Franz Danzi. [Parts.] 21 pt. *Falter und Sohn: München*, [1815?] fol.
Hirsch IV. **1706.**
Lithographed throughout.

WINTER (PETER VON)
—— Ich war wañ ich erwachte. *See* infra: [*Das unterbrochene Opferfest.*]

WINTER (PETER VON)
—— [Marie de Montalban.—Rosenbilder süsser Liebe.] La Mélancholie. Air, *etc. See* PERIODICAL PUBLICATIONS.—*Paris.* Journal de lyre, *etc.* année 2. no. 70. [1803?] 8°. Hirsch M. **660. (1.)**

WINTER (PETER VON)
—— La Mélancholie. *See supra:* [*Marie de Montalban.—Rosenbilder süsser Liebe.*]

SIG. 55.—PART 53.

WINTER (PETER VON)
—— [Il Ratto di Proserpina.] A pascer le greggi, a favorite air ... arranged for the piano forte by M. C. Mortellari. pp. 5. *H. Falkner: London*, [1814?] fol.
Hirsch M. **1273. (23.)**
Watermark date 1814.

WINTER (PETER VON)
—— [Il Ratto di Proserpina.] Rendimi ai dolci amplessi, duetto ... arranged by M. C. Mortellari. pp. 4. *Chappell & Cº: London*, [1819?] fol.
Hirsch M. **1273. (36.)**
Watermark date 1819.

WINTER (PETER VON)
—— [Il Ratto di Proserpina.] Ti reggio t'abbraccio, the favorite duett ... arranged by M. C. Mortellari. pp. 8. *Chappell & Cº: London*, [1819?] fol.
Hirsch M. **1273. (35.)**
Watermark date 1819.

WINTER (PETER VON)
—— [Il Ratto di Proserpina.] Vaghi colli, ameni prati ... duet ... arranged by M. C. Mortellari. pp. 6. *Falkner's Opera Music Warehouse: London*, [1817?] fol.
Hirsch M. **1275. (33.)**
Watermark date 1817.

WINTER (PETER VON)
—— Rendimi ai dolci amplessi. *See supra:* [*Il Ratto di Proserpina.*]

WINTER (PETER VON)
—— Tamerlan. Opéra en quatre actes. Paroles de Mr Morel, *etc.* [Score.] pp. 466. *Chez Naderman: Paris*, [1802.] fol. Hirsch II. **974.**

WINTER (PETER VON)
—— Tema del Sigre Caraffa. Variationi. [Vocal variations, on a song "O cara memoria."] *Ital. & Ger.* pp. 8. *Presso Falter e figlio: Monaco*, [1815?] *obl.* fol.
Hirsch III. **1152.**
Giornale. no. 11. *Lithographed throughout.*

WINTER (PETER VON)
—— [Another copy.] Timoteo o gli effetti della musica. Cantata ... Die Macht der Töne (nach Dryden). Kantata ... Partitur. Der deutsche Text ist von Dr Chr. Schreiber. *Ital. & Ger.* pp. 119. *Bey Breitkopf & Härtel: Leipzig*, [1809.] fol. Hirsch IV. **935.**
Without the leaf containing the text in German.

WINTER (PETER VON)
—— [Il Trionfo del amor fraterno.] The Favorite Duet Me n'andro di giove al piede ... arranged by M. C. Mortellari. pp. 8. *Hy Falkner's Opera Music Warehouse: London*, [1819?] fol. Hirsch M. **1273. (37.)**
Watermark date 1819.

WINTER (Peter von)

— [Das unterbrochene Opferfest.] Romance. Ich war wañ ich erwachte aus der Oper: Das unterbrochene Opferfest, mit Begleitung des Piano-Forte. pp. 3. *Im Verlage der K.K. privl. chemischen Druckerey: Wien,* [1813.] *obl. fol.* Hirsch M. **1278. (17.)**
Lithographed throughout.

WINTER (Peter von)

— [Das unterbrochene Opferfest.] Ich war wañ ich erwachte. *Aria aus der Oper Das unterbrochene Opferfest.* [By P. von Winter.] Mit Begleitung des Pianoforte oder der Guitarre. pp. 3. [1820?] *obl. fol.* *See* Unterbrochene Opferfest. Hirsch M. **1278. (16.)**

WINTER (Peter von)

— [Das unterbrochene Opferfest.—Die Mädchen, merk' es.] Air, *etc.* *See* Periodical Publications.—*Paris.* Journal de lyre, *etc.* année 2. no. 71. [1805?] 8°.
Hirsch M. **660. (1.)**

WINTER (Peter von)

— [Zaira.] The Celebrated Overture, performed to the grand serious Opera of Zaira ... Arranged for the piano forte by I. Addison. pp. 7. *C. Christmas: [London,* 1816?] *fol.* Hirsch M. **1282. (22.)**
Watermark date 1816.

WINTER (Peter von)

— *See* Danzi (Franz) and Winter (Peter von) Zwey Lytaneyen ... und Alma redemptoris ... von P. von Winter. [1815?] fol. & *obl.* 8°. Hirsch IV. **1679.**

WINTZINGERODA ( ) *See* Winzingerode (H. L.)

WINZINGERODE (H. L.)

— *See* Zumsteeg (J. R.) Iohannen's Lebewohl ... beendigt ... von Wintzingeroda. [1803?] *obl.* fol.
Hirsch III. **1181.**

WIRTHSTOECHTERLEIN.

— Wirthstöchterlein singt. [Song.] *See* Marschner (H. A.) Der fahrende Schüler ... 168. Werk. [No. 5.]

WIRTSHAUS.

— Das Wirtshaus am Rhein. [Song.] *See* Esser (H.)

WITH.

— With twenty Chords my Lyre is strung. Duet. *See* Knyvett (William)

WITKOWSKI (Georg)

— *See* Leipsic.—*Leipziger Bibliophilen-Abend.* Sperontes. Singende Muse an der Pleisse. 1736, *etc.* [Edited by G. Witkowski.] 1905. 8°. Hirsch M. **217.**

WITTEKIND.

— Wittekind. [Song.] *See* Loewe (J. C. G.) Drei Balladen. Op. 65. [No. 1.]

WITTMANN (Carl Friedrich)

— *See* Mozart (W. A.) [*Don Giovanni.*] Don Juan ... Durchgearbeitet und herausgegeben von C. F. Wittmann. [1903.] 8°. Hirsch M. **348.**

WO.

— Wo find' ich mein Lieb'? [Song.] *See* Marschner (H. A.) Zwei Lieder ... Op. 182. No. 2.

WO WILT DU HIN.

— Wo wilt du hin, weil's Abend ist. [Cantata.] *See* Krieger (J. P.)

WOEHL (Waldemar)

— *See* Corelli (A.) Triosonaten ... Originalgetreue Gebrauchsausgabe aller 48 Triosonaten, im Auftrag des Arbeitskreises für Hausmusik besorgt von W. Woehl, *etc.* 1939. 4°. Hirsch M. **837.**

WOEHL (Waldemar)

— *See* Fischer (J. C. F.) Suiten für fünf Streich- oder Blasinstrumente und Generalbass, *etc.* ⟨Herausgegeben von W. Woehl.⟩ [1937.] 8°. Hirsch M. **146.**

WOELFL (Joseph)

— Die Geister des Sees, von Amalia von Imhof, *etc.* [Song.] pp. 24. *Bey Breitkopf & Härtel: Leipzig,* [1805?] *obl.* fol.
Hirsch III. **1153.**
J. Wölfl's Gesänge am Klavier. Hft. 1.

WOELFL (Joseph)

— Sonate précédée d'une introduction et fugue pour le piano forte. pp. 26. *Chez Jean George Naigueli: Zuric,* [1804.] *obl.* fol. [*Répertoire des clavecinistes.* suite 12.]
Hirsch IV. **1012.**

WOESS (Josef V.)

— *See* Bruckner (A.) Messe in E moll ... Neurevision von ... J. V. Wöss. 1924. 8°. Hirsch IV. **723.**

WOLF (Hugo)

— [A Complete Edition of Hugo Wolf's Songs, made up of various issues.] 6 vol.

    Gedichte von Eduard Mörike. [With a portrait of Mörike.] pp. 195.
    Gedichte von J. von Eichendorff. pp. 65.
    Gedichte von Goethe. pp. 200.
    Spanisches Liederbuch nach Heyse und Geibel. pp. 143.
    Italienisches Liederbuch nach Paul Heyse. pp. 99.
    Lieder nach verschiedenen Dichtern. pp. 96.

C. F. Peters: Leipzig, [1905?] fol. Hirsch IV. **1029.**
The binding of each volume bears the words "Edition Peters."

WOLF (Hugo)

—— Nachgelassene Werke. Vorgelegt von Robert Haas und Helmut Schultz.
 Folge 1. Hft. 1. Elf Jugendlieder. pp. 47.
     Hft. 2. Elf Lieder nach Gedichten von Heine und Lenau. pp. 47.
     Hft. 3. Acht Lieder nach Gedichten von Mörike und Eichendorff. pp. 47.
     Hft. 4. Sieben Lieder nach Gedichten von Robert Reinick. pp. 39.
 Folge 2. Hft. 1. Zwei Orchesterlieder aus dem "Spanischen Liederbuch." [With voice part.] pp. 15.
 Folge 3. Tl. 2. Penthesilea. [Score.] pp. 150.
Musikwissenschaftlicher Verlag: Leipzig, Wien, [1936, 37.] 4° & fol. Hirsch IV. **1030**.
No more published. Imperfect; wanting Folge 3, Tl. 3.

WOLF (Hugo)

—— Der Feuerreiter. Ballade von E. Mörike für grosses Chor und Orchester ... Partitur, *etc.* pp. 29. *Schott & Co.: London; Mainz,* [printed, 1894.] fol. Hirsch IV. **937**.

WOLF (Hugo)

—— [Another copy.] Penthesilea. Sinfonische Dichtung, *etc. Leipzig,* 1903. fol. Hirsch M. **1271**.

WOLF (Johannes)

—— Chor- und Hausmusik aus alter Zeit. Herausgegeben von Prof. Dr. J. Wolf, *etc.* 4 Hft. *Wölbing-Verlag: Berlin,* 1926, 27. 8°. Hirsch M. **653**.

—— [Another copy of Hft. 1.] Hirsch M. **654**.

WOLF (Johannes)

—— Sing- und Spielmusik aus älterer Zeit. Herausgegeben als Beispielband zur Allgemeinen Musikgeschichte von Dr. J. Wolf, *etc.* pp. viii. 158. *Quelle & Meyer: Leipzig,* 1926. 8°. Hirsch M. **655**.

—— [Another copy.] Hirsch M. **656**.

WOLF (Johannes)

—— [Another copy.] Sing- und Spielmusik aus älterer Zeit ... Zweite Auflage. pp. viii. 158. *Quelle & Meyer: Leipzig,* 1931. 8°. Hirsch M. **657**.

WOLFFHEIM (Werner)

—— *See* BACH (J. S.) Vergnügte Pleissen-Stadt. Hochzeits-Kantate ... Als Fragment aufgefunden und herausgegeben von W. Wolffheim, *etc.* [1924.] 4°. Hirsch M. **681**.

WOLFRAM (Joseph Maria)

—— Sechs Serbische Volkslieder, Gedichte von W. Gerhard, für eine Singstimme mit Begleitung des Piano Forte ... 3te Sammlung. pp. 8. *Bei Friedrich Hofmeister: Leipzig,* [1826?] obl. fol. Hirsch III. **1155**.

WOLLANK (Friedrich)

—— Sechs Italienische Gesaenge mit Begleitung des Pianoforte, *etc.* pp. 15. *Im Kunst- und Industrie-Comptoir: Leipzig und Berlin,* [1804?] obl. fol. Hirsch III. **1156**.

WOLLEN.

—— Woll'n wir mal Enen riskiren? Zwei Berliner favorit-Galopp-Walzer, für Fortepiano, Flöte oder Violine, *etc.* pp. 3. *Bei Bechtold & Hartje: Berlin,* [1840?] 4°. Hirsch M. **1312. (21.)**

WÖSS (   )

—— [For the German surname of this form:] *See* WOESS.

WUNDERHORN.

—— Vier und zwanzig alte deutsche Lieder aus dem Wunderhorn mit bekannten meist älteren Weisen beym Klavier zu singen. [Edited by J. N. Boehl von Faber.] pp. 51. *Bey Mohr und Zimmer: Heidelberg,* 1810. 4°. Hirsch III. **661**.

Lithographed throughout.

YE.

—— Ye Mariners of Spain. [Song.] *See* ARKWRIGHT (Frances C.) Mrs. [*A Set of six ancient Spanish Ballads.*]

YES.

—— Yes together we will live & die. *See* BELLINI (V.) [*Norma.—Deh con te.*]

YEUX.

—— Les Yeux d'une mère. [Song.] *See* PUGET, afterwards LEMOINE (L.)

Z., A.

—— *See* LOEWE (J. C. G.) Salvum fac regem. [Four-part song.] Arr. v. A. Z. [1890.] 8°. Hirsch M. **980. (9.)**

ZACHOW (Friedrich Wilhelm)

—— "Herr, wenn ich nur dich habe," für Soli, Chor, Orchester, Harfe, Cembalo und Orgel. Partitur, *etc.* ⟨Bearbeitet von Max Seiffert.⟩ pp. 24. *Fr. Kistner & C. F. W. Siegel: Leipzig,* [1924.] fol. [*Organum.* Reihe 1. no. 5.] Hirsch M. **1204**.

ZAUBERLEHRLING.

—— Der Zauberlehrling. [Song.] *See* LOEWE (J. C. G.) [*3 Balladen von Göthe.* Op. 20. No. 2.]

ZEHN KUESSE.

—— Die zehn Küsse. Oper. *See* SEKLES (B.)

ZELTER (CARL FRIEDRICH)
—— Zelter's sämmtliche Lieder, Balladen und Romanzen für das Piano-Forte. Hft. 1–4. *Im Kunst und Industrie Comptoir: Berlin*, [1810?] *obl.* fol.
Hirsch III. **1163**.

ZELTER (CARL FRIEDRICH)
—— Fünfzig Lieder. 32 Lieder nach Gedichten von Goethe und 18 Lieder nach Worten verschiedener Dichter für eine Singstimme und Klavier ausgewählt und mit Unterstützung der Goethe-Gesellschaft herausgegeben von Ludwig Landshoff. [With a portrait.] pp. xi. 81. *B. Schott's Söhne: Mainz*, 1932. 8°. Hirsch M. **658**.

ZELTER (CARL FRIEDRICH)
—— Sechs Deutsche Lieder für die Bass-Stimme mit Begleitung des Pianoforte. pp. 22. *Bei T. Trautwein: Berlin*, [1825?] *obl.* fol. Hirsch III. **1166**.

ZELTER (CARL FRIEDRICH)
—— [Another copy.] Das Gastmahl. [Song.], *etc.* [A lithographed facsimile of Goethe's poem, with a facsimile of Zelter's setting.] *Berlin*, 1832. *s. sh.* fol.
Hirsch III. **1160**.

ZELTER (CARL FRIEDRICH)
—— Johanna Sebus, von Goethe. Zum Andenken der 17 jährigen Schönen Guten aus Brienen, die am 13. Jan. 1809 bei dem Eisgange des Rheins Hülfe reichend untergieng. Für Singstimmen am Pianoforte. pp. 14. *Bei A. Kühnel: Leipzig*, [1810.] *obl.* fol. Hirsch III. **1169**.

ZELTER (CARL FRIEDRICH)
—— Zwölf Lieder am Clavier zu singen. pp. 29. *Auf Kosten des Verfassers: Berlin*, 1801. *obl.* fol. Hirsch III. **1165**.
The titlepage bears a MS. *dedication in the composer's autograph.*

ZELTER (CARL FRIEDRICH)
—— [Another copy.] Mignon's Lied, *etc.* *Berlin*, [1825?] *obl.* fol. Hirsch III. **1162**.

ZELTER (CARL FRIEDRICH)
—— Neue Liedersammlung. [With a portrait.] pp. 20. *Bey Hans Georg Nägeli: Zürich; bey Adolph Martin Schlesinger: Berlin*, 1821. 4°. Hirsch III. **1167**.

ZELTER (CARL FRIEDRICH)
—— Rechenschaft, Lied mit Chor, von von Göthe. pp. 7. *Bei C. Salfeld: Berlin*, 1810. 4°. Hirsch III. **1168**.

ZELTER (CARL FRIEDRICH)
—— *See* BLUMEN. Die köstlichsten Blumen und Früchte ... Mit Musik von ... C. F. Zelter u.a. [1811.] 8°.
Hirsch III. **658**.

ZENCK (HERMANN)
—— *See* SCHULTZ (J.) Musikalischer Lüstgarte, 1622. Herausgegeben von H. Zenck. 1937. fol. [*Das Erbe deutscher Musik.* Reihe 2. Landschaftsdenkmale. Niedersachsen. Bd. 1.] Hirsch IV. **960**. a.

ZIEBLER (KARL)
—— *See* VULPIUS (M.) Matthäus-Passion von 1613 ... Herausgegeben von K. Ziebler, *etc.* 1934. 8°.
Hirsch M. **620**.

ZINGARELLI (NICOLÒ ANTONIO)
—— Dunque il tuo bene. A favorite duet ... L'accompagnamento del Sig^r Cimador. pp. 4. *Monzani & Cimador: London*, [1803?] fol. Hirsch M. **1277**. (**38**.)
A Collection of Periodical Italian Songs, Duets, Trios, etc. no. 89.

ZINGARELLI (NICOLÒ ANTONIO)
—— Dunque il tuo bene, duett, with an accompaniment for the piano forte. pp. 3. *Rutter & McCarthy: London*, [1815?] fol. Hirsch M. **1273**. (**46**.)

ZINGARELLI (NICOLÒ ANTONIO)
—— [Giulietta e Romeo.—Tranquillo io son fra poco.] Récitatif et rondeau ... Avec accompagnement de guitare ou lyre par Barrois. pp. 4. *Chez Sieber: Paris*, [1815?] 8°. Hirsch M. **660**. (**22**.)
A slip bearing the imprint " Duhan & c^{ie}" has been pasted over the original imprint.

ZINGARELLI (NICOLÒ ANTONIO)
—— Questo sol ch'e si funesto, a favorite air ... with accompaniments for the piano forte, *etc.* pp. 7. *N. Corri: Edinburgh*, [1816?] fol. Hirsch M. **1275**. (**5**.)
Watermark date 1816.

ZULEHNER (CARL)
—— *See* MOZART (W. A.) La Clemenza di Tito ... arrangée pour piano-forte & violon par C. Zulehner. [1815.] *obl.* fol. & fol. Hirsch IV. **1644**.

ZULEHNER (CARL)
—— *See* MOZART (W. A.) Cosi fan tutte ... arrangée pour le pianoforte et violon obligé par C. Zulehner. [1821.] *obl.* fol. & fol. Hirsch IV. **1642**.

ZULEHNER (CARL)
—— *See* MOZART (W. A.) Don Diovanni ... ridotto per il piano-forte a quattro mani senza parole da C. Zulehner, *etc.* [1823.] *obl.* fol. Hirsch M. **353**.

ZULEHNER (CARL)
—— *See* MOZART (W. A.) Don Giovanni ... Ridotto per il piano-forte a quattro mani senza parole da C. Zulehner. [1825?] *obl.* fol. Hirsch IV. **1205**.

ZULEHNER (CARL)

—— See MOZART (W. A.) [*Eine kleine Freimaurer-Kantate. K. 623.*] Das Lob der Freundschaft . . . Clavierauszug von K. Zulehner. [1815.] *obl.* fol.   Hirsch IV. **221**.

ZULEHNER (CARL)

—— See MOZART (W. A.) [*Litaniae de venerabili altaris sacramento. K. 125.*] Cantate. Heiliger siehgnädig hernieder mit vier Singstimmen im Clavierauszug von C. Zulehner. [1815?] *obl.* fol.   Hirsch M. **373**.

ZULEHNER (CARL)

—— See MOZART (W. A.) Der Schauspieldirektor . . . Klavierauszug von C. Zulehner. [1801?] *obl.* fol.
    Hirsch IV. **92**.

ZULEHNER (CARL)

—— See MOZART (W. A.) [*Thamos, König in Ægypten.—Ihr Kinder des Staubes.*] Mottetto. Ob fürchterlich tobend sich Stürme erheben . . . für 4 Singstimmen . . . Klavierauszug von K. Zulener [*sic*]. [1815?] *obl.* fol.
    Hirsch M. **411**.

ZULEHNER (CARL)

—— See WEBER (C. M. F. E. von) Der Freischütz . . . Mit leichter Clavier Begleitung eingerichtet von C. Zulehner. [1822?] *obl.* fol.   Hirsch IV. **1294**.

ZULEHNER (CHARLES) See ZULEHNER (Carl)

ZULENER (K.) See ZULEHNER (Carl)

ZUMPE (HERMAN)

—— Drei Lieder. 1. Streich aus, mein Ross. (Emanuel Geibel.) 2. Die Lautenstimmer. (C. F. Meyer.) 3. Unruhige Nacht. (C. F. Meyer.) pp. 11.   *Albert Langen: Paris*, 1896. fol.   Hirsch M. **1304**. (42.)

ZUMPE (HERMAN)

—— See WAGNER (W. R.) [*Der Ring des Nibelungen.—Götterdämmerung.*] Gesang der Rheintöchter . . . Für Orchester zum Concertvortrag bearbeitet von H. Zumpe, *etc.* [1885?] fol.   Hirsch M. **1260**. (7.)

ZUMPE (HERMAN)

—— See WAGNER (W. R.) [*Der Ring des Nibelungen.—Das Rheingold.*] Einzug der Götter in Walhall . . . zum Concertvortrag bearbeitet von H. Zumpe, *etc.* [1890?] fol.
    Hirsch M. **1260**. (1.)

ZUMSTEEG (JOHANN RUDOLPH)

—— Samlung deutscher Gesänge. no. 12.   *Bei F. A. Hoffmeister: Wien*, [1804?] *obl.* fol.
    Hirsch III. **1187**.

Imperfect; wanting no. 1–11.

ZUMSTEEG (JOHANN RUDOLPH)

—— Kleine Balladen und Lieder mit Klavierbegleitung. 7 Hft.   *Bey Breitkopf und Härtel: Leipzig,* [1815?, 1802–15?] *obl.* fol.   Hirsch III. **1173**.

ZUMSTEEG (JOHANN RUDOLPH)

—— [Another copy.] Colma. Ein Gesang Ossians, von Goethe, *etc. Leipzig*, [1825.] *obl.* fol.   Hirsch III. **1175**.

ZUMSTEEG (JOHANN RUDOLPH)

—— [Another copy.] Elbondokani. Ein Singspiel . . . Klavierauszug. [Vocal score.]   *Stuttgard,* [1802.] *obl.* fol.   Hirsch IV. **1310**.

ZUMSTEEG (JOHANN RUDOLPH)

—— Elwine. Eine Ballade von Freiherrn von Ulmenstein. pp. 26. *Bei Breitkopf und Härtel: Leipzig*, [1805?] *obl.* fol.
    Hirsch III. **1177**.

ZUMSTEEG (JOHANN RUDOLPH)

—— [Another copy.] Die Frühlingsfeier. Ode von Klopstock . . . Partitur. *Leipzig*, [1804.] fol. Hirsch IV. **938**.

ZUMSTEEG (JOHANN RUDOLPH)

—— Iohannen's Lebewohl aus Schillers Jungfrau von Orleans. Zumsteeg's letzte unvollendet zurückgelassene Composition beendigt . . . von Wintzingeroda. [Song.] pp. 14. *Bey Iohann Aug. Böhme: Hamburg*, [1803?] *obl.* fol.
    Hirsch III. **1181**.

ZUMSTEEG (JOHANN RUDOLPH)

—— Kantate für vier Singstimmen mit Begleitung des Orchesters . . . Partitur. No. 1⟨–17⟩. 17 vol.   *Bei Breitkopf und Härtel: Leipzig*, [1803–05?] *obl.* fol.
    Hirsch IV. **939**.

ZUMSTEEG (JOHANN RUDOLPH)

—— Lenore, von G. A. Buerger. [Song.] pp. 40.   *Bey Breitkopf & Härtel: Leipzig*, [1809.] *obl.* fol.
    Hirsch III. **1182**.

ZUMSTEEG (JOHANN RUDOLPH)

—— [Maria Stuart.] Scene aus dem Trauerspiel Maria Stuart von Fr. Schiller. [Song.] pp. 7.   *Bei Joh. Aug. Böhme: Hamburg*, [1805?] *obl.* fol.
    Hirsch III. **1190**.

ZUMSTEEG (JOHANN RUDOLPH)

—— Des Pfarrers Tochter von Taubenhayn, von G. A. Bürger. [Song.] pp. 26.   *Bey Breitkopf & Härtel: Leipzig*, [1809?] *obl.* fol.   Hirsch III. **1191**.

ZUMSTEEG (JOHANN RUDOLPH)

—— Des Pfarrers Tochter von Taubenhayn, von G. A. Bürger. [Song.] *Bey T. Mollo: Wien*, [1826?] *obl.* fol.
    Hirsch III. **1192**.

ZUMSTEEG (JOHANN RUDOLPH)
—— [Another copy.] Das Pfauenfest, ein Singspiel . . . Klavierauszug. [Vocal score.] *Leipzig*, [1801.] *obl.* fol.
Hirsch IV. **1312.**

ZUMSTEEG (JOHANN RUDOLPH)
—— Sonate pour violoncelle et basse. [Score.] pp. 8. *Chés Breitkopf & Härtel: Leipsic*, [1804.] fol.
Hirsch M. **1478. (9.)**

ZURICH.—*Allgemeine Musik-Gesellschaft.*
Formed in 1812 by the amalgamation of the Gesellschaft der Vocal- und Instrumental-Musik and the Musik-Gesellschaft der deutschen Schule.

ZURICH.—*Allgemeine Musik-Gesellschaft.*
—— I.⟨—LXXI.⟩ Neujahrsgeschenck an die zürcherische Jugend von der allgemeinen Musik-Gesellschaft in Zürich auf das jahr 1813⟨–1883⟩. [*Zürich*, 1813–83.] 4°.
[Continued as:]
LXXII. [*etc.*] Neujahrsblatt der allgemeinen Musik-Gesellschaft in Zürich auf das Jahr 1884 [*etc.*]. *Zürich*, [1884– .] 4° & 8°. Hirsch IV. **1135. c.**

ZWING (JOHANN MICHAEL)
—— [Another copy.] Drey mal drey Gesänge für Freymaurer . . . Œuvre v. *Worms*, [1815?] *obl.* fol.
Hirsch III. **1193.**

ZWIST.
—— Zwist und Sühne. [Song.] *See* LOEWE (J. C. G.)

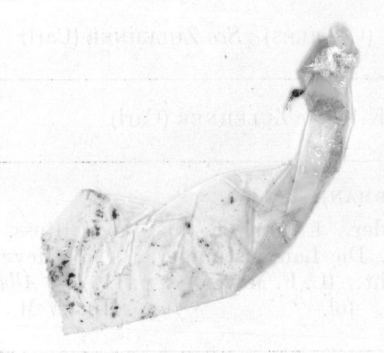

END OF PART 53.